ESCAPADES EN CAMPING-CAR
FRANCE 2024

Encore plus mobile !

Le camping-car offre toutes les libertés : partir quand on veut, même à la dernière minute, aller et venir au gré du temps, d'un lieu à un autre, rester totalement indépendant. Et dans ce domaine, la France vous offre toutes les possibilités : vous y trouverez toujours une idée de voyage, qu'elle soit à proximité ou loin de chez vous, pour un week-end ou plusieurs jours, à la mer ou à la montagne, à la ville ou à la campagne !

Pour accompagner vos envies de voyages tout en vous offrant toujours plus de confort et de mobilité, Michelin a créé pour vous ce guide, **Escapades en camping-car**. Il propose **101 circuits**, de 3 à 9 jours. Chaque circuit est découpé par journées, et s'attache à donner l'essentiel des étapes culturelles, naturelles, de loisirs et de gastronomie ainsi qu'une une sélection d'aires de service et de stationnement, de campings, de bonnes tables et de produits du terroir. Une carte indique le tracé du circuit, les étapes, les aires et les campings.

Nous avons également choisi pour vous quelques thématiques touristiques appréciées des camping-caristes, toujours sur votre circuit : des **étapes en ville**, des **visites de sites touristiques**, des **randonnées à pied et à vélo**, des **stations thermales** ou de **sports d'hiver**.

Pour bien naviguer dans ce guide, nous vous proposons plusieurs clés d'entrée :

- le **sommaire** p. 5 vous permet de visualiser l'ensemble des 21 régions abordées dans le guide ;
- le tableau « **Choisissez votre circuit** » p. 6-8 répertorie nos circuits par ordre croissant de nombre de jours ; y sont également indiqués le nombre de kilomètres, la ville de départ, la région dans laquelle ils se situent, ainsi que le numéro de page où vous les trouverez dans le guide ;
- les **introductions de chaque région** où une **carte** montre en coup d'œil les circuits, les villes-étapes, les visites, les randonnées, les stations thermales et les stations de sports d'hiver ;
- enfin, l'**index** en fin de guide vous permettra de trouver une localité en particulier.

Un guide tout en un pour une plus grande mobilité. Bonne route !

Berger Loisirs

Le spécialiste des accessoires pour vos loisirs depuis 1958

Berger Arras
48 Avenue Lavoisier
62000 Dainville

Berger Rennes
101 Route de Saint-Malo
35520 Rennes

Découvrez nos nouveautés et nos nouvelles ouvertures 2024 sur

www.berger-camping.fr

SOMMAIRE

Rubriques

Choisissez votre circuit	6
Légende des symboles	10
Avant le départ	12
Pendant le voyage	14
Nos escapades en France	19
Index	540

● **Bretagne**	21
● **Pays-de-la-Loire**	45
● **Normandie**	65
● **Hauts-de-France**	97
● **Île-de-France**	121
● **Champagne-Ardenne**	133
● **Lorraine**	157
● **Alsace**	183
● **Franche-Comté**	199
● **Bourgogne**	217
● **Centre Val-de-Loire**	237
● **Poitou-Charentes**	265
● **Limousin**	285
● **Aquitaine**	305
● **Midi-Pyrénées**	349
● **Languedoc-Roussillon**	387
● **Auvergne**	413
● **Lyon et sa région**	443
● **Les Alpes**	467
● **Provence-Côte d'Azur**	501
● **Corse**	525

CHOISISSEZ VOTRE CIRCUIT

Circuit	Jours	Km	Ville de départ	Région	Page
Souvenirs de guerre	3	240	Verdun	Lorraine	160
Enclos paroissiaux et monts d'Arrée	4	180	Brest	Bretagne	32
Les Vosges thermales	4	270	Vittel	Lorraine	176
Les Vosges du Nord	4	135	Saverne	Alsace	190
Le pays d'Arbois, de caves en fruitières	4	140	Lons-le-Saunier	Franche-Comté	210
Au sud de la Bourgogne	4	135	Mâcon	Bourgogne	232
Les grandes eaux !	4	285	Vichy	Auvergne	420
Vive le Beaujolais !	4	240	Villefranche-sur-Saône	Lyon et sa région	450
La côte des Bar, art et champagne	4/5	235	Troyes	Champagne-Ardenne	148
Au nom de la rose	5	280	Beauvais	Hauts-de-France	108
Évasion sur la Côte d'Opale	5	250	Boulogne-sur-Mer	Hauts-de-France	116
Découverte des Yvelines	5	235	Rambouillet	Île-de-France	128
Fortifications en Ardenne	5	170	Charleville-Mézières	Champagne-Ardenne	136
Au pays des grands lacs	5	240	Troyes	Champagne-Ardenne	144
Balade au sud de la Haute-Marne	5	245	Langres	Champagne-Ardenne	152
En passant par la Lorraine	5	300	Sarreguemines	Lorraine	168
Route des Crêtes et forêt des Vosges	5	250	Cernay	Lorraine	172
Au cœur du Morvan	5	230	Vézelay	Bourgogne	224
À cheval entre Perche et Eure-et-Loir	5	300	Châteaudun	Centre Val-de-Loire	240
L'ouest du Berry et la Brenne	5	315	Châteauroux	Centre Val-de-Loire	252
Découverte des Deux-Sèvres	5	330	Niort	Poitou-Charentes	272
Le plateau de Millevaches	5	350	Aubusson	Limousin	292
Au fil de la Dordogne	5	345	Ussel	Limousin	296
Au cœur de la Corrèze	5	250	Uzerche	Limousin	300
Agenais, entre Lot et Garonne	5	290	Agen	Aquitaine	328
Le nord de l'Aveyron	5	160	Rodez	Midi-Pyrénées	356
Il était une fois à Foix…	5	370	Foix	Midi-Pyrénées	368
Bastides et gastronomie d'Armagnac	5	270	Auch	Midi-Pyrénées	380
Grottes, cirques, chaos et avens cévenols	5	375	Ganges	Languedoc-Roussillon	394
Dans le Bourbonnais	5	330	Moulins	Auvergne	416
Les étangs de la Dombes	5	205	Bourg-en-Bresse	Lyon et sa région	446
Merveilles naturelles du Vaucluse	5	205	Carpentras	Provence-Côte d'Azur	508
La Haute-Provence, de la Durance au Verdon	5	270 / 295	Digne-les-Bains	Provence-Côte d'Azur	520
La côte nord, de Cancale à Morlaix	6	325	Cancale	Bretagne	24
Le Finistère grandeur nature	6	185	Roscoff	Bretagne	28
Douceur angevine au fil de la Loire	6	210	Angers	Pays-de-la-Loire	52

Circuit	Jours	Km	Ville de départ	Région	Page
La Vendée et le Marais poitevin	6	280	Cholet	Pays-de-la-Loire	56
Sur les pas des gabelous	6	260	St-Gilles-Croix-de-Vie	Pays-de-la-Loire	60
Des Alpes Mancelles à la Suisse normande	6	310	Alençon	Normandie	68
Le sud de la Manche	6	280	Granville	Normandie	72
La presqu'île du Cotentin	6	210	Carentan-les-Marais	Normandie	76
Caen et les plages du débarquement	6	180	Caen	Normandie	80
Les boucles de la Seine	6	160	Rouen	Normandie	88
Le temps des cathédrales	6	300	Compiègne	Hauts-de-France	104
Voyage dans les Flandres	6	250	Lille	Hauts-de-France	112
Au cœur de la Seine-et-Marne	6	300	Meaux	Île-de-France	124
Entre Meuse et Moselle	6	260	Metz	Lorraine	164
Route des vins d'Alsace	6	210	Strasbourg	Alsace	186
De part et d'autre du Rhin	6	260	Mulhouse	Alsace	194
L'Auxerrois et la Puisaye	6	315	Guédelon	Bourgogne	220
Dijon et la route des grands crus	6	235	Dijon	Bourgogne	228
Au cœur du Berry	6	280	Bourges	Centre Val-de-Loire	248
Rochefort, La Rochelle et l'île de Ré	6	270	Rochefort	Poitou-Charentes	276
Le Limousin au carrefour de l'Histoire	6	210	Limoges	Limousin	288
Les gorges du Tarn et les grands causses	6	390	Millau	Midi-Pyrénées	352
Toulouse et les coteaux de Gascogne	6	310	Toulouse	Midi-Pyrénées	376
Balade gourmande en Bas-Languedoc	6	180	Montpellier	Languedoc-Roussillon	398
Au cœur du Cantal	6	370	St-Flour	Auvergne	432
Le Puy-en-Velay et la Haute-Loire volcanique	6	380	Le Puy-en-Velay	Auvergne	436
Forts des Alpes et de Haute-Provence	6	300	Col du Lautaret	Les Alpes	470
À l'assaut du Mont-Blanc	6	150	Annecy	Les Alpes	478
Le cœur de la Provence	6	250	Arles	Provence-Côte d'Azur	504
Marseille au centre !	6	220	Marseille	Provence-Côte d'Azur	512
La Balagne et le Niolo	6	290	Calvi	Corse	528
Le Cap Corse et le Nebbio	6	240	Bastia	Corse	532
La côte de Cornouaille	7	290	Locronan	Bretagne	36
Le golfe du Morbihan	7	330	Vannes	Bretagne	40
Au fil de la Sarthe et de la Mayenne	7	235	Laval	Pays-de-la-Loire	48
La Côte fleurie et le pays d'Auge	7	295	Honfleur	Normandie	84
Côte d'Albâtre et pays de Caux	7	270	Le Havre	Normandie	92
Vallées picardes, entre Amiens et la côte	7	350	Amiens	Hauts-de-France	100
Au cœur du Doubs et du Haut-Jura	7	400	Pontarlier	Franche-Comté	202
La montagne jurassienne	7	250	Les Rousses	Franche-Comté	206
Châteaux et jardins en Touraine	7	220	Tours	Centre Val-de-Loire	256

CHOISISSEZ VOTRE CIRCUIT

Circuit	Jours	Km	Ville de départ	Région	Page
Châteaux de la Loire autour de Blois	7	160	Blois	Centre Val-de-Loire	**260**
Douceurs du Poitou	7	320	Poitiers	Poitou-Charentes	**268**
Balade en Charentes	7	370	Angoulême	Poitou-Charentes	**280**
Vignobles et châteaux du Bordelais	7	265	Bordeaux	Aquitaine	**308**
La côte océane	7	270	Soulac-sur-Mer	Aquitaine	**312**
L'arrière-pays landais	7	290	Dax	Aquitaine	**316**
Splendeurs basques	7	300	Bayonne	Aquitaine	**320**
Merveilles de l'Histoire en Périgord	7	380	Périgueux	Aquitaine	**332**
Villages et bastides entre Tarn et Aveyron	7	260	Albi	Midi-Pyrénées	**360**
Les grands sites du Quercy	7	290	Rocamadour	Midi-Pyrénées	**364**
Refuge dans le Gévaudan	7	300	Florac	Languedoc-Roussillon	**390**
Au pays des volcans et des lacs	7	290	Le Mont-Dore	Auvergne	**424**
De la Grande Limagne aux monts du Forez	7	350	Clermont-Ferrand	Auvergne	**428**
Balade au cœur de la Drôme	7	330	Montélimar	Lyon et sa région	**462**
Le Vercors et l'Oisans	7	370	Grenoble	Les Alpes	**474**
Lac du Bourget, massifs des Bauges et de la Chartreuse	7	300	Annecy	Les Alpes	**482**
Antibes et l'arrière-pays varois	7	410	Antibes	Provence-Côte d'Azur	**516**
Le vignoble champenois	8	340	Château-Thierry	Champagne-Ardenne	**140**
Orléanais, Sologne et Sancerrois	8	330	Orléans	Centre Val-de-Loire	**244**
Villages et vallées du Béarn	8	400	Pau	Aquitaine	**324**
Eaux thermales des Pyrénées	8	230	Tarbes	Midi-Pyrénées	**372**
Minervois, Corbières et châteaux cathares	8	450	Narbonne	Languedoc-Roussillon	**402**
Art roman et baroque de Catalogne	8	480	Perpignan	Languedoc-Roussillon	**406**
Des monts du Forez au Pilat	8	390	Roanne	Lyon et sa région	**454**
L'Ardèche et ses merveilles	8	440	Aubenas	Lyon et sa région	**458**
La route des Grandes Alpes	8	720	Menton	Les Alpes	**486**
La Corse du sud	8	390	Bonifacio	Corse	**536**
La traversée des Pyrénées	9	940	Hendaye	Aquitaine	**336**

LÉGENDE DES SYMBOLES

CAMPINGS

Services pour camping-car

- Borne pour camping-car
- Eau potable
- Électricité
- Vidange eaux grises
- Vidange eaux noires (cassettes)
- Formule Stop accueil camping-car FFCC
- Chien interdit
- Terrain tranquille

Tarif des emplacements camping en €

Redevance journalière

- 5 € — Prix par personne
- 2 € — Prix pour le véhicule
- 6 € — Prix pour l'emplacement
- 6,50 € — Prix pour l'électricité

Redevance forfaitaire

14 € — Emplacement pour 2 personnes, véhicule et électricité compris

Loisirs et services dans le camping

- Piscine
- Baignade
- Pêche
- Location de vélos
- Laverie (lave-linge, sèche-linge)
- Supermarché – Magasin d'alimentation
- Restaurant, snack

AIRES DE SERVICE POUR CAMPING-CARS

Services pour camping-cars

- Eau potable
- Électricité
- 30 - 24h — Nombre de stationnements - durée maximum
- 18 €/j. — prix/j.
- Parking sécurisé
- Vidange eaux grises
- Vidange eaux noires (cassettes)
- Carte bancaire acceptée
- Aire calme

Services de proximité

- WC publics
- Laverie
- Restaurant
- Wifi
- Commerce

AVANT LE DÉPART

LES VÉRIFICATIONS

rudigobbo/ Getty Images Plus

Avant de partir, vous devez bien vérifier l'état de votre camping-car. C'est une question de sécurité et de confort. Quelques conseils à suivre !

LE PORTEUR

Les pneus

Ils sont un des organes de sécurité essentiels de votre véhicule. Vous devez régulièrement leur porter toute attention, en particulier avant de partir.

Le pneumatique doit tout d'abord être adapté à votre véhicule. Il existe des gammes spécifiques destinées aux camping-cars avec un marquage CP sur le flanc du pneumatique.

Avant le départ, contrôlez le bon état des pneumatiques, la pression (voir ci-dessous) et leur usure. En cas de parking prolongé, ne laissez pas les pneus en état de sous-gonflage. Remettez en pression systématiquement avant toute nouvelle utilisation. Veillez aussi à protéger les pneus des UV. Il est recommandé de faire vérifier régulièrement par un professionnel l'état de la bande de roulement et des flancs (traces de choc, craquelures, fissures...) ainsi que l'état des roues et des valves.

La pression des pneus

La pression recommandée est de 5,5 bars sur l'essieu arrière en monte simple ; elle est à mesurer à froid, quelle que soit la charge du véhicule, tout en respectant le PTAC (Poids Total Autorisé en Charge, déterminé par le constructeur).

Sur l'essieu avant, conformez-vous aux préconisations de gonflage du constructeur indiquées sur le véhicule le plus souvent dans la porte conducteur. Pour des pressions supérieures à 4,5 bar, des valves métalliques sont impératives.

Sont également à contrôler

le niveau d'huile
le liquide des freins
le frein à main
le liquide du lave-glace
les balais d'essuie-glace
les serrures
la batterie
les phares
les clignotants

▸ *Pour plus de sécurité, une partie de ces contrôles (comme celui des plaquettes de frein) peut être faite par votre garagiste.*

▸ *Penser à se munir d'un kit d'ampoules de rechange.*

▸ *En cas de panne, vous devez disposer d'un gilet et d'un triangle de signalisation. Pensez-y !*

powerbeephoto/Getty Images Plus

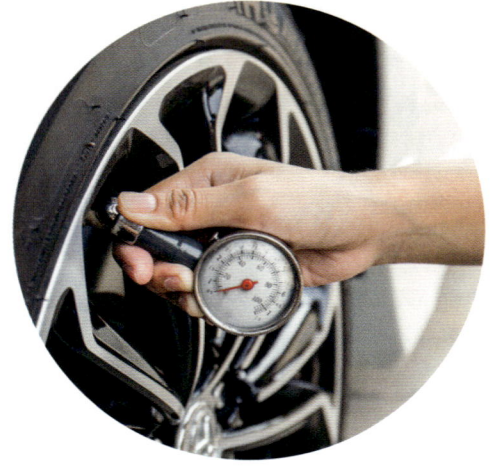

LA CELLULE

Circuit d'eau
Eau propre : rincez et faites le plein.
Eaux usées : versez un produit de nettoyage et de désinfection. Pour éviter les mauvaises odeurs, préférez les produits du commerce ou le vinaigre plutôt que l'eau javellisée.

Électricité
Faites fonctionner tous les postes électriques du véhicule. Si vous avez des panneaux solaires, vérifiez qu'ils sont propres. Leur efficacité en dépend.

Extincteur
Assurez-vous de la date de validité de votre extincteur.

Gaz
Vérifiez le contenu des bouteilles de gaz (surtout en période hivernale) et le fonctionnement de tous les appareils à gaz. Avant le départ, fermez l'arrivée générale du gaz.

▶ *Les tuyaux à gaz doivent être changés régulièrement. Vérifiez leur date de péremption.*

Fermeture
Contrôlez la fermeture des ouvrants (lanterneaux, baies, portillons, portes et placards). Vérifiez qu'il n'y a pas de fuite aux portes, lanterneaux et baies vitrées.

Hiver
Si vous partez en hiver, assurez-vous de la qualité du liquide dans le circuit de refroidissement ainsi que celle de l'huile moteur qui doit être adaptée aux températures hivernales.
Vérifiez l'état de la batterie. Contrôlez le bon fonctionnement du chauffage et de tous les accessoires participant à la bonne visibilité.
N'oubliez pas de prendre les chaînes et apprenez à les mettre en place avant le départ ! Pensez également à emporter des plaques de « désenlisement » et une pelle.

Surcharge
Les camping-cars sont limités en charge utile. Le poids total du camping-car chargé (PTAC) ne doit pas dépasser 3,5 t (sauf pour les véhicules classés poids lourds). Il est notifié dans les documents de bord et à l'extérieur sur la porte du conducteur.
Une surcharge du véhicule ou une mauvaise répartition des charges sont susceptibles de mettre en jeu la sécurité des usagers. Pour information, une pression de 5,5 bars sur l'essieu arrière moteur correspond à une charge maximale par pneu de 1 120 kg pour un pneumatique Michelin Agilis Camping 225/70R15 CP. Une situation de sous-gonflage peut être dangereuse : par exemple, une sous-pression de 0,5 bar pour un Michelin Agilis Camping 225/70R15 CP équivaut à une surcharge de 100 kg environ.

▶ *En cas d'infraction, la surcharge est sanctionnée par une amende forfaitaire selon le dépassement. Si le dépassement excède 5 % du PTAC, le véhicule peut être immobilisé.*

GPS
Un système de navigation embarqué vous sera utile pour trouver nos adresses d'aires et de campings. Nous donnons leurs coordonnées en degré décimal (DD). Vérifiez que votre GPS est bien basé sur le même système de notation. Si ce n'est pas le cas, contacter votre revendeur pour qu'il vous indique comment convertir nos données.

Dans vos bagages
Pensez à emporter un nécessaire à pharmacie et une trousse de secours aux premiers soins d'urgence ! Si vous voyagez avec un animal domestique, n'oubliez pas son carnet de santé. Il vous sera demandé dans les campings.

Juste avant le départ
N'oubliez pas de rentrer le marchepied (si vous n'avez pas de système d'alerte sonore). Rabattez les antennes (TV, parabole).

PENDANT LE VOYAGE
BIEN CONDUIRE

Conduire un camping-car n'est pas difficile. Toutefois intégraux, capucines et autres profilés présentent des particularités dont vous devez tenir compte.

On s'attache !
Conducteurs et passagers doivent impérativement boucler leur ceinture de sécurité, qu'ils voyagent dans la cabine ou en cellule si celle-ci en est équipée. De même, les effets personnels et les vivres doivent être rangés dans des placards fermés.

Une bonne marge de distance
L'inertie au freinage demeure plus importante avec un camping-car qu'avec une voiture en raison du poids en mouvement, et ce malgré les systèmes de freinage sophistiqués actuels. Préservez toujours une marge de distance confortable par rapport aux véhicules qui vous précèdent.

▶ *Lors de la descente des cols, utilisez au maximum votre frein moteur.*

Surveiller le gabarit
Sur les routes de **campagne**, soyez vigilant au moment où vous croisez tracteurs, cars et autres camions. Ralentissez et déportez-vous encore plus sur la droite. Vigilance accrue lorsque vous doublez un cycliste !

Gardez en tête la hauteur du véhicule. En **montagne**, pensez aux routes à encorbellement, surtout si vous roulez en capucine. Les véhicules les plus imposants risquent en effet d'accrocher les parois. Mais rassurez-vous ! Nos circuits ont pris en compte ce risque.

La circulation en **ville** et village nécessite une grande prudence. Soyez attentif aux barres de hauteur qui limitent parfois les accès. Et avant de pénétrer dans le vieux quartier aux ruelles étroites, prenez vos précautions.

Sur **Autoroute**, méfiez-vous des barrières de péage. Certains couloirs réservés aux voitures sont parfois équipés de barres de hauteur.
Attention également aux branches basses des arbres.
Au moment de doubler et de se rabattre, ayez bien en tête la longueur de votre camping-car. Certains véhicules ayant un porte-à-faux important peuvent rencontrer des difficultés lors des manœuvres de stationnement et d'accès sur les ferries ou les bacs.

Contrer les appels d'air
Si vous conduisez une grande capucine ou un intégral, pour éviter les appels d'air générés en dépassement, vous devez compenser par un léger mouvement du volant en sens inverse.

Évaluer le terrain
Lorsque vous sortez des routes aménagées, ne sous-estimez pas le poids de votre camping-car et évaluez la praticabilité du terrain. Sur un camping-car, l'essentiel du poids se trouvant concentré vers la partie arrière, mieux vaut, pour éviter le patinage des roues, faire une reconnaissance à pied.

Savoir-vivre
Pensez aux autres véhicules afin que la largeur de votre camping-car ne les gêne pas Tenez bien votre droite.
Pendant les déplacements en groupe, évitez de former des files, pour ne pas perturber le trafic.
N'effectuez pas la vidange des eaux noires ou grises pendant vos déplacements. Faites-le uniquement dans les endroits réservés à cet effet et dans le respect de la nature et des principes écologiques.

LIBRE D'ÊTRE VOUS EN BAVARIA

SUIVEZ TOUTES VOS INSPIRATIONS

Un camping-car Bavaria, c'est un compagnon de route, confortable, pratique, robuste, pour vous accompagner dans toutes vos envies d'évasion.

Sa marque de fabrique c'est un mobilier contemporain au service de votre confort. Son atout majeur, la qualité de son isolation qui vous offrira des opportunités de voyages inoubliables. Sa particularité, une très large gamme de véhicules et de nombreuses options pour personnaliser votre camping-car selon vos gouts et votre manière de voyager.

A découvrir dès aujourd'hui en concession ou sur le site internet !

BAVARIA

www.bavaria-camping-car.com

PENDANT LE VOYAGE
LE STATIONNEMENT ; LES STRUCTURES D'ACCUEIL

LE STATIONNEMENT

Stationnement sur la voie publique
En ville, garez-vous sur les parkings extérieurs au centre-ville ou sur les parkings réservés aux camping-cars, en faisant attention de ne pas empiéter sur d'autres places, ni sur la voie publique.

▶ *Si la sécurité ou l'ordre public l'exigent, les maires sont en droit de prescrire des mesures plus rigoureuses en matière de stationnement.*

Stationnement sur le domaine privé
Si vous voulez stationner sur une propriété privée, vous devez en demander l'autorisation au propriétaire.
Il est interdit de stationner sur les rivages de la mer, dans des sites classés ou inscrits et leur proximité, dans un rayon de moins de 200 m d'un point d'eau capté pour la consommation, dans les bois, forêts, parcs classés comme espaces boisés à conserver.

Respect des lieux et des personnes
De jour comme de nuit, évitez de stationner en obstruant la vue des monuments, des fenêtres d'habitation ou des commerces.
Évitez les bruits excessifs dus à la voix, à la télévision, la radio ou au moteur. De même, utilisez le générateur d'électricité seulement en cas de nécessité absolue, et dans ce cas, éloignez-le des autres véhicules et des habitations voisines.
Utilisez les toilettes du véhicule !
Déposez vos ordures ménagères dans des conteneurs appropriés. Ne les dispersez pas !

▶ *Il est interdit de vidanger des WC chimiques (eaux noires) dans un réseau de tout-à-l'égout.*

LES STRUCTURES ADAPTÉES

Aires de service
Leur première vocation est de proposer ces services : la vidange des eaux grises (eaux ménagères), la vidange des eaux noires (WC chimiques), l'alimentation en eau potable, le dépôt des ordures, l'approvisionnement en électricité.
En plus de ces services, l'aire peut proposer un stationnement, des WC et autres services.
L'eau et les vidanges peuvent être fournies par l'intermédiaire d'une borne artisanale ou d'une borne de type industriel : Flot bleu, Raclet, Eurorelais, etc. Certaines aires sont gratuites, d'autres payantes. Lorsque plusieurs tarifs existent (par ex. haute et basse saison), nous indiquons toujours le plus élevé.

Aires de stationnement
Il s'agit de lieux publics autorisés pour le stationnement des camping-cars, situés, ou non, à proximité d'une aire de service. Le stationnement peut être limité dans le temps, gratuit ou payant.

Campings
Tous les camping-cars peuvent stationner dans un camping, mais tous les campings ne sont pas encore équipés de structures spécifiques, même si leur nombre est en forte augmentation. Certains campings proposent des formules adaptées aux camping-caristes comme la formule Stop Accueil Camping-Car FFCC : une nuitée non renouvelable au prix variant entre 8 et 14 €, services camping-car compris, départ demandé avant 10h. Cette formule est signalée par le symbole 🐾 dans nos adresses de campings.

Les prestataires privés
Certains agriculteurs, éleveurs, vignerons, fermes-auberges ou châtelains par exemple, vous invitent à stationner gratuitement sur leur propriété pendant une nuit, et à découvrir leurs produits et leur savoir-faire. Cette formule d'accueil est signée **France Passion** et signalisée sous ce nom. Elle est réservée aux adhérents France Passion voyageant à bord d'un camping-car autonome (eau, sanitaire, déchets, etc.), en possession du guide et de la vignette de l'année en cours. Information et adhésion : www.france-passion.com. Parfois, les non-adhérents sont acceptés ; dans ce cas, les prestations sont payantes.

Camping-car Park propose une carte d'abonnement (5 €, en vente aux automates à l'entrée des aires, à charger et à utiliser sans limite dans le temps) permettant d'accéder à n'importe quelle aire de son réseau contre paiement d'une somme allant de 3 à 16 €/24h. Les prestations sont d'une grande qualité. www.campingcarpark.com.

Nos escapades en France

Camping-cars dans les Pyrénées.
Max Labeille/Getty Images Plus

Voilier dans le port d'Erquy.
horstgerlach/Getty Images Plus

Mont Roc'h Trevezel.
tilo/Getty Images Plus

Bretagne

Quels chemins emprunterez-vous pour découvrir la Bretagne ? Suivrez-vous les traces des marins disparus, à la conquête de l'Armor et de ses côtes aussi belles et sauvages que terrifiantes lorsque le vent se déchaîne ? Ou bien parcourrez-vous les chemins des parcs naturels de l'Argoat, cette Bretagne intérieure plus confidentielle qui dissimule tous les mythes celtiques ainsi que la légendaire forêt de Brocéliande ?

Que vous optiez pour le sentier du littoral ou les rives du canal de Nantes à Brest, qui se jette dans la mer d'Iroise, vous ne serez jamais très loin de la grande bleue.

Magique et envoûtante, cette « terre d'âme », comme l'appelait Julien Gracq, abrite encore toute la spiritualité des cultures celtique et chrétienne, des mégalithes du Morbihan aux enclos paroissiaux de Basse-Bretagne. Les esprits romantiques pourront revivre les pages les plus tourmentées de l'œuvre de Chateaubriand, inspiré par des falaises granitiques cernées d'écueils de Crozon ou de la pointe du Raz.

Que ceux que le climat décourage sachent qu'« en Bretagne, il fait beau plusieurs fois par jour », comme le dit un ancien dicton. Les avis pourront diverger à ce sujet, mais finiront forcément par se rejoindre autour d'un verre de cidre et des bons petits plats au goût de la mer ou de beurre salé. Et si cela ne suffit pas, tous iront tester le goût de la fête si cher aux Bretons, lors des nombreux festivals de cette région en pleine effervescence culturelle.

BRETAGNE

Randonneurs à la pointe du Van dans le Finistère.
Aygul Bulte/Getty Images Plus

LES ÉVÉNEMENTS À NE PAS MANQUER

- **Fête du livre** de Bécherel (35) : w.-end de Pâques. maisondulivredebecherel.fr.
- **Semaine du golfe du Morbihan** (56) : fête maritime attirant des centaines de bateaux, le w.-end de l'Ascension, les années impaires. www.semainedugolfe.com.
- **Festival « Étonnants Voyageurs »** à St-Malo (35) : w.-end de la Pentecôte. Littérature internationale. www.etonnants-voyageurs.com.
- **Grand pardon de Ste-Anne** : le 26 juil. à Ste-Anne-d'Auray (56). www.sainteanne-sanctuaire.com.
- **Fête des remparts** à Dinan (22) : en juil., les années impaires www.fete-remparts-dinan.com.
- **Festival des Vieilles Charrues** à Carhaix-Plouguer (29) : la 3e sem. de juil. www.vieillescharrues.asso.fr.
- **Festival de Cornouaille** à Quimper (29) : fin juil. www.festival-cornouaille.bzh.
- **Festival interceltique de Lorient** (56) déb. août. www.festival-interceltique.bzh
- **Festival du chant de marin** à Paimpol (22) : années impaires ; déb. août. www.paimpol-festival.bzh
- **Grand pardon de Notre-Dame** au Folgoët (29) : 1er w.-end de sept.
- **« Quai des Bulles »** à St-Malo (35) : fin oct. Festival de la bande dessinée et de l'image projetée. www.quaidesbulles.com
- **Trans Musicales de Rennes** (35) : déb. déc. www.lestrans.com.

Votre séjour en Bretagne

Circuits №

1. La côte nord, de Cancale à Morlaix
   6 jours - 325 km — **P24**
2. Le Finistère grandeur nature
   6 jours - 185 km — **P28**
3. Enclos paroissiaux et monts d'Arrée
   4 jours - 180 km — **P32**
4. La côte de Cornouaille
   7 jours - 290 km — **P36**
5. Le golfe du Morbihan
   7 jours - 330 km — **P40**

Étapes

Morlaix — P25
Quimper — P37
Vannes — P41

Randonnée

Forêt de Huelgoat — P33

EN COMPLÉMENT, UTILISEZ…

- Guides Verts : Bretagne nord et Bretagne sud
- Cartes Michelin : Région 512 et Départements 308 et 309

BRETAGNE – CIRCUIT 1
La côte nord, de Cancale à Morlaix

Ce circuit vous propose de découvrir quatre cités emblématiques du nord de la Bretagne : St-Malo, Dinan et sa jumelle Dinard, et Morlaix. Beau prétexte pour parcourir la côte d'Émeraude qui porte si bien son nom et la côte de Granit rose, à la beauté inégalée. Vous devriez revenir à la fois fasciné par le charme mystérieux de la vallée de la Rance, réjoui et détendu par la découverte du cap Fréhel, émerveillé de tous les plaisirs qu'offre ce littoral : un rivage très découpé, des plages de rêve…

⭐ **DÉPART :** CANCALE - 6 jours – 325 km

JOUR 1

Tout démarre à **Cancale** par la route côtière. Le va-et-vient des bateaux de pêche anime le port de la Houle, principale attraction de la ville. Un rendez-vous aussi pour déguster quelques huîtres sur les quais après une balade sur le sentier des douaniers jusqu'à la pointe du Hock, voire jusqu'à la **pointe du Grouin** (comptez 2h40 AR) qui ménage des panoramas immenses. Vous pouvez aussi rejoindre cette dernière par la route côtière. Elle se poursuit en corniche jusqu'au **Verger** et sa chapelle Notre-Dame vénérée par les marins (nombreuses maquettes de navires) avant d'atteindre **Rothéneuf** et ses célèbres rochers sculptés. Mais dans l'après-midi, rien ne vaut un détour dans l'intérieur des terres, à **St-Coulomb**, pour découvrir la passionnante Malouinière de la Ville Bague entourée d'un parc magnifique.

JOUR 2

Abordez **St-Malo** tôt le matin par la cité *intra-muros*, à l'abri des remparts sur lesquels vous grimperez ensuite. Renseignez-vous sur les horaires des marées pour aller à pied au Fort national et, surtout, au fort du Petit Bé restauré par un passionné. Visitez le Grand Aquarium, puis gagnez **St-Servan** et la corniche d'Aleth qui dévoile de très belles vues sur la cité malouine, la rade et les îles. Enfin, découvrez le **barrage sur la Rance** et les entrailles de son usine marémotrice.

JOUR 3

Nichée au fond de l'estuaire de la Rance, la vieille ville fortifiée de **Dinan** vous retiendra au minimum une demi-journée tant elle compte de ruelles et maisons pittoresques. L'après-midi, au choix : une croisière sur la Rance, depuis le port de plaisance, ou une longue

Sur les remparts de St-Malo.

promenade le long de la rivière, au sud de la ville, sur le chemin de halage ou la Voie verte. Le soir, vous irez à **Dinard** le temps d'admirer la promenade du Clair de Lune et les belles maisons de villégiature, dont quatre cents sont classées monuments historiques.

JOUR 4

Longez la Côte d'Émeraude par **St-Lunaire** et la pointe du Décollé, ralliez la pointe de la Garde Guérin, **St-Jacut-de-la-Mer** qui occupe une presqu'île, puis **St-Cast-le-Guildo**. La station est encadrée par deux pointes avec de beaux panoramas. Contournez la baie de la Fresnaye pour rejoindre le **fort La Latte**, château médiéval posé au-dessus des flots. De là, les randonneurs suivront le sentier du littoral jusqu'au **cap Fréhel** (comptez 1h AS), une balade magnifique. Les autres s'y rendront en camping-car pour admirer les hautes falaises et les nombreux oiseaux marins.

JOUR 5

Allez vous baigner sur les belles plages de **Sables-d'Or-les-Pins**, d'**Erquy** ou du **Val-André**, et ne manquez pas une longue promenade au cap d'Erquy. Sur la route de Pléneuf, faites une pause au château de Bienassis entouré de douves. En été, un passage à **Lamballe** s'impose pour voir le haras national et le musée consacré à Mathurin-Méheut, natif de la ville.

JOUR 6

Place à la belle côte de Granit rose : passez d'abord par **Tréguier**, une cité hors du temps, avant de rejoindre le littoral à **Ploumanach** avec ses majestueux amoncellements de rochers de granit rose. Vous terminerez la journée à **Morlaix** (voir l'encadré ci-contre), où vous admirerez le beau viaduc, mais aussi le port et les superbes maisons « à pondalez ».

ÉTAPE 11
Morlaix

OFFICE DE TOURISME
Maison Penanault -
10 pl. Charles-de-Gaulle -
02 98 62 14 94 -
www.baiedemorlaix.bzh.

STATIONNEMENT & SERVICES

Parking conseillé
Quai du Léon, à proximité du port de plaisance *(gratuit)*.

Aire communale
62-64 r. de Brest -
02 98 63 10 10
Permanent
Borne artisanale : gratuit
9 - 48h - gratuit
Services :
Proche du centre historique, plat, bitume.
GPS : W 3.8316 N 48.57455

La baie de Morlaix est l'une des plus belles de France. Un site enchanteur qu'il faut découvrir lorsque le crépuscule d'été y jette ses derniers feux. Tout au fond de l'estuaire, à cheval sur le Léon et le Trégor, se niche Morlaix, jolie ville discrètement touristique qui conserve un beau quartier ancien. Prenez le temps de parcourir cette cité attachante en arpentant ses venelles, son port et son viaduc. Déambulez en particulier dans les rues du **Vieux Morlaix**, l'ancien grand port de commerce de la Manche depuis la fin de la guerre de Cent Ans (1475) et la reprise du commerce avec les Anglais. Monument majeur de la cité avec ses 58 m de haut et 285 m de long, le **viaduc** est une impressionnante construction à double étage et 14 arches. Il permet aux trains de franchir la vallée, une liaison primordiale pour une cité commerciale qui a dû batailler ferme pour obtenir le passage de la voie ferrée au 19e s. Le 1er étage est accessible aux piétons en empruntant la venelle de la Roche. Puis faites un tour dans la **Grand'Rue**, réservée aux piétons et jalonnée de demeures du 15e s. ornées de statuettes de saints et de grotesques. Certaines boutiques basses, notamment aux nos 8 et 10, captent la lumière du jour par une large fenêtre, nommée l'étal. Mais la plus connue de ces constructions est installée au n° 9 : il s'agit de la maison à pondalez qui abrite un **musée**. Ce dernier présente justement les « maisons à lanterne » ou « à pondalez » (15e et 16e s.), une particularité morlaisienne, appelées ainsi car constituées de galeries ou « ponts d'allée » desservant les étages. Autre édifice emblématique, la **maison Penanault**, un manoir urbain en pierre situé au « bout du port » (« Penanault » en breton). Elle a été construite à la fin du 16e s. pour un négociant. L'intérieur abrite le Centre d'interprétation de l'architecture et du patrimoine.

BRETAGNE – ADRESSES CIRCUIT 1

Aires de service & de stationnement

BINIC

Aire de Binic
20 r. de l'Ic - 📞 02 96 73 60 12
Permanent (mise hors gel)
Borne artisanale
20 🅿 - Illimité - 10 €/j. - borne compris
Paiement : CB
Services :
À 15mn du port et de la plage,
plat, gravier.
GPS : W 2.83536 N 48.60054

CANCALE

Aire de Cancale
R. des Français-Libres,
parking Ville-Ballet - 📞 02 23 15
19 04 - www.ville-cancale.fr
Permanent
Borne AireService
50 🅿 - 🔒 - 72h - 12 €/j. - borne compris
Paiement : CB
Services :
Sur les hauteurs et à moins de 1 km
du port. Bien aménagé, plat, herbeux
et ombragé.
GPS : W 1.86566 N 48.66991

FRÉHEL

Aire de la Ville Oie
R. des Sports, Pléhérel-Plage,
en face du camping d'Armor -
📞 02 96 41 40 12
Permanent -
Borne AireService
45 🅿 - 🔒 - Illimité - 13,80 €/j.
Paiement : CB
Plat et gravier.
GPS : W 2.35275 N 48.65071

LANNION

Aire de Lannion
R. de Roud ar Roc'h - 📞 02 96 37 05 81
De déb. avr. à mi-sept. -
Borne flot bleu
20 🅿 - 🔒 - 48h - 12 €/j.
Légèrement en pente, verdoyant
et sur gravier.
GPS : W 3.4518 N 48.72589

MORLAIX

Voir p. précédente

PAIMPOL

Aire de Paimpol
4 av. Châteaubriand, en face de la
gare - 📞 02 96 55 31 70
Permanent
Borne AireService
32 🅿 - Illimité - 15 €/j. - borne compris ; moins cher hors sais.
Paiement : CB
Services :
Plus calme la nuit ; plat, bitume.
GPS : W 3.04828 N 48.77539

PLANGUENOUAL

Aire de Planguenoual
24 r. Bassières, La Cotentin -
📞 02 98 53 75 85
De déb. avr. à fin nov. -
Borne AireService
30 🅿 - 🔒 - Illimité - 12 €/j. - borne compris
Paiement : CB
Services :
Sur l'ancien camping municipal, cadre
ombragé, plat, herbeux.
GPS : W 2.59753 N 48.54877

TRÉGASTEL

Aire de Trégastel
R. de Poul-Palud, au parking des tennis
et face au Super U - 📞 02 96 15 38 00
Permanent
Borne artisanale 3 €
66 🅿 - 72h - 12 €/j.
Paiement : CB
Services :
À 15mn de la plage ; plat, gravier.
GPS : W 3.49976 N 48.82373

TRÉGUIER

Self Armor Camping-Car
R. du Collège Ernest-Renan, suivre
le fléchage - 📞 06 95 17 45 08 -
www.self-armor-camping-car.fr
Permanent
Borne 6 €
20 🅿 - 🔒 - 72h - 10 €/j. - borne compris
Paiement : CB
Bien équipée (BBQ, pétanque, tables
de pique-nique).
GPS : W 3.23904 N 48.77827

Campings

CANCALE

Le Bois Pastel
13 r. de la Corgnais - 📞 02 99 89 66 10 -
www.campingboispastel.fr
De fin mars à déb. oct. - 116 empl. -
borne eurorelais
Tarif camping : 5 € 2 € 11 €
(10A) 5 €
Services et loisirs :
Emplacements verdoyants souvent
bien ombragés.
GPS : W 1.86861 N 48.68875

ERQUY

Sites et Paysages Bellevue
Rte de la Libération - 📞 02 96 72 33 04 -
campingbellevue.fr
De déb. avr. à mi-sept. - 91 empl. -
borne artisanale
Tarif camping : 44,40 €
(10A) - pers. suppl. 6 €
Services et loisirs :
Entrée fleurie et décoration arbustive
des emplacements.
GPS : W 2.48528 N 48.59444

ST-MALO

Domaine de la Ville Huchet
Rte de la Passagère,
Quelmer - 📞 02 99 81 11 83 -
www.lavillehuchet.com
De déb. avr. à mi-sept. - 102 empl. -
borne artisanale -
18 €
Tarif camping : 42 €
(10A) - pers. suppl. 9 €
Services et loisirs :
Agréables emplacements autour d'un
petit château, jolie piscine ludique.
GPS : W 1.98704 N 48.61545

ST-PÈRE

Bel Évent
Bellevent - 📞 02 99 58 83 79 -
www.campingbelevent.com
De déb. avr. à mi-nov. - 110 empl.
Tarif camping : 4 € 2,50 €
9,50 € (10A) 4,50 €
Services et loisirs :
Emplacements bien délimités.
GPS : W 1.91838 N 48.57347

Les bonnes adresses de bib

CANCALE

Le Marché aux Huîtres – R. des Parcs - au bout du quai Thomas - www.marcheauxhuitres-cancale.com - 9h-19h30 - prix selon cours du jour. Du producteur au consommateur : face aux parcs et à la baie du Mont-St-Michel, assis sur le muret au bout du quai, en plein air, vous dégusterez les huîtres fraîchement pêchées que les ostréiculteurs du lieu proposent sur ce petit marché protégé des intempéries par des toiles de tente. Ils en assurent l'ouverture et la vente à emporter toute l'année.

DINAN

La Courtine – 6 r. de la Croix - 02 96 39 74 41 - fermé dim.-lun. et jeu. soir - formules 15/24 € - menus 18/31. Murs en granit et poutres composent le cadre chaleureux de ce restaurant installé dans une pittoresque maison de 1832. Service d'une grande efficacité, cuisine traditionnelle et spécialités de poisson.
Loc Maria Les Gavottes – Rte de Dinard - Taden - 02 96 87 42 55 - www.gavottes.fr - fermé dim. et j. fériés. Cette adresse est le point de vente de l'entreprise les Gavottes, célèbrissime maison qui concocte les fameuses crêpes dentelle de Dinan, biscuit croustillant roulé très fin, nature ou enrobé de chocolat. La recette fut inventée en 1886 par Marie-Catherine Cornic qui, dit-on, avait oublié sa crêpe sur le feu. Autres spécialités : la galette punch et le palet de Pleyben.

ERQUY

Madloc'h – 30 r. St-Michel - Les Hôpitaux - 02 96 63 69 23 - www.restaurant-madloch.fr - fermé mar. - formule 27,50 € - menus 42/55 €. Une table qui met à l'honneur les produits locaux, tant de la mer que de la terre. Sympathique tonnelle et bon accueil.

MORLAIX

Le Viaduc – 3 rampe Ste-Mélaine - 02 98 63 24 21 - www.le-viaduc.com - fermé dim. soir et lun. (sf juil.-août), mar. soir et merc. soir hors sais. - formules 15,50/27 € - menu 37,50 €. Spécialités de viandes, mais aussi charcuteries de tradition, kig ha farz et huîtres de Carantec au programme!

ST-MALO

Crêperie Ti Nevez – 12 r. Broussais - 02 99 40 82 50 - 12h-18h - galettes et crêpes moins de 15 €. Cette minuscule crêperie fondée en 1959 joue la carte de la tradition, tant dans son décor de meubles bretons et photos anciennes que dans ses recettes : les crêpes sont retournées comme autrefois, en salle devant les convives. Essayez aussi le fameux gâteau breton.

Un chaland, bateau ostréiole de Cancale.

Offices de tourisme

DINAN
9 r. du Château - 0 825 95 01 22 (0,15 €/mn) - www.dinan-capfrehel.com.

LAMBALLE
Pl. du Champ-de-Foire - 02 57 25 22 22 - www.capderquy-valandre.com.

ST-MALO
Espl. St-Vincent - 02 99 56 66 99 - www.saint-malo-tourisme.com.

Sentier sur la côte de Granit rose.

LE TOP 5 JOLIS PORTS
1. Cancale
2. Paimpol
3. Tréguier
4. Erquy
5. Roscoff

BRETAGNE – CIRCUIT 2
Le Finistère grandeur nature

La côte nord du Finistère offre le spectacle magnifique d'un littoral sauvage, souvent rude et d'une étrange beauté, entaillé par les abers et ponctué de vieilles cités. Les amoureux de sentiers côtiers et d'odeur de goémon y seront comme chez eux. Mais avant d'aborder ce « bout du monde » vous aurez découvert ces chefs-d'œuvre de l'architecture religieuse bretonne que sont les enclos paroissiaux. Voici un circuit aussi varié que long, cent pour cent breton… de terres et de mers.

⭐ **DÉPART :** ROSCOFF - 6 jours – 185 km

JOUR 1

Votre point de départ sera **Roscoff** et son port. Flânez dans la vieille ville dominée par le clocher ajouré de son église Notre-Dame-de-Croas-Batz et surtout ne manquez pas le Jardin exotique où s'épanouissent plus de 3 500 espèces de plantes subtropicales. L'après-midi, embarquez pour l'**île de Batz** entourée de récifs et de petites plages. Le tour de l'île se fait facilement à pied ou à vélo (location sur place) et passe par les jardins Georges-Delaselle dits Jardin colonial. De retour sur le continent, allez à **Sibiril** pour visiter le château de Kérouzéré, beau témoignage de l'architecture militaire au Moyen Âge.

JOUR 2

Passé **Plouescat** qui exhibe une très belle halle classée monument historique (marché le samedi), la D10 longe les dunes de Keremma, belle incitation à la promenade ou à la baignade dans un environnement sauvage à souhait. À **Goulven**, faites un crochet par **Le Folgoët** le temps de découvrir l'une des plus belles basiliques de Bretagne avec un jubé en granit ; puis remontez sur **Brignogan-Plages** et le phare de Pontusval, niché dans un site d'éboulis granitiques. En zigzaguant par les petites routes vers l'ouest vous n'aurez pas de mal à trouver le site de **Ménéham** et son adorable village de goémoniers aux maisons couvertes de chaume (visite libre). Pour finir la journée en longeant au plus près le littoral, petites criques désertes et plages de sable fin vous inciteront à la pause.

JOUR 3

À Guisseny, prenez la D10 pour **Plouguerneau** où l'Écomusée raconte le travail des goémoniers et l'utilisation des algues de nos jours. Du bourg, allez ensuite explorer la presqu'île formée par la Manche et

Plage de Beniguet, à St-Pabu dans l'aber Benoît.

l'aber Wrach. Vous y dénicherez aisément quelques belles plages. À la pointe de Lillia vous apercevrez le phare en mer de l'île Vierge, le plus haut d'Europe. Vous pouvez vous y rendre avec les vedettes du port de Perros. Par Lannilis gagnez à présent le bourg de **L'Aber-Wrac'h**, d'où la route en corniche longe la baie des Anges et conduit aux dunes de Ste-Marguerite.

JOUR 4

Retour à Lannilis pour prendre la D28 et franchir l'aber Benoît en direction de Ploudalmézeau. Dès que possible prenez à droite pour longer le littoral de près par **St-Pabu**, les dunes de **Corn-Ar-Gazel** aux plages de sable blanc, puis **Portsall**, petit port aux premières loges d'un événement dramatique, le naufrage du pétrolier Amoco Cadiz. Seule une ancre géante du navire sur le port rappelle cette catastrophe. Poursuivant le long de la côte, vous verrez les ruines romantiques du château de Trémazan (un belvédère permet d'admirer la majesté des lieux) et plus loin, passé la pointe, la touchante chapelle **St-Samson** en bord de falaise. Après Argenton, allez flâner sur la presqu'île St-Laurent qui marque le point de rencontre entre la Manche et l'océan Atlantique. Les petits ports de **Porspoder** et de **Melon** vous conduisent enfin à **Lanildut**, premier port goémonier d'Europe. Faites étape le soir à **Lampaul-Plouarzel** sur l'aire qui se trouve à deux pas des plages.

JOUR 5

Longeant la côte vers le sud vous atteignez la **pointe de Corsen** où le Cross contrôle la navigation intense dans une des zones peuplées de récifs les plus dangereux de Bretagne. Plus au sud la plage des Blancs Sablons incite à la pause tout comme la pointe de Kermorvan pour ses panoramas maritimes avant d'atteindre **Le Conquet** et son port de pêche très actif. Temps fort de votre journée la **pointe St-Mathieu** vous retiendra un bon moment entre son phare, son mémorial aux Marins morts pour la France, son abbaye aux ruines romantiques et son sentier du littoral qui flirte avec les falaises offrant de beaux points de vue sur la rade de Brest.

JOUR 6

Brest mérite bien qu'on y passe une journée entière. Sa majestueuse **rade** en dit long sur le mariage de la cité avec l'Océan : son port, dédié à la Marine nationale pendant des siècles, accueille aujourd'hui ferries, plaisanciers et grands navigateurs. Si des sorties en bateau dans la rade (rens. à l'office de tourisme) sont organisées, la plus belle vue sur le site se révèle à l'est du **cours Dajot** où une table d'orientation aide à la lecture du paysage qui se déploie de l'embouchure de l'Élorn à la pointe de Portzic. Au premier plan s'étend le port de commerce. En face, sur la rive sud, l'École navale de Lanvéoc. À côté, en direction de l'ouest, l'île Longue abrite la base des sous-marins nucléaires. Au-delà, on distingue la presqu'île de Crozon, qui s'achève par la pointe des Espagnols. Mais ne négligez pas la ville et débutez votre flânerie par le **quartier de la Recouvrance**, un quartier populaire étagé sur la rive droite de la Penfeld qui a conservé l'ambiance du Brest d'avant-guerre, notamment dans les ruelles situées autour de l'église St-Sauveur (18e s.). À l'inverse, l'architecture du **centre-ville** témoigne de l'urbanisme d'après-guerre. Ainsi en est-il de la place de la Liberté ou de la commerçante rue de Siam, piétonne, qui offre une belle perspective sur la rade. Le **château**, rescapé des siècles, abrite un beau musée de la Marine. Enfin, ne repartez pas sans avoir fait un saut à **Océanopolis**, pièce maîtresse de la ville. Dans des aquariums géants, reconstituant de façon spectaculaire la diversité des milieux naturels aquatiques, évoluent 10 000 animaux de 1000 espèces différentes. À la beauté de ces décors sous-marins, soumis aux houles et aux marées artificielles, s'ajoute la richesse de l'information dispensée. Bornes interactives, maquettes, films et animations mettent à la portée de chacun l'histoire des océans, et leur gestion par l'homme.

BRETAGNE – ADRESSES CIRCUIT 2

Aires de service & de stationnement

Campings

BREST

Aire du port de plaisance
R. Eugène-Berest - 02 98 44 24 96
Permanent (fermé lun. hors vac. scol.)
Borne raclet : gratuit
- Illimité - gratuit
Services :
À 100 m de la plage du Moulin-Blanc et du port de plaisance.
Bus pour le centre-ville.
GPS : W 4.43468 N 48.3935

CLÉDER

Camping-car Park de Cléder
Le Poulennou - 01 83 64 69 21 -
www.campingcarpark.com
Permanent -
Borne AireService
33 - 72h - 13,80 €/j. - borne compris - Paiement :
Services :
Tout près de la plage de Kervalou, plat, gravier, herbeux.
GPS : W 4.1195 N 48.69206

LE CONQUET

Aire du Conquet
R. du Gén.-Leclerc, derrière l'office de tourisme - 02 98 89 11 31
Permanent
Borne eurorelais 3,50 € 3,50 €
- gratuit
Paiement : jetons (office de tourisme et mairie)
Services :
Verdoyant, plat, gravier et ombragé.
GPS : W 4.77017 N 48.36073

GOULVEN

Aire naturelle de Ty Poas
Ty Poas, 600 m du bourg, dir. Kerlouan - 02 98 83 40 69
De mi-juin à mi-oct. -
Borne artisanale
13 - Illimité - 6 €/j. - borne compris
Services :
Mini camping pour camping-cars avec sanitaire complet. Plat, herbeux.
GPS : W 4.30835 N 48.63109

LAMPAUL-PLOUARZEL

Aire de Lampaul-Plouarzel
R. Beg-Ar-Vir - 02 98 84 01 13
Permanent -
Borne AireService
20 - 24h - 7,20 €/j. - borne compris
Paiement :
Services :
Site agréable. Plat, herbeux.
GPS : W 4.77712 N 48.44721

PLOUARZEL

Aire de Plouarzel
Rte de Ruscumunoc, près de la pointe Corsen -
06 21 07 68 23
Permanent (mise hors gel) -
Borne AireService
60 - Illimité - 11 €/j. - borne compris ; gratuit en oct.-mars
Paiement :
Services :
Très agréable site avec vue imprenable sur mer. Plat, herbeux.
GPS : W 4.78502 N 48.4223

PLOUDALMÉZEAU

Aire de Kerros-Portsall
34 r. de Porsguen, Portsall -
02 98 48 10 48 - Permanent -
Borne AireService
45 - - Illimité - 15,22 €/j. - borne compris ; moins cher hors sais.
Paiement :
Services :
Site agréable à proximité de la plage de sable blanc. Plat, herbeux.
GPS : W 4.69884 N 48.56615

ROSCOFF

Camping-car Park de Roscoff
R. des Dentelles - 01 83 64 69 21 -
www.campingcarpark.com
De déb. avr. à mi-sept.
Borne
49 - - 72h - 13,30 €/j. - borne compris - Paiement :
Services :
En face de la plage du Pouldu. Navette pour le centre-ville (été). Gravillons.
GPS : W 4.00887 N 48.71384

BRIGNOGAN-PLAGES

La Côte des Légendes
R. Douar ar Pont - 02 98 83 41 65 -
www.campingcotedeslegendes.com
De déb. avr. à déb. nov. - 150 empl. -
borne artisanale
Tarif camping : 28 €
(10A) - pers. suppl. 7 €
Services et loisirs :
Au bord de la plage des Crapauds, site sensibilisé à l'écologie.
GPS : W 4.32928 N 48.67284

LAMPAUL-PLOUDALMÉZEAU

Municipal des Dunes
Le Vourc'h - 02 98 48 14 29 -
lampaul-ploudalmezeau.bzh
De mi-juin à fin sept. - 100 empl. -
borne artisanale 4,50 €
Tarif camping : 6 € 13,50 €
(10A) 5 €
Services et loisirs :
Site sauvage dans les dunes.
GPS : W 4.65639 N 48.56785

PLOUGUERNEAU

La Grève Blanche
St-Michel - 02 98 04 70 35 -
www.campinggreveblanche.com
De mi-mars à déb. oct. - 92 empl.
borne artisanale 5 €
Tarif camping : 5,30 € 1,80 €
6,10 € (10A) 4 €
Services et loisirs :
Cadre naturel autour de rochers dominant la plage.
GPS : W 4.523 N 48.6305

ST-RENAN

Municipal de Lokournan
Rte de l'Aber - 02 98 84 37 67 -
www.saint-renan.fr
De mi-juin à mi-sept. - 70 empl. -
borne artisanale 4,50 € -
gratuit pour les clients du camping
Tarif camping : 3,50 € 3,50 €
(10A) 4,50 €
Services et loisirs :
Terrain sauvage bien ombragé près d'un petit lac.
GPS : W 4.62929 N 48.43991

Les bonnes adresses de bib

BATZ

✖ **Penn Ar Batz** – Le Bourg - ✆ 02 98 61 79 31 - www.le-pabrestaurant-creperie-bar-ile-de-batz.com - 11h-23h - fermé merc. - moins de 15 €. Sur la jolie terrasse de ce pub-crêperie-restaurant, ou dans sa salle dont les murs exposent de belles photos de Batz, on déguste de délicieuses galettes et crêpes, un plat du jour à base de poisson aux algues et de pommes de terre de l'île, ou encore des salades en saison. L'accueil est chaleureux et l'ambiance sympathique.

BREST

✖ **Crêperie Moderne (maison Boënnec)** – 34 r. Algésiras - ✆ 02 98 44 44 36 - fermé dim. hors sais. - moins de 15 €. Si la longévité est un gage de qualité, cette maison-là décroche la palme. Fondée en 1922, elle fait toujours courir les Brestois qui la fréquentent avec assiduité.

LE CONQUET

✖ **Le Relais du Vieux Port** – 1 quai du Drellac'h - ✆ 02 98 89 15 91 - www.lerelaisduvieuxport.com - fermé 1re quinz. de janv. - menu 32 €. Maison du 15e s. Côté restaurant : poissons, coquillages et fruits de mer, servis dans un décor d'inspiration marine mariant la pierre et le bois.

PLOUZANÉ

✖ **Les Mille et Une Lunes** – Rte du Minou - ✆ 02 98 48 41 81 - restaurant1001lunes.free.fr - fermé lun.-vend. le soir, sam. midi, dim. - menu 58 €. Un lieu atypique animé par un chef passionné - géologue à l'Ifremer - et son équipe. Produits frais et locaux au programme, combinés dans des recettes savoureuses.

PORSPODER

✖ **Le Rivage du château de Sable** – 38 r. de l'Europe - ✆ 02 29 00 31 32 - tlj, midi et soir - plats 18/26 € - menu 27 €. Julien Robert sait mettre en avant les meilleurs produits du terroir breton et de la pêche locale et ose quelques mariages originaux... À l'étage, le restaurant La Dune, du chef étoilé Anthony Hardy, sert couteaux de plongée, crémeux à l'ail, salicorne et caviar Sturia ; homard de nos côtes bretonnes, navet glacé, blette et chorizo...

ROSCOFF

La Maison du kouign amann – 18 r. Armand-Rousseau - ✆ 02 98 69 71 61 - 9h-18h30 - fermé lun., de déb. déc. à pâques (sf vac. scol.). La première chose que l'on voit en pénétrant dans ce lieu est la profusion de pâtisseries bretonnes, toutes plus appétissantes les unes que les autres. Le kouign amann tire bien sûr avantage de sa notoriété, mais vous apprécierez aussi le far et les gâteaux bretons nature ou aux pommes.

Kouign amann.

Offices de tourisme

BREST

8 av. Georges-Clemenceau - ✆ 02 98 44 24 96 - www.brest-metropole-tourisme.fr.

LE CONQUET

Parc de Beauséjour - ✆ 02 98 38 38 38 - www.iroise-bretagne.bzh.

ROSCOFF

Quai d'Auxerre - ✆ 02 98 61 12 13 - www.roscoff-tourisme.com.

Le phare de l'île Vierge, le plus haut phare d'Europe (82,5 m).

BRETAGNE – CIRCUIT 3
Enclos paroissiaux et monts d'Arrée

Il n'existe pas de lieu plus typique de l'architecture bretonne que les enclos paroissiaux, toujours constitués d'éléments indissociables : porte triomphale, ossuaire, calvaire, cimetière et église ceinturés de murs. C'est à leur découverte que vous invite ce circuit qui se prolonge dans les landes et sur les hauteurs des monts d'Arrée, évoquant les paysages sauvages du pays de Galles.

DÉPART : BREST - 4 jours – 180 km

JOUR 1

Cette première journée est consacrée aux enclos paroissiaux, chefs-d'œuvre de l'art religieux breton. Partant de **Brest** plein est, faites une première halte à l'enclos de **Pencran** (au sud de Landerneau) avant de rejoindre celui de **La Roche-Maurice** préservant le plus important ossuaire de Bretagne et un beau jubé Renaissance. La suite de l'itinéraire vous entraîne à l'est de **Landivisiau** à la découverte des plus riches et prestigieux enclos paroissiaux : **Lampaul-Guimiliau**, puis **Guimiliau** et enfin **St-Thégonnec** – de purs chefs-d'œuvre de la Renaissance et du 17ᵉ s. qui témoignent de la prospérité de la Bretagne à cette époque. Halte nocturne possible sur ces trois communes.

JOUR 2

Par la D18 plein sud, puis la D11, gagnez **Commana**, dont l'église conserve trois retables intéressants. Un petit crochet en direction de Sizun vous permettra de découvrir le site des **moulins de Kerouat**, un village abandonné au 19ᵉ s. et réhabilité sous la forme d'un écomusée consacré à la vie rurale et au travail des meuniers. Un nouveau crochet au sud de Commana vous conduira au sommet de la **montagne St-Michel** et à sa chapelle solitaire, véritable belvédère dominant le réservoir St-Michel. Revenez ensuite vers le site du **roc Trévezel**, l'un des points culminants de la Bretagne. Il offre un large panorama sur les monts d'Arrée et les Montagnes Noires (sentier 30mn AR).

JOUR 3

L'étape suivante, **Huelgoat**, vous retiendra un bon moment avec ses profonds sous-bois aux airs mystérieux, ses cours d'eau et ses chaos granitiques couverts de mousse et entourés de bien des légendes. C'est l'un des plus jolis sites naturels de la Bretagne intérieure (voir l'encadré p. ci-contre). Poursuivez par **St-Herbot** pour admirer la belle clôture en chêne

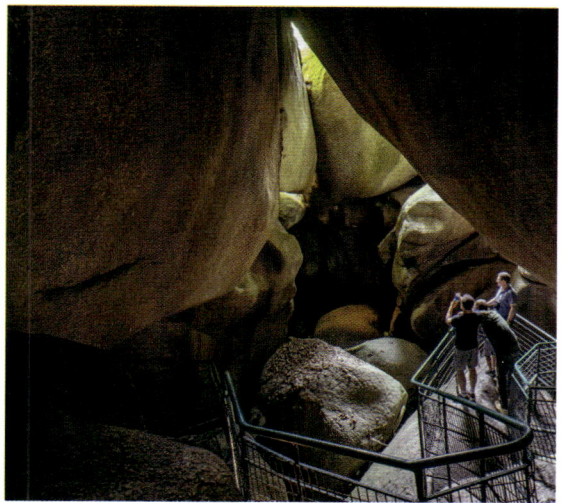
Gouffre, chaos granitique de la rivière d'Argent, en forêt de Huelgoat

sculpté du chœur de son église, puis le site de **Roc'h Begheor**. Il vous offrira un panorama circulaire sur le Parc naturel régional d'Armorique (comptez 15mn à pied). Pour finir la journée, piquez plein sud sur **Châteauneuf-du-Faou**, plaisante cité dominant la vallée de l'Aulne et réputée pour ses grands marchés (mercredi matin). C'est ici que s'établit le peintre Paul Sérusier, post-impressionniste, fondateur des nabis et ami de Gauguin. Un circuit en ville (dépliant à l'office de tourisme) permet de découvrir les paysages qu'il immortalisa.

JOUR 4

Les alentours de Châteauneuf-du-Faou méritent que l'on s'y attarde, en commençant par visiter, à **Spézet**, la chapelle Notre-Dame-du-Crann qui possède des vitraux remarquables du 16e s. Au sud de Châteauneuf-du-Faou, vous irez aussi voir le domaine de Trévarez (à **St-Goazec**). Le château Belle Époque de style gothique mérite la visite, mais ce sont surtout les extérieurs qui retiendront votre attention. S'y déploie, sur 85 ha, un jardin d'inspiration italienne, un jardin à la française, une rocaille et un immense parc à l'anglaise, réputé pour ses collections végétales. Beau panorama depuis la terrasse du château sur la vallée de l'Aulne et les monts d'Arrée. La journée se terminera agréablement en rejoignant **Pleyben** et le dernier enclos paroissial de ce circuit, avec l'un des plus impressionnants calvaires de Bretagne, tout en granit et d'une grande finesse, en forme d'arc de triomphe.

RANDONNÉE À PIED
Forêt de Huelgoat

INFOS PRATIQUES

Bureau d'information touristique de Huelgoat – 25 pl. Aristide-Briand - ✆ 02 98 99 72 32 - www.montsdarreetourisme.bzh.

STATIONNEMENT

Parking du Champignon
Rte de Berrien, en face du supermarché Intermarché, avec accès direct à la forêt *(gratuit)*.

D'une superficie de plus de 1000 ha, la forêt de Huelgoat est accrochée au pied du versant sud de la chaîne des monts d'Arrée. Ses collines sont séparées par des vallées souvent profondes, qui recèlent des sites étranges et pittoresques, riches en contes et légendes.

Promenade du Fer-à-Cheval et gouffre – *30mn à pied. Après le Pont rouge, à droite, suivez la promenade du Fer-à-Cheval.* Flânerie dominant la rivière d'Argent. *Reprenez à droite la route de Carhaix pendant 300 m.* Un escalier de 39 marches mène au gouffre. La rivière d'Argent se perd dans une excavation profonde et ne reparaît que 150 m plus loin. On peut gagner un belvédère *(15mn AR – accès difficile et manque de protection)* dominant le chaos du gouffre.

Promenade du Canal – *3h à pied AR, au départ de la rue du Dr-Jacq.* Pour l'exploitation des mines de plomb argentifère, déjà connues des Romains, un lac de barrage et deux canaux ont été aménagés au 19e s. Les eaux servaient au lavage du minerai et comme force motrice d'un concasseur. La promenade suit la berge du canal supérieur. À son extrémité, il est possible de gagner le gouffre *(description de ce parcours en sens inverse ci-dessus : « Promenade du Fer-à-Cheval et gouffre »).*

Promenade du Clair-Ruisseau – *1h30 AR. Au parc de stationnement situé après le Pont rouge, prenez l'allée du Clair-Ruisseau.* Elle offre des vues sur le lit du ruisseau, encombré de rochers et d'arbres enchevêtrés. À gauche, un escalier *(25 marches)* descend à la mare aux Sangliers, petit bassin limpide dans un joli site de rochers où l'on croit reconnaître des têtes de sangliers, d'où le nom. Un ponceau rustique permet de franchir le ruisseau et de gagner l'allée de la Mare, que l'on prend à gauche. Après l'impressionnant escalier *(218 marches)* qui conduit plus rapidement au camp d'Artus, on découvre, sur la droite, en contre-haut, l'entrée de la grotte d'Artus. *Poursuivez par le chemin en montée qui, en 800 m, mène au camp.* Des rochers en marquent l'entrée, qui était commandée par une motte artificielle. C'est un important exemple d'oppidum gaulois limité par deux enceintes. Malgré l'envahissement de la végétation, il est possible de faire le tour du camp par un sentier *(1 km environ)* qui suit la seconde enceinte elliptique, la seule qui soit assez bien conservée.

BRETAGNE – ADRESSES CIRCUIT 3

Aires de service & de stationnement

CLÉDEN-POHER
Aire de Cléden-Poher
Rte du Stade - 02 98 93 40 90
Permanent (mise hors gel) -
Borne artisanale : gratuit
8 - Illimité - gratuit
Services :
Ombragé, plat, bitume.
GPS : W 3.67158 N 48.23692

COMMANA
Aire de Commana
Rte de Landivisiau, près du stade -
02 98 78 00 13
Permanent (mise hors gel) -
10 - Illimité - gratuit
Services :
Cadre verdoyant, plat, herbeux, gravier.
GPS : W 3.96062 N 48.41603

GUIMILIAU
Aire de Guimiliau
R. des Bruyères - 02 98 68 75 06 -
www.guimiliau.fr
Permanent -
Borne artisanale : gratuit
10 - 48h - gratuit
Services :
Tout près du bourg, plat, ombragé, gravillons.
GPS : W 3.997 N 48.4865

LAMPAUL-GUIMILIAU
Aire de Lampaul-Guimiliau
Le Ped, au pied de l'enclos paroissial -
02 98 68 76 67 - www.mairie-lampaul-guimiliau.fr
Permanent -
Borne artisanale : gratuit
15 - 72h - gratuit
Services :
Agréable cadre verdoyant, arboré, plat, gravillons ; vue sur le clocher de l'église.
GPS : W 4.03869 N 48.49421

LANDERNEAU
Aire de Landerneau
R. du Calvaire, près du stade -
06 15 94 06 92 -
www.ville-landerneau.fr
Permanent
Borne AireService 3 €
40 - Illimité - 7 €/j.
Paiement :
Services :
Sur l'ancien camping municipal ombragé, proche de la rivière.
GPS : W 4.25776 N 48.44647

PLOUGASTEL-DAOULAS
Aire de Plougastel-Daoulas
R. de la Fontaine-Blanche -
02 98 37 57 57 -
www.mairie-plougastel.fr
Permanent -
Borne artisanale : gratuit
13 - Illimité - gratuit
Services :
À 500 m du centre-ville, à côté des stades, ombragé, bitume.
GPS : W 4.43621 N 48.39143

ST-RIVOAL
Aire municipale de St-Rivoal
Rte du Faou (D 42) - 02 98 81 40 54
Permanent -
Borne AireService : gratuit
6 - Illimité - gratuit
Services :
Ombragé, plat, gravier.
GPS : W 4.00395 N 48.34923

SIZUN
Aire de Sizun
R. de Cornouaille - 02 98 68 80 13
Permanent (mise hors gel)
Borne eurorelais : gratuit
2 - Illimité - gratuit
À 500 m du bourg, plat, bitume.
GPS : W 4.07851 N 48.40197

LE TRÉHOU
Aire de stationnement du Tréhou
5 rte de Sizun - 02 98 68 80 13
Permanent
Borne artisanale : 5 € - paiement en mairie
5 - Illimité - gratuit
Plat, herbeux, à 500 m du bourg.
GPS : W 4.13161 N 48.39397

Campings

HUELGOAT
La Rivière d'Argent
La Coudraie - 02 98 99 72 50 -
www.larivieredargent.com
De déb. avr. à fin nov. - 58 empl. -
borne artisanale
Tarif camping : 26,50 €
(10A) - pers. suppl. 7 €
Services et loisirs :
Camping au calme dans la forêt (départ de sentiers de randonnée) et à proximité de la cité.
GPS : W 3.71655 N 48.36403

PLOUGASTEL-DAOULAS
St-Jean
St-Jean - 02 98 40 32 90 -
www.campingsaintjean.com
De fin avr. à fin sept. - 75 empl. -
borne artisanale
Tarif camping : 30,50 €
(10A) - pers. suppl. 5 €
Services et loisirs :
Site agréable au bord de l'estuaire de l'Élorn, propice à l'observation de l'avifaune.
GPS : W 4.35334 N 48.40122

SIZUN
Municipal du Gollen
Le Gollen - 02 98 24 11 43 -
www.mairie-sizun.fr
De déb. avr. à fin sept. - 29 empl. -
borne eurorelais
Tarif camping : 4 € 3 € 3,50 €
(10A) 5 €
Services et loisirs :
Grande prairie au bord de l'Élorn.
GPS : W 4.07659 N 48.4

Les bonnes adresses de bib

LANDERNEAU

Les Cap Horniers – 13 r. du Commerce - 02 98 21 32 38 - lescaphorniers.fr - fermé dim., lun. soir, mar. soir et merc. soir - menus 21/33 €. Brique de chèvre et noix, joue de cochon confite, blanquette de la mer... Voici quelques-unes des recettes de saison qui font courir le tout Landerneau vers ce lieu chaleureux niché dans les rues piétonnes, sur la rive droite de l'Élorn.

PLEYBEN

Taverne La Blanche Hermine – 1 pl. Charles-de-Gaulle - 02 98 26 61 29 - www.la-blanche-hermine.com - fermé lun.-mar. et de mi-déc. à mi-fév. - plats 15/28 €. Plats copieux inspirés par le terroir breton comme la potée des Montagnes noires ou la marmitée de St-Jacques avec une pointe de curry. Grand choix de bières.

LA ROCHE-MAURICE

Crêperie Milin An Elorn – 02 98 20 41 46 - fermé lun. - moins de 15 €. Arrêtez-vous dans cet ancien moulin au bord de l'eau pour déguster, dans un cadre rustique, des crêpes de blé noir arrosées de cidre breton. Aussi crêpes au froment salées ou glacées, et toute petite carte grill.

ST-RIVOAL

L'Auberge du Menez – 02 98 93 02 48 - fermé lun.-merc. - plats 15/22 €. Josef Drigé et Manuel Penas Galego se distinguent par cuisine inventive, marquée d'influences espagnoles et nordiques, qui n'utilise que des produits locaux. En effet, tout ce qui est dans votre assiette vient de la région. Et la charcuterie est bien sûr faite maison. Seule la carte des vins, avec 200 références, sort du territoire !

ST-THÉGONNEC

Crêperie Steredenn – 6 r. de la Gare - 02 98 79 43 34 - fermé déc.-janv., lun.-mar., merc. soir et jeu. soir - moins de 15 €. On vient de toute la région pour déguster les délicieuses crêpes au blé noir ou au beurre salé. Cheminée.

SIZUN

Hôtel des Voyageurs – 2 r. de l'Argoat - 02 98 68 80 35 - hotelvoyageur.fr - fermé vend. soir, sam. et dim. soir, 3 sem. en sept. - menus 18/42 €. Non loin de l'enclos paroissial, cet hôtel familial rénové abrite un restaurant proposant une cuisine traditionnelle : elle est agréablement servie près de la cheminée

Offices de tourisme

GUIMILIAU

53 r. du Calvaire - 02 98 68 33 33 - www.roscoff-tourisme.com.

LANDERNEAU

16 pl. du Gén.-de-Gaulle - 02 98 85 13 09 - www.tourisme-landerneau-daoulas.fr.

Plateau de fruits de mer.

LE TOP 5 ENCLOS PAROISSIAUX

1. St-Thégonnec
2. Guimiliau
3. Lampaul-Guimiliau
4. La Roche-Maurice
5. La Martyr

BRETAGNE – CIRCUIT 4
La côte de Cornouaille

Royaume puis duché de Bretagne, la Cornouaille médiévale s'étendait très loin autour de Quimper. La région que l'on découvre ici est celle du littoral avec ses grands ports de pêche toujours actifs, ses larges baies et ses falaises rocheuses, du pays de Douarnenez à Concarneau en passant par l'incontournable pointe du Raz et les ports bigoudens. Coups de cœur assurés !

⭐ **DÉPART :** LOCRONAN - 7 jours – 290 km

JOUR 1

Passez la nuit sur l'aire de **Locronan**, à l'entrée du village. Ainsi, tôt le matin vous flânerez tranquillement autour des magnifiques demeures Renaissance qui composent un tableau d'une rare homogénéité. Filez ensuite sur **Douarnenez** pour visiter les bateaux à flots de son port-musée, et profitez de ses belles plages… à moins de préférer l'ambiance du port de pêche ou du port de plaisance.

JOUR 2

Le circuit se poursuit au plus près du littoral en égrainant les falaises : la **pointe du Millier**, puis la **pointe de Beuzec** et la **réserve du cap Sizun**, sanctuaire des oiseaux marins. À chaque étape le sentier côtier (GR34) vous invite à des balades panoramiques. Il faudra encore vous arrêter à la **pointe de Brézellec** avant d'atteindre la fameuse **pointe du Van** où se dresse la chapelle St-They dans un cadre de landes et de bruyère. Étape nocturne à la pointe du Van ou à l'époustouflante **pointe du Raz**, classée Grand Site de France (parking payant).

JOUR 3

Levez-vous avec le soleil et filez à pied à la pointe du Raz : par temps clair vous aurez l'impression de toucher l'île de Sein. Après un coup d'œil au petit port de Bestrée ou une pause balnéaire à la **baie des Trépassés**, reprenez la D784. Amateur de produits de la mer, vous trouverez votre bonheur en poissons et crustacés dans les casiers des pêcheurs d'**Audierne**. Rejoignez **Pont-Croix** et flânez dans le vieux quartier autour de l'église Notre-Dame de Roscudon.

JOUR 4

Vous allez aujourd'hui explorer la côte sauvage du pays Bigouden (de belles plages de sable en perspective) au départ du charmant petit port de **Pors-Poulhan**.

Quimper et les quais de l'Odet.

À **Penhors**, voyez la chapelle avant de rejoindre **Plovan** et les ruines romantiques de sa chapelle de Languidou préservant une belle rosace. Via Plouneour-Lanvern, revenez vers le littoral par **Notre-Dame-de-Tronoen** qui conserve un remarquable calvaire avant de vous rendre à la **pointe de la Torche**, haut lieu de la glisse et pourvue d'une belle plage.

JOUR 5

L'itinéraire se poursuit par la tournée des ports de pêche bigoudens. **St-Guénolé** d'abord, puis, via la chapelle Notre-Dame-de-la-Joie, le tout petit port St-Pierre, à découvrir du haut du **phare d'Eckmühl** : beau panorama sur la **pointe de Penmarc'h**. Arrivez en début d'après-midi à **Guilvinec** pour visiter Haliotika (consacré à la pêche en mer), découvrir la criée et assister au retour des bateaux (vers 16h30). Plus modeste le port de **Lesconil** mérite aussi une halte puis terminez la journée par le manoir de Kérazan entre **Loctudy** et **Pont-l'Abbé**.

JOUR 6

Après la visite du château de **Pont-l'Abbé** qui abrite le Musée bigouden, prenez la D44 et filez sur **Fouesnant** à la **pointe de Mousterlin** d'où vous pourrez découvrir le site de la mer blanche. Un peu plus vers l'est, la **pointe de Beg-Meil** suggère une autre escapade, celle qui conduit dans l'archipel des Glénan et son île St-Nicolas. N'oubliez pas votre serviette de bain.

JOUR 7

La ville close et le port de **Concarneau** vous occuperont au minimum la matinée, puis explorez la côte des Avens par la **pointe de Trévignon**, le hameau de chaumières de **Kerascoët** pour finir à **Pont-Aven**.

ÉTAPE 11

Quimper

OFFICE DE TOURISME

8 r. Élie-Fréron - 02 98 53 04 05 - www.quimper-tourisme.bzh.

STATIONNEMENT & SERVICES

Parking sur les quais de l'Odet, rive droite et rive gauche, face au palais de justice *(gratuit)*.

Aire du camping municipal
4 av. des Oiseaux - 02 98 55 61 09 - www.quimper.bzh
Permanent
Borne AireService
- Illimité - 14,10 €/j. - borne comprise
Services :
Emplacements herbeux, ombragés, agréables.
GPS : W 4.12093 N 47.99207

Le vieux centre étant en grande partie réservé aux piétons, vous aborderez Quimper par les quais, le long de l'Odet où se distinguent quelques bâtiments Art déco. Cette rivière navigable descend des Montagnes noires et vit au rythme des marées. Le port, lui, s'est replié en aval, selon la marée, au port du cap Horn ou celui de Corniguel d'où partent les vedettes proposant notamment des **croisières** jusqu'à Bénodet *(comptez 2h30 AR)*. Avant d'aborder le centre historique, partez de la place de la Résistance et montez par les sentiers qui escaladent le **mont Frugy** et multiplient les panoramas sur la vieille ville, puis franchissez l'Odet par l'un des ponts ou passerelles toujours fleuris qui l'enjambent. Vous voilà au pied des **remparts** qui enserraient jadis la cité médiévale. Par la rue du roi Gradlon, fondateur de la ville selon la légende, vous atteignez la **cathédrale St-Corentin** de style gothique flamboyant dressant fièrement ses deux flèches de pierre. À l'intérieur, vous verrez notamment des gisants et de beaux **vitraux** du 15e s. Jouxtant la cathédrale, le **Musée départemental breton** abrite des collections de céramiques, des costumes locaux et du mobilier régional. L'autre lieu d'exposition incontournable, le **musée des Beaux-Arts**, est installé dans un palais à l'italienne. Il présente des peintures du 14e s. à nos jours des écoles françaises et étrangères (flamandes, italiennes, espagnoles). Une salle est consacrée à Max Jacob, peintre et écrivain natif de Quimper. Vous serez ensuite attiré par la **rue Kéréon** qui draine la foule et préserve de magnifiques maisons à pans de bois et d'ardoise. Au bout, faites un crochet par la charmante **place Terre-au-Duc** où se faufile la rivière Steir, avant de rejoindre les **halles St-François** *(tlj et grand marché le sam.)*. Enfin, impossible de quitter la ville sans faire un tour par le **quartier Locmaria** où se tient la faïencerie H. B. Henriot, perpétuant un savoir-faire inégalé tant dans la production de motifs traditionnels que de décors contemporains.

BRETAGNE – ADRESSES CIRCUIT 4

Aires de service & de stationnement

AUDIERNE
Aire d'Audierne
Pl. du Gén.-de-Gaulle -
02 98 70 08 47 - audierne.fr
Permanent (interdit lors des manifestations)
Borne AireService 3 € 3 €
15 - 72h - 4,80 €/j.
Paiement :
Services :
En ville, au bord de l'eau ; plat, gravillons.
GPS : W 4.53739 N 48.02735

CLÉDEN-CAP-SIZUN
Aire de Cléden-Cap-Sizun
Pl. du 19-Mars-1962 (D 43) -
02 98 70 61 45
Permanent -
Borne AireService 2 €
6 - 72h - gratuit
Services :
À la sortie du bourg, en pente, ombragé, bitume.
GPS : W 4.64988 N 48.04825

COMBRIT
Aire de Combrit
R. Hent Ty Plouz, parking de la Mairie - 02 98 56 33 14 - www.destination-paysbigouden.com
Permanent
Borne raclet
10 - Illimité - gratuit
Services :
Petit ombrage, sol plat, bitume.
GPS : W 4.15456 N 47.88742

CONCARNEAU
Aire de Concarneau
Av. de la Gare, sur le parking de la gare - 02 98 50 38 38 - www.tourismeconcarneau.fr
Permanent (fermé mi-août, fête des Filets bleus)
Borne AireService : 4,20 €
40 - 72h - 6,10 €/j. - gratuit hors sais.
Paiement :
Services :
À proximité du centre-ville.
GPS : W 3.92056 N 47.87878

GUILVINEC
Aire de Guilvinec
R. Jacques-de-Thézac, pl. de la Petite-Sole - 02 98 58 29 29
Permanent
Borne artisanale 3 €
10 - gratuit
Paiement : jetons (office de tourisme en face ou agents municipaux)
Services :
GPS : W 4.28043 N 47.79595

LOCRONAN
Aire de Locronan
R. du Prieuré, parking Mission -
01 83 64 69 21 - locronan.bzh
Permanent -
Borne AireService
40 - Illimité - 12,10 €/j.
Paiement :
Services :
Plat, ombragé, gravier et bitume.
GPS : W 4.21223 N 48.09809

PLOGOFF
Aire de Plogoff
R. des Demoiselles, parking de l'église - 02 98 70 60 54 - www.plogoff-pointeduraz.com
Permanent
Borne AireService : gratuit
20 - 72h - gratuit - autre stat. sur le parking du stade à 500 m
Services :
GPS : W 4.66544 N 48.03732

PONT-AVEN
Camping-car Park Les Quatre Vents
R. Louis-Lomenech, parking du stade - 01 83 64 69 21 - www.campingcarpark.com
Permanent
Borne Urbaflux
37 - 72h - 12,50 €/j. - borne compris - Paiement :
Services :
Plat, bitume.
GPS : W 3.74337 N 47.85398

QUIMPER
Voir p. précédente

Campings

CONCARNEAU
Les Sables Blancs
R. des Fleurs - 02 98 97 16 44 - www.camping-lessablesblancs.com
De déb. avr. à fin oct. - 149 empl. -
borne artisanale
Tarif camping : 38 €
(10A) - pers. suppl. 7,30 €
Services et loisirs :
Proche du centre-ville et des plages.
GPS : W 3.92836 N 47.88203

FOUESNANT
Le Kervastard
56 chemin de Kervastard - 02 98 94 91 52 - www.campinglekervastard.com
De déb. avr. à fin oct. - 122 empl. -
borne artisanale
Tarif camping : 42 €
(10A) - pers. suppl. 7 €
Services et loisirs :
Cadre agréable légèrement ombragé tout proche des commerces.
GPS : W 3.98825 N 47.86015

LOCTUDY
Les Hortensias
38 r. des Tulipes - 02 98 87 46 64 - www.camping-finistere-loctudy.com
De mi-mars à déb. oct. - 44 empl. -
borne artisanale 5 € -
17 €
Tarif camping : 26,40 €
(10A) 5 € - pers. suppl. 5 €
Services et loisirs :
Un peu à l'écart de l'effervescence du bord de mer.
GPS : W 4.1823 N 47.81259

TRÉBOUL
Trézulien
14 rte de Trézulien - 02 98 74 12 30 - www.camping-trezulien.com
De déb. avr. à fin sept. - 200 empl. -
Tarif camping : 26,50 €
(10A) - pers. suppl. 6 €
Services et loisirs :
Cadre agréable en partie arboré, vastes emplacements sous les peupliers.
GPS : W 4.34931 N 48.09311

Les bonnes adresses de bib

AUDIERNE

L'Épi d'Or – 6 quai Jean-Jaurès - 02 98 70 29 41 - www.creperielepidor-audierne.fr - fermé lun. (sf juil.-août) et mar. - crêpes 2,50/10 €. Sur un quai du port d'Audierne, petite crêperie familiale. Le cadre est simple et convivial, avec pan de mur en pierre de pays, fausses poutres et tables en bois.

COMBRIT

Crêperie La Misaine – 4 quai Jacques-de-Thézac - Ste-Marine - 02 98 51 90 45 - www.lamisaine.fr - avr.-nov. - spécialités env. 15 € - réserv. conseillée. Cette petite maison de pierre, bâtie à mi-chemin de la chapelle et du port de Ste-Marine, offre une des meilleures vues sur l'estuaire de l'Odet et la station de Bénodet. Les crêpes et galettes en terrasse sont très prisées.

CONCARNEAU

La Porte au Vin – 9 pl. St-Guénolé - ville close - 02 98 97 38 11 - fermé de déb. nov. à déb. avr.; lun. soir-mar. - menu 22 € - carte 25/35 €. Cette maison ancienne jouxte la porte éponyme. Fruits de mer, poissons et crêpes sont servis dans un décor authentique : pierres, grandes cheminées, photos d'antan et tableaux régionaux.

DOUARNENEZ

Le Bigorneau amoureux – 2 bd Jean-Richepin - 02 98 92 35 55 - fermé lun. - formule déj. 15 € - plats env. 15 €. C'est une maison bleue... dominant la plage des Dames. Ambiance détendue dans un lieu souvent bondé. Au programme : cassolettes de st-Jacques et calamars à l'armoricaine.

LOCRONAN

Crêperie Le Temps passé – 4 r. du Four - 02 98 91 87 29 - www.creperie-locronan.fr - hors sais. : midi, vend.-sam. soir ; Pâques-sept. : tlj sf dim. soir et lun. ; tlj en été - crêpes 3,70/11,50 €. Adresse sympathique : dans cette belle maison en pierre, les galettes de blé noir, tartines, et crêpes au froment se déclinent à des prix très doux : de l'andouille de Guémené aux doubles crêpes sucrées, les « fromentines ».

PONT-AVEN

Crêperie Le Talisman – 4 r. Paul-Sérusier - 02 98 06 02 58 - fermé lun et dim. soir (sf été), de fin nov. à fin mars - 10/15 €. Les générations se succèdent aux fourneaux depuis 1920 et la réputation reste intacte. Au menu, omelettes, salades et, bien sûr, crêpes salées, dont la fameuse Talisman.

PONT-L'ABBÉ

Le Fief – 3 r. du Château - 02 98 87 24 55 - www.restaurant-lefief.com - fermé dim. et midi - plats 22/25 €. La cuisine, à base de produits frais et locaux, est savoureuse et contemporaine avec de nombreuses notes exotiques. Cadre rustique.

QUIMPER

An Diskuiz – 12 r. Élie-Fréron - 02 98 95 55 70 - fermé mar. et merc. (sept.-juin), merc. et dim. (juil.-août) - 15/20 €. Les recettes originales et bien tournées mettent en valeur les produits locaux. L'accueil est sympathique et sans prétention : une adresse de confiance pour déguster galettes et crêpes. Petite terrasse pour les beaux jours.

ST-GUÉNOLÉ

Conserves Belle Bretagne – Sur le port - 02 98 58 43 00 - www.oceane.bzh - été : 10h-19h ; reste de l'année : tlj sf dim. 10h-18h. Une conserverie artisanale à l'ancienne. Au-delà des produits en vente, prenez le temps de jeter un coup d'œil sur les panneaux qui retracent l'histoire des conserveries de St-Guénolé.

Offices de tourisme

CONCARNEAU
Quai d'Aiguillon - 02 98 97 01 44 - www.deconcarneauapontaven.com.

LOCRONAN
15 pl. de l'Église - 02 98 91 70 14 - www.locronan-tourisme.bzh.

PONT-AVEN
3 r. des Meunières - 02 98 06 87 90 - www.deconcarneauapontaven.com.

QUIMPER
Voir p. 37

Concarneau.

BRETAGNE – CIRCUIT 5
Le golfe du Morbihan

Mystérieux et fascinant Morbihan. Où est son vrai visage ? Dans l'extraordinaire profusion de ses mégalithes, dans le charme de sa « petite mer » au doux climat ou dans les vigoureux et tonifiants embruns de sa presqu'île de Quiberon ?

⭐ **DÉPART :** VANNES - 7 jours – 330 km

JOUR 1
Visite de **Vannes** (voir l'encadré p. ci-contre).

JOUR 2
Vous abandonnerez Vannes pour découvrir le **golfe du Morbihan**, en bateau au départ de Vannes. La vedette sur laquelle vous embarquerez vous emmènera vers l'**île d'Arz** et l'**île aux Moines**, mais aussi vers une douceur et une lumière uniques. Prenez soin de réserver au passage une visite du cairn de Gavrinis. L'après-midi, partez à la découverte de la presqu'île de Rhuys jusqu'à **Port-Navalo**, qui est aussi une sympathique station balnéaire avec sa plage aux allures de carte postale, nichée dans une crique.

JOUR 3
De retour vers Sarzeau, bifurquez vers **La Roche-Bernard** pour rejoindre **Redon** et ses vieilles demeures des 15e-18e s. L'étape suivante vous emmènera plus à l'ouest, à **Rochefort-en-Terre**, qui conserve elle aussi de ravissantes maisons anciennes, tout comme la coquette **Malestroit**, plus au nord. Prévoyez d'être à **Josselin** dans l'après-midi afin d'en visiter le magnifique château et la basilique Notre-Dame-du-Roncier, entre autres. Vous y ferez étape.

JOUR 4
Être au domaine de **Kerguéhennec** à l'ouverture permet de jouir tranquillement de son étonnant parc dédié à l'art contemporain. Pour vous y rendre, passez par le village de **Guéhenno**, qui possède un beau calvaire. Après Kerguéhennec, faites route vers Carnac en vous ménageant un crochet à **Ste-Anne-d'Auray** pour voir la basilique du pèlerinage et son trésor.

Pierres levées de Carnac, au coucher du soleil.

JOUR 5
Profitez de la matinée pour découvrir les célèbres **alignements de Carnac**. Si vous êtes féru de vieilles pierres, ne manquez pas les mégalithes de **Locmariaquer** tout proches. Terminez la journée par une baignade bien méritée sur l'une des nombreuses plages de Carnac.

JOUR 6
Essayez de rallier l'embarcadère de **Quiberon** le plus tôt possible de façon à profiter d'une journée entière à **Belle-Île**. Après la visite de la citadelle Vauban du Palais, prenez un pique-nique et vos vélos, et privilégiez la découverte de la magnifique côte sauvage, jalonnée par la pointe des Poulains, la superbe mais dangereuse plage de **Port-Donnant** et les impressionnantes aiguilles de **Port-Coton**. Revenez sur le continent.

JOUR 7
La réputation des conserveries de **Quiberon** n'est plus à faire. Après en avoir visité au moins une et avoir fait le plein de délicieux produits, profitez tout votre soûl des plages et des criques de la côte sauvage. Elle longe la façade ouest de la presqu'île. Regagnez Vannes par la D768 puis la N165, en faisant une halte à **Auray**.

ÉTAPE 11

Vannes

OFFICE DE TOURISME
Quai Éric-Tabarly - 02 97 47 24 34 - www.golfedumorbihan.bzh.

STATIONNEMENT & SERVICES

Parking conseillé
Av. de Lattre-de-Tassigny, quelques emplacements gratuits situés à 10mn à pied du centre-ville.

Camping-car Park de Vannes-Conleau
188 av. du Mar.-Juin - 01 83 64 69 21 - www.campingcarpark.com
Permanent
Borne eurorelais
33 - 72h - 14 €/j. - borne compris
Paiement :
Services :
À 100 m des plages, à l'entrée du camping Le Conleau.
Plat, bitume, ombragé.
GPS : W 2.77975 N 47.63309

Des ruelles médiévales bordées de superbes maisons à colombages, des remparts fleuris, une animation intense en été… le patrimoine architectural et le dynamisme de **Vannes** attirent de nombreux visiteurs. Faites comme eux et flânez dans la **vieille ville**, piétonne et cernée par des **remparts**. La verte promenade de la Garenne ménage d'ailleurs une belle vue sur cette partie de la ville où le personnage d'Aramis, créé par Alexandre Dumas, fut évêque. Rendez-vous sur la place Gambetta, qui fait face au port de plaisance, puis longez la Marle ponctuée d'anciens lavoirs en ardoise. Passez ensuite par la porte Prison et laissez-vous aller au gré des ruelles. Cette ancienne cité très élégamment restaurée dévoile alors ses beautés architecturales. Le port mérite ensuite votre attention, notamment pour les restaurants de poissons et de fruits de mer où vous pourrez faire une halte. Sur le quai Éric-Tabarly, s'élèvent de beaux bâtiments aux lignes contemporaines, associant bois, verre et acier. Au sud, la promenade de la Rabine, belle allée arborée qui longe la rive droite de la Marle, invite à la rêverie. Vannes possède aussi quelques sites dignes d'intérêt comme la **Cohue** et sa galerie des Beaux-Arts, la **cathédrale St-Pierre** et sa chapelle en rotonde, le prestigieux **hôtel particulier de Limur** (17e s.) qui recèle un escalier monumental et des décors d'origine. Ce dernier abrite désormais le Centre d'interprétation de l'architecture et du patrimoine de la ville.
Bâtie en amphithéâtre au fond du golfe du Morbihan, Vannes constitue par ailleurs le point de départ idéal pour toute excursion vers la « petite mer » et ses îles.

BRETAGNE – ADRESSES CIRCUIT 5

Aires de service & de stationnement

ARZON
Aire d'Arzon
Av. de Kerlun - 02 97 53 44 60
Permanent
Borne eurorelais 3,30 €
49 - 72h - 11,10 €/j.
Paiement :
Services :
Accès direct à la plage.
GPS : W 2.88064 N 47.53942

BADEN
Aire des Îles
Kerhilio, Port-Blanc -
07 62 92 34 56 - www.airedesiles.fr
Permanent
Borne AireService
70 - Illimité - 14,70 €/j. - borne comprise ; moins cher hors sais.
Paiement :
Services :
Petit camping pour camping-cars, plat, gravier, ombragé. Bon accueil du propriétaire sur place. À 800 m de l'embarcadère de l'île aux Moines.
GPS : W 2.87283 N 47.60588

CARNAC
Aire de Carnac
Allée de Kerabus - 02 97 52 13 52 -
www.ot-carnac.fr
Permanent
Borne artisanale : 2 €
30 - Illimité - 5 €/j. - gratuit hors sais.
Plat, bitume, ombragé,
tout proche du centre ville.
GPS : W 3.08263 N 47.58587

JOSSELIN
Aire de Josselin
Pl. St-Martin - 02 97 22 24 17 -
www.tourismebretagne.com
Permanent (fermé sam. mat. de mai à sept. : marché) -
Borne AireService 3 €
80 - gratuit
Services :
Préférer le parking situé 87 chemin des Glatiniers (40 places). Plat, herbeux près du canal et de la rivière.
GPS : W 2.54964 N 47.95606

MALESTROIT
Aire de Malestroit
R. de Narvik, accès par un pont très étroit - 02 97 75 11 75
Permanent -
Borne artisanale : gratuit
10 - 48h - gratuit - parking
r. des Tanneurs, pl. Jacques Bonsergent
Services :
Préférer le parking chemin de l'Écluse à 1,3 km, 100 places ombragées, près du canal.
GPS : W 2.37614 N 47.809

QUIBERON
Aire de Kerné
Rte de Port-Kerné, près du village, entre la rte côtière (D 186) et le camping municipal - 02 97 30 24 00 - www.quiberon.com
Permanent -
Borne artisanale 2 €
97 - 72h - 18 €/j.
Paiement :
Services :
À 200 m de la plage, dans les dunes, agréable cadre sauvage. Plat, gravier.
GPS : W 3.13956 N 47.49171

ST-GILDAS-DE-RHUYS
Aire de St-Gildas-de-Rhuys
Rte du Rohu - 02 97 67 30 01
De déb. mai à fin sept. -
Borne Urbaflux
50 - Illimité - 9 €/j. - borne compris
Paiement :
Services :
Tout près du camping le Kerver, le long de la plage, plat, herbeux, gravillons.
GPS : W 2.85847 N 47.52274

VANNES
Voir p. précédente.

Campings

JOSSELIN
Domaine de Kerelly
Le Bas de la Lande - 02 97 22 22 20 -
www.camping-josselin.com
De déb. avr. à mi-oct. - 41 empl.
borne artisanale
Tarif camping : 23,50 €
(10A) - pers. suppl. 5 €
Services et loisirs :
Près du canal de Nantes à Brest.
GPS : W 2.57352 N 47.95239

QUIBERON
Flower Le Bois d'Amour
R. St-Clément - 02 97 50 13 52 -
www.quiberon-camping.com
De déb. avr. à déb. oct. - 67 empl.
Tarif camping : 60 €
(10A)
Services et loisirs :
Terrain tout en longueur avec une grande piscine couverte.
À 200 m de la plage.
GPS : W 3.10427 N 47.47632

LA ROCHE-BERNARD
Municipal le Pâtis
3 chemin du Pâtis - 02 99 90 60 13 -
www.laroche-bernard.com/camping-le-patis
De mi-mars à déb. sept. - 18 empl. -
borne eurorelais
Tarif camping : 18 € -
4,70 € - pers. suppl. 4,50 €
Services et loisirs :
Au bord de la Vilaine, face à l'important port de plaisance.
GPS : W 2.30523 N 47.51923

VANNES
Flower Le Conleau
Pointe de Conleau - 02 97 63 13 88 -
www.vannes-camping.com
De fin mars à déb. oct. - 123 empl.
borne eurorelais
Tarif camping : 35 € (6A)
Services et loisirs :
Site agréable face au golfe du Morbihan.
GPS : W 2.77994 N 47.63326

Les bonnes adresses de bib

AURAY

Le P'tit Goustan –
9 pl. St-Sauveur - ☏ 02 97 56 37 30 - www.restaurantleptitgoustan.com - fermé lun., merc. soir et dim. soir - formule déj. 27,50 € - menus 39/75 €. Le chef cuisine les produits locaux, depuis les poissons de la pêche jusqu'au cochon de Kervignac, et le marché inspire ses recettes originales et maîtrisées. Une adresse charmante, avec terrasse et vue sur le petit port.

JOSSELIN

La Table d'O – 9 r. Glatinier - ☏ 02 97 70 61 39 - latabledo.eatbu.com - fermé dim.-lun. - formule déj. 19,80 € - menus 36/38 €. Surplombant l'Oust et le château, ce restaurant s'inspire du marché : braisé d'agneau en chartreuse, carpaccio de St-Jacques...

ÎLE AUX MOINES

Les Embruns – R. du Commerce - ☏ 02 97 26 30 86 - fermé mar. et soir (sf vend.-sam.) - plats 16,50/29,50 €. Repris en 2021 par un jeune chef formé dans des établissements étoilés, ce restaurant bien connu à l'île aux Moines propose fruits de mer et poissons pêchés du jour, mais aussi des viandes et des légumes, toujours locaux.

QUIBERON

Maison Lucas - Atelier de fumaison artisanale – Quai des Saveurs - ☏ 02 97 50 59 50 - www.maisonlucas.com - boutique tlj sf dim. 10h-13h, 14h30-18h ; hors vac. scol. : lun.-vend. 10h-12h, 14h-17h30. Filetage du saumon, fumage des harengs au bois de hêtre vert, conditionnement des sardines : aucune étape de la préparation des poissons fumés ne vous échappera grâce aux vitrines ouvertes des laboratoires.

ROCHEFORT-EN-TERRE

Le Café Breton –
8 r. du Porche - ☏ 02 97 43 32 60 - www.cafebreton-rochefortenterre.com - fermé janv., 3 sem. en nov. - formules 19/22,50 €. Deux salles, l'une à la décoration rustique et traditionnelle, avec des fresques représentant des scènes de la vie locale, œuvre du peintre américain Alfred Klots ; l'autre dans le style bistrot, dominée par un miroir baroque. Mais aussi terrasse et jardin. Crêpes (la maison a obtenu le label Crêperie gourmande), salades ou menu campagnard et terrasse.

SARZEAU

Le Manoir de Kerbot –
☏ 02 97 26 40 38 - www.hotelrestaurantkerbot.com - fermé lun.-mar. midi et merc. midi - menus 38/68 €. Un parc de 5 ha entoure ce manoir bâti au 16e s. mais largement remanié depuis. Le restaurant occupe une salle spacieuse dotée d'une cheminée monumentale. Martial Berge (qui a fait ses classes au Martinez, à Cannes) propose une cuisine raffinée qui privilégie les produits frais et régionaux.

VANNES

Empreinte – 15 pl. Valencia - ☏ 02 97 46 06 42 - empreinte-restaurant.fr - fermé lun., mar. soir, merc. soir, jeu. soir, sam. midi, dim. - menus 35 € (déj.), 48/58 €. C'est dans une décoration chaleureuse, avec parquet brut, tissus et porcelaine vintage, que Baptiste et Marine Fournier travaillent avec le cœur pour servir une cuisine attentionnée, réalisée avec les poissons de la petite pêche côtière et les légumes de producteurs locaux. Vins naturels.

Crêperie Dan Ewen – 3 pl. du Gén.-de-Gaulle - ☏ 02 97 42 44 34 - www.creperie-danewen.fr - tlj en haute saison ; reste de l'année : mar.-sam. - fermé 1 sem. vac. de fév., 2 sem. de fin sept. à deb. oct. - moins de 15 €. Cette belle maison à colombages, proche de l'église St-Patern, cultive la tradition bretonne : crêpes à l'ancienne portant les noms des sept saints, musique celte... Un bastion culturel.

Offices de tourisme

CARNAC

74 av. des Druides - ☏ 02 97 52 13 52 - www.ot-carnac.fr.

QUIBERON

14 r. de Verdun - ☏ 02 97 50 07 84 - www.baiedequiberon.bzh.

VANNES

Voir p. 41

Huîtres de Bretagne.

Nantes.
RossHelen/Getty Image Plus

*Carrelets à La Barre-de-Monts.
Crobard/Getty Images Plus*

Pays-de-la-Loire

Territoire créé au carrefour de cinq provinces historiques, la Bretagne, le Poitou, le Maine, le Perche et l'Anjou, les pays de la Loire accompagnent l'aval du grand fleuve jusqu'à l'Océan, et même si la Loire n'irrigue pas tout le territoire, ses affluents, tels le Loir, la Sarthe, la Mayenne, l'Erdre, la Sèvre nantaise et la Sèvre niortaise s'en chargent avec générosité.

Une terre née sous le signe de l'eau. Tandis que les rives de la Loire séduisent de nombreux touristes, charmés par la douceur du climat, avides d'un patrimoine naturel exceptionnel et de ses richesses culturelles, la côte océane, de La Baule à la côte vendéenne, en passant par la presqu'île guérandaise invitent à des séjours balnéaires vivifiants et à l'exploration des canaux du Marais poitevin qui se découvrent à la rame ! Mais la région ne se limite pas au littoral et à un héritage historique prestigieux, elle investit dans des animations d'envergure qui mettent en scène ses composantes emblématiques en multipliant festivals et parcs de loisirs, comme Le Puy du Fou en Vendée, l'Escal'Atlantic à St-Nazaire ou Terra Botanica, près d'Angers. Histoire, navigation, horticulture… il y en a pour tous les goûts !

Une terre souvent foulée par les sabots des chevaux, du Percheron, élevé comme cheval de trait dans le Maine et le Perche, aux étalons racés de Saumur ou d'Angers. Les haras ne se comptent plus et les représentations équestres affichent plus de nombreuses compétitions internationales et nationales, avec pas moins de 13 champs de course répertoriés.

Pourtant la région ne peut se découvrir au galop, il faudra donc privilégier une allure au petit trot pour en apprécier toutes les nuances…

PAYS-DE-LA-LOIRE

Marais salants sur l'île de Noirmoutier.
Louis-Michel DESERT/Getty Images Plus

LES ÉVÉNEMENTS À NE PAS MANQUER

- **La Folle Journée** à Nantes (44) : fin janv.-déb. fév. ; musique classique. www.follejournee.fr.
- **Concours international de voltige** à Saumur (49) : Pâques.
- **Festival de l'Épau** au Mans (72) : mai à l'abbaye. epau.sarthe.fr.
- **24 Heures du Mans autos** (72) : juin. www.24h-lemans.com.
- **Fête du vélo** entre Angers et Saumur (49) : mi-juin. www.maine-et-loire.fr/fete-du-velo.
- **Festival d'Anjou** (49) : de mi-juin à mi-juil., théâtre en plein air. www.festivaldanjou.com.
- **Les galas du Cadre noir** (49) : d'avr. à oct., spectacles équestres. www.cadrenoir.fr.
- **Journées de la rose** à Doué-la-Fontaine (49) : mi-juil. www.journeesdelarose.com.
- **Écrivains en bord de mer** à La Baule (44) : mi-juil. ecrivainsenborddemer.fr.
- **Les Médiévales de Clisson** (44) : fin juil. (années impaires)
- **Les Nuits de la Mayenne** (53) : de mi-juil. à mi-août, spectacles divers. www.nuitsdelamayenne.com.
- **Escales à St-Nazaire** (44) : fin juil. www.festival-les-escales.com.
- **Les Celtiques de Guérande** (44) : 1re quinz. août. www.bro-gwenrann.org.
- **Les Accroche-Cœurs** à Angers (49) : sept., spectacles de rue.
- **Scopitone** à Nantes (44) : mi-sept., art numérique. www.stereolux.org.
- **Régates de Trentemoult** à Nantes (44) : mi-sept., sur la Loire. www.cnsl.fr.
- **Mondial du Lion** au Lion-d'Angers (49) : 3e w.-end d'oct., concours international d'équitation. www.mondialdulion.com.

Votre séjour dans les Pays-de-la-Loire

Circuits N°

1. Au fil de la Sarthe et de la Mayenne
   7 jours - 235 km — P 48
2. Douceur angevine au fil de la Loire
   6 jours - 210 km — P 52
3. La Vendée et le Marais poitevin
   6 jours - 280 km — P 56
4. Sur les pas des gabelous
   6 jours - 260 km — P 60

Étapes

Le Mans — P 49
Angers — P 53
Nantes — P 61

Visite

Le Puy du Fou — P 57

EN COMPLÉMENT, UTILISEZ…

- Le Guide Vert : Pays de la Loire
- Cartes Michelin : Région 717 et Départements 310, 316 et 317

PAYS-DE-LA-LOIRE – CIRCUIT 1
Au fil de la Sarthe et de la Mayenne

Combien de voyageurs pressés ont traversé Laval sans prendre le temps de s'y arrêter ? Et combien d'autres associent Le Mans aux seules 24 heures et aux rillettes ? Il est temps pour eux de découvrir en profondeur cette région bordée par la Sarthe et la Mayenne, et au nord par les Alpes Mancelles. Et pour vous ?

DÉPART : LAVAL - 7 jours – 235 km

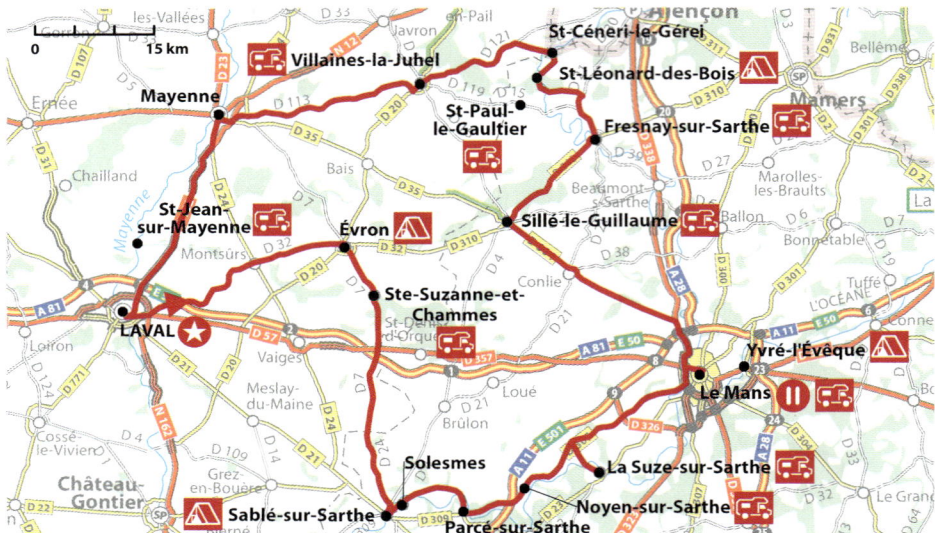

JOUR 1

La découverte de **Laval** occupera une bonne partie de cette première journée Car outre son vieux château et ses vénérables maisons à pans de bois, la ville qui a vu naître des personnalités telles que le Douanier Rousseau ou Alfred Jarry, a bien d'autres atouts à dévoiler : un magnifique ensemble de retables (église N.-D.-des-Cordeliers), de nombreux hôtels particuliers, de surprenants bateaux-lavoirs et d'agréables croisières sur la Mayenne... Quittez la ville à l'est par la D32. À 33 km, **Évron** possède l'une des plus belles églises de la Mayenne. Terminez cette journée par un circuit dans les bois des environs : la route offre de jolis points de vue.

JOUR 2

Consacrez 2h à la découverte de **Ste-Suzanne**, « la perle du Maine ». Montez au sommet des remparts pour embrasser la vue sur la campagne alentour. Renseignez-vous sur les animations qui se déroulent au château en été : elles peuvent être un plus, notamment pour les enfants. Piquez au sud jusqu'à **Sablé-sur-Sarthe**. Cette petite ville qui doit son nom au sable venu de la Loire, et qui en assurait le transit fluvial, est très agréable. Dominée par le château des Colbert, elle se visite à pied ou en bateau.

JOUR 3

Aujourd'hui direction Le Mans par l'agréable vallée de la Sarthe via **Solesmes**, **Parcé-sur-Sarthe** et **Noyen-sur-Sarthe**. À Solesmes, les amateurs de **chants grégoriens** et de chants tout court se rendront à l'un des offices de l'abbaye. Autre mélodie au Mans si vous arrivez pendant les Vingt-quatre heures : le vrombissement des moteurs, les cris de la foule, le crissement des pneus, l'odeur d'huile vous viennent à l'esprit... Mais **Le Mans**, ce n'est pas uniquement le sport mécanique. Le Mans est d'abord une Ville d'art et d'histoire, et il y a ici bien des choses à voir, à humer ou à goûter (voir l'encadré p. ci-contre).

Le Mans.

JOUR 4

Si ce quatrième jour est un dimanche, vous pouvez flâner au marché des Jacobins, histoire de vous mettre en appétit. Un déjeuner à bord du bateau Le Mans peut vous faire découvrir la Sarthe. L'après-midi pourrait s'achever par une visite à l'**abbaye de l'Épau** (4 km à l'est) ou la découverte du circuit automobile de vitesse et son musée (120 véhicules).

JOUR 5

Direction **Sillé-le-Guillaume**. Faites un rapide petit tour de la ville avant de filer pique-niquer et passer l'après-midi dans la **forêt de Sillé**. Au milieu de la forêt, l'étang du Defais est aménagé en base de loisirs. Rejoignez votre étape du soir, **Fresnay-sur-Sarthe**, à 17 km au nord-est.

JOUR 6

Au programme de cette journée au grand air, les **Alpes Mancelles** et leurs charmants petits villages, **St-Léonard-des-Bois** et **St-Céneri-le-Gérei** en tête. Randonnées à vélo ou à pied, canoë-kayak et pêche sur la Sarthe… à vous de choisir.

JOUR 7

À 12 km, **Mayenne** vous attend pour déjeuner et pour une après-midi sur la Mayenne à bord d'un bateau électrique, ou une randonnée sur le chemin de halage qui rejoint **Laval** au sud.

ÉTAPE 11
Le Mans

OFFICE DE TOURISME
16 r. de l'Étoile - 02 43 28 17 22 - www.lemans-tourisme.com.

STATIONNEMENT & SERVICES

Parking conseillé
Quai Louis-Blanc, au pied des remparts gallo-romains, rive gauche de la Sarthe (gratuit, halte nocturne possible)
GPS : E 0.1982 N 48.0121

Aire du Mans
Quai Louis-Blanc - 02 43 28 17 22 - Permanent
Borne Urbaflux 8 €
8 - 24h - gratuit
Paiement : CC
Près du Vieux Mans.
GPS : E 0.199 N 48.0122

Le Mans ne se résume pas à son circuit où se déroulent les 24 Heures. Bien avant que ne vrombissent les moteurs, la ville occupait déjà les hauteurs des rives de la Sarthe. Si vous stationnez au bord de la rivière, vous profiterez d'une vue emblématique sur la cité ancienne qui exhibe son **enceinte romaine** ponctuée de tours montrant un appareillage de brique et de mortier rose, décoré sur ses bases de pavés de grès rouge et de pierres blanches en damier. De là, pour rejoindre le vieux centre, baptisé **Cité Plantagenêt**, il vous faut gravir rampes ou escaliers jusqu'à la **cathédrale St-Julien** – l'une des plus vastes de France – où se distinguent roman (nef) et gothique (chœur) et ceinturées de beaux **vitraux**. Ne manquez pas son **portail royal** ouvrant sur la place St-Michel. Face au portail ouest, trônent deux hôtels particuliers, l'un jadis habité par des chanoines, l'autre occupé par l'actuel évêché. Admirez le chevet hérissé de pinacles et d'arcs-boutants, magnifique depuis la place des Jacobins où se tient un très agréable marché *(merc., vend. et dim.)*. Revenez ensuite vers la ville haute pour arpenter la **rue de la Reine-Bérengère** où se dressent de belles maisons à pans de bois ornées de poutres sculptées. La rue se poursuit sous le nom de **Grande-Rue**, multipliant les maisons anciennes dites à piliers, comme, au n° 71, la maison d'Adam et Ève datant de la Renaissance. De part et d'autre de la rue s'ouvrent ruelles pavées, escaliers et venelles pittoresques, qui servent de décor à de nombreux cinéastes. Après déjeuner, vous aurez le choix entre une balade dans le square des Jacobins et une visite au **musée de Tessé**, consacré aux Beaux-Arts. Ce dernier dispose aussi d'une belle collection d'objets égyptiens dont les plus anciens remontent au 4e millénaire. Place des Jacobins, voyez aussi le **Carré Plantagenêt**, musée d'archéologie et d'histoire présentant plus de 1000 objets. Pour un moment de lèche-vitrine, rendez-vous dans les rues piétonnes et commerçantes entre la place des Jacobins et la place de la République.

PAYS-DE-LA-LOIRE – ADRESSES CIRCUIT 1

Aires de service & de stationnement   Campings

FRESNAY-SUR-SARTHE

Aire de Fresnay-sur-Sarthe
Av. de la Gare - ✆ 02 43 34 34 59
Permanent
Borne artisanale 🚰 🚽 💧 : gratuit
10 🅿 - Illimité - gratuit
Services : 🛒 ✗
Pratique pour une courte étape.
GPS : E 0.02976 N 48.28178

LE MANS

Voir p. précédente

NOYEN-SUR-SARTHE

Aire du Port
R. Jacques-Dessart
Permanent
Borne artisanale 🚰 🚽 💧 : gratuit
2 🅿 - 24h - gratuit
Services : 🚾
Places très agréables au bord de la Sarthe malgré le pont de la ligne TER.
GPS : W 0.09489 N 47.87324

ST-JEAN-SUR-MAYENNE

Aire des Marchanderies
6 r. du Moulin-de-Boisseau -
✆ 02 43 49 46 46
Permanent
Borne Urbaflux 🚰 3 € 🚽 💧
44 🅿 - 🔒 - Illimité - 12 €/j.
Paiement : 💳
Services : 🚾
Aire très sympathique aménagée sur le terrain d'un ancien camping. Beaux emplacements et ombrage appréciable.
GPS : W 0.7524 N 48.12811

ST-PAUL-LE-GAULTIER

Aire de St-Paul-le-Gaultier
Plan d'eau, accès par la r. du Lac (D105), près du camping municipal -
✆ 02 43 97 27 12
Permanent
Borne artisanale 🚰 🚽 💧 : gratuit
25 🅿 - 🔒 - 72h - 12,30 €/j. - réserv. nécessaire au-delà de 3 j.
Emplacements stabilisés avec un peu d'ombrage. Tables de pique-nique.
GPS : W 0.10769 N 48.31991

STE-SUZANNE-ET-CHAMMES

Camping-car Park La Madeleine
15 r. du Camp-des-Anglais -
✆ 01 83 64 69 21 -
www.campingcarpark.com
Permanent
Borne eurorelais 🚰 🚽 💧
21 🅿 - 🔒 - Illimité - 14,10 €/j. - borne compris - Paiement : 💳
Services : 🚾 🛒 ✗ 📶
Tout proche du centre-ville et du château. Peu d'ombrage et aire de vidange peu pratique.
GPS : W 0.35043 N 48.09935

SILLÉ-LE-GUILLAUME

Aire de Sillé-le-Guillaume
Pl. de la Gare - ✆ 02 43 52 15 15
Permanent (mise hors gel)
Borne eurorelais 🚰 🚽 💧 : 6 €
5 🅿 - Illimité - gratuit
Paiement : jetons (office de tourisme - nombre de jetons limité par véhicule)
Services : 🚾 🛒 ✗ 📶
GPS : W 0.12993 N 48.18188

LA SUZE-SUR-SARTHE

Aire de La Suze-sur-Sarthe
Av. de la Piscine - ✆ 02 43 77 30 49 -
www.lasuze.fr
Permanent
Borne Urbaflux 🚰 🚽 💧
70 🅿 - 🔒 - 24h - 14 €/j. - borne compris
Paiement : 💳
Services : 🚾 🛒 ✗ 📶
Très agréable, au bord de la Sarthe, avec petite aire de camping adjacente.
GPS : E 0.03045 N 47.8694

VILLAINES-LA-JUHEL

Aire des Guillardières
R. des Guillardières, accès par D 121 -
✆ 02 43 30 11 11
Permanent -
Borne flot bleu 🚰 🚽 💧 : 3 €
2 🅿 - 24h - gratuit
Paiement : 💳
Services : 🚾 🛒 ✗ 📶
En dépannage pour une courte étape (stat. peu agréable).
GPS : W 0.2445 N 48.34743

ÉVRON

Les Loisirs
Bd du Mar.-Juin - ✆ 07 83 67 24 87 -
www.camping-des-loisirs.fr
De mi-avr. à déb. oct. - 44 empl.
🚐 borne artisanale 🚰 🚽
Tarif camping : 26,60 € 👤 👥 🚗 ⚡
💧 (10A) - pers. suppl. 4 €
Services et loisirs : 📶 📺 🚴
Beaux emplacements, disposant presque tous d'un arbre.
GPS : W 0.41321 N 48.15073

SABLÉ-SUR-SARTHE

Municipal de l'Hippodrome
Allée du Québec - ✆ 02 43 95 42 61 -
camping.sablesursarthe.fr
De déb. avr. à fin sept. - 65 empl. - 🏊
🚐 borne flot bleu 🚰 🚽
Tarif camping : 18,60 € 👤 👥 🚗 ⚡
💧 (16A) - pers. suppl. 4,30 €
Services et loisirs : 📶 🛒 🎮 🏊 🎣 🚣
Belle décoration arbustive, au bord de la Sarthe.
GPS : W 0.33193 N 47.83136

ST-LÉONARD-DES-BOIS

Les Alpes Mancelles
31 r. des Alpes-Mancelles - ✆ 07 55 58 80 12 - www.saintleonarddesbois.fr
De déb. avr. à fin sept. - 89 empl.
🚐 borne artisanale 🚰 🚽 💧
Tarif camping : 13,50 € 👤 👥 🚗 ⚡
💧 (10A) - pers. suppl. 3,50 €
Services et loisirs : 📶 ✗ 🛒 🚣
Vastes emplacements.
GPS : W 0.07577 N 48.35621

YVRÉ-L'ÉVÊQUE

Onlycamp Le Pont Romain
La Châtaigneraie - ✆ 02 43 82 25 39 -
www.onlycamp.fr
De mi-mars à mi-nov. - 70 empl.
🚐 borne artisanale 🚰 🚽 💧
Tarif camping : 31,20 € 👤 👥 🚗 ⚡
💧 (16A) - pers. suppl. 5,60 €
Services et loisirs : 📶 ✗ 🎮 🏊
Une quinzaine d'emplacements stabilisés, le reste sur sol herbeux. Ombrage inégal.
GPS : E 0.27972 N 48.01944

Les bonnes adresses de bib

LAVAL

✘ **L'Antiquaire** – 64 r. de Vaufleury - ✆ 02 43 53 66 76 - www.restaurant-lantiquaire.fr - fermé dim.-lun. - menus 19,50 € (déj.), 31/61 €. Cette maison située au cœur de la vieille ville abrite une plaisante salle à manger cosy où l'on sert une généreuse cuisine classique teintée d'un zeste de modernité.

Abbaye de la Coudre – R. St-Benoît - ✆ 02 43 02 85 85 - www.abbaye-coudre.fr - 9h30-11h15, 14h30-17h. La boutique de l'abbaye propose les produits fabriqués par la communauté monastique et celles d'autres monastères : le fromage Trappe de La Coudre affiné dans les caves de l'abbaye, des entremets, confitures, confits de bière et de vin, liqueurs, biscuits, chocolats, miel, nougat, caramels…

LE MANS

✘ **Le Grenier à Sel** – 26 pl. de l'Éperon - ✆ 02 43 23 26 30 - www.restaurant-le-grenier-a-sel.fr - fermé merc. soir, sam. midi et dim. - menus 29 € (déj.), 56/66 €. En plein centre-ville, à l'entrée de la cité Plantagenêt, cet ancien grenier à sel propose aujourd'hui une cuisine actuelle. Cadre moderne et mise en place soignée.

MAYENNE

✘ **L'Éveil des Sens** – 429 bd Paul-Lintier - ✆ 02 43 30 42 17 - www.restaurant-leveildessens.fr - fermé dim. soir-mar. - menus 31/34 € (déj.), 51/77 € - réserv. recommandée. Des cuissons et assaisonnements précis, une créativité bien maîtrisée, des produits de qualité : cette table réveille les papilles et y laisse une empreinte durable !

SABLÉ-SUR-SARTHE

Maison Drans – 38 pl. Raphaël-Elizé - ✆ 02 43 55 61 87 - www.maisondrans.com - 9h30-12h30, 14h30-19h - fermé dim.-lun. Le biscuit rond et doré est toujours fabriqué artisanalement selon la recette de 1932 dont la maison est dépositaire, avec sa façade Art déco. Goûtez également le Croq'Amours, meringue légère aux amandes et noisettes entières, aromatisée au chocolat, au café ou à la vanille.

ST-LÉONARD-DES-BOIS

✘ **Ô Passage** – 27 r. des Alpes Mancelles - ✆ 06 46 51 52 07 - fermé merc.-jeu., et vend. midi en avr.-juin et sept. ; oct.-mars - menus 20/26,50 €. Ce très sympathique bar-restaurant saisonnier, flanqué d'une belle terrasse en été, sert une cuisine soignée faite maison à base de produits bio issus parfois du jardin. Excellents desserts.

Offices de tourisme

LAVAL
84 av. Robert-Buron - ✆ 02 43 49 46 46 - www.laval-tourisme.com.

LE MANS
Voir p. 49

SABLÉ-SUR-SARTHE
18 r. Léon-Legludic - ✆ 02 43 95 00 60 - www.vallee-de-la-sarthe.com.

Château de Laval.

LE TOP 5 SPÉCIALITÉS

1. Faïence de Malicorne
2. Sablés de Sablé-sur-Sarthe
3. Rillettes du Mans
4. Produits laitiers (Cité du lait à Laval)
5. Marché aux veaux de Château-Gontier

PAYS-DE-LA-LOIRE – CIRCUIT 2
Douceur angevine au fil de la Loire

Au pays de l'Anjou blanc – Baugeois et Saumurois – les grands vignobles s'épanouissent sur les coteaux de la Loire, ponctués de caves troglodytiques, de châteaux et d'abbayes, tout habillés de tuffeau et d'ardoise qui confèrent au pays noblesse, élégance et luminosité.

DÉPART : ANGERS - 6 jours – 210 km

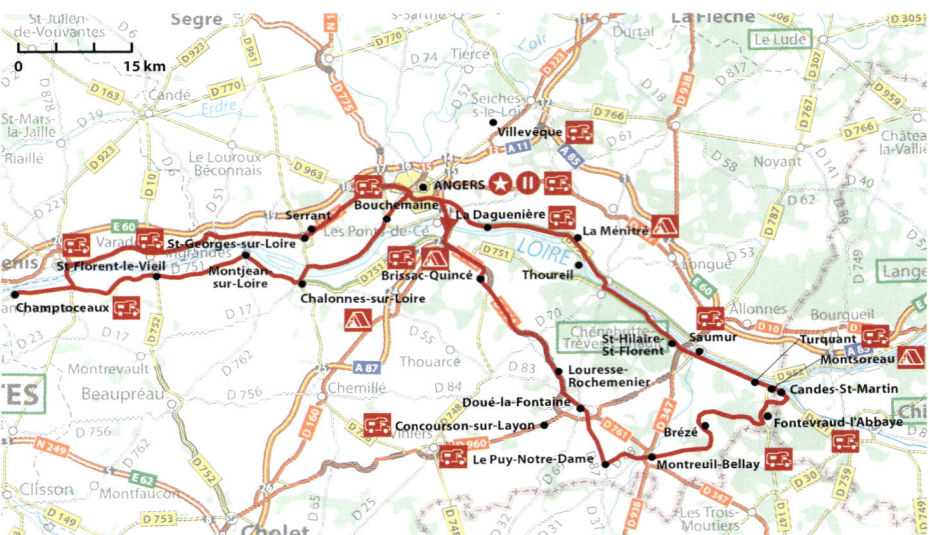

JOUR 1

Vous démarrez votre circuit à **Angers**. Visitez le château et admirez la tenture de l'Apocalypse en matinée (voir l'encadré p. ci-contre). L'après-midi, faites une excursion à **Brissac** : son château est une rareté architecturale, riche d'un enchevêtrement de galeries, salons et autres pièces aux décors somptueux. Nuit à Brissac.

JOUR 2

Le matin, rendez-vous au **Bioparc de Doué-la-Fontaine**. Ce zoo s'est installé dans un site troglodytique remarquable. Puis faites un saut au Mystère des Faluns au hameau des **Perrières** et, non loin, à l'authentique village troglodytique de **Rochemenier** qui comprend ferme et logis. Terminez la journée par un tour au **château de Brézé**, dont les douves, de 18 m de profondeur, sont bordées d'un redoutable chemin de ronde, invisible et percé de mille trous de visée. Un site tout à fait unique en son genre !

JOUR 3

Si possible, gagnez de bonne heure l'**abbaye de Fontevraud** et consacrez-y au minimum une demi-journée, tant ce lieu est exceptionnel. Cette abbaye, magnifiquement restaurée, est le plus vaste ensemble monastique de France. Elle est aussi réputée pour son musée d'Art moderne et ses concerts. Demandez le programme ! En fin d'après-midi, dirigez-vous vers **Candes-St-Martin** et le village troglodytique de **Turquant**, où s'élabore le fameux saumur-champigny, un vin rouge aux tanins fins et veloutés. Nuit à **Saumur**.

JOUR 4

Passez la matinée à **Saumur**, cité célèbre pour son école d'équitation, le Cadre noir, ses vins pétillants ou non et ses carrières de culture de champignons. Montez au château dont l'esplanade offre un beau panorama sur le fleuve royal, flânez dans la ville et le long des quais. L'après-midi, pédalez le long des rives

Détail de la tapisserie de l'Apocalypse, au château d'Angers.

de la Loire, entre Saumur et Angers, puis laissez-vous bercer par le courant à l'occasion d'une sortie en toue cabanée sur le fleuve, au départ du **Thoureil**. Une excursion idéale pour observer la nature sauvage et sa faune. Retour vers **Angers**.

JOUR 5

Journée guinguettes et promenades bucoliques au programme entre Angers et Champtoceaux ! En chemin, vous découvrirez quelques-uns des plus beaux sites de la Loire. La Pointe de **Bouchemaine** est un village situé à la confluence de la Maine et de la Loire aux plaisants estaminets. Les rues étroites de **Montjean-sur-Loire** (prononcer Montejan) enserrent un promontoire rocheux qui surplombe la Loire… La journée se termine joliment à **Champtoceaux**, juché au sommet d'un piton dominant le Val de Loire. Au coucher du soleil, empruntez la promenade de Champalud, un balcon panoramique sur la Loire qui se divise à cet endroit en différents bras séparés par de vastes îles sablonneuses. En soirée, accompagnez votre repas d'un des vins blancs du terroir, qui ont acquis une réputation justifiée.

JOUR 6

Remontez vers Angers en quittant les rives de Loire pour rejoindre le **château de Serrant**, dont l'harmonieuse façade dissimule un très bel ensemble meublé et une gigantesque bibliothèque lambrissée contenant quelque douze mille livres. Rassemblée en près de quatre siècles, une prestigieuse collection de mobilier et d'œuvres d'art orne les grands salons d'apparat. En fin de journée, il ne reste plus qu'à revenir à **Angers**.

ÉTAPE ⑪

Angers

OFFICE DE TOURISME
7 pl. du Prés.-Kennedy - 02 41 23 50 00 - www.tourisme.destination-angers.com.

STATIONNEMENT & SERVICES

Parking conseillé
Pl. de La Rochefoucault, rive droite de la Maine, à proximité du pont de Verdun - gratuit.
GPS : W 0.55686 N 47.47755

Aire d'Angers
Bd Olivier-Couffon - 02 41 23 50 00
Permanent
Borne eurorelais
20 - 72h - 17 €/j. - gratuit pour les détenteurs du City Pass (en vente à l'office de tourisme) ; code d'accès pour le parking
Paiement :
Services :
GPS : W 0.56576 N 47.46642

C'est au pied des tours et remparts noir et blanc ceinturés de fossés qu'il convient de commencer la découverte de la cité du bon roi René. Le temps fort de la visite de la **forteresse**, c'est la **tapisserie de l'Apocalypse**, tapisserie médiévale mondialement connue en 76 panneaux alternant fond rouge et fond bleu. Vous ne pouvez manquer d'admirer la composition et la fraîcheur des coloris. Au sortir vous apprécierez de visiter la chapelle et le logis royal. À côté du château, la Maison des vins d'Angers (dégustations) mérite le détour, avant de partir flâner dans les ruelles où se succèdent boutiques chics et antiquaires et de rejoindre la **galerie David-d'Angers**, abritée dans l'ancienne église abbatiale Toussaint : cette dernière met à l'honneur les œuvres d'atelier du sculpteur très prolifique David-d'Angers. À deux pas se trouve le **musée des Beaux-Arts** dans le logis Barrault où se côtoient peintures de différentes périodes, dessins, photographies, gravures, objets d'art et d'archéologie. Poussez la balade jusqu'à la **collégiale St-Martin** de brique et de tuffeau, vestige carolingien abritant de belles sculptures religieuses. Vos pas vous guideront ensuite dans le quartier de la cathédrale au chevet de laquelle se dresse la magnifique **Maison d'Adam**. La **cathédrale St-Maurice** mérite une visite pour ses vitraux des 12e et 13e s. et ses peintures médiévales. Vous verrez aussi l'**hôtel Pincé**, gracieux logis de la première Renaissance, avant de rejoindre le **quartier de la Doutre** sur la rive droite de la Maine et l'ancien **hôpital St-Jean**, dont la pharmacie abrite le **« Chant du Monde »**, longue suite de tapisseries signées par Jean Lurçat. En fin de journée, montez au sommet du pôle culturel Le Quai pour un superbe panorama sur la ville et les rives de la Maine.

PAYS-DE-LA-LOIRE – ADRESSES CIRCUIT 2

Aires de service & de stationnement

ANGERS
Voir p. précédente

BOUCHEMAINE
Aire de Bouchemaine
25 r. Chevrière - ☎ 02 41 22 21 53
De fin mars à fin nov. (fermé 1er w.-end de sept. et en période de crue)
Borne artisanale
45 🅿 - Illimité - 16 €/j. - borne compris
Paiement : CC
Services :
Tout proche des commerces.
GPS : W 0.61117 N 47.41914

BRISSAC-QUINCÉ
Aire de Brissac-Quincé
Parking de l'Aubance -
☎ 02 41 78 26 21 - Permanent
Borne artisanale : gratuit
10 🅿 - Illimité - gratuit
Services :
GPS : W 0.4463 N 47.35465

CHAMPTOCEAUX
Aire de Champtoceaux
Le Champalud - ☎ 02 41 69 35 72
Permanent
Borne artisanale
10 🅿 - Illimité - 6 €/j. - borne compris ; paiement à la mairie
Services :
Jolie vue sur la Loire.
GPS : W 1.2658 N 47.33736

CONCOURSON-SUR-LAYON
Aire de Concourson-sur-Layon
R. Nationale, D 960 - ☎ 02 41 59 11 59
Permanent
Borne Urbaflux 3 €
6 🅿 - Illimité - gratuit
Paiement : jetons (mairie, restaurant, viticulteurs)
Services :
Stat. de l'autre côté de la route.
GPS : W 0.34284 N 47.17368

LA DAGUENIÈRE
Aire de la Daguenière
R. du Stade - ☎ 02 41 57 36 08
Permanent (fermé en période de crue)
Borne artisanale 2 €
10 🅿 - Illimité - gratuit
Paiement : jetons (au village)
Services :
Valable pour une vidange rapide.
GPS : W 0.43932 N 47.42238

FONTEVRAUD-L'ABBAYE
Aire de Fontevraud-l'Abbaye
R. des Genêts, près de la gendarmerie - ☎ 02 41 51 71 21 -
Permanent (mise hors gel) -
Borne artisanale : gratuit
20 🅿 - 24h - gratuit - stat. de jour uniquement
Services :
Proche du centre et de l'abbaye.
GPS : E 0.04928 N 47.18421

MONTREUIL-BELLAY
Aire de Montreuil-Bellay
R. Georges-Girouy, près du camping Les Nobis - ☎ 02 41 40 17 60
Permanent (mise hors gel) -
Borne Urbaflux 2,50 €
24 🅿 - Illimité - gratuit
Paiement : jetons (maisons de la presse la Barbacane et rue Nationale, camping les Nobis, office de tourisme et mairie)
Services :
Quelques places bien ombragées.
GPS : W 0.15828 N 47.1326

LE PUY-NOTRE-DAME
Aire Le Puy-Notre-Dame
R. du Parc, pl. du Gâte-Argent -
☎ 02 41 52 26 34
Permanent (mise hors gel)
Borne artisanale : gratuit
5 🅿 - gratuit
Services :
Stationnements en légère pente.
GPS : W 0.23155 N 47.12389

ST-FLORENT-LE-VIEIL
Aire de stationnement
Les Coteaux - ☎ 02 40 96 70 20
Permanent
6 🅿 - Illimité - gratuit - stat. de nuit conseillé au camping du village, de déb. avr. à fin sept.
Services :
Plat, bitume.
GPS : W 1.02332 N 47.36215

ST-GEORGES-SUR-LOIRE
Aire de St-Georges
R. de l'Abbaye (ex. r. de la Villette) -
☎ 02 41 72 14 80
Permanent (mise hors gel ; fermé merc. : marché)
Borne artisanale : gratuit
15 🅿 - 72h - gratuit
Services :
Plat, bitume, cadre verdoyant.
GPS : W 0.76488 N 47.40373

SAUMUR
Camping-car Park de Saumur
R. de Verden, face au camping -
☎ 01 83 64 69 21 - Permanent
Borne eurorelais
35 🅿 - 🔒 - 72h - 14 €/j. - borne compris
Paiement : CC
Services :
Aire agréable et ombragée.
GPS : W 0.06729 N 47.26198

TURQUANT
Aire de Turquant
Intersection r. des Ducs-d'Anjou et des Martyrs, derrière l'église -
☎ 02 41 38 11 65 - Permanent
Borne AireService 2,50 €
20 🅿 - Illimité - gratuit
Paiement : jetons (commerçants et mairie)
Services :
Emplacements stabilisés.
GPS : E 0.02916 N 47.22388

VILLEVÊQUE
Aire de Villevêque
Pl. de la Mairie - ☎ 06 76 29 73 66
Permanent (fermé en période de crue)
Borne AireService
6 🅿 - Illimité - gratuit
Paiement : jetons (commerçants)
Services :
Zone inondable.
GPS : W 0.42257 N 47.56222

Campings

BRISSAC-QUINCÉ

Sites et Paysages Domaine de l'Étang
Rte de St-Mathurin - 02 41 91 70 61 - www.campingetang.com
De déb. avr. à mi-sept. - 110 empl. -
borne artisanale -
Tarif camping : 34 €
(16A) - pers. suppl. 8 €
Services et loisirs :
Emplacements spacieux.
GPS : W 0.43529 N 47.36082

CHALONNES-SUR-LOIRE

Onlycamp Les Portes de La Loire
Rte de Rochefort - 02 41 78 02 27 - www.onlycamp.fr/portes-de-loire-chalonnes-loire
De mi-mai à mi-sept. (fermé en cas de crue) - 105 empl.
borne artisanale -
11 €
Tarif camping : 25,50 €
(10A)
Services et loisirs :
GPS : W 0.74813 N 47.35132

LA MÉNITRÉ

Municipal du Port St-Maur
Port St-Maur - 07 68 57 02 21 - www.lamenitre.fr
De déb. juin à fin sept. - 75 empl.
borne artisanale -
Tarif camping : 13,60 €
(10A) 3,50 € - pers. suppl. 4,50 €
Camping simple et verdoyant, offrant de jolies vues sur la Loire.
GPS : W 0.27423 N 47.39459

MONTSOREAU

C'est si bon - L'Isle Verte
Av. de la Loire - 02 41 51 76 60 - www.campingisleverte.com
De déb. avr. à mi-oct. - 114 empl.
borne artisanale -
Tarif camping : 41 €
(10A)
Services et loisirs :
Très agréable camping en bord de Loire.
GPS : E 0.05165 N 47.21861

Les bonnes adresses de bib

ANGERS

Les casse-croûte de Suzy – 4 r. de l'Espine - 02 41 19 68 82 - www.lescassecroutedesuzy.com - fermé dim.-lun. et le soir - formules 12,80/14,20 €. Dans la petite cantine de Suzy, on trouve sandwichs, salades, quiches, soupes et desserts. Le tout bio, fait maison, et servi avec le sourire. Options végétariennes et véganes.

Affamés – 30 r. Delaâge - 02 41 05 12 53 - fermé dim.-lun. et le soir sf jeu.-vend. - formules déj. 22/25 € - menus 34/38 €. Installé dans une rue calme non loin de la gare, ce néobistrot est une jolie découverte, avec sa carte courte et alléchante, ses plats bien réalisés qui marient les saveurs (saumon confit et yuzu, suprême de volaille et bisque de langoustines), et sa cave bien fournie. De quoi séduire les affamés... et les gourmands !

La Maison d'Adam – 1 pl. Ste-Croix - 02 41 88 06 27 - www.maison-artisans.com - tlj sf dim. 9h30-19h, lun. 14h-19h. Derrière la cathédrale, cette grande demeure du 16e s. abrite les plus belles pièces d'artisanat des Pays de la Loire. Plus de 80 créateurs exposent leurs œuvres : bois tourné, sculptures, tapisseries...

Maison du vin Anjou Saumur – 5 bis pl. Kennedy - 02 41 17 68 20 - juil.-août : 10h30-19h30 ; reste de l'année : merc.-sam. 10h30-13h30, 14h30-18h30 - fermé en janv. Cette maison au cadre lumineux présente une large sélection de vins (plus de 70 références) du Pays nantais à la Touraine. Pour commencer idéalement la route touristique du vignoble de l'Anjou !

DOUÉ-LA-FONTAINE

Terre de rose - Distillerie – 94 bis rte de Cholet - 02 41 50 98 79 - www.terrederose.com - juin-août : 9h30-19h ; avr.-mai et sept.-oct. : 9h30-12h, 14h-18h - 6 € (5-12 ans 3,90 €). Distillerie artisanale aménagée dans une maison centenaire. L'eau de rose étant la spécialité de la maison, vous découvrirez au cours de la visite de vieux alambics et un jardin planté de 3 000 rosiers. Petit écomusée de la ferme (animaux en liberté) et boutique de produits à base de rose (tte l'année). Musée insolite sur la rose et ensemble troglodyte.

FONTEVRAUD-L'ABBAYE

La Licorne – Allée Ste-Catherine - 02 41 51 72 49 - www.lalicorne-restaurant-fontevraud.fr - fermé de mi-déc. à mi-janv. - plats 15/28 €. Pas de vraie licorne dans cette demeure du 18e s. (tuffeau, poutres), mais une terrasse et un jardin fleuri, délicieux.

ST-GEORGES-SUR-LOIRE

Château de l'Épinay – 02 41 39 87 05 - www.chateauepinay.com - fermé lun. et mar. midi - plats 15/23 €. Aménagé à 6 km du château de Serrant, dans un élégant manoir des 16e et 17e s., cet établissement se niche dans un écrin de 25 ha. Le restaurant du château, L'Orangerie, sert une savoureuse cuisine franco-italienne : pâtes fraîches, tartare de bœuf, pièce du boucher, salade de poulpe...

SAUMUR

Les Caves de Louis de Grenelle – 839 r. Marceau - 02 41 50 23 21 - www.louisdegrenelle.fr - visite guidée (1h) sais. : 11h, 14h et 16h - 5 € avec dégustation commentée. À 12 m sous terre, dans cette carrière de tuffeau creusée au 15e s., se perpétue un savoir-faire ancestral : depuis 1859 s'y élaborent selon la méthode traditionnelle crémant de Loire et saumur brut. Quatre millions de bouteilles reposent dans ces caves.

PAYS-DE-LA-LOIRE – CIRCUIT 3
La Vendée et le Marais poitevin

Que privilégier ? L'histoire avec la guerre de Vendée conduite de 1793 à 1796 contre les armées de la République ? Le Grand Parc du Puy du Fou rafraîchira vos souvenirs scolaires et le musée d'Histoire de la ville de Cholet les approfondira ! La nature ? Pour cela, il suffira de vous laisser glisser en barque sur les eaux vertes du Marais poitevin, de le parcourir à pied ou à vélo, le long de prés bordés de saules…

⭐ **DÉPART :** CHOLET - 6 jours – 280 km

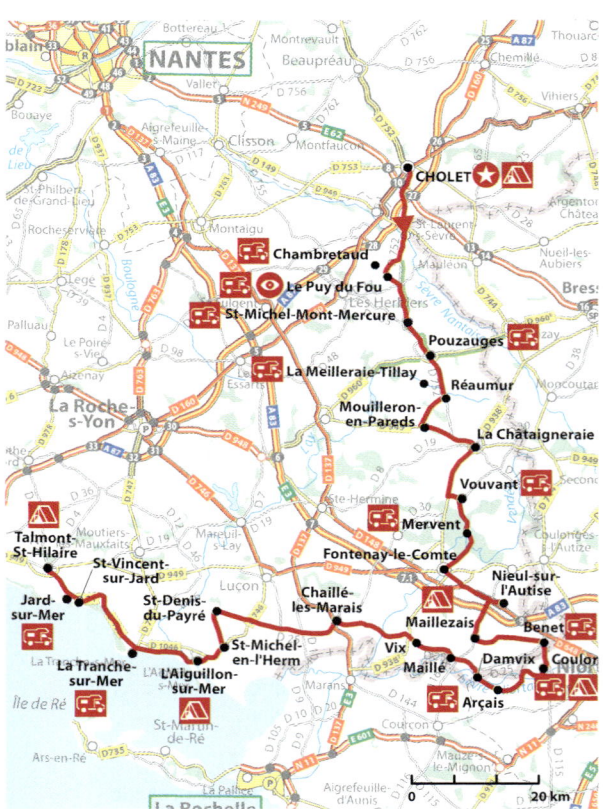

JOUR 1

Cholet : la ville garde en mémoire les terribles guerres vendéennes : la visite du musée d'Art et d'Histoire de Cholet vous permettra de comprendre l'histoire de la ville et celle des guerres de Vendée. Cholet étant la ville des mouchoirs, visitez aussi le musée du Textile et de la Mode. Rejoignez ensuite le Grand Parc du **Puy-du-Fou** (voir l'encadré p. ci-contre).

JOUR 2

Après la visite du Puy-du-Fou, gagnez plein sud **St-Michel-Mont-Mercure** et montez au sommet du clocher de l'église : panorama sur le bocage et jusqu'à la mer ! Plus au sud, **Pouzauges** abrite le beau moulin du Terrier-Marteau, un donjon féodal majestueux et le magnifique panorama circulaire du puy Crapaud. Par **Réaumur**, vous rejoindrez ensuite **Mouilleron-en-Pareds**, patrie de Georges Clemenceau et du maréchal de Lattre de Tassigny : visitez le musée national Clemenceau - De Lattre avant de vous rendre à la colline des moulins à la belle restauration paysagère. Via **La Châtaigneraie** vous atteindrez **Vouvant** où vous finirez la journée entre la tour de Mélusine et l'église aux éléments romans.

JOUR 3

La forêt de Mervent-Vouvant vous retiendra bien une demi-journée, entre le panorama sur la retenue du barrage de **Mervent** depuis le parc de la mairie et le Natur'Zoo au cœur du massif forestier accueillant les animaux sauvages en semi-liberté. Puis vous rejoindrez **Fontenay-le-Comte**, une ville paisible marquée par le Moyen Âge et la Renaissance ce dont témoignent de nombreux monuments et maisons anciennes, rue du Pont-aux-Chèvres et place Belliard. Ensuite, en direction de Niort, vous rattraperez l'abbaye royale de **Nieul-sur-l'Autise** pour une passionnante visite, avec une muséographie exceptionnelle à l'aide de jeux de lumière, passerelles, écrans tactiles.

JOUR 4

Maillezais vous attend avec les ruines émouvantes de son abbaye et pour une première balade en barque sur la Venise verte dans le Marais mouillé. De là vous gagnerez **Coulon**, son hameau de la Garette et l'embarcadère « cardinaud » ; longez par

Spectacle « Le Signe du Triomphe ».

la Sèvre niortaise qui exhibe ses petites maisons typiques du marais jusqu'à **Arçais** et son grand port, charmant village flanqué d'un gros château 19ᵉ s. Comptez une journée supplémentaire si vous voulez vous aventurer à vélo ou en barque de location pour apprécier la quiétude du Marais poitevin.

JOUR 5

Par **Damvix**, **Maillé** et **Vix**, rattrapez **Chaillé-les-Marais**. Ancienne île du golfe du Poitou qui domine la plaine autrefois immergée, c'est le premier village à avoir été asséché. Du belvédère se dégage une belle vue sur le marais, d'où émergent, sur la gauche, les anciens îlots d'Aisne et du Sableau. Visitez la Maison du maître de digues pour comprendre l'action des hommes sur le marais desséché. Au sud-ouest, à **St-Denis-du-Payré**, vous pourrez observer les quelque 120 espèces oiseaux de la réserve naturelle.

JOUR 6

Direction le Marais poitevin maritime : après la visite de l'abbaye bénédictine de **St-Michel-en-l'Herm**, vous arrivez à **L'Aiguillon-sur-Mer** pour déguster huîtres et moules. Reste à profiter des belles plages à La Faute-sur-Mer. À **La Tranche-sur-Mer**, les sportifs pourront hisser la voile et dériver sur une planche, tandis que les amateurs d'histoire partiront pour **St-Vincent-sur-Jard**, cité où Clemenceau se retira à la fin de sa vie : sa maison est remplie de souvenirs et ses jardins s'inspirent de ceux de son ami impressionniste Claude Monet. Puis gagnez les vestiges évocateurs du château médiéval de **Talmont-St-Hilaire**, édifié par Richard Cœur-de-Lion : en été, nombreuses festivités médiévales et un spectacle nocturne.

VISITE

Le Puy du Fou

INFOS PRATIQUES

Parc du Puy-du-Fou - 0 820 09 10 10 (0,12 €/mn) - www.puydufou.com - de déb. avr. à déb. nov. : 9h30-19h (22h30 lors des Noces de feu) - 44 € (-14 ans 31 €) - 73 € billet combiné avec la Cinéscénie - Cinéscénie (soirée) : 32 € - billets pour 2 ou 3 j. : 75 ou 85 €.

Bon à savoir
Il y a foule aux spectacles, anticipez les horaires (fournis à l'entrée). Pour la Cinéscénie, prévoyez des vêtements chauds, éteignez téléphones et appareils photo.

Restauration
Env. 20 points de restauration dont 2 restaurants spectacles (sur réserv. avec billet). Menus enfants. Aires de pique-nique.

STATIONNEMENT & SERVICES

Aire du Puy du Fou
Le Puy du Fou, suivre les flèches pour accéder au parking et à la borne (à 800 m) - 08 20 09 10 10
De déb. avr. à déb. nov. (fermé pdt fêtes de fin d'année)
Borne eurorelais
600 - Illimité - 13,90 €/j. - borne compris
Paiement :
Services :
Immense camping pour camping-cars, plat, herbeux, ombragé. Navette gratuite pour le parc d'attractions.
GPS : W 0.92481 N 46.89426

Le Puy-du-Fou, deuxième parc à thème de France, dans un cadre naturel de 150 ha, se consacre aux attractions historiques et propose des divertissements et des spectacles, ainsi que la fameuse Cinéscénie. Les spectacles sont particulièrement bien orchestrés, avec cascades et ballets. Mis en scène dans de grands amphithéâtres ou d'immenses décors de théâtre, ils durent environ 30mn chacun. Vous verrez des combats de gladiateurs, des chars romains roulant à une allure folle, l'assaut d'un château médiéval, des combats de Vikings, d'élégants mousquetaires dansant sur leurs chevaux, le bal des oiseaux fantômes, et bien d'autres animations.
Le site accueille également quatre villages reconstitués en matériaux authentiques, animés par des artisans d'art : le fort de l'An Mil, la cité médiévale, le village du 18ᵉ s. et le bourg 1900. Ils se prêtent à la promenade et permettent une pause agréable entre deux spectacles. Vous pouvez aussi y acheter des souvenirs dans les petites échoppes thématiques.
Quant à la Cinéscénie (vendredi et samedi d'été), elle offre un gigantesque et magique spectacle de nuit d'1h30 animé par 2 500 figurants, 28 000 costumes, les voix de grands acteurs... Ce son et lumière extraordinaire a conquis près de quatorze millions de spectateurs.

PAYS-DE-LA-LOIRE – ADRESSES CIRCUIT 3

Aires de service & de stationnement

ARÇAIS

Aire d'Arçais
R. du Marais (D 102), parking du Praineau - ☏ 05 49 35 37 12 - www.arcais.fr
Permanent (mise hors gel) -
Borne Urbaflux
60 P - Illimité - 11,50 €/j. - borne compris
Paiement : CC
Services : WC
Un petit camping pour camping-cars, plat, verdoyant et ombragé.
GPS : W 0.68819 N 46.29657

BENET

Aire de Benet
122 rte de Lesson - ☏ 02 51 00 96 26 - www.mairie-benet.fr
Permanent
Borne AireService
12 P - 🔒 - Illimité - 10,90 €/j. - borne compris
Paiement : CC
Plat, bitume et ombragé.
GPS : W 0.5833 N 46.3745

CHAMBRETAUD

Aire de Chambretaud
Pl. des Diamants - ☏ 02 51 47 88 20
Permanent (mise hors gel)
Borne artisanale 2 €
10 P - Illimité - gratuit
Services : WC
Plat, bitume.
GPS : W 0.97176 N 46.92292

COULON

Aire de Coulon
Parking de l'Autremont, accès par la r. André-Cramois (D 123) - ☏ 05 49 35 90 26 - www.ville-coulon.fr
Permanent -
Borne Urbaflux
90 P - 🔒 - 72h - 12,80 €/j. - borne compris
Paiement : CC
Services : WC
Cadre verdoyant, plat, herbeux, ombragé, au bord de la rivière.
GPS : W 0.58994 N 46.32127

JARD-SUR-MER

Aire de Jard-sur-Mer
Rte des Goffineaux, en dir. du port de plaisance - ☏ 02 51 33 40 17 - www.destination-vendeegrandlittoral.com
Permanent -
Borne Urbaflux 2,50 €
16 P - 48h - 12 €/j.
Paiement : CC
Agréable, plat, gravier, proche de la plage et des rochers.
GPS : W 1.59358 N 46.41074

LA MEILLERAIE-TILLAY

Aire de la Meilleraie-Tillay
R. des Ombrages, zone de loisirs du Lay - ☏ 02 51 65 82 13 - www.meilleraietillay.fr
De déb. avr. à fin nov. -
Borne artisanale : gratuit
10 P - Illimité - gratuit
Services : WC
Plat, gravier, ombragé et douches à jetons (mairie et épicerie).
GPS : W 0.84514 N 46.73886

MERVENT

Aire de Mervent
Chemin du Chêne-Tord, face au cimetière - ☏ 02 51 00 20 10 - www.mervent.fr
Permanent -
Borne raclet : gratuit
50 P - Illimité - 5 €/j. - gratuit en journée et payant la nuit ; paiement au régisseur
Services :
Plat, gravier, vaste avec petit ombrage.
GPS : W 0.76431 N 46.52363

POUZAUGES

Aire de la Vallée
R. du Pré-de-Foire, parking de la Vallée, au croisement entre D 49 et D 203 - ☏ 02 51 57 01 37 - www.tourisme-paysdepouzauges.fr
Permanent
Borne artisanale : gratuit
20 P - 48h - gratuit
Services : WC
Plat, bitume. Départ de sentiers de randonnée.
GPS : W 0.82854 N 46.77644

LE PUY DU FOU

Voir p. précédente

ST-MICHEL-MONT-MERCURE

Aire du Mont-Mercure
R. de l'Obrie, derrière l'église - ☏ 02 51 57 20 32
Permanent (mise hors gel) -
Borne artisanale 2 €
20 P - Illimité - gratuit
Services :
Plat, gravier. Point de vue à 360°.
GPS : W 0.88236 N 46.83232

LA TRANCHE-SUR-MER

Aire du Stade municipal
Av. du Gén-de-Gaulle (D 105) - ☏ 02 51 30 33 96 - www.latranchesurmer-tourisme.fr
Permanent
Borne AireService 3,50 €
80 P - 🔒 - 9 €/j. - stat. limité à 15 jours ; gratuit oct.-mars
Paiement : CC
Services :
Plat, gravier. Arrêt de bus pour le centre-ville et les plages.
GPS : W 1.43745 N 46.35035

VOUVANT

Aire de Vouvant
R. Château-Neuf (D 31) - ☏ 02 51 00 80 21
Permanent -
Borne artisanale
37 P - 🔒 - Illimité - 10,90 €/j. - borne compris ; paiement à la boulangerie ou au régisseur le matin
Paiement : CC
Services : WC
Agréable, plat, ombragé et verdoyant au centre d'un joli village.
GPS : W 0.77491 N 46.57434

Campings

L'AIGUILLON-SUR-MER

La Cléroca
℘ 02 51 27 19 92 -
www.camping-la-cleroca.com
De mi-avr. à fin sept. - 66 empl.
borne artisanale
Tarif camping : 29 €
(10A) - pers. suppl. 6 €
Services et loisirs :
Terrain verdoyant et ombragé, emplacements confortables.
GPS : W 1.31513 N 46.35003

CHOLET

Capfun Lac de Ribou
Allée Léon-Mandin -
℘ 02 41 49 74 30 - www.capfun.com
De déb. avr. à fin sept. - 199 empl. -
borne artisanale
Tarif camping : 42 €
(10A) - pers. suppl. 7 €
Services et loisirs :
À 100 m du lac.
GPS : W 0.84017 N 47.03621

COULON

Voir p. 274.

MAILLEZAIS

Municipal de l'Autize
Rte de Maille - ℘ 06 43 19 14 90 -
www.campingfrance.com
De déb. juin à fin sept. - 38 empl.
borne artisanale
Tarif camping : 17,50 €
(6A) - pers. suppl. 4,50 €
Services et loisirs :
Cadre verdoyant à la sortie du bourg.
GPS : W 0.73914 N 46.37133

TALMONT-ST-HILAIRE

Sandaya Le Littoral
Le Porteau - ℘ 02 51 22 04 64 -
www.sandaya.fr
De fin mars à déb. oct. - 62 empl.
borne artisanale
Tarif camping : 52 €
(10A) - pers. suppl. 9 €
Services et loisirs :
Navettes gratuites pour les plages.
GPS : W 1.70222 N 46.45195

Les adresses de bib

CHOLET

L'Ourdissoir – 40 r. St-Bonaventure - ℘ 02 41 58 55 18 - lourdissoir.com - fermé dim. et lun. - menu 58 €. L'Ourdissoir a pris place dans deux salles rustiques, aux beaux murs en pierre, dont l'une fut un atelier de tisserands de la ville du mouchoir. Dans un mobilier contemporain, vous dégusterez une copieuse cuisine actuelle (menu du terroir).

COULON

Voir aussi p. 275.
Le Central – Pl. de l'Église - ℘ 05 49 35 90 20 - www.hotel-lecentral-coulon.com - fermé dim. soir et lun. - menus 24,50 € (déj.), 30/51 €. Dans cette ancienne auberge aux poutres blanchies de la grande salle claire, vous serez bien accueilli et pourrez savourer une cuisine gourmande déclinée en plusieurs menus où dominent escargots, anguilles, farci poitevin... Excellents desserts. Terrasse aux beaux jours.

FONTENAY-LE-COMTE

Restaurant la Glycine –
57 r. de la République - ℘ 02 51 69 17 24 - www.hotel-fontarabie.com - formule déj. sem. 17 € - menu 32 € - fermé dim. et vac. scol. de Noël. Dans ce relais de poste du 16ᵉ s., on vous servira une cuisine régionale faite maison dans la chaleureuse salle à manger ou en terrasse, sous une glycine bicentenaire...

MAILLEZAIS

L'Échauguette – 39 r. Grand-Port - ℘ 09 77 68 09 53 - echauguette-maillezais.fr - fermé oct.-avr. et le soir de mar. à vend. sf juil.-août - plats 13/24 €. Une tonnelle dressée sous les saules pleureurs abrite quelques tables où l'on s'installe pour goûter un farci ou une autre spécialité poitevine. La salle à manger, avec son cadre rustique et sa cheminée, ne manque pas non plus de charme.

Offices de tourisme

CHOLET

14 av. Maudet - ℘ 02 41 49 80 00 - www.ot-cholet.fr.

FONTENAY-LE-COMTE

Pl. de Verdun - ℘ 02 51 69 44 99 - www.fontenay-vendee-tourisme.com.

TALMONT-ST-HILAIRE

11 r. du Château - ℘ 02 51 90 65 10 - www.destination-vendeegrandlittoral.com.

Chemin sur le littoral vendéen.

Thomas Pajot/Getty Images Plus

LE TOP 5 PLAGES FAMILIALES

1. Talmont-St-Hilaire (Veillon)
2. St-Vincent-sur-Mer
3. Longeville-sur-Mer
4. La Tranche-sur-Mer
5. La Faute-sur-Mer

PAYS-DE-LA-LOIRE – CIRCUIT 4

Sur les pas des gabelous

Les marais salants forment un immense quadrillage délimité par de petits talus de terre argileuse. À Guérande et Noirmoutier, pour le plus grand plaisir de nos papilles, les paludiers ont repris les grands râteaux plats pour écumer le sel blanc à la surface puis reformer les caractéristiques mulons. Sur les pas des gabelous, vous rencontrerez aussi Nantes, une ville riche en art et en chlorophylle !

⭐ **DÉPART :** ST-GILLES-CROIX-DE-VIE - 6 jours – 260 km

agréables restaurants de la ville. Pour gagner ensuite Noirmoutier, traverser le marais breton-vendéen et arrêtez-vous à **La Barre-de-Monts** pour visiter Le Daviaud, un écomusée consacré à cet extraordinaire milieu naturel. Pour passer sur l'île de **Noirmoutier**, renseignez-vous sur les horaires des marées afin d'emprunter à l'aller ou au retour l'étonnant passage du Gois. Sur cette île où règne une atmosphère de bout du monde, vous serez charmé par son climat doux, ses criques tranquilles et ses bois odorants : laissez-vous aller à humer l'air aux parfums de mimosa et de pin, remplissez votre panier de sel, de pommes de terre nouvelles et de fruits de mer et retrouverez le geste ancestral du saunier.

JOUR 2

Après avoir passé la nuit sur l'île, regagnez le continent pour partir à la découverte de **Challans**, au sud-est, connu pour ses canards et ses poulets noirs. Déjeuner gourmand en perspective ! Vous remonterez ensuite vers **Pornic** et de la **côte de Jade**. Rendez-vous jusqu'à la pointe rocheuse de **St-Gildas**. Profitez encore de la côte avant de gagner l'intérieur des terres pour visiter la Planète sauvage à Port-St-Père, un parc animalier inspiré des safaris. Enfin, rejoignez Nantes en fin de journée.

JOUR 1

St-Gilles est un actif port de pêche de la côte vendéenne. Les bateaux multicolores sont amarrés, prêts à partir pour la pêche à la sardine, au homard et au thon. Quittez-le en direction du nord, en longeant le front de mer et une partie de la forêt des Pays de Monts jusqu'à **St-Jean-de-Monts**. Dotée d'immenses plages de sable, cette station est idéale pour une halte familiale. Déjeunez dans l'un des

JOURS 3 ET 4

Deux jours pour visitez **Nantes** (voir l'encadré p. ci-contre). Voilà une étape à ne manquer sous aucun prétexte ! Dans cette cité au foisonnement culturel unique en France, privilégiez d'abord la visite du château des ducs de Bretagne et déjeunez dans le quartier du Bouffay, avant de partir à la découverte du musée d'Arts. En soirée, flânez le long de l'Erdre. Le lendemain, soyez le premier à acheter votre billet pour les Machines de l'Île : balade à dos d'éléphant

Le passage Pommeraye, à Nantes.

ÉTAPE ⓫

Nantes

OFFICE DE TOURISME
9 r. des États - ☏ 0 892 46 40 44 (0,35 €/mn) - www.levoyageanantes.fr

STATIONNEMENT & SERVICES

Parking Gloriette dit « de la Petite-Hollande »
Vaste parking sur la place de la Petite-Hollande, dans l'hyper centre (9h-12h, 14h-19h : 2,30 €/h, tarif progressif - 12h-14h : 0,50 €/h - interdit de vend. minuit à sam. 15h30). GPS : W 1.560158 N 47.210703

Nantes Camping - Le Petit Port
21 bd du Petit-Port - ☏ 02 40 74 47 94 - www.nantes-camping.fr
Permanent - 152 empl. -
borne artisanale
Tarif camping : 52 € (16A) - pers. suppl. 7 €
Services et loisirs :
Arrêt du tramway pour le centre-ville.
GPS : W 1.5567 N 47.24346

à prévoir ! Ensuite, traversez la Loire pour rejoindre le quartier Graslin. Flânez en particulier dans le passage Pommeraye.

JOUR 5

En route pour La Baule, n'hésitez pas à vous arrêter à **St-Nazaire** pour vous plonger dans l'ambiance des paquebots de croisière sur les chantiers navals. Montez également sur les toits de l'ancienne base sous-marine pour contempler l'ensemble du bassin de St-Nazaire. Les plages de **La Baule** ou du **Pouliguen** vous attendent pour le reste de la journée. Terminez celle-ci par une promenade au coucher du soleil, le long de la côte sauvage, jusqu'à **Batz-sur-Mer** qui surgit de la côte rocheuse, entre marais salants et Océan et d'où l'on observe avec joie le spectacle des lames qui se brisent sur la digue.

JOUR 6

Placée sous le signe du sel, cette journée commence par un rendez-vous avec un paludier de « Terre de Sel », à Pradel. Il vous fera découvrir les marais salants de la **presqu'île de Guérande**, classés au Patrimoine mondial de l'Unesco depuis 2012. Arrangez-vous pour déjeuner dans la cité du même nom et flânez dans sa ville, qui a le charme particulier d'une cité médiévale fortifiée. Les sentiers de découverte du **Parc naturel régional de la Grande Brière** occuperont ensuite tout votre après-midi : partez à la découverte du deuxième marais de France après la Camargue (la Grande Brière Mottière occupe 7 700 des 40 000 ha du Parc régional), promesse de belles balades équestres ou en chaland.

Pour bien débuter votre visite de la ville, commencez par les symboles de l'histoire nantaise, avec la **cathédrale St-Pierre-et-St-Paul**, et ses gisants, dont les voûtes intérieures s'élèvent jusqu'à 37,50 m de hauteur. Pour une autre page d'histoire, gagnez le **château des ducs de Bretagne** et ses douves herbeuses ; il abrite le passionnant **musée d'Histoire de la ville**. Poursuivez en flânant dans les rues du sympathique quartier Bouffay, où vous ne tarderez pas à repérer un endroit pour déjeuner en plein air. Faites ensuite une promenade digestive, dans l'ancienne **île Feydeau** et ses hôtels d'armateurs. Un brin de lèche-vitrine sera le doux prétexte à une flânerie aux alentours de la **place du commerce**, centre névralgique de la ville, et de la **place Royale**, dont le beau passage Pommeraye cache de nombreuses boutiques.
Quelques musées retiennent aussi l'attention comme le **Mémorial de l'abolition de l'esclavage** – Nantes ayant été la plus importante ville négrière de France –, le beau **Muséum d'histoire naturelle**, installé dans l'ancien hôtel de la Monnaie, qui recèle un spectaculaire squelette de rorqual, et le riche **musée d'Art**, entièrement restauré.
Mais, l'un des grands incontournables de la ville est l'**île de Nantes** qui fut en partie occupée jusqu'en 1987 par les chantiers navals. Elle abrite désormais de grands équipements culturels et touristiques comme le Hangar à Bananes, La Fabrique et surtout les célèbres **Machines de l'île** dont les créatures évoquent l'univers de Jules Verne. Enfin, en soirée, dirigez-vous vers **Le Lieu unique**, installé dans l'ancienne biscuiterie Lefèvre-Utile et aujourd'hui réhabilitée en centre culturel et en Scène nationale.

PAYS-DE-LA-LOIRE – ADRESSES CIRCUIT 4

Aires de service & de stationnement

BATZ-SUR-MER

Aire de la Govelle
Rte de la Govelle - 02 40 23 92 36
Permanent (mise hors gel) -
Borne eurorelais 2 € 2 €
8 - 48h - 9,80 €/j. - moins cher hors sais. ; gratuit en nov.-mars
Paiement : jetons (office de tourisme)
Services :
Face à la mer et à la plage ; plat, gravier.
GPS : W 2.45383 N 47.2674

LE CROISIC

Aire de Lingorzé
R. de Lingorzé, à côté de l'Océarium - 02 28 56 78 50 - Permanent
Borne Urbaflux 10 €
9 - 48h - 13,50 €/j. - gratuit en journée
Paiement :
Services :
Proche de la coopérative maritime et du centre-ville ; plat, bitume.
GPS : W 2.5217 N 47.299

L'ÉPINE (ÎLE DE NOIRMOUTIER)

Aire de l'Épine
Pl. des Ormeaux - Permanent
Borne
62 - 14 €/j. - borne compris
Paiement :
Services :
GPS : W 2.26399 N 46.98072

LA GARNACHE

Aire de La Garnache
R. de Challans - Les Remparts - 02 51 93 11 08 - Permanent
Borne artisanale : gratuit
10 - gratuit
Services :
À 6 km au nord de Challans.
GPS : W 1.8353 N 46.88845

GUÉRANDE

Aire de Guérande
Av. de la Brière - 02 40 15 60 40
Permanent
Borne AireService
34 - 48h - 14 €/j.

Paiement :
Services :
Aire bruyante, sur rond-point ; plat, herbeux.
GPS : W 2.42021 N 47.33333

PAIMBŒUF

Aire de Paimbœuf
Quai Éole, au camping de l'Estuaire - 02 40 27 84 53 - www.campinglestuaire.fr
De déb. avr. à mi-nov.
Borne artisanale 5 €
12 - Illimité - 16 €/j. - moins cher hors sais.
Paiement :
Services :
De Toussaint à Pâques, il est conseillé de téléphoner au camping.
GPS : W 2.03983 N 47.28898

PIRIAC-SUR-MER

Camping-car Park La Tranchée
R. de La Tranchée - 01 83 64 69 21 - www.campingcarpark.com
Permanent -
Borne Urbaflux
18 - Illimité - 12,80 €/j. - borne compris
Paiement :
Services :
Proche de la mer et du centre-ville, plat, ombragé, gravier.
GPS : W 2.54217 N 47.37876

Camping-car Park Le Lérat
Rte de Kervin, sur la rte de Mesquène, près des tennis - 01 83 64 69 21 - www.campingcarpark.com
Permanent
Borne Urbaflux
30 - Illimité - 10,50 €/j. - borne compris
Paiement :
Services :
Très agréable, proche de la plage, plat, gravier.
GPS : W 2.53269 N 47.36804

ST-GILLES-CROIX-DE-VIE

Aire de St-Gilles-Croix-de-Vie
Intersection r. de la Rabalette et r. des Paludiers - 02 51 55 03 66

Permanent
Borne artisanale 2,60 €
68 - Illimité - 6,50 €/j. - gratuit mi-nov. à mi-mars
Paiement : jetons (office de tourisme)
Services :
Espace verdoyant, agréable avec un petit plan d'eau. Plat, gravier.
GPS : W 1.9473 N 46.703

ST-JEAN-DE-MONTS

Aire du Repos des Tortues
38 r. Notre-Dame-de-Monts, à côté du camping du Bois Joly - 06 20 54 14 43 - www.lereposdestortues.com
Permanent
Borne flot bleu
98 - Illimité - 13,70 €/j. - borne compris
Paiement :
Services :
Bien aménagé, plat, herbeux, gravier avec gardien sur place en journée.
GPS : W 2.07278 N 46.79849

ST-NAZAIRE

Aire des Jaunais
St-Marc-sur-Mer, rte de l'Océan, D 292 - 02 40 00 40 62
Permanent
Borne AireService : 7,10 €
15 - Illimité - gratuit
Paiement :
Services :
Proche de la mer, plat, gravier. Bus pour le centre-ville.
GPS : W 2.28592 N 47.23881

LA TURBALLE

Aire de La Turballe Grande Falaise
Bd de la Grande-Falaise, près du camping municipal Les Chardons Bleus - 02 40 11 88 09 - www.laturballe.fr
Permanent -
Borne AireService
20 - Illimité - 13 €/j. - borne compris
Paiement :
Services :
À 2,5 km du centre-ville.
Plat, gravier et faible ombrage.
GPS : W 2.49939 N 47.33081

Campings

MACHECOUL

La Rabine
Allée de la Rabine - ✆ 02 40 02 30 48 - www.camping-la-rabine.com
De déb. avr. à fin sept. - 131 empl.
borne artisanale 3,50 €
Tarif camping : 17 €
(8A) - pers. suppl. 4,50 €
Services et loisirs :
À deux pas du bourg.
GPS : W 1.81555 N 46.9887

NANTES
Voir p. 61

NOIRMOUTIER-EN-L'ÎLE

Huttopia Noirmoutier
23 allée des Sableaux -
✆ 02 51 39 06 24 -
europe.huttopia.com
De déb. avr. à fin sept. - 400 empl. -
borne artisanale
Tarif camping : 36 €
(10A) - pers. suppl. 6,50 €
Services et loisirs :
GPS : W 2.2205 N 46.9966

LE POULIGUEN

Municipal les Mouettes
45 bd de l'Atlantique -
✆ 02 40 42 43 98 - www.labaule-guerande.com/le-pouliguen.html
De fin mars à fin oct. - 200 empl.
borne eurorelais
Tarif camping : 25,20 €
(6A) - pers. suppl. 5,50 €
Services et loisirs :
Relativement proche des commerces.
GPS : W 2.43942 N 47.27385

ST-BRÉVIN-LES-PINS

La Dune de Jade
110 av. du Mar.-Foch - ✆ 02 40 27 22 91 -
www.ladunedejade.fr
Permanent - 200 empl.
borne artisanale
Tarif camping : 38,70 €
(10A) - pers. suppl. 8,30 €
Services et loisirs :
Baignade à 900 m.
GPS : W 2.1703 N 47.23786

Les adresses de bib

NANTES

Debotté – 9 r. de la Fosse - ✆ 02 40 48 23 19 - www.debotte.fr - 8h-19h, dim. 9h-13h. Magnifique chocolaterie datant du 19ᵉ s. Gourmands de tous les pays, salivez devant les macarons, les berlingots nantais (les seuls de la ville fabriqués de façon artisanale), muscadets...

NOIRMOUTIER-EN-L'ÎLE

✖ **Le Grand Four** – 1 r. de la Cure - derrière le château - ✆ 02 51 39 61 97 - legrandfour.com - fermé dim. soir-lun. et merc. - menus 45/74 €. Ne manquez pas ce petit restaurant derrière le château : installé dans une maison couverte de vigne vierge, il est très coquet avec ses larges fauteuils confortables, son plafond orné de fresques et ses fleurs partout. Cuisine entre mer et terroir, au goût du jour.

ST-JEAN-DE-MONTS

✖ **La Quich'Notte** – 200 rte de Notre-Dame - ✆ 02 51 58 62 64 - www.restaurantlaquichnotte.fr - fermé lun.-merc. - menus 29,90/36,90 €. Cette ancienne bourrine (1903) a conservé son toit de chaume, ses murs en terre et sa cheminée. Recettes du terroir revisitées : anguilles, cuisses de grenouilles, sardines, caillebottes.

ST-NAZAIRE

✖ **Le Sabayon** – 7 r. de la Paix-et-des-Arts - ✆ 02 40 01 88 21 - fermé dim.-lun. - menus 24 € (déj.), 34 €. Dans ce restaurant au décor chaleureux, Monsieur prépare en cuisine de délicieux petits plats : noix de St-Jacques sautées à la fleur de Guérande et sabayon aux coteaux de l'Aubance, ou poissons de nos côtes rôtis font partie de quelques-unes de ses spécialités. Les desserts faits maison sont à base de chocolat Valrhona.

Offices de tourisme

NANTES
Voir p. 61

ST-GILLES-CROIX-DE-VIE
Pl. de la Gare -
✆ 02 51 55 03 66 -
www.payssaintgilles-tourisme.fr.

ST-NAZAIRE
Base sous-marine -
12 bd de la Légion-d'Honneur -
✆ 02 40 22 40 65 -
www.saint-nazaire-tourisme.com.

Le Croisic, sur la presqu'île de Guérande.

Le pays d'Auge, ses vaches, ses pommiers...
A. Leroy/Icomotec RM/age fotostock

Étretat, la porte d'Aval et l'Aiguille creuse à marée basse.
F. Cormon/hemis.fr

Le cidre de Normandie.
barmalini/Getty Images Plus

Normandie

Un bon bol d'air océanique ou une mise au vert ? Randonnée cycliste ou route patrimoniale ? Depuis toujours, la côte normande et son arrière-pays satisfont tous les appétits. L'incroyable variété des paysages et la richesse de l'histoire sonnent comme une promesse de vacances réussies !

Côté mer, les centaines de kilomètres de côtes, qui alternent falaises escarpées de la Côte d'Albâtre, côtes rocheuses du Cotentin et plages de sable fin de la Côte Fleurie à celle de Nacre, offrent une merveilleuse diversité, encore rehaussée par un florilège d'îles, françaises ou anglaises et des stations balnéaires familiales et bon teint, épargnées par les grandes opérations immobilières... Sans oublier le célèbre Mont-St-Michel, entouré par l'une des plus belles baies du monde.

Côté terre, le bocage déroule des haies plantées de charmes, châtaigniers, aubépines, érables champêtres, ormes ou hêtres, qui encadrent les parcelles où fleurissent les pommiers au printemps. En long de l'Orne, apparaît même un massif « montagneux » bourré de charme, la Suisse normande. Autour de Lisieux, voici le pays d'Auge et ses toits de chaume, ses maisons à colombage, ses vaches, ses vergers en fleurs et ses plateaux de fromages, garant d'un repos authentique, tout comme le Perche ou encore les pays de Caux et de Bray, préservés et paisibles.

Côté villes, les amateurs de patrimoine auront à cœur de découvrir Le Havre (reconstruit par Auguste Perret) ou Rouen, après avoir longé la Seine et ses méandres, ou encore d'autres cités, historiquement et culturellement incontournables, comme Caen ou Bayeux.

NORMANDIE

Le pont de Normandie.
Oliver Hlavaty/Getty Images Plus

LES ÉVÉNEMENTS À NE PAS MANQUER

- **Rendez-vous des Naïfs** à Verneuil-sur-Avre (27) : avr.-mai. www.artnaif27.fr.
- **Jazz sous les pommiers** à Coutances (50) : mai. www.jazzsouslespommiers.com.
- **Fête du fromage** à Pont-l'Évêque (14) : mai.
- **Fête des marins** à Honfleur (14) : Pentecôte.
- **Commémoration du Débarquement** à Utah Beach (14) : 6 juin.
- **Fêtes médiévales** à Bayeux (14) : 1er w.-end de juil.
- **Festival du lin et de la fibre artistique** en pays de Caux (76) : juil. www.festivaldulin.org.
- **Pèlerinage à travers les grèves**, de Genêts au Mont-St-Michel (50) : 2e quinz. de juil.
- **Les Heures musicales de l'abbaye de Lessay** (50) : mi-juil. à mi-août. www.heuresmusicalesdelessay.com.
- **Pardon des corporations de la mer** à Granville (50) : dernier dim. de juil. au 1er dim. d'août.
- **Festival international de cerf-volant** à Dieppe (76) : sept. (années paires). www.dieppe-cerf-volant.org.
- **Festival du cinéma américain** à Deauville (14) : sept. www.festival-deauville.com.
- **Fête du cidre et de la pomme** à Caudebec-en-Caux (76) : sept. (années paires).
- **Transat Jacques Vabre** au Havre (76) : oct. (années impaires). www.transatjacquesvabre.org.
- **Les Courses du Pin** au Haras national du Pin (61) : 2e et 3e w.-ends d'oct.
- **Foire aux harengs et à la coquille St-Jacques** à Dieppe (76) : nov.

Votre séjour en Normandie

Circuits №

1. Des Alpes Mancelles à la Suisse normande
6 jours - 310 km — P68
2. Le sud de la Manche
6 jours - 280 km — P72
3. La presqu'île du Cotentin
6 jours - 210 km — P76
4. Caen et les plages du débarquement
6 jours - 180 km — P80
5. La Côte fleurie et le pays d'Auge
7 jours - 295 km — P84
6. Les boucles de la Seine
6 jours - 160 km — P88
7. Côte d'Albâtre et pays de Caux
7 jours - 270 km — P92

Étapes

Caen — P81
Honfleur — P85
Rouen — P89
Le Havre — P93

Visites

Château de Guillaume le Conquérant, à Falaise — P69
Îles Chausey — P73
Cité de la mer à Cherbourg-en-Cotentin — P77

EN COMPLÉMENT, UTILISEZ...

- Guides Verts : Normandie Vallée de la Seine et Normandie Cotentin
- Cartes Michelin : Région 513 et Départements 303, 304 et 310

NORMANDIE – CIRCUIT 1
Des Alpes Mancelles à la Suisse normande

Soyez rassuré, vous êtes en Normandie : les Alpes Mancelles, littéralement les Alpes du Mans, sont cachées à une vingtaine de kilomètres d'Alençon et la Suisse normande se découvre au fil de l'Orne, entre Thury-Harcourt et Clécy. Et pourtant, il y a bien quelque chose d'insolite, voire d'exotique dans leurs paysages : des collines vertes et moutonnantes, des abrupts impressionnants, de fiers pitons découpés au burin. La montagne en pleine Normandie !

⭐ **DÉPART :** ALENÇON - 6 jours – 310 km

JOUR 1

Commencez la matinée à **Alençon**, au musée des Beaux-Arts et de la Dentelle. Quittez la ville par le nord, en direction de la **forêt d'Écouves** pour une petite balade sur l'un des sentiers de découverte. Vous rejoignez **Sées** et sa cathédrale, merveille de l'architecture gothique normande. Visitez ensuite le beau **château d'Ô**, de styles gothique, flamboyant et Renaissance avec jardin à la française. Faites un crochet par l'église de **St-Christophe-le-Jajolet**, centre d'un étonnant pèlerinage motorisé avant de vous rendre au **haras du Pin**. Et si vous avez encore un peu de temps, jetez un coup d'œil au château de **Bourg-St-Léonard**. Soirée et nuit à Argentan.

JOUR 2

Après une matinée à **Argentan** et une visite à l'abbaye des Bénédictines, vous saurez tout sur le « point d'Argentan », très différent de celui d'Alençon. Dirigez-vous ensuite vers **Falaise** pour une escapade en Suisse normande et prévoyez d'y passer quelques heures. Le château où naquit Guillaume le Conquérant le mérite bien (voir l'encadré p. ci-contre) ! Quittez la ville par l'ouest, direction la verte et vallonnée Suisse normande. Faites une halte devant l'étonnante chapelle des Pommiers à **St-Vigor-de-Mieux** puis rendez-vous au centre d'information de la **roche d'Oëtre** avant de partir randonner sur les sentiers qui offrent de beaux points de vue sur le site. Terminez la journée en canoë au fil de l'Orne.

JOUR 3

Les environs de **Clécy** méritent une journée de balade. De nombreux circuits balisés vous y invitent. Vous êtes fourbu ? Les locomotives et wagons du Monde miniature n'exigeront de vous aucun effort.

Château de Guillaume le Conquérant, à Falaise.

JOUR 4

Les jardins et les belles ruines 18e s. du **château de Thury-Harcourt** sont le point de départ pour la boucle du Hom au nord-ouest (circuit de 5 km). Regagnez ensuite **Vire** où vous ferez étape. Passez l'après-midi à découvrir la cité, et l'andouille, célébrité gastronomique locale, peut-être au menu de votre déjeuner. La suite de la journée se passe en plein air. Les intrépides tentent le saut à l'élastique du viaduc de la Souleuvre. Plus sagement, vous pouvez opter pour une balade sur la Voie verte qui s'en va vers Mortain au sud.

JOUR 5

Sur la route du retour vers **Alençon**, admirez la très belle vue sur les dernières hauteurs de la Suisse normande du haut du **mont de Cerisy**, à 25 km à l'est de Vire. Partez pour **Domfront**. Cette cité domine le bocage où est élaboré ce pétillant poiré dont elle est la capitale. Admirez les maisons à colombages et la ravissante église N.-D.-sur-l'Eau. C'est **Bagnoles-de-l'Orne** qui vous accueille pour la soirée.

JOUR 6

La **forêt des Andaines** est le cadre d'une jolie balade l'après-midi. Pour les activités de plein air, cap sur la base de loisirs de **La Ferté-Macé**. Votre circuit se termine à, 17 km à l'est, où la brique, le granit et l'ardoise du château forment un harmonieux ensemble. L'ancienne chanoinerie accueille la Maison du parc naturel régional Normandie-Maine qui vous donnera des idées pour prolonger votre séjour. Regagnez Alençon par la D909 puis la N12.

VISITE

Château de Guillaume le Conquérant (Falaise)

INFOS PRATIQUES

Pl. Guillaume-le-Conquérant - 02 31 41 61 44 - www.chateau-guillaume-leconquerant.fr - 10h-18h - fermé de déb. janv. à déb. fév., 3 j. en nov. - fermeture hebdomadaire, se rens. - 9,50 € (6-16 ans 5 €) - 24 € billet famille (2 adultes + 6 enf. max.). Tablette tactile disponible pour la visite.

STATIONNEMENT & SERVICES

Parking
Av. de la Libération (D511), au pied des remparts (gratuit). GPS : W 0.20280 N 48.89276

Camping municipal du Château
Voir p. suivante.

Ville au nom évocateur, Falaise arbore son impressionnant château sur un plateau dominant. Typique des donjons-palais anglo-normands, la « maison » natale de Guillaume le Conquérant (1066-1087), dont la construction s'étala de l'an mil au 13e s., fut l'un des premiers châteaux de pierre de Normandie. Une campagne de restauration (1986-1996), très contestée, a restitué les espaces intérieurs et la couverture des donjons. Elle se poursuit avec les **remparts**. Le château se compose de trois parties. Le **grand donjon**, construit au début du 12e s. par Henri Ier Beauclerc, surprend par ses vastes dimensions et apparaît encore redoutable, avec ses hauts contreforts plats. Le **petit donjon**, accolé au grand donjon et voulu par Henri Ier Plantagenêt à la fin du 12e s., est une construction équilibrée et lumineuse qui répondait à un double objectif : couvrir l'accès de la plate-forme rocheuse contre un assaillant éventuel, et améliorer le confort du duc-roi. Enfin, la **Tour Talbot**, haute de 35 m, devrait son nom à John Talbot, gouverneur du château en 1449, qui la restaura. Sa plate-forme sommitale (sujets au vertige s'abstenir!) offre un beau panorama sur l'enceinte et la ville.

La mise en scène de la **visite**, avec notamment la projection sur les murs de personnages historiques animés, plonge les visiteurs dans la société médiévale et l'histoire de Guillaume le Conquérant. En complément, des tablettes tactiles proposent des reconstitutions en 3D des espaces intérieurs particulièrement surprenants avec leurs décors aux vives couleurs.

NORMANDIE – ADRESSES CIRCUIT 1

Aires de service & de stationnement

ALENÇON

Aire d'Alençon
R. de Guéramé, à l'extérieur du camping municipal - 02 33 32 40 00 - Permanent (mise hors gel)
Borne eurorelais : gratuit
Services :
GPS : E 0.07351 N 48.42622

ATHIS-DE-L'ORNE

Aire privée La Ferme des Bois
Les Bois, accès par la D 20 - 02 33 66 51 25 - accueilcampingcar.wordpress.com
Permanent
Borne artisanale : 5 €
5 - Illimité - 11 €/j.
Services :
Emplacements stabilisés.
GPS : W 0.5388 N 48.81086

CLÉCY

Aire de Clécy
R. du Stade, à côté du terrain de tennis - 02 31 69 71 47
Permanent
Borne flot bleu 2 €
5 - Illimité - gratuit
Paiement : jetons (commerçants)
Services :
Proche du centre-ville.
GPS : W 0.48123 N 48.91862

LA FERRIÈRE-AUX-ÉTANGS

Aire de la Ferrière-aux-Étangs
R. de l'Étang - 02 33 66 92 18
Permanent
Borne AireService 4 € 4 €
35 - Illimité - gratuit
Services :
Plat, herbeux, ombragé. Quelques emplacements stabilisés, les autres sont à éviter en cas de fortes pluies.
GPS : W 0.51717 N 48.65947

LA FERTÉ-MACÉ

Aire Park
Lieu-dit La Lande, sur la D 908 dir. Domfront, face au Swing golf - 02 98 53 75 85 - www.aireparkreservation.com

Permanent -
Borne AireService
12 - Illimité - 10 €/j. - borne compris
Paiement :
Espace agréable en surplomb du lac, légèrement en pente.
GPS : W 0.37388 N 48.58847

PUTANGES-PONT-ÉCREPIN

Aire du camping du Val d'Orne
Chemin de Friche - 02 33 35 04 67
Permanent
Borne eurorelais : 3 €
5 - Illimité - gratuit
Paiement : jetons (office de tourisme, réception du camping)
Services :
GPS : W 0.24553 N 48.76075

THURY-HARCOURT

Aire de Thury-Harcourt
R. du Pont-Benoit, à l'extérieur du camping Traspy - 02 31 79 72 71 - campingdutraspy.com
De déb. avr. à fin sept.
Borne eurorelais
7 - Illimité - 9,20 €/j. - borne compris
Services :
GPS : W 0.46899 N 48.98879

TINCHEBRAY

Aire de Tinchebray
Pl. du Champ-de-Foire - 02 33 66 60 13 - Permanent
Borne raclet : gratuit
3 - 48h - gratuit
Services :
GPS : W 0.73749 N 48.76312

VIRE

Aire de Vire
Pl. du Champ-de-Foire - 02 31 66 27 90 - www.virenormandie.fr
Permanent (mise hors gel - fermé vend. matin : marché)
Borne artisanale : gratuit
20 - Illimité - gratuit
Services :
GPS : W 0.88849 N 48.84059

Campings

ARGENTAN

Municipal de la Noë
R. de la Noë - 06 23 09 76 44 - www.argentan.fr/tourisme
De déb. avr. à mi-oct. - 22 empl. - borne eurorelais 2,50 €
Tarif camping : 3 € 2,50 € 3 €
(10A) 4 €
Services et loisirs :
GPS : W 0.01687 N 48.73995

BAGNOLES-DE-L'ORNE

La Vée
5 av. du Prés.-René-Coty - 02 33 37 87 45 - www.campingbagnolesdelorne.com
De fin fév. à déb. nov. - 51 empl. - borne flot bleu -
(10A) 13,80 €
Tarif camping : 18,50 €
(10A) - pers. suppl. 4,40 €
Services et loisirs :
Navette pour les thermes et le centre-ville.
GPS : W 0.41982 N 48.54787

FALAISE

Municipal du Château
R. du Val-d'Ante - 02 31 90 16 55 - camping-falaise.com
De déb. avr. à mi-oct. - 88 empl. - borne artisanale -
19 €
Tarif camping : 25 €
(10A) - pers. suppl. 6 €
Services et loisirs :
Emplacements stabilisés.
GPS : W 0.2052 N 48.89563

LE VEY

Les Rochers des Parcs
La Cour, r. du Viaduc - 02 31 69 70 36 - www.camping-normandie-clecy.fr
De déb. avr. à fin oct. - 66 empl. - 19 €
Tarif camping : 28,30 €
(10A) - pers. suppl. 7,90 €
Services et loisirs :
Vente de cidre et de jus de pomme.
GPS : W 0.47487 N 48.91391

Les bonnes adresses de bib

ARGENTAN

La Table de Fernand – 7 r. Aristide Briand - ✆ 09 81 78 51 51 - www.latabledefernand.fr - fermé mar. soir, dim. soir. - formule déj. lun.-vend. 16,50 € - menus 29/36 €. À proximité du musée Fernand Léger, ce restaurant rend hommage au peintre par sa décoration moderne (murs bleus et gris, tableaux inspirés du maître), mais aussi par le dressage des assiettes. Une cuisine dans l'air du temps et de bons produits normands en circuit court font le succès de cette adresse. Réservation conseillée.

BAGNOLES-DE-L'ORNE

La Terrasse – R. des Casinos - ✆ 02 33 37 81 44 - fermé déc., dim. soir, lun., merc. soir - menus 21/30 €. Proche du lac, voici un endroit chaleureux. Les petits plats du terroir ou les spécialités de poissons mitonnés sont en outre fort honorables.

Casino de Bagnoles-de-l'Orne – 6 av. Robert-Cousin - ✆ 02 33 37 84 00 - www.casino-bagnolesdelorne.com - 10h-2h (vend., sam. et veille de j. fériés 11h-4h). La station de Bagnoles abrite le seul casino de l'Orne. Quelque 160 machines à sous vous y attendent, plus les jeux classiques : boule, black-jack et roulette anglaise. Terrasse, cinéma, restaurant et lounge-café complètent l'offre.

CARROUGES

Boutique de la Maison du parc – ✆ 02 33 81 13 33 - www.parc-naturel-normandie-maine.fr - avr.-oct. : 10h-13h, 14h-18h (18h30 juil.-août) ; déc. : se rens. La librairie fait référence en matière d'ouvrages portant sur le territoire. L'épicerie, quant à elle, rassemble les produits de nombreux exploitants locaux (cidre, poiré, pâtés, biscuits…), l'occasion de composer un pique-nique savoureux !

CLÉCY

Au Site Normand – 2 r. des Châtelets - ✆ 02 31 69 71 05 - www.hotel-clecy.com - fermé 10 j. en juil., de fin déc. à fin janv., dim.-lun. - plats 13/18 €. Le chef revisite ici la tradition, au rythme des saisons et du marché. Ses plats se dégustent dans une salle à manger cosy qui ne manque pas de cachet : poutres peintes, cheminée… Service charmant.

DOMFRONT

Comte Louis de Lauriston – R. du Mont-St-Michel - ✆ 02 33 38 53 96 - www.calvados-lauriston.com - visite des chais et boutique : lun.-vend. 9h-12h, 14h-18h, sam. 9h30-12h. Le calvados domfrontais revient sur le devant de la scène depuis 1997, grâce à son AOC. Premier à le défendre avec ardeur, le comte de Lauriston a donné son nom aux eaux-de-vie de la maison.

FALAISE

Le Vauquelin – 2 r. Vauquelin - ✆ 02 31 42 66 26 - le-vauquelin-restaurant-falaise.eatbu.com - fermé dim.-lun. - menus 25/27 €. Face au musée Automates Avenue, une adresse sympathique où l'on se rend tant pour l'accueil attentif que pour la cuisine bistronomique de qualité.

SÉES

Au Normandy – 20 pl. du Gén.-de-Gaulle - ✆ 02 33 27 80 67 - fermé de Noël au 1er janv. - menu 18,90 €. Derrière une façade du 17e s., salles chaleureuses dotées de grandes cheminées de pierre. Menus aux accents régionaux, mais aussi pizzas ou crêpes assurent un repas généreux.

VIRE

Paul Danjou – 5 r. André-Halbout - ✆ 02 31 68 04 00 - 9h30-12h30, 14h-19h - fermé dim. et lun. Depuis plus d'un siècle, la maison Danjou perpétue la tradition de l'andouille de Vire.

Offices de tourisme

ALENÇON
Maison d'Ozé - pl. de la Magdeleine - ✆ 02 33 80 66 33 - www.visitalencon.com.

ARGENTAN
Chapelle St-Nicolas - pl. du Marché - ✆ 02 33 67 12 48 - tourisme.terresdargentan.fr.

FALAISE
5 pl. Guillaume-Le-Conquérant - ✆ 02 31 90 17 26 - www.falaise-suissenormande.com.

Kayaks à Clécy.

LE TOP 5 SPORTS EN PLEINE NATURE
1. Canoë-kayak
2. Escalade
3. Parapente
4. VTT
5. Randonnée pédestre

NORMANDIE – CIRCUIT 2
Le sud de la Manche

Le sud de la Manche, c'est bien sûr le Mont-St-Michel, la « Merveille de l'Occident » plantée au milieu du ciel et de la baie par des forces inespérées. Mais c'est aussi de nombreux espaces naturels protégés, comme les dunes de Dragey ou la pointe du Groin du Sud, et au cœur du bocage normand, un arrière-pays riche d'un patrimoine architectural et artisanal, comme à Coutances et Villedieu-les-Poêles.

⭐ **DÉPART :** GRANVILLE - 6 jours – 280 km

JOUR 1

Granville, station balnéaire réputée, est d'abord une ville tournée vers la mer et fière de son histoire maritime. Vous lui consacrerez une partie de votre première journée. Quittez Granville par la D973. À 15 km s'élève l'abbaye Ste-Trinité de **La Lucerne-d'Outremer**, bel ensemble roman d'esprit cistercien. Regagnez la côte pour une promenade sur les **falaises de Carolles** jusqu'à la **pointe de Champeaux** : panorama grandiose sur la baie du Mont-St-Michel. Reprenez la D911 et arrêtez-vous à **Genêts**, qui accueille de nombreuses associations de guides encadrant des sorties dans la baie du Mont-St-Michel, et à Vains où se trouve la Maison de la baie. À proximité s'étend la pointe du **Grouin du Sud**, point de départ de promenades sur le littoral et de traversées de la baie. Fin de la journée et nuit à **Avranches** : visite du Scriptorial et promenade au Jardin des plantes pour voir le soleil se coucher sur le Mont.

JOUR 2

Le **Mont-St-Michel** occupera à lui seul la journée. Au pied du Mont, à **Beauvoir**, vous rendrez peut-être visite aux bébés crocodiles d'Alligator Bay…

JOUR 3

Dirigez-vous vers **St-Hilaire-du-Harcouët** : la petite ville conjugue tourisme vert et maintien des traditions, ce dont témoigne l'animation qui règne sur le marché aux bestiaux hebdomadaire. Sur la route de **Mortain**, profitez de la nature, très belle et suivez le Circuit des cascades peintes par Courbet, puis visitez l'abbaye Blanche (12e s.). Continuez par la découverte de la collégiale St-Évroult, connue pour abriter le « Chrismale », très rare coffret du 7e s. Poursuivez votre route au nord. En suivant la vallée de la Sée, vous traverserez **St-Pois**, mais aussi **St-Michel-de-Montjoie**, haut lieu de l'extraction du granit. Un musée lui est d'ailleurs consacré. Dirigez-vous vers **Villedieu-les-Poêles** pour y passer la nuit.

JOUR 4

L'artisanat est à l'honneur dans cette petite cité touristique : cuivrerie, fonderie de cloches et même une andouillerie artisanale… Faites votre choix ! Après le déjeuner, quittez Villedieu par la D924 à

Le Mont-St-Michel.

l'ouest. À 8 km de là, vous pouvez passer l'après-midi avec les zèbres du parc zoologique de Champrépus. Regagnez **St-Lô** sans oublier de faire un détour pour gagner l'abbaye de Hambye (fondée au 12ᵉ s.). Ces ruines majestueuses sont un havre de paix.

JOUR 5

St-Lô, préfecture de la Manche mérite que vous lui consacriez une demi-journée. À visiter en famille, le haras national, et la ferme de Boisjugan (musée du Bocage normand). Après le déjeuner, quittez St-Lô par l'ouest : l'abbatiale Ste-Trinité de **Lessay** (fin 11ᵉ s.) est le premier édifice normand entièrement voûté de croisées d'ogives. Au choix, pour finir l'après-midi, une randonnée tranquille sur un sentier d'interprétation ou la visite du **château de Pirou**, avant de pousser jusqu'au bord de la mer, à **Créances** ou **Pirou-plage**. Cette partie de la côte est touristique, vous n'aurez pas de mal à trouver une station balnéaire accueillante.

JOUR 6

Rendez-vous au **château de Gratot**. Vous y croiserez peut-être la fée qui vit en ces lieux… à 5 km au sud se dressent les flèches de pierre de la cathédrale de **Coutances**, chef-d'œuvre de l'architecture gothique normande. N'hésitez pas à suivre une visite guidée qui permet d'accéder à la tour-lanterne. Ne quittez pas la ville sans avoir « perdu » une heure au Jardin des plantes, lieu idéal pour un pique-nique.

VISITE 👁

Îles Chausey

INFOS PRATIQUES

Compagnie « Jolie France » – Au dép. de Granville - ☎ 02 33 50 31 81 - www.vedettesjoliefrance.com - avr.-sept. : tlj ; mars et oct.-nov. : merc. et w.-end ; reste de l'année : merc. et sam. - traversée (1h) - 33,50 € (3-14 ans 22 €) AR Granville/Chausey. Tarif spécial lors des grandes marées.

STATIONNEMENT & SERVICES

Parking de la gare maritime, gratuit, max. 24h.

À Granville : Aire du Roc
4 r. du Roc, derrière l'aquarium - ☎ 02 33 91 30 03 - www.tourisme-granville-terre-mer.com
Permanent
Borne AireService 🚰 3,30 € 💧 3,30 € ♻ 🧹
20 🅿 - 48h - 11 €/j.
Paiement : 💳
Sur les hauteurs de la ville avec jolie vue à proximité, près du phare. Plat, bitume.
GPS : W 1.6095 N 48.8353

Imaginez : 16 km au large, un dédale de chenaux, de plaines de sable, de dentelles de granit, se découpant sur l'horizon des plus fortes marées d'Europe. Vous avez là un des sites les plus extraordinaires que la Normandie puisse offrir : les îles Chausey, archipel de plusieurs kilomètres carrés groupant une cinquantaine d'îles ou d'îlots et des centaines d'écueils. Avec près de 2 km de longueur sur 700 m dans sa plus grande largeur, la Grande Île est la plus importante de l'archipel et la seule accessible aux touristes. Elle est aussi la seule habitée, par une demi-douzaine de Chausiais en hiver, si l'on excepte l'île d'Aneret qui compte une habitation ! Au moment des floraisons, soyez attentif aux chardons bleus, rosiers pimprenelles, géraniums sanguins et œillets de France qui sont le must de l'abondante flore de Chausey. Élevé en 1847, le **phare** domine la mer de 37 m et a une portée de 45 km. Le **fort**, construit entre 1860 et 1866 pour repousser une éventuelle attaque anglaise, n'a jamais joué de rôle militaire actif. Il a été utilisé comme geôle pour des prisonniers allemands et autrichiens pendant la Grande Guerre, puis a abrité une garnison allemande durant la Seconde Guerre mondiale. Il sert désormais d'abri aux pêcheurs. Sur la côte sud, non loin de l'ancien cimetière, s'ouvre la **plage de Port-Marie**, la seule à être surveillée en été. Surnommé le « château » par les insulaires, le **vieux fort** *(ne se visite pas)* fut remodelé en 1923 sur les vestiges d'un fort plus ancien bâti en 1558. Sa fière silhouette domine tout le littoral, et plus particulièrement la **plage de Port-Homard** qui découvre très loin à marée basse. Depuis la **plage de la Grande-Grève**, la plus vaste de l'île, on peut atteindre à marée basse d'énormes blocs de granit aux formes évocatrices : on les surnomme les Moines et l'Éléphant.

NORMANDIE – ADRESSES CIRCUIT 2

Aires de service & de stationnement

AVRANCHES

Aire d'Avranches
Bd Léon-Jozeau-Marigné, chemin de La Boutonnière, en dir. du jardin des Plantes - 02 33 58 00 22
Permanent -
Borne AireService 2 €
7 - 24h - gratuit
Paiement : CC
Services :
Légèrement en pente sur gravier et bitume.
GPS : W 1.367 N 48.68585

CAROLLES

Aire de Carolles-Plage
2-4 chemin des Pêcheurs -
02 33 61 93 75
Permanent (mise hors gel) -
Borne AireService
16 - Illimité - 14,32 €/j.
Paiement : CC
Services :
Tout près de la plage, plat sur gravier.
GPS : W 1.57051 N 48.75924

GRANVILLE

Voir p. précédente

LESSAY

Aire de Lessay
Pl. St-Cloud - 02 33 76 58 80
Permanent (fermé durant la Foire) -
Borne artisanale : gratuit
15 - Illimité - gratuit
Services :
Cadre verdoyant, plat, herbeux avec un petit ombrage.
GPS : W 1.53551 N 49.21883

LE MONT-ST-MICHEL

Aire de Beauvoir - Mont-St-Michel
Rte du Mont-St-Michel, D 776,
4 km du Mont - 02 33 60 96 12 -
www.camping-montsaintmichel.com
Permanent
Borne AireService
180 - Illimité - 16,50 €/j. - borne compris
Paiement : CC

Services :
Emplacements herbeux et ombragés.
Bus pour le Mont-St-Michel (payant).
GPS : W 1.51209 N 48.59427

MORTAIN

Aire de Mortain
Pl. du Château - 02 33 79 30 30
Permanent (mise hors gel) -
Borne raclet
7 - 48h - gratuit
Paiement : CC
Services :
Plat, bitume, ombrage,
mitoyen au camping municipal.
GPS : W 0.94501 N 48.64876

PIROU-PLAGE

Aire de Pirou-Plage
R. des Hublots, chemin des Matelots -
02 33 46 41 18
Permanent -
Borne AireService 3 € 3 €
8 - Illimité - gratuit
Paiement : CC
Services :
À 800 m de la plage (800 m),
plat, bitume et gravier.
GPS : W 1.58943 N 49.16495

ST-HILAIRE-DU-HARCOUËT

Aire de l'Étang
Le Prieuré, vers la résidence
La Rêterie - 02 33 79 38 70
Permanent (mise hors gel) -
Borne artisanale : gratuit
8 - Illimité - gratuit
Services :
Plat, gravier.
GPS : W 1.08762 N 48.57286

ST-LÔ

Aire de St-Lô
Pl. de la Vaucelle - 02 33 77 60 00
Permanent -
Borne Urbaflux 2 € 2 €
12 - Illimité - gratuit
Services :
Bien ombragé, plat, bitume et proche du centre-ville.
GPS : W 1.1029 N 49.11358

Campings

AGON-COUTAINVILLE

Municipal le Martinet
Bd Lebel-Jéhenne - 02 33 47 05 20 -
www.agoncoutainville.fr
De déb. avr. à fin oct. - 105 empl.
borne flot bleu -
10 €
Tarif camping : 6 € 3 € 6 €
(6A) 3,50 €
Services et loisirs :
GPS : W 1.59283 N 49.04958

BRÉHAL

La Vanlée
St-Martin-de-Bréhal, r. des Gabions -
02 33 61 63 80 -
www.camping-vanlee.com
De fin avr. à fin oct. - 428 empl. -
borne artisanale -
13 €
Tarif camping : 28,10 €
(10A) - pers. suppl. 6,35 €
Services et loisirs :
Grande prairie vallonnée, derrière les dunes, sans emplacements délimités.
GPS : W 1.56474 N 48.90913

ST-HILAIRE-DU-HARCOUËT

Municipal de la Sélune
02 33 49 43 74 - www.st-hilaire.fr
De déb. avr. à fin sept. - 69 empl.
borne artisanale
Tarif camping : 2,50 € 1,15 €
3,15 € (12A) 2,10 €
Services et loisirs :
Proche du bourg.
GPS : W 1.09765 N 48.58127

VILLEDIEU-LES-POÊLES

Les Chevaliers de Malte
2 imp. du Pré-de-la-Rose -
02 33 59 49 04 -
www.camping-deschevaliers.com
De déb. avr. à mi-oct. - 78 empl. -
borne eurorelais
Tarif camping : 33 €
(16A) - pers. suppl. 5 €
Services et loisirs :
Dans une zone résidentielle proche du bourg.
GPS : W 1.21694 N 48.83639

Les bonnes adresses de bib

AVRANCHES

✕ **Le Royal Brasserie** – 2 r. du Dr-Gilbert - ✆ 02 33 79 35 80 - plats 12/20 €. Au cœur de la cité, un espace chaleureux où vous pourrez vous poser le temps de déguster une tartine chaude au chèvre, au camembert… (il y en a pour tous les goûts !) ou une salade.

BEAUVOIR

✕ **La Ferme Saint-Michel** – ✆ 02 33 58 46 79 - www.restaurantfermesaintmichel.com - fermé dim. soir - menus 27/45 €. Dans une ancienne ferme, la belle salle à manger aux murs en pierres apparentes est dotée d'une grande cheminée. On y déguste l'agneau de pré-salé (ici, on dit le « grévain ») rôti au feu de bois dans un ancien four à pain. Œuvres d'artistes locaux sur les murs.

COUTANCES

Le Secret de Coutances - pâtisserie Guesnay – 23 r. Geoffroy-de-Montbray - ✆ 02 33 45 02 82 - mar.-sam. 7h30-19h, dim. 7h30-13h. La clientèle se presse dans cette boutique renommée pour ses délicieuses pâtisseries. Difficile de se décider entre le Normand, crème au beurre blanc allégée de meringue et imbibée de pommeau, le Duo normand, pâte sablée et compote de pommes et rhubarbe couverte d'un gratin d'amandes et les succulents chocolats.

GENÊTS

Découverte de la Baie - Maison du guide – 1 r. Montoise - ✆ 02 33 70 83 49 - www.decouvertebaie.com - avr.-oct. : 9h-12h30, 13h30-18h - nov.-mars : lun.-vend. 9h-12h30, 13h30-18h - traversée de la baie 12,50 € (6-12 ans 6,50 €). Espace d'information et de réservation. Thèmes de sorties variés : traversées traditionnelles de la baie, commentées ou non, sorties nocturnes, sorties spéciales grandes marées, initiation à la pêche à pied…

GRANVILLE

✕ **La Citadelle** – 34 r. du Port - ✆ 02 33 50 34 10 - www.restaurant-la-citadelle.fr - fermé mar.-merc. - formule déj. 35 € - menus 45/90 €. Dégustez homards de Chausey et autres produits de la mer dans un décor nautique ou sur la terrasse face au port d'où s'élançaient corsaires et terre-neuvas.

PIROU-PLAGE

✕ **Restaurant de la Mer** – 2 r. Fernand-Desplanques - ✆ 02 33 46 43 36 - www.restaurantdelamer.com - fermé fin déc. et janv., merc. midi en juil.-août - plats 15/30 €. Ce restaurant dispose d'une salle à manger panoramique face à la plage : par beau temps, on peut même distinguer les îles Anglo-Normandes ! Cuisine gastronomique, spécialités de fruits de mer et poissons.

ST-LÔ

✕ **Aux berges de Candol** – 1216 rte de Candol - ✆ 02 33 05 34 11 - aux-bergesdecandol.fr - fermé dim. soir, lun.-mar. - formule 23 € - menus 36/45 €. Après avoir voyagé durant plusieurs années, de l'Angleterre à Bora Bora, ce chef cuisinier a enfin posé ses valises. Ici, on savoure, avec les yeux autant qu'avec les papilles, ses succulentes spécialités de poissons et de fruits de mer servies à l'assiette en terrasse ou au coin du feu.

VILLEDIEU-LES-POÊLES

✕ **La Ferme de Malte** – 11 r. Jules-Tétrel - ✆ 02 33 91 35 91 - www.lafermedemalte.fr - fermé dim. soir-lun. et merc. soir - formules sem. 18/23 € - plats 16/25 €. Cette ancienne ferme de l'ordre de Malte abrite une chaleureuse salle à manger en partie ouverte sur le jardin. Cuisine régionale.

Offices de tourisme

AVRANCHES
2 r. du Gén.-de-Gaulle - ✆ 02 33 58 00 22 - www.ot-montsaintmichel.com.

GRANVILLE
2 r. Lecampion - ✆ 02 33 91 30 03 - www.tourisme-granville-terre-mer.com.

LE MONT-ST-MICHEL
Grande-Rue - ✆ 02 33 60 14 30 - www.ot-montsaintmichel.com.

Chez le poissonnier.

Graffizon/Getty Images Plus

LE TOP 5 PLAGES
1. Granville
2. Jullouville
3. Carolles
4. Bréhal
5. St-Jean-le-Thomas

NORMANDIE – CIRCUIT 3
La presqu'île du Cotentin

Au Moyen Âge, on appelait « île du Cotentin » cette curieuse péninsule bordée de mer et de marais. Elle se compose de trois pays que ce circuit se propose de vous faire découvrir : La Hague, dont le cap tient tête à un océan parfois redoutable, le val de Saire, aux vastes plaines fertiles, et le « col » du Cotentin, surtout célèbre pour ses pâtures. Ce circuit peut aussi être l'occasion de partir à la découverte de l'île anglo-normande de Guernesey.

DÉPART : CARENTAN-LES-MARAIS - 6 jours – 210 km

JOUR 1

Consacrez le début de matinée à **Carentan-les-Marais** que vous quittez ensuite par le nord. À **St-Côme-du-Mont**, visitez le D-Day Experience. C'est aussi ici qu'est installé l'espace touristique du Parc naturel régional des marais du Cotentin et du Bessin. Vous en profiterez pour suivre le sentier d'interprétation ornithologique. Gagnez ensuite **Utah Beach** où vous pourrez visiter le musée du Débarquement. Finissez la journée à **Ste-Mère-Église**.

JOUR 2

Consacrez 1h à l'Airborne Museum. Juste à la sortie de Ste-Mère-Église, rendez-vous à la ferme-musée du Cotentin. En 15mn, vous êtes à **Valognes** : après le déjeuner, vous admirerez les hôtels particuliers du 18e s. de ce « Versailles normand ». Avec des enfants, repassez par Valognes pour rejoindre le parc animalier St-Martin à **Montaigu-la-Brisette**. Étape le soir à **St-Vaast-la-Hougue**.

JOUR 3

Aux beaux jours, il est agréable de prendre le petit-déjeuner sur le port de St-Vaast. Achetez ensuite de quoi pique-niquer et embarquez sans plus attendre pour l'île de Tatihou (10mn de bateau). Vous y passerez la matinée à visiter ses multiples jardins, ainsi que la tour Vauban. L'après-midi, retour en bateau sur la côte, à **Barfleur**, une station balnéaire très accueillante. Au programme, sports nautiques, baignade et escalade du **phare de Gatteville**. Le soir, dégustez sans faute les délicieuses « Blondes de Barfleur » ; il s'agit d'une variété de moule sauvage pêchée au large.

JOUR 4

Poursuivez votre découverte du littoral. De Fermanville, gagnez le **cap Lévi** et son fort : le panorama est grandiose. Avant d'arriver à **Cherbourg-en-Cotentin** (15 km à l'ouest), faites une halte dans le parc du château des Ravalet. Consacrez le reste de la journée à la visite de Cherbourg. Vous trouverez une adresse sympathique pour dîner sur les quais.

JOUR 5

Prévoyez de passer la matinée à la **Cité de la mer** (voir l'encadré ci-contre). Vous pouvez y déjeuner dans le majestueux hall de la gare maritime transatlantique. Ensuite, en route pour le cap de la Hague ! **Omonville-la-Petite** garde le souvenir de Jacques Prévert. À quelques kilomètres, vous plongez dans l'atmosphère unique de **Port-Racine**, le plus petit port de France en activité. De Goury, partez en balade sur le GR 223 qui file vers la baie d'Ecalgrain et **les nez de Voidries et de Jobourg** : un paysage à couper le souffle, surtout en cas de grand vent !

JOUR 6

Descendez le long de cette côte ouest du Cotentin. L'ambiance subtropicale de l'exceptionnel jardin de **Vauville** vous surprendra. Pour profiter encore de ces paysages magnifiques, vous avez le choix entre une balade dans les dunes d'**Hatainville**, ou sur le plateau rocheux du cap de Carteret. Finissez le voyage à **Barneville-Carteret**, petite station balnéaire familiale.

LE CONSEIL DE BIB

Au départ de Barneville-Carteret, offrez-vous une escapade sur l'île anglo-normande de Guernesey. Dépaysement garanti ! Rens. : compagnie de bateaux de Manche-îles-Express (www.manche-iles.com).

VISITE

Cité de la Mer (Cherbourg-en-Cotentin)

INFOS PRATIQUES

Gare Maritime-Transatlantique - 02 33 20 26 69 - www.citedelamer.com - & - juil.-août : 9h30-19h ; mai-juin et vac. scol. (hors juil.-août) : 9h30-18h ; reste de l'année : se rens. - fermé certains lun. (nov.-mars) et janv. - 19 € (5-17 ans 14 €). Durée de la visite : ½ journée. Boutique, cafétéria, restaurant, aires de pique-nique.

STATIONNEMENT & SERVICES

Aire de la Cité de la mer
Allée du Prés.-Menut - 02 33 93 52 02 - www.cherbourgtourisme.com
Permanent -
Borne AireService : gratuit
20 - Illimité - gratuit
Services :
Sur plusieurs parkings autour d'un blockhaus, ouvert à tous véhicules ; plat, bitume, calme la nuit.
GPS : W 1.61776 N 49.6435

Installée dans le magnifique cadre Art déco de l'ancienne gare transatlantique, à Cherbourg, la Cité de la mer retrace l'épopée de l'homme sous les mers, des premiers mythes aux techniques de plongée les plus modernes.
Dans la nef d'accueil est présentée une collection d'engins emblématiques de la plongée en grande profondeur, dont *Mir*, *Archimède* et *Nautile* qui ont exploré l'épave du *Titanic*...
Ensuite s'ouvre le Pavillon des expositions permanentes :
• **Le Redoutable**, premier sous-marin nucléaire français lancé en 1967 et point fort de la visite. Outre la découverte de la vie à bord, des simulateurs et des exercices interactifs rendent sa visite bien attrayante !
• **L'Océan du Futur** présente l'un des derniers univers sauvages de la planète avec dix-sept bassins thématiques parmi lesquels l'Aquarium abyssal, le plus profond d'Europe (près de 11 m).
• **Titanic, Retour à Cherbourg**, une plongée à travers l'histoire de l'émigration européenne vers le Nouveau Monde dans la célèbre salle des bagages de la Gare Maritime Transatlantique. Dispositifs interactifs sur l'histoire du *Titanic*, son escale à Cherbourg, la vie à bord ; avec des témoins du drame, vous revivrez la traversée jusqu'à la collision et le naufrage...
• **L'auditorium** projette deux films. Le premier se consacre à la côte normande au fil des courants, à ses exceptionnels paysages, sujets d'inspiration de Claude Monet, aux bains de mer... Le second s'intéresse à la bataille du Cotentin et à la libération de Cherbourg.

NORMANDIE – ADRESSES CIRCUIT 3

Aires de service & de stationnement

BARNEVILLE-PLAGE

Aire de l'Éléphant Bleu
Rte du Pont-Rose, aire de lavage, derrière le supermarché Carrefour Market - 02 33 04 50 44
Permanent
Borne AireService 2 €
5 - Illimité - gratuit
Services :
GPS : W 1.75282 N 49.38582

BEAUMONT-HAGUE

Aire du Super U
7 r. du Vieux Chemin -
02 33 08 20 20
Permanent
Borne artisanale 1 €
5 - 24h - gratuit - quelques places sur le parking
Services :
GPS : W 1.83532 N 49.66153

CARENTAN-LES-MARAIS

Aire de Carentan Le Port
30 chemin Grand-Bas Pays, à côté du camping Flower Haut Dick -
01 83 64 69 21
Permanent -
Borne eurorelais
12 - Illimité - 13,60 €/j.
Paiement :
Services :
Plat, bitume, tout près du port de plaisance.
GPS : W 1.2392 N 49.30883

CHERBOURG-EN-COTENTIN

Voir p. précédente

ST-VAAST-LA-HOUGUE

Aire de la Gallouette
R. de la Gallouette, à l'extérieur du camping la Gallouette - 02 33 54 20 57 - www.camping-lagallouette.fr
Permanent -
Borne AireService 2 € 2 €
25 - Illimité - 10 €/j.
Paiement :
Services :
Proche du centre-ville et du port avec jolie vue ; plat, bitume.
GPS : W 1.26764 N 49.58347

STE-MÈRE-ÉGLISE

Aire de Ste-Mère-Église
R. du Gén.-Théodore-Roosevelt-Jr, parking Super U, ZA des Crutelles -
02 33 41 30 95 - Permanent
Borne eurorelais 2 € 2 €
10 - 24h - gratuit - quelques places sur le parking
Services :
GPS : W 1.32223 N 49.40461

SIOUVILLE-HAGUE

Aire de Siouville-Hague
Av. des Peupliers, parking des Tamaris - 02 33 52 42 73 - www.siouville-hague.com
Permanent -
Borne Urbaflux 3,50 € 3,50 €
- Illimité - 7 €/j. - moins cher hors sais. - Paiement :
Services :
À 100 m de la plage, plat, herbeux.
GPS : W 1.84421 N 49.56356

Campings

MAUPERTUS-SUR-MER

Les Castels l'Anse du Brick
18 anse du Brick - 02 33 54 33 57 - www.anse-du-brick.fr
De déb. avr. à fin sept. - 45 empl. -
borne artisanale
Tarif camping : 76 €
(6A) - pers. suppl. 9 €
Services et loisirs :
Dans une ancienne carrière avec de nombreux emplacements en terrasses ; vue sur mer ou falaises.
GPS : W 1.49 N 49.66722

OMONVILLE-LA-ROGUE

Municipal du Hable
4 rte de la Hague - 02 33 52 86 15 - campingduhable.lahague.com
De déb. avr. à déb. oct. - 54 empl. -
borne flot bleu 2 €
Tarif camping : 3,30 € 4,80 €
(10A) 4,80 €
Services et loisirs :
GPS : W 1.84087 N 49.70439

RAVENOVILLE-PLAGE

Le Cormoran
2 r. du Cormoran - 02 33 41 33 94 - www.lecormoran.com
De déb. avr. à fin sept. - 95 empl. -
borne artisanale 6 € -
12 €
Tarif camping : 43 €
(6A) - pers. suppl. 10,50 €
Services et loisirs :
Face à la mer. Beaux emplacements, de grands espaces verts idéals pour la détente et les sports collectifs.
GPS : W 1.23527 N 49.46658

TOURLAVILLE

Le Collignon
215 r. des Algues - 02 33 20 16 88 - camping-collignon.simdif.com
De fin avr. à mi-sept. - 82 empl.
borne artisanale -
16 €
Tarif camping : 21 €
(6A) - pers. suppl. 5 €
Services et loisirs :
GPS : W 1.56644 N 49.65468

Les bonnes adresses de bib

BARFLEUR

Café de France – 12 quai Henri-Chardon - 02 33 54 00 38 - plats 8,50/17,80 €. Un restaurant incontournable pour sa situation sur le port et ses délicieuses moules. Idéal aussi pour prendre un verre et regarder le retour des pêcheurs.

BARNEVILLE-CARTERET

La Cale Marine – 2 prom. Abbé-Lebouteiller - port de Carteret - 02 33 53 82 50 - fermé de déb. nov. à mi-fév., mar. et merc. hors sais. - plats 15/28 €. Ce café-brasserie est surtout apprécié pour sa terrasse bien située face au quai et pour ses moules marinières, parmi les meilleures de la côte ! Rien de sophistiqué, mais une pause des plus agréables pour satisfaire une petite faim.

CHERBOURG-EN-COTENTIN

L'Armoire à Délices – 2 pl. Chantereyne - 02 33 95 23 02 - www.larmoireadelices.fr - formules déj. 17,90 - plats 13/25 €. Cette épicerie fine, qui fait salon de thé et restaurant, propose un vaste choix de produits du terroir, de vins, d'épices, de thés et d'objets de décoration ; autant de raisons de pousser la porte de cet endroit sympathique et plutôt couru !

OMONVILLE-LA-ROGUE

Café du Port – 55 r. du Hâble - 02 33 52 74 13 - www.restaurantduportomonvillelarogue.fr - fermé janv., lun.-mar. - menu 29 € - réserv. conseillée. Filet de thon jaune aux senteurs de mangue et de citron vert, tartare de thon ou tout simplement huîtres de St-Vaast, le tout servi face au petit port du Hâble et sa plage de galets.

ST-VAAST-LA-HOUGUE

Lesdos-Allaire – 23 pl. Belle-Isle - 02 33 54 42 13 - www.huitres-st-vaast.com - 9h-12h30, 15h-19h, dim. 9h30-12h30, 15h30-19h - fermeture, se rens. La boutique accueille cette vénérable enseigne (1878) où vous pourrez vous approvisionner en huîtres de St-Vaast-la-Hougue (plates et creuses) ou seulement vous laisser tenter par une petite dégustation gorgée d'iode.

STE-MÈRE-ÉGLISE

La Pause gourmande – 5 r. Division-Leclerc - 02 33 93 36 50 - biscuit-sainte-mere-eglise.com - menus 19 € (sem.), 30 €. Cette grande brasserie est située derrière l'église. Salades, plats traditionnels, huîtres de St-Vaast… à la carte ou au menu. Elle est associée à la biscuiterie de Ste-Mère qui confectionne, outre le délicieux sablé contenant près de 30 % de beurre d'Isigny, des chocolats, des pâtes de fruits, ainsi qu'un grand choix de produits du terroir normand : terrines, pommeaux, cidres, soupes de poisson, etc.

TOURLAVILLE

Club de kayak de mer du Nord-Cotentin – Rte du Becquet - 02 33 22 59 59 - www.cotentinkayak.fr - découverte kayak 30 €, location à partir de 10 €/h. Parmi ses nombreuses activités, ce club propose des initiations, des stages, des randonnées découverte en kayak de rivière et kayak de mer, embarcation idéale pour découvrir au plus près le littoral du Cotentin.

VALOGNES

L'Épicurien – 16-18 r. Léopold-Delisle - 02 33 95 02 02 - www.lepicurienvalognes.fr - dim.-lun. midi et sam. midi - plats 17/26 €. Au cœur de la ville, établissement à la façade couverte de vigne vierge bordant une petite place calme. Salles pleines de caractère associant charme rustique et belle mise en place. Succulentes spécialités maison.

Offices de tourisme

CARENTAN-LES-MARAIS

24 pl. de la République - 02 33 71 23 50 - www.ot-baieducotentin.fr.

ST-VAAST-LA-HOUGUE

41 quai Vauban - 0 805 320 200 - www.encotentin.fr.

VALOGNES

25 r. de l'Église - 0 805 320 200 - www.encotentin.fr.

Le Nez de Jobourg.

Ludwig Deguffroy/Getty Images Plus

LE TOP 5 VUES SUR MER

1. Nez de Jobourg
2. Pointe de la Hague
3. Belvédère de Landemer
4. Pointe de Barfleur
5. Pointe de Saire

NORMANDIE – CIRCUIT 4

Caen et les plages du débarquement

Caen et Guillaume le Conquérant, Bayeux ou la tapisserie. Et le Bessin, à quoi l'associez-vous ? Votre connaissance de la Normandie demande à être approfondie ! Suivez cette escapade : elle vous fera revivre, le long des plages, le débarquement de juin 1944, et vous entraînera dans les terres généreuses et savoureuses du Bessin, celles, entre autres, du beurre et de la crème d'Isigny !

DÉPART : CAEN - 6 jours – 180 km

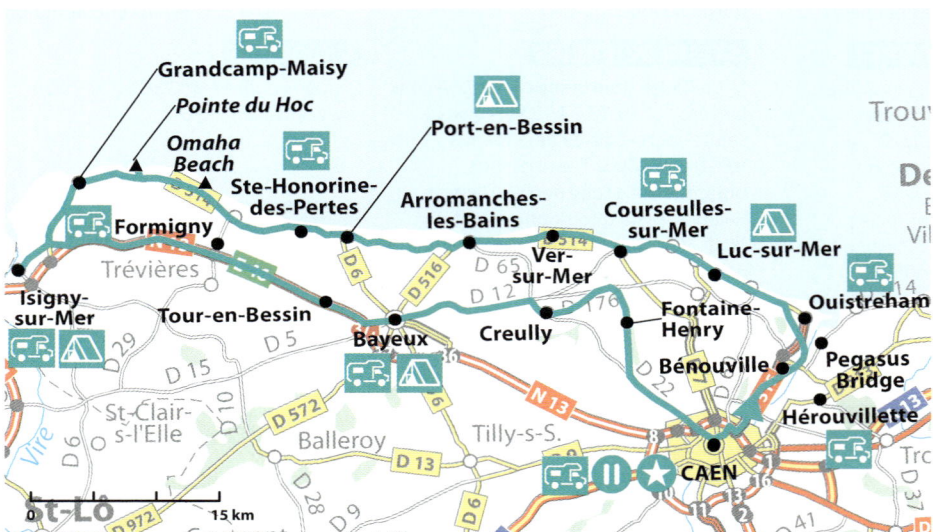

JOURS 1 ET 2

Consacrez 2 jours à **Caen** (voir l'encadré p. ci-contre).

JOUR 3

Quittez Caen par la D515 au nord-est en direction de la mer. Sur la route, jetez un coup d'œil au château de **Bénouville** (réouv. prévue en 2027), de la fin du 18e s. Après **Pegasus Bridge**, haut lieu du souvenir (musée) pour les vétérans de la Seconde Guerre mondiale, vous arrivez à **Ouistreham**. Suivez la côte (D514) et gagnez **Courseulles-sur-Mer**, où le Centre Juno Beach rappelle le rôle du Canada dans la guerre de 1940. À **Ver-sur-Mer**, le British Normandy Memorial rend hommage aux hommes tombés pendant la bataille de Normandie. Puis vous arrivez à **Arromanches-les-Bains**. À marée basse, des vestiges du port artificiel sont encore visibles (dont une vingtaine de caissons « Phénix »). Au musée du Débarquement, des maquettes aident à comprendre le fonctionnement de ces gigantesques installations.

JOUR 4

Reprenez la D514 jusqu'à **Port-en-Bessin**, pittoresque et animé, surtout lors de la criée. Ici, la coquille St-Jacques est reine, et les restaurants sur les quais laissent envisager de vrais festins ! Étape suivante : les plages d'**Omaha Beach**. Plusieurs musées perpétuent la mémoire du « D Day » à St-Laurent, Vierville et Colleville-sur-Mer (où le cimetière américain rassemble près de 9 400 croix). Poussez jusqu'à la **pointe du Hoc** : belles vues sur la mer et le littoral jusqu'à la presqu'île du Cotentin. Rejoignez Isigny.

JOUR 5

Isigny-sur-Mer, le beurre, la crème : leur fabrication n'aura plus de secret après un passage par la coopérative laitière Isigny Ste-Mère. Variante sucrée : la

Le vieux Bayeux.

visite de l'usine du Caramel d'Isigny. Par la N13, retournez en direction de Bayeux. Faites un arrêt pour admirer l'église de **Tour-en-Bessin**. Vous consacrez l'après-midi à la découverte de **Bayeux**, et ferez étape dans cette cité pleine de charme. Votre première visite est pour la cathédrale. Prenez le temps de parcourir le vieux Bayeux en vous arrêtant devant les hôtels particuliers en pierre et les maisons à pans de bois.

JOUR 6

Commencez la journée (avant l'affluence) avec Guillaume le Conquérant et Harold : la tapisserie de la reine Mathilde mérite que vous preniez votre temps (comptez 2h). Profitez de votre déjeuner à Bayeux pour décider de votre après-midi : visite des châteaux de **Fontaine-Henry**, de **Creully** ou l'ancien prieuré St-Gabriel, situé à proximité. Avant de rentrer à Caen, prévoyez 1h pour découvrir l'abbaye d'Ardenne, à quelques kilomètres seulement du centre de **Caen**. De retour à Caen, si vous ne l'avez pas fait à l'aller, passez quelques heures au Mémorial. La scénographie, particulièrement réussie, vous plonge dans la mémoire collective de 1918 à nos jours.

LE CONSEIL DE BIB

De passage à Port-en-Bessin, n'oubliez pas de vous rendre sur les étals des pêcheurs installés sur le port.

ÉTAPE 11

Caen

OFFICE DE TOURISME

12 pl. St-Pierre - 02 31 27 14 14 - www.caenlamer-tourisme.fr

STATIONNEMENT & SERVICES

Parking conseillé en centre-ville :
Parking de l'Hippodrome (bd Yves-Guillou - gratuit)

Aire du Mémorial de Caen
Rue des Roquemonts - 02 31 06 06 44 - www.memorial-caen.fr
Permanent
Borne artisanale
20 - 48h - 13,70 €/j. - borne compris
Services :
Bus pour le centre-ville.
GPS : W 0.38073 N 49.1972

En choisissant de stationner à l'hippodrome, vous n'êtes qu'à quelques minutes à pied *(par l'av. Albert-Sorel)* de la célèbre **Abbaye-aux-Hommes**, ensemble élégant et emblématique de la ville. Les imposants bâtiments conventuels reconstruits au 18e s. abritent l'hôtel de ville, précédé de jardins à la française offrant une vue remarquable sur le **chevet** de l'**église St-Étienne**. Entrez dans l'hôtel de ville qui donne accès au cloître, à l'ancien réfectoire des moines orné de superbes **boiseries** et à la salle du chapitre. Pénétrez ensuite à l'intérieur de l'église St-Étienne, qui préserve pour l'essentiel son style roman (chœur gothique). Rejoignez l'élégante **place St-Sauveur** où se dressent de beaux immeubles du 18e s. *(marché vend.)*. Au bout de la rue St-Sauveur, prenez à droite la **rue Froide**, étroite ruelle piétonne flanquée de vieilles maisons, qui conduit à l'église du même nom et à la **rue St-Pierre**, l'artère commerçante de la ville. Aux n° 52 et 54 se dressent deux hautes **maisons** à pans de bois (Renaissance). Au bout de la rue sur la droite, ne manquez pas la cour de l'**hôtel d'Escoville**, siège de l'office de tourisme, avant d'admirer le **chevet** de l'**église St-Pierre**, remarquable par la profusion de son décor extérieur Renaissance magnifiquement restauré. Vous trouverez ensuite votre bonheur dans la pittoresque rue du Vaugueux. Puis montez au **château fort**. Sur l'esplanade du château, le **musée des Beaux-Arts** expose des œuvres du 15e au 20e s. Rejoignez enfin, via la rue des Chanoines, l'**Abbaye-aux-Dames** et son **église de la Trinité**, pendant féminin de l'Abbaye-aux-Hommes, puis redescendez sur le port de plaisance et les rives de l'Orne pour récupérer votre véhicule. De là, gagnez le **Mémorial de Caen - Cité des mémoires** où vous découvrirez des espaces dédiés aux conflits qui ont opposé la France et l'Allemagne de 1918 jusqu'à la chute du Mur de Berlin. À ne manquer sous aucun prétexte.

NORMANDIE - ADRESSES CIRCUIT 4

Aires de service & de stationnement

BAYEUX

Aire de stationnement du musée-mémorial de la bataille de Normandie
Bd Fabian-Ware - 02 31 51 60 60
Permanent
14 - Illimité - 5,50 €/j. - gratuit en journée
GPS : W 0.71256 N 49.27333

Aire de Bayeux
Voie de la Rivière - 02 31 51 60 60
Permanent (mise hors gel)
Borne AireService 3 €
Paiement :
GPS : W 0.69612 N 49.28154

CAEN
Voir p. précédente

COURSEULLES-SUR-MER

Aire du Parc de l'Edit
Rte des Bernières - 02 31 36 17 17
Permanent -
Borne AireService : 4 €
8 - Illimité - gratuit
Paiement :
Services :
Plat, bitume, herbeux avec tables de pique-nique et aire de jeux.
GPS : W 0.44216 N 49.33023

FORMIGNY

Aire de La ferme du Lavoir
Rte de St-Laurent-sur-Mer -
02 31 22 56 89 - Permanent -
Borne artisanale
10 - Illimité - 15 €/j. - borne compris
Paiement :
Services :
Au milieu des pommiers, bon confort sanitaire et vente de cidre, pommeau...
GPS : W 0.89641 N 49.34064

GRANDCAMP-MAISY

Aire de Grandcamp-Maisy
R. du Moulin-Odo, derrière la caserne des pompiers - 02 31 22 64 34
Permanent -
Borne AireService
33 - 24h - 10,50 €/j. - borne compris

Paiement :
Services :
Emplacements délimités, plat, gravier.
GPS : W 1.03782 N 49.3862

HÉROUVILLETTE

Aire de Hérouvillette
Av. de Caen, dans le centre-ville -
02 31 28 39 97 - Permanent
Borne AireService 2 €
8 - Illimité - gratuit
Paiement : jetons (commerçants)
Services :
Parking avec places réservées aux camping-cars (herbeux et étroits).
GPS : W 0.24466 N 49.21967

ISIGNY-SUR-MER

Aire d'Isigny-sur-Mer
Quai Neuf - 02 31 51 24 01
Permanent -
Borne eurorelais : 4 €
14 - Illimité - gratuit
Services :
Plat, herbeux.
GPS : W 1.1047 N 49.32136

OUISTREHAM

Aire de Ouistreham
Bd Maritime, apr. l'embarcadère des ferries - 02 31 97 73 25
Permanent
Borne AireService
20 - Illimité - 12 €/j. - borne compris
Paiement :
Services :
Très proche du port, plat, bitume.
GPS : W 0.24969 N 49.28726

STE-HONORINE-DES-PERTES

Aire du garage AD - TOTAL
45 rte d'Omaha Beach -
02 31 21 77 67 - Permanent -
Borne eurorelais 2,50 € 2,50 €
15 - 24h - 10 €/j.
Paiement : jetons
Services :
Plat, herbeux.
GPS : W 0.81632 N 49.34879

Campings

BAYEUX

Municipal Les Bords de L'Aure
Bd Eindhoven - 02 31 92 08 43 -
www.camping-bayeux.fr
De déb. avr. à fin oct. - 61 empl. -
borne sanistation
Tarif camping : 26 €
(6A) - pers. suppl. 6,50 €
Services et loisirs :
Camping urbain dans un agréable parc verdoyant.
GPS : W 0.69774 N 49.28422

ISIGNY-SUR-MER

Le Fanal
R. du Fanal - 02 31 21 33 20 -
www.camping-normandie-fanal.fr
De déb. avr. à fin sept. - 240 empl. -
Tarif camping : 36 €
(16A)
Services et loisirs :
Cadre agréable, beaucoup d'espaces verts autour d'un plan d'eau de mer.
GPS : W 1.10872 N 49.31923

LUC-SUR-MER

Municipal la Capricieuse
2 r. Brummel - 02 31 97 34 43 -
www.campinglacapricieuse.com
De déb. avr. à mi-oct. - 181 empl. -
borne artisanale
Tarif camping : 78 €
(10A) - pers. suppl. 9 €
Services et loisirs :
De beaux emplacements et un bon confort sanitaire.
GPS : W 0.35781 N 49.3179

PORT-EN-BESSIN

Port'Land
Chemin du Castel - 02 31 51 07 06 -
www.camping-portland.fr
De fin mars à fin oct. - 271 empl. -
borne flot bleu
Tarif camping : 64 €
(16A) - pers. suppl. 11 €
Services et loisirs :
Jolie décoration florale et arbustive autour des différents étangs.
GPS : W 0.77044 N 49.34716

Les bonnes adresses de bib

BAYEUX

Bayeux Broderie – 24 r. de Nesmond - 📞 06 89 84 32 36 - www.bayeux-broderie.com - mai-sept. : lun.-vend. 10h-18h, sam. 13h-18h ; avr. et oct. : tlj sf w.-end - fermé nov.-mars. Ce petit atelier d'artisan d'art fabrique et vend des kits à broder suivant la technique de broderie du point de Bayeux (utilisé pour réaliser la célèbre tapisserie). Visites, démonstrations et cours (mar. et vend. apr.-midi, 13,50 €/h), encadrés par la seule gardienne professionnelle de cette tradition.

Le Pommier – 40 r. des Cuisiniers - 📞 02 31 21 52 10 - www.restaurantlepommier.com - fermé avr.-oct. : merc.-jeu. midi ; nov.-mars : mar.-jeu. - plats 21,50/36 €. Dans la bien nommée rue des Cuisiniers, ce restaurant se trouve à quelques pas de la cathédrale. On y défend les produits du terroir normand annoncés sur l'ardoise et sa renommée n'est plus à faire. Jolies et confortables salles aux murs de pierres apparentes. Service parfois débordé…

CAEN

Le Mancel – Au château - 📞 02 31 86 63 64 - www.lemancel.fr - fermé lun.-mar. - formules déj. 20/28 € - menus 31/69 €. Situé dans la cour du château ducal, ce restaurant, dirigé par le chef Vincent Vidal, mérite le détour : sobre cadre contemporain, cuisine actuelle faisant le lien entre tradition locale, terroir normand et créativité. Dîners-concerts certains soirs. Agréable *roof-top* pour un apéritif ou un digestif à la belle saison.

L'Embroche – 17 r. Porteau-Berger - 📞 02 31 93 71 31 - fermé dim.-lun. - formule déj. 27,50 € - menu 32,50 €. Cette adresse du quartier du Vaugueux propose quelques spécialités à base de produits régionaux comme la brick de camembert sur lit de salade arrosée au calva ou les tripes de François Lemarinier, élu pour la seconde fois consécutive champion du monde en 2023. Sélection de fromages affinés et beau choix de vins de petits récoltants.

COURSEULLES-SUR-MER

Les Alizés – 4 quai Ouest - 📞 02 31 36 14 14 - les-alizes.myoxxone.fr - fermé dim. soir - plats 10/19 €. Une bonne cuisine valorisant les produits locaux est attachée à cette enseigne postée face au port. Confortable salle à manger « littorale » : maquettes nautiques, nœuds de marins, filets de pêche et phares-bougeoirs. Dégustation de moules et huîtres à toute heure en haute saison. Ambiance calme et fond musical classique.

GRANDCAMP-MAISY

La Trinquette – 7 rte du Joncal - 📞 02 31 22 64 90 - www.restaurant-la-trinquette.com - fermé mar. (sept.-juin) et lun. - menus 32/52 €. Bien sûr, on ne voit pas la mer, cachée par le bâtiment de la criée, mais ses poissons sont dans l'assiette : en papillote avec fondue de poireaux, en cassolette, en soupe avec rouille normande… Goûtez aussi la marmite grandcopaise, le plat des pêcheurs d'ici.

OUISTREHAM

La Table d'Hôtes – 10 av. du Gén.-Leclerc - 📞 02 31 97 18 44 - latabledhotes-caen.com - fermé mar. soir-merc. et dim. soir - menus 35/56 €. Restaurant gastronomique dont le menu change chaque jour selon l'inspiration du chef et de la criée. Assiettes délicates et finement travaillées. Poisson du jour, viande locale, fromages normands… Une adresse sympathique.

PORT-EN-BESSIN

Le Bistrot d'à Côté – 12 r. Michel-Lefournier - 📞 02 31 51 79 12 - www.barque-bleue.fr - fermé dim. soir (sf juil.-août) et lun. - menu 32 €. Décor contrasté en gris et framboise dans cette salle à manger. Poissons et coquillages à choisir sur les grandes ardoises murales.

Offices de tourisme

BAYEUX

Pont St-Jean - 📞 02 31 51 28 28 - bayeux-bessin-tourisme.com.

CAEN

Voir p. 81

Le cimetière américain de Colleville-sur-Mer.

Joel Carillet/Getty Images Plus

LE TOP 5 SITES DU DÉBARQUEMENT

1. **Mémorial de Caen**
2. **Musée du Débarquement à Utah Beach**
3. **Cimetière américain de Colleville-sur-Mer**
4. **Port artificiel d'Arromanches**
5. **Ste-Mère-Église**

NORMANDIE – CIRCUIT 5
La Côte fleurie et le pays d'Auge

La Côte fleurie et son arrière-pays, le pays d'Auge, figurent parmi les « must » de la Normandie. Vous n'y pratiquerez cependant pas le même tourisme. Plaisirs de la mer et de la villégiature, agrémentés de paillette à Deauville, d'animation à Honfleur et de calme à Cabourg. Voyage gastronomique et bucolique en pays d'Auge, jalonné de manoirs à colombage et de pommiers à cidre.

⭐ **DÉPART :** HONFLEUR - 7 jours – 295 km

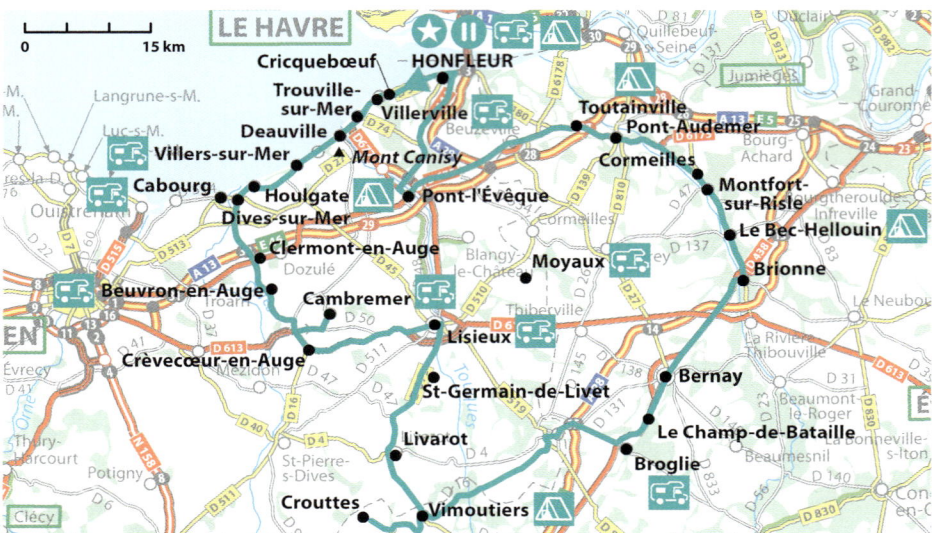

JOUR 1
Visite de **Honfleur** (voir l'encadré p. ci-contre).

JOUR 2
Dirigez-vous vers **Trouville**, en passant par **Cricquebœuf** et **Villerville**, deux agréables petites stations balnéaires, puis rejoignez la promenade Savigrac de Trouville, où vous pourrez admirer les villas qui s'égrènent le long du front de mer. Déjeunez dans la jolie rue des Bains ou le long de la Touques, boulevard Fernand-Moureaux. En empruntant le pont des Belges, vous serez à **Deauville** pour le café. Une fois dans la place, commencez par déambuler dans les rues pour repérer les plus belles villas, avant d'arpenter ensuite les planches, le long de la plage. Les amateurs de calme préféreront peut-être une excursion vers le **mont Canisy** ou, en juillet et août, une halte dans le parc Calouste-Gulbenkian, afin de sortir de l'animation people de la station.

JOUR 3
En route vers Cabourg, le littoral réserve quelques surprises comme la vision des Vaches Noires à **Villers-sur-Mer** : la réputation de ces falaises en matière de fossiles n'est plus à faire. Essayez de vous trouver en fin de matinée à **Houlgate** : vous pourrez ainsi flâner tranquillement dans la station avant de déguster un plateau de fruits de mer. Un peu de far-niente sur la plage et l'après-midi se poursuit à **Dives-sur-Mer**, connu pour ses belles halles des 14e et 15e s. Votre périple le long de la Côte Fleurie s'achève dans le très calme **Cabourg** où vous passerez la nuit.

JOUR 4
La jolie chapelle de **Clermont-en-Auge** et le charmant village de **Beuvron-en-Auge** constituent une agréable entrée en matière avant la découverte du château de **Crèvecœur-en-Auge**, à l'architecture si typique du pays d'Auge. Après avoir déjeuné

Honfleur.

ÉTAPE 11
Honfleur

OFFICE DE TOURISME
Quai Lepaulmier -
☎ 02 31 89 23 30 -
www.ot-honfleur.fr.

STATIONNEMENT & SERVICES

Aire de Honfleur
Quai de La Cale, Bassin Carnot - ☎ 02 31 89 23 30 -
www.ot-honfleur.fr
Permanent
Borne artisanale
160 - Illimité - 14 €/j.
Paiement : CB
Services :
Terrain vague, plat, gravier, proche du centre-ville.
GPS : E 0.24187 N 49.41948

à **Cambremer**, profitez d'une halte dans les Jardins du pays d'Auge. La journée se termine à **Lisieux** où il ne faut pas manquer la cathédrale et la basilique.

JOUR 5
Allez voir le joli château de **St-Germain-de-Livet** et jetez un coup d'œil au manoir de Coupesarte, au sud de Lisieux. Puis vient **Livarot**, patrie de ce fromage surnommé « le colonel » (les lanières qui l'entourent figurent les galons de ce grade). **Vimoutiers**, ville du camembert, s'impose ensuite pour le déjeuner. Faites un petit détour à l'ouest pour découvrir le prieuré de St-Michel de **Crouttes**, idéal pour une petite halte à la fois digestive, bucolique et culturelle. Puis passez l'après-midi dans le superbe château du **Champ-de-Bataille**, construit au 17ᵉ s., et dans ses jardins à la française. Dormez à Broglie.

JOUR 6
Gagnez **Bernay**, pour visiter son église abbatiale, la basilique et le musée des Beaux-Arts. Déjeunez à **Brionne**, puis consacrez votre début d'après-midi à la superbe abbaye du **Bec-Hellouin**. Filez ensuite plus à l'ouest où les circuits de randonnée de **Montfort-sur-Risle**, Lieurey et Cormeilles, ainsi que la distillerie de **Cormeilles** vous permettront de terminer agréablement la journée.

JOUR 7
Après avoir admiré les vitraux de l'église St-Ouen de **Pont-Audemer**, le voyage gastronomique en pays d'Auge mène à **Pont-l'Évêque**. La visite de cette jolie ville vous fera patienter jusqu'au déjeuner où bien sûr vous prendrez du pont-l'évêque. Rentrez ensuite profiter une dernière fois des charmes de Honfleur.

Honfleur est à la mode, ce n'est pas un scoop ; cela dure même depuis deux siècles, depuis l'arrivée des premiers peintres, envoûtés par l'atmosphère et la beauté du site. Prenez exemple sur eux et partez explorer les rues et ruelles pavées du **quartier Ste-Catherine** ; vous y verrez nombre de belles maisons à pans de bois. Arrêtez-vous devant la façade d'une demeure ancienne, devant le chevalet d'un peintre ou devant une bolée de cidre à la terrasse d'un café, autour du Vieux Bassin…
Afin de profiter des plus belles lumières sur le **Vieux Bassin**, privilégiez le début de matinée ou la fin de journée : tôt, les rayons du soleil caressent les façades anciennes du charmant **quai Ste-Catherine**, et le soir, ils enflamment le **quai St-Étienne**. La découverte du Vieux Bassin, de la Lieutenance et de l'étonnante église Ste-Catherine à deux nefs, presque entièrement en bois, occupe la matinée. L'après-midi, la visite de la **maison Satie**, du **musée Eugène-Boudin** et du **Naturospace** permet d'éviter la foule qui arpente normalement les ruelles du vieil Honfleur à ces heures-là. Les hauteurs de la **côte de Grâce** offrent aussi une alternative à la cohue, tout en révélant un magnifique panorama depuis le Calvaire, en haut de Honfleur, sur l'estuaire de la Seine, la rade du Havre et le pont de Normandie. Enfin, le début de soirée impose de prendre un verre en terrasse sur le quai Ste-Catherine, pour profiter des derniers rayons du soleil embrasant l'Enclos.

NORMANDIE – ADRESSES CIRCUIT 5

Aires de service & de stationnement

Campings

BEUVRON-EN-AUGE

Aire de Beuvron-en-Auge
R. de la Gare, apr. le musée du Train -
02 31 79 23 31 -
Permanent -
Borne artisanale
25 - 48h - 10 €/j. - borne compris
Paiement : jetons (bar/tabac/presse et responsable du parking)
Services :
Plat, herbeux, gravillons et ombragé.
GPS : W 0.04927 N 49.18552

BROGLIE

Aire de Broglie
Pl. Bérurier - rte de la Barre, près de l'ancienne gare -
07 55 50 13 13 - Permanent -
Borne eurorelais : gratuit
13 - 24h - 6,80 €/j. - borne compris ; paiement au régisseur
Services :
Sur l'ancien camping municipal, plat, herbeux et ombragé. Près de la rivière.
GPS : E 0.53055 N 49.00668

CABOURG

Aire de l'Hippodrome
Av. Michel-d'Ornano -
02 31 28 39 97 - Permanent -
Borne AireService 6 €
6 - 48h - gratuit
Paiement :
Services :
Le long de l'hippodrome et d'un ruisseau, plat, bitume.
GPS : W 0.12022 N 49.28243

CAMBREMER

Aire de Cambremer
Av. des Tilleuls, sur la pl. de l'Europe, apr. la gendarmerie - 02 31 63 03 36 -
www.cambremer.fr
Permanent (mise hors gel) -
Borne eurorelais 3 € 3 €
12 - Illimité - gratuit
Paiement : jetons (commerçants)
Services :
Parking ombragé en pente légère ouvert à tous véhicules.
GPS : E 0.04671 N 49.14936

HONFLEUR

Voir p. précédente

LISIEUX

Aire de Lisieux
R. Monseigneur-Germain - 02 31 48 18 10 - www.lisieux-tourisme.com
Permanent (mise hors gel)
Borne eurorelais 3 €
10 - gratuit
Paiement : jetons (office de tourisme)
Services :
GPS : E 0.2276 N 49.1426

MOYAUX

La Ferme des Bruyères Carré
Rte de Lieurey, D 143 - 02 31 62 81 98 -
www.les-bruyeres-carre.fr
Permanent -
Borne artisanale : gratuit
10 - 24h - gratuit
Services :
Au milieu des pommiers, avec présentation de la fabrication et vente : cidre, poiré, pommeau, calvados et confitures.
GPS : E 0.38351 N 49.20514

VILLERS-SUR-MER

Aire de Paléospace l'Odyssée
R. des Martois - 02 31 81 77 60 -
www.paleospace-villers.fr
Permanent
Borne Urbaflux
14 - Illimité - 15 €/j. - borne compris
Paiement :
Services :
Emplacements plats, délimités à proximité de la plage et du musée.
GPS : E 0.01265 N 49.32911

VILLERVILLE

Aire de stationnement de Villerville
Pl. des Fossés Vieux - 02 31 87 20 19
Permanent
4 - Illimité - 15 €/j. - gratuit sept.-avr.
Services :
À 400 m de la plage.
GPS : E 0.13109 N 49.40079

LE BEC-HELLOIN

St-Nicolas
15 r. St-Nicolas - 02 32 44 83 55 -
www.campingsaintnicolas.fr
De fin mars à déb. oct. - 61 empl. -
borne artisanale 5 €
Tarif camping : 8 € 5 € 17 €
(10A) 5 €
Services et loisirs :
Emplacements pour certains ombragés sur un site calme et fleuri.
GPS : E 0.72268 N 49.23586

HONFLEUR

La Briquerie
Equemauville - 02 31 89 28 32 -
www.campinglabriquerie.com
De fin mars à déb. oct. - 230 empl. -
borne artisanale -
19 €
Tarif camping : 9,30 € 11,30 €
(10A) 7 €
Services et loisirs :
GPS : E 0.20826 N 49.39675

HOULGATE

La Vallée
88 r. de la Vallée - 02 31 24 40 69 -
www.campinglavallee.com
De fin avr. à déb. oct. - 368 empl. -
borne artisanale
Tarif camping : 36 €
(6A) - pers. suppl. 10 €
Services et loisirs :
Cadre agréable, beaucoup d'espaces verts pour la détente autour d'anciens bâtiments de style normand.
GPS : W 0.06733 N 49.29422

TOUTAINVILLE

Voir le circuit suivant

VIMOUTIERS

Municipal la Campière
14 bd Dentu - 02 33 39 18 86 -
www.camping-campiere-vimoutiers.fr
De déb. mars à fin oct. - 40 empl.
Tarif camping : 3,75 € 2,80 €
2,80 € - 3 €
GPS : E 0.1966 N 48.9326

Les bonnes adresses de bib

HONFLEUR

✕ **Le Bistrot des Artistes** – 30 pl. Berthelot - ✆ 02 31 89 95 90 - fermé janv., mar.-merc. d'oct. à avr., merc. d'avr. à juin - menus 25/30 €. Banquettes en moleskine et objets anciens composent le décor de ce restaurant aux airs de bistrot parisien. Tartines, salades, huîtres, etc. Service à toute heure, laissant parfois à désirer. Vue sur le Vieux Bassin.

LISIEUX

✕ **Les Sœurs Pinard** – 4 av. Ste-Thérèse - ✆ 02 31 61 18 49 ou 06 69 24 16 47 - www.lessoeurspinard.fr - fermé lun. soir et dim. soir - formules déj. 15,50/18,50 € - plats 12,50 €. On vient surtout ici pour le cadre : grandes tables en bois ou salon rempli de meubles chinés. Dans l'assiette : burgers, salades... et, au dîner, planches de charcuterie ou de fromages et tapas. Soirées musicales, brunch le dimanche, grande terrasse et une miniplage pour les enfants.

LIVAROT

Fromagerie E. Graindorge – 42 r. du Gén.-Leclerc - ✆ 02 31 48 20 10 - www.graindorge.fr - juil.-août : 9h30-17h30, dim. 10h30-17h30 ; reste de l'année : se rens. Ce « village fromager » permet la découverte de la fabrication des fromages AOP de Normandie et des ateliers de production. Dégustation et boutique.

PONT-L'ÉVÊQUE

✕ **Le Vaucelles** – 39 r. de Vaucelles - ✆ 02 31 65 29 22 - ♿ - fermé dim. soir, lun. soir-mar. sf vac. scol. - menus 19,50/38 €. Avec sa devanture « rétro » et son intérieur style bistrot, ce petit restaurant annonce clairement la couleur. Petits plats de « grand-mère » à l'ardoise et cuisine traditionnelle ou spécialités normandes à la carte. Goûtez le gâteau d'andouille marchand de vin.

Calvados Christian Drouin - Domaine Cœur de Lion – St-Pierre-Coudray-Rabut - 2 km au N. de Pont-l'Évêque - ✆ 02 31 64 30 05 - www.calvados-drouin.com - tlj sf dim. 9h-12h, 14h-18h. Entreprise aménagée dans plusieurs maisons à colombages du 17e s. La production familiale, calvados, cidre et pommeau, a été récompensée par 543 médailles et diplômes d'honneur. Visite du pressoir, du chai de vieillissement, des ateliers de distillation et de conditionnement, dégustation. Vente sur place.

TROUVILLE-SUR-MER

✕ **Crêperie Le Vieux Normand** – 124 quai Fernand-Moureaux - ✆ 02 31 88 38 79 - www.levieuxnormand.fr - fermé 3 sem. en janv. - plats 7,50/14 €. Une petite adresse incontournable. Une situation idéale face au port, un cadre rustique plaisant et une carte offrant le choix entre fondues, raclettes, gratin normand, salades et crêpes.

Cidre et camembert normands.

Offices de tourisme

DEAUVILLE

Quai de l'Impératrice-Eugénie, résidence de l'Horloge - ✆ 02 31 14 40 00 - www.indeauville.fr.

HONFLEUR

Voir p. 85

LISIEUX

11 r. d'Alençon - ✆ 02 31 48 18 10 - www.authenticnormandy.fr.

Le château de St-Germain-de-Livet.

LE TOP 5 SPÉCIALITÉS

1. Pont-l'évêque
2. Livarot
3. Camembert
4. Calvados
5. Coquilles St-Jacques

NORMANDIE – CIRCUIT 6
Les boucles de la Seine

Aux portes de Rouen, discrètement tapies entre verdure et falaises, les abbayes normandes vous feront découvrir les premiers pas du monachisme et parcourir le Parc naturel des Boucles de la Seine normande. Vous longerez le fleuve, suivrez ses méandres, traverserez la forêt de Brotonne et le marais Vernier, vous laissant porter jusqu'au débouché de son estuaire, Le Havre.

⭐ **DÉPART :** ROUEN - 6 jours – 160 km

JOURS 1 ET 2

Après les cent clochers de **Rouen** (voir l'encadré p. ci-contre), vous longez la rive droite de la Seine jusqu'à l'abbaye de **St-Martin-de-Boscherville** dont la très belle église témoigne de l'art roman en Normandie. Faites un crochet au sud par la D67 pour découvrir le manoir de Villers à **St-Pierre-de-Manneville**, élégante demeure néonormande entourée d'un parc.

JOUR 3

Vous descendez toujours la Seine pour atteindre **Duclair** où se trouve le château du Taillis et son musée « Août 1944, l'Enfer sur la Seine » avant de rejoindre l'abbaye de **Jumièges**, qui impressionne par la splendeur et le romantisme de ses ruines. Elle est aujourd'hui tournée vers la création contemporaine. À proximité, le manoir où mourut la belle Agnès Sorel, favorite du roi Charles VII, se visite.

JOUR 4

Commencez la journée par la visite du cloître et de l'église de **St-Wandrille-Rançon**, avant de faire étape à **Caudebec-en-Caux** pour son église Notre-Dame, puis le musée Victor-Hugo de **Villequier**. L'après-midi, vous irez découvrir le château d'Ételan à **Norville**, habité et meublé, avant de revenir sur Caudebec et franchir le pont de Brotonne qui vous conduit à **Notre-Dame-de-Bliquetuit**, siège de la maison du Parc naturel régional des Boucles de la Seine et son verger conservatoire. Vous y trouverez aussi toutes les informations sur les différents sentiers de randonnée de la belle **forêt de Brotonne**.

JOUR 5

De la Maison du Parc débute la Route des chaumières (D65, bien fléchée) qu'il suffit de suivre fidèlement pour dénicher les plus belles maisons normandes

La cathédrale de Rouen.

et les admirables chaumières aux épaisses toitures couvertes d'iris via **Vatteville-la-Rue** (voir les peintures de son église), **Aizier**, **Vieux-Port** (deux beaux sentiers de randonnée) avant d'atteindre le Marais Vernier et sa réserve naturelle des Mannevilles à **Ste-Opportune-la-Mare**. Poursuivez la route des chaumières par **Marais-Vernier** (chemin de découverte du marais) et le panorama de la Pointe de la Roque.

JOUR 6

Le matin tôt, franchissez le **pont de Tancarville** (à péage), ou prenez le bac (gratuit) de Quillebeuf-sur-Seine, pour rejoindre **Le Havre**. Une flânerie dans le centre afin de s'imprégner du style architectural d'Augustin Perret. Une longue halte au musée Malraux, renommé pour sa collection de peintures impressionnistes et pour la donation Senn Foulds, précédera une visite de l'église St-Joseph. Après la passionnante visite guidée de l'appartement témoin Auguste-Perret et la cathédrale, vous aurez le choix de découvrir le port de commerce (en vedette), le port de plaisance et la maison de l'Armateur ou de faire tout simplement une pause à la plage. Quel que soit votre choix, ne manquez pas les Jardins suspendus dans l'ancienne forteresse puis de flâner sur la promenade du front de mer à **Ste-Adresse** où se trouvent quelques reproductions de tableaux du célèbre peintre impressionniste Claude Monet. Vous pouvez poursuivre votre escapade normande par la côte d'Albâtre (voir le circuit suivant).

ÉTAPE 11

Rouen

OFFICE DE TOURISME

Esplanade Marcel-Duchamp - rez-de-chaussée du musée des Beaux-Arts - 02 32 08 32 40 - www.visiterouen.com.

STATIONNEMENT

Parkings gratuits
En bord de Seine, rive gauche, quai Cours-la-Reine, accessible par le pont Mathilde.

Aire de service du Port de Plaisance
Voir p. suivante.

Rouen devrait toujours se découvrir tôt le matin, au soleil levant, du haut de la **côte Ste-Catherine** (montez-y en camping-car). Au sommet, une table d'orientation dévoile un panorama complet sur le vieux centre et la ville moderne séparés par la Seine qu'enjambent six ponts. Une fois garé votre véhicule sur les quais rive gauche, abordez le centre historique par la **cathédrale Notre-Dame** hérissée de tours, flèches, clocher et clochetons, l'un des sommets de l'art gothique français. Sur l'esplanade, voyez les reproductions de tableaux du prestigieux édifice que réalisa le peintre impressionniste Claude Monet.

À gauche de la cathédrale, la **rue St-Romain** (belles boutiques de faïence de Rouen) conduit à l'**Historial Jeanne d'Arc**, puis à l'**église St-Maclou** avec ses beaux vantaux. Dans la **rue de Martainville** bordée de hautes maisons à pans de bois, très colorées, s'élève l'**aître St-Maclou**, étrange ossuaire médiéval orné de sculptures macabres. Parcourez les rues **Damiette** et **Eau-de-Robec** très typiques, jetez un coup d'œil à l'hôtel d'Étancourt orné de gracieuses statues, et à l'**abbatiale St-Ouen** pour ses verrières.

De retour à la cathédrale, prenez la **rue du Gros-Horloge** très commerçante. Visitez le Gros Horloge, bâtiment emblématique de la ville, puis dans la rue parallèle l'imposant **palais de justice** et la **Maison sublime** avant de rejoindre la **place du Vieux-Marché** et l'église Ste-Jeanne-d'Arc ornée de vitraux du 16e s. (elle jouxte l'esplanade où fut dressé le bûcher de Jeanne d'Arc). Tout près voyez la place de la Pucelle et son hôtel de Bourgtheroulde.

Enfin, sur la dizaine de musées que compte Rouen, trois sont incontournables : le **musée des Beaux-Arts** (peintures du 15e au 20e s. avec une riche section impressionniste), le **musée de la Céramique** consacré à la faïence rouennaise du 16e au 18e s. et le **musée Le Secq des Tournelles**, consacré à l'art du fer forgé du monde entier avec des pièces exceptionnelles.

NORMANDIE – ADRESSES CIRCUIT 6

Aires de service & de stationnement

ALLOUVILLE-BELLEFOSSE
Aire d'Allouville-Bellefosse
Rte de Lillebonne - 06 08 34 19 36
Permanent (mise hors gel)
Borne AireService 2 €
6 - Illimité - gratuit
Services :
Au bourg, parking tous véhicules.
GPS : E 0.67494 N 49.59687

BARDOUVILLE
Aire du Grand Bois
310 allée de la Ligne des Hêtres -
02 32 08 32 40 - Permanent -
Borne artisanale : gratuit
Plat et ombragé, entre le bois
et le stade.
GPS : E 0.9208 N 49.42698

LE HAVRE
Voir p. 93

HONFLEUR
Voir le circuit précédent

JUMIÈGES
Aire de Jumièges
R. Alphonse-Callais, à l'entrée
de Jumièges en venant du bac
qui permet de traverser la Seine -
02 35 37 24 15
Permanent (mise hors gel ; interdit
lors de manifestations) -
Borne artisanale 4 €
10 - Illimité - gratuit
Paiement : jetons (office de tourisme,
commerçants)
Services :
Plat, herbeux ou gravier.
GPS : E 0.81556 N 49.43115

LA MAILLERAYE-SUR-SEINE
Aire de La Mailleraye-sur-Seine
Quai Paul-Girardeau -
02 35 37 12 04 - Permanent -
Borne eurorelais 3 € 3 €
35 - 24h - 7,30 €/j.
Paiement : jetons (mairie et
commerçants)
Services :
Plat, herbeux en bord de la Seine.
GPS : E 0.77393 N 49.48319

NORVILLE
Aire de Norville
R. des Écoles - 02 35 39 91 15 -
norville.fr
Permanent
Borne AireService 2 € 3 €
6 - 48h - gratuit
Services :
Plat, herbeux ou gravier
près d'un joli petit parc.
GPS : E 0.63586 N 49.47565

ROUEN
Aire du Port de Plaisance
R. de Lillebonne - 02 35 08 30 59
Permanent -
Borne AireService
20 - - 14 €/j. - borne compris ;
6 nuits maxi
Paiement :
Services :
Plat, gravier, douches,
le long du port de plaisance,
calme la nuit.
GPS : E 1.05854 N 49.44804

ST-NICOLAS-DE-LA-TAILLE
Aire de St-Nicolas-de-la-Taille
La Voie Groult, au bourg, derrière la
salle des fêtes - 02 35 39 82 65 -
www.saint-nicolas-de-la-taille.fr
Permanent
Borne eurorelais 3 € 3 €
7 - Illimité - gratuit
Paiement : jetons (mairie, boulangerie)
Services :
Plat et ombragé,
parking tous véhicules.
GPS : E 0.47406 N 49.51267

ST-WANDRILLE-RANÇON
Aire de la Ferme de la Mare
20 imp. Ferme-de-la-Mare -
06 09 85 31 03 -
www.fermedelamarestwandrille.fr
Permanent -
Borne artisanale
4 - - Illimité - 8 €/j. - borne
compris - Paiement :
Services :
Plat, herbeux.
GPS : E 0.76705 N 49.54056

Campings

BOURG-ACHARD
Le Clos Normand
235 rte de Pont-Audemer -
02 32 56 34 84 -
leclosnormand-camping.com
De mi-mars à mi-oct. - 75 empl.
Tarif camping : 30 €
(6A) - pers. suppl. 10 €
Services et loisirs :
Cadre verdoyant et fleuri.
GPS : E 0.80765 N 49.35371

HONFLEUR
Voir le circuit précédent

JUMIÈGES
La Forêt
582 r. Mainberte - 02 35 37 93 43 -
www.campinglaforet.com
De déb. avr. à fin oct. - 77 empl. -
borne eurorelais -
15 €
Tarif camping : 24 €
(10A) 6 € - pers. suppl. 8 €
Services et loisirs :
Dans le Parc naturel régional des
Boucles de la Seine normande.
GPS : E 0.82883 N 49.43485

TOUTAINVILLE
Flower Risle-Seine - Les Étangs
19 rte des Étangs - 02 32 42 46 65 -
www.camping-risle-seine.com
De déb. avr. à fin oct. - 43 empl.
borne artisanale
Tarif camping : 39 €
(10A) - pers. suppl. 5 €
Services et loisirs :
Emplacements bien délimités.
GPS : E 0.48739 N 49.3666

Les bonnes adresses de bib

CAUDEBEC-EN-CAUX

✖ **Au Rendez-Vous des Chasseurs** – 1040 rte de Ste-Gertrude - 3 km au nord de Caudebec-en-Caux - ✆ 02 35 96 20 30 - www.aurendezvousdeschasseurs.fr - fermé mar., merc. et dim. soir - formules déj. 28/42,50 €. On ne repart jamais bredouille de ce sympathique restaurant situé à la lisière de la forêt. Sa cuisine du terroir revisitée fait saliver la clientèle depuis plus de 150 ans. Une réputation entretenue par le tajine des chasseurs avec faisan, cerf et lièvre, servi en hiver dans un cadre chaleureux. Jolie terrasse.

DUCLAIR

✖ **Le Parc** – 721 r. du Prés.-Coty - ✆ 02 35 37 50 31 - www.restaurant-leparc.com - fermé merc. - plats 18,50/25 €. Dans une grande bâtisse bourgeoise, à l'atmosphère raffinée et feutrée, dominant le fleuve, on déguste une cuisine du terroir. Un lieu incontournable !

LE HAVRE

✖ **Le Bistrot des Halles** – 7 pl. des Halles-Centrales - ✆ 02 35 22 50 52 - www.le-bistrot-des-halles-le-havre.com - fermé dim. soir - formules déj. 16,90/18,90 € - menu 31,90 €. Une salle couverte de plaques publicitaires émaillées et d'affiches anciennes. La certitude de déguster de généreux classiques du genre os à moelle, gigot, aile de raie…

✖ **La Taverne Paillette** – 22 r. Georges-Braque - ✆ 02 35 41 31 50 - www.taverne-paillette.com - service continu - formules déj. 18,50/33,80 €. Authentique brasserie que cette institution havraise qui donne à choisir entre plats traditionnels tels que choucroute ou cassoulet, plateaux de fruits de mer et recettes de poissons.

JUMIÈGES

✖ **L'Auberge du Bac** – 2 r. Alphonse-Callais - ✆ 02 35 37 24 16 - www.aubergedubac.fr - fermé lun. et mar., dim. soir en basse sais., pdt les vac. scol. de printemps et de la Toussaint - menus 20/33 €. Profitant d'une situation agréable en bordure de Seine, ce restaurant offre de belles terrasses et une véranda illuminant les repas toute l'année. On savoure une cuisine normande ou des fruits de mer.

ROUEN

✖ **Bistro Nova** – 29 pl. du Lt-Aubert - ✆ 02 35 70 20 25 - fermé dim.-lun. - 20/22 €. Un petit bistro convivial avec tables en bois et objets chinés. La carte, restreinte (avec option végétarienne) fait la part belle aux produits locaux. Une « cantine » où tout est fait maison.

✖ **La Marmite** – 3 r. de Florence - ✆ 02 35 71 75 55 - www.lamarmiterouen.com - fermé dim. soir-mar. - plats 30/36 €. De délicieux fumets s'échappent de cette Marmite. Sa cuisine, pleine de goût aux saveurs délicates, s'appuie sur d'excellents produits. Présentation soignée.

✖ **Café Hamlet** – Aître St-Maclou - ✆ 02 35 00 46 27 - www.cafe-hamlet.fr - fermé dim. soir-lun. - formule déj. 19,50 € - plats 14,50/24 €. Aux beaux jours, les tables sont dressées à l'ombre des tilleuls et l'on profite de la vue sur les façades du 16e s. en dégustant la cuisine raffinée de Damien Duboc. Aubergines acidulées à la menthe et pain brioché au homard… une carte inventive et pleine de saveurs.

STE-ADRESSE

✖ **Le Chat Bleu** – 50 r. du Roi-Albert - ✆ 02 35 47 10 24 - www.restaurant-lechatbleu.fr - fermé lun.-mar. et dim. midi - formules déj. à partir de 13,50 €. Un lieu hybride : salon de thé à l'esprit brocante bohème, restaurant aux influences exotiques et valorisant les produits locaux (burgers savoureux !), bar à vin les soirs de concert jazz… et une adresse engagée proposant des animations sur des thèmes écoresponsables. Vue sur la mer.

Offices de tourisme

LE HAVRE
Voir p. 93.

JUMIÈGES
R. Guillaume-le-Conquérant - ✆ 02 35 37 28 97 - www.visiterouen.com.

ROUEN
Voir p. 89.

Abbaye de Jumièges.

LE TOP 5 VILLAGES SUR SEINE
1. Caudebec-en-Caux
2. Villequier
3. Vieux-Port
4. Aizier
5. La Bouille

NORMANDIE – CIRCUIT 7
Côte d'Albâtre et pays de Caux

Il suffit d'apercevoir les impressionnantes falaises de craie qui dominent la Manche entre Le Havre et Le Tréport pour comprendre d'où vient le terme de Côte d'Albâtre. Il suffit de s'y promener pour comprendre pourquoi Étretat ou Fécamp attirent autant de monde ! Quant au pays de Caux, arrière-pays préservé et paisible, si cher à Maupassant, il séduit par ses manoirs isolés, ses châteaux et ses jardins amoureusement soignés.

⭐ **DÉPART :** Le HAVRE - 7 jours – 270 km

JOURS 1 ET 2

Prenez une journée pour visiter **Le Havre** (voir l'encadré p. ci-contre). Partez ensuite pour la Côte d'Albâtre et **Étretat**, sa plus prestigieuse station balnéaire. Celle-ci vous retiendra une bonne partie de la journée entre sa plage de galets où s'échouent les bateaux de pêche, son front de mer immortalisé par deux tableaux de Claude Monet (reproductions exposées sur place) et, bien sûr, ses falaises. À marée basse, leur découverte par les plages est encore plus impressionnante ; mais attention aux horaires des marées. Ne manquez pas non plus le Clos Arsène-Lupin qui évoque autant Maurice Leblanc que son héros. En fin de journée, admirez le coucher de soleil.

JOUR 3

Prenez la D11 pour **Vaucottes-sur-Mer** puis **Yport**, petite station encadrée de belles falaises. Le circuit se poursuit par **Fécamp** où il fait bon flâner sur son port. Une visite de l'abbatiale de La Trinité et du curieux palais Bénédictine (collections d'ivoire) s'impose. Quant au musée de la ville, installé dans l'ancienne sécherie de morue, il ne manquera pas de vous intéresser. Filez vers l'est par la D150 pour découvrir l'abbaye de **Valmont**.

JOUR 4

Votre journée commence par **Ourville-en-Caux** avant de rejoindre la côte. En chemin, vous passez à **Cany-Barville** dont l'église recèle une « gloire », composée de plus de 80 anges en relief, formant un immense ostensoir. Direction **Veulettes-sur-Mer**, puis **St-Valery-en-Caux** qui vous accueillera avec une aire camping-car très prisée, en front de mer. L'occasion de découvrir son port, sa maison Henri-IV aux colombages couleur sang de bœuf et de monter sur les falaises d'Aval par le sentier des douaniers.

Ste-Adresse, à deux pas du Havre.

JOUR 5

Longez le littoral par **Veules-les-Roses**, **Sotteville-sur-Mer**, **St-Aubin-sur-Mer**… À **Varengeville-sur-Mer**, arrêtez-vous pour visiter les remarquables jardins du bois des Moutiers et du Vasterival, puis le manoir d'Ango, élégante demeure Renaissance préservant un pigeonnier tout à fait remarquable, enfin l'église et son cimetière marin où repose Georges Braque. Enfin, rendez-vous à **Dieppe** en commençant par l'ascension de la falaise depuis le Pollet. Le reste de la journée sera consacré à la découverte du château-musée, des ports et de la plage…

JOUR 6

Terminez votre séjour à Dieppe par la Cité de mer qui parle de construction navale et de pêche avant de flâner dans la Grande Rue très commerçante ; faites une pause au café des Tribunaux, jadis repaire des peintres impressionnistes. Gagnez ensuite, au sud-est, les ruines de la forteresse d'**Arques-la-Bataille** perchée sur un éperon rocheux. Prévoyez ensuite une visite du château de **Miromesnil** où naquit Guy de Maupassant. Mais d'autres jardins vous attendent, à **Offranville**, avec le parc floral William-Farcy (lieu-dit Le Colombier), présentant plusieurs jardins à thème.

JOUR 7

Cette dernière journée sera consacrée aux trois villes sœurs : à **Eu**, ne manquez pas la collégiale Notre-Dame, le château et la chapelle du Collège ; promenez-vous ensuite au **Tréport** et franchissez la Bresle pour vous aventurer dans la charmante **Mers-les-Bains**, station balnéaire la plus élégante de Picardie.

ÉTAPE 11
Le Havre

OFFICE DE TOURISME
186 bd Clemenceau -
02 32 74 04 04 -
www.lehavre-etretat-tourisme.com.

STATIONNEMENT & SERVICES

Parking conseillé
Parking de la Plage, bd Albert-Ier, gratuit.

Aire du Havre
74 r. Andrei-Sakharov - 02 35 19 45 45
Permanent
Borne artisanale : gratuit
13 - 72h - gratuit
Services :
Excentrée, sur les hauteurs du Havre.
GPS : E 0.1719 N 49.50462

Le Havre est une cité moderne, résolument tournée vers la mer. Son immense port est l'un des tout premiers au plan national et européen. Ici, le ciel, l'eau et la ville dialoguent constamment, baignés d'une lumière unique qui a inspiré les peintres au 19e s. Le **centre-ville** est un remarquable exemple de l'architecture et de l'urbanisme d'après-guerre. Reconstruit par Auguste Perret, il est, depuis 2005, inscrit au Patrimoine mondial de l'Unesco. D'audacieuses tours y jaillissent à la verticale, comme celle de l'**église St-Joseph** à laquelle répond celle de l'**hôtel de ville** qui donne sur une très vaste place agrémentée de bassins, de fontaines et de galeries habillées de charmilles et de haies d'ifs. Un **appartement-témoin**, tel qu'Auguste Perret l'avait présenté à l'Exposition internationale de 1947, a aussi été reconstitué. À proximité du port, la maison de l'Armateur, édifiée à la fin du 18e s., est l'une des rares survivantes des bombardements de 1944. Au sud du quartier se trouve le **musée d'Art moderne André-Malraux** consacré à l'impressionnisme. En longeant la mer, on passe devant le **port de plaisance** pour rejoindre la **plage du Havre et de Ste-Adresse** qui s'étire jusqu'au cap de la Hève. Elle est bordée par une digue piétonne de 4 km.
Ste-Adresse fait figure de « Nice havrais ». De jolies villas entourées de jardins s'étagent sur les hauteurs escarpées du cap, offrant de beaux points de vue sur Le Havre et l'estuaire de la Seine. L'**ancien fort** a été aménagé en espace paysager – les jardins suspendus – avec des serres de collection et des jardins-bastions dédiés aux botanistes explorateurs. Sur près de 10 ha s'épanouissent des végétaux du monde entier. Et sachez que pour la photo du jour, le belvédère du jardin des Explorateurs ménage un superbe panorama sur Le Havre et la mer.

NORMANDIE – ADRESSES CIRCUIT 7

Aires de service & de stationnement

DIEPPE

Aire du Pollet
Quai de la Marne, le long du chenal du port - ☏ 02 35 06 20 43
Permanent
Borne AireService
50 🅿 - 🔒 - Illimité - 14,30 €/j. - borne compris
Paiement : CC
Services :
GPS : E 1.08646 N 49.92993

Aire du Front de Mer
Bd de Verdun, extrémité E de la plage -
☏ 02 35 06 20 43 - Permanent
Borne AireService
50 🅿 - 🔒 - 48h - 14,30 €/j. - borne compris
Paiement : CC
Services : WC
Proche du centre-ville.
GPS : E 1.08389 N 49.93167

FÉCAMP

Aire de Fécamp
Chaussée Gayant, parking de la Mâture - ☏ 02 35 28 51 01
Permanent (interdit lors des fêtes foraines fin oct.)
Borne AireService 3,50 €
60 🅿 - Illimité - 5 €/j.
Paiement : jetons (office de tourisme)
Services :
GPS : E 0.37362 N 49.76012

LE HAVRE

Voir p. précédente

ST-NICOLAS-D'ALIERMONT

Aire de St-Nicolas-d'Aliermont
Pl. du 19-Mars-1962 -
☏ 02 35 85 80 11 - Permanent -
Borne eurorelais 3 € 3 €
3 🅿 - Illimité - gratuit
Paiement : jetons (mairie et supérette)
Services : WC
Plat, herbeux, bitume et ombragé.
GPS : E 1.22094 N 49.88031

ST-VALERY-EN-CAUX

Aire de St-Valery-en-Caux
Quai d'Aval, près du phare, au pied des falaises - ☏ 02 35 97 00 22

Permanent
Borne Urbaflux 3,50 €
40 🅿 - Illimité - 9 €/j.
Paiement : CC
Services :
GPS : E 0.70843 N 49.8723

LE TRÉPORT

Aire du Parc Ste-Croix
R. Pierre-Mendès-France, près du camping municipal Les Boucaniers -
☏ 02 35 50 55 20 - Permanent
Borne AireService
61 🅿 - 🔒 - 48h - 11 €/j. - borne compris
Paiement : CC
Aire de pique-nique.
GPS : E 1.38931 N 50.05954

Aire du Funiculaire
Rte touristique - ☏ 02 35 50 55 20
Permanent
Borne Urbaflux 2,50 € 2,50 €
50 🅿 - 🔒 - Illimité - 7,50 €/j.
Paiement : CC
Services :
GPS : E 1.3331 N 50.0458

VEULES-LES-ROSES

Aire du camping Les Mouettes
7 r. du Dr-Viaud, à l'extérieur du camping Les Mouettes -
☏ 02 33 45 38 63 -
www.camping-les-mouettes.com
De déb. avr. à fin sept.
Borne artisanale
14 🅿 - 🔒 - 24h - 16 €/j.
Paiement : CC
Services : WC
GPS : E 0.80297 N 49.87589

VEULETTES-SUR-MER

Aire de Veulettes-sur-Mer
Chemin des Courses et grand parking de la plage - ☏ 02 35 97 53 44
Permanent (mise hors gel)
Borne artisanale
40 🅿 - Illimité - 9,20 €/j.
Paiement : jetons (supérette, camping)
Services :
GPS : E 0.6059 N 49.8543

Campings

ÉTRETAT

Municipal
69 r. Guy-de-Maupassant -
☏ 02 35 27 07 67 - www.etretat.fr
De déb. avr. à mi-oct. - 72 empl. -
borne artisanale
Tarif camping : 6 € 7 € - 2,50 €
Services et loisirs :
Entrée fleurie et ensemble très soigné avec une aire de service pour camping-cars contiguë.
GPS : E 0.21557 N 49.70063

HAUTOT-SUR-MER

La Source
63 r. des Tisserands -
☏ 02 35 84 27 04 -
www.camping-la-source.fr
De déb. avr. à mi-sept. - 70 empl.
borne AireService
Tarif camping : 30 €
(10A) - pers. suppl. 8 €
Services et loisirs :
Emplacements au bord de la Scie.
GPS : E 1.05732 N 49.89824

QUIBERVILLE-PLAGE

La Plage
123 r. de la Saane - ☏ 02 35 83 01 04 -
www.campingplagequiberville.fr
De déb. avr. à fin sept. - 202 empl. -
borne artisanale
Tarif camping : 36 €
(10A) - pers. suppl. 6 €
Services et loisirs :
À 100 m de la mer,
de l'autre côté de la route.
GPS : E 0.92878 N 49.90507

ST-VALERY-EN-CAUX

Seasonova Etennemare
21 hameau d'Étennemare -
☏ 02 35 97 15 79 -
vacances-seasonova.com/fr/camping/etennemare/
De déb. avr. à fin sept. - 124 empl. -
borne artisanale
Tarif camping : 31 €
(10A) - pers. suppl. 7 €
Services et loisirs :
GPS : E 0.70379 N 49.85878

Les bonnes adresses de bib

DIEPPE

✖ **La Marmite dieppoise** – 8 r. St-Jean - ✆ 02 35 84 24 26 - marmitedieppoise.fr - fermé dim. soir et lun. - formule déj. 21 € - menus 33/45 €. Un petit restaurant du centre-ville bien connu des Dieppois. La cuisine fait la part belle aux produits de la pêche locale. Goûtez à la marmite dieppoise, la spécialité maison. Dîner aux chandelles les vendredi et samedi.

ÉTRETAT

✖ **Le Bistretatais** – 17 r. Adolphe-Boissaye - ✆ 02 35 28 89 43 - www.etretat-le-bistretatais.fr - fermé mar.-merc. - plats 14,50/37 €. Ici, dans un cadre bistrot design et confortable, face au casino, il travaille les produits de la mer tout droit sortis du port de Fécamp.

FÉCAMP

✖ **Le Daniel's** – 5 pl. Nicolas-Selle - ✆ 02 76 39 95 68 - fermé 2 sem. en juin et dim.-lun. - formules déj. 16,90/19,90 € - menus 27,90/44,90 €. Situé sur une petite place, ce restaurant sert une cuisine normande raffinée. On apprécie la touche de créativité apportée dans la présentation des plats et leurs assaisonnements et on prend du plaisir à chaque bouchée. Mention spéciale aux ris de veau braisés aux girolles !

LE HAVRE

Voir le circuit précédent

LE TRÉPORT

✖ **Le Goût du large** – 4 pl. Notre-Dame - ✆ 02 35 84 39 87 - legoutdularge.octotable.com - fermé lun.-mar. - plats 27/42 €. En léger retrait de l'agitation touristique des quais et du port, cette petite table réserve une jolie surprise : la cuisine à base de produits locaux et de poissons sauvages est goûteuse et actuelle.

VALMONT

✖ **Le Bec au Cauchois** – 22 r. A.-Fiquet - ✆ 02 35 29 77 56 - www.lebecaucauchois.com - fermé dim. soir sf juil.- août, mar. et merc. - formule déj. 42 € - menus 62/117 €. Le chef s'avère un excellent technicien, qui dévoile une belle sensibilité. Jeux de textures et de saveurs, produits d'ici et d'ailleurs... : dans cette auberge du 19e s., le terroir normand aborde de nouvelles couleurs !

VEULES-LES-ROSES

Comme à la Maison – 26 r. Victor-Hugo - ✆ 06 64 96 16 12 - tlj sf merc.-jeu. 9h-18h (18h30 le w.-end). Un salon de thé cosy et moderne, avec une belle carte de thés et cafés, à accompagner d'une part de gâteau. Petite restauration le midi (quiches, burgers, plat du jour).

Offices de tourisme

DIEPPE

Quai du Carénage - pont Jehan-Ango - ✆ 02 32 14 40 60 - www.dieppetourisme.com.

FÉCAMP

Quai Sadi-Carnot - ✆ 02 35 28 51 01 - www.fecamptourisme.com.

LE HAVRE

Voir p. 93

LE TOP 5 BEAUX JARDINS

1. **Bois des Moûtiers** (Varengeville)
2. **Vasterival** (Varengeville)
3. **Shamrock** (Varengeville)
4. **Jardin des Amouhoques** (Mesnil-Durdent)
5. **Jardins de Louanne** (Fécamp)

Sur la plage de Dieppe.

Cerfs-volants dans le ciel.
callungordon/Getty Images Plus

Cathédrale d'Amiens. Christine944/Getty Images Plus

Hauts-de-France

S'étendant des portes de l'Île-de-France à la Manche et à la mer du Nord, les Hauts-de-France conjuguent richesses patrimoniales, historiques et art de vivre !

La Picardie pourrait être qualifiée de pays des cathédrales ! À Beauvais, Noyon, St-Quentin, Senlis, Laon et bien sûr Amiens, les voûtes s'élèvent jusqu'au vertige… Une revanche sur l'immensité plane des plateaux picards et franciliens qui couvrent la majeure partie du territoire et qui furent le triste théâtre de la bataille de la Somme en 1916. La Picardie présente aussi d'autres physionomies originales. Au sud-ouest, le pays de Bray joue un air de Normandie ; au sud-est, châteaux et forêts se côtoient vers Chantilly, Senlis ou Compiègne ; au nord-est, la Thiérache abrite d'étonnantes églises fortifiées ; et enfin, au nord-ouest, la baie de Somme offre des vues parfois baignées d'une luminosité irréelle, teintée de rose et d'opale.

La transition est toute trouvée car l'opale donne son nom à la côte qui file vers le nord, où les longues falaises crayeuses de la « terre des Deux-Caps », Gris-Nez et Blanc-Nez, déploient leur palette de bleus et de verts pâles. Le Nord-Pas-de-Calais ne démérite pas non plus du point de vue architectural avec les façades baroques flamandes du vieux Lille et de la Grand'Place d'Arras, les charmantes petites cités comme Bergues ou Le Quesnoy, les carillons des fiers beffrois, les villas Art nouveau du Touquet-Paris-Plage ou de Malo-les-Bains et les dunes de Zuydcoote… Sans oublier la reconversion réussie des friches industrielles, l'inscription du bassin minier à l'Unesco et la création du musée du Louvre-Lens.

Et pour la fête et l'animation, le calendrier est fourni ! Dépaysant carnaval de Dunkerque, immense braderie de Lille, amusant parc Astérix, créatifs festivals de cinéma, rencontres du cerf-volant… Tout y est !

HAUTS-DE-FRANCE

La Grand'Place d'Arras.
R. Soberka/hemis.fr

LES ÉVÉNEMENTS À NE PAS MANQUER

- **Carnaval de Dunkerque** (59) : autour de Mardi gras.
- **Festival Le Blues autour du zinc** à Beauvais (60) : mars. www.zincblues.com.
- **Rencontres internationales de cerfs-volants** à Berck (62) : avr. www.cerf-volant-berck.com.
- **Paris-Roubaix** : avr. ; course cycliste. www.paris-roubaix.fr.
- **Festival de carillons** à Douai (59) : mai.
- **Les Médiévales** de Laon (02) : juin.
- **Festival de l'abbaye à St-Michel-en-Thiérache** (02) : juin. www.festival-saint-michel.fr.
- **Fête Jeanne Hachette** à Beauvais (60) : dernier w.-end juin. www.jeanne-hachette.fr.
- **Journées mérovingiennes** à Marle (02) : de mai à mi-sept.
- **Festival de la Côte d'Opale** : juil. www.festival-cotedopale.fr.
- **Fête des Gayant** à Douai (59) : juil.
- **Fête du maroilles et de la flamiche** à Maroilles (59) : 2e dim. août.
- **Fête du flobart** à Wissant (62) : août.
- **Grande Braderie** de Lille (59) : 1er w.-end sept. www.braderie-de-lille.fr.
- **Fête des berlouffes** à Wattrelos (59) : 2e w.-end de sept. ; une des plus grandes foires à la brocante de France.
- **Festival 2 Cinéma Valenciennes** (59) : sept. festival2valenciennes.fr.
- **Fête du houblon** à Steenvoorde (59) : 1er w.-end oct.
- **Les Six Heures de char à voile** à Berck (62) : oct.

Votre séjour dans les Hauts-de-France

Circuits №

1. Vallées picardes, entre Amiens et la côte
7 jours - 350 km — **P100**

2. Le temps des cathédrales
6 jours - 300 km — **P104**

3. Au nom de la rose
5 jours - 280 km — **P108**

4. Voyage dans les Flandres
6 jours - 250 km — **P112**

5. Évasion sur la Côte d'Opale
5 jours - 250 km — **P116**

Étapes

Compiègne — **P105**
Lille — **P113**

Visites

Hortillonnages d'Amiens — **P101**
Domaine de Chantilly — **P109**

Randonnée

Du cap Blanc-Nez au cap Gris-Nez — **P117**

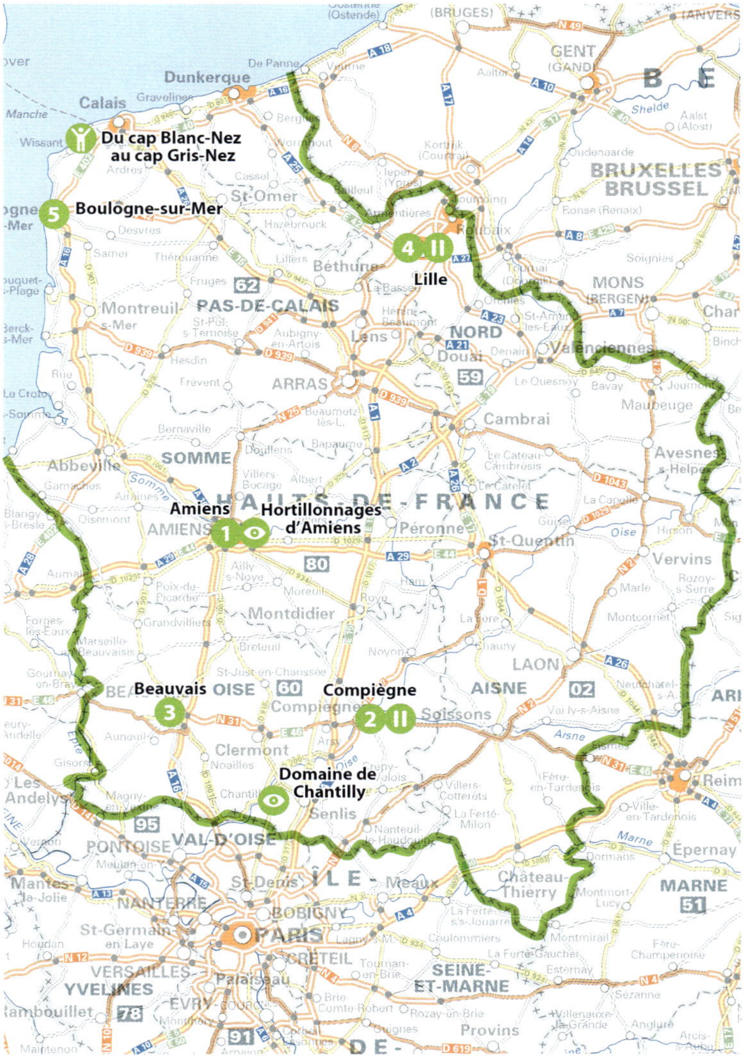

EN COMPLÉMENT, UTILISEZ...

- Guides Verts : Nord-Pas-de-Calais et Picardie
- Cartes Michelin : Région 511 et Départements 301, 302, 305 et 306

HAUTS-DE-FRANCE – CIRCUIT 1
Vallées picardes, entre Amiens et la côte

Amiens, la baie de Somme et le parc du Marquenterre : cette escapade en Picardie est variée. Elle vous convie à la découverte de l'une des plus vastes cathédrales gothiques, vous engage à observer des milliers d'oiseaux migrateurs, des chevaux Henson, des phoques veaux marins, et vous somme de vous poser dans une station balnéaire très chic avant de repartir explorer la vallée de l'Authie. Patrimoine, nature, détente et plateaux de fruits de mer…

⭐ **DÉPART :** AMIENS - 7 jours – 350 km

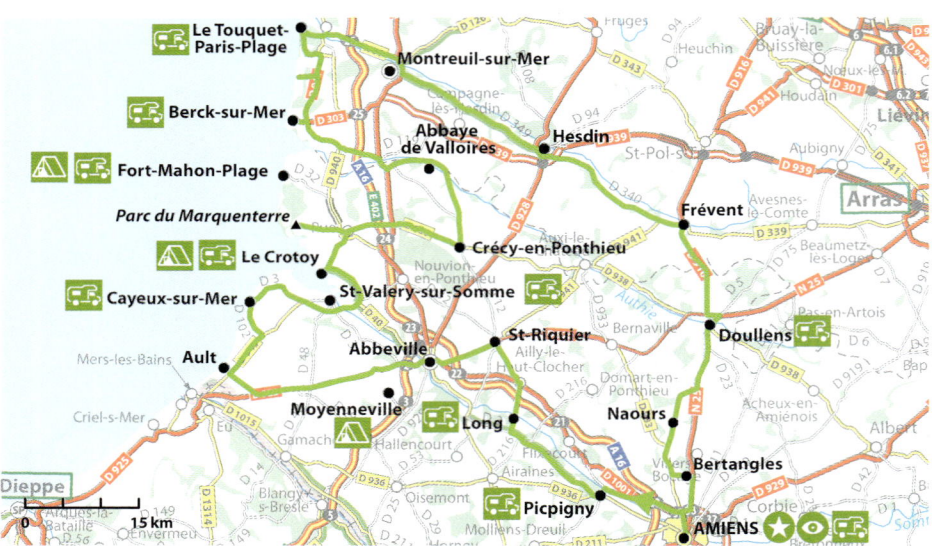

JOURS 1 ET 2

Commencez votre immersion en Picardie par **Amiens** et sa cathédrale gothique, un des plus vastes édifices gothiques jamais élevés ! Elle pourrait contenir en effet deux fois Notre-Dame-de-Paris. Vous flânerez ensuite dans les rues piétonnes du centre-ville où vous remarquerez entre autres la maison du Sagittaire, le bailliage et le beffroi. Après le déjeuner, terminé par des macarons, la spécialité de la ville, gagnez les **Hortillonnages**, que vous découvrirez en barque (voir l'encadré p. ci-contre). Le soir, appréciez la gastronomie picarde dans un restaurant du cru, puis assistez à une pièce de théâtre à la Comédie de Picardie. Ne manquez pas, en saison, les illuminations de la cathédrale. Le lendemain, visitez le jardin archéologique de St-Acheul, puis déambulez dans le quartier St-Leu où vous pourrez assister à un spectacle de marionnettes. Rejoignez ensuite la maison de Jules Verne ou le musée de Picardie (archéologie, art médiéval, peinture), selon vos goûts. Terminez par le zoo.

JOUR 3

D'Amiens, gagnez le parc préhistorique Samara à deux pas de **Picquigny**, puis longez la Somme jusqu'à **Long**. Traversez ensuite le fleuve pour rejoindre **St-Riquier** et découvrez sa magnifique église gothique. Vers l'ouest, découvrez **Abbeville**, sa collégiale St-Wulfran et son musée Boucher-de-Perthes. Traversez le Vimeu pour atteindre la petite station d'**Ault** et ses falaises escarpées, sur la côte. Remontez ensuite vers le nord, par **Cayeux-sur-Mer** et la Maison de la baie de Somme, jusqu'à **St-Valery-sur-Somme**, où vous trouverez facilement à faire étape.

Le marché flottant des hortillonnages, à Amiens.

JOUR 4

Le matin, appréciez l'ambiance du port de **St-Valery-sur-Somme**, la digue-promenade et la ville haute. Après déjeuner, faites le tour de la **baie de Somme**, jusqu'au petit port du **Crotoy** où commence une Voie verte. Prolongez jusqu'au **parc du Marquenterre**, grande réserve ornithologique.

JOUR 5

Dans le Ponthieu, appréciez **Crécy-en-Ponthieu** et sa forêt, puis rejoignez la vallée de l'Authie, plus au nord, pour visiter l'abbaye et les jardins de **Valloires**. Après un rapide passage à **Berck**, poursuivez vers **Le Touquet-Paris-Plage**. Ambiance « vacances » garantie pour cette étape : plages, dunes, vent, forêt de pins, randonnées, balades architecturales, sorties élégantes, casino, char à voile, speedsail. La gamme d'activités nautiques, sportives et de détente est large et les enfants sont gâtés (Aqualud, clubs de plage et parc d'attractions de Bagatelle à 10 km). Sans oublier le calendrier des festivités, chargé en toute saison, et la fameuse **soupe de poisson**.

JOUR 6

Du Touquet-Paris-Plage, remontez le paisible cours de la Canche jusqu'à **Montreuil-sur-Mer**, où de succulentes tables vous attendent. Dans l'après-midi, continuez votre chemin via **Hesdin** et **Frévent**, puis retrouvez l'Authie à **Doullens**.

JOUR 7

Partez de Doullens dans la matinée pour découvrir la **cité souterraine de Naours**. Après la pause déjeuner, continuez vers le sud pour visiter le **château de Bertangles** et revenir ensuite à Amiens.

VISITE

Hortillonnages d'Amiens

INFOS PRATIQUES

Maison des hortillonnages – 54 bd Beauvillé - 03 22 92 12 18 - www.leshortillonnages-amiens.com - visite guidée en barque mai-sept. : 9h30-11h45, 13h30-18h (derniers départs), avr. et oct. : se rens. - 10 € (11-16 ans 9 €, 3-10 ans 6 €).

Bon à savoir
Le marché des hortillons se tient à Amiens, place Parmentier dans le quartier St-Leu, tous les samedis matin.

STATIONNEMENT & SERVICES

Parking
Stationnement possible sur le parking du parc St-Pierre (gratuit).
GPS : E 2.31170 N 49.90012

Aire du Parc des Cygnes
111 av. des Cygnes, camping Parc des Cygnes - 03 22 43 29 28 - amiens-campingdescygnes.com - Permanent
Borne artisanale
- Illimité - borne comprise
Paiement : [cc]
Services : [wc]
GPS : E 2.25958 N 49.92076

Les Hortillonnages d'Amiens sont l'un des lieux les plus réputés de Picardie, et il est vrai qu'ils représentent un paysage unique en France, avec une multitude de jardins flottants. Depuis le Moyen Âge, ce marais qui ne s'étend plus que sur 3 ha (1500 ha au 15e s.) est encore cultivé par quelques maraîchers. Dans ce joyau écologique, traversé par d'innombrables « rieux », un dédale de canaux accessibles en bateau, ces professionnels et quelques jardiniers du dimanche soignent leurs légumes. En picard, hortillonnage signifie d'ailleurs « petit jardin ». Les visiteurs ont de la chance, ils peuvent découvrir ce lieu unique grâce à des visites guidées en barque traditionnelle à fond plat dont les extrémités surélevées permettent d'accoster sans détériorer les berges. Un sentier pédagogique, accessible à pied ou à vélo, suit le chemin de halage depuis le parc St-Pierre.
Outre le marché hebdomadaire du samedi, chaque année, le 3e dimanche de juin, un marché se déroule comme autrefois : les hortillons, en costume, arrivent alors dans leur barque à fond plat, pour déposer et vendre leurs fleurs et légumes place Parmentier. Enfin, à l'occasion du Festival des jardins, qui se déroule de mai à octobre, une cinquantaine d'œuvres imaginées par des paysagistes, plasticiens et architectes viennent enrichir celles créées depuis les débuts de cette manifestation en 2010.

HAUTS-DE-FRANCE – ADRESSES CIRCUIT 1

Aires de service & de stationnement

Campings

AMIENS
Voir p. précédente

BERCK-SUR-MER

Aire de Berck
Chemin aux Raisins, base nautique de la baie d'Authie - 03 21 09 50 00
Permanent (mise hors gel)
Borne artisanale
60 - Illimité - 12 €/j. - borne compris
Paiement :
Services :
GPS : E 1.56431 N 50.397

CAYEUX-SUR-MER

Aire Les Galets de La Mollière
R. Faidherbe, La Mollière, face au camping Les Galets de la Mollière - 03 22 26 61 85 - www.campinglesgaletsdelamolliere.com
De déb. avr. à déb. nov.
Borne raclet 3 € 3 €
30 - Illimité - 10 €/j.
Paiement : jetons (camping)
Services :
GPS : E 1.52626 N 50.20301

LE CROTOY

Camping-car Park du Crotoy
Rte de Rue, D 940 - 01 83 64 69 21
Permanent
Borne artisanale
29 - 72h - 12 €/j. - borne compris
Paiement : - Services :
GPS : E 1.64135 N 50.22972

DOULLENS

Aire de Doullens
R. du Pont-à-l'Avoine -
03 22 77 00 07 - Permanent
Borne AireService 2 €
4 - Illimité - gratuit
Services :
Aire bruyante.
GPS : E 2.3426 N 50.1539

FORT-MAHON-PLAGE

Aire de Fort-Mahon-Plage
R. de la Bistouille, 300 m de la plage, près de l'office de tourisme -
03 22 27 70 24

Permanent (mise hors gel)
Borne artisanale
64 - Illimité - 10 €/j. - borne compris - Paiement :
Services :
GPS : E 1.555 N 50.33861

LONG

Aire de Long
R. de la Chasse-à-Vache, à côté du camping municipal -
03 22 31 84 27 - Permanent (mise hors gel)
Borne eurorelais 4 € 2 €
8 - 48h - 10 €/j.
Services :
GPS : E 1.9783 N 50.0363

PICQUIGNY

Aire de la cavée d'Airaines
Rte d'Airaines, à dr. en face du cimetière anglais - 03 22 51 44 42 - jpdelory.e-monsite.com
Permanent
Borne artisanale 5 €
15 - 24h - 5 €/j.
Services :
Sanitaires avec douches et lavabos.
GPS : E 2.14167 N 49.93934

ST-VALERY-SUR-SOMME

Aire de St-Valery-sur-Somme
R. de la Croix-l'Abbé -
06 24 69 12 64 - Permanent (mise hors gel) -
Borne AireService
100 - Illimité - 12 €/j. - borne compris - Paiement :
Plat, gravier, petit ombrage.
GPS : E 1.62889 N 50.18223

LE TOUQUET-PARIS-PLAGE

Aire du Touquet
Av. Jean-Ruet, parking de la base nautique N - 03 21 05 51 09
Permanent -
Borne AireService
70 - Illimité - 15,40 €/j. - borne compris - Paiement :
Services :
Deuxième aire près de l'hippodrome.
GPS : E 1.59331 N 50.53573

LE CROTOY

Les Trois Sablières
1850 r. de la Maye - 03 22 27 01 33 - www.camping-les-trois-sablieres.com
De déb. avr. à fin oct. - 59 empl. -
borne artisanale
Tarif camping : 30 €
(10A) - pers. suppl. 7 €
Services et loisirs :
Cadre verdoyant et fleuri.
GPS : E 1.59883 N 50.24825

FORT-MAHON-PLAGE

Club Airotel Le Royon
1271 rte de Quend - 03 22 23 40 30 - www.campingleroyon.com
De mi-mars à déb. nov. - 376 empl.
borne flot bleu 3,50 €
Tarif camping : 29 €
(6A) - pers. suppl. 7 €
Services et loisirs :
GPS : E 1.57963 N 50.33263

MOYENNEVILLE

Le Val de Trie
1 r. des Sources - Bouillancourt-sous-Miannay - 03 22 31 48 88 - www.camping-levaldetrie.fr
De déb. avr. à fin oct. - 45 empl. -
borne artisanale
Tarif camping : 25 €
(10A) - pers. suppl. 4,10 €
Services et loisirs :
GPS : E 1.71508 N 50.08552

102

Les bonnes adresses de bib

ABBEVILLE
✕ **La Corne** – 32 chaussée du Bois - ✆ 03 22 24 06 34 - la-corne-restaurant.business.site - fermé 3 sem. en août, vac. de Noël, merc. soir, sam. midi et dim. - menus 27/37 €. La façade bleue de cette vieille maison abbevilloise dissimule un agréable intérieur rétro où l'on apprécie de généreux plats bistrotiers : ris de veau, andouillette et nombreux poissons selon arrivage…

AMIENS
Voir p. 111

BERCK-SUR-MER
Le Succès Berckois – 31 r. Carnot - ✆ 03 21 09 61 30 - www.succesberckois.com - 9h45-12h30, 14h45-20h, lun. 14h45-20h ; fabrication été : 15h-19h ; reste de l'année : jeu.-sam. 15h-19h. Cette maison familiale fabrique toujours artisanalement berlingots et sucettes. Également un espace de découverte avec fabrication devant le client, vidéo, etc.

LE CROTOY
✕ **Aux Trois Jean** – 27 r. du Capitaine-Guy-Dath - ✆ 03 22 27 16 17 - www.aux3jean.com - fermé mar.-merc. (hors saison) - plat du jour 15 € - menu 35 €. Très belle situation pour cet établissement récent dominant la seule plage de la région exposée au sud. La terrasse est d'ailleurs prise d'assaut dès les premiers rayons de soleil. Cuisine faisant la part belle aux produits de la mer avec, pour spécialité, les moules de bouchot de la côte picarde.

MONTREUIL-SUR-MER
✕ **Le Patio** – 17 r. Pierre-Ledent - ✆ 03 21 81 95 92 - www.leshautsdemontreuil.fr - fermé lun.-sam. à midi - menus 34/51 €. Ce restaurant est aménagé dans une maison traditionnelle de la ville autour de son patio lumineux. Cuisine fraîche et croquante. Terrasse à l'arrière de la bâtisse.

NAOURS
✕ **Le Cheval Blanc** – 11 r. d'Amiens - ✆ 03 22 45 10 17 - restaurant-le-cheval-blanc-bistrot-de-pays.business.site - fermé le soir et dim.-lun. - formules déj. 12,90/18,40 €. Ce restaurant-bar-tabac, labellisé « Bistrot de pays », est l'adresse de Naours. Côté cuisine, les plats sont copieux et délicieux, avec des spécialités récurrentes comme le couscous ou la tête de veau, sans oublier le traditionnel gâteau battu. Mieux vaut réserver le week-end.

ST-VALERY-SUR-SOMME
✕ **Les Corderies** – 214 r. des Moulins - ✆ 03 22 61 30 61 - www.lescorderies.com - fermé lun.-mar. midi - formule déj. 35 € - réserv. conseillée. Dominant St-Valery, cet hôtel-restaurant au luxe discret bénéficie d'un cadre privilégié, au sein d'un grand jardin où l'on prend l'apéritif dans une « paillote » avec vue. Cuisine gastronomique et inventive, qui fait une large place aux produits du marché. Réservation conseillée, dans ce restaurant très prisé des Valéricains.

LE TOUQUET-PARIS-PLAGE
✕ **Pérard - Restaurant-Poissonnerie-Traiteur** – 67 r. de Metz - ✆ 03 21 05 13 33 - www.perard-letouquet.fr - 12h-14h30, 19h-21h30 - plats 28/36 €. La soupe de poissons, disponible en bocaux chez de très nombreux mareyeurs, épiciers et traiteurs, est devenue une institution au Touquet. Celle de chez Pérard est la plus réputée… Le restaurant s'est agrandi d'un bar à huîtres et d'une terrasse d'été pour déguster en toute tranquillité les produits vendus à la poissonnerie.

Offices de tourisme

AMIENS
23 pl. Notre-Dame - ✆ 03 22 71 60 50 - www.amiens-tourisme.com.

LE CROTOY
1 r. Carnot - ✆ 03 22 23 62 65 - www.terresetmerveilles-baiedesomme.com.

Chars à voile.

wundervisuals/Getty Images Plus

LE TOP 5 ACTIVITÉS EN BAIE DE SOMME
1. Traversée de la baie à pied
2. Observation des oiseaux
3. Char à voile
4. Balade à cheval
5. Kayak de mer

HAUTS-DE-FRANCE – CIRCUIT 2
Le temps des cathédrales

C'est en Picardie que l'art gothique a pris son essor et sa démesure. À Soissons, Laon, Noyon, vous allez découvrir parmi les plus belles cathédrales. Commencées il y a plus de 800 ans, ces réalisations aux dimensions époustouflantes constituèrent une révolution architecturale et des prodiges de technologie. Mais que tant de grandeur ne vous tétanise pas pour autant !

⭐ **DÉPART :** COMPIÈGNE - 6 jours – 300 km

JOUR 1

Visitez tout d'abord **Compiègne** (voir l'encadré p. ci-contre). Plus tard, mêlez la nature et l'histoire en sillonnant la vaste **forêt de Compiègne**, grâce à la Voie verte. La **clairière de l'Armistice** abrite le célèbre wagon du maréchal Foch. Mille possibilités de randonnées sont offertes. Le soir, la généreuse table compiégnoise saura vous rassasier.

JOUR 2

Poursuivez vers le nord jusqu'à l'**abbaye d'Ourscamp**, fondée en 1129 par les Cisterciens. La vie monastique s'y perpétue depuis le 17e s. Puis partez en direction de **Noyon**, patrie de Jean Calvin, à qui est dédié un musée. Vous visiterez la cathédrale, la plus ancienne des cathédrales gothiques, bâtie au 12e s. Et si c'est la saison, vous profiterez des fruits rouges dont Noyon est la capitale ! Reprenez la route vers **Coucy-le-Château-Auffrique**, superbe cité fortifiée qui vous replonge dans l'ambiance médiévale grâce aux ruines de son imposant château. En juillet, ne manquez pas le son et lumière, le vendredi et le samedi soir.

JOUR 3

Profitez de la matinée pour découvrir la giboyeuse forêt de **St-Gobain** et les édifices qui s'y cachent ou qui la bordent : l'église de **Septvaux**, le prieuré fortifié du **Tortoir**, l'**abbaye de Prémontré**. Ralliez ensuite **Laon** pour déjeuner. La cathédrale se dresse avec ses cinq tours ornées de colossales figures de bœufs. Vous apprécierez sa visite. L'abbaye St-Martin et la chapelle des Templiers, les portes fortifiées et les remparts méritent également d'être vus.

JOUR 4

Direction le sud-est jusqu'à **Corbeny**, d'où vous partirez découvrir le **Chemin des Dames**, enjeu de terribles combats durant la Première Guerre mondiale. Voyez la caverne du Dragon et le fort de la Malmaison, puis dirigez-vous vers **Soissons**, où vous visiterez la cathédrale et l'ancienne abbaye St-Jean-des-Vignes.

Forêt de Compiègne.

JOUR 5

Le matin est consacré à la découverte du donjon de **Septmonts** (6 km au sud de Soissons), de **Braine**, puis de **Fère-en-Tardenois**, aux confins de la Champagne. Faites une escapade à **Château-Thierry**, ancienne place forte des comtes de Champagne. Visitez la maison natale de Jean de La Fontaine et les trésors d'art sacré de l'hôtel-Dieu. Ne quittez pas Château-Thierry sans déguster une coupe de champagne Pannier.

JOUR 6

Par la D975, vous traversez la forêt de Retz pour gagner **Villers-Cotterêts** et le château Francois Ier, entièrement restauré, qui abrite désormais la Cité internationale de la langue française. Après avoir rejoint le petit village de **Vez**, dont le donjon est désormais dédié à l'art contemporain, puis **Morienval** (église du 12e s.), profitez de l'après-midi pour découvrir le **château de Pierrefonds**, revisité par Viollet-le-Duc au 19e s. De là, revenez enfin à Compiègne.

ÉTAPE 11
Compiègne

OFFICE DE TOURISME
Pl. de l'Hôtel-de-Ville - ☎ 03 44 40 01 00 - www.compiegne-pierrefonds.fr.

STATIONNEMENT
Parking conseillé
Parking avenue Royale, gratuit.

Résidence royale puis impériale, Compiègne s'inscrit au confluent de l'Oise et de l'Aisne. Dans ce cadre, votre découverte de la ville suit naturellement les traces des hôtes illustres qui ont occupé les lieux.
Le **château** trouve en effet ses origines sous Charles le Chauve au 9e s.; il est complètement reconstruit par Louis XV au 18e s., avant de devenir la résidence préférée de Napoléon III et de l'impératrice Eugénie qui y donnent de fastueuses fêtes. Il est d'ailleurs possible de visiter les somptueux appartements, richement meublés. Le site héberge également le musée du Second Empire et de l'Impératrice ainsi que le musée national de la Voiture. Promenez-vous ensuite dans le **centre ancien** de la ville, sillonné de rues charmantes et commerçantes, ponctué de monuments et de musées aux collections variées, tel celui de la Figurine historique. Passez par l'hôtel de ville pour voir défiler, tous les quarts d'heure en haut du **beffroi**, les Picantins. Ils ont donné leur nom à une savoureuse friandise au chocolat, à la noisette et à la nougatine. À goûter sans faute !
Réservez votre après-midi, pour une balade à pied, à vélo, à cheval ou en voiture, dans la vaste **forêt** giboyeuse de Compiègne, terrain de chasse fort apprécié des rois de France. Plantée de chênes, de hêtres et de pins, elle est devenue le paradis des randonneurs et des amoureux de la nature. En gagnant le sommet des **Beaux Monts**, votre regard plongera le long de l'immense perspective aménagée à travers bois par Napoléon Ier, qui s'étend jusqu'au château. La forêt est aussi célèbre pour avoir servi de cadre à la signature de l'armistice en 1918, dans un wagon, aujourd'hui reconstitué et conservé au **mémorial de l'Armistice**. Ce monument commémoratif présente, à travers un parcours historique, la Première et la Seconde Guerre mondiale.

HAUTS-DE-FRANCE – ADRESSES CIRCUIT 2

Aires de service & de stationnement

CHÂTEAU-THIERRY

Aire de Château-Thierry
Av. d'Essômes - 03 23 84 86 86
Permanent
Borne artisanale 8,20 €
13 - 48h - 15 €/j.
Paiement : CC
Services : WC
Au bord de la Marne.
GPS : E 3.3825 N 49.0369

COUCY-LE-CHÂTEAU-AUFFRIQUE

Aire de Coucy-le-Château
Chemin du Val-Serain, D 937 -
03 23 52 70 05 - www.tourisme-coucy-le-chateau-auffrique.com
Permanent
Borne Urbaflux 2 € 2 €
12 - 24h - 8 €/j.
Paiement : CC
Services : WC
Barbecue autorisé.
Pêche à proximité (étang).
GPS : E 3.30833 N 49.5185

MAIZY

Camping-car Park de Maizy
6 chemin de la Beaurivoise -
01 83 64 69 21 -
www.campingcarpark.com
Permanent

Borne artisanale 5 €
3 - gratuit
Paiement : CC
Services :
Au bord du canal latéral de l'Aisne.
GPS : E 3.72892 N 49.38044

NOYON

Aire de Noyon
Av. Jean-Bouin, à côté de la piscine - 03 44 44 21 88 -
noyon-tourisme.com
Permanent
Borne flot bleu : 5 €
6 - Illimité - gratuit
Paiement : CC
Services :
À 100 m du centre-ville.
GPS : E 2.99 N 49.57283

VILLERS-COTTERÊTS

Aire de Villers-Cotterêts
R. Alfred-Juneaux,
en face de la piscine -
03 23 96 55 10 -
www.tourisme-villers-cotterets.fr
Permanent
Borne AireService 3 € 3 €
6 - 72h - gratuit
Paiement : CC
Services :
GPS : E 3.0855 N 49.25533

Campings

BERNY-RIVIÈRE

La Croix du Vieux Pont
R. de la Fabrique - 03 23 55 50 02 -
www.la-croix-du-vieux-pont.com
De fin mai à fin oct. - 660 empl. -
borne artisanale
Tarif camping : 27 €
(10A) - pers. suppl. 10 €
Services et loisirs :
Un vrai village vacances avec de nombreuses activités en partie couvertes, sur un site agréable au bord de l'Aisne.
GPS : E 3.1284 N 49.40495

CARLEPONT

Les Araucarias
870 r. du Gén.-Leclerc - 03 44 75 27 39 - camping-les-araucarias.com
De déb. avr. à fin oct. - 60 empl. -
borne artisanale
Tarif camping : 3 € 8 €
(16A) 4 €
Services et loisirs :
Une grande diversité de plantations orne la partie campable.
GPS : E 3.01836 N 49.50728

LAON

La Chênaie
Allée de la Chênaie -
03 23 23 38 63 - camping-aisne.fr
De déb. avr. à fin sept. - 55 empl.

Tarif camping : 27,90 €
Services et loisirs :
Bel environnement à proximité d'un étang et à l'ombre des chênes.
GPS : E 3.59488 N 49.56244

SOISSONS

Municipal de Soissons
Av. du Mail - 03 23 74 52 69 -
www.soissons.fr
De déb. avr. à fin oct. - 117 empl.
borne artisanale
Tarif camping : 22,54 €
(6A) - pers. suppl. 3,50 €
Services et loisirs :
En face du parc St-Crépin.
GPS : E 3.3269 N 49.3929

Laon et la cathédrale Notre-Dame.

Les bonnes adresses de bib

CHÂTEAU-THIERRY

Caves de Champagne Pannier – 23 r. Roger-Catillon - ☎ 03 23 69 51 30 - www.champagnepannier.com - visite guidée sur demande 9h30-12h30, 14h-18h - fermé dim. et j. fériés tte l'année et sam. en janv.-fév. - 12 € (-16 ans 5 €) - avec dégustation. Un montage audiovisuel et la visite des caves installées dans des carrières de pierre du 13ᵉ s. présentent les étapes de l'élaboration du champagne.

COMPIÈGNE

Les Picantins – 15 r. Jean-Legendre - ☎ 03 44 40 05 43 - lespicantins.site-solocal.com - fermé lun.-mar. mat. Ce chocolatier-pâtissier a associé son nom à celui de la célèbre confiserie compiégnoise composée de noisettes grillées, nougatines et chocolat.

✕ **Le Bouchon** – 4 r. d'Austerlitz - ☎ 03 44 20 02 03 - www.le-bouchon.com - fermé lun.-mar. midi, merc. midi et dim. - plats 14/19 €. Incontournable à Compiègne, ce restaurant au cadre rustique est installé dans une pittoresque maison à pans de bois du 15ᵉ s. Cuisine traditionnelle 100 % maison à base de produits frais et locaux.

COUCY-LE-CHÂTEAU-AUFFRIQUE

✕ **La Pomme d'or** – Hôtel Belle Vue - 2 porte de Laon - ☎ 03 23 52 69 70 - www. restaurantlapommedor.com - fermé dim. soir - plats 12 /22 €. Dans le jardin ou dans la salle à la décoration vintage inspirée des années 1920, on déguste une cuisine de qualité revisitant la tradition.

LAON

✕ **L'Estaminet St-Jean** – 23 r. St-Jean - ☎ 03 23 23 04 89 - estaminetsaintjean.com - fermé lun., mar. soir, merc. soir et dim. soir - plats 14/20 €. Cuisine régionale (gratin d'endives au maroilles, carbonade flamande...) dans un décor d'anciens ustensiles de cuisine en émail. Lianes de houblon accrochées au plafond, jeux picards, tables de bistrot et autres objets rappellent l'histoire de la région. Convivial et familial.

NOYON

✕ **Dame Journe** – 2 bd Mony - ☎ 03 44 44 01 33 - www.restaurant-damejourne-noyon.fr - fermé 5-12 janv., 7-20 sept., lun. et le soir sf vend. et sam.- formules 22/27 € - menus 39/49 €. Fréquenté par des habitués, ce restaurant dispose d'un cadre classique : fauteuils de style Louis XVI et boiseries. Bon choix de menus ; cuisine traditionnelle.

PIERREFONDS

✕ **Triskell** – 8 r. de Beaudon - ☎ 03 60 19 28 00 - fermé 11-31 janv., merc. d'oct. à mars et jeu. - menus 13/16 €. Face au lac, cette crêperie affiche un look bistrot. Au menu, un choix de galettes au blé noir sans gluten, de crêpes au beurre demi-sel et des plats de type brasserie, le tout préparé à partir de produits frais.

SOISSONS

✕ **Relais des Vignes** – Hôtel des Francs - 62 bd Jeanne-d'Arc - ☎ 03 60 71 40 00 - www.hoteldesfrancs.fr - fermé sam. midi de nov. à avr. - plats 22/25 €. Dans un agréable décor façon brasserie chic, on apprécie une bonne cuisine de saison : au choix, menu du marché et spécialités bistrotières concoctées avec des produits frais et locaux.

VILLERS-COTTERÊTS

✕ **Le Kiosque de Bacchus** – 12 r. du Gén.-Mangin - ☎ 09 88 99 65 71 - fermé dim.-lun. - menus 20/24 €. Une ambiance décontractée, un beau choix de vins originaux, et une cuisine de qualité, tout simplement. Animations le soir et belle terrasse.

Offices de tourisme

CHÂTEAU-THIERRY

2 pl. des États-Unis - ☎ 03 23 83 51 14 - www.lesportesdelachampagne.com.

COMPIÈGNE

Voir p. 105.

LAON

Pl. du Parvis-Gautier-de-Mortagne - ☎ 03 23 20 28 62 - www.tourisme-paysdelaon.com.

Le château de Pierrefonds.

Jacek_Sopotnicki/Getty Images Plus

LE TOP 5 CHÂTEAUX

1. **Compiègne**
2. **Pierrefonds**
3. **Château-Thierry**
4. **Fère**
5. **Nesles**

HAUTS-DE-FRANCE – CIRCUIT 3

Au nom de la rose

Beauvais, Amiens, Senlis, Chantilly : d'une ville à l'autre, les hommes ont construit sur ces terres des cités royales, des cathédrales éblouissantes, joyaux de l'art gothique et d'élégants villages de pierres et de briques. Cette escapade vous fait traverser plusieurs siècles d'architecture.

⭐ **DÉPART :** BEAUVAIS - 5 jours – 280 km

JOUR 1

Commencez par découvrir **Beauvais**. Si pour beaucoup, Beauvais évoque à présent un aéroport, il est bon de rappeler que cette ville abrite un chef-d'œuvre gothique, sa cathédrale St-Pierre, dont le chœur culmine à 68 m. Les vitraux l'éclairent magnifiquement. Avant de sortir, faites une halte devant l'horloge astronomique animée par 50 automates. N'oubliez pas non plus sa manufacture de tapisseries, toujours en activité et dont la tradition remonte au Grand siècle. Les alentours sont également très riches : vous visiterez ainsi le **château de Troissereux** (par la D901). L'après-midi, vous sillonnerez **le pays de Bray**, via un village au charme fou, **Gerberoy**. Les buissons de roses trémières égaient les maisons à colombages et les ruelles pavées. Gagnez **Poix-de-Picardie**, classée « station verte » de vacances, où vous passerez la nuit.

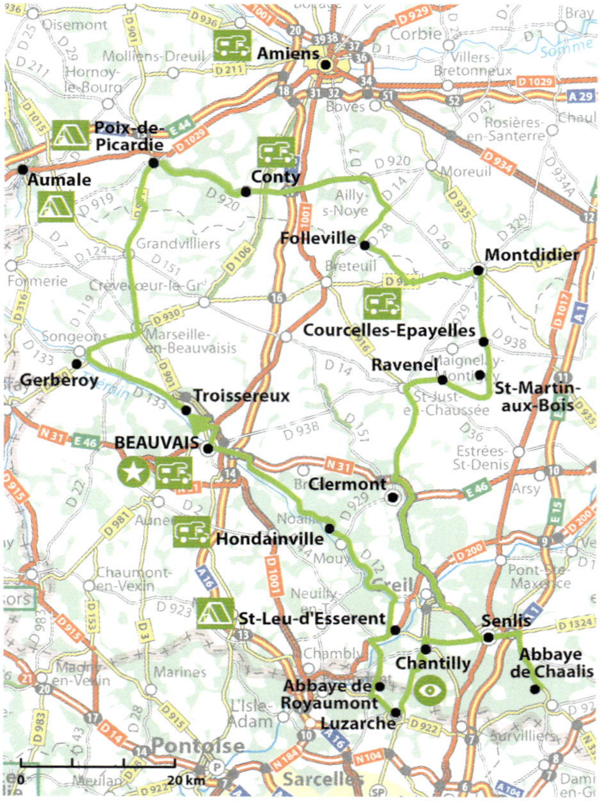

JOUR 2

Quittez Poix-de-Picardie vers l'est, en passant par Conty. Découvrez le site médiéval et l'église de **Folleville**, qui abrite des œuvres de la Renaissance, puis **Montdidier** – la cité de Parmentier. Dans l'Oise, jetez un coup d'œil à l'abbaye de **St-Martin-aux-Bois** et à la tour de l'église de **Ravenel**.

JOUR 3

Vous passez par **Clermont**, dont l'hôtel-de-ville est surmonté d'un beffroi, pour rejoindre **Senlis**. Traversé de vieilles ruelles joliment conservées et bien animées les week-ends, le centre de Senlis, ville royale, se vit telle une promenade à travers les siècles. Les rois des deux premières dynasties franques résidèrent volontiers ici, attirés par le gibier des forêts avoisinantes. Vous visiterez la cathédrale Notre-Dame, l'ancien château royal, place du parvis, et le musée de la Vénerie. Si vous avez une journée de plus, allez jusqu'à l'**abbaye de Chaalis**, où sont rassemblées des collections d'art remarquables, avant de rejoindre Chantilly.

JOUR 4

Passer une journée à **Chantilly**, c'est évidemment évoquer l'histoire de France et le monde du cheval. La visite du château vous fera découvrir une extraordinaire collection d'art (voir l'encadré ci-contre). Aux abords du fameux hippodrome, les grandes écuries

Le château de Chantilly.

laissent rêveur. Pour vous remettre, faites donc un tour dans le parc ou aux **étangs de Commelles**, dans la vaste forêt toute proche. Domaine de l'Institut de France, elle présente un réseau très dense de routes forestières propices aux promenades, largement aménagée pour des balades en famille.

JOUR 5

En sortant de la forêt par Coye-la-Forêt, vous serez à 2 km de la D1016, qui mène, à gauche, vers **Luzarches**, un des plus anciens villages de France, qui possède une église du 12ᵉ s. entièrement restaurée. De là, vous n'avez qu'un saut de puce à effectuer le long de l'Ysieux pour atteindre l'**abbaye de Royaumont**, pure merveille cistercienne du Moyen Âge, cachée dans un parc verdoyant. En regagnant **Beauvais**, arrêtez-vous dans la petite ville médiévale de **St-Leu-d'Esserent** pour admirer son église, autre modèle de pureté romane.

LE CONSEIL DU BIB

Si vous avez du temps, faites une escapade jusqu'à l'élégant château fort de Rambures (www.chateau-rambures-picardie.fr), situé 30 km au nord-ouest de Poix-de-Picardie.

VISITE

Domaine de Chantilly

INFOS PRATIQUES

1 r. du Connétable - ☎ 03 44 27 31 80 - chateaudechantilly.fr - de fin mars à fin oct. : 10h-18h (parc 20h) ; reste de l'année : 10h30-17h (parc 18h) - fermé mar. et 3 sem. en janv. - 18 € (7-25 ans 14,50 €) ; 9 € (7-25 ans 7 €) parc et jardins seuls. Appartements privés du duc et de la duchesse d'Aumale en visite guidée seult (1h, lun.-vend. à 11h et 15h sur réserv.).

STATIONNEMENT

Parking du Château (P1)
Tarif camping-car : 5 €. Ouverture du parking des Grandes Écuries (P2) les soirs de spectacle.
GPS : E 2.485203 N 49.193846

Cinq châteaux se sont succédé en ce lieu depuis deux mille ans. Henri II de Bourbon-Condé en hérite en 1643. Son fils, Le Grand Condé, se consacre à son embellissement. À l'époque, les deux corps de bâtiment sont séparés par un bras d'eau : le Petit Château (16ᵉ s.) d'une part, et l'ancienne forteresse d'autre part, qui sera détruite à la Révolution. Le duc d'Aumale, qui hérite du château à la fin du 19ᵉ s., fait édifier le Grand Château dans le style Renaissance. Il y rassemble un nombre important d'œuvres, groupées au hasard de ses acquisitions. Les conservateurs ont respecté cette présentation. Dans le Petit Château, les **appartements des Princes**, où habitèrent le Grand Condé et ses descendants, embellis au 18ᵉ s. de boiseries Régence et rocaille, abrite en particulier le **cabinet des Livres**, où vous pourrez voir une splendide collection de manuscrits. Le Grand Château accueille les **collections du musée Condé**, dont le Santuario qui abrite les œuvres les plus précieuses du musée : la *Vierge de la maison d'Orléans* et les *Trois Grâces*, de Raphaël, *Esther et Assuérus*, de Filippino Lippi, et enfin 40 miniatures de Jean Fouquet, découpées dans le livre d'heures d'Estienne Chevalier, œuvre capitale de l'école française du 15ᵉ s.

Ne partez pas sans avoir foulé les allées du **parc**. Le Nôtre en 1662 tira le meilleur parti des accidents du terrain et de la présence abondante de l'eau. Les soubassements du **Grand Degré** sont creusés de « grottes », qui accueillent des groupes sculptés sur la thématique de l'eau. On accède ensuite au parterre Nord puis au Grand Canal. Le Hameau date de 1774. Il était de bon ton à l'époque pour les princes de rechercher le dépaysement dans des villages en miniature. C'est là, dans une laiterie aujourd'hui disparue, qu'était dégustée la fameuse crème chantilly. **Le Jardin anglais**, aménagé en 1820 sur les débris du parc de Le Nôtre saccagé pendant la Révolution, abrite plusieurs fabriques restaurées. En remontant vers les Grandes Écuries, vous passerez à côté du Jeu de Paume, l'un des derniers construits en France. Deux labyrinthes et l'**enclos des kangourous** raviront les enfants.

HAUTS-DE-FRANCE – ADRESSES CIRCUIT 3

Aires de service & de stationnement

AMIENS
Voir p. 101

BEAUVAIS
Aire de Beauvais
R. Aldebert-Bellier - ☎ 03 44 15 30 30 - www.visitbeauvais.fr
Permanent (mise hors gel)
Borne AireService 🚰💧⚡🚿 : gratuit
10 🅿 - 🔒 - 48h - gratuit
Services : 📶
Aire très bien aménagée.
GPS : E 2.08016 N 49.42428

CONTY
Aire de Conty
R. du Marais, près de l'office de tourisme - ☎ 03 22 41 66 55 - www.somme-tourisme.com
Permanent
Borne artisanale 🚰 3 €💧⚡
35 🅿 - Illimité - gratuit
Paiement : jetons (mairie et boulangerie)
Services : 🛒

Aire agréable.
GPS : E 2.15589 N 49.74335

COURCELLES-EPAYELLES
Aire de Courcelles-Epayelles
9 r. du Tour de l'Église - ☎ 03 44 51 01 16 - www.courcellesepayelles.fr
Permanent
Borne flot bleu 🚰 2 €💧⚡
3 🅿 - 72h - gratuit
Paiement : jetons (commerçants)
GPS : E 2.6215 N 49.569

HONDAINVILLE
Aire privée à Hondainville
ZA La Croix Blanche, Jeco SCI, accès par la D 12 - ☎ 03 44 66 04 21 - jeco.sci.free.fr
Permanent (mise hors gel)
Borne artisanale 🚰💧⚡🚿
🅿 - 🔒 - 24h - 8 €/j. - réservation obligatoire ; borne compris
Services : 🍴🏪
GPS : E 2.3061 N 49.34651

Campings ⛺

AUMALE
Municipal le Grand Mail
6 Le Grand-Mail - ☎ 02 35 93 40 50 - mairieaumale.free.fr
De déb. mars à fin sept. - 35 empl. - 🏞
🚐 borne flot bleu 🚰 1 €💧 3 €⚡🚿
Tarif camping : 20 € 👤👤 🚗 📧
⚡ (6A) - pers. suppl. 2 €
À flanc de colline sur les hauteurs de la ville.
GPS : E 1.74202 N 49.76566

POIX-EN-PICARDIE
Municipal le Bois des Pêcheurs
Rte de Verdun - ☎ 03 22 90 11 71 - www.campingmunicipal-leboisdespecheurs.com
De déb. avr. à fin sept. - 88 empl.
🚐 borne eurorelais 🚰💧⚡🚿
Tarif camping : 24 € 👤👤 🚗 📧
⚡ (10A) - pers. suppl. 3 €
Services et loisirs : 📶 🎮 🏞
De beaux emplacements bien délimités.
GPS : E 1.9743 N 49.75

ST-LEU-D'ESSERENT
Campix
2 r. de la Goulette - ☎ 03 44 56 08 48 - www.campingcampix.com
De déb. mars à fin nov. - 175 empl. - 🏞
🚐 borne eurorelais 🚰💧⚡🚿 6 €
Tarif camping : 👤 9 € 📧 9 € ⚡ (6A) 5 €
Services et loisirs : 📶 🍴 🛒 🎮 🏞
Dans une ancienne carrière ombragée d'acacias et de bouleaux.
GPS : E 2.42722 N 49.22492

L'abbaye de Royaumont.

Les bonnes adresses de bib

AMIENS

Le T'Chiot Zinc – 18 r. de Noyon - 03 22 91 43 79 - fermé dim. - plats 13/18 €. À deux pas de la tour Perret, dans une rue piétonne, un bistrot typique, prisé des Amiénois. Sur un rythme cadencé, les serveurs envoient flamiche, cochon de lait et autres spécialités picardes. Le tout dans un cadre patiné par les années.

Le Petit Poucet – 34 r. de la République - 03 22 91 42 32 - www.le-petit-poucet.fr - mar.-merc. 8h-20h, jeu.-sam. 8h-21h, dim. 8h-19h. Ce bel établissement abrité dans une maison néobaroque est bien connu des Amiénois. Petite restauration à midi, merveilleux chocolat à l'heure du goûter et pâtisseries à emporter.

BEAUVAIS

Le Senso – 25 r. d'Agincourt - 03 64 19 69 06 - lesensorestaurant.free.fr - fermé dim.-lun. - formules déj. 18/25 € - menu soir 47 €. Ce restaurant joue la carte de la simplicité, avec un beau décor contemporain. Quelques touches créatives à signaler dans les assiettes du chef, qui soigne aussi le dressage. Ne manquez pas sa spécialité, peu locale : le kouign-amann.

Plan d'eau du Canada - Base nautique municipale – 147 r. de la Mie-au-Roy - 03 44 06 92 90 - www.plandeaucanada.fr - de fin avr. à déb. sept. : 8h-22h ; reste de l'année : se rens. - baignade juil.-août : 3 € ; location bateaux mai-sept. : 30mn 8/10 €. Ce site de 45 ha comprend un plan d'eau de 36 ha et de nombreux espaces verts. Location d'Optimist, dériveurs, canoës, kayaks, pédalos, planches à voile... On peut également y pratiquer la marche, la course à pied ou le VTT.

CHANTILLY

Le Hameau – Le Château - 03 44 57 46 21 - 12h-18h - fermé mar., tous les soirs et de mi-nov. à déb. mars - plats 16/28 € - menus 24,50/47 €. Toits de chaume, colombages et verdure composent le décor champêtre du moulin, pour un déjeuner ou un goûter estampillés terroir : confit de canard, foie gras, terrine de cerf, cidre, confitures ou miel de la région, pain d'épice à l'orange, tartes aux pommes ou aux fraises, et crème chantilly ! Petite boutique de produits du terroir.

CRILLON

La Petite France – 7 r. du Moulin - 03 44 81 01 13 - www.lapetitefrance-restaurant.com - fermé lun. et le soir - plats 17/31 €. Cette accueillante auberge abrite deux salles à manger rustiques. Carte traditionnelle, dont la tête de veau ravigote, spécialité de la maison.

GERBEROY

Hostellerie du Vieux Logis – 25 r. du Logis-du-Roy - 03 44 82 71 66 - le-vieux-logis.com - fermé le merc. et le soir dim.-jeu., vac. de fév., vac. de Noël - menus 29,50/36 €. Maison à pans de bois à l'entrée du vieux village fortifié. Cheminée et charpente découverte égayent la salle.

ST-LEU-D'ESSERENT

Hôtel de l'Oise – 25 quai d'Amont - 03 44 56 60 24 - www.hotel-de-loise.com - fermé sam. midi, dim. soir et lun. - plats 25/55 €. Dans cette avenante bâtisse en brique des années 1930 posée sur les bords de l'Oise, l'agréable salle de style contemporain sert de cadre à une cuisine traditionnelle soignée composée de bons produits frais.

SENLIS

Le Scaramouche – 4 pl. Notre-Dame - 03 44 53 01 26 - le-scaramouche.fr - fermé de mi-août à déb. sept., dim. et lun. - plats 16/24 €. Chaleureuse maison à la devanture en bois peint. Intérieur agrémenté de tableaux et tapisseries ; terrasse tournée vers la cathédrale Notre-Dame.

Offices de tourisme

BEAUVAIS
1 r. Beauregard - 03 44 15 30 30 - www.visitbeauvais.fr.

GERBEROY
20 r. du Logis-du-Roy - 03 44 46 32 20 - gerberoy-picardieverte.com.

MONTDIDIER
5 pl. du Gén.-de-Gaulle - 09 71 27 51 78 ou 06 71 98 66 43 - otparmentier.fr.

Dans les rues de Gerberoy.

HAUTS-DE-FRANCE – CIRCUIT 4
Voyage dans les Flandres

Ses dunes, au nord de Dunkerque, ses monts autour de Bailleul, ses géants que l'on promène aux sons des fifres, ses beffrois, qui se dressent pour mieux affirmer la puissance de Lille ou Bergues, ses « estaminets » comme on dit ici où l'on joue à la bourle ou au javelot, un verre de bière à la main… : la Flandre se révèle au pluriel. Suivez donc ce circuit au cœur des Flandres, qui vous démontrera qu'au plat pays, on ne s'ennuie pas !

⊛ **DÉPART :** LILLE - 6 jours – 250 km

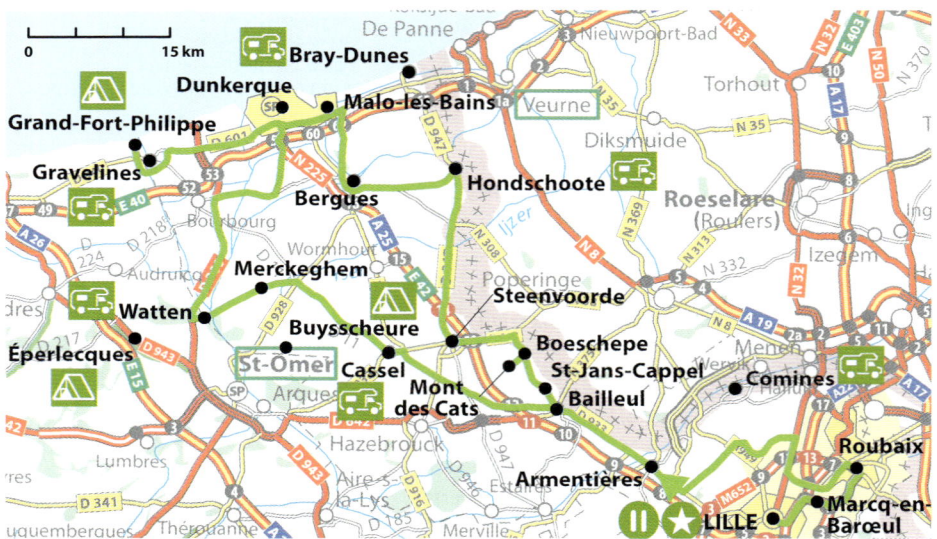

JOURS 1 ET 2

Lille, animée et colorée, donnera le ton de votre séjour flamand. Vous pouvez facilement y consacrer deux jours, tant il y a de choses à voir (voir l'encadré p. ci-contre).

JOUR 3

De Lille, dirigez-vous vers **Roubaix**. L'ancienne capitale de la filature textile a transformé sa piscine Art déco, en un musée d'art, à ne pas manquer. Visitez le château du Vert-Bois et le village des métiers d'art du Septentrion à **Marcq-en-Barœul**. Partez ensuite plus à l'est découvrir **Armentières**, puis **Bailleul**. Cette ville qui a souffert en 1918, lors de la dernière offensive allemande, a été reconstruite dans le plus pur style flamand. Elle est au cœur d'un opulent pays de bocage que l'on retrouve de l'autre côté de la frontière, en Belgique. Vous visiterez, entre autres, son conservatoire botanique et son beffroi.

JOUR 4

En direction de **Boeschepe**, vous pénétrez dans le pays des monts de Flandre, cher à Marguerite Yourcenar, à qui le musée de **St-Jans-Cappel** rend hommage. C'est aussi le pays des estaminets, présents jusque dans le moindre village. Après un passage par le **mont des Cats**, pour une provision de fromage à l'abbaye Ste-Marie-du-Mont, vous admirerez les moulins de Boeschepe et de **Steenvoorde**, avant de mettre cap au nord jusqu'à **Hondschoote**. Cette petite cité rurale, de langue flamande, possède deux moulins et de belles maisons anciennes, dont quelques unes à pignons. Gagnez la ville fortifiée de **Bergues**, où vous passerez la nuit.

La Grand'Place dans le vieux Lille.

JOUR 5

Une petite visite de Bergues, surnommée « la petite Bruges du Nord » s'impose avant de monter vers la côte, pour découvrir les **dunes de Flandre**, de Dunkerque à la frontière belge, avec un petit crochet par la station de **Malo-les-Bains**, quartier résidentiel de Dunkerque aux belles villas balnéaires, nées au début du 20e s. Bordée par 700 ha de dunes classées Réserve naturelle, la plage court sur 15 km. Elle fait le bonheur des enfants et des plus grands. Après le déjeuner, revenez sur vos pas jusqu'à **Dunkerque**, dont vous visitez le port et les musées (Musée portuaire, musée Dunkerque 1940, Lieu d'Art et Action contemporaine).

JOUR 6

Le matin est consacré au tour des remparts de **Gravelines** et à la visite des musées (Maison de la mer et Maison du sauvetage) de **Grand-Fort-Philippe**. Après le déjeuner, vous retrouvez le cœur de la Flandre en vous dirigeant vers **Watten**, puis Cassel. Au passage, admirez le point de vue sur les monts de Flandre à **Merckeghem**. À **Cassel**, visitez le musée de Flandre, qui apporte une vision vivante de l'identité flamande, grimpez au sommet du mont Cassel et faites peut-être une petite pause gourmande ou ludique dans un estaminet de la Grand'Place. Retour vers Lille par Bailleul.

ÉTAPE 11
Lille

OFFICE DE TOURISME
Palais Rihour - pl. Rihour -
☎ 03 59 57 94 00 -
www.lilletourism.com.

STATIONNEMENT
Pas de parkings réservés pour les campings-car. Des emplacements sans délimitation de longueur sont disponibles bd Émile-Dubuisson, au sud de la gare SNCF.

Qu'il s'agisse du patrimoine ou des offres artistique et gastronomique, tous les ingrédients sont là pour faire de la capitale des Flandres un incontournable. Connue pour sa Grande Braderie de septembre, ses marchés exubérants, son goût de la fête et ses nuits très longues, elle peut également s'enorgueillir d'un vieux centre superbement mis en valeur, riche de monuments et demeures colorées des 17e et 18e s. au style atypique mêlant la brique et la pierre sculptée ; il fait bon y flâner de ruelles en places, sans oublier quelques pauses dans les brasseries !

Pour une intense plongée culturelle, rien de tel qu'un tour par le magnifique **musée des Beaux-Arts** (1887-1892), et ses 22 000 m² de collections exceptionnelles, ou le **musée de l'hospice Comtesse** (17e-18e s.) et, pour des lieux plus alternatifs, le **Tripostal** – 6 000 m² sauvés de la démolition par « Lille 2004 » – ou les **Maisons Folies**, de Moulins ou de Wazemmes. Cette dernière, ancienne filature (1855) devenue friche industrielle avant d'être remaniée en 2004, accueille ateliers, spectacles et expositions ; ne ratez pas le marché du quartier où étals alimentaires côtoient brocante et puces dans une joyeuse ambiance populaire.

La découverte du vieux Lille vous permettra d'apprécier l'originalité du « style lillois », mélange de briques et de pierres sculptées. De la **place Rihour**, où se dresse le palais du même nom, de style gothique, rejoignez la **Grand'Place** (pl. du Gén.-de-Gaulle) : ancien emplacement du marché au Moyen Âge, il reste le centre de l'activité lilloise ; notez la façade de la **Vieille Bourse** et allez admirer l'**église-halle St-Maurice**. Gagnez ensuite la place du théâtre et son alignement de maisons à pilastres (1687) nommé **Rang du Beauregard** et poursuivez vers la **cathédrale**, en passant par la place Louise-de-Bettignies et détaillant en chemin la rue de la Monnaie (maisons 18e s.).

D'autres surprises encore à **Eurolille** et dans le **quartier St-Sauveur**... Et n'oubliez pas l'incontournable citadelle édifiée par Vauban de 1667 à 1670, qui trône au cœur du plus grand espace vert de la ville.

HAUTS-DE-FRANCE – ADRESSES CIRCUIT 4

Aires de service & de stationnement

BRAY-DUNES

Aire de Bray-Dunes
49 r. Pierre-Decock, parking du supermarché - 03 28 26 51 60 - www.bray-dunes.fr
Permanent
Borne eurorelais 2 €
6 - 24h - gratuit - stat. possible de 20h à 8h30
Services :
GPS : E 2.52151 N 51.06262

CASSEL

Aire de Cassel
Rte d'Oxelaere, au S de Cassel, près du stade - 03 28 40 52 55
Permanent
Borne artisanale 2 €
10 - Illimité - gratuit
Paiement : jetons (office de tourisme)
Aire bruyante.
GPS : E 2.48883 N 50.79344

COMINES

Aire privée de Comines
Ferme aux Escargots Lesaffre - 06 37 58 77 81
Permanent (mise hors gel)
Borne AireService 2 € 4 €
6 - 48h - 6 €/j.
Paiement :
Services :
GPS : E 3.0233 N 50.7419

GRAVELINES

Aire de Gravelines
R. de la Gendarmerie, face au moulin Lebriez - 03 28 23 59 00 - www.ville-gravelines.fr
Permanent
Borne AireService 2 €
Services :
GPS : E 2.13177 N 50.99342

HONDSCHOOTE

Aire de lavage Lustr'Auto
1275 voie communale Looweg - 06 22 23 16 25
Permanent
Borne artisanale : 10 €
Paiement :
Services :
Proche du camping Au Bon Coin.
GPS : E 2.58941 N 50.97397

WATTEN

Aire de Watten
R. Paul-Mortier - 03 21 88 27 78 - www.watten.fr
Permanent
Borne AireService 6 €
10 - 72h - gratuit
Paiement : jetons (commerçants : liste affichée à l'entrée ; office de tourisme)
Services :
GPS : E 2.20517 N 50.8255

Campings

BUYSSCHEURE

La Chaumière
529 Langhemast-Straete - 03 28 43 03 57 - www.campinglachaumiere.com
De déb. avr. à fin sept. - 29 empl. -
borne artisanale
Tarif camping : 30 €
(6A) - pers. suppl. 5 €
Services et loisirs :
Terrain pleine nature autour d'un traditionnel estaminet et à proximité du GR 128.
GPS : E 2.33942 N 50.80166

ÉPERLECQUES

Château du Gandspette
133 r. du Gandspette - 03 21 93 43 93 - www.chateau-gandspette.com
De déb. avr. à fin sept. - 199 empl. -
borne artisanale
Tarif camping : 32 €
(10A) 7 € - pers. suppl. 7,50 €
Services et loisirs :
Vastes emplacements dans le parc boisé du château.
GPS : E 2.17889 N 50.81894

GRAND-FORT-PHILIPPE

Municipal La Plage
115 r. du Mar.-Foch - 09 62 61 12 01 - www.campingdelaplage.site
De fin fév. à mi-déc. - 82 empl.
Tarif camping : 15,50 €
(6A) - pers. suppl. 4 €
Services et loisirs :
Environnement agréable, espaces fleuris.
GPS : E 2.09746 N 51.00264

Cabanes sur la digue de Malo-les-Bains.

Les bonnes adresses de bib

BERGUES

✖ **Taverne Le Bruegel** – 1 r. du Marché-aux-Fromages - ✆ 03 28 68 19 19 - www.restaurantlebruegel.fr - fermé merc.-jeu. - formules 15,50/24,50 € - plats 11/18 €. Dans cet estaminet établi dans une maison flamande de 1597, grillades au feu de bois et cuisine régionale sont servies en costume traditionnel et, parfois, au son du *doedelsack* (cornemuse).

BOESCHEPE

✖ **Estaminet De Vierpot** – 125 chemin du Moulin - ✆ 06 87 44 06 51 - www.estaminetdevierpot.com - fermé lun.-merc. - plats 10/14,50 €. Retrouvez toute l'ambiance du Nord dans ce chaleureux estaminet sis au pied d'un joli moulin restauré. Décor typique datant des années 1900, avec vieux poêle et bancs en bois. Planches flamandes, tartes, crêpes et carte offrant un choix de plus de 50 bières.

CASSEL

✖ **'T Kasteelhof** – 8 r. St-Nicolas - ✆ 03 28 40 59 29 - fermé lun.-merc. - plats env. 14 €. C'est l'estaminet le plus haut de la Flandre française ; la vue panoramique sur la plaine flamande y est superbe ! Vous pourrez y déguster, à n'importe quelle heure, des spécialités régionales dans un cadre typique et acheter quelques produits locaux dans la boutique attenante. Réservation vivement conseillée.

DUNKERQUE

✖ **La Cambuse** – 25 r. du Gouvernement - ✆ 03 28 66 43 30 - www.la-cambuse-dunkerque.fr - fermé lun. soir, sam. midi et dim. - plats 14/19 €. « La cambuse est le magasin d'un navire destiné à conserver et à distribuer les provisions », rappelle le patron. À ceci près que le « magasin » est devenu une adresse branchée, avec son design industriel, ses murs bruts et ses piliers en fonte. Menus façon brasserie, à base des produits phares de la région.

GRAVELINES

Balades en mer Le Christ Roi – Port de Plaisance - ✆ 03 28 51 25 95 ou 06 75 22 16 13 - avr.-oct. - rens. et réserv. à l'office du tourisme de Gravelines - 15 €/2h. *Le Christ Roi*, dernier crevettier à voile, permet de découvrir les paysages côtiers de la mer du Nord et d'en savoir plus sur la pêche et la navigation traditionnelle.

LILLE

✖ **Brasserie André** – 71 r. de Béthune - ✆ 03 20 54 75 51 - www.brasserieandre.fr - plats 21/30 €. Leurs frites seraient les meilleures de Lille ! On y déguste aussi du filet américain, du welsh rarebit, de la choucroute… Une référence depuis 1924.

✖ **Le Barbier Qui Fume** – 69 r. de la Monnaie - ✆ 03 20 06 99 35 - www.lebarbierquifume.com - plats 16,50/24,90 €. Une nouvelle déco pour ce qui fut autrefois la maison d'un ancien barbier lillois. On y sert des viandes fumées et des spécialités flamandes, accompagnées des Mousses du Barbier (bière artisanale blonde, blanche et triple.)

Pâtisserie Meert – 27 r. Esquermoise - ✆ 03 20 57 93 93 - www.meert.fr - tlj sf lun. 10h-19h (17h30 le dim.). Cette pâtisserie-confiserie fondée en 1761 est une institution locale avec un décor qui date de 1839. Ne ratez pas la spécialité maison, la fameuse gaufre fourrée à la vanille de Madagascar, dont la recette remonte à 1849, et profitez du salon de thé attenant.

MARCQ-EN-BARŒUL

✖ **La Salle à Manger** – 287 bd Clémenceau - ✆ 03 20 65 21 19 - www.restaurant-lasalleamanger.fr - fermé dim.-lun., mar. soir et sam. midi - menus 36/76 €. Un jeune couple charmant aux commandes. Monsieur réalise une cuisine de l'instant avec une pointe d'Orient (il a travaillé deux ans au Maroc). L'ardoise ? Courte et appétissante. Et l'atmosphère ? Tamisée, épurée et intime.

Offices de tourisme

BERGUES

Pl. Henri-Billiaert - ✆ 03 28 68 71 06 - www.ot-hautsdeflandre.fr.

DUNKERQUE

R. de l'Amiral-Ronarc'h - Le Beffroi - ✆ 03 28 26 27 28 - www.dunkerque-tourisme.fr.

LILLE

Voir p. 113

Les gaufres de la pâtisserie Meert.

LE CONSEIL DE BIB

Évitez le premier week-end de septembre, si vous voulez découvrir tranquillement Lille : c'est celui de la braderie !

HAUTS-DE-FRANCE – CIRCUIT 5
Évasion sur la Côte d'Opale

Depuis la baie de Somme jusqu'à la frontière belge s'étend un paysage étonnant, encore sauvage. La Côte d'Opale dessine un chapelet de dunes, de vallées crantées et de falaises escarpées qui dominent le pas de Calais. Les caps Blanc-Nez et Gris-Nez se disputent ici la vedette de ces panoramas grandioses.

⭐ **DÉPART :** BOULOGNE-SUR-MER - 5 jours – 250 km

JOUR 1

Profitez de cette première journée pour visiter **Boulogne-sur-Mer**. C'est tout d'abord la ville haute et ses remparts qui retiendront votre attention. Voyez le beffroi, la basilique, le château-musée. Puis descendez vers le port pour vous régaler de quelques fruits de mer. Dans la ville basse, baladez-vous parmi les installations portuaires (port de pêche, de plaisance et de transport) avant de visiter **Nausicaá**, le Centre national de la mer. Longez la côte jusqu'à l'élégante station de **Wimereux**. La guerre a malheureusement abîmé cette « Nice du Nord » mais la digue-promenade, longée par les villas d'une architecture début du 20e s., a gardé tout son charme. Plongez ensuite dans l'**arrière-pays boulonnais** jusqu'au **Wast**, où siège la maison du Parc naturel régional des Caps et marais d'Opale. Les vallées du Boulonnais sont tapissées de pommiers à cidre et de prairies où paissent des bleues du Nord et des rouges flamandes, les vaches locales, ainsi que nombre de moutons et de chevaux de trait « boulonnais ». Rejoignez la Côte pour passer la soirée.

JOUR 2

Longez la Côte d'Opale et préparez votre balade entre les **caps Blanc-Nez et Gris-Nez**, en passant par **Audinghen** où se trouve la Maison du site des Deux Caps. Un spectacle vertigineux vous attend au cap Blanc-Nez : la masse verticale de la falaise, à 134 m de haut, surplombe la mer et son trafic incessant de navires. La vue s'étend sur les falaises anglaises et la côte, de Calais au cap Gris-nez, mais aussi vers les douces collines cultivées du Calaisis, préservées de toute construction. De nombreux sentiers de randonnées partent des deux caps et de **Wissant**.

Cap Blanc-Nez.

Suivez-les, jumelles en bandoulière (voir l'encadré ci-contre). Rejoignez ensuite **Calais**, son phare, son musée des Beaux-Arts et la Cité de la dentelle et de la mode. Ne ratez pas le monument des *Bourgeois de Calais*, œuvre de Rodin installée devant l'hôtel de ville, et qui fait référence à un événement historique local. Passez la nuit sur place.

JOUR 3

Prenez la route de St-Omer. Après une halte à **Guînes** (tour de l'Horloge), puis à **Ardres**, vous parvenez à **St-Omer**, dont le musée et les édifices religieux (cathédrale en tête) vous occuperont tout l'après-midi.

JOUR 4

Une promenade en barque dans le marais audomarois (4 km au nord-est de St-Omer, par la D209) lancera votre journée avant de visiter **Arques** et sa cristallerie, puis **La Coupole** (Centre d'histoire et planétarium 3D), colossal vestige de la Seconde Guerre mondiale. Poursuivez plus au sud jusqu'à **Aire-sur-la-Lys**. Faites un tour sur la Grand'Place et dans la collégiale.

JOUR 5

Avant de quitter Aire-sur-la-Lys, faites un tour au parc d'attractions Dennlys ; une sympathique activité à faire en famille. Si vous voyagez sans enfants, poursuivez directement jusqu'à **Desvres**, où vous visiterez le musée de la Céramique, art qui fit la réputation de la cité. Dans l'après-midi, rejoignez la côte à **Hardelot-Plage**, agréable station en toute saison. Appréciez sa plage et ses vastes espaces dunaires avant de retrouver Boulogne-sur-Mer.

RANDONNÉE À PIED

Du cap Blanc-Nez au cap Gris-Nez

INFOS PRATIQUES

Randonnée de 24 km AR (réservée aux bons marcheurs), entièrement balisée (GR 120). Certaines parties ne sont pas accessibles de 2h avant la marée haute à 2h après. Consulter les horaires des marées (maison du site des Deux Caps - Audinghen - 03 21 21 62 22 - www.lesdeuxcaps.fr ; www.maree.info) et prévoyez un bon coupe-vent, un copieux pique-nique et des jumelles pour observer goélands, mouettes rieuses... Compter 6h de marche.

STATIONNEMENT

Parking cap Blanc-Nez, sur la D243E3 à Escalles, gratuit.

Classés Grand Site de France depuis 2011, les deux caps, façade maritime du Parc naturel régional des Caps et Marais d'Opale, offrent l'occasion d'une des plus belles randonnées pédestres (interdit aux VTT) de la Côte d'Opale. Ce parcourt suit le GR 120 entre dunes, plages et falaises escarpées, et ménage de grandioses panoramas. Par temps très clair, vous devinez même les côtes anglaises aux environs de Douvres.
Le **cap Blanc-Nez**, reconnaissable de loin, est surmonté de l'obélisque de la Dover Patrol (patrouille de Douvres) qui fut érigé en mémoire des marins français et anglais morts pendant la Première Guerre mondiale en défendant le détroit du Pas-de-Calais. Du haut du cap, le spectacle est vertigineux : la masse verticale de la falaise, de 134 m de haut, surplombe le « pas » et son trafic incessant de navires. Vue étendue sur les falaises anglaises et la côte, de Calais au cap Gris-Nez, mais aussi sur les collines cultivées du Calaisis, préservées de toute construction. À mi-chemin, la superbe plage de sable fin de **Wissant** dessine une ample courbe entre les deux caps. Les jours de beau temps, la petite station s'anime d'une charmante ambiance familiale. Par gros vent, des nuées de kitesurfeurs font vivre le bord de mer, protégée des courants.
Puis vient le sommet de la falaise du **cap Gris-Nez** (45 m), survolé d'oiseaux migrateurs à l'automne et au printemps et d'où vous apercevez le cap Blanc-Nez (à droite) et le port de Boulogne (à gauche)... Cette avancée est parsemée de blockhaus allemands datant de la Seconde Guerre mondiale. D'ailleurs, une stèle commémorative rappelle le sacrifice du capitaine de corvette Ducuing et de ses marins, tombés le 25 mai 1940 en défendant le sémaphore contre les blindés de Guderian. Elle se dresse à proximité du **phare** reconstruit après 1945, haut de 28 m et d'une portée de 45 km. Juste à côté, le Centre régional d'opérations de surveillance et de sauvetage garde l'œil sur le trafic maritime, très dense dans ce détroit. Revenez ensuite sur vos pas pour regagner le cap Blanc-Nez.

HAUTS-DE-FRANCE – ADRESSES CIRCUIT 5

Aires de service & de stationnement

ARQUES

Aire d'Arques
R. Michelet, à l'extérieur du camping municipal Beauséjour - ☎ 03 21 88 53 66 - www.camping-arques.fr
De fin mars à déb. nov.
Borne eurorelais 4 €
15 P - 48h - 4,50 €/j.
Paiement : jetons (camping)
Services : WC
Site agréable, près d'un étang.
GPS : E 2.30498 N 50.74577

BOULOGNE-SUR-MER

Aire de Boulogne-sur-Mer
Parking du Moulin-Wibert, bd Ste-Beuve - ☎ 03 21 10 86 57
Permanent -
Borne Urbaflux 4,50 €
40 P - Illimité - 9,60 €/j. - si pas de CB, tél. au contrôle du domaine public 03 21 10 86 57
Paiement : CC
Jolie vue mer, légèrement en pente, gravier, herbeux.
GPS : E 1.59709 N 50.74307

CALAIS

Aire de Calais
275 r. d'Asfeld, bd du 8-Mai -
☎ 03 91 91 52 34 -
www.camping.calais.fr
Permanent
Borne flot bleu 3 €
P - 72h - 11 €/j.
Paiement : CC
Services : WC
GPS : E 1.84347 N 50.96586

ÉQUIHEN-PLAGE

Aire d'Équihen Plage
R. du Beurre-Fondu - ☎ 03 21 99 05 43 - ville-equihen-plage.fr
Permanent
Borne flot bleu 3 € 6 €
18 P - Illimité - 9 €/j.
Paiement : CC
Services :
Aire bruyante (station d'épuration).
Plage à 100 m.
GPS : E 1.56833 N 50.67987

ESCALLES

Les Érables
23 r. du Château-d'Eau, au camping Les Érables - ☎ 06 29 68 66 20 -
www.camping-les-erables.fr
De fin mars à mi-nov.
Borne artisanale : 7 €
52 P - Illimité - 15 €/j.
Paiement : jetons (sur place)
Services : WC
GPS : E 1.72071 N 50.91238

LE PORTEL

Aire du Portel
R. des Champs, sur le parking du stade André-Lefèvre - ☎ 03 21 31 45 93 -
www.tourisme-leportel.fr
Permanent
Borne artisanale 4 € 4 €
40 P - 72h - 8,50 €/j.
Paiement : CC
Services :
GPS : E 1.57549 N 50.71104

ST-MARTIN-BOULOGNE

Aire de St-Martin-Boulogne
Parking du centre commercial Auchan, N 42 - ☎ 03 21 10 11 12
Permanent
Borne raclet 2 € 2 €
10 P - Illimité - 3 €/j.
Paiement : jetons (supermarché)
Services : WC
GPS : E 1.66902 N 50.73278

TARDINGHEN

Aire privée Ferme de l'Horloge
1615 rte d'Ausques -
☎ 03 21 83 30 34
Permanent
Borne artisanale 5 € 5 €
50 P - 72h - 10 €/j.
Paiement : CC
Services :
Espace aménagé avec vue sur le Grand site de France Les Deux Caps. Accueil à la ferme.
GPS : E 1.64907 N 50.86281

Campings

CONDETTE

Château d'Hardelot
21 r. Nouvelle - ☎ 03 21 87 59 59 -
www.camping-caravaning-du-chateau.com
De fin mars à déb. nov. - 68 empl.
borne artisanale
Tarif camping : 32,20 €
(10A) - pers. suppl. 7,60 €
Services et loisirs :
Charmants emplacements en bordure de forêt.
GPS : E 1.62557 N 50.64649

GUÎNES

Les Castels La Bien Assise
☎ 03 21 35 20 77 -
www.camping-la-bien-assise.com
De déb. avr. à fin sept. - 198 empl. -
borne artisanale 7 €
Tarif camping : 9 € 18 €
(10A) 8 €
Services et loisirs :
Restaurant gastronomique dans les dépendances du château.
GPS : E 1.85815 N 50.86631

ISQUES

Les Cytises
Chemin Georges-Ducrocq - ☎ 03 21 31 11 10 - www.campinglescytises.com
De fin mars à fin oct. - 100 empl.
borne eurorelais 5 €
Tarif camping : 25 €
(6A) - pers. suppl. 6 €
Services et loisirs :
Cadre verdoyant et fleuri, limité pour le passage.
GPS : E 1.64332 N 50.67749

LICQUES

Pommiers des Trois Pays
273 r. du Breuil - ☎ 03 21 35 02 02 -
www.pommiers-3pays.com
De déb. avr. à mi-oct. - 24 empl. -
Tarif camping : 33 €
(16A) - pers. suppl. 7,50 €
Services et loisirs :
Au cœur du parc des marais d'Opale, terrain calme.
GPS : E 1.94776 N 50.77991

Les bonnes adresses de bib

AUDINGHEN

Le Vent du Nord – 4 Grand'Place - 03 21 32 97 69 - fermé lun. - menus 12,80/29,80 €. Dans l'assiette, les portions sont copieuses, la pêche du jour parfaitement cuite et les frites dorées à souhait. Côté ambiance : simplicité chaleureuse. Terrasse aux beaux jours.

BOULOGNE-SUR-MER

Le Châtillon – 6 r. Charles-Tellier - 03 21 31 43 95 - www.le-chatillon.com - fermé le soir, sam. midi et dim. (sf 1er dim. du mois) - menu 34,50 €. Il faut oser s'aventurer dans la zone portuaire de Boulogne pour dénicher cette excellente adresse. De 5h à 16h30, le Châtillon suit le rythme des dockers et des marins qui viennent s'y abreuver et s'y sustenter. Poissons de toute fraîcheur servis dans un décorum nautique. Goûtez la spécialité du chef, les encornets farcis.

L'Îlot Vert – 36 r. de Lille - 03 21 92 01 62 - lilotvert.fr - fermé dim.-lun. - plats 18/25 €. Restaurant coloré et convivial, où œuvre un chef formé dans de belles maisons : il signe une cuisine bien d'aujourd'hui – avec une pointe de créativité –, joliment tournée et savoureuse, aux prix mesurés. Terrasse fleurie côté cour.

CALAIS

Le Grand Bleu – 8 r. Jean-Pierre-Avron - quai de la Colonne - 03 21 97 97 98 - www.legrandbleu-calais.com - fermé mar. soir, merc. et dim. soir - plats 23/35 €. L'enseigne annonce la couleur : cette table du port célèbre la mer tant dans son décor que dans sa cuisine qui privilégie les saveurs iodées.

ST-OMER

Claire' Marais – 8 pl. Victor-Hugo - 03 21 93 15 15 - www.clairemarais.fr - fermé dim. soir, lun., mar. soir et merc. soir - formule 29 € - menus 37/57 €. À la lecture de la carte, il y a des promesses dont on espère qu'elles vont être tenues : poire rôtie au poivre long, carpaccio de noix de saint-jacques, pannacotta de champignons de Paris, carbonade végétale... La cuisine audacieuse de la cheffe Claire Bluszcz surprend, mais surtout elle convainc.

WIMEREUX

La Vie est belle – 44 r. Carnot - 03 21 83 19 31 - www.restaurant-lavieestbelle.fr - fermé dim. soir-lun. - plats 15/19 €. Une petite adresse réputée du centre-ville, où l'on mange dans un cadre sobrement décoré. La carte se partage entre poissons et viandes, subtilement assaisonnés. Les produits sont ultrafrais et les recettes légères, souvent travaillées autour d'herbes aromatiques et de légumes. Terrasse à l'arrière.

Offices de tourisme

BOULOGNE-SUR-MER

30 r. de la Lampe - 03 21 10 88 10 - www.boulonnaisautop.com.

CALAIS

12 bd Georges-Clemenceau - 03 21 96 62 40 - www.calais-cotedopale.com.

ST-OMER

7 pl. Victor-Hugo - 03 21 98 08 51 - www.tourisme-saintomer.com.

LE TOP 5 MUR DE L'ATLANTIQUE

1. Forteresse de Mimoyecques
2. Musée du Mur (à côté d'Audinghen)
3. Musée 39-45 (Ambleteuse)
4. La Coupole
5. Blockhaus d'Éperlecques

St-Omer, le long du canal Le Hongrie.

Dans le parc de Versailles.
Playroom/Alamy/hemis.fr

Le château de Fontainebleau.
Vitaly Edush/Getty Images Plus

Île-de-France

Une petite et une grande couronne : la physionomie contemporaine de l'Île-de-France ne pouvait choisir vocabulaire plus adapté à cette ancienne terre des rois de France. Les grands seigneurs y ont rivalisé de luxe et de grandeur, quitte à agacer leur souverain, à l'image de Nicolas Fouquet qui fît pâlir de jalousie Louis XIV en déployant de magnifiques jardins à la française au pied de son château de Vaux-le-Vicomte. Quelques années plus tard, le jardinier Le Nôtre se surpassera à Versailles pour plaire au Roi Soleil.

Se croirait-on tout permis ici ? Déjà, au 12ᵉ s., un abbé nommé Suger avait eu l'audace de croiser les ogives de la basilique de St-Denis, donnant naissance à l'art gothique. De nombreuses abbayes complètent la collection de bijoux architecturaux de la région, protégés par les vastes forêts domaniales de Fontainebleau, St-Germain-en-Laye et Marly.

Pendant que Paris élève ses tours, les berges de la Marne font revivre les grandes heures de la guinguette, à la grande joie des Franciliens. L'ombre des impressionnistes, des nabis et de Van Gogh planent sur les pittoresques villages de la région. Dans ses théâtres et ses festivals, la banlieue parisienne a désormais son mot à dire : elle prend le relais de la capitale, qui, intriguée et peut-être un peu envieuse de ce qui se passe « de l'autre côté du périph' » souhaite à présent repousser ses frontières et former un « Grand Paris ».

ÎLE-DE-FRANCE

Moret-sur-Loing.
PhilipSmith1000/Getty Images Plus

LES ÉVÉNEMENTS À NE PAS MANQUER

- **Foire internationale de Chatou** à Chatou (78) : mars et sept. www.foiredechatou.com.
- **Foire au cresson** à Méréville (91) : w.-end de Pâques.
- **Au Temps des Remparts** et **La Légende des Chevaliers** à Provins (77) : de fin mars à déb. nov.
- **Journée Grand Siècle** à Vaux-le-Vicomte (77) : juin. www.vaux-le-vicomte.com.
- **Meeting aérien** à Cerny (91) : Pentecôte ; machines volantes. letempsdeshelices.fr.
- **Pardon de la Batellerie** à Conflans-Ste-Honorine (78) : 3e w.-end de juin. www.conflans-sainte-honorine.fr.
- **Nature et Vénerie en fête** à Fontainebleau (77) : mai. natureenfete.com.
- **Traditionnelle fête du village** à Barbizon (77) : juin.
- **Festival de l'histoire de l'art** à Fontainebleau (77) : juin. festivaldelhistoiredelart.com.
- **Festival de jazz Django Reinhardt** à Fontainebleau (77) : de fin juin à déb. juil. www.festivaldjangoreinhardt.com.
- **Spectacle historique** à Meaux (77) : de mi-juin à mi-sept. spectacle-meaux.fr.
- **Festival de l'Orangerie** à Sceaux (92) : 3 sem. en sept. www.festival-orangerie.fr.
- **Les Grandes Eaux nocturnes** à Versailles (78) : juil.-août. www.chateauversaillesspectacles.fr.
- **Journée nationale du cheval** à Marne-la-Coquette (92) : sept. www.marnes-la-coquette.fr.
- **Journées Ravel** à Montfort-L'Amaury (78) : déb. oct. www.lesjourneesravel.com.
- **Blues-sur-Seine** à Mantes-la-Jolie (78) : nov. www.blues-sur-seine.com.

Votre séjour en Île-de-France

Circuits N°
1. Au cœur de la Seine-et-Marne
   6 jours - 300 km   P124
2. Découverte des Yvelines
   5 jours - 235 km   P128

Étape
Meaux   P125

Visite
Domaine de Versailles   P129

Randonnée
Grand tour de la forêt de Rambouillet à vélo   P131

EN COMPLÉMENT, UTILISEZ...
- Le Guide Vert : Île-de-France
- Cartes Michelin : Région 514, Départements 311 et 312 ou encore Zoom 106

ÎLE-DE-FRANCE – CIRCUIT 1
Au cœur de la Seine-et-Marne

À l'est de Paris s'étend la Brie avec ses champs de blé et de colza, jaunes à perte de vue, un horizon qui semble rivaliser avec l'infini, d'imposantes fermes, et des villages sagement regroupés autour de l'église. On y fait encore du fromage, on y cultive toujours le calme d'une vraie campagne. Plus au sud, la plaine se jette dans la forêt de Fontainebleau, elle se brise dans les vallées du Grand et du Petit Morin. Et c'est une autre Seine-et-Marne qui se révèle, celle, verte et boisée, qui charma des siècles durant la cour royale, puis les peintres impressionnistes.

⭐ **DÉPART :** MEAUX - 6 jours – 300 km

JOUR 1

Commencez par **Meaux** (voir l'encadré p. ci-contre) pour cette visite de la « Brie laitière ». Prenez ensuite la route pour l'**abbaye de Jouarre**. Vous y découvrez la crypte mérovingienne, l'un des monuments religieux les plus anciens de France et la tour romane, dernier vestige de l'abbaye médiévale. L'étape suivante est la ville commerçante de **Coulommiers**, où vous visitez la chapelle des Capucins et la commanderie des Templiers. Poursuivez votre découverte de la Brie laitière en achetant un coulommiers. Gagnez **Provins** pour le soir.

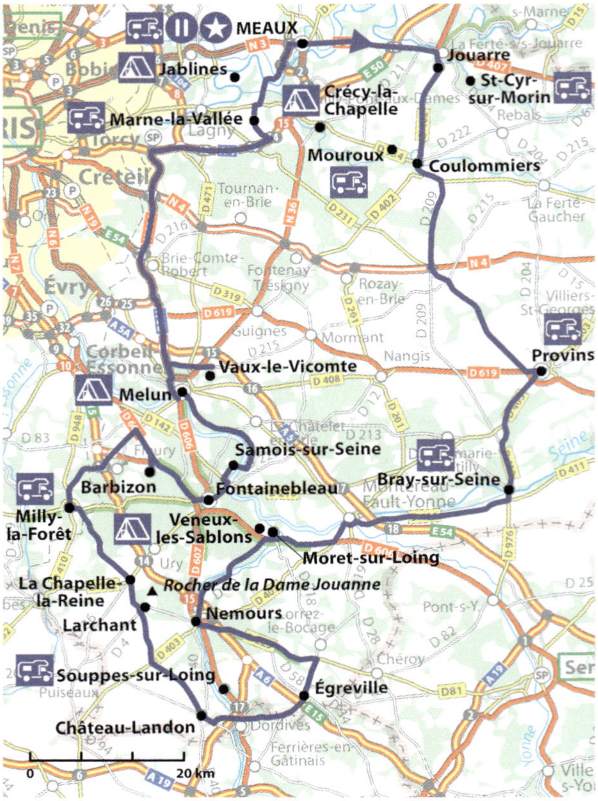

JOURS 2 ET 3

L'ensemble de Provins est inscrit au Patrimoine mondial de l'humanité par l'Unesco ! Promenez-vous dans la cité médiévale, le long des remparts et sur la place du Châtel ; entrez dans la tour César, et dans le vaste réseau de souterrains à graffitis… À la belle saison, la ville haute est le théâtre de spectacles historiques. Le lendemain, visitez la grange aux Dîmes, qui évoque les fameuses foires de Champagne, ou le musée de Provins et du Provinois. Quittez Provins pour un petit tour très « monument » qui commence avec le bourg médiéval de **Moret-sur-Loing**. L'église, le donjon et les îles inspirèrent le peintre Sisley.

JOUR 4

En longeant le Loing, vous arrivez à **Nemours**, qui possède un très joli château et un musée consacré à la préhistoire de l'Île-de-France. L'étape culturelle suivante se fera à **Égreville**, où la fille d'Antoine Bourdelle a aménagé un merveilleux jardin de sculptures en l'honneur de son père. Plus à l'ouest, faites halte à **Château-Landon**, ville médiévale perchée au-dessus d'une petite rivière. Dirigez-vous en direction de **Larchant**, où vous attend une étape « varappe » et un monument de la nature : la **Dame Jouanne**, le plus haut rocher d'escalade des environs de Paris. Ses 15 m de haut ont un adversaire

de taille dans le village : l'église St-Mathurin, avec son impressionnant clocher-porche de 50 m. La route se poursuit jusqu'à **La Chapelle-la-Reine** puis vers **Milly-la-Forêt**, qui vous remet sur le chemin de Fontainebleau en passant par la forêt. Milly est intéressant à plus d'un titre : ce fut la résidence de Jean Cocteau, qui décora sa chapelle sur le thème des « simples ». Car Milly est aussi un grand centre de la culture des plantes médicinales, ayant pour renommée la menthe poivrée. Après cette halte odorante, arrêtez-vous à **Barbizon**, qui fut le berceau de l'Impressionnisme. Rejoignez Fontainebleau pour le soir.

JOUR 5

Fontainebleau, appréciée du temps de François Ier pour son côté « sauvage », n'en est pas moins, dans ses proportions, une authentique ville au passé royal. Il s'en dégage pourtant un calme provincial. De tout temps tourné vers la tradition équestre, le château de Fontainebleau fut l'objet de l'affection de nombreux rois de France qui en firent un joyau. Il est aujourd'hui inscrit au Patrimoine mondial de l'Unesco. La forêt, lieu de prédilection des randonneurs et des amateurs d'escalade, est toute proche, mais c'est vers la Seine que vos pas se tournent. En sortant de Fontainebleau en direction de Valvins, vous tomberez sur le fleuve, que vous longez au nord jusqu'au charmant village de **Samois-sur-Seine**, où une promenade à l'île du Berceau ne manquera pas de vous séduire. Vous pouvez alors traverser la Seine et la longer sur sa rive droite jusqu'à **Melun**, que vous traversez pour l'instant sans vous arrêter pour gagner **Vaux-le-Vicomte**. Majesté de nouveau avec ce chef-d'œuvre du 17e s., jalousé par Louis XIV. Vous comprendrez pourquoi en le visitant. Une promenade dans les jardins s'impose avant de retourner à Melun.

JOUR 6

Par la N104 puis la A4, retour à **Meaux** sans oublier de vous rendre à **Disneyland Paris**, à Marne-la-Vallée. La journée suffit à peine à la découverte du parc.

ÉTAPE ⓫

Meaux

OFFICE DE TOURISME

5 pl. Charles-de-Gaulle - ✆ 01 64 33 02 26 - www.meaux-marne-ourcq.com.

STATIONNEMENT

Aire de Meaux
Quai Jacques-Prévert-Prolongé - ✆ 01 64 33 02 26 - www.ville-meaux.fr - Permanent
Borne
5 - 48h - 7 €/j. - Borne compris - Paiement :
À deux pas de la plage de Meaux.
GPS : E 2.8891 N 48.9501

Il existe au moins trois bonnes raisons d'aller à Meaux, la capitale de la Brie. Tout d'abord, jetez un coup d'œil à la **cathédrale St-Étienne**, de style gothique flamboyant, et, juste à côté, au **palais épiscopal**, du 12e s. Ce dernier abrite le musée Bossuet, une belle collection de peintures et de sculptures, datant du 16e au 18e s., et l'appartement où vécut cet évêque, écrivain et prédicateur, célèbre pour ses oraisons funèbres, notamment celles écrites à la mémoire de Marie-Thérèse d'Autriche et du Grand Condé. Ensuite, visitez le **musée de la Grande Guerre**, édifié tel un blockhaus en 2011 au pied d'un monument offert en 1932 par les Américains en hommage aux combattants de la Marne, dont le champ de bataille se situe non loin. Le site réunit 70 000 objets et documents sur le conflit. Des dispositifs innovants, des objets à toucher, des jeux, des bornes interactives... rendent sa découverte passionnante. Enfin, goûtez les produits du terroir. Vous pourrez acheter **brie** et **moutarde** dans les halles du marché le samedi matin, ou à l'office du tourisme, puis les déguster lors d'un pique-nique en bord de Marne ou du canal de l'Ourcq.

Le musée de la Grande Guerre.

ÎLE-DE-FRANCE – ADRESSES CIRCUIT 1

Aires de service & de stationnement

BRAY-SUR-SEINE

Aire de Bray-sur-Seine
Quai de l'Île - ☎ 01 60 67 10 11 - www.bray-sur-seine.fr
Permanent
Borne artisanale 2 €
20 - 24h - gratuit
Services : WC
Au bord de la Seine.
GPS : E 3.23785 N 48.41692

MARNE-LA-VALLÉE

Aire de Disneyland Paris
Parking de Disneyland Paris, bd du Parc - ☎ 09 69 32 60 61 - www.disneylandparis.com
Permanent
Borne artisanale : 10 €
100 - 24h - 40 €/j.
Paiement : CC
Services :
Réservation recommandée.
GPS : E 2.79653 N 48.87565

MEAUX

Voir p. précédente

MILLY-LA-FORÊT

Aire de Milly-la-Forêt
R. de la Chapelle-St-Blaise, les Petits-Saules, à côté du Conservatoire national des Plantes médicinales - ☎ 01 64 98 80 07 - www.milly-la-foret.fr
Permanent (mise hors gel)
Borne artisanale : gratuit
6 - 24h - gratuit
GPS : E 2.48035 N 48.39828

MOUROUX

Ferme des Parrichets
105 r. de la Croix-St-Claude - 2,7 km au SO de Coulommiers - ☎ 06 27 30 79 63 - www.ferme-des-parrichets.fr
Permanent (prévenir, notamment en hiver)
5 - 24h - gratuit

Services :
Sur le parking d'un élevage de poules en plein air. Vente d'œufs, terrines et plats cuisinés.
GPS : E 3.06315 N 48.803

PROVINS

Aire de Villecran
Chemin de Villecran, parking de l'office de tourisme - ☎ 01 64 60 26 26 - www.provins.net
Permanent (fermé 2e w.-end de juin pdt Les Médiévales et 3 sem. déb. nov. pdt la fête foraine)
Borne artisanale
15 - Illimité - 8 €/j. - paiement au régisseur sur place - gratuit hors saison
Services : WC
Idéale pour visiter la cité médiévale.
GPS : E 3.27953 N 48.56183

ST-CYR-SUR-MORIN

Aire de St-Cyr
Av. Daniel-Simon, centre bourg - ☎ 01 60 23 80 24 - saint-cyr-sur-morin.org
Permanent (mise hors gel) - 6 empl.
Borne artisanale : gratuit
- 72h - gratuit
Services :
GPS : E 3.18371 N 48.90627

SOUPPES-SUR-LOING

Camping-car Park de Souppes
Chemin des Mariniers, sur l'ancien camping Les Bords du Loing - ☎ 01 60 55 07 38
Permanent (de mi-juin à sept. pour les vans, caravanes et tentes)
Borne AireService
49 - Illimité - 14 €/j. - borne compris
Paiement : CC
Services : WC
À 700 m du bourg.
GPS : E 2.7303 N 48.17991

Campings

CRÉCY-LA-CHAPELLE

Country Park Crécy-la-Chapelle
Rte de Serbonne - ☎ 01 64 04 16 36 - www.countrypark.paris/crecy-la-chapelle
De déb. avr. à fin oct. - 32 empl.
Tarif camping : 42 € - pers. suppl. 6 €
Services et loisirs :
Joli camping en pleine nature, à 15mn de Disneyland (navette)
GPS : E 2.9295 N 48.8537

JABLINES

L'International
Base de loisirs - ☎ 01 60 26 09 37 - www.camping-jablines.com
De déb. avr. à fin oct. - 154 empl.
borne eurorelais
Tarif camping : 35 €
(10A) - pers. suppl. 8 €
Services et loisirs :
Belle situation dans une boucle de la Marne, à coté de la base de loisirs.
GPS : E 2.73437 N 48.91367

MELUN

La Belle Étoile
64 bis quai Mar.-Joffre - ☎ 01 64 39 48 12 - www.campinglabelleetoile.com
De fin mars à déb. oct. - 144 empl.
borne artisanale
Tarif camping : 33 €
(6A) 8 €
Services et loisirs :
Cadre verdoyant, tout proche de la Seine.
GPS : E 2.66765 N 48.50929

VENEUX-LES-SABLONS

Les Courtilles du Lido
Chemin du Passeur - ☎ 01 60 70 46 05 - www.les-courtilles-du-lido.fr
De déb. avr. à fin oct. - 180 empl.
borne artisanale
Tarif camping : 6 € 12 €
(10A) 5 €
Services et loisirs :
Emplacements très ombragés.
GPS : E 2.80194 N 48.38333

Les bonnes adresses de bib

COULOMMIERS

Hôtel de l'Ours – 35 r. Bertrand-Flornoy - ℘ 01 64 03 32 11 - www.hotel-ours.com - fermé dim.-lun. - menu 22 €. Dans cet ancien relais de diligence, le patron régale ses clients de plats traditionnels. Il propose aussi un bon choix de salades composées, à déguster en salle ou en terrasse.

FONTAINEBLEAU

La Ferme des Sablons – 19 r. des Sablons - quartier piétonnier - ℘ 01 64 22 67 25 - fermé dim. apr.-midi, lun. Ce fromager affine sur place plus de 30 % des 130 fromages proposés dans sa boutique, dont la spécialité maison : le fontainebleau (fromage frais additionné de crème). En vente également, quelques produits du terroir.

MEAUX

La Péniche – Face au 6 quai Sadi-Carnot, près du pont du Marché - ℘ 01 60 01 16 16 - la.peniche.free.fr - fermé dim.-lun. - formule 24 € - menu 31 €. Ce restaurant aménagé dans une péniche est très populaire grâce à l'originalité de son cadre. Au choix : cuisine traditionnelle dans la salle du Capitaine ou brasserie au Sundeck.

MELUN

La Table de Dimitri – 9 r. Jacques-Amyot - ℘ 01 64 09 42 16 - www.latabledeimitri.fr - fermé lun. soir, mar. soir, merc. et dim. - formule déj. 18,50 € - menu 31,50 €. Un chef passionné aux commandes de cet établissement à l'ambiance bistrot ! La cuisine française est revue de manière originale, élaborée et savoureuse.

MILLY-LA-FORÊT

L'Herbier de Milly – 16 pl. du Marché - ℘ 01 64 98 92 39 - fermé lun. Une herboristerie familiale depuis quatre générations où vous pourrez déguster des spécialités du Gâtinais, dont la menthe poivrée de Milly, et plusieurs sortes de miels, de sirops et de liqueurs. Un conseil : la visite du jardin médicinal de l'Herbier de Milly sera une très agréable pause, à partir du mois de mai.

MORET-SUR-LOING

La Poterne – 1 r. du Pont-du-Loing - ℘ 01 60 96 91 50 - fermé lun.-mar. - crêpes 6/10 €. Une crêperie avec une vue imprenable sur le Loing de sa jolie terrasse où l'on peut déjeuner dès que le soleil est là.

Musée du Sucre d'orge – R. du Pont - dans le Moulin-Provencher - ℘ 01 60 70 41 66 - vend.-dim. 14h-19h (14h30 vend.) - 2 € avec dégustation. Ce musée relate l'histoire du sucre d'orge des religieuses de Moret, sa fabrication, ses secrets et sa commercialisation. Le sucre d'orge des religieuses, sans colorant, a certainement toujours la même saveur, depuis trois siècles !

NEMOURS

L'Écu de France Gourmet – 5-7 r. de Paris - ℘ 01 64 78 98 34 - fermé le soir - formule déj. 15 € - menu 25 € bc. Un petit restaurant d'habitués au service rapide. Salle élégante, terrasse couverte et chauffée. Cuisine de brasserie, un peu chère mais de qualité.

PROVINS

Saveurs et Plaisirs – 6 pl. St-Ayoul - ℘ 01 60 58 41 70 - saveurs-et-plaisirs.business.site - mar.-jeu. 7h30-18h, vend.-sam. 8h30-22h - formule déj. 12,50 € - carte 18/25 €. Le chef est un autodidacte passionné. Dans son restaurant contemporain, situé dans la Ville-Basse, il prépare une cuisine bistronomique. Parmi les spécialités de poissons, le carré de thon rouge a ses adeptes.

Offices de tourisme

FONTAINEBLEAU
4 bis pl. de la République - ℘ 01 60 74 99 99 - www.fontainebleau-tourisme.com.

MELUN
26 pl. St-Jean - ℘ 01 64 52 64 52 - www.melunvaldeseine-tourisme.com.

PROVINS
4 chemin de Villecran - ℘ 01 64 60 26 26 - provins.net.

Fauconnier lors des fêtes médiévales de Provins.

LE TOP 5 SITES MÉDIÉVAUX

1. Provins
2. Moret-sur-Loing
3. Jouarre
4. Château-Landon
5. Larchant

ÎLE-DE-FRANCE – CIRCUIT 2
Découverte des Yvelines

Elles sont vertes, riches et vallonnées. Autrefois royales, les Yvelines restent un lieu de choix pour un séjour culturel et champêtre. La forêt de Rambouillet, Montfort-l'Amaury, Thoiry et les boucles de la Seine se déroulent à l'ouest de Paris, encadrant Versailles, la grande rivale, la ville royale par excellence, dont le charme n'est plus à démontrer !

★ **DÉPART :** RAMBOUILLET - 5 jours – 235 km

JOUR 1

Trois bonnes raisons de visiter **Rambouillet** ? Son superbe château, les jardins à thème et la forêt toute proche que l'on peut découvrir grâce notamment à une Voie verte. Les alentours sont à l'avenant, verts et variés : le premier arrêt se fera au nord-est de Rambouillet, toujours dans les feuillages, à l'**abbaye des Vaux-de-Cernay**, aujourd'hui un hôtel dont le parc recèle les ruines de l'abbatiale. Revenez sur vos pas, passez devant l'étang de Cernay et prenez la D91 jusqu'à **Dampierre-en-Yvelines**, dont le château, tout en majesté, et les jardins se visitent malgré un vaste chantier de restauration, offrant ainsi un autre regard sur le domaine. Plus au nord, les ruines de **Port-Royal-des-Champs** ne vous laisseront pas indifférent tant l'abbaye fut riche en événements. Juste avant, la petite église de **St-Lambert** est un autre souvenir de Port-Royal. Vous n'avez plus qu'à vous propulser à Élancourt, pour finir sur une note légère : la visite de **France Miniature**, un parc qui vous fait découvrir les principaux sites nationaux grandeur lilliputienne !

JOUR 2

Avec **Versailles**, on touche au sublime. Un château somptueux, des jardins incroyables… La ville royale par excellence, au plan monumental et aux immeubles bourgeois, est un lieu de séjour idéal du fait de sa proximité avec le château et justement parce qu'avoisinant la première « attraction » française (voir l'encadré p. ci-contre), elle est délaissée par les milliers de touristes pressés de regagner Paris. Pourtant, vous découvrirez une ville animée, avec des coins charmants, des cinémas, des théâtres et de bons restaurants.

JOUR 3

Tranquille et aérée, **St-Germain-en-Laye** est une destination touristique de valeur : château royal, centre ancien, hôtels particuliers des 17e et 18e s., rues piétonnes avec de beaux commerces et musées de premier ordre (musée d'Archéologie nationale, musée Maurice-Denis). Après **Mantes-la-Jolie**, à découvrir pour sa collégiale Notre-Dame et son musée consacré à Maximilien Luce, l'itinéraire vous emmène à travers

La Galerie des Glaces, château de Versailles.

un bout de campagne vexinoise jusqu'à ce que vous tombiez de nouveau sur la Seine, au début de la section escarpée du méandre de la Roche-Guyon, à hauteur de **Vétheuil**. Cet ancien village de vignerons, qui possède une très jolie église souvent prise comme modèle par les Impressionnistes, est un condensé de Vexin français. La D913 vous achemine ensuite à Haute-Isle, un village troglodytique.

JOUR 4

En poursuivant au bord du fleuve sur la même route, vous parvenez à **La Roche-Guyon** (très belle arrivée face au donjon). Le château a été bâti en partie dans le rocher, tout comme quelques maisons du bourg. Faites quelques kilomètres rive droite avant de traverser la Seine à Bennecourt, Seine que vous allez remonter en sens inverse. Passez à **Rosny-sur-Seine** (château, ne se visite pas), puis à Mantes : **Thoiry** n'est plus très loin. Le beau parc qui jouxte le grand château Renaissance offre différents circuits permettant d'admirer les animaux.

JOUR 5

Retour à Rambouillet par **Houdan** et **Montfort-l'Amaury**, qui possède une belle église et la maison où vécut Maurice Ravel. Après la traversée du bois de l'Épars, le village de St-Léger-en-Yvelines est le passage obligé pour se rendre aux **étangs de Pourras et de St-Hubert**. Prenez-y une dernière bouffée d'oxygène en parcourant les pistes cyclables et les innombrables chemins balisés pour la randonnée en **forêt de Rambouillet**, ancien domaine de chasse des rois de France (voir l'encadré p. 131).

VISITE

Domaine de Versailles

INFOS PRATIQUES

Pl. d'Armes - 01 30 83 78 00 - www.chateauversailles.fr - ⚙ - avr.-oct. : château 9h-18h30, jardins 8h-20h30, Trianon 12h-18h30 ; reste de l'année : château 9h-17h30, jardins 8h-18h, Trianon 12h-17h30 - fermé lun. - 19,50 € (-18 ans gratuit) passeport donnant accès au château et aux jardins, 28,50 € avec les Grandes Eaux musicales ou les jardins musicaux, 12 € pour le domaine de Trianon.

Bon à savoir
La visite libre concerne les lieux les plus célèbres du château. Des visites guidées permettent d'en découvrir d'autres parties.

STATIONNEMENT

Parking de l'Europe
Accès par l'av. de St-Cloud, à 10mn à pied de l'entrée du château - 0,60 € par 1/4h.
GPS : E 2.12964 N 48.80398

Le plus beau, le plus riche et le plus célèbre des palais français ! Impossible de tout voir en une seule fois. Pour une éblouissante première, privilégiez les Grands Appartements et le parc. Après avoir franchi la grille d'honneur, apparaît la **cour de marbre** encadrée de balustrades, et agrémentée de vases et de statues.
Tout à la gloire du Roi-Soleil, la décoration du **Grand Appartement du Roi** illustre le mythe solaire dont Louis XIV se réclamait : une enfilade de sept salons (chacun dédié à un astre et à sa divinité) luxueusement décorés d'or et de stucs et où la Cour pouvait en journée croiser le roi et sa famille. La **Galerie des Glaces**, terminée en 1684, est le chef-d'œuvre du Premier peintre du roi, Charles Le Brun. Longue de 73 m, large de 10,50 m et haute de 12,30 m, elle est éclairée par 17 grandes fenêtres auxquelles correspondent 17 panneaux de glace installés sur le mur opposé. Ce cadre somptueux était réservé aux grandes fêtes de la Cour. Le **Grand Appartement de la Reine** se compose de quatre pièces en enfilade dont le décor d'un raffinement extrême date de l'époque de la Marie-Thésère (hormis la chambre de la Reine).
De la Galerie des Glaces, s'ouvre une superbe perspective sur le **jardin**, créé par Le Nôtre, où fontaines, bassins, bosquets et parterres servent d'écrin à un véritable musée de sculptures. Les **Grandes Eaux musicales**, en saison et parfois en nocturne, révèlent la magie des jeux d'eau du Grand Siècle. Enfin dans le parc, Mansart bâtit, en six mois, le **Grand Trianon**, que Louis XIV réservait à la famille royale et qui compose une harmonie de marbres à dominante rose. Le charmant **Petit Trianon** naquit d'une passion de Louis XV pour la botanique et l'agronomie.

ÎLE-DE-FRANCE – ADRESSES CIRCUIT 2

Les bonnes adresses de bib

DAMPIERRE-EN-YVELINES

Le P'tit Chalet – 8 Grande-Rue - 01 30 47 50 99 - fermé lun. et w.-end soir - plats 15/25 €. Un restaurant à l'ambiance très sympathique en plein cœur de Dampierre et à deux pas du château. Vous y dégusterez une cuisine généreuse, notamment de savoureuses viandes grillées. Terrasse très agréable en été.

La Table des Blot – 1 Grande-Rue - 01 30 47 56 56 - www.latabledesblot.com - fermé dim. soir, lun. et mar. - menu 5 plats 90 €, plat 32/45 €. Le chef, Christophe Blot, sert une cuisine inspirée des livres de recettes de sa grand-mère, recettes qu'il personnalise avec bonheur. Professionnel accompli, il régale ses clients de plats goûteux élaborés avec les meilleurs produits.

HOUDAN

La Poularde – 24 av. de la République - D912 - 01 30 59 60 50 - www.alapoularde.com - fermé lun.-merc. - formule w.-end 25 €, menu 39 €. À la carte, la fameuse poule de Houdan, mais aussi des recettes traditionnelles rythmées par les saisons. Élégante salle feutrée et grande terrasse d'été.

MANTES-LA-JOLIE

Rive Gauche – 1 r. du Fort - 01 30 92 30 16 - www.rivegauche-mantes.fr - fermé sam. midi, dim. et lun. - formule déj. 44 € - plat 25 €. Un restaurant sympathique au décor métissé. La cuisine brasse des influences allant de l'Asie à l'Italie.

RAMBOUILLET

Boutique de la Bergerie nationale – Parc du château - 01 61 08 69 09 - vac. scol. : tlj 11h-18h30 ; reste de l'année : se rens. (fermé lun.-mar.). Dans la boutique, vous trouverez des pelotes de laine mérinos, des écharpes, des couvertures et des chemises, également en laine mérinos, majoritairement issus de la Bergerie nationale. Sont aussi proposés des produits alimentaires.

La Maison du Bœuf – 2 av. du Gén.-Leclerc - 01 30 59 48 89 - www.lamaisonduboeuf.fr - fermé sam. midi et dim. soir-lun. - formule déj. 16,80 € - plats 16,80/36 €. Une steackhouse très accueillante proposant des viandes de haute qualité à des prix abordables.

LA ROCHE-GUYON

Les Bords de Seine – 21 r. du Dr-Duval - 01 30 98 32 52 - www.bords-de-seine.fr - plats 16/20 €. Cette grande maison aux volets bleus jouit d'une situation très agréable en bordure de Seine. Son restaurant, décoré façon intérieur de bateau, et ses agréables terrasses en font une étape de choix.

ST-GERMAIN-EN-LAYE

La Cantine de Marius – 1 pl. André Malraux - 01 30 61 02 00 - www.lacantinedemarius.fr - fermé dim.-lun. - formules déj. (en sem.) 22/27,50 € - plats 18/24 €. Sous les parasols ou sur les banquettes, la clientèle d'habitués se régale de plats de saison élaborés avec une touche d'originalité : le classique tartare de saumon est rehaussé d'agrumes et de coriandre et le dos de cabillaud est accompagné d'une fondue de poireaux au figatellu. Une belle table !

VERSAILLES

Le Bœuf à la Mode – 4 r. au Pain - 01 39 50 31 99 - www.leboeufalamode-versailles.com - plats 21/31 €. Il règne une ambiance conviviale et décontractée dans ce bistrot typique des années 1930 avec banquettes rouges, bibelots, affiches… Spécialités du terroir goûteuses.

San Luis – 5-7 r. André-Chénier - 01 30 21 56 67 - fermé lun. San Luis cultive le goût de la glace depuis quatre générations. Accueil chaleureux et large choix de parfums originaux.

Campings

MAISONS-LAFFITTE

Sandaya Paris Maisons-Laffitte
1 r. Johnson - 01 39 12 21 91 - www.sandaya.fr
De déb. avr. à déb. nov. - 170 empl.
Tarif camping : 46,09 €
(10A) - pers. suppl. 9 €
Services et loisirs :
Sur une île de la Seine.
GPS : E 2.1458 N 48.94156

PARIS

Camping de Paris
2 allée du Bord-de-l'Eau, Bois de Boulogne - 01 45 24 30 00 - www.campingparis.fr
Permanent - 296 empl.
borne artisanale
Tarif camping : 43,60 €
(10A) 6,80 € - pers. suppl. 9 €
Services et loisirs :
Préférer les emplacements le long de la Seine près des péniches à quai, un peu plus au calme. Bus pour la Porte Maillot (RER-métro).
GPS : E 2.23464 N 48.86849

VERSAILLES

Huttopia Versailles
31 r. Berthelot - 01 39 51 23 61 - europe.huttopia.com
De fin mars à déb. nov. - 169 empl.
borne artisanale
Tarif camping : 56,30 €
(16A)
Services et loisirs :
Emplacements en sous-bois, proches de la ville.
GPS : E 2.15912 N 48.79441

Offices de tourisme

HOUDAN
4 pl. de la Tour -
01 30 59 53 86 -
www.tourisme-pays-houdanais.fr.

MANTES-LA-JOLIE
1 r. Thiers - 01 34 78 86 70 -
www.manteslajolie.fr.

RAMBOUILLET
1 r. du Gén.-de-Gaulle -
01 34 83 21 21 -
www.rambouillet-tourisme.fr.

VERSAILLES
Pl. Lyautey - 01 39 24 88 88 -
www.versailles-tourisme.com.

Château de La Roche-Guyon.

RANDONNÉE À VÉLO
Grand tour de la forêt de Rambouillet

INFOS PRATIQUES
Circuit : 30 km à vélo. Comptez une bonne journée. La piste débute à 3 km de Dampierre, au-dessus de Senlisse, non loin de la D202. L'itinéraire longe le vallon des Vaux-de-Cernay.

STATIONNEMENT

Dampierre-en-Yvelines
Stationnement le long de la Grande-Rue, aux abords du château.

En passant par Auffargis et St-Hubert, au-delà de la N 10, vous rejoindrez les **étangs de Hollande** : ils furent créés entre 1675 et 1685, à la demande de Vauban, pour acheminer les eaux jusqu'aux bassins de Versailles, comme le souhaitait Louis XIV. Prenez à gauche vers Rambouillet. La piste goudronnée passe près de l'étang du Coupe-Gorge, traverse la D936, et longe le château de Rambouillet. Rejoignez une route, puis traversez Poigny. La piste longe ensuite le **balcon du Haut-Planet**, et offre un spectaculaire panorama : au nord, sur la vallée de la Vesgre et le château du Planet. Après une descente, vous arrivez sur une petite route : prenez vers Montfort-l'Amaury. La D936 franchie, suivez de nouveau la piste au milieu des pins. Traversez Gambaiseuil pour atteindre Montfort. Vous pouvez retourner aux étangs de Hollande par une autre piste cyclable, sinueuse et vallonnée, en passant près des étangs de la Plaine et la Porte-Baudet, puis regagner Les Vaux-de-Cernay par le même itinéraire qu'à l'aller.

Cerfs dans la forêt de Rambouillet.

L'ange au sourire sur le portail nord gauche de la cathédrale de Reims.
Ivan_Varyukhin/Getty Images Plus

Biscuits Roses de Reims.
G. Lacz/age fotostock

Charleville-Mézières.
Gwengoat/Getty Images Plus

Champagne-Ardenne

En concoctant sa méthode révolutionnaire de fabrication du vin, le moine bénédictin Dom Pérignon avait-il conscience qu'il offrait leurs lettres de noblesse aux modestes vignobles des plaines de Champagne ? On peut penser que non, pas plus qu'il n'aurait imaginé, des siècles plus tard, trôner sur les meilleures tables du monde entier. Le célèbre Ange au sourire de la cathédrale de Reims aurait-il trempé ses lèvres dans l'écume pétillante de ce prestigieux élixir, dont George Sand disait qu'il « aidait à l'émerveillement » ? Les rois de France, sacrés dans le flamboyant édifice, l'ont en tout cas fait couler à flots.

Et puisque nous parlons d'un mythe, n'oublions pas d'évoquer les mille légendes nées dans les immenses forêts et le long des cours d'eau de cette région aux ressources naturelles insoupçonnées. Les grues cendrées, venues de Scandinavie, y marquent une pause automnale sur les rives de la plus grande étendue d'eau artificielle d'Europe, le lac du Der.

Les fortifications de toutes sortes traduisent dans l'histoire la position vulnérable de cette région frontalière, faisant un peu vite oublier les fastes des foires médiévales et les monuments de la littérature française qui y ont vu le jour, de Chrétien de Troyes à Arthur Rimbaud.

La Champagne-Ardenne, sésame vers l'Est de la France, pointe son nez en direction de la sympathique Belgique, donnant l'avant-goût d'un voyage prolongeable à l'envi.

CHAMPAGNE-ARDENNE

Givet.
D. Gali/AgencyJon Arnold Images/age fotostock

LES ÉVÉNEMENTS À NE PAS MANQUER

- **Fête de la St-Vincent**, patron des vignerons, dans les villages viticoles autour d'Épernay (51) : janv.
- **Festival médiéval** à Sedan (08) : mai. www.chateau-fort-sedan.fr.
- **Fêtes Johanniques** à Reims (51) : juin ; 2 000 figurants en costumes d'époque accompagnent Jeanne d'Arc et Charles VII. www.reims.fr.
- **Sacres du Folklore** : quelques jours en juin ; les meilleurs ensembles folkloriques du monde se produisent sur le parvis de la cathédrale de Reims (51). www.sacresdufolklore.fr.
- **Musical'été** à St-Dizier (52) : juil. ; concerts gratuits sur les places publiques et dans le parc du Jard. www.musical-ete.fr.
- **L'Estival des Hallebardiers** à Langres (52) : juil.-août ; découverte originale du patrimoine langrois à travers des visites-spectacles. cie.hallebardiers.free.fr.
- **Route du Champagne en fête** sur la Côte des Bar (10) : un w.-end fin juil. ou déb. août. www.routeduchampagne.com.
- **Festival des théâtres de marionnettes** à Charleville-Mézières (08) : 10 j. en sept. (années impaires) ; spectacles à travers toute la ville. www.festival-marionnette.com.
- **Les Grands Concerts de Clairvaux** à l'Abbaye de Clairvaux (10) : dernier w.-end de sept. www.festivalombresetlumieres.com.
- **La Pressée à l'ancienne** dans le Pays d'Othe (10) : sept. ; fête du cidre nouveau.

Votre séjour en Champagne-Ardenne

Circuits N°

1. Fortifications en Ardenne
   5 jours - 170 km   **P136**
2. Le vignoble champenois
   8 jours - 340 km   **P140**
3. Au pays des grands lacs
   5 jours - 240 km   **P144**
4. La côte des Bar,
   art et champagne
   4/5 jours - 235 km **P148**
5. Balade au sud
   de la Haute-Marne
   5 jours - 245 km   **P152**

Étapes

Charleville-Mézières   **P137**
Reims   **P141**
Troyes   **P145**

Visite

Mémorial Charles de Gaulle
à Colombey-les-
Deux-Églises   **P149**

Randonnée

Tour des 4 lacs à vélo **P153**

EN COMPLÉMENT, UTILISEZ…
- Le Guide Vert : Champagne-Ardenne
- Cartes Michelin : Région 515 et Départements 306 et 313

CHAMPAGNE-ARDENNE – CIRCUIT 1
Fortifications en Ardenne

Terre de passage depuis les Romains, l'Ardenne a souffert des invasions et des guerres successives, comme en témoignent ses fortifications. La Thiérache possède ainsi un patrimoine unique d'églises fortifiées, qui servaient de refuge à la population. Dans ces contrées boisées, la Meuse a creusé une vallée encaissée aux reliefs grandioses.

⭐ **DÉPART :** CHARLEVILLE-MÉZIÈRES - 5 jours - 170 km

JOUR 1

Ville en pleine mutation, **Charleville-Mézières** loge son centre ancien entre les boucles de la Meuse. Consacrez-lui une journée (voir l'encadré p. ci-contre).

JOUR 2

Partez à l'assaut du château fort de **Sedan** le plus vaste d'Europe ! Promenez-vous dans la vieille ville, à l'architecture marquée par l'industrie drapière qui participa à sa renommée. Après le déjeuner, découvrez l'ouvrage de **La Ferté** (32 km au sud par la N43), qui faisait partie des forts « nouveaux fronts » de la ligne Maginot. Un épisode marquant de la Seconde Guerre mondiale s'y est déroulé. À **Mouzon**, située sur une île de la Meuse (19 km de La Ferté par les N43 et D19 ; 17 km de Mogues par les D981 et D19), terminez la journée par un tour des anciennes murailles et admirez l'abbatiale Notre-Dame. Faites étape sur place ou aux alentours.

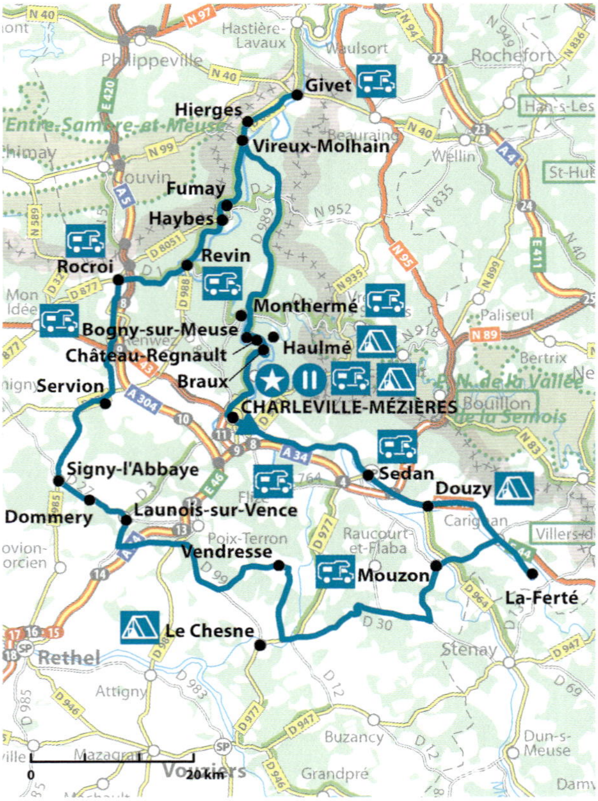

JOUR 3

Rejoignez le berceau de la métallurgie ardennaise, à **Vendresse** (44 km à l'ouest de Mouzon par les D19, D30 et D12), pour assister à une coulée de fonte virtuelle dans l'ancien haut-fourneau. Prenez un en-cas sur place ou dirigez-vous vers Signy-l'Abbaye (33 km au nord-ouest par la D27), au cœur de la **Thiérache ardennaise**, où les bonnes tables ne manquent pas. Sur la route, admirez l'ancien relais de postes et de messageries (17e s.) de **Launois-sur-Vence**, puis l'église fortifiée de **Dommery**. De **Signy-l'Abbaye**, bourg typique de la Thiérache, remontez vers le nord en direction de Rocroi (31 km par la D985) : à Rouvroy-sur-Audry, quittez l'axe principal pour voir l'église fortifiée de **Servion**. À **Rocroi**, petite ville à la Vauban perdue dans les rièzes (mares d'eau stagnante), un chemin fait le tour des fortifications en étoile. Un musée relate la bataille de 1643, remportée par le duc de Condé contre les Espagnols. Rejoignez Revin (13 km au nord-est par la D1).

JOUR 4

Commencez par une balade dans le centre ancien de **Revin**, au pied du mont Malgré-Tout. Puis empruntez la D988 qui rejoint la N51 pour s'engouffrer, le long de la vallée de la Meuse, dans la **pointe de Givet**, à la frontière de la Belgique. Prenez le temps

Le musée Arthur-Rimbaud, à Charleville-Mézières.

ÉTAPE 11
Charleville-Mézières

OFFICE DE TOURISME
24 pl. Ducale -
☏ 03 24 55 69 90 -
www.charleville-sedan-tourisme.fr.

STATIONNEMENT & SERVICES

Parkings conseillés
Parking de la passerelle du Mont-Olympe – gratuit.
Parking place Jacques-Félix – 1,50 €/6h.

Aire de Charleville-Mézières
Voir p. suivante

Traversées par la Meuse qui roule des eaux paisibles le long d'une vallée souriante et densément arborée, Charleville et Mézières, aujourd'hui réunies, ont conservé leur identité et le souvenir de leur riche passé.

Charleville, tout d'abord, déploie ses rues commerçantes et ses maisons anciennes autour de l'harmonieuse **place Ducale**, de style Louis XIII et bordée d'arcades et de pavillons en brique rose. Son tracé présente de nombreuses analogies avec la place des Vosges, à Paris. Rendez-vous, à heure fixe de 10h à 21h, devant l'**horloge du Grand Marionnettiste** pour un épisode de la légende ardennaise des Quatre Fils Aymon. Si vous êtes présent dans la ville un samedi, ne manquez pas le spectacle dans son intégralité, à 21h15. En bordure de la Meuse, l'**ancien moulin ducal** ressemble à une porte monumentale en pavillon, avec sa majestueuse façade à l'italienne, de style Louis XIII. Il abrite le **musée Arthur-Rimbaud**, un musée littéraire qui s'est donné pour mission de nous embarquer, corps et sens, dans l'univers de ce poète-explorateur maudit. L'expérience se poursuit vers la **maison des Ailleurs**, demeure du 19e s. située en face du musée, au n° 7, où vécut Rimbaud entre 15 et 21 ans. Certains de ses poèmes sont aussi illustrés, sur les murs de quelques maisons et immeubles de la ville, par des fresques commandées à des street artistes.

L'aînée, Mézières, aligne fièrement ses **façades Art déco** et ses **remparts médiévaux** au cœur d'un large méandre du fleuve. Sa **basilique Notre-Dame-d'Espérance** est éclairée par de superbes vitraux d'inspiration cubiste.

Pour les gourmands, une halte dans l'une des pâtisseries de la ville s'impose ; goûtez le **carolo**, un biscuit meringué à la crème au beurre praliné. Enfin, une belle **Voie verte** suit l'ancien chemin de halage et favorise une agréable escapade vers la cité fortifiée de Givet.

de vous arrêter dans les beaux villages dominés par l'ardoise, dont l'exploitation favorisa le développement économique de la vallée : **Haybes**, **Fumay** et **Hierges** ; un circuit « ardoise et légendes » (5,5 km balisés au départ de la Platale - 1h30) parcourt le territoire. Passez l'après-midi à **Givet**. Arpentez les ruelles anciennes et le pont sur la Meuse, puis visitez la citadelle édifiée par Charles Quint et renforcée par Vauban.

JOUR 5

Repartez par la N51 jusqu'à **Vireux-Molhain**. Sur les hauteurs subsistent les restes de vastes fortifications romaines. Prenez la D989 vers **Monthermé** (30 km au sud) : peu avant d'arriver, la roche à Sept Heures offre une vue plongeante sur la ville. À **Château-Regnault** (4 km au sud par la D1), un court sentier mène au monument des Quatre Fils Aymon, qui rend hommage à la plus célèbre des légendes ardennaises. En amont, à **Braux**, le pont sur la Meuse offre une perspective sur le **rocher des Quatre Fils Aymon** qui l'inspira. Revenez ensuite à Charleville-Mézières.

CHAMPAGNE-ARDENNE – ADRESSES CIRCUIT 1

Aires de service & de stationnement

BOGNY-SUR-MEUSE

Aire de Bogny-sur-Meuse
R. de la Meuse - ☎ 03 24 54 46 73
Permanent
Borne eurorelais 3,50 €
20 ⏚ - 🔒 - 5,55 €/j.
Services :
Aire goudronnée entourée de verdure.
GPS : E 4.7443 N 49.85891

CHARLEVILLE-MÉZIÈRES

Aire de Charleville-Mézières
R. des Paquis, à côté du camping municipal - ☎ 03 24 33 23 60
Permanent (mise hors gel)
Borne AireService
22 ⏚ - 🔒 - Illimité - 13,88 €/j.
Paiement :
Services :
GPS : E 4.72004 N 49.77907

GIVET

Aire de Givet
R. Berthelot, devant le camping du Plan d'Eau - ☎ 03 24 42 30 20
Permanent (mise hors gel)
Borne eurorelais 3 € 3 €
1 ⏚ - 48h - gratuit
Paiement : jetons (camping)
GPS : E 4.82575 N 50.14367

LAUNOIS-SUR-VENCE

Aire de Launois-sur-Vence
Prom. Jules-Mary - ☎ 03 24 35 02 69 - www.village-etape.com
Permanent
Borne eurorelais 2 € 2 €
3 ⏚ - Illimité - gratuit
Paiement : jetons (office de tourisme et hôtel-restaurant le Val-de-Vence)
Services :
GPS : E 4.53998 N 49.65813

MONTHERMÉ

Aire de Monthermé
Quai Aristide-Briand - ☎ 03 24 35 10 12 - Permanent (mise hors gel)
Borne AireService 3,50 €
22 ⏚ - Illimité - 5,55 €/j. - paiement à la Capitainerie

Paiement :
Services :
Bel emplacement sur le port avec vue imprenable sur la Meuse.
GPS : E 4.73006 N 49.88138

MOUZON

Aire de Mouzon
Av. du Moulin-Lavigne, à la halte fluviale - ☎ 03 24 26 10 63
Permanent (mise hors gel)
Borne artisanale
9 ⏚ - Illimité - 9 €/j. - borne compris
Services :
GPS : E 5.07693 N 49.60706

REVIN

Aire de Revin
Parking du Port - ☎ 03 24 41 55 65
Permanent
Borne AireService 3 € 3 €
17 ⏚ - gratuit
Paiement : - jetons
Services :
GPS : E 4.63905 N 49.94013

ROCROI

Aire de Rocroi
R. du Tour-de-Ville - ☎ 03 24 54 10 22 - www.aire-service-camping-car-panoramique.fr/ardennes/08-rocroi
Permanent -
Borne Urbaflux : 2 € - prévoir raccord mâle/mâle pour l'eau
25 ⏚ - Illimité - gratuit
Paiement :
Services :
Aire tranquille et ombragée. Graviers et herbe.
GPS : E 4.5169 N 49.92373

SEDAN

Camping-car Park de Sedan
Bd Fabert - ☎ 01 83 64 69 21 - www.campingcarpark.com
Permanent
Borne artisanale
20 ⏚ - 🔒 - Illimité - 13,44 €/j. - borne compris - Paiement :
Services :
GPS : E 4.93807 N 49.6987

Campings

CHARLEVILLE-MÉZIÈRES

Municipal du Mont Olympe
174 r. des Paquis -
☎ 03 24 33 23 60 -
www.camping-mont-olympe.fr
De déb. avr. à fin oct. - 121 empl. -
borne eurorelais
Tarif camping : 15 €
(6A) - pers. suppl. 4 €
Services et loisirs :
Dans un méandre de la Meuse avec un accès piétonnier au centre-ville et au musée Rimbaud par une passerelle.
GPS : E 4.72091 N 49.77914

LE CHESNE

Le Lac de Bairon
Derrière St-Brice - ☎ 03 24 30 11 66 - www.campingdebaironleprevert.com
De déb. avr. à déb. oct. - 35 empl. -
Tarif camping : 23,50 €
(10A) - pers. suppl. 4 €
Services et loisirs :
Situation agréable au bord du lac.
GPS : E 4.77529 N 49.53198

DOUZY

Domaine du Lac de Douzy
Rte de Mouzon - ☎ 03 24 54 84 17 - domaine-du-lac-de-douzy.jimdosite.com
De mi-fév. à fin déc. - 6 empl. -
Tarif camping : 18 €
(16A) - pers. suppl. 2 €
Services et loisirs :
Sur la base de loisirs du lac de Douzy.
GPS : E 5.04815 N 49.6632

HAULMÉ

Haulmé
Base de loisirs - ☎ 03 24 37 46 44 - www.domainedhaulme.fr
De déb. avr. à déb. oct. - 250 empl. -
borne flot bleu
Tarif camping : 21 €
(10A) - pers. suppl. 4 €
Services et loisirs :
Au bord de la Semoy.
GPS : E 4.79217 N 49.85667

Les bonnes adresses de bib

CHARLEVILLE-MÉZIÈRES

La Table d'Arthur –
9/11 r. Bérégovoy - ✆ 03 24 57 05 64 - www.latabledarthur.fr - fermé lun. soir, merc. soir et dim. - formule déj. 16 € - menu 34 €. Au bout d'une impasse, un univers dédié au vin et au bien-manger. Après la découverte des flacons, on descend à la cave pour déguster une cuisine franche.

Institut international de la Marionnette – 7 pl. Winston-Churchill - ✆ 03 24 33 72 50 - marionnette.com - tlj sf w.-end 9h-13h, 14h-17h. Dans son théâtre, l'institut propose des rencontres artistiques, des chantiers spectacles où interviennent aussi de jeunes artistes.

Pâtisserie du Mont Olympe –
7 r. du Moulin - ✆ 03 24 33 25 11 - mar.-vend. 7h-19h, sam. 7h-13h, 14h-19h, dim. 7h-13h. Les savoureuses spécialités de cet établissement bio sont sans conteste le Carolo, pâtisserie associant notamment praline et macarons, et le Rimbaud, bonbon chocolat, praliné et nougatine.

FUMAY

Hostellerie de la Vallée –
146 pl. Aristide-Briand - ✆ 03 24 41 15 61 - hostelleriedelavallee.com - fermé lun. soir, merc. soir et dim. soir - menus déj. 18,90 € - plats 13/24,50 €. Vous ne pourrez pas manquer ce restaurant du centre-ville, avec sa façade en pierre apparente et ses bacs de fleurs. À l'intérieur, que l'on opte pour la salle au décor typiquement ardennais ou celle avec vue sur la Meuse, on savourera avec le même plaisir les spécialités régionales conçues par la maîtresse des lieux.

GIVET

Auberge de la Tour –
6 quai des Fours - ✆ 03 24 40 41 71 - www.aubergedelatour.fr - fermé lun. - formules déj. 25/29 € - menus 36/88 €. Le chef de cette jolie auberge tournée vers la Meuse réalise une cuisine plutôt traditionnelle mais ouverte aux influences venues d'ailleurs. Terrasse d'été.

MOUZON

Les Échevins – 33 r. Charles-de-Gaulle - ✆ 03 24 26 10 90 - fermé dim. soir et merc. - formule déj. 17,50 € - menus 36,90/52,50 €. Accueillant restaurant aménagé dans une maison à colombage du 17ᵉ s. Menus du jour aux saveurs franches, cuissons précises, service impeccable et prix abordables.

REVIN

Ferme du Malgré-Tout –
Chemin des Balivaux - suivre la direction Hauts Buttés - ✆ 03 24 40 11 20 - aubergeferme-malgretout.com - menus 25/35 € - réserv. indispensable. Dans un cadre rustique, cette ferme authentique vous accueille au cœur de la vallée ardennaise. Une belle cheminée et les meubles de l'ébénisterie des Hauts Buttés confèrent aux deux salles (anciennes étables) chaleur et convivialité. Cuisine traditionnelle et semi-gastronomique.

SEDAN

Au Bon Vieux Temps –
3 pl. de la Halle - ✆ 03 24 29 03 70 - restaurant-aubonvieuxtemps.com - menus 28/45 €. Au rez-de-chaussée d'une maison du 17ᵉ s., ce restaurant, orné de fresques murales figurant des vues de Sedan dans les années 1900, sert une cuisine classique soignée. À l'étage, la brasserie Marmiton propose des menus bistrot autour des produits de Champagne et des Ardennes.

SIGNY-L'ABBAYE

Auberge de l'Abbaye –
2 pl. Aristide-Briand - ✆ 03 24 52 81 27 - www.auberge-de-labbaye.com - fermé merc. midi - formule 21,50 € - menus 22/30 €. Cet ancien relais de poste, dans la même famille depuis 1803, cultive la tradition : cadre rustique, cuisine valorisant les produits du terroir et bio (ferme et potager).

Offices de tourisme

CHARLEVILLE-MÉZIÈRES
Voir p. 137.

SEDAN
15 pl. d'Armes -
✆ 03 24 27 73 73 -
www.charleville-sedan-tourisme.fr.

VAL D'ARDENNE
R. du Château - Vireux-Wallerand -
✆ 03 24 42 92 42 -
www.valardennetourisme.com.

Sculpture de la légende des quatre fils Aymon.

CHAMPAGNE-ARDENNE – CIRCUIT 2
Le vignoble champenois

Depuis Reims, Épernay, Château-Thierry ou Châlons-en-Champagne, le « vin du diable » mène novices et initiés de vastes caves en musées intimes, de maisons de champagne en coteaux tapissés de vignobles : pinot noir, pinot meunier, chardonnay. On découvre les secrets de l'assemblage et on sacrifie sans se faire prier au rite de la dégustation !

⭐ **DÉPART :** CHÂTEAU-THIERRY - 8 jours - 340 km

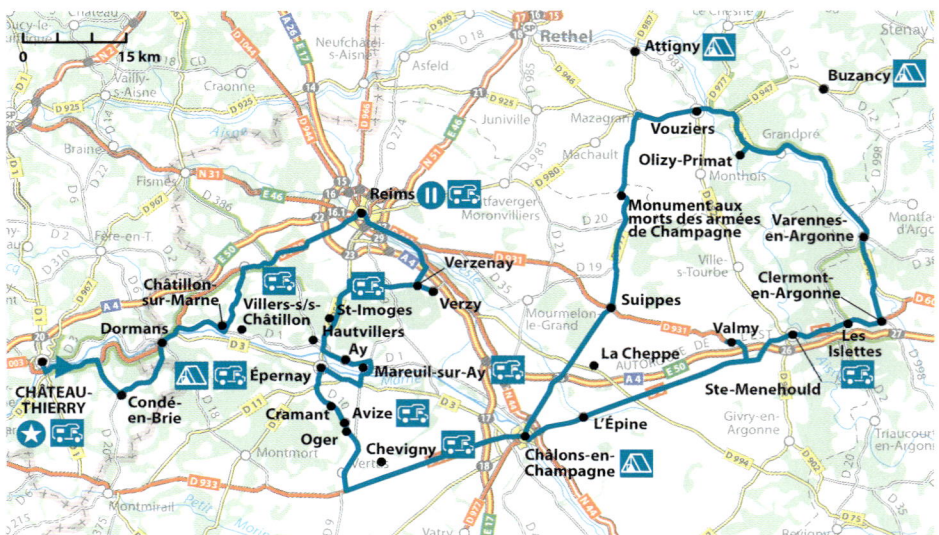

JOUR 1

De **Château-Thierry**, ville natale de Jean de La Fontaine, rejoignez par la N3 puis la D4, le **château de Condé-en-Brie** (avec ses décors de Watteau, Servandoni et Oudry) puis **Dormans**. Cette étape traditionnelle des routes du champagne abrite un mémorial des batailles de la Marne. Faites halte ici ou bien dans les proches villages du Parc naturel régional de la Montagne de Reims.

JOURS 2 ET 3

Le village fortifié de **Châtillon-sur-Marne** offre une superbe vue sur la vallée de la Marne. Traversez le Parc naturel, en remontant vers Reims (par les D24 et D980). Consacrez le reste de la journée à la découverte de **Reims** (voir l'encadré p. ci-contre). Le lendemain, dans le quartier des caves de champagne, entrez dans la chapelle Foujita, avant de descendre dans les crayères des grandes maisons et déguster le vin « saute bouchon » chez Mumm, Ruinart, Vranken-Pommery...

JOUR 4

Grimpez jusqu'au musée de la Vigne à **Verzenay** (par les N44 et D7). Promenez-vous sur les sentiers de la forêt voisine, entre les silhouettes étranges des « faux » de **Verzy**, ces hêtres au tronc noueux. À **Hautvillers** (par les D34, D9, D1, D386), fief de Dom Pérignon, levez les yeux vers les enseignes puis, pour en savoir plus sur le champagne, faites un saut à **Aÿ**. Passez le reste de la journée à **Épernay**, où les grandes maisons de champagne s'ouvrent à la visite.

JOUR 5

Descendez la **côte des Blancs** jusqu'au **mont Aimé** (à 22 km), en quittant Épernay au sud par les D40, D10 et D9. Un Jéroboam marque l'entrée de **Cramant**,

Vignoble Moët et Chandon.

célèbre pour son cru ! Un peu plus loin, **Oger**, titulaire d'un « premier cru de la côte des Blancs », possède un insolite musée des Traditions de l'amour et du champagne. Rejoignez **Châlons-en-Champagne**, au riche patrimoine religieux. Son centre ancien abrite la cathédrale St-Étienne et l'église Notre-Dame-en-Vaux classée par l'Unesco ; puis reposez-vous dans l'agréable jardin, ancienne prairie de l'évêque. En saison, partez en bateau sur le Mau et le Nau.

JOUR 6

Direction **L'Épine** (au nord-est par la N3), dont la basilique est inspirée de la cathédrale de Reims. La N3 mène au **moulin de Valmy** (à 38 km), lieu d'une célèbre victoire contre les Prussiens en 1792 ; À **Ste-Menehould**, Louis XVI en fuite fut reconnu... Faites-y étape pour sa gastronomie !

JOUR 7

Reprenez la route vers **Clermont-en-Argonne**, puis vers la butte de Vauquois (au nord par la D998), qui conserve la marque des combats de la Première Guerre mondiale. Poursuivez sur la D998, puis la D946 qui rejoint **Varennes-en-Argonne** (où Louis XVI fut arrêté) et mène à **Vouziers**, via **Olizy-Primat** où les enfants s'amuseront au parc Argonne Découverte consacré à la faune, notamment nocturne.

JOUR 8

Redescendez vers Châlons (par la D946 et la D977) en vous arrêtant au vaste **monument aux morts des armées de Champagne**, dédié aux combattants de la Première Guerre mondiale, puis au Centre d'interprétation Marne 14-18 à **Suippes**. La route passe à proximité de **La Cheppe** et du lieu-dit « camp d'Attila », où le roi des Huns se prépara à la sanglante bataille de 451. Retour à Châlons.

ÉTAPE 11

Reims

OFFICE DE TOURISME

6 r. Rockefeller -
☏ 03 26 77 45 00 -
www.reims-tourisme.com.

STATIONNEMENT & SERVICES

Parkings conseillés
Parkings-relais : Neuchâtel et des Belges, au nord de Reims, Hôpital Debré au sud de Reims, gratuits sous condition d'acheter un ticket de bus ou de tram (3 € jusqu'à 7 pers.) pour rejoindre le centre-ville.

Aire de Reims
Voir p. suivante.

Avant de se perdre dans les dédales des crayères champenoises, on suit les traces de l'histoire de France auprès de l'une des plus vastes et des plus belles **cathédrales** de France ; un joyau, veillé par les anges, à contempler en fin d'après-midi, quand le soleil effleure sa grande rosace et ses milliers de sculptures... Clovis, roi des Francs, s'y fit baptiser vers l'an 500, ce qui lui vaut de trôner en place centrale de la galerie des rois qui couronne la façade ouest : ces 56 statues (4,50 m de haut et 6 à 7 t chacune) participent à l'incroyable richesse de la statuaire de l'édifice qui compte près de 2 300 pièces. Une profusion présente aussi à l'intérieur, principalement dans le chœur, dont l'abside s'illumine par les derniers vitraux préservés du 13e s. et ceux de la rosace occidentale, autre œuvre phare de Notre-Dame. La ville abrite d'ailleurs le plus ancien établissement de création de vitraux français encore en activité, l'**atelier Simon-Marq** (se visite), attitré au chapitre de la cathédrale de Reims depuis sa création au 17e s. Également classé au Patrimoine mondial, le **palais du Tau**, ou des archevêques, fut aménagé dès le Moyen Âge pour accueillir le roi et sa suite à l'occasion du sacre ; deux phases de la cérémonie s'y déroulaient : le lever du roi et le festin qui suivait le sacre. Le bâtiment fut remanié au 15e s. dans le style gothique flamboyant, puis vers 1670 dans le style classique par Robert de Cotte. Très abîmé en 1914, il a été longuement restauré ; il abrite aujourd'hui le trésor de la cathédrale et une partie de sa statuaire originale. Après la **basilique** et le **musée-abbaye St-Rémy**, autres incontournables merveilles rémoises, la **villa Demoiselle**, chef-d'œuvre à la charnière de l'Art nouveau et l'Art déco signé par l'architecte Louis Sorel, offre, en plus de son splendide décor, une belle introduction à des découvertes plus païennes : le pavillon d'accueil abrite en effet une collection de 3 000 reproductions de bouteilles millésimées datées de 1874 à 2000. De quoi honorer Reims, une ville dynamique qui pétille, comme le champagne conservé dans ses somptueuses caves !

CHAMPAGNE-ARDENNE – ADRESSES CIRCUIT 2

Aires de service & de stationnement

AVIZE

Aire d'Avize
Pl. du Bourg-Joli (pl. de la Mairie) - ☎ 03 26 57 54 43 - www.ville-avize.fr
Permanent (mise hors gel) -
Borne artisanale : gratuit
10 - 72h - gratuit - dons en mairie bienvenus
Services :
GPS : E 4.00999 N 48.97175

CHÂTEAU-THIERRY

Voir p. 106

CHEVIGNY

Aire de Chevigny
12 r. du Plessis - ☎ 06 83 94 80 25 - www.champagnelecleremassard.fr
Permanent
Borne artisanale
4 - 24h - 5 €/j. - borne compris
Paiement :
Services :
Réseau France Passion.
GPS : E 4.05502 N 48.913

ÉPERNAY

Aire d'Épernay
8 av. Paul-Bert - ☎ 03 26 53 33 00 - www.epernay.fr
Permanent
Borne eurorelais
6 - 17 €/j. - borne compris
Services :
GPS : E 3.9498 N 49.0321

LES ISLETTES

Aire des Islettes
Rte de Lochères - ☎ 03 29 88 23 06
Permanent -
Borne AireService
14 - 24h - 8 €/j. - borne compris
Paiement :
Services :
Très agréable.
Pêche autorisée dans l'étang.
GPS : E 5.03682 N 49.12143

MAREUIL-SUR-AY

Aire de Mareuil-sur-Ay
Pl. Charles-de-Gaulle, près du relais nautique - ☎ 03 26 56 95 20 - ccgvm.com
Permanent (mise hors gel - fermé 1er w.-end de sept. pour la fête patronale) -
Borne artisanale
8 - 48h - gratuit
Services :
Au bord du canal.
GPS : E 4.03473 N 49.04532

REIMS

Aire de Reims
Parc Léo-Lagrange, chaussée Bocquaine, par l'A 4, sortie Reims centre - ☎ 03 26 40 52 60 - www.grandreims.fr
Permanent
10 - 48h - gratuit
Services :
À 10mn à pied du centre-ville.
GPS : E 4.02112 N 49.24889

ST-IMOGES

Aire de St-Imoges
R. de la Briqueterie - ☎ 03 26 56 95 24 - www.tourisme-en-champagne.com
Permanent -
Borne eurorelais 2 € 2 €
8 - 72h - gratuit
Services :
GPS : E 3.97885 N 49.10722

VILLERS-SOUS-CHÂTILLON

Aire de Villers-sous-Châtillon
R. du Parc - ☎ 03 26 58 33 04
Permanent (mise hors gel)
Borne eurorelais 3 € 3 €
10 - Illimité - gratuit
Paiement : jetons (restaurant)
Services :
GPS : E 3.80078 N 49.09642

Campings

ATTIGNY

Municipal le Vallage
38 chemin de l'Assaut - ☎ 03 24 30 67 95 - camping-attigny.business.site/
De déb. avr. à mi-oct. - 68 empl. -
borne eurorelais
Tarif camping : 20 € (6A)
Services et loisirs :
GPS : E 4.57615 N 49.48321

BUZANCY

La Samaritaine
3 r. des Étangs - ☎ 03 24 30 08 88 - www.camping-lasamaritaine.fr
De déb. avr. à mi-sept. - 96 empl. -
borne artisanale
Tarif camping : 21 €
(10A) - pers. suppl. 3,50 €
Services et loisirs :
Immersion idyllique en pleine nature, baignade et pêche.
GPS : E 4.9402 N 49.42365

CHÂLONS-EN-CHAMPAGNE

Aquadis Loisirs Châlons-en-Champagne
R. de Plaisance - ☎ 03 26 68 38 00 - www.aquadis-loisirs.com
De déb. mars à déb. nov. - 129 empl.
borne artisanale
Tarif camping : 20 €
(10A) - pers. suppl. 5,50 €
Services et loisirs :
Cadre agréable au bord d'un étang.
GPS : E 4.38309 N 48.98582

ÉPERNAY

Municipal
Allée de Cumières - ☎ 03 26 55 32 14 - www.epernay.fr
De fin avr. à déb. oct. - 100 empl. -
borne flot bleu 3,50 €
Tarif camping : 19,75 €
(10A) 5 €
Services et loisirs :
Cadre verdoyant sous les platanes, aménagé sur la rive gauche de la Marne.
GPS : E 3.95026 N 49.05784

Les bonnes adresses de bib

AY

Pressoria – Centre d'interprétation sensorielle des vins de Champagne – 11 bd Pierre-Cheval - ℘ 03 26 77 98 77 - www.pressoria.com - avr.-oct. : tlj sf jeu. 9h30-18h30 ; nov.-mars : tlj sf jeu. 10h-18h - 16 €. Une immersion totale dans le monde du champagne, restaurant panoramique et ateliers de dégustation.

CHÂLONS-EN-CHAMPAGNE

✖ **Le Petit Pasteur** – 42 r. Pasteur - ℘ 03 26 68 24 78 - www.lepetitpasteur.fr - fermé dim.-lun. - formule déj. 21,90 € - menu 25,90 €. Aimable restaurant abritant une salle au cadre actuel complétée, à la belle saison, d'une terrasse fleurie. Recettes traditionnelles.

Christophe Letrou – 27 pl. de la République - ℘ 03 26 21 46 63 - mar.-sam. 8h-19h30, dim. 8h-13h (et 15h-19h de mai à oct.). Salon de thé, pâtisserie, glacier, chocolatier, restauration rapide le midi... L'adresse idéale pour un en-cas. Ne manquez pas de goûter, outre le chocolat maison, le Châlonnais : cette douceur se marie idéalement à une coupe de champagne.

CHÂTEAU-THIERRY

Voir p. 107

ÉPERNAY

✖ **La Cave à Champagne** – 16 r. Gambetta - ℘ 03 26 55 50 70 - www.cave-champagne.fr - fermé mar.-merc. - formule déj. 25 €. Petit caveau à la gloire des vins régionaux (exposition de bouteilles). Vraie gageure, on y fait un repas au champagne sans se ruiner. Registre culinaire traditionnel.

Chocolat Dallet – 26 r. du Gén.-Leclerc - ℘ 03 26 55 31 08 - www.chocolat-vincentdallet.fr - tlj sf lun. 7h30-19h, dim. 7h30-15h. Cette pâtisserie chocolaterie est la maison d'un amoureux du goût. Retrouvez la passion d'un métier à travers une exquise douceur : le pavé d'Épernay, préparé à base d'un croquant aux noisettes relevé de champagne.

STE-MENEHOULD

✖ **Les Frangines & Co** – 33 r. Gaillot-Aubert - ℘ 07 88 96 89 30 - lesfranginesandco.com - fermé dim.-lun. et le soir sf jeu.-vend. - formule déj. 15 € - réserv. conseillée. Cette ancienne école primaire a été métamorphosée en tiers lieu festif et convivial par les sœurs Anne-Laure et Amanda : on y mange des plats du jour faits à partir de produits locaux (dont le cochon sur paille). Les gaufres maison sont réputées.

REIMS

✖ **Les Cocottes** – 70 r. de Cernay - ℘ 03 26 47 99 57 - www.lescocottes duculdepoule.com - tlj sf dim.-lun. - plats 10/24 € - formules déj. 17/24 € - réserv. conseillée. Ce bistrot-traiteur propose à midi des plats fait maison, à base de produits frais mijotés à la cocotte. La même maison tient aussi un restaurant bistronomique, « Au Cul de Poule ».

✖ **Brasserie Le Boulingrin** – 31 r. de Mars - ℘ 03 26 40 96 22 - www.boulingrin.fr - fermé dim. - formule déj. 25 € - menu 30 €. Dans cette institution rémoise depuis 1925, l'ambiance joviale et le décor de brasserie Art déco s'accordent avec une cuisine de produits frais sans chichi. Un incontournable du quartier des halles.

Biscuits Fossier – 27 crs J.-B.-Langlet - ℘ 03 26 40 67 67 - www.fossier.fr - 10h-19h (lun. 14h-19h) - fermé dim. Fondée en 1756, la biscuiterie Fossier est une véritable institution, et la dernière maison à produire les fameux biscuits roses de Reims à la texture mi-dure, mi-friable. Autant dire qu'une visite s'impose, soit à la boutique sur le cours Langlet, soit directement à l'usine (sur réserv. lun.-vend.).

Offices de tourisme

CHÂLONS-EN-CHAMPAGNE

3 quai des Arts - ℘ 03 26 65 17 89 - www.chalons-tourisme.com.

CHÂTEAU-THIERRY

Voir p. 107

ÉPERNAY

7 av. de Champagne - ℘ 03 26 53 33 00 - www.epernay-tourisme.com.

REIMS

Voir p. 141

STE-MENEHOULD

15 pl. du Gén.-Leclerc - ℘ 03 26 60 85 83 - www.argonne.fr.

Rosace de la cathédrale de Reims.

Cynthia Shirk/Getty Images Plus

CHAMPAGNE-ARDENNE – CIRCUIT 3
Au pays des grands lacs

Entre Troyes et St-Dizier s'étend une région encadrée par les lacs de la Forêt d'Orient, au sud, et l'immense lac du Der, au nord : leur riche milieu naturel est propice à l'observation des oiseaux migrateurs, à l'automne et au printemps, tandis que de vastes zones sont réservées aux loisirs nautiques. Au sud du Der, les églises adoptent une architecture à pans de bois, typique de Troyes, votre ville de départ.

⭐ **DÉPART :** TROYES - 5 jours - 240 km

JOUR 1
Passez au moins un jour dans la belle ville de **Troyes** (voir l'encadré p. ci-contre),

JOUR 2
Au départ de Troyes la D619 vous mène au bord du **lac d'Orient**. À **Mesnil-St-Père**, qui accueille la base nautique, la plus importante du lac d'Orient, profitez de la plage, pratiquez la voile ou partez en balade. Amateur de canoë et de pêche, allez plutôt sur le **lac du Temple**, juste un peu plus loin. Vous pouvez aussi tenter votre chance dans la réserve ornithologique. Un observatoire, à l'entrée du canal qui relie les deux lacs, permet de suivre les évolutions des oiseaux qui font halte sur le lac lors des migrations en octobre-novembre et en février-mars. Autre alternative : faire étape à **Dienville** sur la plage du lac d'Amance.

JOUR 3
À **Brienne-le-Château** (au nord de Mesnil-St-Père par les D619 et D443), où Napoléon fit ses études, visitez le musée qui lui est consacré. Puis faites un tour de ville, avant de déjeuner d'une choucroute au champagne. Prenez la route vers **Ceffonds** (au nord-est par la D400). L'église St-Remi, reconstruite au début du 16e s. autour du clocher roman, possède des vitraux réalisés par des ateliers troyens. Passez la fin de la journée à **Giffaumont-Champaubert** (8 km au nord par la D12) au bord du **lac du Der**, le plus grand lac artificiel d'Europe ! Plage, promenade jusqu'à la **presqu'île de Champaubert**... Cette dernière a ceci de remarquable qu'elle présente le dernier vestige de son village englouti par les eaux lors de la création du lac : l'église constitue de ce fait l'un des symboles du lac. À chaque vidange, les substructions de l'ancienne commune apparaissent...

Le lac d'Amance dans le Parc naturel régional de la Forêt d'Orient.

ÉTAPE 11

Troyes

OFFICE DE TOURISME
16 r. Aristide-Briand -
✆ 03 25 82 62 70 -
www.troyeslachampagne.com.

STATIONNEMENT

Parkings conseillés
Au sud de Troyes, parking du parc des Expositions, près de l'hôtel de police, gratuit, accès par la r. Pierre-Brossolette ou par le bd Charles-Delestraint. Halte nocturne possible sur le parking des magasins d'usine.

JOUR 4

Rendez-vous à **St-Dizier** (au nord par la D55 et la D384), pour y admirer les fontes ornementales de style Art nouveau qui jalonnent les rues. Après une promenade en ville, déjeunez sur la place Aristide-Briand. Regagnez le lac : le Village musée du Der à **Ste-Marie-du-Lac-Nuisement** recrée un vieux village de la Champagne humide : maison du forgeron, pigeonnier, four à pain… À proximité, les plages ombragées de Nuisement et de Larzicourt sont une bonne alternative… pour faire la sieste ! Regagnez Giffaumont-Champaubert en empruntant les routes-digues près desquelles des postes d'observation des oiseaux ont été aménagés comme sur le site de **Chantecoq**.

JOUR 5

Redescendez vers la Forêt d'Orient, en sillonnant la campagne pour admirer les charmantes églises à pans de bois, éclairées par les vitraux de l'école de Troyes : **Outines**, **Bailly-le-Franc**, **Droyes**, **Puellemontier**, **Lentilles** puis **Chavanges**. Continuez vers le **lac d'Orient**, en passant par **Piney** (via Rosnay-l'Hôpital) : la côte ouest du lac offre deux plages, à **Géraudot** et **Lusigny-sur-Barse** (par la D1/D1G) et des possibilités de balades en forêt. À l'entrée de Lusigny-sur-Barse, une étrange sculpture d'acier et de bois enjambe le canal de la Morge.

Commencez votre visite par la **cathédrale St-Pierre-et-St-Paul**, imposant édifice construit du 13e au 17e s. Munissez-vous de jumelles pour détailler les verrières, pas moins de 1500 m² de vitraux datant du Moyen Âge (dans le chœur et le déambulatoire) et de la Renaissance (dans la nef). Jouxtant la cathédrale, le **musée d'Art moderne**, abrité dans l'ancien palais épiscopal, impose lui aussi la halte pour ses signatures prestigieuses. Flânez ensuite autour de la cathédrale pour dénicher les **anciennes maisons** : l'hôtel Champ des Oiseaux (r. Linard-Gonthier), le square des Trois-Godets et le remarquable hôtel du Petit Louvre (r. de la Montée-St-Pierre). Ne manquez pas non plus l'**hôtel-Dieu**, fondé au 13e s.. Sa pharmacie préserve des pots de faïence anciens ainsi qu'une collection de 320 boîtes médicinales en bois peint. Le bâtiment accueille aussi la Cité du vitrail dont l'objectif est de rendre hommage à ce savoir-faire, si riche dans le département de l'Aube qui réunit pas moins de 9000 m² d'œuvres anciennes réparties à travers 200 édifices. Une seconde journée sera consacrée au **quartier St-Jean**. Se perdre dans ses ruelles est un vrai bonheur et une leçon d'urbanisme médiéval : rue Champeaux, ruelle des Chats, cour du Mortier d'Or, rue de la Monnaie… Rue Émile-Zola, les maisons à pans de bois rivalisent de couleurs. N'y manquez pas au n° 111 (entrez dans la cour) l'hôtel particulier du Lion Noir. Il faudra découvrir aussi l'**église St-Pantaléon** pour ses statues Renaissance, l'**église Ste-Madeleine** pour son jubé et ses vitraux, ainsi que des **musées** passionnants, tels celui de la Bonneterie et d'Art champenois dans l'hôtel de Vauluisant, et surtout l'exceptionnelle **Maison de l'outil et de la pensée ouvrière**. Gérée par les compagnons du Devoir, elle présente des chefs-d'œuvre et plus de 11 000 outils destinés au travail du bois, de la pierre, du cuir, du fer… un véritable hymne au travail manuel.

CHAMPAGNE-ARDENNE – ADRESSES CIRCUIT 3

Aires de service & de stationnement

BRIENNE-LE-CHÂTEAU

Aire de Brienne-le-Château
R. de la Gare, face à l'ancienne gare -
☏ 03 25 92 80 31 -
grandslacsdechampagne.fr
Permanent (mise hors gel) -
Borne AireService 3 € 3 €
6 P - 48h - gratuit
Paiement : jetons (office de tourisme, commerces)
Services :
GPS : E 4.5313 N 48.39617

CHAVANGES

Aire de Chavanges
R. de la Fontaine-d'Arrigny -
☏ 03 25 92 10 24
Permanent (mise hors gel) -
Borne AireService 3 €
8 P - Illimité - gratuit
Paiement : jetons (mairie et commerçants)
Services :
GPS : E 4.57627 N 48.50691

GÉRAUDOT

Aire de Géraudot
Lac d'Orient, D 43, au camping
Les Rives du lac - ☏ 03 25 41 24 36 -
www.campinglesrivesdulac.com
Permanent
Borne raclet
P - 24h - 18,50 €/j.
Paiement : jetons (camping)
Services :
GPS : E 4.33645 N 48.30195

GIFFAUMONT-CHAMPAUBERT

Aire de Chantecoq
Site de Chantecoq - ☏ 03 26 72 62 80 -
www.lacduder.com
Permanent -
Borne AireService : 5,50 €
P - Illimité - 14 €/j.
Paiement :
Très agréable.
GPS : E 4.70294 N 48.5688

Aire de stationnement Parking P5
Terrasses du Lac, station nautique -
☏ 03 26 72 62 80 -
www.lacduder.com

Permanent
Borne AireService
P - 24h - 15,20 €/j.
Paiement :
Services :
GPS : E 4.76904 N 48.54998

MONTIER-EN-DER

Aire de Montier-en-Der
18 r. de l'Isle,
en plein centre-ville -
☏ 03 25 04 69 17
Permanent (mise hors gel)
Borne AireService : 3 €
8 P - Illimité - gratuit
Paiement : jetons (office de tourisme et commerçants)
Services :
Navette gratuite pour le lac du Der (à 8 km).
GPS : E 4.76909 N 48.47852

PINEY

Aire de Piney
Pl. des Anciens-Combattants -
☏ 03 25 46 30 37 -
www.ville-piney.fr
Permanent
Borne raclet 2,50 € 2,50 €
8 P - Illimité - gratuit
Paiement : jetons (mairie, boulangerie et bureau de tabac)
Services :
GPS : E 4.33457 N 48.35858

STE-MARIE-DU-LAC-NUISEMENT

Aire de Nuisement
Port de Nuisement - ☏ 03 26 72 62 80 -
www.lacduder.com
Permanent
Borne AireService : 2,50 €
6 P - Illimité - gratuit
Paiement : jetons (club de voile, office de tourisme du Lac-du-Der, Village Musée du Der)
Services :
GPS : E 4.79078 N 48.60322

VENDEUVRE-SUR-BARSE

Voir le circuit suivant

Campings

BRAUCOURT

La Presqu'île de Champaubert
☏ 03 25 04 13 20 -
www.campingpresquilechampaubert.fr
De déb. juin à déb. nov. - 200 empl. -
borne flot bleu 2 € 2 €
Tarif camping : 38 €
(10A) - pers. suppl. 8 €
Services et loisirs :
Situation agréable au bord du lac du Der-Chantecoq.
GPS : E 4.79206 N 48.5556

DIENVILLE

Le Tertre
1 rte de Radonvilliers -
☏ 03 25 92 26 50 -
www.campingdutertre.fr
De fin mars à déb. oct. - 153 empl.
borne artisanale
Tarif camping : 24,50 €
(6A) - pers. suppl. 6 €
Services et loisirs :
Face à la station nautique de la base de loisirs, terrain fonctionnel au confort sanitaire faible.
GPS : E 4.52737 N 48.34888

MESNIL-ST-PÈRE

Voir le circuit suivant

SOULAINES-DHUYS

La Croix Badeau
6 r. de La-Croix-Badeau -
☏ 03 25 27 25 63 -
www.croix-badeau.com
De mi-avr. à mi-oct. - 39 empl. -
borne eurorelais
Tarif camping : 21 €
(10A) - pers. suppl. 4,50 €
Services et loisirs :
Au calme en retrait de l'église du village, cadre champêtre et agréable.
GPS : E 4.73846 N 48.37672

Les bonnes adresses de bib

DIENVILLE

Capitainerie de Port-Dienville – ✆ 03 25 92 27 69 - www.centre-sportif-aube.fr - juin-août : 9h-19h ; reste de l'année : se rens. Au départ de Port-Dienville, des promenades en bateau avec ou sans permis sont possibles sur le lac Amance.

DROYES

La Ferme du Bocage – 15 r. de La Haye - ✆ 03 25 04 23 28 - www.lafermedubocage.fr - tlj sf dim.-lun. 10h-18h. Cette boutique vend des produits de la ferme et du terroir : spécialités de canards, vins, miels, champagne, jus de fruits fermiers, confitures, eaux-de-vie…

GIFFAUMONT-CHAMPAUBERT

Accro'der – Port de Giffaumont - ✆ 06 63 80 21 07 - www.accroder.com - juil.-août : 9h30-18h ; mars-juin et sept.-nov. : w.-end 14h-18h, en sem. sur réserv. - 20 €, -16 ans 10/18 €. Parcours acrobatiques de différents niveaux pour évoluer, en toute sécurité, d'arbre en arbre.

MESNIL-ST-PÈRE

Voir le circuit suivant

PONT-STE-MARIE

✕ **Bistrot Du Pont** – 5 pl. Charles-de-Gaulle - ✆ 03 25 80 90 99 - www.bistrotdupont.com - dim. soir-lun. et jeu. soir - menus 19/40 €. Tout à côté de la Seine, ce sympathique établissement de type bistrot propose une cuisine copieuse et soignée. Ne manquez pas la spécialité maison : l'andouillette.

ST-DIZIER

✕ **La Grillad'hier** – 56 r. du Dr-Després - ✆ 03 25 56 47 83 - fermé merc., sam. midi et dim. - menus 32/42 €. On remarque forcément cette grande bâtisse à la façade jaune, à côté du cap St-Dizier (thé dansant). On apprécie ensuite son intérieur, décoré avec goût. Buffet d'entrées et grillades préparées à la commande. Une cuisine traditionnelle mise en valeur par une jolie présentation et un service impeccable.

TROYES

✕ **Au Flexi Troyen** – 9 ruelle des Chats - ✆ 03 25 46 67 12 - fermé mar.-merc. - menus 24/42 €. À deux pas du centre historique, dans une jolie maison à pans de bois située dans une ruelle typique, un couple de restaurateurs vous propose une cuisine créative élaborée à partir de produits frais sélectionnés parmi les producteurs locaux uniquement. Une démarche résolument locavore !

✕ **Aux Crieurs de Vin** – 4 pl. Jean-Jaurès - ✆ 03 25 40 01 01 - auxcrieursdevin.fr - fermé dim.-lun. - plats 17/19 €. Amateurs de bonnes bouteilles, cette maison saura vous séduire. D'un côté la boutique de vins et spiritueux, de l'autre le chaleureux bistrot à l'atmosphère « rétro ». Côté cuisine, les plats du marché et les recettes du terroir raviront les connaisseurs.

Patrick Maury – 28 r. du Gén.-de-Gaulle - ✆ 03 25 73 06 84 - www.andouillette-maury.fr - 9h-12h45, 15h-18h30 - fermé dim.-lun. Face aux halles, une minuscule boutique jalousée pour ses grandes spécialités. L'andouillette de Troyes, plusieurs fois primée, y tient évidemment le haut de l'affiche. Elle doit toutefois partager la vedette avec le boudin (blanc et noir, honoré d'une médaille d'or) et autres délicieuses charcuteries maison.

La Boucherie Moderne – R. Chrétien-de-Troyes - halles de l'hôtel-de-ville - ✆ 03 25 73 32 64 - www.boucherie-modernetroyes.fr - lun. 8h-13h, mar.-jeu. 8h-13h, 15h30-19h, vend.-sam. 7h-19h, dim. 9h-13h. On fera ici provision de véritables andouillettes de Troyes et de charcuteries artisanales.

Offices de tourisme

BRIENNE-LE-CHÂTEAU

1 r. Émile-Zola - ✆ 03 25 92 82 41 - grandslacsdechampagne.fr.

LAC DU DER

Station nautique - 1 bis r. de la Cachotte - Giffaumont-Champaubert - ✆ 03 26 72 62 80 - www.lacduder.com.

ST-DIZIER

4 av. Belle-Forêt-sur-Marne - ✆ 03 25 05 31 84 - www.lacduder.com.

TROYES

Voir p. 145

Grue cendrée, au bord du lac du Der.

CHAMPAGNE-ARDENNE – CIRCUIT 4

La côte des Bar, art et champagne

Longtemps regardée de haut par les producteurs marnais, la côte des Bar s'est imposée et alimente aujourd'hui près du quart de la production des vins de Champagne ! Au départ de Troyes, cet itinéraire, ponctué de beaux panoramas et de haltes chez les négociants de champagne, vous mène sur les traces du général de Gaulle et vous convie à l'abbaye de Clairvaux.

⭐ **DÉPART :** TROYES - 4/5 jours - 235 km

JOURS 1 ET 2

Consacrez la journée à la découverte de **Troyes** (voir l'encadré p. 145). Si vous disposez d'une journée supplémentaire, dirigez-vous vers la zone des magasins d'usine. Qui l'ignore ? Vous êtes dans la capitale des emplettes et des bonnes affaires : une centaine d'enseignes y perpétuent la tradition des foires.

JOUR 3

Depuis Troyes, gagnez **Aix-en-Othe,** la capitale du pays d'Othe. Vous garderez un bon souvenir de ce petit pays vallonné et verdoyant, surnommé « la petite Normandie » en raison de ses pommiers et de son fameux cidre que vous ne manquerez pas de déguster. Regagnez Chaource en passant à **Ervy-le-Châtel**, ville à peuplement en rond et ancienne place forte des comtes de Champagne. Perchée au-dessus de la vallée de l'Armance, elle conserve de vieilles demeures et quelques curiosités architecturales. À **Chaource**, faites le tour du joli petit centre et entrez dans l'église. N'oubliez pas d'acheter un fromage ! Le village **des Riceys**, composé de trois bourgs, est la seule commune de France à posséder trois appellations d'origine contrôlée : champagne, coteaux champenois et le fameux rosé des Riceys. Ne partez pas sans quelques bouteilles de ce rosé au bouquet de noisettes, qu'appréciait Louis XIV. Faites étape ici, mais avant, rejoignez **Bar-sur-Seine** qui conserve de vieilles demeures aux poutres sculptées.

JOUR 4

Au cœur du Barséquanais, **Essoyes** fut cher à Renoir : sa maison et son atelier rassemblent quelques souvenirs du peintre dans le village. Rejoignez au nord-est, par la D70 et la D12, l'**abbaye de Clairvaux**. C'est à

Salon de la maison de Renoir, à Essoyes.

partir de cette abbaye que saint Bernard, son premier abbé, donna à l'ordre cistercien un essor considérable. Ce haut lieu de la spiritualité médiévale présente une architecture en accord avec les principes de pureté et de dépouillement de l'ordre. Bien que les aléas de l'histoire aient altéré l'abbaye, il émane toujours de cet endroit un souffle particulier. Environ 15 km au nord (D15 et D23) **Colombey-les-Deux-Églises** entretient le souvenir du général de Gaulle : visitez le Mémorial qui lui est consacré, ainsi que La Boisserie où il séjourna longuement (voir l'encadré ci-contre). Rejoignez **Bar-sur-Aube**, aux portes du pays baralbin : promenez-vous dans le centre, avec ses maisons anciennes à pans de bois, son église St-Étienne et ses bords de l'Aube. Ou bien faites un détour par **Bayel** qui abritait jusqu'à la fin des années 2010 une manufacture royale de cristal soufflé, créée par Colbert. Les bâtiments de l'ancienne « usine de feu » sont aujourd'hui occupés par le musée du Cristal où un souffleur de verre fabrique encore des pièces devant vous, pièces que vous pourrez acheter à la boutique.

JOUR 5

Si vous êtes en famille, passez une journée dans le parc fleuri de Nigloland, à **Dolancourt**, l'un des grands parcs d'attractions de France. Sinon, rentrez sur Troyes en passant par le lac d'Orient et **Mesnil-St-Père** où vous profiterez de la plage et des balades au cours desquelles vous observerez les oiseaux migrateurs (octobre-novembre et février-mars).

VISITE

Mémorial Charles-de-Gaulle (Colombey-les-Deux-Églises)

INFOS PRATIQUES

Mémorial – 03 25 30 90 80 - www.memorial-charlesdegaulle.fr - avr. : 10h-17h30 ; mai-sept. : 9h30-19h ; reste de l'année : tlj sf mar. 10h-17h30 - fermé janv. - 13,50 € (12-17 ans 11 €) - 16,50 € billet combiné avec La Boisserie, demeure historique du général de Gaulle - croix de Lorraine seule 4 €.
La Boisserie – 1 r. du Gén.-de-Gaulle - 03 25 01 52 52 - www.charles-de-gaulle.org - avr.-sept. : 9h30-12h45, 14h-18h ; reste de l'année : tlj sf mar. 10h-12h45, 14h-17h30 - fermé janv. - 6 € (10-17 ans 4 €).

STATIONNEMENT & SERVICES

Aire de Colombey-les-Deux-Églises
R. du Gén.-de-Gaulle - 03 25 01 50 79
Permanent (mise hors gel)
Borne artisanale : gratuit
20 - Illimité - gratuit
Services : WC
GPS : E 4.88619 N 48.22316

Inauguré en 2008 par les chefs d'État allemand et français, le **mémorial Charles-de-Gaulle** est loin d'être un lieu austère, comme pourrait le laisser croire son nom. Au contraire ! Dans un bâtiment contemporain, on découvre la vie et l'œuvre du général autant que l'histoire du 20e s. La scénographie, remarquable, plonge le visiteur dans les grands moments de l'histoire grâce à de multiples documents (photographies, écrits, archives sonores et audiovisuelles, objets divers) soigneusement mis en scène. L'ambiance diffère d'une salle à l'autre : on découvre l'enfance du jeune Charles, les tranchées de la Première Guerre mondiale, des aspects plus intimes de la vie de la famille de Gaulle, la Seconde Guerre mondiale, les hauts faits de la carrière militaire et politique du général, ses succès comme ses échecs, la vie quotidienne de la France pendant les années 1950-1970. La visite est passionnante et chacun, quel que soit son âge, y trouve son intérêt. Le parcours est d'une telle richesse que deux heures n'y suffisent pas ! Juste au-dessus du Mémorial se dresse, en hommage au général, une **croix de Lorraine** monumentale (44,30 m de hauteur). Inaugurée le 18 juin 1972, elle domine le village et la campagne alentour, dont la forêt de Clairvaux. Pour en savoir plus sur Charles de Gaulle, allez visiter **La Boisserie**. C'est ici que le général de Gaulle écrivit ses *Mémoires de guerre* pendant sa « traversée du désert », entre 1946 et 1958. Ses années à l'Élysée ne l'empêchèrent pas de revenir régulièrement dans sa maison de Colombey où il s'éteignit en 1970. Propriété des descendants du général de Gaulle, La Boisserie se visite en partie.

CHAMPAGNE-ARDENNE – ADRESSES CIRCUIT 4

Aires de service & de stationnement

BAR-SUR-AUBE
Aire de Bar-sur-Aube
Pl. du Jard, près de la salle des fêtes -
☎ 03 25 27 04 21
Permanent
Borne eurorelais 3,50 € 3,50 €
3 - 72h - gratuit
Paiement : jetons (office de tourisme et commerçants)
Services : wc
GPS : E 4.70067 N 48.23478

CHAOURCE
Aire de Chaource
R. des Roises -
☎ 03 25 40 97 22 -
www.tourisme-othe-armance.com
Permanent (mise hors gel)
Borne eurorelais 2 € 2 €
10 - Illimité - gratuit
Paiement : jetons (office de tourisme et commerçants)
Services :
GPS : E 4.13869 N 48.05949

COLOMBEY-LES-DEUX-ÉGLISES
Voir p. précédente

DOLANCOURT
Aire de Nigloland
Parc d'attractions, D 619 -
☎ 03 25 27 94 52 -
www.nigloland.fr
De déb. avr. à fin oct.
Borne artisanale
25 - Illimité - 12 €/j. - borne compris ; remboursé si dîner au restaurant de l'hôtel des Pirates
Services : wc
Aire idéale pour profiter au maximum du parc d'attractions.
GPS : E 4.60945 N 48.26086

GÉRAUDOT
Voir le circuit précédent

LOCHES-SUR-OURCE
Champagne Richardot
38 r. René-Quinton -
☎ 03 25 29 71 20 -
www.champagne-richardot.com
Permanent (fermé pendant les vendanges et les fêtes de fin d'année)
Borne artisanale : gratuit
10 - 48h - gratuit
Services :
GPS : E 4.50043 N 48.06645

PINEY
Voir le circuit précédent

LES RICEYS
Aire des Riceys
Parc St-Vincent, à côté du stade de football - ☎ 03 25 29 30 32 -
www.tourisme-cotedesbar.com
Permanent (fermé pendant les vendanges)
Borne eurorelais 2 € 2 €
50 - Illimité - gratuit
Paiement : jetons (mairie et office de tourisme)
Services :
GPS : E 4.36402 N 47.99222

VENDEUVRE-SUR-BARSE
Aire de Vendeuvre-sur-Barse
Pl. du 8-Mai-1945, près du parc du château - ☎ 03 25 41 30 20 -
www.vendeuvre-sur-barse.fr
Permanent
Borne eurorelais 3 €
3 - 48h - gratuit
Paiement : jetons (mairie, boulangerie Aux Délices, café Les 3 Dés et maison de la presse)
Services :
GPS : E 4.46611 N 48.2375

Campings

EAUX-PUISEAUX
Ferme des Hauts Frênes
6 voie de Puiseaux -
☎ 03 25 42 15 04 -
www.les-hauts-frenes.com
Permanent - 32 empl. -
borne artisanale 3 €
Tarif camping : 19 €
(6A) - pers. suppl. 4,50 €
Services et loisirs :
Emplacements délimités et spacieux aux abords d'un corps de ferme magnifique.
GPS : E 3.88348 N 48.11682

ERVY-LE-CHÂTEL
Municipal les Mottes
Chemin des Mottes -
☎ 03 25 70 07 96 -
www.aube-champagne.com
De mi-avr. à mi-sept. - 51 empl. -
borne Urbaflux 3 €
Tarif camping : 3,50 € 3 € 3 €
(6A) 3,50 €
Services et loisirs :
En bordure d'une petite rivière et d'un bois, emplacements non délimités sur une vaste prairie.
GPS : E 3.91827 N 48.04069

MESNIL-ST-PÈRE
Kawan Resort Le Lac d'Orient
17 r. du Lac -
☎ 03 25 40 61 85 -
www.camping-lacdorient.com
De déb. avr. à fin sept. - 200 empl. -
borne artisanale
Tarif camping : 40 €
(10A) - pers. suppl. 9 €
Services et loisirs :
Terrain très confortable avec une situation exceptionnelle en bordure du lac d'Orient.
GPS : E 4.34624 N 48.26297

Les bonnes adresses de bib

BAR-SUR-AUBE

Le Cellier – 13 r. du Gén.-Vouillemont - ☎ 03 25 27 52 89 - www.lecellier-restaurant.fr - fermé lun. soir, mar. soir, merc., dim. soir - plats 19,50/25,50 €. Cuisine traditionnelle et raffinée servie sous les voûtes d'un beau caveau. Cadre reposant et atypique.

BAR-SUR-SEINE

La Poule de Vaux – Les Grands-Noyers (entrée du château de Vaux) - Fouchères - ☎ 07 67 99 97 10 - www.chateau-vaux.com - ouv. juin-sept. le midi sf lun. et vend.-sam. soir - formule déj. 17 € - plats 11/13 €. Au château de Vaux, l'ancien pavillon du gardien a conservé ses tomettes du 18ᵉ s. et abrite désormais le restaurant de Jérémy et Adrien. La carte tourne autour des produits de la poule : œufs parfaits et quinoa, filet de poulet fermier en cuisson lente, etc. Desserts à la fois bons et légers. Pain maison cuit dans le four de l'entrée.

CHAOURCE

Fromagerie de Mussy – 30 rte de Maisons-lès-Chaource - ☎ 03 25 73 24 35 - www.fromageriedemussy.fr - lun. 9h-12h, mar.-sam. 9h-12h et 13h30-18h, dim. d'avr. à oct. 9h-12h. Cette fromagerie artisanale vous dévoile tous les secrets de fabrication de ses différents produits dont le célèbre chaource à pâte molle, mais aussi les délices de Mussy, les lys de Champagne, les soumaintrains ou encore un délicieux fromage blanc moulé. Petite boutique attenante.

L'Auberge sans nom – 1 r. des Fontaines - ☎ 03 25 42 46 74 - www.aubergesansnom.fr - formule déj. 15 € - menus 26/29 €. À deux pas de l'église de Chaource, cette auberge propose une cuisine contemporaine servie dans un décor cosy : salades et tartines mais aussi menu gourmet et menu du terroir.

COLOMBEY-LES-DEUX-ÉGLISES

La Grange du Relais – 26 r. nationale 19 - ☎ 03 25 02 03 89 - www.lagrangedurelais.fr - menus 20/35 €. Cet ancien relais de poste est une bonne adresse sur le chemin du Mémorial. Le cadre est rustique avec ses cheminées crépitant l'hiver, l'ambiance familiale, la terrasse ombragée agréable en été. Dans l'assiette : escargots, terrine de gibier, sacro-sainte andouillette et chaource.

MESNIL-ST-PÈRE

Brasserie du Lac – 2 r. du 28-Août-1944 - ☎ 03 25 41 27 18 - www.auberge-du-lac.fr - tlj en été, fermé dim. soir, lun. soir et mar. hors sais. - formule 27 €, menu 34 €. Patrick Gublin de l'Auberge du Lac a ouvert cette brasserie et a remis les clés de la cuisine à Hervé Hemart. Vous profiterez ici d'une table gourmande aux mets sûrs : foie gras et saumon fumé maison, croustillant de tête de veau, tartare de bœuf charolais… Et si vous êtes vraiment affamé, privilégiez le gratin d'andouillette au chaource. En dessert, baba au rhum à la prunelle de Troyes.

LES RICEYS

Champagne Morize Père et Fils – 122 r. du Gén.-de-Gaulle - ☎ 03 25 29 30 02 - www.champagnemorize.com - sur RV. Ces caves de champagne datant du 12ᵉ s. sont aussi charmantes qu'accueillantes. Après le rituel petit tour du propriétaire, vous vous accouderez un moment au comptoir en pierre ou prendrez place autour d'une table… Impossible de ne pas trouver son bonheur parmi ces 100 000 flacons.

TROYES

Voir le circuit précédent.

Offices de tourisme

BAR-SUR-AUBE

14 bd du 14-Juillet - ☎ 03 25 27 24 25 - www.tourisme-cotedesbar.com.

BAR-SUR-SEINE

18 pl. de la République - ☎ 03 25 29 94 43 - www.tourisme-cotedesbar.com.

TROYES

Voir p. 145

Chaource, fromage AOC.

CHAMPAGNE-ARDENNE – CIRCUIT 5

Balade au sud de la Haute-Marne

Destination confidentielle en dépit de ses nombreux attraits, la Haute-Marne vous réserve de belles découvertes. La culture est au rendez-vous à Langres, ville d'art et d'histoire abritée derrière ses enceintes, et à Auberive, dont l'ancienne abbaye a été en partie reconvertie en centre d'art. Ce pays vallonné et boisé, où plusieurs fleuves prennent leur source, accueille également quatre lacs situés à proximité de Langres.

⭐ **DÉPART :** LANGRES - 5 jours - 245 km

JOUR 1

Consacrez votre première journée à la découverte de **Langres**. Les remparts enserrent une cité pleine de caractère. Sa cathédrale de style roman-bourguignon domine un enchevêtrement de ruelles médiévales percées d'étroits passages. Le matin, arpentez les fortifications et la vieille ville, jalonnées de panneaux d'interprétation. Empruntez la rue commerçante Denis-Diderot (le célèbre philosophe vit le jour ici), et déjeunez en terrasse si le temps le permet, sans oublier de goûter au fameux fromage local, le « langres ». L'après-midi, visitez la maison Renaissance, la maison des Lumières Denis-Diderot et le musée d'Art et d'Histoire où voisinent Corot, Courbet et Bouchardon…

JOUR 2

Si vous avez vos vélos, prévoyez une journée supplémentaire pour faire la route des 4 Lacs (voir l'encadré p. ci-contre), sinon, continuez votre périple en camping-car. Rejoignez alors le **lac de la Liez** (5 km à l'est par la N19), avec au programme, selon vos envies et la saison : baignade, activités nautiques ou promenade sur la digue. Déjeunez au bord du lac, puis continuez vers **Fayl-Billot** (20 km plus au sud par la N19), capitale de la vannerie. L'École nationale d'osiériculture et de vannerie, installée dans un très bel édifice, y maintient les traditions artisanales, depuis 1905. À la Maison du vannier, admirez les créations des artisans, que vous pourrez acquérir dans leurs boutiques en ville. À **Coiffy-le-Haut** (19 km au nord par la D14 et la D26), dégustez le fameux « coteaux de Coiffy ». Vous pouvez faire étape sur place ou à Bourbonne-les-Bains.

JOUR 3

Bourbonne-les-Bains est réputée pour ses eaux thermales. Après déjeuner, prenez la D139 au nord

Vignoble près de Coiffy-le-Haut.

vers l'**abbaye cistercienne de Morimond** (à 16 km). À **Nogent** (30 km à l'ouest), renommée pour sa tradition coutelière, découvrez le musée de la Coutellerie et, sur rendez-vous à l'office de tourisme, le travail des artisans du village et des environs, notamment à **Biesles** ou **Poulangy**, situés sur la route de Chaumont par la D417 (à 23 km) ou la D107 en longeant la jolie vallée de la Traire. Faites étape vers Chaumont.

JOUR 4

Le matin, arpentez le centre de **Chaumont**, avec ses fortifications offrant de beaux panoramas, sa basilique, ses ruelles bordées de maisons médiévales et de terrasses où vous ferez halte à midi. Ensuite, visitez le musée de la Crèche, ou bien les Silos, consacré au livre et à l'affiche, et Le Signe, centre national du graphisme (Chaumont accueille une biennale de design graphique, les années impaires). Quittez la ville en passant sous le viaduc aux 50 arches en direction de **Châteauvillain** (21 km au sud-ouest par la D65), ancienne ville fortifiée dont les enfants apprécieront le parc aux Daims. **Arc-en-Barrois** (16 km au sud-est par les D6 et D3) constitue un lieu d'étape agréable (voir la machine à vapeur à la sortie d'Arc).

JOUR 5

Promenez-vous dans Arc, puis reprenez la route vers **Bay-sur-Aube** (23 km au sud par les D159 et D20). Grimpez sur la butte de l'église de Bay pour une vue imprenable sur la vallée. Dans le village voisin d'**Auberive** où vous trouverez de quoi déjeuner, visitez l'ancienne abbaye cistercienne, restaurée dans les années 2000, ainsi que le Centre d'art contemporain qui accueille notamment une collection d'art expressionniste. De retour vers Langres (27 km au nord-est), faites une halte à la **source de la Marne**.

RANDO À VÉLO
Tour des 4 lacs

INFOS PRATIQUES
Infos et traces sur www.tourisme-langres.com.
75 km au départ de **Langres** - 6h30 - niveau moyen.

STATIONNEMENT & SERVICES
Aire du Grand Langres
5 r. Jean-Favre - 03 25 87 67 67 - www.tourisme-langres.com - Permanent
Borne Urbaflux
28 - 72h - 9 €/j. - borne compris - Paiement :
Services :
Vaste aire goudronnée près du centre-ville (5mn à pied) avec vue sur la vallée.
GPS : E 5.33551 N 47.85502

Camping La Liez, à Peigney
Voir p. suivante

Autour de Langres, quatre réservoirs ont été créés à la fin du 19e s. et au début du 20e s. pour alimenter le canal de la Marne à la Saône (« entre Champagne et Bourgogne »). L'été, le niveau de ces plans d'eau peut descendre et les berges des « queues » de réservoirs se transforment alors en vasières et roselières. Celles-ci abritent une faune et une flore typiques des lacs et ont permis leur classement en zone naturelle d'intérêt écologique. Situés dans un site boisé et verdoyant, ces lacs sont d'agréables lieux de détente et de promenade où l'on peut pratiquer des activités nautiques et pêcher.

Quittez Langres vers l'est pour rejoindre la Côte des 3 Rois qui mène au canal. Tournez à droite et suivez le chemin de halage à droite jusqu'au pont de Marne. Là, prenez à gauche la D284 jusqu'au lac de la Liez. C'est le plus grand des quatre (290 ha). Continuez jusqu'à Peigney où vous bifurquez à droite sur la D52 puis à gauche sur la D74 vers Bannes. Passez devant la mairie et tournez à droite pour descendre au lac de Charmes (197 ha). Franchissez le pont et tournez à gauche pour rejoindre la plage. Une digue en terre retient ce lac tout en longueur, réputé pour son cadre naturel préservé et où viennent se poser nombre d'oiseaux migrateurs. Longez le lac par la D121 jusqu'à Lannes, puis la D262 jusqu'à Humes et la D286 jusqu'au lac de la Mouche, le plus petit des quatre lacs (94 ha) dominé par St-Ciergues, au nord, et Perrancey-les-Vieux-Moulins, au sud. Ces localités sont reliées par une route qui emprunte une digue. Continuez vers le sud, par la D286 en passant par Noidant-le-Rocheux, Flagey et Baissey où se tient un ancien moulin à farine alimenté par une chute d'eau. Par la D141, gagnez enfin le lac de la Vingeanne renommé pour son avifaune. Sa longue digue (1254 m) est particulièrement prisée des ornithologues. On y trouve également une plage. Suivez le lac au sud, et revenez à Langres par la D974 via Cochons.

CHAMPAGNE-ARDENNE – ADRESSES CIRCUIT 5

Aires de service & de stationnement   ## Campings

ARC-EN-BARROIS

Aire d'Arc-en-Barrois
R. Anatole-Gabeur, rte d'Aubepierre -
☎ 03 25 02 51 33
Permanent (mise hors gel)
Borne AireService 2 €
10 ⓟ - Illimité - 6 €/j. - payant avr.-sept.
Paiement : CC
Services : WC
GPS : E 5.00577 N 47.95083

CHAUMONT

Aire de La Maladière
Port de La Maladière, N 74 -
☎ 03 25 31 61 09
De déb. avr. à fin oct.
Borne artisanale
10 ⓟ - 24h - 8,44 €/j. - borne compris
Services :
Au bord du canal de la Marne à la Saône.
GPS : E 5.15416 N 48.11833

CORGIRNON

Aire de Corgirnon
Parc du Château - ☎ 03 25 88 96 80
Permanent (mise hors gel)
Borne artisanale
12 ⓟ - 24h - 7 €/j. - borne compris
Services : WC
Douches.
GPS : E 5.5051 N 47.8046

JUZENNECOURT

Aire de Juzennecourt
Pl. de la Mairie -
☎ 03 25 02 03 04
Permanent (mise hors gel)
Borne artisanale : gratuit
5 ⓟ - Illimité - gratuit
Services : WC
GPS : E 4.97891 N 48.18429

LANGRES

Voir p. précédente

NOGENT

Aire de Nogent
Av. du 8-Mai-1945 -
☎ 03 25 39 42 07
Permanent (mise hors gel)
Borne AireService
3 ⓟ - 24h - gratuit - borne compris
GPS : E 5.3463 N 48.026

VIÉVILLE

Aire de Viéville
Halte nautique - ☎ 06 75 89 53 64
Permanent
Borne artisanale
6 ⓟ - Illimité - 9,80 €/j. - borne compris
Services :
Au bord du canal de la Marne à la Saône.
GPS : E 5.12977 N 48.23815

BANNES

Hautoreille
6 r. du Boutonnier - ☎ 03 25 84 83 40 - campinghautoreille.com
De déb. mars à fin oct. - 100 empl. -
borne artisanale
Tarif camping : 5 € 6 €
(10A) 6 €
Services et loisirs :
Calme, champêtre et confortable.
GPS : E 5.39519 N 47.89508

BOURBONNE-LES-BAINS

Montmorency
R. du Stade - ☎ 03 25 90 08 64 - camping-montmorency.com
De déb. avr. à fin oct. - 72 empl. -
borne flot bleu -
15 €
Tarif camping : 23,50 €
(10A) - pers. suppl. 4,50 €
Services et loisirs :
Terrain au calme sous les tilleuls.
Navette gratuite pour les thermes.
GPS : E 5.74027 N 47.95742

MONTIGNY-LE-ROI

Municipal du Château
R. Hubert-Collot - ☎ 03 25 87 38 93 - www.campingduchateau.com
De fin avr. à déb. oct. - 72 empl.
borne raclet
Tarif camping : 13,50 €
(10A) - pers. suppl. 6 €
Services et loisirs :
Dans un parc boisé dominant la vallée de la Meuse.
GPS : E 5.4965 N 48.00068

PEIGNEY (LAC DE LA LIEZ)

La Liez
R. des Voiliers - ☎ 03 25 90 27 79 - www.campingliez.com
De déb. avr. à déb. oct. - 157 empl. -
borne AireService
Tarif camping : 38 €
(10A)
Services et loisirs :
En surplomb du lac, aménagements aquatiques de qualité. Animations l'été.
GPS : E 5.3807 N 47.87146

L'entrée de l'abbaye d'Auberive.

Les bonnes adresses de bib

ARC-EN-BARROIS

Hôtel du Parc – 1 pl. Moreau - ℘ 03 25 02 53 07 - www.relais-sud-champagne.com - fermé mars, hiver : mar.-merc. ; été : mar. midi - formules déj. 14/18 € - menus 21/36 €. Cet ancien relais de poste du 17e s. abrite une salle à manger aux couleurs ensoleillées, complétée en été par une terrasse fleurie. Cuisine classique où le gibier est bien représenté, notamment à la saison de la chasse.

BOURBONNE-LES-BAINS

Casino de Bourbonne-les-Bains – 1 pl. des Bains - ℘ 03 25 90 90 90 - www.joa.fr - 10h-1h (3h vend.-sam.). Lieu incontournable de la station, avec ses machines à sous, sa roulette anglaise, ses tables de boule ou de black-jack, le casino programme par ailleurs un riche éventail d'animations tout au long de l'année : dîner-spectacle ou musical, thé dansant, restauration à thème (avec gibier en saison).

CHAUMONT

Les Remparts – 70 r. de Verdun - ℘ 03 25 32 64 40 - www.hotel-les-remparts.fr - fermé 2 sem. en août et dim. - menus 26/52 €. Au pied d'un hôtel de caractère situé à l'entrée du centre-ville, la table traditionnelle des Remparts se concentre sur une cuisine classique où les produits du terroir sont à l'honneur (truffe, fromage de Langres, etc.).

COIFFY-LE-HAUT

Domaine Camus Renaut – 6 r. des Bourgeois - ℘ 03 25 84 80 12 - www.coteaux-de-coiffy.fr - 14h-18h - fermé dim. sf juil.-août. Caveau de dégustation de vins de pays blancs, rouges, rosés et méthode traditionnelle issus des 15 ha de vignoble plantés autour de Coiffy-le-Haut. Certaines cuvées ont obtenu des médailles au concours général agricole de Paris.

LAC DE LA LIEZ

Les Voiliers – 1 r. des Voiliers - ℘ 03 25 87 05 74 - fermé lun. et mar. - menus 49 €. Cet établissement au bord du lac de la Liez bénéficie d'un emplacement idéal. Repris en 2018 par une équipe jeune et dynamique, le restaurant et le bar ont été entièrement rénovés dans un style moderne. Cuisine gastronomique et raffinée, réellement succulente, mêlant terre et mer.

LANGRES

Maison Henry – 6 r. Diderot - ℘ 03 25 87 02 48 - mar.-sam. 9h-12h30, 14h-19h, dim. 9h-12h30. Maxime, le petit-fils pâtissier et chocolatier, a repris l'entreprise familiale installée dans une belle maison (1580) du vieux Langres depuis 1956. Laissez-vous tenter par le rocher Lingon, une bouchée au chocolat, à base de praliné et de noisettes caramélisées, enrobée de chocolat noir ou l'entremet croustillant chocolat.

Les Voiliers – 1 r. des Voiliers - lac de la Liez - 4 km à l'est de Langres par N19 et D284 - ℘ 03 25 87 05 74 - lesvoiliers.fr - fermé lun.-mar. - formule déj. 24 € - menus 39/45 €. Une auberge placée au bord du lac de la Liez qui propose une cuisine traditionnelle. Salle de restaurant ornée d'une fresque ; véranda pour profiter de la vue.

Coutellerie Legendre – 35 r. Diderot - ℘ 03 25 87 00 63 - www.coutellerie-legendre.fr - mar.-sam. 9h-12h, 14h-19h. Spécialité de Langres et de Nogent, la coutellerie est bien représentée chez les Legendre. Vous y trouverez couteaux et ciseaux de fabrication locale.

Offices de tourisme

BOURBONNE-LES-BAINS

Pl. des Bains - ℘ 03 25 90 01 71 - www.tourisme-bourbonne.com.

CHAUMONT

7 av. du Gén.-de-Gaulle - ℘ 03 25 03 80 80 - tourisme-chaumont-champagne.com.

PAYS DE LANGRES ET DES 4 LACS

Square Olivier-Lahalle - Langres - ℘ 03 25 87 67 67 - www.tourisme-langres.com.

Langres, la cathédrale St-Mammès.

La place Stanislas à Nancy.
Ivan Bastien/Getty Images Plus

Mirabelles.
Oksana_Schmidt/Getty Images Plus

Munster.
barmalini/Getty Images Plus

Lorraine

« **E**n passant par la Lorraine… », la chanson n'est pas anodine et pointe une région frontalière qui a subi les assauts de convoitise de part et d'autre du Rhin, depuis l'éclatement de la lointaine Lotharingie jusqu'aux derniers conflits mondiaux. L'identité du pays s'est construite sur cette histoire et en a fait sa richesse. Elle se rappelle à nous à Metz, dans les fastes mérovingiens révélés par les musées de la Cour d'Or et dans les aménagements urbanistiques de Guillaume II, ou à Nancy dans le Palais ducal et dans les ors de la place Stanislas, ancien roi de Pologne qui trôna un temps sur le duché.

Encore d'autres trésors vous attendent… Bien avant que ne rougeoient les hauts-fourneaux, la région, semble-t-il placée sous le signe du feu, a donné naissance à nombre d'ateliers de faïence et verreries grâce à l'abondance des matières premières, argiles, sables alluviaux des rivières et réserves de bois. Il en résulte une tradition verrière experte, magnifiée au début du 20e s. dernier par les réalisations Art déco de l'école de Nancy, perpétuée par de grandes cristalleries comme Baccarat ou St-Louis, à la renommée internationale, et l'épanouissement de faïenceries, à Longwy, Lunéville ou Sarreguemines.

Mais si c'est plutôt d'un grand bol d'air dont vous avez besoin, rendez-vous dans les hautes Vosges pour de douces randonnées sur les hautes chaumes ou entre lacs et sapins.

Pour un grand verre d'eau, minérale bien sûr, rendez-vous à Vittel et Contrexéville. Et pour un bain de jouvence, plongez dans les images d'Épinal, toujours bien vivantes ! La reconversion des anciens bassins industriels, textiles, sidérurgiques, miniers… s'ajoute aujourd'hui à ce remarquable patrimoine architectural et artistique renforcé en 2010 par l'ouverture du Centre Pompidou à Metz.

LORRAINE

La Moselle à Épinal.
Leonid Andronov/Getty Images Plus

LES ÉVÉNEMENTS À NE PAS MANQUER

- **Festival international du film fantastique** à Gérardmer (88) : dernière sem. de janv. festival-gerardmer.com.
- **Carnaval** à Sarreguemines (57) : fév.
- **Fête des jonquilles** à Gérardmer (88) : mi-avr., années impaires. www.fete-des-jonquilles-gerardmer-officiel.fr.
- **Festival de dentelle et broderie** à Luxeuil-les-Bains : fin avr.-déb. mai, tous les 3 ans (prochain 2025).
- **Les Imaginales** à Épinal (88) : mai. www.imaginales.fr.
- **Festival de sculpture Camille Claudel** à La Bresse (88) : sem. de l'Ascension. www.festival-sculpture.fr.
- **Des flammes… à la lumière** à Verdun (55) : de mi-juin à fin juil. spectacle-verdun.com.
- **Fête médiévale** à Rodemack (57) : juin. www.avp-rodemack.fr.
- **Festival Renaissances** à Bar-le-Duc (55) : déb. juil. festivalrenaissances.jimdo.com.
- **Théâtre du Peuple** à Bussang (88) : juil.-août. www.theatredupeuple.com.
- **Fête du Château** à Sierck-les-Bains (57) : août. www.chateau-sierck.com.
- **Fête de la mirabelle** à Metz (57) : fin août.
- **Fête du pâté lorrain** à Baccarat (54) : sept.
- **Fête des images** à Épinal (54) : sept.
- **Festival international de géographie** à St-Dié-des-Vosges (88) : 1er w.-end. d'oct. www.fig.saint-die-des-vosges.fr.
- **Fête de la St-Nicolas** dans toute la région : 6 déc.

Votre séjour en Lorraine

Circuits №

1. Souvenirs de guerre
   3 jours - 240 km **P160**
2. Entre Meuse et Moselle
   6 jours - 260 km **P164**
3. En passant
   par la Lorraine...
   5 jours - 300 km **P168**
4. Route des Crêtes
   et forêt des Vosges
   5 jours - 250 km **P172**
5. Les Vosges thermales
   4 jours - 270 km **P176**

Étape

Metz **P165**

Visites

Écomusées des mines
de fer de Lorraine **P161**

Musée Lalique
à Wingen-sur-Moder **P169**

L'image à Épinal **P177**

Randonnée

Petit Ballon **P173**

Stations thermales

Contrexéville **P180**
Plombières-les-Bains **P180**
Luxeuil-les-Bains **P181**
Bains-les-Bains **P181**

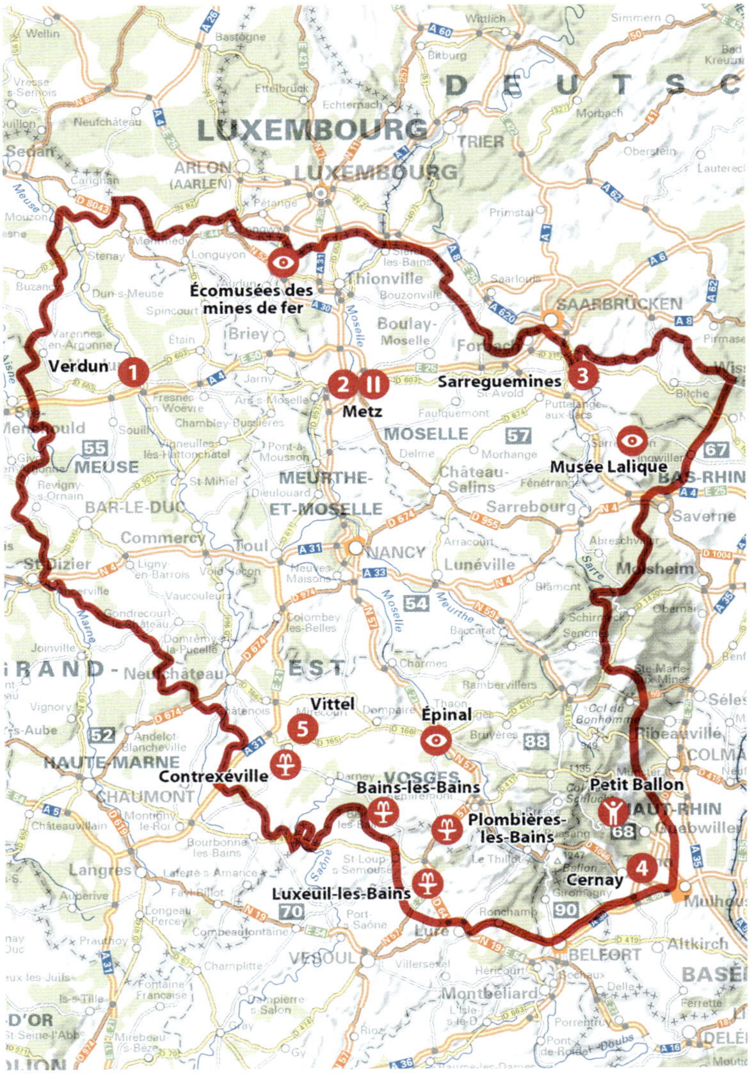

EN COMPLÉMENT, UTILISEZ…
- Le Guide Vert : Lorraine
- Cartes Michelin : Région 516 et Départements 307, 314 et 315

LORRAINE – CIRCUIT 1
Souvenirs de guerre

Pas besoin d'être ancien combattant pour faire ce circuit qui vous fait découvrir, que vous soyez jeune ou adulte, un des moments les plus noirs de l'histoire de France et rappelle l'absurdité de la guerre. Des champs de bataille de Verdun aux forts et ouvrages souterrains de la ligne Maginot, grandeur et héroïsme des combattants.

⭐ **DÉPART :** VERDUN - 3 jours – 240 km

JOUR 1

Commencez par **Verdun**, ville aux multiples combats, dont les fortifications font parfois oublier la vieille ville pacifique. Vous vous rendrez en premier lieu à la Citadelle souterraine. Elle abritait divers services et les soldats au repos. Ses 7 km de galeries étaient équipés pour subvenir aux besoins d'une armée. À bord d'une nacelle filoguidée, vous partagerez la vie quotidienne des soldats lors de la bataille de 1916. En sortant de la citadelle, vous apercevrez le carrefour des Maréchaux et ses 16 grandes statues de maréchaux et généraux de l'Empire, des guerres de 1870 et bien sûr de 1914-1918. Deux autres lieux à ne pas manquer : le monument de la Victoire et le Centre mondial de la paix. Pour la pause déjeuner, goûtez aux spécialités de Verdun : les bons vins du Toulois, la mirabelle et la dragée. L'après-midi, direction la rive droite de la Meuse et les champs de bataille. Premier arrêt au **Cimetière militaire du Faubourg-pavé** où ont été inhumés les corps des 7 soldats inconnus en même temps que celui qui repose sous l'Arc de Triomphe, à Paris. À **Fleury-devant-Douaumont**, le Mémorial de Verdun évoque les souffrances des combattants mais aussi des populations civiles. Ensuite c'est à l'**ossuaire de Douaumont** que vous rendrez hommage aux soldats des deux camps. En contrebas de l'ossuaire, le Cimetière National, contient 15 000 tombes (les croix blanches pour les vainqueurs, les noires, pour les vaincus). Le **fort de Douaumont** et la tranchée des Baïonnettes vous montrent la violence des combats durant la « der des ders ». Pour vous faire une idée de ce qu'était la **ligne Maginot**, vous irez au **gros ouvrage de Fermont**, visiter son musée du Matériel lourd, avant de passer la nuit à **Longwy**.

JOUR 2

Vous pourrez commencer la journée sur une note gaie, par une visite le musée de Longwy, pour découvrir les émaux et la faïence produits ici. Partez ensuite en direction de Thionville et faites étape à **Aumetz** et **Neufchef**, où les Écomusées des mines de fer vous

Cimetière de Verdun.

VISITE 👁

Écomusées des mines de fer de Lorraine (Neufchef et Aumetz)

INFOS PRATIQUES

Écomusée des mines de fer de Neufchef –
2 r. du Musée - ☏ 03 82 85 76 55 -
www.musee-minesdefer-lorraine.com - ♿ -
14h-18h - fermé lun. - 10 € (5-18 ans 6 €).
Prévoir des vêtements chauds.
Écomusée des mines de fer d'Aumetz –
25 r. St-Léger-de-Montbrillais - ☏ 03 82 85 76 55 -
www.musee-minesdefer-lorraine.com - ♿ -
visite guidée avr.-sept. : sur RV - 10 € (5-18 ans 6 €).

STATIONNEMENT

Les deux sites ont un parking à disposition (gratuit), pour la journée.

familiariseront avec le passé industriel de la région (voir l'encadré ci-contre). Un crochet vers le **petit ouvrage de l'Immerhof**, l'**abri de Zeiterholz** ou le **gros ouvrage de Guentrange** complètera votre découverte de la ligne Maginot. Mais votre visite des sites militaires ne serait pas complète sans l'impressionnant **gros ouvrage de Hackenberg**. Sous 160 ha de forêts, il est le plus gros des ouvrages de la ligne Maginot. Rejoignez **Amnéville**, pour oublier un moment l'histoire et vous distraire. Cet ancien foyer industriel est aujourd'hui un important centre de loisirs et de thermalisme. Les enfants seront ravis par le zoo mais aussi par l'aquarium. Dormez sur place.

JOUR 3

Pour la dernière matinée, vous rejoindrez **Briey**, la cité où Le Corbusier sa troisième Cité radieuse (1961) de Le Corbusier, après celles de Marseille et de Nantes. Cette « unité d'habitation » de 17 étages et 339 logements illustre bien le concept des « cités-jardins verticales » développé par l'architecte suisse. Selon la disponibilité, il est possible de visiter un appartement habité. Ultime étape à **Étain**, qui doit son nom aux nombreux étangs qui couvraient autrefois la région : la petite cité a été entièrement reconstruite après la Première Guerre mondiale ; remarquez les grands vitraux modernes de Grüber à l'intérieur de l'église et consacrés à la vie de saint Martin. Il ne vous reste plus qu'à revenir à Verdun.

La Moselle doit beaucoup à son généreux sous-sol, riche notamment en minerai de fer, qui a favorisé le développement de l'industrie sidérurgique. Aujourd'hui les mines ont fermé, les hauts-fourneaux se sont tus et l'activité chimique se réduit comme une peau de chagrin. De nombreux anciens sites de production, transformés en musées, contribuent à l'épanouissement touristique du département.
Écomusée des mines de fer de Neufchef – Il occupe le site de Ste-Neige, « mine de coteau » dont les galeries s'ouvraient à flanc de colline. En surface, un vaste bâtiment, devant lequel est reconstitué un carreau de mine, documente les visiteurs sur la genèse du fer et ses conditions de gisement, ainsi que sur le métier de mineur et son environnement social. Le long d'un parcours de 1,5 km, des chantiers de diverses époques ont été réinstallés, invitant à un passionnant voyage dans le temps, riche d'enseignements sur l'évolution des techniques minières : forage au vilebrequin, apparition du wagonnet, avènement du compresseur et du marteau-piqueur, mise en œuvre de machines d'extraction…
Écomusée des mines de fer d'Aumetz – L'ancienne mine de Bassompierre, ouverte sur le revers de la côte de Moselle, rend bien compte du travail des mineurs. En surface de la mine, on accède au **chevalement** (35 m), tour d'acier assurant la liaison avec le fond, d'où l'on a un bon aperçu de la région minière, au quai d'embarquement des mineurs, ainsi qu'aux bâtiments d'exploitation abritant la salle des compresseurs, la forge et la grande machine d'extraction.

LORRAINE – ADRESSES CIRCUIT 1

Aires de service & de stationnement

AMNÉVILLE
Aire de la Cité des Loisirs
R. de l'Europe, derrière l'office de tourisme - ☎ 03 87 70 10 40 - www.amneville.com
Permanent (mise hors gel)
Borne artisanale
32 P - 🔒 - Illimité - 14,72 €/j. - borne compris - Paiement : CC
Services : WC
GPS : E 6.13804 N 49.24766

BLERCOURT
Aire de Blercourt
16 r. de la Grande-Fontaine, dir. Verdun - ☎ 03 29 86 81 43
Permanent
Borne artisanale
6 P - 24h - 10 €/j. - borne compris
GPS : E 5.23987 N 49.11139

DAMVILLERS
Aire de Damvillers
R. de l'Isle-d'Envie, 50 m de la gendarmerie - ☎ 03 29 85 60 68 - www.tourisme-spincourt.com
Permanent (mise hors gel)
Borne raclet : gratuit
4 P - Illimité - gratuit
Services :
Au pied d'un petit château d'eau.
GPS : E 5.39752 N 49.33791

DIEUE-SUR-MEUSE
Aire de Dieue
Rte des Dames, au niveau du pont - ☎ 03 29 87 58 62 - tourismevaldemeusevoiesacree.fr

Permanent (mise hors gel)
Borne artisanale : gratuit
6 P - Illimité - gratuit
Services :
Au bord du canal de l'Est et du petit port de plaisance.
GPS : E 5.42689 N 49.07026

LONGUYON
Aire de Longuyon
Pl. Salvador-Allende, devant l'office de tourisme - ☎ 03 82 39 21 21 - www.ot-longuyon.fr
Permanent
Borne Urbaflux 2 € 2 €
4 P - 72h - gratuit
Paiement : CC
Services :
Aire bruyante à proximité d'une aire de pique-nique et en bordure de rivière.
GPS : E 5.59945 N 49.44797

LONGWY
Aire de Longwy-Haut
Av. du 8-Mai-1945, près du stade municipal - ☎ 03 82 24 94 54 - www.longwy-tourisme.com
Permanent
Borne flot bleu 2,50 € 2,50 €
7 P - Illimité - gratuit
Paiement : jetons (office de tourisme)
Services :
GPS : E 5.76587 N 49.52645

METZ
Voir p. 165

Campings

BURTONCOURT
La Croix du Bois Sacker
☎ 03 87 35 74 08 - www.campingcroixsacker.com
De déb. avr. à mi-oct. - 40 empl. -
borne artisanale
Tarif camping : 22,90 €
(6A) - pers. suppl. 5 €
Services et loisirs :
Emplacements ombragés, au calme.
GPS : E 6.39663 N 49.22535

CHÂTILLON-SOUS-LES-CÔTES
Aire naturelle Les Étangs de Mandre
2 r. du Moulin - ☎ 06 85 10 35 63 - www.campingmandre.com
Permanent - 40 empl. -
Tarif camping : 17 € (6A) - pers. suppl. 2 €
Services et loisirs :
Un havre de paix au bord d'un étang de pêche.
GPS : E 5.53121 N 49.14957

VERDUN
Les Breuils
7 allée des Breuils - ☎ 03 29 86 15 31 - www.campinglesbreuils.fr
De déb. avr. à déb. oct. - 162 empl. -
borne flot bleu
Tarif camping : 6,95 € 6,25 €
(6A) 4,60 €
Services et loisirs :
Cadre champêtre au bord d'un étang.
GPS : E 5.36598 N 49.15428

Les bonnes adresses de bib

AMNÉVILLE

✕ **La Forêt** – 1 r. de la Source - ℘ 03 87 70 34 34 - www.restaurant-laforet.com - fermé 2 sem. en été, de fin déc. à déb. janv., dim. soir-lun. - menus 38/52 €. Carte traditionnelle à l'affiche de cette table familiale. À déguster dans l'ample et claire salle ou sur la terrasse, face au bois de Coulange. Belle carte de vins.

LONGWY

Manufacture des émaux de Longwy – 3 r. des Émaux - ℘ 03 82 24 30 94 - www.emauxdelongwy.com - lun. 10h-12h, 13h30-17h30, mar.-vend. 10h-12h, 13h30-18h, sam. 10h-12h - visite guidée sur réserv. (45mn) - 7 € (enf. 3 €. Cette maison prestigieuse, fondée en 1798, propose des pièces créées par des designers contemporains.

VERDUN

✕ **Chez Mamie** – 52 av. de la 42e Division - ℘ 03 29 86 45 50 - chez-mamie.eatbu.com - fermé lun. soir et mar. - plat 11,50/19 €. En bordure est du centre-ville, une adresse chaleureuse sans prétention qui joue la carte « rétro » et régionale dans l'assiette comme dans le décor.

✕ **Le Bistrot d'Elo** – 55 quai de Londres - ℘ 09 85 04 27 23 - www.lebistrodelo.fr - fermé lun. soir-merc. - plats 15/20 €. Idéalement situé en bord de Meuse, ce bistrot sert une cuisine de terroir avec notamment des légumes bio de la région. Au menu, foie gras maison, terrine au saumon, tête de veau, filet mignon...

Dragées Braquier – 50 r. du Fort-de-Vaux - ℘ 03 29 84 30 00 - dragees-braquier.fr - 9h-12h, 13h30-19h, sam. 9h-12h, 14h-19h, dim. 9h-12h, 15h-19h. Dans ce magasin d'usine, vous trouverez les fameuses dragées de Verdun, celles-là mêmes que Gœthe avait achetées après la prise de la ville par les Prussiens en 1792 ! En prime, visite des ateliers de fabrication et du petit musée (35mn - gratuit). Autre magasin Braquier dans le centre-ville (3 r. Pasteur - tlj sf dim. 10h-12h, 14h-19h, lun. 14h-19h).

L'Épicuroise – 27 r. Chaussée - ℘ 03 29 80 31 15 - 9h30-12h, 14h-18h30 - fermé dim.-lun. L'adresse est idéale pour dénicher des produits locaux et régionaux : fromages, conserves, pâtisseries, confiseries... Sans oublier la célèbre mirabelle lorraine, nature, parée de chocolat ou encore distillée...

Offices de tourisme

AMNÉVILLE

2 r de l'Europe - ℘ 03 87 70 10 40 - amneville.com.

VERDUN

Pl. de la Nation - ℘ 03 29 86 14 18 - www.tourisme-verdun.com

Longwy, émaux des Récollets.

LE TOP 5 LIGNE MAGINOT

1. **Gros ouvrage de Guentrange**
2. **Abri du Zeiterholz**
3. **Gros ouvrage du Hackenberg**
4. **Gros ouvrage du Galgenberg**
5. **Petit ouvrage de l'Immerhof**

Intérieur de l'ossuaire de Douaumont.

LORRAINE – CIRCUIT 2
Entre Meuse et Moselle

Vous passez d'une époque à l'autre au gré des rivières. Metz est romaine, médiévale et classique. Nancy est la capitale des ducs de Lorraine et celle de l'Art nouveau. Bar-le-Duc est le point de départ de la « voie sacrée » menant à Verdun, et St-Mihiel, un lieu de pèlerinage sur les zones de combats de la Première Guerre mondiale. Côté bouche, vous passez d'un goût à l'autre : bergamote et macaron à Nancy, madeleine à Commercy et confiture de groseilles à Bar.

⭐ **DÉPART :** METZ - 6 jours – 260 km

JOUR 1

Le premier jour sera consacré à **Metz**, à la fois guerrière, culturelle et religieuse. Un beau programme vous attend (voir l'encadré p. ci-contre).

JOUR 2

Faites plaisir à vos enfants en les emmenant au Walygator Parc, au nord de la ville : montagnes russes, manèges d'eau, spectacles... Vous pouvez aussi flâner dans les rues animées et visiter les musées de la Cour d'Or (archéologie, architecture et Beaux-arts). Puis rejoignez **Pont-à-Mousson** et son ancienne abbaye des Prémontrés (18e s.).

JOURS 3 ET 4

Arrivé à **Nancy**, vous êtes dans l'ancienne capitale des ducs de Lorraine. Riche en monuments, c'est aussi un centre intellectuel et artistique dans lequel on passe difficilement moins d'une journée. Faites d'abord connaissance avec le bon roi Stanislas en déambulant dans les rues du centre-ville, depuis l'incontournable place qui lui est dédiée... C'est un plaisir tant les bâtiments reflètent l'équilibre et l'harmonie, urbanisme du 18e s. oblige. Promenez-vous dans le parc de la Pépinière puis goûtez aux charmes de la vieille ville, autour de la basilique St-Epvre et du Palais ducal, qui abrite le Musée lorrain. Vous pourrez terminer l'après-midi par la visite du musée des Beaux-Arts. En juillet et en août, profitez des terrasses qui fleurissent un peu partout dans la ville, avec groupes musicaux en prime, le soir. Si vous préférez la musique classique, des concerts gratuits sont organisés régulièrement à la cathédrale ou à l'église des Cordeliers. Mais vous pouvez aussi préférer passer une soirée à l'Opéra. Culture et balade : c'est bien beau, mais cela ne doit pas vous empêcher de profiter des plaisirs terrestres... Bergamotes et macarons vous attendent dans un des très beaux cafés

Metz, le Temple neuf au bord de la Moselle.

ÉTAPE 11

Metz

OFFICE DE TOURISME
2 pl. d'Armes J.-F.-Blondel -
☎ 03 87 39 00 00 -
www.tourisme-metz.com.

STATIONNEMENT & SERVICES

Parking conseillé
Parking du Plan d'eau sur la commune de Longeville-lès-Metz, à 10mn à pied de la pl. de la République, gratuit,

Aire de Metz
Allée de Metz-Plage, devant le camping municipal, accès par la r. du Pont-des-Morts - ☎ 03 87 55 56 16
Permanent (mise hors gel)
Borne artisanale 4 €
19 - 72h - gratuit
Services :
Idéal pour la visite de la ville.
GPS : E 6.16909 N 49.12384

des années 1900. Le lendemain, vous découvrez le superbe patrimoine Art nouveau au fil des rues, la villa Majorelle et le musée de l'École de Nancy. Vous pouvez aussi profiter des alentours de la ville : vous avez le choix entre le jardin botanique Jean-Marie-Pelt ou le parc de loisirs de la forêt de Haye.

JOUR 5

L'histoire se poursuit à **Toul**. Au cœur du vignoble des côtes de Toul, l'une des deux AOC de Lorraine qui se décline en blanc, gris et rouge, la ville est ceinte d'une forteresse Vauban, toujours intacte, qui protège la cathédrale St-Étienne : à voir absolument ! À **Vaucouleurs**, vous visiterez le musée Jehanne-d'Arc. C'est de ce village fortifié qu'elle partit pour combattre les Anglais. Ensuite, petite étape gourmande pour une madeleine de **Commercy** avant la visite du château Stanislas. Rendez-vous à Bar-le-Duc pour y dormir.

JOUR 6

La ville Renaissance de **Bar-le-Duc** et son église du 17e s. abritant un Christ en croix de Ligier Richier méritent une matinée. Après le déjeuner, achetez de la confiture de groseilles, spécialité de la ville. Vous suivrez à nouveau les traces de Ligier Richier jusqu'à sa ville natale de **St-Mihiel**. Traversez ensuite le **Parc naturel régional de Lorraine**, où vous pourrez vous dégourdir les jambes avant de revenir à Metz.

Autant que Paris, Metz mérite le titre de « Ville Lumière ». À elles seules, les splendides verrières de la **cathédrale St-Étienne** justifieraient cette appellation. Œuvres de maîtres verriers illustres (comme Chagall) ou anonymes, réalisées entre le 13e et le 20e s., elles forment un ensemble somptueux qui a valu à l'édifice le surnom de « lanterne de Dieu ». Mais c'est l'ensemble de son patrimoine architectural que la ville a su mettre en valeur, grâce à de multiples éclairages nocturnes. Romaine, médiévale, classique, allemande, Metz est riche de ses 3 000 ans d'histoire, à découvrir dans le **musée de la Cour d'Or**. Prenez le temps de vous promener dans les ruelles du centre historique. La **ville ancienne**, autour de la **place d'Armes** où se dresse l'hôtel de ville à la sobre façade Louis XV, laisse voir ici une maison de style gothique, là une ornementation d'époque Renaissance, quelques maisons à contreforts et arcades des 14e, 15e et 16e s... Dirigez-vous ensuite vers l'**esplanade** où se dressent le **palais de justice**, la **citadelle** et l'**Arsenal**, centre ultramoderne créé par Ricardo Bofill et dédié à la musique et aux arts. Puis faites le tour du **Quartier impérial**, transformé après 1870 sur ordre de Guillaume II. L'atmosphère générale est homogène et, curieusement, la rupture n'est pas trop franche avec les vieux quartiers. Vos pas vous mèneront naturellement vers le **Centre Pompidou-Metz**, nouveau symbole de cette ville généreuse. Son architecture étonnante subjugue le visiteur : un chapiteau géant à la charpente ondulante sur laquelle flotte une voile en fibre de verre... Et que dire de l'intérieur qui abrite le meilleur de l'art moderne et contemporain au gré des nombreuses expositions temporaires ! En fin de journée, flânez sur les quais, allez boire un verre place **St-Jacques** et profitez des illuminations de la ville.

LORRAINE – ADRESSES CIRCUIT 2

Aires de service & de stationnement

BAR-LE-DUC
Aire de Bar-le-Duc
R. du Débarcadère - ☏ 03 29 79 11 13 - www.tourisme-barleducetbarrois.com
Permanent (mise hors gel)
Borne raclet 2,10 € 2,10 €
5 P - Illimité - gratuit
Paiement : jetons (office de tourisme)
Services : WC
Le long du canal de la Marne au Rhin, à la halte fluviale.
GPS : E 5.16654 N 48.77536

COMMERCY
Aire de Commercy
R. du Dr-Boyer - ☏ 03 29 91 21 88 - cc-cvv.fr
Permanent
Borne flot bleu 3 € 3 €
4 P - 72h - gratuit
Paiement : jetons (office de tourisme et sur place, distributeur)
Services :
GPS : E 5.5957 N 48.7639

LIGNY-EN-BARROIS
Aire de Ligny-en-Barrois
R. Jean-Willemart, port fluvial du canal de la Marne au Rhin - ☏ 03 29 78 06 15
Permanent
Borne AireService 2 € 2 €
5 P - Illimité - gratuit
Services :
GPS : E 5.31972 N 48.68777

METZ
Voir p. précédente

NANCY
Parking du port de plaisance
Quai St-Georges, au port de plaisance, par le bd du 21ᵉ-Régiment-d'Aviation - ☏ 03 83 37 63 70 - www.nancy-tourisme.fr
Permanent (fermé Noël et Nouvel An)
Borne AireService
19 P - 48h - 16 €/j. - borne compris
Services : WC
Emplacements sécurisés, à 10mn à pied de la place Stanislas.
GPS : E 6.19346 N 48.6921

NONSARD-LAMARCHE
Aire de Nonsard-Lamarche
R. du Bois-Gérard, près du lac de Madine, à dr. du camping de Nonsard - ☏ 03 29 89 32 50 - www.lacmadine.com
Permanent
Borne flot bleu
30 P - 🔒 - Illimité - 14 €/j. - borne compris
Services : WC
Accueil à la Maison des promenades.
GPS : E 5.75821 N 48.92825

PONT-À-MOUSSON
Aire du port de plaisance
Allée de l'Espace St-Martin - ☏ 03 83 83 53 52 - www.ville-pont-a-mousson.fr
Permanent
Borne AireService
42 P - 🔒 - Illimité - 11 €/j. - borne compris
Paiement : CC
Services : WC
Face au port de plaisance sur la Moselle. Plat, bitume, petit ombrage.
GPS : E 6.06073 N 48.90295

TOUL
Aire de Toul
Av. Col.-Péchot - ☏ 03 83 63 76 33 - www.toul.fr
Permanent
Borne artisanale
8 P - 72h - 7 €/j. - borne compris
Services : WC
Près du port de plaisance.
GPS : E 5.88831 N 48.67921

VAUCOULEURS
Aire de Vaucouleurs
Pl. du Moulin - ☏ 03 29 89 51 82
Permanent
Borne artisanale 2 € 2 €
4 P - Illimité - gratuit - 24 h gratuit puis 5 €/j
Paiement : jetons (office de tourisme)
Services :
GPS : E 5.66722 N 48.60166

Campings

JAULNY
La Pelouse
Chemin de Fey - ☏ 06 08 34 54 95 - www.campingdelapelouse.com
De déb. avr. à fin sept. - 100 empl. -
borne flot bleu
Tarif camping : 26,90 €
(6A) - pers. suppl. 4 €
Services et loisirs :
Sur une petite colline boisée dominant la rivière.
GPS : E 5.88658 N 48.9705

REVIGNY-SUR-ORNAIN
Municipal du Moulin des Gravières
1 r. du Stade - ☏ 03 29 78 73 34 - www.revigny-sur-ornain.fr
De mi-avr. à fin sept. - 23 empl.
borne artisanale
Tarif camping : 2,50 € 8 € - 5 €
Services et loisirs :
Cadre enchanteur traversé par le canal Oudot avec accueil et office de tourisme regroupés.
GPS : E 4.98373 N 48.82669

VILLERS-LÈS-NANCY
Campéole Le Brabois
Av. Paul-Muller - ☏ 03 83 27 18 28
De déb. avr. à déb. nov. - 179 empl. -
borne AireService
Tarif camping : 26,70 €
(10A) - pers. suppl. 7 €
Services et loisirs :
Emplacements au calme dans un cadre boisé aux portes du jardin botanique.
GPS : E 6.13982 N 48.65732

VILLEY-LE-SEC
Camping de Villey-le-Sec
34 r. de la Gare - ☏ 03 83 63 64 28 - www.campingvilleylesec.com
De déb. avr. à fin sept. - 83 empl. -
borne artisanale
19 €
Tarif camping : 26 €
(10A) - pers. suppl. 4,50 €
Services et loisirs :
Cadre naturel d'exception au bord de la Moselle.
GPS : E 5.98559 N 48.6526

Les bonnes adresses de bib

BAR-LE-DUC

Bistro St-Jean – 132 bd de La Rochelle - 03 29 45 40 40 - bistrostjean.fr - fermé jeu. soir, sam. midi, dim. soir et lun. - menu 40 €. Une ancienne épicerie pleine de saveur, devenue bistrot contemporain et coloré, pile dans la tendance. Son chef signe une cuisine fine et bien ficelée, qui respecte joliment les produits.

Éts Dutriez « À la Lorraine » – 35 r. de l'Étoile - 03 29 79 06 81 - www.groseille.com - mar.-vend. 10h-12h, 14h30-18h, sam. 10h-12h. Fondée en 1879, la maison Dutriez est le dernier établissement à produire la confiture de groseilles épépinées à la plume d'oie. Sur rendez-vous : vidéo sur l'histoire de cette spécialité unique au monde, démonstration d'épépinage et dégustation les différents produits.

COMMERCY

La Boîte à Madeleines – ZAS La Louvière - 03 29 91 40 86 - madeleines-zins.fr - 8h-12h, 14h-19h, dim. 9h-12h, 14h-19h ; visite tlj sf dim.-lun. - fermé 3 sem. en janv. Dès l'entrée, de délicieuses odeurs titillent les narines. Devant vous, derrière la vitre, la salle de fabrication où s'élaborent les succulents gâteaux dorés à point que vous dégusterez ensuite accompagnés d'un café.

METZ

Chez Moi – 22 pl. des Charrons - 03 87 74 39 79 - www.chez-moi.fr - fermé dim.-lun. - menu 35 €. Ce bistrot de quartier a été repris par un jeune chef sympathique doté d'un beau parcours. Il propose plats canailles et classiques revus à « sa sauce ». À la carte ce jour-là : *fish & chips*, poulet Label Rouge, belle entrecôte, brioche perdue...

El Theatris – 2 pl. de la Comédie - 03 87 56 02 02 - www.eltheatris.fr - fermé dim. soir - menus 29/48 €. Une vue imprenable sur le temple neuf, la place de la Comédie et la cathédrale en toile de fond. Cette adresse sur l'île de Saulcy dispose d'une vaste terrasse en saison et sert une cuisine de produits régionaux raffinée, avec le foie gras et les gibiers en plats favoris du chef. Jolie salle dans l'ancien pavillon militaire.

Marché couvert – Pl. Jean-Paul-II - tlj sf dim. et lun. 7h-17h30. Produits d'excellente qualité, du rayon boucherie-charcuterie, au poisson, en passant par les fromages. Vous y trouverez aussi un boulanger-pâtissier, une épicerie fine et un bar à soupes.

NANCY

Maison des Sœurs Macarons – 21 r. Gambetta - 03 83 32 24 25 - www.macaron-de-nancy.com - tlj sf dim. 9h30-12h30, 14h-19h, sam. 9h-19h, lun. 14h-19h. Le secret de l'élaboration des célèbres macarons des sœurs (petits gâteaux ronds à base d'amandes, finement craquelés et très moelleux) se transmet ici depuis le 18e s. Autres spécialités lorraines, à base de bergamote ou de mirabelle.

PONT-À-MOUSSON

Pierre Bonaventure – 18 pl. Duroc - 03 83 81 23 54 - www.pierrebonaventure.fr - menus 17 € (déj.), 27,50 €. Un restaurant qui met la viande à l'honneur. Pierre Bonaventure a rapporté du Portugal la cuisson au four à pain qui donne aux pièces de bœuf soigneusement sélectionnées une saveur unique.

TOUL

Le Commerce – 10 r. de la République - 03 83 43 00 41 - restaurant-lecommerce.fr - fermé lun. soir, merc. soir et dim. - plats 16/24 €. Cette brasserie née en 1895 a su conserver son esprit Belle Époque : superbes faïences murales, banquettes capitonnées de rouge... Cuisine traditionnelle de qualité : tête de veau sauce gribiche ou saumon gravelax crème au raifort.

Offices de tourisme

METZ
Voir p. 165.

NANCY
Pl. Stanislas - 03 83 35 80 10 - www.nancy-tourisme.fr.

Vitrail La Lecture *par Henri Berge, musée de l'École de Nancy.*

LORRAINE – CIRCUIT 3
En passant par la Lorraine...

Inutile de prendre vos sabots pour ce circuit qui vous fait découvrir une région souvent délaissée au profit de sa voisine alsacienne. Bien plus préservée que ne pourrait le laisser craindre son passé industriel, la Lorraine présente des paysages amples et verdoyants. Côtes, collines, plateaux et plaines se succèdent jusqu'aux confins de la Champagne, tandis que la forêt partout présente se mêle aux champs, aux prairies humides et aux étangs.

⭐ **DÉPART :** SARREGUEMINES - 5 jours – 300 km

JOUR 1

Histoire et tradition pour commencer la journée, car **Sarreguemines** a su valoriser son savoir-faire faïencier (musée de la Faïence, musée des Techniques faïencières et parcours urbain) et son passé gallo-romain (parc archéologique de Bliesbruck-Reinheim). Partez ensuite explorer les petits villages de Lorraine, blottis au milieu des collines boisées, comme **Hombourg-Haut**, qui, au sommet de son éperon rocheux, conserve quelques vestiges de remparts et une vieille porte. C'est peu, mais le tout est vraiment joli. Marque du passé à **St-Avold** où l'ancienne église abbatiale côtoie le château d'Henriette de Lorraine, qui abrite la mairie, et le cimetière américain.

JOUR 2

Au programme aujourd'hui, la visite du musée Georges de La Tour à **Vic-sur-Seille**, ville natale du peintre. Vous pourrez y voir une œuvre exceptionnelle de ce maître du clair-obscur : *Saint Jean Baptiste dans le désert*. À **Marsal**, ville du sel, fortifiée par Vauban, un musée révèle les secrets de cette substance précieuse recueillie dans les terrains salifères de la vallée de la Seille depuis l'Antiquité. Vous êtes au cœur de la partie orientale du Parc naturel régional de Lorraine, l'occasion de satisfaire les enfants avec une visite du parc animalier Ste-Croix à proximité de **Sarrebourg** où vous passez la nuit.

JOUR 3

À Sarrebourg, un parcours Chagall dessert deux lieux : la chapelle des Cordeliers, où l'artiste a réalisé un immense vitrail consacré à la paix, et le musée du Pays de Sarrebourg, qui conserve une de ses tapisseries nommée *La Paix*. Ce dernier site offre aussi l'occasion d'admirer la très belle collection de faïences et de porcelaines de la manufacture de Niderviller. Pour prendre l'air, un petit train au départ d'**Abreschviller** vous conduit à Grand-Soldat, à moins que vous ne préfériez les fortifications de **Phalsbourg**.

Musée Lalique à Wingen-sur-Moder.

JOUR 4

La ville de **La Petite-Pierre**, fortifiée par Vauban, est le siège de la Maison du Parc naturel régional des Vosges du Nord. C'est l'occasion d'emprunter un des nombreux sentiers balisés. Et si le travail du verre vous passionne, n'hésitez pas à passer par le site verrier de **Meisenthal** et plus encore au musée Lalique de **Wingen-sur-Moder** (voir l'encadré ci-contre). Une escapade est alors possible à l'ouest au pays des Trois Frontières, où presque chaque piton rocheux porte les ruines d'un château médiéval. Avant de rejoindre Bitche pour y faire étape, profitez du soleil couchant depuis le haut de la tour du **Wintersberg** (alt. 580 m), point culminant des Vosges du Nord.

JOUR 5

Caractéristique de l'architecture militaire du 18e s., la citadelle de **Bitche**, signée Vauban, était réputée imprenable. Perdez-vous dans le dédale des galeries (cuisine, hôpital, corps de garde principal, dortoir des officiers) et des casemates, et revivez le siège de 1870, grâce à des projections audiovisuelles et à des effets olfactifs. Tous aux abris ! à 4 km à l'ouest de Bitche, se trouve le **gros ouvrage de Simserhof** édifié après la guerre de 1914. Encore des fortifications de la dernière guerre, en passant à **Rohrbach-lès-Bitche** avant de repartir sur Sarreguemines.

VISITE

Musée Lalique (Wingen-sur-Moder)

INFOS PRATIQUES

40 r. du Hochberg - 03 88 89 08 14 - www.musee-lalique.com - - avr.-sept. : 9h30-18h30 ; reste de l'année : se rens. - 8 € (6-18 ans 4 €), 18 € billet famille (1 à 2 adultes + 1 à 5 enf.).

STATIONNEMENT & SERVICES

Camping Municipal
R. de Zittersheim - 03 88 89 71 27 - www.wingensurmoder.fr
De déb. mai à fin sept. - 35 empl.
Tarif camping : 14 €
Cadre nature ombragé de bouleaux, à 2 km du musée Lalique. Paiement tôt le matin.
GPS : E 7.37077 N 48.91751

Installé à quelques kilomètres de la manufacture Lalique, ce musée présente le travail de l'un des plus célèbres ambassadeurs du luxe et de l'élégance *made in France*. L'exposition a pris place dans une ancienne verrerie doublée d'un bel édifice moderne tout en baies vitrées et serpentine signé J.-M. Wilmotte. Dès le hall d'entrée, un énorme lustre (1951) « explosif » composé de 339 pièces et pesant 1,6 tonne hypnotise. Passé la boutique et l'espace dédié aux expositions temporaires, commence la visite proprement dite. Quelque 650 œuvres fort bien scénarisées (espace, lumières, interactivité) racontent chronologiquement la carrière de René Lalique. Après les dessins et esquisses de bijoux, un espace est consacré aux flacons de parfum et aux nouvelles techniques qu'il invente, celles qui l'amènent à passer au verre industriel. Le poète du verre surfe sur la vague Art déco et diversifie sa production en dessinant aussi bien des verrières d'églises que des carafes ou de luxueux bouchons de radiateurs d'automobiles. L'exposition raconte aussi le passage au cristal. L'utilisation de nouvelles techniques (injection, soufflé-moulé, coloration) est illustrée par la présentation des étapes de fabrication du célèbre vase Bacchantes. Ce savoir-faire permet des créations de plus en plus « vivantes » : banc de poissons colorés, animaux et figures humaines. Cet héritage est aujourd'hui entretenu, perfectionné, à travers un large éventail de créations. Le parcours s'achève le long d'un jardin minéral et végétal, coloré par quelques-unes des fleurs qui inspirèrent l'artiste. Divers ateliers et activités sont proposés pour faire vivre les lieux dans l'année.
Tout au long de la visite, on est subjugué par l'imagination de ce génie du verre et du cristal, frappé par la modernité des objets exposés, leur capacité à traverser les décennies et les modes. Seule frustration : ne pas avoir pu assister au travail des ouvriers-artisans qui matérialisent l'imaginaire Lalique, compensée seulement par quelques vidéos.

LORRAINE – ADRESSES CIRCUIT 3

Aires de service & de stationnement

BITCHE

Aire des Contreforts de la Citadelle
R. des Tilleuls - 03 87 96 00 13 - www.ville-bitche.fr
Permanent
Borne AireService 2 € 2 €
5 - Illimité - gratuit
Services :
Au pied de la citadelle.
GPS : E 7.43377 N 49.05435

HOMBOURG-HAUT

Aire de Hombourg-Haut
R. des Suédois, parking de la salle des fêtes - 03 87 90 53 53 - www.tourismepaysdefreyming-merlebach.fr/
Permanent
Borne flot bleu 2 € 2 €
7 - 48h - gratuit
Paiement : jetons (borne ou office de tourisme de Freyming-Merlebach)
Services :
GPS : E 6.7796 N 49.1244

REIPERTSWILLER

Voir p. 192

RHODES

Aire du camping de Rhodes
R. de l'Étang - 06 70 93 40 92 - www.campingrhodes.fr
De déb. avr. à fin oct.
Borne artisanale
20 - Illimité - 19 €/j. - borne compris
Paiement :

Services :
Au bord de l'étang du Stock.
GPS : E 6.90053 N 48.75784

SARREBOURG

Aire de Sarrebourg
R. du Tennis - 03 87 03 05 06 - www.sarrebourg.fr
Permanent (mise hors gel)
Borne flot bleu : gratuit
4 - Illimité - gratuit
Services :
Près du centre aquatique et de l'étang Lévêque.
GPS : E 7.03726 N 48.72264

SARREGUEMINES

Aire de la halte nautique
R. de Steinbach - 03 87 98 80 81 - www.sarreguemines-tourisme.com
Permanent
Borne Urbaflux : 2 €
27 - - Illimité - 6 €/j.
Paiement :
Services :
GPS : E 7.07879 N 49.10058

WALSCHEID

Aire du plan d'eau
R. d'Alsace - 03 87 25 51 02 - walscheid.com
Permanent
Borne flot bleu 5 €
6 - 72h - gratuit
Paiement : jetons (boulangerie Littner)
Services :
GPS : E 7.15639 N 48.64583

Campings

GONDREXANGE

Les Mouettes
R. de l'Étang - 06 45 29 83 21 - otsi-gondrexange.pagesperso-orange.fr
De déb. avr. à fin oct. - 200 empl.
Tarif camping : 5 € 10,40 €
(10A)
Services et loisirs :
Terrain basique, au bord du lac.
GPS : E 6.9277 N 48.6912

HINSBOURG

Aire naturelle municipale Le Steinberg
R. Principale - 06 24 71 17 99 - www.ot-paysdelapetitepierre.com
De déb. avr. à fin oct. - 25 empl.
borne artisanale
Tarif camping : 3,50 € 6 € 3,50 €
Services et loisirs :
Joli terrain ombragé, dominant les environs.
GPS : E 7.28837 N 48.91021

ST-AVOLD

Le Felsberg
R. En-Verrerie - 03 87 92 75 05
Permanent - 33 empl. -
borne artisanale
Tarif camping : 4 € 6 €
(10A) 5 €
Services et loisirs :
Sur les hauteurs boisées de la ville.
GPS : E 6.71579 N 49.11102

WINGEN-SUR-MODER

Voir p. précédente

Les bonnes adresses de bib

ABRESCHVILLER

✕ **Auberge de la Forêt** –
276 r. des Verriers - ✆ 03 87 03 71 78 - www.aubergedelaforet57.com - fermé mar. soir, merc. soir, jeu. soir, dim. soir et lun. - menus 23 € (déj.), 39/64 €. Style moderne et cossu, élégant, en phase avec la cuisine, bien de son époque.

BITCH

✕ **La Tour des Saveurs** –
3 r. de la Gare - ✆ 03 87 96 29 25 - latourdessaveurs.com - fermé le soir (sf vend.-sam.) - menu déj. 17,50 €. On reconnaît cette grande bâtisse à sa tourelle. Inspiration Belle Époque dans les trois salles à manger, parfaitement adaptées à une cuisine traditionnelle éprise de produits tripiers.

✕ **Le Strasbourg** – 24 r. du Colonel-Teyssier - ✆ 03 87 96 00 44 - www.le-strasbourg.fr - fermé dim.-mar. midi - menus 44/90 €. La plus belle table de Bitche propose un menu surprise abordable. Le chef Lutz Janisch le concocte à partir des légumes du potager, situé à proximité, et avec une belle touche d'inventivité, à l'image de ce tartare de bœuf et huître. Service excellent.

MEISENTHAL

✕ **Auberge des Mésanges** –
R. des Vergers - ✆ 03 87 96 92 28 - aubergedesmesanges.fr - fermé dim. et de fin déc. à déb. janv. - plats 16/22 €. Cette auberge constitue une bonne halte, pour un repas. Le week-end, flammekueches et pizzas en vedette.

LA PETITE-PIERRE

✕ **Au Château** – 15 r. du Château - ✆ 03 88 70 45 18 - fermé mar. soir hors sais. - carte 10/22 €. Bordant l'accès piéton de la vieille ville, le restaurant sert aussi bien des tartes flambées (salées et sucrées) que des plats à l'accent régional, et des pizzas.

SARREBOURG

✕ **Chez l'Ami Fritz** – 76 Grand'rue - ✆ 03 87 03 10 40 - www.ami-fritz.fr - fermé merc. soir, jeu. soir-vend. et dim. soir - formule déj. 14 € - plats 21/30 €. Une cuisine de tradition, des spécialités typiques de la région.

SARREGUEMINES

✕ **Le Petit Thierry** – 135 r. de France - ✆ 03 87 98 22 59 - fermé lun.-mar. - formules 31/35 € - menu 41 €. Discrète auberge abritant une salle de restaurant spacieuse et cossue, habillée de boiseries et de poutres. Cuisine inventive variant avec les saisons et belle sélection de vins.

✕ **Auberge St-Walfrid** – R. de Grosbliederstroff – ✆ 03 87 98 43 75 - www.stwalfrid.com - fermé lun., mar. midi et dim. soir, vac. de fév. et 2 sem. fin juil.-déb. août - menus 58 € (déj.), 98/168 €. Une bien jolie auberge où brille la faïence de Sarreguemines. Le chef, Stephan Schneider, est un défenseur de la belle tradition ! Il aime travailler avec les maraîchers de la région et acheter des bêtes entières pour les préparer lui-même.

Croisière sur la Sarre – www.visiter-la-sarre.fr - Départs entre 10h et 17h30 - à partir de 12 € billets en vente à l'office du tourisme de Sarreguemines. Le fameux bateau *Stadt Saarbrücken*, vous fera voyager d'une écluse à une autre.

WINGEN-SUR-MODER

✕ **Le Bistro du musée** –
R. du Hochberg - ✆ 03 88 02 54 04 - 9h30-17h30 (18h30 en été) - plat du jour 10,90 €. Installé juste à côté du musée Lalique, cet établissement se révèle une bonne adresse pour faire une pause dans l'après-midi ou prendre un déjeuner aux accents locaux : escargots des Vosges, beignets de munster...

Offices de tourisme

BITCH

2 av. du Gén.-de-Gaulle - ✆ 03 87 06 16 16 - www.tourisme-paysdebitche.fr.

SARREBOURG

2 r. du Musée - ✆ 03 87 03 11 82 - www.tourisme-sarrebourg.fr.

SARREGUEMINES

8 r. Poincaré - ✆ 03 87 98 80 81 - www.sarreguemines-tourisme.com.

Sarreguemines, musée des Techniques faïencières.

LE TOP 3 ARTS DE LA TABLE

1. Cristal (St-Louis-lès-Bitche)
2. Verrerie (Meisenthal)
3. Faïence (Sarreguemines)

LORRAINE – CIRCUIT 4

Route des Crêtes et forêt des Vosges

Chaussez-vous pour parcourir les bois et les cols des Vosges. C'est un enchantement autant pour le corps que pour les yeux, et toute la famille peut en profiter. L'itinéraire vous conduira jusqu'à la célèbre route des Crêtes et au sommet des plus fameux Ballons des Vosges.

⭐ **DÉPART :** CERNAY - 5 jours – 250 km

JOUR 1

Si **Cernay**, point de départ de la route des Crêtes, possède encore des vestiges de son enceinte fortifiée du Moyen Âge, la ville est surtout connue pour son Parc de réintroduction des cigognes. En montant la célèbre **route des Crêtes**, créée durant la Première Guerre mondiale, on passe devant le **Hartmannswillerkopf**, ou **Vieil-Armand** : c'est ici que s'est déroulée l'une des batailles les plus emblématiques des Vosges lors de la Première Guerre mondiale. Le site fut classé Monument historique en 1921 et désigné en 1928 « Nécropole nationale ». Rendez-vous à l'Historial. Fruit d'un travail scientifique innovant, reposant justement sur l'expérience alsacienne d'une double tradition historique, l'exposition entend rendre compte à parts égales des mémoires françaises et allemandes : la dualité des points de vue est rendue sensible par l'usage alterné des langues. En remontant encore sur la route, vous passez au pied du point culminant du massif des Vosges, le fameux **Grand Ballon**, perché à 1424 m d'altitude. Du sommet accessible en 15mn, le panorama est prodigieux sur les Vosges méridionales, la Forêt-Noire et, par temps clair, le Jura et les Alpes. N'oubliez pas vos jumelles ! Faites étape sur place, l'occasion de tutoyer les étoiles, perché à plus de 1300 m d'altitude !

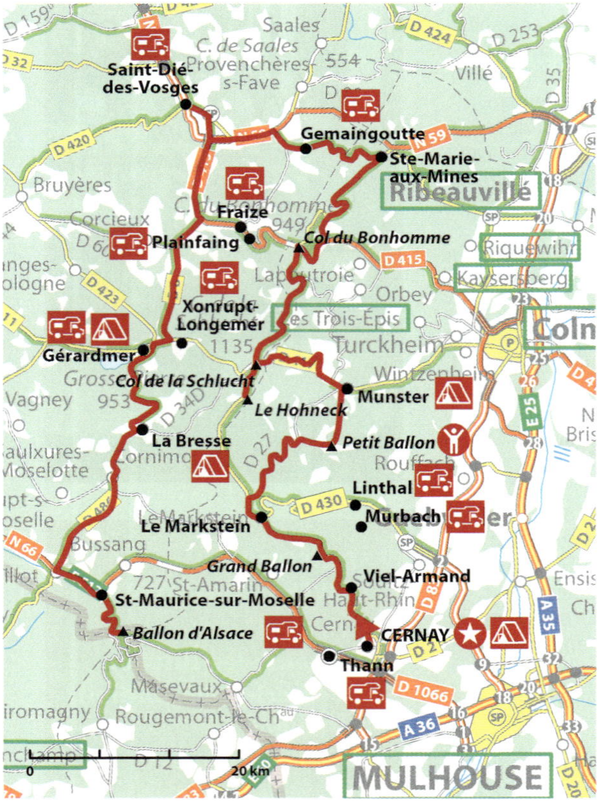

JOUR 2

Après le Grand Ballon, on arrive à la station de ski du **Markstein**, d'où l'on peut faire du parapente et de la luge, été comme hiver. Puis, direction le **Petit Ballon**, petit frère du Grand Ballon (voir l'encadré p. ci-contre). La route conduit ensuite à **Munster**. Passez la nuit sur place et profitez-en pour déguster son célèbre fromage à l'odeur puissante. La ville abrite aussi la Maison du parc naturel régional des Ballons des Vosges, qui mérite une halte.

JOUR 3

Retour sur la route panoramique des Crêtes, en remontant la vallée de Munster jusqu'au **col de la Schlucht**. En été, vous pouvez faire un détour par le **Hohneck**, l'une des plus hautes montagnes du massif des Vosges (1362 m), dont le sommet chauve offre un panorama exceptionnel et invite à la contemplation. La route passe ensuite par le Lac vert puis la **réserve naturelle Tanet-Gazon du Faing**, qui recèle d'étonnants paysages, et, enfin, par le **col du Bonhomme**

La réserve naturelle Tanet-Gazon du Faing.

perché à 949 m. Vous arrivez à **Ste-Marie-aux-Mines**, berceau des Amish de Pennsylvanie. Vous pourrez vous intéresser aux minéraux ou au tissage : fête des tissus, carrefour européen du patchwork et visites de mines. Faites étape sur place.

JOUR 4

Il est temps de redescendre et de prendre la direction de **St-Dié-des-Vosges**. La patrie de Jules Ferry, reconstruite presque entièrement après la Seconde Guerre mondiale, mérite votre attention, notamment pour sa cathédrale, qui abrite des chapiteaux du 12ᵉ s., et pour son cloître gothique. Puis faites un saut à la tour de la Liberté, en forme de vaisseau spatial. Un escalier en hélice permet de monter à son sommet, d'où la vue sur la ville et la ligne bleue des Vosges est magnifique. Continuez vers **Gérardmer** ; au programme, ski ou balades en pédalo sur le plus grand lac des Vosges... à moins que vous ne souhaitiez en profiter pour entreprendre le tour des usines textiles qui continuent de faire la réputation des Vosges.

JOUR 5

Ne perdez pas le rythme : plusieurs stations de sports d'hiver vous attendent, comme **La Bresse** ou Rouge-Gazon, tout près de **St-Maurice-sur-Moselle**. De là, vous pourrez monter au **Ballon d'Alsace** (1247 m), à l'extrémité sud de la chaîne des Vosges : un superbe panorama vous attend pour clore en beauté ce périple en montagne.

RANDONNÉE À PIED

Petit Ballon

INFOS PRATIQUES

Selon le temps disponible, la météo et l'effort envisagé, plusieurs options s'offrent à vous pour explorer le Ballon sous toutes ses coutures.
Depuis Wasserbourg : 4h30 à pied AR. Dénivelé : 800 m.
De la ferme-auberge Kahlenwasen : 1h15 à pied AR. Dénivelé : 100 m. De Munster, vous pouvez arriver par Luttenbach ou Sondernach.

STATIONNEMENT & SERVICES

Stationnement conseillé
À Wasserbourg : parking de la mairie.
À la ferme-auberge Kahlenwasen
(voir « Les bonnes adresses de bib », p. 175).

Aire de Linthal
15-18 r. du Markstein (D 430) - 03 89 62 12 34
Permanent (mise hors gel)
Borne flot bleu : gratuit
8 - Illimité - gratuit
GPS : E 7.1276 N 47.94501

Sa silhouette rebondie est un magnifique belvédère sur les principaux sommets des Vosges. Malgré son nom, le « Petit » Ballon (1267 m) est le troisième sommet vosgien derrière le Hohneck (1362 m) et le Grand Ballon (1424 m). Ses monts chauves invitent à la promenade, mais aussi à quelques pauses gourmandes dans l'une des fermes-auberges qui accueillent les randonneurs dans ces prairies naturelles.
Chemin depuis Wasserbourg – Du parking de la mairie, suivre la direction du panneau du Club vosgien à gauche de l'église. L'ascension commence par la forêt du Kieferwald et débouche dans les chaumes du Petit Ballon. Poursuivre en direction de l'auberge de Rothenbrunnen, située sous le sommet. De là, un sentier mène vers le sommet du Petit Ballon. Un autre, à l'opposé, remonte vers le Steinberg, parsemé de menhirs naturels en granit. Retour possible par le GR 532.
Chemin depuis la ferme-auberge Kahlenwasen – Le sentier vous mènera en 30mn à un superbe panorama à l'est, sur la plaine d'Alsace, les collines du Kaiserstuhl et la Forêt-Noire ; au sud, sur le massif du Grand-Ballon ; à l'ouest et au nord, sur le bassin des deux Fecht.

LE CONSEIL DU BIB

En été, la route des Crêtes est très fréquentée : mieux vaut l'emprunter en semaine, car il y a un peu moins de monde.

LORRAINE – ADRESSES CIRCUIT 4

Aires de service & de stationnement

BALLON D'ALSACE

Aire des Sapins
Lepuix-Gy, rte du Ballon d'Alsace,
D 465 - ☎ 03 84 28 12 01
Permanent
20 ⊡ - Illimité - gratuit
Services : ✖
GPS : E 6.8206 N 47.76048

FRAIZE

Aire de Fraize
Pl. Jean-Sonrel, derrière l'office
de tourisme - ☎ 03 29 52 65 56
Permanent
Borne artisanale 3 €
8 ⊡ - Illimité - gratuit
Paiement : CC
Services : WC ✖
GPS : E 7.00361 N 48.18222

GEMAINGOUTTE

Aire de Germaingoutte
D 459, à l'extérieur du camping
municipal Le Violu - ☎ 03 29 57 70 70
Permanent
Borne sanistation
10 ⊡ - Illimité - 7 €/j. -
borne compris
Services : WC
GPS : E 7.08268 N 48.25371

GÉRARDMER

Parking de la Prairie
Bd d'Alsace, derrière l'office de
tourisme - ☎ 03 29 27 27 27
Permanent (fermé 10 j. fin août
pour la fête foraine)
Borne eurorelais 2 €
100 ⊡ - Illimité - 7 €/j.
Paiement : jetons (office de tourisme)
Services : WC ✖
GPS : E 6.87464 N 48.07247

Aire de la Mauselaine
Chemin du Rond-Faing, derrière
Allo skis - ☎ 03 29 27 27 27
Permanent
Borne eurorelais 2 €
55 ⊡ - Illimité - 7 €/j.
Paiement : jetons (office de tourisme)
Services : ✖
GPS : E 6.8898 N 48.05893

LINTHAL

Voir p. précédente

MURBACH

Parking du Grand Ballon
Col du Grand Ballon, 10 km à l'E par
D 431 - Permanent
10 ⊡ - Illimité - gratuit
Services : WC ✖
GPS : E 7.10335 N 47.90467

PLAINFAING

Aire La Croix des Zelles
La Croix des Zelles -
☎ 03 29 52 65 56 - Permanent -
Borne AireService
⊡ - 🔒 - Illimité - 8 €/j. - borne compris
Paiement : CC
Services : ✖
GPS : E 7.01284 N 48.17171

ST-DIÉ-DES-VOSGES

Aire de St-Dié
23 av. de la Vanne-de-Pierre -
☎ 03 29 42 22 22 - Permanent -
Borne AireService
42 ⊡ - 🔒 - Illimité - 8 €/j. -
borne compris - Paiement : CC
Services : ✖
GPS : E 6.95933 N 48.285

THANN

Aire de Thann
38 r. du Gén.-de-Gaulle - ☎ 03 89 37
96 20 - Permanent (fermeture pour
cirques ou fêtes foraines)
Borne Urbaflux
15 ⊡ - Illimité - gratuit
Services : WC ✖
GPS : E 7.10473 N 47.81141

XONRUPT-LONGEMER

Aire de Xonrupt-Longemer
121 rte du Lac, camping Le Domaine
de Longemer - ☎ 03 29 63 27 10
De déb. mai à fin sept.
Borne eurorelais 5 €
17 ⊡ - 🔒 - Illimité - 10 €/j.
Paiement : CC
Services : WC ✖
GPS : E 6.94263 N 48.07825

Campings

LA BRESSE

Domaine du Haut des Bluches
5 rte des Planches - ☎ 03 29 25 64 80 -
www.hautdesbluches.com
De mi-déc. à mi-nov. - 140 empl.
borne AireService 4 € -
16 €
Tarif camping : 31,50 €
(13A) - pers. suppl. 4,70 €
Services et loisirs :
En pleine montagne, traversé par un
torrent et survolé par une tyrolienne.
GPS : E 6.91831 N 47.99878

CERNAY

Les Cigognes
16 r. René-Guibert - ☎ 03 89 75 56 97 -
www.camping-les-cigognes.com
De déb. avr. à fin sept. - 139 empl.
borne artisanale
Tarif camping : 21 €
(10A) - pers. suppl. 5,30 €
Services et loisirs :
En ville avec de beaux emplacements
verdoyants.
GPS : E 7.16876 N 47.80519

GÉRARDMER

Les Sapins
18 chemin de Sapois - ☎ 03 29 63 15 01 -
www.camping-gerardmer.com
De déb. avr. à mi-oct. - 64 empl.
borne artisanale
Tarif camping : 24 €
(10A) - pers. suppl. 7 €
Services et loisirs :
Situé à 200 m du lac, terrain à
l'ambiance familiale.
GPS : E 6.85614 N 48.0635

MUNSTER

Tohapi Le Parc de la Fecht
Rte de Gunsbach - ☎ 03 89 77 31 08 -
www.campingleparcdelafecht.com
De fin mai à déb. sept. - 192 empl.
borne eurorelais
Tarif camping : 18 €
(10A) - pers. suppl. 6 €
Services et loisirs :
Cadre boisé, au bord de la Fecht.
GPS : E 7.15102 N 48.04316

Les bonnes adresses de bib

GÉRARDMER

L'Assiette du Coq à l'Âne – Pl. du Tilleul - ℘ 03 29 63 06 31 - www.grandhotel-gerardmer.com - fermé merc. - plats 19/23 €. Sautez allégrement sur ce restaurant du Grand Hôtel, la bonne petite adresse « terroir » de Gérardmer, en forme de chalet vosgien. Spécialités : la choucroute, généreuse et goûteuse, la tartiflette, revigorante dès les premiers frimas, ou encore un authentique... « hamburger du bûcheron » !

Linvosges – 21 bd Adolphe-Garnier - ℘ 03 29 63 12 07 - www.linvosges.com - 10h-12h30, 14h-19h, dim. 10h-12h30, 14h-18h (juil.-août : tlj 10h-19h). Créée en 1923, la société Linvosges s'est lancée dans la vente directe et a contribué à faire de l'industrie textile un atout touristique. La société perpétue la tradition du beau linge vosgien pour le lit, la table, la cuisine ou la salle de bains. Prix d'usine.

GRAND BALLON

Ferme-Auberge du Haag – Geishouse (sur la D431, près du Grand Ballon et sur le sentier GR 5) - ℘ 03 89 48 95 85 - de Pâques à fin nov. : tlj sf merc. - plats 10/15 € €. Copieux et savoureux repas pour les randonneurs (ou pas), à base d'excellents produits (en grande majorité labellisés bio) de la ferme.

LE MARKSTEIN

Ferme-auberge du Treh – Près du Markstein, en descendant vers Kruth - ℘ 03 89 39 16 79 - www.fermeauberge-treh.fr - de Pâques à fin nov. : tlj sf lun.-mar. ; de déb. janv. à Pâques : w.-end et vac. scol. sur réserv. - menus 26,50/27,50 €. On s'attable dans une salle chaleureuse devant de belles portions de spécialités régionales.

MUNSTER

Gilg – 11 Grand'Rue - ℘ 03 89 77 37 56 - www.patisserie-gilg.com - tlj sf lun. 7h30-18h30, sam. 7h-18h, dim. 7h30-12h30. En 1945, le général de Lattre de Tassigny, de passage à Munster, commandait à la déjà célèbre pâtisserie Paul Gilg des vacherins glacés. Aujourd'hui, le petit-fils du maître vous invite à goûter ses délicieuses créations : Lacthé au nom évocateur, Cyrano glacé ou petits fours maison.

PETIT BALLON

Ferme-auberge Kahlenwasen – Luttenbach - massif du Petit-Ballon sortie sud : 14 km par D10 et rte du Petit-Ballon - ℘ 03 89 77 32 49 - fermé de déb. déc. à fin avr. Cette ferme renommée est installée dans une modeste maison des années 1920 et peut accueillir 50 personnes. Sympathique salle décorée d'outils agricoles. L'été, la terrasse offre une belle vue sur la plaine d'Alsace. Spécialité de fromages.

ST-DIÉ-DES-VOSGES

Restaurant des Voyageurs – 9 r. de la Meurthe - ℘ 03 29 56 21 56 - www.restaurant-des-voyageurs.fr - fermé 2 sem. en août, jeu. soir et dim. soir-lun. - formule déj. 21 € - menus 28/38 €. La décoration dans les tons gris et blanc, égaillée de touches de couleurs et de plantes, et le mobilier en bois composent un cadre agréable. On se régale de plats traditionnels revisités et élaborés avec des produits frais scrupuleusement choisis. Desserts maison et carte de vins d'Alsace.

STE-MARIE-AUX-MINES

Les Bagenelles – 15 La Petite-Liepvre - ℘ 03 89 58 70 77 - www.bagenelles.com - fermé de mi-fév. à mi-mars et lun.-mar. - plats 17,50/27 €. Entre Ste-Marie et le col des Bagenelles, l'étape est connue des randonneurs et cyclistes. On appréciera les flambées, viandes grillées et le buffet dominical.

Offices de tourisme

GÉRARDMER

4 pl. des Déportés - ℘ 03 29 27 27 27 - gerardmer.net.

MUNSTER

1 r. du Couvent - ℘ 03 89 77 31 80 - www.vallee-munster.eu.

ST-DIÉ-DES-VOSGES

Pl. Jules-Ferry - La Boussole ℘ 03 29 42 22 22 - www.vosges-portes-alsace.fr.

Les Vosges enneigées.

Pixel-68/Getty Images Plus

LE TOP 5 PANORAMAS

1. Grand Ballon
2. Le Hohneck
3. Petit Ballon
4. Gazon du Faing
5. Ballon d'Alsace

LORRAINE – CIRCUIT 5
Les Vosges thermales

Vittel, Contrexéville, Luxeuil-les-Bains, Bains-les-Bains : que d'eaux, que d'eaux… Si vous souhaitez profiter de leurs vertus réparatrices, il vous faudra faire un choix entre les unes et les autres, à moins que vous n'ayez un mois devant vous. En suivant la route des stations thermales vosgiennes, vous constaterez que chacune possède un caractère propre et bien trempé (deux effets aquatiques !).

DÉPART : VITTEL - 4 jours – 270 km

JOUR 1

Ce petit périple « santé » commence à **Vittel**. « Buvez, é-li-mi-nez ! » « Avec Vittel, retrouvez la vitalité qui est en vous ! » Ces slogans font maintenant partie de la mémoire collective. La spécialité de Vittel, aujourd'hui, c'est la forme. Les cures, le plaisir des bains, la verdure, le golf, la randonnée, l'air pur, les promenades en forêt… Les promoteurs de la station ont fait appel aux meilleurs architectes et artistes, dont Charles Garnier, alors qu'il venait juste d'achever l'Opéra de Paris, puis Bluysen et César. L'établissement thermal, le casino, les parcs fleuris, les grands hôtels et les villas aux façades toutes blanches rappellent les meilleures heures de la Belle Époque. Déjeunez à Vittel. Pour continuer dans les eaux minérales, rejoignez le centre thermal de **Contrexéville**, dont le nom, lui, est associé au régime minceur. La station thermale vaut le détour pour son architecture.

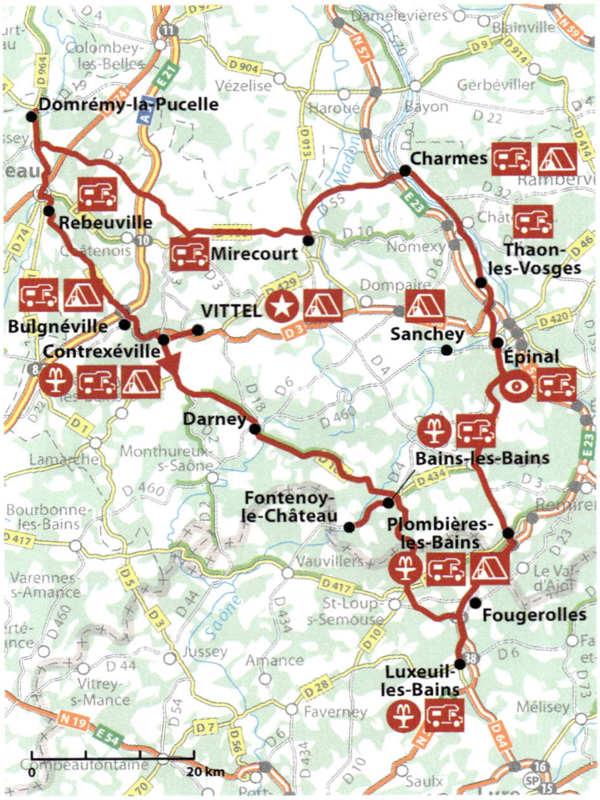

JOUR 2

Quittez provisoirement les eaux pour plonger dans la légendaire **forêt de Darney** : les druides y cueillaient sans doute le gui en des temps anciens. Puis rejoignez **Bains-les-Bains**. Retour aux eaux donc, avant de vous diriger (D434) vers **Fontenoy-le-Château**, ancienne ville fortifiée dont on voit les vestiges du château et le portail de l'église. Revenez à Bains-les-Bains pour emprunter la D164/D64. **Luxeuil-les-Bains** est thermal, mais aussi culturel : le Conservatoire de la dentelle, les hôtels particuliers du 16e s., l'ancienne abbaye St-Colomban (fin du 6e s.) et le site de l'Ecclesia, où ont été mis au jour près de 150 sarcophages mérovingiens (5e-6e s.).

JOUR 3

Reprenez la N57 pour aller à Plombières-les-Bains, mais en chemin il faut absolument vous arrêter à **Fougerolles**, capitale du pays de la cerise. Une visite de l'écomusée consacré à ce petit fruit vous permettra de découvrir la production artisanale et industrielle de kirsch. Lors de votre passage à **Plombières-les-Bains**, ne résistez pas à la glace locale… pour y faire étape. Ensuite, direction **Épinal**. Ici, tout est affaire d'images : image papier, mais également

Contrexéville, source de l'établissement thermal.

image de marque… à aller découvrir à l'Imagerie et au musée de l'Image (voir l'encadré ci-contre). Paradoxe en milieu urbain, Épinal est la ville la plus boisée de France et elle accumule les récompenses nationales de fleurissement. Vous retiendrez également d'Épinal, le musée départemental d'Art ancien et contemporain et la basilique St-Maurice.

JOUR 4

Autre style, autre savoir-faire, **Mirecourt** se distingue par son art de la lutherie, au point de posséder une école nationale et un musée : amateurs de musique, appréciez. On y trouve même un musée de la Musique mécanique. Petit interlude historique, car vous ne pouvez manquer la maison où naquit Jeanne d'Arc, à **Domrémy-la-Pucelle**.

Les stations thermales de Contrexéville, Luxeuil-les-Bains, Plombières-les-Bains et Bains-les-Bains sont décrites p. 180-181.

LE CONSEIL DU BIB

Eaux minérales et thermales sont pour la plupart très instables et s'altèrent sitôt sorties de terre. Il est donc indispensable, pour en tirer un profit thérapeutique maximum, d'en user sur place ! C'est la principale raison de l'existence des stations thermales.

VISITE
L'Image à Épinal

INFOS PRATIQUES

L'Imagerie d'Épinal – 42 bis quai de Dogneville - 03 29 37 18 22 - www.imagesdepinal.com - tlj sf lun. et certains dim. 10h-12h, 14h-18h - 12 € (-18 ans 9,50 €).

Musée de l'Image – 42 quai de Dogneville - 03 29 81 48 30 - www.museedelimage.fr - juil.-août : 9h30-12h30, 13h30-18h, dim. 10h-12h30, 13h30-18h ; reste de l'année : tlj sf lun. 9h30-12h, 14h-18h, dim. 10h-12h, 14h-18h - 6 € (-18 ans 1 €).

STATIONNEMENT & SERVICES

Aire du port de plaisance
Aire Camping-Car Park d'Épinal
Voir p. suivante.

Fondée en 1796, l'Imagerie d'Épinal connut pendant près de deux siècles un énorme succès. Les deux guerres mondiales et les nouvelles techniques ont provoqué le déclin de cette activité, mais non sa disparition. Les ateliers toujours en activité de l'Imagerie d'Épinal (ancienne Imagerie Pellerin) ouvrent leurs portes à la visite ; le musée de l'Image complète la connaissance de cette activité.

L'Imagerie – Dans les ateliers de l'**Imagerie d'Épinal**, découvrez les techniques de fabrication, avec démonstration sur certaines machines (machine à colorier de 1898) et utilisation d'une tablette faisant parler les images. La xylographie, la stéréotypie, le coloris au pochoir et la lithographie n'auront plus de secret pour vous. À la fin de la visite, flânez dans la galerie Pinot, le seul et unique point de vente des images d'Épinal (rééditions ou créations d'images contemporaines).

Musée de l'Image – Installé en face de l'Imagerie, il présente l'histoire, les procédés de fabrication et les fonctions des images. Car qu'est-ce qu'une image d'Épinal, finalement ? Pour ce musée, c'est certes une image populaire imprimée dans la région, mais aussi une image tout court, et, plus globalement, une expression de langage. Cette démarche se décline dans des vitrines thématiques régulièrement renouvelées où sont exposées des images d'Épinal, mais pas seulement. Elle présente aussi, de façon plus large, d'autres réalisations emblématiques de grandes villes françaises ou d'autres pays pour illustrer le pouvoir de l'image. Sur 400 m², la salle permanente déroule l'histoire de l'imagerie populaire du 17e s. à nos jours, suivant ses différentes fonctions : édifier, jouer, instruire, vendre… À noter que, avec plus de 100 000 images à leur actif, les collections du musée de l'Image sont aussi à disposition sur son site Internet et accessibles à tous les internautes, simples curieux ou avertis.

LORRAINE - ADRESSES CIRCUIT 5

Aires de service & de stationnement

BAINS-LES-BAINS
Voir p. 181

BULGNÉVILLE
Aire de Bulgnéville
R. du Févry - ☏ 03 29 09 10 73
Permanent (mise hors gel)
Borne artisanale : gratuit
10 ▪ - Illimité - 5 €/j.
Services : WC 🛒 ✖
Aire agréable au bord de l'étang des Récollets.
GPS : E 5.83899 N 48.20733

CHARMES
Aire de Charmes
Port de plaisance - ☏ 03 29 66 01 86
Permanent (mise hors gel) -
Borne artisanale
80 ▪ - Illimité - 11,70 €/j. - borne compris
Paiement : CC
Services : WC 🛒 ✖ 📶
Cadre verdoyant en bordure du canal de l'Est.
GPS : E 6.29568 N 48.37327

CONTREXÉVILLE
Aire de Contrexéville
R. Jean-Moulin, derrière l'hypermarché Leclerc - ☏ 03 29 08 33 01
Permanent
Borne sanistation 2,50 €
4 ▪ - Illimité - gratuit
Paiement : CC
Services : 🛒 ✖
GPS : E 5.88003 N 48.18787

ÉPINAL
Aire du port de plaisance
Quai de Dogneville -
☏ 03 29 81 33 45 - Permanent
Borne artisanale 3 € 3 €
5 ▪ - 48h - 9 €/j. - moins cher en été
Paiement : CC
Services : WC ✖ 📶
GPS : E 6.44503 N 48.18666

Camping-Car Park d'Épinal
37 chemin du Petit-Chaperon-Rouge -
☏ 01 83 64 69 21 - Permanent
Borne flot bleu
50 ▪ - 72h - 11,88 €/j. - borne compris
Paiement : CC
Services : ✖ 📶
Près du camping municipal Le Parc du Château.
GPS : E 6.46866 N 48.17975

LUXEUIL-LES-BAINS
Voir p. 181

MIRECOURT
Aire de Mirecourt
Pl. Thierry (D 166) - ☏ 03 29 37 05 22
Permanent
Borne AireService
20 ▪ - 72h - 13,50 €/j. - borne compris
Services : 🛒 ✖
GPS : E 6.14667 N 48.293

PLOMBIÈRES-LES-BAINS
Aire de stationnement de Plombières-les-Bains
R. St-Claude - ☏ 03 29 66 00 24 -
www.plombiereslesbains.fr
Permanent
10 ▪ - Illimité - gratuit - services aux campings de la ville
Services : WC 🛒 📶
GPS : E 6.462 N 47.965

REBEUVILLE
Aire de Rebeuville
R. du Cougnot - ☏ 03 29 94 08 77
Permanent (mise hors gel) -
Borne artisanale : gratuit
3 ▪ - 72h - gratuit
Cadre agréable au bord de la rivière.
GPS : E 5.70128 N 48.33529

THAON-LES-VOSGES
Aire de Thaon-les-Vosges
R. du Coignot - ☏ 03 29 39 15 45
Permanent -
Borne Urbaflux 2,90 €
25 ▪ - Illimité - gratuit
Paiement : CC
Services : WC 📶
Au bord du canal et du port fluvial.
GPS : E 6.42591 N 48.24885

Campings

Contrexéville et **Plombières-les-Bains** : voir p. 180

BULGNÉVILLE
Porte des Vosges
ZA La Grande Tranchée - Rte de Contrexéville - ☏ 03 29 09 12 00 -
www.camping-portedesvosges.com
De déb. avr. à fin oct. - 100 empl.
borne artisanale
Tarif camping : 21 € 👤👤 🚗 ⚡
⚡ (10A) - pers. suppl. 5 €
Services et loisirs : 📶 ✖ 🛒 🏊
GPS : E 5.84514 N 48.19529

CHARMES
Les Îles
20 r. de l'Écluse - ☏ 03 29 38 15 34 -
www.lile-aux-mille-charmes.fr
De déb. avr. à fin sept. - 65 empl. -
borne artisanale
Tarif camping : 25 € 👤👤 🚗 ⚡
⚡ (10A) - pers. suppl. 5 €
Services et loisirs : 📶 ✖ 🛒 🏊
EuroVéloroute à proximité.
GPS : E 6.28668 N 48.37583

SANCHEY
Camping-club Lac de Bouzey
19 r. du Lac - ☏ 03 29 82 49 41 -
www.lacdebouzey.com
Permanent (sf 1er-20 janv.) -
160 empl. -
borne flot bleu 2 €
Tarif camping : 40 € 👤👤 🚗 ⚡
⚡ (10A) - pers. suppl. 9 €
Services et loisirs : 📶 ✖ 🛒 🏊
GPS : E 6.3602 N 48.1667

VITTEL
Aquadis Loisirs de Vittel
270 r. Claude-Bassot -
☏ 03 29 08 02 71 -
www.aquadis-loisirs.com
De déb. avr. à fin oct. - 125 empl.
borne artisanale
Tarif camping : 27 € 👤👤 🚗 ⚡
⚡ (10A) - pers. suppl. 6 €
Services et loisirs : 📶 🏊
À 10mn à pied de la station thermale.
GPS : E 5.95605 N 48.2082

Les bonnes adresses de bib

BULGNÉVILLE

La Marmite Beaujolaise – 34 av. de l'Hôtel-de-Ville - 03 29 09 16 58 - www.restaurant-lamarmitebeaujolaise.com - fermé dim. soir-lun. et mar. soir - menus 20 € (déj.), 30/40 €. Dans cette auberge du 18e s. Dans son restaurant installé au centre du village, au pied de l'église, le chef Rémi-Lebouc propose une cuisine de plus en plus créative au fil des ans, sans pour autant renier ses bases traditionnelles. Prix maîtrisés.

CONTREXÉVILLE

L'Entracte - Restaurant du Casino – Parc thermal - 03 29 08 01 14 - casino-contrexeville.partouche.com - fermé lun. - plats 15/25 €. Dans un cadre « terrasse brasserie », vous dégusterez grillades et salades à prix doux.

DARNEY

Fabrique de confiserie Delisvosges – 20 r. des Fabriques - 03 29 09 82 40 - www.delisvosges.fr - mar. et sam. 10h-12h, 14h-18h, merc.-vend. 14h-18h. Vous apprendrez l'histoire du sucre, assisterez à la fabrication artisanale des bonbons des Vosges et ferez une dégustation.

ÉPINAL

Le Bagatelle – 12 r. des Petites-Boucheries - 03 29 35 05 22 - www.le-bagatelle.fr - fermé dim. sf certains jours de fête, et lun. - formule déj. 14 € - menus 28/32 €. Sur la petite île d'Épinal, coincée entre deux bras de la Moselle, cette maison pimpante des années 1940 vous permet d'être aux premières loges pour regarder les compétitions de canoë-kayak… en savourant une cuisine inspirée dans sa salle lumineuse décorée de meubles modernes.

O'Loup en Pyjama – 6 r. des Petites-Boucheries - 09 82 31 46 89 - www.le-loup-en-pyjama.fr - fermé sam. midi, dim., lun. - plats 15/20 € €. Un attachant restaurant à l'étage de l'Irish Pub. On y sert une cuisine bio et locale inventive et colorée.

VITTEL

Au Péché Mignon – 36 pl. du Gén.-de-Gaulle - 03 29 08 01 07 - tlj sf lun. 7h30-12h30, 14h-19h, dim. 7h30-12h. Outre les grands classiques tels le pâté lorrain et le vittellois, ce maître pâtissier vous fera découvrir ses spécialités de chocolats : la Creuchotte (petite grenouille en chocolat fourré praliné) ou la « Route thermale du chocolat » (quatre chocolats différents comme les quatre stations thermales des Vosges).

Offices de tourisme

BAINS-LES-BAINS

3 av. André-Demazure - 03 29 36 31 75 - www.tourisme-epinal.com.

ÉPINAL

6 pl. St-Goëry - 03 29 82 53 32 - www.tourisme-epinal.com.

LUXEUIL-LES-BAINS

30 r. Victor-Genoux - 03 84 40 06 41 - www.luxeuil-vosges-sud.fr.

VITTEL

36 pl. de la Marne - 03 29 08 08 88 - www.destinationvittel.com.

La Moselle à Épinal.

LORRAINE

STATIONS THERMALES

Contrexéville

INFOS PRATIQUES

Thermes de Contrexéville
Galerie thermale - 📞 03 29 08 03 24 - www.thermes-contrexeville.fr - ♿ - de fin mars à mi-nov.

Indications
Rhumatologie et maladies de l'appareil digestif, métaboliques et de l'appareil urinaire.

Température de l'eau
13 °C.

STATIONNEMENT & SERVICES

Camping Contrexéville
660 r. du 11-Septembre - 📞 03 29 08 15 06 - www.campingcontrexeville.com
De fin mars à fin oct. - 58 empl. -
borne artisanale 11 €
Tarif camping : 21 € (10A) - pers. suppl. 5 €
Services et loisirs :
À l'orée d'un bois, terrain urbain au calme.
GPS : E 5.88517 N 48.18022

Aire de Contrexéville
Voir p. 178

Si Contrexéville, située dans la plaine des Vosges au sud-ouest du département, vous promet de s'occuper de votre ligne, elle pourrait aussi vous procurer d'autres satisfactions. Parlons du plaisir de la découverte du patrimoine architectural. En effet, Contrexéville, qui s'est véritablement développée en tant que station thermale au milieu du 19e s., a gardé de la Belle Époque des hôtels et palaces, le casino (1900) et la chapelle orthodoxe (1909), érigée en 1909 en mémoire du frère du tsar Alexandre III. La station laisse aussi la place à l'expression contemporaine, comme en témoigne la très colorée place des Fontaines. Continuons le descriptif élogieux en évoquant la large place occupée par les espaces verts. Les lacs de la Folie, au milieu de quelque 10 ha de verdure, s'assortissent d'une base de loisirs propice aux activités nature (marche, cyclotourisme...), comme au farniente. Côté animations et équipements, la station fait cause commune avec Vittel sa voisine, répondant aux exigences des curistes et autres visiteurs. Mais nous vous conseillons aussi de quitter la station en direction du nord-ouest. À quelque 50 km de là s'étendent d'importants vestiges gallo-romains : le site de Grand comprend en effet un amphithéâtre qui, au 1er s., permettait à 17 000 personnes d'assister au spectacle des gladiateurs. Vous n'y manquerez pas non plus la mosaïque de plus de 220 m² remarquablement conservée. Laissez-vous impressionner...

Plombières-les-Bains

INFOS PRATIQUES

Centre thermal
2-4 av. des États-Unis - 📞 03 29 30 07 14 - www.plombieres-les-bains.com - de déb. avr. à fin nov.

Indications
Rhumatologie, maladie de l'appareil digestif.

Température de l'eau
De 50 à 84 °C.

STATIONNEMENT & SERVICES

Camping L'Hermitage
54 r. du Boulot - 📞 03 29 30 01 87 - www.hermitage-camping.com
De déb. avr. à mi-oct. - 55 empl. -
borne artisanale
Tarif camping : 5,30 € 5,50 € (10A) 4,70 €
Services et loisirs :
Terrain fonctionnel convenant parfaitement au passage ; piscine pour la détente.
GPS : E 6.4431 N 47.96859

Aire de Plombières-les-Bains
Voir p. 178

Située dans les Vosges méridionales, Plombières-les-Bains fera mouche auprès des connaisseurs qui verront en elle l'évocation du fameux parfum mêlant kirsch et fruits confits. Si vous n'en faites pas partie, c'est le moment ou jamais de combler cette lacune en goûtant une glace... plombières ! Au-delà de plaisirs gustatifs, la station réserve de jolies découvertes architecturales. En premier lieu, les thermes Napoléon, bâtis sous le Second Empire, impressionnent par leurs proportions voulues par l'empereur. D'autres hôtes historiques ont fréquenté la station, parmi lesquels les filles de Louis XV qui résidèrent dans la maison des Arcades. Ce patrimoine historique ne doit pas faire oublier les équipements plus actuels que propose Plombières pour le plaisir de ses visiteurs : casino, piscine et minigolf. Et si une promenade dans les parcs verdoyants de la ville vous donne l'envie de plonger dans la nature environnante, dirigez-vous sans hésitation vers les vallées de l'Augronne et de la Semouse, à l'ouest, ou vers la vallée des Roches à l'est. Cette dernière prête notamment son cadre à la magnifique cascade du Géhard, une succession de vasques alimentées par les eaux fougueuses de la rivière. Et pour achever de brosser le portrait de Plombières et sa région, ajoutons que bien évidemment, les occasions de randonnée à pied, à cheval ou à VTT sont nombreuses. Avis aux amateurs.

Luxeuil-les-Bains

INFOS PRATIQUES

Thermes de Luxeuil-les-Bains
3 r. des Thermes - 03 84 40 44 22 -
www.chainethermale.fr - de mi-mars à fin nov.

Indications
Rhumatologie, phlébologie, gynécologie et post-cancer du sein.

Température de l'eau
48 et 58 °C.

STATIONNEMENT & SERVICES

Aire de l'Étang de la Poche
17bis r. Gambetta - 03 84 93 90 00
Permanent (fermé 15 j. pour la fête patronale en mai-juin)
Borne eurorelais
45 - 72h - 12,60 €/j. - borne compris
Paiement : jetons (office de tourisme, Maison de la Presse et domaine de Chatigny)
Services :
Près de l'étang de la Poche.
GPS : E 6.38659 N 47.81679

La vosgienne mais non moins franc-comtoise station thermale de Luxeuil-les-Bains conjugue les atouts. Commençons par son patrimoine culturel : entre la tour des Échevins du 15e s. et son musée riche de vestiges gallo-romains, le site de l'Ecclesia et ses 150 sarcophages mérovingiens, l'ancienne abbaye St-Colomban et la basilique Sts-Pierre-et-Paul abritant un magnifique buffet d'orgues, les maisons Renaissance de la Grand-Rue dont la remarquable maison du cardinal Jouffroy… l'amateur d'art et d'histoire trouvera de quoi satisfaire sa curiosité. Continuons par les activités et loisirs qu'offre Luxeuil : en plus des soins prodigués au sein du bel édifice des thermes daté du 18e s., on pourra se balader à pied ou à vélo dans la forêt du Banney, pique-niquer autour du lac des Sept-Chevaux, faire du golf sur le green de Luxeuil-Bellevue, voir un film au cinéma de l'Espace Molière, ou encore fréquenter le casino cherchant à satisfaire tous les appétits avec ses tables de jeu, ses machines à sous et son restaurant. Évoquons aussi l'agenda fourni qui garantit une animation régulière. Citons entre autres les marchés nocturnes en été, les festivals Art dans la rue et Les Pluralies qui se déroulent dans le centre ancien… sans omettre bien évidemment le festival de la dentelle. Il se déroule tous les deux ans seulement, mais le conservatoire de la dentelle s'ouvre à la visite régulièrement pour faire découvrir la virtuosité des dentellières. Enfin, signalons que Luxeuil est la ville porte du parc naturel régional des Ballons des Vosges, augurant de belles découvertes de pleine nature.

Bains-les-Bains

INFOS PRATIQUES

Thermes de Bains-les-Bains
1 av. du Dr-Mathieu - La Vôge-les-Bains -
03 29 36 32 04 - www.chainethermale.fr -
de fin mars à mi-nov.

Indications
Rhumatologie, maladies cardio-artérielles.

Température de l'eau
De 33 à 53 °C.

STATIONNEMENT & SERVICES

Aire municipale de Bains-les-Bains
Ruelle de la Pavée -
03 29 36 34 29 -
www.lavogelesbains.fr
Permanent (mise hors gel)
Borne AireService
21 - Illimité - 14,12 €/j. - borne compris
Services :
GPS : E 6.26559 N 47.99985

Jamais station thermale n'aura porté un nom si explicite ! Ici, les bains sont au nombre de deux : le bain romain, en lieu et place des premières sources découvertes en l'an 90, et le bain de la promenade qui s'assortit d'un hôtel et d'un casino. C'est là que vous pourrez profiter de moments de détente et de bien-être qui vous mettront dans d'excellentes dispositions pour découvrir la région. Vous voilà au cœur du paisible et verdoyant pays de la Vôge, rafraîchi notamment par les étangs de la Picarde et Lallemand, propices au pique-nique ou à la pêche, ainsi que par le canal des Vosges sur lequel s'organisent des minicroisières au départ de Fontenoy-le-Château (7 km au sud de Bains). Vous êtes en outre à une trentaine de kilomètres au sud-ouest d'Épinal, et non loin de la vaste forêt de Darney (15 000 ha). Il faut se promener sur les sentiers qui cheminent parmi hêtres et chênes et se laisser habiter par l'histoire et les légendes des lieux, par exemple au cuveau des Fées, étonnant octogone de pierre dont l'origine reste mystérieuse. Le village même de Darney mérite aussi votre intérêt : vous pourrez y visiter le Centre d'animation de la préhistoire et, pour les plus gourmands d'entre vous, y déguster le fameux bonbon des Vosges après bien sûr avoir assisté à sa fabrication ! À noter aussi le musée du Verre et des Activités anciennes de la forêt, près d'Hennezel, ou le musée de la Broderie à Fontenay-le-Château, et le patrimoine local n'aura plus de secret pour vous.

Colmar.
StevanZZ/Getty Images Plus

Cigogne dans un nid.
Hans-Joachim/Getty Images Plus

Kugelhopf.
stocksnshares/Getty Images Plus

Alsace

Abritée par le massif des Vosges, l'Alsace offre au soleil ses coteaux couverts de vignes et ses villages fleuris. Du grès rose aux enduits bleu, vert ou ocre rythmés par le bois sombre des colombages, en passant par le rouge des géraniums et les camaïeux de vert des forêts, se dessine un paysage riant pavoisé de couleurs. L'Alsace se déploie ainsi, le long du fossé rhénan, de Strasbourg à Mulhouse, comme pour mieux se moquer des vicissitudes de l'Histoire qui l'a ballottée d'un pays à l'autre.

Née sous le signe de la cigogne, grand oiseau migrateur, et nourrie aux mamelles de multiples sources culturelles, qu'elles soient latines, germaniques ou d'Europe centrale, la région a su se forger un art de vivre authentique et pérenniser des coutumes, une langue et un folklore qui culmine à la période de l'Avent. Marchés de Noël, fêtes de la St-Nicolas, carnavals, fêtes du Vin et autres contribuent à rythmer avec jovialité une année riche en événements.

Qui dit fête, dit gastronomie : foie gras, choucroute, charcuteries diverses, flammekueche et autres baeckeofe réveilleront vos papilles en attendant la dégustation d'un munster au cumin et l'apothéose gourmande des pâtisseries alsaciennes, couronnée par le célèbre kugelhopf. Pour relever ces agapes, faites votre choix au long de la route des Vins, la première créée en France, riche de nombreux cépages prestigieux (à déguster avec modération !). Christian Dior en parlait ainsi : « Un petit verre de vin d'Alsace, c'est comme une robe légère, une fleur de printemps, c'est le rayon de soleil qui vient égayer la vie ».

ALSACE

Riquewihr.
Leamus/Getty Images Plus

LES ÉVÉNEMENTS À NE PAS MANQUER

- **Carnaval de Mulhouse** (68) : en fév. ou mars. www.carnaval-mulhouse.com.
- **Fête de l'Europe** à Strasbourg (67) : tout le mois de mai. www.strasbourg.eu.
- **Slow Up** sur la route des vins (67) : 1er dim. de juin. www.slowup-alsace.fr.
- **Fête des roses** à Saverne (67) : en juin. www.roseraie-saverne.fr.
- **Festival international de Musiques** de Colmar (68) : 1re quinz. de juil. ; musique classique. www.festival-colmar.com.
- **Fête du vin et de la gastronomie** à Ribeauvillé (68) : 2e quinz. de juil.
- **Les vignerons fêtent le munster** à Rosheim (67) : dernier sam. de juil.
- **Festival du houblon** à Haguenau (68) : mi-août. www.festivalduhoublon.eu.
- **Corso fleuri** à Sélestat (68) : 2e w.-end d'août ; défilé de chars.
- **Fête des ménétriers ou Pfifferdaj** à Ribeauvillé (68) : 1er dim. de sept. ; fête médiévale avec défilés et animations.
- **Fête de la bière** à Saverne (67) : 3 j. fin août.
- **Fête de la choucroute** à Krautergersheim (67) : fin sept.-déb oct. www.capitale-de-la-choucroute.fr
- **Marchés de Noël** : tlj de fin nov. à fin déc. ; partout en Alsace dont à Mulhouse (68), Colmar (68) et Strasbourg (67).

Votre séjour en Alsace

Circuits Nº

1. Route des vins d'Alsace
   6 jours - 210 km **P186**
2. Les Vosges du Nord
   4 jours - 135 km **P190**
3. De part et d'autre du Rhin
   6 jours - 260 km **P194**

Étapes

Strasbourg **P187**
Colmar **P195**

Randonnée

Tour des quatre châteaux forts **P191**

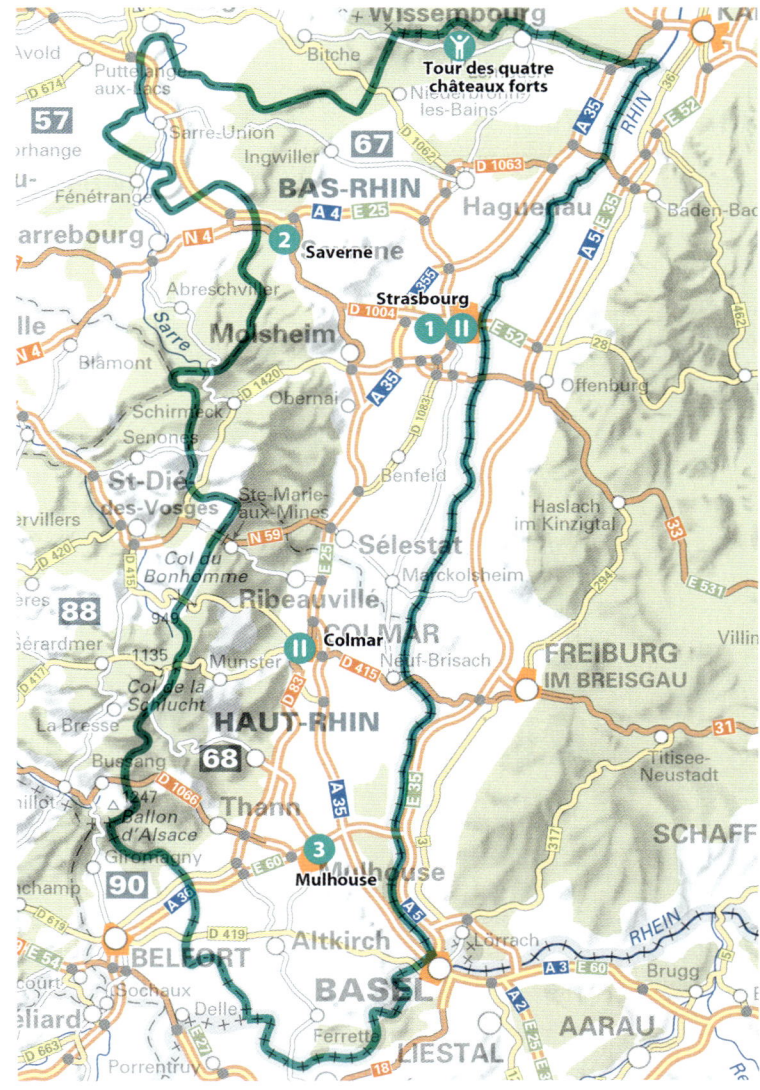

EN COMPLÉMENT, UTILISEZ...
- Le Guide Vert : Alsace Vosges
- Cartes Michelin Région 516 et Départements 315

ALSACE – CIRCUIT 1

Route des vins d'Alsace

Voici peut-être la plus fameuse route gastronomique de France ! Elle favorise la découverte de crus délicieux et de mets savoureux au gré des flâneries dans les nombreux villages de charme de l'Alsace. Outre les plaisirs de la table, ce circuit intègre des visites de châteaux et l'exploration de Strasbourg, la capitale européenne, et de Colmar, la « petite Venise » alsacienne, aux patrimoines culturel et architectural dont la renommée n'est plus à faire.

⭐ **DÉPART :** STRASBOURG - 6 jours – 210 km

JOUR 1

Le premier jour sera consacré à **Strasbourg** (voir l'encadré p. ci-contre), la grande capitale de l'Est de la France et, surtout, la capitale européenne qui foisonne de hauts lieux historiques et culturels. En matière de gastronomie, faites confiance aux *winstubs* : vins et plats régionaux vous attendent. Nuit sur place.

JOUR 2

Première étape, **Marlenheim** est située au cœur du vignoble de la « Couronne d'Or », sur la route des vins d'Alsace. Deuxième étape : **Molsheim** abrite l'église des Jésuites, l'une des plus grandes églises d'Alsace (après celle de Strasbourg). Juste à l'ouest, le **fort de Mutzig**, première fortification bétonnée, cuirassée et électrifiée, mérite le détour. À ne pas manquer non plus, le fameux grand cru classé du bruderthal ; faites une halte dans l'une des caves viticoles. Ultime étape de la journée, la cité d'**Obernai** : vous apprécierez ses maisons aux teintes dorées, ses remparts et sa place du Marché.

JOUR 3

Grimpez sur le **mont Ste-Odile**. La visite du couvent rivalise avec la vue sur la Forêt-Noire et le Mur païen, une muraille énigmatique qui court entre forêts et éboulements. Revenez sur la Route des vins. Au sud d'Obernai, la ville de **Barr** vous délectera de ses spécialités, le sylvaner et le gewurztraminer. Un peu plus loin, **Sélestat** possède un remarquable centre historique, désormais ponctué d'œuvres d'art contemporain. La ville a conservé un joyau Renaissance, la Bibliothèque humaniste ; un incontournable. Nuit à **Châtenois** où est installée la Maison du distillateur.

JOUR 4

Filez directement vers le **château du Haut-Kœnigsbourg**. Cette forteresse moyenâgeuse est un site majeur de votre périple alsacien ! L'après-midi, revenez sur la route des vins d'Alsace en direction de **Ribeauvillé**, la perle du vignoble, terre de riesling et de gewurztraminer.

Les ponts couverts de Strasbourg.

JOUR 5

Partez pour le NaturOparC à **Hunawihr**, ancien Centre de réintroduction des cigognes et des loutres qui prend soin des espèces locales menacées et sensibilise le public. Gagnez ensuite **Riquewihr** ceinturé de remparts et pratiquement inchangé depuis le 16e s. Puis rejoignez **Kaysersberg**, un village également remarquable pour son aspect médiéval. S'il vous reste un peu de temps avant d'arriver à Kaysersberg, arrêtez-vous à **Kientzheim** et visitez son musée du Vignoble et des Vins d'Alsace.

JOUR 6

Continuez votre route vers **Eguisheim**, construite en cercles concentriques autour de son château octogonal du 13e s. Le reste de la journée sera consacré à **Colmar**. La « Petite Venise » ne vous laissera pas indifférent ; n'hésitez pas à flâner dans ses différents quartiers. Les maisons anciennes sont toutes plus remarquables les unes que les autres, sans oublier l'incontournable musée Unterlinden qui préserve le fameux retable d'Issenheim : ce polyptyque monumental constitué de sept panneaux en bois de tilleul et de dix sculptures, fut peint par Grünewald et sculpté par Nicolas de Haguenau entre 1512 et 1516.

LE CONSEIL DU BIB

À Strasbourg, visitez la ville et les musées en journée et profitez des marchés de Noël en soirée, l'ambiance y est plus chaleureuse et féerique avec les illuminations.

ÉTAPE 11

Strasbourg

OFFICE DE TOURISME
17 pl. de la Cathédrale - 03 88 52 28 28 - www.visitstrasbourg.fr.

STATIONNEMENT & SERVICES

Parking conseillé
Stationnement en journée sur le parking relais-tram « Elsau » - 6,10 € (-3 m) ou 18,60 € (+3 m)/j (billet AR en tram inclus jusqu'à 7 pers.).

Camping de Strasbourg
9 r. de l'Auberge de Jeunesse - 03 88 30 19 96 - www.camping-strasbourg.com - Permanent - 115 empl.
borne flot bleu
Tarif camping : 32,60 € (10A) 6 € - pers. suppl. 6,60 €
Services et loisirs :
Camping de ville, verdoyant, traversé par ruisseau, avec le train en fond sonore. Bus pour le centre-ville.
GPS : E 7.71752 N 48.57463

Strasbourg. Voilà une capitale européenne à taille humaine, au charme intact avec son art de vivre si alsacien. Ville d'avant-garde depuis le Moyen Âge, Strasbourg a réussi le pari de l'esthétique et de la protection de l'environnement, grâce au choix du tramway et des pistes cyclables. Elle dispose d'un patrimoine architectural exceptionnel : on pense bien évidemment d'abord à la **cathédrale Notre-Dame** reconnaissable à sa belle pierre rousse (grès rose des Vosges) qui abrite notamment de magnifiques fresques bibliques. Sa flèche ajourée, chef-d'œuvre de grâce et de légèreté, offre un point de vue spectaculaire sur la ville. À compléter par la visite du **musée de l'Œuvre Notre-Dame**, dédié à l'art alsacien du Moyen Âge et de la Renaissance, qui ne représente qu'une toute petite partie de la riche offre culturelle de la ville. Voyez aussi le **musée des Beaux-Arts**, qui recèle une très riche collection de tableaux européens de la fin du Moyen Âge au 18e s., le **musée d'Art moderne et contemporain**, et le **musée des Arts décoratifs**, qui abrite l'une des plus importantes collections de céramiques de France. Vous tomberez aussi sous le charme des différents quartiers de Strasbourg. Le **centre**, inscrit dans sa ceinture de canaux, cœur architectural et poumon commerçant et touristique de la ville, la **Krutenau** et ses quais aménagés, la **Petite France** et ses maisons à colombage des 16e et 17e s. à parcourir à pied ou en bateau sur les bras de l'Ill. Changement de décor à **Neustadt**, ville nouvelle de la fin du 19e et du début du 20e s., et naturellement dans le récent **quartier européen**.
Il ne faut pas oublier le **jardin des Deux-Rives**, symbolisé par le pont à haubans qui permet aux piétons et aux cyclistes de traverser paisiblement le Rhin, aujourd'hui trait d'union entre Strasbourg et Kehl, entre la France et l'Allemagne.

ALSACE – ADRESSES CIRCUIT 1

Aires de service & de stationnement

CHÂTENOIS
Aire de Châtenois
Allée des Bains, en face de la pharmacie - ☏ 03 88 82 02 74 - www.mairie-chatenois.fr
Permanent (mise hors gel)
Borne artisanale 2 € 2 €
7 - 24h - gratuit
Services :
GPS : E 7.39775 N 48.27468

COLMAR
Voir p. 195

KAYSERSBERG
Aire de Kaysersberg
Parking de l'Erlendab, Route de Lapoutroie - ☏ 03 89 78 22 78 - www.kaysersberg-vignoble.fr
Permanent -
Borne artisanale : gratuit
80 - 24h - 10 €/j.
Services :
Près du centre bourg.
GPS : E 7.26191 N 48.13616

ORBEY
Aire des Terrasses du Lac Blanc
Le lac Blanc, à l'O d'Orbey (D 48) - ☏ 03 89 86 50 00 - www.lesterrassesdulacblanc.com
Permanent (fermé quelques jours en avr. et nov.) -
Borne artisanale 4 €
9 - - 24h - 7 €/j. - gratuit si repas pris au restaurant
Paiement :

Services :
Jolie vue sur la vallée, dans la station.
GPS : E 7.09019 N 48.13561

RIBEAUVILLÉ
Aire de Ribeauvillé
Rte de Colmar, face à l'espace culturel - ☏ 03 89 73 20 35
Permanent
Borne Urbaflux 2 €
27 - - 24h - 15 €/j.
Paiement :
Services :
GPS : E 7.32949 N 48.19233

ST-HIPPOLYTE
Aire de St-Hippolyte
13-17 r. Kleinforst - ☏ 03 89 73 00 13
Permanent (mise hors gel)
Borne artisanale 4 €
2 - Illimité - gratuit
Services :
GPS : E 7.37532 N 48.23117

LES TROIS-ÉPIS
Aire des Trois-Épis
Parking sur la pl. des Antonins - ☏ 03 89 78 90 78 - les-trois-epis.fr
Permanent
Borne raclet 6 € 6 €
30 - Illimité - gratuit
Paiement : jetons (distributeur dans les toilettes publiques)
Services :
En lisière de forêt, apprécié des marcheurs.
GPS : E 7.22948 N 48.10101

Campings

Colmar : voir p. 196 ;
Strasbourg : voir p. précédente

OBERNAI
Municipal le Vallon de l'Ehn
1 r. de Berlin - ☏ 03 88 95 38 48 - www.camping-obernai.fr
De mi-mars à mi-janv. - 150 empl. -
borne eurorelais 5 € - gratuit pour les clients du camping
Tarif camping : 5,40 € 6,60 €
(16A) 5 €
Services et loisirs :
GPS : E 7.46715 N 48.46505

SÉLESTAT
Municipal Les Cigognes
R. de la 1re-Division-Française-Libre - ☏ 03 88 92 03 98 - camping.selestat.fr
De déb. avr. à mi-oct. (et 19 nov.-24 déc.) - 48 empl.
borne eurorelais 3,50 €
Tarif camping : 17,85 €
(16A) - pers. suppl. 4,70 €
Services et loisirs :
Ouvert pendant le marché de Noël.
GPS : E 7.44828 N 48.25444

TURCKHEIM
Le Médiéval
Quai de la Gare - ☏ 03 89 27 02 00 - camping-turckheim.fr
De déb. avr. à fin oct. - 127 empl. -
borne artisanale
Tarif camping : 21,30 €
(16A) - pers. suppl. 4 €
Services et loisirs :
GPS : E 7.27144 N 48.08463

WASSELONNE
Camping Municipal
6 r. des Sapins - ☏ 03 88 87 00 08 - www.campingwasselonne.fr
De déb. avr. à fin oct. - 95 empl.
borne eurorelais 4 €
Tarif camping : 16,70 €
(12A) 5,60 € - pers. suppl. 5 €
Services et loisirs :
Dans l'enceinte du centre de loisirs.
GPS : E 7.44869 N 48.63691

Sur le marché de Noël de Strasbourg.

Les bonnes adresses de bib

COLMAR
Voir aussi p. 197
- **Wistub Brenner** – 1 r. Turenne - 03 89 41 42 33 - wistub-brenner.fr - menus 29,90/41,90 €. Ambiance décontractée et animée dans cette authentique winstub agrandie d'une sympathique terrasse. Cuisine du pays (tête de veau, pieds de porc…) et ardoise de suggestions.

KAYSERSBERG
- **La Vieille Forge** – 1 r. des Écoles - 03 89 47 17 51 - vieilleforge-kb.com - fermé lun.-mar. - menus 33/69 €. Le cachet de l'ancien (façade à colombages du 15e s., poutres, poêle en faïence…), mais une décoration contemporaine. Carte colorée assortie de suggestions de saison.

Verrerie d'Art de Kaysersberg – 30 r. du Gén.-de-Gaulle - 03 89 47 14 97 - www.verrerie-kaysersberg.fr - boutique et atelier : avr.-sept. : tlj sf dim. 10h-12h, 14h-17h - fermé janv. Cette verrerie d'art ouvre les portes de son atelier. Les maîtres verriers font découvrir les différentes opérations de leur travail. Exposition et vente des objets à la boutique située en face de l'atelier.

OBERNAI
- **Le Freiberg** - 46 r. du Gén.-Gouraud - 03 88 95 53 77 - le-freiberg.com - fermé mar.-merc. et dim. soir - menus 32/49,50 € - réserv. conseillée. Dans cette petite *winstub* au décor traditionnel, on vous accueille avec le sourire pour vous faire goûter une savoureuse cuisine alsacienne plus vraie que nature… Le soir, les tartes flambées sont à l'honneur.

RIQUEWIHR
Domaine Dopff « Au Moulin » – 5 av. Jacques-Preiss - 03 89 49 09 69 - www.dopff-au-moulin.fr - 10h-19h - visite des caves sur RV. La célèbre famille Dopff, liée à la vigne depuis le 17e s. Citons ses sept crémants incontournables, dont la cuvée Julien brut, l'excellente gamme traditionnelle et les grands crus de schœnenbourg en riesling ou sporen en gewurztraminer.

STRASBOURG
- **Le Clou** – 3 r. du Chaudron - 03 88 32 11 67 - www.le-clou.com - plats 17,90/30,80 €. À proximité de la cathédrale, décor traditionnel (esprit maison de poupée à l'étage) et bonne humeur caractérisent cette authentique et fameuse winstub à la cuisine généreuse qui fait la part belle aux spécialités alsaciennes.

Pains d'épice Mireille Oster – 14 r. des Dentelles - 03 88 32 33 34 - www.mireille-oster.com - mar.-vend. 10h-12h, 14h-19h, sam. 10h-12h, 13h-19h, dim. 10h-17h. Des parfums d'orange, de miel, de cannelle et de cardamome embaument cette maison à colombages datant de 1643. Ici, le pain d'épices est roi : tendre ou croquant, sucré, salé et même glacé, il se décline à l'infini.

Hunawihr, sur la route des vignobles d'Alsace.

Offices de tourisme

COLMAR
Voir p. 195

SÉLESTAT
2 pl. du Dr-Maurice-Kuble - 03 88 58 87 20 - www.selestat-haut-koenigsbourg.com

STRASBOURG
Voir p. 187

Vendanges à Riquewihr.

LE TOP 5 VILLAGES DE CARTE POSTALE
1. Riquewihr
2. Eguisheim
3. Kaysersberg
4. Obernai
5. Ribeauvillé

ALSACE – CIRCUIT 2

Les Vosges du Nord

Bien moins connues que leur grande sœur du sud, les petites montagnes des Vosges du Nord ne manquent pourtant pas d'attrait, avec leurs nombreux étangs, leurs vallées joliment dessinées et leurs panoramas sur la plaine d'Alsace et les massifs alentour. C'est justement l'occasion de profiter du charme des sentiers délaissés : la faune ne s'y trompe pas et il est courant d'apercevoir cerfs, chevreuils, sangliers et gélinottes des bois. Les vastes forêts de hêtres, de sapins, d'épicéas et d'érables vous invitent à de belles randonnées.

DÉPART : SAVERNE - 4 jours – 135 km

JOUR 1

Après avoir visité le château et le musée de **Saverne**, ancienne résidence des princes-évêques de Strasbourg, dirigez-vous vers **Neuwiller-lès-Saverne**, lovée dans un joli site au milieu des collines et des forêts. Dans l'église St-Pierre-et-St-Paul, où reposent les reliques de saint Adelphe, quatre tapisseries, datant de la fin du 15e s., retracent les miracles du saint. Ensuite, direction **Ingwiller**, où vous pourrez suivre le sentier botanique et poétique du Seelberg (comptez 2h). En prenant la D28 à la sortie d'Ingwiller, on traverse Rothbach, Offwiller et Zinswiller pour atteindre **Niederbronn-les-Bains**, station thermale où vous ferez ce soir étape. Flânez dans les rues de la cité puis choisissez un restaurant qui concocte la spécialité locale, le *keschtewurscht*, du boudin aux châtaignes très apprécié.

JOUR 2

Avec sa source thermale qui jaillit au cœur de la ville, Niederbronn-les-Bains était déjà connue des Romains pour la richesse de ses eaux. La ville est située au pied du point culminant des Vosges du Nord, le Wintersberg, perché à 580 m d'altitude et dominé par une tour-signal dont vous atteindrez le sommet après avoir grimpé 112 marches. De là, le panorama sur les Basses-Vosges et la plaine est époustouflant. Gagnez ensuite **Obersteinbach** d'où l'on aperçoit l'arche des rochers du Wachtfels qui offre une belle perspective sur la vallée de la Steinbach et les montagnes environnantes. Nuit dans les environs.

La maison du sel à Wissembourg.

JOUR 3

Consacrez la matinée au **château de Fleckenstein** (voir l'encadré ci-contre), une immense forteresse. Gagnez **Lembach**, ornée de bâtisses anciennes : maisons bourgeoises, lavoirs, auberges. Un circuit panoramique (départ de la mairie ; durée 2h30) permet de découvrir les alentours et de s'initier au paysage, à la géologie et aux milieux vivants comme les vergers et les haies. Un kilomètre plus loin, sur la route de Woerth, à gauche, se trouve l'accès à l'ouvrage du **Four à Chaux** : cet ouvrage d'artillerie fut bombardé massivement le 19 juin 1940 par 27 stukas, aboutissant au cessez-le-feu le 25 juin. Il a conservé des locaux en bon état, équipés de leur matériel d'origine : à 25 m de profondeur, on découvre les conditions de vie des soldats (système d'aération, cuisines, dortoirs, infirmerie, etc.). Fin de journée et nuit à Wissembourg.

JOUR 4

Visite de **Wissembourg** : miraculeusement préservée d'une histoire parsemée de sièges et de désastres de guerre, la cité offre une belle promenade sur ses remparts, dans les quartiers anciens ou dans celui de la « Petite Venise », avec plus de 70 maisons bâties avant 1700. Dernière étape à **Haguenau**, cité blottie au cœur d'un vaste massif forestier de près de 20 000 ha. La deuxième ville du Bas-Rhin abrite notamment le Musée historique dont l'édifice néo-Renaissance protège une collection d'objets des âges de bronze et du fer. Après la visite de la ville, faites un tour dans la forêt voisine, notamment près du Gros chêne, où vivaient autrefois des ermites, et empruntez le sentier botanique.

RANDONNÉE À PIED

Tour des quatre châteaux forts

INFOS PRATIQUES

Départ du parking au pied du Fleckenstein. Comptez 10 km - 200 m de dénivelé - 3 à 4h - www.chateauxfortsalsace.com.
Visite du château de Fleckenstein – Fleckenstein - 03 88 94 28 52 - www.fleckenstein.fr - juil.-août : 10h-18h ; de fin mars à fin juin et déb. nov. : 10h-17h30 ; reste de l'année : se rens. - fermé de déb. nov. au 25 déc. - 5 € (4-17 ans 3 €).

STATIONNEMENT

Parking du château de Fleckenstein
Stationnement plat à 5mn à pied du château et point de départ de randonnées dans la forêt alentour - gratuit.

Avant de vous engager sur les chemins, visitez le **château de Fleckenstein** point de départ de votre excursion. Sa fondation au 12e s., ce château s'inscrivait dans le dispositif défensif des frontières nord du duché d'Alsace, contrôlant la vallée de la Sauer. Des murs d'enceinte cernent la basse-cour, où l'on pénètre par une porte fortifiée. En approchant du rocher principal, on aperçoit l'impressionnante tour carrée qui lui fut accolée à la fin de l'époque gothique. Des escaliers intérieurs *(attention aux marches)* conduisent à plusieurs chambres taillées dans le roc, dont l'étonnante salle des Chevaliers et son pilier central monolithe, puis à la plate-forme, large de 8 m, où se trouvait le logis seigneurial ; jolie **vue** sur la haute vallée de la Sauer et son confluent avec le Steinbach. *Engagez-vous sur le chemin balisé d'un rectangle rouge, puis à droite dans le sentier des Rochers (triangle rouge) qui conduit à la fontaine de la Jeune Fille.* Selon la légende, cette fontaine fut le théâtre d'un amour malheureux entre un chevalier du Wegelnburg et une demoiselle du Hohenburg. *Tournez à gauche (rectangle bleu).* Après avoir franchi la frontière avec l'Allemagne, on atteint le **Wegelnburg**, forteresse impériale qui, devenue repaire de brigands, fut en grande partie détruite vers la fin du 13e s. Jolie vue sur le Palatinat. *Revenez vers la fontaine de la Jeune Fille et continuez tout droit (rectangle rouge).* Le **Hohenburg**, fief des Fleckenstein, fut détruit en 1680. Sa partie basse Renaissance a conservé un puissant bastion d'artillerie et le logis seigneurial. Vue remarquable sur la forêt et les Vosges du Nord. En poursuivant par le même chemin vers le sud, on accède au **Loewenstein**, détruit en 1386 après avoir, lui aussi, servi de repaire à des chevaliers-brigands. Le même sentier balisé d'un rectangle rouge passe devant un curieux chicot de grès rouge (le Krappenfels) et mène à la ferme de Gimbel *(ferme-auberge, restauration en saison).* Superbe point de vue sur le château du Fleckenstein. À l'emplacement de l'ancien château de **Gimbelhof**, aire de jeux médiévale. *Retour au parking par le chemin de droite (rectangle rouge-blanc-rouge).*

ALSACE – ADRESSES CIRCUIT 2

Aires de service & de stationnement

HAGUENAU

Aire de Haguenau
R. de la Piscine - ✆ 03 88 06 59 99 -
www.visithaguenau.alsace
Permanent -
Borne 4 €
2 - gratuit
Paiement : CC
Services :
En bordure de la forêt.
GPS : E 7.76121 N 48.8005

NIEDERBRONN-LES-BAINS

Parking
13 av. Foch
Permanent
20 - Illimité - gratuit
Un parking idéal pour visiter le centre de Niederbronn.
GPS : E 7.64573 N 48.94869

NIEDERSTEINBACH

Aire du Cheval Blanc
11 r. Principale - ✆ 03 88 09 55 31
Permanent (mise hors gel)
Borne artisanale
4
Services :
Tables de pique-nique.
GPS : E 7.71077 N 49.03141

REICHSHOFFEN

Aire de Reichshoffen
42 r. d'Oberbronn - ✆ 03 88 80 89 70
Permanent
Borne artisanale : gratuit
10
Services :
À deux pas du centre historique.
GPS : E 7.64521 N 48.93428

REIPERTSWILLER

Aire de Reipertswiller
14 r. des Écoles - ✆ 03 88 89 96 05
Permanent (fermé lors de la fête foraine)
Borne artisanale 5 €
3 - Illimité - gratuit
Au bord d'un petit étang.
GPS : E 7.46421 N 48.93331

WISSEMBOURG

Camping-car Park de Wissembourg
R. de la Messagerie - ✆ 01 83 64 69 21
Permanent
Borne AireService 5 €
90 - Illimité - gratuit
Paiement : CC
Services :
À deux pas du centre historique.
GPS : E 7.94793 N 49.03251

Campings

DOSSENHEIM-SUR-ZINSEL

Au Pays de Hanau
24 rte d'Ernolsheim - ✆ 09 73 89 21 52 - campingaupaysdehanau.com
De déb. avr. à fin sept. - 125 empl.
Tarif camping : 6 € 12 € (6A) 5 €
Services et loisirs :
GPS : E 7.39635 N 48.80227

LAUTERBOURG

Municipal des Mouettes
Chemin des Mouettes - ✆ 03 88 54 68 60 - www.camping-lauterbourg.fr
De déb. avr. à fin oct. - 135 empl. -
borne artisanale
Tarif camping : 5 € 6 € 11 €
(10A) 6 €
Services et loisirs :
À côté d'une grande base de loisirs.
GPS : E 8.1654 N 48.9708

OBERBRONN

Flower L'Oasis
3 r. du Frohret - ✆ 06 50 51 9517
De déb. avr. à mi-oct. - 139 empl. -
borne AireService
Tarif camping : 21 €
(10A) - pers. suppl. 7 €
Services et loisirs :
À la lisière d'une forêt, magnifique vue dégagée sur la montagne et le village d'Oberbronn.
GPS : E 7.60347 N 48.9286

SAVERNE

Seasonova Les Portes d'Alsace
40 r. du Père-Libermann - ✆ 03 36 81 00 01 - vacances-seasonova.com/fr/camping/camping-les-portes-dalsace
De fin mars à fin oct. - 129 empl.
borne artisanale
Tarif camping : 30 € (6A)
Services et loisirs :
Un petit coin de campagne dans un cadre urbain, terrain paisible et confortable.
GPS : E 7.35539 N 48.73095

Saverne.

Les bonnes adresses de bib

HAGUENAU

L'Essentiel – 2 pl. du Marché-aux-Bestiaux - ☏ 03 88 73 39 47 - www.lessentiel-haguenau.fr - fermé dim., lun. soir et sam. midi. - menus 21/49 €. Au pied de la tour des Chevaliers (13ᵉ s.), l'Essentiel est dans l'assiette. Aux fourneaux, le jeune chef concocte une goûteuse cuisine du marché avec des recettes bien ficelées et des saveurs marquées.

Le Jardin – 16 r. de la Redoute - ☏ 03 88 93 29 39 - www.lejardinhaguenau.com - fermé mar.-mer. - menus 23,50 € (déj.), 37/72 €. Dans un beau décor classique (superbe plafond Renaissance), père et fils composent une carte très appétissante qui fait la part belle au poisson.

INGWILLER

Aux Comtes de Hanau – 139 r. du Gén.-de-Gaulle - ☏ 03 88 89 42 27 - www.aux-comtes-de-hanau.com - fermé lun. soir et mer. soir - menus déj. sem. 16/18 € - plats 10/21 €. Cette maison du 19ᵉ s. abrite un restaurant où l'on sert une cuisine alsacienne aux portions copieuses servie dans la salle à manger rustique. Vous pouvez aussi choisir un plat du jour de la brasserie.

NIEDERBRONN-LES-BAINS

Le Caveau de l'Étable – 43 r. Gén.-de-Gaulle - ☏ 03 88 09 62 02 - www.aucaveaudeletable.fr - fermé lun., jeu. et sam. midi - formules déj. 11/18,50 € - carte 19/35 €. Cette ancienne étable cultive son style. La table propose des spécialités alsaciennes et une cuisine de saison, avec enthousiasme et simplicité. C'est l'occasion de retrouver le goût un peu oublié du rosbif de cheval, tradition régionale largement passée de mode. Bon appétit !

Zuem Buerestuebel – 9 r. de la République - ☏ 03 88 80 84 26 - www.winstub-zuem-buerestuebel.com - fermé lun.-mar. - plat du j. midi sem. 11,50/12,50 €, plats 14,50/23 €. Depuis 2016, Olivier Meder concocte une cuisine aux saveurs alsaciennes, servie dans un décor qui l'est tout autant. Service attentionné et souriant.

OBERSTEINBACH

Anthon – 40 r. Principale - ☏ 03 88 09 55 01 - www.restaurant-anthon.fr - fermé lun.-merc. midi - menus 36/60 €. Ravissante maison à colombages (1860) abritant une élégante salle à manger en rotonde tournée vers le jardin. Cuisine du terroir qui fait la part belle aux producteurs locaux.

SAVERNE

Taverne Katz – 80 Grand'Rue - ☏ 03 88 71 16 56 - www.tavernekatz.com - fermé dim. soir-lun. - plats 10/27 € - menus 47/59 €. Dans cette boucherie devenue tonnellerie, l'une des plus belles et anciennes maisons d'Alsace (1605), on défend depuis des décennies la cuisine locale dans une atmosphère conviviale.

Caveau de l'Escale – 10 quai du Canal - ☏ 03 88 91 12 23 - www.escale-saverne.fr - fermé mar. soir-merc. et sam. midi - formule déj. 13,50 € - menus 20,50/33 €. Cette maison discrète, proche du canal, abrite un restaurant. Sous sa cave voûtée, attablez-vous autour de plats régionaux, complétés le soir par un large choix de tartes flambées. Accueil cordial.

WISSEMBOURG

Au Pont M – 3 r. de la République - ☏ 03 88 63 56 68 - www.aupontm.com - fermé dim.-lun. - menus 25 € (déj.), 35/45 €. Au cœur du quartier de la « Petite Venise », on se régale d'une belle cuisine dans l'air du temps. Le chef concocte des recettes aux saveurs franches. Dans la salle, on profite de la vue sur l'eau et l'église St-Pierre-et-St-Paul. Service prévenant.

Offices de tourisme

NIEDERBRONN-LES-BAINS

6 pl. de l'Hôtel-de-Ville - ☏ 03 88 80 89 70 - www.alsace-verte.com.

SAVERNE

Cloître des Récollets - 4 r. Poincaré - ☏ 03 88 91 80 47 - www.tourisme-saverne.fr.

WISSEMBOURG

Grange dîmière - 2 pl. du Saumon - ☏ 03 88 94 10 11 - www.alsace-verte.com.

ALSACE – CIRCUIT 3

De part et d'autre du Rhin

Histoire, loisirs ou nature : c'est la variété qui fait le charme de cette escapade franco-allemande le long du Rhin. Vous aurez l'occasion de goûter à l'Alsace gastronomique, de découvrir les paysages vallonnés et enchanteurs de la Forêt noire et de comprendre la richesse d'une région frontalière que l'Histoire s'est longtemps disputée.

⭐ **DÉPART :** MULHOUSE - 6 jours – 260 km

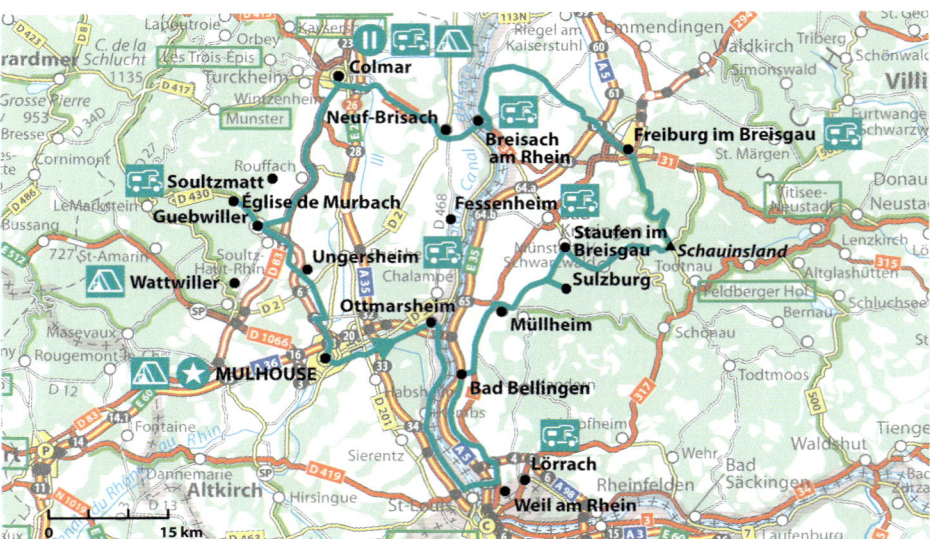

JOUR 1

En arrivant à **Mulhouse**, la « ville aux cent cheminées », vous entrez tout à la fois dans une ancienne république indépendante et un centre industriel. Vous aurez là grandement de quoi occuper votre journée, voire une deuxième ! Flânez dans le vieux Mulhouse puis dans le Nouveau Quartier et cherchez les murs peints qui évoquent l'histoire de la ville. Faîtes un tour dans l'une des cités-jardins, témoins du passé industriel local, tout comme le musée de l'Automobile - collection Schlumpf, la Cité du train et le musée Électropolis. Les musées de l'Impression sur étoffes et du Papier peint (à 6 km de la ville) sont également passionnants. Détendez-vous dans l'un des **parcs** et **jardins**, tandis que le parc zoologique et botanique passionnera les enfants. Le soir, les lieux de nuit de cette ville étudiante vous laissent le choix des armes : cuisine locale, bars à bière et à whiskies, salles de concerts ou discothèques.

JOUR 2

En quittant Mulhouse, longez le Rhin pour découvrir l'étonnante église abbatiale d'**Ottmarsheim**, et, dans un autre registre, la centrale électrique avec ses écluses, puis les richesses naturelles de la **Petite Camargue alsacienne**. Six sentiers balisés permettent d'observer faune et flore de la réserve.

JOUR 3

Traversez ensuite la frontière pour sillonner le Markgräflerland, en suivant la route badoise du Vin, depuis **Weil am Rhein**. En parcourant les superbes villages d'Efringen-Kirchen, **Bad Bellingen**, **Müllheim**, **Sulzburg** et **Staufen im Breisgau**, ne manquez pas de visiter une cave et de faire honneur à la gastronomie locale. Après avoir profité du panorama du **Schauinsland**, gagnez les environs de **Freiburg im Breisgau** pour y passer la nuit.

Colmar, la Petite Venise.

ÉTAPE 11
Colmar

OFFICE DE TOURISME
Pl. Unterlinden - ✆ 03 89 20 68 92 - www.tourisme-colmar.com.

STATIONNEMENT & SERVICES

Parking conseillé
R. de la Cavalerie, près du centre historique, ou r. Henry-Wilhelm - 1,40 €/h jusqu'à 7h45, 8h 35 €.

Aire du port de plaisance
6 r. du Canal - ✆ 03 89 20 82 20 - Permanent
Borne flot bleu 2,50 € 2,50 €
70 - Illimité - 16 €/j. - Paiement : jetons
Services :
GPS : E 7.37544 N 48.08035

Camping L'Ill Colmar
Voir p. suivante

JOUR 4
Visitez la belle cathédrale de Freiburg et promenez-vous dans la vieille ville où vous pourrez déjeuner, avant d'explorer les collines du Kaiserstuhl. Puis passez la douane (aujourd'hui virtuelle), pour parcourir **Neuf-Brisach**, ancienne place forte de Vauban, dont les rues à angle droit lui donnent un aspect très sobre. Les remparts servent d'écrin au MAUSA Vauban, un superbe musée d'Art urbain et de Street art. Rejoignez Colmar et profiter de l'ambiance nocturne.

JOUR 5
Colmar (voir l'encadré ci-contre) est une ville typiquement alsacienne, où il fait bon flâner dans les rues aussi bien que sur les canaux. En période de Noël, impossible de manquer le marché. Après le déjeuner, saluez les jolies maisons à colombage et rejoignez **Guebwiller**, petite ville riche en architecture d'où est originaire l'inventeur du bleu Deck.

JOUR 6
Quelques kilomètres à l'ouest de Guebwiller, l'**église de Murbach** est l'un des joyaux de l'art roman en Alsace. Enfin, sur la route du retour vers Mulhouse, initiez-vous à l'habitat rural alsacien à l'**Écomusée d'Alsace** (à Ungersheim) : 75 bâtiments, ré-assemblés ici, ont servi à créer ce musée en plein air qui présente l'Alsace traditionnelle.

Canaux de la « Petite Venise », fontaines, maisons à colombage, géraniums aux balcons… Colmar rassemble le meilleur de l'Alsace, mais pas seulement ! Son **musée Unterlinden**, qui expose le célèbre retable d'Issenheim, a été agrandi en 2016. L'extension, confiée aux architectes bâlois Herzog & de Meuron, abrite des collections d'art moderne. On ne se lasse pas, enfin, de déambuler dans le centre historique, notamment dans les venelles de la **Petite Venise**, quartier longtemps habité par les pêcheurs et les bateliers. Parmi le très riche patrimoine de la ville, ne manquez pas la **maison des Têtes Plan**, de l'époque Renaissance : la plus célèbre maison de Colmar doit son nom à ses 106 visages grimaçants qui décorent les panneaux de l'oriel (fenêtre en saillie) ainsi que les montants et les meneaux des autres fenêtres. Construite en 1609 pour un riche commerçant, cette demeure en pierre tranche ostensiblement avec les maisons en bois du 17e s. Autre monument à voir absolument, la **Maison Pfister** : petit bijou de l'architecture locale construit en 1537 pour un chapelier de Besançon, elle doit son nom aux propriétaires qui l'occupèrent entre 1840 et 1892. Les peintures murales extérieures, qui mêlent imagerie humaniste et quelques scènes bibliques, datent du 16e s. Réhabilitée l'**ancienne halle marchande** (1865), sur le bord du canal, le **couvent des Dominicains**, dédié au livre et à l'écrit dans le monde rhénan, et l'**ancienne douane** (koïfhus) méritent aussi un coup d'œil. En franchissant le pont de la Lauch, on entre dans le quartier de la **Krutenau**, jadis peuplé de maraîcher. Et pour aller plus loin, faites un tour à la **collégiale St-Martin**, élégant édifice gothique en grès jaune où l'on peut voir une Crucifixion sculptée du 14e s, et au **musée Bartholdi** installé dans la maison natale du sculpteur (1834-1904) de la statue de la Liberté. Enfin, les gourmands se rendront au musée des Vins d'Alsace, et, avec les enfants, au Choco Story, au musée du Jouet et au Village Hansi.

ALSACE – ADRESSES CIRCUIT 3

Aires de service & de stationnement

BREISACH AM RHEIN (ALLEMAGNE)

Aire de Breisach am Rhein
Josef-Bueb-str. - (00 49) 76 67 94 01 55 - www.breisach.de
Permanent
Borne artisanale 1 €
70 P - 48h - 14 €/j. - payant 20h-8h
Paiement : CC
Services :
Proche du centre-ville (500 m).
GPS : E 7.57527 N 48.03027

COLMAR

Voir p. précédente.

FESSENHEIM

Aire de Fessenheim
R. de la 1re-Armée - 03 89 48 60 02 - fessenheim.fr - Permanent
Borne flot bleu 2,50 €
40 P - Illimité - gratuit
Paiement : jetons (mairie et Super U)
Services : WC
Piste cyclable à proximité.
GPS : E 7.53139 N 47.91862

FREIBURG IM BREISGAU (ALLEMAGNE)

Aire de Fribourg
Suwonallee 1, à côté du stade de foot (parc des Expositions) - (00 49) 761 202 51 39 - www.stellplatz-freiburg.de
Permanent (fermé lors des matchs de foot)
Borne artisanale 1 €

75 P - 72h - 13 €/j.
Services :
Très grande aire, très bétonnée.
GPS : E 7.83464 N 48.01618

LÖRRACH (ALLEMAGNE)

(6 km au N/E de Weil am Rhein)

Wohnmobil-Stellplatz Lörrach-Basel
Grüttweg 8 - (00 49) 7621 165559 - womo-loerrach.de
Permanent
Borne artisanale 1 € 0,90 €
25 P - 24h - 13 €/j.
Services :
GPS : E 7.66084 N 47.62547

SOULTZMATT

Aire de Soultzmatt
R. St-Blaise, D 18bis - 03 89 47 00 01 - www.tourisme-guebwiller.fr
Permanent (mise hors gel)
Borne eurorelais 2 € 2 €
6 P - Illimité - gratuit
Services :
GPS : E 7.25095 N 47.95637

UNGERSHEIM

Aire stationnement de l'Écomusée d'Alsace
Chemin du Grosswald - 03 69 58 50 25 - www.ecomusee.alsace
Permanent
20 P - 24h - gratuit
Services : WC
GPS : E 7.28587 N 47.85179

Campings

COLMAR

L'Ill Colmar
1 allée du Camping - 03 89 41 15 94 - www.campingdelill.fr
De fin mars à déb. janv. - 163 empl.
borne flot bleu 7 € - gratuit pour les clients du camping
Tarif camping : 25,20 €
(10A) 6 €
Services et loisirs :
Camping de ville avec bruit de la route dans un cadre verdoyant, ombragé, au bord de la rivière.
GPS : E 7.38676 N 48.07838

MULHOUSE

L'Ill
1 r. Pierre-de-Coubertin - 03 89 42 64 76 - www.camping-mulhouse.com
De fin mars à fin oct. (et 22 nov.-23 déc.) - 152 empl.
borne eurorelais
Tarif camping : 6,30 € 3,70 €
5 € (10A) 6,60 €
Services et loisirs :
Cadre boisé en bordure de la rivière l'Ill et le long de l'EuroVéloroute 6.
GPS : E 7.32283 N 47.73425

WATTWILLER

Huttopia Wattwiller
Rte des Crêtes - 03 89 75 44 94 - europe.huttopia.com
De fin mars à déb. nov. - 199 empl. -
borne artisanale 7 € - gratuit pour les clients du camping
Tarif camping : 28,80 €
(10A)
Services et loisirs :
Agréable site boisé.
GPS : E 7.16736 N 47.83675

La vieille ville de Staufen im Breisgau.

Les bonnes adresses de bib

COLMAR

Voir aussi p. 189

Le Caveau St-Pierre –
24 r. de la Herse - 03 89 41 99 33 - caveausaintpierre-colmar.fr - fermé merc. - plats 20/26 €. Un petit coin de paradis que cette maison du 17e s. à laquelle on accède par une jolie passerelle en bois enjambant la Lauch. Décor rustique fidèle à la tradition alsacienne et terrasse les pieds dans l'eau. Plats du terroir.

Fortwenger – 32 r. des Marchands - 03 89 41 06 93 - www.fortwenger.fr - 9h30-12h30, 13h30-18h30 (dim. 10h). C'est à Gertwiller que Charles Fortwenger fonda en 1768 sa fabrique de pain d'épice. Dans la boutique de Colma, vous trouverez un large choix de savoureux produits : chocolat, miel, sucre glace, anis, cannelle, etc. Également des spécialités régionales et des souvenirs.

FREIBURG IM BREISGAU (ALLEMAGNE)

Grosser Meyerhof –
Grünwälderstr. 1 -
(00 49) 761 3837397 - www.grosser-meyerhof.de - fermé dim. - plats 10/23 €. On se régale de recettes simples et régionales dans une ambiance conviviale. Spectacles littéraires et concerts réguliers.

GUEBWILLER

Pâtisserie-chocolaterie Claude Helfter – 8 pl. de l'Hôtel-de-Ville - 03 89 74 27 44 - www.helfter.fr - 7h30-19h, lun. 13h-19h, dim. 7h30-18h30. Chez ce pâtissier-chocolatier réputé qui est aussi traiteur et salon de thé, vous dégusterez un large choix de douceurs sucrées et salées…

MULHOUSE

La Table de Michèle –
16 r. de Metz - 03 89 45 37 82 - tablemichele.fr - fermé sam. midi, dim. et lun. - formules déj. 29/34 € - plats 28/42 €. Michèle joue du piano debout… en cuisine bien sûr ! Son répertoire ? Plutôt traditionnel, mais sensible aux quatre saisons. En salle, chaleur du bois brut et éclairage intime.

Le Nid – 20 r. des Franciscains - 03 89 44 17 96 - tlj sf dim. 8h-18h30 - plats 10/15 €, brunch 20/25 €. Des produits locaux pour composer une courte carte qui propose des salades colorées et le fameux brunch du week-end : il n'en fallait pas plus pour que ce lieu clair et coquet devienne la coqueluche des Mulhousiens !

NEUF-BRISACH

Hôtel-restaurant La Boîte à sel –
11 r. du Rhin - Volgelsheim (2 km à l'est du centre de Neuf-Brisach) - 03 89 72 56 30 - www.laboiteasel.net - fermé dim. soir-lun. et jeu. soir - plats du j. déj. sem. 9,50/10,50 € - carte 25 € env. Une cuisine alsacienne concoctée uniquement à base de produits frais. Aux beaux jours, le mercredi, soirée grillade en terrasse.

Salon de thé Cannelle – 1 r. du Gén.-Herr - 03 89 72 97 65 - 7h-19h. Ce salon de thé propose un large choix de gourmandises (chocolats maison, glaces, spécialités alsaciennes tel le kougelhopf glacé confectionné par la boulangerie-pâtisserie Hertzog de Muntzenheim), des pains spéciaux ainsi que de la petite restauration (plat du jour, quiche, tourte…). Terrasse agréable aux beaux jours.

STAUFEN IM BREISGAU (ALLEMAGNE)

Schladerer – Alfred-Schladerer-Platz 1 - pour les GPS : Am Schießrain 1 - (00 49) 7633 8320 - schladerer.de - tlj sf dim. (et lun. en hiver) 10h-13h, 14h-18h, sam. 10h-16h. Fondée en 1844, cette distillerie d'eaux-de-vie est l'une des plus renommées d'Allemagne. On y trouve, entre autres liqueurs nobles, la fameuse Kirschwasser de la Forêt-Noire ou la Williamsbirne, non moins célèbre poire Williams.

Offices de tourisme

COLMAR

Voir p. 195

FORÊT-NOIRE

Wiesentalstrasse 5 - Freiburg - (00 49) 761 896460 - www.schwarzwald-tourismus.info

MULHOUSE

1 av. Robert-Schuman - 03 89 35 48 48 - www.tourisme-mulhouse.com

Façade dans le centre historique de Mulhouse.

Cascade du Hérisson.
travelview/Getty Images Plus

Saline royale d'Arc-et-Senans. Kloeg008/Getty Images Plus

Franche-Comté

Encore trop méconnue, la Franche-Comté est une région riche et préservée qu'il est urgent de découvrir ! Sous la rudesse de son climat se cache en effet une nature généreuse dont il faut admirer les « forêts-cathédrales », les rivières et les cascades, les lacs et les montagnes couvertes de neige en hiver.

Les stations de Métabief-Mont d'Or, Mont du Jura ou encore Rousses-Haut-Jura à proximité de la Suisse sont adaptées à toute la famille... Certains sites naturels sont uniques en France, comme les célèbres reculées creusées dans la roche et semblables à des vallées nichées au fond d'amphithéâtres montagneux. Celles du cirque de Baume et des Planches sont les plus spectaculaires. Il faut aussi admirer le belvédère des roches de Baume et les grottes des Moidons à 12 km au sud d'Arbois.

Randonnées à VTT, escapades à cheval, cures thermales, canoë-kayak, traîneaux à chiens, pêche à la truite... Le Jura est revigorant et nourrit le corps à l'image de son comté, le fromage le plus consommé de France ! Pays de vignobles, le Jura produit des vins blancs secs qui se marient bien avec la volaille aux morilles. Les vignes plantées sur les flancs de Château-Chalon, l'un des plus beaux villages de France, sont les plus réputées grâce à son fameux vin jaune issu du savagnin, un très vieux cépage.

Outre sa nature et sa gastronomie, le pays de Pasteur et de Courbet est une terre industrieuse qu'il faut également découvrir à travers son artisanat (les pipes de St-Claude, les jouets), son industrie de précision et ses monuments (la Saline royale d'Arc-et-Senans, le vieux Besançon).

FRANCHE-COMTÉ

Affinage du comté. DjelicS/Getty Images Plus

LES ÉVÉNEMENTS À NE PAS MANQUER

- **Percée du vin jaune** dans une commune de la zone d'AOC : fév. www.percee-du-vin-jaune.com.
- **Transjurassienne** : course de ski de fond à Lamoura-Mouthe : 2e dim. de fév. www.latransju.com.
- **Solstice de la marionnette** à Belfort : de mi-fév. à mi-mars. www.marionnette-belfort.com.
- **Festival de musique baroque du Jura** à St-Claude : juin. www.festival-musique-baroque-jura.com
- **Fête des cerises** à Fougerolles : juin.
- **Les Eurockéennes** à Belfort : déb. juil. www.eurockeennes.fr.
- **Fête des Bûcherons** à Mijoux : fin juil. www.terrevalserine.fr
- **Festival des Mômes** à Montbéliard : fin août. www.festivaldesmomes.fr.
- **Foire aux vins et gastronomie** à Belfort : de fin août à déb. sept.
- **Festival international de musique de Besançon Franche-Comté** : en sept. festival-besancon.com. En même temps, les années impaires, Concours international de jeunes chefs d'orchestre.
- **Festival de musique baroque** à Ambronay : de mi-sept. à déb. oct. festival.ambronay.org.
- **Foire de la Ste-Catherine** à Vesoul : le 25 nov. Foire agricole et paysanne.
- **Noël au pays du jouet** à Moirans-en-Montagne : le w.-end avant Noël.

Votre séjour en Franche-Comté

Circuits №

1. Au cœur du Doubs et du Haut-Jura
   7 jours - 400 km — P202
2. La montagne jurassienne
   7 jours - 250 km — P206
3. Le pays d'Arbois, de caves en fruitières
   4 jours - 140 km — P210

Étape

Besançon — P203

Randonnées

Cascades du Hérisson — P207
Reculée des Planches — P211

Stations de ski

Les Rousses — P214
Métabief — P214

Stations thermales

Salins-les-Bains — P215
Lons-le-Saunier — P215

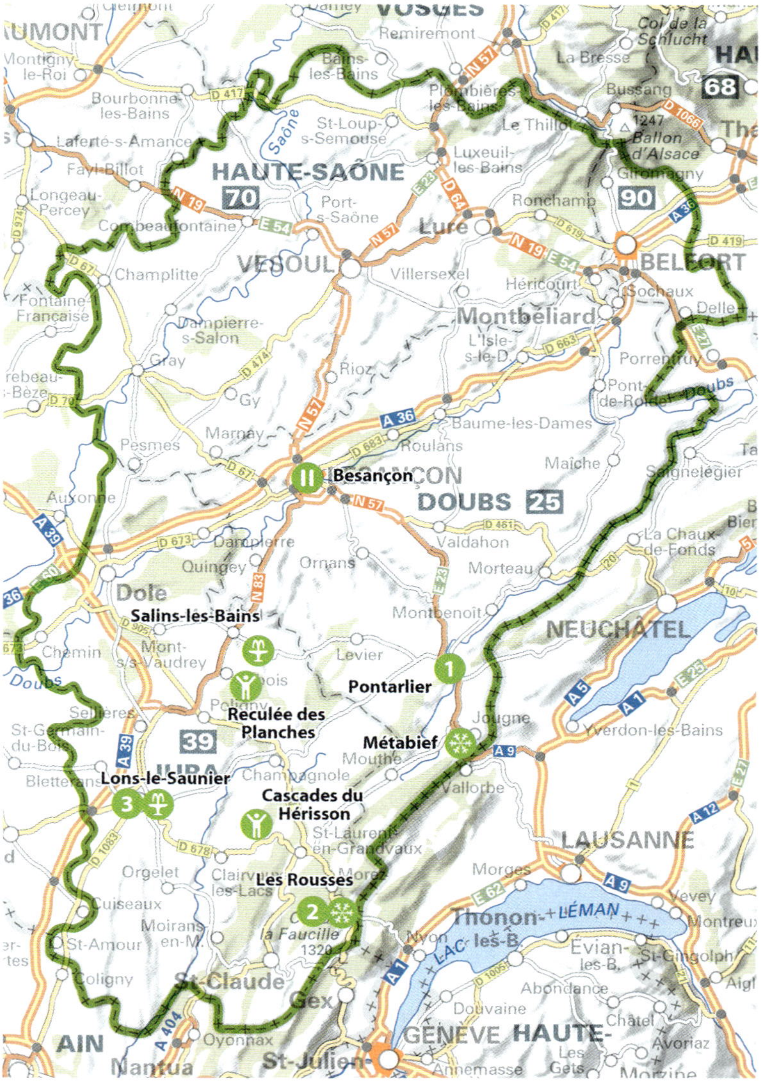

EN COMPLÉMENT, UTILISEZ…
- Le Guide Vert : Franche-Comté Jura
- Cartes Michelin : Région 520 et Départements 321

FRANCHE-COMTÉ – CIRCUIT 1
Au cœur du Doubs et du Haut-Jura

Thermal, gastronome et grandiose : ce circuit l'est tour à tour. La Franche-Comté tient à son terroir et à son artisanat dont l'horlogerie est un des fleurons. Elle sait aussi entretenir son capital nature : ses eaux thermales, ses lacs, ses gouffres, les gorges admirables de ses cours d'eau et bien sûr son immense forêt.

DÉPART : PONTARLIER - 7 jours – 400 km

JOUR 1

Commencez votre journée en flânant dans les rues de **Pontarlier**. Visitez le Musée municipal, présentant le passé archéologique de la ville. Gagnez ensuite, 4 km au sud, le **château de Joux**, perché au-dessus d'une profonde cluse. Vous découvrirez l'histoire de ce fort et de ceux, parfois célèbres comme Toussaint Louverture, qui y furent incarcérés. Finissez la journée par une escapade au bord du **lac de St-Point**. Si vous en avez le temps, poussez vers **Malbuisson**, puis la **réserve naturelle du lac de Rémoray**. La ludique Maison de la réserve, consacrée à sa faune, laissera un merveilleux souvenir aux petits comme aux grands. Non loin, s'étend la station de ski de **Métabief** (voir l'encadré p. 214). Revenez à Pontarlier.

JOUR 2

Rendez-vous à **Montbenoît** par la D437, et admirez son église et son cloître. Continuez votre route jusqu'à **Morteau**. Une visite du musée de l'Horlogerie du haut Doubs, au **château Pertusier**, vous permettra d'admirer le savoir-faire des artisans de la région.

JOUR 3

Quittez Morteau par la D461 en traversant Villers-le-Lac et passez la **frontière suisse** au col des Roches. Prenez la direction de **La Chaux-de-Fonds** et arrêtez-vous dans cette cité atypique, ville natale de Le Corbusier, et dont l'architecture abonde en éléments décoratifs Art nouveau. Ne manquez pas de visiter le musée international d'Horlogerie. Revenez par le même chemin, arrêtez-vous à **Villers-le-Lac** et finissez la journée par une promenade en bateau qui vous mènera au **saut du Doubs.**

JOUR 4

Une journée très nature vous attend. Partez vers le nord pour rejoindre le magnifique **belvédère de la Roche du Prêtre**, surplombant la vallée du

Quais du Doubs à Besançon.

Dessoubre et le **cirque de Consolation**. Prenez la direction de Maîche, et engagez-vous dans la Franche Montagne, par **Cernay-l'Église**. Faites l'ascension des Échelles de la Mort, à proximité de **Fournet-Blancheroche**, qui donnent accès à un beau belvédère, puis retournez sur Maîche et rejoignez tranquillement **Montbéliard**.

JOUR 5
Consacrez cette journée à la visite de **Besançon**, capitale de la Franche-Comté (voir l'encadré ci-contre). En fin d'après-midi, rejoignez **Salins-les-Bains** (voir l'encadré p. 215).

JOUR 6
Vous pourrez consacrer une demi-journée à la visite de la ville, plus si vous profitez des installations thermales. Quittez Salins-les-Bains et rejoignez l'extraordinaire **source du Lison**. Le cours du Lison, en partie souterrain, sur lequel donnent de surprenantes fenêtres rocheuses, telles le Creux Billard ou la Roche Sarrazine, vous fascinera.

JOUR 7
Rejoignez la **source de la Loue**, résurgence impressionnante issue d'une vaste grotte située au pied d'une falaise. Puis descendez la vallée de la Loue en faisant escale à **Ornans**. Prenez le temps d'apprécier cette charmante ville, célèbre pour sa double rangée de maisons à pilotis, et son musée Gustave-Courbet. De retour sur Besançon, faites halte au **gouffre de Poudrey** qui vous étonnera par son impressionnante salle souterraine d'effondrement et sa grande variété de concrétions.

ÉTAPE 11
Besançon

OFFICE DE TOURISME
52 Grande-Rue - 03 81 80 92 55 -
www.besancon-tourisme.com.

STATIONNEMENT & SERVICES

Aire de Besançon
Quai Veil-Picard, accès par la r. d'Arènes -
03 81 80 92 55 - www.besancon-tourisme.com
Permanent
Borne AireService
12 - 72h - 7 €/j. - borne compris
Paiement :
Services :
Vue exceptionnelle sur le quai Vauban.
Tout près du centre-ville.
GPS : E 6.01577 N 47.23796

Dominée par la **citadelle Vauban**, admirablement conservée, l'ancienne capitale de la Franche-Comté se love dans la boucle formée par le Doubs. Construite entre 1668 et 1711, cette forteresse constitue un site naturel et historique d'un grand intérêt. Le chemin de ronde ouest offre une superbe vue sur Besançon et la vallée du Doubs. Le **Musée comtois** est installé dans le Front royal ; vous y découvrirez la faune et la flore locales ainsi que l'habitat, évoqué à l'aide de maquettes.
Au pied de la citadelle, les rues piétonnes de la vieille ville sont une invitation à la flânerie. Admirez les belles façades gris-bleu et ocre, celles des hôtels particuliers puis visitez le majestueux **palais Granvelle**, de style Renaissance, occupé par le musée du Temps – qui n'a rien d'ennuyeux grâce à sa muséographie moderne et interactive. La discrète et étonnante **cathédrale St-Jean** recèle une belle collection de tableaux du 18e s. dus aux peintres Van Loo, Natoire et de Troy. Le **musée des Beaux-Arts et d'Archéologie**, rouvert en 2018 après d'importants travaux de rénovation et d'agrandissement, est l'un des plus anciens et riches de France. Il se distingue surtout par son impressionnante collection de peintures, parmi lesquelles il ne faut pas manquer les œuvres de Cranach l'Ancien, Bronzino, Vouet, Fragonard, Goya, Courbet, Signac, Marquet, Bonnard... Non loin, le pont Battant et le quai Vauban ménagent aussi de beaux points de vue.
En fin de journée, asseyez-vous à l'une des nombreuses terrasses de la **rue Bersot**, l'occasion de goûter les vins de la région : vins rouge, blanc, jaune, vin de paille, crémant, macvin... La gamme est étendue ! Et pour accompagner le breuvage, rien de tel qu'une assiette de fromage avec du comté, bien sûr, du mont-d'or ou du morbier.

FRANCHE-COMTÉ – ADRESSES CIRCUIT 1

Aires de service & de stationnement

BAUME-LES-DAMES

Domaine d'Aucroix
Quai du Canal - ✆ 04 77 56 66 09 -
www.vacances-ulvf.com
Permanent
Borne artisanale 🚐 💧 🗑 🔌 : 2 €
50 🅿 - 72h - 11,50 €/j.
Paiement : CC
Services : WC ✕ 🚿 🛜
GPS : E 6.35806 N 47.34035

BESANÇON

Voir p. précédente

MÉTABIEF

Voir p. 214

MONTBÉLIARD

Aire de Montbéliard
Pl. du Champ-de-Foire - ✆ 03 81 99 24 31 - www.paysdemontbeliard-tourisme.com - Permanent
Borne eurorelais 🚐 4 € 💧 4 € 🗑 🔌
4 🅿 - 48h - gratuit
Paiement : CC
Services : WC ✕ 🚿
Proche du centre-ville.
GPS : E 6.7915 N 47.50662

NANCRAY

Aire de Nancray
Musée de plein air des Maisons comtoises - ✆ 03 81 55 29 77 - www.maisons-comtoises.org
Permanent (mise hors gel)
Borne artisanale 🚐 2 € 🗑 🔌
50 🅿 - Illimité - gratuit
Paiement : jetons (musée)

Services : 🛒 ✕
GPS : E 6.1862 N 47.2392

ST-HIPPOLYTE

Parking Clos-Pascal
Esplanade des Fêtes -
✆ 03 81 96 53 75 - Permanent - 🐕
Borne AireService 🚐 💧 🔌
6 🅿 - Illimité - gratuit
Au bord du Doubs, en retrait de la route principale. Quelques tables et bancs.
GPS : E 6.81445 N 47.31877

ST-POINT-LAC

Aire de St-Point-Lac
R. du Lac, D 129 - ✆ 03 81 69 62 08
Permanent (mise hors gel)
Borne AireService 🚐 💧 🔌
35 🅿 - 🔒 - Illimité - 11 €/j. - borne compris
Services : WC 🛒 🚿 🛜
Près de la plage du lac.
GPS : E 6.30375 N 46.81268

VILLERS-LE-LAC

Aire des Vedettes panoramiques du Saut du Doubs
2 pl. Maxime-Cupillard -
✆ 03 81 68 05 34 -
www.vedettes-panoramiques.com
De déb. avr. à fin oct. (sur demande nov.-mars)
Borne artisanale 🚐 💧 🗑 🔌
10 🅿 - 24h - 8 €/j. - borne compris
Paiement : CC
Services : 🛒 ✕ 🛜
GPS : E 6.67126 N 47.0612

Campings

CHALEZEULE

Camping de Besançon
12 rte de Belfort - ✆ 03 81 88 04 26 -
campingdebesancon.com
De mi-mars à fin oct. - 107 empl.
🚐 borne artisanale 🚐 🗑 🔌 -
🐕 🔌 19 €
Tarif camping : 34 € 🧍🧍 🚗 📧
🔌 (16A) - pers. suppl. 6,20 €
Services et loisirs : 🛜 ✕ 🛒 🏊 🚴
Belle décoration végétale.
Tramway à 500 m pour Besançon.
GPS : E 6.07103 N 47.26445

MAÎCHE

Municipal St-Michel
23 r. St-Michel - ✆ 03 81 64 12 56 -
www.mairie-maiche.fr
De déb. mai à fin oct. - 57 empl.
🚐 borne artisanale 🚐 🗑 🔌
Tarif camping : 23 € 🧍🧍 🚗 📧 🔌 (5A)
Services et loisirs : 🛜 🛒
Proche d'un parc aquatique couvert.
GPS : E 6.80109 N 47.24749

ORNANS

Domaine Le Chanet
9 chemin du Chanet -
✆ 03 81 62 23 44 - www.lechanet.com
De déb. avr. à déb. oct. - 88 empl. - 🐕
🚐 borne artisanale 🚐 💧 🗑 🔌
Tarif camping : 22,50 € 🧍🧍 🚗 📧
🔌 (6A) - pers. suppl. 6 €
Services et loisirs : 🛜 ✕ 🛒 🏊 🚴
Équipé d'une piscine écologique.
GPS : E 6.12779 N 47.10164

PONTARLIER

Le Larmont
7 r. Edwige-Feuillère - ✆ 03 81 46 23 33 -
www.camping-pontarlier.fr
Permanent - 78 empl. - 🐕
🚐 borne eurorelais 🚐 10 € 🗑 🔌 -
🐕 15 €
Tarif camping : 🧍 5,70 € 📧 12,10 €
🔌 (10A) 5,90 €
Services et loisirs : 🛜 🛒
GPS : E 6.37349 N 46.90013

SALINS-LES-BAINS

Voir p. 215

Ornans.

Les bonnes adresses de bib

BESANÇON

✕ **Le Bleu de Sapin** – 7 r. Richebourg - ☎ 09 50 38 57 16 - bleudesapin.fr - fermé lun., merc. et dim. midi - formule déj 18 € - plats 18/27 €. Des produits locaux de qualité pour une cuisine jeune et créative dans l'air du temps, aux saveurs multiples. N'hésitez pas à réserver, c'est souvent complet !

✕ **Le Petit Atelier** – 20 r. François-Louis-Bersot - ☎ 03 81 21 97 49 - fermé w.-end. - plats 13,50/22 €. Ce restaurant qui affiche souvent complet propose cinq plats au choix à l'ardoise. Multiples influences pour une cuisine teintée de fusion, réalisée à base de produits locaux et bio ou en agriculture raisonnée.

MALBUISSON

✕ **Le Restaurant du Fromage** – 65 Grande-Rue - ☎ 03 81 69 34 80 - www.complexe-le-lac.fr - fermé de mi-nov. à déb. déc., merc.-jeu. midi et vend. midi - formule déj. 12 € - plats 13/24 €. À côté de l'Hôtel du Lac, le décor en bois sculpté du sol au plafond évoque la maison en pain d'épice d'un conte pour enfants. Ce cadre chaleureux convient à merveille pour un repas de spécialités fromagères et autres plats régionaux. Bien sûr, pain et pâtisseries maison.

ORNANS

✕ **La Table de Gustave** – 11 r. Jacques-Gervais - ☎ 03 81 62 16 79 - www.latabledegustave.fr - fermé dim. soir - menus 24/32 €. Une carte courte avec de grands classiques de la région (salade comtoise, croûte aux morilles, fondue au comté, ou encore cette truite « belle lodoise » farcie aux morilles), le tout dans un décor contemporain agréable : une bonne adresse.

PONTARLIER

Distillerie Armand Guy – 49 r. des Lavaux - ☎ 03 81 39 04 70 - pontarlier-anis.com - tlj sf dim. et lun. 8h-12h, 14h-18h, sam. 8h-12h ; visites toutes les 30mn : mar.-vend. 8h30-11h30, 14h30-17h30, sam. 8h30-11h30. C'est la dernière distillerie artisanale de Pontarlier. Découverte de la fabrication des apéritifs (à base d'anis ou de gentiane), des liqueurs, des eaux-de-vie et de l'absinthe, entre alambics et foudres centenaires.

✕ **La Parenthèse** – 8 r. de Vannolles - ☎ 03 81 69 95 44 - www.laparenthese-pontarlier.fr - fermé dim.-lun. - menu env. 30 €. De bons petits plats à base de produits frais. Le soir, tapas à partager accompagnées d'une bière locale, d'un cocktail maison ou d'un verre de vin.

SALINS-LES-BAINS

✕ **Le Petit Blanc** – 1 pl. des Alliés - parc des thermes - ☎ 03 84 73 01 57 - www.restaurantlepetitblanc.com - fermé dim. soir-mar. - formules déj. 13/14,50 € - menus 26/36 €. Ce sympathique bistrot installé dans un ancien grenier à sel est tenu par deux frères qui proposent spécialités jurassiennes et lyonnaises à base de produits soigneusement choisis.

SOCHAUX (MONTBÉLIARD)

✕ **Brasserie du musée de l'Aventure Peugeot** – Carrefour de l'Europe - ☎ 03 81 99 41 85 - brasseriemuseepeugeot.fr - fermé le soir et lun. - menus 15/19 €. Brasserie sympathique qui vaut surtout pour son cadre puisqu'elle est installée au cœur même des collections du musée de l'aventure Peugeot : dépaysant !

VILLERS-LE-LAC

Bateaux du Saut du Doubs – Les Terres Rouges – ☎ 03 81 68 13 25 - www.sautdudoubs.fr - fermé de la Toussaint à Pâques - réserv. obligatoire - 64 €. Trois bateaux-restaurants, « Le Milan Royal » et « Le Cristal », servent des repas gastronomiques à déguster en contemplant un paysage exceptionnel.

Offices de tourisme

BESANÇON
Voir p. 203

PONTARLIER
14 bis r. de la Gare - ☎ 03 81 46 48 33 - www.pontarlier.org.

SALINS-LES-BAINS
Pl. des Salines - ☎ 03 84 73 01 34 - www.coeurdujura-tourisme.com.

MÉTABIEF
Voir p. 214

Les rives du lac de St-Point.

LE TOP 5 SITES NATURELS
1. Gouffre de Poudrey
2. Cirque de Consolation
3. Source de la Loue
4. Source du Lison
5. Lac de St-Point

FRANCHE-COMTÉ – CIRCUIT 2
La montagne jurassienne

Supposons un instant que la montagne jurassienne n'existe pas : les fumeurs seraient privés de pipes ; les myopes, de lunettes ; les élégants, de peignes ; les enfants, de jouets. Voilà bien des raisons d'exprimer à cette région notre gratitude en la visitant, d'autant que l'on sera récompensé par de superbes paysages et une authenticité que le Jura a su préserver.

⭐ **DÉPART :** LES ROUSSES - 7 jours – 250 km

JOUR 1

Des **Rousses** et de sa station de ski (voir l'encadré p. 214), rejoignez **Morez**, par la N5. Première visite : le musée de la Lunette. Faites ensuite vos achats de morbier dans le village éponyme, puis direction **St-Laurent-en-Grandvaux**. Vous atteindrez ensuite le belvédère des Quatre Lacs, qui se trouve à La Chaux-du-Dombief, puis le splendide **belvédère du pic de l'Aigle**, et sa vue exceptionnelle sur les lacs et les chaînes du Jura. Consacrez l'après-midi à la découverte des nombreux lacs du site. Le lac d'Ilay a la particularité de comporter une petite île qui abritait autrefois un monastère. Celui de Narlay est le plus petit lac de la région, mais aussi le plus profond. Gagnez **Bonlieu** pour la soirée.

JOUR 2

Gagnez **Doucier**, à partir duquel vous pourrez emprunter le sentier qui mène aux **cascades du Hérisson** (voir l'encadré p. ci-contre). Tout près, le **lac de Chalain** recèle des vestiges d'une cité lacustre, mais aussi nombre d'aménagements plus modernes, dont une base nautique ! Gagnez ensuite **Clairvaux-les-Lacs**, puis **Pont-de-Poitte**, par la D678. Vous pourrez passer le reste de la journée au bord du **lac de Vouglans**.

JOUR 3

Revenez la direction de St-Claude par la D470 et faites une halte aux cascades des Combes et de la Queue de cheval. Vous pourrez aussi consacrer une partie de la journée à l'exploration des gorges du Flumen. À **St-Claude**, une visite de la cathédrale et de l'exposition de pipes, diamants et pierres fines s'impose. La ville a de quoi vous accueillir pour la nuit.

JOUR 4

Prenez la D124, suivez la direction des Bouchoux, puis de **La Pesse**, avant de vous lancer dans l'ascension du crêt de Chalam, où une pause pique-nique récompensera vos efforts. Revenez à La Pesse, et partez vers le sud en direction de **Champfromier** où vous rejoindrez la D14 pour vous rendre à **Chézery-Forens**, puis à **Lélex** sur la D991. Finissez la journée en prenant la télécabine de la Catheline. De la station supérieure, à 1450 m d'altitude, un sentier mène au crêt de la Neige d'où la vue sur les Alpes est saisissante.

St-Claude, au confluent de la Bienne et du Tacon.

JOUR 5

Quittez Lélex par le nord, et rejoignez **Mijoux** puis le col de la Faucille. Laissez-y votre camping-car et partez à pied explorer les balcons du Léman, suite de crêts d'où l'on a une vue imprenable sur Genève et le lac Léman. En fin de journée, descendez jusqu'à **Divonne-les-Bains** où vous ferez étape. Certes, la ville ne fait plus partie du Haut-Jura, mais la descente du col de la Faucille, avec la vue sur le lac Léman et l'impérial massif alpin, vaut vraiment le déplacement.

JOUR 6

Jogging matinal au bord du lac Léman, après avoir passé la frontière suisse ! Puis faites demi-tour pour regagner Mijoux et **Lajoux** où la Maison du parc du Haut-Jura présente un « grenier fort » et des expositions sur la nature et la vie rurale de ce territoire. La commune abrite également une fromagerie ; avis aux gourmets ! À **Lamoura**, un petit lac accueille pêcheurs et amoureux du calme. À partir de ce village, partez explorer la forêt du Massacre, l'un des plus belles du Jura.

JOUR 7

Rejoignez **Les Rousses** pour y découvrir le fort désaffecté et ses caves d'affinage du comté. Faites ensuite un crochet par le lac des Rousses, puis par **Bois-d'Amont** pour le musée de la Boissellerie.

RANDONNÉE À PIED

Cascades du Hérisson

INFOS PRATIQUES

Parcours de 7,4 km AR et 255 m de dénivelé. Comptez 3h AR de la Maison des cascades (lieu-dit Val-Dessus, accès par Doucier, D326) au saut Girard. Le sentier des cascades suit les gorges (en aller-retour), presque toujours en sous-bois. Il est parfois très escarpé mais sécurisé. Prévoyez des chaussures adaptées à la marche. Depuis quelques années en période estivale, le site rencontre des problèmes de sécheresse et de surfréquentation. Les saisons les plus favorables à sa visite sont l'automne et le début du printemps.

STATIONNEMENT & SERVICES

Parking
À la Maison des cascades (03 84 25 77 36), avr.-oct. : payant tlj). Tarif (donne accès à la Maison des cascades) : 5 € jusqu'à 1h, 10 € de 1h à 4h, 15 € à partir de 4h.

À Bonlieu : camping L'Abbaye
2 rte du Lac - 03 84 25 57 04 - www.camping-abbaye.com
De mi-avr. à fin sept. - 87 empl. -
borne flot bleu 5 € - 19 €
Tarif camping : 27,50 € (10A) - pers. suppl. 5 €
Services et loisirs :
Dans un joli site au pied des falaises, non loin de la cascade du Hérisson.
GPS : E 5.87562 N 46.59199

Prenant sa source à 805 m d'altitude, le Hérisson est un cours d'eau souvent tumultueux. Il s'écoule en de multiples sauts dans ses célèbres gorges et forme ainsi l'un des plus beaux ensembles de chutes du massif jurassien… Le spectacle est particulièrement grandiose à l'automne. En suivant le sentier, vous parvenez au bout de 300 m au pied de la **cascade de l'Éventail**. L'eau dégringole par rebonds successifs, d'une hauteur de 65 m, formant avec la falaise une frémissante forteresse. Vous accédez au sommet de la chute par un sentier très raide avant de franchir le torrent sur la passerelle Sarrazine et de gagner le belvédère d'où se dégage une belle vue sur la vallée du Hérisson et la cascade. Au **Grand Saut**, l'eau tombe d'un seul bond, d'une hauteur de 60 m. Le sentier en corniche, souvent en forte montée, conduit ensuite à la **cascade du Gour Bleu**. Au pied de celle-ci s'étend une belle vasque (gour) dont les eaux présentent une transparence bleutée. Plus loin, au **saut de la Forge**, l'eau se précipitant du haut d'une paroi rocheuse cintrée et en surplomb constitue un très joli spectacle. Le chemin, tantôt sous bois, tantôt à travers prés, mène enfin au **saut du Moulin-Jeunet** et au **saut Girard**, haut de 35 m. Une buvette permet de faire une halte avant de rentrer.

FRANCHE-COMTÉ – ADRESSES CIRCUIT 2

Aires de service & de stationnement

CLAIRVAUX-LES-LACS

Aire des Tilleuls
Rte de Lons-le-Saulnier, sortie N par D 678, face à la gendarmerie - ☎ 03 84 25 27 47 - www.terredemeraudetourisme.com
Permanent (mise hors gel) -
Borne artisanale : gratuit
10 - Illimité - gratuit
Services :
GPS : E 5.74727 N 46.58117

LAMOURA

Aire de Lamoura
Rte de Prémanon (D 25) -
☎ 03 84 41 20 28 - www.lamoura.fr
Permanent (mise hors gel)
Borne artisanale : gratuit
- Illimité - gratuit
Services :
GPS : E 5.97633 N 46.39217

MAISOD

Aire de la Mercantine
Port de la Mercantine, au-dessus du parking du port de plaisance -
☎ 03 84 42 03 32 -
www.ports-vouglans.com
Permanent (mise hors gel)
Borne Urbaflux
- 24h - 10 €/j. - borne compris
Paiement :
GPS : E 5.686 N 46.47017

MIJOUX

Aire de Mijoux
Rte de la Combe-en-Haut, entre le village et le golf - ☎ 04 50 41 32 04 - www.mijoux.fr
Permanent (mise hors gel)
Borne AireService 4 € 8 €
30 - Illimité - gratuit
Paiement :
Services :
GPS : E 6.00223 N 46.36914

ORGELET

Aire d'Orgelet
Champ-de-Foire - ☎ 03 84 35 54 54 - www.orgelet.com
Permanent (mise hors gel) -
Borne artisanale : gratuit
20 - 48h - gratuit - sanitaires chauffés
Services :
Cadre idyllique, aire bien ombragée.
GPS : E 5.60805 N 46.52248

LA PESSE

Aire de La Pesse
R. de l'Épicéa, parking derrière la supérette - ☎ 03 84 42 70 83 - mairie-la-pesse.com
Permanent
Borne flot bleu 2 €
15 - Illimité - gratuit
Paiement : jetons (point information, Vival)
Services :
Le préau, lieu de rencontre des randonneurs, n'est pas une aire de pique-nique.
GPS : E 5.84764 N 46.284

LES ROUSSES

Voir p. 214

ST-CLAUDE

Aire de St-Claude
Av. de la Libération, face à l'ancien abattoir St-Blaise, à la sortie de St-Claude, en dir. de Jeurre -
☎ 03 84 45 34 24 -
www.saint-claude-haut-jura.com
Permanent (mise hors gel)
Borne eurorelais : gratuit
3 - Illimité - gratuit
Services :
Très accessible.
Ombragée, en bord de rivière.
GPS : E 5.85209 N 46.38049

LA TOUR-DU-MEIX

Domaine du Surchauffant
Lac de Vouglans, entrée du camping Le Surchauffant - ☎ 03 84 25 41 08 - www.camping-surchauffant.fr
De fin mai à fin sept.
Borne artisanale 2 €
30 - 11 €/j.
Paiement :
Services :
GPS : E 5.67102 N 46.52081

Campings

BONLIEU

Voir p. précédente

MOIRANS-EN-MONTAGNE

La Petite Montagne
54 av. de St-Claude -
☎ 03 84 42 34 98 -
www.campinglapetitemontagne.com
De déb. mai à mi-sept. - 94 empl.
borne artisanale
Tarif camping : 20 € (6A) - pers. suppl. 8 €
Services et loisirs :
Tout près du lac de Vouglans.
GPS : E 5.72458 N 46.42078

ST-LAURENT-EN-GRANDVAUX

Municipal Champ de Mars
8 r. du Camping - ☎ 06 03 61 06 61 - camping-saint-laurent-jura.fr
De mi-déc. à déb. oct. - 137 empl.
borne artisanale 6 €
Tarif camping : 16 €
(10A) 8,50 € - pers. suppl. 5,90 €
Services et loisirs :
Près des pistes de raquette et de ski de fond. Tarifs plus élevés en hiver.
GPS : E 5.96294 N 46.57616

Les bonnes adresses de bib

BONLIEU

Auberge de la Poutre –
25 Grande-Rue – 03 84 25 57 77 - www.aubergedelapoutre.com - ouv. mai-oct. : 12h-13h30, 19h-20h30 - fermé lun. en juil.-août et mar.-merc. en mai-juin et sept.-oct. - plats 42/50 €. Ferme familiale de 1740 située au centre du bourg. Dans la salle à manger rustique (poutres et vieilles pierres), on se régale d'une cuisine raffinée 100 % maison.

CHÉZERY-FORENS

Le Commerce – 04 50 56 90 67 - www.hotelducommerce-blanc.fr - fermé de déb. oct. à mi-mars et merc. - menu 15 €. Cette attachante maison propose une cuisine de terroir (truite meunière, saucisson cuit...) dans un cadre authentiquement campagnard. Chaque dimanche, on retrouve le fameux poulet à la crème et aux morilles. Sur la terrasse, on se laisse bercer par le murmure des eaux de la Valserine.

DIVONNE-LES-BAINS

La Terrasse Fleurie –
315 r. Fontaine – 04 50 20 06 32 - www.laterrassefl fleurie.fr - menu 18,30 € - plats 22/30 €. Une cuisine traditionnelle fine à base de produits provenant en majorité de l'Ain et du Jura. Tous les plats sont faits maison et s'inspirent du terroir. Aux beaux jours, la terrasse est très agréable.

DOUCIER

La Sarrazine – 145 r. de la Chaline - 03 84 43 92 95 - tlj - formule déj. 16,50 € - plats 14,50/17,50 €. Ce restaurant aux grandes fresques murales propose des spécialités jurassiennes : morbiflettes, édel de Cléron... Vins du Jura à l'honneur.

MORBIER

Fromagerie de Morbier – Rte Royale - au carrefour des Marais, col de la Savine, N5 - 03 84 33 59 39 - 9h-12h, 16h-19h, vend.-sam. 9h-12h30, 15h-19h, dim. 9h-12h30 - fermé 25 déc. et 1er janv. Salle d'exposition « de l'herbe au fromage » et vidéo sur la fabrication du morbier. À découvrir aussi : la tomme du Jura, le mont-d'or, le bleu de Gex, la cancoillotte et le saucisson au comté ou au morbier.

LES ROUSSES

Fromagerie des Rousses –
137 r. Pasteur – 03 84 60 02 62 - www.lesmontsdejoux.com - lun.-sam. 9h-12h, 15h-18h45 (18h30 en basse sais.), dim. 9h30-12h. Une adresse incontournable pour de délicieux fromages (comté, tomme du Jura, morbier) et produits laitiers. Galerie de visite pour observer la fabrication et la salle d'affinage (à 9h). Vente aussi de salaisons, champignons, confiseries, miel, vins et alcools de la région.

Boissellerie du Hérisson –
101 r. Pasteur – 03 84 25 50 78 - www.boissellerie-du-herisson.fr - 10h-12h, 14h-19h - fermé dim.-lun. hors vac. scol. Des objets en bois réalisés par des artisans jurassiens : jouets comme autrefois, jeux de société, coffrets à peindre, tire-bouchon, casse-noix...

ST-CLAUDE

Le Mot de la Faim –
12 r. du Pré – 03 84 45 52 32 - www.lemot-delafaim.fr - fermé dim. et lun. - plats 17,50/25 €. Ne craignez pas de pousser la porte de cette salle sans attrait particulier ! Vous serez agréablement surpris par la cuisine, fraîche et savoureuse, et la gentillesse du service. La carte, respectueuse du rythme des saisons, plaira tout spécialement aux amateurs de poissons.

Genod Maître Pipier –
13 r. du Faubourg-Marcel - 03 84 45 00 47 - www.maitrepipier.fr - lun.-vend. 9h-11h30, 14h-18h (et sam. en juil.-août) - 3 € pour la visite des ateliers. Le jeune maître pipier qui a repris cet atelier vous montrera avec passion les étapes qui transforment un ébauchon en une digne pipe.

Offices de tourisme

CLAIRVAUX-LES-LACS

12 r. St-Roch - 03 84 25 27 47 - www.terredemeraudetourisme.com.

MOREZ

Pl. Jean-Jaurès - 03 84 33 08 73 - www.haut-jura.com.

LES ROUSSES

Voir p. 214

Lac de Vouglans.

FRANCHE-COMTÉ – CIRCUIT 3
Le pays d'Arbois, de caves en fruitières

La faiblesse pour le vin d'Arbois que le bon roi Henri ne cherchait nullement à dissimuler, les travaux de l'enfant du pays, Pasteur, et le mystère qui entoure la vinification du vin jaune : rien d'étonnant à ce que les vins du Jura soient reconnus et appréciés, d'autant plus lorsqu'on les associe aux fromages régionaux, au premier rang desquels le comté !

DÉPART : LONS-LE-SAUNIER - 4 jours – 140 km

JOUR 1

Promenez-vous dans la vieille ville de **Lons-le-Saunier** et amusez-vous à retracer son passé. Retrouvez la porte des anciennes salines qui ont fait le renom de Lons et partez à la recherche de la source du Puits-Salé, déjà utilisée dans l'Antiquité romaine et qui est à l'origine du développement du thermalisme de la ville (voir l'encadré p. 215).

JOUR 2

Prenez la route pour rejoindre **Arlay** et son château du 18e s. dans le domaine duquel sont élevés vins rouge, blanc et jaune, l'occasion de rapporter quelques souvenirs gourmands. Rejoignez ensuite **Poligny** pour prolonger le plaisir des gastronomes avertis. Poligny associe en effet avec bonheur la production de vins réputés à celle du comté, dont la ville est devenue la capitale. Emmenez les enfants à la Maison du comté : ils pourront découvrir, toucher, sentir, et goûter ce merveilleux produit du terroir. Les adultes pourront s'attarder au caveau des Jacobins ou dans les caveaux de vignerons réputés, comme les domaines Xavier Reverchon et Benoît Badoz, pour goûter leurs vins (avec modération !).

JOUR 3

Quittez Poligny à la fraîche et promenez-vous dans les vignes autour de **Pupillin** par exemple. Arrêtez-vous ensuite à **Arbois**. Vous y visiterez l'église St-Just, le musée de la Vigne et du Vin du Jura, et la maison de Louis Pasteur. Par ses recherches et ses conseils, Pasteur a largement contribué à la renaissance du vignoble dévasté par le phylloxéra. Arbois est aussi une halte gastronomique renommée avec le chocolatier Claude Hirsinger et la fruitière du plateau d'Arbois, dont les comtés et les morbiers ont été plusieurs fois médaillés. Côté cave, vous apprécierez l'accueil chaleureux de la célèbre Maison Henri Maire,

Vignoble d'Arbois.

et des domaines Overnoy-Crinquand et Rolet Père et fils. Avant de regagner **Champagnole** pour l'étape du soir, consacrez votre après-midi à un site naturel unique, que vous pourrez parcourir à pied : celui de la **reculée des Planches** et de **ses grottes**, superbe laboratoire de l'érosion souterraine (voir l'encadré ci-contre). Une alternative consiste à s'arrêter à **Molain** pour découvrir l'univers magique des concrétions des grottes des Moidons.

JOUR 4

Quittez Champagnole vers l'ouest par la D471 et la D5, faites un détour vers le **belvédère du cirque de Ladoye** et poursuivez jusqu'à **Château-Chalon**. Le charme de ce village et les vues magnifiques sur les vignes vous enchanteront. En regagnant Lons-le-Saulnier, découvrez l'exceptionnel site naturel constitué par la reculée du **cirque de Baume**, né du confluent minéral de trois vallées. L'extraordinaire belvédère des roches de Baume, formé par le bord de la falaise, vous laissera une impression inoubliable. Les courageux pourront descendre au fond de l'abîme par les Échelles de Crançot. Ne manquez pas, dans le village de **Baume-les-Messieurs**, l'abbatiale et son retable anversois.

LE CONSEIL DU BIB

Le premier week-end de février, assistez à la « Percée du Vin Jaune ». Elle a lieu chaque année dans un village différent situé dans la zone AOP. www.percee-du-vin-jaune.com

RANDONNÉE À PIED

Reculée des Planches

INFOS PRATIQUES

La reculée des Planches est la plus haute du Jura. Cette vallée en cul-de-sac, fermée par un amphithéâtre rocheux, atteint jusqu'à 245 m de haut. On la découvre à travers plusieurs sites accessibles à pied mais reliés par la route (il faudra donc reprendre votre véhicule).

DÉPART

Aux **Planches-près-Arbois**, après l'église, passez un pont de pierre et prenez, tout à fait à gauche, une route étroite qui longe le pied des falaises. Laissez votre camping-car 600 m plus loin (buvette).

Grande source de la Cuisance – C'est la plus intéressante des deux sources de cet affluent de la Loue. La caverne, d'où l'eau s'écoule en cascade en période de hautes eaux, constitue l'entrée des grottes des Planches (fermées depuis 2012 pour des raisons de sécurité).

Petite source de la Cuisance – 0,5 km au départ des Planches, puis 45mn à pied AR. En arrivant d'Arbois, prenez la direction « Auberge du Moulin » et laissez votre camping-car au parking, au bord de la rivière. Suivez un chemin en montée. La cascade des Tufs, formée en période de grandes eaux par la rivière naissante, et la source elle-même occupent un site agréable.

Faites demi-tour. Aussitôt après le pont sur la Cuisance, avant l'église des Planches, tournez à gauche dans la D339, route étroite et en montée. Prenez ensuite, à gauche, la D469 en corniche. Vous passez bientôt sous un tunnel que suit un passage rocheux. Laissez votre camping-car 30 m plus loin au parking. Revenez sur vos pas pour jouir d'un point de vue sur le cirque du Fer-à-Cheval.

Reprenez votre camping-car et suivez la D469.

Belvédère du cirque du Fer à Cheval – 10mn à pied AR. Laissez votre camping-car à hauteur d'une auberge et suivez le sentier signalé qui s'amorce à gauche. On traverse un petit bois à la lisière duquel le cirque s'ouvre, béant (barrière de protection). Du belvédère dominant de près de 200 m le fond de la vallée, superbe perspective sur la reculée.

Reprenez la D469, puis tournez tout de suite à gauche et suivez la D248.

Belvédère de la Châtelaine – 20mn à pied AR. Laissez votre camping-car sur le parking. Suivez le sentier qui descend, à gauche de l'église. Le belvédère se situe 200 m au-dessus des grottes des Planches, et offre un beau point de vue sur la vallée de la Saône.

Pour rejoindre Champagnole, faites demi-tour et prenez à gauche la D469.

FRANCHE-COMTÉ – ADRESSES CIRCUIT 3

Aires de service & de stationnement

CHAMPAGNOLE

Aire de Boÿse
20 r. Georges-Vallerey, face au camping Le Boÿse - 03 84 52 00 32 - www.camping-boyse.com
Permanent
Borne AireService 5 € -
5 - Illimité - 7 €/j. - gratuit fin sept.-mars
Paiement : jetons (camping et office de tourisme)
Services :
GPS : E 5.89916 N 46.74666

CONLIÈGE

Aire de Conliège
R. du Saugeois - 03 84 24 13 20 - www.conliege.fr
De déb. avr. à mi-nov.
Borne flot bleu : gratuit
3 - 24h - gratuit
Services :
GPS : E 5.59981 N 46.65271

MESNAY

Aire de Mesnay
1 r. Vermot, près de l'écomusée du Carton - 03 84 66 24 17 - www.jura-tourism.com
Permanent -
Borne AireService 2 € 2 €
15 - Illimité - gratuit
Services :
Plat, bitume, herbeux avec quelques places ombragées.
GPS : E 5.80075 N 46.89786

POLIGNY

Aire de Poligny
Rte de Lons-Le-Saunier, à l'extérieur du camping de la Tulipe de Vigne - 03 63 86 97 93 - www.camping-poligny.com
De fin avr. à fin oct.
Borne AireService 3 € 4 €
Paiement : CC
Services :
GPS : E 5.69828 N 46.83434

PUPILLIN

Domaine Désiré Petit
R. Ploussard - 03 84 66 01 20 - www.desirepetit.com
Permanent
5
Services :
Réseau France Passion.
GPS : E 5.75658 N 46.88094

Campings

LONS-LE-SAUNIER

Voir p. 215

MARIGNY

Capfun La Pergola
1 r. des Vernois - 03 84 25 70 03 - www.lapergola.com
Permanent - 350 empl.
Tarif camping : 54 €
(10A) - pers. suppl. 7 €
Services et loisirs :
Bel ensemble de piscines dominant le lac de Chalain.
GPS : E 5.77984 N 46.67737

MONNET-LA-VILLE

Sous Doriat
34 r. Marcel-Hugon - 03 84 51 21 43 - www.camping-sous-doriat.com
De déb. mai à fin sept. - 63 empl. -
borne flot bleu
Tarif camping : 26 €
(10A) - pers. suppl. 4,50 €
Services et loisirs :
Ensemble très simple avec vue imprenable sur le Jura.
GPS : E 5.79779 N 46.72143

VERS-SOUS-SELLIÈRES

Aire naturelle Les Étangs
Rte de Sellières - 06 87 12 22 74 - www.jura-tourism.com/camping/camping-des-etangs
De mi-mars à mi-oct. - 30 empl. -
borne artisanale
Tarif camping : 19 € -
pers. suppl. 4,50 €
Services et loisirs :
GPS : E 5.52484 N 46.84237

Morbier sur un étal de marché.

Les bonnes adresses de bib

ARBOIS

Le Bistronôme – 62 pl. Faramand - 03 84 53 08 51 - le-bistronome-arbois.com - fermé dim.-lun. - formule déj. 16 € - menu 26 €. Après cinq ans passés à la Maison Jeunet, Lisa et Jérôme ont repris cette sympathique adresse. Au programme : salle d'été en terrasse donnant sur la rivière, intérieur de bistrot chaleureux, et surtout menu très attractif ! Plat phare de la maison, la ballottine de truites farcie aux morilles et sauce au vin jaune n'attend que vous…

Maison Hirsinger – 38 pl. de la Liberté - 03 84 66 06 97 - www.chocolat-hirsinger.com - 8h-19h30 - fermé merc. et jeu. sf juil.-août et 15 j. avant Noël. Impossible de traverser Arbois sans rendre visite à ce Meilleur Ouvrier de France 1996 qui décline avec brio une succulente gamme de chocolats (à la menthe, au gingembre, aux épices, etc.) dominée par quelques spécialités de renom comme l'arboisien, gâteau aux noisettes et amandes, ou les Bouchons.

BAUME-LES-MESSIEURS

Le Grand Jardin – 6 pl. Guillaume-de-Poupet - 03 84 44 68 37 - www.legrandjardin.fr - fermé de mi-déc. à fin janv., mar. et merc. (sf juil.-août) - menu 30 €. Agréable maisonnette villageoise jouxtant l'abbaye. Une belle cheminée agrémente la salle à manger campagnarde où sont proposés des menus traditionnels relevés de quelques touches de modernité.

CHÂTEAU-CHALON

Domaine Berthet-Bondet – R. de la Tour - 03 84 44 60 48 - berthet-bondet.com. Le domaine produit le célèbre vin jaune, bien sûr (!), mais aussi du crémant du Jura, plusieurs vins, en blanc et rouge, AOC côtes-du-Jura, du vin de paille et du macvin, tous deux AOC, sans oublier les eaux-de-vie fines ou de marc de Franche-Comté. Sa cave voûtée, et odorante, se visite également.

LONS-LE-SAUNIER

La Comédie – 65 pl. de la Comédie - 03 84 24 20 66 - www.restaurant-lacomedie.com - fermé 2 sem. en avr., 3 sem. en août, dim.-lun. - menus 32/60 €. On apprécie la terrasse-jardin à l'arrière, lieu propice pour déguster la cuisine fraîche et raffinée de ce restaurant. Simplicité, calme et volupté.

Maison Pelen – Pl. de la Liberté - 03 84 24 31 39 - www.pelen.fr - boutique 9h-12h15, 14h30-19h, sam. 9h-12h30, 13h30-19h15, dim. 9h-12h30 ; salon de thé lun.-sam. 14h30-19h ; visite chocolaterie (175 r. Blaise-Pascal) sur RV au 03 84 47 28 24. Depuis 1899, la famille Pelen régale Lons-le-Saunier avec ses galets de Chalain (nougatine et praliné enrobés de chocolat), son gâteau Écureuil (à la noisette !) et autres gourmandises. Élégant salon de thé à l'étage.

POLIGNY

Les Délices du Plateau - Fruitière de Plasne – 1 rte du Fied - Plasme (5 km au sud-ouest de Poligny par la D68) - 03 84 51 58 81 - www.lesdelicesduplateau.fr - 9h-12h15, 14h-19h, dim. 9h-12h30. Le comté bien sûr, mais aussi la tomme du Jura et le morbier, autres fleurons de la gastronomie locale, sont affinés dans cette coopérative. La visite de l'atelier de fabrication du comté (mar. et jeu. à 9h - sur réserv., 2 €, gratuit -6 ans) et des caves d'affinage se termine par une dégustation (en saison).

PUPILLIN

Le Grapiot – 3 r. Bagier - 03 84 37 49 44 - legrapiot.com - fermé dim.-lun. - menus 39/60 €. Installé dans un village de vignerons renommé, ce restaurant chaleureux est le fief d'un passionné de saveurs et de beaux produits. Sa cuisine se prête idéalement aux accords avec les vins locaux – ça tombe bien, sa carte des vins du Jura est l'une des plus imposantes du département. Bon rapport qualité-prix.

Offices de tourisme

ARBOIS
17 r. de l'Hôtel-de-Ville - 03 84 73 01 34 - www.coeurdujura-tourisme.com.

CHAMPAGNOLE
28 r. Baronne-Delort - 03 84 52 43 67 - www.cnjtourisme.fr.

LONS-LE-SAUNIER
Pl. du 11-Novembre - 03 84 24 65 01 - www.lons-jura.fr.

LE TOP 5 FRUITIÈRES

1. **Crémerie Marcel Petite (Pontarlier)**
2. **Fruitière du plateau arboisien**
3. **Fruitière à Comté de Salins-les-Bains**
4. **Caves du fort de St-Antoine**
5. **Fruitière à Comté de Plasne**

FRANCHE-COMTÉ

STATIONS DE SKI ❄

Les Rousses

INFOS PRATIQUES

Office de tourisme
495 r. Pasteur - 📞 03 84 60 02 55 - www.lesrousses.com - autres points info :
à Lamoura - 459 Grande-Rue - 📞 03 84 41 27 01 ;
à Bois-d'Amont - 165 r. des Couennaux - 📞 03 84 60 91 57 ;
à Prémanon - Espace des Mondes Polaires - 146 r. Croix-de-la-Teppe - 📞 03 39 50 80 20.

Géolocalisation
GPS : E 6.0587 N 46.4861
Altitude basse : 1120 m
Altitude haute : 1677 m

Remontées mécaniques
Télésièges : 5   Téléskis : 23
Télécordes : 2

50 pistes
Noires : 5   Rouges : 12
Bleues : 19   Vertes : 14

STATIONNEMENT & SERVICES

Aire des Rousses
Rte du Lac, suivre la dir. de Marez, puis Les Rousses-en-Bas - 📞 03 84 60 01 52 - www.mairielesrousses.fr
Permanent
Borne AireService 🚐 5 € 💧 5 € 🚽
15 🅿 - Illimité - gratuit
Paiement : 💳
Services : 🛒 ✕ 📶
GPS : E 6.06678 N 46.48779

Parking du Balancier
N 5, rte du Tabagnoz, parking du télésiège du Balancier - 📞 03 84 60 02 55 - www.lesrousses.com
Permanent - ⛷
5 🅿 - Illimité - gratuit - en hiver, prévoir de déplacer le véhicule afin de faciliter le déneigement et se munir des équipements obligatoires
Services : 🚻 📶
GPS : E 6.07597 N 46.44848

Au cœur du Parc naturel du Haut Jura, quatre villages se sont regroupés pour vous offrir tous les avantages d'une station de sports d'hiver tout en préservant leur intimité. Sur les traces de la célèbre Transjurassienne, découvrez un des plus beaux domaines français pour les glisses nordiques avec 173 km de pistes de ski de fond et 107 km d'itinéraires raquettes. Pour les skieurs alpins, évoluez dans un espace franco-suisse de grande qualité.

Métabief

INFOS PRATIQUES

Office de tourisme
6 pl. Xavier-Authier - 📞 03 81 49 13 81 - www.tourisme-metabief.com.

Géolocalisation
GPS : E 6.3517 N 46.7736
Altitude basse : 1100 m
Altitude haute : 1463 m

Remontées mécaniques
Télésièges : 7   Téléskis : 11
Tapis : 2

41 pistes
Noires : 6   Rouges : 12
Bleues : 13   Vertes : 10

STATIONNEMENT & SERVICES

Aire de Métabief
R. Crêt-de-Lernier-et-la-Perr, accès par l'av. du Bois-du-Roi, en dir. de Longevilles-Mont-d'Or - 📞 03 81 49 13 22
Permanent
Borne AireService 🚐 💧 🚽 🧹
38 🅿 - 🔒 - Illimité - 13,50 €/j. - borne compris
Paiement : 💳
Services : 🛒 📶
GPS : E 6.34521 N 46.76408

La station de Métabief est en toute saison une destination de séjour idéale pour les sportifs. Elle est sans conteste le paradis des vététistes. Professionnels et amateurs y dévalent les pistes du mont d'Or avec autant de plaisir. Les sports d'hiver ne sont pas oubliés : la station est composée de trois domaines (Métabief, Piquemiette, Super-Longevilles) reliés entre eux par les remontées mécaniques. Si Métabief est bien équipée pour le ski alpin, elle est surtout prisée pour le ski de fond et les promenades en raquettes. Depuis 2020, trois itinéraires ont aussi été balisés pour le ski de randonnée.

STATIONS THERMALES

Salins-les-Bains

INFOS PRATIQUES
Centre thermal ThermaSalina
Pl. Barbarine - ℰ 03 84 73 04 63 - www.thermes-salins.com - fermé de déb. déc. à mi-fév.

Indications
Rhumatologie.

Température de l'eau
18 °C.

STATIONNEMENT & SERVICES
Camping Le Salins les Bains
2 av. Charles-de-Gaulle - ℰ 07 61 14 69 01 - www.campinglesalinslesbains.fr
De déb. avr. à fin oct. - 45 empl.
borne artisanale
Tarif camping : 22,50 € ✶ ✶ ⇌ 🗐 [⚡] (6A) - pers. suppl. 4 €
Services et loisirs :
À côté des thermes de Salins.
GPS : E 5.87891 N 46.94706

Un nom explicite s'il en est ! Salins-les-Bains affiche tout de suite la couleur, et ce n'est pas le visiteur qui s'en plaindra ! Pourquoi Salins ? Ici se cache un trésor classé au Patrimoine mondial de l'Unesco : il s'agit des grandes salines qui, du haut Moyen Âge jusqu'en 1962, ont produit le fameux « or blanc ». Aujourd'hui, le site abrite un musée du Sel grâce auquel le processus de fabrication est dévoilé de A à Z. Avis aux amateurs qui, sur le thème, ne manqueront bien évidemment pas Arc-et-Senans et sa saline royale, 16 km au nord-ouest. Quant aux bains, ils ont leur réalité à Salins depuis 1854, date de création de la station thermale. Et pour être exhaustif sur ce qui fit la renommée de la ville, sachez que la faïencerie y était l'activité phare à la fin du 19ᵉ s. : poussez la porte d'un artisan potier pour la découvrir. Ainsi, si les hommes ont été à l'origine d'une activité économique florissante, ils ont aussi fait de Salins une ville au patrimoine architectural intéressant. Voyez par exemple ses édifices religieux, et notamment l'église St-Anatoile (13ᵉ s.), l'hôtel de ville du début du 18ᵉ s. ou encore le casino, dû aux architectes Malcotti et Roussey. Et pour embrasser l'ensemble de la ville d'un seul regard, il faudra se rendre au pied des remparts du fort St-André ; le mont Poupet, à 850 m d'altitude, tiendra aussi ses promesses en ouvrant loin sur le mont Blanc, la Bresse ou le Beaujolais et, dans un autre registre, en accueillant les adeptes de vol libre... Sensations garanties !

Lons-le-Saunier

INFOS PRATIQUES
Centre thermal Valvital Thermes Lédonia
Parc des Bains - ℰ 04 79 35 38 50 ou 03 84 24 20 34 - www.valvital.fr - fermé de fin nov. à déb. mai.

Indications
Rhumatologie, troubles du développement de l'enfant.

Température de l'eau
17 °C.

STATIONNEMENT & SERVICES
Camping La Marjorie
640 bd de l'Europe - ℰ 03 84 24 26 94 - www.camping-marjorie.com
De déb. avr. à mi-oct. - 167 empl.
borne artisanale
Tarif camping : 28 € ✶ ✶ ⇌ 🗐 [⚡] (10A) - pers. suppl. 6 €
Services et loisirs :
Agréable décoration arbustive, au bord d'un ruisseau.
GPS : E 5.56855 N 46.68422

À l'orée du plateau jurassien, Lons-le-Saunier a tout du berceau de « stars » ! La capitale régionale a en effet vu naître quelques illustres noms dont la renommée, chacune dans son genre, dépasse les frontières hexagonales. Commençons par Rouget de L'Isle : cet enfant du pays écrivit *La Marseillaise* en 1792, et si les Invalides à Paris accueillirent ses cendres en 1915, Lons honore sa mémoire dans le musée installé dans sa maison natale, rue du Commerce. La ville a aussi donné le nom de l'artiste à un gâteau et à une bière... avis donc aux gastronomes, qui ne manqueront pas non plus la fameuse Vache qui Rit® : elle aussi vit le jour à Lons grâce à l'ingéniosité de la famille Bel. Aujourd'hui, son succès est planétaire et la visite de la maison consacrée à cette sacrée invention fromagère un incontournable, notamment avec les plus jeunes. Pour parfaire votre découverte des spécialités locales, faites un détour par le vignoble alentour et l'affaire sera entendue. Après ces quelques visites et dégustations, bien-être et activité sportive s'imposent. Pourquoi ne pas programmer, si ce n'est déjà fait, un séjour aux thermes ? Ou bien une baignade, dans le lac de Desnes bordé d'une agréable plage, ou au centre nautique Aqua'rel ? Ou encore un golf sur le 18-trous de Vernantois ? Les propositions de loisirs se bousculent à Lons et dans sa région, mais veillez à garder un peu d'énergie car entre théâtre, cinéma et casino, la soirée en ville pourrait être longue...

Nef de la basilique Ste-Marie-Madeleine, Vézelay.
grauy/Getty Images Plus

Le château de Tanlay.
J. Larrea/age fotostock

Roche de Solutré.
phbcz/Getty Images Plus

Bourgogne

Avec ses châteaux, ses églises, ses abbayes et ses villages aux tuiles vernissées, la Bourgogne est un concentré d'histoire, un livre d'images qu'il faut parcourir doucement, sans se presser ! Le duc de Bourgogne, ennemi mortel de Louis XI, a marqué durablement cette région fière et prospère qui ne s'est rattachée que tardivement au royaume de France.

Dijon, sa capitale, a conservé son faste et son élégance et vous impressionnera par sa vie culturelle. Aux confins du Morvan, Vézelay est un site d'exception qui fut sauvé de la ruine par Mérimée et qui figure depuis 1979 au Patrimoine mondial de l'humanité.

Mais ce que la Bourgogne a de plus fascinant, c'est bien sûr son incroyable vignoble morcelé en milliers de clos, de crus, de parcelles, de climats différents ! Une œuvre d'art façonnée au fil des siècles par les moines-vignerons du Moyen Âge, qui furent les premiers à identifier les plus grands terroirs. Ceux, mythiques de Vosne-Romanée, de Nuits-St-Georges, de Chambolle-Musigny ou, plus au sud, de Montrachet, une petite colline dont les coteaux produisent le plus grand vin blanc du monde…

Traverser ces vignes et ces villages à vélo est un vrai bonheur (entre Beaune et Meursault notamment), mais ne manquez pas non plus de faire une croisière fluviale le long des canaux : c'est ainsi que la beauté des paysages bourguignons vous sera le plus perceptible… Et la pêche à la truite et au brochet est le sport régional par excellence !

BOURGOGNE

Les hospices de Beaune.
Steve AllenPhoto/Getty Images Plus

LES ÉVÉNEMENTS À NE PAS MANQUER

- **St-Vincent tournante** : dernier w.-end de janv. ; procession en l'honneur du patron des vignerons chaque année dans un village différent. En 2023, la fête aura lieu à Couchey.
- **Salon des vins et Concours des grands vins de France** à Mâcon (71) : en avril. concours-salons-vins-macon.com.
- **Chemin de lumière** à Vézelay (89) : fin juin ; phénomène naturel dans la nef de la basilique.
- **De Bach à Bacchus** à Meursault (21) : mi-juil. bach-a-bacchus.musicalgrandscrus-bourgogne.fr.
- **Pèlerinage de la Madeleine** à Vézelay (89) le 22 juil. www.basiliquedevezelay.org.
- **« La cathédrale en lumière »** et autres animations nocturnes à la cathédrale d'Autun (71) : tous les soirs en juil.-août. www.autun-tourisme.com.
- **Les Grandes Heures de Cluny** (71) : juil.-août ; concerts et dégustation de vins. Puis **Jazz Campus en clunisois** : août. www.jazzcampus.fr ; www.grandesheuresdecluny.com.
- **Festival Jazz O'Verre** à Beaune : mi-sept. www.jazz-beaune.
- **Paulée de la côte chalonnaise** à Chalon-sur-Saône (71) : fête de fin des vendanges 3e w.-end d'oct. www.paulee-cote-chalonnaise.fr.
- **« Les Trois Glorieuses »** au Clos de Vougeot, à Beaune et à Meursault (21), vente aux enchères des vins des Hospices de Beaune : 3e dim. de nov. www.vins-bourgogne.fr.
- Concours de volailles **« Les Quatre Glorieuses »** à Louhans (71) : 3e sem. de déc. www.glorieusesdebresse.com.

Votre séjour en Bourgogne

Circuits №

1. L'Auxerrois et la Puisaye
   6 jours - 315 km **P 220**
2. Au cœur du Morvan
   5 jours - 230 km **P 224**
3. Dijon et la route des grands crus
   6 jours - 235 km **P 228**
4. Au sud de la Bourgogne
   4 jours - 135 km **P 232**

Étape

Dijon **P 229**

Visites

Château de Guédelon **P 221**

MuséoParc Alesia
à Alise-Ste-Reine **P 225**

Randonnée

La Voie verte à vélo,
de Cluny à Chalon **P 233**

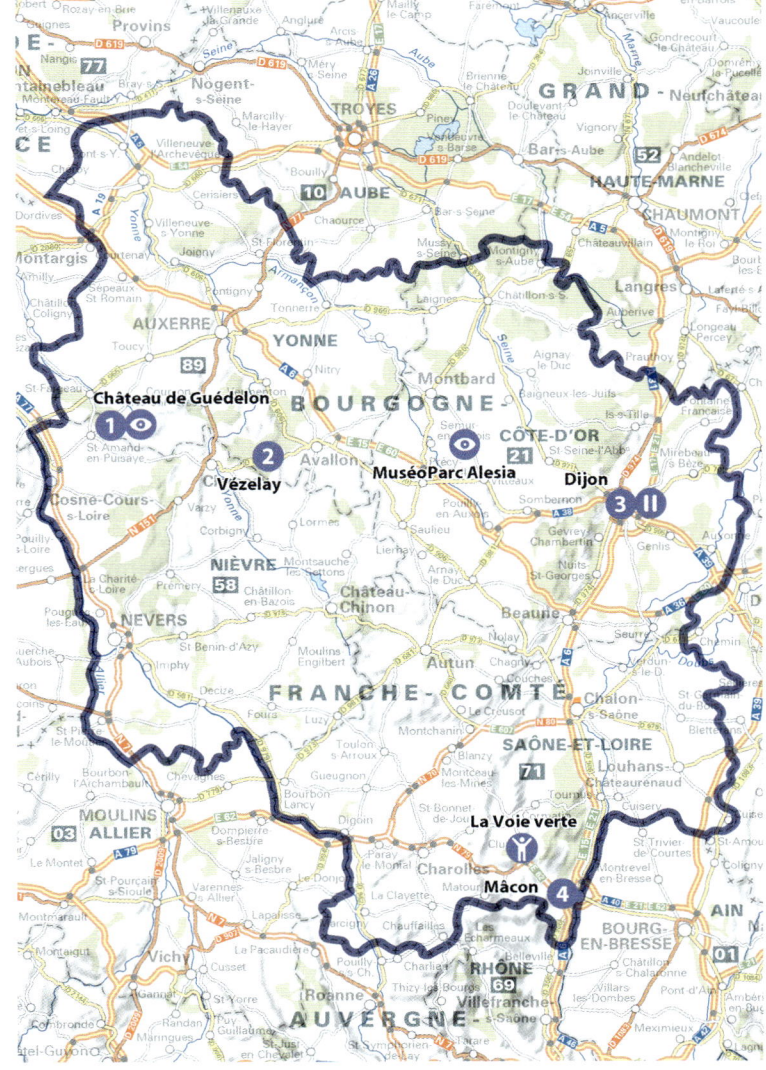

EN COMPLÉMENT, UTILISEZ…
- Le Guide Vert : Bourgogne
- Cartes Michelin : Région 519 et Départements 319 et 320

BOURGOGNE – CIRCUIT 1
L'Auxerrois et la Puisaye

Quelle que soit la richesse des grands centres anciens tel celui d'Auxerre, cette escapade vous séduira davantage par les petites villes – St-Fargeau, Noyers, Ancy-le-Franc ou Chablis – qui vous laisseront le souvenir d'une belle région, calme et fière de ses spécialités comme de son histoire. D'ailleurs, commencez votre découverte par l'incroyable chantier du château de Guédelon.

⭐ **DÉPART :** GUÉDELON - 6 jours – 315 km

JOUR 1

Première étape : l'incroyable chantier de **Guédelon** (voir l'encadré p. ci-contre). Démarré en 1997, il a pour ambition l'édification d'un château fort comme au 13e s., en utilisant les techniques et les outils de l'époque ! Vous continuez votre route dans les paysages verdoyants de la Puisaye, pays natal de Colette, avec son bocage, ses forêts et ses étangs. Ici a été conservée une forte tradition potière. Visitez quelques-uns de ses châteaux, notamment celui de **St-Fargeau**, signalé par la tendre couleur rose de la brique et toujours cerné de fossés. Nuit dans les environs.

JOUR 2

Consacrez une partie de la matinée à **Toucy**. La cité, bâtie sur la rive droite de l'Ouanne, fut le pôle historique de la Puisaye jusqu'au 14e s. Faites ensuite halte à **Villiers-St-Benoît** qui accueille le musée d'Art et d'Histoire de Puisaye. Poursuivez jusqu'à **Grandchamp** où s'élève un château d'aspect longiligne très original, remanié plusieurs fois entre la Renaissance et le Second Empire. Rejoignez enfin **Charny** par la D950. Une plaque commémorative rappelle les événements terribles du 14 juillet 1944 : tous les hommes et quelques femmes du village, soupçonnés de soutenir le maquis, furent regroupés sous les armes dans la petite école. Nuit dans les environs.

JOUR 3

Direction le nord-ouest, vers **Dicy** où vous vous rendez au musée d'art brut de La Fabuloserie. Une visite à faire en famille ! Rejoignez par la D145 **La Ferté-Loupière** pour admirer dans l'église des peintures murales remarquables (dont la « Danse macabre »). Poursuivez vers l'est par la D145 pour découvrir l'étonnant musée des Arts populaires de **Laduz**. Rejoignez **Auxerre**. Promenez-vous dans la ville, sur les pas de Cadet Roussel. Visitez la cathédrale St-Étienne et l'ancienne abbaye St-Germain. Nuit sur place.

Chantier du château de Guédelon.

JOUR 4
Quittez Auxerre au sud par la N151, prenez la D85 qui mène à **Coulanges-la-Vineuse**, traversez l'Yonne pour continuer dans les vignobles jusqu'à **Irancy**. Un tour dans les caves et le vignoble s'impose. Passez la fin de la journée à **Noyers**, que vous aurez rejoint par la D956. Cette ville médiévale se reconnaît à ses toits couverts d'écailles qu'on appelle ici des « laves ».

JOUR 5
Voici la **vallée de l'Armançon** et le canal de Bourgogne. Peupliers, écluses, péniches et bateaux de plaisance composent un décor de vacances. Parmi les châteaux de l'Yonne, ne manquez pas, à quelques kilomètres de distance, les joyaux de la Renaissance : **Ancy-le-Franc**, qui conserve un superbe décor intérieur peint, l'étonnant château de Maulnes, sur la commune de **Cruzy-le-Châtel** et **Tanlay** avec son pont flanqué de deux obélisques. Arrivez à Tonnerre en fin de journée par la D952.

JOUR 6
Flânez dans la ville de **Tonnerre**, avant de retrouver le vignoble du Chablisien par la D965. Petite ville baignée par le Serein, **Chablis** est la capitale du prestigieux vin blanc de Bourgogne. Consacrez un peu de temps aux caves, avant de regagner Auxerre.

VISITE
Château de Guédelon

INFOS PRATIQUES
Entre St-Sauveur-en-Puisaye et St-Amand-en-Puisaye, sur la D955 - Treigny - 03 86 45 66 66 - www.guedelon.fr - de déb. juil. à fin août : 9h30-18h30 ; reste de l'année : se rens. - fermé nov.-mars - 15/16 € (5-17 ans 12/13 €).

STATIONNEMENT & SERVICES
Parking du château de Guédelon
Les camping-cars ne sont autorisés à stationner sur le parking que durant les périodes d'ouverture du château - gratuit.

Aire de Treigny-Perreuse
1-3 r. du Champ-de-Foire - 03 86 74 72 99
Permanent
Borne artisanale : gratuit
10 - 72h - gratuit
Services : WC
Face au cimetière, à quelques kilomètres seulement du chantier de Guédelon.
GPS : E 3.18163 N 47.55093

Édifier un château fort du 13ᵉ s. avec les techniques et les outils de l'époque... Ce pari lancé en 1997 était audacieux. Il est encore vingt-cinq ans plus tard et le restera jusqu'à la fin, prévue d'ici une dizaine d'années. L'objectif de ce projet est d'apprendre en construisant, de construire en apprenant.
Aussi, vous ne verrez ni bulldozers ni grues sur le chantier, mais les ancêtres de ces machines : des charrois de pierre tirés par des chevaux de trait et d'ingénieux systèmes de levage. Les « œuvriers » taillent la pierre, battent le fer, tressent le chanvre, équarrissent le bois, reprenant les gestes oubliés des anciens bâtisseurs. Matériaux et outils sont aussi fabriqués sur place. Allez donc interroger les tailleurs de pierre, les maçons, les tuiliers, les cordiers... ils commenteront et vous expliqueront leur pratique.
À ce jour, a été élevée l'enceinte fortifiée, avec son imposante porte, et le logis seigneurial, aux fenêtres géminées, ainsi que la charpente. Vous verrez donc une partie du chemin de ronde avec créneaux et merlons, et des tours d'angle. À l'intérieur, la chambre et la chapelle possèdent des fenêtres en toiles peintes et des peintures murales dont les pigments ont été extraits et produits sur le chantier, la cuisine et le cellier recèlent de magnifiques carreaux de pavement. En 2024, les charpentiers vont installer la herse, qui protégera l'entrée du château.

BOURGOGNE - ADRESSES CIRCUIT 1

Aires de service & de stationnement

CHABLIS

Camping-car Park de Chablis
Quai Paul-Louis-Courier - www.campingcarpark.com
De fin avr. à déb. oct. -
Borne artisanale
40 - Illimité - 14 €/j. - borne compris
Services :
Cadre verdoyant pour cet ancien camping bien tenu et situé dans une boucle du Serein.
GPS : E 3.80645 N 47.81363

Musée Vinéa Passion
22 ch. de Montmains - 03 86 81 49 38 - www.museevineapassion-chablis.fr
Permanent
Borne artisanale
5 - 48h - gratuit
Services :
Places stabilisées et au calme sur le parking du musée.
GPS : E 3.7927 N 47.8069

GURGY

Escale de Gurgy
R. du Halage - 07 89 27 74 67 - www.gurgy.net - De déb. avr. à fin oct.
Borne artisanale
25 - 24h - 11 €/j. - borne compris ; paiement sur place à L'Escale de Gurgy
Services :
Au bord du canal.
GPS : E 3.55467 N 47.86402

NOYERS

Promenade du Pré de l'Échelle
Face à la poste
Permanent
- gratuit
Stationnement toléré dans la limite des places disponibles.
À deux pas de la porte sud de la ville.
GPS : E 3.9947 N 47.6943

TOUCY

Camping-car Park de Toucy
R. de la Lancière - 01 83 64 69 21 - www.campingcarpark.com
Permanent
Borne artisanale
48 - 48h - 13,94 €/j. - borne compris
Services :
Au calme et verdoyant, le long du canal de Briare.
GPS : E 3.2972 N 47.73154

TREIGNY-PERREUSE

Voir p. précédente.

Campings

AUXERRE

L'Arbre Sec
8 rte de Vaux - 03 86 52 11 15 - www.night-and-day.fr
De déb. avr. à mi-oct. - 165 empl.
borne artisanale 5,50 €
Tarif camping : 5,30 € 3,10 €
5,20 € (10A) 4,50 €
Services et loisirs :
Au bord de l'Yonne, rive droite.
GPS : E 3.58703 N 47.7865

LÉZINNES

Municipal La Gravière du Moulin
7 rte de Frangey - 03 86 75 68 67 - gravieredumoulin.lezinnes.fr/camping.php
De déb. avr. à déb. oct. - 32 empl.
borne artisanale
Tarif camping : 3 € 6,50 €
(16A) 4,25 €
Services et loisirs :
Location de kayaks en saison.
GPS : E 4.08796 N 47.79903

MIGENNES

Les Confluents
Allée Léo-Lagrange - 03 86 80 94 55 - www.les-confluents.com
De fin avr. à fin sept. - 61 empl.
borne artisanale 3,60 € - gratuit pour les clients du camping
Tarif camping : 19,12 €
(10A) - pers. suppl. 4,80 €
Services et loisirs :
Sur les bords de l'Yonne.
GPS : E 3.5095 N 47.95613

TONNERRE

La Cascade
Av. Aristide-Briand - 06 11 23 24 52 - camping.ville-tonnerre.com
De déb. avr. à mi-oct. - 55 empl.
borne artisanale
Tarif camping : 17,50 €
(6A) - pers. suppl. 3,90 €
Services et loisirs :
Confort simple et cadre verdoyant sur une presqu'île entre l'Armançon et le canal de Bourgogne.
GPS : E 3.98415 N 47.8603

Auxerre.

Les bonnes adresses de bib

ANCY-LE-FRANC

Autour d'un verre – 26 Grande-Rue - 03 58 46 20 54 - www.autourdunverre-89.fr - fermé le soir, lun. et dim. d'oct. à avr. - menu 16 €. Cette cave à vin propose un menu renouvelé chaque semaine et fait la part belle aux solides recettes de famille (coq au vin, andouillette…). Des planches à partager et une sélection de produits régionaux à la vente.

AUXERRE

Le Bourgogne – 15 r. de Preuilly - 03 86 51 57 50 - lebourgogne.fr - fermé dim.-lun. - menus 25/29 € (déj.), 38/48 €. Sympathique cadre rustique, belle terrasse d'été et petits plats du marché aussi appétissants : reconversion réussie pour cet ancien garage !

Le Maison Fort – 10 r. Fourier - 09 73 66 70 52 - www.lemaisonfort.fr - fermé dim. - menus 26 € (déj.), 33/37 €. Que les choses soient dites : cuisine 100 % fait maison, produits 100 % bio et majoritairement locaux. Le résultat ? Une carte courte et inspirée (avec option végétarienne), de jolies assiettes colorées et en prime une agréable terrasse dans la cour.

CHABLIS

Hostellerie des Clos – 18 r. Jules-Rathier - 03 86 42 10 63 - hostellerie-des-clos.fr - fermé dim.-merc. - menu 50 €. Le chef Guillaume Collet propose une cuisine gastronomique bourguignonne contemporaine : pressé de foie gras et magret de canard, rhubarbe et figue, pâte de dattes et sarrasin ; carpaccio de tête de veau sauce Ravigote, glace aux deux moutardes… Belle carte des vins.

CHARNY

Cyclorail de Puisaye – Gare de Charny - 06 32 45 63 91 - cyclorail.com - 9,50/17 € de 1h à 1 j (5 pers. maxi). Une façon originale de partir à la découverte de la Puisaye : rouler en vélorail sur une ancienne voie ferrée. Le parcours, de Charny à Villiers-St-Benoît, d'une longueur maximale de 32 km aller-retour, offre la possibilité de pique-niquer ou de se restaurer en chemin.

COULANGES-LA-VINEUSE

J'MCA – 12 r. André-Vildieu - 03 86 34 33 41 - www.jmcarestaurant.fr - déj. tlj sf merc., dîner vend.-sam. - formule déj. 20 € - menus 28/44 €. Ce restaurant contemporain propose une cuisine de saison bien ficelée. La carte est renouvelée chaque semaine, au gré des inspirations du chef et du marché.

IRANCY

Le Soufflot – 33 r. Soufflot - 03 86 42 39 00 - www.restaurant-irancy.fr - fermé lun. et le soir sf vend. et sam. - menus 25/35 €. Dans le centre-ville d'Irancy, ce bistrot convivial propose une carte au goût du jour, courte et savoureuse (avec une prédilection du chef pour les légumes) et une carte des vins (évidemment !) 100 % bourguignonne.

TOUCY

Train touristique du pays de Puisaye-Forterre – Av. de la Gare - accueil touristique de Toucy - 03 86 44 05 58 - train-de-puisaye.com - juil.-août : merc. et w.-end 9h-18h30 ; mai-juin et sept. : dim. 14h-18h30 - 8 € (-14 ans 5,50 €) pour Villiers-St-Benoît (AR). Possibilité de déjeuner dans le wagon restaurant en période touristique : 35 € (-14 ans 21,50 €). Ce train touristique qui emprunte la voie ferrée entre Toucy et Villies-St-Benoît, vous fera découvrir la verdoyante Puisaye. Le billet, valable toute la journée, permet de monter et descendre à n'importe quelle gare.

Offices de tourisme

AUXERRE ET L'AUXERROIS

7 pl. de l'Hôtel-de-Ville - 03 86 52 06 19 - www.ot-auxerre.fr.

TONNERRE

12 r. du Gén.-Campenon - 03 86 55 14 48 - www.escale-en-tonnerrois.fr.

Grappe de raisin.

LE TOP 5 VIGNOBLES

1. St-Bris
2. Coulanges-la-Vineuse
3. Irancy
4. Tonnerre
5. Chablis

BOURGOGNE – CIRCUIT 2
Au cœur du Morvan

Que vous soyez allergique aux vieilles pierres ou désabusé de nature, il semble impossible que vous ne succombiez pas aux charmes de la basilique de Vézelay ou de l'abbaye de Fontenay, deux monuments inscrits au Patrimoine mondial de l'Unesco. Impossible, non plus, de ne pas être séduit par cette Bourgogne ponctuée de lacs, de petites routes serpentant à travers des vallons boisés et de jolis bourgs assoupis autour de leur clocher...

⭐ **DÉPART :** VÉZELAY - 5 jours – 230 km

JOUR 1

Cet itinéraire débute par la visite de **Vézelay**, sa mémorable basilique, son musée Zervos (art moderne) et ses maisons anciennes. Prenez au sud la direction de **St-Père** et sa charmante église, puis rendez-vous au château de Vauban, à **Bazoches**. De là, par la D944, gagnez Château-Chinon en longeant le **lac de Pannecière-Chaumard**, le plus grand des lacs du Morvan. La D944 vous mène à Château-Chinon ou restez pour la nuit au bord du lac.

JOURS 2 ET 3

Capitale du Morvan, **Château-Chinon** accueillit tour à tour un oppidum gaulois, un camp romain, un monastère, un château féodal et des siècles plus tard, la ville devint le fief d'un célèbre maire, futur président de la République : François Mitterrand. Allez admirer les sommets du Morvan depuis le calvaire, suivez l'agréable promenade du château. Faites une visite au musée du Septennat ; parmi les cadeaux protocolaires offerts au président Mitterrand se cachent des trésors parfois insolites ! Par la D37, regagnez le **lac des Settons**. Entouré de bois de sapins et de mélèzes, à 573 m d'altitude, cet agréable plan d'eau s'étale au travers de la **vallée de la Cure**. Consacrez une journée supplémentaire à la découverte du site. On peut y pêcher, s'y promener, et pratiquer des sports nautiques. La beauté du site et les multiples activités proposées font du plus ancien lac artificiel du Morvan, un lieu de séjour très agréable.

JOUR 4

Poursuivez vers le nord jusqu'à Saulieu en passant par le **lac de St-Agnan**. Après la visite de **Saulieu** et du musée François-Pompon (sculpteur et élève de Rodin), gagnez la **butte de Thil** (ancienne collégiale et château du 14ᵉ s.) par la D980 et la D70. Puis, en revenant sur la D980, vous parviendrez à **Semur-en-Auxois**, admirable cité médiévale campée sur une falaise de granit rose. Poursuivez vers Venarey-les-Laumes pour vous rendre à **Alise-Ste-Reine**, dont les fouilles archéologiques nous transportent sur le champ de bataille d'Alésia, aux côtés de Vercingétorix et César (voir l'encadré p. ci-contre). Si vous avez encore un peu de temps, faites un saut à **Flavigny-sur-Ozerain**. Ses délicieuses petites graines d'anis enrobées de sucre ont fait sa célébrité. Finissez la journée à Montbard, que vous gagnez par la D905.

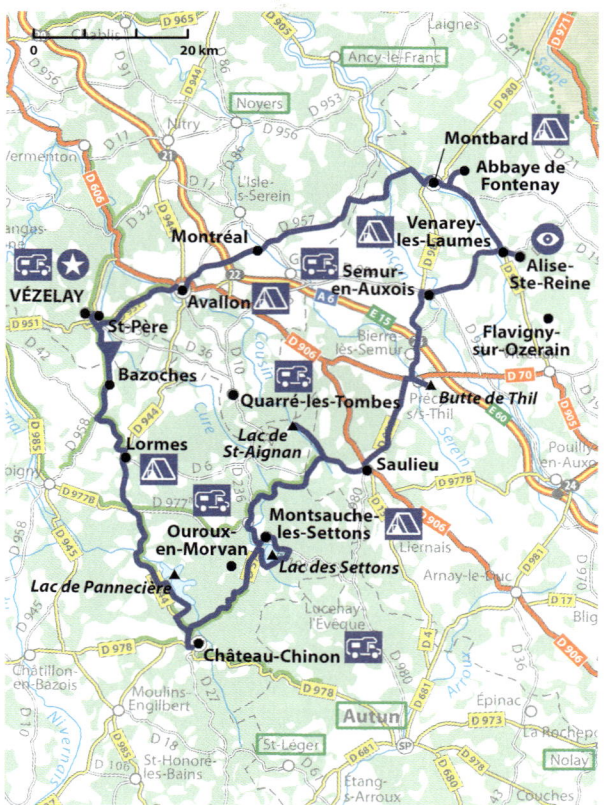

Vézelay.

JOUR 5

Visitez **Montbard** et la Grande Forge de Buffon avant d'aller admirer le chef-d'œuvre qu'est l'**abbaye de Fontenay**. L'abbaye donne une vision exacte de ce qu'était un monastère cistercien au 12e s., vivant en complète autarcie. Revenez sur la D103 et suivez la D957. Vous pouvez faire une étape dans le village de **Montréal** pour admirer l'église, avec ses 26 stalles sculptées. Arrivé à **Avallon**, promenez-vous dans la ville, le long de sa ceinture murée et parée de jardins. Pour terminer ce voyage sur une touche raffinée, visitez le Centre d'exposition du costume.

LE CONSEIL DU BIB

Profitez du lac des Settons et de ses activités en faisant étape au camping de Montsauche-les-Settons (voir p. suivante).

VISITE

MuséoParc Alesia (Alise-Ste-Reine)

INFOS PRATIQUES

1 rte des Trois-Ormeaux - 03 80 96 96 23 - www.alesia.com - juil.-août : 10h-19h ; avr.-juin et sept.-oct. : 10h-18h ; reste de l'année : 10h-17h - fermé de déb. déc. à mi-fév. - en fonction des saisons 9/11 € (7-12 ans 5,50/7,50 €, 13-17 ans 7,50/9 €) ; 11/14 € (7-12 ans 7,50/9 €, 13-17 ans 9/11 €) billet combiné avec les vestiges de la villa gallo-romaine. Au rez-de-chaussée se trouvent la boutique et le restaurant avec terrasse.

STATIONNEMENT & SERVICES

Stationnement uniquement de jour devant le centre, de nuit près des vestiges gallo-romains.
Sinon, à 3 km, à **Venarey-les-Laumes** :
Camping municipal Alésia
R. du Dr-Roux - 03 80 96 07 76 - campingalesiavenarey.fr
De déb. avr. à mi-oct. - 60 empl.
borne artisanale 11 €
Tarif camping : 3,60 € 5,10 € (16A) 3,10 €
Services et loisirs :
GPS : E 4.45151 N 47.54425

La recherche de traces du siège d'Alésia, qui mit aux prises César et Vercingétorix en 52 av. J.-C., anime le village d'Alise-Ste-Reine depuis le 19e s. Les milliers de clichés aériens et les grandes campagnes de fouilles de la seconde moitié du 20e s. ont dissipé les doutes. Depuis 1985, le lieu (7 000 ha) est classé Site d'intérêt historique et paysager national. Il est adossé au mont Auxois, butte de 407 m aux versants abrupts qui sépare les vallées de l'Oze et de l'Ozerain et domine la plaine des Laumes.
Un centre d'interprétation a été construit sur le champ de bataille par l'architecte Bernard Tschumi. De forme circulaire, pour évoquer l'encerclement des Gaulois, le beau bâtiment fait aussi référence aux fortifications romaines par son revêtement extérieur en bois. L'édifice (6 000 m² env.) abrite un nouveau parcours de visite depuis 2021, jalonné de vidéos et bornes interactives. On y aborde la vie quotidienne dans l'Antiquité, le siège d'Alésia (52 av. J.-C.), le mythe gaulois et Vercingétorix grâce à des objets issus des fouilles et des reconstitutions d'armes, panoplies des guerriers gaulois et romains. Au dernier étage, une terrasse panoramique offre une vision à 360° sur le site.
N'oubliez pas, à l'extérieur, l'intéressante reconstitution grandeur nature d'une partie des lignes fortifiées, et, à quelques kilomètres, les vestiges de la ville gallo-romaine qui s'était développée au sommet de l'oppidum, là où Vercingétorix et ses 80 000 fantassins gaulois s'étaient retranchés.

BOURGOGNE – ADRESSES CIRCUIT 2

Aires de service & de stationnement

CHÂTEAU-CHINON

Aire de Château-Chinon
Pl. Jean-Sallonnyer - ☏ 01 83 64 69 21 - www.campingcarpark.com
Permanent
Borne flot bleu
18 🅿 - 🔒 - Illimité - 13,10 €/j. - borne compris
Paiement : CC
Services :
Belle aire sécurisée en centre-ville.
GPS : E 3.93583 N 47.06356

OUROUX-EN-MORVAN

Aire d'Ouroux-en-Morvan
R. Michel-Baroin - ☏ 03 86 78 21 02 - www.mairieourouxenmorvan.fr
Permanent
Borne : gratuit
4 🅿 - 24h - gratuit
Services :
Emplacements ombragés face à l'étang, aire de pique-nique adjacente et commerces à proximité.
GPS : E 3.9519 N 47.18664

QUARRÉ-LES-TOMBES

Aire de Quarré-les-Tombes
R. des Écoles - ☏ 03 86 32 23 38 - www.quarrelestombes.fr
Permanent (mise hors gel - fermé lors d'événements sportifs ou associatifs)
Borne artisanale : gratuit
15 🅿 - Illimité
Services :
Aire proche du centre-ville, avec borne d'entretien pour les vélos.
GPS : E 3.99952 N 47.36807

SEMUR-EN-AUXOIS

Aire de Semur-en-Auxois
Av. Pasteur, parking complexe sportif - ☏ 03 80 97 05 96 - terres-auxois.fr
Permanent (mise hors gel)
Borne artisanale 2 € 3 €
20 🅿 - Illimité - gratuit
Paiement : CC
Services :
GPS : E 4.3494 N 47.49486

VÉZELAY

Aire de stationnement de Vézelay
4 rte de Clamecy, parking des Ruesses - ☏ 03 86 33 23 69 - www.vezelay.fr
Permanent
12 🅿 - 24h - 6 €/j. - gratuit la nuit
En contrebas de la ville (accès au centre par un petit chemin piétonnier), grand parking ombragé, mais en pente, pour bus, voitures et camping-cars.
GPS : E 3.74076 N 47.46438

Campings

AVALLON

Municipal Sous Roches
Rte de Méluzien - ☏ 03 86 34 10 39 - www.campingsousroche.com
De déb. avr. à mi-oct. - 87 empl. -
borne artisanale 5 €
Tarif camping : 20,10 €
(10A) - pers. suppl. 4,60 €
Services et loisirs :
Terrain en terrasse avec de beaux sapins pour l'ombrage.
GPS : E 3.91293 N 47.47993

LORMES

L'Étang du Goulot
2 r. des Campeurs - ☏ 06 81 43 40 95 - www.campingetangdugoulot.com
De déb. avr. à fin oct. - 70 empl. -
borne artisanale
Tarif camping : 20 €
(16A) 5 € - pers. suppl. 6,50 €
Services et loisirs :
GPS : E 3.82297 N 47.28268

MONTBARD

Municipal les Treilles
R. Michel-Servet - ☏ 03 80 92 69 50 - www.montbard.com
De déb. avr. à fin sept. - 78 empl.
borne AireService 3,60 €
Tarif camping : 6,10 € 6,50 €
(16A) 5 €
Services et loisirs :
Agréable décoration arbustive.
GPS : E 4.33129 N 47.63111

MONTSAUCHE-LES-SETTONS

Les Mésanges
Rive gauche du lac des Settons, L'Huis-Gaumont - ☏ 06 59 09 27 78 - www.campinglesmesanges.fr
De fin avr. à fin sept. - 102 empl. -
borne artisanale 5 €
Tarif camping : 20,70 €
(10A) - pers. suppl. 5,70 €
Services et loisirs :
Situation agréable au bord d'un étang.
GPS : E 4.05385 N 47.18077

VENAREY-LES-LAUMES

Voir p. précédente.

Abbaye de Fontenay.

Les bonnes adresses de bib

AVALLON

✖ **L'Horloge** – 63 grande-rue Aristide-Briand - ℘ 03 86 46 75 24 - 9h-1h (2h en haute sais.) - menus 15/19,50 €. Les Avallonnais fréquentent cet établissement, idéalement situé au pied de la fameuse horloge, à toute heure. Les produits frais et locaux sont simplement accommodés au déjeuner, que l'on prend en terrasse ou dans une jolie salle bistrot.

CHÂTEAU-CHINON

Charcuterie Gaudry – 25 pl. St-Romain - ℘ 03 86 85 13 87 - 7h-19h - fermé dim. apr.-midi (oct.-juin). Mme Gaudry mène seule ce commerce de grande qualité où tout est fabriqué sur place. La délicate odeur qui embaume la boutique est le gage de la fraîcheur des produits qu'elle élabore : petits fagots de Château-Chinon, pâté de foie, terrine à l'ancienne, jambonnette, boudin noir, quiche et rosette du Morvan, la spécialité, ont fière allure derrière les vitrines.

Les Ruchers du Morvan – Port-de-l'Homme - à 4 km de Château-Chinon via D37 direction Montsauche-les-Settons - ℘ 03 86 78 02 43 - www.ruchers-du-morvan.fr - 9h-12h, 13h-18h, w.-end 10h-12h, 13h-18h. Propriétaire de 800 à 1000 ruches suivant la saison, M. et Mme Coppin vous font partager leur passion ; une ruche vitrée permet de voir les abeilles s'affairer. Les visiteurs peuvent assister à l'extraction du miel, s'aventurer dans la miellerie, goûter les miels et le pain d'épice élaboré avec 70 % de miel.

LES SETTONS

✖ **Les Grillons du Morvan** – Lac des Settons (rive droite du barrage) - ℘ 03 86 84 51 43 - www.lesgrillonsdumorvan.com - fermé merc.-jeu. midi - menus 21/26 € (déj.), 33 €. Ce restaurant familial sert une cuisine simple à base de produits locaux et frais. La grande salle lumineuse bénéficie d'une belle vue sur le lac. L'accueil est charmant. Une excellente adresse, sans prétention.

VENAREY-LES-LAUMES

✖ **Le Bistrot de Louise** – 7 r. Eugène-Edon - ℘ 03 80 89 69 94 ou 06 47 89 81 11 - fermé dim.-lun. et mar. soir - menus 13/17 € (déj.), 22/35 €. Ce bistrot contemporain est la seconde adresse de Régis Bolâtre (l'auberge du Cheval Blanc). Cuisine aussi soignée, mais à des prix plus modestes.

VÉZELAY

✖ **Le Cheval Blanc** – 16 pl. du Champ-de-Foire - ℘ 03 86 33 22 12 - www.lechevalblancvezelay.fr - fermé merc., jeu. sf juil.-août - plats 24/32 €. Situé en bas du village, cet établissement propose une cuisine traditionnelle de qualité. Le menu du midi est élaboré en fonction des produits de saison.

Offices de tourisme

AVALLON

6 r. Bocquillot - ℘ 03 86 34 14 19 - www.destinationgrandvezelay.com.

MORVAN ET LACS

5 rte d'Avallon - Lormes - ℘ 03 86 22 82 74 - www.morvansommetsetgrandslacs.com.

VÉZELAY

8 r. St-Étienne - ℘ 03 86 33 23 69 - www.destinationgrandvezelay.com.

Miels du Morvan.

LE TOP 5 LOISIRS NAUTIQUES

1. Lac des Settons
2. Lac de Pannecière
3. Lac de Chameçon
4. Lac de St-Agnan
5. Rivière la Cure

Lac des Settons.

BOURGOGNE – CIRCUIT 3
Dijon et la route des grands crus

La renommée de l'ancien duché de Bourgogne est indissociable de son vignoble. Mariés à une cuisine de qualité, les grands crus de la Côte contribuent à faire de cette région un des hauts lieux de la gastronomie française. Notre escapade vous propose une dégustation sans modération de ces villages dont les saveurs s'égrènent de Dijon à Beaune. Elle s'achève en des terres un peu plus sobres, à l'ouest, entre Le Creusot et Autun, en Saône-et-Loire.

⭐ **DÉPART :** DIJON - 6 jours – 235 km

JOURS 1 ET 2

Pour vraiment tirer parti de ces deux jours à **Dijon**, vous devez bien préparer votre séjour, car il y a beaucoup à voir et à faire ! Fiez-vous à notre programme, (voir l'encadré p. ci-contre).

JOUR 3

Partez vers le sud, sur la N74, jusqu'à Beaune à travers les prestigieux vignobles de la **côte de Nuits et de la côte de Beaune**. Vous pourrez visiter les caves de ces villages célèbres dans le monde entier pour la qualité de leurs crus : Vougeot (ne manquez pas la visite du **Clos de Vougeot**), **Chambolle-Musigny**, **Vosne-Romanée** et son inaccessible romanée-conti, et **Nuits-St-Georges**. Un conseil : pensez à prévenir de votre venue si vous voulez déguster des vins. Passez la fin de la journée à **Beaune** : vous vous rendrez aux fameux Hospices avec leur toiture vernissée.

Connus dans le monde entier, ils recèlent un stupéfiant *Jugement dernier* (1445-1448) signé Rogier de le Pasture dit « Rogier van der Weyden ». Si vous avez encore le temps, faites un tour à la moutarderie Fallot, dernière maison familiale et indépendante de Bourgogne, ou au musée du Vin de Bourgogne, installé dans l'ancien hôtel des ducs de Bourgogne, datant des 15e et 16e s.

JOUR 4

Continuez vers le sud par la D973 qui passe par **Pommard**, **Volnay**, **Meursault** et **Auxey-Duresses**... L'itinéraire s'enfonce ensuite dans l'Arrière-Côte et permet de découvrir de beaux châteaux, comme celui de **La Rochepot**. Après un passage par **Nolay**, charmante cité médiévale aux pittoresques maisons à pans de bois, rejoignez **Le Creusot** en empruntant la D1. Le musée de l'Homme et de l'Industrie retrace l'histoire de la dynastie des Schneider et celle

Dijon, place Notre-Dame.

ÉTAPE ⓫
Dijon

OFFICE DE TOURISME
11 r. des Forges -
☏ 03 80 44 11 44 -
www.destinationdijon.com.

STATIONNEMENT & SERVICES

Parkings conseillés
Trois parkings payants : Vaillant (av. Garibaldi), 10mn à pied du centre-ville, allées du Parc, 15mn à pied, et parc de la Colombière, bus ligne 6 pour le centre-ville.
Parking gratuit à côté du camping du Lac Kir, situé 15mn à pied de la Cité de la gastronomie et du vin et à 20mn du centre historique (ou bus ligne 3).

Aire du camping du Lac Kir
Voir p. suivante

La capitale de la Bourgogne a aujourd'hui tout d'une grande cité culturelle. Incontournable des lieux, le **palais des ducs et des États de Bourgogne** abrite aujourd'hui l'hôtel de ville et le **musée des Beaux-Arts**, l'un des plus anciens musées de France. Ne manquez pas d'aller voir les tombeaux des ducs de Bourgogne, chefs-d'œuvre installés dans l'ancienne salle des festivités, ainsi que les remarquables retables de la chartreuse de Champmol. Promenez-vous ensuite dans les rues commerçantes du centre. Peut-être serez-vous tenté par l'achat de quelques spécialités locales : vins, pain d'épice, moutarde... D'ailleurs, ouverte depuis mai 2022, la Cité internationale de la gastronomie et du vin met à l'honneur la richesse culinaire de la France et les produits de la vignes du monde entier. Dijon abrite aussi de bons cavistes et deux boutiques spécialisées dans la moutarde : Maille et Fallot. Poursuivez votre déambulation dans le **quartier du palais de justice**, qui recèle encore de beaux hôtels particuliers, notamment les hôtels Bouhier, Legouz-de-Gerland et de Bretagne, puis visitez le **musée Magnin**. Ce dernier conserve tout le charme et le caractère d'une demeure d'amateurs d'art. En soirée, rendez-vous autour des halles et dans la rue Berbisey, secteurs truffés de restaurants branchés, pour dénicher une bonne table.
Le lendemain, prenez le temps d'aller voir la **cathédrale St-Bénigne**, ancienne abbatiale de pur style gothique bourguignon. Sa crypte en forme de rotonde mérite votre attention. Faites aussi un saut à la **chartreuse de Champmol**, dont l'ancien cloître dissimule le puits de Moïse, un trésor de la sculpture médiévale. Si vous êtes en famille, les dioramas du Museum de la ville et le musée de la Vie bourguignonne, avec ses mannequins et ses reconstitutions de boutiques du 19ᵉ s., passionneront petits et grands.

de la métallurgie à la fin du 19ᵉ s. Les enfants vous entraîneront ensuite au parc touristique des Combes, où les attendent de nombreuses activités de loisirs.

JOUR 5
Reprenez la N80 pour **Autun** dont le tympan de la cathédrale St-Lazare, chef-d'œuvre roman richement sculpté, impressionne. Poursuivez vers l'ouest par la N81 et la D61 jusqu'au **mont Beuvray**, riche de profondes futaies de hêtres et d'un oppidum, Bibracte, daté du 1ᵉʳ s. av. J.-C. Un intéressant musée vous permettra d'en savoir plus sur cette ancienne cité gauloise et la civilisation celtique. Revenez sur vos pas sur la D61, puis prenez la N81 jusqu'à **Arnay-le-Duc**. Cette petite ville ancienne domine la vallée de l'Arroux et a conservé ses maisons anciennes aux toits pointus. Étape sur place.

JOUR 6
Rejoignez **Châteauneuf-en-Auxois** par la N81 : vous tomberez sous le charme du site qui domine la vallée de la Vandenesse et le canal de Bourgogne ; ce vieux bourg est célèbre pour son château fort ; n'hésitez pas à pousser la porte. Hors de la cité, à quelques kilomètres au nord, le **château de Commarin**, du 14ᵉ s., est habité par la même famille depuis 26 générations ! Une belle visite en perspective. Vous reviendrez à Dijon par la D16 et la 905 ou l'A38.

LE CONSEIL DU BIB
Favorisez les haltes chez les viticulteurs qui accueillent les camping-caristes.

BOURGOGNE – ADRESSES CIRCUIT 3

Aires de service & de stationnement

ARNAY-LE-DUC

Aire d'Arnay-le-Duc
R. de la Gare - ☎ 03 80 90 03 44 - Permanent
Borne AireService : 3 €
5 ⓟ - 🔒 - 8 €/j.
Paiement : CC
Aire de stationnement avec borne indépendante à l'entrée.
GPS : E 4.49112 N 47.1298

AUTUN

Aire du plan d'eau du Vallon
Rte de Chalon - ☎ 03 85 86 80 00
Permanent
Borne eurorelais : 4 €
17 ⓟ - Illimité - gratuit - stat. interdit au niveau de la borne ; l'aire de parking se trouve sur le bord opposé du plan d'eau, r. de la Maladière.
Paiement : jetons (office de tourisme, police municipale)
Services : WC
GPS : E 4.31657 N 46.9558

BEAUNE

Aire de Beaune
7 av. Charles-de-Gaulle -
☎ 03 80 24 57 50 - Permanent
Borne flot bleu 4,70 € 4,70 €
70 ⓟ - 24h - 8,70 €/j.
Paiement : CC - jetons
Services : 🛒 ✖ 📶
À 5mn à pied du centre historique.
GPS : E 4.83633 N 47.01728

LE CREUSOT

Aire du Creusot
Parc touristique des Combes -
☎ 03 85 77 59 59
Permanent (mise hors gel)
Borne artisanale : gratuit
5 ⓟ - Illimité - gratuit
Services : WC ✖
GPS : E 4.41243 N 46.81131

DIJON

Aire du camping du Lac Kir
3 bd Chanoine-Kir - ☎ 06 66 96 56 26
De déb. avr. à fin oct.
Borne AireService
16 ⓟ - 🔒 - 24h - 13,35 €/j. - borne compris - Paiement : CC
Services : WC 🛒 📶
Transports en commun pour le centre-ville.
GPS : E 5.01099 N 47.32129

ÉTANG-SUR-ARROUX

Aire d'Étang-sur-Arroux
Pl. du Mousseau - ☎ 03 85 86 80 38
Permanent (mise hors gel)
Borne eurorelais : gratuit
10 ⓟ - Illimité - gratuit
Services : WC
GPS : E 4.1896 N 46.8663

NUITS-ST-GEORGES

Aire de Nuits-St-Georges
R. de Cussigny - ☎ 03 80 62 01 20 - ville-nuits-saint-georges.fr
Permanent (mise hors gel)
Borne artisanale : gratuit
6 ⓟ - Illimité - gratuit
Services : WC 🛒 ✖
En bord de route (bruyant le matin). Un chemin le long de la rivière permet de rejoindre le centre.
GPS : E 4.951 N 47.12566

POMMARD

Domaine Virely-Rougeot
9 pl. de l'Europe - ☎ 03 80 24 96 70 - www.domaine-virely-rougeot.fr
Permanent (fermé pdt les vendanges ; arrivée av. 19h)
4 ⓟ - 24h
Services : 📶
GPS : E 4.79679 N 47.00799

VANDENESSE-EN-AUXOIS

Aire de Vandenesse-en-Auxois
Halte nautique - ☎ 03 80 49 24 32
Permanent -
Borne AireService 4 €
8 ⓟ - Illimité - 6 €/j.
Paiement : jetons (mairie)
Services : WC
Jolies places ombragées le long du canal de Bourgogne.
GPS : E 4.61654 N 47.22036

Campings

ARNAY-LE-DUC

Huttopia L'Étang de Fouché
R. du 8-Mai-1945 - ☎ 03 80 90 02 23 - europe.huttopia.com
De déb. avr. à mi-oct. - 131 empl. -
borne artisanale 7 € - gratuit pour les clients du camping
Tarif camping : 39 € 👤👤 🚗 📧
(10A) - pers. suppl. 8,60 €
Services et loisirs : 📶 ✖ 🛒 📧 🏊
GPS : E 4.49802 N 47.13414

MEURSAULT

Huttopia La Grappe d'Or
2 rte de Volnay - ☎ 03 80 21 22 48 - europe.huttopia.com
De déb. avr. à déb. nov. - 43 empl. -
borne AireService
Tarif camping : 37,60 € 👤👤 🚗 📧
(16A)
Services et loisirs : 📶 ✖ 🛒 🏊
En surplomb du vieux village et des vignobles, sur un beau terrain arboré.
GPS : E 4.76987 N 46.98655

SANTENAY

Aquadis Loisirs Les Sources
Av. des Sources - ☎ 03 80 20 66 55 - www.aquadis-loisirs.com/camping-nature/camping-de-santenay
De mi-mars à mi-nov. - 136 empl. -
borne artisanale
Tarif camping : 22 € 👤👤 🚗 📧 (6A) - pers. suppl. 4,40 €
Services et loisirs : 📶 🛒 📧
Charmant terrain avec vue sur le mont des Trois-Croix.
GPS : E 4.68455 N 46.90709

VANDENESSE-EN-AUXOIS

Le Lac de Panthier
1 chemin du Lac - ☎ 03 80 49 21 94 - www.lac-de-panthier.com
De déb. avr. à fin sept. - 63 empl. -
borne artisanale
Tarif camping : 34 € 👤👤 🚗 📧
(6A) - pers. suppl. 7 €
Services et loisirs : 📶 ✖ 🛒 📧 🏊
GPS : E 4.62507 N 47.24935

Les bonnes adresses de bib

AUTUN

✕ **Le Châteaubriant** – 14 r. Jeannin - ☏ 03 85 52 21 58 - lechateaubriant-autun.com - fermé dim.-lun. - formules déj. 16,50/19,50 € - menus 23/38 €. Situé près de la place du Champ-de-Mars, ce restaurant est très fréquenté par les Autunois. Vous ne serez pas déçu par son accueil sympathique et sa cuisine traditionnelle : œufs en meurette, joues de bœuf, rognons de veau, foie gras maison, filet de bœuf à l'Époisses, etc. Une valeur sûre.

BEAUNE

Cave Patriarche Père et Fils – 5-7 r. du Collège - ☏ 03 80 24 53 78 - www.patriarche.com - 9h30-12h, 14h-18h. Les plus grandes caves de Bourgogne (20 000 m²), situées dans l'ancien couvent des Dames de la Visitation, datent des 14e et 16e s. Visite audioguidée et dégustation de 10 vins (17 €/pers.).

CHAMBOLLE-MUSIGNY

✕ **Le Millésime** – 1 r. Traversière - ☏ 03 80 62 80 37 - www.restaurant-le-millesime.com - fermé dim.-lun. - formules déj. 22/24,50 € - menus 37/79 €. Au centre de ce village réputé pour sa production viticole, cet ancien bistrot a été repris par un jeune chef talentueux. Cuisine au goût du jour. Vins à emporter.

DIJON

✕ **Restaurant et Caveau de la Porte Guillaume** – Pl. Darcy - ☏ 03 80 50 80 50 - hotel-darcy.fr - menus 26/48 €. Le restaurant de l'hôtel Darcy Dijon Centre abrite une table distinguée, où les spécialités régionales sont à l'honneur : œufs en meurette, jambon persillé, coq au vin, miroir de cassis... Le bar à vin du caveau ravira les amateurs de bourgogne.

✕ **Villa Vauban** – 15 r. Vauban - ☏ 03 45 83 07 76 - www.restaurant-villavauban.com - fermé dim.-lun. - menus 14/22 € (déj.), 32/40 €. Dans un décor cosy et exotique, le chef Xavier Pernot propose une cuisine gastronomique moderne et créative. L'accueil est à la hauteur du cadre et des saveurs.

✕ **La Maison des Cariatides** – 28 r. de la Chaudronnerie - ☏ 03 80 45 59 25 - fermé dim.-lun. - menus 24/28 € (déj.), 58 €. Cette belle maison ancienne (1603) du quartier des antiquaires abrite une salle contemporaine façon loft, agrémentée d'une terrasse à l'arrière. On y concocte une cuisine de marché, fraîche et soignée.

NUITS-ST-GEORGES

Joseph Cartron – 25 r. du Dr-Louis-Legrand - ☏ 03 80 62 00 90 - www.cartron.fr - fermé w.-end. Depuis 1882, cette maison élabore eaux-de-vie et liqueurs selon des méthodes artisanales, privilégiant un grand respect du fruit, et utilise, pour ce faire, bonbonnes d'osier, foudres, demi-muids et alambics de cuivre hérités des ancêtres. Dans la petite boutique vous trouverez la double-crème de cassis, le marc de Bourgogne et diverses eaux-de-vie de fruits.

POMMARD

✕ **Auprès du Clocher** – 1 r. de Nackenheim - ☏ 03 80 22 21 79 - www.aupresduclocher.com - fermé mar.-merc. - menus 45/68 €. David Maurin, sommelier de formation, propose une délicieuse cuisine à base de produits frais et locaux, à déguster au cœur du village, face à l'église. Très bonne carte des vins de la région.

VOLNAY

✕ **L'Agastache** – 1 r. de la Cave - ☏ 03 80 21 12 30 - lagastache-restaurant.com - fermé dim.-lun. - menus 28 € (déj.), 45/52 € (soir). Le bouche-à-oreille a imposé cette table dans la région, et c'est mérité : le chef est très attentif à la qualité de ses produits (veau de l'Aveyron, pigeonneau de Pornic, produits des fermes aux alentours, majoritairement bio) et sa cuisine se révèle aussi gourmande que bien équilibrée.

Offices de tourisme

AUTUN

13 r. du Gén.-Demetz - ☏ 03 85 86 80 38 - www.autun-tourisme.com.

BEAUNE

6 bd Perpreuil - ☏ 03 80 26 21 30 - www.beaune-tourisme.fr.

DIJON

Voir p. 229

Vignoble de Santenay.

tichr/Getty Images Plus

LE TOP 5 GRANDS CRUS

1. Nuits-saint-georges
2. Romanée-conti
3. Vosne-romanée
4. Chambertin
5. Vougeot

BOURGOGNE – CIRCUIT 4
Au sud de la Bourgogne

Flâner à Tournus, parmi les boutiques d'antiquaires, se dégourdir les jambes en partant à l'ascension de la roche de Solutré au milieu des vignes, admirer les très honorables vestiges de l'abbaye de Cluny, se poser le temps d'une méditation à Taizé… Voici quelques-uns des moments de charme qui vous attendent dans le Mâconnais, région également connue pour la douceur de son climat…

⭐ **DÉPART :** MÂCON - 4 jours – 135 km

JOUR 1

Aux portes d'une belle région célébrée par Lamartine, l'enfant du pays, **Mâcon** est le point de départ idéal pour découvrir les paysages vallonnés et les vignobles alentour. Au préalable, flânez dans le centre historique, pour apprécier le charme des places et des ruelles. Visitez le musée des Ursulines qui regroupe une section consacrée à l'archéologie, une aux beaux-arts et un espace dédié à Lamartine. N'oubliez pas de faire une pause à la Maison mâconnaise des vins.

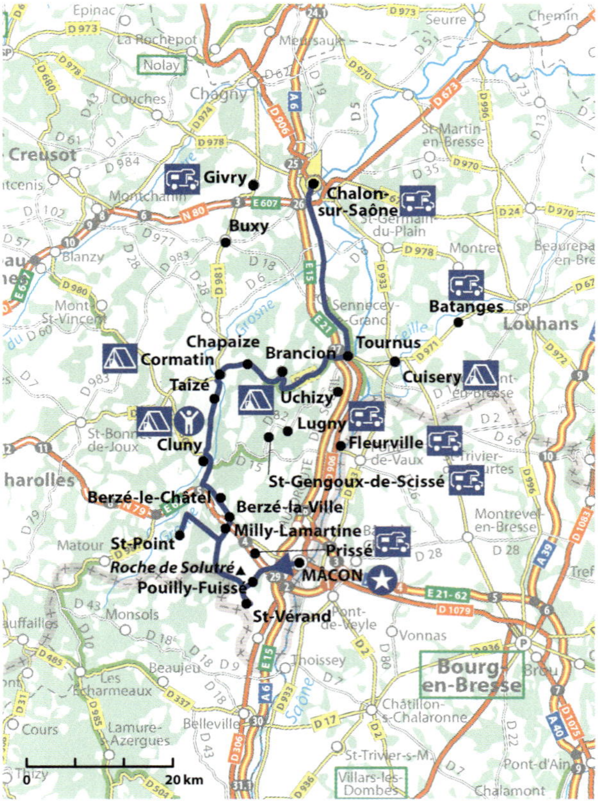

Puis prenez la D54 à travers les célèbres vignobles de **St-Vérand** et de **Pouilly-Fuissé**, et gagnez la célèbre **roche de Solutré**. L'ascension de ce piton n'est pas difficile, et la vue de son sommet à 360° est vraiment belle sur les vignobles et les villages. Pour en savoir plus sur le « solutréen », arrêtez-vous au musée de Préhistoire, en partie creusé sous la roche.

JOUR 2

Une dizaine de kilomètres séparent le site préhistorique des lieux lamartiniens. **Milly-Lamartine**, qui abritait la résidence préférée du poète, est une découverte émouvante. **St-Point**, pour les inconditionnels de l'auteur de Jocelyn, n'est pas loin avec son château de Lamartine. Passez sous la N79 pour gagner **Berzé-la-Ville** et sa chapelle des Moines dont les peintures murales composent un magnifique exemple d'art clunisien, puis **Berzé-le-Châtel**, dominé par un château féodal réputé imprenable, flanqué de treize tours et deux donjons. Mais déjà, celle qui fut la « lumière du monde », Cluny, se profile à l'horizon.

JOUR 3

Partez à la découverte de **Cluny**, dont l'abbaye fut au temps de sa splendeur le plus grand centre monastique d'Europe. Si les bâtiments monastiques ont été presque entièrement démantelés à la Révolution, un film donne une idée bien précise de l'architecture et des dimensions originelles de église abbatiale. Visitez ensuite les maisons romanes ou gothiques et la tour des Fromages (pour le panorama), ainsi que le haras national qui propose des visites autour de l'histoire équestre, des animations thématiques et des spectacles. Si vous souhaitez vous dégourdir les jambes, suivez à vélo la **Voie verte**, de Cluny à Chalon (voir l'encadré p. ci-contre), mais prévoyez

Des cyclistes sur la Voie verte, près de Berzé-le-Châtel.

alors une journée supplémentaire. Suivez maintenant la vallée de la Grosne : elle vous conduit au village de **Taizé**, où vit une communauté œcuménique au rayonnement mondial. La D981 vous mène ensuite au **château de Cormatin**, aux extraordinaires et uniques trésors du 17e s. L'intérieur est d'une richesse inouïe mais n'a rien à envier aux jardins à la française, tout à fait remarquables.

JOUR 4

L'itinéraire ouvre un nouveau chapitre de l'art roman en Bourgogne. En suivant la D14, vous arrivez à **Chapaize** où il faut voir la belle église St-Martin, puis **Brancion**, bourg médiéval soigneusement restauré, perché sur une arête. **Tournus** impose une halte plus importante ne serait-ce que pour son église abbatiale St-Philibert, l'un des plus grands monuments romans de France. Tout autour, flânez dans les petites rues et traboules où se tiennent galeries d'art et hôtels particuliers. Jetez aussi un coup d'œil à l'hôtel-Dieu-musée Greuze et son apothicairerie. Étape gastronomique réputée, la cité ne saurait se visiter au pas de course. Filez ensuite plein nord jusqu'à **Chalon-sur-Saône**. La deuxième agglomération de Bourgogne est connue pour son carnaval, son vignoble (voir la Maison des vins) et surtout son musée Nicéphore Niépce, inventeur de la photographie. Les collections comprennent notamment quatre millions d'images et 8 000 appareils photographiques. Les jardiniers, eux, apprécieront aux beaux jours la belle roseraie St-Nicolas qui compte quelque 25 000 plants. Terminez la journée dans le vieux Chalon et sur l'île St-Laurent pour apprécier la vue sur la ville et les quais accueillants.

RANDONNÉE À VÉLO

La Voie verte, de Cluny à Chalon

INFOS PRATIQUES

Circuit de 48,5 km. Niveau facile, aucun dénivelé.
Comptez 3h30 (une journée AR).
Retour possible en bus, ligne Mobigo LR 701 (www.viamobigo.fr).

STATIONNEMENT & SERVICES

À Cluny : Camping municipal St-Vital
30 r. des Griottons - 03 85 59 08 34 - www.campingsaintvital.fr
De déb. avr. à déb. oct. - 157 empl.
borne AireService
Tarif camping : 32 € (10A) - pers. suppl. 5,80 € - Services et loisirs :
Vue sur la vieille ville de Cluny.
GPS : E 4.66778 N 46.43088

De Cluny à Cormatin, la Voie verte est parfaitement plane ; chevaux, vaches et taureaux paissent à proximité. La promenade devient familiale : elle est d'ailleurs plus fréquentée, presque jusqu'à l'encombrement en été. Il n'est pas rare de croiser en chemin des marcheurs en route vers St-Jacques, via Le Puy-en-Velay, venant parfois même d'Allemagne. On longe et on traverse des bosquets de la forêt de Cluny. Les roches et la couleur de la terre changent à plusieurs reprises tout au long du parcours qui passe dans une zone de faille érodée. Des boucles de plusieurs niveaux de difficulté vous sont proposées : moyenne sur 31 km en passant par Bray, ou plus difficiles sur 35 km en direction de Blanot jusqu'à Massilly, et sur 34 km jusqu'à Cormatin en traversant Chapaize et sa jolie petite église de style roman.
Après avoir traversé la Grosne, on aperçoit sur la gauche le village escarpé de **Taizé**, et on remarque une belle ferme en contrebas. Rejoignez ensuite le château de **Cormatin**, tout proche, qui possède un somptueux intérieur Louis XIII. On traverse à nouveau la Grosne pour pénétrer dans le village de Cormatin. Quittez Cormatin pour rejoindre **Malay**. Après avoir admiré son église romane, remettez-vous en selle pour parcourir 5 km jusqu'à **St-Gengoux-le-National** dont le bourg médiéval mérite une halte. En passant par **Étiveau** et ses vignobles, vous atteignez **Buxy**, où vous prendrez le temps d'apprécier son vieux bourg et ses anciennes maisons vigneronnes. Là encore des itinéraires bis de niveaux et de distances variables sont proposés au départ de Savigny-sur-Grosne, Sercy, Étiveau, Jully-lès-Buxy où à la sortie de Buxy. Offrez-vous une dernière halte à **Givry** avant de rejoindre **Chalon-sur-Saône**, où se termine cet agréable circuit de découverte.

BOURGOGNE – ADRESSES CIRCUIT 4

Aires de service & de stationnement

BANTANGES
Aire de Bantanges-Bords de Seille
R. du Bourg - ✆ 01 83 64 69 21 -
www.campingcarpark.com
Permanent
Borne AireService
24 🅿 - 🔒 - 11,50 €/j. - borne compris
Services :
En bord de route à la sortie du bourg, une aire agréable proche des rives de la Seille.
GPS : E 5.10838 N 46.60808

CHALON-SUR-SAÔNE
Aire de Chalon-sur-Saône
Av. Léon-Blum, au S/E de la ville, suivre Maison des vins - ✆ 03 85 48 37 97 - www.achalon.com
Permanent
Borne raclet : gratuit
🅿 - Illimité - gratuit
GPS : E 4.86283 N 46.78421

FLEURVILLE
Aire de Fleurville
D 906 - ✆ 03 85 27 00 20 -
www.tournus-tourisme.com
Permanent (mise hors gel)
Borne Urbaflux 2 €
2 🅿 - Illimité - gratuit
Paiement : 💳
Services :
GPS : E 4.88095 N 46.44706

GIVRY
Aire de Givry
R. de la Gare, parking La Croix Verte -
✆ 03 85 94 16 30 -
www.givry-bourgogne.fr
Permanent -
Borne eurorelais 2,90 € 2,90 €

15 🅿 - Illimité - gratuit
Paiement : jetons (commerçants, office de tourisme et mairie)
Services : 🚻
Idéale pour se balader sur la Voie verte.
GPS : E 4.74836 N 46.78022

LUGNY
Aire de Lugny
R. de la Folie, entre la poste et le centre de secours -
✆ 03 85 27 00 20 -
www.tournus-tourisme.com
Permanent (mise hors gel) -
Borne artisanale : gratuit
6 🅿 - gratuit
Services : 🚻
GPS : E 4.81187 N 46.47159

PRISSÉ
Aire des Vignerons des Terres Secrètes
158 r. des Grandes-Vignes -
✆ 03 85 37 88 06 -
terres-secretes.com/oenotourisme
Permanent -
Borne AireService 2,50 €
6 🅿 - 24h - gratuit
Paiement : jetons (boutique de la cave)
Services : 🚻
GPS : E 4.75304 N 46.32197

ST-GENGOUX-DE-SCISSÉ
Aire de St-Gengoux-de-Scissé
678 r. du Tacot, face au cimetière -
✆ 03 85 33 20 61 -
www.saint-gengoux-de-scisse.fr
De déb. mars à fin oct.
Borne AireService : gratuit
4 🅿 - 48h - gratuit
Services : 🚻
GPS : E 4.77517 N 46.46079

Campings

CLUNY
Voir p. précédente

CORMATIN
Le Hameau des Champs
25 rte de Chalon -
✆ 03 85 50 76 71 -
www.le-hameau-des-champs.com
De déb. avr. à fin oct. - 50 empl. -
borne artisanale 3 €
Tarif camping : 5,50 € 10 €
(10A) 5 €
Services et loisirs :
À 150 m d'un plan d'eau et de la Voie verte Givry-Cluny.
GPS : E 4.68391 N 46.54868

CUISERY
Les bords de Seille
Chemin du Port - ✆ 09 83 22 22 16 -
camping-bords-de-seille.com
De déb. mai à fin oct. - 33 empl.
borne artisanale 2 €
Tarif camping : 24,30 €
(6A) 5,50 € - pers. suppl. 6,50 €
Services et loisirs :
Aménagé en bord de rivière, avec sentier pédestre jusqu'au village.
GPS : E 5.0067 N 46.5623

UCHIZY
Le National 6
Rte du Port - ✆ 03 85 40 53 90 -
www.camping-lenational6.com
De déb. avr. à fin sept. - 125 empl.
borne artisanale 3 €
Tarif camping : 6,90 € 8,90 €
(6A) 4,50 €
Services et loisirs :
Beaux emplacements ombragés le long de la Saône.
GPS : E 4.9138 N 46.4877

Les bonnes adresses de bib

BUXY

✖ **L'Empreinte** – 2 Grande-Rue - ✆ 03 85 92 15 76 - www.lempreinte-restaurant.fr - fermé dim. soir, lun., mar. midi - menus 35/65 € (déj.), 85/175 €. Ce jeune couple sympathique, passé par de belles maisons de la région, compose des assiettes qui fleurent bon l'air du temps, avec comme fil conducteur l'alliance de l'Auvergne et de la Bourgogne (leurs régions d'origine). Ne passez pas à côté du chariot de fromages, riche d'une cinquantaine de variétés. Une cuisine d'une grande finesse !

CHALON-SUR-SAÔNE

✖ **Le Bistrot** – 31 r. de Strasbourg - ✆ 07 86 55 45 57 - www.restaurant-le-bistrot.fr - fermé dim.-lun. et merc. soir - menus 27 € (déj.), 41/55 €. Agréable bistrot tout de rouge vêtu (boiseries, banquettes, lustres…). Au sous-sol, le salon voûté donne sur la cave vitrée. Cuisine actuelle avec légumes du jardin et beaux bourgognes.

CHAPAIZE

✖ **Le St-Martin** – Le Bourg - ✆ 03 85 50 13 08 - www.saintmartin-chapaize.fr - fermé lun.-mar. - plats 17,50/19 €. Dans cet ancien café doté d'une agréable terrasse face à l'église, le chef sélectionne avec attention ses produits, au plus local. Résultat : une courte mais alléchante carte de bistrot contemporaine.

CLUNY

✖ **Hostellerie d'Héloïse** – 7 r. de Mâcon - ✆ 03 85 59 05 65 - www.hostelleriedheloise.com - fermé merc., jeu. midi, dim. soir - menus 25 € (déj.), 35/55 €. Un établissement familial à l'entrée de la ville, apprécié pour son accueil chaleureux et sa cuisine de tradition soignée. Grande salle et véranda.

MÂCON

✖ **Le Poisson d'Or** – Allée du Parc - ✆ 03 85 38 00 88 - www.lepoissondor.com - fermé dim. soir, lun. soir, mar.-merc. - menus 27/37 € (déj.), 41/68 €. Cuisine du terroir joliment revisitée et friture de poissons (en été) dans ce restaurant au bord de la Saône, près du port de plaisance. Salle surplombant la rivière et terrasse face à l'eau.

MILLY-LAMARTINE

✖ **La table d'Alphonse** – 2 pl. de l'Église - ✆ 03 85 36 63 72 - latabledalphonse.fr - fermé le soir (sf vend.-sam.) et lun. - menus 17/20 € (déj.), 34/39 €. Posté juste devant l'église, l'établissement joue la carte du terroir et du caractère avec un décor de bois et des chaises bistrot. On aime la cuisine savoureuse et copieuse, accompagnée de vins de la région.

TOURNUS

✖ **Aux Terrasses** – 18 av. du 23-Janvier - ✆ 03 85 51 01 74 - www.aux-terrasses.com - fermé dim.-lun. - menus 33/40 € (déj.), 85/125 €. Une étape de charme : de grandes baies vitrées inondent de lumière un décor de matériaux bruts, avec de grandes tables en chêne massif sans nappes, sans oublier le beau jardin intérieur. La cuisine du chef Jean-Michel Carrette, au fourneau de cet établissement étoilé au Guide Michelin 2022, entretient une délicieuse complicité avec le terroir, notamment végétal, ne cédant rien sur la qualité des produits et la précision des cuissons.

LE CONSEIL DU BIB

Ne manquez pas le marché à la volaille à Louhans, chaque lundi matin. C'est spectaculaire et authentique.

Offices de tourisme

CLUNY

6 r. Mercière - ✆ 03 85 59 05 34 - www.cluny-tourisme.com.

MÂCON

1 pl. St-Pierre - ✆ 03 85 21 07 07 - www.macon-tourism.com.

TOURNUS

3 r. Gabriel-Jeanton - ✆ 03 85 27 00 20 - www.tournus-tourisme.com.

Abbaye de Tournus.

LE TOP 5 SITES RELIGIEUX

1. Taizé
2. Cluny
3. Tournus
4. Chapaize
5. Berzé-la-Ville

Vitrail Notre-Dame-de-la-Belle-Verrière, cathédrale de Chartres.
JurgaH/Getty Images Plus

Statue de Louis XII sur la façade du château de Blois.
isaxay/Getty Images Plus

La Loire et ses nombreuses îles.
Philippe DEVANNE/Getty Images Plus

Centre Val-de-Loire

Région Centre ? Mais est-ce le centre de la France ? Pourquoi pas... région Cœur...

Au cœur de l'histoire de France, par son architecture, de la cathédrale de Chartres au nord, à l'abbaye de Noirlac au sud ; du palais Jacques-Cœur à Bourges à l'est, au val de Loire qui égrène, à l'ouest, forteresses, palais Renaissance et classiques le long du fleuve.

Au cœur d'une France agricole, longtemps surnommée « grenier... » et « jardin de la France », des horizons infinis offerts par les grandes plaines de Beauce au charme pastoral distillé par les vallées du Loir, du Cher et de l'Indre ; des collines du Perche aux forêts solognotes hantées par le Raboliot de Maurice Genevoix ; des vertes campagnes berrichonnes aux paysages bucoliques de la haute vallée de la Creuse parcourus par la plume de George Sand.

Au cœur d'une certaine douceur de vivre où se sont multipliés au cours des siècles, demeures de plaisance, parcs et jardins, où ont fleuri des villes aux charmes certains, comme Chartres, Châteaudun, Vendôme, Tours, Blois, Orléans, Bourges, etc.

Relisez Ronsard, Balzac, Proust et menez l'enquête sur les lieux qu'ils ont aimés. Partez sur les traces de Jeanne d'Arc à Orléans, de Léonard de Vinci à Amboise, du célèbre cardinal à Richelieu, de Georges Sand à Nohant, de Max Jacob à St-Benoît-sur-Loire.

Allez à la découverte de plaisirs gastronomiques aussi variés que la mosaïque composée par les paysages traversés ; le fleuve fera le lien en vous offrant une belle diversité de vignobles qui en font le pays de la « dive bouteille ».

CENTRE VAL-DE-LOIRE

Château de Chenonceau. Antoine2K/Getty Images Plus

LES ÉVÉNEMENTS À NE PAS MANQUER

- **Printemps de Bourges** (18) : avr. ; musiques actuelles. www.printemps-bourges.com.
- **Fêtes de Jeanne d'Arc** à Orléans (45) : fin avr. au 8 mai.
- **VitiLoire** à Tours (37) : en mai, fête des vins du Val de Loire.
- **Festival international des jardins** à Chaumont-sur-Loire (41) : de fin avr. à déb. nov. Installations végétales contemporaines. www.domaine-chaumont.fr.
- **Festival de musique de Sully et du Loiret** à Sully-sur-Loire (45) : de fin mai à déb. juin. www.festival-sully.com.
- **Foire aux ânes et aux mules** à Lignières (18) : lun. Pentecôte.
- **Foire aux vins** à Sancerre (18) : Pentecôte. www.vins-centre-loire.com.
- **Marché potier** à Argenton-sur-Creuse (36) : dernier dim. juin.
- **Fêtes musicales en Touraine** à Tours (37) : en juin. www.festival-la-grange-de-meslay.fr.
- **Foire aux vins** à Bourgueil (37) : 15 août.
- **Festival de Loire** à Orléans (45) : sept., années impaires ; vieux gréements de la marine fluviale. www.facebook.com/FestivaldeLoire.
- **Saison du brame du cerf** à Chambord : de mi-sept. à mi-oct. www.chambord.org.
- **Nuit Chopin** au château d'Ars (36) : mi-oct. ; musique.
- **Marché aux truffes** à Issoudun (36) : déc.
- **Noël au pays des châteaux** à Azay-le-Rideau, Villandry, Amboise, Chenonceau, Langeais, Chinon et Loches (37) : déc. www.noelaupaysdeschateaux.com.

Votre séjour en Centre Val-de-loire

Circuits №

1. À cheval entre Perche et Eure-et-Loir
5 jours - 300 km — **P 240**

2. Orléanais, Sologne et Sancerrois
8 jours - 330 km — **P 244**

3. Au cœur du Berry
6 jours - 280 km — **P 248**

4. L'ouest du Berry et la Brenne
5 jours - 315 km — **P 252**

5. Châteaux et jardins en Touraine
7 jours - 220 km — **P 256**

6. Châteaux de la Loire autour de Blois
7 jours - 160 km — **P 260**

Étapes

Chartres — P 241
Orléans — P 245
Bourges — P 249

Visites

Château de Valençay — P 253
ZooParc de Beauval — P 261

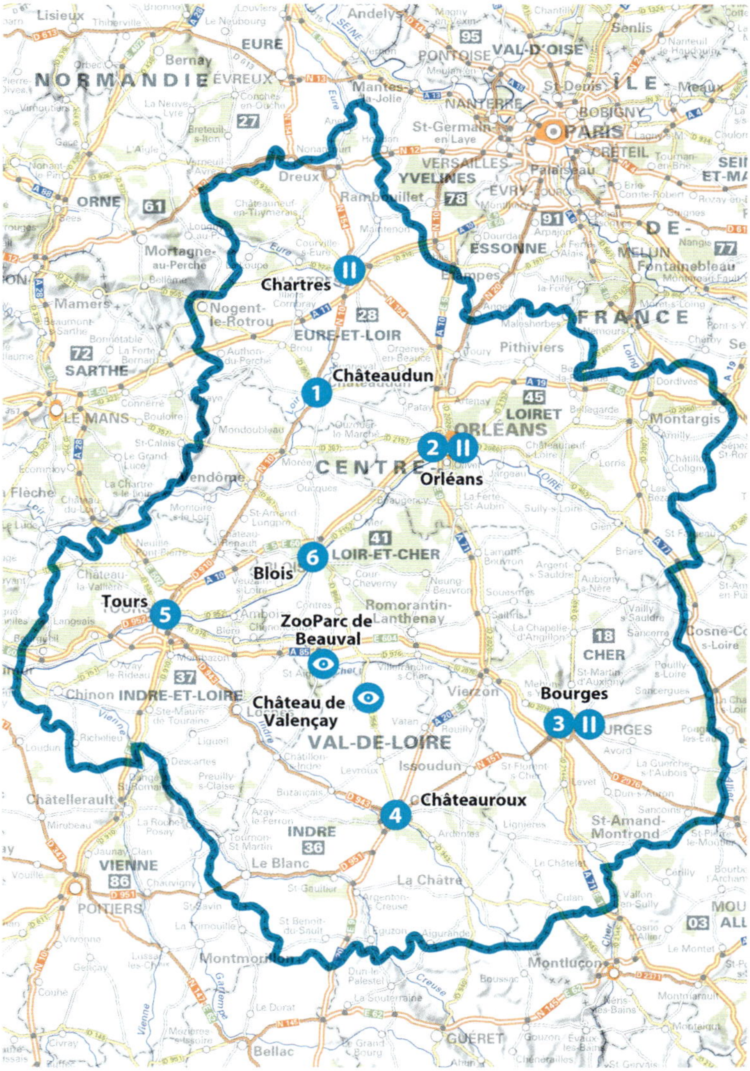

EN COMPLÉMENT, UTILISEZ...

- Guides Verts : Châteaux de la Loire, Île-de-France, Limousin Berry
- Cartes Michelin Région n° 518 et Départements n° 317, 323, 310, 311 et 318

CENTRE VAL-DE-LOIRE – CIRCUIT 1
À cheval entre Perche et Eure-et-Loir

On vient dans le Perche comme si on rendait visite à sa grand-mère, mains dans les poches et bonnes chaussures au pied, pour prendre un énorme bol de vraie campagne, manger du boudin et compter les derniers percherons. On le quitte joyeux, dans la perspective d'une belle balade en Eure-et-Loir, entre les vitraux de la cathédrale de Chartres et le château de Châteaudun…

⭐ **DÉPART :** CHÂTEAUDUN - 5 jours – 300 km

JOUR 1

Comptez un bon début de matinée à **Châteaudun**, pour prendre la mesure de son imposant château. Suivez ensuite le cours du Loir en passant par **Montigny-le-Gannelon** dominé par son château Renaissance, puis **Areines** où vous jetterez un coup d'œil aux fresques de l'église. Vous êtes tout près de **Vendôme** qui peut marquer votre étape du déjeuner. L'après-midi n'est pas de trop pour visiter la vieille ville, notamment l'ancienne abbaye de La Trinité.

JOUR 2

Faites connaissance avec vos premières habitations troglodytiques aux Roches-l'Évêque le long du Loir à l'ouest, puis continuez vers **Montoire-sur-le-Loir** et le beau village de **Lavardin** pour y déjeuner. Ne manquez pas Trôo et son « Puits qui parle », avant de rendre visite à **La Possonnière**, la maison natale de Ronsard, et au château de **Poncé-sur-le-Loir**.

JOUR 3

Rendez-vous à **La Ferté-Bernard**, « la Venise de l'Ouest ». Après une visite de ses vieux quartiers, prenez le temps de vous y restaurer avant de partir découvrir le **Perche**. Cette région vallonnée où forêts, bocages et cours d'eau composent un paysage soigné, propose de superbes randonnées à pied, à cheval, en roulotte attelée de percherons, ou à vélo. De La Ferté, suivez la N23 au nord. Vous traverserez **Nogent-le-Rotrou**, capitale du Perche, où vous pourrez visiter le château des comtes ou faire un petit crochet jusqu'au manoir de Courboyer, qui présente le patrimoine de la région. Ensuite, direction Dreux, pour votre halte du soir. Suivez la D728. Vous traverserez La Loupe et Châteauneuf-en-Thymerais.

JOUR 4

La visite de **Dreux** et de la chapelle royale St-Louis permettent un beau voyage dans le temps. Après le déjeuner, suivez la vallée de l'Eure jusqu'à **Nogent-le-Roi**, où l'on s'arrêtera voir l'église St-Sulpice. Plus au sud, toujours en suivant le cours de l'Eure, on parvient au très beau château Renaissance de **Maintenon**, qui évoque la dame du même nom, compagne de Louis XIV, avant **Épernon** (il est plus

La cathédrale de Chartres.

agréable de s'y rendre par la D116 puis la route qui suit la Drouette à partir de Villiers-le-Morhier), également doté d'une belle église et de belles maisons à pans de bois. Si l'on continue la Drouette, on arrive à **Émancé** et au château de Sauvage, dont le parc a été aménagé en réserve zoologique, mais on peut aussi continuer la série des églises en gagnant directement **Gallardon** (par la D28 au sud d'Épernon). Dans ce bourg médiéval, vous apprécierez bien sûr l'église, mais aussi une autre curiosité, l'épaule de Gallardon ; toutes les deux dressées vers le ciel, mais pour des raisons différentes…

JOUR 5

Passez votre journée à **Chartres** (voir l'encadré ci-contre). Regagnez Châteaudun sans oublier de faire halte à **Bonneval** qui campe sur la rive gauche du Loir.

ÉTAPE ⓫

Chartres

OFFICE DE TOURISME
8 av. de la Poissonnerie - ☎ 02 37 18 26 26 - www.chartres-tourisme.com.

STATIONNEMENT & SERVICES

Parking conseillé
Pour les 2,80 m maxi de haut et 5 m de long, le parking des Épars propose 55 places – 2,90/1h ; 24,10 €/24h.

Aire de Chartres
Voir p. suivante

Émergeant des immensités de la Beauce, les flèches de **Notre-Dame de Chartres** signalent de loin l'approche de la ville. Celle que Rodin appelait « l'Acropole de la France » impressionne par son unité architecturale.
Tout d'abord vous remarquez son portail royal, l'une des merveilles de l'art roman (1145-1150) dont le tympan central et les statues-colonnes sont célèbres : rois et reines de la Bible, prêtres, prophètes ou patriarches s'alignent, hiératiques, dans l'embrasure des portes, tandis que les personnages des voussures et des chapiteaux contrastent par leur vivacité.
À l'intérieur, l'ensemble incroyablement complet de vitraux (176 au total) court du 12e au 20e s. Ceux des 12e et 13e s. constituent la plus importante collection de France, avec celle de Bourges. Notez entre autres : la Vierge à l'Enfant, les scènes de l'Annonciation et de la Visitation, au fond du chœur ; sur la façade ouest, trois verrières du 12e s. à la hauteur exceptionnelle ; Notre-Dame-de-la-Belle-Verrière, d'une finesse extraordinaire (12e s.), figurant Marie et l'enfant Jésus sur trois panneaux épargnés par l'incendie de 1194. N'oubliez pas la clôture du chœur (41 groupes sculptés du 16e-18e s.) et la crypte (11e s.), la plus vaste de France.
En sortant de Notre-Dame, complétez cette visite avec celle du **Centre international du vitrail** (rue du Cardinal-Pie), dans l'ancienne grange à dîme de Loëns.
Les **vieux quartiers** de Chartres méritent aussi une balade Du chevet de la cathédrale, traversez les jardins de l'Évêché (**musée des Beaux-Arts** dans l'ancien palais épiscopal, 15e s.-18e s.) et descendez jusqu'à la rivière ; de la passerelle de fer, jolie vue sur de vieux ponts bossus. Remontez les quais où les biefs des anciens moulins et les lavoirs ont été mis en valeur. Par la rue aux Juifs, le tertre (escalier) au pied plat mène rue des Écuyers, dans l'un des quartiers les mieux restaurés du vieux Chartres : aux n°s 17 et 19, portails à bossages du 17e s. ; à l'angle de la rue aux Cois, maison à pans de bois formant proue ; à l'opposé, la tourelle d'escalier de la Reine Berthe (16e s.). Plus loin à gauche, les escaliers conduisent à la place de la Poissonnerie avec la célèbre maison du Saumon (16e s.).
À la belle saison, suivez le parcours « Chartres en lumière » en fin de journée ; une visite féerique !

CENTRE VAL-DE-LOIRE – ADRESSES CIRCUIT 1

Aires de service & de stationnement   Campings

BREZOLLES

Aire de Brezolles
Rte de Verneuil, à l'entrée du bourg depuis Verneuil-sur-Avre -
02 37 48 20 45 - www.brezolles.fr
Permanent (mise hors gel)
Borne artisanale : gratuit
10 - Illimité - gratuit
Services :
Aire agréable, manquant un peu d'ombrage pour les places proches de l'entrée.
GPS : E 1.06972 N 48.69083

CHARTRES

Aire de Chartres
9 r. de Launay, à l'entrée du camping Le Bord de l'Eure - 02 37 28 79 43 - camping-de-chartres.com
De déb. avr. à fin sept.
Borne flot bleu 4 €
Paiement :
Services :
Face à l'accueil du camping.
À 3 km de la cathédrale.
GPS : E 1.49923 N 48.43417

CHÂTEAUDUN

Parking des Grands Moulins
2 r. des Fouleries, à la base de canoë-kayak (au pied du château) -
02 37 45 22 46 -
www.chateaudun-tourisme.fr
Permanent
7 - 72h - gratuit - stationnement très serré si toutes les places sont occupées.
Services :
Au bord du Loir.
Table de pique-nique et parc à côté.
GPS : E 1.3242 N 48.0713

MARBOUÉ

Aire de Marboué
R. du Croc-Marbot -
02 37 45 10 04 - marboue.fr
Permanent (mise hors gel)
Borne AireService 2 € 2 €
10 - Illimité - gratuit
Services :
GPS : E 1.32866 N 48.11236

NOGENT-LE-ROI

Aire de Nogent-le-Roi
R. du Pont-des-Demoiselles -
02 37 51 42 88 -
www.nogentleroi-tourisme.com
De déb. avr. à fin oct.
Borne artisanale : gratuit
4 - 72h - gratuit
Services :
Emplacements goudronnés mais un peu étroits.
GPS : E 1.5286 N 48.6506

NOGENT-LE-ROTROU

Aire des Viennes
R. des Viennes, devant le camping municipal des Viennes -
02 37 37 30 10
Permanent (mise hors gel)
Borne artisanale
7 - 7 €/j. - 4 j. maxi ; gratuit oct.-avr.
Services :
GPS : E 0.82035 N 48.32444

ST-DENIS-LES-PONTS

Aire de St-Denis-Lanneray
R. Jean-Moulin - 02 37 45 19 04
Permanent (mise hors gel - fermé lors des manifestations) -
Borne eurorelais 3 €
30 - Illimité - gratuit
Paiement : jetons (commerçants)
Services :
Au bord du Loir.
GPS : E 1.28951 N 48.06652

THIRON-GARDAIS

Aire de Thiron-Gardais
Av. de la Gare - 02 37 49 42 50 -
www.thiron-gardais.fr
Permanent -
Borne artisanale : gratuit
5 - Illimité - gratuit
Services :
Terrain en pente.
GPS : E 0.99629 N 48.31228

FONTAINE-SIMON

Camping du Perche
3 r. de la Ferrière - 02 37 81 88 11 -
www.campingperche.com
De fin fév. à fin nov. - 6 empl.
borne artisanale
Tarif camping : 17 €
(10A) - pers. suppl. 5 €
Services et loisirs :
Au bord de l'Eure et d'un plan d'eau ainsi qu'à proximité d'un petit parc aquatique couvert.
GPS : E 1.0194 N 48.5132

MONTOIRE-SUR-LE-LOIR

Municipal les Reclusages
Les Reclusages - 02 54 85 02 53 -
www.mairie-montoire.fr
De déb. avr. à fin sept. - 120 empl.
borne artisanale 3,50 € 5,10 €
Tarif camping : 5,10 € 2,85 €
(10A) 5,10 €
Services et loisirs :
Sous les tilleuls au bord du Loir.
GPS : E 0.86289 N 47.74788

VENDÔME

Au Cœur de Vendôme
25 r. Geoffroy-Martel - 02 54 77 00 27 - www.aucoeurdevendome.com
De déb. avr. à fin oct. - 143 empl.
Tarif camping : 20,60 €
Services et loisirs :
À proximité du centre-ville, dans un grand parc bordé par le Loir.
GPS : E 1.07685 N 47.79555

VILLIERS-LE-MORHIER

Les Îlots de St-Val
Le Haut Bourray - 02 37 82 71 30 -
www.campinglesilotsdestval.com
De mi-mars à mi-nov. - 117 empl. -
borne eurorelais
Tarif camping : 23,20 €
(10A)
Services et loisirs :
Cadre verdoyant légèrement ombragé.
GPS : E 1.5476 N 48.6089

Les bonnes adresses de bib

BONNEVAL

Auberge de la Herse – 2 pl. Leroux - ℘ 02 37 47 21 01 - www.aubergelaherse.com - fermé lun.-merc., jeu. soir et dim. soir - formule 26 € - plats 15/24 €. Cette auberge est appréciée dans la région pour sa cuisine traditionnelle évoluant au fil des saisons. Décor associant des couleurs ensoleillées au mobilier campagnard.

CHARTRES

Esprit Gourmand – 6 r. du Cheval-Blanc - ℘ 02 37 36 11 57 - fermé dim. soir-mar. - plats 17/22,50 €. Dans une petite rue proche de la cathédrale, ce bistrot, tenu par un Tourangeau-Basque, a vraiment l'esprit gourmand. Cuisine traditionnelle faite maison avec des produits choisis : tarte fine de ris de veau et pressé de légumes grillés, souris d'agneau confite aux épices douces orientales, terrine de foie gras au whisky breton... à déguster dans le calme de la cour intérieure quand le temps le permet.

CHÂTEAUDUN

Aux Trois Pastoureaux – 31 r. André-Gillet - ℘ 02 37 45 74 40 - aux-trois-pastoureaux.fr - fermé dim.-mar. midi et jeu. midi - formule déj. 30 € - menus 37/66 €. Le chef, Jean-François Lucchese, est soucieux des associations d'ingrédients, des cuissons et des assaisonnements. Recettes savoureuses et carte traditionnelle, menu médiéval, choix de vins au verre.

DREUX

Market Pub Restaurant – 19 r. Mérigot - ℘ 02 37 46 18 44 - www.restaurant-marketpub.fr - formules déj. 25/31 €. À deux pas du marché, on déguste, dans cet immense établissement au décor moderne, une cuisine novatrice à base de très bons produits. Sa terrasse au 2e étage dévoile une vue insolite sur les toits de la vieille ville.

LÈVES

Ateliers Loire – 16 r. d'Ouarville - 5 km au nord de Chartres - ℘ 02 37 21 20 71 - www.ateliers-loire.fr - visite guidée (1h) vend. 14h30 - fermé août - gratuit. Une propriété bourgeoise agrémentée de vitraux abrite cet atelier créé par Gabriel Loire en 1946 et maintenant dirigé par ses petits-fils. L'art du vitrail et ses techniques y sont soigneusement mis en valeur, depuis le modèle dessiné par un artiste jusqu'à la conception menée par les maîtres verriers.

NOGENT-LE-ROI

Relais des Remparts – 2 r. du Marché-aux-Légumes - ℘ 02 37 51 40 47 - www.restaurant-relais-des-remparts.com - fermé dim. soir, mar. soir et lun. - formule déj. 16,50 € - menus 19,50 € (déj.), 31/40 €. Les clés du succès du Relais des Remparts ? Une cuisine traditionnelle et goûteuse, un service aimable et efficace, et une confortable salle à manger harmonieusement décorée.

NOGENT-LE-ROTROU

Brocéliande – 28 r. de Sully - ℘ 02 37 81 83 76 - fermé lun.-merc. - formule déj. 16,90 € - menus 15/19 € - réserv. conseillée le w.-end. Une jolie crêperie à deux pas du tombeau de Sully. À la carte, des galette complète, mais aussi de savoureuses compositions et une formule déjeuner avantageuse.

VENDÔME

Le Moulin du Loir – 21-23 r. du Change - ℘ 02 54 67 13 51 - www.moulinduloir.com - fermé merc. - plat du j. 12 € - menus 19/36 €. Dans la vieille ville et installé dans un ancien moulin à farine, Monsieur Dias s'attache à préparer une cuisine française traditionnelle et goûteuse. Agréable terrasse aux beaux jours.

Offices de tourisme

CHARTRES

Voir p. 241.

CHÂTEAUDUN

1 r. de Luynes - ℘ 02 37 45 22 46 - www.chateaudun-tourisme.fr.

NOGENT-LE-ROTROU

9 r. Villette-Gâté - ℘ 02 37 37 30 10 - www.perche-tourisme.fr.

VENDÔME

47 r. Poterie - ℘ 02 54 77 05 07 - www.vendome-tourisme.fr.

L'aqueduc et le château de Maintenon.

CENTRE VAL-DE-LOIRE – CIRCUIT 2
Orléanais, Sologne et Sancerrois

À proximité d'Orléans, la Sologne attire les amoureux de la nature et les gastronomes. Ses landes de bruyère, ses étangs et ses grands bois mélancoliques constituent un cadre merveilleux pour randonner tout en observant les biches, les hérons, les butors et autres sangliers. Terrines de gibier et tarte Tatin dégustées, vous rejoindrez le cours de la Loire et traverserez Sancerre, Briare, Gien, Sully et St-Benoît.

⭐ **DÉPART :** ORLÉANS - 8 jours – 330 km

JOURS 1 ET 2

Le premier jour : visite d'**Orléans** (voir l'encadré p. ci-contre). Le deuxième jour, rendez-vous de bonne heure au **parc floral de la Source** puis dirigez-vous vers la basilique de **Cléry-St-André**. Ancien fief des évêques d'Orléans, le château de **Meung-sur-Loire** fait désormais l'objet d'un ambitieux programme de restauration. Poursuivez jusqu'à **Beaugency** pour ses maisons médiévales du centre et la façade Renaissance de l'hôtel de ville.

JOUR 3

Quittez les bords de Loire en direction de la **Sologne**, paradis des randonneurs, des chasseurs et des pêcheurs. Après avoir goûté aux charmes de la vie de château à **La Ferté-St-Aubin**, prenez le temps de déjeuner dans la petite ville. Rejoignez **Lamotte-Beuvron**, célèbre grâce à la tarte Tatin ! Le soir, faites étape à **Aubigny-sur-Nère**, la cité des Stuarts, après avoir traversé les pittoresques villages de **Souvigny-en-Sologne** et **Cerdon**.

JOUR 4

Vous restez encore en Sologne, entre **Brinon-sur-Sauldre** (prenez la D923 au nord-ouest d'Aubigny) et **Argent-sur-Sauldre**, où vous pourrez visiter un intéressant musée des Métiers d'antan. Un peu plus loin au sud-est, par la D8, se trouve le remarquable **château de Blancafort**, superbe maison forte du 15e s., et son beau parc ombragé.

JOUR 5

À l'orée de la forêt d'Yvoy, le château de **La Verrerie** aurait inspiré le cadre de la « fête au château » à l'auteur du *Grand Meaulnes*. Plus à l'ouest, le château de **La Chapelle-d'Angillon** vous attend. Son enceinte

Orléans, l'hôtel Groslot.

ÉTAPE 11
Orléans

OFFICE DE TOURISME
23 pl. du Martroi -
02 38 24 05 05 -
www.tourisme-orleansmetropole.com.

STATIONNEMENT & SERVICES

Parking conseillé
Parking du théâtre, 10 bd Aristide-Briand, un emplacement central pour visiter la ville - 0,50 €/15mn.

Camping d'Olivet
À côté d'Orléans ; liaison en tram.
Voir p. suivante.

abrite un musée qui rend hommage à Alain-Fournier, originaire du village. Halte le soir à **Humbligny**.

JOUR 6
Partez à la découverte de **Sancerre** avant de vous consacrer à son vignoble et de goûter aux « crottins » du village de vignerons de Chavignol. Rejoignez **Briare** et ses deux intéressants musées : le musée des Deux Marines et du Pont-Canal, et celui des Émaux et de la Mosaïque. Enfin, le voici devant vous : le célèbre pont-canal de Briare, majestueux ouvrage d'art du 19e s. Une promenade s'impose, à pied ou en bateau.

JOUR 7
Cet avant-dernier jour se concentre sur **Gien**, avec la visite du château d'Anne de Beaujeu, fille de Louis XI, qui abrite un musée consacré à la chasse, l'histoire et la nature en Val de Loire. Naturellement, ne manquez pas d'admirer la fameuse faïence locale, bleue avec ses rehauts de jaune, au musée de la Faïencerie… avant de passer par le magasin d'usine.

JOUR 8
Découvrez **Sully-sur-Loire** et son château. Traversez le pont et poursuivez votre itinéraire sur la rive droite jusqu'à **St-Benoît-sur-Loire** et sa célèbre abbatiale. Une promenade sur les bords de Loire à **Châteauneuf-sur-Loire** peut conclure ce séjour. Elle démarre par l'ancien parc du château et se poursuit le long des quais jusqu'au charmant canal d'Orléans, en partie ouvert à la navigation.

Orléans poursuit sa mue… notamment au gré de l'aménagement de ses lignes de tramway. Pour découvrir cette métamorphose et vous imprégner de l'ambiance de la ville, déambulez dans les vieilles rues aux noms évoquant la vie des artisans du Moyen Âge, comme les rues des Tanneurs ou des Bouchers qui descendent vers le fleuve. Rendez-vous **place du Martroi**, cœur névralgique de la ville, rendue aux piétons. En son centre, trône la statue équestre de Jeanne d'Arc, symbole d'Orléans qui dépasse de loin la notoriété architecturale des lieux. Les **Fêtes johanniques**, en mai, constituent d'ailleurs un événement majeur. Et si vous souhaitez en savoir plus sur ce personnage historique, visitez la **maison de Jeanne-d'Arc**. Autre moment fort, le marché du vendredi (vieux livres), toujours place du Martroi, qui joue les prolongations en nocturne (alimentaire), et celui du samedi matin, qui anime le **quai du Roi** (alimentaire) et le **boulevard Alexandre-Martin** (brocante).

Quelques sites retiendront aussi votre attention. La **cathédrale Ste Croix** conserve de splendides boiseries du début du 18e s. dans le chœur, et de belles stalles. Le **musée des Beaux-Arts** offre, lui, un remarquable panorama de l'art en Europe du 15e au 21e s. Ne manquez pas le superbe cabinet des Pastels où sont accrochés des œuvres du 18e s. de Chardin, Quentin de La Tour et Jean-Baptiste Perronneau. Les amateurs d'art contemporain pourront prolonger le plaisir avec la visite du **Frac Centre - Val de Loire**. Enfin, après six années de rénovation, le **MOBE** (Muséum d'Orléans pour la Biodiversité et l'Environnement) a rouvert ses portes avec une muséographie très convaincante mêlant pédagogie, vulgarisation et interrogations scientifiques.

Pour terminer la journée, dirigez-vous vers les **bords de Loire** qui s'animent, à l'automne, à l'occasion du Festival de Loire, avec le grand rassemblement de la marine fluviale. Pour l'heure, le coucher de soleil vous réserve un moment romantique.

245

CENTRE VAL-DE-LOIRE – ADRESSES CIRCUIT 2

Aires de service & de stationnement

ARGENT-SUR-SAULDRE
Aire privée du magasin Super U
Rte d'Aubigny (D 940) - ☎ 02 48 81 08 08 - www.magasins-u.com/superu-argentsursauldre
Permanent
Borne eurorelais ⚙ 2 € 💧 2 € 🚿
2 🅿 - 24h - gratuit
Services : 🚻 🛒 📶
Pratique, face à la station service.
GPS : E 2.44859 N 57.54854

AUBIGNY-SUR-NÈRE
Aire de la Chapelotte
Rte de la Chapelotte -
☎ 02 48 81 50 00 - Permanent
Borne artisanale ⚙ 💧 🚿 : gratuit
8 🅿 - Illimité - gratuit
GPS : E 2.45004 N 47.48194

BRIARE
Aire du Pont-Canal
R. des Vignes - ☎ 02 38 31 20 08
Permanent - 🚿
Borne flot bleu ⚙ 2 € 💧 🚿
20 🅿 - 🔒 - 24h - gratuit
Paiement : 💳
Services : 🛒
Proche du pont-canal, emplacements sur herbe ou terre battue.
GPS : E 2.73986 N 47.63213

CHAON
Aire de Chaon
Rte de Vouzon, parking de la Maison du braconnage - ☎ 02 54 88 46 36
Permanent (mise hors gel)
Borne artisanale ⚙ 💧 🚿 : gratuit
3 🅿 - Illimité - gratuit - stat. de préférence à coté du terrain de sport
Services : 🛒
GPS : E 2.16687 N 47.61038

LA CHAPELLE-ST-MESMIN
Aire de La Chapelle-St-Mesmin
R. du Château - ☎ 02 38 22 34 54
De déb. avr. à fin nov.
Borne AireService ⚙ 💧 🚿
23 🅿 - 🔒 - 72h - 10 €/j. - borne compris
Paiement : 💳
Services : 📶

Très belle aire, en bord de Loire.
GPS : E 1.83958 N 47.88537

LA FERTÉ-ST-AUBIN
Aire de la Ferté-St-Aubin
R. Löwendal, à l'intersection avec la r. du Canal - ☎ 02 38 76 55 90
Permanent (mise hors gel) - 🚿
Borne flot bleu ⚙ 💧 🚿
10 🅿 - Illimité - gratuit
Services : 🛒 ✖
Très bel emplacement en bordure du Cosson. Espaces verts, table de pique-nique.
GPS : E 1.93579 N 47.72551

HUMBLIGNY
Aire d'Humbligny
Chemin des Faviots -
☎ 02 48 69 58 38
Permanent (fermé merc.) - 🚿
Borne eurorelais ⚙ 💧 🚿 : gratuit
8 🅿 - 72h - gratuit
En bord de route, les places bénéficient d'un peu d'ombrage.
GPS : E 2.65861 N 47.25453

LAMOTTE-BEUVRON
Aire de stationnement
Chemin de Maisonfort, N 20 -
☎ 02 54 88 84 84
De déb. mars à fin nov. (mise hors gel)
Borne artisanale ⚙ 💧 : gratuit
15 🅿 - Illimité - 8 €/j. - autorisé uniquement 17h-10h
Services : 🚻 🛒 ✖
Ombragée, le long du canal de la Sauldre. Petite guinguette en saison. Borne vieillissante.
GPS : E 2.0255 N 47.598

SULLY-SUR-LOIRE
Aire de Sully-sur-Loire
Chemin de la Salle-Verte -
☎ 02 38 36 20 08 - Permanent
Borne artisanale ⚙ 🚿 : gratuit
50 🅿 - 🔒 - 72h - gratuit
Services : 🚻 📶
À proximité du château, en bord de Loire.
GPS : E 2.38398 N 47.77109

Campings

GIEN
Les Castels Les Bois du Bardelet
Le Petit Bardelet, rte de Bourges -
☎ 02 38 67 47 39 - bardelet.com
De mi-mai à déb. sept. - 245 empl. - 🚿
🅿 borne artisanale ⚙ 💧 🚿 -
🚐 💧 14 €
Tarif camping : 45 € 👥 👤 🚗 ⚡
💧 (10A) - pers. suppl. 9 €
Services et loisirs : 📶 ✖ 🛒 🏪 🏊 🌊
🚲 🎣 - Piscine, pataugeoire et petite plage sur l'étang.
GPS : E 2.61619 N 47.64116

OLIVET
Camping d'Olivet
325 r. du Pont-Bouchet - ☎ 02 38 63 53 94 - www.camping-olivet.org
De déb. avr. à fin sept. - 46 empl. - 🚿
🅿 borne artisanale ⚙ 💧 🚿
Tarif camping : 27 € 👥 👤 🚗 ⚡
💧 (16A) - pers. suppl. 5,90 €
Services et loisirs : 📶 ✖ 🛒 🏪 🎣
Tramway à proximité pour Orléans.
GPS : E 1.92543 N 47.85601

ST-PÈRE-SUR-LOIRE
Le Jardin de Sully
1 rte de St-Benoit - ☎ 02 38 67 10 84 - www.camping-bord-de-loire.com
De déb. avr. à mi-oct. - 80 empl. - 🚿
🅿 borne AireService ⚙ 2 €
Tarif camping : 40 € 👥 👤 🚗 ⚡
💧 (10A)
Services et loisirs : 📶 ✖ 🏪 🌊 🎣
Longé par le GR 3, au bord de la Loire.
GPS : E 2.36229 N 47.7718

ST-SATUR
Flower Les Portes de Sancerre
Quai de Loire - ☎ 02 48 72 10 88 - www.camping-cher-sancerre.com
De déb. avr. à fin sept. - 62 empl. - 🚿
🅿 borne artisanale ⚙ 💧 🚿
Tarif camping : 25 € 👥 👤 🚗 ⚡
💧 (10A) - pers. suppl. 8 €
Services et loisirs : 📶 🛒 🏪 🌊 🚲 🎣
Bien ombragés au bord de la Loire avec à proximité une petite base de loisirs.
GPS : E 2.86671 N 47.34251

Les bonnes adresses de bib

BEAUGENCY

Chez Henri – 43 r. du Pont - ☎ 02 38 44 16 65 - 12h-14h, 19h-22h - fermé sam. midi et dim.-lun. - menus 25,90/29,90 €. À mi-chemin entre brasserie et restaurant, une cuisine variée avec des pointes exotiques comme ce magret de canard, sauce au soja et gingembre, servie dans une belle salle voûtée ou en terrasse.

BRIARE

Le Petit St-Trop – 5 r. Tissier - ☎ 02 38 37 00 31 - fermé dim. soir et lun. - menus 22,90/27,50 €. Tenu par un chef cuisinier ancien globe-trotter, ce restaurant propose une carte brasserie traditionnelle. Une jolie fresque représente le port de St-Tropez dans l'une des salles.

GIEN

Côté Jardin – 14 rte de Bourges - ☎ 02 38 38 24 67 - www.cotejardin45.fr - fermé dim.-mar. midi - plats 25/30 €. Sur la rive gauche de la Loire, Arnaud Billard signe une savoureuse cuisine du marché : saumon mi-cuit aux asperges blanches, suprême de poulet fermier, pommes confites. Une finesse aromatique et visuelle pour cet étoilé du Guide Michelin 2021.
Faïencerie de Gien – 78 pl. de la Victoire - ☎ 02 38 05 21 50 - www.gien.com - 10h-18h - fermé dim. Vous trouverez dans la boutique d'usine plus de 80 services de table de fin de série à des prix attractifs ainsi qu'un grand choix de linge de table assorti.

LAMOTTE-BEUVRON

Maison Tatin – 5 av. de Vierzon - ☎ 02 54 88 00 03 - www.lamaisontatin.fr - fermé dim. soir-mar. - menus 32/39 €. C'est ici que les sœurs Tatin inventèrent leur tarte (le fourneau d'époque est exposé au bar). Tradition toujours vivante ! Salon de thé.

ORLÉANS

La Dariole – 25 r. Étienne-Dolet - ☎ 02 38 77 26 67 - www.ladariole.fr - fermé dim.-lun., mar. soir et merc. soir - menus 36/60 €. Une savoureuse cuisine servie dans la pimpante salle à manger d'une maison à colombages du 15ᵉ s., ou bien sur la petite terrasse d'été qui ouvre sur une placette.
Martin Pouret – 11 r. Jeanne-d'Arc - ☎ 02 38 62 19 64 - martin-pouret.com - 10h-19h - fermé dim.-lun. Créée en 1797, la maison Martin Pouret est la dernière en France à perpétuer la traditionnelle fabrication en tonneaux du vinaigre de vin et de la moutarde d'Orléans, graines broyées à la meule de pierre, selon une recette remontant à 1580.

SANCERRE

Aux Trésors de Bacchus – 25 Nouvelle-Place - ☎ 02 48 54 17 45 - fournier-pere-fils.fr - 10h-18h30 (19h en été). Cette cave est tenue par un vigneron, évidemment très grand connaisseur des crus de sa région. Outre ses propres bouteilles, il met en avant les sancerre, pouilly-fumé et coteau-du-giennois, tous issus de vignobles de propriétaires et choisis avec soin. Il propose également une belle sélection de bourgognes, bordeaux, champagnes et vins de Loire.
L'Épicerie – Chemin des Usages - La Borne - ☎ 02 48 59 57 50- fermé dim.-mar. et merc. soir - menus 30/42 € - épicerie merc.-dim. 9h30-12h, 16h-19h. Un restaurant qui fait épicerie ? Une épicerie qui fait restaurant ? Ou les deux ? On y passe en tout cas un excellent moment. Cuisine de saison déclinée par Mathieu (salé) et Clémentine (desserts), carte courte et produits locaux : on comprend pourquoi cette Épicerie recueille tous les suffrages…

Offices de tourisme

BRIARE
1 pl. Charles-de-Gaulle - ☎ 02 38 31 24 51 - www.terresdeloireetcanaux.com.

GIEN
Pl. Jean-Jaurès - ☎ 02 38 67 25 28 - www.gien-tourisme.fr.

ORLÉANS
Voir p. 245

SANCERRE
Espl. Porte-César - ☎ 02 48 54 08 21 - www.tourisme-sancerre.com.

La célèbre tarte Tatin.

CENTRE VAL-DE-LOIRE – CIRCUIT 3

Au cœur du Berry

Jardins, vignobles, châteaux et abbayes… les terres berrichonnes réjouissent autant la vue que les papilles. Entre deux haies, derrière un pré et des taillis, se dissimulent de beaux villages, des jardins remarquables et des châteaux qui comptent parmi les plus beaux de la route Jacques-Cœur… sans oublier des vignobles de qualité.

⭐ **DÉPART :** BOURGES - 6 jours – 280 km

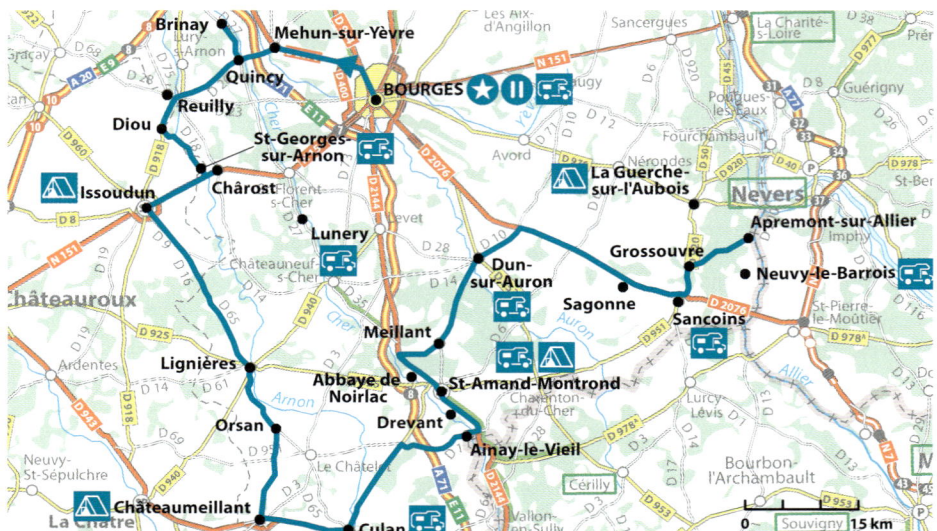

JOURS 1 ET 2

Après avoir visité **Bourges** (voir l'encadré p. ci-contre), gagnez le château de **Mehun-sur-Yèvre** (17 km au nord-ouest par la D2076). Faites un saut au Pôle de la porcelaine, qui met en valeur une collection de 800 pièces du Berry, du 19e s. Les amoureux de fresques médiévales feront un détour par l'église St-Agnan à **Brinay** sur la rive gauche du Cher, charmant village dont le vignoble rejoint celui de **Quincy** (à 6 km) un peu plus haut sur la rivière. Continuez vers le sud-ouest (D20) pour arriver à **Reuilly**. Le vignoble s'étend jusqu'à **Diou** (halte agréable sur la Théols). Le village de **Chârost** constitue une halte culturelle, avec la visite de son église, avant de rejoindre Issoudun.

JOUR 3

Issoudun compte d'intéressants monuments. Les rues du Boucher-Gris, des Champs-d'Amour et de l'Âne-Vert évoquent son passé médiéval. Voyez aussi le beffroi, l'église St-Cyr pour ses verrières et l'ancien hôtel-Dieu qui abrite le musée de l'hospice St-Roch. La D9, au sud, vous conduira ensuite à **Lignières**, d'où vous rejoindrez les très beaux jardins du prieuré **Notre-Dame d'Orsan** (10 km plus au sud par la D65). Poursuivez au sud jusqu'à **Châteaumeillant**, ville-étape agréable.

JOUR 4

Dirigez-vous vers l'est (D943). **Culan** vous attend avec sa forteresse médiévale bâtie sur un éperon rocheux ceinturé de 300 m de muraille. Suivez la D997 plein nord puis en bifurquant sur la D1, vous retrouvez la vallée du Cher à **Ainay-le-Vieil**. Son château, surnommé « le Petit Carcassonne » à cause de sa poterne et de ses remparts, évoque le Moyen Âge, alors que son logis affiche les grâces de la Renaissance. Contemplez aussi les jardins où se mêlent parc à l'anglaise, roseraie, chartreuse… faites

Le palais Jacques-Cœur, à Bourges.

ÉTAPE 11
Bourges

OFFICE DE TOURISME
21 pl. Simone-Veil -
✆ 02 48 23 02 60 -
www.bourgesberrytourisme.com.

STATIONNEMENT & SERVICES

Aire de Bourges
Voir p. suivante

Célèbre pour son « Printemps » qui attire les foules, Bourges possède un patrimoine architectural enviable, avec notamment l'une des plus belles cathédrales de France, de riches musées et un centre historique aussi attachant qu'animé dans lequel on aura plaisir à vagabonder.

De l'aire de stationnement, laissez à votre droite la surprenante Maison de la Culture à l'architecture typique des années 1930 pour gagner les magnifiques **jardins de l'Archevêché**. Ses allées et ses parterres fleuris vous offrent le plus beau point de vue sur le chevet et les arcs-boutants de la **cathédrale St-Étienne**, majestueuse, inscrite au Patrimoine mondial par l'Unesco en 1992. Prenez le temps de détailler le portail sud et la façade ouest de ce vaisseau gothique et profitez de la lumière matinale pour admirer ses **vitraux** réalisés du 12e au 17e s. Vous verrez aussi une **horloge astronomique**, descendrez dans la **crypte** avant de vous armer de courage pour monter à la tour nord. Au sommet, superbe panorama sur la vieille ville et les marais. Traversez ensuite la place pour visiter, dans l'ancien archevêché, le **musée des Meilleurs Ouvriers de France** qui propose de grandes expositions thématiques. Plan de ville en main (l'office de tourisme donne sur la place), vous dénicherez la promenade des anciens remparts, prendrez l'escalier George-Sand, puis la rue Bourbonnoux pour une halte impérative à l'**Hôtel Lallemant**, joyau de la Renaissance qui abrite le **musée des Arts décoratifs**. Vous voilà **place Gordaine** d'où rayonnent les ruelles piétonnes où les hautes maisons à colombages rivalisent d'élégance.

Le deuxième jour, vous partirez à pied ou à vélo à la découverte des marais avant de faire la tournée des hôtels particuliers. Dans les marais, comptez deux heures de balade où les rigoles et cours d'eau se faufilant entre les jardins potagers (privés) incitent à la pause. Au retour par le nord de la cité, faites une halte dans le **jardin des Prés-Fichaux** de style Art déco. Impossible de manquer ensuite l'exubérant **palais Jacques-Cœur**, un bel exemple d'architecture civile gothique, l'**hôtel Cujas** et son **musée du Berry**, l'**hôtel des Échevins** qui abrite l'œuvre très éclectique du peintre Maurice Estève… Des hôtels à voir de jour et à revoir le soir durant les « Nuits lumières de Bourges ».

enfin une pause archéologique aux vestiges gallo-romains de **Drevant**, sur la route de **St-Amand-Montrond** où vous ferez une halte au bord du canal du Berry.

JOUR 5

Prenez au nord la D2144 pour visiter l'abbaye cistercienne de **Noirlac**. C'est l'un des plus beaux et plus complets ensembles monastiques de France, à voir absolument. L'étape suivante (suivez la D35 vers le nord puis la D92) ne manque pas non plus de charme avec le château de **Meillant** où se mêlent style gothique flamboyant et tours médiévales. Poursuivez sur la D10 et faites une petite pause à **Dun-sur-Auron**. Vous jetterez un coup d'œil au beau beffroi fortifié et visiterez le musée du Canal du Berry. Prenez ensuite la direction de Sancoins (par la D10, puis la D2076). Au passage vous pouvez visiter la forteresse médiévale de **Sagonne**. Halte à Sancoins.

JOUR 6

Si vous êtes à **Sancoins** un mercredi matin, levez-vous très tôt et allez au parc des Grivelles où se déroule l'un des plus grands marchés aux bestiaux de France (bovins et ovins, *à partir de 5h30*) un spectacle un peu hors du temps qui se poursuit en centre-ville avec la volaille vivante. Un peu plus au nord la halle de **Grossouvre** raconte de belle manière l'industrie métallurgique. Rejoignez maintenant **Apremont-sur-Allier** où vous passerez un agréable moment entre flânerie dans les rues du village et découverte du musée des Calèches installé dans les anciennes écuries du château.

CENTRE VAL-DE-LOIRE – ADRESSES CIRCUIT 3

Aires de service & de stationnement

BOURGES

Aire de Bourges
R. du Pré-Doulet - 📞 02 48 23 02 60 - www.bourges-tourisme.com
Permanent
Borne Urbaflux 2,60 €
50 - Illimité - gratuit
Paiement : CC
Services :
Emplacements ombragés.
GPS : E 2.39933 N 47.07586

CULAN

Aire de Culan
Pl. du Champ-de-Foire -
📞 02 48 56 64 41
Permanent
Borne eurorelais 1,50 €
20 - Illimité - gratuit - stat. possible sur le site de l'ancienne tuilerie, rte de St-Amand
Paiement : jetons (office de tourisme)
Services : WC
GPS : E 2.34672 N 46.54754

DUN-SUR-AURON

Aire de Dun-sur-Auron
Pl. du Pavé - 📞 02 48 66 64 20 - www.tourisme-dunsurauron.com
Permanent -
Borne artisanale : gratuit
6 - 24h - 5,80 €/j.
Services :
Au pied des remparts et au bord de l'Auron. Plat, bitume et ombragé.
GPS : E 2.56771 N 46.88304

LUNERY

Camping-car Park de Lunery
6 r. de l'Abreuvoir - 📞 01 83 64 69 21 - campingcarpark.com
Permanent -
Borne eurorelais
36 - Illimité - 12,44 €/j. - borne compris
Paiement : CC
Services : WC
Sur un ancien camping, autour des vestiges d'un ancien moulin, près du Cher.
GPS : E 2.27039 N 46.93658

NEUVY-LE-BARROIS

Aire privée La Prairie
Le Penisson - 📞 02 48 74 62 54 - www.escalelaprairie.com
Permanent -
Borne artisanale
6 - Illimité - 20 €/j.
Paiement : CC
Services : WC
Cadre verdoyant et vente de produits de la ferme en été.
GPS : E 3.03957 N 46.86104

ST-AMAND-MONTROND

Aire du lac de Virlay
Lac de Virlay, en dir. de Bourges -
📞 02 48 96 16 86 - www.tourisme-coeurdefrance.com
Permanent (mise hors gel)
Borne artisanale
21 - Illimité - 7,32 €/j. - stat. payant uniquement la nuit ; borne comprise
Services : WC
Agréable stationnement en bordure du canal.
GPS : E 2.4889 N 46.7344

ST-GEORGES-SUR-ARNON

Aire de St-Georges-sur-Arnon
N 151, intersection D 9ᴬ entre Bourges et Châteauroux - 📞 02 54 04 01 05
Permanent (mise hors gel)
Borne artisanale : gratuit
10 - Illimité - gratuit
Services :
GPS : E 2.09873 N 46.99987

SANCOINS

Aire de Sancoins
Quai du Canal, rte de Bourges -
📞 02 48 77 52 42 - www.ville-sancoins.fr
Permanent (mise hors gel) -
Borne eurorelais 3 €
20 - Illimité - gratuit
Paiement : jetons (commerçants)
Services :
Au bord du canal du Berry.
GPS : E 2.9152 N 46.83385

Campings

CHÂTEAUMEILLANT

Municipal L'Étang Merlin
Rte de Vicq-Exemplet -
📞 02 48 61 31 38 - www.camping-etangmerlin.e-monsite.com
De déb. mai à fin sept. - 36 empl. -
Tarif camping : 13,20 €
(6A) - pers. suppl. 3,50 €
Services et loisirs :
GPS : E 2.19034 N 46.56818

LA GUERCHE-SUR-AUBOIS

Municipal le Robinson
2 r. de Couvache - 📞 02 48 74 99 86 - www.laguerche-aubois.fr
De déb. juin à déb. oct. - 33 empl. -
borne artisanale
Tarif camping : 14 €
(6A) - pers. suppl. 2 €
Services et loisirs :
Situation agréable au bord d'un plan d'eau.
GPS : E 2.95872 N 46.94029

ISSOUDUN

Municipal les Taupeaux
D 918, sortie N en dir. de Vierzon -
📞 02 54 03 13 46 - www.tourisme.issoudun.fr
De fin mai à mi-sept. - 49 empl. -
borne artisanale
Tarif camping : 3,80 €
3,90 € - 3,90 €
Services et loisirs :
Petit camping très simple.
GPS : E 1.99187 N 46.96429

ST-AMAND-MONTROND

Camping Canal de Berry
Chemin de La Roche -
📞 02 48 96 84 15 - www.camping-canal-de-berry.fr
De déb. mai à fin sept. - 100 empl. -
15 €
Tarif camping : 20 €
(6A) - pers. suppl. 2 €
Services et loisirs :
Beaux emplacements verdoyants entre le canal de Berry et le Cher.
GPS : E 2.49108 N 46.71816

Les bonnes adresses de bib

BOURGES

Le Bourbonnoux – 44 r. Bourbonnoux - ☏ 02 48 24 14 76 - www.bourbonnoux.com - fermé dim. soir - menus 20 € (déj. en sem.), 30/40 €. Coloris vifs et colombages composent le plaisant intérieur de ce restaurant situé dans une rue du centre historique. Cuisine classique et savoureuse : foie gras de canard au torchon et confiture d'oignons, pièce de bœuf charolais à la plancha et pommes dauphine, gâteau au chocolat guanaja et crème à la vanille Bourbon, sans oublier le gibier en saison..

La Courcillière – R. de Babylone - Accès av. Marx-Dormoy - ☏ 02 48 24 41 91 - www.lacourcilliere.com - fermé dim. soir, lun. soir, mar. soir et mer. - plats 14,50/21 €. Ici, vous êtes au cœur du marais, ensemble de verdure, de faune et de flore. Gentil restaurant au cadre rustique avec terrasse au bord de l'eau face aux jardins. Table honnête à prix raisonnables. Pour le dépaysement...

Arôme du Vieux Bourges – 11 pl. Gordaine - ☏ 02 48 24 64 25 - aromeduvieuxbourges.fr - lun. 14h30-19h30, mar.-sam. 9h30-19h30 ; ouv. les soirs des w.-ends des Nuits Lumière. Dans une maison au décor gothique proliférant, toutes les spécialités du Berry, depuis les lentilles jusqu'aux forestines, en passant par les vins et les sirops Monin. Sans oublier le camembert au chocolat et les palets Jacques-Cœur.

CHÂTEAUMEILLANT

Bituriges Vins – Rte de Culan - ☏ 02 48 61 33 55 - www.biturigesvins.fr - 9h30-18h - fermé dim. sf juil.-août. Cette cave regroupe une trentaine de viticulteurs qui élaborent des vins de pays du Cher.

ISSOUDUN

La Cognette – Bd Stalingrad - ☏ 02 54 03 59 59 - www.la-cognette.com - fermé dim. soir-lun. et mar.-jeu. à midi - plats 30/45 €. Balzac est à l'honneur dans ce restaurant qu'il décrivit en détail dans « La Rabouilleuse ». Cuisine classique et raffinée qui célèbre les plats du terroir. Menu « Instant », improvisé chaque jour au gré du marché.

MEHUN-SUR-YÈVRE

Magasin de vente Pillivuyt – R. de la Manufacture - ☏ 02 48 67 31 00 - www.pillivuyt.fr - tlj sf dim. 10h-12h, 14h-18h30, lun. 14h-18h30. Services et pièces de porcelaine culinaire, blanche ou décorée vendus au poids. Spécialiste de la porcelaine à feu.

REUILLY

Domaine Claude Lafond – 8 rte de St-Pierre-de-Jards - Le Bois-St-Denis - ☏ 02 54 49 22 17 - claudelafond.com - tlj sf dim. 10h-12h30, 13h30-17h30, sam. 10h-12h, 14h-17h. Nathalie, la fille de Claude Lafond, gère à présent les 35 ha en AOC Reuilly et les 3 ha en AOC Valençay, plantés en sauvignon, pinot noir et pinot gris. En été, le domaine propose balades vigneronnes, dégustations de vins et visites des chais.

ST-AMAND-MONTROND

Auberge de l'Abbaye de Noirlac – Bruère-Allichamps - ☏ 02 48 96 22 58 - aubergedenoirlac.eatbu.com - fermé lun.-mar. - menus 27/36 €. Cette petite auberge, sise dans une chapelle de voyageurs du 12e s., a été reprise début 2020 par le chef William Urbansky et son épouse Stéphanie. Cuisine de terroir de qualité et terrasse tournée vers l'abbaye.

SANCOINS

Le St-Joseph – Pl. de la Libération - ☏ 02 48 74 61 21 - www.hotel-stjoseph.com - menus 26/36 €. Le St-Joseph propose une cuisine traditionnelle à base de produits locaux, galettes et salades.

Offices de tourisme

BOURGES
Voir p. 249

ISSOUDUN
Pl. St-Cyr - ☏ 02 54 21 74 02 - www.tourisme.issoudun.fr.

ST-AMAND-MONTROND
Pl. de la République - ☏ 02 48 96 16 86 - tourisme-coeurdefrance.com.

Cloître de l'abbaye de Noirlac.

CENTRE VAL-DE-LOIRE – CIRCUIT 4
L'ouest du Berry et la Brenne

Ce circuit traverse ces paysages aux « teintes vigoureuses et sombres », aux « horizons mélancoliques et profonds » que George Sand s'est plu à dépeindre. Chemin faisant, vous découvrirez avec étonnement les sites qui ont servi de décor à ses récits berrichons. Vous serez de même séduit par la Brenne, qui reste sauvage et mystérieuse. Pays d'étangs et de brandes au sud de l'Indre, elle abrite une richesse écologique incomparable.

⭐ **DÉPART :** CHÂTEAUROUX - 5 jours – 315 km

JOUR 1

De **Châteauroux**, direction vers le nord. Des champs se succèdent à perte de vue jusqu'à **Levroux**, où vous ne manquerez pas d'entrer dans la belle collégiale. Empruntez ensuite la D2, au nord-est : soudain apparaît, dans un écrin de verdure, le sobre château de **Bouges**. Poursuivez dans la Champagne berrichonne, sur la D2, jusqu'à **Vatan** où se trouve un musée du Cirque puis, plus au nord, vous atteindrez la jolie cité médiévale de **Graçay** qui possède un musée de la Photographie. Les gourmets pourront aller à **Chabris**, sur les pentes du Cher, réputé pour ses fromages de chèvre et ses vins.

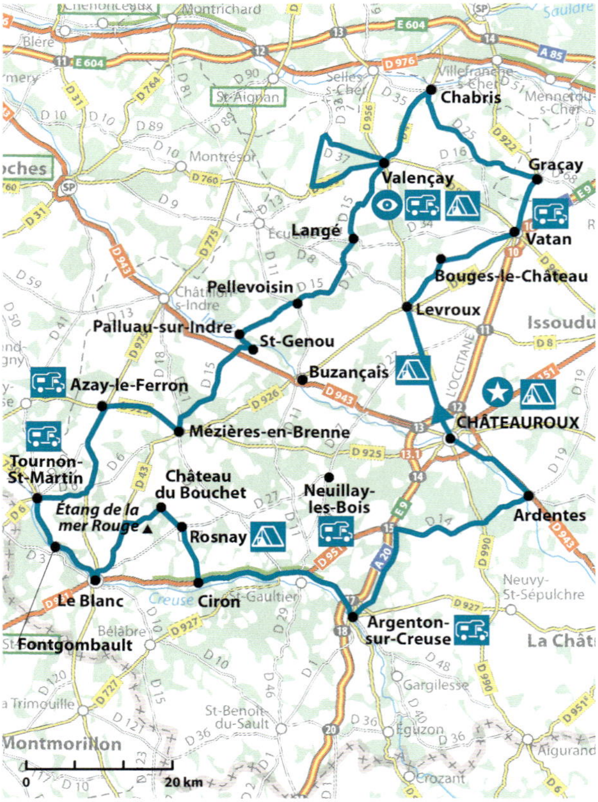

JOUR 2

En route vers le joyau berrichon, l'élégant **château de Valençay** (voir l'encadré p. ci-contre), où plane encore l'ombre de Talleyrand, et que protège la belle **forêt de Gâtine** (faites-y un tour en empruntant la D37). Prenez vers le sud (D15) : bois et prairies défilent entre **Langé** et **Pellevoisin**. Faites une halte à l'ancienne abbaye de **St-Genou** puis rejoignez la charmante petite ville de **Palluau-sur-Indre**, dominée par son château.

JOUR 3

Au sud de l'Indre s'étend le **Parc naturel régional de la Brenne**. **Mézières-en-Brenne**, localité la plus importante de cette région, est la porte d'entrée pour partir à la découverte de cette mosaïque de cultures, de prairies, de landes et d'étangs où niche une grande variété d'oiseaux. Mais rendez-vous d'abord à **Azay-le-Ferron** (prenez vers l'ouest la D925), dominé par son beau château, puis devant l'imposant chevet de l'**abbaye de Fontgombault** (suivez la D975 vers le sud). Sur les rives de la Creuse, 8 km à l'est, **Le Blanc** constituera une autre étape agréable aux portes sud de la Brenne. La principale localité du Parc naturel régional de la Brenne offre un séduisant visage avec sa ville haute en terrasses et ses maisons alignées au bord de la rivière. Le viaduc, monument emblématique de la ville, domine les eaux de près de 30 m et a été transformé en Voie verte.

Le château de Valencay.

JOUR 4

Enfin, vous allez faire une incursion dans le Parc naturel régional de la Brenne. Direction donc le sublime **étang de la Mer Rouge** (au nord par la D17) et son spectaculaire panorama sur la région. Vous pourrez le longer grâce au chemin communal. Sortez vos jumelles et ouvrez les yeux. Vous passerez ensuite devant le **château du Bouchet**, qui prouve une nouvelle fois qu'en Brenne, nature et architecture sont intimement liées. Revenez sur les bords de la Creuse à **Ciron**, traversez le pont d'où vous verrez le château de Romefort (ne se visite pas). Longez la Creuse jusqu'à **Argenton-sur-Creuse** où vous passerez la nuit après avoir flâné dans sa partie ancienne et visité le musée de la Chemiserie et de l'Élégance masculine.

JOUR 5

Repartez vers le nord, à Lothiers, tournez à droite dans la D14 pour suivre la **vallée de la Bouzanne** jusqu'à Arthon, puis traversez la forêt de Châteauroux jusqu'à **Ardentes**, dont l'église St-Martin renferme de beaux chapiteaux sculptés. En remontant la rive droite de l'Indre, vous apercevrez le château de Clavières et arriverez à **Châteauroux**. Promenez-vous tranquillement dans la ville qui possède d'intéressants musées et églises. S'il vous reste un peu de temps, terminez votre séjour par la visite de l'hôtel Bertrand (qui abrite le Musée municipal) ou celle de l'ancien couvent des Cordeliers (centre culturel actif qui accueille des expositions temporaires).

VISITE

Château de Valençay

INFOS PRATIQUES

2 r. de Blois - 02 54 00 10 66 - www.chateau-valencay.fr - de mi-avr. à fin sept. : 10h-18h (parc 19h30 de mai à sept.) ; de déb. oct. à déb. janv. : 10h30-17h30 - 14,50 € (7-17 ans 11,50 €). Audioguide et livret-jeu pour enfant disponibles.

STATIONNEMENT & SERVICES

Aire de Valençay
2 av. de la Résistance, sur le parking derrière l'office de tourisme, à 400 m du château - 02 54 00 04 42 - www.valencay-tourisme.fr - Permanent
Borne eurorelais 2 € 2 €
10 - Illimité - gratuit - Paiement : CC
Services :
GPS : E 1.56167 N 47.16037

Le **pavillon d'entrée** est sans conteste la merveille de Valençay : il est traité comme un donjon « de plaisance » troué de nombreuses fenêtres et agrémenté de tourelles inoffensives et d'une couronne de mâchicoulis. Les combles sont ajourés de hautes lucarnes et surmontés de cheminées monumentales. Cette architecture est caractéristique des châteaux Renaissance du Val de Loire mais laisse apparaître les premières touches du classicisme : pilastres superposés, chapiteaux doriques au rez-de-chaussée, ioniques au 1er étage et corinthiens au 2e étage du pavillon d'entrée. Ce style à venir prend toute sa mesure dans les toitures des tours d'angle dont les dômes remplacent les toits en poivrière qui sont la règle au 16e s. sur les bords de la Loire.

L'**aile ouest** fut ajoutée au 17e s. puis remaniée au 18e s. avec un toit à combles brisés où alternent mansardes et œils-de-bœuf. Au rez-de-chaussée, le grand vestibule Louis XVI et la galerie consacrée à la famille Talleyrand-Périgord : le Grand Salon et le Salon bleu sont tous deux dotés de nombreux objets d'art et d'un somptueux mobilier Empire. Au 1er étage, on parcourt les appartements de Ferdinand, prince des Asturies puis roi d'Espagne, et ceux de Mme de Bénévent, duchesse de Dino, avant de traverser la Grande Galerie, longue de 70 m, la salle des Trésors d'apparat où l'on peut voir des objets ayant appartenu à Talleyrand, puis, enfin, de prendre l'escalier d'honneur qui conduit à la salle à manger. Le sous-sol, l'office, la cuisine et la grande cave à vin permettent d'imaginer le faste des réceptions d'alors. Joyau de style Empire, orné de nombreuses fresques, le petit **théâtre** à l'italienne a été aménagé en 1809 dans les communs à la demande de Talleyrand.

Le château est entouré par un vaste **parc** planté d'arbres centenaires où s'étendent un beau jardin à la française et la **grande perspective** fleurie.

CENTRE VAL-DE-LOIRE – ADRESSES CIRCUIT 4

Aires de service & de stationnement

ARGENTON-SUR-CREUSE

Aire d'Argenton-sur-Creuse
Pl. du Champ-de-Foire -
℘ 02 54 24 12 50 -
www.mairieargentonsurcreuse.com
Permanent (mise hors gel)
Borne artisanale : gratuit
1 ⓟ - gratuit
Services :
GPS : E 1.52249 N 46.58584

AZAY-LE-FERRON

La Ferme du Caroire
10 Champ-d'Œuf - ℘ 06 80 40 75 13
Permanent
Borne artisanale
5 ⓟ - Illimité - gratuit
Paiement :
Services :
GPS : E 1.04246 N 46.82796

NEUILLAY-LES-BOIS

Aire de Neuillay-les-Bois
Rte de Buzançais - ℘ 02 54 39 40 12
Permanent (mise hors gel) -
Borne eurorelais : gratuit
3 ⓟ - Illimité - gratuit

Services :
Au bord de l'étang communal.
GPS : E 1.47389 N 46.76931

TOURNON-ST-MARTIN

Aire du Moulin
R. du Moulin - en face du stade d'eau vive - ℘ 02 54 37 50 60
Permanent -
Borne eurorelais : gratuit
1 ⓟ - gratuit
Services :
Au bord de la Creuse, aire ombragée avec table de pique-nique.
GPS : E 0.952 N 46.7311

VALENÇAY

Voir p. précédente

VATAN

Aire de sationnement Vatan
R. Ferdinand-de-Lesseps -
℘ 02 54 49 76 31 - www.vatan.fr
Permanent -
6 ⓟ - Illimité - gratuit
Services :
GPS : E 1.80605 N 47.07148

Campings

BUZANÇAIS

La Tête Noire
Allée des Sports - ℘ 02 54 84 17 27 -
www.campinglatetenoire.fr
De déb. avr. à fin oct. - 100 empl. -
borne artisanale -
12 €
Tarif camping : 7 € 5 €
(16A) 4,50 €
Services et loisirs :
GPS : E 1.41805 N 46.89285

CHÂTEAUROUX

Le Rochat Belle-Isle
17 r. du Rochat - ℘ 02 54 08 96 29 -
www.camping-lerochat.fr
Permanent - 109 empl.
Tarif camping : 29 €
(10A) - pers. suppl. 6 €
Services et loisirs :
Au bord de l'Indre et à 300 m du lac de Belle-Isle.
GPS : E 1.69472 N 46.8236

ROSNAY

Municipal Les Millots
Rte de St-Michel-en-Brenne -
℘ 02 54 37 80 17
De mi-fév. à mi-nov. - 32 empl. -
borne artisanale
Tarif camping : 2 € 6 € 4 €
(10A) 3,50 €
Services et loisirs :
Petite et agréable structure soignée, au bord d'un étang.
GPS : E 1.21171 N 46.70645

VALENÇAY

Les Chênes
40 rte de Loches - ℘ 02 54 40 76 81 -
www.camping-leschenes.fr
De déb. avr. à déb. oct. - 52 empl.
borne artisanale
Tarif camping : 23 €
(10A) - pers. suppl. 4,50 €
Services et loisirs :
Agréable cadre de verdure en bordure d'étang.
GPS : E 1.55542 N 47.15808

Lever de soleil sur l'étang Rousseau.

Les bonnes adresses de bib

ARGENTON-SUR-CREUSE

Café de la Place – Pl. de la République - ☏ 02 54 24 12 91 - www.hotel-argenton.com - formules déj. 12/15 € - carte 15/20 €. Une pause repas dans cette brasserie qui sert une cuisine bistro vous permettra de profiter de la ville depuis la terrasse.

LE BLANC

Le Cygne – 8 av. Gambetta - ☏ 02 54 28 71 63 - www.lecygneleblanc.fr - fermé dim. soir, lun. et mar. - menus 29,90/50 € - réserv. conseillée. Non loin de l'église réputée pour ses guérisons miraculeuses, agréable restaurant aux tables soigneusement dressées. Cuisine au gré du marché.

CHÂTEAUROUX

Le Nulle Part Ailleurs – 78 r. Grande - ☏ 02 54 27 21 81 - nullepartailleurs.eatbu.com - fermé dim. - plats 12/20 €. Burgers, salades, bruschettas, tapas… Cette adresse est aussi un bar à cocktails fréquenté par la jeunesse locale. Aux beaux jours, sa cour en partie couverte est très prisée. Dîner jusqu'à minuit en fin de semaine.

Le P'tit Bouchon – 64 r. Grande - ☏ 02 54 61 50 40 - www.leptitbouchon.fr - fermé 3 sem. en août, dim. et lun. - menus déj. 15,50/22 € - plats 14/18 €. Ambiance familiale dans ce bistrot « canaille » de la vieille ville. Bons crus.

Caves Raffault – 12 r. de la Poste - ☏ 02 54 27 18 75 - www.caves-raffault.com - tlj sf dim.-lun. 9h30-12h30, 14h30-19h, sam. 9h30-13h, 15h-19h. Éric Raffault, installé à Châteauroux et à La Châtre, présente ici 800 références de vins, du petit vin au grand cru. Organisation de dégustations.

MÉZIÈRES-EN-BRENNE

Bar de la place – 1 pl. du Gén.-de-Gaulle - ☏ 02 54 38 72 44 - fermé lun. - menus 17/20 €. Attablé en terrasse sur la place, savourez une cuisine traditionnelle, simple mais goûteuse, servie avec le sourire… Essayez l'andouillette, délicieuse.

ROSNAY

Espace dégustation de la Boutique du Parc – Hameau du Bouchet - ☏ 02 54 28 53 02 - réserv. recommandée (par tél.) - juin-août : 10h-18h ; sept.-mai : 10h-17h30. Dans l'ancienne ferme du château ou sur la belle terrasse, avec vue sur l'étang, sont servies des assiettes copieuses à prix doux, composées des spécialités régionales : frites de carpes, tartines de carpe fumée, de Pouligny-St-Pierre, de rillettes de poule et autres produits locaux… Et des crêpes.

Offices de tourisme

ARGENTON-SUR-CREUSE

13 pl. de la République - ☏ 02 54 24 05 30 - lavalleedelacreuse.fr.

CHÂTEAUROUX

2 pl. de la République - ☏ 02 54 34 10 74 - www.chateauroux-tourisme.com.

MAISON DU PARC NATUREL RÉGIONAL DE LA BRENNE

Le Bouchet - Rosnay - ☏ 02 54 28 12 12 - www.parc-naturel-brenne.fr.

Argenton-sur-Creuse.

CENTRE VAL-DE-LOIRE – CIRCUIT 5
Châteaux et jardins en Touraine

Le château de Villandry possède l'un des plus beaux jardins de France ; Langeais dévoile son chemin de ronde et ses mâchicoulis à l'ombre de son donjon ; Chinon impose sa forteresse médiévale ; Azay-le-Rideau déploie ses infinies délicatesses ; Ussé dissimule ses tours et clochetons derrière des cèdres du Liban… Quant au château de Chenonceau, c'est la demeure de charme par excellence. On trouvera difficilement dans le monde, en un périmètre aussi réduit, autant de lieux et de châteaux prestigieux.

DÉPART : TOURS - 7 jours – 220 km

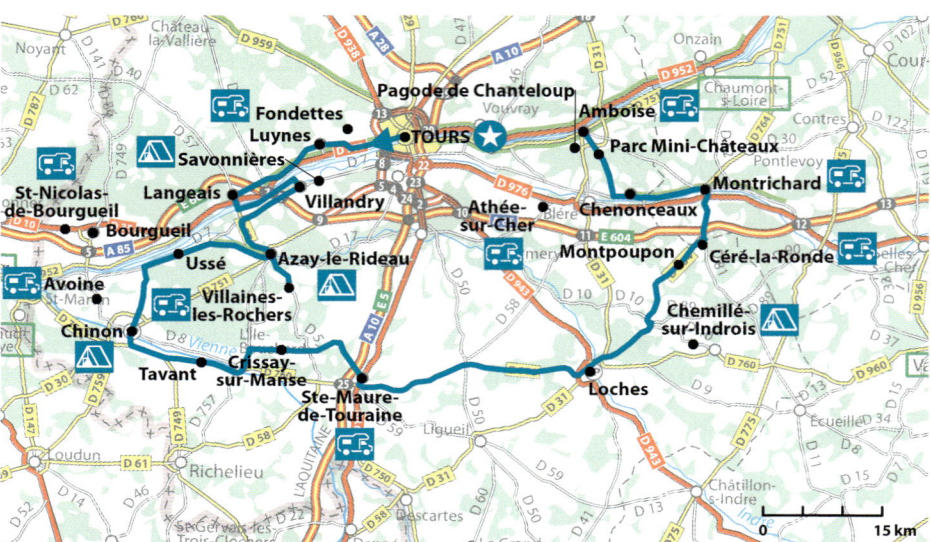

JOUR 1

Un jour ne sera pas de trop pour découvrir la capitale de la Touraine. Si vous voulez connaître l'âme de **Tours**, flânez du côté de la place Plum' (les Tourangeaux désignent ainsi la place Plumereau). C'est le quartier où se côtoient les plus belles façades romanes, les plus remarquables maisons à pignon du 15e s. Puis allez à la rencontre des souvenirs liés à saint Martin (tour Charlemagne et basilique St-Martin). Le reste de la journée est réservé à l'hôtel Goüin et au musée du Compagnonnage. Plus loin, les rues Colbert et de la Scellerie, abrite des boutiques d'antiquaires. Autres possibilités de visite, le quartier de la cathédrale St-Gatien et le cloître de la Psalette, le musée des Beaux-Arts, le Centre de création contemporaine Olivier Debré ou les jardins de l'ancien archevêché. Terminez la journée dans l'une des guinguettes des bords de Loire.

JOUR 2

Quittez Tours vers l'ouest par la rive droite de la Loire (D952) pour visiter **Luynes** et sa vieille halle (marché le samedi), ainsi que son château aux allures féodales et richement meublé. Vous apprécierez ensuite l'incontournable château de **Langeais**, avec son pont-levis et son immense chemin de ronde. Ses appartements sont richement meublés. Sautez sur la rive gauche de la Loire pour découvrir les jardins à la française du château de **Villandry**, les plus beaux du Val de Loire avec leurs extraordinaires parterres de fleurs et de légumes décoratifs.

JOUR 3

Revenez un peu sur vos pas et bifurquez par la D57 pour rejoindre l'admirable château d'**Azay-le-Rideau**, l'un des chefs-d'œuvre de la Renaissance

Amboise.

dont les tourelles et les façades se reflètent à merveille dans les eaux de l'Indre. Son grand escalier et ses tapisseries constituent le temps fort de la visite. De là ne manquez pas de faire un crochet par **Villaines-les-Rochers** où des artisans vanniers perpétuent un savoir-faire ancestral (expositions, atelier et magasin). La coopérative compte 75 vanniers dont 25 cultivant leurs propres oseraies. De retour sur Azay, filez sur **Ussé** et son château « de la Belle au bois dormant » hérissé de tours et de clochetons. **Chinon** vous attend pour le reste de la journée avec sa forteresse royale et son quartier médiéval du Grand Carroi. Dans celui-ci se concentrent des maisons à pans de bois et se tiennent les Caves Painctes, installées dans les anciennes carrières, où plane le souvenir de François Rabelais. Dans les alentours, visitez quelques caveaux de dégustation du divin breuvage.

JOUR 4

Au sud de Chinon, rattrapez la D749 puis D760 en direction de L'Île-Bouchard. Au passage à **Tavant**, faites une pause le temps de découvrir les fresques du 12e s. de son église romane (dans le chœur et la crypte). À L'Île-Bouchard, prenez au nord la D757 et la D21 à droite pour rallier le modeste mais charmant village de **Crissay-sur-Manse**. La petite D21 suivie de la D210 vous guide ensuite à **Ste-Maure-de-Touraine** (l'occasion de goûter son célèbre fromage de chèvre, marché le vendredi), et filez droit sur la cité royale de **Loches**. Quartier médiéval, portes de ville, remparts, château, logis royaux, donjon, collégiale St-Ours au portail roman… En flânant dans ses rues tortueuses, vous remonterez le temps mais surtout, vous prendrez beaucoup de plaisir au présent.

JOUR 5

Terminez votre découverte de Loches et mettez le cap au nord-est pour gagner le château de **Montpoupon**, dont les communs sont consacrés à l'art de la vénerie. Une visite très agréable. Plein nord, la D764 vous guidera droit sur **Montrichard**, gentille bourgade flanquée d'un donjon impressionnant qui offre un beau panorama sur la ville et la rivière. Une plage de sable sur le Cher a été aménagée, très appréciée en saison. Les caves produisent des vins effervescents. Profitez du cadre exceptionnel de **Chenonceaux** avant de vous aventurer dans le château et les jardins, embellis au fil du temps par des femmes célèbres. Ce château, l'un des plus gracieux de la Loire, justifie à lui seul le voyage. Offrez-vous une croisière sur le Cher en gabare pour voir cet admirable édifice enjambant la rivière sous un jour nouveau.

JOUR 6

Partez en promenade à travers le vieil **Amboise**. Prenez votre temps pour visiter le château royal et la délicieuse chapelle St-Hubert. À midi, de très bons restaurants vous attendent en bord de Loire. Tout en dégustant un sandre accompagné d'un cru local, vous observerez le vol léger des sternes et le mouvement incessant de la Loire placide et puissante. À deux pas, vous rendrez visite au **Clos Lucé**, la demeure de **Léonard de Vinci** dont les fabuleuses machines ne laissent pas d'étonner les plus blasés. Autour, le parc Leonardo-da-Vinci et les jardins promettent une agréable promenade, notamment le soir avec le spectacle vivant des « Flâneries nocturnes » qui enchaînent les tableaux chorégraphiés.

JOUR 7

Après une bonne nuit, partez avec votre pique-nique, pour, au choix, découvrir en un seul coup d'œil la totalité des châteaux de la Loire dans le **Parc des Mini-Châteaux** ou grimper au sommet de la **pagode de Chanteloup**. La première option, sur 2 ha, concentre 44 maquettes au 1/25e des grands châteaux, belles demeures ou petits manoirs de la vallée de la Loire. La seconde est une authentique pagode chinoise au centre d'un somptueux jardin agrémenté de folies ; elle ménage une vue sur toute la vallée, de Tours à Amboise. Et si le temps vous le permet, canotez sur la grande pièce d'eau de l'ancien domaine du duc de Choiseul.

CENTRE VAL-DE-LOIRE – ADRESSES CIRCUIT 5

Aires de service & de stationnement   Campings

AMBOISE

Camping-car Park d'Amboise
Allée de la Chapelle-St-Jean, sur l'Île d'Or, à côté du camping - ☎ 01 83 64 69 61 - www.campingcarpark.com
Permanent
Borne AireService
24 🅿 - 🔒 - Illimité - 14,01 €/j. - borne compris - Paiement : CC
Services :
Grande aire ombragée.
GPS : E 0.98883 N 47.41853

ATHÉE-SUR-CHER

Aire de stationnement d'Athée-sur-Cher
R. Cigogné - ☎ 02 47 50 68 09
Permanent (mise hors gel)
Borne artisanale : gratuit
3 🅿 - 24h - gratuit
Services :
Parking goudronné sans ombrage, pour une courte étape.
GPS : E 0.9175 N 47.31417

AVOINE

Aire d'Avoine
Lac Mousseau - ☎ 02 47 98 11 11
Permanent
Borne Urbaflux 2 € 2 €
11 🅿 - 🔒 - 72h - 5,50 €/j.
Paiement : CC
Services :
Beaux emplacements ombragés jouxtant un parc avec une grande aire de jeux.
GPS : E 0.17706 N 47.21287

CÉRÉ-LA-RONDE

Camping-car Park de Céré-la-Ronde
R. du Stade - ☎ 01 83 64 69 21 - www.campingcarpark.com
Permanent
Borne AireService
10 🅿 - 🔒 - Illimité - 13,82 €/j. - borne compris - Paiement : CC
Services :
Beaux emplacements sous les pins, au calme.
GPS : E 1.18228 N 47.258

FONDETTES

Aire de Fondettes
R. Édouard-Branly, ZA La Haute-Limougère - ☎ 02 47 88 11 11
Permanent
Borne artisanale : gratuit
Pratique pour vidanger et faire le plein, pas de stationnement.
GPS : E 0.624 N 47.40916

MONTRICHARD

Voir le circuit suivant

ST-NICOLAS-DE-BOURGUEIL

Cave Nathalie et David Drussé
1875 rte de Tours (D 35), anciennement imp. de la Villatte - ☎ 06 88 88 77 75 - www.drusse-vindeloire.com
Permanent
Borne artisanale 3 €
7 🅿 - 🔒 - 24h - gratuit
Paiement : CC
Services :
Réseau France Passion. Animations œnotouristiques toute l'année.
Cave troglodytique.
GPS : E 0.1572 N 47.28793

STE-MAURE-DE-TOURAINE

Aire du Bois Chaudron
Le Bois Chaudron, N 10, 1 km du centre-ville - ☎ 06 84 97 84 22
Permanent
Borne artisanale 2 € 2 €
25 🅿 - 🔒 - 72h - 4 €/j.
Services :
Aire très agréable. Emplacements ensoleillés dans le champ ou ombragés à l'orée du bois.
GPS : E 0.61283 N 47.09321

VILLAINES-LES-ROCHERS

Aire de Villaines-les-Rochers
R. des Écoles - ☎ 02 47 45 43 08
Permanent (mise hors gel)
Borne artisanale : gratuit
7 🅿 - 24h - gratuit
Services :
Stationnement légèrement en pente mais correct pour une étape.
GPS : E 0.49543 N 47.22136

AZAY-LE-RIDEAU

Le Sabot
R. du Stade - ☎ 02 47 45 42 72 - camping-azay-le-rideau.fr
De déb. avr. à fin oct. - 184 empl.
borne artisanale 5 €
Tarif camping : 22,20 €
(10A) - pers. suppl. 5,40 €
Services et loisirs :
Grands emplacements et situation agréable à proximité du château et au bord de l'Indre.
GPS : E 0.46963 N 47.25863

CHEMILLÉ-SUR-INDROIS

Les Coteaux du Lac
Base de loisirs - ☎ 02 47 92 77 83 - www.lescoteauxdulac.com
De fin mars à déb. oct. - 55 empl.
borne artisanale
Tarif camping : 52 €
(16A) - pers. suppl. 7 €
Services et loisirs :
Agréable situation près d'un plan d'eau.
GPS : E 1.15889 N 47.15772

CHINON

Intercommunal de l'Île Auger
Quai Danton - ☎ 02 47 93 08 35 - www.camping-chinon.com
De déb. avr. à fin oct. - 198 empl.
borne artisanale 5 €
Tarif camping : 18,50 €
(12A) - pers. suppl. 4 €
Services et loisirs :
Situation agréable face au château et en bordure de la Vienne.
GPS : E 0.23654 N 47.16379

SAVONNIÈRES

Onlycamp La Confluence
Rte du Bray - ☎ 02 47 50 00 25 - www.onlycamp.fr
De mi-avr. à déb. oct. - 51 empl.
borne flot bleu
Tarif camping : 26,80 €
(10A) - pers. suppl. 5,90 €
Services et loisirs :
Au bord du Cher et d'une piste cyclable.
GPS : E 0.55006 N 47.34887

Les bonnes adresses de bib

AMBOISE

✖ **L'Épicerie** – 46 pl. Michel-Debré - ☎ 02 47 57 08 94 - lepicerie-amboise.com - fermé de déb. déc. à mi-janv. - formules déj. 16,40/18,40 € - menus 28,90/36,90 €. Maison à colombages de 1338. Belle terrasse face au château et salle à l'ambiance tamisée, où l'on savoure au coude à coude une cuisine traditionnelle.

AZAY-LE-RIDEAU

✖ **L'Aigle d'Or** – 10 av. A.-Riché - ☎ 02 47 45 24 58 - laigle-dor.com - fermé dim. soir d'oct. à avr. et lun.-mar. - menus 53/75 €. Excellente cuisine traditionnelle revisitée : chaud-froid de volaille de Racan, haricots coco de Chambord, « fermette flottante » à base de lait de chèvre… Ambiance feutrée dans la salle à manger aux poutres apparentes.

BOURGUEIL

✖ **La Rose de Pindare** – 4 pl. Hublin - ☎ 02 47 97 70 50 - www.larosedepindare.com - fermé merc.-jeu. - plat du jour 18 €. Anagramme de Pierre Ronsard, la Rose de Pindare offre un décor simple et fleuri avec poutres apparentes. Cuisine au goût du jour (marbré de lapereau aux carottes et herbes fraîches…) servie en été sur une très agréable terrasse.

CHENONCEAUX

✖ **Auberge du Bon Laboureur** – 6 r. du Dr-Bretonneau - ☎ 02 47 23 90 02 - www.bonlaboureur.com - menus 37/62 € (déj.), 72/93 €. Excellente table emmenée avec rigueur et grand professionnalisme. Accords fructueux et innovants pour des produits de saison soigneusement choisis. Belle carte des vins.

CHINON

Caves Plouzeau – 94 r. Haute-St-Maurice - ☎ 02 47 93 32 11 - www.plouzeau.com - fermé lun. (sf juil.-août) et janv. On peut encore voir deux puits d'extraction des pierres de cette cave creusée au 12e s. sous le château. Dégustation de vins de Chinon (chinon Chapelle, 7 000 bouteilles, 2,5 ha, vignes de 50 ans) issus de raisins de l'agriculture biologique.

LANGEAIS

✖ **Au coin des Halles** – 9 r. Gambetta - ☎ 02 47 96 37 25 - www.aucoindeshalles.com - fermé merc.-jeu. et dim. soir - formule déj. 24 € - menus 34/62 €. Mi-bistrot, mi-gastronomique, ce restaurant récemment créé par Pascal Bouvier, un ancien chef étoilé, sert une cuisine de marché qui privilégie les produits du terroir : mulet et sandre de Loire, volaille fermière…

TOURS

✖ **Le Casse-Cailloux** – 26 r. Jehan-Fouquet - ☎ 02 47 61 60 64 - fermé w.-end et merc. midi - formule déj. 26 € - menu 42 €. Ce bistrot gourmand s'est vite imposé comme « L'adresse » des Tourangeaux initiés. Le chef, Hervé Chardonneau, est un ancien de chez Jean Bardet. La décoration reste simple mais l'essentiel est dans l'assiette.

✖ **Le Petit Patrimoine** – 58 r. Colbert - ☎ 02 47 66 05 81 - www.lepetitpatrimoine.fr - fermé dim.-lun. - formules déj. 17,80/20,80 € - menus 27,80/31,80 €. Intérieur rustique, plats du terroir de nos grands-mères, accueil sympathique : une adresse à inscrire au « petit patrimoine » tourangeau.

VILLANDRY

✖ **La Maison Tourangelle** – 9 rte des Grottes-Pétrifiantes - 3 km à l'est - ☎ 02 47 50 30 05 - www.lamaisontourangelle.com - fermé lun.-mar. et dim. soir - menus 52/89 €. Le rustique marié au moderne, une agréable terrasse sur le Cher et une cuisine gourmande et précise : voilà les atouts qui font de cette maison tourangelle l'une des tables les plus courues du département.

Offices de tourisme

AMBOISE

Quai du Gén.-de-Gaulle - ☎ 02 47 57 09 28 - www.amboise-valdeloire.com.

CHINON

1 r. Rabelais - ☎ 02 47 93 17 85 - www.azay-chinon-valdeloire.com.

TOURS

78 r. Bernard-Palissy - ☎ 02 47 70 37 37 - www.tours-tourisme.fr.

Jardins du château de Villandry.

H.Hakim/Getty Images Plus

LE TOP 5 CHÂTEAUX

1. Chambord
2. Chenonceau
3. Villandry
4. Amboise
5. Ussé

CENTRE VAL-DE-LOIRE – CIRCUIT 6
Châteaux de la Loire autour de Blois

La Sologne est un endroit privilégié, somptueux, et riche en beautés naturelles, et la Loire - aujourd'hui dernier fleuve sauvage d'Europe, inscrit au Patrimoine mondial de l'Unesco - a sans doute ajouté à la féerie du lieu, idéal pour construire des châteaux parmi les plus beaux du monde. Nous vous en proposons ici une petite sélection : Chambord, Cheverny, Chaumont… Entre deux visites, n'hésitez pas à varier les plaisirs : découverte du vieux Blois, dégustation de vouvray…

✪ **DÉPART :** BLOIS - 7 jours – 160 km

JOUR 1

Consacrez les deux premiers jours à **Blois**. Commencez par la visite guidée du château. De l'autre côté de l'esplanade, des spectacles d'illusion vous attendent à la Maison de la magie Robert-Houdin. Ville royale, Blois a conservé nombre de ruelles et de rues escarpées du Moyen Âge. Il est agréable de s'y promener. Pour le dîner, un marbré d'asperges vertes de Sologne au foie gras et un poisson de Loire s'imposent dans un restaurant au bord du fleuve.

JOUR 2

Si vous êtes à Blois le deuxième dimanche du mois, vous pourrez chiner à la brocante du mail. Sinon, visitez la cathédrale St-Louis et sa vaste crypte, promenez-vous dans la vieille ville (audioguide à l'office de tourisme). Passez par le jardin en terrasses de l'évêché (derrière la cathédrale), d'où vous pouvez prendre encore quelques photos sur la Loire. Pour terminer sur une note insolite, arrêtez-vous à la fondation du Doute, fidèle à l'esprit Fluxus, qui depuis 1962 promeut le non-art avec humour et dérision.

JOUR 3

Rejoignez **Chambord**, sur les pas de François 1er, de préférence tôt le matin en faisant un petit détour par **St-Dyé-sur-Loire**, port historique de Chambord et point de départ de croisières sur la Loire. À la visite du magnifique château Renaissance de Chambord, vous pouvez associer une balade en calèche dans le parc (45mn), un spectacle équestre aux écuries du maréchal de Saxe (45mn) ou une formation avec les jardiniers du domaine. Nuit à Chambord.

JOUR 4

Découvrez le **château de Villesavin**, intéressante demeure du surintendant des travaux de Chambord, et le musée du Mariage installé dans ses communs. Terminez la journée par la visite extérieure et intérieure du **château de Cheverny**, qui inspira Hergé pour le château de Moulinsart. Prenez le temps de visiter le chenil, où vit la plus grande meute de chasse à courre privée de France, et le parc. Faites étape ici.

Huanlili et Yuandudu, les jumelles pandas nées le 2 août 2021 au ZooParc de Beauval.

JOUR 5

Beau début de matinée au **château de Beauregard**. Promenez-vous dans son parc à l'anglaise et dans le jardin des Portraits. Dans cette même veine « château et jardin », on poursuivra jusqu'à **Chaumont-sur-Loire** pour une visite guidée du château, de ses écuries. Profitez de ses formidables jardins, notamment pendant le Festival des jardins, qui se déroule de fin avril à déb. novembre, jusqu'à la tombée de la nuit…

JOUR 6

Par **Pontlevoy**, où se trouve une vieille abbaye, gagnez la vallée du Cher à **Montrichard** où vous ferez étape. Sous la masse imposante de son donjon, la petite cité est très appréciée en été pour sa plage de sable au bord de la rivière (baignade, canoë, pédalo…). Remontez le cours du Cher rive droite ou rive gauche pour atteindre **St-Aignan** où se situe le **ZooParc de Beauval**, l'un des plus beaux d'Europe (voir l'encadré ci-contre). Vous y passerez le reste de la journée, surtout si vous avez des enfants.

JOUR 7

Filez plein sud sur **Nouans-les-Fontaines**, dont la petite église garde une merveille de l'art primitif : la Pietà de Nouans. Rejoignez **Montrésor**, où vous visiterez le château Renaissance. Terminez la journée par une promenade à travers les ruelles pittoresques de ce très beau village.

VISITE

ZooParc de Beauval

INFOS PRATIQUES

Rte du Blanc - St-Aignan - 02 54 75 50 00 - www.zoobeauval.com - tlj de 9h à la tombée de la nuit - 39 € (3-10 ans 32 €) ; 58,50 € (3-10 ans 48 €) pour 2 jours.

STATIONNEMENT & SERVICES

Parkings du ZooParc de Beauval
8 parkings gratuits, dont 1 réservé aux camping-cars (25 pl.).

Camping-car Park de St-Aignan
15 bd Valmy - 02 54 44 23 09 - campingcarpark.com
Permanent - Borne artisanale
29 - 72h - 13,50 €/j. - borne compris
Services :
GPS : E 1.37805 N 47.26594

Véritable paradis, le zoo de Beauval rassemble 35 000 animaux répartis en 800 espèces, dans un parc de 45 ha aménagé en une vingtaine d'espaces naturels différents qui recréent l'environnement d'origine de ses habitants. Bordés de roseraies et d'allées ombragées, ces territoires abritent environ 10 000 végétaux et accueillent régulièrement de nouveaux occupants, comme les céphalophes à dos jaune, les méduses à pois blancs et des oiseaux multicolores. Le ZooParc de Beauval est aussi associé à des programmes de conservation, tant végétal qu'animal. Ainsi, il héberge le diable de Tasmanie, espèce endémique d'Australie, menacé d'extinction.
Les stars des lieux sont assurément les pandas géants, Huan Huan et Yuanzi, arrivés de Chine en 2012, et leur progéniture, Huanlili et Yuandudu, les jumelles nées en août 2021. Yuan Meng, né en 2017, est, lui, retourné en Chine le 25 juillet 2023. Ils évoluent dans les **Hauteurs de Chine**, espace décoré de pagodes aux tuiles vernissées et d'animaux légendaires.
Parmi les autres espaces extérieurs, la **Savane africaine**, la **Terre des lions**, la **Réserve des hippopotames** remportent un franc succès. Mais le parc comprend également **quatre serres** dont une consacrée aux orangs-outans où vit Tigu, un nouveau mâle reproducteur arrivé au zoo en 2022, Manis, une femelle d'une trentaine d'années, Sarah, sa fille, et un petit mâle né pendant l'été 2023.
Le **Dôme équatorial**, une demi-sphère monumentale entièrement vitrée, favorise l'épanouissement d'environ un hectare de forêt luxuriante qui cache plus de 200 espèces tropicales, tels ces 24 000 poissons répartis dans une vingtaine de bassins, ces lamantins des Caraïbes, ces hippopotames pygmées, ces dragons de Komodo…
Enfin, la **Grande Volière sud-américaine** est la dernière nouveauté du parc entièrement dédiée aux oiseaux et aux mammifères d'Amérique du Sud.
Le petit plus : la télécabine, le **Nuage de Beauval**, survole le parc à 35 m de hauteur et offre une vue à 360° !

CENTRE VAL-DE-LOIRE – ADRESSES CIRCUIT 6

Aires de service & de stationnement

BLOIS

Aire Parc Expositions
Av. Wilson - ☎ 02 54 90 41 41
Permanent
Borne AireService : 2 €
20 P - 🔒 - 72h - 8 €/j.
Services :
Belle aire manquant un peu d'ombrage.
GPS : E 1.34455 N 47.57823

CHAMBORD

Parking du château (P1)
☎ 02 54 50 40 00 - www.chambord.org
Permanent
100 P - 🔒 - 24h - 11 €/j.
Services :
Si hauteur sup. à 2,10 m, se garer au parking P2.
GPS : E 1.5136 N 47.6152

LES MONTILS

Camping-car Park des Montils
Rte de Seur - ☎ 01 83 64 69 21 - www.campingcarpark.com
Permanent
Borne eurorelais
45 P - 🔒 - 72h - 12,94 €/j. - borne compris
Paiement :
Services :
À 500 m du centre-ville.
GPS : E 1.30608 N 47.49381

MONTRÉSOR

Aire de Montrésor
R. du 8-Mai, à côté des terrains de tennis - ☎ 02 47 91 43 00
Permanent
Borne flot bleu : gratuit
20 P - Illimité - gratuit
Services :
Aire vieillissante offrant peu d'ombrage sur une surface goudronnée, mais proche du centre et fonctionnelle.
GPS : E 1.20222 N 47.15805

MONTRICHARD

Camping-car Park de Montrichard
31 r. Vieille de Tours - ☎ 01 83 64 69 21 - www.campingcarpark.com
Permanent
Borne AireService
40 P - 🔒 - Illimité - 13,16 €/j. - borne compris
Paiement :
Services :
Emplacements stabilisés ou en herbe bénéficiant d'un bel ombrage.
GPS : E 1.17099 N 47.33869

PONTLEVOY

Aire de Pontlevoy
4 r. du Petit-Bois - ☎ 02 54 71 60 70
Permanent (mise hors gel)
Borne eurorelais : gratuit
12 P - 72h - gratuit
Paiement : jetons (commerçants (fermé merc. apr.-midi))
Services :
Plat, gravier et petit ombrage dans un cadre verdoyant.
GPS : E 1.26051 N 47.38835

ST-AIGNAN

Voir p. précédente

TOUR-EN-SOLOGNE

Aire de Tour-en-Sologne
Pl. Chéramy - ☎ 02 54 46 42 86
Permanent
Borne eurorelais 2,50 € 2,50 €
4 P - 48h - gratuit
Paiement : jetons (mairie)
Services :
En centre-ville, à 100 m de la mairie.
GPS : E 1.49959 N 47.53776

Campings

BRACIEUX

Huttopia Les Châteaux
11 r. Roger-Brun - ☎ 02 54 46 41 84 - www.huttopia.com
De fin mars à déb. nov. - 280 empl.
borne artisanale 7 €
Tarif camping : 36 €
(10A) - pers. suppl. 7,50 €
Services et loisirs :
Cadre boisé et grands emplacements.
GPS : E 1.53821 N 47.55117

CHAUMONT-SUR-LOIRE

Municipal Grèves de Loire
81 r. de Mar.-de-Lattre-de-Tassigny - ☎ 02 54 20 95 22
De fin avr. à fin sept. - 150 empl.
borne eurorelais 2 €
Tarif camping : 12 €
(10A) 4 € - pers. suppl. 4 €
Services et loisirs :
GPS : E 1.1999 N 47.48579

CHEVERNY

Sites et Paysages Les Saules
Rte de Contres - ☎ 02 54 79 90 01 - www.camping-cheverny.com
De déb. avr. à mi-sept. - 164 empl.
borne artisanale
Tarif camping : 41 €
(10A)
Services et loisirs :
Cadre champêtre sous les saules et refuge LPO.
GPS : E 1.45184 N 47.47871

262

Les bonnes adresses de bib

BLOIS

✕ Les Banquettes Rouges – 16 r. des Trois-Marchands - ☏ 02 54 78 74 92 - www.lesbanquettesrouges.com - fermé 10 j. en juin, 10 j. en août, vac. de noël, dim. et lun. - formule déj. 18,50 € - menus 28,50/36 €. D'entrée, on éprouve de la sympathie pour ce petit restaurant à la jolie devanture rouge. Le cadre est très chaleureux : chaises bistrot, tables au coude à coude et, bien sûr, banquettes rouges. Dans l'assiette, tout est fait maison. Cuisine élaborée, créative, inventive et pleine de saveur.

CHAMBORD

Café d'Orléans – Château de Chambord – ☏ 02 54 50 40 00 - www.chambord.org - menu 20 €. Vous pouvez faire une pause dans ce salon de thé situé dans la cour royale du château. En salle, au coin du feu, ou en terrasse : boissons fraîches et chaudes, salades, croque-monsieur et desserts réalisés par des maîtres artisans de la région avec des produits locaux.

CHAUMONT-SUR-LOIRE

Millière Raboton, homme de Loire – Au pied du château ☏ 06 88 76 57 14 - www.milliere-raboton.net - dép. du port de Chaumont-sur-Loire, promenade découverte (1h30) sur réserv. (5 pers. mini) - 20 € (enf. 12 €). Une expérience intime, presque initiatique, au fil de la Loire, sur l'une de ses huit toues, bateaux de 12 places. Également des soirées, lectures, parties de pêche, affûts animaliers, bivouacs et randonnées pique-nique.

CHEVERNY

✕ La Botte d'asperges – 52 r. P.-H.-Mauger - Contres - ☏ 02 54 79 50 49 - www.labottedasperges.com - fermé lun.-mar. et 2ᵉ quinz. de fév. - menus 40/98 €. La façade vitrée de ce restaurant, rythmée de colombages, cache deux salles lumineuses, décorées de fresques. On y déguste une cuisine gastronomique et de saison, qui privilégie les circuits courts.

ST-AIGNAN

✕ Le Mange-Grenouille – 10 r. Paul-Boncourt - ☏ 02 54 71 74 91 - www.lemangegrenouille.fr - fermé dim.-lun. et merc. soir - formules déj. 16/21 € - menus 39/45 €. Cet ancien relais de poste mérite un détour. Cuisine traditionnelle servie dans une décoration baroque qui ne manque pas non plus de caractère. Les papilles sont aux anges : tartare de crevettes royales aux mangues, guacamole et pop-corn ; cuisses de grenouille fraîches en croustillant d'ail nouveau et parmesan ; filet de lapin en croûte de citron confit et mini-chou farci de homard. Plats renouvelés tous les 3 mois.

Offices de tourisme

BLOIS-CHAMBORD
5 r. de la Voûte - ☏ 02 54 90 41 41 - www.bloischambord.com.

CHAUMONT-SUR-LOIRE
R. du Mar.-Leclerc - ☏ 02 54 20 91 73 - www.bloischambord.com.

Chambord, lanterne du Grand Escalier.

Château de Montrésor.

Vélo sur l'île de Ré.
Cloud-Mine-Amsterdam/Getty Images Plus

Pont de l'île de Ré.
lucentius/Getty Images Plus

Poitou-Charentes

Plages, ports, îles et marais composent ici le cocktail idéal des vacances et attirent une foule hétéroclite de pêcheurs à pied, d'amateurs de glisse, d'amoureux des oiseaux et d'adeptes du farniente. Mais l'attrait du littoral ne doit pas éclipser les richesses des édifices historiques et le charme discret de l'intérieur des terres, alternance de plaines et de vallées, de collines, de fleuves et rivières qui se découvrent au fil de l'eau et révèlent un étonnant patrimoine…

Terre romane ! De Poitiers à Bordeaux, au long du chemin de St-Jacques qui traverse le Poitou et les Charentes, ont fleuri des églises et abbayes de pierre claire et tendre, sculptées à profusion et ornées de lumineuses peintures murales. Les amoureux de l'iconographie romane, éminemment présente dans la région, poseront leurs valises à Saintes, Poitiers, ou encore Angoulême, incontournable capitale de la bande dessinée, à moins qu'ils ne se perdent sur les traces de Mérimée jusqu'à St-Savin-sur-Gartempe.

Terre océane ! De Royan à la pointe de l'Aiguillon, en passant par les îles de Ré et d'Oléron, soleil et climat sec, plages de sable fin et multiples activités nautiques vous attendent. Tandis que les amateurs d'échappées vertes iront à la rencontre du marais poitevin en partant de Niort ou de Coulon, les adeptes du char à voile se lanceront à marée basse sur les vastes plages de St-Georges-de-Didonne, et les découvreurs arpenteront les sites de caractère que sont Brouage, Rochefort ou La Rochelle, capitale historique de l'Aunis.

Et pour les sensations fortes ? Au choix, dégustation de cognac dans les chais ou attractions « décoiffantes » au Futuroscope de Poitiers !

POITOU-CHARENTES

La Rochelle, tour de la Grosse Horloge. newskyphoto/Getty Images Plus

LES ÉVÉNEMENTS À NE PAS MANQUER

- **Festival international de la bande dessinée** à Angoulême (16) : dernier w.-end de janv. www.bdangouleme.com.
- **Festival de Cerfs-volants** à Châtelaillon (17) : w.-end de Pâques.
- **Festival Jazzellerault** à Châtellerault (86) : mi-mai. festival-jazzellerault.fr.
- **Food trucks festival 86** à Poitiers (86) : 3 j. en mai.
- **Festival de musique de chambre** à Melle (79) : mi-juin. www.festivaldemelle.fr.
- **Salon du livre** à Montmorillon (86) : fin juin. www.citedelecrit.fr.
- **Fête du cognac** à Cognac (16) : fin juil. lafeteducognac.fr.
- **Fêtes médiévales** au château à Montguyon (17) : fin juil. www.sceniesen2monts.org.
- **Les Francofolies de La Rochelle** (17) : autour du 14 Juil. www.francofolies.fr.
- **Festival de Saintes** à l'Abbaye-aux-Dames (16) : mi-juil. ; musique classique.
- **Festival danses et musiques du monde** à Confolens (16) : mi-août. festivaldeconfolens.com.
- **Soirées Lyriques** à Sanxay (86) : 2e sem. août. www.operasanxay.fr.
- **Coup de chauffe** à Cognac (16) : 1er w.-end de sept. ; arts de la rue. www.avantscene.com.
- **Gastronomades** à Angoulême (16) : fin nov. www.gastronomades.fr.
- **Festi-classique** en Pays de Cognac (16) : de fin août à fin sept. ; concerts de musique classique dans des maisons de cognac. www.festi-classique.fr.

Votre séjour en Poitou-Charentes

Circuits №

1 Douceurs du Poitou
7 jours - 320 km **P 268**

2 Découverte
des Deux-Sèvres
5 jours - 330 km **P 272**

3 Rochefort, La Rochelle
et l'île de Ré
6 jours - 270 km **P 276**

4 Balade en Charentes
7 jours - 370 km **P 280**

Étapes

Poitiers   P 269
Niort   P 273
La Rochelle   P 277
Angoulême   P 281

EN COMPLÉMENT, UTILISEZ...

- Guides Verts : Charentes, Poitou
- Cartes Michelin : Région 521 et Départements N° 322 et 324

POITOU-CHARENTES – CIRCUIT 1
Douceurs du Poitou

Avec ses paysages de landes, ses prés arrosés par la Vienne ou la Gartempe, ses moutons, ses chèvres dont le lait est utilisé pour la fabrication du chabichou, ses fresques, ses lanternes des morts, ses châteaux et ses églises romanes, le Poitou semble incarner l'image d'une douce France ou le cher pays de l'enfance…

⭐ **DÉPART :** POITIERS - 7 jours – 320 km

JOUR 1
Poitiers séduit par son dynamisme culturel. Les ruelles pentues entraînent à la découverte d'une ville attachante (voir l'encadré p. ci-contre).

JOUR 2
Rendez-vous au **Futuroscope**. Là, laissez-vous guider par vos enfants dans la « planète » du virtuel, du cinéma en 3D ou dynamique, des jeux interactifs et restez au moins le soir pour les féeries nocturnes.

JOUR 3
Allez au nord pour vous promener dans **Châtellerault** sur les traces de Descartes ; visitez l'église St-Jacques aux éléments romans et près du pont Henri-IV la Manu et son attrayant musée Auto Moto Vélo. La D725 mène à l'est à **La Roche-Posay**, ville thermale dont les eaux sont réputées pour les soins de la peau.

JOUR 4
Au sud, par Vicq-sur-Gartempe vous rejoindrez **Angles-sur-l'Anglin**, magnifique village, renommé jusque dans les années 1950 pour sa broderie en « jours d'Angles ». Bâtie sur un escarpement rocheux, la forteresse domine le village où vous ne manquerez pas d'aller voir, au centre d'interprétation, la reproduction de la frise sculptée du Roc-aux-Sorciers. Datée de l'époque magdalénienne, elle est considérée comme le « Lascaux de la sculpture » ! En remontant la Gartempe (D5), vous arrivez à l'abbaye de **St-Savin**, dont les fresques bibliques (11ᵉ s.), inscrites au Patrimoine mondial de l'Unesco saisissent par leur beauté et leur force.

JOUR 5
Vers l'ouest (D951), vous gagnerez **Chauvigny** et sa ville haute pour visiter la collégiale St-Pierre aux chapiteaux surprenants, ainsi que ses châteaux en ruine. Dans le château baronnial, se déroulent des spectacles de fauconnerie en saison. Gagnez au sud (D8), le joli village de **Morthemer** où église et château se côtoient. Un peu plus loin, **Civaux** conserve une remarquable nécropole mérovingienne. Finissez la journée à Terre de Dragons, où vivent, sous une serre de 5 000 m², 260 spécimens issus des neuf espèces de crocodiles existantes. Les enfants vont adorer !

Poitiers.

ÉTAPE 11
Poitiers

OFFICE DE TOURISME
45 pl. Charles-de-Gaulle - ℘ 05 49 41 21 24 - visitpoitiers.fr.

STATIONNEMENT
Parking du Palais de Justice, bd Mar.-de-Lattre-de-Tassigny (0,40 €/h du lun. au sam. 9h-19h). Halte nocturne possible.

Le Moyen Âge fut une période glorieuse pour Poitiers. Son plus surprenant témoignage se trouve sur la **place Charles-de-Gaulle**, où se tient un grand marché chaque samedi matin, et où trône le monument phare de la ville : l'**église Notre-Dame-la-Grande**. Du plus pur style roman poitevin d'influence saintongeaise, cette authentique merveille présente sur sa **façade** ouest un portail orné de niches, de frises et de sculptures superbement restaurées. L'intérieur du sanctuaire (repeint au 19ᵉ s.) conserve une très belle fresque du 12ᵉ s. représentant la Vierge en majesté et le Christ en gloire. En sortant de l'église, passez le long de la **médiathèque François-Mitterrand** pour rejoindre la **rue Descartes** se prolongeant par la **rue de la Chaîne**, riche en maisons médiévales. Au nº 8 de la rue Descartes, faites une pause à l'**hôtel Fumé**, de style gothique flamboyant, et dans sa cour pour admirer sa galerie sur piliers. De retour vers la place Charles-de-Gaulle, allez voir, place Alphonse-Lepetit, le **palais de justice** dont la **grande salle des pas-perdus** aux dimensions impressionnantes se visite librement. Louvoyez ensuite dans les rues piétonnes et commerçantes pour découvrir les **hôtels particuliers Jean-Beaucé** et **Pélisson**, tous deux caractéristiques de la Renaissance, ainsi que l'**hôtel de l'Échevinage**, ancien hôtel de ville bâti au 15ᵉ s. Au passage, rue Gambetta, remarquez l'**église St-Porchaire**, bâtie au 11ᵉ s., au magnifique clocher-porche, puis rejoignez la remarquable **église St-Hilaire-le-Grand**, chef-d'œuvre de l'art roman inscrit au Patrimoine mondial de l'Unesco. À l'heure du déjeuner, les restaurants de la vieille ville vous proposeront un large choix avant de descendre sur le quartier épiscopal qui regroupe de prestigieux édifices : la **cathédrale St-Pierre**, surprenante par son ampleur, riche de **stalles** et d'un orgue considéré comme l'un des meilleurs de France ; l'**église Ste-Radegonde**, qui abrite le tombeau de la reine des Francs ; et le **baptistère St-Jean**, le plus ancien sanctuaire chrétien de France, aux somptueuses **fresques romanes et gothiques**. Pour finir, ne manquez pas le **musée Ste-Croix**, voisin du baptistère. Outre une riche section archéologique, il présente des peintures des mouvements artistiques des 19ᵉ et 20ᵉ s., et une très belle collection de sculptures de Camille Claudel.

JOUR 6

Passez vite fait à **Lussac-les-Châteaux** et prévoyez quelques heures pour flâner dans **Montmorillon**, ville natale de Régine Deforges. En franchissant le pont du 14ᵉ s. sur la Gartempe, vous entrez dans le quartier médiéval et la Cité de l'Écrit où se regroupent librairies, bouquinistes, ateliers de reliure… Ne manquez pas de goûter à ses macarons ni de visiter son hôtel-Dieu flanqué d'une énigmatique tour octogonale. Vous irez via Saulgé en exploration aux **Portes d'Enfer** (16 km au sud), sortez vos chaussures de marche pour une promenade le long d'une rivière fougueuse (comptez 1h AR). Étape à **Moulismes**.

JOUR 7

La D729 vers le sud mène à **L'Isle-Jourdain**, puis la D10 plein ouest conduit aux vestiges de l'**abbaye de La Réau**, puis à ceux de **Charroux** (remarquable salle capitulaire, trésor et tour de Charlemagne). Pour cette dernière, puis pour la magnifique église romane St-Nicolas à **Civray**, comptez une bonne heure. Allez à **Gençay** (D1) et bifurquez vers **Château-Larcher** (vestiges du château), puis **Vivonne** au confluent de trois rivières. Prévoyez un arrêt à **Lusignan** (vestiges de sa forteresse). Par la D94 plein ouest, ralliez **Jazeneuil** (chevet de son église). Terminez par le site gallo-romain de **Sanxay** (théâtre, thermes, temple).

LE CONSEIL DU BIB

Toute l'année, assistez à l'un des concerts du Marché : des concerts d'orgue gratuits dans la cathédrale St-Pierre et dans l'église N.-D.-la-Grande. www.orguesapoitiers.org

POITOU-CHARENTES - ADRESSES CIRCUIT 1

Aires de service & de stationnement

BEAUMONT-ST-CYR

Camping-car Park du Lac de St-Cyr
16 r. de la Bourdillière, à l'entrée de la base de loisirs - ✆ 01 83 64 69 21 - www.lacdesaintcyr.fr/infos-pratiques/sejourner
Permanent -
Borne artisanale
36 - Illimité - 13,25 €/j. - borne compris ; moins cher hors sais.
Paiement : CC
Services :
GPS : E 0.45612 N 46.72185

CHARROUX

Aire de Charroux
Au bourg - ✆ 05 49 87 50 33
Permanent -
Borne AireService 2 € 2 €
18 - Illimité - gratuit
Paiement : jetons (commerçants indiqués sur la borne)
Services :
GPS : E 0.40633 N 46.14299

CHÂTEAU-LARCHER

Aire de Château-Larcher
Rte du Stade, au bord de l'étang, à côté du stade, près du camping Val de Clouère - ✆ 05 49 43 40 56 - chateau-larcher86.fr
De déb. mars à fin nov. -
Borne artisanale
12 - Illimité - 7 €/j. - borne compris
GPS : E 0.3155 N 46.41465

CIVAUX

Aire de Civaux
Rte du Fond-d'Orveau, accès par la D 83, devant le camping Les Tuileries - ✆ 05 49 48 45 08
Permanent (mise hors gel) -
Borne artisanale
15 - Illimité - 10 €/j. - stat. à côté de la piscine, de Terre de Dragons et du plan d'eau ; borne compris
Paiement : CC
Services : WC
Halte nocturne autorisée.
GPS : E 0.66657 N 46.4493

COUHÉ

Aire de Couhé
Esplanade St-Martin - ✆ 05 49 37 44 20 - Permanent -
Borne artisanale : gratuit
9 - 24h - gratuit
Services : WC
Jolie vue, plat, bitume, ouvert à tous véhicules.
GPS : E 0.17889 N 46.29908

PARC DU FUTUROSCOPE

Aire du Futuroscope
Av. René-Monory - ✆ 05 49 49 11 12 - www.futuroscope.com
Permanent
Borne artisanale
99 - Illimité - 10,10 €/j. - moins cher hors sais. ; borne comprise
Services :
GPS : E 0.36758 N 46.66372

GENÇAY

Aire de Gençay
Pl. du Champ-de-Foire, au pied du château d'eau - ✆ 05 16 83 80 86
Permanent (mise hors gel - fermé les 2e et dernier jeu. du mois : marché)
Borne AireService : gratuit
4 - Illimité - gratuit - stat. au plan d'eau de Verneuil, à moins de 500 m de la borne
Paiement : jetons (boulangerie)
Services :
GPS : E 0.40638 N 46.37315

LUSSAC-LES-CHÂTEAUX

Aire de Lussac-les-Châteaux
Pl. de l'Amitié-entre-les-Peuples, près de la mairie - ✆ 05 49 48 40 33
Permanent (stationnement interdit vend. matin : marché)
Borne artisanale : gratuit
10 - Illimité - gratuit
Services : WC
GPS : E 0.72562 N 46.40279

MONTMORILLON

Aire de Montmorillon
2 r. Léon Dardant - ✆ 05 49 91 13 99 - www.montmorillon.fr/aire-de-camping-car
Permanent -
Borne Urbaflux : 2 €
10 - Illimité - gratuit
Paiement : CC
Services :
GPS : E 0.86694 N 46.42311

MOULISMES

Camping-car Park de Moulismes
Rte de Poitiers, (N 147), à prox. de la station Total, près d'un étang - ✆ 01 83 64 69 21 - Permanent
Borne AireService
53 - Illimité - 11,75 €/j. - borne compris
Paiement : CC
Services :
Préférer le fond de l'aire (circulation importante sur la route).
GPS : E 0.80972 N 46.33264

LA ROCHE-POSAY

Aire privée du magasin Super U
ZA Les Chaumettes - ✆ 05 49 90 30 67 - Permanent
Borne AireService : gratuit
10 - 24h - gratuit
Services :
GPS : E 0.79763 N 46.79384

ROMAGNE

Aire de Romagne
Rte du Vignaud - ✆ 05 49 87 70 68
De mi-mars à fin oct.
Borne artisanale : gratuit
6 - 72h - gratuit
Services : WC
Bien aménagée, très agréable.
GPS : E 0.30359 N 46.2688

VIVONNE

Aire de Vivonne
Pl. du Champ-de-Foire, au pied de l'office de tourisme - ✆ 05 49 43 47 88 - Permanent
Borne AireService
10 - Illimité - gratuit - parking restreint lors des j. de marché
Services : WC
GPS : E 0.26318 N 46.42626

Campings

CHAUVIGNY

Municipal de la Fontaine
R. de la Fontaine - ✆ 05 49 46 31 94 - www.chauvigny.fr
De déb. avr. à déb. oct. - 100 empl.
borne artisanale - 10 €
Tarif camping : 3,30 € 2,60 €
2,60 € (16A) 5 €
Services et loisirs :
Emplacements soignés et fleuris.
GPS : E 0.65349 N 46.57095

INGRANDES

Les Castels
Le Petit Trianon de St-Ustre
1 r. du Moulin-de-St-Ustre -
✆ 05 49 02 61 47 -
www.domaine-petit-trianon.com
De mi-avr. à fin août - 116 empl. -
Tarif camping : 24 €
(10A) - pers. suppl. 5,50 €
Services et loisirs :
GPS : E 0.58653 N 46.88779

LA ROCHE-POSAY

Yelloh! Village La Roche-Posay
Rte de Lésigny - ✆ 05 49 86 21 23 -
www.yellohvillage.fr
De déb. avr. à fin sept. - 85 empl. -
borne artisanale
Tarif camping : 41 €
(10A)
Services et loisirs :
Autour d'un parc aquatique en partie couvert.
GPS : E 0.80963 N 46.7991

ST-GEORGES-LÈS-BAILLARGEAUX

Le Futuriste
R. du Château - ✆ 05 49 52 47 52 -
www.camping-le-futuriste.fr
Permanent - 123 empl.
borne artisanale
Tarif camping : 42,50 €
(10A) - pers. suppl. 4,80 €
Services et loisirs :
Très agréable cadre verdoyant.
GPS : E 0.39543 N 46.66468

Les bonnes adresses de bib

CHAUVIGNY

VéloRail de Chauvigny –
10 r. de la Folie - ✆ 09 75 41 80 56 - www.velorail-chauvigny.fr - départs juil.-août : à 10h, 14h, 17h et 20h ; reste de l'année : se rens. - 12,50 € (6-12 ans 7 €) - réserv. conseillée. Un circuit de 17 km (2h) en vélorail pour découvrir la nature et les vestiges des anciennes carrières.

Les Choucas – 21 r. des Puys - ✆ 05 49 46 36 42 - fermé dim. soir-lun. (et mar.-merc. hors sais.) - plats 14/22 €. Installée dans un ancien couvent du 15ᵉ s., cette maison sert des planches de charcuteries, des salades et quelques plats simples et traditionnels Côté décor : fenêtres à meneaux, cheminée et poutres ou, à l'extérieur, une très agréable terrasse, située juste en face du donjon de Gouzon.

LUSIGNAN

Hôtel-restaurant du Chapeau Rouge – 1 r. de Chypre - ✆ 05 49 39 27 92 - fermé merc. midi et dim. soir - menus 24/78 €. Ce relais de poste sert une cuisine traditionnelle gourmande, relevée d'un zeste de modernité. Remarquez la vieille cheminée avec sa devise en ancien français et son tournebroche à poids.

LUSSAC-LES-CHÂTEAUX

Les Orangeries –
12 av. du Dr-Dupont - ✆ 07 85 34 19 91 - www.lesorangeries.fr - fermé dim. soir-mar. - menus 38,50/50 €. Voilà une adresse où le terme « écoresponsable » a un sens : on y cuisine presque exclusivement des produits bio, venant soit du potager, soit des producteurs fermiers de la région. La carte des vins est dans le même esprit. Un respect des saisons qui se retrouve dans l'assiette.

MONTMORILLON

Le Roman des Saveurs –
2 r. Montebello - ✆ 05 49 91 52 06 - fermé dim. soir-lun. - formule déj. 16 € - menus 20,50/36 €. Choisissez une table proche des baies vitrées donnant sur la Gartempe. La vue est splendide ! De quoi patienter entre les assiettes concoctées par le chef : gésier, foie gras et autres spécialités traditionnelles sont à l'honneur, agrémentées de sauces selon l'inspiration du jour.

POITIERS

Les Bons Enfants – 11 bis r. Cloche-Perse - ✆ 05 49 41 49 82 - fermé dim.-lun. - formule déj. 16 € - menu 36 €. Près de l'hôtel Fumé. On se serre les coudes pour déguster, entre autres, ses spécialités poitevines, servies dans une ambiance... bon enfant !

Le Bistro de l'Absynthe –
36 r. Carnot - ✆ 05 49 37 28 44 - fermé dim.-lun. - formules déj. 20/23,50 € - menus 24/28 €. Accueil charmant dans une petite salle décorée de publicités anciennes (à l'étage). Escargots, cuisses de grenouille, rognons ou filet de bœuf.

Futuroscope.

POITOU-CHARENTES – CIRCUIT 2
Découverte des Deux-Sèvres

En parcourant les Deux-Sèvres, vous rencontrerez plusieurs chefs-d'œuvre de l'art roman poitevin, quelques spécialités très locales comme le baudet du Poitou aux longs poils, la coque noire du tourteau fromager et la liqueur d'angélique. Vous pourrez aussi atteindre le « nombril du monde » à Pougne-Hérisson. Alors, d'accord pour une découverte des Deux-Sèvres ?

⭐ **DÉPART :** NIORT - 5 jours – 330 km

JOUR 1

Débutez votre journée à **Niort** (voir l'encadré p. ci-contre), puis quittez la ville par le nord jusqu'au **château de Coudray-Salbart**, une imposante forteresse du 13ᵉ s. édifiée par les seigneurs de Parthenay. Évadez-vous ensuite, à **Pougne-Hérisson**, dans le « Nombril du monde » du conteur Yannick Jaulin, un « parc de loisirs poétiques » désormais célèbre pour son festival. Nuit à Secondigny.

JOUR 2

Repartez vers le nord en direction de **Bressuire**, important marché agricole. Remontez la vallée de l'Ouère jusqu'à **Argentonnay** qui s'étend dans un cadre bucolique, à proximité du **lac d'Hautibus** où est aménagée une belle base de loisirs. Rendez-vous à **Thouars**, puis au **château d'Oiron**, qui abrite une belle collection d'art contemporain. Changement de décor avec l'église de **St-Jouin-de-Marnes**. Dans la plus grande tradition de l'architecture romane poitevine, sa façade est ornée de voussures sculptées et d'un pignon triangulaire, alors que l'intérieur est composé de trois nefs.

JOUR 3

Vous suivez la **vallée du Thouet** jusqu'à Parthenay et découvrez **Airvault**, petite ville tranquille dont l'église romane présente un portail typiquement poitevin. Les amateurs de jardins à la française s'arrêteront au **château de St-Loup-Lamairé**, qui recèle une belle collection de fruitiers. À **Parthenay**, vous grimperez dans l'ancienne citadelle pour une agréable balade surplombant le cours du Thouet, avant de redescendre dans la rue de la Vau-St-Jacques, sur les traces des pèlerins de Compostelle. En fin de journée, gagnez **St-Maixent-l'École**, célèbre pour son école militaire.

JOUR 4

Partez à la découverte des **tumulus de Bougon**, monumentales sépultures datant du néolithique. Faites une halte à **Celles-sur-Belle** pour son abbaye renommée. Arrivé à **Melle**, admirez son église St-Hilaire bâtie dans le plus pur style roman poitevin (voir le cavalier du portail gauche) et plongez dans les anciennes mines d'argent des rois francs. Pour les

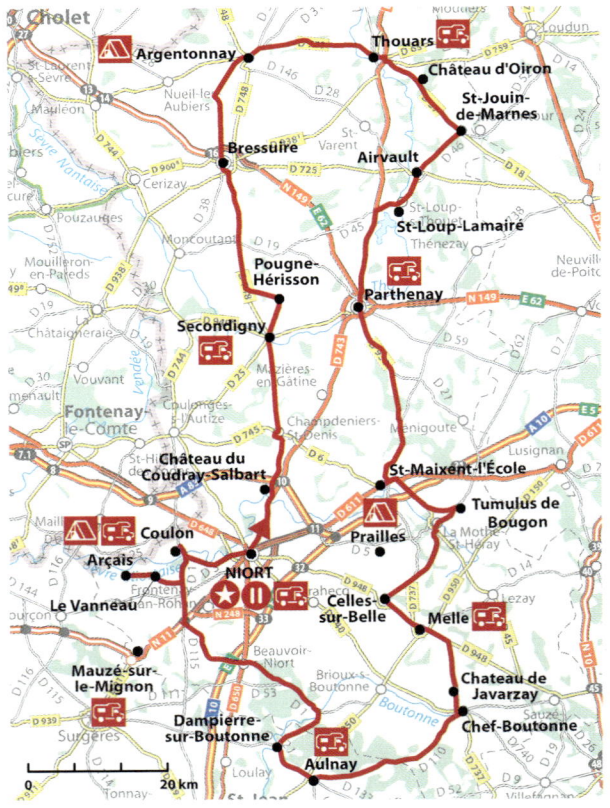

Niort, l'église St-André et le marché.

ÉTAPE 11

Niort

OFFICE DE TOURISME
Port Boinot, Le Séchoir, 1 r. de la Chamoiserie - ☎ 05 49 24 18 79 - www.niortmaraispoitevin.com.

STATIONNEMENT & SERVICES

Parking conseillé
Parking Capucins : r. de Fontenay (à proximité du centre-ville), gratuit.

Aire de Niort
R. de Bessac, parking de Bessac - ☎ 05 49 78 79 80 - www.vivre-a-niort.com
Permanent
Borne artisanale
15 🅿 - 72h - 13,60 €/j. - borne compris
Proche du centre-ville et de la Sèvres. Arborée.
GPS : W 0.46471 N 46.32896

---

connaisseurs, deux passionnés ont redonné vie à des dizaines de motos Monet et Goyon. Enfin, découvrez le **château de Javarzay** dont une partie est consacrée à Jean-François Cail, grand industriel et inventeur, natif de la petite ville de **Chef-Boutonne**, située à proximité

JOUR 5

Rejoignez **Aulnay** et son église, autre chef-d'œuvre de l'art roman poitevin, placée sur le chemin de Compostelle, et prenez le temps d'en décrypter les remarquables sculptures. Vient ensuite la rencontre du baudet du Poitou, cet âne aux yeux tendres dont la race, menacée d'extinction, fut sauvée grâce à la création de l'asinerie de **Dampierre-sur-Boutonne**. Ne manquez pas pour autant de jeter un œil à la fameuse galerie à caissons du **château de Dampierre**. L'après-midi, depuis les **ports d'Arçais**, **Le Vanneau** ou **Coulon**, embraquez pour une promenade en barque dans le **Marais poitevin** (divers parcours et durées).

LE CONSEIL DU BIB
À Niort, goûtez à l'angélique, plante aromatique dont les tiges sont confites, cuites (confiture) ou distillées (liqueur), et au tourteau fromagé, délicieux gâteau au fromage de chèvre et de vache.

Mieux que toutes les grandes mutuelles d'assurance françaises, l'imposante masse du double donjon de Richard Cœur de Lion veille sur Niort. Ici, l'art de vivre se conjugue avec l'artisanat d'art, car la ville, pôle régional des métiers d'art, fourmille d'artisans et de créateurs. Niort occupe deux collines de part et d'autre de la Sèvre Niortaise. Sur la **rive gauche** sont érigés l'église **Notre-Dame**, dont la flèche du 15e s. se dresse à 76 m de haut, et le fameux **donjon** édifié au 12e s. Ses deux tours massives carrées, reliées par un bâtiment du 15e s., composent un ensemble d'architecture militaire hors du commun. Juste à côté, se tiennent les belles **Halles** (1869), au fronton triangulaire décoré des figures de Mercure et de Cérès. Poussez un peu plus loin et visitez le **musée Bernard-d'Agesci**, du nom du peintre et sculpteur niortais (1757-1828). Il abrite des collections d'une grande variété réparties en trois sections : beaux-arts et arts décoratifs, histoire naturelle et conservatoire de l'éducation. Rejoignez ensuite **la rive droite** où sont installés l'ancien **hôtel de ville** et le **quartier St-André** aux ruelles tortueuses. Nombre d'entre elles, bordées de maisons basses à toit de tuiles rondes, ont conservé des noms évocateurs : de l'Huilerie, de la Regratterie, du Tourniquet, du Rabot… Enfin, le long de la Sèvre Niortaise, une **Coulée verte** de 2 km a été aménagée. En la suivant, vous découvrirez des sites témoignant du passé de la ville : l'ancien quartier des mégissiers et chamoiseurs, le Jardin des plantes (18e s.), l'ancien chemin de halage, l'écluse… Terminez la journée **avenue de la République**, en partie piétonne. Lieu de sortie et de rendez-vous, elle est particulièrement agréable à la belle saison grâce à l'ombre de ses grands platanes séculaires. Installez-vous et dégustez l'une des spécialités de la ville.

POITOU-CHARENTES – ADRESSES CIRCUIT 2

Aires de service & de stationnement

AULNAY

Aire de vidange d'Aulnay
Rte de Salles - ☎ 05 46 33 10 02
Permanent
Borne artisanale : gratuit
6 🅿 - Illimité - gratuit
Services :
GPS : W 0.34516 N 46.0223

COULON

Voir p. 58

MAUZÉ-SUR-LE-MIGNON

Aire du Gué de la Rivière
R. du Port, près du camping municipal Le Gué de la Rivière - ☎ 05 49 26 30 35 - www.ville-mauze-mignon.fr
Permanent
Borne flot bleu
45 🅿 - Illimité - 12,90 €/j. - borne compris ; moins cher hors sais.
Services :
GPS : W 0.68014 N 46.19951

MELLE

Camping-car Park de Melle
R. de Villiers - ☎ 01 83 64 69 21 - www.campingcarpark.com
Permanent -
Borne Urbaflux
24 🅿 - 72h - 13,80 €/j. - borne compris
Paiement :
Services :
GPS : W 0.14402 N 46.23145

NIORT

Voir p. précédente

PARTHENAY

Aire du Bois Vert
R. de Boisseau, base de loisirs Pierre-Beaufort, près du camping Le Bois Vert - ☎ 05 49 64 78 43
De déb. avr. à fin oct.
Borne artisanale
8 🅿 - Illimité - 11,50 €/j. - borne compris ; paiement au camping
Paiement :
Services :
GPS : W 0.26654 N 46.64054

SECONDIGNY

Aire du camping Le Moulin des Effres
Chemin des Effres, accès par la D 748, à la sortie S. de Secondigny vers le lac des Effres - ☎ 05 49 65 54 25 - www.camping-lemoulindeseffres.com
De déb. avr. à déb. nov.
Borne artisanale
20 🅿 - Illimité - borne compris ; moins cher hors sais.
Paiement :
Services :
GPS : W 0.41605 N 46.60487

THOUARS

Aire de Thouars
2 Lève de la Magdelaine - ☎ 05 49 68 11 11 - www.maisonduthouarsais.com
Permanent (mise hors gel) -
Borne AireService 2 €
17 🅿 - Illimité - 5,40 €/j.
Paiement :
Services :
GPS : W 0.21138 N 46.97611

Campings

ARGENTONNAY

Municipal Le Lac d'Hautibus
R. de la Sablière - ☎ 05 49 65 54 25 - camping-lacdhautibus.com
De déb. avr. à déb. nov. - 70 empl.
borne artisanale
Tarif camping : 28 €
(6A) - pers. suppl. 5 €
Services et loisirs :
Beaux emplacements délimités et un peu ombragés, à 150 m du lac avec accès direct (site pittoresque).
GPS : W 0.45164 N 46.98764

COULON

Flower La Venise Verte
178 rte des Bords de Sèvre - ☎ 05 49 35 90 36 - www.camping-laveniseverte.fr
De fin mars à déb. oct. - 92 empl. -
borne AireService -
23 €
Tarif camping : 36 €
(10A)
Services et loisirs :
Tout près du canal et de la Sèvre Niortaise.
GPS : W 0.60889 N 46.31445

PRAILLES

Municipal Le Lambon
Plan d'eau du Lambon - ☎ 05 49 32 85 11 - www.lelambon.com
De déb. avr. à fin oct. - 44 empl. -
borne artisanale
Tarif camping : 20 €
(10A) 3 € - pers. suppl. 5 €
Services et loisirs :
À 200 m de la base nautique aux nombreuses activités.
GPS : W 0.20753 N 46.30055

Le château d'Oiron.

Les bonnes adresses de bib

ARÇAIS

✕ **Le Patio d'Arçais** –
24 r. du Marais - ✆ 05 49 24 65 85 - restaurantlepatiodarcais.jimdo.com - fermé dim. soir-lun. - plats 18/22 €. Cette grande salle claire ne désemplit pas. Au menu, farci poitevin, blanquette de seiche, steak de thon au lard, gratin d'écrevisses. Desserts inventifs, service adorable.

ARGENTONNAY

Base de loisirs du lac d'Hautibus –
✆ 05 49 65 70 22 (mairie). Au fond de la vallée de l'Ouère, ce lac artificiel de 6 ha fut créé en 1969 dans un site verdoyant. Circuits pédestres ou VTT, pêche, pédalos, etc. La baignade est interdite.

CELLES-SUR-BELLE

✕ **Hostellerie de l'Abbaye** –
1 pl. des Époux-Laurant - ✆ 05 49 26 03 18 - www.hostellerie-de-abbaye.fr - fermé sam. midi, dim. - formule déj. 19 € - plats 20/28 €. Cette ancienne maison est plus agréable côté cour, où s'installe la terrasse aux beaux jours. En hiver, la cuisine traditionnelle est servie dans une agréable salle à manger colorée.

COULON

Voir aussi p. 59.
✕ **L'Auberge de l'Écluse** –
3285 rte des Bords-de-Sèvre - ✆ 06 87 26 47 99 - www.aubergedelecluse.com - d'avr. à Toussaint : tlj sf mar. ; reste de l'année : se rens. - menus 25/39 €. Située en bordure de la Sèvre niortaise, dans un cadre exceptionnel, c'est la plus ancienne des auberges du Marais poitevin : elle remonte en partie à la fin du 18ᵉ s. Dans une vaste salle aux murs de pierre ornés d'ustensiles du Marais, on vous servira une cuisine régionale accompagnée de vins locaux : cuisses de grenouilles, escargots, anguilles, filet de sandre, côtelettes d'agneau. Et pourquoi ne pas essayer le confit de porc de mogettes ?

MELLE

Méli Mellois – 2 pl. Bujault - ✆ 05 49 29 15 10 - decouvertes.paysmellois.org - fermé dim. Installée dans l'office de tourisme, cette boutique propose des produits artisanaux : bijoux, poteries, tisanes, pâtes, chocolats, fromages de chèvre, huiles, pineaux, cognacs...

NIORT

✕ **L'ArrOsoir** – 13 r. Brisson - ✆ 05 49 35 87 55 - www.larrosoir-bar-resto.fr - fermé dim.-lun. et sam. soir - plats 15/22 €. Sa décoration *vintage*, sa situation face aux halles, sa cuisine simple et généreuse et son atmosphère conviviale font le succès de cette adresse, courue des Niortais. Réservation indispensable.

✕ **La Belle Étoile** –
115 quai Maurice-Métayer, près du périph. ouest - ✆ 05 49 73 31 29 - www.la-belle-etoile.fr - fermé dim. soir-mar. - formule déj. 22 € - plats 26/30 €. Au bord de la Sèvre, maison isolée de la circulation par un rideau de verdure. Élégante salle à manger bourgeoise et terrasse ombragée ; jolie collection de vieux millésimes. Dans l'assiette, une cuisine travaillée, où poissons et viandes sont sublimés par d'heureux mariages de saveurs.

THOUARS

✕ **Le Trait d'Union** –
8 pl. St-Médard - ✆ 05 49 66 08 13 - www.letraitdunion-restaurant.com - fermé merc. et dim. soir (et mar. soir de nov. à avr.) - formule déj. 13,50 € - menus 29/51 €. Ce restaurant est situé sur une place tranquille semi-piétonne. Plats classiques (ris d'agneau, crêpe soufflée à l'angélique...) d'une grande justesse.

Offices de tourisme

NIORT

Voir p. 273.

THOUARS

32 pl. St-Médard - ✆ 05 49 66 17 65 - www.maisonduthouarsais.com.

Baudet du Poitou.

Ph. Renault/hemis.fr

POITOU-CHARENTES – CIRCUIT 3

Rochefort, La Rochelle et l'île de Ré

La Rochelle, Rochefort, St-Martin-de-Ré : ces lieux chargés d'histoire et soumis aux caprices de l'océan permettront aux rêveurs de guetter, face à la mer, l'apparition d'un trois-mâts revenant des « isles ». Vaine attente ? Qu'importe, il fait si bon demeurer sur ce lumineux littoral aux immenses plages de sable fin, que parsèment des marais à la faune protégée.

⭐ **DÉPART :** ROCHEFORT - 6 jours – 270 km

JOUR 1

Rochefort sera votre port d'attache. Dans cette ville bâtie au 17e s. autour d'un arsenal, où il fait bon flâner, vous pourrez notamment visiter la Corderie royale, un bâtiment de 374 m de long, le musée de la Marine, La Fabrique de l'Arsenal, l'espace Pierre Loti du musée Hèbre et la réplique de *L'Hermione*, célèbre frégate à trois mats, transformée en parc acrobatique. Les enfants aimeront aussi le Périscope géant et le labyrinthe des batailles navales. Une invitation au voyage !

JOUR 2

Quittez Rochefort par la N137 à l'est pour passer le pont suspendu de **Tonnay-Charente** et profiter des vues sur la vallée. À **St-Jean-d'Angély**, ville d'histoire, flânez au milieu des demeures à pans de bois des 15e et 16e s. et des vieux hôtels restaurés des 17e et 18e s. Prochaine étape de votre voyage, **Surgères**, important centre laitier, réputé pour son beurre. Allez admirer les étranges cavaliers de l'église Notre-Dame.

JOURS 3 ET 4

Commencez par une promenade sur le port de **La Rochelle** (voir l'encadré p. ci-contre), dominé par de robustes tours médiévales. Continuez dans les parcs rochelais et sous les arcades blanches du quartier ancien afin d'embrasser du regard la beauté de cette cité. Faites du shopping au marché, qui se tient tous les matins jusqu'à 13h, ou dans les agréables boutiques du centre. Ensuite, choisissez parmi les nombreux monuments et musées. Dînez sur le port. Le lendemain, découvrez l'univers nautique de La Rochelle avec la Ville-en-Bois et le port des Minimes, le Musée maritime et le superbe aquarium.

Le Vieux Port de La Rochelle.

ÉTAPE ⓫
La Rochelle

OFFICE DE TOURISME
2 quai Georges-Simenon - 05 46 41 14 68 - www.larochelle-tourisme.com.

STATIONNEMENT

Parking conseillé
R. du Québec - gratuit
GPS : W 1.207 N 46.1479

Aire de Port-Neuf
6 bd Aristide-Rondeau - 05 46 51 51 51 - Permanent
Borne AireService
171 - Illimité - 13,55 €/j. - borne compris
Paiement : CC - Services :
Camping pour camping-cars. Bus pour le centre-ville.
GPS : W 1.18429 N 46.16037

JOURS 5 ET 6

Allez jusqu'à **Esnandes**, la ville des bouchots, ces fameux piquets de bois sur lesquels engraissent les moules. Vous y ferez une jolie promenade ponctuée de la découverte d'une église à l'allure de forteresse. Et puis, en route pour **Ré**, une île préservée qui ne peut que ravir les amoureux de nature. Une fois encore, optez pour le vélo ! Ré dispose de nombreuses pistes cyclables et d'itinéraires touristiques balisés. C'est le meilleur moyen de découvrir les paysages de l'île : plages de sable blanc bordées de forêts de pins, marais salants, parcs à huîtres, charmants villages aux maisons blanches parées de roses trémières, et un terroir de vignes et de légumes primeurs. Visitez la partie est de l'île le premier jour : les fortifications de St-Martin-de-Ré, l'abbaye des Châteliers et le fort de la Prée. Le lendemain matin, attaquez la partie ouest : faites provision de sel à **Loix**, puis pédalez autour du Fier d'Ars où se trouve la réserve naturelle de Lilleau des Niges pour y observer les oiseaux du marais, avant de repartir pour le **phare des Baleines**. S'il n'y a pas de montagnes sur cette île, le vent – fréquent – sait très bien les remplacer pour les cyclistes. Tenez-en compte pour calculer vos étapes. L'après-midi, de retour sur la côte, arrêtez-vous à **Châtelaillon-Plage** pour profiter de sa promenade en front de mer. Et, toujours en fonction du temps, allez étendre votre serviette sur sa superbe plage de sable. À **Fouras**, même programme : détente absolue !

Bien qu'excentré, le Vieux Port est le cœur battant de la ville. À la mi-juillet, il accueille, dans une ambiance survoltée, nouveaux talents et artistes confirmés lors des Francofolies. En toile de fond se dressent la **tour de la Chaîne** et la puissante **tour St-Nicolas** qui protégeaient l'entrée des bassins ; de la plate-forme supérieure de guet, bordée de hautes parois à meurtrières et mâchicoulis, vue sur la sortie de la rade, la baie et l'île d'Aix. La **tour de la Lanterne**, quant à elle, servait de phare, avant d'être transformée en prison ; de son sommet s'offre un large panorama. Autour du Vieux Port, sur les **cours des Dames**, jalonné par d'anciennes maisons d'armateurs, et le quai Duperré, s'alignent terrasses de restaurants et de cafés. À l'angle des quais, la **porte de la Grosse Horloge** ouvre sur la vieille ville et ses rues aristocratiques où alternent passages voûtés et galeries couvertes, en grand nombre à La Rochelle. La **rue du Palais**, artère principale, mène, par le Palais de Justice et la cathédrale St-Louis, au **Café de la Paix**, emblématique des anciens cafés du 19e s. Au passage faites quelques écarts pour voir la **maison Venette** (rue de l'Escale) et la **maison Henri II** (rue des Augustins). Le nord du centre historique compte quatre musées intéressants : le **Muséum d'histoire naturelle**, célèbre pour son cabinet de curiosités, le **musée du Nouveau Monde**, qui illustre les relations tissées entre La Rochelle et les Amériques depuis la Renaissance, le **musée des Beaux-Arts** (fermé pour rénovation), riche en œuvres européennes du 15e au 20e s. et le **bunker de La Rochelle** qui relate la vie des sous-mariniers et les principaux événements locaux pendant la Seconde Guerre mondiale. N'oubliez pas les quartiers sud, l'**Aquarium** et le **Musée maritime** avec ses bateaux à flot. Impossible aussi de quitter La Rochelle sans faire un tour au **port des Minimes** qui accueille en septembre le Grand Pavois (un salon nautique), l'occasion d'admirer au large de la plage l'énigmatique **phare du Bout du Monde**.

POITOU-CHARENTES – ADRESSES CIRCUIT 3

Aires de service & de stationnement

CHÂTELAILLON-PLAGE

Camping-car Park de Châtelaillon-Plage
3 bd Georges-Clemenceau, r. des Sulkys - 01 83 64 69 21 - www.campingcarpark.com
Permanent -
Borne eurorelais
50 - 72h - 14,90 €/j. - borne compris - Paiement :
Services :
Plat, herbeux et verdoyant à 15 mn à pied de la grande plage.
GPS : W 1.07874 N 46.07265

FOURAS

Aire du Cadoret
Av. du Cadoret - 05 46 84 60 11 - www.fouras.net - Permanent
Borne Urbaflux 2 €
- Paiement :
Services :
Près du camping Le Cadoret, plat, bitume, ouvert à tous véhicules.
GPS : W 1.0868 N 45.99203

Aire de l'Espérance
R. de l'Espérance - 05 46 84 60 11 - www.fouras.net - Permanent
Borne Urbaflux
10 - Illimité - 8,50 €/j. - borne compris - Paiement :
Services :
Face au camping municipal de l'Espérance, à 100 m de la plage, plat, bitume.
GPS : W 1.08255 N 45.97884

PORT-DES-BARQUES

Aire de Port-des-Barques
45 av. des Sports, près du stade et des tennis - 05 46 84 80 01 - www.ville-portdesbarques.fr/aire-camping-car-port-barques_fr.html
Permanent -
Borne AireService
43 - Illimité - 14,02 €/j. - borne compris - Paiement :
Services :
Plat, gravier et ombragé. Idéal pour se rendre sur l'Île Madame.
GPS : W 1.08987 N 45.94706

LES PORTES-EN-RÉ

Aire des Portes
Rte du Fier, parking de la Patache - 05 46 29 50 56 - www.iledere.com
Permanent
Borne Urbaflux
10 - Paiement :
Services :
Proche de la mer, sol plat, bitume.
GPS : W 1.48316 N 46.2295

LA ROCHELLE

Voir p. précédente

ST-CLÉMENT-DES-BALEINES

Aire de St-Clément-des-Baleines
R. de la Forêt, La Conche de Baleines - 05 46 29 24 19 - Permanent -
Borne raclet
45 - 48h - 15 €/j. - borne compris
Paiement :
Services :
Plat, pierreux, herbeux, à 300 m de la plage.
GPS : W 1.5464 N 46.22757

ST-GERMAIN-DE-MARENCENNES

Aire de St-Germain
R. du Moulin-Neuf - 05 46 37 13 71
De mi-mars à mi-nov. -
Borne flot bleu
10 - Illimité - 7 €/j. - borne compris - Paiement : jetons
Services :
Plat, bitume dans un cadre verdoyant.
GPS : W 0.78252 N 46.07895

ST-MARTIN-DE-RÉ

Aire de St-Martin-de-Ré
R. du Rempart, mitoyen au camping municipal - 05 46 09 21 96 - www.camping-saintmartindere.com
Permanent
Borne eurorelais 2 € 2 €
17 - 72h - 11 €/j. - illimitée et moins cher d'oct. à mars
Paiement :
Services :
Étroit pour stationner et manœuvrer.
GPS : W 1.36536 N 46.19926

Campings

CHÂTELAILLON-PLAGE

Au Port Punay
Allée Bernard-Moreau - 05 17 81 00 00 - www.camping-port-punay.com
De déb. mai à fin sept. - 115 empl. -
borne artisanale
Tarif camping : 59 €
(10A) - pers. suppl. 8 €
Services et loisirs :
Emplacements ombragés ou plus ensoleillés à 200 m de la plage et du port.
GPS : W 1.0846 N 46.05352

LOIX-EN-RÉ

Flower Les Ilates
le Petit Boucheau, rte du Grouin - 05 46 29 05 43 - www.camping-loix.com
De déb. avr. à déb. oct. - 69 empl. -
borne eurorelais
Tarif camping : 60 €
(16A)
Services et loisirs :
GPS : W 1.42608 N 46.22756

ROCHEFORT

Le Bateau
106 r. des Pêcheurs-d'Islande - 05 46 99 41 00 - www.campinglebateau.net
De fin mars à déb. nov. - 86 empl. -
borne artisanale
Tarif camping : 28,80 €
(10A) - pers. suppl. 4,70 €
Services et loisirs :
Camping calme entouré d'eau.
GPS : W 0.9962 N 45.94834

ST-NAZAIRE-SUR-CHARENTE

Flower L'Abri-Cotier
26 La Bernardière - 05 46 84 81 65 - www.camping-la-rochelle.net
De déb. avr. à déb. oct. - 45 empl. -
borne artisanale
Tarif camping : 29 €
(16A) - pers. suppl. 5 €
Services et loisirs :
Ombrage, emplacements délimités.
GPS : W 1.05856 N 45.93349

Les bonnes adresses de bib

ARS-EN-RÉ

La Cabane du Fier – Le Martray - ☎ 05 46 29 64 84 - www.lacabanedufier.com - fermé mar. soir-merc. - plats 24/32 €. Sa terrasse face aux marais met tout de suite dans l'ambiance des assiettes qui font la part belle aux plats locaux : chaudrée charentaise (soupe avec morceaux de poissons), bar ou blanc de seiche grillés au feu de bois... Les carnivores trouveront aussi leur bonheur (andouillette, agneau...).

ESNANDES

Les Viviers de l'Océan – Chemin de la Prée-de-Sion - ☎ 05 46 01 33 12 - fermé lun. et merc. soir - plats 17,50/33 €. Situés en bordure de la zone conchylicole au sud de la baie de l'Aiguillon, les Viviers de l'Océan servent du très local : moules de bouchot à la crème ou au pineau des Charentes, soupe de poissons, crustacés vivants du marché, ces évocations mettent d'emblée l'eau à la bouche. Si l'on y ajoute un baba au rhum fait maison en dessert, les palais seront comblés. Les carrelets et les falaises ajoutent au charme du lieu.

FOURAS

Ti Sable – Av. Charles-de-Gaulle - ☎ 05 46 84 61 10 - ♿ - fermé lun. et mar. soir (hors sais.) - menus 19,50/29,50 €. Contempler la mer en dégustant des plats inspirés de la cuisine des Caraïbes est un vrai plaisir. Les portions sont généreuses et le service bien souriant. D'ailleurs, c'est très vite plein.

ROCHEFORT

Le Cap Nell – 1 quai Joseph-Bellot - ☎ 05 46 87 31 77 - www.capnell.com - fermé mar. soir et merc. (sept.-juin) - menu 28 € - assiette de fruits de mer env. 20/40 € (en été uniquement). Un cadre raffiné pour une cuisine subtile. Les produits de la mer et du terroir sont ici relevés par des alliances originales.

LA ROCHELLE

La Gerbe de Blé – R. Thiers - ☎ 05 46 41 05 94 - ♿ - 6h30-16h - fermé mar. hors sais. - plats env. 15/20 €. Petite restauration simple : dégustation d'huîtres du marché voisin à prix coûtant, onglet, entrecôte, etc.

La Fabuleuse Cantine – Pl. Bernard-Moitessier (face au Musée maritime) - ☎ 05 46 67 88 43 - la-rochelle.lafabuleusecantine.fr - fermé dim. soir-mar. - brunch le dim. - formules 20/24 €. Des burgers, des planches, des assiettes, oui, mais élaborés dans un souci locavore, bio et antigaspi. Végétariens plus que bienvenus. Espace de création artistique placé sous le signe de l'éclectisme, avec DJset du jeudi au samedi, cours de salsa, café littéraire...

Le Panier de crabes – Pl. de la Fourche - ☎ 09 53 56 59 97 - fermé lun. (sf de mi-juin à mi-sept.), dim. soir et déc.-fév. - plats 12/23 € - fruits de mer 39 €/pers. L'endroit idéal pour déguster un copieux plateau de fruits de mer à un prix raisonnable. Essayez aussi les grillons charentais de chez Riton, à Surgères. Agréable terrasse à l'ombre d'un paulownia centenaire.

ST-JEAN-D'ANGÉLY

Le Scorlion – 5 r. de l'Abbaye - ☎ 05 46 32 52 61 - www.restaurant-le-scorlion.fr - fermé dim. soir, lun. et merc. soir (et mar. soir d'oct. à mai) - menu 23 €. Installé dans une aile de l'Abbaye royale, cet élégant restaurant sert une cuisine bien maîtrisée avec une touche de créativité.

ST-MARTIN-DE-RÉ

Les Embruns – 6 passage Chay-Morin - ☎ 05 46 66 46 31 - lesembruns-iledere.com - fermé de fin nov. à mi-déc., lun.-mar. - plats 17/39 €. L'ardoise met à l'honneur le retour de la pêche et du marché, avec des assiettes généreuses que l'on déguste dans un décor de carte postale – bateau, rames, épuisette... Une adresse qui ne triche pas.

Offices de tourisme

LA ROCHELLE
Voir p. 277

ROCHEFORT
Av. Sadi-Carnot - ☎ 05 46 99 08 60 - www.rochefort-ocean.com.

ST-MARTIN-DE-RÉ
2 av. Victor-Bouthillier - ☎ 05 46 09 00 55 - www.iledere.com.

Proue de L'Hermione, au retour de son voyage aux USA, à Rochefort.

J.-M. Sotto/hemis.fr

LE TOP 5 PLAGES
1. **Châtelaillon-Plage**
2. **Patache, île de Ré**
3. **La Tremblade**
4. **St-Denis-d'Oléron**
5. **Grande Conche à Royan**

POITOU-CHARENTES – CIRCUIT 4
Balade en Charentes

Si vous aimez la diversité, cette escapade est pour vous : de la plaine, des marais, la côte atlantique, une île, Oléron, des villes, Angoulême, Cognac, Saintes, de la bande dessinée, des églises romanes, des citadelles, de l'alcool fort, des huîtres… Un dénominateur commun ? Vous êtes toujours en Charentes !

⭐ **DÉPART :** ANGOULÊME - 7 jours – 370 km

JOURS 1 ET 2

Angoulême sera la première étape de votre séjour (voir l'encadré p. ci-contre). Partez ensuite découvrir les **sources de la Touvre**, et profitez d'une visite guidée des **grottes du Queroy**. Continuez par **La Rochefoucauld** : s'y dresse un superbe château Renaissance (ne manquez pas son escalier à vis et son petit boudoir). Cette ville commerçante est à l'origine des fameuses « charentaises ». Gagnez **St-Amant-de-Boixe** pour sa très belle église et son logis abbatial ou arrêtez-vous au théâtre gallo-romain de **St-Cybardeaux**, situé dans un cadre campagnard. Faites étape à Cognac.

JOUR 3

À **Cognac**, vous vous initierez dans la matinée à la distillation de l'eau-de-vie en visitant le fabuleux musée des Savoir-faire du cognac et l'un des célèbres chais, en bordure de Charente. Après être passé par l'**abbaye de Fontdouce** et sa remarquable salle capitulaire, rejoignez **Saintes**. C'est là que commencent les joyaux de l'art saintongeais. Promenez-vous dans le centre historique qui renferme de belles maisons médiévales, Renaissance et néoclassiques. L'Antiquité est très présente dans la ville, avec l'arc de Germanicus et l'amphithéâtre ; le Moyen Âge aussi, avec l'abbaye aux Dames et la basilique St-Eutrope. Repartez pour **La Roche-Courbon** que l'écrivain Pierre Loti appelait « le château de la Belle au bois dormant ».

JOUR 4

Direction les marais. **Brouage**, citadelle esseulée au beau milieu des marais, vous offre une inoubliable promenade sur ses remparts. Gagnez **Marennes**, où vous dégusterez des huîtres dans l'une des cabanes du marais ou dans un lieu plus protocolaire ! Tâchez de profiter de la marée basse pour accéder au fort Louvois, puis passez la nuit à **Oléron**.

La cathédrale d'Angoulême.

JOUR 5

Oléron mérite en soi, surtout s'il fait beau, une journée de balade à pied ou à vélo, et de baignade. Reliée au continent par un viaduc, la plus grande des îles de France après la Corse a su garder ses caractères d'insularité. Vous ne manquerez pas d'aller au fort Boyard, au sommet du phare de Chassiron et dans l'une des nombreuses cabanes d'ostréiculteurs, pour déguster sur place quelques huîtres d'Oléron !

JOUR 6

De retour sur le continent, suivant le temps qu'il fait, et l'envie que vous aurez de vous baigner, vous passerez un ou deux jours à descendre le long de la Grande Côte. Traversez la forêt de la Coubre sans manquer le **zoo de La Palmyre**, considéré comme l'un des plus beaux de France. Stations balnéaires et plages de sable s'enchaînent avec nonchalance : **St-Palais-sur-Mer, Royan, St-Georges-de-Didonne, Meschers-sur-Gironde**. Arrêt obligatoire à **Talmont-sur-Gironde**, pour son église plantée au bout d'une presqu'île, avec au premier plan les cabanes de pêcheurs perchées sur pilotis... Profitez de la situation exceptionnelle de quelques restaurants surplombant l'océan pour dîner.

JOUR 7

Gagnez **Pons**. Vous y verrez un rarissime hôpital du 12e s. qui servait d'étape aux pèlerins de Compostelle. Si vous avez des enfants, faites un détour par le château des énigmes : il propose un amusant parcours ludique. En saison, flânez à **Jonzac**, ville thermale dédiée au pineau des Charentes et au cognac. Et de Barbezieux, allez à **Blanzac** qui possède une belle église de style roman, avant de revenir à Angoulême par le village médiéval de **Villebois-Lavalette**.

ÉTAPE 11
Angoulême

OFFICE DE TOURISME
Mairie - pl. de l'Hôtel-de-Ville - ☎ 05 45 95 16 84 - www.angouleme-tourisme.com.

STATIONNEMENT
Parking conseillé
Deux parkings, un rue des Îles et un rue Marcel-Pierre, accessibles en journée mais limités à 1 nuit, gratuits.

L'incontournable capitale de la bande dessinée – dont le Salon se déroule en janvier – se partage entre une ville haute et une ville basse. Ses agréables rues aux maisons de calcaire blanc couvertes de tuiles roses se parcourent à pied au gré des placettes anciennes, des beaux hôtels particuliers et des peintures murales d'auteurs de BD qui ornent les murs de la ville.

Angoulême a conservé une grande partie de son **enceinte médiévale** (9e-13e s.). Elle est dominée par la **cathédrale St-Pierre**, bel édifice roman. Sa façade forme un magistral tableau sculpté où plus de 70 personnages, statues et bas-reliefs illustrent les thèmes du Jugement dernier et de l'Ascension. Les rues alentour sont assez calmes, contrairement à celles du quartier du **palais de justice** où bars, restaurants et boutiques attirent foule.

La ville compte plusieurs **musées** consacrés à l'archéologie, aux arts africains et océaniens, au papier, à la peinture, aux arts décoratifs, à l'art contemporain et aux instruments de musique. Mais le site à ne manquer sous aucun prétexte est la **Cité internationale de la bande dessinée et de l'image** scindée en deux sites situés de part et d'autre de la Charente et reliés par une passerelle ornée d'une statue représentant Corto Maltese. Clin d'œil à Hollywood, le parvis recouvert de dalles peintes par des stars de la BD. Le complexe accueille un musée, deux salles de cinéma, un restaurant, un cyberespace et deux écoles (l'école des jeux vidéos et l'école des films documentaires). D'autres lieux de formation consacrés à l'image, au cinéma... sont implantés autour du site.

Et si la marche ne vous rebute pas, rejoignez les berges de la Charente vers l'**Houmeau**. Faites une pause sur l'**île Marquet**, aux rives sauvages avant d'atteindre le **plan d'eau de la Grande Prairie**. Là, s'étend la « plage » d'Angoulême et le centre nautique **Nautilis** équipé d'une piscine et d'une patinoire.

POITOU-CHARENTES – ADRESSES CIRCUIT 4

Aires de service & de stationnement

LE CHÂTEAU-D'OLÉRON

Aire de Château-d'Oléron
Bd Philippe-Daste, Le Moulin-des-Sables - ☎ 05 46 75 53 00
Permanent -
Borne AireService
100 ⊡ - 🔒 - Illimité - 15 €/j. - borne compris - Paiement : CC
Services : WC
Ancien camping municipal avec sanitaires complets.
Bus pour la plage et la ville.
GPS : W 1.20219 N 45.8964

CHENAC-ST-SEURIN-D'UZET

Aire de Chenac-St-Seurin-d'Uzet
12 quai de l'Esturgeon, accès par la D 129 - ☎ 05 46 90 44 03
Permanent -
Borne artisanale
5 ⊡ - Illimité - 10 €/j. - borne compris ; paiement lors du passage d'un employé municipal
Services :
GPS : W 0.83556 N 45.50126

COGNAC

Aire de stationnement de Cognac
Pl. de la Levade, quartier St-Jacques - ☎ 05 45 36 64 30 - Permanent
3 ⊡ - 24h - gratuit
Services : WC
Places exiguës.
GPS : W 0.33222 N 45.69845

JONZAC

Aire de Jonzac
Pl. St Exupéry - ☎ 05 46 48 49 29
Permanent -
Borne Urbaflux : 4 €
21 ⊡ - Illimité - 9 €/j.
Paiement : CC
Services :
GPS : W 0.43276 N 45.4426

MARENNES

Aire de Marennes
R. Jean-Moulin - ☎ 05 46 85 04 36
Permanent
Borne eurorelais : 5 €
15 ⊡ - 24h - gratuit

Paiement : jetons (office de tourisme)
Services :
Parking tous véhicules.
GPS : W 1.09703 N 45.82573

MESCHERS-SUR-GIRONDE

Aire de Meschers-sur-Gironde
Allée des Salines, port de plaisance - ☎ 05 46 39 71 00 - Permanent -
Borne artisanale
28 ⊡ - Illimité - 11,50 €/j. - borne compris - Paiement : CC
Services :
GPS : W 0.94468 N 45.55639

LA PALMYRE

Aire du Corsaire
Av. de l'Atlantique - ☎ 05 46 22 48 72 - www.mairie-lesmatheslapalmyre.com/reglementation/camping-cars
Permanent (mise hors gel)
Borne AireService
85 ⊡ - 🔒 - 24h - 12 €/j. - borne compris ; moins cher en nov.-fév.
Paiement : CC
Services :
Proche de la plage.
GPS : W 1.18951 N 45.69091

LA ROCHEFOUCAULD

Aire de La Rochefoucauld
Rte de Limoges, (D 942), parking du supermarché Leclerc - ☎ 05 45 63 00 52 - Permanent
Borne eurorelais : 4 €
7 ⊡ - 24h - gratuit
Services : WC
GPS : E 0.38712 N 45.75041

VILLEBOIS-LAVALETTE

Aire de Villebois-Lavalette
Pl. du Champ-de-Foire - ☎ 05 45 64 90 04
Permanent (fermé fin août-déb. sept. pour la fête de Saint Augustin) -
Borne Urbaflux 2 € 2 €
15 ⊡ - gratuit
Paiement : jetons (commerçants)
Services : WC
Ouvert à tous véhicules.
GPS : E 0.27748 N 45.48188

Campings

MONTBRON

Koawa Les Gorges du Chambon
Le Chambon - ☎ 04 66 60 07 00 - www.camping-gorges-chambon.fr
De déb. avr. à déb. oct. - 132 empl. -
borne artisanale
Tarif camping : 35 €
(10A) - pers. suppl. 8 €
Services et loisirs :
Joli cadre vallonné, verdoyant et boisé autour d'une ancienne ferme restaurée.
GPS : E 0.5593 N 45.65945

ROYAN

Campéole Clairefontaine
Pontaillac, r. du Col.-Lachaud - ☎ 05 46 39 08 11 - www.ms-vacances.com/camping-campeole/camping-clairefontaine
De déb. avr. à fin sept. - 125 empl. -
borne artisanale
Tarif camping : 47,50 €
(10A) - pers. suppl. 11 €
Services et loisirs :
Agréable site verdoyant. Commerces à 300 m.
GPS : W 1.04977 N 45.63094

ST-PIERRE-D'OLÉRON

Les Flots Atlantique
18 r. du Renclos-de-la-Perroche - ☎ 05 46 76 59 56 - lesflots-atlantique.fr
De déb. avr. à fin oct. - 65 empl. -
borne eurorelais
Tarif camping : 39 €
(6A) - pers. suppl. 8 €
Services et loisirs :
Sur la côte ouest, au bord de l'océan, avec des emplacements ombragés ou ensoleillés.
GPS : W 1.3031 N 45.9016

Les bonnes adresses de bib

ANGOULÊME

Chez Paul – 8 pl. Francis-Louvel - 05 45 90 04 61 - www.chez-paul.fr - fermé dim.-lun. - plats 14/29 €. Ce grand café propose une cuisine traditionnelle. Sièges design et véranda à l'asiatique. Le jardin est un des endroits les plus agréables du centre historique.

COGNAC

L'Atelier des Quais – 2 quai St-Jacques (juste après le pont) - 05 45 36 31 03 - www.atelierdesquais.fr - fermé dim. soir - menus 25/35 €. Pour déjeuner ou dîner dans un cadre agréable, design, avec une superbe vue sur la Charente et le château. Carte de brasserie.

La Cognathèque – 10 pl. Jean-Monnet - 05 45 82 43 31 - shop.cognatheque.com - 9h30-19h ; fermé dim. sf mi-juin-mi-sept. Pas moins de 500 références de cognacs et de pineaux des Charentes sont réunies dans ce magasin, sélectionnées chez les producteurs et auprès des négociants. Presque tous les millésimes de 1930 à nos jours sont représentés, et certaines bouteilles, comptant plus de cent ans de garde, sont de vrais produits de collection.

JONZAC

Le Comptoir du Marché – 17 r. St-Gervais - 05 46 48 35 95 - www.comptoir-du-marche.net - fermé dim. soir, merc. et jeu. - menu 20 €. À deux pas de la halle, l'adresse propose dans sa petite salle chaleureuse une cuisine de produits frais, locaux et de saison, travaillés avec finesse. Mieux vaut réserver, surtout les jours de marché !

MARENNES

Le Cayenne – 19 rte du Port-de-la-Cayenne - 05 46 85 01 06 - fermé dim. soir et lun. soir - menus 26/31 € - réserv. conseillée en sais. Cette ancienne baraque de pêcheurs séduit par sa décoration sans chichi, son accueil souriant et la qualité de ses assiettes et plateaux de fruits de mer.

LA ROCHEFOUCAULD

Chez Steph – 48 r. des Halles - 05 45 62 09 11 - www.chez-steph.fr - fermé dim. soir-lun., mar. soir et merc. soir - plats 16/34 € - réserv. conseillée. Pour les amateurs de bonnes viandes ou de pizzas maison. Atmosphère sympathique dans une maison ancienne rénovée.

ROYAN

Les Filets Bleus – 14 r. Notre-Dame - 05 46 05 74 00 - fermé lun. (sf soir juil.-août) et dim., 2 sem. en fév. - menus 35/85 €. Restaurant très prisé des Royannais, dédié aux produits de la pêche et décoré à la façon d'un bateau. Menu homard en saison.

ST-GEORGES-DE-DIDONNE

Tarte aux Prunes – 88 r. du Port - 05 46 05 12 26 - fermé lun. soir-mar. - plats 10/22 €. Bien que son enseigne soit discrète, ce petit restaurant familial bénéficie d'une solide réputation locale. Huîtres, tartes, pâtes..., mais on vient surtout pour la célèbre tarte aux prunes maison, dont la recette demeure secrète.

ST-PIERRE-D'OLÉRON

Les Alizés – 4 r. Dubois-Aubry - 05 46 47 20 20 - www.restaurantlesalizes.fr - plats 17/22,50 €. Les deux salles à manger de cette maison blanche, égayées de couleurs vives, sont très reposantes. Poissons et fruits de mer (chaudrée charentaise, matelote d'anguilles, etc.).

SAINTES

Le Batiâ – Pl. Bassompierre - 05 46 90 42 31 - lebatia.fr - tlj sf lun.-mar. - menu 32 €. L'ancien chef des Saveurs de l'Abbaye a ouvert cette péniche où il pratique la même cuisine colorée. Une adresse insolite et une belle vue sur la ville. Réservation conseillée

Offices de tourisme

ANGOULÊME
Voir p. 281.

SAINTES
Pl. Bassompierre - 05 46 74 23 82 - www.saintes-tourisme.fr.

TALMONT-SUR-GIRONDE
R. de l'Église - 05 46 08 17 62 - www.royanatlantique.fr.

Vignoble de Cognac.

Ruines du château de Crozant.
H. Lenain/hemis.fr

Vallée de la Dordogne.
Ch. Guy/hemis.fr

Château de Pompadour, à Arnac-Pompadour.
H. Lenain/hemis.fr

Limousin

Bienvenue dans une France rurale, verte et humide, qui vit au rythme imperturbable des saisons, des champignons, de la pêche et de la chasse... Et que d'eau, que d'eau ! Des rivières impétueuses qui ont pour nom Creuse, Gartempe, Cher, Vienne, Vézère, Corrèze s'abreuvent à ces collines verdoyantes tandis que la capricieuse Dordogne court de barrages en retenues creusant au sud-est les roches cristallines des vieux massifs auvergnats. Divers plans d'eau ont ainsi éclos : pêche, baignades et activités nautiques sont donc au menu et les rafraîchissements garantis ! Les lacs de la « montagne » limousine et le plateau de Millevaches, à la fois poumons verts et châteaux d'eau, ont tout pour attirer les amateurs de randonnées et de repos dès l'été venu, tandis qu'à l'automne, les monts d'Ambazac se parent d'un panel de couleurs chatoyantes, pour le régal des yeux.

Au fil des routes, tout un patrimoine de charme attend le voyageur : des villages parmi les plus beaux de France comme Collonges-la-Rouge ou Turenne, des cités ravissantes telles Beaulieu-sur-Dordogne ou Uzerche, des vestiges féodaux égarés dans le paysage, des chapelles romanes oubliées... le tout ponctué de surprenantes expositions d'art contemporain à Meymac, Rochechouart, etc.

Étape finale avec le trésor de la région, qui fut un temps souterrain, quand l'or blanc du Limousin s'appelait kaolin, du nom de cette argile blanche aussi pure que rare nécessaire à la fabrication de la délicate porcelaine de Limoges...

LIMOUSIN

Argentat.
RolfSJ/Getty Images Plus

LES ÉVÉNEMENTS À NE PAS MANQUER

- **Fête de la fraise** à Beaulieu-sur-Dordogne (19) : 2e dim. de mai.
- **Concours national des coqs de pêche** à Neuvic (19) : mai.
- **Urbaka** à Limoges (87) : juin ; festival des arts de la rue. www.urbaka.com.
- **Les Nuits de nacre** à Tulle (19) : juin.
- **Festival national** de Bellac (87) : juil. www.theatre-du-cloitre.fr.
- **Les 10h de Vassivière** sur le lac (23) : juil. ; course d'endurance en paddle.
- **Les Léon'arts** à St-Léonard-de-Noblat (87) : 14 juil. ; rencontres des métiers d'art.
- **Festival de musique au château de Sédières** à Clergoux (19) : juil.-août.
- **Festival de la Vézère** à Brive-la-Gaillarde et environs (19) : de déb. juil. à mi-août ; musique classique. www.festival-vezere.
- **Théâtrales** à Collonges-la-Rouge (19) : juil.-août. www.theatrales-collonges.org.
- **Les Carrioles** à Flavignac (87) : déb. août ; écofestival. www.lescarrioles.fr.
- **Marché de potiers** à Argentat (19) : 1er w.-end d'août ; l'un des plus importants de Corrèze.
- **Fêtes du bovin limousin** à St-Léonard-de-Noblat (97) : 3e w. end d'août.
- **Salon international du dessin de presse et d'humour** à St-Just-le-Martel (87) : de fin sept. à déb. oct. centredessinpresse-stjust.com.
- **Fête de la châtaigne** à Dournazac (87) : oct.
- **Journées de la laine** à Felletin (23) : oct. ; visites d'ateliers de tapisseries… journeesdelalaine.wixsite.com/felletin.
- **Foire du livre** à Brive-la-Gaillarde (19) : nov. www.foiredulivredebrive.net.

Votre séjour en Limousin

Circuits №

1. Le Limousin au carrefour de l'Histoire
   6 jours - 210 km **P 288**
2. Le plateau de Millevaches
   5 jours - 350 km **P 292**
3. Au fil de la Dordogne
   5 jours - 345 km **P 296**
4. Au cœur de la Corrèze
   5 jours - 250 km **P 300**

Étape

Limoges **P 289**

Visites

Lac de Vassivière **P 293**

Barrage de Bort-les-Orgues **P 297**

Haras national Arnac-Pompadour **P 301**

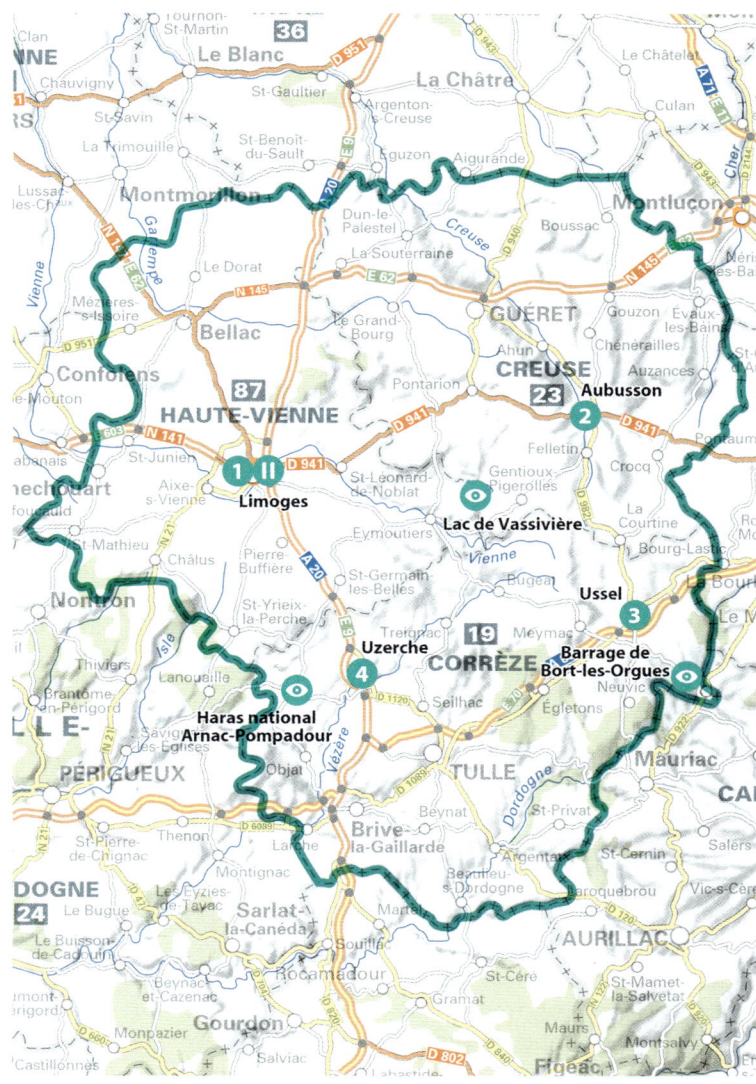

EN COMPLÉMENT, UTILISEZ...
- Le Guide Vert : Limousin Berry
- Cartes Michelin : Région 522 et Départements 325 et 329

LIMOUSIN – CIRCUIT 1
Le Limousin au carrefour de l'Histoire

Longtemps fief anglo-angevin, défendu par de nombreux châteaux forts, le Limousin a été rattaché au domaine royal en 1607. Le bon saint Éloi, ministre du roi Dagobert, fonda son abbaye à Solignac, Richard Cœur de Lion mourut à Châlus et Ahmed Pacha, alias Claude Alexandre de Bonneval, réorganisa l'armée turque. La date la plus tragique est celle du 10 juin 1944, jour où les 642 habitants d'Oradour-sur-Glane furent assassinés par les nazis.

DÉPART : LIMOGES - 6 jours – 210 km

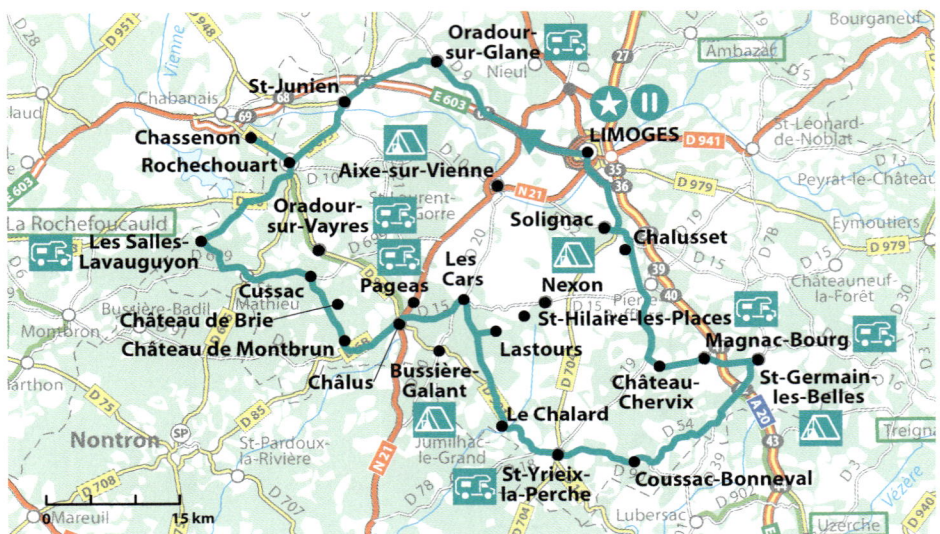

JOURS 1 ET 2

Ces deux premières journées seront consacrées à la visite de **Limoges** (voir l'encadré p. ci-contre). Au programme : veilles pierres et porcelaine, entre patrimoine bâti et artisanat, de quoi contenter tout le monde...

JOUR 3

Commencez par vous rendre à **Oradour-sur-Glane**. Le 10 juin 1944, quatre jours après l'annonce du débarquement allié en Normandie, ce village entier – soit 642 personnes – fut anéanti par la division d'élite « Das Reich ». Des pans de murs calcinés, un mémorial, un cimetière où ont été rassemblées les dépouilles des victimes du nazisme composent le « village martyr ». Retraversez la N141 pour rejoindre, au sud, **St-Junien** dont la collégiale renferme le tombeau du saint. Poursuivez vers le sud-ouest pour arriver à **Chassenon** où vous visiterez le parc archéologique de Cassinomagus. En quittant ce village, vous traversez un insolite paysage lunaire recouvert de végétation. C'est dans ce cratère dû à la chute d'une météorite géante, il y a quelque 200 millions d'années, que fut édifié **Rochechouart**. L'espace Météorite Paul Pellas relate cet événement. À voir aussi, le château et musée départemental d'Art contemporain. La ville sera l'étape du jour.

JOUR 4

Quittez Rochechouart par la D10 au sud ouest. Faites une halte aux **Salles-Lavauguyon** et allez jeter un coup d'œil aux fresques de l'église. Puis reprenez la route en direction du sud jusqu'à la D699 que vous suivez vers l'est. Après **Cussac**, suivez la D42. Vous voilà transporté en pleine période médiévale au

Oradour-sur-Glane.

château de Brie (15ᵉ s.) et un peu plus loin vers le sud, à celui de **Montbrun** (12ᵉ s.). Pour finir, rendez-vous dans la vieille cité de **Châlus**, située au cœur du Parc naturel régional du Périgord-Limousin et témoin de la fin tragique du roi d'Angleterre.

JOUR 5

Commencez par visiter le château de **Châlus**. Richard Cœur de Lion tomba au pied du donjon, foudroyé par une arbalète. La route qui porte son nom vous mène au **château des Cars** et, après avoir traversé la forêt, à celui de **Lastours**. Ensuite, continuant vers le sud, faites une promenade dans le village du **Chalard** (intéressante église) avant de vous arrêter pour la soirée à **St-Yrieix-la-Perche**.

JOUR 6

Visitez la collégiale de St-Yrieix et reprenez votre périple par la D901 à l'est. Depuis **Coussac-Bonneval**, où vous revivrez, dans le château de Bonneval, le destin peu commun d'un Limousin devenu pacha, la route traverse des paysages vallonnés jusqu'à **St-Germain-les-Belles** (agréable plan d'eau). Retraversez l'A20 pour vous rendre à **Château-Chervix** à travers la forêt de Fayat : la route offre de belles vues. Poursuivez sur la D19, au nord, passer devant les ruines du **château de Chalusset** (vous pourrez en faire le tour à pied) avant un nouvel arrêt à **Solignac**, pour finir en beauté devant l'église abbatiale fondée par le bon saint Éloi. Rentrez à Limoges.

ÉTAPE 11

Limoges

OFFICE DE TOURISME

12 bd de Fleurus -
☏ 05 55 34 46 87 -
www.destination-limoges.com.

STATIONNEMENT

Pas facile de garer son camping-car à Limoges, les parkings étant réservés aux voitures. Tentez votre chance sur la voie publique…

Capitale de la porcelaine et important pôle universitaire, Limoges est une ville à ne pas manquer. Elle possède deux visages : celui de la « Cité épiscopale », groupée autour de sa cathédrale, et celui du « Château », animé et commerçant, construit sur le versant voisin, autour de l'abbaye St-Martial. La porcelaine, dont les usines sont à la pointe du progrès, les émaux et les fabriques de chaussures ont largement contribué à son essor industriel. Enfin les musées, rénovés, possèdent de remarquables collections qui dévoilent sans conteste la richesse du passé artistique de Limoges.

Commencez votre visite de Limoges par le quartier du château, qui constitue le centre-ville. Allez voir les vestiges de la **crypte St-Martial**, puis l'**église St-Michel-des-Lions**, qui abrite un reliquaire en argent doré et cristal taillé, du 13ᵉ s. Continuez par le curieux quartier de la Boucherie et sa **chapelle St-Aurélien**. Midi, les halles décorées d'une frise de porcelaine sont devant vous. Arrêtez-vous dans ce secteur pour y déjeuner (produits frais garantis). Ensuite, impossible de faire l'impasse sur la porcelaine… Alors, direction le **musée national Adrien-Dubouché - Cité de la céramique**, riche de plus de 16 000 pièces, qui retrace l'évolution de la céramique et du verre et présente des œuvres issues de la plupart des grandes manufactures mondiales. Vous pourrez compléter cette visite par celles du **musée du four des Casseaux**, dernier témoignage de la centaine de fours en activité dans la ville au début du 20ᵉ s., et de la **Manufacture Bernardaud**, l'une des plus importantes pour les arts de la table. Partez ensuite au hasard des rues dénicher la boutique dont la vitrine expose le service de vos rêves…

Au programme du lendemain, la **« Cité » de Limoges** que vous découvrirez, d'abord dans son ensemble, depuis la rive gauche de la Vienne, en empruntant le pont St-Étienne. Gravissez les escaliers qui mènent aux charmants **jardins de l'Évêché** pour accéder au **musée des Beaux-Arts** (remarquable collection d'émaux), entièrement réaménagé. L'après-midi, un tour à la **cathédrale St-Étienne** s'impose, puis à l'espace **FRAC**, pour ceux qui apprécient l'art contemporain, ou à l'**aquarium du Limousin** avec les enfants.

LIMOUSIN – ADRESSES CIRCUIT 1

Aires de service & de stationnement

MAGNAC-BOURG

Aire de Magnac-Bourg
53 rte de la Tamanie, derrière la mairie, dans le camping municipal
Les Écureuils - ✆ 05 55 00 80 28
De déb. avr. à fin oct.
Borne artisanale 🚿 💧 ♻ ⚡
🅿 - Illimité - 8 €/j.
Services : 🚾 ♻ ✖
GPS : E 1.42846 N 45.6196

ORADOUR-SUR-GLANE

Aire d'Oradour-sur-Glane
Allée du Stade - ✆ 05 55 02 14 60 - www.porteoceane-dulimousin.fr
Permanent (mise hors gel)
Borne eurorelais 🚿 3 € ♻ ⚡
30 🅿 - Illimité - gratuit
Paiement : jetons (office de tourisme et mairie)
Services : 🚾 ♻ ✖ 📶
GPS : E 1.02514 N 45.93531

ORADOUR-SUR-VAYRES

Aire d'Oradour-sur-Vayres
R. Jean-Giraudoux - ✆ 05 55 31 92 92 - oradour-sur-vayres.fr
Permanent (mise hors gel)
Borne artisanale 🚿 ♻ ⚡ : gratuit
10 🅿 - Illimité - gratuit
Services : 🚾 ♻ ✖ 📶
GPS : E 0.866 N 45.7326

PAGEAS

Aire de Pageas
N 21, à côté du restaurant Chez Agnès - ✆ 05 55 78 41 86 - www.pageas.fr
Permanent
Borne AireService 🚿 3 € 💧 3 € ♻ ⚡
10 🅿 - Illimité - gratuit
Services : 🚾 ✖

Aire agréable.
GPS : E 1.00222 N 45.67762

ST-HILAIRE-LES-PLACES

Aire du camping Flower L'Air du Lac
Imp. du Lac Plaisance, à l'entrée du camping du L'Aire du Lac - ✆ 05 55 58 79 18 - www.campinglairdulac.com
De déb. avr. à fin sept.
Borne artisanale 🚿 ♻ ⚡
20 🅿 - 🔒 - Illimité - 5 €/j. - borne compris
Paiement : 💳
Services : 🚾 ♻ ✖ 📶
GPS : E 1.16075 N 45.63489

ST-YRIEIX-LA-PERCHE

Aire de St-Yrieix-la-Perche
Parking Jean-Pierre-Fabrègue - ✆ 05 55 08 20 72 - www.tourisme-saint-yrieix.com
Permanent
Borne raclet 🚿 3,50 € ♻ ⚡
10 🅿 - Illimité - gratuit
Paiement : jetons (office de tourisme, maison de la presse, brasserie et boulangerie)
GPS : E 1.20639 N 45.51271

LES SALLES-LAVAUGUYON

Aire des Salles-Lavauguyon
Rte de St-Mathieu, au SE des Salles-Lavauguyon, par la D 33 - ✆ 05 55 00 30 68 - commune-les-salles-lavauguyon-97.webself.net/accueil
De déb. avr. à fin oct.
Borne raclet 🚿 ♻ ⚡ : gratuit
10 🅿 - Illimité - gratuit
Services : ♻
GPS : E 0.70134 N 45.73987

Campings

AIXE-SUR-VIENNE

Municipal les Grèves
R. Jean-Claude-Papon - ✆ 05 55 70 12 98 - www.night-and-day.fr
De déb. mai à fin sept. - 53 empl. - 🏕
🚐 borne artisanale 🚿 ♻ ⚡
Tarif camping : 21 € 👫 🚗 🔌
⚡ (15A) - pers. suppl. 6 €
Services et loisirs : 📶 🔥 🏊
Emplacements au bord de la Vienne tout proche du centre-ville.
GPS : E 1.1149 N 45.8069

BUSSIÈRE-GALANT

Municipal de l'Espace Hermeline
Av. du Plan-d'eau - ✆ 05 55 78 86 12 - espace-hermeline.com
De déb. avr. à fin oct. - 24 empl. - 🏕
🚐 borne eurorelais 🚿 ♻ ⚡
Tarif camping : 15 € 👫 🚗 🔌
⚡ (12A) - pers. suppl. 6 €
Services et loisirs : ✖ 🔥 🚲 🏊
Sur le site d'une base de loisirs.
GPS : E 1.03086 N 45.61364

NEXON

Municipal de la Lande
Étang de la Lande - ✆ 05 55 58 35 44 - www.camping-nexon.fr
De déb. avr. à fin oct. - 46 empl.
🚐 borne artisanale 🚿 ♻ ⚡
Tarif camping : 15 € 👫 🚗 🔌
⚡ (10A) - pers. suppl. 4 €
Services et loisirs : 📶 🔥 🚲 🏊
Cadre verdoyant et bien ombragé avec vue sur le lac pour certains emplacements.
GPS : E 1.17997 N 45.67078

ST-GERMAIN-LES-BELLES

Le Montréal
R. du Petit-Moulin - ✆ 05 55 71 86 20 - www.campingdemontreal.com
Permanent - 60 empl. - 🏕
🚐 borne artisanale 🚿 5 € ♻ ⚡
Tarif camping : 26,60 € 👫 🚗 🔌
⚡ (10A) 4 € - pers. suppl. 4 €
Services et loisirs : 📶 ✖ 🔥 🏊 🚲
Emplacements bien délimités avec vue sur le plan d'eau.
GPS : E 1.5011 N 45.61143

Les bonnes adresses de bib

BUSSIÈRE-GALANT

Vélorail de Bussière-Galant – Av. du Plan-d'Eau - Espace Hermeline - ℘ 05 55 78 86 12 - epace-hermeline.com - dép. juil.-août : 14h et 16h30 (et 10h30 de mi-juil. à mi-août) ; reste de l'année : w.-end et j. fériés - 29 € (5 pers.), 32 € avec assistance électrique. Circulez en draisine sur 12 km d'anciennes voies de chemin de fer.

LASTOURS

Le Chemin de ronde – 49 rte des Chevaliers - Rilhac-Lastours - ℘ 09 54 73 23 24 ou 06 79 00 65 79 - fermé dim.-mar. - menus déj. sem. 14/16 €, w-end 16/21 €. Ce restaurant tenu par l'association « Les Pieds dans le plat » propose une cuisine inventive 100 % maison, faite avec des produits locaux, et des menus qui changent régulièrement.

LIMOGES

Le Versailles – 20 pl. d'Aine - ℘ 05 55 34 13 39 - www.brasserie-le-versailles-limoges.com - formule déj. lun.-sam. 20 € - plats 18,50/34 €. Avec le palais de justice en toile de fond, cette brasserie haut de gamme fondée en 1932, agrandie d'une mezzanine circulaire, sert des petits plats simples adaptés à l'esprit du lieu, avec un large choix de viandes limousines.

Le Bistrot d'Olivier – Pl. de la Motte (halles centrales) - ℘ 05 55 33 73 85 - fermé le soir et dim. - formule 16,50 € - menu 19,50 €. Dans ce petit restaurant des halles, la cuisine du terroir est à l'honneur, et le personnel vous accueille avec efficacité et bonne humeur. Menu unique très copieux tel que cette terrine maison délicieuse suivie d'un tartare issu de viande limousine ou d'une blanquette de veau puis de desserts gourmands. Une adresse sympathique, où l'on s'installe à la bonne franquette autour de grandes tables.

Pavillon de la manufacture Haviland – 25 r. Philippe-le-Bon - ZI Nord - ℘ 05 55 04 73 09 - www.haviland.fr - tlj sf dim. 10h-18h. Les Haviland, originaires d'Amérique, s'installèrent à Limoges en 1842 et produisirent des services prestigieux pour les rois, les reines, et autres sommités. Grand choix de pièces : vaisselle, décoration.... Autre boutique (3 av. du prés.-John-Kennedy - ZI de Magré - ℘ 05 55 30 21 86) ne vendant que de la porcelaine blanche non estampillée.

NEXON

Paul Buforn – 10 pl. de l'Église - ℘ 06 37 25 62 62 - sur RV. Cet artisan émailleur dont le savoir-faire est classé au Patrimoine de l'Unesco, vous expliquera tout sur cette profession, sa tradition et ses techniques. Il procède à des expertises et à la restauration d'émaux anciens.

Le Sirque - Pôle national du cirque Nexon Nouvelle Aquitaine – 6 pl. de l'Église - château de Nexon - ℘ 05 55 00 73 53 ou 05 55 00 98 36 - lesirque.com - 18 € (-12 ans 8 €). Dans l'enceinte du parc du château de Nexon, le Pôle du cirque accueille des créations de compagnies originaires du monde entier, et notamment l'événement phare, le festival Multipistes. Des répétitions publiques gratuites, « Le Hors piste », permettent aux spectateurs d'aller à la rencontre des artistes.

ROCHECHOUART

Hôtel de France – 7 pl. Octave-Marquet - ℘ 05 55 03 77 40 - www.hoteldefrance-rochechouart.fr - menus 36/40 €. La cuisine, très prisée par la clientèle locale, fait la part belle au bœuf limousin, au veau de St-Yrieix et au cochon « cul noir ».

ST-HILAIRE-LES-PLACES

Le St-Hilaire – 1 r. des Places - ℘ 05 55 58 76 95 - fermé merc. - formule déj. 16,90 € - menu 26 €. Une cuisine contemporaine, où tout est fait maison. Terrasse aux beaux jours.

Offices de tourisme

CHÂLUS

6 bis pl. de la République - ℘ 05 55 58 28 44 - www.visitlimousin.com/pays-de-nexon-monts-de-chalus/.

LIMOGES

Voir p. 289.

ROCHECHOUART

6 r. Victor-Hugo - ℘ 05 55 03 72 73 - www.visitlimousin.com/porte-oceane-du-limousin/.

Gare de Limoges-Bénédictins.

micki980/Getty Images Plus

LIMOUSIN – CIRCUIT 2
Le plateau de Millevaches

Selon la légende, les hautes terres du plateau de Millevaches devraient leur nom imagé à une bergère séduite ici par les milles vaches du diable… À moins que l'expression ne signifie tout bonnement « mille sources » (mille batz en langue celte). Quant au nom de montagne limousine, donné aux Millevaches ainsi qu'au plateau des Gentioux, vous le verrez par vous-même : c'est plus en raison de la rigueur du climat que du relief. Le plus haut point culmine en effet à 977 m !

DÉPART : AUBUSSON - 5 jours – 350 km

JOUR 1
La renommée de la tapisserie d'Aubusson ou de Felletin vous incitera à en percer les secrets : parcourez le matin les salles de la Cité internationale de la tapisserie à **Aubusson**, puis découvrez, après le déjeuner, la technique en visitant un atelier et une filature à **Felletin**. Le village possède aussi une Coopérative diamantaire.

JOUR 2
Felletin est aussi un point de départ pour la montagne limousine, votre première bouffée d'oxygène. Suivez la D992 au sud-ouest sur 20 km et prenez à droite direction **Sénoueix** pour aller voir le pont romain. Revenez sur vos pas et continuez jusqu'à **Gentioux-Pigerolles**, où vous prendrez la D16 pour atteindre le bucolique site du Rat, invitant à une petite promenade. Un peu plus loin, à **Négarioux** se trouve une tourbière ; un circuit pédestre, ponctué d'œuvres artistiques, en fait le tour. Enfin, vous ferez étape dans le joli bourg de **Peyrelevade**.

JOUR 3
Prenez donc de l'altitude en sillonnant le **plateau de Millevaches**. Le toit du Limousin réserve bien des surprises. Véritable château d'eau – sur ce plateau granitique naissent quantité de rivières (Corrèze, Creuse, Vézère) – c'est aussi un espace encore très préservé. Gagnez **Millevaches** proprement dit, puis l'étang des Oussines (par la D164) ou la surprenante tourbière du **Longeyroux**. Rejoignez **Eymoutiers**, 25 km plus au nord par la D940. Dans cette petite ville, ne manquez pas l'Espace Paul-Rebeyrolle.

Étang des Oussines dans le Parc naturel régional de Millevaches.

JOUR 4

Dirigez-vous vers le nord-ouest (D14). Ceux qui veulent en savoir plus sur le pays Monts et Barrages en Limousin (label Pays d'art et d'histoire) s'arrêteront à **Bujaleuf**, les autres fileront vers **St-Léonard-de-Noblat** : sa collégiale et ses vaches sont deux bonnes raisons d'y faire une halte. La suite ne réserve pas moins de belles surprises : vous arriverez par la vallée de la Maulde à **Peyrat-le-Château** et au **lac de Vassivière**, où, dans un cadre sauvage superbe, se trouve un centre d'art contemporain original (voir l'encadré ci-contre). Longez le lac en direction de **Royère**, puis par la D8, rejoignez **Bourganeuf** marqué par le destin du prince Zizim, au 15e s. En vous dirigeant vers Guéret, vous traverserez l'énigmatique **forêt de Chabrières**, beau massif forestier où ont pris place le parc animalier des monts de Guéret et le beau jardin de Val Maubrune. **Guéret** sera l'étape du jour.

JOUR 5

Avant de partir, allez admirer, au musée d'Art et d'Archéologie, les émaux et les œuvres de peintres qui ont été fascinés avant vous par les paysages creusois. Puis visitez l'église de **Mouthier-d'Ahun** et celle de **Chénérailles** qui vaut aussi le coup d'œil. En cours de route, arrêtez-vous au **château de Villemonteix**, qui renferme notamment de belles tapisseries. Il vous reste un peu de temps devant vous ? Alors, avant de regagner Aubusson, allez voir la petite cité médiévale de **Crocq**.

VISITE

Lac de Vassivière

INFOS PRATIQUES

Accès par le pont piéton situé au bout de la presqu'île de Pierrefitte, que l'on rejoint en empruntant la route circumlacustre (rive sud, dir. de Beaumont-du-Lac et parking de l'île) ou en bateau-navette.
Petit train – ✆ 05 55 69 20 45. Relie le parking de l'île, au bout de la presqu'île de Pierrefitte (rive sud), à l'île de Vassivière *via* le pont piéton.
Bateaux-navettes – ✆ 05 55 69 76 70 - www.lelacdevassiviere.com - été : horaires, se rens. aux embarcadères. Ils sillonnent le lac au dép. des Pontons : plage d'Auphelles (rive ouest) pour rejoindre directement l'île de Vassivière, plage de Broussas (rive sud-est) et port de Masgrangeas (rive nord-est) pour rejoindre le parking de l'île (au niveau du pont piéton).

Sur l'île
Centre international d'art et du paysage (CIAP) :
✆ 05 55 69 27 27 - www.ciapiledevassiviere.com - ♿ - juil.-août : 11h-13h, 14h-18h ; reste de l'année : mar.-vend. 14h-18h, sam.-dim. 11h-13h, 14h-18h - 5 € (12-18 ans 3 €).
Le Bois des sculptures – Accès libre - gratuit. Carte en vente au Centre d'art.

Restauration et boutique :
Restaurant Pré du Lac, dans le château de l'île de Vassivière. Boutique de produits régionaux.

STATIONNEMENT

Laissez votre camping-car au parking de l'île.

Inscrit dans un cadre préservé de collines boisées à 700 m d'altitude, le lac de Vassivière (1000 ha) est le plus vaste plan d'eau du Limousin. Il résulte d'une retenue créée sur la Maulde. Chaque année s'y déroulent d'importantes manifestations nautiques. Mais la vedette du site reste son île. Bien abritée dans la partie ouest du lac, elle associe ses attraits naturels au plaisir d'aborder des œuvres d'art grâce à un aménagement spectaculaire réalisé en 1991.

Le **Centre international d'art et du paysage**, édifié en brique et en granit par l'architecte milanais Aldo Rossi et son homologue français Xavier Fabre, a été conçu en rapport étroit avec la nature. La galerie, grande salle muséale qui se développe sous une voûte de bois évoquant une carène de navire renversée, et le « phare », desservi par un grand escalier hélicoïdal (large panorama sur le lac de la base du lanternon), accueillent exclusivement des expositions d'art contemporain qui mettent en relation l'art et le paysage. Prolongement indispensable du Centre d'art, le **Bois des sculptures** met en scène une soixantaine d'œuvres, certaines créées *in situ* telles celles d'Andy Goldsworthy, Bernd Lohaus, Michelangelo Pistoletto. Enfin, l'**ancien four à pain** de la famille Vassivière reprend du service chaque été.

LIMOUSIN – ADRESSES CIRCUIT 2

Aires de service & de stationnement

AUPHELLE
Aire d'Auphelle
Rte du Barrage (D 233), 7 km à l'E de Peyrat-le-Château - ☎ 05 55 35 60 81 - www.campings-vassiviere.com
Permanent (mise hors gel)
Borne Urbaflux 2,50 €
- Illimité - 12 €/j.
Services : WC
Au bord du lac de Vassivière.
GPS : E 1.84329 N 45.80567

BOURGANEUF
Aire de Bourganeuf
Pl. du Champ-de-Foire, entre la Poste et le Trésor Public, accès par D 912 - ☎ 05 55 64 12 20 - www.ot-bourganeuf.com
Permanent (accès difficile de mar. 21h à merc. à 13h : marché) -
Borne eurorelais : gratuit
15 - 48h - gratuit
Services : WC
Proche du centre-ville.
GPS : E 1.75734 N 45.95483

CROCQ
Aire du Crocq
Rte de la Bourboule, à côté du stade - ☎ 05 55 67 40 32
Permanent (mise hors gel)
Borne eurorelais 2 €
6 - Illimité - gratuit
Paiement : jetons (mairie ; en été, un conseiller municipal passe tous les soirs)
Services : WC
GPS : E 2.38 N 45.858

FELLETIN
Aire de Felletin
Av. Joffre, parking Reby-Lagrange - ☎ 05 55 66 51 11 - www.felletin.fr
Permanent (mise hors gel)
Borne eurorelais : gratuit
20 - Illimité - gratuit
Services : WC
Aire agréable.
GPS : E 2.17474 N 45.88252

JARNAGES
Aire de Jarnages
Rte de Pionnat (à la poste, prendre la dir. du plan d'eau, par la D 65), près des courts de tennis - ☎ 05 55 80 90 46 - www.jarnages.fr
Permanent -
Borne eurorelais 2 € 2 €
5 - Illimité - gratuit
Services : WC
Au bord du plan d'eau.
GPS : E 2.08126 N 46.18417

MONTBOUCHER
Aire de Montboucher
Pl. Maurice-Chaumeil, au centre du bourg, près de la mairie et des tennis - ☎ 05 55 64 12 87
Permanent
Borne artisanale : gratuit
4 - 24h - gratuit
Services : WC
Aire très agréable.
GPS : E 1.6804 N 45.95147

ROYÈRE-DE-VASSIVIÈRE
Aire de Royère-de-Vassivière
Pl. du Dr-Ferrand, face à la supérette Proxi, par la D 83 - ☎ 05 55 64 71 06
Permanent (mise hors gel - fermé mar. 6h-14h : marché)
Borne eurorelais : gratuit
10 - Illimité - gratuit
Services : WC
GPS : E 1.91121 N 45.84004

ST-MERD-LES-OUSSINES
Aire de St-Merd-les-Oussines
D 109 - ☎ 05 55 95 57 65
Permanent
Borne eurorelais : 4 €
10 - Illimité - gratuit
Paiement : jetons (auberge du Mont-Chauvet)
Services : WC
GPS : E 2.0355 N 45.64167

Campings

BUJALEUF
Lac de Bujaleuf
Rte de La Plage - ☎ 06 25 33 62 33 - www.campingbujaleuf.com
De fin avr. à déb. sept. - 110 empl. -
borne artisanale
Tarif camping : 21 €
(10A) - pers. suppl. 4,50 €
Services et loisirs :
Grandes terrasses qui dominent le lac.
GPS : E 1.6297 N 45.80166

EYMOUTIERS
Municipal
St-Pierre-Château - ☎ 05 55 69 27 81 - www.tourisme-portesdevassiviere.fr
De déb. juin à fin sept. - 40 empl. -
Tarif camping : 12 €
(16A)
Petit terrain en position dominante, tout simple sans aucun service.
GPS : E 1.75296 N 45.73161

GUÉRET
Courtille
R. Georges-Aulong - ☎ 05 55 81 92 24 - www.night-and-day.fr
De déb. avr. à fin sept. - 65 empl. -
borne artisanale 6 €
Tarif camping : 21,80 €
(10A) - pers. suppl. 4 €
Services et loisirs :
Cadre verdoyant et boisé au bord d'un joli plan d'eau et sa base de loisirs.
GPS : E 1.85823 N 46.16093

ST-LÉONARD-DE-NOBLAT
Municipal de Beaufort
Beaufort - ☎ 06 17 12 86 18 - www.campingdebeaufort.fr
De déb. avr. à déb. nov. - 78 empl. -
borne AireService 3 €
Tarif camping : 17 €
(10A) - pers. suppl. 2,50 €
Services et loisirs :
Emplacements délimités et ombragés au bord de la Vienne.
GPS : E 1.4919 N 45.82283

Les bonnes adresses de bib

AUBUSSON

À La Terrade – 3 r. Alfred-Assolant - 05 55 67 72 20 - www.alaterrade.fr - fermé dim. soir-merc. - menus 34/44 €. Dans ce restaurant gastronomique du quartier de la Terrade, on déjeune ou on dîne en terrasse au bord de la Creuse. Assiette de qualité. Choix de produits locaux.

Chez Armand – 26 r. Vaveix - 09 72 64 48 58 - www.chezarmand.fr - fermé dim. - formule déj. 19,50 € - plats 17/31 €. Au bord de la Creuse, on déguste, dans cette petite salle à l'ambiance décontractée, une excellente cuisine de bistrot. Pensez à réserver, l'endroit est très couru.

AUPHELLE

L'Escale – Rte circumlacustre - 05 55 69 41 35 - www.escale-vassiviere.com - de mi-fév. à mi-déc. Les patrons de ce bar-restaurant organisent à la belle saison des croisières d'une heure (avr.-juin et sept. : se rens., juil.-août : tlj - 8,50 € ; -12 ans 6 €) sur le lac de Vassivière.

Lac de Vassivière – 05 55 69 76 70 - www.tourisme-creuse.com/lac-de-vassiviere. Nombreuses activités sportives et de plein air (baignade, kayak, voile, ski nautique, VTT, etc.) et animations. L'agenda et l'application Vassivière (téléchargeables sur le site Internet) les répertorient toutes.

CHÉNÉRAILLES

Le Coq d'Or – 7 pl. du Champ-de-Foire - 05 55 62 30 83 - www.restaurant-coqdor-23.com - fermé dim. soir-mar. - formule déj. sem. 18 € - menus 27/32 €. Décor soigné et coloré pour cet établissement où Christine Rullière concocte une cuisine goûteuse et réputée : pâté en croûte, ballottine de pintade, tataki de bœuf limousin, filet et côtes d'agneau... Accueil aimable.

EYMOUTIERS

L'Encas local – Vassiviera - vassiviera.fr/l-encas-local - 10/15 €. Installé en terrasse au bord du lac, vous dégusterez une cuisine 100 % bio et locale : burgers à base de viande limousine, salades gourmandes, tartes salées, saucisson de cul noir... Ambiance conviviale, soirées thématiques, concerts.

FELLETIN

Espace Histoire de laines – 6 rte d'Aubusson - 05 55 67 57 27 - www.felletinpatrimoine.com - mar.-jeu. 10h-12h, 14h-17h, vend. 9h30-12h30, 14h-16h (17h juil.-août). Grand choix de laines en écheveaux ou pelotes des filatures de la Creuse, tricotin, laines à feutrer, tapisseries au point. L'été, ateliers d'initiation au feutre de laine et ateliers enfants.

GENTIOUX-PIGEROLLES

La Colombe – 9 pl. du Monument - 05 55 83 72 42 - fermé lun. en été, lun.-mar. en hiver - petit-déj. et brunch le dim. - 15 € env. Dans ce sympathique bar-restaurant, vous dégusterez une savoureuse cuisine à prix doux, avec plat unique le dimanche soir. Bières excellentes.

GUÉRET

Villechalane-Sionneau – 1 pl. Bonnyaud - 05 55 52 53 31 - villechalane-sionneau.fr - tlj sf lun. 6h45-19h15, dim. 7h-12h30 - fermé 3 sem. en juil. Vous trouverez chez ce boulanger, pâtissier et chocolatier le creusois, un gâteau à base de noisettes, du pain cuit au feu de bois et un excellent pâté de pommes de terre.

Le Coq en Pâte – 2 r. de Pommeil - 05 55 41 43 43 - www.restaurant-lecoqenpate.com - fermé dim. soir, lun. soir et mar. soir - menus 20 € (déj.), 29/67 €. Dans cette maison bourgeoise du 19e s., on savoure une cuisine actuelle généreuse et soignée, entre terre, région limousine oblige, et mer – le chef est d'origine bretonne. Terrasse.

Offices de tourisme

AUBUSSON

63 r. Vieille - 05 55 66 32 12 - www.tourisme-creuse.com/aubusson-felletin/.

EYMOUTIERS

17 av. de la Paix - 05 55 69 27 81 - www.tourisme-portesdevassiviere.fr.

GUÉRET

1 r. Eugène-France - 05 55 52 14 29 - www.tourisme-creuse.com/monts-de-gueret/.

Château de Villemonteix.

LIMOUSIN – CIRCUIT 3
Au fil de la Dordogne

Au fil de la Dordogne s'alignent des maisons à balcon, aux toits pentus, couverts de lauzes et d'élégantes demeures à tourelles et à poivrières. Au fil de la Dordogne, glissent encore quelques gabares, chargées de troncs de chênes ou de tuteurs en châtaignier. Au fil de la Dordogne, les lacs succèdent aux gorges étroites. Et de fil en aiguille, d'une rivière à l'autre, le massif des Monédières se traverse, tranquille montagne limousine, splendide fenêtre ouverte sur les reliefs de l'Auvergne.

DÉPART : USSEL - 5 jours – 345 km

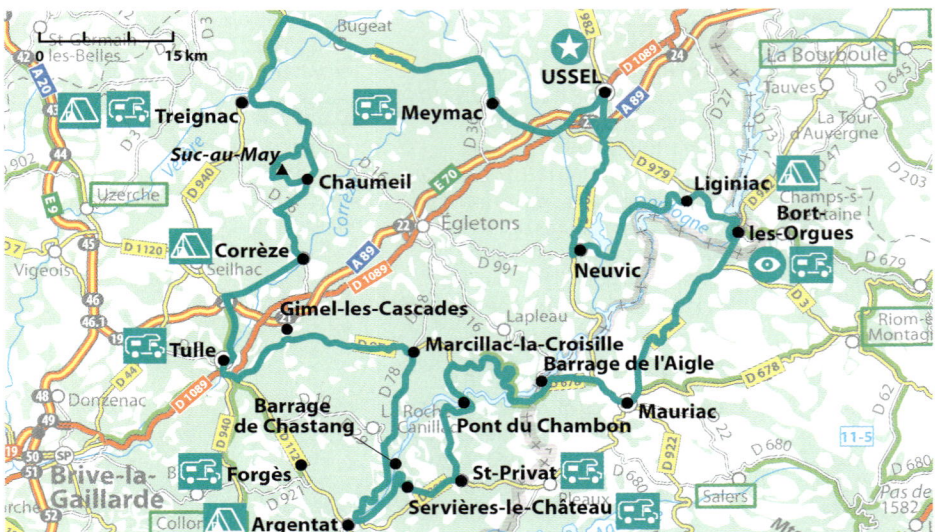

JOUR 1

Un petit tour avec les enfants au musée du pays d'**Ussel** pour tout connaître sur le pays, puis quittez la ville au sud par l'agréable D991 pour gagner **Neuvic**. Cette petite ville connue des estivants pour son lac et sa plage peut inspirer une étape, à moins que vous ne lui préfériez **Bort-les-Orgues** où vous attend un bel ouvrage d'art : le barrage (voir l'encadré p. ci-contre). Vous atteindrez cette autre « station » estivale par une route (D20) jalonnée de belvédères (puy de Manzagol, site de St-Nazaire, Marèges et bien d'autres). La route suit la Dordogne, et mène aux spectaculaires **orgues de Bort**. Pourquoi ne pas embarquer pour une promenade en vedette sur le lac de Bort ?

JOUR 2

Quittez Bort au sud par la D922, perdant de vue la Dordogne le temps d'une incursion dans le Cantal, à **Mauriac**, avant des retrouvailles majestueuses au monumental **barrage de l'Aigle** (suivez la D105). Rendez-vous ensuite, via Auriac, au joli site du **pont du Chambon** et arrêtez-vous un peu plus loin au **barrage de Chastang**. Votre parcours envoûtant au fil des gorges de la Dordogne finit sur les quais d'**Argentat**, où venaient mouiller les gabares, ces larges barques à fond plat.

JOUR 3

Sortez d'Argentat par la D18 pour atteindre **Marcillac-la-Croisille**, 26 km au nord. Promenez-vous autour du lac (base de loisirs pour une pause détente) avant d'aller faire un tour, à l'ouest de Marcillac par la D978 et la D53E4, aux **cascades de Gimel**. Étranglée dans une gorge sauvage, la Montane se fraie un chemin au milieu des rochers et se précipite d'une hauteur de 143 m. La Corrèze a son Niagara ! Passez voir, à Gimel-les-Cascades, le trésor de l'église St-Pardoux dont la pièce majeure est la chasse de saint Étienne. Revenez sur la D978 et poursuivez vers l'ouest pour

Le château de Val, près de Bort-les-Orgues.

vous poser à **Tulle** où s'achèvera votre journée. Au programme : cathédrale, quartier de l'Enclos et Cité de l'accordéon et des patrimoines.

JOUR 4

Direction le vieux bourg de **Corrèze** (environ 20 km au nord par la D23), pour vous attaquer à la traversée des Monédières. Vous découvrirez ce massif, bastion méridional de la montagne limousine, au fil d'un itinéraire qui débute dans le coquet petit village de **Chaumeil** (quittez Corrèze au nord par la D26, puis prenez la D32 au Tourondel). Capitale des Monédières, Chaumeil vous offrira ses maisons d'ardoises à toit de granit ou de lauzes, et ses produits régionaux (à la Maison des Monédières). La D121, à l'est, d'abord puis la D128, vers le nord, vous entraînent de cirque (Freysselines) en puy (Chauzeix) au **Suc-au-May**. La route serpente jusqu'à Lestards et quitte définitivement les Monédières à **Treignac** où vous ferez étape.

JOUR 5

Blotti au pied du massif des Monédières, Treignac est l'un des plus beaux villages de France. Attardez-vous ! Rejoignez ensuite **Meymac**. La route contourne le mont Bessou, le point le plus élevé du plateau de Millevaches. À Meymac, vous déambulerez dans d'agréables rues anciennes : vos pas vous conduiront vers l'ancienne abbaye St-André qui abrite désormais un centre d'art contemporain. Enfin, vous pourrez aller vous détendre au lac de Sechemailles (aménagé pour les loisirs) avant de revenir à Ussel.

VISITE 👁

Barrage de Bort-les-Orgues

INFOS PRATIQUES

Espace EDF Odysselec – Au pied du barrage - juil.-août : tlj sf dim. apr.-midi 9h-12h30, 14h-18h30 ; reste de l'année. : mar.-sam. 9h30-12h, 14h-17h30 - fermé de déb. nov. à déb. avr. - gratuit.

Visite guidée de l'usine – ☎ 05 19 60 00 30 (office de tourisme de Haute Corrèze) - www.tourisme-hautecorreze.fr - sur RV de déb. avr. à déb. nov. : horaires se rens. - billetterie à l'espace EDF Odysselec, en ligne ou à l'OT - 7 € (8-12 ans gratuit) - à partir de 8 ans, photos et sac à dos interdits.

Vedettes panoramiques – Lanobre - ☎ 05 55 46 21 67 ou 06 49 60 66 83 - vedettes-panoramiques.fr - circuit château de Val/remontée gorges de la Dordogne (1h10) ou circuit château de Val/barrage (1h10) - mai-sept. : horaires, se rens. - 14 € (5-14 ans 9 €).

STATIONNEMENT & SERVICES

Parking
Le stationnement près du château de Val, au barrage de Bort, n'est toléré que sur le parking situé au-dessus de la capitainerie.

Aire de Bort-les-Orgues
Pl. de la Font-Grande, en centre-ville, le long de la Dordogne - ☎ 05 55 46 17 60 - www.bort-les-orgues.com
Permanent (mise hors gel) -
Borne AireService : gratuit
6 - Illimité - gratuit
Services :
Lieu très agréable.
GPS : E 2.4971 N 45.39913

De la route de crête du barrage, qui s'étire sur 390 m, on découvre, côté amont, le lac de retenue et, côté aval, l'usine principale et l'évacuateur de crues. Par sa masse considérable, le barrage de Bort, mis en eau en 1952, est la pièce maîtresse de l'aménagement hydroélectrique de la Dordogne. Sa retenue de 477 millions de m³ est longue de 18 km. Si son activité principale est la production d'électricité, il sert également à réguler le cours de la rivière. Plusieurs bases nautiques ont été aménagées le long du lac de barrage : à Val, la Siauve et Beaulieu (Cantal), Singles (Puy-de-Dôme), Aubazine et Outre Val (Corrèze).
Au pied du barrage, l'**Espace EDF Odysselec** évoque la construction du barrage, la production de l'hydroélectricité et les énergies renouvelables. Un autre moyen d'approcher le barrage est de faire une croisière commentée (1h10) sur la Dordogne avec les **Vedettes panoramiques**. Cerise sur le gâteau, cette croisière vous permettra d'admirer le **château de Val**, isolé au milieu des eaux.

LIMOUSIN – ADRESSES CIRCUIT 3

Aires de service & de stationnement

BORT-LES-ORGUES
Voir p. précédente

FORGÈS
Camping-car Park de Forgès
10 r. Pierre-et-Marie-Curie,
au bourg - ☏ 01 83 64 69 21
Permanent
Borne AireService
33 - Illimité - 11 €/j. - borne compris
Paiement : CC
Services :
GPS : E 1.8709 N 45.15376

MEYMAC
Aire de Meymac
Bd de la Garenne, D 30, à l'extérieur du camping municipal de la Garenne -
☏ 05 55 95 22 80 -
www.meymac.fr
Permanent (mise hors gel)
Borne AireService : gratuit
30
Services :
À proximité de la plage du lac.
GPS : E 2.1533 N 45.5393

ST-PRIVAT
Aire de St-Privat
R. des Chanaux, près du centre de secours - ☏ 05 55 28 28 77 -
www.saint-privat-19.fr
Permanent -
Borne eurorelais : gratuit
10 - 24h - gratuit
Services :
Cadre verdoyant, plat sur jolie pelouse.
GPS : E 2.09776 N 45.14037

SERVIÈRES-LE-CHÂTEAU
Aire du Domaine du Lac de Feyt
Rue Jalliot, à côté du camping Domaine du Lac de Feyt -
☏ 05 55 28 25 42 -
www.domainedulacdefeyt.com
De déb. avr. à fin nov.
Borne eurorelais 2 € 2 €
- 5 € - stat. possible seult pendant l'ouverture du camping
Services :
GPS : E 2.03665 N 45.14415

TREIGNAC
Aire de Treignac
D 940, parking des Rivières, entre le lac des Bariousses et le village, à 1,5 km du centre-ville - ☏ 05 55 98 00 49 -
www.mairietreignac.fr
Permanent (mise hors gel) -
Borne artisanale 3 € 3 €
- 72h - 5 €/j.
Paiement : CC
Services :
Plat, herbeux avec quelques emplacements ombragés.
GPS : E 1.80056 N 45.54528

TULLE
Aire de Tulle
Av. du Lieut.-Col.-Faro, station-service du centre commercial Citéa -
☏ 05 55 26 64 63 -
www.tulle-en-correze.com
Permanent
Borne AireService
6 - Illimité - 8,40 €/j. - borne compris - Paiement : CC
Services :
GPS : E 1.77379 N 45.27409

Campings

ARGENTAT
Le Vaurette
Vaurette - ☏ 05 55 28 09 67 -
www.vaurette.com
De déb. mai à fin sept. - 120 empl. -
Tarif camping : 39 € (6A)
- pers. suppl. 8,50 €
Services et loisirs :
Le long de la rivière avec des emplacements les pieds dans l'eau.
GPS : E 1.8825 N 45.04568

CORRÈZE
La Corrèze
La Chapelle - ☏ 05 55 21 25 21 -
www.campinglecorreze.fr
De déb. avr. à fin oct. - 27 empl. -
borne artisanale
Tarif camping : 15 €
(16A) - pers. suppl. 3 €
Services et loisirs :
De part et d'autre d'une petite route, au bord de la Corrèze.
GPS : E 1.8798 N 45.37191

LIGINIAC
Municipal le Maury
5 Le Maury - ☏ 05 55 95 92 28 -
www.villagenaturelemaury.fr
De mi-mai à mi-sept. - 50 empl. -
borne eurorelais 4 €
Tarif camping : 17,50 €
(16A) - pers. suppl. 4 €
Services et loisirs :
Belle prairie vallonnée qui descend jusqu'au plan d'eau.
GPS : E 2.30498 N 45.39143

TREIGNAC
Flower La Plage
Lac des Barriousses -
☏ 05 55 98 08 54 -
www.camping-correze.com
De déb. avr. à fin sept. - 81 empl.
borne flot bleu
Tarif camping : 22 € (6A)
Services et loisirs :
En terrasses dominant le lac mais aussi la route.
GPS : E 1.81373 N 45.55992

Les bonnes adresses de bib

ARGENTAT

Promenade en gabare – ✆ 05 65 33 22 00 - www.vallee-dordogne.com - mai-oct. - sur réserv. - billetterie en ligne. Embarquement : Argentat (barrage du Sablier) et Beaulieu-sur-Dordogne. Pour revivre un pan de l'histoire et l'aventure des gabariers.

CHAUMEIL

Ferme de la Monédière – La Monédière - ✆ 06 63 85 20 48 - www.confiturerielamonediere.fr - 10h-18h. La myrtille sous toutes ses formes ! En saison, myrtilles fraîches, tartes aux myrtilles à emporter et goûter à la ferme. Un sentier pédestre balisé (1h) permet de découvrir la flore des Monédières.

MAURIAC

✖ **L'Écu de France** – 6 av. Charles-Perié - ✆ 04 71 68 00 75 - www.ecudefrance-mauriac.com - menus 13 € (déj.), 29 €. Cet hôtel-restaurant fait la part belle aux spécialités régionales (foie gras, salade de gésiers...) et draine aussi bien une clientèle d'habitués que de passage.

MEYMAC

✖ **Chez Françoise** – 24 r. Fontaine-du-Rat - ✆ 05 55 95 10 63 - fermé dim. soir-mar. - menus 29/39 €. Goûtez aux spécialités corréziennes comme la farcidure et les tourtous, dans cette maison rustique du 16ᵉ s. flanquée d'une tour. Vente de produits régionaux.

SERVIÈRES-LE-CHÂTEAU

✖ **Les Contes de Bruyère** – 1 r. des Nauges - ✆ 05 55 28 09 50 - menus 18 € (déj.), 21/25 € - réserv. obligatoire. La cheffe Martina Kömpel, qui a officié chez les plus grands, venait en Corrèze en vacances. Un jour, elle a décidé de s'y installer, pour le plus grand bonheur de ceux qui ont goûté à sa cuisine inventive à souhait, à base de produits du terroir.

TULLE

✖ **Les 7** – 32 quai Baluze - ✆ 05 44 40 94 89 - restaurant-les7.fr - fermé dim.-lun. - plats env. 20 €. Le nom de cet établissement évoque les sept collines qui surplombent la ville et les dates de naissance des propriétaires, nés en juillet. Le jeune chef Cyrill Auboiroux, formé chez Alain Ducasse, élabore une cuisine soignée où se mêle le sucré et le salé, avec une carte renouvelée chaque mois. Produits de saison, excellent rapport qualité-prix.
Le Renouveau du Poinct de Tulle – 2 pl. Émile-Zola - ✆ 05 55 21 46 08 - lepoinctdetulle.com - juin-sept. : mar.-merc. et vend.-sam. 14h30-17h. Créations de l'atelier de l'association Diffusion et renouveau du point de Tulle. Visite de l'atelier.

USSEL

✖ **La Terrasse des gourmets** – 8 rte Sagard - Les salles sud - ✆ 05 55 72 56 27 - terrasse-gourmets.fr - mar.-sam. midi et soir, lun. et dim. midi - formules déj. sem. 23/26 €, menu 44 €. Installé sur la terrasse ouvrant sur la nature, ou dans la salle à manger design, vous dégustez une cuisine maison préparée par un maître restaurateur.
Station Sports Nature Haute-Corrèze
18 av. Turgot - château de la Diège - ✆ 05 55 72 17 96 ou 06 24 12 85 72 - www.sportsnaturehautecorreze.com. Une myriade d'activités de plein air : canoë-kayak, tir à l'arc, VTT, escalade, course d'orientation, Accrobranche, randonnée pédestre... Sports accompagnés en été, location de VTT et de canoë-kayak, rens. sur le site.

Offices de tourisme

ARGENTAT

Pl. da Maïa - ✆ 05 65 33 22 00 - www.vallee-dordogne.com.

BORT-LES-ORGUES

Pl. Marmontel - ✆ 05 19 60 00 30 - www.tourisme-hautecorreze.fr.

USSEL

Pl. Voltaire - ✆ 05 19 60 00 30 - www.tourisme-hautecorreze.fr.

Dans le Parc naturel régional de Millevaches.

Ch. Guy/hemis.fr

LIMOUSIN – CIRCUIT 4

Au cœur de la Corrèze

Il y a deux Corrèze : la « Haute-Corrèze » à l'architecture un peu austère et la « Corrèze méridionale », plus riante, qui touche aux causses du Quercy et flirte avec le Périgord. Cette balade vous conduira de l'un à l'autre pays, articulé autour de Brive-la-Gaillarde, au centre d'un riche et lumineux bassin agricole qui vous mettra l'eau à la bouche.

⭐ **DÉPART :** UZERCHE - 5 jours – 250 km

JOUR 1

« Qui a maison à Uzerche possède château en Limousin », voilà un dicton qui dit assez qu'**Uzerche** affiche une certaine noblesse, bien campée au-dessus des eaux de la Vézère avec ses hautes toitures d'ardoise, ses tourelles et clochetons. Les amateurs de vieilles maisons seront comblés. Quittez Uzerche par le nord (D920) et à **Montfumat** prenez la D902 vers l'ouest. Faites une halte à **Lubersac** dont l'église conserve des chapiteaux historiés, avant de vous rendre à **Ségur-le-Château**, charmant village niché dans une gorge creusée par l'Auvezère et couronné par les ruines d'un château fort. Ralliez ensuite **Arnac-Pompadour**, la cité du cheval (voir l'encadré p. ci-contre).

JOUR 2

Revenez par la D7 dans la vallée de la Vézère à **Vigeois**. Remarquez un vieux pont roman (base de loisirs du lac de Pontcharal, au sud-est). De là, par les petites routes, descendez la vallée (D7 puis D9) par le site de **la Roche** (panorama) et le petit village du **Saillant** qui occupe une position agréable au débouché des gorges. Là, vous pourrez admirer des vitraux de Chagall dans la chapelle. Par **Allassac**, gagnez **Donzenac** et les proches carrières d'ardoise : les pans de Travassac, une visite très intéressante.

JOUR 3

Imprégnez-vous de l'ambiance qui règne à **Brive-la-Gaillarde**, animée par ses fameux marchés les mardis, jeudis et samedis. Un petit tour dans les ruelles qui rayonnent autour de la collégiale St-Martin, la tour des Échevins et l'hôtel de Labenche et vous voilà prêt à visiter la distillerie Denoix qui élabore liqueurs et apéritifs depuis 1839. L'après-midi, sortez à l'est par la D1089 pour visiter **Aubazine** et son abbaye avec un monastère masculin et un féminin reliés par un Chemin des moines très agréable (1,5 km). Montez ensuite au Puy de Pauliac et finissez la journée autour du lac du Coiroux.

JOUR 4

Revenez sur Brive et au sud de la ville prenez la D38 puis la D8 pour rejoindre la vieille cité de **Turenne**, magnifique village moyenâgeux dominé par une forteresse préservant deux tours. Par Turenne-Gare, la D19 vous conduira ensuite à **Collonges-la-Rouge**,

Collonges-la-Rouge.

entièrement bâtie de grès rouge et où naquit l'association des « Plus Beaux Villages de France ». Un peu plus au sud, **Meyssac** n'a rien à lui envier et accueille des foires très prisées les 2ᵉ et 4ᵉ vendredis de chaque mois. Enfin finissez la journée en gagnant (D38 puis D15) l'exceptionnel village médiéval de **Curemonte** qui compte trois châteaux et autant d'églises.

JOUR 5

De Curemonte, descendez sur la vallée de la Dordogne à **Beaulieu-sur-Dordogne**, étape agréable dans cette ville surnommée la « Riviera limousine » en raison de son climat tempéré. Visitez son église abbatiale de style roman (voir le porche) et, au bord de la rivière, la chapelle des pénitents. Par la rive gauche de la Dordogne (nombreuses haltes possibles), remontez ensuite sur **Argentat** qui fut longtemps un important port fluvial. Pour terminer cette balade, gagnez les **tours de Merle** dans un cadre boisé. Chaque tour appartenant jadis à un seigneur différent et ils furent sept à se partager cette forteresse.

VISITE

Haras national Arnac-Pompadour

INFOS PRATIQUES

05 55 98 99 27 - chateau-pompadour.fr - visite libre de déb. avr. à fin oct. - 9,50 € (6-14 ans 7 €).

STATIONNEMENT & SERVICES

Parking conseillé
Parkings, allée des Marronniers et place du Vieux-Lavoir, gratuit. L'aire la plus proche est à **Concèze**, à quelques km au sud d'Arnac :

À Concèze : Les Vergers de Leycuras
Leycuras - 06 74 56 11 57 - www.giteferme.fr
Permanent (hors sais., prévenir par tél.)
Borne artisanale : gratuit
5 - 48h - gratuit
Services : [WC]
Réseau France Passion.
GPS : E 1.34133 N 45.38432

Dès 1751, Mme de Pompadour avait créé un haras privé à Arnac-Pompadour en faisant venir des chevaux de Paris. Dix ans plus tard, Louis XV y établit un haras royal qui sera florissant jusqu'à la Révolution, époque à laquelle il est démantelé et les chevaux vendus aux enchères. Rétabli par Napoléon Iᵉʳ en 1795, le haras devient national en 1872, et poursuit depuis sa mission d'amélioration des races chevalines arabe et anglo-arabe.
L'immense domaine de Pompadour dispose de différentes infrastructures : anciennes écuries modifiées en stade équestre, orangerie transformée par Napoléon Iᵉʳ en écurie, petites écuries de la Marquise aménagées en box pédagogiques, forge, manège, hippodrome... La cour d'honneur, où se déroulent des concours de dressage, est située au sein du stade équestre du Puy Marmont, élégant terrain en herbe de 25 ha réservé à des manifestations de prestige (surtout d'obstacles) qui se prête particulièrement bien aux parcours de cross. L'hippodrome, lui, accueille les courses de plat. Le domaine de Pompadour se compose par ailleurs de l'exploitation de Chignac (80 ha), sur la route de Lubersac, à la périphérie de Pompadour, qui accueille les poulains et pouliches nés au haras national.

LIMOUSIN – ADRESSES CIRCUIT 4

Aires de service & de stationnement

ALLASSAC

Camping-car Park d'Allassac
Garavet Rives de Vézère -
☎ 05 55 84 92 38 - Permanent
Borne AireService
15 P - Illimité - 12,10 €/j. -
borne compris - Paiement : CC
Services : WC
GPS : E 1.47353 N 45.25902

BEAULIEU-SUR-DORDOGNE

Aire de Beaulieu-sur-Dordogne
R. Gontrand-Royer -
☎ 05 55 91 11 31 - Permanent
Borne flot bleu 2,50 € 2,50 €
- 20 P - Illimité - 6 €/j.
Paiement : CC
Services : WC
GPS : E 1.84076 N 44.97602

BRIVE-LA-GAILLARDE

Aire de Brive-La-Gaillarde
R. des 3 Provinces - ☎ 05 55 92 39 39
Permanent
Borne flot bleu 2 € 3 €
12 P - Illimité - 7,20 €/j.
Paiement : jetons (sur place)
Services :
Navettes gratuites pour le centre-ville.
GPS : E 1.54179 N 5.1649

COLLONGES-LA-ROUGE

Aire de Collonges-la-Rouge
Parking Le Marchadial - ☎ 06 89 18
21 76 - Permanent (mise hors gel)
Borne artisanale
40 P - 72h - 12 €/j. - paiement au
passage du régisseur ; borne comprise
Services : WC
GPS : E 1.65885 N 45.05843

CONCÈZE

Voir p. précédente

DAMPNIAT

Aire de Dampniat
Parking du complexe sportif -
☎ 05 55 25 70 21 - Permanent -
Borne eurorelais : gratuit
5 P - 72h - gratuit
GPS : E 1.6374 N 45.1625

DONZENAC

Camping-car Park de Donzenac
Face au camping municipal La Rivière -
☎ 01 83 64 69 21 - Permanent
Borne eurorelais
32 P - Illimité - 13,50 €/j. -
borne compris - Paiement : CC
Services :
GPS : E 1.3106 N 45.1308

LANTEUIL

La Ferme de Brossard
Brossard - ☎ 06 81 96 13 38
De déb. mars à fin nov.
Borne artisanale 2 € 3 €
5 P - 48h - 5 €/j.
Services : WC
GPS : E 1.62564 N 45.124

OBJAT

Aire d'Objat
Av. Jules-Ferry - ☎ 05 55 25 81 63
Permanent
Borne eurorelais 2 € 2 €
26 P - Illimité - 9,75 €/j. - moins
cher hors sais. - Paiement : jetons
(mairie et maison de la presse, face à
l'église)
Services : WC
GPS : E 1.41147 N 45.2711

UZERCHE

Aire d'Uzerche
R. Paul-Langevin - ☎ 05 55 73 17 00
Permanent (fermé sam. mat. pdt le
marché et 9-15 juil. pdt la fête foraine)
Borne flot bleu 2 € 2 €
15 P - Illimité - gratuit
Paiement : jetons (sur place)
Services : WC
GPS : E 1.56631 N 45.42463

VIGEOIS

Aire de Vigeois
Rte de Brive, D7 - ☎ 05 55 98 91 93 -
De déb. avr. à fin oct.
Borne eurorelais 3 €
20 P - 24h - gratuit
Paiement : jetons (mairie et camping)
Services : WC
GPS : E 1.53392 N 45.36717

Campings

ARGENTAT

Voir p. 298

AUBAZINE

Camping Paradis Le Coiroux
1 rte du Parc du Coiroux -
☎ 05 55 27 21 96 - campingcoiroux.fr
De déb. avr. à déb. oct. - 182 empl.
Tarif camping : 31,80 €
(10A) - pers. suppl. 8 €
Services et loisirs :
Beaucoup d'espaces verts, de grands
emplacements et une base de loisirs
bien aménagée.
GPS : E 1.70739 N 45.18611

BEAULIEU-SUR-DORDOGNE

Huttopia Beaulieu-sur-Dordogne
Bd Rodolphe-de-Turenne -
☎ 05 55 91 02 65 - www.huttopia.com
De fin avr. à fin sept. - 199 empl. -
borne artisanale
Tarif camping : 41,40 €
(10A) - pers. suppl. 8,30 €
Services et loisirs :
Cadre et situation pittoresques
sur une île de la Dordogne.
GPS : E 1.84049 N 44.97968

DONZÉNAC

La Rivière
Rte d'Ussac - ☎ 06 82 92 67 65 -
campinglariviere.jimdo.com
De mi-avr. à fin sept. - 60 empl.
borne eurorelais 6 €
Tarif camping : 21,60 €
(10A) - pers. suppl. 6,60 €
Services et loisirs :
Agréable pelouse ombragée entre
un petit ruisseau et les installations
sportives municipales.
GPS : E 1.52149 N 45.21761

Les bonnes adresses de bib

ARGENTAT
Voir p. 299

ARNAC-POMPADOUR
✕ **Bar-Brasserie Les Remparts** – 7 allée des Marronniers - ☏ 05 55 73 98 10 - tlj, midi et soir - plats 10/25 €. Cette brasserie à la vaste terrasse ne désemplit pas. On y mange des salades, des burgers, des grillades servis en généreuses portions. Fait glacier en journée.

AUBAZINE
✕ **Hôtel-restaurant St-Étienne** – Av. Brugeilles - ☏ 05 55 25 71 01 - www.le-saint-etienne.com - menus 21/29 €. On ne peut pas manquer cette jolie bâtisse en pierre de pays, avec sa tour dominant la place du village. La grande salle à manger, aux meubles anciens et aux deux imposantes cheminées, offre une place de choix aux repas si le temps ne permet pas de manger en terrasse. On déguste une cuisine à base de produits du terroir.

BEAULIEU-SUR-DORDOGNE
✕ **Côté Dordogne** – 20 bd Rodolphe-de-Turenne - ☏ 05 55 91 29 29 - cote-dordogne.fr - fermé mar.-merc. et dim. soir - menus déj. sem. 19/25 € - plats 18 €. L'équipe jeune et dynamique concocte une cuisine bistronomique qui fait la part belle aux produits frais et de saison et privilégie les circuits courts. À déguster en salle ou sur la terrasse surplombant un bras de la Dordogne.

BRIVE-LA-GAILLARDE
✕ **Chez Francis** – 61 av. de Paris - ☏ 05 55 74 41 72 - www.chezfrancis.fr - fermé dim.-lun. - 19/30 €. Réclames rétro et dédicaces laissées par les clients décorent ce sympathique restaurant aux allures de bistrot parisien. Cuisine traditionnelle revisitée au fil des saisons, carte volontairement courte ; vins du Languedoc.

✕ **La P'tite Cocotte** – 42 r. de la République - ☏ 05 55 87 56 42 - la-petite-cocotte.fr - menus déj. sem. 14/18 €, le soir à la carte 25 € env. - ouv. le midi du lun. au sam. (et jeu.-sam. soir de juin à sept.). Des circuits courts et une cuisine maison, concoctée au gré de l'inspiration, sans oublier quelques plats végétariens. Cette P'tite Cocotte mérite une halte.

COLLONGES-LA-ROUGE
✕ **Le Maraîcher** – La Bassière - ☏ 07 69 99 55 80 - menus 23/28 €. Du potager à l'assiette, tel est le credo de ce restaurant. D'ailleurs dans les assiettes, vous retrouverez des légumes bio de saison, cultivés sur les 4 ha du domaine. Quant aux viandes, poissons, fromages et vins, ils n'auront pas fait plus de 100 km avant de se retrouver sur votre table. Une cuisine goûteuse qui donne l'eau à la bouche. Grandes salades, glaces artisanales. Concerts, piscine ouverte à la clientèle jeu.-dim. de 15h- 21h30. Une adresse à retenir.

DONZENAC
✕ **Le Périgord** – 9 av. de Paris - ☏ 05 55 85 72 34 - fermé lun. soir, mar. soir-merc. et dim. soir - plats 14/23 €. Restaurant à la façade couverte de vigne vierge où l'on s'attable autour d'une cuisine traditionnelle régionale. À la carte : tête de veau sauce gribiche, pièce de veau du Limousin, trilogie de foie gras à la moutarde violette..., servis en de généreuses portions.

SÉGUR-LE-CHÂTEAU
✕ **La Part des Anges** – 4 r. des Claux - ☏ 05 55 73 35 27 - fermé mar. et en hiver - plats 13/24 €. Située dans un cadre ravissant, en bordure de l'Auvézère, la belle maison restaurée, avec ses terrasses, donne l'occasion de goûter à une cuisine aux accents du terroir. Le veau et le bœuf limousins, ainsi que le boudin aux châtaignes, y sont à l'honneur.

Offices de tourisme

BRIVE-LA-GAILLARDE
Pl. du 14-Juillet - ☏ 05 55 24 08 80 - www.brive-tourisme.com.

COLLONGES-LA-ROUGE
R. de la Barrière - ☏ 05 65 33 22 00 - www.vallee-dordogne.com.

UZERCHE
10 pl. de la Libération - ☏ 05 55 73 15 71 - www.terresdecorreze.com.

LE CONSEIL DU BIB
Très peu de places au parking de la vieille ville de Brive : garez-vous pl. du 14-Juillet (sf mar., jeu. et sam.) ou pl. du Gén.-de-Lattre-de-Tassigny, situées à proximité du centre-ville...

Surfeur sur la Côte basque.
Paul64/Getty Images Plus

La Bastide-Clairence. chrizmo/Fotosearch LBRF/age fotostock

Vignoble de St-Émilion. J.-P. Degas/hemis.fr

Aquitaine

Évoluant d'ouest en est entre nature et bonne chère, la région s'ouvre par le plus vaste estuaire d'Europe sur une incroyable diversité de paysages. À l'ouest, le littoral atlantique et son immense cordon dunaire, qui culmine à la dune du Pilat, se déroulent jusqu'à la « corniche basque » où trône Biarritz ; si une partie de la côte est redoutée des baigneurs à cause de ses courants, elle attire les surfeurs du monde entier grâce à ses vagues. Plus avant dans les terres, cet horizon infiniment plat se cogne à la barrière odorante des Landes, la plus grande forêt artificielle d'Europe. Celle-ci s'arrête aux portes du Pays basque où la langue et les traditions (chant, feria) constituent encore un ciment qui traverse la frontière naturelle des Pyrénées. Un peu plus à l'est, le pays natal d'Henri IV, le Béarn, abrite à une encablure des sommets pyrénéens une faune et une flore exceptionnellement denses.

Quittant Pau, puis traversant les doux coteaux de l'Adour et ses producteurs de foie gras, on rejoint la Garonne et la vallée du Lot couverte de vergers. Patrimoine et plaisirs de la table font là encore bon ménage, d'autant que l'on s'approche du Périgord, territoire très rural qui attire par son authenticité, ses châteaux perchés au-dessus de la Dordogne et sa gastronomie parmi les plus riches de France ! Sans oublier son exceptionnelle concentration de grottes ornées, dont le célébrissime site de Lascaux.

Retour plein ouest, via St-Émilion, vers Bordeaux, vivante capitale culturelle, et le Bordelais : ses grands vignobles ont façonné le paysage jusqu'aux rives de la Gironde et produisent quelques-uns des plus célèbres vins du monde tels château Margaux, château Pétrus, château Ausone, château Yquem.

AQUITAINE

Lac Gentau, dans le Béarn.
Oks..Mit/Getty Images Plus

LES ÉVÉNEMENTS À NE PAS MANQUER

- **Fête de la truffe** à Sarlat (24) : mi-janv.
- **Carnaval Biarnés** à Pau (64) : de fin fév. à déb. mars ; traditions béarnaises. www.carnaval-biarnes.com.
- **Foire aux jambons** à Bayonne (64) : fin mars ou déb. avr.
- **Fête de la lamproie** à Ste-Terre (33) : dernier w.-end. d'avr.
- **Fête de la Ringueta** à Sarlat (24) : dim. de Pentecôte (années paires) ; jeux traditionnels occitans.
- **Portes ouvertes des châteaux du Médoc** (33) : un w.-end en juin.
- **Bordeaux fête le vin** (33) : dernière sem. de juin. www.bordeaux-fete-le-vin.com.
- **Fête des cerises** à Itxassou (64) : 1er dim. de juin.
- **Fête de la Transhumance** à Laruns (64) : juil.
- **International Surf Film** à Anglet (64) : mi-juil.
- **Féria de la Madeleine** à Mont-de-Marsan (40) : 2e quinz. juil. www.fetesmadeleine.fr.
- **Internationaux professionnels de Cesta Punta** à St-Jean-de-Luz (64) : juil.
- **Feria de Dax** (40) : autour du 15 août ; corridas, jeux landais, bandas... www.daxlaferia.fr.
- **Festival de force basque** à St-Palais (64) : dim. après le 15 août. www.forcebasquesaintpalais.com.
- **Fête de l'huître** à Arès (bassin d'Arcachon - 33) : mi-août. www.fetedelhuitre.fr.
- **Fête de la palombe** à Bazas (33) : dernier sam. de sept.
- **Foires au gras** à Monségur (33) : 2e dim. de déc. et de fév.

Votre séjour en Aquitaine

Circuits №

1. Vignoble et châteaux du Bordelais
   7 jours - 265 km — P 308
2. La côte océane
   7 jours - 270 km — P 312
3. L'arrière-pays landais
   7 jours - 290 km — P 316
4. Splendeurs basques
   7 jours - 300 km — P 320
5. Villages et vallées du Béarn
   8 jours - 400 km — P 324
6. Agenais, entre Lot et Garonne
   5 jours - 290 km — P 328
7. Merveilles de l'Histoire en Périgord
   7 jours - 380 km — P 332
8. La traversée des Pyrénées
   9 jours - 940 km — P 336

Étapes

Bordeaux — P 309
Pau — P 325

Visites

Écomusée de Marquèze — P 317
Château de Bonaguil — P 329

Randonnée

La Rhune — P 321

Stations de ski

Arette-Pierre-St-Martin — P 346
Gourette — P 346

Stations thermales

Cambo-les-Bains — P 347
Dax — P 347

EN COMPLÉMENT, UTILISEZ…

- Guides Verts : Gironde-Landes-Lot-et-Garonne, Pays basque, Périgord-Quercy
- Cartes Michelin Région 524 et Département 335, 336 et 342

AQUITAINE – CIRCUIT 1
Vignobles et châteaux du Bordelais

La vigne est souveraine aux portes de Bordeaux. Elle règne sur la vie des hommes comme sur le paysage. C'est une mer verdoyante qui monte à l'assaut des collines, occupant chaque parcelle de terrain aux portes des bastides et des villages. C'est ce que vous découvrirez en parcourant les petites routes des Graves, de l'Entre-deux-Mers et du Libournais.

⭐ **DÉPART :** BORDEAUX - 7 jours – 265 km

JOURS 1, 2 ET 3

Bordeaux (voir l'encadré p. ci-contre) vous retiendra bien deux jours. Quittez la ville par le sud-est et empruntez la D113 puis la D10 qui longent la Garonne. Après le château féodal de **Langoiran** qui conserve son donjon, et la cité fortifiée de **Rions**, la route vous conduit à **Cadillac**, belle bastide du 13ᵉ s., où se tient un château du 17ᵉ s. Par la D10, gagnez **St-Macaire**, cité médiévale avec une place centrale des plus typiques, entourée de galeries couvertes. Les peintures murales de l'église St-Sauveur retiendront votre attention. Sur l'autre rive de la Garonne, **Langon** mérite la pause. Votre prochaine étape, **La Réole**, alanguie au bord de la Garonne (grand marché le samedi matin), compte de beaux monuments et de nombreux artisans d'art.

JOUR 4

Par la D670 puis la D668, montez à **Monségur**, bastide du 13ᵉ s. dominant la vallée du Dropt, et qui n'a rien perdu de ses charmes, avant de rejoindre, plein est, **Duras**, son château et sa cave coopérative. Revenez sur le village de **St-Ferme**, gardien d'une abbaye bénédictine dont l'église présente d'intéressants chapiteaux. Via **Castelmoron-d'Albret**, finissez la journée à **Sauveterre-de-Guyenne**. Cette jolie bastide avec portes fortifiées sert de point de départ à une Voie verte, belle façon de découvrir de plus près l'Entre-deux-Mers à vélo.

JOUR 5

Par la D17, rendez-vous aux ruines de l'abbaye de **Blasimon**. Gardez la D17 plein nord pour **Castillon-la-Bataille** posé sur la rive droite de la Dordogne. Ses coteaux produisent un bordeaux supérieur non dénué d'intérêt. Mais vous voilà aux portes d'un autre vignoble précieux, celui de **St-Émilion**. Attention, la traversée de St-Émilion étant interdite aux camping-cars, laissez votre véhicule au parking public espace Guadet, 255 Grand-Pontet. Cette cité médiévale est l'une des plus jolies d'Aquitaine et une valeur sûre pour les papilles comme pour les yeux. Visitez les sites souterrains et l'ancien monastère des Cordeliers. Assistez à la Jurade, au printemps ou à l'automne, sera un souvenir inoubliable, si vous passez par là à ce moment.

Place de la Bourse, à Bordeaux.

JOUR 6

Profitez de la matinée pour faire un saut à la Maison des vins de St-Émilion avant de gagner le vignoble, notamment le joli village de **Montagne** : découvertes œnologiques de grande qualité assurées. Poussez jusqu'à **Petit-Palais** pour admirer l'église romane. La pause déjeuner peut s'effectuer à **Libourne**, sur les bords de la Dordogne par exemple. Aux alentours de la ville, de belles visites en perspective dont celle du **château de Vayres**, prestigieuse demeure meublée, dont les jardins dégringolent jusqu'aux rives de la Dordogne. Revenez à Libourne pour y passer la nuit.

JOUR 7

Allez à **Bourg**, une jolie petite ville, blonde et paisible, où il fait bon flâner dans les ruelles pentues. Suivez ensuite la **route de la corniche fleurie**. Entre falaises calcaires et fleuve, elle traverse une série de hameaux aux habitations troglodytiques et offre de jolies vues sur l'estuaire. Elle est particulièrement charmante à l'aube ou au soleil couchant. Des carrelets ponctuent la promenade. Ces petites cabanes sur pilotis, accessibles par un ponton, sont l'emblème de l'estuaire. Vous voici maintenant devant la citadelle de **Blaye**, témoignage formidable de l'architecture militaire du 17ᵉ s. et pièce maîtresse du « verrou Vauban ». La citadelle abrite aujourd'hui une petite cité qui accueille des artisans et quelques cafés et ménage une vue majestueuse sur l'estuaire de la Gironde. C'est ici que vous terminerez en beauté votre périple bordelais.

LE CONSEIL DE BIB

Préférez les châteaux de moindre renommée pour accéder à des visites et dégustations plus abordables.

ÉTAPE 11

Bordeaux

OFFICE DE TOURISME

12 cours du 30-Juillet - ☎ 05 56 00 66 00 - www.bordeaux-tourisme.com.

STATIONNEMENT & SERVICES

Parking conseillé
Parc des allées de Chartres : places pour camping-cars situées entre les allées de Chartres et les allées de Bristol, aux abords de l'esplanade des Quinconces - 0,80 €/15mn jusqu'à 2h, 0,60 €/15mn suivantes et 20 € pour 24h - tarif nuit (20h-7h) 6 €.

Camping Yelloh! Village du Lac
Voir p. suivante

Vous ne résisterez pas aux charmes du riche patrimoine bordelais! Pour commencer, rendez-vous aux abords du miroir d'eau, sur les quais, où se reflètent les façades de la **place de la Bourse** : au nord le palais de la Bourse, au sud l'ancien hôtel des Fermes, qui abrite le musée national des Douanes. Vous traversez ensuite le commerçant quartier St-Pierre pour rejoindre la place Pey-Berland où s'élève la **cathédrale St-André**. Voici le plus majestueux des édifices religieux de la ville, notamment en raison de son portail royal datant du 13ᵉ s. À ses côtés, se dresse la tour Pey-Berland qui offre une belle vue sur les toits de Bordeaux et sur la Garonne. Avis aux courageux ! Remontez le cours Pasteur jusqu'au **musée d'Aquitaine**, qui retrace la vie de l'homme aquitain de la préhistoire à nos jours. Puis direction le **Triangle d'or**. Ce somptueux quartier historique s'inscrit autour du triangle formé par le cours Clemenceau, le cours de l'Intendance, piétonnier, et les allées de Tourny. Ne manquez pas d'y admirer le Grand Théâtre, reconnaissable à son péristyle à l'antique et à sa balustrade ornée des neuf Muses et des trois Grâces. Vous êtes juste à quelques mètres des quais qui mènent à la **Cité du vin**, lieu incontournable pour qui veut tout savoir sur les vins et le vignoble bordelais. Elle se déploie sur 3 000 m² que l'on explore à l'occasion d'un parcours de visite basé sur l'expérience sensorielle. Celui-ci aborde le vin sous tous ses angles : civilisations, terroirs, art de vivre, imaginaire, etc. Toujours dans le quartier des bassins à flots, les **Bassins des lumières**, qui occupent quatre des onze alvéoles de l'ancienne base sous-marine, sont qualifiés de « plus grand centre d'art numérique au monde ». Leurs spectacles s'attachent aux grands maîtres ou aux grands courants de la peinture. Enfin, les amateurs d'art contemporain peuvent aussi faire un tour à l'**institut culturel Bernard-Magrez** et au **CAPC**, musée reconnu en la matière, installé dans l'ancien entrepôt Laîné (1824). Tout près, le jardin public et le quartier des Chartrons invitent à la flânerie. En soirée, installez-vous en terrasse sur l'une des charmantes places du Vieux Bordeaux et dégustez un grand cru local.

AQUITAINE – ADRESSES CIRCUIT 1

Aires de service & de stationnement

BLASIMON
Aire de Blasimon
18 r. Abbé-Greciet - ☏ 05 56 71 52 12
Permanent
Borne artisanale : gratuit
4 - gratuit
Services :
Cadre champêtre en centre-ville.
GPS : W 0.07528 N 44.7483

BOURG
Aire du Parc de l'Esconge
886 Le Roc - ☏ 05 57 68 31 76
Permanent -
Borne eurorelais : 3 €
20 - 🔒 - Illimité - gratuit
Paiement : jetons (camping municipal de la Citadelle)
Services :
Sur les rives de l'estuaire, calme.
Borne devant le camping municipal.
GPS : W 0.56433 N 45.04004

CADILLAC
Aire de Cadillac
19 allée du Parc - ☏ 05 57 98 02 10
Permanent -
Borne artisanale 2 €
10 - 72h - gratuit
Services :
GPS : W 0.31707 N 44.63857

FONTET
Aire de Fontet
R. Couture, base de loisirs -
☏ 05 56 61 08 30 - Permanent -
Borne AireService
12 - 🔒 - Illimité - 12,44 €/j. - borne compris - Paiement :
Services :
GPS : W 0.02282 N 44.56118

HAUX
Château Peneau
747 Les Faures - ☏ 05 56 23 05 10 -
www.chateaupeneau.com
Permanent
Borne artisanale
10 - 24h - gratuit
Paiement :
Services :

En bord de route, légère pente.
À voir : les chais à foudre du domaine viticole.
GPS : W 0.36302 N 44.72708

MONSÉGUR
Aire de Monségur
Pl. du 8-Mai-1945 - ☏ 05 56 61 60 12
Permanent
Borne artisanale : gratuit
3 - 48h - gratuit
Services :
Parking partagé avec les véhicules légers ; légère pente, stabilisé.
GPS : W 0.0837 N 44.6506

LA RÉOLE
Aire de la Réole
Av. Gabriel-Chaigne -
☏ 05 56 61 10 11 - Permanent
Borne artisanale : gratuit
5 - 24h - gratuit
Services :
Aire entre route et chemin de fer.
GPS : W 0.03023 N 44.58084

ST-ÉMILION
Aire privée Château de Rol
Rte de Libourne, D 243 - ☏ 06 85 20 62 90 - www.vignoble-sautereau.fr
Permanent -
Borne artisanale 4 €
9 - Illimité - gratuit
Paiement :
Services :
Réseau France Passion.
Dégustation et vente de vin.
GPS : W 0.16316 N 44.90918

ST-PEY-D'ARMENS
Aire du Château Gerbaud
4 Gerbaud, D 936, 6 km de St-Émilion -
☏ 05 57 47 12 39 - www.chateau-gerbaud.com - Permanent -
Borne artisanale : 5 €
10 - 🔒 - 48h - 5 €/j. - gratuit si achat de vin - Paiement :
Services :
Sous les arbres, au cœur du vignoble.
Accessible aux gros camping-cars.
GPS : W 0.10677 N 44.85724

Campings

BORDEAUX
Yelloh! Village du Lac
Bd Jacques-Chaban-Delmas -
☏ 05 57 87 70 60 -
www.camping-bordeaux.com
Permanent - 100 empl.
borne artisanale
Tarif camping : 27 €
(10A) - pers. suppl. 11 €
Services et loisirs :
Cadre boisé autour de plusieurs jolis petits étangs. Bus pour le centre-ville.
GPS : W 0.5827 N 44.89759

PETIT-PALAIS-ET-CORNEMPS
Le Pressoir
29 Queyrai - ☏ 05 57 69 73 25 -
www.campinglepressoir.com
Permanent - 29 empl. -
Tarif camping : 34 €
(10A) - pers. suppl. 7 €
Services et loisirs :
Au milieu des vignes ; restaurant réputé.
GPS : W 0.06301 N 44.99693

RAUZAN
Le Vieux Château
6 Blabot-Bas - ☏ 05 57 84 15 38 -
www.vieuxchateau.fr
De fin mars à mi-oct. - 81 empl. -
borne artisanale
Tarif camping : 27 €
(6A) - pers. suppl. 5,50 €
Services et loisirs :
Au pied des ruines d'une forteresse du 12e s. ; chemin reliant le village.
GPS : W 0.12715 N 44.78213

ST-ÉMILION
Yelloh! St-Émilion
2 Les Combes - ☏ 05 57 24 75 80 -
www.camping-saint-emilion.com
De mi-mai à mi-sept. - 105 empl. -
borne artisanale
Tarif camping : 32 €
(10A) - pers. suppl. 11 €
Services et loisirs :
Cadre agréable avec le petit lac et le bar-caveau.
Navette gratuite pour St-Émilion.
GPS : W 0.14241 N 44.91675

Les bonnes adresses de bib

BORDEAUX

La Brasserie bordelaise – 50 r. St-Rémi - 05 57 87 11 91 - www.brasserie-bordelaise.fr - plats 24/36 €. La bouteille est reine dans ce grand restaurant-cave aux pierres apparentes. Passé chez Jean-Pierre Xiradakis (La Tupina), Nicolas Lascombes y délivre, sur de longues tables de bois ou au comptoir de dégustation, ce que la région fait de mieux : jambon de porc noir, épaule d'agneau braisée, lamproie à la bordelaise. À voir : la superbe salle voûtée, au sous-sol.

Symbiose – 4 quai des Chartrons - 05 56 23 67 15 - symbiose-bordeaux.com - fermé dim. et lun. soir - menus 25 € (déj.) - plats 13/22 €. Les assiettes rondement travaillées, le service convivial et décontracté, la clientèle majoritairement jeune et plutôt branchée, la petite salle genre bistrot, le bar à cocktail façon *speakeasy*… Une belle réussite !

Chez Dupont – 45 r. Notre-Dame - 05 56 81 49 59 - www.chez-dupont.com - fermé dim. - carte 37/52 €. Une cuisine du marché présentée avec goût et raffinement en mode bistrot. Un lieu chaleureux, au cœur des Chartrons.

CADILLAC

L'Entrée Jardin – 27 av. du Pont - 05 56 76 96 96 - www.restaurant-entree-jardin.com - fermé dim.-lun., merc. soir et jeu. soir - formule déj. 16,50 € - menus 32,50/49,50 €. Cette adresse marie avec brio accueil souriant, service efficace et cadre agréable. La cuisine régionale, comme le hamburger de pigeonneau royal au foie gras sauce cacao ou le homard à la truffe crème crustacés et vin de Cadillac, a de quoi combler les appétits les plus féroces.

DURAS

Hostellerie des Ducs – Bd Jean-Brisseau - 05 53 83 74 58 - www.hostellerieducs-duras.com - plats 17/36 €. Cet ex-presbytère voisin du château propose une cuisine régionale faite maison et en famille. Salle meublée en style Louis XIII et véranda.

LIBOURNE

Chez Rémi – 4-6 r. Fonneuve - 05 57 51 27 71 - fermé dim.-lun. - plats 18/30 €. Une cuisine généreuse et familiale, à déguster dans une ambiance bistrot et sur la terrasse s'ouvrant sur le quai : thon à la plancha, épaule de porcelet farcie, ris de veau sauté au Lillet blanc, rognons de veau avec sauce crème moutarde et délicieux sorbets du jour maison. Grand choix de vins au verre.

ST-ÉMILION

Ferlion Macarons - Nadia Fermigier – 9 r. Guadet - 05 57 24 72 33 - www.macarons-saint-emilion.com - 8h-19h30, dim. 9h-19h30. Les archives attestent l'existence de macarons à St-Émilion dès 1620. Ces délicieux gâteaux sont ici travaillés de façon totalement artisanale.

Union de producteurs de St-Émilion (Udspe) – Haut-Gravet - près de la route Libourne-Bergerac - 05 57 24 70 71 - www.udpse.com - lun.-sam. 10h-12h30, 13h30-18h. L'œnothèque, dont les valeurs sont « la passion, la qualité et la responsabilité », propose une douzaine d'appellations à la vente. Une bonne introduction à la visite du vignoble.

ST-MACAIRE

L'Abricotier – 2 r. François-Bergoeing - 05 56 76 83 63 - www.restaurant-labricotier.com - fermé lun.-mar. - menus 26/40 €. À l'écart du bourg, cette institution locale accueille les gourmands dans l'une de ses salles à manger ou sur sa terrasse ombragée de mûriers. En cuisine, son chef mitonne de bons petits plats régionaux, que vous pourrez arroser d'une bouteille choisie parmi la judicieuse sélection de vins.

Offices de tourisme

BORDEAUX
Voir p. 309

LIBOURNE
42 pl. Abel-Surchamp - 05 57 51 15 04 - www.tourisme-libournais.com

ST-ÉMILION
Pl. des Créneaux - 05 57 55 28 28 - www.saint-emilion-tourisme.com

ST-MACAIRE
8 r. du Canton - 05 56 63 68 00 - www.tourisme-sud-gironde.com

La Citadelle de Blaye, étape sur le chemin de St-Jacques-de-Compostelle.

AQUITAINE – CIRCUIT 2

La côte océane

De la pointe de Grave aux confins sud des Landes, en passant par le bassin d'Arcachon, la côte Atlantique déroule son long ruban de sable. Après le majestueux phare de Cordouan, là où les eaux mêlées de la Garonne et de la Dordogne se jettent dans l'océan, les plages de sable fin, les dunes et les pins s'égrènent le long de ce circuit, avec, parmi les moments forts, la spectaculaire dune du Pilat...

DÉPART : SOULAC-SUR-MER - 7 jours – 270 km

JOUR 1

Passez cette première matinée à **Soulac-sur-Mer**, station située à la pointe nord de la péninsule du Médoc : c'est à la fin du 19e s. que la grande vague des bains de mer fit pousser des centaines de maisons de poupée qui donnent tout son charme à la station. Visitez également la basilique N.-D.-de-la-Fin-des-Terres, édifice bénédictin du 10e s. (restauré à la fin du 19e s.). L'après-midi, ralliez **Le Verdon-sur-Mer** et la **pointe de Grave**. De là, la belle vue sur le **phare de Cordouan**, « le phare des rois », avant d'aller découvrir cette merveille de plus près. Appartements dallés de marbre, éléments Renaissance et chapelle royale en font le plus beau phare de France et l'un des plus anciens. La traversée pour Cordouan (9 km en mer), dépend des marées ; pensez à réserver votre bateau.

JOUR 2

Aujourd'hui, détente en Médoc ! Si vous aimez vous baigner en eaux calmes, choisissez le lac d'**Hourtin-Carcans**. Si vous préférez les vagues et le surf, faites escale à **Lacanau-Océan** : c'est un spot réputé et la station possède de nombreuses écoles d'initiation ou de perfectionnement. Au passage, visitez la Maison des arts et traditions de **Maubuisson**, consacré aux métiers anciens (sabotiers, bergers landais...) ainsi qu'au gemmage, à l'agriculture et à l'arrivée du train. Posez-vous enfin pour la nuit au bord d'un lac ou près de la mer : suivez la D3, puis la D106 jusqu'au **Cap-Ferret**, point de départ du tour du **bassin d'Arcachon**.

JOUR 3

En route pour le tour du bassin ! Vous aurez l'occasion de déguster des huîtres dans les petits ports traditionnels du Canon, de **L'Herbe**, d'**Arès** ou d'**Andernos-les-Bains**, un rituel à ne pas manquer. À Andernos-les-Bains ou au Cap-Ferret en saison, vous pourrez aussi embarquer pour le tour de « l'île aux Oiseaux » et admirer les pittoresques « cabanes tchanquées », cabanes sur pilotis emblématiques du bassin. Gagnez ensuite la **réserve ornithologique du Teich** qui présente les différents milieux naturels et des centaines d'oiseaux. N'oubliez pas vos jumelles ! Enfin, avant le coucher du soleil, il vous faudra gravir la **dune du Pilat**, classée Grand Site national. Culminant à 114 m, c'est la plus haute d'Europe.

Dune du Pilat.

JOUR 4
Prenez le temps d'explorer **Arcachon**, belle en toute saison avec ses différentes « villes » (parking conseillé 1 av. Pierre-Frondaie pendant les vacances scolaires, à 10mn à pied du centre-ville, ou bd Mestrezat, à 30mn, gratuit). Vous commencez par la ville d'été, face au bassin, qui arbore terrasses de restaurants et casino. Remontez la rue, dans le prolongement de la jetée de la Chapelle, jusqu'à la basilique Notre-Dame, construite au 19e s. À l'intérieur, la chapelle des Marins est tapissée d'ex-voto. Dans la ville de printemps, sportive et cossue, empruntez la charmante promenade piétonne ombragée qui longe la plage Pereire et mène au spot de surf réputé des Arbousiers et à la plage des Abatilles. Enfin, la ville d'hiver recèle d'innombrables villas de la fin du 19e s. et du début du 20e, que vous découvrez au milieu des pins. Si vous avez encore un peu de temps, faites quelques brasses dans le bassin ou embarquez-vous pour une promenade en mer au départ de la belle jetée Thiers, de style rétro. Revenez flâner sur le front de mer qui s'anime en fin de journée et dégustez une assiette d'huîtres élevées dans les parcs du bassin.

JOUR 5
Suivez la côte jusqu'à **Biscarrosse** où baignade et activités sportives se pratiquent aux lacs de Biscarrosse, de Parentis et à Biscarrosse-Plage (surf). Si vous préférez des haltes culturelles, visitez le musée historique de l'Hydraviation à Biscarrosse, très intéressant et unique en son genre. Une pause déjeuner à **Mimizan**, vous voici prêt pour enfourcher votre vélo pour découvrir la forêt de Mimizan par l'une des pistes cyclables qui courent entre le village et **Contis-Plage**. Le soir, étape à Contis-Plage.

JOUR 6
Gagnez **Léon** où il faut programmer impérativement une descente en barque du **courant d'Huchet** jusqu'à l'océan. Faites ensuite le tour de l'étang de **Soustons**, puis explorez la réserve naturelle de l'étang Noir à **Seignosse**, pourvue d'une faune et d'une flore d'une rare diversité.

JOUR 7
Gagnez **Hossegor** : au choix circuit culturel des villas vers le lac et le golf, activités nautiques sur le lac (recommandées avec des enfants) ou baignade en mer. L'après-midi, flânez à **Capbreton** et si vous êtes amateur de vin, visitez les chais du domaine de la Pointe et goûtez à leurs cuvées atypiques aux notes marines. Puis gagnez **Labenne** pour découvrir librement la réserve naturelle du Marais d'Orx.

AQUITAINE – ADRESSES CIRCUIT 2

Aires de service & de stationnement

CONTIS-PLAGE

Aire de Contis-Plage
259 av. du Phare - 📞 05 58 42 80 08
Permanent -
Borne artisanale
76 - 72h - 14 €/j. - borne compris ; moins cher hors sais.
Paiement : CC
Services : WC
GPS : W 1.32004 N 44.09368

GUJAN-MESTRAS

Aire des 3 Coccinelles
12 av. des Loisirs - 📞 06 88 99 65 72 - www.aire-des-3coccinelles.com
Permanent
Borne artisanale
76 - Illimité - 20,90 €/j. - borne compris ; moins cher hors sais.
Paiement : CC
Services :
GPS : W 1.09883 N 44.619

LACANAU

Aire du Huga
Allée des Sauveils, ZA Le Huga - 📞 05 56 03 20 72 - Permanent
Borne Urbaflux
125 - 15 €/j. - borne compris
Paiement : CC
Services :
À l'entrée de Lacanau-Océan, 2 aires face-à-face.
GPS : W 1.16528 N 45.00584

LÈGE-CAP-FERRET

Aire de Claouey-Lège-Cap Ferret
1 rte des Pastourelles, face à la station U - 📞 06 78 32 54 99
Permanent
Borne flot bleu : gratuit
10 - 48h - gratuit - stat. autorisé 20h-9h.
Services : WC
Route bruyante à 50 m.
GPS : W 1.18031 N 44.75154

LÉON

Aire des Berges du Lac
Rte du Puntaou - 📞 05 58 49 20 00
Permanent (mise hors gel ; pas de services hors sais.)
Borne Urbaflux
140 - Illimité - 12,50 €/j. - payant 22h-9h ; borne compris ; gratuit hors sais. - Paiement : CC
Services : WC
GPS : W 1.3186 N 43.8844

PARENTIS-EN-BORN

Aire de Parentis-en-Born
Rte des Campings, Le Lac - 📞 05 58 78 59 12 - Permanent
Borne eurorelais
20 - 8,90 €/j. - borne compris
Paiement : CC
Services :
GPS : W 1.09913 N 44.34423

SEIGNOSSE

Camping-car Park de Seignosse
D 79, Les Estagnots - 📞 01 83 64 69 21 - www.campingcarpark.com
Permanent
Borne eurorelais
110 - 14,30 €/j. - borne compris ; stat. limité à 21 j. ; réserv. obligatoire au-delà de 3 j.
Paiement : CC
Services : WC
Route un peu bruyante à proximité.
GPS : W 1.42562 N 43.69063

SOULAC-SUR-MER

Aire de Soulac-sur-Mer
31 bd de l'Amélie - 📞 05 56 73 29 29
Permanent -
Borne AireService 4 €
45 - Illimité - 10 €/j. - moins cher hors sais.
Paiement : CC
GPS : W 1.1375 N 45.49917

LE VERDON-SUR-MER

Aire de Port Médoc
Allée des Avocettes - 📞 05 56 09 61 78 - Permanent
Borne artisanale
30 - 9,60 €/j.
Paiement : CC
Services :
GPS : W 1.05895 N 45.5537

Campings

ARÈS

Pasteur
1 r. du Pilote - 📞 05 56 60 33 33 - www.atlantic-vacances.com
De déb. avr. à fin oct. - 15 empl. -
Tarif camping : 33 €
(6A) 5,50 € - pers. suppl. 6 €
Services et loisirs :
Cadre soigné, en zone pavillonnaire.
GPS : W 1.13681 N 44.76174

HOURTIN-PLAGE

Airotel La Côte d'Argent
134 rte de Contaut - 📞 05 56 09 10 25 - www.camping-cote-dargent.com
De mi-mai à mi-sept. - 870 empl. -
borne artisanale
Tarif camping : 50 €
(10A) 8 € - pers. suppl. 13 €
Services et loisirs :
Jolie pinède vallonnée à 500 m de l'océan avec un parc aquatique très ludique.
GPS : W 1.16446 N 45.22259

LABENNE-OCÉAN

Municipal Les Pins Bleus
Av. de l'Océan - 📞 05 59 45 41 13 - www.lespinsbleus.com
De déb. avr. à mi-oct. - 80 empl. -
borne artisanale -
19 €
Tarif camping : 29,30 €
(10A)
Services et loisirs :
GPS : W 1.45687 N 43.60229

MIMIZAN-PLAGE

La Plage
Bd de l'Atlantique - 📞 05 58 09 00 32 - www.camping-mimizan-plage.com
De déb. mai à fin sept. - 250 empl.
borne artisanale
Tarif camping : 40 €
(10A)
Services et loisirs :
Accueil de nombreux groupes de surfeurs sur un terrain en pleine mutation.
GPS : W 1.28384 N 44.21719

Les bonnes adresses de bib

ARCACHON

Oyster Bar – Sous la halle du marché municipal - ☏ 05 56 83 29 42 - www.huitres-laban.com - fermé soirs et lun. - formules 21/36 €. Sympathique bar à huîtres mais aussi crevettes, bulots, terrine de campagne, caviar du Bassin, saumon fumé, etc.

Aux Délices Glacés – Le Moulleau - 257 bd de la Côte-d'Argent - ☏ 05 56 54 55 54 - fermé nov.-fév. Cet artisan glacier fait ses cornets et glaces maison. Les meilleures d'Arcachon !

CAPBRETON

Monsieur Mouette – Quai du Bourret, av. Notre-Dame - ☏ 05 58 73 62 02 - www.monsieurmouette.fr - plats 20 €. Le spot tendance avec vue sur le port animé. Planches à partager, poulpe grillé, tacos, aubergine rôtie, smash burger, etc. La carte est gourmande, celle des vins alléchante et l'ambiance très conviviale, surtout à l'heure du coucher de soleil.

GUJAN-MESTRAS

L'Escalumade – Port de Larros - 8 bd Pierre-Dignac - ☏ 05 56 66 02 30 - escalumade.com - fermé dim. soir-lun. et merc. soir - plats 18,50/35,50. Une bonne table sans prétention, au calme. Cette cabane d'ostréiculteur convertie en restaurant est coquette avec ses boiseries, ses baies vitrées et sa terrasse au-dessus de l'eau. Au menu, poissons, coquillages et crustacés.

LACANAU

La Cabane – 19 av. du Gén.-Leclerc - ☏ 05 56 03 19 15 - fermé lun. et à midi sf dim. - formules 15/20 € - menu 28 €. Dépaysement assuré dans ce jardin où le restaurant, la déco et la cuisine sont d'inspiration exotique.

LÈGE-CAP-FERRET

La Cabane d'Édouard – Port de Claouey - cabane 1-3 - ☏ 05 57 70 30 44 ou 06 07 52 36 36 - lacabanedeouard - fermé de déb. nov. à fin mars - plats 13,50/32 €. Au milieu des parcs à huîtres, avec vue imprenable sur le bassin, cette petite terrasse, sous les canisses, vous accueille pour une dégustation d'huîtres et de fruits de mer… sur place ou à emporter. Un lieu comme on aimerait en trouver plus souvent !

Frédélian – 33 bd de la Plage - ☏ 05 64 51 00 72 - www.fredelian-capferret.com - merc.-dim. 8h-19h. La renommée de ce salon de thé n'est plus à faire. On vient y boire un chocolat chaud accompagné de somptueuses pâtisseries maison et l'on repart avec une boîte de canelés.

LÉON

Maison Tenoy – 736 rte de Betoy - ☏ 05 58 48 74 66 ou 06 82 30 78 03 - maison-tenoy.com - de déb. avr. à mi-oct. : se rens. - menus 20/36 €. Cette sympathique ferme-auberge sert foie gras, confits, manchons…, produits sur place. De l'artisanal garanti et délicieux. On peut aussi acheter toute l'année les produits. Réservation conseillée.

MIMIZAN

L'Île de Malte – 5 r. du Casino - Mimizan-Plage - ☏ 05 58 82 48 15 - www.restaurant-iledemalte.com - fermé jeu. en avr. ; oct.-nov. - menus 19,50/41 €. Ce restaurant décoré dans un style contemporain (bois et tons clairs) propose une cuisine pleine de saveurs et parfaitement maîtrisée : ris de veau, croustillant de souris d'agneau, poisson du jour, etc. Service attentionné. Terrasse ombragée.

SOULAC-SUR-MER

L'instant M – 8 r. Fernand-Lafargue - ☏ 05 57 75 47 81 - fermé dim. soir-lun. et merc. midi - menu 29,50 €. À l'abri du soleil en terrasse, on y déguste une cuisine entre terre et mer. Parmi les incontournables : pluma de porc ibérique, pavé de morue et purée au thym, crème brûlée aux noisettines du Médoc… Jolie déco contemporaine.

Offices de tourisme

ARCACHON
Espl. Georges-Pompidou/22 bd du Gén.-de-Gaulle - ☏ 05 57 52 97 97 - www.arcachon.com.

CAPBRETON
Av. Georges-Pompidou - ☏ 05 58 72 12 11 - www.capbreton-tourisme.com.

HOSSEGOR
166 av. de la Gare - ☏ 05 58 41 79 00 - www.hossegor.fr.

SOULAC-SUR-MER
68 r. de la Plage - ☏ 05 56 09 86 61 - www.medoc-atlantique.com.

Le phare de Cordouan.

LE TOP 5 PLAGES
1. Lette Blanche (Léon)
2. Contis
3. Lacanau
4. Lespecier (Mimizan)
5. Vivier (Biscarrosse)

AQUITAINE – CIRCUIT 3

L'arrière-pays landais

À l'est de Dax, les Landes se déploient en de vertes collines, jalonnées de vignes. Du bocage de la Chalosse jusqu'aux plateaux du Tursan, les villages de St-Sever, Aire-sur-l'Adour, Montfort-en-Chalosse et Mont-de-Marsan dessinent un territoire du bien boire et du bien manger. Vous êtes au cœur d'un pays digne du Sud-Ouest, riche en vieilles pierres et en bons produits, foie gras et Armagnac en tête. Un peu plus au nord, s'étend la forêt landaise qui invite à la pratique d'activités de plein air et notamment, le long de ses sentiers et de ses pistes, à la promenade. En son cœur, dans sa partie la plus sauvage et méconnue, se tient une pépite, l'écomusée de Marquèze !

DÉPART : DAX - 7 jours – 290 km

JOUR 1

Protégée des vents maritimes par la forêt landaise, et riche de ses eaux, **Dax** est un bain de jouvence pour les curistes (voir l'encadré p. 347) et pour les touristes, mais c'est aussi une ville qui s'enflamme lors de la célèbre féria qui a lieu pendant une semaine autour du 15 août. Nuit à Dax ou à St-Paul-lès-Dax.

JOUR 2

Entrez sans plus attendre dans le **pays de Chalosse**. Quittez Dax par l'est (D947) puis continuez sur la D32 jusqu'à l'ancienne bastide du 13e s., de **Montfort-en-Chalosse** où un musée présente le territoire bucolique et agricole. Poursuivez votre route sur la D2 pour rejoindre le **château de Gaujacq**, qui a su mettre en valeur ses jardins sur fond de chaîne des Pyrénées. Quelques kilomètres plus loin (D58), à **Brassempouy**, a été trouvée la statuette dite de la « Dame à la capuche ». Il s'agit de la plus ancienne représentation de visage humain sculpté, connue. Après cette descente dans la préhistoire, allez à **Hagetmau**, pour déchiffrer les vestiges de l'abbaye de St-Girons.

JOUR 3

Prenez la route de **Samadet** (D2) pour y découvrir le musée de la Faïence et des Arts de la table. Avant la fin de la matinée, gagnez **Aire-sur-l'Adour**, toujours par la D2, pour vous immerger dans l'ambiance du Sud-Ouest et déguster de bons produits du terroir (foie gras d'oie et de canard, magrets, confits). La cité taurine conserve un riche patrimoine, notamment l'église Ste-Quitterie, classée au Patrimoine mondial de l'Unesco. Le grand marché traditionnel du mardi matin et, surtout, du samedi matin attire foule. Dirigez-vous ensuite vers **Grenade-sur-l'Adour**. Les fans du ballon ovale feront un détour par **Larrivière-St-Savin**, juste de l'autre côté de l'Adour, pour rendre hommage à Notre-Dame-du-Rugby, avant de rejoindre **St-Sever** par la D924. En effet ce périple serait incomplet sans un passage par l'abbatiale romane du Cap-de-Gascogne aux chapiteaux colorés. Ralliez Mont-de-Marsan pour la nuit.

Écomusée de Marquèze.

JOURS 4 ET 5

Mont-de-Marsan s'anime dès les beaux jours le long des berges et la musique résonne dans ce fief du flamenco. Visitez le Centre d'art contemporain Raymond-Farbos aménagé dans un ancien entrepôt à grain. L'après-midi, explorez la bastide de **St-Justin**, le **château de Ravignan**, au style classique, puis l'**Écomusée de l'Armagnac** dans le domaine de Château Garreau, à **Labastide-d'Armagnac**. Finissez la journée dans ce village, où le célèbre digestif est également à l'honneur. Cette jolie bastide fondée en 1291 est une étape très agréable.

JOUR 6

De bonne heure, rejoignez **Sabres** en empruntant la N10, puis la D44. De là, montez dans le petit train qui vous mènera au cœur de la forêt landaise à l'**écomusée de Marquèze** (voir l'encadré ci-contre). Prévoyez de pique-niquer et une très grosse demi-journée pour profiter au maximum de ce lieu d'exception.

JOUR 7

Le matin, vous découvrirez à **Pissos** la faune sauvage landaise au relais nature de la Haute-Lande. À **Moustey**, l'église Notre-Dame possède une porte dites des Cagots, réservées à ces habitants autrefois réputés lépreux. Faites un détour par **Belhade** pour apercevoir l'église et le château, puis profitez des activités du domaine de loisirs. Consacrez le reste de la journée aux loisirs nature, en canoé sur la Leyre à **Belin-Béliet** ou à la base de loisirs de Testarouman, à Pissos : tir à l'arc, canoë, VTT...

VISITE

Écomusée de Marquèze (Sabres)

INFOS PRATIQUES

Gare de Sabres - Sabres - 05 24 73 37 40 - www.marqueze.fr - - juil.-août : 10h-18h ; avr., de mi-mai à fin juin et sept. : 10h-12h, 14h-18h ; reste de l'année : se rens. - fermé de la fin des vac. de la Toussaint à fin mars - 14 € (4-17 ans 9,50 €) - 39/47 € billet famille (2 adultes + 2/3 enf.). Trois visites (1h20) par jour sont proposées hors sais., à chaque arrivée de train en sais.

STATIONNEMENT & SERVICES

Parking conseillé
Rte de Solférino - WC et eau potable - gratuit.

Camping Landes vertes
05 58 82 90 17 - www.campinglandesvertes.com
De déb. avr. à fin oct. - 57 empl.
borne eurorelais
Tarif camping : 24 € (6A) - pers. suppl. 5 €
Services et loisirs :
Nombreuses activités avec le village vacances mitoyen.
GPS : W 0.74235 N 44.144

Cet écomusée se décompose en deux sites : le pavillon de Marquèze, situé en face de la gare de Sabres, et le quartier de Marquèze, accessible en train.

Le **Pavillon de Marquèze**, d'abord, abrite une exposition didactique et interactive, riche et attractive, sur l'aventure de l'aménagement du territoire des Landes de Gascogne au cours des derniers siècles, la transformation des paysages qui en découlent (dunes, forêt, plage, marais...) et l'agropastoralisme. Une parfaite introduction à la visite du quartier que l'on rejoint ensuite avec le train équipé de voitures datant de 1903 à 1910.

Le **quartier de Marquèze** est un hameau reconstitué, composé d'une trentaine de bâtiments, pour présenter la vie telle qu'elle s'organisait dans les landes de Gascogne à la fin du 19e s. Dans une grange, une exposition aborde à nouveau l'histoire de ces bergers agriculteurs, la vie des familles et les métiers ainsi qu'une ruche en activité permettant d'observer un essaim d'abeilles noires à travers une vitre. Outre la maison des métayers et son cortège de granges, et la maison du berger, au poutrage plus grêle et aux dimensions plus modestes, une petite promenade dans la forêt de pins maritimes vous conduira à l'aire meunière avec la maison du meunier et à l'espace où opérait le résinier. La visite ne serait pas complète sans un petit tour au parc à moutons, pour observer ces anciens défricheurs de la lande dont le fumier enrichissait les champs.

AQUITAINE – ADRESSES CIRCUIT 3

Aires de service & de stationnement

BAZAS

Aire de Bazas
R. du 11-Novembre-1918,
en face de l'école Peir de Ladils -
05 56 65 06 65 - Permanent
Borne eurorelais : gratuit
15 - gratuit
Services : WC
Parking en plein soleil,
environnement urbain bruyant.
GPS : W 0.21554 N 44.43346

BERNOS-BEAULAC

Aire de Caroy
N 524 - 05 56 25 28 81 - Permanent
Borne artisanale 2 € 2 €
10 - 48h - 4 €/j.
Paiement : CC
Services : WC
En bordure d'une petite rivière, peu ombragé.
GPS : W 0.24331 N 44.37077

BRASSEMPOUY

Ferme Moulié
250 chemin du Moulié -
06 32 25 27 45 -
ferme-moulie.jimdo.com
De déb. mars à fin oct. -
Borne : gratuit
4 - 24h - gratuit
Services :
Au milieu des collines.
Visite gratuite de la ferme, boutique, plats traditionnels.
GPS : W 0.69222 N 43.61692

CAZAUBON

Ferme du Grand Soubère
Grand Soubère - 05 62 09 55 04
De déb. mars à fin oct. -
Borne artisanale 3,50 €
10 - 72h - 13 €/j.
Paiement : CC
Services : WC
Accueil à la ferme, cadre naturel charmant.
GPS : W 0.01348 N 43.93921

DAX

Voir p. 347

GRENADE-SUR-L'ADOUR

Aire de Grenade-sur-Adour
Pl. du 19-Mars-1962 -
05 58 45 91 14 - Permanent
Borne artisanale
47 - gratuit - borne compris
Paiement : CC
Services : WC
Plateforme en gravillons fins poussiéreux, pas d'ombre.
GPS : W 0.43516 N 43.77469

MONT-DE-MARSAN

Aire de Mont-Marsan
541 av. de Villeneuve, D 1 -
05 58 05 87 37 - Permanent
Borne Urbaflux 1,50 € 3 €
45 - - 72h - 8,50 €/j.
Paiement : CC
Services :
Dans un petit bois à côté d'un parc animalier. Base aérienne à proximité, nuisances possibles.
GPS : W 0.46 N 43.88

NERBIS

Ferme Larrey
309 rte de Larrey, par D 32 depuis St-Sever - 07 70 01 68 52 -
www.ferme-larrey.com
Permanent -
Borne artisanale
5 - 72h - gratuit
Services : WC
Au cœur de la campagne, le long d'une Voie verte, terrain herbeux en légère pente. Ferme-producteur de foie gras.
GPS : W 0.7145 N 43.74899

ST-PAUL-LÈS-DAX

Aire naturelle de St-Paul-lès-Dax
Au bout de l'allée du Plumet -
05 58 91 20 20
Permanent -
Borne artisanale
6 - 72h
Services :
Bel endroit sous les pins, site très prisé, mais peu de place ; terre et herbe.
GPS : W 1.07709 N 43.73433

Campings

AIRE-SUR-L'ADOUR

Les Ombrages de l'Adour
R. des Graviers - 05 19 99 01 98 -
www.night-and-day.fr
De déb. juin à déb.
nov. - 100 empl. -
borne AireService 1 €
Tarif camping : 17 € (6A)
Services et loisirs :
Proche du centre-ville, des arènes et au bord de l'Adour.
GPS : W 0.25793 N 43.70257

BARBOTAN-LES-THERMES

Huttopia Lac de l'Uby
Av. du Lac - 05 62 09 53 91 - www.campinglesrivesdulac-barbotan.com
De déb. mars à fin nov. - 258 empl. -
borne artisanale
Tarif camping : 30,80 €
(10A)
Services et loisirs :
Les emplacements ont pour beaucoup une jolie vue sur le lac.
GPS : W 0.04431 N 43.93971

DAX

Voir p. 347

SABRES

Voir p. précédente

ST-PAUL-LÈS-DAX

Les Pins du Soleil
Rte des Minières - 05 58 91 37 91 -
www.pinsoleil.com
De déb. avr. à fin oct. - 145 empl.
borne artisanale
Tarif camping : 27 €
(10A) - pers. suppl. 6,50 €
Services et loisirs :
Emplacements bien ombragés.
GPS : W 1.09373 N 43.72029

Les bonnes adresses de bib

DAX

Bistrot des vignes –
40 r. Neuve - 05 58 58 45 39 - lebistrotdesvignesdax.fr - fermé lun.-merc., jeu. midi et vend. midi - plats 22/24 €. Dans ce restaurant, salon de thé et bar à vins, vous pourrez acheter une bonne bouteille, accompagner votre dégustation d'une assiette gourmande ou vous installer à l'étage pour savourer des plats, souvent imaginatifs.

El Meson – 18 pl. Camille-Bouvet - 05 58 74 64 26 - www.el-meson-40.fr - fermé sam. midi, dim.-lun. midi, 1 sem. fin avr. et 15 j. apr. les fêtes de Dax - plats env. 15/25 €. El Meson vous propose de passer un chaleureux moment en picorant de délicieuses tapas maison ou, plus copieux, un plat de poisson cuisiné à l'espagnole.

HAGETMAU

Restaurant Le Jambon – 245 r. Carnot - 05 58 79 32 02 - www.hotel-restaurant-lejambon.com - fermé dim. soir et lun. - réserv. conseillée - menus 40 €. Cette grande maison du centre-ville abrite une salle bourgeoise où vous sera servie une généreuse cuisine traditionnelle et landaise : foie gras chaud pommes et raisins, filet de dorade royale, soufflé au Grand Marnier...

MONT-DE-MARSAN

Le Bistrot de Marcel – 1 r. du Pont-de-Commerce - 05 58 75 09 71 - www.lebistrotdemarcel.fr - fermé sam. midi et dim. - menus 14/36 €. Ce bistrot au décor de pierre et de bois dispose d'une très agréable terrasse surplombant la rivière. À la carte, une cuisine terroir du Sud-Ouest bien ficelée.

MONTFORT-EN-CHALOSSE

Coopérative Foie gras de Chalosse – 602 av. Jean-Jaurès - 05 58 55 39 39 - www.foie-gras-sud-ouest.fr - fermé lun. mat., sam. apr.-midi et dim. Depuis 1982, cette coopérative de producteurs propose foie gras, confits, rillettes, terrines, cassoulet... produits artisanalement.

PISSOS

Le Café de Pissos – 42 r. Pont-Battant - 05 58 08 90 16 - www.cafe-de-pissos.com - fermé soir et w.-end - menus 16 € (déj.), 26 €. Cette auberge familiale située sur le carrefour principal du village propose une authentique cuisine régionale, de saison, dont l'incontournable cassoulet. À savourer dans la salle au cadre campagnard ou sur la terrasse ombragée de platanes bicentenaires.

SABRES

Auberge des Pins – R. de la Piscine - 05 58 08 30 00 - www.aubergedespins.fr - fermé dim. soir-lun. - 2 rest. : menus 25/65 €. Une vaste maison landaise à pans de bois, entourée d'une pelouse plantée d'arbres. Attablez-vous dans la belle salle à manger ornée d'armoires du pays et agrémentée de boiseries anciennes, et régalez-vous avec la délicate cuisine régionale du chef.

ST-JUSTIN

Le Cadet de Gascogne – 6 allée Gaston-Phoebus - 05 58 51 84 59 - le-cadet-de-gascogne.fr - fermé dim. soir, lun. midi et merc. - menus 18/32 €. Une cuisine savoureuse et soignée qui ne se limite pas aux spécialités landaises. Les assiettes, bien dressées, tiennent leur promesse. Agréable terrasse ombragée et salle au décor contemporain, un peu froid.

ST-SEVER

L'Art des Mets – 1 chemin du Prouyant - 05 47 87 90 41 - www.lartdesmetsaintsever.com - tlj à midi, vend. et sam. le soir - menus 15/36 €. Installé dans l'ancien chai des écuries du général Lamarque, ce restaurant propose une cuisine simple et bonne, élaborée avec des produits locaux et de saison. L'équipe, jeune et dynamique, a indéniablement le sens de l'accueil et du service !

Offices de tourisme

DAX

11 cours Foch - 05 58 56 86 86 - www.dax-tourisme.com.

MONT-DE-MARSAN

1 pl. Charles-de-Gaulle - 05 58 05 87 37 - www.montdemarsan-tourisme.fr.

Forêt landaise.

AQUITAINE – CIRCUIT 4

Splendeurs basques

Les Basques ont la fierté des hommes qui savent affronter les tempêtes et apprivoiser les montagnes. Des paysages fabuleux nous familiarisent avec leur histoire que nous content les cris des bergers descendant vers les villages où le rouge et le vert s'inscrivent aux volets des maisons, sur les guirlandes de piments séchant au soleil et jusque sur les bérets.

DÉPART : BAYONNE - 7 jours – 300 km

JOUR 1

Bayonne : voyez les quais sur la Nive, la cathédrale Ste-Marie et son cloître, les ruelles pavées du vieux centre, avec les chocolatiers de la rue du Port-Neuf. Dans le petit Bayonne, visitez le Musée basque et le musée Bonnat-Helleu consacré aux beaux-arts, et, dans le quartier St-Esprit, poussez la porte du musée du Chocolat. En fin de journée, quittez la ville en longeant l'Adour par **Lahonce** et **Urt** où vous faites étape.

JOUR 2

Partez pour **La Bastide-Clairence**, bastide médiévale animée de nombreux artisans. Prenez la pittoresque D123 jusqu'à **St-Palais**, ancienne capitale de Basse Navarre où se tient le vendredi un marché réputé. Rejoignez **Mauléon-Licharre**, capitale de la Soule et de l'espadrille, par la D11, ou par les petites routes, D933 et D242. Deux châteaux se visitent, celui d'Andurain, de la Renaissance et le château fort de Mauléon.

JOUR 3

Pour rejoindre St-Jean-Pied-de-Port, vous avez le choix entre deux routes offrant de très beaux panoramas, celle qui passe par le **col d'Osquich** (D918) sans difficultés, ou plus scénique encore mais étroite, D918, puis à gauche D147 via **Aussurucq** (village pittoresque) et D117 jusqu'au col d'Aphanize et de nouveau D147 pour Mendive. Dans cette seconde option, vous découvrirez les hauts pâturages d'Ahusquy, où pâturent vaches, chevaux et brebis. Fin de journée à **St-Jean-Pied-de-Port**, halte majeure sur le chemin de Compostelle.

JOUR 4

Le matin, visitez St-Jean-Pied-de-Port, sa citadelle, ses ruelles, son vieux pont sur la Nive et sa porte St-Jacques (grand marché le lundi). L'après-midi, prenez la route de **St-Étienne-de-Baïgorry** d'où vous remonterez la **vallée des Aldudes** (D948).

Le petit train de la Rhune.

À **Aldudes**, ne manquez pas la boutique de Pierre Oteiza et sa nurserie de porcs basques Pie Noir. Un sentier vous permet ensuite de parcourir la montagne où les porcs vivent en liberté sous les châtaigniers.

JOUR 5

Retour à St-Étienne-de-Baïgorry. Descendez sur **Cambo-les-Bains** où vous visiterez la Villa Arnaga, la maison d'Edmond Rostand, tout en profitant des eaux thermales (voir l'encadré p. 347). À quelques kilomètres, **Espelette** est célèbre pour ses piments rouges qui sèchent sur les façades des maisons. Quant aux villages d'**Ainhoa** et de **Sare**, ce sont des merveilles où il faut flâner tranquillement. De Sare, vous pourrez envisager l'ascension de la **Rhune**, la montagne mythique du Pays basque (comptez une petite journée supplémentaire - voir l'encadré ci-contre).

JOUR 6

Commencez votre journée au **col de St-Ignace** d'où vous emprunterez le Petit Train de La Rhune, la montagne sacrée des Basques. Panorama immense le matin. Après une pause au magnifique village d'**Ascain**, descendez sur **Hendaye** pour vous promener sur le front de mer et dans le domaine d'Abbadia et son étrange château construit par Viollet-le-Duc.

JOUR 7

Le matin, arrêtez-vous à **St-Jean-de-Luz** pour voir la maison de Louis XIV et profiter de son port de pêche. L'église aussi vaut le coup d'œil tout comme le front de mer. Ralliez enfin **Biarritz** où les visites ne manquent pas : le rocher de la Vierge, la Cité de l'Océan, l'aquarium, les belles villas sur le chemin du phare sans oublier le pittoresque port des pêcheurs.

RANDONNÉE À PIED

La Rhune

INFOS PRATIQUES

Renseignez-vous sur la visibilité au sommet (inutile de monter par temps couvert) et prévoyez un vêtement chaud et de bonnes chaussures.
Sentier balisé en jaune - compter 2h30 à 3h pour la montée, 2h pour la descente.
Train à crémaillère – Col de St-Ignace - Sare - 05 59 54 20 26 - www.rhune.com - de mi-juil. à fin août : 8h20-17h30, dép. ttes les 40mn ; de juin (se rens.) à mi-juil. et de déb. sept. à la fin des vac. de la Toussaint : 9h30-12h, 14h-16h - 22 € (4-12 ans 15 €) - achat des billets sur le site Internet de préférence, sur place le jour même s'il reste des places. Animations sur différents thèmes vac. scol. et w.-end, se rens.
Navette Txik Txak ligne 45 de St-Jean-de-Luz (en sais. 1,20 €).

STATIONNEMENT & SERVICES

Parking conseillé
Sur la D4 : à proximité du parking du train de la Rhune, en dir. d'Ascain - gratuit.

Aire de Sare
Omordia - 05 59 54 20 14 - www.sare.fr
Permanent
Borne artisanale : gratuit
23 - 48h - 10 €/j.
Services :
Parking en contrebas de la piscine, peu ombragé.
GPS : W 1.57679 N 43.31307

La Rhune (en basque, larrun : « bon pâturage ») est la montagne emblématique du Pays basque français. De son sommet-frontière où trône un émetteur de télévision, le panorama porte jusqu'à l'Océan, la forêt des Landes, les Pyrénées basques et, au sud, la vallée de la Bidassoa. Un obélisque rappelle que l'impératrice Eugénie en fit l'ascension à dos de mulet en 1859.
En haute saison, la route qui y mène est littéralement prise d'assaut. Si vous partez assez tôt, peut-être pourrez-vous profiter tranquillement du trajet qui s'élève au-dessus d'un gracieux vallon jusqu'au col de St-Ignace (alt. 169 m). Là, le petit chemin de fer à crémaillère de 1924 mène en 35mn au sommet (alt. 905 m). Son allure (9 km/h) laisse tout le loisir d'admirer les vautours fauves, les pottoks et les manechs (brebis locales à tête noire) qui paissent tranquillement. Les plus sportifs pourront accéder au sommet à pied en suivant le GR 10 (14 km AR - 873 m de dénivelé). À l'arrivée, vous trouverez trois *ventas*, gigantesques supermarchés détaxés situés sur la frontière.

AQUITAINE – ADRESSES CIRCUIT 4

Aires de service & de stationnement

ANGLET

Aire des Corsaires
Bd des Plages (D405),
parking de la plage des Corsaires -
05 59 58 35 00 - www.anglet.fr
Permanent (fermé 24 fév.-28 mars)
Borne artisanale
80 - 13 €/j. - borne compris ;
moins cher hors sais.
Services :
GPS : W 1.53403 N 43.50701

BIARRITZ

Aire Gabrielle-Dorziat
50 allée Gabrielle-Dorzat -
05 59 24 55 77
Permanent
Borne artisanale
31 - 48h - 14,32 €/j.
Services :
À proximité du lac de Mouriscot et
d'un centre équestre. Sur herbe, plat.
GPS : W 1.5686 N 43.4596

CAMBO-LES-BAINS

Voir p. 347

HENDAYE-PLAGE

Aire d'Hendaye-Plage
9 r. d'Ansoenia, près de la gare dite des
Deux-Jumeaux - 05 59 48 23 23 -
www.hendaye-tourisme.fr
Permanent
Borne AireService
25 - 72h - 10 €/j. - borne compris
Plein soleil, un peu bruyante avec train
et route à proximité.
GPS : W 1.76438 N 43.37022

ITXASSOU

Ferme Erreka
D 249 - 05 59 93 80 29 - Permanent
Borne artisanale
10 - 12 €/j. - borne compris
Paiement :
Services :
Terrain en légère pente, herbeux,
contigu à la ferme-boutique
et un restaurant.
Route peu bruyante en contrebas.
GPS : W 1.4434 N 43.32553

ST-JEAN-DE-LUZ

Aire de St-Jean-de-Luz
Av. Charles-de-Gaulle (D 810), sur le
pont - 05 59 51 61 71 - www.saint-
jean-de-luz.com - Permanent
Borne AireService
15 - 48h - 6 €/j. - Paiement :
Services :
Proche du centre-ville, mais bruyant,
le long de la voie ferrée.
GPS : W 1.66277 N 43.38536

ST-JEAN-PIED-DE-PORT

Aire du Fronton
18 av. du Fronton - 05 59 37 00 92 -
www.st-jean-pied-de-port.fr
Permanent
Borne artisanale : 5 €
40 - 11,50 €/j. - moins cher
hors sais. - Paiement :
Services :
Bel espace naturel bien ombragé.
GPS : W 1.23746 N 43.16004

ST-PALAIS

Aire de St-Palais
R. de la Bidouze, parking de la salle
polyvalente d'Airetik - 05 59 65
71 78 - pratique.tourisme64.com
Permanent (fermé vend. mat.) -
Borne artisanale : gratuit
10 - Illimité - gratuit
Services :
Proche du centre. Point d'eau et
vidange derrière le marché couvert.
GPS : W 1.03095 N 43.3293

ST-PÉE-SUR-NIVELLE

Aire de Donamartia
Chemin de Donamartia,
3 rte de Sare - 05 59 54 50 59
De déb. juin à fin oct. -
Borne artisanale 2,50 €
20 - Illimité - 10 €/j.
Services :
Cadre champêtre à côté d'une ferme.
Légère pente, herbeux.
GPS : W 1.55204 N 43.3433

SARE

Voir p. précédente

Campings

CAMBO-LES-BAINS

Voir p. 347

MAULÉON-LICHARRE

Aire naturelle La Ferme Landran
Ordiarp, quartier Larréguy -
05 59 28 19 55 - www.ferme-
landran-location.com
De mi-avr. à fin sept. - 25 empl. -
borne artisanale
Tarif camping : 15,80 €
(6A) 2,80 € - pers. suppl. 3 €
Services et loisirs :
Camping à la ferme.
GPS : W 0.93933 N 43.20185

ST-ÉTIENNE-DE-BAÏGORRY

Voir p. 345

ST-JEAN-DE-LUZ

Le Tamaris-Plage
Quartier Acotz, 720 rte de Plages -
05 59 26 55 90 -
www.tamaris-plage.com
De déb. avr. à fin oct. - 25 empl. -
Tarif camping : 49 €
(7A) - pers. suppl. 16 €
Services et loisirs :
GPS : W 1.62387 N 43.41804

ST-JEAN-PIED-DE-PORT

Narbaïtz
Rte de Bayonne - 05 59 37 10 13 -
www.camping-narbaitz.com
De mi-juin à déb. sept. - 101 empl. -
borne artisanale
Tarif camping : 43 €
(10A) - pers. suppl. 8 €
Services et loisirs :
GPS : W 1.25911 N 43.17835

URT

Etche Zahar
175 allée de Mesplès - 05 59 56 27 36 -
www.etche-zahar.fr
De déb. avr. à déb. oct. - 76 empl. -
borne artisanale
Tarif camping : 24 €
(10A) 3,70 €
Services et loisirs :
GPS : W 1.2973 N 43.4919

Les bonnes adresses de bib

ASCAIN

Cidrerie artisanale Txopinondo Sagarnotegia – D918, rte de St-Jean-de-Luz - ZA Lanzelai - 05 59 54 62 34 - txopinondo.fr - mar.-merc. 15h-19h, jeu.-vend. 12h-23h, sam. 12h-15h, 19h-23h, dim. 12h-15 - pintxos 10 € ; visites de la cidrerie (5 €) avr.-sept. : lun.-vend. 10h30- 12h, 15h-19h ; nov.-mars : mar.-vend. 15h-19h. Au milieu des chais, de longues tables vous accueillent pour un festin basque. « *Txotx* ! » C'est le signal : le *sagardoa* (cidre) jaillit d'une barrique. *Pintxos*, cassolette de thon ou *txuleta* (côte de bœuf) grillée à partager. Monsieur Lagadec, seul artisan cidrier du Pays basque côté français à faire visiter ses installations, fabrique de savoureuses spécialités : *sagardoa, muztioa* (jus), *dultzea* (pâte de fruits accompagnant le fromage de brebis) et *patxaka* (liqueur anisée aux pommes sauvages). Il a installé un petit musée-atelier du goût dont la découverte est un bon prélude au repas !

BAYONNE

Bodega Chez Gilles – 23 quai de l'Amiral-Jauréguiberry - 05 59 25 40 13 - bodegachezgilles.com - plats 21/24 €. Un endroit qui ne manque pas d'ambiance, un joli bar, une équipe sympa, des pierres apparentes et une belle terrasse confèrent à la bodega son caractère bayonnais. Au menu, de savoureuses spécialités locales, à découvrir par exemple dans de grandes assiettes-dégustation qui composent un repas.

Le Bar du Marché – 39 r. des Basques - 05 59 59 22 66 - service de 12h à 14h30 - fermé dim. - plats 11/19 €. Bien dans son jus, cette adresse vintage maintient le cap de la tradition avec un cochon de lait rôti, des joues de porc confites au vinaigre de cidre et une variation d'omelettes. Si vous aimez coude-à-coude joyeux, voici une adresse pour vous !

BIARRITZ

Pim'Pi Bistrot – 14 av. de Verdun - 05 59 24 12 62 - fermé dim.-lun. (seult dim. en août) - formule déj. 18 € - plats 22 €. Une carte courte pour ce bistrot rassembleur dont le chef cuisine les produits frais et locaux avec inspiration. Et pourquoi pas un boudin noir de chez Ospital et des queues de gambas snackées ?

ESPELETTE

Pottoka – 5 pl. du Jeu-de-Paume - 05 59 93 90 92 - www.pottoka-espelette.com - fermé lun. midi (et soir hors saison) et vend. soir - plats 18/24 €. De magnifiques piments d'Espelette décorent ce restaurant typiquement basque. La cuisine accorde une large place aux produits du terroir. Goûtez donc l'axoa (épaule de veau hachée, assaisonnée du piment local), la sole aux cèpes ou le gâteau basque. C'est un régal. Terrasse.

ST-ÉTIENNE-DE-BAÏGORRY

Cave d'Irouléguy – Rte de St-Jean-Pied-de-Port - 05 59 37 41 33 - cave-irouleguy.com - 9h30-12h30, 14h30-18h. La réputation de cette cave qui, depuis une cinquantaine d'années, vinifie et commercialise l'essentiel des vins d'AOC Irouléguy blancs, rouges et rosés, n'est plus à faire.

ST-JEAN-PIED-DE-PORT

Paxkal Oillarburu – 8 r. de l'Église - 05 59 37 06 44 - fermé mar. - menus 19/23 € - réserv. conseillée. Posé contre les remparts, ce restaurant joue le répertoire régional : garbure, ris d'agneau au chorizo et poivrons, truitelles d'Iraty au beurre aillé, chipirones, axoa d'agneau, etc.

Offices de tourisme

BAYONNE
25 pl. des Basques - 05 59 46 09 00 - www.visitbayonne.com.

BIARRITZ
Square d'Ixelles - 05 59 22 37 10 - tourisme.biarritz.fr.

ST-JEAN-DE-LUZ
20 bd Victor-Hugo - 05 59 26 03 16 - www.saint-jean-de-luz.com ; www.en-pays-basque.fr.

Espelette, piments en train de sécher.

LE TOP 5 BONS PRODUITS
1. Jambon de Bayonne
2. Piment d'Espelette
3. Ossau-iraty (fromage)
4. Irouléguy (vin)
5. Chocolat

AQUITAINE – CIRCUIT 5
Villages et vallées du Béarn

Amoureux de la nature, vous allez être servi ! La découverte du Béarn est une suite de spectacles grandioses : le pic du Midi d'Ossau, les prestigieux cols de l'Aubisque et du Somport, les cirques de montagne, les gaves tumultueux d'Aspe et d'Ossau. Mais, au préalable, vous aurez visité Pau et les villages du Piémont qui sauront vous séduire… voire vous retenir.

★ **DÉPART :** PAU - 8 jours – 400 km

JOURS 1 ET 2

Après la visite de **Pau** (voir l'encadré p. ci-contre), rejoignez **Morlanne**, dont l'église fortifiée cernée de trois tours vaut le coup d'œil tout comme le château féodal élevé par Gaston Phébus, tout en brique avec donjon et chemin de ronde. Ensuite, mettez le cap sur **Orthez**, cité médiévale qui fut un temps capitale du Béarn. Montez au sommet de la tour Moncade, seul vestige du château, flânez dans le centre historique et sur le pittoresque Pont Vieux enjambant le gave de Pau. Le lendemain, gagnez **Salies-de-Béarn**, petite station thermale (visite du musée du Sel) avant de rejoindre **Sauveterre-de-Béarn**, belle cité médiévale dominant le gave d'Oloron. Terminez la journée à **Navarrenx**, agréable bastide fondée en 1316 entièrement dissimulée derrière d'épais remparts, sera votre première étape de la journée.

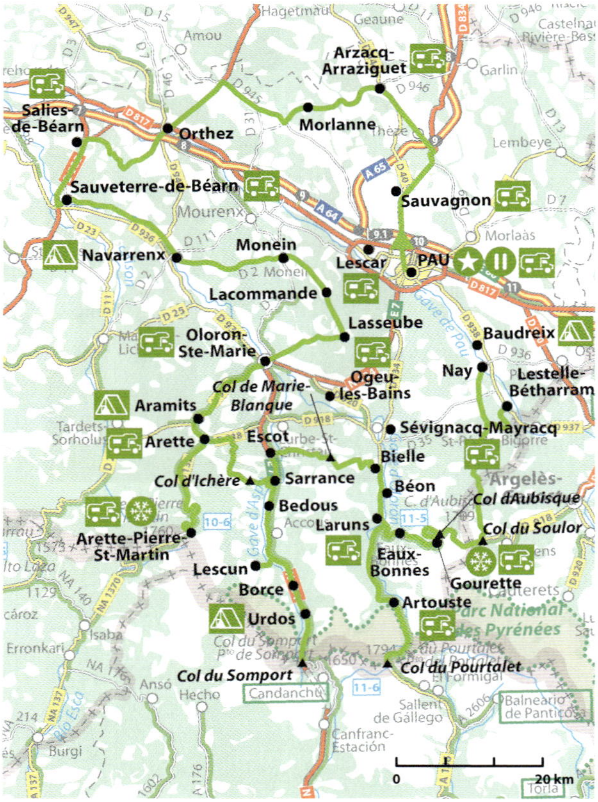

JOUR 3

Les amateurs de jurançon s'arrêteront à **Monein** puis, par la D34 à travers les coteaux couverts de vignes, rejoindront **Lacommande** et **Lasseube** pour découvrir l'arboretum de Payssas aux variétés exotiques. Gagnez enfin **Oloron-Ste-Marie**, capitale du béret, le temps de voir ses maisons Renaissance sur « couverts », les vestiges des thermes romains et la cathédrale Ste-Marie au portail roman.

JOUR 4

Vous attaquez désormais la montagne béarnaise via **Aramits**. À partir de ce village, les D918 puis D132 dévoilent des paysages superbes jusqu'à la station de sports d'hiver d'**Arette-Pierre-St-Martin** (voir l'encadré p. 346) célèbre pour son gouffre. De retour dans la vallée, à **Arette**, suivez la D918 en direction de la vallée d'Aspe, puis la D241 via le **col d'Ichère**. Découvrez maintenant la **vallée d'Aspe** en remontant la N134.

JOUR 5

Ne manquez surtout pas le village de **Lescun**, au milieu d'un cirque d'aiguilles acérées : il offre l'un des plus beaux panoramas sur les Pyrénées et des randonnées époustouflantes. Poursuivez dans la vallée d'Aspe. Arrêtez-vous à **Borce** pour visiter le Parc Ours qui présente la faune pyrénéenne en

semi-liberté. Ensuite, en direction du col, faites une pause au niveau du pont de Sebers pour suivre le chemin de la Mâture. Passé le fort de Portalet, montez jusqu'au **col du Somport** (ouvert toute l'année) pour les panoramas sur la montagne aragonaise.

JOUR 6

Revenez dans la vallée. À **Sarrance**, profitez de l'abbaye et de l'écomusée de la vallée d'Aspe, qui retrace l'histoire du pèlerinage local. À **Escot**, prenez la petite D294 jusqu'au **col de Marie-Blanque**. **Bielle** vous ouvre les portes de la vallée d'Ossau. Plus haut, au village de **Béon**, vous pourrez apercevoir quelques vautours fauves dans le ciel en attendant la rénovation du site d'observation de la falaise aux Vautours.

JOUR 7

En remontant la D934, **Laruns** est la dernière étape tous commerces avant la haute montagne : vous entrez dans le Parc national des Pyrénées et, si la météo est bonne, les paysages peuvent toucher au sublime, notamment en empruntant les remontées mécaniques. De la gare terminale, le Petit Train d'Artouste vous mènera au fameux **lac d'Artouste**. Passez par le **col du Pourtalet**, haut lieu de pâturage en été où se regroupent le soir les troupeaux de brebis. Redescendez à **Laruns**, pour y dormir.

JOUR 8

Prenez la D918 pour **Eaux-Bonnes** et **Gourette** (voir l'encadré p. 346) d'où vous monterez au **col d'Aubisque** (vérifiez les heures de passage autorisées) qui offre d'immenses panoramas sur le pic de Ger et sur le Grand Gabizos. La route très scénique se poursuit par le **col du Soulor** où quelques chalets d'altitude vendent des fromages de brebis. De là, la pittoresque D126 redescend doucement vers le gave de Pau. Au niveau d'Arthez-d'Asson, vous pouvez entreprendre un crochet vers le sanctuaire de **Lestelle-Betharram** ou vers les grottes de Betharram avant de rejoindre **Nay** où vous attendent le musée du Béret d'une part et la Maison carré, un bel hôtel particulier de la Renaissance d'autre part.

LE CONSEIL DE BIB

Dans de nombreux petits villages du Béarn, le stationnement est obligatoire hors village.

ÉTAPE 11

Pau

OFFICE DE TOURISME
Pl. Royale -
05 59 27 27 08 -
www.pau-pyrenees.com

STATIONNEMENT & SERVICES

Aire de stationnement de Pau
Pl. de Verdun - 05 59 27 27 08 - www.pau-pyrenees.com
Permanent (fermé lors de manifestations)
10 - 24h - 3 €/j.
Services :
GPS : W 0.37775 N 43.2975

Capitale du Béarn à partir de 1450, Pau est la ville natale d'Henri IV (1553-1610), petit-fils d'Henri II d'Albret, roi de Navarre et seigneur souverain du Béarn. Elle porte son royal passé avec sobriété et raffinement, ce dont témoigne son château façonné par Gaston Phœbus (14e s.), ses jardins Renaissance agencés pour Marguerite d'Angoulême (16e s.) et l'ouverture de sa place Royale ordonnée par Napoléon Ier. La douceur de son climat, très appréciée notamment des Britanniques au 19e s., a fait de Pau une station de villégiature de renom dotée d'un casino, d'un hippodrome et d'un golf.
Commencez votre visite par le **boulevard des Pyrénées**. On y accède depuis la ville basse par le funiculaire ou, à pied, par les sentiers du Roy qui débouchent sur la **place Royale**. Prolongée d'une grande terrasse, celle-ci offre une vue imprenable sur la chaîne de montagnes, du pic du Midi de Bigorre au pic d'Anie, et sur l'emblématique pic du Midi d'Ossau. Par temps clair, surtout le matin et le soir, et en hiver, le spectacle est d'une grande beauté.
Pour faire plus ample connaissance avec la ville, baladez-vous dans les quartiers anciens et visitez le **château** qui a perdu tout caractère militaire malgré son donjon de briques, typique des constructions de Sicard de Lordat. Élevé par Gaston Phébus au 14e s., il a été transformé en palais Renaissance par Marguerite d'Angoulême puis entièrement restauré au 19e s. sous Louis-Philippe et Napoléon III. Les appartements abritent une remarquable collection de **tapisseries**, notamment des Gobelins. Le parc et les jardins Renaissance donnent l'occasion d'une bucolique promenade. Dirigez-vous ensuite vers la **place Clemenceau**, véritable centre de la vie paloise qui donne accès aux différentes rues de la ville historique, aux artères commerçantes et aux halles animées. Le **jardin de sculptures** s'organise autour des pièces du palois Ernest Gabard (1879-1957) et borde le **musée des Beaux-Arts** qui abrite des œuvres d'artistes régionaux emblématiques. Terminez la journée dans le **parc Beaumont** où se dresse le casino et admirez quelques-unes des surprenantes villas anglaises au style très hétéroclite dans le **quartier Trespoy**.

AQUITAINE – ADRESSES CIRCUIT 5

Aires de service & de stationnement

ARETTE-PIERRE-ST-MARTIN
Voir p. 346

ARTOUSTE
Aire d'Artouste
Lac de Fabrèges, au fond du grand parking en contrebas -
☏ 05 59 05 34 00 - Permanent
Borne AireService 5 € 5 €
80 ⛟ - gratuit
Paiement : jetons (restaurant)
Services : WC 🛒 ✕ 📶
GPS : W 0.39894 N 42.88052

ARZACQ-ARRAZIGUET
Aire d'Arzacq-Arraziguet
Pl. du Marcadieu - ☏ 05 59 04 54 72
Permanent
Borne artisanale : Gratuit
30 ⛟ - illimité - gratuit
Services : WC 🛒 📶
GPS : W 0.41022 N 43.53447

GOURETTE
Voir p. 346

LARUNS
Aire de Laruns
Av. de la Gare - ☏ 05 59 05 31 41
Permanent
Borne eurorelais
22 ⛟ - 🔒 - Illimité - 7,20 €/j. - borne compris - Services : WC 🛒 ✕ 📶
GPS : W 0.4251 N 42.98845

LESCAR
Aire de Lescar
Av. du Vert-Galant - ☏ 05 59 81 15 98
Permanent
Borne artisanale : gratuit
GPS : W 0.44366 N 43.32639

OGEU-LES-BAINS
Aire d'Ogeu-les-Bains
Av. de Pau, parking du stade -
☏ 05 59 34 91 90
Permanent (mise hors gel)
Borne artisanale : gratuit
4 ⛟ - gratuit
Services : 🛒
GPS : W 0.50205 N 43.15358

OLORON-STE-MARIE
Aire du Tivoly
R. Adoue, parking du Tivoly -
☏ 05 59 39 99 99 - Permanent
Borne AireService : gratuit
7 ⛟ - 48h - gratuit
Services : WC 🛒
GPS : W 0.60861 N 43.18396

PAU
Voir p. précédente

SALIES-DE-BÉARN
Aire de Salies-de-Béarn
Chemin du Herre - ☏ 05 59 38 00 40
Permanent
Borne artisanale
24 ⛟ - 🔒 - 10,30 €/j. - borne compris ; durée maxi pour les curistes : 3 semaines - Paiement : CC
Services : ✕ 📶
GPS : W 0.9339 N 43.4731

SAUVAGNON
Aire de Sauvagnon
Pl. du Champ-de-Foire, 10 km au N de Pau par la N 134 et la D 216 -
☏ 05 59 33 11 91 - Permanent
Borne artisanale : gratuit
7 ⛟ - 48h - gratuit
GPS : W 0.38626 N 43.40389

SAUVETERRE-DE-BÉARN
Aire de Sauveterre-de-Béarn
Rte de Salies, près de la gendarmerie -
☏ 05 59 38 50 17 - Permanent
Borne artisanale : gratuit
6 ⛟ - Illimité - gratuit - parking à 100 m r. Jean-Recapet, face au tennis
Services : WC 🛒
GPS : W 0.94072 N 43.4011

SÉVIGNACQ-MEYRACQ
Aire du Gave d'Ossau
Quartier Raguette - ☏ 06 81 12 87 97 -
martine.raguette.free.fr
De déb. avr. à mi-sept.
Borne artisanale : 5 €
20 ⛟ - 🔒 - Illimité - 9 €/j.
Services : 🛒 📶
GPS : W 0.42056 N 43.10667

Campings

ARAMITS
Barétous-Pyrénées
Quartier Ripaude - ☏ 05 59 34 12 21 -
www.camping-pyrenees.com
De déb. janv. à déb. oct. - 31 empl.
borne artisanale
Tarif camping : 21,50 €
(10A) 6 € - pers. suppl. 3 €
Services et loisirs : 📶 ✕ 🛒
GPS : W 0.73243 N 43.12135

BAUDREIX
Les Ôkiri
Av. du Lac - ☏ 05 59 92 97 73 -
www.lesokiri.com
De déb. mai à fin sept. - 33 empl.
Tarif camping : 20 €
(10A) 6 € - pers. suppl. 8,50 €
Services et loisirs : 📶 ✕ 🛒
Camping sur une importante base de loisirs.
GPS : W 0.26124 N 43.20439

NAVARRENX
Beau Rivage
Allée des Marronniers -
☏ 05 59 66 10 00 -
www.beaucamping.com
De fin mars à déb. oct. - 54 empl.
borne artisanale - 13 €
Tarif camping : 26 €
(16A) - pers. suppl. 6,30 €
Services et loisirs : 📶 ✕ 🛒
Entre le gave d'Oloron et les remparts du village.
GPS : W 0.76121 N 43.32003

URDOS
Le Gave d'Aspe
R. du Moulin-de-la-Tourette -
☏ 05 59 34 88 26 -
www.campingaspe.com
De mi-mai à mi-sept. - 80 empl.
borne artisanale
Tarif camping : 4,50 € 5 €
(10A) 4,80 €
Services et loisirs : 📶
Emplacements bien ombragés le long du gave d'Aspe.
GPS : W 0.55642 N 42.87719

Les bonnes adresses de bib

ARAMITS

Fromagerie du pays d'Aramits – D19 - Quartier Esquiasse - ☎ 05 59 34 63 03 - www.fromagerie-aramits.com - lun.-vend. 9h-12h, 14h-18h, sam. 9h-12h. Dans cette fromagerie artisanale, les affineurs grattent encore la croûte à l'eau salée...

ARETTE

✖ **Chez Gouaillardeu** – 51 r. Marcel-Loubens - ☎ 05 59 34 64 65 - www.restaurantgouaillardeu.fr - fermé lun. soir hors vac. scol. - menus 20/25 €. La façade un brin austère de cet établissement cache une salle à manger joliment colorée. La cuisine est simple et copieuse : garbure, tarte aux pommes...

GOURETTE

✖ **L'Amoulat** – ☎ 05 59 05 12 06 - www.hotel-amoulat.com - à partir de 19h30 - fermé d'avr. à mi-juin et de mi-sept. à mi-déc.- menu 34 €. Mobilier robuste et belle collection d'assiettes anciennes président au décor rustique de ce sympathique chalet idéalement situé sur la route du col d'Aubisque. La cuisine du chef, qui panache saveurs régionales et touches actuelles, flatte joliment les papilles.

MONEIN

Domaine Bordenave – Rte d'Ucha - ☎ 05 59 21 34 83 - www.domaine-bordenave.com - lun.-sam. 9h-19h, dim. sur RV - appeler avant de s'y rendre. Ce domaine viticole familial cultive la vigne avec passion et patience depuis 1676. Résultat ? Une production digne et de qualité, qui réservera de belles surprises grâce à l'esprit entreprenant des propriétaires qui replantent d'anciens cépages.

NAVARRENX

✖ **Le P'tit Bistrot** – 4 pl. d'Armes - ☎ 05 24 35 13 18 - menu déj. 16,50 € - plats 17/20 €. Située au cœur de Navarrenx, cette brasserie propose une cuisine traditionnelle régionale joliment présentée à savourer dans l'une des deux salles ou bien sur la grande terrasse située juste en face.

PAU

✖ **Henri IV** – 18 r. Henri-IV - ☎ 05 59 27 54 43 - fermé mar.-merc. - formule déj. 26 € ; menu 34 €. Dans un espace intime du quartier du château, une bonne cuisine régionale – dont la fameuse poule au pot et la garbure traditionnelle –, composée de produits en provenance directe de la ferme. La carte change régulièrement. Belle terrasse.

✖ **Chez Laurette** – 12 pl. du Foirail - ☎ 05 59 14 93 92 - fermé dim.-lun. et soir - menu 14,50 €. Une devanture atypique, pour une copieuse cuisine de terroir dans un cadre authentique et une ambiance conviviale. Chez Laurette, une institution paloise, c'est comme à la maison !

Au Parapluie des Pyrénées - Parapluie Berger – 12 r. Montpensier - ☎ 05 59 27 53 66 - parapluiedeberger.com - fermé dim.-lun. Depuis 1890, on fabrique ici, et devant vous, les immenses parapluies des Pyrénées qui sont les seuls capables de résister aux pires averses du Sud-Ouest.

SALIES-DE-BÉARN

✖ **Restaurant des Voisins** – 12 r. des Voisins - ☎ 05 59 38 01 79 - www.restaurant-des-voisins.fr - ouv. jeu. soir, vend. soir, sam. midi et soir et dim. midi - menus 45/59 €. Voici une adresse où l'on aimerait toujours pouvoir venir en voisin ! Objets chinés, piano, œuvres contemporaines, etc. : le décor éclectique séduit dans cette maison qui passe pour être la plus ancienne du village. Quant à l'assiette, elle ne triche pas avec le produit : les plats sont savoureux, légers et inventifs, en prise sur le marché. On peut également y déguster la confiture de piperade de Thierry Bourgeois, l'organisateur de la piperadère annuelle.

Offices de tourisme

PAU
Voir p. 325

VALLÉE D'ASPE
5 pl. François-Sarraillé - Bedous - ☎ 05 59 34 57 57 - www.pyrenees-bearnaises.com.

Boulevard des Pyrénées, à Pau.

LE TOP 5 ARTISANAT BÉARNAIS

1. **Béret**
2. **Sonnailles**
3. **Gourde du marcheur**
4. **Laine pure**
5. **Parapluie de berger**

AQUITAINE – CIRCUIT 6

Agenais, entre Lot et Garonne

Bienvenue dans l'Agenais, la plus petite des régions d'Aquitaine. Engoncé paisiblement entre le Périgord et les Landes, ce pays de vallées aux confins du Lot et de la Garonne rayonne autour d'Agen, élue « Ville la plus heureuse de France », dont la réputation repose sur le fameux pruneau. La bonhomie et l'insouciance d'Agen se retrouvent au gré des villages qui l'entourent.

DÉPART : AGEN - 5 jours – 290 km

JOUR 1

Consacrez cette journée à la découverte d'**Agen**. Flânez dans les ruelles de la vieille ville et admirez les maisons médiévales de la rue Beauville. Ne manquez pas le musée des Beaux-Arts, riche en peintres de renom (19ᵉ s.). Enfin, les aménagements le long de la Garonne et du canal latéral ont rendu les berges du fleuve aux piétons et aux cyclistes, ouvrant ainsi la ville sur la nature environnante ; profitez-en !

JOUR 2

Quittez Agen par le nord-est et empruntez la D656 pour **Frespech**. Une visite au musée du Foie Gras vous mettra l'eau à la bouche. Un peu plus à l'ouest au-dessus des champs, **Hautefage-la-Tour** pointe sa haute tour Renaissance. Il est temps de rejoindre **Villeneuve-sur-Lot** (capitale du pruneau d'Agen), grosse bastide au plan régulier établi de part et d'autre du Lot, au bord duquel les halles, rénovées, s'animent à nouveau. Finissez la journée en montant au village de **Pujols** aux charmes tout à fait irrésistibles.

JOUR 3

Penne-d'Agenais, village perché aux séduisantes ruelles médiévales, sera votre première étape du jour avant de rejoindre **Fumel** pour gagner un peu plus au nord le **château de Bonaguil**. Cette merveille féodale, archétype du château fort, ne livra jamais aucun combat (voir l'encadré p. ci-contre). Les petites routes vers l'ouest vous mènent vers un autre château, celui de **Gavaudun**, flanqué d'un gros donjon dominant le village. De là faites un crochet par **St-Avit**, patrie de l'émailleur Bernard Palissy. Dans le musée, se déroulent en saison de grandes expositions de poterie et de céramique contemporaines. À quelques kilomètres au nord, vous visiterez ensuite le gros château de **Biron** qui accumule huit siècles d'architecture, aux confins du Périgord.

Château de Bonaguil.

JOUR 4

La bastide de **Monflanquin** vous retiendra un bon moment avec ses ruelles pittoresques et sa place centrale, un modèle du genre. Un captivant musée des Bastides vous y attend. Deux autres bastides valent la visite : **Villeréal** avec une église fortifiée et une très ancienne halle, puis **Castillonnès** préservant une belle place centrale. Faites un nouveau crochet en Périgord pour découvrir la bastide d'**Eymet**, puis gagnez (D933 au sud et D134) le petit village d'**Allemans-du-Dropt**, le temps de voir les peintures médiévales de son église. Via **Miramont-de-Guyenne** puis la D667, revenez sur la vallée du Lot. Au **Temple-sur-Lot**, pénétrez dans le jardin des Nénuphars Latour-Marliac, qui approvisionnait Claude Monet pour peindre ses *Nymphéas*, et admirez les nombreuses variétés de cette plante aquatique. Allez ensuite à **Lafitte-sur-Lot** : le musée du Pruneau vous livrera tous ses secrets.

JOUR 5

Le matin, filez sur **Clairac** : si vous voulez vous baigner, le village dispose d'une plage sur le Lot. Par la D666, gagnez Aiguillon, puis **Vianne** aux fortifications intactes. Le village abrite un intéressant musée du Verre soufflé. Descendez ensuite sur **Barbaste** pour voir l'impressionnant moulin des Tours, avant de rejoindre **Nérac** où vous finirez la journée, entre le château d'Henri IV et les bords de la Baïse.

LE CONSEIL DU BIB

De nombreux parkings se trouvent à la périphérie du centre-ville d'Agen.

VISITE

Château de Bonaguil

INFOS PRATIQUES

05 53 41 90 71 - www.chateau-bonaguil.com - juil.-août : 10h-19h; avr.-juin et sept. : 10h-18h; reste de l'année : se rens. - 9,50 € (6-12 ans 5 €).

STATIONNEMENT

Parking conseillé
Le parking public, situé au bord de la rivière, peut accueillir les camping-cars (gratuit). Autre parking possible à proximité de l'entrée du château (gratuit).

Le village de Bonaguil s'est lové dans l'ombre de ses châteaux : celui du 13e s., construit sur les ruines d'un plus ancien, et caractéristique de son époque (murs épais, donjon, mâchicoulis...). L'autre de style Renaissance, tout en légèreté et en finesse, qui ne fut jamais achevé. Un contraste unique en Aquitaine, fruit de l'Histoire et d'un espoir déçu.

On pénètre dans le château par la barbacane, énorme bastion qui avait sa garnison autonome, ses magasins et son arsenal. La barbacane faisait partie de la première ligne de défense, longue de 350 m, dont les bastions permettaient le tir rasant grâce à des canonnières. La seconde ligne se composait de cinq tours, dont la « Grosse Tour » qui est l'une des plus importantes tours de plan circulaire jamais construites en France. Haute de 35 m, couronnée de corbeaux, elle servait à ses étages supérieurs de logis d'habitation, tandis que ses étages inférieurs étaient équipés de mousqueterie, couleuvrines, arquebuses, etc.

Dominant ces deux lignes, ultime bastion de la défense, le donjon à pans coupés était le poste de guet et de commandement. Ni circulaire ni carré, il a la forme d'un vaisseau dont la proue est tournée vers le nord, secteur le plus vulnérable. À l'intérieur, une salle abrite des armes et des objets provenant de fouilles effectuées dans les fossés. Panorama depuis la terrasse. Un puits taillé dans le roc, des dépendances (dont un fournil) où l'on accumulait les provisions, des cheminées monumentales, un réseau d'écoulement des eaux fort bien conçu, des fossés intérieurs secs, voire des tunnels admirablement voûtés constituant de véritables axes de circulation rapide des troupes, permettaient à près d'une centaine d'hommes de soutenir un siège (ce qui n'arriva jamais).

AQUITAINE – ADRESSES CIRCUIT 6

Aires de service & de stationnement

CASSENEUIL

Aire de Casseneuil
R. des Remparts-Montfort (D 225),
au départ de la D 225, dir. Pinel -
☎ 05 53 41 07 92
Permanent
Borne artisanale : gratuit
6 🅿 - 48h - gratuit
Services :
Au bord de la Lède.
GPS : E 0.61838 N 44.44655

FUMEL

Aire de Fumel
Pl. du Saulou, à l'entrée E de Fumel -
☎ 05 53 49 59 69 -
www.mairiedefumel.fr
Permanent (mise hors gel)
Borne artisanale : gratuit
6 🅿 - Illimité - gratuit
Services :
GPS : E 0.97171 N 44.49823

LAFITTE-SUR-LOT

Aire du Musée et Ferme du Pruneau
Domaine de Gabach, au musée du
Pruneau, au N/O de Granges-sur-Lot -
☎ 05 53 84 00 69 -
www.musee-du-pruneau.com
Permanent (fermé Noël, 1er janv.
et 15-31 janv.)
Borne artisanale : 2 €
15 🅿 - Illimité - gratuit
Paiement :
Services :
GPS : E 0.451 N 44.382

LAVARDAC

Aire de Lavardac
La Grévière - ☎ 05 53 97 41 54 -
albret-tourisme.com
Permanent -
Borne artisanale : gratuit
4 🅿 - 72h - gratuit
Services :
GPS : E 0.29896 N 44.17918

LAYRAC

Aire de Layrac
R. du 19-Mars-1962 - ☎ 05 53 66 51 53 -
www.ville-layrac.fr

Permanent -
Borne artisanale : gratuit
6 🅿 - 48h - gratuit
Services :
GPS : E 0.65958 N 44.13265

MIRAMONT-DE-GUYENNE

Aire de Miramont-de-Guyenne
Bd Gambetta -
☎ 05 53 93 20 52 -
www.ville-miramontdeguyenne.fr
Permanent -
Borne artisanale
12 🅿 - 7,50 €/j. - téléphoner en
arrivant ; 30 j. maxi
Services :
GPS : E 0.36175 N 44.60324

MONFLANQUIN

Aire de Monflanquin
Zone de Piquemil - ☎ 05 53 36 40 05 -
www.monflanquin.fr
Permanent (mise hors gel)
Borne artisanale : gratuit
2 🅿 - Illimité - gratuit - stat. possible
à côté du cimetière et derrière
la piscine municipale
Services :
GPS : E 0.7564 N 44.5246

NÉRAC

Aire de Nérac
Pl. du Foirail - ☎ 05 53 65 27 75 -
albret-tourisme.com
Permanent
Borne artisanale : gratuit
2 🅿 - Illimité - gratuit
Services :
Aire bruyante.
GPS : E 0.33641 N 44.13397

ST-SYLVESTRE-SUR-LOT

Aire de St-Sylvestre
Av. Jean-Moulin - ☎ 05 53 41 24 58 -
www.saintsylvestresurlot.com
Permanent (marché merc. mat.
et sam. mat.)
Borne artisanale : gratuit
10 🅿 - 48h - gratuit
Services :
GPS : E 0.80564 N 44.39576

Campings

BIRON

À Vergt-de-Biron, 6 km au SO
de Biron :
Las Patrasses
☎ 06 77 84 38 52 - www.camping-
dordogne-laspatrasses.com
De mi-juin à mi-sept. - 50 empl.
borne artisanale -
32,50 €
Tarif camping : 52,50 €
(10A) - pers. suppl. 6 €
Services et loisirs :
GPS : W 0.84275 N 44.6079

EYMET

Le Château
R. de la Sole - ☎ 05 53 23 80 28 -
camping-eymet.fr
De déb. avr. à fin sept. - 58 empl. -
Tarif camping : 19,04 €
(12A) - pers. suppl. 4,90 €
Services et loisirs :
Site agréable bordé par la rivière,
le jardin public et les remparts.
GPS : E 0.39584 N 44.66925

PUJOLS

Lot et Bastides
R. Malbentre - ☎ 05 53 36 86 79 -
www.camping-lot-et-bastides.fr
De déb. avr. à déb. nov. - 83 empl. -
borne eurorelais 4 €
Tarif camping : 20,10 €
(16A) - pers. suppl. 5 €
Services et loisirs :
Emplacements bien ensoleillés.
GPS : E 0.68733 N 44.39564

VILLERÉAL

Château de Fonrives
Rte d'Issigeac, Rives -
☎ 05 53 36 63 38 -
www.campingchateaufonrives.com
De mi-mai à déb. sept. - 128 empl. -
Tarif camping : 35 €
(10A)
Services et loisirs :
De grands espaces verts bordés
de noisetiers, idéal pour la détente.
Loisirs installés dans les dépendances
du château.
GPS : E 0.7314 N 44.65739

Les bonnes adresses de bib

AGEN

✖ **Le Margoton** – 52 r. Richard-Cœur-de-Lion - ✆ 05 53 48 11 55 - lemargoton.com - fermé dim.-mar. - formule déj. 22 € - menus 28/35 €. Sympathique adresse de la vieille ville : accueil familial, décor à base de matériaux traditionnels, couleurs cosy et notes actuelles. Cuisine appétissante et dans l'air du temps.
Marchés fermiers – Sam. mat. pl. Jasmin ; merc. mat. et dim. mat. porte du Pin. Bio : bd de la République, sam. mat.

FRESPECH

Marché paysan de la ferme de Souleilles – Musée du Foie gras - Souleilles - ✆ 05 53 41 23 24 - www.souleilles-foiegras.com - juil.-août : vend. 9h-14h. Les producteurs exposent leurs produits. Au menu : poulets à la ficelle, escargots, foie gras, confits, armagnac, fruits, légumes… L'idéal : un pique-nique à midi.

MONFLANQUIN

✖ **Le Bistrot du Prince Noir** – Pl. des Arcades - ✆ 09 74 56 40 28 - www.lebistrotduprincenoir.fr - fermé merc. et dim. - formule déj. en sem. 16 € - menus 15/23 €. Cette agréable adresse sur la place du village vous permet de savourer en terrasse des plats simples et généreux : nems d'effilochés de canard, chutney de figues, lasagnes d'aubergines, bricks de chèvre…

NÉRAC

✖ **Le Moulin des Saveurs** – 4 r. du Moulin-des-Tours - ✆ 05 53 97 06 60 - moulindessaveurs.com - fermé dim. soir-lun. - menus 18/35 €. Au pied du moulin des Tours à Barbaste, ce restaurant bistronomique très prisé des locaux vous accueille tout au long de l'année. Vous y dégusterez des produits du terroir sublimés par le chef Sébastien Gilbert.

PUJOLS

✖ **Villa Smeralda** – Passage des ponts du Castel - ✆ 05 53 36 72 12 - fermé dim. soir-mar. et 10 j. en oct. - menu 30 €. Décor très sobre et clair pour ce restaurant qui recueille tous les suffrages locaux. La carte, cuisine française traditionnelle, lorgne aussi vers l'Italie et l'Espagne. Possibilité de s'attabler dehors, sur une petite terrasse-jardinet.

PENNE-D'AGENAIS

✖ **Le Bombecul** – 10 pl. Paul-Froment - ✆ 05 53 71 11 76 - lebombecul.com - fermé dim. soir-lun. et en mars - formule déj. 18 € - menu 25 €. La cuisine est ici une affaire de famille : aux fourneaux, le chef Alexandre Arnaud, et son acolyte Guillaume Pitet, en salle, son frère Antoine Arnaud. Sur l'agréable terrasse, à l'ombre du clocher, ou dans une des élégantes salles, goûtez les plats frais et originaux, à base de produits de saison : steak d'espadon sauce thaï, entrecôte de porc, sauce chorizo et poivrons rouges, etc. Et chaque jour, des plats végétariens.

VILLENEUVE-SUR-LOT

✖ **L'Oustal** – 4 pl. Lafayette - ✆ 05 53 41 49 44 - fermé mar. soir-merc. et dim. - menus 15/22 €. Sous les arcades de la place Lafayette, on déguste dans une salle aux couleurs basques des spécialités concoctées à base de produits frais : *chipirones a la plancha*, piperade, tapas… Tout est fait maison, et servi dans la bonne humeur.

La Boutique des Pruneaux – 11 pl. de la Libération - ✆ 05 53 70 02 75 - www.laboutiquedespruneaux.fr - fermé dim.-lun. Spécialisée dans les pruneaux et ses dérivés, cette boutique vend également de vieux armagnacs de propriétaires, des produits du terroir, des chocolats fins et des conserves sélectionnées.

Offices de tourisme

AGEN
38 r. Garonne - ✆ 05 53 47 36 09 - www.destination-agen.fr.

NÉRAC
7 av. Mondenard - ✆ 05 53 65 27 75 - albret-tourisme.com.

VILLENEUVE-SUR-LOT
Allée Federico-Garcia-Lorca - ✆ 05 53 36 17 30 - www.tourisme-villeneuvois.fr.

Place de la Mairie, à Penne-d'Agenais.

LE TOP 5 BASTIDES

1. Puymirol
2. Villeneuve-sur-Lot
3. Monflanquin
4. Lavardac
5. Villeréal

AQUITAINE – CIRCUIT 7
Merveilles de l'Histoire en Périgord

Dans le Périgord, les vestiges préhistoriques rivalisent avec le patrimoine médiéval. Aux peintures pariétales répondent d'impressionnants châteaux, témoins de la guerre de Cent Ans. Cette terre féconde invite au voyage, qu'il soit temporel ou gastronomique, car elle n'est pas riche de sa seule histoire, elle propose aussi aux gourmets les fastes de ses tables : confits, foie gras et magrets.

⭐ **DÉPART :** PÉRIGUEUX – 7 jours – 380 km

JOUR 1

Périgueux : sa cathédrale romane, première église à coupole élevée au Moyen Âge, les constructions médiévales et hôtels particuliers Renaissance du quartier St-Front… Ce quartier se déploie depuis le sommet de la tour Mataguerre. Promenez-vous sur les quais puis arpentez le quartier de la Cité. L'église St-Étienne-de-la-Cité, les arènes occupées aujourd'hui par un jardin public, le temple de Vésone et son imposante tour ronde sont autant d'étapes avant de découvrir le musée gallo-romain Vesunna bénéficiant d'une muséographie tout à fait remarquable et lumineuse, sur les vestiges mêmes d'une grande demeure gallo-romaine ornée d'enduits peints.

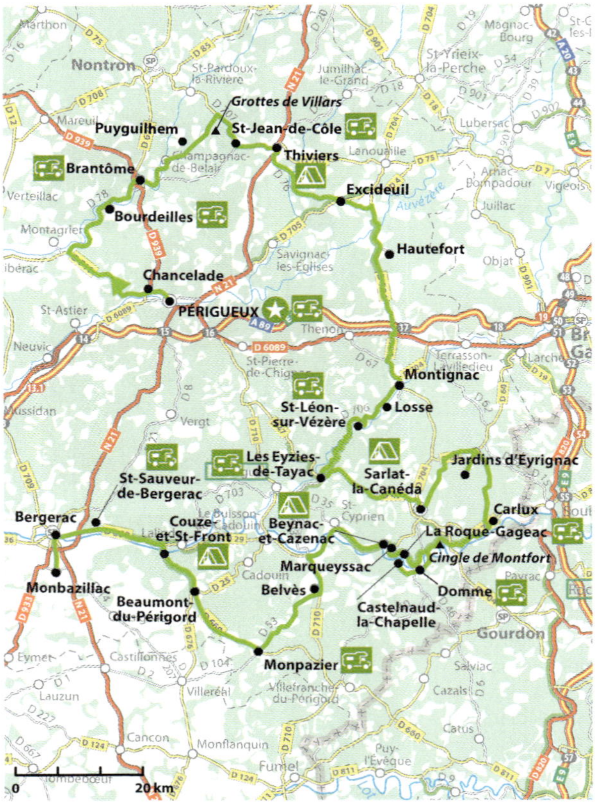

JOUR 2

Pour commencer, dirigez-vous plein ouest vers la vallée de la Dronne et faites une pause à **Chancelade** le temps de voir son église abbatiale d'origine romane. La D710 puis la sinueuse et verdoyante D78 qui flirte avec la Dronne conduisent à **Bourdeilles** où la visite du château s'impose. Son logis Renaissance abrite collections de meubles et cheminée remarquables. Ensuite rejoignez **Brantôme**. Préhistorique, gallo-romaine, carolingienne et troglodytique, Brantôme mérite une longue étape. Consacrez la fin de l'après-midi aux charmes du **château de Puyguilhem** au nord-est de Brantôme, belle demeure Renaissance.

JOUR 3

De bon matin, gagnez la **grotte de Villars** (belles concrétions et peintures de chevaux, bouquetins et bisons) avant de rattraper **St-Jean-de-Côle** au prestigieux ensemble architectural. Poursuivez par **Thiviers**, réputé pour ses marchés, notamment celui du samedi. Puis filez au sud par **Excideuil**, joli bourg dominé par une imposante forteresse, pour rejoindre le **château de Hautefort** massif et élégant, juché sur un éperon rocheux. La visite des intérieurs, très riche, se complète d'un jardin à la française en terrasses et d'un parc à l'anglaise. S'il est encore temps, rendez-vous ensuite plein sud à **Montignac** où se trouve la célébrissime grotte de Lascaux, la « chapelle Sixtine de la préhistoire ». Seules ses copies, **Lascaux II et Lascaux IV**, se visitent (achetez vos billets à l'avance sur Internet).

Sarlat.

JOUR 4

Descendez la vallée de la Vézère par la rive gauche (D65). Visitez le château Renaissance, dominant la rivière, et les jardins de **Losse**, avant de rejoindre **St-Léon-sur-Vézère** avec deux châteaux et l'une des belles églises romanes de la région, pour rejoindre enfin **Les Eyzies-de-Tayac**, capitale de la préhistoire où vous consacrerez le reste de la journée à la découverte de nos ancêtres. Commencez par la grotte de Font-de-Gaume, puis celle des Combarelles (achat des billets sur Internet longtemps à l'avance). L'après-midi, traversez la Vézère : la vallée compte une densité exceptionnelle de sites préhistoriques. Offrez-vous la visite de la grotte du Grand Roc pour ses splendides concrétions, et celle du rare site de plein air de La Micoque, ancienne aire de dépeçage préhistorique. Fin de la visite impérative avec le musée national de Préhistoire.

JOUR 5

Consacrez une demi-journée à découvrir **Sarlat-la-Canéda**, jolie ville sauvée de la ruine par André Malraux, où se mélangent avec bonheur Moyen Âge, gothique et Renaissance. Un ensemble si parfait qu'il servit de cadre à de nombreux films de cape et d'épée. Parcourez les ruelles du vieux centre, de l'ancien évêché à l'hôtel Plamon en passant par le présidial et la maison de La Boétie. Chaque samedi se tient ici l'un des plus beaux marchés du Périgord, une vitrine de la gastronomie régionale. L'après-midi, direction de Salignac-Eyvignes jusqu'aux magnifiques allées des **jardins d'Eyrignac**, un chef-d'œuvre de l'art topiaire. Halte nocturne possible sur le parking visiteur.

JOUR 6

Rejoignez la vallée de la Dordogne à hauteur de **Carlux** pour contempler la silhouette du château de Fénelon et en aval la beauté du **cingle de Montfort** par la route de la falaise. Sautez rive gauche pour monter à la bastide de **Domme**, fondée en 1281 par Philippe le Hardi, un petit bijou posé en belvédère sur la vallée. Retour à Domme pour passer rive droite et rejoindre **La Roque-Gageac** dont les maisons en pierre ocre appuyées sur la falaise s'alignent en une suite magnifique. Le manoir de **Marqueyssac** n'est qu'à quelques pas et ses jardins suspendus au-dessus de la vallée constituent une étape obligée avec ses massifs de buis tout en rondeur et arabesques, un travail inouï, l'une des plus belles réussites des jardins français.

JOUR 7

Poursuivez au long de la Dordogne par **Beynac-et-Cazenac**, dominé par un château fort impressionnant, qu'il faut visiter pour connaître l'histoire de cette région âprement disputée durant tout le Moyen Âge entre les Anglais et les Français. En descendant la vallée, bifurquez vers **Belvès** (D703 puis D710). Au cœur du bourg, la place d'Armes a gardé son beffroi et sa halle du Moyen Âge sur piliers de bois. Le marché s'y tient toujours le samedi. La D53 conduit ensuite à **Monpazier**, l'une des plus belles bastides du Périgord. Sa place des Cornières entourée de galeries couvertes fait le bonheur des photographes. Une autre bastide vous attend, un peu plus au nord, celle de **Beaumont-du-Périgord** avec son plan typique en damier. De ses anciennes fortifications ne subsiste que la porte Luzier par laquelle vous entrez dans le bourg. De retour dans la vallée de la Dordogne, **Couze-et-St-Front** est réputé de longue date pour ses moulins à papier. Deux tournent encore et se visitent. En longeant le fleuve, le vignoble de Pécharmant vous conduit jusqu'à qui vaut la pause pour ses vieilles maisons et son musée du Tabac. Mais vous vous devez de terminer ce grand tour du Périgord par l'admirable château Renaissance de **Monbazillac** niché dans les vignes où l'on produit le célèbre vin blanc liquoreux.

LE CONSEIL DU BIB

Bergerac et son vignoble peuvent faire l'objet d'une journée supplémentaire.

AQUITAINE - ADRESSES CIRCUIT 7

Aires de service & de stationnement

BOURDEILLES

Aire de Bourdeilles
D 106, sur la Plaine des Loisirs -
☏ 05 53 03 73 13 - Permanent -
Borne artisanale
38 - 13,50 €/j.
Paiement : CC
Services :
GPS : E 0.58303 N 45.32392

BRANTÔME

Aire de Brantôme
Chemin du Vert-Galant -
☏ 05 53 05 70 21 - Permanent
Borne artisanale
90 - 24h - 14 €/j. - borne compris ; moins cher hors sais.
Paiement : CC
Services :
GPS : E 0.64829 N 45.36147

DOMME

Aire du Pradal
Le Pradal (D 46E) - ☏ 05 53 28 61 00
Permanent -
Borne eurorelais 2 €
50 - 72h - 8 €/j.
Paiement : CC
Accès au village (500 m)
en petit train.
GPS : E 1.22173 N 44.80108

LES EYZIES-DE-TAYAC

Aire des Eyzies
Prom. de la Vézère - ☏ 05 53 06 97 15
Permanent (mise hors gel)
Borne eurorelais
40 - 48h - 14,50 €/j. -
borne compris
Services :
GPS : E 1.0092 N 44.93875

MONPAZIER

Aire de Monpazier
Rte de Belvès, derrière la caserne des pompiers - ☏ 05 53 22 60 38
Permanent
Borne Urbaflux 3,60 €
10 - Illimité - gratuit
Services :
GPS : E 0.89419 N 44.68498

PÉRIGUEUX

Aire de Périgueux
37 r. des Prés - ☏ 03 55 53 02 82 00
Permanent (mise hors gel)
Borne artisanale 2 €
41 - 24h - 7,82 €/j.
Paiement : CC
Services :
Bus pour le centre-ville.
GPS : E 0.73092 N 45.18781

LA ROQUE-GAGEAC

Aire de La Roque-Gageac
Pl. Publique - ☏ 05 53 29 51 52
Permanent
Borne eurorelais
20 - 24h - 15 €/j.
Paiement : CC
Services :
GPS : E 1.18431 N 44.82506

ST-JEAN-DE-CÔLE

Aire de St-Jean-de-Côle
Parking du tennis, derrière la Mairie -
☏ 05 53 62 14 15
Permanent
Borne eurorelais 3 €
10 - Illimité - gratuit
Services :
GPS : E 0.84057 N 45.41996

ST-LÉON-SUR-VÉZÈRE

Aire de St-Léon-sur-Vézère
Av. de la République,
à 150 m de la mairie -
☏ 05 53 50 73 16
De fin mars à déb. nov.
Borne artisanale : gratuit
15 - 24h - gratuit
Services :
GPS : E 1.08943 N 45.01217

ST-SAUVEUR-DE-BERGERAC

Aire de St-Sauveur-de-Bergerac
Au bourg, au bout du parking municipal - ☏ 05 53 74 55 77
Permanent (mise hors gel)
Borne artisanale : gratuit
3 - 24h - gratuit
Services :
GPS : E 0.58698 N 44.86742

Campings

BEYNAC-ET-CAZENAC

Le Capeyrou
944 rte des Gabarriers - ☏ 05 79 87 02 59 - www.campinglecapeyrou.com
De fin avr. à mi-sept. - 120 empl.
borne artisanale
Tarif camping : 33 €
(10A) - Services et loisirs :
Préférer les emplacements près de la rivière, plus éloignés de la route.
GPS : E 1.14843 N 44.83828

COUZE-ET-ST-FRONT

Les Moulins
Les Maury Bas - ☏ 06 89 85 76 24 - www.campingdesmoulins.com
De déb. avr. à fin oct. - 11 empl.
borne flot bleu
Tarif camping : 27,50 €
(10A) - pers. suppl. 8 €
Services et loisirs :
Cadre verdoyant face au village perché sur un éperon rocheux.
GPS : E 0.70448 N 44.82646

SARLAT-LA-CANÉDA

Les Acacias
La Canéda, r. Louis-de-Champagne -
☏ 05 53 31 08 50 - www.acacias.fr
De fin avr. à déb. oct. - 102 empl. -
borne artisanale
Tarif camping : 35 €
(10A) - pers. suppl. 8 €
Services et loisirs :
En deux parties séparées par une petite route calme. Bus pour Sarlat.
GPS : E 1.23699 N 44.85711

THIVIERS

Le Repaire
☏ 05 53 52 69 75 -
www.camping-le-repaire.fr
De déb. avr. à déb. nov. - 50 empl.
borne artisanale
Tarif camping : 24 €
(10A) - pers. suppl. 4,50 €
Services et loisirs :
Beaux emplacements autour d'un petit étang.
GPS : E 0.9321 N 45.41305

Les bonnes adresses de bib

BERGERAC

La Table du Marché – 21 pl. du Marché-Couvert - ☎ 05 53 22 49 46 - www.table-du-marche.com - fermé dim.-lun. - menus 32,50/39,50 € (déj.), 49,50/62,50 €. Tout commence par le rouge. Celui de la façade qui encadre de grandes baies vitrées, celui du feu qui anime Stéphane Cuzin, le chef de ce restaurant à la salle décontractée et aux assiettes finement pensées. Plaisir de l'œil à chaque plat et invention dans les associations de saveurs, deux qualités maîtresses qui président à un pur moment de délectation.

CARLUX

Domaine de Béquignol – Lieu-dit Béquignolles - ☎ 05 53 29 73 41 - bequignol.fr - ✕ - 8h-12h, 13h30-17h30 (16h30 lun. et vend.) - fermé w.-end. Confiseries : Arlequines de Carlux (cerneaux de noix enrobés de chocolat et poudrés de cacao), bouchées aux noix, Nogaillous du Périgord (cerneaux de noix enrobés de chocolat), Noir et noix... Ces gourmandises sont distribuées dans les principales boutiques de la région.

MONTIGNAC

Les Pilotis – 6 r. Laffite - ☎ 05 53 50 88 15 - fermé mar. - plats 10/18 €. Le succès de cet établissement familial tient à sa cuisine abordable (classiques régionaux, grandes salades, pizzas, etc.) et à sa terrasse juste au-dessus de la Vézère.

PÉRIGUEUX

Le Petit Nice – 16 r. Claude-Bernard - ☎ 05 53 53 49 07 - lepetitnice-restaurant-traiteur.fr - fermé soir - plats 15/20 €. Situé à deux pas de Vesunna, cet établissement est fréquenté en masse par les employés du quartier : et pour cause, la cuisine du jour, simple, bonne et roborative, se conjugue à petit prix. Grande salle aux tons clairs et terrasse à la belle saison. Service sympathique et efficace.

ST-JEAN-DE-CÔLE

Le St-Jean – Rte de Nontron - ☎ 09 70 35 57 20 - www.le-stjean.fr - fermé dim.-lun. - plats 18/24 €. Facile à trouver au centre du bourg, cet établissement propose une carte très classique, avec bien sûr un fort penchant pour la cuisine régionale, à commander de préférence dans la petite salle.

SARLAT-LA-CANÉDA

Le Bistro de l'Octroi – 111 av. de Selves - ☎ 05 53 30 83 40 - lebistrodeloctroi.fr - ♿ - formules déj. 16 € - menus 25/39,50 €. Ce restaurant, proche du centre historique, possède de sérieux atouts pour allécher les gourmets, comme les pommes de terre à la graisse de canard. Outre les recettes locales, la carte offre une place de choix au bœuf limousin et aux spécialités de poisson. De beaux volumes dans les salles et une terrasse sympathique.

Offices de tourisme

LES EYZIES-DE-TAYAC

19 av. de la Préhistoire - ☎ 05 53 51 82 60 - www.lascaux-dordogne.com.

PÉRIGUEUX

9 bis pl. du Coderc - ☎ 05 53 02 80 22 - perigueux.fr ; www.tourisme-grandperigueux.fr.

Foie gras.

LE TOP 5 CHÂTEAUX ET FORTERESSES

1. Castelnaud
2. Beynac
3. Commarque
4. Bridoire
5. Bourdeilles

Château de Beynac.

AQUITAINE – CIRCUIT 8

La traversée des Pyrénées
d'Hendaye à Cerbère

Des paysages à couper le souffle entre Atlantique et Méditerranée, des routes empruntant des cols mythiques bien connus des amateurs du Tour de France, mais accessibles pour certaines seulement à la belle saison, des villages superbes où les traditions festives et pastorales demeurent vivaces, un artisanat de qualité, des sites préhistoriques exceptionnels, des stations thermales à foison, une riche biodiversité à préserver, un pays de cocagne où prospèrent ceps de vignes et arbres fruitiers, une gastronomie de caractère : voici une traversée dont vous vous souviendrez longtemps.

⭐ **DÉPART :** HENDAYE - 9 jours – 940 km

JOUR 1

Avant de partir sur les routes de montagne, profitez de la très grande plage de la verdoyante station d'**Hendaye**, puis de la belle côte sauvage en prenant la route sinueuse de la « corniche basque » qui longe le littoral jusqu'à **St-Jean-de-Luz**. Avec sa baie ouverte sur l'Océan et protégée par des digues, cette vieille cité d'armateurs mérite que l'on s'y promène à pied. Le matin, les producteurs et les artisans de la région viennent vendre leurs spécialités dans les halles.
Retraversez la Nivelle pour longer Ciboure, visitez le château fortifié d'**Urtubie** à Urrugne et gagnez par la D4 la charmante ville basque d'**Ascain** et son fronton de pelote où jouent les enfants.
La D4 grimpe jusqu'au **col de St-Ignace** d'où le point de vue est superbe sur la Rhune, montagne emblématique de la région, puis descend en de nombreux virages jusqu'à **Sare**. Ce beau village mérite une halte : voyez son fronton, son église, ses maisons anciennes. Poursuivez jusqu'à **Ainhoa**, un autre village typique du Pays basque avec ses maisons rouges.

JOUR 2

Dirigez-vous plein sud par la D20 vers Urdazubi (en Espagne), qui vaut le coup d'œil pour ses maisons anciennes, ses petits ponts et ses canaux, puis partez sur la route des grands cols.
Dans la montée assez sinueuse jusqu'au puerto de Oxtondo, vous pourrez admirer les montagnes depuis deux beaux points de vue. Passé le col, la route descend en virages moins marqués vers Orodqui. Là, prenez la NA2600, qui traverse Erratzú aux maisons fleuries et grimpe au **col d'Ispéguy**, à cheval sur la frontière franco-espagnole.

La grande descente vers **St-Étienne-de-Baïgorry** est également très sinueuse. Voyez ses maisons basques, son pont romain et sa jolie place ombragée de platanes. Et pourquoi ne pas vous rendre à la cave d'Irouléguy afin d'y découvrir les vins de cette petite appellation appréciée des connaisseurs, qui se marieront bien avec les spécialités locales ? N'hésitez pas à faire un détour dans la vallée des Aldudes, réputée pour son élevage de cochons pie noir.
Revenez à St-Étienne-de-Baïgorry et, par la jolie D15, traversez Irouléguy, où les vignes poussent sur de petites parcelles à flanc de coteau, puis la vieille ville de **St-Jean-Pied-de-Port**, dont la citadelle édifiée par Vauban apparaît dans un superbe cadre montagneux, au pied du fameux port de Roncevaux.
Poursuivez sur la D933 vers Larceveau-Arros, où vous bifurquez sur la D918 pour vous rendre à St-Just-Ibarre et parvenir au **col d'Osquich** : des vues remarquables sur la Soule, une région très agricole, et la forêt des Arbailles, que l'on ne peut parcourir qu'à pied. La route descend en virages jusqu'aux

St-Jean-Pied-de-Port.

Petegar/Getty Images Plus

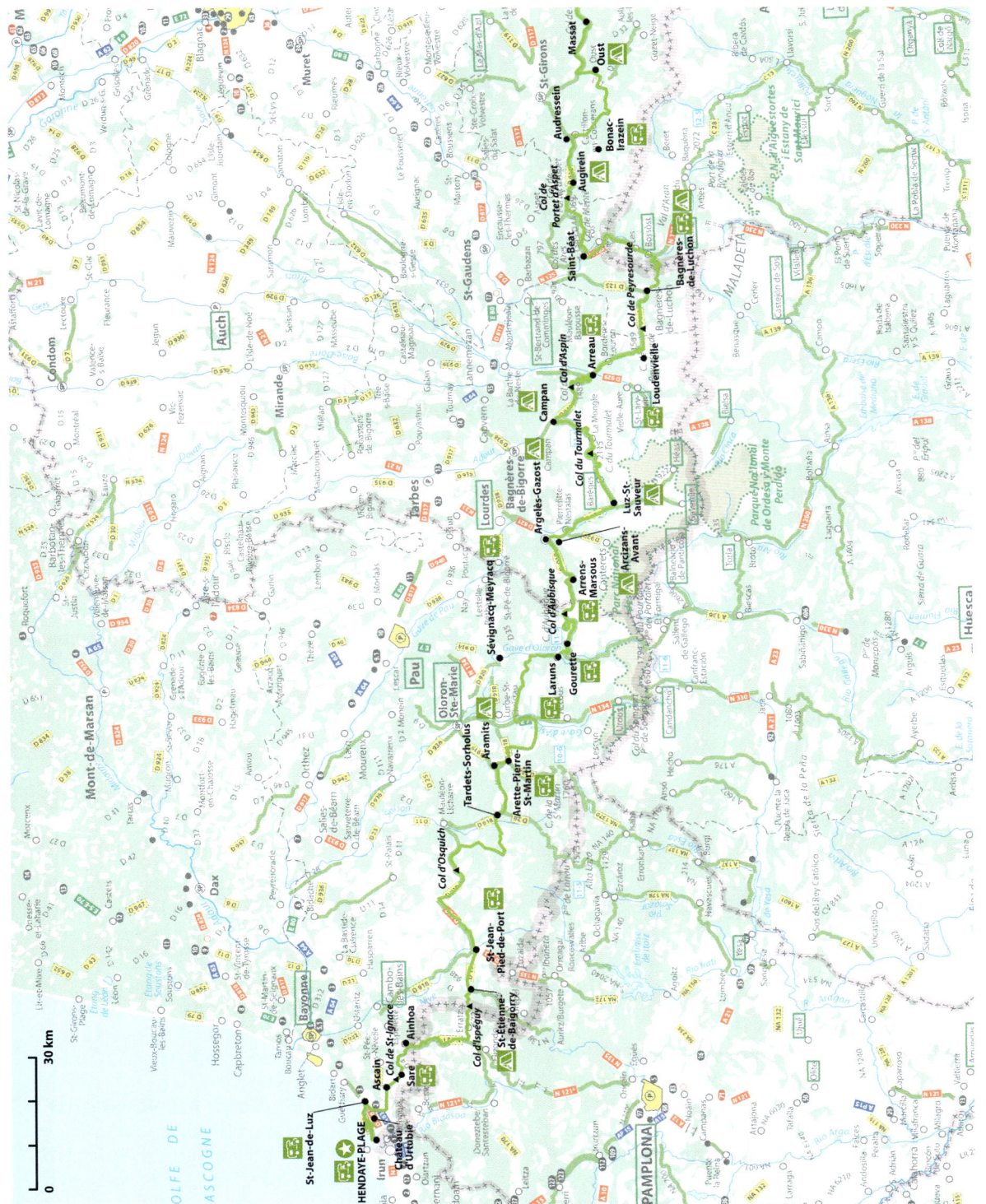

AQUITAINE – CIRCUIT 8 (SUITE)

charmants villages d'Ordiarp et d'Aussurucq. Les maisons anciennes et les églises romanes méritent l'attention. La D147 dessine ensuite de multiples lacets dans la forte montée qui longe la forêt. Au croisement avec la D117, gagnez par une route sinueuse la bastide de **Tardets-Sorholus**, dont la place centrale est entourée de maisons à arcades du 17ᵉ s.
Vers l'est, la D918 mène à Lanne-en-Barétous et **Aramits** : vous voilà au pays des mousquetaires immortalisés par Alexandre Dumas ! Passez la nuit à **Arette**.

JOUR 3

Dirigez-vous vers Issor par la D918. Avant le village, tournez à droite sur la jolie D241 qui suit le gave de Lourdios. À **Lourdios-Ichère**, initiez-vous à la vie pastorale traditionnelle à l'Écomusée du pastoralisme. La route monte ensuite au **col d'Ichère**, puis descend à travers les prairies jusqu'à Pont-Suzon.
Prenez la N134 vers **Sarrance**, grand centre de pèlerinage dans la vallée d'Aspe, la plus sauvage des belles vallées du Béarn. Après le défilé d'Escot, suivez la petite route sinueuse D294 qui grimpe fort au **col de Marie-Blanque** (1035 m) - l'un des fameux passages du Tour de France - d'où vous aurez de beaux points de vue sur les Pyrénées.
La descente vers le plateau de Bénou, lieu de transhumance à la fin du printemps et point de départ de randonnées, s'effectue en virages serrés jusqu'à **Bielle**. Là, remarquez les maisons aux décors sculptés, l'église et le château du 18ᵉ s. Puis suivez le gave d'Ossau et la D934 en direction de Laruns.
Au village de **Béon**, même si les installations de la falaise aux Vautours sont en rénovation, vous apercevrez sûrement quelques spécimens dans le ciel.

Col d'Aubisque.

Faites un petit crochet par **Béost**. Découvrez de façon ludique le parcours qui permet de déchiffrer les belles inscriptions sur les linteaux de porte des maisons.
À partir de **Laruns**, vous allez franchir les plus hauts cols pyrénéens, soyez très prudents sur la route.
Par la D918, grimpez vers la station thermale d'**Eaux-Bonnes**, implantée dans une vallée boisée. Découvrez au passage la miellerie de la Montagne Verte implantée dans un site exceptionnel. Vous y trouverez des miels peu communs de rhododendron, de pissenlit et de bruyère. Poursuivez la montée (attention, passage à 10 %) jusqu'à Gourette et le **col d'Aubisque** (1709 m). Par beau temps, le point de vue sur le cirque de Gourette est sublime.
Après le col, la route étroite en corniche domine le cirque du Litor, un des passages les plus saisissants du parcours ! Au col du Soulor, vous verrez notamment le pic du Midi d'Arrens.
La descente, qui emprunte une petite route, aboutit au village d'**Arrens-Marsous**. Arrêtez-vous à la Maison du val d'Azun et du Parc national des Pyrénées, cela vous permettra de mieux apprécier la faune et la flore de la région.
Continuez sur la D918 jusqu'à **Argelès-Gazost**. Flânez dans les petites rues fleuries pour voir les vieilles maisons, faire des emplettes. Pour bien terminer la journée, allez vous relaxer au Jardin des Bains...

LE CONSEIL DU BIB

Ménagez votre moteur et vos freins ! Pour cela, évitez de trop souvent changer de rapport. Sur les routes à forte déclivité en descente, utilisez au maximum le frein moteur pour ne pas faire chauffer les disques de freins et passez sur le même rapport que celui que vous auriez utilisé en montée.

JOUR 4

Prenez la D921 vers le sud pour découvrir la gorge de Luz. La jolie route est ponctuée de tunnels. À **Esquièze**, juste avant d'arriver à Luz-St-Sauveur, un sentier permet de se rendre au château Ste-Marie, construit par les comtes de Bigorre. Depuis les ruines, profitez de la vue sur la vallée.

La route grimpe ensuite fortement en direction de Barèges, la plus ancienne station de ski des Pyrénées. La commune a également donné son nom à une race de mouton à la chair finement persillée.

La route du Tourmalet, impressionnante pour les personnes sujettes au vertige, sinue entre des sites ravinés depuis le pont de la Gaubie jusqu'à la station de La Mongie. Après le pont de la Gaubie apparaissent le pic de Néouvielle, puis le pic du Midi de Bigorre, surmonté de son observatoire et de son relais de télévision. Du **col du Tourmalet** (2115 m), le panorama est remarquable.

Faites une halte à **Artigues** pour aller à pied par un sentier grimpant à travers la forêt de sapins jusqu'à un belvédère qui permet de voir la belle cascade du Garet. Prévoyez de bonnes chaussures.

La route continue sa descente dans la verdoyante vallée de Campan. Au-delà de **Ste-Marie-de-Campan**, poursuivez sur la D918. Remarquez à Espiadet les carrières de marbre, sans relâcher votre attention dans la série de virages qui montent au **col d'Aspin** (1489 m). Profitez de la vue avant d'entamer la descente très sinueuse.

Une fois arrivés à **Arreau**, promenez-vous dans cette ville charmante et voyez ses maisons à encorbellement, son église romane, ses châteaux et ses halles. Prolongez la visite en montant jusqu'à la volerie des aigles d'Aure.

Col d'Aspin.

Ensuite, faites un petit détour jusqu'à **Jézeau** par la D112. Son église romane peut s'enorgueillir d'une peinture monumentale du Jugement dernier sur sa voûte en bois et d'un retable au fond du chœur.

Revenez sur vos pas pour prendre la D618 en direction de Bagnères-de-Luchon. Ne manquez pas la petite route qui mène à **Vielle-Louron**, dont l'église peinte est l'une des plus belles de la vallée.

Passez la nuit au bord du lac de **Genos-Loudenvielle**.

JOUR 5

En reprenant la route D618, admirez le point de vue sur Loudenville, puis gagnez par une forte montée le **col de Peyresourde** (1569 m). La descente débute par plusieurs virages en épingle à cheveux. Passez par **Cazeaux-de-Larboust**, dont l'église est ornée de fresques du 15e s. Puis à Castillon-de-Larboust, suivez la petite route D76 qui traverse le **val d'Oô**. Au bout de la route, empruntez le sentier qui mène au lac de barrage situé dans un cadre magnifique. Au fond, le torrent forme une cascade haute de 275 m. Revenez sur vos pas et passez à **St-Aventin**. Cette petite localité aux toits d'ardoise possède une majestueuse église romane.

La route descend en formant de belles boucles jusqu'à **Bagnères-de-Luchon**. Garez-vous sur l'un des parkings à l'entrée de la ville ou sur l'aire de service et circulez à pied dans cette station thermale très animée.

Puis, toujours par la D618 extrêmement sinueuse, montez au col du Portillon (1293 m). Vous voilà en Espagne. Dans la descente en belles épingles à cheveux, faites une halte au **parc animalier du val d'Aran**. Prenez vos jumelles pour pouvoir observer les animaux sauvages qui y vivent en semi-liberté : marmottes, loutres, bouquetins...

Continuez sur la N141 jusqu'à Bossòst, village construit le long de la Garonne. Là, tournez à gauche sur la N230. Vous franchissez la frontière au Pont du Roi. Ensuite, quittez la N125 à **St-Béat** pour suivre la D44 qui serpente jusqu'au col de Menté (1349 m) et à la station de ski du Mourtis dont les chalets se cachent dans la forêt de sapins.

En bas de la route en forte pente, vous arrivez au vallon resserré du Haut-Ger. Remarquez les hameaux perchés, et à **Ger-de-Boutx** et au **Couret**, les églises dont les clochers-murs portent des aiguilles à boules. Tournez à gauche sur la D85, puis à droite pour monter au **col de Portet-d'Aspet** (1069 m). La D618 est très étroite et sinueuse. Arrêtez-vous au col pour

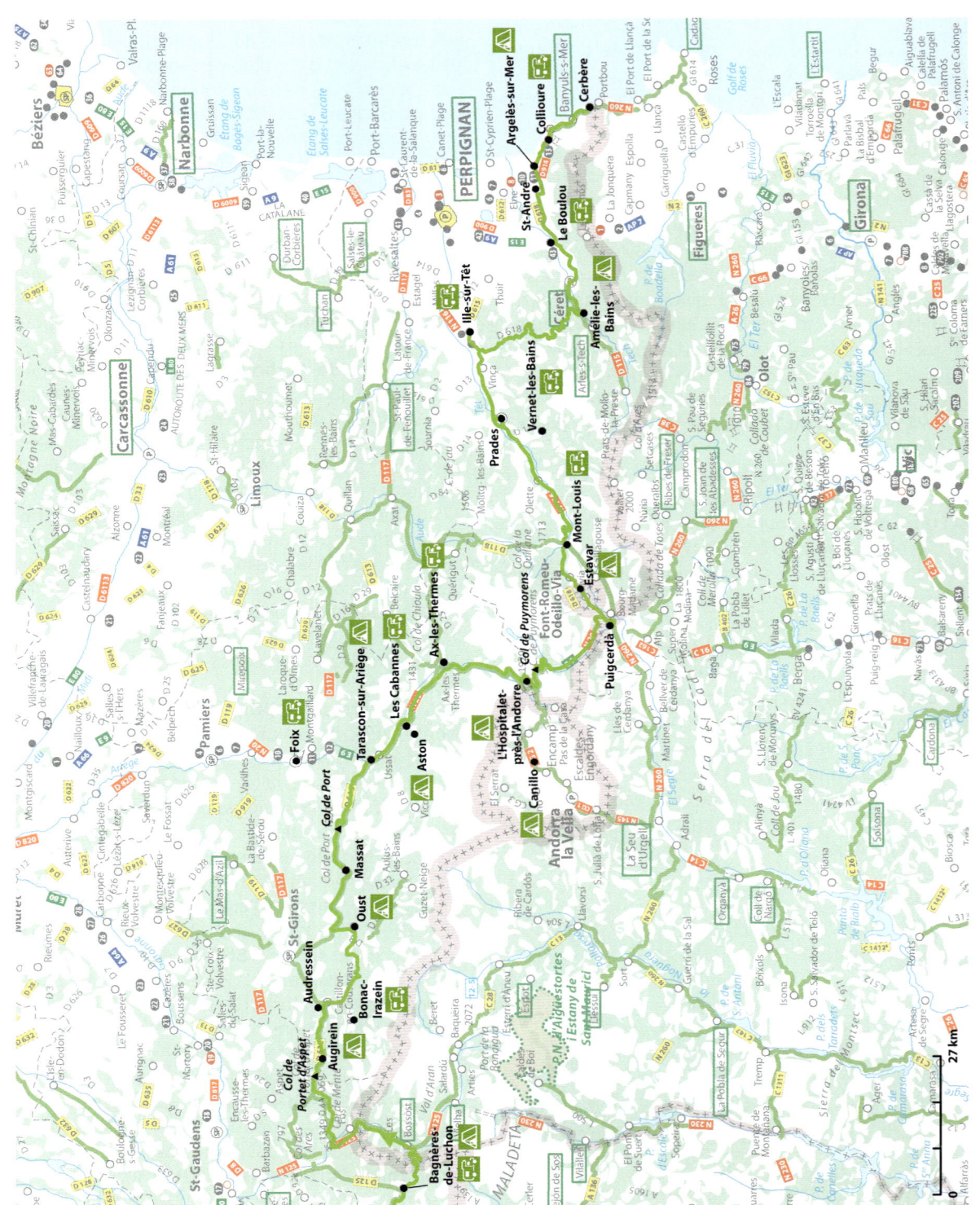

admirer le panorama. Vous traversez de beaux villages typiques du Castillonnais, comme celui d'**Audressein**, qui se trouve sur l'un des chemins de St-Jacques-de-Compostelle.
Continuez jusqu'à Castillon-en-Couserans ; cette région de l'Ariège est propice à de belles randonnées. Aux Bordes-sur-Lez, poursuivez sur la D4 jusqu'à l'aire de **Bonac-Irazein** où vous pourrez passer la nuit.

JOUR 6

Revenez sur vos pas jusqu'aux Bordes-sur-Lez et prenez à droite la D17 qui monte dans la vallée ouverte de Bethmale, connue pour ses fromages de caractère au lait cru de vache, de brebis ou même de chèvre. Goûtez-les ! Vous pourrez même les manger en fondue...
Un peu après le très joli village d'**Ayet**, laissez la voiture dans un virage à gauche, à l'entrée de la forêt domaniale de Bethmale et marchez le long des rives du lac émeraude encadré de hêtres. Les amateurs de pêche y taquinent la truite.
En gagnant de l'altitude dans un cirque de pâturages, la route atteint le col de la Core (1395 m). Au-delà, la descente sinueuse avec quelques lacets mène à **Seix**, village dominé par un beau château du 16ᵉ s.
Par la D3, allez à **Vic**. Ne manquez pas de visiter son église typique de la région avec son clocher-mur et son décor peint.
Tout près de là, à **Soueix-Rogalle**, faites une halte au musée des Colporteurs, qui faisait autrefois office lieu d'approvisionnement, d'épicerie, de quincaillerie, etc. L'espace est dédié à l'histoire des paysans qui sillonnaient la région pour vendre les denrées dans les villages reculés et l'épicerie propose des produits régionaux.
À **Oust**, tournez à droite sur la D618, toute en virages, pour aller à **Massat**. Remarquez le haut clocher de l'église avant de poursuivre par la route très sinueuse qui grimpe au col des Caougnous (947 m), puis au **col de Port** (1250 m). Vous vous trouvez sur la frontière naturelle entre les « Pyrénées vertes », soumises à l'influence atlantique, et les « Pyrénées du soleil », de caractère méditerranéen. La descente s'effectue par la fertile vallée de Saurat. Vous passez entre les énormes rochers de Soudour et de Calamès.
Vous arrivez dans une région célèbre pour ses grottes préhistoriques ornées de gravures et peintures rupestres. Plusieurs sites méritent la visite. Pour cela, il faudrait y consacrer plusieurs jours.

Aussi, aux environs de la vieille cité de **Tarascon-sur-Ariège**, vous aurez le choix entre la grotte de Bédeilhac, avec ses représentations d'animaux, le passionnant Parc de la Préhistoire et la grotte de Lombrives aux 1000 stalactites !
Au-delà de Tarascon, prenez la N20 jusqu'à **Luzenac**.

JOUR 7

Direction sud-est par la N20 vers **Ax-les-Thermes**, une station thermale, bien fréquentée pendant la période estivale, où une promenade dans le dédale des rues piétonnes permet de découvrir les maisons à colombages et de s'approvisionner en gentiane pour l'apéritif du soir !
Après Mérens-les-Vals, village connu à la fois pour ses petits chevaux noirs, doux et endurants, de race très ancienne, et ses sources chaudes dans des bassins naturels, vous suivez les gorges de la haute vallée de l'Ariège. À mesure que la route s'élève, le paysage devient de plus en plus sévère, tandis que vous apercevez des troupeaux de chevaux en liberté.
Au départ de **L'Hospitalet-près-l'Andorre**, vous pouvez faire une escapade shopping dans la principauté d'Andorre en empruntant la N22 qui passe par le Pas de la Casa. Mais vous pouvez aussi monter directement par la N20 au **col de Puymorens** (1920 m).
Après un pont sur un couloir d'avalanche, la route, en descente, offre un point de vue sur le village de Porté-Puymorens. Vous passez par le défilé de la Faou, puis par le hameau de Carol dominé par deux tours en ruine. À la fin du parcours encaissé, la route débouche dans une plaine fertile
Poursuivez jusqu'à Bourg-Madame et **Puigcerdá** (Espagne), aux rues bordées de vieux édifices et de boutiques traditionnelles. Voyez la plaça Santa Maria toujours animée, l'église gothique Sant Domènec aux belles peintures murales du 14ᵉ s. Du sommet du clocher Santa Maria, profitez de la perspective à 360° sur la plaine de Cerdagne.

LE CONSEIL DU BIB

Dans les villages, les rues sont étroites ; évitez de les traverser en camping-car et garez-vous à l'extérieur sur les aires de stationnement. Une promenade à pied permet toujours de mieux apprécier la visite.

AQUITAINE – CIRCUIT 8 (SUITE)

Par la N154, vous traversez l'enclave espagnole de **Llivia**. Circulez à pied dans les ruelles, voyez les vestiges du château médiéval qui surplombe la ville, l'église fortifiée et surtout rendez-vous au musée qui recèle l'une des plus anciennes pharmacies d'Europe.

Quittez Llivia au nord-est par la D33, une route en lacets qui grimpe à **Font-Romeu**. À la fontaine du pèlerin, visitez la chapelle qui est ornée d'un superbe retable, ainsi que le camaril (petite chambre dédiée à la Vierge), datés du début du 18e s.

La descente en virages serrés offre de beaux points de vue sur la ville close de remparts et la forteresse très bien conservée de **Mont-Louis**, bâtie à 1600 m d'altitude.

Prenez la N116 en direction de Prades. La route en corniche forme de nombreux virages dans la forte descente. Au passage, remarquez le pont Giscard, pont ferroviaire suspendu à 80 m au-dessus de la rivière, puis le viaduc Séjourné sur lesquels passe de temps à autre le petit Train jaune, dit « le Canari », qui relie Villefranche-de-Conflent à Latour-de-Carol. Au hameau de Thuès-Entre-Valls, deux chemins permettent de partir en randonnée le long des **gorges de la Carança**.

La route pénètre dans le défilé des Graüs. Après Olette, les virages se font moins fréquents. Sur la droite apparaissent le fameux massif du Canigou, puis une autre belle citadelle de Vauban, celle de **Villefranche-de-Conflent**. Là, suivez le circuit des remparts et promenez-vous dans la ville médiévale, très animée, où les artisans proposent les spécialités catalanes comme les espadrilles ou, pour les gourmands, les rousquilles (biscuits tendres couverts de sucre glace).

Prenez la D116 vers le sud pour visiter l'église romane de **Corneilla-de-Conflent**, où vous remarquerez de belles statues de Vierges romanes et un retable gothique.

La route très étroite remonte la vallée du Cady jusqu'à Casteil et mène, en partie du moins car il faut finir à pied, à travers les vergers à l'abbaye **St-Martin-du-Canigou** bâtie sur un piton dans un site sauvage splendide.

Reprenez la D116 jusqu'à **Vernet-les-Bains** pour passer la nuit dans un site agréable.

JOUR 8

Quittez Vernet vers le nord pour rattraper la N116 et aller à **Prades**, petite cité catalane très connue des mélomanes pour le festival Pablo Casals qui s'y déroule en été.

Par la D27, rendez-vous vers le sud à l'abbaye **St-Michel-de-Cuxa**. Ne manquez pas d'observer le bestiaire sculpté sur les chapiteaux du cloître, le beau clocher roman et la crypte dont la voûte est soutenue par un pilier unique.

Revenez à Prades et par la N116 rejoignez Vinça, ville fortifiée qui offre un beau point de vue sur le Canigou. Continuez vers l'est pour visiter **Ille-sur-Têt**. Son marché aux fruits et légumes est des plus animés. Faites un petit détour au nord de la ville pour suivre le sentier de découverte des incroyables « orgues » et des imposantes cheminées de fée.

Suivez vers le sud la belle route D618, très sinueuse et parfois étroite, qui passe par les gorges de Boulès. Le minuscule village de **Boule-d'Amont** est bâti à flanc de coteau ; sa massive église romane cache un étonnant ensemble de retables baroques ainsi que des sculptures en bois polychrome.

Profitez des différents points de vue dans les environs du col Fourtou, notamment depuis la chapelle de Prunet-et-Belpuig. Vous reconnaîtrez bien sûr le Canigou !

Après le col Xatard, la route descend vers Amélie-les-Bains. Avant d'y arriver, baladez-vous dans le bourg médiéval de **Palalda**.

L'abbaye St-Martin-du-Canigou.

Traversez la station thermale d'**Amélie-les-Bains** et prenez à droite la D618 vers **Céret**. Foyer vivant de la tradition catalane, la ville vit en été au rythme de la feria, ponctuée de corridas et de sardanes. Son beau musée d'Art moderne nous rappelle que Picasso et Braque ont séjourné dans le village au début du 20e s. Sur la route de **Maureillas-las-Illas**, remarquez les forêts de chênes-lièges. Et pour tout savoir sur la fabrication du bouchon, visitez le musée du Liège. Juste après être passés sous l'autoroute, arrêtez-vous pour voir la chapelle **St-Martin-de-Fenollar**; elle conserve d'intéressantes peintures murales du 12e s. Poursuivez jusqu'au **Boulou** où vous ferez étape pour la nuit.

Port-Vendres.

JOUR 9

Dernière journée de la traversée des Pyrénées, vous approchez de la Méditerranée…

Quittez le Boulou vers l'est par la D618. Prenez à droite la route qui mène à **St-Génis-des-Fontaines** pour admirer le superbe linteau et le cloître de l'église romane. Faites un petit tour dans **St-André** et dirigez-vous vers le sud pour atteindre **Sorède**. Le parc de la Vallée des Tortues héberge une quarantaine d'espèces, comme les géantes des Seychelles, les belles Hermann, les tortues hargneuses ou les tortues alligators!

La petite D2 mène à **Argelès-sur-Mer**, réputée pour ses espadrilles artisanales, les *vigatanes*, aux couleurs ensoleillées. Elle est également connue pour son nombre impressionnant de campings, tous au coude-à-coude le long de la mer; si vous voulez y faire étape, vous aurez l'embarras du choix. Sa grande plage de sable invite à la baignade!

Par la D114, extrêmement sinueuse, longez la côte jusqu'à **Collioure**. Laissez votre camping-car au parking obligatoire et promenez-vous à pied sur les traces des peintres fauves séduits par les couleurs de ce village balnéaire, puis le long du port et dans le vieux quartier du Mouré.

La route suit la côte Vermeille. Montez au fort St-Elme pour le découvrir. Puis revenez le long de la côte à **Port-Vendres**, dont le port en eau profonde offre un spectacle coloré. Faites un détour sur les hauteurs pour la vue et aussi pour vous rendre à la vinaigrerie artisanale La Guinelle qui fabrique un vinaigre fruité à partir de vin doux naturel de Banyuls.

Rejoignez la route côtière. Arrêtez-vous au site de Paulilles qui héberge un atelier de restauration des emblématiques embarcations de pêche de la région. Les sentiers donnent accès à la superbe plage. Profitez-en!

Et voici **Banyuls-sur-Mer** bâtie en bordure d'une jolie baie encadrée des vignobles, qui donnent des vins doux, secs ou demi-secs. Le banyuls a sa place à l'apéritif comme au dessert, mais aussi en accompagnement d'un foie gras, d'un gibier et de chocolat…

Les spectaculaires découpes rocheuses offrent leurs criques de galets aux baigneurs aventureux et aux amateurs de plongée. Pour mieux connaître les fonds marins, sans vous mouiller, rendez-vous au Biodiversarium ou parcourez avec palmes, masque et tuba le sentier sous-marin de la réserve naturelle marine de Banyuls-Cerbère. Ensuite, continuez la route en corniche vers le sud.

Au **cap Rédéris**, marchez un petit peu pour admirer la vue sur les côtes du Languedoc et de Catalogne, jusqu'au cap de Creus. Enfin, à la frontière espagnole, **Cerbère** est une petite station balnéaire bien abritée au fond de son anse, avec plage de galets, maisons blanches, terrasses de café et allées piétonnes qui annoncent déjà l'Espagne.

LE CONSEIL DE BIB

En été la circulation n'est pas toujours aisée le long du littoral. Patientez lorsque vous arrivez en vue de la Méditerranée à Argelès, vous pourrez vous baigner plus loin dans les criques rocheuses des environs de Collioure, par exemple.

AQUITAINE – ADRESSES CIRCUIT 8

Campings

AMÉLIE-LES-BAINS

Amélia
Av. Beau-Soleil - 04 68 39 00 49 - www.camping-amelia.fr
De déb. fév. à fin déc. - 83 empl.
borne raclet - 8 €
Tarif camping : 23 €
(10A) - pers. suppl. 6,70 €
Services et loisirs :
GPS : E 2.66885 N 42.47224

ARAMITS
Voir p. 326

ARCIZANS-AVANT

Du Lac
29 Camin d'Azun - 05 62 97 01 88 - www.camping-du-lac-pyrenees.com
De déb. juin à mi-sept. - 73 empl.
borne artisanale -
17 €
Tarif camping : 40,60 €
(10A) - pers. suppl. 7,10 €
Services et loisirs :
Des piscines et pour de nombreux emplacements, vue dégagée sur les Pyrénées, le village et l'église.
GPS : W 0.10803 N 42.9857

ARGELÈS-GAZOST

Sunêlia Les Trois Vallées
Av. des Pyrénées - 05 62 90 35 47 - www.camping3vallees.com
De déb. avr. à déb. oct. - 438 empl.
borne artisanale
Tarif camping : 37 €
(10A) - pers. suppl. 7,30 €
Services et loisirs :
Belle décoration florale de l'important espace aquatique, ludique et commercial.
GPS : W 0.09718 N 43.0121

ARGELÈS-SUR-MER
Voir p. 408

ASTON

Le Pas de l'Ours
Les Gesquis - 05 61 64 90 33 - www.lepasdelours.fr
De fin mai à mi-sept. - 30 empl. -
Tarif camping : 8 € 9 € (6A) 4 €
Services et loisirs :
GPS : E 1.67181 N 42.77245

AUGIREIN

La Vie en Vert
Chemin St-Martin - 05 61 96 82 66 - www.lavieenvert.com
De mi-juin à mi-sept. - 12 empl. -
Tarif camping : 22 €
(10A) 5 € - pers. suppl. 6 €
Services et loisirs :
Autour d'une ancienne ferme en pierre du pays soigneusement restaurée.
GPS : E 0.91978 N 42.93161

BAGNÈRES-DE-LUCHON

Pradelongue
5 chemin des Tretes - 05 61 79 86 44 - www.camping-pradelongue.com
De déb. avr. à fin sept. - 113 empl.
borne artisanale 2 €
Tarif camping : 33 €
(10A) 5,50 €
Services et loisirs :
Nombreux espaces verts parfaits pour la détente ou les sports collectifs.
GPS : E 0.5981 N 42.81667

CAMPAN

L'Orée des Monts
La Séoube - 05 62 91 83 98 - www.camping-oree-des-monts.com
Permanent (fermé en avr.) - 98 empl.
borne artisanale
Tarif camping : 33 €
(6A) - pers. suppl. 5 €
Services et loisirs :
Terrain de montagne au bord du ruisseau.
GPS : E 0.24522 N 42.96664

CANILLO (ANDORRE)

Santa-Creu
Au bourg - (00 376) 75 14 54 - elsmeners.com
De déb. juin à fin sept. - 35 empl.
Tarif camping : 5,50 € 5,50 €
9 € (3A) 3 €
Services et loisirs :
Pelouse ombragée proche du centre-ville.
GPS : E 1.59978 N 42.56579

ESTAVAR (ENCLAVE DE LLIVIA)

L'Enclave
2 r. Vinyals - 04 68 04 72 27 - www.camping-lenclave.com
Permanent - 175 empl. -
borne artisanale
Tarif camping : 42,45 €
(6A) - pers. suppl. 6 €
Services et loisirs :
Cadre ombragé de part et d'autre du ruisseau avec au fond du terrain une belle aire de jeux et une piscine de l'autre côté de la petite rue.
GPS : E 1.99813 N 42.4688

L'HOSPITALET-PRÈS-L'ANDORRE
Voir p. 370

LUZ-ST-SAUVEUR

Sites et Paysages Pyrénévasion
Sazos, rte de Luz-Ardiden - 05 62 92 91 54 - www.campingpyrenevasion.com
De déb. avr. à mi-oct. - 99 empl. -
borne artisanale
Tarif camping : 48 €
(10A) - pers. suppl. 10 €
Services et loisirs :
Jolie piscine d'intérieur et vue panoramique sur la vallée de Luz pour quelques emplacements.
GPS : W 0.02417 N 42.8831

OUST

Les Quatre Saisons
Rte d'Aulus-les-Bains - 05 61 65 89 21 - www.camping4saisons.com
Permanent - 108 empl.
borne artisanale
Tarif camping : 23,50 €
(10A) - pers. suppl. 6 €
Services et loisirs :
Cadre agréable et ombragé derrière l'hôtel-restaurant.
GPS : E 1.22103 N 42.87215

Aires de service & de stationnement

ST-ÉTIENNE-DE-BAÏGORRY

Municipal L'Irouléguy
Quartier Borciriette - 05 59 37 43 96 - pratique.tourisme64.com
De mi-mars à fin nov. - 69 empl. - borne artisanale
Tarif camping : 15 € (6A) - pers. suppl. 3 €
Services et loisirs :
Cadre verdoyant en partie bordé par la rivière.
GPS : W 1.33551 N 43.18386

TARASCON-SUR-ARIÈGE

Yelloh ! Village Le Pré Lombard
05 61 05 61 94 - www.prelombard.com
De fin avr. à mi-sept. - 82 empl. - borne artisanale
Tarif camping : 32 € (10A) - pers. suppl. 11 €
Services et loisirs :
Terrain tout en longueur le long de l'Ariège, ombragé.
GPS : E 1.61227 N 42.83984

Le pic du Midi d'Ossau.

philipimage/Getty Images Plus

ARETTE-PIERRE-ST-MARTIN
Voir p. suivante

ARREAU
Voir p. 374

ARRENS-MARSOUS
Voir p. 374

AX-LES-THERMES
Voir p. 370

BAGNÈRES-DE-LUCHON
Voir p. 385

BONAC-IRAZEIN
Voir p. 370

LE BOULOU
Voir p. 408

LES CABANNES
Voir p. 370

COLLIOURE
Voir p. 408

FOIX
Voir p. 369

GOURETTE
Voir p. suivante

HENDAYE-PLAGE
Voir p. 322

ILLE-SUR-TÊT

Aire de Camp Llarg
Carrefour Market du centre commercial Le Riberal -
04 68 84 87 70
Permanent
Borne eurorelais
4 - 72h - gratuit
Paiement : jetons (supermarché)
Services :
GPS : E 2.6335 N 42.6763

LARUNS
Voir p. 326

LOUDENVIELLE

Camping-car Park Les Séguettes
La Neste du Louron, au S du lac de Génos-Loudenvielle - 01 83 64 69 21 - www.campingcarpark.com
Permanent (mise hors gel)
Borne artisanale
25 - Illimité - 15 €/j. - borne compris
Paiement :
Services :
GPS : E 0.4109 N 42.8018

MONT-LOUIS
Voir p. 408

ST-JEAN-DE-LUZ
Voir p. 322

ST-JEAN-PIED-DE-PORT
Voir p. 322

SARE
Voir p. 321

SÉVIGNACQ-MEYRACQ
Voir p. 326

VERNET-LES-BAINS
Voir p. 408

AQUITAINE

STATIONS DE SKI

Arette-Pierre-St-Martin

INFOS PRATIQUES

05 59 66 20 09 - www.pyrenees-bearnaises.com

Géolocalisation
GPS : W 0.7465 N 42.9763
Altitude basse : 1500 m - Altitude haute : 2153 m

Remontées mécaniques
Télésièges : 5
Téléskis : 4
Tapis : 2
Télécorde : 1

27 pistes
Noires : 2
Rouges : 8
Bleues : 11
Vertes : 6

STATIONNEMENT & SERVICES

Aire d'Arette
R. du Virgou, jardins de Salet - 05 59 88 90 82
Permanent - Borne artisanale : gratuit
10 - 24h - gratuit
Services :
GPS : W 0.71529 N 43.09515

Aire de La Pierre-St-Martin
La Pierre-St-Martin, à l'entrée de la station, à 150 m des pistes - 05 59 88 90 82 - www.arettelapierrestmartin.fr
Permanent
Borne artisanale 5 €
44 - Illimité - 16,10 €/j. - moins cher hors sais.
Paiement :
Services :
GPS : W 0.74876 N 42.97929

Perchée à l'ouest de la chaîne des Pyrénées, à 1650 m d'altitude, La Pierre-St-Martin est une petite station de sports d'hiver au paysage exceptionnel. Située à la frontière espagnole, elle dégage une ambiance latine bien sympathique. Un ravissant village de chalets se niche dans une forêt de pins, les résidences étant au pied des pistes face au majestueux pic d'Anie. Le domaine skiable se déploie en panoramique pour profiter au maximum du soleil. L'endroit est idéal pour les familles, les enfants, les débutants ainsi que pour la pratique d'un ski détente totalement nature, loin des autoroutes à skieurs. Et lorsque la neige fond, c'est pour dévoiler le fantastique relief des « arres », champs de lapiaz truffés de crevasses qui défendent les approches du pic d'Anie. En bas de la station, le bourg d'Arette fut reconstruit après le tremblement de terre du 13 août 1967. La Maison du Barétous abrite une exposition sur le patrimoine de la vallée, centrée sur l'exploitation du bois et de la pierre (matériaux de base), et l'activité traditionnelle qu'est le pastoralisme. Une salle est réservée à la spéléologie et à la sismologie.

Gourette

INFOS PRATIQUES

05 59 05 12 17 - www.gourette.com

Géolocalisation
GPS : W 0.3325 N 42.9579
Altitude basse : 1350 m - Altitude haute : 2450 m

Remontées mécaniques
Télécabines : 2
Télésièges : 5
Téléskis : 3
Tapis : 2

39 pistes
Noires : 3
Rouges : 16
Bleues : 13
Vertes : 7

STATIONNEMENT & SERVICES

Aire du camping-caravaneige du Ley
Plateau du Ley - 05 59 53 75 78 - campingduley.ellohaweb.com - Permanent (fermé en mai, oct. et nov.)
Borne artisanale
54 - Illimité - 22 €/j. - avec sanitaires chauffés (WC et douche) ; borne comprise - Paiement :
Services :
GPS : W 0.3389 N 42.96215

Une montagne de plaisirs ! Gourette, c'est un domaine skiable disposant d'une quarantaine de pistes de ski adaptées à tous les niveaux et dévalant plus de 1000 m de dénivelé, des espaces free style et une large offre d'activités hors ski comme le traîneau à chiens, les parcours raquettes, les bains nordiques… Mais surtout, situé à 1400 m d'altitude, Gourette s'étend dans un site remarquable au cœur des Pyrénées calcaires. Son cirque, marqué par les strates du pic de Ger, s'offre au regard : panoramas somptueux, hymne à l'hiver et à la nature. Orientée plein sud, la station bénéficie d'un ensoleillement privilégié, un atout supplémentaire à la pause déjeuner !

Le domaine skiable de Gourette.

Sasha64f/Getty Images Plus

STATIONS THERMALES

Cambo-les-Bains

INFOS PRATIQUES

Centre thermal
5 av. des Thermes - ☎ 05 59 29 39 39 - www.chainethermale.fr - de mi-fév. à déb. déc.

Indications
Rhumatologie, voies respiratoires et post cancer du sein.

Température de l'eau
22 °C

STATIONNEMENT & SERVICES

Aire de Cambo-les-Bains
7 imp. Arroka - ☎ 05 59 93 74 30 - Permanent
Borne Urbaflux 3 € 3 €
42 - Illimité - 14 €/j. - Paiement :
Services :
GPS : W 1.41093 N 43.35584

Camping Bixta Eder
52 av. d'Espagne - ☎ 05 59 29 94 23 - www.camping-bixtaeder.fr - De mi-avr. à mi-oct. - 46 empl.
borne eurorelais
Tarif camping : 22,65 € (10A)
Services et loisirs :
GPS : W 1.41448 N 43.35567

Edmond Rostand donna ses lettres de noblesse à Cambo-les-Bains et imagina, au début du 20ᵉ s., la villa Arnaga, fer de lance touristique de ce village du Labourd. Alors bien sûr, tous les pas se pressent vers cette maison, ode au style basque, dessinée par l'architecte Albert Tournaire dans un somptueux jardin à la française ; ils se pressent aussi vers le poète dont la vie, très étayée, se révèle riche d'enseignements. Quelle belle entrée en matière… qui ne demande qu'à se poursuivre ! Pour trouver boutiques et animation, rendez-vous dans le Haut-Cambo, où s'élèvent l'église St-Laurent et son retable du 17ᵉ s., et d'où s'ouvrent de beaux panoramas sur la région. Pour une atmosphère plus traditionnelle, le Bas-Cambo, le long des rives de la Nive, est tout désigné, jalonné de fières bâtisses labourdines striées de boiseries rouges si caractéristiques. Et si elles aussi provoquent l'envie d'entrer plus avant dans la tradition basque, pourquoi ne pas assister au festival d'Otxote (chant choral) en mai, regarder les joueurs de pelote s'affronter sur le fronton – Cambo-les-Bains n'a-t-elle pas vu naître le célèbre Joseph Apesteguy, connu sous le nom de Chiquito de Cambo ? – ou visiter le musée de la Chocolaterie Puyodebat. Enfin, n'hésitez pas à quitter Cambo en direction des villages alentour, en particulier Itxassou, renommé pour ses cerises qui font la fête le 1ᵉʳ dimanche de juin.

Dax

INFOS PRATIQUES

☎ 05 58 56 86 86. Pour s'informer sur les 16 établissements thermaux de Dax et réserver sa cure - de mi-janv. à mi-déc.

Indications
Rhumatologie, fibromyalgie, phlébologie.

Température de l'eau
64 °C

STATIONNEMENT & SERVICES

Aire de Dax
Bd Albert-Camus, parking du Pont des Arènes - ☎ 05 58 56 80 00 - Permanent
Borne artisanale : gratuit
6 - 72h - gratuit - Services :
Parking un peu bruyant, asphalté, en légère pente.
GPS : W 1.04932 N 43.71443

Camping Le Bascat
R. de Jouandin - ☎ 05 58 56 16 68 - www.campinglebascat.com - De déb. mars à mi-nov. - 120 empl. -
borne artisanale
Tarif camping : 23 € (6A)
Services et loisirs :
Emplacements souvent bien ombragés et tenue exemplaire.
GPS : W 1.07043 N 43.70617

Dax, au cœur des terres landaises et à 35 km de l'Atlantique, attire bien au-delà de ses eaux bienfaisantes. Son centre historique jalonné de rues piétonnes est propice à la balade. À la cathédrale Notre-Dame de style classique succèdent les fleurons Art déco que sont le Splendid Hôtel et l'Atrium, une salle de spectacles à la programmation éclectique où l'on peut aussi manger ou boire un verre : une idée pour une soirée dacquoise ! Passée la fontaine chaude emblématique de la ville thermale, monuments et boutiques laissent place à la verdure des berges de l'Adour, idéales pour prendre l'air au sortir d'un musée. Ainsi, le musée de Borda organise chaque année plusieurs expositions thématiques mettant en valeur une partie de son fonds (archéologie, beaux-arts…) et marque le point de départ de la visite de la crypte archéologique de la Dax antique. Le musée Georgette-Dupouy donne, quant à lui, l'occasion de découvrir une artiste qui eut à voir avec Utrillo. Et pour revenir au cœur même de l'animation dacquoise, et plus largement des traditions vivantes du Sud-Ouest, il faut traverser le parc Théodore-Denis dans lequel s'élèvent les fameuses arènes. En été, notamment autour du 15 août à l'occasion de la feria, elles vibrent de la ferveur des aficionados, avant que la frénésie n'enflamme la ville tout entière.

Le viaduc de Millau.
Daniel JAMME/© CEVM Eiffage/Foster+Partners

Le lac de Gaube.
KerinFors/Getty Images Plus

Rocamadour.
Rrrainbow/Getty Images Plus

Midi-Pyrénées

Entre l'Aquitaine et le Languedoc-Roussillon, la plus vaste région française de métropole n'a peut-être ni l'Atlantique ni la Méditerranée, mais elle possède sa « mer océane », la Garonne, célébrée par l'enfant du pays, Claude Nougaro. Frontière naturelle entre la France et l'Espagne, les Pyrénées ont déchaîné les passions d'explorateurs prêts à toutes les extravagances pour conquérir ses sommets. Ils y ont découvert des paysages étourdissants comme le cirque de Gavarnie, l'« édifice le plus mystérieux du plus mystérieux des architectes », s'émerveillait Victor Hugo. Dans cette contrée aux mille sentiers, les amoureux de la marche n'auront que l'embarras du choix quant au thème de leur balade : hormis la montagne, les chemins de Midi-Pyrénées vous entraîneront vers les mythiques forteresses cathares, sur les pas de d'Artagnan et des cadets de Gascogne ou bien encore sur ceux de St-Jacques de Compostelle.

La douce lumière du sud ravive ici toutes les nuances des vieilles pierres des magnifiques édifices romans et de la « ville rose », Toulouse. Les cépages du pays (gamay, syrah, merlot ou cabernet) donnent des vins de caractère, patiemment vieillis. Et, du caractère, il en faut pour accompagner une cuisine si généreuse : foie gras, magrets et, bien sûr, le fameux cassoulet de Toulouse.

MIDI-PYRÉNÉES

La place du Capitole à Toulouse.
saiko3p/Getty Images Plus

LES ÉVÉNEMENTS À NE PAS MANQUER

- **Fête de la cocagne** à St-Félix-Lauragais (31) : Pâques.
- **L'Aubrac en transhumance** (12) : w.-end le plus proche du 25 mai. www.transhumanceaubrac.fr.
- **Fête médiévale du Grand Fauconnier** à Cordes-sur-Ciel (81) : autour du 14 juil. medievale-cordes.fr.
- **Equestria** à Tarbes (65) : fin juil., festival de création équestre. www.festivalequestria.com.
- **F'Estivada** à Rodez (12) : juil., festival interrégional des cultures occitanes.
- **Festival Tempo Latino** à Vic-Fezensac (32) : musiques latino-américaines, fin juil. tempo-latino.com.
- **Festival de Gavarnie** (65) : fin juil., théâtre dans le cirque de Gavarnie. www.festival-gavarnie.com.
- **Festival de St-Céré** (46) : Festival d'opéra en de fin juil. à mi-août. festival-saint-cere.com.
- **Festival international de musique sacrée et de musique du monde** à l'abbaye de Sylvanès (12) : juil.-août. www.sylvanes.com.
- **Fête des vins** de Gaillac (81) : déb. d'août www.fete-vins-gaillac.com.
- **Les Médiévales de Gourdon** (46) : déb. août.
- **Fête de l'ail rose** à Lautrec (81) : 1er vend. d'août. www.ailrosedelautrec.com.
- **Festival international de la marionnette** à Mirepoix (09) : déb. août. www.mima.artsdelamarionnette.com.
- **Jazz in Marciac** (32) : de fin juil. à déb. août. www.jazzinmarciac.com.
- **Pèlerinage** de Rocamadour (46) : août-sept.
- **Jazz sur son 31** à Toulouse (31) : oct.
- (32) : nov.

Votre séjour en Midi-Pyrénées

Circuits N°

1. Les gorges du Tarn et les grands causses
   6 jours - 390 km — P 352
2. Le nord de l'Aveyron
   5 jours - 160 km — P 356
3. Villages et bastides entre Tarn et Aveyron
   7 jours - 260 km — P 360
4. Les grands sites du Quercy
   7 jours - 290 km — P 364
5. Il était une fois à Foix…
   5 jours - 370 km — P 368
6. Eaux thermales des Pyrénées
   8 jours - 230 km — P 372
7. Toulouse et les coteaux de Gascogne
   6 jours - 310 km — P 376
8. Bastides et gastronomie d'Armagnac
   5 jours - 270 km — P 380

Étapes

Rodez — P 357
Albi — P 361
Cahors — P 365
Foix — P 369
Auch — P 381

Visite

Cité de l'Espace à Toulouse — P 377

Randonnée

Cirque de Gavarnie — P 373

Stations de ski

Gavarnie-Gèdre — P 384
St-Lary-Soulan — P 384

Stations thermales

Cauterets — P 385
Bagnères-de-Luchon — P 385

EN COMPLÉMENT, UTILISEZ…
- Guides Verts : Midi toulousain et Lot Aveyron Vallée du Tarn
- Cartes Michelin : Région 525 et Départements 336, 337, 338, 342 et 34

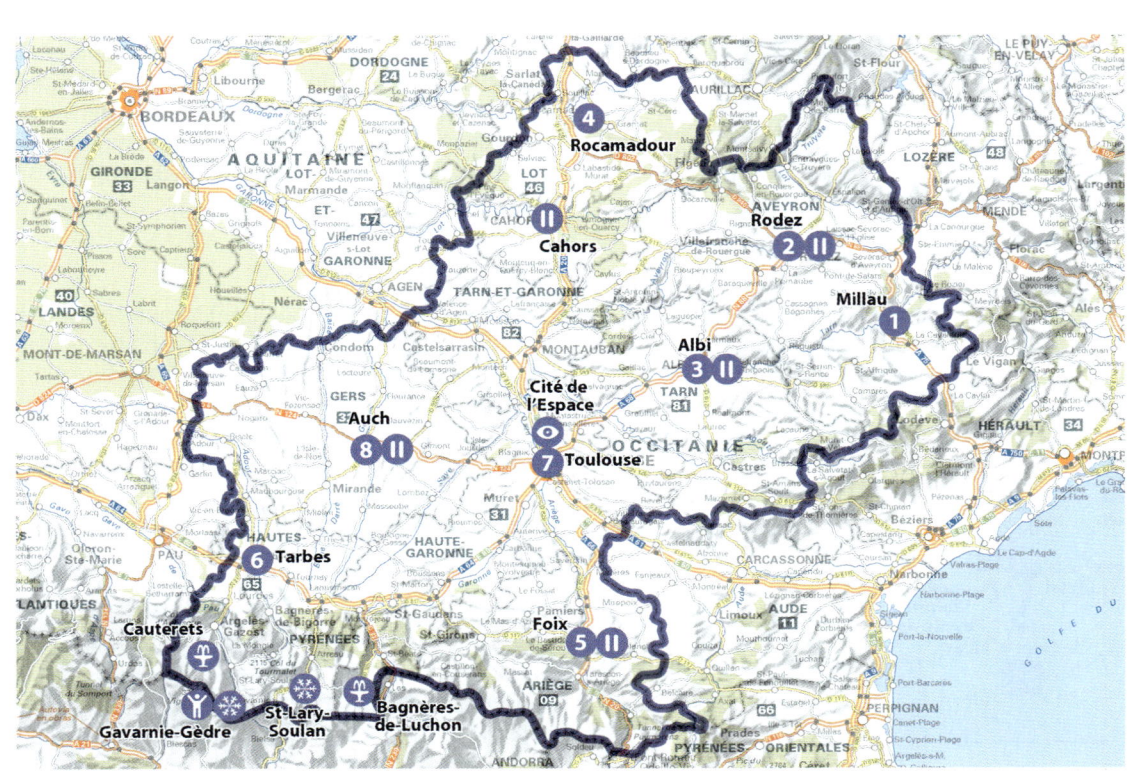

MIDI-PYRÉNÉES – CIRCUIT 1
Les gorges du Tarn et les grands causses

Une succession de sites grandioses et de vues vertigineuses : voilà ce que vous réserve la région des causses et des gorges du Tarn. Les murailles de pierre enserrent la rivière aux paillettes d'or et dessinent un tortueux ruban émeraude. Quant aux causses – causse du Larzac, causse Méjean, causse Noir – ils sont de véritables forteresses de calcaire. Rudes, austères ou désertiques, ils dévoilent des paysages d'une fascinante beauté.

★ **DÉPART :** MILLAU - 6 jours – 390 km

JOUR 1

Millau est aujourd'hui indissociable de son viaduc ! Après la poterie, puis la mégisserie et la ganterie, c'est désormais ce spectaculaire ouvrage qui fait la célébrité de la ville. Après avoir admiré cet ouvrage d'art, visitez Viaduc Expo et suivez le sentier des explorateurs. Puis découvrez le vieux Millau avec sa place du Maréchal-Foch et son beffroi, sans oublier son pittoresque vieux moulin sur le Tarn (à voir depuis le pont Lerouge). Faites un tour au musée de Millau, présentant de belles poteries gallo-romaines, puis visitez l'une des ganterie de la ville. Passez la nuit à Millau.

JOUR 2

À une vingtaine de kilomètres de Millau par la D911, à **St-Léons**, se trouve **Micropolis**, la cité des insectes qui ravira petits et grands. De là, par l'A75 vers le nord (sans péage), vous rejoindrez **Sévérac-le-Château** où un beau château (médiéval et Renaissance) vous ouvre ses portes. Dans le village, quelques maisons Renaissance valent le coup d'œil dont la maison des Consuls aux beaux plafonds et celle de Jeanne l'une des plus anciennes du Rouergue. Finissez la journée en reprenant l'A75 pour **La Canourgue**, village tranquille traversé par une myriade de canaux à ciel ouvert qui se faufilent sous de vieilles maisons à encorbellement, tout à fait charmant.

JOUR 3

Direction sud-est. La jolie D998 vous conduit au ravissant village de **Ste-Énimie** dans les gorges du Tarn. Pause obligatoire pour arpenter les ruelles pavées dévoilant les origines médiévales de la petite cité. Vous allez maintenant descendre les gorges du Tarn rive droite en égrainant les points de vue sur la rivière via **St-Chély-du-Tarn** (sautez rive gauche pour le panorama), le **château de la Caze** aux allures médiévales, le site de **La Malène** et le belvédère du Pas de Soucy (accès payant). Chemin faisant, vous remarquerez de très jolis hameaux aux anciennes fermes de pierre couvertes de lourdes toitures de lauze. Arrivé aux **Vignes**, montez impérativement à **St-Georges-de-Lévéjac** pour le panorama du Point Sublime qui domine le cirque des Baumes. Terminez votre descente des gorges puis allez jusqu'au **Rozier**.

Caves d'affinage du roquefort Société, à Roquefort-sur-Soulzon.

JOUR 4

Tôt le matin, prenez la petite D29 puis D110 qui vous guide à la Cité de Pierres de **Montpellier-le-Vieux** où il faut absolument emprunter les sentiers pédestres pour découvrir les évocateurs rocheux dolomitiques et les paysages moutonnant à l'infini (chaussures de marche conseillées, comptez au moins 2h de visite). Gagnez ensuite **La Roque-Ste-Marguerite** dominée de saisissants rochers ruiniformes et d'une tour à mâchicoulis. Engagez-vous maintenant dans les gorges de la Dourbie hérissées de roches calcaires, très spectaculaires (voir au passage le village de **Cantobre**) jusqu'à **Nant** (voir les chapiteaux de son église abbatiale, et monter au Roc nantais pour le panorama) ou **St-Jean-du-Bruel** où vous finirez très agréablement la journée sur les rives de la Dourbie entre le vieux pont en dos d'âne et l'ancien moulin.

JOUR 5

Plein sud la D55 vous conduit à **La Couvertoirade**, isolée en plein cœur du plateau du Larzac, aride et majestueux, où seuls les troupeaux de moutons trouvent leur pitance. Attendez-vous à un choc car ici c'est le Moyen Âge qui revit, évoquant puissamment le temps des chevaliers du Temple et des Hospitaliers. N'oubliez pas de voir, hors de l'enceinte fortifiée, la belle lavogne où viennent encore se désaltérer les brebis de retour des pâturages. Pour rester dans le même registre historique, rattrapez l'A75 pour monter à **La Cavalerie** aux magnifiques remparts, autre témoin de la grande aventure des Templiers et des moines soldats. Tout logiquement vous irez ensuite à **Ste-Eulalie-de-Cernon**, superbe village ceinturé de remparts et de portes quasi intactes, siège aux 12e et 13e s. de la commanderie des Templiers qui gouvernait toutes les dépendances du Larzac.

JOUR 6

Par la petite D561, vous rejoindrez le **Viala-du-Pas-de-Jaux** où se dresse une haute tour fortifiée qui servait de refuge aux populations et aux animaux en temps de conflits, notamment durant la guerre de Cent Ans. Mais votre découverte des causses ne serait pas complète sans une étape à **Roquefort-sur-Soulzon** où se trouvent les interminables galeries creusées à même le rocher, là où le fameux fromage de brebis est affiné. La visite des caves est très intéressante (voir « Les bonnes adresses de bib », p. 355). Terminez ensuite votre périple à **St-Jean-d'Alcas**, tout petit village fortifié bien préservé qui dépendait de l'abbaye de Nonenque voisine fondée en 1146 par les moines de Sylvanès.

LE CONSEIL DE BIB

Pour avoir la plus belle vue sur le viaduc, il faut se mettre à l'eau… Les Bateliers du Viaduc proposent une balade en barque, avec un passage sous le viaduc, au pied de la pile P2 (voir Les bonnes adresses de bib, p. 355).

MIDI-PYRÉNÉES – ADRESSES CIRCUIT 1

Aires de service & de stationnement

LA CANOURGUE
Aire de La Canourgue
Av. du Lot, D 998 - ✆ 04 66 32 81 47
Permanent (sf mar. jour de marché) -
Borne AireService
19 P - 🔒 - Illimité - 13,60 €/j. - borne compris
Services :
GPS : E 3.207 N 44.43333

LA CAVALERIE
Camping-car Park de La Cavalerie
Le Mas de la Rapine - ✆ 01 83 64 69 21
Permanent
Borne eurorelais
32 P - 🔒 - Illimité - 12,90 €/j. - borne compris
Paiement : CB
Services :
GPS : E 3.1522 N 44.0087

MILLAU
Camping-car Park de Millau
R. de la Saunerie - ✆ 01 83 64 69 21
Permanent
Borne eurorelais
41 P - 🔒 - Illimité - 13 €/j. - borne compris - Paiement : CB
Services :
À 500 m du centre-ville.
GPS : E 3.08599 N 44.0959

ST-JEAN-D'ALCAS
Aire de St-Jean-d'Alcas
D 516, à côté du cimetière -
✆ 05 65 97 61 07 -
Permanent (mise hors gel)
Borne artisanale : gratuit
10 P - Illimité - gratuit
Services :
GPS : E 3.00873 N 43.92636

STE-EULALIE-DE-CERNON
Parking de Ste-Eulalie
Millasse, près du reptilarium -
✆ 05 65 62 79 98 - Permanent
Borne AireService : 5 €
30 P - 🔒 - Illimité - 9,50 €/j.
Paiement : CB
Services :
GPS : E 3.13834 N 43.98517

SÉVÉRAC-LE-CHÂTEAU
Aire privée de Bellas
Bellas, par la D 995 -
✆ 06 78 39 71 76
Permanent
Borne artisanale 5 €
10 P - 🔒 - Illimité - 5 €/j.
GPS : E 3.12702 N 44.31264

LA TIEULE
Aire de stationnement Aux Saveurs d'Autre Foie
La Tieule -
✆ 04 66 48 82 93 -
www.foie-gras-lozere.com
Permanent
2 P - 48h - gratuit
Services :
Réseau France Passion.
Ferme d'élevage, vente de produits.
GPS : E 3.15713 N 44.38409

Campings

AGUESSAC
La Via Natura Les Cerisiers
Pailhas - ✆ 05 65 59 87 96 -
www.campinglescerisiers.com
De fin avr. à mi-sept. - 88 empl. -
borne artisanale
Tarif camping : 25 €
(6A) - pers. suppl. 6 €
Services et loisirs :
Refuge LPO au bord du Tarn.
GPS : E 3.12053 N 44.16745

NANT
Les 2 Vallées
Rte de l'Estrade basse -
✆ 05 65 62 26 89 -
www.lesdeuxvallees.com
De déb. avr. à fin oct. - 62 empl. -
borne artisanale
Tarif camping : 20,50 €
(10A) - pers. suppl. 4 €
Services et loisirs :
GPS : E 3.30138 N 44.01722

LE ROZIER
Les Prades
D 187 - ✆ 05 65 62 62 09 -
www.campingleprades.com
De fin mai à mi-sept. - 142 empl.
Tarif camping : 43 €
(10A) - pers. suppl. 8,50 €
Services et loisirs :

En contrebas de la route, emplacements en partie au bord du Tarn avec un joli petit parc aquatique et ludique.
GPS : E 3.17332 N 44.1996

ST-ROME-DE-TARN
La Cascade
Rte du Pont - ✆ 05 65 62 56 59 -
www.camping-cascade-aveyron.com
De déb. avr. à fin oct. - 99 empl. -
borne flot bleu
Tarif camping : 38 €
(6A) - pers. suppl. 7,50 €
Services et loisirs :

Terrasses à flanc de colline dominant le Tarn.
GPS : E 2.89947 N 44.05336

Sévérac-le-Château.

Les bonnes adresses de bib

AGUESSAC

Esprit Nature – Rte des Gorges-du-Tarn - ℘ 05 65 59 72 03 - www.escapade-espritnature.com. Canoë, kayak, canyoning, escalade, spéléologie, via ferrata.

LA CAVALERIE

✕ **Le Bonheur est dans le Sud** – 1 r. de Millau - ℘ 05 65 60 94 63 - www.lebonheurestdanslesud.com - fermé été : lun.-jeu. le soir ; hiver : dim.-vend. le soir - plats 14/21 € - menu 32 €. Installé dans une ancienne cave coopérative joliment rénovée dans un style industriel, ce restaurant propose de bonnes et copieuses assiettes du terroir à des prix raisonnables. Idéal pour une pause déjeuner.

MILLAU

✕ **Capion** – 3 r. Jean-François-Alméras - ℘ 05 65 60 00 91 - www.restaurant-capion.fr - fermé mar.-merc. - plats 20/23 €. Cet établissement affiche souvent complet. Vous y dégusterez une copieuse cuisine traditionnelle valorisant le terroir comme ce coufidou de joues de porc à la millavoise. Un régal !

✕ **Au Jeu de Paume** – 4 r. St-Antoine - ℘ 05 65 60 25 12 - www.aujeudepaume-millau.com - fermé sam. midi, dim.-lun. - menu 35 €. Dans la salle voûtée se trouve une grande cheminée où le chef fait griller poissons et viandes. Bar et tables installés dans une agréable cour (ancien jeu de paume). Concerts hors saison.

Charcuterie Pangaud-Ramondenc – 23 r. Droite - ℘ 05 65 60 07 03 - fermé dim. Une charcuterie dans la plus pure tradition aveyronnaise, qui passe pour être la meilleure de la ville. Tout (ou presque) y est produit artisanalement : saucisses sèches, fricandeaux, trénels millavois, etc.

Les Bateliers du Viaduc – Pl. du 19-Mars - Creissels (rive gauche) - ℘ 05 65 59 12 41 - www.bateliersduviaduc.com - avr.-sept. : 25 € (-18 ans 17,50 €). Promenade commentée en barque (9 km ; 1h) sur le Tarn pour passer sous le viaduc. Pour les petites faims, snack avec terrasse sur la rivière.

MONTPELLIER-LE-VIEUX

Voir p. 397.

ROQUEFORT-SUR-SOULZON

Roquefort Papillon – 8 bis av. de Lauras - ℘ 05 65 67 23 50 - www.roquefort-papillon.com. - visite (45mn) 10h-18h - gratuit. Dans les caves de cette fromagerie centenaire fondée par Paul Alric se visitent, on découvre les différents stades d'affinage du roquefort Papillon. Parcours agrémenté par la projection d'un film et dégustation gratuite.

Roquefort Société – 2 av. François-Galtier - ℘ 05 65 58 54 38 - www.roquefort-societe.com - visite (1h), se rens. - 7,50 € (-17 ans 4,50 €). Les caves Société proposent une découverte de l'univers du roquefort : fleurines, penicillium, cabanières et affinage vous révéleront leurs mystères au cours d'une passionnante promenade exploratoire (maquette animée, son et lumière, film, espace muséographique, etc.).

ST-JEAN-DU-BRUEL

Hôtel du Midi - Papillon – Pl. du Manège - ℘ 05 65 62 26 04 - www.hoteldumidipapillon.fr - fermé de mi-nov. à fin mars - menus 18/39 €. Légumes du potager, lapins et poulets du jardin : le chef travaille de beaux produits et concocte une cuisine du terroir généreuse.

STE-ÉNIMIE

✕ **Restaurant La Tendelle** – Front du Tarn - ℘ 04 66 47 94 77 - formule déj. 17 € - plats 16/26 €. En front de rivière, dans un village aussi touristique que Ste-Énimie, ce restaurant aurait pu se laisser aller à la facilité, mais s'inscrit au contraire dans une démarche de qualité en proposant une cuisine simple mais honnête, privilégiant les produits locaux.

Offices de tourisme

LA COUVERTOIRADE

Maison de La Scipione - ℘ 05 65 58 55 59 - lacouvertoirade.com.

MILLAU

1 pl. du Beffroi - ℘ 05 65 60 02 42 - www.explore-millau.com.

STE-ÉNIMIE

Rte de Mende - ℘ 04 66 45 01 14 - www.cevennes-gorges-du-tarn.com.

Église St-Christol, à La Couvertoirade.

MIDI-PYRÉNÉES – CIRCUIT 2
Le nord de l'Aveyron

Rodez, la capitale du Rouergue, rendue célèbre grâce au musée consacré à l'artiste Pierre Soulages, sert de prémices à un circuit qui joue à cache-cache avec les eaux tumultueuses du Lot. Ces gorges, d'une beauté sauvage, donnent à voir de superbes panoramas. Çà et là de beaux villages aux architectures médiévales, particulièrement bien conservées, donnent l'occasion de haltes paisibles et gourmandes : Ste-Eulalie-d'Olt, Espalion, Estaing ne vous décevront pas !

⭐ **DÉPART :** RODEZ - 5 jours – 160 km

JOUR 1
Consacrez la journée à la capitale du Rouergue, **Rodez** (voir l'encadré p. ci-contre).

JOUR 2
Quittez Rodez par la N88 en direction de l'autoroute A75 puis prenez la D988 direction Espalion. À 11 km environ, bifurquez à droite sur la D27. Vous arrivez à **Montrozier**, vieux village au cachet pittoresque. Très bien conservé, le château fut élevé aux 15ᵉ et 16ᵉ s. (ne se visite pas). L'espace archéologique présente le patrimoine de la région grâce à des expositions temporaires et thématiques. Rejoignez **Bozouls** par la D988. De la place de la Mairie, la vue sur l'ensemble du site est saisissante, notamment sur le trou de Bozouls, canyon de 400 m de diamètre creusé par le Dourdou dans le causse Comtal, que l'on peut également admirer du spectaculaire belvédère de Terra Memoria, un parcours ludique et pédagogique sur les évolutions géologiques depuis l'émergence de la planète (frise murale, films, jeu de maquettes et manivelles). Nuit sur place.

JOUR 3
De Bozouls suivez la D988 puis la D245, à droite, après Cruejouls. Le **château de Galinières**, une imposante grange cistercienne de plan carré flanquée d'un donjon, mérite un coup d'œil. La D45 vous conduit à **St-Geniez-d'Olt**, point de passage entre les Causses et l'Aubrac qui a su garder son caractère médiéval. Rendez-vous ensuite à **Ste-Eulalie-d'Olt**, scindée par le Lot en un quartier médiéval et un quartier, plus cossu, né de l'industrie drapière. Reprenez la D988, puis la D6, jusqu'à **St-Côme-d'Olt**, petite ville fortifiée médiévale où l'on pénètre par l'une des trois portes de l'enceinte, aujourd'hui intégrées aux habitations. Les ruelles sont bordées de

L'église d'Estaing, sur la via Podiensis.

maisons des 15e et 16e s. tandis que l'église, surmontée d'un curieux clocher en vrille de style flamboyant (16e s.), abrite un beau Christ en bois de noyer du 16e s. Nuit sur place.

JOUR 4

De St-Côme-d'Olt, faites un saut au **château de Roquelaure** (ne se visite pas), presque entièrement reconstruit, avant de vous diriger vers **Espalion**, qui occupe un agréable bassin fertile arrosé par le Lot. Allez voir l'église de Perse, bel édifice roman du 11e s. en grès rose puis rendez-vous au musée du Scaphandre, une visite insolite en ces lieux ! La ville est dominée par les **ruines féodales de Calmont-d'Olt** que vous atteignez par la D920. Juchées sur un piton basaltique, elles offrent une belle vue sur la vallée du Lot. La D920 puis la D108 mènent à **St-Pierre-de-Bessuéjouls**, charmante petite église en grès rose qui surgit en pleine nature, avant d'atteindre la dernière étape du jour, **Estaing**. Son château forme un bel enchevêtrement de formes et de pierres bigarrées. Nuit sur place.

JOUR 5

En quittant Estaing, la D920 offre une jolie vue sur le Lot et le vieux pont gothique. Vous entrez dans les **gorges du Lot**, sauvages et profondes de 300 m. Vous arrivez à **Entraygues-sur-Truyère**, petite cité au confluent de la Truyère et du Lot et entourée de coteaux couverts de vergers odorants et de vignes. Dirigez-vous enfin vers l'est, direction **Conques**, charmant village médiéval aux ruelles empierrées et aux maisons à pans de bois. Il tient sa renommée de sa majestueuse abbatiale Ste-Foy, où le talent de Pierre Soulages s'exprime dans les sobres vitraux contemporains qui soulignent parfaitement la rigueur cistercienne des lieux.

ÉTAPE 11
Rodez

OFFICE DE TOURISME
14 pl. Eugène-Raynaldy -
℘ 05 65 75 76 77 -
www.rodez-tourisme.fr.

STATIONNEMENT & SERVICES

Parking conseillé
Parking de Val de Bourran (av. de St-Pierre) - gratuit. Navette ligne B pour le centre ville au départ de l'av. Jean-Monnet - 1 €/trajet.

Aire municipale de Rodez
Rte du Gué de Salelles - ℘ 05 65 77 88 00
Permanent
Borne artisanale : gratuit
6 - Illimité - gratuit
Services : WC
Près de l'Aveyron, plat, gravier et ombrage.
GPS : E 2.59576 N 44.35778

Juché sur une butte à 120 m au-dessus du lit de l'Aveyron, Rodez se signale longtemps à l'avance par le magnifique clocher de la **cathédrale Notre-Dame**, haut de six étages et 87 m. L'intérieur du sanctuaire, construit à partir de 1277, n'est pas en reste : le chœur est meublé de belles stalles dues à André Sulpice (15e s.), le grand jubé est une œuvre très riche de 1470 et le buffet d'orgue, du 17e s, forme une superbe boiserie sculptée d'une hauteur de 20,50 m.

Mais Rodez, c'est aussi et surtout la ville de Pierre Soulages. Elle possède d'ailleurs la plus importante collection au monde d'œuvres du maître de l'outrenoir, que vous admirerez dans le **musée Soulages**, conçu spécialement à cet effet. Ouvert en 2014, l'édifice se compose d'un agencement de cubes de verre et d'acier Corten qui, en vieillissant, ont pris des teintes rouille qui se fondent dans leur environnement. Sur 6 000 m², se déploient plus de 500 œuvres de l'artiste qui témoignent de l'évolution de son travail, des différentes techniques auxquelles il s'est essayé et des nombreux matériaux qu'il a manipulés : peintures sur toile et sur papier (dont les célèbres brous de noix), eaux-fortes, lithographies, sérigraphies, bronzes, inclusions sous verre... Une salle est aussi consacrée à la réalisation des vitraux de l'abbatiale de Conques.

Si vous avez encore un peu de temps, faites un tour au **musée Fenaille**. Installé dans l'hôtel de Jouéry, l'hôtel particulier le plus ancien de Rodez, il abrite un remarquable musée d'Archéologie et d'histoire du Rouergue, où est rassemblé notamment un ensemble de mystérieuses statues-menhirs provenant du sud de l'Aveyron et datant de 3300 à 2200 av. J.-C.

Enfin, si vous êtes en ville un mercredi ou un samedi, rendez-vous place du Bourg, où se tient un beau marché.

MIDI-PYRÉNÉES – ADRESSES CIRCUIT 2

Aires de service & de stationnement

BOZOULS

Aire municipale de Bozouls
R. de la Combe - ℘ 05 65 51 28 00
Permanent
Borne artisanale : 4 €
40 - Illimité - gratuit
Services :
GPS : E 2.72614 N 44.46572

ENTRAYGUES-SUR-TRUYÈRE

Aire municipale
Chemin du Val-de-Saurre, près du camping Le Val-de-Saurre -
℘ 05 65 44 53 31 - Permanent
Borne eurorelais 3 € 3 €
30 - Illimité - gratuit - parking situé 7 quai Notre-Dame (à 750 m)
Paiement : jetons (mairie)
Services :
GPS : E 2.56604 N 44.64258

ESPALION

Camping-car Park d'Espalion
26 av. Pierre-Monteil -
℘ 01 83 64 69 21 - Permanent
Borne eurorelais
25 - 🔒 - Illimité - 12,90 €/j. - borne compris
Paiement :
Services :
Une jolie aire entourée de verdure située à 600 m du village.
GPS : E 2.7692 N 44.52163

GOLINHAC

Aire privée Lo Soulenquo
Fonteilles - ℘ 06 10 97 08 71 -
www.losoulenquo.fr
De mi-mars à mi-nov.
Borne artisanale
10 - Illimité - 11,50 €/j.
Paiement :
Services :
Camping à la ferme (20 empl.).
Réseau France Passion.
GPS : E 2.619 N 44.57033

LE NAYRAC

Camping-car Park du Nayrac
471 rte de la Planque,
dans l'ancien camping La Planque -
℘ 01 83 64 69 21 - Permanent
Borne artisanale
26 - 🔒 - Illimité - 13,90 €/j. - borne compris
Services :
Terrain ombragé près d'un plan d'eau (pêche autorisée).
GPS : E 2.66867 N 44.60498

RODEZ

Voir p. précédente

ST-CÔME-D'OLT

Aire de St-Côme
5 r. des Ginestes, face au cimetière -
℘ 05 65 44 07 09
Permanent
Borne eurorelais : gratuit
8 - Illimité - gratuit
Paiement : jetons (point info tourisme, supérette Vival, tabac presse)
Services :
Emplacements ombragés à proximité du village.
GPS : E 2.82093 N 44.5167

Campings

CONQUES

Les Temps d'une Pause
Molinols - ℘ 06 19 03 66 63 -
www.le-temps-dune-pause.fr
De mi-mai à fin sept. - 60 empl.
Tarif camping : 22,50 €
(6A) - pers. suppl. 5 €
Services et loisirs :
En contrebas du village médiéval, au bord de la rivière.
GPS : E 2.39285 N 44.59891

ENTRAYGUES-SUR-TRUYÈRE

Le Val de Saures
Chemin de Saures -
℘ 05 65 44 56 92 -
www.camping-valdesaures.com
De déb. mai à fin sept. -
103 empl. -
borne artisanale
Tarif camping : 25 €
(10A) - pers. suppl. 5,50 €
Services et loisirs :
GPS : E 2.56352 N 44.64248

ESPALION

Le Roc de l'Arche
R. du Foirail -
℘ 05 65 44 06 79 -
www.rocdelarche.com
De déb. avr. à fin sept. - 75 empl.
borne artisanale
Tarif camping : 26 €
(10A) - pers. suppl. 6 €
Services et loisirs :
GPS : E 2.76959 N 44.52244

ST-GENIEZ-D'OLT

Tohapi La Boissière
Rte de la Cascade -
℘ 04 30 63 38 60 -
www.tohapi.fr
De mi-avr. à mi-sept. -
220 empl. -
Tarif camping : 26 €
(10A) - pers. suppl. 8 €
Services et loisirs :
Agréable cadre boisé au bord du Lot.
GPS : E 2.98366 N 44.47011

Estaing.

Les bonnes adresses de bib

CONQUES

✕ **Auberge St-Jacques** – R. Gonzague-Florent - ✆ 05 65 72 86 36 - www.aubergestjacques.fr - fermé janv., lun. et dim. soir en nov.-mars - menu 23 €. Restaurant au cadre champêtre proposant une cuisine d'inspiration régionale ou inventive. La terrasse ombragée offre une vue plongeante sur l'abbatiale.

BOZOULS

✕ **Le Belvédère** – 11 rte du Maquis-Jean-Pierre - ✆ 05 65 44 92 66 - www.belvedere-bozouls.com - fermé dim. soir-mar. midi et merc. midi de sept. à juin - menus 55/135 €. Surplombant le trou de Bozouls, cet hôtel-restaurant en pierre et en ardoise ajoute le confort à sa situation privilégiée. Côté cuisine, la fraîcheur est à l'honneur grâce aux produits du marché et des producteurs voisins. Jolie terrasse dans la cour intérieure.

ESTAING

La Maison de la vigne, du vin et des paysages d'Estaing – L'Escaillou - ✆ 05 65 44 04 42 - www.lesvigneronsdolt.fr - mai-sept. : tlj sf dim. 10h-12h30, 15h-19h ; reste de l'année : se rens. - fermé 3 sem. en janv. Cette coopérative, gérée par sept vignerons producteurs des vins d'Estaing, présente un film de 20mn ainsi qu'une exposition sur le vignoble et sa production, suivi d'une visite du chai de l'Escaillou et d'une dégustation-vente.

RODEZ

✕ **Le Petit Moka** – Pl. des Maçons - ✆ 05 65 75 63 34 - tlj sf dim.-lun. - formules déj. 13,50 €. Une sympathique adresse dans le vieux Rodez. Agencée sur deux étages, elle propose salades, croques et tartines au déjeuner, crêpes, gaufres et pâtisseries maison l'après-midi. Grand choix de cafés, thés, glaces à déguster aux beaux jours sur l'agréable terrasse. !

✕ **Café Bras** – Av. Victor-Hugo - jardin du Foirail - ✆ 05 65 68 06 70 - www.cafebras.fr - fermé le soir sf sam. et lun.-mar. hors vac. scol. - réserv. conseillée - menu 39 € ; Côté comptoir : sans réserv. - formule 13 €. Dans l'enceinte du musée Soulages, le Café de Michel Bras est une invitation au voyage. Les menus sont composés de classiques (œufs farcis, carré de porc au chou), mais revisités avec brio par Michel Bras, qui a laissé à son fils les rênes de son 3 étoiles à Laguiole. Si l'on veut plus rapide, il faut aller Côté comptoir où l'on savoure des Niwan (sorte de gaufre garnie).

Offices de tourisme

CONQUES

Le Bourg - ✆ 05 65 72 85 00 - www.tourisme-conques.fr.

ESPALION

23 pl. du Plô - ✆ 05 65 44 10 63 - www.tourisme-espalion.fr ; www.terresdaveyron.fr.

RODEZ

Voir p. 257

Clocher de la cathédrale de Rodez.

Détail de la porte de l'abbatiale Ste-Foy, à Conques.

MIDI-PYRÉNÉES – CIRCUIT 3
Villages et bastides entre Tarn et Aveyron

Elles ont la couleur de la brique, semblable à Toulouse, rouge et rose, elles ont la chaleur des villes du Midi, elles sont généreuses et accueillantes, gorgées d'abbayes, de vignobles et de vergers : Cordes-sur-Ciel, Najac, Bruniquel, Gaillac, Lautrec… Entre vallées du Tarn et de l'Aveyron, ces cités et bastides vont vous émerveiller.

⭐ **DÉPART :** ALBI - 7 jours – 260 km

JOURS 1 ET 2
Votre circuit commence par deux jours à **Albi** (voir l'encadré p. ci-contre).

JOUR 3
D'**Albi**, filez vers le nord-est pour rejoindre **St-Michel-de-Lescure** et son église romane. Puis longeant le Tarn, arrêtez-vous à **St-Juéry**. Son musée au site du saut du Tarn montre et raconte de belle manière l'activité métallurgique de la vallée. Suivant le Tarn rive gauche vous arrivez ensuite à **Ambialet**, curieux village blotti dans un méandre très étroit de la rivière. Via **Valence-d'Albigeois** vous rejoindrez **Carmaux**, puis **Monestiés**, petit et paisible village dont la chapelle St-Jacques abrite une remarquable mise au tombeau sculptée au 15e s. Nuit dans les alentours.

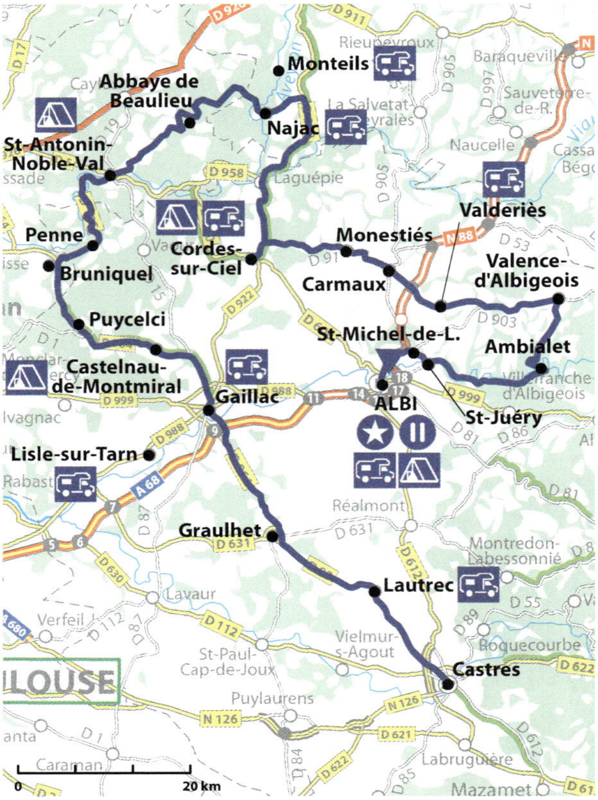

JOUR 4
Pour éviter la foule, abordez tôt le matin **Cordes-sur-Ciel** la « ville aux cent ogives ». Perchée au sommet du Puech de Mordagne, dans un site splendide, cette ville médiévale est une cité hors du temps, où la lumière vient jouer sur les tons rose et gris des façades en grès où se mêlent les styles roman, gothique et Renaissance. Cordes regorge d'échoppes d'artisans. Montez ensuite plein nord, D922 et D39 à gauche, qui vous conduisent dans la vallée de l'Aveyron et au remarquable village de **Najac** qui vous prendra le reste de la journée entre les ruines de sa forteresse et les ruelles pittoresques. Aires camping-cars à Najac et Monteils (voir p. 362).

JOUR 5
En louvoyant par les petites routes plein ouest, allez visiter l'**abbaye de Beaulieu-en-Rouergue** avant de redescendre dans les gorges de l'Aveyron qui vous conduisent rive droite à **St-Antonin-Noble-Val**, agréable cité médiévale. Ne manquez pas la façade de son hôtel de ville. En suivant les gorges sur une quinzaine de kilomètres vous atteignez ensuite **Penne** dont les vieilles maisons se blottissent au pied d'un château en ruine, puis **Bruniquel** où l'on se souvient du tournage du film *Le Vieux Fusil* avec Romy Schneider et Philippe Noiret. Les ruelles anciennes et le château perché sur la falaise méritent une visite.

Albi.

JOUR 6

Dirigez-vous vers la forêt de Grésigne pour une balade matinale. Vous apercevrez, au sud-ouest de la forêt, sur une plate-forme rocheuse, **Puycelci**, ancienne place forte propice aux déambulations. Gagnez par la D964 **Castelnau-de-Montmiral**, beau modèle de bastide fondée au 13ᵉ s. par le comte de Toulouse. Voyez sa place aux Arcades et surtout, dans l'église, sa croix-reliquaire ornée de 450 pierres précieuses. Vous finirez la journée à **Gaillac** où les vieilles maisons mêlent avec harmonie brique et colombage. N'oubliez pas son abbaye. Un de ses bâtiments abrite la Maison des vins de Gaillac très bien achalandée (voir « Les bonnes adresses de bib », p. 363).

JOUR 7

Cette dernière journée vous conduit à **Graulhet** puis au village de **Lautrec** où l'on produit le fameux ail rose de Lautrec. N'hésitez pas à en faire provision car il se conserve très longtemps et c'est un cadeau toujours apprécié. Mais que cela ne vous retienne pas de visiter le village et de monter au moulin à vent pour le panorama. Vous terminerez cette balade à **Castres** pour visiter le musée Goya, le parc à la française du palais épiscopal, sans manquer la place Jean-Jaurès et les vieilles maisons surplombant la rivière Agout.

ÉTAPE ⓫
Albi

OFFICE DE TOURISME
42 r. Mariès - ☏ 05 63 36 36 00 - www.albi-tourisme.fr.

STATIONNEMENT & SERVICES

Parking de la cathédrale (dit du Bondidou)
☏ 05 63 49 10 10 - Permanent - 8 🅿 - 24h - gratuit
Services : 🚻
GPS : E 2.1412 N 43.92715

Aire de Pratgraussals
R. Lamothe, base de loisirs de Pratgraussals -
☏ 05 63 49 10 10 - Permanent
Borne AireService 🚐 💧 ♻ : gratuit
50 🅿 - 🔒 - 72h - gratuit
Services : 📶
GPS : E 2.15127 N 43.94604

La première chose à faire en arrivant à Albi, tôt le matin ou en fin de journée, c'est d'admirer la cité historique depuis le Pont Neuf. L'**ensemble épiscopal** (cathédrale et palais de la Berbie) classé en 2010 au Patrimoine mondial par l'Unesco, et les hautes maisons surplombant le **Pont Vieux** et les eaux sombres du Tarn y brossent un décor très photogénique. Du parking de la Cathédrale où vous pouvez passer la nuit, vous serez à deux pas de l'imposante **cathédrale Ste-Cécile**, gigantesque vaisseau de brique flanqué d'un donjon clocher, presque aveugle tant ses ouvertures ressemblent à des meurtrières. Telle était l'intention de ses bâtisseurs : affirmer la puissance de l'église au lendemain des croisades contre les Albigeois. On y entre par un **portail à baldaquin** remarquable par la finesse de ses sculptures... Attendez-vous à un choc car sa richesse intérieure contraste étonnamment avec son austérité extérieure : **voûtes** Renaissance en bleu et or, **jubé** flamboyant, **orgue** monumental dominant une fresque du **Jugement dernier**, chœur orné de statues des saints et des apôtres, trésor abrité dans une chapelle... vous retiendront un bon moment. Après le déjeuner, dirigez-vous vers le **palais de la Berbie**, qui abrite le musée et l'œuvre du peintre **Henri de Toulouse-Lautrec**. Finissez la journée dans ses jardins et par une promenade au long des **berges du Tarn**. Le lendemain, vous n'aurez pas trop de la journée pour visiter le vieux centre, son marché, ses ruelles pittoresques, ses hôtels particuliers (**Reynès**, **Decaze**, **pharmacie des Pénitents**...) ainsi que la **collégiale St-Salvi** et son cloître. Le musée de la Mode, privé et installé dans l'ancien couvent des Annonciades, présente une exposition renouvelée tous les deux ans, qui s'appuie sur un fonds constitué de milliers de pièces datant de la fin du 17ᵉ au 21ᵉ s. Reste à profiter de la Voie verte au long du Tarn et du beau jardin National très fréquenté où trônent quelques sculptures contemporaines, à moins de préférer une agréable croisière en gabarre sur le Tarn.

MIDI-PYRÉNÉES – ADRESSES CIRCUIT 3

Aires de service & de stationnement

ALBI
Voir p. précédente

CORDES-SUR-CIEL
Aire des Tuileries
Parking Les Tuileries -
☎ 05 63 56 00 40
Permanent (mise hors gel)
Borne flot bleu
40 P - Illimité - 7 €/j.
Paiement : CC
Services :
GPS : E 1.95802 N 44.06453

GAILLAC
Domaine Vayssette
2738 chemin des Crêtes -
☎ 05 63 57 31 95 -
www.vins-gaillac-vayssette.com
Permanent (fermé dim. et j. fériés)
5 P - 72h - gratuit
Services : WC
Réseau France Passion.
GPS : E 1.88831 N 43.94411

Aire de Gaillac
Parking des Rives-Thomas,
derrière la salle de spectacle -
☎ 05 63 57 14 65 -
www.ville-gaillac.fr
Permanent
Borne sanistation : gratuit
2 P - 48h - gratuit
Services :
GPS : E 1.89494 N 43.89951

LAUTREC
Aire de Lautrec
Base de loisirs Aquaval,
rte de Vielmur-sur-Agout -
☎ 05 63 70 51 74 - www.cclpa.fr
Permanent -
Borne eurorelais
25 P - 24h - 8 €/j. -
borne compris
Paiement : CC
Services : WC
Cadre agréable, plat, gravier et ombrage.
GPS : E 2.13204 N 43.70244

LISLE-SUR-TARN
Aire de Bellevue
R. des Pins, près de la base de loisirs -
☎ 05 63 33 35 18 -
www.ville-lisle-sur-tarn.fr
Permanent
Borne eurorelais 2 €
10 P - 72h - gratuit
Paiement : jetons (office de tourisme, mairie, Maison de la Presse)
Services :
Ombragée, au bord d'un étang.
GPS : E 1.81673 N 43.86314

MONTEILS
Aire de Monteils
D 47, le long de l'Assou -
☎ 05 65 29 63 48 - www.monteils.fr
Permanent -
Borne artisanale : gratuit
5 P - 72h - gratuit
Services : WC
Cadre accueillant en bordure du ruisseau.
GPS : E 1.99667 N 44.26702

NAJAC
Aire de Najac
Roc du Pont, près de la piscine,
tennis et camping Le Paisserou -
☎ 05 65 29 71 34
Permanent
Borne eurorelais
10 P - 24h - 11 €/j. - borne compris
Paiement : CC
Services : WC
Au bord de l'Aveyron.
GPS : E 1.96741 N 44.22137

VALDERIÈS
Aire de Valderiès
Pl. Andre Billou (stade), D 91 -
☎ 05 63 56 50 05 -
www.mairie-valderies.com
Permanent
Borne AireService : gratuit
10 P - 72h - gratuit
Services : WC
GPS : E 2.23361 N 44.01218

Campings

ALBI
Albirondack Park
31 allée de la Piscine -
☎ 05 63 60 37 06 -
www.albirondack.fr
De déb. avr. à fin oct. - 46 empl. -
Tarif camping : 38 €
(10A) - pers. suppl. 7 €
Services et loisirs :
Proche du centre ville (navette en minibus vintage), un îlot de verdure !
GPS : E 2.16397 N 43.93445

CASTELNAU-DE-MONTMIRAL
Le Chêne Vert
Travers du Rieutort -
☎ 05 63 33 16 10 -
www.campingduchenevert.com
De déb. avr. à fin oct. - 100 empl. -
Tarif camping : 26,50 €
(10A) - pers. suppl. 8,50 €
Services et loisirs :
Partie haute en sous-bois, partie basse plus ensoleillée.
GPS : E 1.78947 N 43.97702

CORDES-SUR-CIEL
Moulin de Julien
Livers-Cazelles - ☎ 05 63 56 11 10 -
www.campingmoulindejulien.com
De déb. mai à fin sept. - 81 empl. -
18 €
Tarif camping : 29 €
(5A) - pers. suppl. 10 €
Services et loisirs :
Cadre ombragé autour d'un étang et traversé par un petit ruisseau.
Préférer les emplacements les plus éloignés de la route.
GPS : E 1.97628 N 44.05036

ST-ANTONIN-NOBLE-VAL
Les Trois Cantons
☎ 05 63 31 98 57 -
www.3cantons.fr
De fin avr. à fin sept. - 75 empl. -
Tarif camping : 38 €
(10A) - pers. suppl. 7,50 €
Services et loisirs :
Cadre naturel très agréable en sous-bois.
GPS : E 1.69612 N 44.1933

Les bonnes adresses de bib

ALBI

✕ **La Table du Sommelier** – 20 r. Porta - ☏ 05 63 46 20 10 - www.latabledusommelier.com - fermé dim.-lun. - formule déj. 16 € - menus 32/42 €. L'enseigne et les caisses de bois empilées annoncent la couleur : petits plats bistrotiers revisités et belle sélection de vins.

✕ **Le Lautrec** – 13-15 r. Henri-de-Toulouse-Lautrec - ☏ 05 63 54 86 55 - www.restaurant-le-lautrec.com - fermé dim.-lun. - formule déj. 18 € - menus 26/48 €. Un cassoulet à la morue et au safran tarnais : les marins, qui rapportaient dans leurs cales sel et morues séchées, travaillaient la terre en hiver. Pour le reste, cuisine de pays impeccable, accueil irrésistible et agréable terrasse à deux pas de la maison d'enfance de Toulouse Lautrec.

Albi Croisières – Berges du Tarn - ☏ 05 63 43 59 63 - www.albi-croisieres.com - mai-sept., oct. selon la météo - 3 formules au choix : pique-nique croisière Plaisir (1h30) dép. à 12h30, 15 € (-12 ans 10 €) ; croisière Culture (30mn) dép. de 11h à 17h15 (18h30 juil.-août), 8,50 € (-12 ans 5,50 €) ; croisière Nature (1h45) dép. d'Aiguelèze à 10h ou d'Albi à 17h15, 18 € aller simple (-12 ans 12 €), 25 € AR (-12 ans 15 €). La gabarre est un bateau à fond plat utilisé pour le transport des marchandises jusqu'au 19e s., et destiné maintenant à la promenade. Après avoir quitté l'ancien port situé au pied des remparts du palais de la Berbie, vous découvrirez au fil du Tarn les moulins albigeois, l'écluse des moulins de Gardès et de la Mothe.

CASTRES

✕ **La Part des Anges** – 5 bd Raymond-Vittoz - ☏ 05 63 51 65 25 - www.lapartdesangescastres.fr - fermé dim.-lun. - menus 22 € (déj.)/39 €. Une cuisine du marché et de saison, savoureuse, généreuse et créative, qui met à l'honneur les petits producteurs des environs. Assiettes soigneusement dressées et service attentionné.

CORDES-SUR-CIEL

✕ **L'A Guinguette du domaine Gayrard** – Capendut - Milhavet - ☏ 06 79 59 31 49 - www.laguinguette-gayrard.fr - fermé dim.-lun. et mar. soir - menus 18/42 €. À 5mn de Cordes, ce domaine viticole en biodynamie a installé un petit restaurant en pleine nature. Excellentes propositions culinaires, du grignotage au plat raffiné, à prix contenus à l'heure du déjeuner. Le domaine organise aussi des visites dans les vignes et des dégustations.

GAILLAC

✕ **Vigne en foule** – 80 pl. de la Libération - ☏ 05 63 41 79 08 - vigneenfoule.com - fermé dim.-lun. - plats 18/25 €. Un sympathique bar-restaurant où la vigne règne en maître : près de 200 références s'offrent à votre choix. Menu du jour imposé au déjeuner, choix plus étoffé le soir. Agréable terrasse.

Maison des vins de Gaillac - Caveau St-Michel – Abbaye St-Michel - ☏ 05 63 57 15 40 - www.vins-gaillac.com/maison-des-vins - juil.-août : 10h-13h, 14h-18h ; reste de l'année : se rens. Cette Maison des vins bordée par le Tarn présente la production de 95 domaines viticoles et de trois caves coopératives appartenant à l'appellation gaillac. Au programme : dégustations et vente directe, présentation du vignoble et stages d'initiation à la dégustation.

ST-ANTONIN-NOBLE-VAL

✕ **Auberge des Sens** – 6 bd des Thermes - ☏ 05 63 31 27 41 - www.aubergedessens-82.fr - fermé dim. soir-lun., vac. de Toussaint, de déb. déc. à mi-fév. - menus 16,50 € (déj.), 30 €. Avec ses murs en pierre colorée et sa terrasse à tonnelle, ce bistrot ravit les hôtes de passage comme les habitués. Cuisine de saison avec menu « à l'improviste » et sélection intéressante de vins du Sud-Ouest. Service des plus charmants.

Offices de tourisme

ALBI
Voir p. 361

CASTRES
2 pl. de la République - ☏ 05 63 62 63 62 - www.tourisme-castresmazamet.com.

GAILLAC
Pl. de la Libération - ☏ 0 805 40 08 28 - www.la-toscane-occitane.com.

LAUTREC
R. du Mercadial - ☏ 05 63 97 94 41 - www.lautrectourisme.com.

Porte médiévale de Cordes-sur-Ciel.

MIDI-PYRÉNÉES – CIRCUIT 4
Les grands sites du Quercy

On pourrait leur donner la palme des villages les plus impressionnants de France, l'oscar des paysages à couper le souffle, ou le grade le plus haut en matière de grottes et de gouffres. Les grands sites du Quercy savent séduire. Quant à la gastronomie, il suffit de chuchoter les noms de Rocamadour, Figeac, Cahors, pour commencer à saliver.

⭐ **DÉPART :** ROCAMADOUR - 7 jours – 290 km

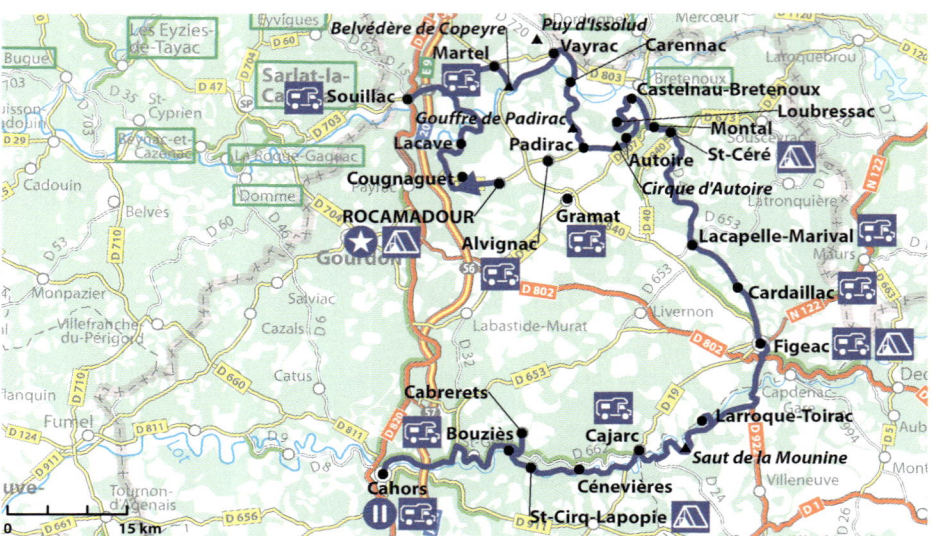

JOUR 1

L'époustouflant site de **Rocamadour** éblouira votre matinée entre le château perché au sommet de la falaise, les sanctuaires accrochés aux rochers et le bourg qui s'étire comme un village rue. Puis visitez le moulin fortifié de **Cougnaguet** et dirigez-vous sur les grottes de **Lacave**. Leurs concrétions sont d'une ampleur exceptionnelle. Remontez la vallée de la Dordogne jusqu'à Meyronne. Là, deux options : parcourir en canoë l'une des portions les plus sauvages de la Dordogne, ou passer directement la rivière, direction **Souillac** à l'ouest, pour finir la journée à visiter le musée national de l'Automate (300 pièces).

JOUR 2

Partez au matin pour **Martel** « la ville aux sept tours ». La place des Consuls, l'hôtel de la Reymondie, la vieille halle avec mesure à grains, les ruelles de pierre blanche et l'église sont à découvrir. Au sud par la D840, allez profiter du panorama au **belvédère de Copeyre**. Puis remontez sur le **Puy d'Issolud** au-dessus de **Vayrac** pour apprécier la vue de ce tout dernier lieu de résistance gauloise. Vous pourrez ensuite rallier le village très préservé de **Carennac** baigné par un bras sauvage de la Dordogne qui a conservé ses maisons patinées et son château des Doyens. Passez la nuit à proximité de **Padirac** plus au sud.

JOUR 3

Prenez votre imperméable pour visiter le **gouffre de Padirac** : les concrétions continuent à se former le long de la rivière souterraine. Prenez la direction du **cirque d'Autoire** d'où se jette une haute cascade. Montez par le chemin rocailleux pour apprécier la vue sur ce site naturel ! Passez enfin par le joli village d'**Autoire** qui exhibe de vieilles maisons aux allures aristocratiques. Faites étape à **Loubressac**, village perché qui a gardé une partie de son enceinte fortifiée.

Cahors, pont Valentré.

ÉTAPE ⓫
Cahors

OFFICE DE TOURISME
Pl. François-Mitterrand - ℘ 05 65 53 20 65 - www.cahorsvalleedulot.com.

STATIONNEMENT & SERVICES

Parking conseillé
Parking chemin du Bartassec, à proximité immédiate du centre-ville - gratuit. Halte nocturne possible. L'aire de Cahors se trouve à proximité.

Aire de Cahors
Chemin de la Chartreuse, près du pont Louis-Philippe, parking St-Georges - ℘ 05 65 20 87 87 - www.tourisme-cahors.fr
Permanent (mise hors gel)
Borne flot bleu 🚗 🚿 🗑 : gratuit
3 🅿 - Illimité - gratuit
Services : 🍴 🏠 📶
Navette gratuite pour le centre-ville.
GPS : E 1.4415 N 44.4401

JOUR 4
La forteresse médiévale de **Castelnau-Bretenoux**, s'annonce au loin. La visite de ce château caractéristique de l'architecture défensive du Moyen Âge s'impose. Poursuivez par le château de **Montal**, château Renaissance digne de ceux de la Loire. À **St-Céré**, intéressez-vous aux tapisseries et dessins contemporains de Jean Lurçat. L'après-midi, piquez plein sud par la D48 qui vous conduit à **Lacapelle-Marival**, ancienne seigneurie aux charmes rustiques, puis à **Cardaillac** où vous pourrez passer la nuit.

JOUR 5
Figeac mérite une halte, avec son hôtel de la Monnaie, sa place des Écritures et son musée Champollion. Descendez sur la vallée du Lot (D822) jusqu'au château médiéval de **Larroque-Toirac**, édifié au pied de la falaise, puis profitez du point de vue du **saut de la Mounine**, avant de rejoindre l'agréable bourg de **Cajarc** qui abrite un centre d'Art contemporain. S'il est encore temps, le château de **Cénevières** dressé au-dessus de la rivière mérite un détour.

JOURS 6 ET 7
Filez sur **St-Cirq-Lapopie** et consacrez-lui la matinée. Puis, gagnez **Bouziès** pour une balade le long du chemin de halage. Franchissez le pont de Bouziès et remontez une partie de la vallée du Célé pour découvrir les deux châteaux de **Cabrerets** et la grotte du Pech-Merle qui compte parmi les plus belles de France. Nuit à Bouziès ou à Cahors. Le dernier jour, prenez le temps de visiter **Cahors** (voir l'encadré ci-contre).

Établie sur une presqu'île enserrée dans un cingle du Lot, l'ancienne capitale des Cadourques a pris pour emblème le célèbre **pont Valentré** qui enjambe la rivière. Avec ses trois tours fortifiées, il compose un exemple remarquable d'architecture militaire médiévale mais il se révèle aussi l'un des plus élégants de France !
Flânez au gré des jardins secrets, parcourez les ruelles et admirez les maisons hautes qui sont autant de témoignages de l'histoire médiévale de Cahors. Cette ville compte un secteur sauvegardé exceptionnel, dans lequel le bâti, très riche, s'organise autour de la **cathédrale St-Étienne** qui a fêté son 900e anniversaire en 2019 ! Celle-ci retiendra votre attention, notamment son portail nord qui rivalise avec les plus beaux ouvrages d'art roman du Sud-Ouest. N'hésitez pas à faire un tour dans le **cloître**, de style Renaissance, ainsi que dans la chapelle St-Gausbert, ornée de sculptures remarquables.
À voir également, les vestiges des remparts qui barraient entièrement l'isthme du Lot : la **Barbacane**, la tour St-Jean, une grosse tour qui abritait une poudrière, et la porte St-Michel qui sert désormais d'entrée au cimetière.
La **Maison de l'eau**, qui valorise une ancienne station de pompage, et le musée consacré au peintre **Henri Martin** méritent aussi une visite.
Pensez à réserver un tour en bateau, à bord du *Valentré*, pour une croisière d'1h15 avec un **passage d'écluse** qui ravira particulièrement les enfants.
Enfin, la ville est connue des gourmets qui, au fil des saisons, aiment à choisir canards et foies gras ou melons odorants sur les étals de son marché coloré. Elle a également donné son nom à un vin fameux, apprécié depuis des siècles par les plus grandes cours d'Europe. Laissez-vous tenter !

MIDI-PYRÉNÉES – ADRESSES CIRCUIT 4

Aires de service & de stationnement   ## Campings

ALVIGNAC

Aire d'Alvignac
Rte de Padirac - C5 65 33 60 62
Permanent (mise hors gel)
Borne eurorelais : gratuit
20 - Illimité - gratuit
Services :
GPS : E 1.69711 N 44.82504

BOUZIÈS

Aire de Bouziès
Halte nautique - 05 65 30 29 02
Permanent (mise hors gel) -
Borne eurorelais 2 €
15 - 24h - 6 €/j.
Paiement :
Services :
Cadre reposant au bord du Lot.
GPS : E 1.64468 N 44.48419

CAHORS

Voir p. précédente

CAJARC

Aire de Cajarc
R. du Cuzoul, proche du camping municipal Le Terriol -
05 65 40 72 74
Permanent
Borne AireService
15 - 24h - 7,50 €/j. - borne compris
Paiement :
Services :
GPS : E 1.83914 N 44.48252

CARDAILLAC

Aire de Cardaillac
Parking du Pré-Del-Prieu,
à côté de l'église et du vieux lavoir -
05 65 40 14 32
Permanent
Borne eurorelais 2 € 2 €
10 - - 48h - gratuit
Services :
GPS : E 1.99805 N 44.67868

FIGEAC

Aire de Figeac
Av. du Col.-Teulié - 05 65 50 05 40
Permanent
Borne eurorelais 2 €
6 - 48h - gratuit
Services :
GPS : E 2.03663 N 44.61093

GRAMAT

Aire de Gramat
Av. Louis-Mazet, près de la caserne des pompiers - 05 65 38 70 41
Permanent (mise hors gel)
Borne eurorelais : gratuit
10 - 48h - gratuit
Services :
GPS : E 1.7284 N 44.77958

LACAPELLE-MARIVAL

Aire de Lacapelle-Marival
Pl. de Larroque - 05 65 40 80 24
Permanent
Borne eurorelais 2 € 2 €
6 - Illimité - gratuit
Services :
GPS : E 1.92995 N 44.72808

MARTEL

Aire de Martel
R. du 19-Mars-1962 -
05 65 37 30 03
Permanent
Borne artisanale
22 - 24h - 14,44 €/j. - borne compris
Services :
GPS : E 1.60656 N 44.93483

SOUILLAC

Aire de Souillac
Pl. du Baillot, à prox. de l'abbaye et du centre - 05 65 32 71 00
Permanent -
Borne AireService
49 - - 72h - 12,39 €/j. - borne compris
Paiement :
Services :
Plat, bitume à 400 m de la Dordogne ou du centre-ville.
GPS : E 1.47654 N 44.8915

FIGEAC

Le Domaine du Surgié
05 61 64 88 54 -
www.domainedusurgie.com
De déb. mai à fin sept. - 87 empl.
Tarif camping : 28 €
(10A) - pers. suppl. 7 €
Services et loisirs :
Camping bordé par la rivière, au milieu d'une importante base de loisirs.
GPS : E 2.05037 N 44.61031

ROCAMADOUR

Koawa Vacances Les Cigales
L'Hospitalet - 05 65 33 64 44 -
www.camping-les-cigales.com
De déb. avr. à déb. nov. -
100 empl. -
borne artisanale
Tarif camping : 33,50 €
(10A) - pers. suppl. 8 €
Services et loisirs :
Emplacements bien ombragés.
GPS : E 1.63221 N 44.80549

ST-CÉRÉ

Le Soulhol
Quai Salesses - 05 65 38 12 37 -
www.camping-le-soulhol.fr
De déb. avr. à fin oct. - 120 empl. -
borne artisanale 5 €
Tarif camping : 6 € 3 € 8 € -
4 €
Services et loisirs :
Entouré par un ruisseau avec vue sur le château.
GPS : E 1.89747 N 44.85791

ST-CIRQ-LAPOPIE

La Plage
Porte Roques -
05 65 30 29 51 -
www.campingplage.com
De mi-avr. à fin sept. - 90 empl. -
borne artisanale
Tarif camping : 33 €
(10A) - pers. suppl. 9 €
Services et loisirs :
Bordé par le Lot, au pied d'un des plus beaux villages de France.
GPS : E 1.6812 N 44.46914

Les bonnes adresses de bib

CAHORS

Le Courson – 28 allées Fénelon - ☎ 05 65 35 10 74 - fermé sam.-lun. - plats 19/25 €. Elle, cuisinière inspirée, lui, sommelier passionné... Le Courson est le produit d'une superbe alchimie de couple : un bistrot-bar aux propositions inventives qui ne vous ruinent pas. La cuisine est élaborée à partir de produits frais et locaux. 250 références de vins, majoritairement bio, complètent le repas pris dans une ambiance agréable, ou sur la terrasse aux beaux jours.

CAJARC

Jeu de quilles – 7 bd du Tour-de-Ville - ☎ 05 65 33 71 40 - fermé dim.-lun. - menus 22/32 €. Velouté glacé de courgettes, menthe et burrata, ou pièce de bœuf Aubrac grillée au poivre fumé : le chef de ce bistrot de poche assure une cuisine du marché simple et appétissante, déclinée à l'ardoise et à des prix très raisonnables. Ne manquez pas l'agréable terrasse sous la tonnelle.

FIGEAC

La Puce à l'oreille – 5-7 r. St-Thomas - ☎ 05 65 34 33 08 - 12h15-19h15 - fermé dim.-lun. - plats 20/28 €. Aux beaux jours, on s'attable dans la cour verdoyante de cette maison médiévale embusquée dans une ruelle de la vieille ville. Une cheminée monumentale réchauffe l'élégante salle à manger. Cuisine traditionnelle raffinée.

MARTEL

La Table du Moulin – Rte de Bretenoux - 3 km à l'est de Martel dir. St-Céré par D803 puis rte à gauche - ☎ 05 65 37 40 69 - www.moulincastagne.com - fermé nov.-mars - menu 34 € - réserv. conseillée. Dans la belle salle de ce moulin du 17e s., goûteuse cuisine du terroir. En été, (mar. et jeu. apr.-midi), on découvre la fabrication de l'huile dans le respect de la tradition. Boutique.

ROCAMADOUR

Ferme Lacoste – Les Alix - ☎ 05 65 33 62 66 - 10h-12h, 14h-15h. Cette belle ferme héberge une centaine de chèvres qui broutent pour préserver la réputation de leur délicieux fromage : le fameux Rocamadour.

Hôtel-restaurant du Château – Rte du Château - ☎ 05 65 33 62 22 - www.hotelchateaurocamadour.com - fermé mi-nov.-mars - formules déj. 24/28 € - menu 46 €. Situé en retrait du village, ce restaurant déploie quelques tables sous les chênes dans un véritable sous-bois. Le chef mise sur la simplicité et la qualité des produits pour concocter des plats traditionnels : foie gras mariné au jurançon, côtes d'agneau coulis de tomates à la sauge, tarte fine aux pommes. Cuisine bien tournée qui connaît ses classiques. Service familial et attentif.

ST-CÉRÉ

Le Victor Hugo – 7 av. des Maquis - ☎ 05 65 38 16 15 - www.hotelsaintcere.com - fermé dim.-lun. midi et sam. midi - formule déj. 17 € - menus 22/37 €. Ancrée sur les bords de la Bave, cette jolie maison à colombages du 17e s. abrite une salle à manger accueillante où l'on sert une cuisine traditionnelle qui met à l'honneur magrets et pâtés locaux. Excellent rapport qualité-prix au déjeuner.

SOUILLAC

La Vieille Auberge – 1 r. de la Recège - ☎ 05 65 32 79 43 - www.la-vieille-auberge.com - fermé déc.-janv., dim. et lun.-merc. à midi - formules 18/29 € - menu 34 €. Une institution. Cuisine de haute volée qui fait la part belle à l'agneau du Quercy et au foie gras de canard, avec des échappées marines. Incontournable omelette aux cèpes. Service parfait.

Offices de tourisme

CAHORS
Voir p. 365

FIGEAC
Pl. Vival - hôtel de la Monnaie - ☎ 05 65 34 06 25 - www.tourisme-figeac.com.

ROCAMADOUR
R. Roland-le-Preux - ☎ 05 65 33 22 00 - www.vallee-dordogne.com.

ST-CÉRÉ
13 av. François-de-Maynard - ☎ 05 65 33 22 00 - www.vallee-dordogne.com.

LE TOP 5 VILLES ET VILLAGES D'EXCEPTION

1. St-Cirq-Lapopie
2. Gourdon
3. Puy-l'Evêque
4. St-Céré
5. Souillac

MIDI-PYRÉNÉES – CIRCUIT 5
Il était une fois à Foix...

Le pays de Foix est auréolé de mystères. Cela tient sans doute à l'aspect inquiétant que prennent les paysages de ses étroites vallées par temps de brouillard. À moins qu'il ne s'agisse d'une histoire devenue légende, celle de l'épopée cathare.

⭐ **DÉPART :** FOIX - 5 jours – 370 km

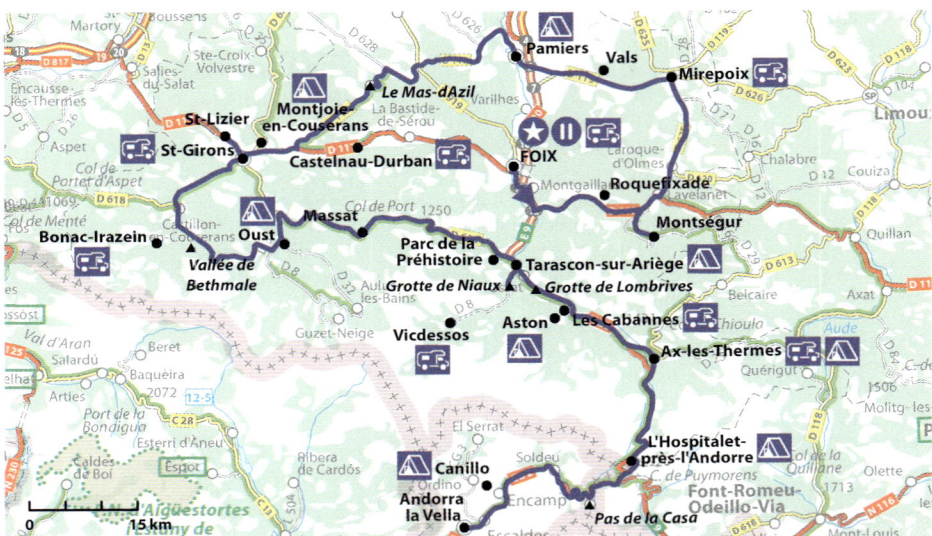

JOUR 1

Vous partez sur les traces des Cathares. À **Foix**, d'abord, qui fut aussi la cité du flamboyant Gaston Fébus, poète et politique, passionné de chasse... Vous visiterez le château qui domine fièrement la ville (voir l'encadré p. ci-contre). Si nombre de Cathares étaient installés dans les Corbières, ils furent aussi nombreux dans la région de Foix. Les châteaux de Roquefixade et de Montségur, perdus dans les montagnes et loin de toute voie de communication, en témoignent. Vous prendrez donc des forces à Foix avant de vous lancer à l'assaut du piton rocheux de **Roquefixade** et du « pog » de **Montségur**, où fut réduit le dernier foyer cathare. Reposez-vous de vos ascensions à Mirepoix.

JOUR 2

Commencez la journée par une flânerie sur la superbe place à couvert de la bastide de **Mirepoix**. Gagnez la surprenante église rupestre de **Vals** (on y accède par un escalier creusé dans un boyau rocheux), puis rejoignez **Pamiers**, la plus grande ville du département, hérissée de tours et de clochers, pour déjeuner. Vous entamerez l'après-midi avec la **grotte du Mas-d'Azil**, riche de nombreux témoignages préhistoriques. La grotte est aussi l'une des curiosités naturelles les plus spectaculaires de l'Ariège. Passez ensuite au village du **Mas-d'Azil**, où l'affabuloscope saura vous amuser. La soirée arrivant, arrêtez-vous près de **St-Girons**.

JOUR 3

En route pour **St-Lizier**, minuscule cité épiscopale au passé prestigieux. En suivant la **vallée de Bethmale**, vous traverserez de magnifiques paysages et rencontrerez le dernier artisan fabriquant des sabots bethmalais. Déjeunez en route. D'églises romanes (**Massat**) en panoramas (port de Lers), vous atteindrez l'un des berceaux de la préhistoire dans les Pyrénées, autour de **Tarascon-sur-Ariège**. Vous pouvez commencer vos visites par la **grotte de Niaux** et ses peintures rupestres. Passez la nuit à Tarascon.

Le château de Foix.

ÉTAPE 11
Foix

OFFICE DE TOURISME
29 r. Delcassé - 05 61 65 12 12 - www.foix-tourisme.com.

STATIONNEMENT & SERVICES

Aire de Foix
20 bd François-Mitterrand -
05 61 05 42 00
Permanent
Borne artisanale : gratuit
16 - gratuit
Services :
Située à proximité immédiate du centre historique.
GPS : E 1.61152 N 42.95983

Vous voici dans l'une des préfectures les moins peuplées de France ! La petite cité de Foix, paisible et accueillante, apparaît joliment au débouché de l'ancienne vallée glaciaire de l'Ariège, dans un site tourmenté hérissé de sommets aigus.
Entrez dans la ville par le **pont de Vernajoul**, qui enjambe l'Arget au bout de l'avenue de la Caranne et offre la plus belle vue sur le **château** ; ses trois tours semblent surveiller, du haut de leur roc austère, le dernier défilé de la rivière à travers les plis du Plantaurel. Puis laissez-vous guider à travers les petites rues du centre. Dirigez-vous vers la **halle du marché** en fer forgé au bord du cours Gabriel-Faure. Suivez la rue Pierre-Bayle qui longe le jardin public. Prenez à gauche la rue de la Faurie où s'élèvent deux maisons à pans de bois. Au n° 23, se tient le blason des comtes de Foix : pals sang et or et vachettes de la maison de Béarn. Dans la rue se trouvent aussi boutiques et restaurants ; idéal pour une pause déjeuner. Continuez ensuite par la place Lazema, puis dans la rue du même nom jusqu'à la **place Parmentier** où se dressent deux belles maisons accolées à pans de bois.
Enfin, visitez le château, le monument emblématique de Foix, et l'espace muséographique installé en ses murs qui retrace l'histoire de la ville et de ses seigneurs. Montez sur les terrasses de la tour ronde et de la tour d'Arget pour jouir d'un superbe panorama sur le site de Foix, la vallée de l'Ariège et le Pain de Sucre de Montgaillard.

JOUR 4

Le très intéressant **parc de la Préhistoire** de Tarascon complétera votre visite de la veille à Niaux. Les enfants apprécieront les différents ateliers de reconstitution du mode de vie préhistorique ; vous aurez en plus la possibilité de déjeuner sur place. Explorez ensuite la **grotte de Lombrives** (à côté de celle de Niaux) qui fait partie d'un réseau de 39 km de galeries se développant sur 7 niveaux. C'est ici, que fut menée « Deep Time », une expérience scientifique visant à étudier l'horloge interne du corps humain pendant 40 jours. D'ailleurs, la salle d'expérimentation fait l'objet d'une visite. Prenez la direction d'**Ax-les-Thermes**, à 44 km à l'ouest. En hiver, vous pourrez y faire non seulement du ski mais aussi de la randonnée ou encore une cure thermale. Ax-les-Thermes sera votre étape pour la nuit.

JOUR 5

Envie de shopping ? Prenez la direction de la frontière espagnole et offrez-vous une journée en **Andorre** au **Pas de la Casa** (station de sports d'hiver et magasins hors taxes). Descendez jusqu'à **Andorra la Vella** pour y savourer une bonne cuisine du terroir. N'oubliez pas de faire le plein de carburant, moins taxé !

MIDI-PYRÉNÉES – ADRESSES CIRCUIT 5

Aires de service & de stationnement

AX-LES-THERMES
Aire d'Ax-les-Thermes
Av. Delcassé, parking de la gare -
☎ 05 61 64 20 21
Permanent
Borne AireService
30 P - 🔒 - 24h - 11 €/j. -
borne compris
Paiement : CB
Services :
GPS : E 1.83175 N 42.72573

BONAC-IRAZEIN
Aire de Bonac-Irazein
Au bourg, traverser le pont
(maxi 3,5 t), puis tourner à gauche -
☎ 06 73 57 39 89
Permanent
Borne artisanale
10 P - 10,50 €/j. - borne compris ;
10 j. maxi
Services :
Cadre agréable, verdoyant, plat,
herbeux au bord du Lez.
GPS : E 0.97541 N 42.87541

LES CABANNES
Aire des Cabannes
Quartier la Bexane, à côté de la
gendarmerie - ☎ 05 61 64 77 09 -
www.lescabannes.com
Permanent
Borne artisanale
30 P - 24h - 10 €/j. - Paiement : CB
Au pied des pistes de ski de fond
du plateau de Beille.
Aire très agréable et reposante.
GPS : E 1.68301 N 42.78493

CASTELNAU-DURBAN
Aire de Castelnau-Durban
D 117, près de l'église -
☎ 05 61 96 34 33
Permanent (mise hors gel)
Borne Urbaflux 2 € 2 €
6 P - 48h - gratuit
Services :
GPS : E 1.34039 N 43.00006

FOIX
Voir p. précédente

MIREPOIX
Aire de Mirepoix
Allée des Soupirs - ☎ 05 61 68 10 47 -
www.mirepoix.fr
Permanent
Borne artisanale : gratuit
40 P - 24h - gratuit
Services :
GPS : E 1.87117 N 43.09333

ST-GIRONS
Aire de St-Girons
Av. Aristide-Bergès, près du point
informations et du garage Renault -
☎ 05 61 96 26 60 - www.tourisme-
couserans-pyrenees.com
Permanent (mise hors gel)
Borne artisanale : gratuit
5 P - 48h - gratuit
Services :
GPS : E 1.1392 N 42.98875

VICDESSOS
Aire de Vicdessos
Rte de l'Église - ☎ 05 61 64 88 25 -
val-de-sos.fr
De mi-mars à fin oct. (marché jeu.)
Borne Urbaflux
20 P - 🔒 - Illimité - 8 €/j. - borne
compris
Paiement : CB
Services :
Cadre agréable au bord d'un ruisseau.
GPS : E 1.50192 N 42.76863

Campings

Aston, Canillo, Oust : voir p. 344 ;
Tarascon-sur-Ariège : voir p. 345

AX-LES-THERMES
Le Malazeou
N 20, rte de l'Espagne - ☎ 05 61 64
69 14 - axlesthermes.wellness-sport-
camping.com
De déb. mai à fin oct. - 198 empl.
borne artisanale
Tarif camping : 32 €
Services et loisirs :
Ombragé, au bord de l'Ariège.
GPS : E 1.82538 N 42.72852

L'HOSPITALET-PRÈS-L'ANDORRE
Municipal La Porte des Cimes
☎ 05 61 05 21 10 -
www.laportedescimes.fr
De déb. juin à fin sept. - 60 empl.
borne artisanale
Tarif camping : 4 € 2 € 3 €
(15A) 6 €
Services et loisirs :
GPS : E 1.80343 N 42.59135

MONTJOIE-EN-COUSERANS
Audinac-les-Bains
148 route de Belloc - ☎ 06 33 79 21 25 -
www.camping-audinaclesbains.com
De déb. mai à mi-sept. - 42 empl.
borne artisanale
Tarif camping : 21 €
(16A) - pers. suppl. 6 €
Services et loisirs :
Vaste domaine avec trois petites
sources, un étang et une piscine.
GPS : E 1.18407 N 43.00705

PAMIERS
L'Apamée
Rte de St-Girons - ☎ 05 61 60 06 89
De déb. avr. à fin oct. - 100 empl.
borne artisanale
Tarif camping : 23 €
(10A) - pers. suppl. 8 €
Services et loisirs :
GPS : E 1.60205 N 43.1249

Les bonnes adresses de bib

ANDORRA LA VELLA

Taberna Ángel Belmonte – Calle Ciutat de Consuegra, 3 - ℘ (00-376) 822 460 - www.tabernaangelbelmonte.com - plats 24/28 €. Un lieu agréable aux airs de taverne. Beau décor où domine le bois et mise en place impeccable. À la carte, produits du terroir, poissons et fruits de mer.

Caldea-Inúu – Parc de la Mola, 10 - ℘ (+376) 800 999 - www.caldea.com - 10h-22h (0h dim.) - 32/43,50 € (3h). À 1000 m d'altitude, puisant l'eau thermale d'Escaldes-Engordany à 68 °C, Caldea est un grand centre aquatique (ou plutôt « thermoludique » pour reprendre l'expression locale), dédié au bien-être et au plaisir. L'ensemble architectural, conçu par le Français Jean-Michel Ruols, se présente sous la forme d'une gigantesque cathédrale de verre à l'allure futuriste. Activités ludiques et détente (bains indo-romains, hammam, etc.). Restaurant gastronomique, galerie commerciale et bar panoramique à 80 m.

AX-LES-THERMES

La Cave – 2 r. de l'Horloge - ℘ 05 61 04 43 30 - tapas 6/10 € - plats 18/23 €. Un intérieur tout en bois, des chaises et tables hautes en terrasse, ce bar-restaurant s'affiche comme un lieu décontracté, sans oublier pour autant ses origines que l'on retrouve dans les assiettes (burger ariégeois, bagel de truite) et dans les verres (bière artisanale La Brouche).

FOIX

Le Phoebus – 3 cours Irénée-Cros - ℘ 05 61 65 10 42 - fermé sam. midi, dim. soir et lun. - formule déj. 19 € - menus 29/59 €. Pour déguster une cuisine traditionnelle dans une salle dominant l'Ariège et le château de Fébus. Accueil soigné.

MIREPOIX

Le Comptoir Gourmand – Cours Mar.-de-Mirepoix - ℘ 05 61 68 19 19 - fermé dim. soir, mar. et merc. - plats 15/19 €. L'alléchante cuisine, traditionnelle et soignée, met en avant les produits et les vins des petits exploitants régionaux. Espace boutique à l'entrée du restaurant.

ST-GIRONS

Croustades Martine Crespo – 38 r. Pierre-Mazaud - ℘ 05 34 14 30 20 - croustade.com - mar.-vend. 9h-12h30, 14h30-19h, sam. 8h-13h, 14h30-19h, dim. 8h-2h30 - fermé 3 sem. en janv. et lun. sf été. La spécialité de cette boutique décorée à l'ancienne, c'est la croustade du Couserans, dessert offert traditionnellement lors des repas de fêtes. Plusieurs parfums : pomme, poire, etc. Également : croustades salées, croustades au fromage de montagne et au foie gras frais.

TARASCON-SUR-ARIÈGE

Le Restaurant du Parc – Rte de Banat - Parc de la Préhistoire, lieu-dit Lacombe - ℘ 05 61 05 10 10 - www.sites-touristiques-ariege.fr - fermé déc.-mars - menus 21/30 €. Dans une vaste salle aux baies vitrées donnant sur le parc, vous dégusterez une cuisine du terroir revisitée : filet de truite, agneau grillé, burgers mag'dalénien ou végétarien, etc.

Le Manoir d'Agnès – 2 r. St-Roch - ℘ 05 61 02 32 81 - www.manoiragnes.com - formule déj. 24 € - menus 34/58 €. L'ancien château Piquemal abrite un bel hôtel-restaurant. À la tête des Saveurs du Manoir, le chef Jean Cazorla sert une bonne cuisine régionale revisitée : le pigeon en deux cuissons et la gratinée aux framboises sont les deux spécialités de la maison. Menus enfant (15 €) et végétarien (28 €) également proposés.

Offices de tourisme

ANDORRA LA VELLA
Pl. de la Rotonda - (+376) 750 100 - www.turismeandorralavella.com/fr.

AX-LES-THERMES
6 av. Théophile-Delcassé - ℘ 05 61 64 60 60 - www.pyrenees-ariegeoises.com.

FOIX
Voir p. 369

Parc de la Préhistoire, à Tarascon-sur-Ariège.

A. Spani/hemis.fr

LE TOP 5 PRÉHISTOIRE
1. Grotte de Niaux
2. Grotte du Mas-d'Azil
3. Grotte de Bédeilhac
4. Grotte de la Vache
5. Parc de la Préhistoire (Tarascon-sur-Ariège)

MIDI-PYRÉNÉES – CIRCUIT 6
Eaux thermales des Pyrénées

Déjà, les Romains, fins connaisseurs en la matière, avaient établi des thermes çà et là dans les Pyrénées. Mais c'est à partir du 18e s., et plus encore au 19e s., que « prendre les eaux » devint une véritable mode : les Pyrénées doivent à cette vogue leur fortune touristique. Telle est l'explication historique. Mais il suffit de voir une fois le paysage pour comprendre qu'il en est d'autres !

⭐ **DÉPART :** TARBES - 8 jours – 230 km

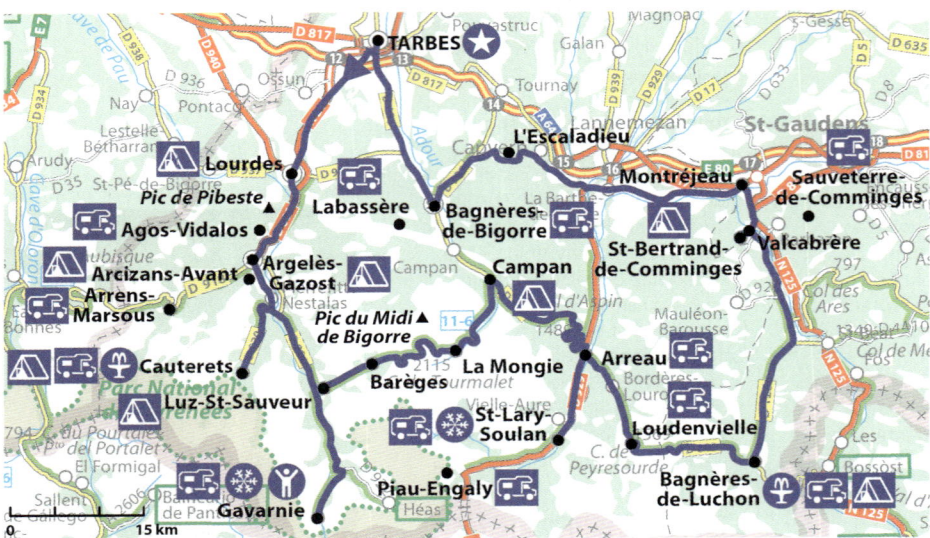

JOUR 1

La capitale de la Bigorre, **Tarbes** est réputée pour ses chevaux et ses hussards ; le musée des Hussards et le Haras en témoignent.

JOUR 2

Gagner **Lourdes** où l'eau n'est pas thermale, mais miraculeuse ! Les apparitions de la Vierge à Bernadette Soubirous ont transformé cette paisible bourgade en une ville connue du monde entier. Visitez les sanctuaires, grimpez au château fort occupé par le Musée pyrénéen et faites un petit tour au musée de Cire.

JOUR 3

Roulez en direction des Pyrénées. L'ascension du **pic de Pibeste** (chaussures de marche indispensables) vous offrira une vue splendide sur les montagnes.

Poursuivez par trois stations thermales : **Argelès-Gazost** qui se partage entre une ville haute, aux ruelles pentues, et une ville basse, commerçante ; **Cauterets** (voir l'encadré p. 385) ; et **Luz-St-Sauveur**, la petite capitale du pays Toy qui doit sa fortune à l'impératrice Eugénie, habituée des lieux.

JOURS 4 ET 5

Deux jours pour profiter des paysages exceptionnels ! Commencez par une promenade à pied dans le **cirque de Gavarnie** (voir l'encadré p. ci-contre). Le site inscrit au patrimoine mondial de l'humanité par l'Unesco est grandiose. Il est aussi possible de profiter de la station de ski (voir l'encadré p. 384). Revenez sur vos pas et continuez jusqu'à **Barèges**, encore une station thermale, autrefois fréquentée par Michelet. Le lendemain, franchissez le col du Tourmalet, régulièrement emprunté par le Tour de France, pour prendre le téléphérique (accès par **La Mongie**) qui

Le cirque de Gavarnie.

RANDONNÉE À PIED
Cirque de Gavarnie

INFOS PRATIQUES
Comptez 2h de marche aller-retour, du village au cirque (3h30 jusqu'à la Grande Cascade).
Pour éviter la foule estivale, partez tôt le matin (avant 8h).

STATIONNEMENT & SERVICES
Il faut garer son véhicule à l'entrée du village de Gavarnie : parkings municipaux : 10 €/j de mai à oct. ; gratuit le reste de l'année. Halte nocturne possible.

Aire de Holle
Voir Gavarnie-Gèdre p. 384

---

mène à l'observatoire, et son espace d'interprétation, situé au sommet du **pic du Midi de Bigorre**. Là, le panorama sur la chaîne pyrénéenne est sublime ! Arrêtez-vous à **Arreau** pour la nuit.

JOUR 6
La ville d'**Arreau** mérite une visite, ne serait-ce que pour sa maison des Lys, place de la mairie. Vous pouvez aussi faire un détour par la station de ski de **St-Lary-Soulan** (voir l'encadré p. 384). La vallée du Louron se prête bien à un pique-nique. Vous y admirerez au passage de belles églises peintes. Une fois franchi le col de Peyresourde, délassez-vous dans la cité thermale de **Bagnères-de-Luchon** (voir l'encadré p. 385).

JOUR 7
Après une matinée de randonnée vers le lac d'Ôo, mettez le cap au nord, vers **St-Bertrand-de-Comminges**, magnifique bourg perché sur une colline et dominé par sa cathédrale. L'après-midi sera consacré à la visite de la cathédrale, de la cité romaine au pied de la colline et de la basilique romane de St-Just de **Valcabrère**.

JOUR 8
Quittez le Moyen Âge pour la préhistoire : gagnez **Montréjeau**, ancienne bastide fondée en 1272, puis rejoignez les grottes ornées de Gargas-Nestplori@ et le centre dédié à la préhistoire. Restaurez-vous en chemin avant de visiter l'abbaye de l'**Escaladieu** et **Bagnères-de-Bigorre**, ultime étape avant le retour sur Tarbes.

À l'extrémité du village, prenez le chemin de terre, puis suivez la rive gauche du gave. Après un vieux pont de pierre que vous empruntez, le chemin monte dans les sous-bois, laissant la rivière à droite. En redescendant vers celle-ci, le paysage s'éclaircit et le cirque se rapproche dans un cadre de sapins. À gauche, on aperçoit quelques cascades. La dernière portion de trajet se fait en montée, à travers une végétation d'arbres et d'arbustes (églantiers en juin-juillet), pour atteindre les premiers plissements rocheux annonciateurs du cirque. Peu avant l'arrivée à l'hôtel du Cirque, la rivière s'engouffre dans d'étroites gorges.

Le cirque apparaît tout à coup. D'abord trois gradins superposés qui correspondent aux assises résistantes des plis couchés empilés ici, que séparent des taches lumineuses de neige qui tranchent sur la couleur ocrée des calcaires. Et puis, surtout, cette beauté grandiose qui, dépassant l'imagination, coupe littéralement le souffle ! Le cirque se développe sur 3,5 km à sa base et 14 km en suivant la ligne de faîte (de l'Astazou, à l'est, au pic des Sarradets, à l'ouest). Le niveau moyen du fond est de 1676 m. L'altitude des sommets dépasse 3 000 m. Le cirque doit son origine à un « bout du monde » creusé, dès avant la glaciation, dans les assises calcaires de la couverture sédimentaire secondaire. Comme dans les « reculées » du Jura, une résurgence évacuait ici les eaux enfouies dans le massif du Mont-Perdu et faisait reculer la tête de la vallée, en sapant son couronnement de falaises. Le glacier de Gavarnie, dont il ne reste plus que des lambeaux sur les corniches supérieures, a achevé de dégager le cirque et assuré l'évacuation des débris.

De l'hôtel du Cirque, la vue est superbe, ouverte sur l'ensemble du cirque avec ses trois paliers de neige, ses majestueuses murailles à pic, et son flot de cascades argentées. La plus importante, la Grande Cascade, alimentée par une résurgence des eaux de l'étang Glacé du mont Perdu (alt. 2 592 m) sur le versant espagnol, fait un bond de 422 m dans le vide... Les mules ne montant pas plus haut que l'hôtel, il faut y aller à pied *(1h AR)*.

MIDI-PYRÉNÉES – ADRESSES CIRCUIT 6

Aires de service & de stationnement

AGOS-VIDALOS

Camping-car Park Le Pibeste
16 av. du Lavedan - ✆ 01 83 64 69 21
Permanent
Borne artisanale
24 P - 🔒 - Illimité - 14,10 €/j. -
borne compris
Paiement : CB
Services : 🛒 📶
GPS : W 0.07068 N 43.03572

ARREAU

Camping-car Park d'Arreau
Rte des Lacs - ✆ 01 83 64 69 21 -
www.mairie-arreau.fr
Permanent
Borne AireService
32 P - 🔒 - Illimité - 14,40 €/j. -
borne compris
Paiement : CB
Services : 🛒 ✕ 📶
Au bord de la rivière. Navettes
vers les stations de Peyragudes
et Piau-Engaly.
GPS : E 0.35677 N 42.90458

ARRENS-MARSOUS

Aire d'Arrens-Marsous
Rte d'Azun, sur la D 918, derrière
les ateliers municipaux et la caserne
de pompiers -
✆ 05 62 97 02 54
Permanent (mise hors gel)
Borne AireService
19 P - Illimité - 13,60 €/j. - borne
compris
Paiement : CB
Services : 🛒 📶
GPS : W 0.20747 N 42.95834

BAGNÈRES-DE-BIGORRE

Aire de Bagnères-de-Bigorre
R. René-Cassin, près de la
gendarmerie et de l'Adour -
✆ 05 62 95 87 60 -
www.ville-bagneresdebigorre.fr
Permanent
Borne raclet
28 P - Illimité - 13,08 €/j. - borne
compris
Services : ✕
GPS : E 0.15198 N 43.07387

BAGNÈRES-DE-LUCHON

Voir p. 385.

CAUTERETS

Voir p. 385.

GAVARNIE

Voir p. 384.

LABASSÈRE

Ferme de la Clotte
44 chemin de Labassère-Debat -
✆ 05 62 91 08 57
Permanent (fermé 1 sem. en août
et 1 sem. en sept. - sur réserv.
par écrit)
Borne : gratuit
6 P - Illimité - gratuit
Réseau France Passion.
GPS : E 0.09619 N 43.07256

LOUDENVIELLE

Voir p. 345.

PIAU-ENGALY

Aire de Piau
✆ 05 62 39 61 69 -
www.piau-engaly.com
Permanent (mise hors gel)
Borne artisanale
120 P - 🔒 - Illimité - 17 €/j. -
borne compris
Paiement : CB
Services : WC 🛒 ✕ 📶
Au pied des pistes.
GPS : E 0.15689 N 42.78645

ST-LARY-SOULAN

Voir p. 384.

SAUVETERRE-DE-COMMINGES

Aire de Sauveterre-de-Comminges
Bruncan, 50 m de la mairie,
derrière la station-service -
✆ 05 61 88 32 06
Permanent
Borne artisanale 3 €
15 P - 24h - 6 €/j.
Paiement : CB
Services : WC 🛒
GPS : E 0.66705 N 43.03389

Campings

Arcizans-Avant, Argelès-Gazost, Bagnères-de-Luchon, Campan et Luz-St-Sauveur : voir p. 344.

CAUTERETS

Le Péguère
31 rte de Pierrefitte -
✆ 05 62 92 52 91 -
www.campingpeguere.com
De déb. avr. à mi-oct. -
114 empl.
🚐 borne artisanale
19 €
Tarif camping : 22,40 € 👫 🚗 🔌
(10A) - pers. suppl. 6 €
Services et loisirs : 📶 🎣
Tout en longueur, entre la route
et le gave de Cauterets,
offrant un bon confort sanitaire.
GPS : W 0.10683 N 42.9024

LOURDES

Plein Soleil
11 av. du Monge -
✆ 06 70 25 23 10 -
www.camping-pleinsoleil.com
De déb. avr. à déb. oct. -
20 empl.
🚐 borne artisanale -
15 €
Tarif camping : 24,50 € 👫 🚗 🔌
(13A) - pers. suppl. 5,50 €
Services et loisirs : 📶 ✕ 🎮 🏊 🚴
Emplacements en terrasse
avec un bon confort sanitaire.
GPS : W 0.03646 N 43.11438

ST-BERTRAND-DE-COMMINGES

Es Pibous
235 r. d'Antuche -
✆ 05 61 88 31 42 -
www.es-pibous.fr
De déb. mars à fin oct. -
80 empl.
🚐 borne artisanale
Tarif camping : 👫 5 € 🔌 5 €
(10A) 5 €
Services et loisirs : 📶 🛒 🎮 🏊
Pour quelques emplacements,
vue sur la cathédrale Ste-Marie.
GPS : E 0.57799 N 43.02868

Les bonnes adresses de bib

ARREAU

La Crêpe d'Aure – R. Brabant - à côté de la mairie - ☎ 05 62 98 61 00 - www.restaurant-lacrepedaure.fr - vac. scol. : tlj - plats 14/17 €. Garbure, agneau du pays et gâteau à la broche régalent les curieux de la gastronomie locale. Mais vous pouvez aussi manger des crêpes, des pizzas et des salades.

BAGNÈRES-DE-BIGORRE

Les Halles – 12 r. des Thermes - ☎ 05 62 95 87 60 - mar.-vend. 8h-13h, 16h-19h, sam. 8h-19h, dim. et lun. 8h-13h. Les halles du 19ᵉ s. de style Baltard, bâties en fer et en fonte, fournissent de quoi se ravitailler en produits du terroir. Le samedi matin, l'animation bat son plein quand les étals du marché hebdomadaire, où se réunissent environ deux cents artisans et producteurs, se déploient tout autour.

BARÈGES

Auberge du Lienz - Chez Louisette – ☎ 05 62 92 67 17 - chezlouisettebareges.com - fermé le soir et avr.-mai - menu 32 €. Crémerie à l'origine (1905), puis buvette, cette auberge, située à 1600 m d'altitude, sert une bonne cuisine de terroir. Son chef renommé met en valeur le mouton AOC de Barèges en l'agrémentant de plantes d'altitude : serpolet, génépi, réglisse, menthe, angélique… Intérieur montagnard, ambiance conviviale et vue exceptionnelle sur les sommets alentour.

CAUTERETS

L'Abri du Benques – Rte du Pont d'Espagne - La Raillère - ☎ 05 62 92 50 15 - www.benques.com - fermé le soir et nov.-fév. - menus 26/36 €. Dans un lieu magique sur la route du Pont d'Espagne, entre nature et torrents, ce restaurant chaleureux au décor montagnard vous fait découvrir une généreuse cuisine actuelle.

LOUDENVIELLE

La Table de Saoussas – Chemin de Saoussas - ☎ 05 62 99 96 40 - fermé dim. soir et lun. - plats 20/30 €. L'endroit est tranquille en retrait du village et du lac et la terrasse bien agréable en été. Cuisine traditionnelle.

LOURDES

Le Chalet de Biscaye – 26 chemin du Lac - ☎ 05 62 94 12 26 - chalet-de-biscaye.fr - fermé dim. soir-mar. - menus 20/27 €. Dans un quartier résidentiel sur la route du lac, restaurant familial proposant une goûteuse cuisine de terroir à tendance bistronomique, qui change au gré du marché. Terrasse ombragée et chaleureuses salles à manger.

ST-BERTRAND-DE-COMMINGES

La Table de St Bertrand – Ville basse - ☎ 06 70 80 32 67 - www.tabledestbertrand.fr - fermé le soir - menus 27/30,50 €. Cuisine bistronomique inspirée des saisons et décoration contemporaine. Terrasse ombragée.

ST-LARY-SOULAN

La Grange – 13 rte d'Autun - ☎ 05 62 40 07 14 - www.restaurant-saint-lary.com - fermé mar. et merc. sf le soir pdt vac. scol. - menus 33/48 €. Cette ancienne grange s'est transformée en un confortable et coquet restaurant au chaleureux décor de bois. En hiver, belles flambées dans la cheminée. Menus régionaux.

TARBES

Le Petit Gourmand – 62 av. Barère - ☎ 05 62 34 26 86 - lepetitgourmand.eatbu.com - fermé sam. midi, dim. soir-lun. - plats 23/32 €. Accueil sympathique et intérieur chaleureux de style bistrot chic. Cuisine au goût du jour à base de produits frais. Jolie sélection de vins du Languedoc-Roussillon.

Offices de tourisme

GAVARNIE
Voir p. 384.

LOURDES
Pl. du Champ-Commun - ☎ 05 62 42 77 40 - www.lourdes-infotourisme.com.

TARBES
3 cours Gambetta - ☎ 05 62 51 30 31 - www.tarbes-tourisme.fr.

Cathédrale de St-Bertrand-de-Comminges.

MIDI-PYRÉNÉES – CIRCUIT 7
Toulouse et les coteaux de Gascogne

À l'ouest de Toulouse et de Montauban, se déploie une campagne opulente arrosée par le bassin de la Garonne, un pays tout en rondes-bosses qui fleure bon le Midi et annonce déjà la Gascogne sur les coteaux du Gers et les collines de Lomagne.

⭐ **DÉPART :** TOULOUSE - 6 jours – 310 km

JOURS 1 ET 2

Ce séjour débute par une flânerie dans les rues de **Toulouse** autour de la basilique St-Sernin, joyau de l'art roman, l'église des Jacobins et sa fameuse voûte en palmier, le Jardin royal et celui des Plantes... Pour l'après-midi, les idées de visite ne manquent pas : le musée St-Raymond consacré aux collections d'archéologie et d'art antique de la ville, l'hôtel d'Assézat abritant la fondation Bemberg, le musée des Augustins, les expositions photographiques du Château d'Eau... Lorsque le soleil commence à décliner, admirez les reflets de ses derniers rayons sur le quai de la Daurade, en bord de Garonne, entre le pont Neuf et le pont St-Pierre. Le lendemain, retour sous les arcades de la place du Capitole où bat le cœur de la ville, face aux marbres roses de la mairie... Pour la suite, si vous êtes curieux de technologie, ou si vous avez des enfants explorez la Cité de l'espace (voir l'encadré p. ci-contre). Échappez-vous en fin de journée vers le sud-ouest, en prenant la route de **Muret**, petite place forte et ville natale de Clément Ader, l'inventeur de l'aviation auquel un musée rend hommage. Gagnez enfin la charmante ville de **Rieux-Volvestre**.

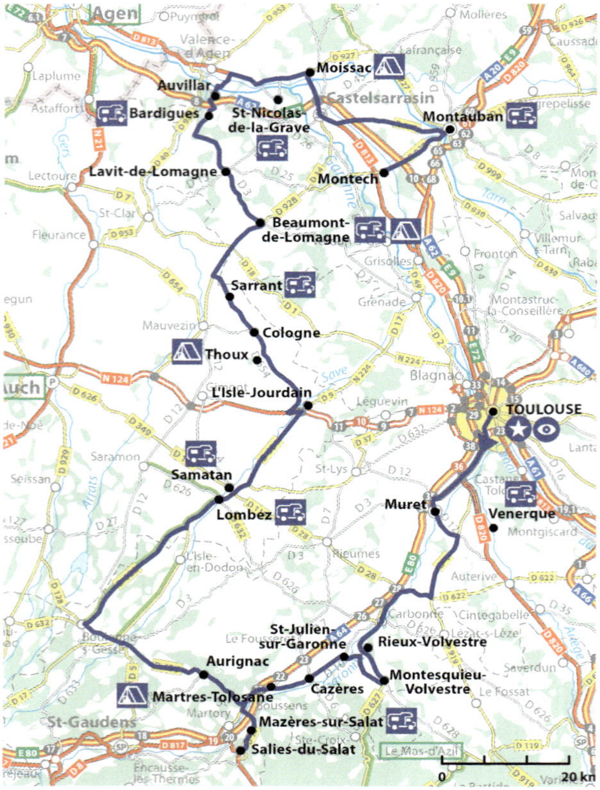

JOUR 3

Après avoir découvert la cathédrale de Rieux, son trésor et les vieilles maisons à colombage, partez pour **Montesquieu-Volvestre**, jolie bastide de brique qui garde une église fortifiée. Rejoignez ensuite la Garonne que vous traversez à **St-Julien-sur-Garonne**. Le village gaulois constitue une visite idéale pour toute la famille. Gagnez **Cazères**, dont le plan d'eau se prête bien aux activités nautiques ; vous pourrez y pique-niquer. **Martres-Tolosane** s'impose ensuite pour ses ateliers de faïence qui perpétuent une tradition remontant au 18e s. Blottie dans les premiers contreforts des Pyrénées, **Salies-du-Salat** est une agréable ville d'eau.

JOUR 4

Revenez sur vos pas pour prendre vers l'ouest la D635 passant par **Aurignac** : vous pourrez y visiter le musée consacré au monde de l'Homo sapiens à l'époque aurignacienne. À Boulogne-sur-Gesse, rattrapez la D632 filant plein nord vers les coteaux du Gers et sur **Lombez** qui vaut la halte pour sa cathédrale. À quelques kilomètres de là le petit bourg de **Samatan** est une des Mecque du foie gras et les

lundis en hiver son marché au gras draine la foule. Montez à présent sur **L'Isle-Jourdain** où vous découvrirez l'art campanaire au très beau musée consacré à ce bel instrument servant autant à l'appel des fidèles qu'à garder les troupeaux... De là, vous rejoindrez **Cologne** qui conserve une vieille halle tout à fait remarquable entourée d'une place à arcades. En fin de journée, prenez la D165 qui vous guide à **Sarrant**, petit village préservant de beaux pans de remparts avec porte fortifiée et un vieux centre très agréable. Nuit sur place ou à l'aire du stade.

JOUR 5

Poursuivez la D165 puis D928 pour **Beaumont-de-Lomagne**, très charmante bastide avec belle halle et église gothique. Visitez aussi l'ancien hôtel particulier de Pierre-de-Fermat dont la tour carrée du 15e s. abrite une petite exposition sur ce mathématicien. En transitant par **Lavit-de-Lomagne**, gagnez **Bardigues** (très agréable aire) puis **Auvillar**, merveilleux petit village perché au-dessus de la vallée de la Garonne conservant une vieille église avec crypte et surtout une halle à grain circulaire conférant à la place un petit air toscan. L'après-midi, remontant la Garonne rive droite rendez-vous à **Moissac**, grande étape des pèlerins sur le chemin de St-Jacques de Compostelle. Vous n'aurez pas trop du reste de la journée pour apprécier l'abbatiale et son élégant portail, le cloître, chef-d'œuvre de l'art roman et les rives fleuries du canal latéral à la Garonne. Nuit à Moissac ou au village de **St-Nicolas-de-la-Grave**.

JOUR 6

Montauban vaut beaucoup mieux qu'une halte pressée. Commencez par visiter le musée Ingres Bourdelle installé dans l'imposant palais épiscopal. Un étage entier est consacré aux œuvres (peintures et dessins) et aux effets personnels d'Ingres, dont le fameux violon, exposés aux côtés de prestigieuses signatures de son époque (Delacroix, David ou Géricault). Le premier sous-sol accueille 70 sculptures de Bourdelle, élève de Rodin. Les terrasses et les arcades de l'élégante place Nationale vous attendent pour un moment de détente avant de flâner dans le vieux Montauban. Gagnez **Montech** (au sud-ouest) et sa pente d'eau, ouvrage du canal latéral à la Garonne sur lequel les péniches passaient. Exposition et simulateur vous en révéleront les secrets.

VISITE

Cité de l'Espace (Toulouse)

INFOS PRATIQUES

Accès depuis le centre-ville par les lignes de métro A (arrêt Jolimont) et B (arrêt Ramonville) et correspondance avec la ligne de bus 37 (arrêt Cité de l'Espace). Comptez 35mn.
Av. Jean-Gonord - 05 67 22 23 24 - www.cite-espace.com - - horaires variables, se rens. - fermé janv. - à partir de 24,50 € selon la période (5-18 ans à partir de 18 €) - spectacles audiovisuels et animations gratuites (programme à l'accueil).

Bon à savoir
Prévoir 1 journée. Espaces bébé. Distributeur d'argent. Boutique. Salle de pique-nique et trois points de restauration selon la saison.

STATIONNEMENT

Stationnement autorisé sur les parkings du site avec possibilité de rester la nuit (attention cependant, le parking ferme entre 19h et 9h). Pas de services.

Pour passer une journée inoubliable en famille, la Cité de l'Espace invite à un remarquable voyage dans le monde de l'espace et de l'astronomie. Les expositions, permanentes et temporaires, se déclinent par thèmes et sont toutes interactives. Les informations sont complétées par de nombreuses manipulations et des simulateurs vraiment amusants qui, par exemple, permettent d'éprouver la sensation d'apesanteur ou de marcher comme les astronautes sur la Lune. Pas si facile !
La Cité de l'Espace diffuse aussi des spectacles Imax® 3D sur écran géant pour vivre la conquête spatiale. Elle dispose d'un planétarium pour découvrir le ciel et la galaxie, présente une véritable pierre de Lune et d'authentiques vaisseaux spatiaux à visiter comme les modules de la station spatiale Mir ou une réplique taille réelle de la fusée Ariane.
La Cité des petits est entièrement dédiée aux 4-8 ans et les aide à imaginer des histoires et à évoluer dans un environnement spatial à leur mesure, tout en s'appropriant le monde des astronautes et des fusées.
Les tout-petits ne sont pas oubliés car, dans le stellarium, ils peuvent assister à de courts spectacles de planétarium adaptés à leur âge.
Il est possible de compléter cette visite avec celles de l'**Envol des Pionniers**, un lieu de mémoire installé dans les bâtiments qu'occupèrent la compagnie Latécoère, l'Aéropostale et, plus tard, Air France, sur l'ancien aérodrome de Montaudran ; et d'**Aeroscopia**, à Blangnac, consacré à la grande aventure de l'aéronautique toulousaine.

MIDI-PYRÉNÉES – ADRESSES CIRCUIT 7

Aires de service & de stationnement

BARDIGUES
Aire de Bardigues
Bas du village, près du cimetière -
05 63 29 05 01 -
www.bardigues.fr
Permanent (mise hors gel) -
Borne artisanale 2 €
4 - Illimité - gratuit
Services :
Plat, bitume tout près du bourg.
GPS : E 0.8925 N 44.03838

BEAUMONT-DE-LOMAGNE
Aire de Beaumont-de-Lomagne
Bd G.-Brassens, bas de la ville -
05 63 02 32 52
Permanent
Borne artisanale : gratuit
10 - 48h - gratuit
Services :
GPS : E 0.99054 N 43.88026

LOMBEZ
Aire de Lombez
Rte de Toulouse, parking à côté de la gendarmerie, intersection D 626 et D 632, à l'entrée de Lombez -
05 62 62 37 58
Permanent
Borne artisanale : gratuit
10 - 24h - gratuit
Services :
GPS : E 0.91598 N 43.47433

MAZÈRES-SUR-SALAT
Aire de Mazères-sur-Salat
Pl. du Pré-Commun, près des ateliers municipaux - 05 61 97 48 22
Permanent -
Borne artisanale : gratuit
5 - gratuit
Services :
Au bord du Salat.
GPS : E 0.97631 N 43.13452

MONTAUBAN
Aire privée La Ferme des Pibouls
1432 rte de St-Antonin-Noble-Val, Le Ramier - 05 63 20 51 11
Permanent
Borne artisanale
5 - 24h - gratuit - borne compris

Services :
Vente des produits de la ferme.
GPS : E 1.40511 N 44.03635

ST-NICOLAS-DE-LA-GRAVE
Aire Camping-Car Park de St-Nicolas-de-la-Grave
2466 av. du Plan-d'Eau, à la base de loisirs - 01 83 64 69 21
Permanent
Borne AireService : 5,50 €
(eau + élec.)
18 - Illimité - 13 €/j. - borne compris
Paiement :
Services :
GPS : E 1.02736 N 44.0879

SAMATAN
Aire de Samatan
Parking des Rivages-Vacanciel, D 39 -
05 62 62 30 19 -
www.samatan-gers.com
Permanent
Borne artisanale : gratuit
20 - Illimité - 3,40 €/j.
Services :
Près du lac.
GPS : E 0.92601 N 43.48813

SARRANT
Aire de Sarrant
Rte de Solomiac, près du stade -
05 62 65 00 34 -
www.sarrant.com
Permanent (mise hors gel)
Borne artisanale : gratuit
10 - Illimité - gratuit
Services :
GPS : E 0.92757 N 43.77567

VENERQUE
Aire de Venerque
Allée du Duc-de-Ventadour -
05 62 11 59 59 -
www.mairie-venerque.fr
Permanent
Borne artisanale : gratuit
10 - 48h - gratuit
Services :
Base de canoë-kayak.
GPS : E 1.44032 N 43.43295

Campings

BEAUMONT-DE-LOMAGNE
Municipal Le Lomagnol
Av. du Lac - 05 63 26 12 00 -
www.camping-tarn-et-garonne.com
De déb. avr. à mi-oct. - 80 empl. -
borne artisanale -
17 €
Tarif camping : 4,50 € 15,35 € - 4,50 €
Services et loisirs :
Nombreuses activités nautiques mais baignade interdite dans le lac.
GPS : E 0.99864 N 43.88295

MARTRES-TOLOSANE
Sites et Paysages Le Moulin
Le Moulin - 05 61 98 86 40 -
www.campinglemoulin.com
De mi-mai à fin sept. - 60 empl. -
borne artisanale
Tarif camping : 32,90 €
(10A) - pers. suppl. 6 €
Services et loisirs :
Beaucoup d'espace dans un cadre verdoyant jusqu'à la Garonne et autour d'un ancien moulin.
GPS : E 1.0181 N 43.1905

MOISSAC
Municipal du Moulin de Bidounet
St-Benoît - 05 63 32 52 52 -
www.camping-moissac.com
De fin mars à fin oct. - 88 empl. -
Tarif camping : 27,10 €
(16A) - pers. suppl. 6 €
Services et loisirs :
Agréable situation sur une île du Tarn.
GPS : E 1.09005 N 44.09671

THOUX
Lac de Thoux - St-Cricq
La Téoulère - 05 62 65 71 29 -
www.camping-lacdethoux.com
De déb. avr. à fin sept. - 182 empl. -
borne artisanale
Tarif camping : 23 €
(10A) - pers. suppl. 8 €
Services et loisirs :
Préférer les emplacements au bord du lac, éloignés des bruits de la route.
GPS : E 1.00234 N 43.68587

Les bonnes adresses de bib

L'ISLE-JOURDAIN

✖ **Le Comptoir de nos fermes** – 13 pl. Gambetta - ℘ 05 62 07 27 93 - www.terroir-gers.com - fermé dim.-lun. - plats 10,50/19 €. Le comptoir présente les produits de plusieurs producteurs locaux (foie gras, canard, miel, huile, etc.) et propose des assiettes comprenant viande et légumes de saison. Belle cave et vaste choix de vins de Gascogne et d'armagnacs.

LOMBEZ

✖ **Chez Mamé** – 8 pl. de la Cathédrale - ℘ 06 11 32 99 25 - fermé dim. soir-lun. et mar. soir - formules déj. 14,50/16,50 € - plats 16/20 €. Mamé, pour Mathieu et Mélanie, promeut une cuisine solide faite à partir de produits locaux : œuf mimosa, burger et magret, pastis gascon... Jolie terrasse l'été et animations.

MONTAUBAN

✖ **Du bruit en cuisine** – 12 allée Mortarieu - ℘ 05 63 91 19 25 - www.dubruitencuisine.fr - fermé dim.-lun. - formule déj. 28 € - plats 20/32 €. Cette adresse, qui rajeunit le paysage gastronomique de la ville, déploie une cuisine joyeuse et colorée bousculant les traditions et s'aventurant sur des chemins non balisés. Résultat, de belles réussites, des imperfections mais une audace à saluer. Belle terrasse.

MONTECH

✖ **Bistrot Constant** – 25 r. de l'Usine - ℘ 05 63 24 63 02 - www.bistrotconstant.com - fermé dim. soir-mar. - menus 42/60 €. La pimpante maison éclusière, installée au bord du canal latéral à la Garonne, abrite un bistrot de très bonne tenue. Pommes de terre au pied de cochon, choucroute et mille-feuilles sont au menu : du grand classique réalisé dans les règles de l'art, comme on l'aime !

MONTESQUIEU-VOLVESTRE

✖ **Le Resto de la Halle** – 2-4 pl. de la Halle - ℘ 05 61 87 62 81 - www.restodelahalle.com - fermé merc. et le soir (sf vend. sam.) - menu déj. 15,50 €. Alléchante carte régionale proposée par ce sympathique restaurant installé sous la halle. Son cassoulet est réputé.

SAMATAN

✖ **Au Canard Gourmand** – La Rente - ℘ 05 62 62 49 81 - www.hotelcharmegers.com - fermé lun. soir-mar. - menus 17/35 €. Colorée, prolongée par une terrasse conviviale, la salle, est au diapason de la cuisine inventive et savoureuse du chef.

SARRANT

✖ **La Librairie-Tartinerie** – Pl. de l'Église - ℘ 09 79 72 33 30 - www.lires.org - fermé lun. et le soir (sf vend.-sam.) - plats 4/8 €. Au milieu des livres, ou sur la terrasse au pied de l'église, salades et tartines vous sont servies à toute heure de la journée. Original et sympathique.

TOULOUSE

✖ **Émile** – 13 pl. St-Georges - ℘ 05 61 21 05 56 - www.restaurant-emile.com - fermé dim. et lun. - menus 25 € (déj.), 60 €. Une jolie salle, une agréable terrasse et dans l'assiette une cuisine traditionnelle mitonnée avec les meilleurs produits. C'est là qu'il faut venir déguster un cassoulet.

✖ **Le Bon Vivre** – 15 bis pl. Wilson - ℘ 05 61 23 07 17 - www.lebonvivre.com - 11h-23h - menu déj. 19 € - plats 16/29 €. Situé sur une place animée, ce restaurant convivial sert une cuisine gasconne délicieuse et inventive, élaborée en fonction des produits de saison.

✖ **La Maison de la Violette** – 3 bd Bonrepos - ℘ 05 61 99 01 30 - www.lamaisondelaviolette.com - fermé dim.-lun. La violette de Toulouse est la vedette de cette boutique installée sur une péniche. Le personnel, très accueillant, vous fera partager sa passion pour cette jolie fleur et vous proposera ses produits dérivés : parfums, liqueurs, confiseries, cosmétiques... Vous pourrez aussi boire un thé à la violette.

Offices de tourisme

MONTAUBAN

1 pl. Pénélope - ℘ 05 63 63 60 60 - www.montauban-tourisme.com.

TOULOUSE

Donjon du Capitole - sq. Charles-de-Gaulle - ℘ 05 17 42 31 31 - www.toulouse-tourisme.com.

Le célèbre « palmier » des Jacobins, à Toulouse.

MIDI-PYRÉNÉES – CIRCUIT 8
Bastides et gastronomie d'Armagnac

Voilà un circuit au pays du foie gras et de l'armagnac qui devrait combler tous les gourmets. Dans les casseroles de l'hospitalière Gascogne, se préparent quelques mets à ne pas manquer : la garbure, les salmis, les magrets, grillés ou fumés, les feuilletés aux pruneaux et aux pommes... Ce périple vous conduira aussi à la découverte d'un patrimoine architectural de bastides et de castelnaux typiquement gascons. Bienvenue aux pays des mousquetaires...

DÉPART : AUCH - 5 jours – 270 km

JOURS 1 ET 2

Réservez votre première journée pour **Auch** (voir l'encadré p. ci-contre) avant de vous lancer, le lendemain, à la découverte des bastides et des castelnaux gersois. Au menu : Barran, Mirande, Montesquiou et Bassoues. **Barran**, votre première bastide, possède une particularité : la flèche hélicoïdale du clocher. Depuis sa fondation en 1281, **Mirande** a conservé son plan régulier, avec ses îlots d'habitation d'environ 50 m de côté et sa place d'Astarac à couverts, marquant le centre du damier. Perché sur un coteau étroit, voici **Montesquiou**, non pas une bastide, mais un castelnau de hauteur. À **Bassoues**, vous serez impressionné par le donjon de 43 m qui domine la bastide. Dirigez-vous ensuite vers **Marciac** pour une visite en musique des Territoires du jazz. Passez la soirée et la nuit dans cette petite ville qui accueille en août un festival de jazz de renommée internationale.

JOUR 3

En remontant vers le nord, remarquez la forteresse de **Termes-d'Armagnac**, dont il ne reste que le donjon, et faites un crochet par **Sabazan**, village perché doté d'une église romane particulièrement élancée. Prévoyez votre pause déjeuner à **Aignan**, où l'armagnac agrémentera votre fin de repas. À **Eauze** (D20), visitez le superbe trésor gallo-romain du Musée archéologique et la Domus de Cieutat. Installez-vous pour la nuit

JOUR 4

L'Antiquité reste au programme avec la visite de la villa gallo-romaine de Séviac tout près de **Montréal**. Rejoignez **Larressingle**, la « plus petite cité fortifiée de France ». Le circuit vous mène ensuite à **Condom** pour un déjeuner suivi d'une promenade digestive

Larressingle.

sur la Baïse. Fin de la journée à **La Romieu**, où les chats sont rois (voir les statuettes de chats disséminées dans la ville). Pause dînatoire dans une ferme-auberge et nuitée sur place.

JOUR 5

Lectoure, ancienne capitale des comtes d'Armagnac perchée sur un promontoire, a de quoi séduire avec ses ruelles médiévales, sa cathédrale, son Musée archéologique et son Village des brocanteurs. En été, le festival de photographie est devenu un incontournable. Par la D7, gagnez **St-Clar**, capitale de l'ail gerssois, mais avant tout bastide dont la particularité est de posséder deux places à couverts. Plus à l'ouest, **Fleurance** est une bastide du 13e s. qui doit son prestige et son nom à Florence, la cité toscane. Elle conserve son plan géométrique (en triangle) ainsi que le quadrillage régulier de ses rues, signe de sa vocation au commerce. De là, poussez, via **Mauvezin** (le vieux centre mérite un coup d'œil), jusqu'à **Gimont** qui a gardé son plan caractéristique de bastide médiévale. Le retour à Auch se fait tranquillement par la N124.

LE CONSEIL DE BIB
Le dimanche matin, de novembre à mars, ne manquez pas la « grasse matinée » de Gimont. Pas question de cure de sommeil. Ici, il s'agit du fameux marché au gras.

ÉTAPE 11
Auch

OFFICE DE TOURISME
3 pl. de la République -
☎ 05 62 05 22 89 -
www.auch-tourisme.com.

STATIONNEMENT & SERVICES
Stationnement possible pour quelques heures sur **parking** le long des berges du Gers (ville basse).

Aire d'Auch
R. du Gén.-de-Gaulle, à l'entrée du camping municipal de l'île St-Martin - ☎ 05 62 05 22 89 - Permanent
Borne AireService
20 - Illimité - 12,80 €/j. - borne compris
Paiement :
Services :
Centre-ville à 15 mn par le chemin des berges.
GPS : E 0.58854 N 43.63654

Déjà très animée dans la semaine, Auch, capitale administrative de la Gascogne, se farde de multiples couleurs le samedi, jour de marché. Si vous voulez faire connaissance avec le vrai d'Artagnan, héros d'Auch, partez à l'assaut des 234 marches de l'escalier reliant les quais à la place Salinis. En montant, on croise la statue (1931) de Charles de Batz, comte d'Artagnan, et on bénéficie d'une jolie vue sur la tour d'Armagnac (14e s.), haute de 40 m, vestige des prisons de l'officialité. Sur la place Salinis, qui forme une terrasse au-dessus de la vallée du Gers, s'élève la façade sud de la **cathédrale Ste-Marie**. Profitez-en pour aller voir les chefs-d'œuvre que recèle l'édifice : les chapelles du déambulatoire ont été dotées de 18 verrières dues au verrier gascon Arnaud de Moles (1460-1520), un chef-d'œuvre de l'art du vitrail du début du 16e s. Quant aux 113 stalles de chêne, dont 69 d'entre elles sont abritées par un baldaquin flamboyant, elles nécessitèrent cinquante années de travail (vers 1500-1552) et sont peuplées de plus de 1500 personnages !
Continuez votre découverte de la ville en passant par la halle aux herbes, sur le flanc nord de la cathédrale. Au fond de la place, l'ancien palais archiépiscopal, dont la façade classique est rythmée par de hauts pilastres cannelés, accueille aujourd'hui les services de la préfecture. Puis perdez-vous dans les **Pousterles**, étroites ruelles en escalier de la vieille ville, avant de visiter le **musée des Amériques**, installé dans l'ancien couvent des Jacobins. Entièrement rénové en 2018 et 2019, il présente les témoignages du passé de la ville, une section beaux-arts consacrée aux artistes locaux, et surtout une collection d'art précolombien, la seconde de ce type en France après celle du musée Quai Branly-Jacques Chirac à Paris.
Pour vous rafraîchir, faites un saut à la base de loisirs voisine avant de revenir vous installer à la terrasse d'un café.

MIDI-PYRÉNÉES – ADRESSES CIRCUIT 8

Aires de service & de stationnement

AUCH
Voir p. précédente

EAUZE
Aire de La Ferme de Mounet
Rte de Parleboscq - 05 62 09 82 85 -
www.ferme-de-mounet.com
Permanent (prévenir à l'avance)
Borne artisanale : gratuit
5 - Illimité - gratuit
Services :
Réseau France Passion.
Vente de produits de la ferme.
GPS : E 0.06307 N 43.89225

GIMONT
Aire de Gimont
Bd du Nord, près du pont de la Gimone - 05 62 67 70 02 -
www.tourisme-3cag-gers.com
Permanent -
Borne artisanale : gratuit
15 - Illimité - gratuit - Services :
Au bord du lac.
GPS : E 0.86942 N 43.63014

MARCIAC
Aire du camping du Lac
05 62 08 21 19 -
www.camping-marciac.com
Permanent
Borne flot bleu 3 € 3 €
40 - Illimité - gratuit
Services :
Au bord du lac.
GPS : E 0.16668 N 43.53237

ST-CLAR
Aire de St-Clar
Av. de la Garlepe -
05 62 66 40 45 -
www.tourisme-coeurdelomagne.fr
Permanent (mise hors gel) -
Borne artisanale : gratuit
15 - 72h - gratuit
Services :
Beaux emplacements plats, gravier à l'ombre des arbres fruitiers.
GPS : E 0.77265 N 43.89125

Campings

AUCH
Domaine Le Castagné
Chemin de Naréoux -
06 07 97 40 37 -
www.domainelecastagne.com
Permanent - 12 empl. -
Tarif camping : 6 € 6 €
(12A) 5 €
Services et loisirs :
Sur les terres d'une ferme en activité. Vue superbe sur la campagne gersoise.
GPS : E 0.6337 N 43.6483

LECTOURE
Yelloh! Village Le Lac des 3 Vallées
05 62 68 82 33 -
www.yellohvillage.fr/camping/le_lac_des_3_vallees
De mi-mai à déb. sept. -
300 empl. -
Tarif camping : 31 €
(10A) - pers. suppl. 11 €
Services et loisirs :
Grands espaces verdoyants, vallonnés. Jolie salle de jeux pour les tout-petits.
GPS : E 0.64533 N 43.91252

MIRANDE
L'Île du Pont
Le Batardeau - 05 62 66 64 11 -
www.belairvillage.com
De déb. avr. à déb. oct. - 73 empl. -
Tarif camping : 31 €
(12A) - pers. suppl. 7 €
Services et loisirs :
Site agréable sur une île de la Grande Baïse, avec de grands espaces en pelouse idéals pour la détente.
GPS : E 0.40932 N 43.51376

LA ROMIEU
Les Castels Le Camp de Florence
Rte Astaffort - 05 62 28 15 58 -
www.lecampdeflorence.com
De fin avr. à fin sept. - 180 empl. -
Tarif camping : 33 €
(10A) - pers. suppl. 7 €
Services et loisirs :
Cadre vallonné et verdoyant au milieu des champs de céréales.
GPS : E 0.50155 N 43.98303

À Auch, la statue de d'Artagnan réalisée par Firmin Michelet en 1931 et la tour d'Armagnac.

Les bonnes adresses de bib

AUCH

Le Daroles – 4 pl. de la Libération - ℘ 05 62 05 00 51 - www.ledaroles.com - menu 39 €. Située au cœur de la ville, cette brasserie sert une cuisine traditionnelle de saison. Agréable terrasse, jadis appréciée de Stendhal…

Jeff envoie du bois!!! – 12 pl. de la Libération - ℘ 05 62 61 24 00 - fermé dim.-lun., mar. soir et merc. soir - menus 24,90 € (déj.), 60 €. Un emplacement stratégique – avec une terrasse et une salle à la décoration moderne – et la cuisine bistronomique en font une adresse agréable et prisée du centre-ville. Accueil attentif !

BASSOUES

Domaine de Bilé - Famille Della-Vedove – ℘ 06 12 86 01 97 - domaine-de-bile.com - visite guidée mai-sept. : tlj sf dim. apr.-midi 10h, 11h30, 14h, 15h30 et 17h. Cette jolie ferme vous fait découvrir ses chais de vieillissement et de vinification et vous propose des dégustations gratuites : flocs de Gascogne, armagnacs millésimés, vins IGP côtes de Gascogne (produits régulièrement primés dans les concours).

CONDOM

Le Balcon – 1 pl. St-Pierre - ℘ 05 62 28 44 06 - fermé lun.-mar. et le soir (sf vend.-sam.) - menu 17 €. Le long balcon donnant sur la cathédrale a donné son nom à ce restaurant. Repris en 2023 par l'association Activethiq en faveur de la formation des personnes éloignées de l'emploi, il sert une cuisine privilégiant les produits locaux et de saison. Installez-vous en salle, en terrasse ou, mieux, sur ce fameux balcon dominant la place, et savourez.

EAUZE

La Vie en Rose – 22 r. St-July - ℘ 05 62 09 83 29 - www.restaurant-la-vie-en-rose.com - fermé mar. soir-merc. - menus 31/48 €. En face du Musée archéologique, un restaurant accueillant et coloré, qui sert de bons plats traditionnels.

LECTOURE

Le Bleu de Lectoure - SARL Bleus de Pastel – 55 r. Alsace-Lorraine - ℘ 05 62 28 14 93 - www.bleu-de-lectoure.com - fermé dim.-lun. Reconnaissable à ses volets bleus (de Lectoure), cet atelier-boutique et galerie d'art vend ses créations textiles et déco, en coton bio issu du commerce équitable. Vous verrez l'une des pastelières au travail et profiterez des explications des maîtres des lieux pour tout comprendre de la culture locale, de l'extraction et de l'utilisation de la plante *Isatis tinctoria*, qui produit ce bleu inimitable. Découvrez l'histoire du pastel, crucifère dont les feuilles produisent un bleu exceptionnel, considéré comme le meilleur d'Europe à la Renaissance et utilisé en cosmétique, peinture et teinture.

MARCIAC

Le Café de l'Hôtel de Ville – 11 pl. de l'Hôtel-de-Ville - ℘ 05 62 03 26 08 - www.cafe-hoteldeville.com - plats 17/26 €. Une institution : c'est le plus ancien café de la place, avec sa décoration 1900. C'est aussi un rendez-vous pour les habitants, les visiteurs et les festivaliers, du café du matin au dernier verre du soir. Côté table, cuisine de brasserie soignée entre tartare au couteau, entrecôte ou andouillette, et copieuses salades.

MIRANDE

Le Goût 'R'Mets – 7 d'Astarac - ℘ 05 62 05 73 53 - fermé dim. soir-mar. - menus 19,50 € (déj.), 35 €. Sous les arcades de la place, attablez-vous devant des petits plats gourmands, concoctés dans la tradition locale et gentiment modernisée. Vous laisserez-vous tenter par l'incontournable magret de canard à la mousseline de patate douce ou préférerez-vous la daurade en écaille de chorizo, par exemple.

Offices de tourisme

AUCH
Voir p. 381

CONDOM
5 pl. St-Pierre - ℘ 05 62 28 00 80 - www.tourisme-condom.com

MARCIAC
21 pl. de l'Hôtel-de-Ville - ℘ 05 62 08 26 60 - www.coeursudouest-tourisme.com

Magret de canard.

freestyline/Getty Images Plus

MIDI-PYRÉNÉES

STATIONS DE SKI ❄

Gavarnie-Gèdre

INFOS PRATIQUES
Gavarnie - 05 62 92 49 10
www.valleesdegavarnie.com

Géolocalisation
GPS E 0.0094 N 42.7321
Altitude basse : 1850 m
Altitude haute : 2400 m

Remontées mécaniques
Télésièges : 2   Téléskis : 5

25 pistes
Noires : 4   Rouges : 6
Bleues : 8   Vertes : 7

STATIONNEMENT & SERVICES

Aire de Holle
Rte du Col-des-Tentes - 05 62 92 49 10
Permanent (mise hors gel)
Borne artisanale : gratuit
100 - Illimité - 10 €/j.
Services :
GPS : W 0.01961 N 42.73857

Deux villages authentiques, « infiniment Pyrénées ». Au cœur du Parc national des Pyrénées, découvrez une nature hors du commun, où l'alliance entre l'homme et la nature a été consacrée par l'Unesco patrimoine mondial de l'humanité. Grands cirques glaciaires, rencontres patrimoniales, loisirs de montagne, tout ici vous est accessible et, outre la station de ski alpin, 7,5 km de pistes de ski de fond et plusieurs parcours balisés pour raquettes en libre accès débutent au pied du cirque de Gavarnie. Vacances en famille, à la recherche de sensations fortes : Gavarnie-Gèdre comblera petits et grands, pour un séjour enrichissant, nature et tonique.

St-Lary-Soulan

INFOS PRATIQUES
05 62 39 50 81
www.saintlary.com

Géolocalisation
GPS E 0.3237 N 42.8176
Altitude basse : 1700 m
Altitude haute : 2515 m

Remontées mécaniques
Téléphérique : 1   Téléskis : 9
Télécabines : 2   Télésièges : 10
Tapis : 2

59 pistes
Noires : 11   Rouges : 15
Bleues : 26   Vertes : 7

STATIONNEMENT & SERVICES

Aire de St-Lary
Chemin de la Vieille-Aure, derrière le stade -
05 62 40 87 87 - www.saintlary.com
Permanent
Borne eurorelais
24 - Illimité - 15,50 €/j. - borne compris
Paiement :
Services :
Proche du centre-ville et du téléphérique qui conduit aux pistes de ski.
GPS : E 0.32329 N 42.82248

La vallée d'Aure vous délivre toute l'authenticité et la beauté pyrénéenne. Dominée par les pics de Tramezaïgues et d'Aret, le pic du Midi de Bigorre et l'Arbizon, elle offre un printemps d'une douceur incomparable, un été ensoleillé, un automne aux couleurs chatoyantes et un hiver enneigé à souhait. Ses villages évoquent les troupeaux sur lesquels veillent encore les bergers et offrent un accueil chaleureux et une hospitalité justement renommée. St-Lary-Village et St-Lary-les-Pistes, deux esprits montagne en parfaite harmonie.

STATIONS THERMALES

Cauterets

INFOS PRATIQUES

Thermes de Cauterets
Av. du Dr-Domer - ☎ 05 62 92 51 60 - thermesdecauterets.com - ♿ - de mi-fév. à déb. nov.

Indications
Rhumatologie, ORL et voies respiratoires

Température de l'eau
De 55 à 60 °C.

STATIONNEMENT & SERVICES

Aire de la place de la Gare
Pl. de la Gare, D 920, à 100 m du téléphérique - ☎ 05 62 92 50 34 - Permanent
Borne eurorelais
30 🅿 - Illimité - 11,50 €/j. - borne compris - Paiement : CC
Services :
GPS : W 0.11256 N 42.89361

Aire de la route du Pont d'Espagne
Av. Charles-Thierry, rte du pont d'Espagne, derrière le Casino - ☎ 05 62 92 50 34 - Permanent
Borne eurorelais
20 🅿 - Illimité - 11,50 €/j. - borne compris
Services :
GPS : W 0.11567 N 42.88629

Cauterets a eu sa belle époque fastueuse et, heureusement pour nous, la station en garde de beaux restes ! Remontez le boulevard Latapie-Flurin pour admirer palaces et villas bâtis au tournant des 19e et 20e s., lorsque Cauterets attirait visiteurs huppés venus pour ses thermes – aujourd'hui occupés par le casino et le cinéma – ou ses pistes de ski ! Mais la ville d'aujourd'hui fait aussi très bonne figure : les thermes ont vocation à soulager, mais ils procurent aussi détente ou remise à forme aux curistes ; les magasins et les cafés s'alignent dans la galerie de l'esplanade des Œufs ; les animations diverses titillent l'intérêt des visiteurs et la nature, elle, ne cesse d'éblouir. Vous voilà en effet au cœur du Parc national des Pyrénées, créé en 1967. Autant dire que des trésors vous attendent ! Du centre du village, partez pour des balades et randonnées toutes plus belles les unes que les autres : citons pêle-mêle le très fréquenté et rafraîchissant chemin des Cascades, les sentiers de la vallée du Marcadau et de la vallée de Lutour. De Cauterets, vous pouvez aussi prendre les télécabines qui mènent au pont d'Espagne, au lac de Gaude ou encore au cirque de Lys. Là, une table d'orientation vous aidera à identifier les monts grandioses qui vous entourent, parmi lesquels le Vignemale, point culminant des Pyrénées françaises.

Bagnères-de-Luchon

INFOS PRATIQUES

Thermes de Luchon
Parc des Quinconces - ☎ 05 61 94 52 52 - www.thermes-luchon.fr - ♿ - de mi-mars à déb. nov.

Indications
ORL, voies respiratoires, rhumatologie.

Température de l'eau
50 et 72 °C.

STATIONNEMENT & SERVICES

Aire de Bagnères-de-Luchon
R. Jean-Mermoz, près du lac de Badech - ☎ 05 61 94 68 68 - www.pyrenees.com
Permanent
Borne Urbaflux 2,50 € 2,50 €
50 🅿 - 72h - 5 €/j.
Paiement : CC
Services :
Navettes pour se rendre aux thermes.
GPS : E 0.59837 N 42.79492

Appelez-la Luchon, c'est son petit nom dans la région… et venez-y sans crainte, vous ne vous y ennuierez pas ! Bagnères-de-Luchon, dans le top 5 des stations thermales en France, est en effet connue pour offrir une multitude d'activités à ses visiteurs. Randonnées en tout genre, sports d'eaux vives, VTT, pêche, tennis, golf… Les beaux jours ne seront sans doute pas assez longs tant les sites naturels propices à ces pratiques sont nombreux ici, dans ce pays nommé Comminges, tout à fait au sud de la Haute-Garonne. Mais vous en redemandez ? Sorties raquette, marche nordique, ski de piste… L'hiver voit la station de Superbagnères, à environ 15 km, déployer tous ses charmes pour les sports sur neige ! Sans oublier la saison culturelle et un agenda des manifestations plus que fourni. Si Luchon a beaucoup à offrir à ceux qui veulent « se bouger », les amateurs de détente, de farniente ou de belles promenades trouveront dans cette cité un tantinet huppée de quoi les satisfaire. Les thermes bien sûr tiennent le haut de l'affiche. Bâtis au milieu du 19e s., ils sont le cadre de cures et de prestations « bien être » dans l'air du temps. Le quartier thermal donne aussi le loisir de replonger à la Belle Époque avec ses superbes villas fréquentées en leur temps par têtes couronnées, artistes et intellectuels, avant de goûter au charme du parc des Quinconces. Et pour sentir l'animation luchonnaise, tous se retrouveront sur les allées d'Étigny, installé à une terrasse de café ou lorgnant avec envie sur les étals garnis de spécialités montagnardes ô combien roboratives.

Transhumance dans les Cévennes.
J. Du Boisberranger/hemis.fr

Carcassonne.
Gerold Grotelueschen/Getty Images Plus

Languedoc-Roussillon

Les charmes et l'histoire du Languedoc-Roussillon s'écrivent avec un grand C : C comme la Côte Vermeille de la Méditerranée, comme Collioure où les peintres fauves ont gorgé leurs toiles de cette lumière « blonde, dorée, qui supprime les ombres », déclarait André Derain. C comme Céret, où Picasso et son ami Braque inventèrent le cubisme.

C'est aussi la première lettre du mot « catalan », qui avec l'occitan, fait chanter et habille la langue française de consonances venues d'un autre temps. Enfin C comme les Cathares dont l'âme hante encore les citadelles du vertige juchées sur leurs éperons rocheux : Peyrepertuse, Quéribus, Montségur… Joyau du patrimoine mondial, la cité de Carcassonne entraîne, elle aussi, le promeneur dans les méandres de son passé médiéval.

La géologie tourmentée de cette région a donné naissance à des cirques, chaos, causses et canyons. Depuis ses Pyrénées natales, semblable à un paisible iceberg lorsque vient l'hiver, le Mont Canigou règne en maître incontesté sur le golfe du Lion.

Aujourd'hui, la réputation de la région n'est plus à faire, tant du point de vue touristique que gastronomique. Les charmantes rues du vieux Montpellier séduiront ceux que le littoral très prisé ennuie. À table, le « plus grand vignoble de France » accompagne un menu riche et varié, dont la fameuse brandade de morue.

LANGUEDOC-ROUSSILLON

*Collioure.
horstgerlach/Getty Images Plus*

LES ÉVÉNEMENTS À NE PAS MANQUER

- **Carnaval** de Limoux (11) : pendant 10 sem. jusqu'au dim. avant les Rameaux à minuit, avec le jugement de Sa Majesté Carnaval et Nuit de la blanquette. www.carnaval-limoux.com.
- **Feria de Pentecôte** à Nîmes (30) : du merc. au lun.
- **Fête de la cerise** à Céret (66) : mai.
- **Festa Major** à Perpignan (66) : 23 juin ; feux de la St-Jean.
- **Joutes nautiques** à Agde (34) : juin-sept. www.joutes-languedociennes.com.
- **Festival du muscat** de Frontignan (34) : juil.
- **Feria « Céret de Toros »** à Céret (66) : 2e w.-end de juil. www.ceret-de-toros.com.
- **Concours international de chiens de berger** à Osséja (66) : avant-dernier dim. de juil.
- **Festival Pablo Casals** à Prades et St-Michel-de-Cuxa (66) : de fin juil. à mi-août ; musique classique. prades-festival-casals.com.
- **Festival de la sardane** à Banyuls-sur-Mer (66) 2e sem. en août ; danses et concerts.
- **Festival folklorique international** à Amélie-les-Bains (66) : 1re quinz. d'août.
- **Foire aux huîtres de Bouzigues** (34) : 1er ou 2e w.-end d'août.
- **Feria de Béziers** (34) : vers le 15 août. www.feriabeziers.fr.
- **Fête de la St-Louis** à Sète (34) : fin août ; joutes, feux d'artifice, traversées de Sète à la nage.
- **Fête du cassoulet** à Castelnaudary (11) : dernier w.-end d'août.

Votre séjour en Languedoc-Roussillon

Circuits №

1. Refuge dans le Gévaudan
   7 jours - 300 km — P 390
2. Grottes, cirques, chaos et avens cévenols
   5 jours - 375 km — P 394
3. Balade gourmande en Bas-Languedoc
   6 jours - 180 km — P 398
4. Minervois, Corbières et châteaux cathares
   8 jours - 450 km — P 402
5. Art roman et baroque de Catalogne
   8 jours - 480 km — P 406

Étapes

Montpellier — P 399
Perpignan — P 407

Visite

Parc des loups du Gévaudan à St-Léger-de-Peyre — P 391

Randonnée

Sentier des 4 000 marches au départ de Valleraugue — P 395

Stations de ski

Les Angles — P 410
Font-Romeu - Pyrénées 2000 — P 410

Stations thermales

Le Boulou — P 411
Vernet-les-Bains — P 411

EN COMPLÉMENT, UTILISEZ...
- Guides Verts : Languedoc et Roussillon Pays Cathare
- Cartes Michelin : Région 526 et Départements 330, 339 et 344

LANGUEDOC-ROUSSILLON – CIRCUIT 1
Refuge dans le Gévaudan

Les Cévennes, le mont Lozère, le causse Méjean, l'Aubrac : vous sentez la bonne odeur des vacances ? Le parfum de la liberté et des grands espaces ? L'arôme de l'aligot ? Bienvenue dans le nord du Gévaudan, ancienne province qui couvre l'actuel département de la Lozère ! Ce territoire isolé, ancien refuge des bêtes sauvages et des maquisards, est aujourd'hui le lieu de prédilection des randonneurs et de tous ceux qui recherchent des paysages authentiques.

DÉPART : FLORAC - 7 jours – 300 km

JOURS 1 ET 2

Florac est une jolie petite ville qui s'élève au pied de falaises dolomitiques. Elle accueille le siège du Parc national des Cévennes. Dirigez-vous vers le nord par la N106 pour franchir le **col de Montmirat** : panorama superbe sur les gorges du Tarn, les Cévennes et le causse Méjean. Vous descendez la vallée du Bramon, qui se rétrécit et offre des vues lointaines sur le Truc de Balduc puis sur les contreforts du mont Lozère. Après **Balsièges**, dominé au sud par les falaises du causse de Sauveterre, gagnez **Marvejols**, la capitale du Gévaudan, par les N88 et D808 afin de profiter du beau paysage. Faites le tour des portes fortifiées de la ville avant de rejoindre le **parc des Loups du Gévaudan** (voir l'encadré p. ci-contre). La bête du Gévaudan a bel et bien existé, mais vous ne verrez là que des loups gardés dans un parc en semi-liberté. Vous pouvez dormir sur place !

JOUR 3

Continuez votre route vers le nord pour visiter le **château de La Baume** (D73 en direction de Prinsuéjols) : un étonnant château classique dans cette région où l'on est plus habitué à rencontrer des châteaux forts. Cas unique, donc, qui lui valut le surnom de « Versailles du Gévaudan » ! Rejoignez **Aumont-Aubrac** où vous pourrez déjeuner avant d'aller parcourir à pied une des plus belles parties des routes de St-Jacques (GR65, balisé en blanc et rouge). Rejoignez **St-Chély-d'Apcher** pour la nuit et profitez d'une halte avec vue sur l'Aubrac ou la Margeride. Le soir, savourez la spécialité régionale, l'aligot.

JOUR 4

À **St-Chély-d'Apcher**, les visites du musée de la Métallurgie sont conduites par d'anciens ouvriers de l'usine. Admirer le beau panorama sur les gorges du

Parc des loups du Gévaudan.

Bès et la Margeride. Rejoignez **Le Malzieu**, remarquable pour ses remparts. Partez ensuite à la découverte du château de **St-Alban-sur-Limagnole**. Faites un tour dans les steppes du Grand Nord à la réserve de bisons d'Europe de **Ste-Eulalie**. Enfin, gagnez **Châteauneuf-de-Randon** où mourut le grand Du Guesclin, pour vous rendre ensuite à Mende.

JOUR 5

Mende : balade dans la vieille ville, visite de la cathédrale et du musée du Gévaudan puis promenade sur le causse, en optant pour la petite boucle du sentier d'interprétation. Après le déjeuner, quittez Mende au sud-est. **Lanuéjols** est bien connue des archéologues pour son mausolée romain. Enfin, à **Bagnols-les-Bains**, une remise en forme vous détendra après cette journée.

JOUR 6

Suivez la route sinueuse qui passe par la station de ski du **Bleymard** et qui longe l'Allier avant d'arriver à **Villefort**. Au nord du village, le lac, vaste plan d'eau de 27 ha, offre un cadre idéal pour se détendre et se rafraîchir en été. Un sentier de randonnée permet d'en faire le tour. Dirigez-vous vers le sud et empruntez la D51 jusqu'au château fort d'**Aujac**, planté sur un éperon rocheux. Ralliez ensuite **Génolhac** pour y passer la nuit.

JOUR 7

Prenez la route D998 vers l'ouest, pour gagner **Le Pont-de-Montvert**, dans un site remarquable, au confluent de deux rivières de montagne, où vous pourrez faire une randonnée sur le **mont Lozère** et être de retour en fin de journée à **Florac**.

VISITE

Parc des loups du Gévaudan (St-Léger-de-Peyre)

INFOS PRATIQUES

Hameau de Ste-Lucie - St-Léger-de-Peyre - 04 66 32 09 22 - www.loupsdugevaudan.com - juil.-août : 10h-19h, mar., jeu. et sam. 10h-18h30 ; avr.-juin et sept. : 10h-18h ; reste de l'année : se rens. - fermé de mi-nov. à mi-déc. - 16 € (3-11 ans 13 €) - 19 € (3-11 ans 15 €) visites nocturnes en été sur réserv. obligatoire.

Bon à savoir

Durée de la visite : 2h. Choisissez plutôt le matin ou la fin d'après-midi pour mieux observer les loups.
Le nourrissage des loups a lieu 3 fois par semaine à l'occasion de la dernière visite guidée (lun., merc. et vend., h. variable selon la saison).

STATIONNEMENT & SERVICES

Parking conseillé

Stationnement autorisé aux camping-cars une nuit sur le parking du site aux emplacements dédiés. Surprenante nuit qui s'accompagnera probablement du hurlement des loups. On y vient aussi un peu pour cela !

Aire de Marvejols

Parking Pré-de-Suzon, derrière la collégiale - 04 66 32 02 14 - www.ville-marvejols.fr
Permanent -
Borne artisanale : gratuit
10 - Illimité - gratuit - possibilité de stationner sur l'Esplanade
Services : WC
GPS : E 3.28763 N 44.55384

À quelques kilomètres de Marvejols, dominant le Val d'Enfer, cet exceptionnel parc animalier de 20 ha, aménagé à flanc de montagne dans un cadre forestier, abrite une centaine de loups mongols, canadiens, polonais, sibériens et arctiques, qui vivent ici en semi-liberté. Le parcours pédestre (30mn env.) permet de se familiariser avec ces animaux et les différentes aires d'observation donnent la possibilité de les photographier sans grillage. La table d'orientation offre aussi une belle vue sur l'ensemble. L'automne et l'hiver sont les meilleures saisons pour visiter le parc : les loups ont un pelage plus fourni. N'hésitez pas à suivre la visite guidée, ainsi que les séances de nourrissage. Une exposition présente de belles photographies et dispose de bornes interactives pour découvrir les mœurs de ces canidés.

LANGUEDOC-ROUSSILLON – ADRESSES CIRCUIT 1

Aires de service & de stationnement

AUMONT-AUBRAC
Aire du supermarché Auchan
9 av. de la Méridienne -
04 66 42 86 06
Permanent
Borne artisanale : Gratuit
20 - Illimité - Parking du supermarché
Paiement : jetons
Services :
Aire de stationnement au centre-ville.
GPS : E 3.28739 N 44.7352

AUROUX
Camping-car Park d'Auroux
Le village - 01 83 64 69 21
Permanent
Borne eurorelais
30 - Illimité - 13,20 €/j. - borne compris - Paiement :
Services :
Ancien camping municipal au bord du ruisseau, ouvert aux campeurs avec sanitaires en juillet-août.
GPS : E 3.72644 N 44.75149

GÉNOLHAC
Aire de Génolhac
Pl. du 19-Mars-1962, D 906 -
04 66 61 10 55 -
www.cevennes-montlozere.com
Permanent
Borne artisanale : gratuit
10 - Illimité - gratuit - stat. interdit la nuit
Services :
GPS : E 3.94233 N 44.35217

LANGOGNE
Camping-car Park du Lac de Naussac
Rte du Lac - 01 83 64 69 21
Permanent

Borne raclet
45 - 72h - 12,40 €/j. - borne compris
Paiement :
Services :
Agréable et au bord du lac.
GPS : E 3.83448 N 44.73643

LANUÉJOLS
Randals Bison
Les Randals, 6 km au SO de Lanuéjols par D 47, dir. Trèves et D 159, rte de Revens - 04 67 82 73 74 - www.randals-bison.com
De mi-avr. à fin sept.
10 - 72h - gratuit
Services :
Réseau France Passion. Au cœur d'un domaine de 300 ha (élevage de bisons, vaches américaines et chevaux).
GPS : E 3.34081 N 44.1052

LE MALZIEU
Aire du Malzieu-Ville
Pl. du Foirail - 04 66 31 82 73 - www.margeride-en-gevaudan.com
Permanent (mise hors gel)
Borne artisanale
5 - 12,40 €/j. - 7 j. maxi
Services :
GPS : E 3.33389 N 44.85501

MARVEJOLS
Voir p. précédente

VILLEFORT
Aire de Villefort
R. des Sédaries (D 901) -
04 66 46 25 20 - Permanent
Borne eurorelais 5 €
Paiement :
GPS : E 3.93082 N 44.43387

Campings

CHASTANIER
Le Pont de Braye
Les Berges du Chapeauroux -
04 66 69 53 04 -
www.camping-lozere-naussac.fr
De fin avr. à fin sept. - 35 empl. -
borne artisanale -
11,50 €
Tarif camping : 25,50 €
(6A) - pers. suppl. 5 €
Services et loisirs :
Au bord de la rivière.
GPS : E 3.74755 N 44.72656

FLORAC
Flower Le Pont du Tarn
Rte du Pont-de-Montvert -
04 66 45 18 26 -
www.camping-florac.com
De mi-avr. à fin oct. - 148 empl. -
borne artisanale 4 €
Tarif camping : 23 €
(10A) - pers. suppl. 4 €
Services et loisirs :
Quelques emplacements au bord du Tarn mais préférer les plus éloignés de la route.
GPS : E 3.59013 N 44.33625

MENDE
Le Tivoly
8. imp. du Tivoli -
06 74 15 57 47 -
www.campingtivoli.com
De mi-mars à mi-oct. - 100 empl.
borne artisanale
Tarif camping : 25,90 €
(6A) - pers. suppl. 7 €
Services et loisirs :
En contrebas de la route de Rodez et face au complexe sportif accessible par une passerelle au-dessus du Lot.
GPS : E 3.45693 N 44.51268

Les bonnes adresses de bib

AUMONT-AUBRAC

Le Gabale – 10 rte du Languedoc - 04 66 42 86 14 - www.camillou.com - formule déj. 20 € - menus 22/34 €. Formule idéale pour goûter à la cuisine du terroir de Cyril Attrazic à prix modérés, la brasserie Le Gabale se pare d'un décor moderne avec des photos panoramiques des paysages de l'Aubrac. Jolie terrasse.

FLORAC

Atelier du miel et de la châtaigne – 64 av. Jean-Monestier - 04 66 48 12 90 - fermé dim. Fabrication artisanale de produits cévenols à base de châtaigne, miel et fruits rouges.

L'Adonis – 48 r. du Pêcher - 04 66 45 00 63 - www.hotel-gorgesdutarn.com - fermé merc. midi et jeu. midi - menus 32/49 €. De bons produits cévenols pour une cuisine actuelle et bio ; un service très attentionné et une jolie sélection de vins régionaux : un Adonis gourmand, feutré et accueillant.

MARVEJOLS

Le Domaine de Carrière – Av. Montplaisir - quartier de l'Empéry - 2 km à l'E par D1 - 06 38 90 34 82 - www.domainedecarriere.com - fermé dim. soir-mar. en juin ; lun. en juil.-août ; lun.-merc. midi en hors sais., vac. de la Toussaint et de fin déc. à fin janv. - menus 33/48 €. Ces anciennes écuries domaniales ont été converties en table au goût du jour et rénovées dans un esprit contemporain. Belle sélection de vins du Languedoc.

MENDE

La Cantine – 25 r. du Collège - 04 66 32 86 12 - restaurant-la-cantine.fr - fermé dim. soir-lun. - formules déj. 18/21 € - menus 20/28 €. Comme son nom l'indique, on cultive ici un esprit « cantine » – vaisselle artisanale, service décontracté mais attentionné – à ce détail près qu'on y privilégie aussi les produits bio locaux.

Hôtel de France – 9 bd Lucien-Arnault - 04 66 65 00 04 - www.hoteldefrancemende.com - fermé lun. midi, mar. midi, sam. midi et dim. soir - menu 41 €. Cet ancien relais de poste ne manque pas de charme. Le chef y concocte une bonne cuisine du marché qui fait la part belle aux produits du terroir. Le service et la salle sous la verrière rendent ce moment particulièrement agréable.

LE PONT-DE-MONTVERT

Cévennes in the box – Ancienne Gendarmerie - 06 59 71 33 37 - fermé lun.-mar. Cette épicerie-cantine propose une sélection des meilleurs produits locaux : primeurs, conserves, charcuterie, vins... Côté restaurant, plats simples et gourmands, à déguster en terrasse.

ST-ALBAN-SUR-LIMAGNOLE

La Petite Maison – 5 av. de Mende - 04 66 31 55 48 - la-petite-maison.fr - fermé nov.-avr. - menus 29/69 €. Les amateurs d'insolite ne résisteront pas : le restaurant du charmant Relais St-Roch sert un menu tout bison, avec vodka à l'herbe de bison en guise de trou normand (!) mais également une cuisine régionale authentique et généreuse. Décor rustique avec trophée de bison en prime et plus de 400 références de whiskys.

VILLEFORT

La Guinguette du Bout du Lac – Castanet-Pourcharesses - de mi-juin à mi-août - menus 12/21 €. Une agréable terrasse au bord du lac de Villefort pour déguster grillades et produits régionaux. Animation musicale.

Offices de tourisme

GÉNOLHAC
15 pl. du Colombier - 04 66 61 09 48 - www.cevennes-tourisme.fr.

FLORAC
Pl. de l'Ancienne-Gare - 04 66 45 01 14 - www.cevennes-gorges-du-tarn.com.

MARVEJOLS
Porte du Soubeyran - 04 66 32 02 14 - www.gevaudan-authentique.com.

MENDE
Pl. du Foirail - 04 66 94 00 23 - www.mende-coeur-lozere.fr..

Causse Méjean.

LANGUEDOC-ROUSSILLON – CIRCUIT 2

Grottes, cirques, chaos et avens cévenols

La grotte des Demoiselles, la grotte de Dargilan, la grotte de Clamouse, le cirque de Navacelles, la Cité de Pierres de Montpellier-le-Vieux, le chaos de Nîmes-le-Vieux, l'abîme de Bramabiau, l'aven Armand : découverte immanquable de votre séjour dans cette région des Causses, que celle de toutes ces merveilles naturelles. La roche joue ici toute la palette des formes. Seuls les claustrophobes et ceux qui ont le vertige ne seront pas émus !

⭐ **DÉPART :** GANGES - 5 jours – 375 km

JOUR 1

La petite ville de **Ganges**, jadis célèbre pour ses bas de soie, est un bon centre d'excursions. Les mûriers, arbre nourricier du ver à soie, ont aujourd'hui disparu, et c'est sous les platanes des promenades que l'on flâne, nonchalant. À quelques kilomètres de Ganges, visitez la **grotte des Demoiselles**, dont la grande salle est très impressionnante. Les enfants adorent. Faîtes une halte pour déjeuner à **St-Hippolyte-du-Fort** où vous découvrirez l'une des activités encore en place dans la région, la sériciculture, au musée de la Soie. Dirigez-vous ensuite vers **Anduze** pour visiter l'enchanteresse **bambouseraie de Prafrance**. Vous pouvez décider de séjourner à Anduze ou à **St-Jean-du-Gard**.

JOUR 2

Profitez de votre séjour dans les Cévennes en parcourant du sud au nord sa corniche : prenez ainsi la direction de **Florac**. Bourgade renommée pour sa table, Florac l'est aussi pour son animation estivale et la beauté de son site naturel. Longez ensuite le sud du causse Méjean jusqu'à une ville étrange, celle que forment les rochers de **chaos de Nîmes-le-Vieux**. Pique-niquez dans ce superbe cadre. **Meyrueis** constitue une agréable ville-étape. L'air pur qu'on y respire, la robe verte qui lui sied à ravir, les activités qui y sont proposées, tout semble ici avoir été organisé par une main bien attentionnée, soucieuse du bon déroulement des séjours !

JOUR 3

Le secteur est très riche en sites remarquables ; faites votre sélection ou, si vous le pouvez, ajoutez une journée à votre circuit. Le matin, engouffrez-vous dans l'**aven Armand** ou dans la **grotte de Dargilan**. Puis sur la route du **Rozier**, après avoir emprunté les belles gorges de la Jonte, faites une halte à la **Maison des Vautour**. L'après-midi, balade dans la **Cité de Pierres de Montpellier-le-Vieux**. À l'**abîme de Bramabiau**, vous verrez le Bonheur jaillir de la roche à moins que vous ne préfériez monter au sommet du **mont Aigoual**, toit des Cévennes qui culmine à 1576 m d'altitude. Même s'il a, les trois quarts du temps, la tête dans les nuages, il surplombe un immense panorama

Cité de Pierres de Montpellier-le-Vieux.

qui se perd vers les impressionnantes gorges de la Dourbie, de la Jonte et du Trévezel. Pour y accéder, deux solutions : en voiture par la D269 ou à pied en empruntant le Sentier des 4 000 marches à partir de **Vallerauge** (voir l'encadré ci-contre). Étape, en fin de journée, au **Vigan**. L'ambiance méridionale de cette petite ville vous promet une charmante soirée.

JOUR 4

Après la visite du Musée cévenol, prenez la direction le **cirque de Navacelles** au sud-est, curiosité à voir au moins une fois dans sa vie. La terrasse de **La Baume-Auriol** vous permet de déjeuner sans vous lasser du somptueux point de vue sur le cirque. Dirigez-vous vers le sud et **Lodève**, et son ancienne cathédrale gothique, en quittant peu à peu les montagnes. Puis vous profitez des joies de la baignade dans le **lac du Salagou**, ou de la balade à travers les rochers du **cirque de Mourèze**.

JOUR 5

Partez de bon matin et garez-vous au parking Grand Site de France du Pont du Diable. Une navette gratuite vous emmènera admirer les sublimes cristaux d'aragonite de la **grotte de Clamouse**. Par la même navette, vous irez ensuite visiter **St-Guilhem-le-Désert**, superbe village resserré autour d'une ancienne abbaye et niché au pied d'impressionnantes falaises. Regagnez Ganges,

LE CONSEIL DE BIB

Prévoyez une veste ou un pull pour la visite des grottes. Il y fait toujours frais.

RANDONNÉE À PIED

Sentier des 4 000 marches (Vallerauge)

INFOS PRATIQUES

25 km - comptez 8h AR - 1200 m de dénivelé – pour marcheurs entraînés. Départ : derrière l'église de Vallerauge. Balisage : les panneaux représentent une chaussure de marche ou deux empreintes de pied.

STATIONNEMENT & SERVICES

Stationnement
Parking au mont Aigoual, gratuit, interdit la nuit.

Aire de Vallerauge
Av. de l'Aigoual, après la station service automatique - 04 67 82 25 10 - Permanent
Borne eurorelais 2 €
6 - 72h - gratuit - Paiement : jetons (Maison de Pays)
Services :
GPS : E 3.63598 N 44.08079

L'agréable village typiquement cévenol de Vallerauge, situé sur la commune de Val-d'Aigoual, s'inscrit au pied du massif de l'Aigoual, au confluent de l'Hérault et du Clarou. Il est le point de départ du célèbre Sentier des 4 000 marches, un sentier empierré qui rejoint le sommet du mont Aigoual (alt. 1567 m) avec son observatoire météorologique et son centre d'interprétation du climat. Le retour décrit une boucle qui suit les crêtes avant de replonger dans la forêt. Cette randonnée est réservée aux bons marcheurs car les 1200 m de dénivelé se font sur les huit premiers kilomètres, avec des pentes à plus 25 %. Mais les efforts consentis sont récompensés par de superbes vues qui se perdent vers les impressionnantes gorges de la Dourbie, de la Jonte et du Trévezel, et s'étendent même jusqu'aux Alpes et aux Pyrénées par temps clair. L'intérêt de cette balade réside aussi dans la lecture des paysages des différents versants et de leur végétation. En effet, le sommet du massif de l'Aigoual condense à la fois les nuages venus de l'Atlantique et les vapeurs méditerranéennes, et partage les eaux de pluie entre deux régions très dissemblables. Sur le versant méditerranéen, les gorges profondes alternent avec les crêtes schisteuses très découpées, tandis qu'à l'ouest, vers l'Océan, des pentes douces soudent le massif au vaste pays calcaire des causses. Il en résulte une végétation qui change selon l'orientation et selon l'altitude. Ainsi, l'on aperçoit tout d'abord des chênes verts, des bruyères et des arbousiers, espèces typiquement méditerranéennes et xérophiles, puis un peu plus haut des châtaigniers, remplacés bientôt par des résineux et des buissons de myrtilles, et enfin des hêtres, le tout entrecoupé de zones de pâturage couvertes de landes et de pelouses.

LANGUEDOC-ROUSSILLON – ADRESSES CIRCUIT 2

Aires de service & de stationnement

ANDUZE

Aire d'Anduze
Pl. de la Gare, av. du Pasteur-Rollin -
04 66 61 80 08 -
mairie-anduze.com - Permanent
Borne AireService - 2 € - 2 € -
1 - Illimité - gratuit
Aire poussiéreuse.
GPS : E 3.98444 N 44.05

ANIANE

Aire du Pont du Diable
Parking du Pont du Diable -
04 67 56 41 97 -
www.saintguilhem-valleeherault.fr
Permanent (mise hors gel)
Borne Urbaflux
20 - 24h - 8 €/j. - stat. gratuit
hors sais. - Paiement :
Services :
Navettes gratuites pour se rendre à
St-Guilhem et à la grotte de Clamouse.
GPS : E 3.56308 N 43.70237

CLERMONT-L'HÉRAULT

Aire du lac
Lac de Salagou, à l'ext. du camping
Club Lac du Salagou - 04 67 96 13 13
De déb. avr. à fin déc.
Borne artisanale : 5 €
20 - 24h - gratuit - interdit
certains nuits, se rens.
Services :
Au bord du lac.
GPS : E 3.38891 N 43.64674

Le lac du Salagou.

LUNAS

Aire de Lunas
Rte de Bédarieux, base de loisirs
de La Prade - 04 67 23 76 67 -
www.mairie-lunas.fr - Permanent
Borne artisanale : gratuit
70 - Illimité - gratuit - sept.-juin :
parking de la base de loisirs ; juil.-août :
dans le pré adjacent
Services :
Aire très agréable.
GPS : E 3.18545 N 43.70549

MOURÈZE

Aire de stationnement de Mourèze
D 8 - rte de la Dolomie, parking à
l'entrée du village - 04 67 96 08 47
Permanent
Borne artisanale : gratuit
- 24h - 7 €/j.
Services :
GPS : E 3.35979 N 43.6173

SAUVE

Aire de Sauve
Pl. de la Vabre - 04 66 77 50 19
Permanent (fermé lors des
manifestations l'été)
Borne AireService : gratuit
15 - Illimité - gratuit
Services :
GPS : E 3.95218 N 43.94017

VALLERAUGUE

Voir p. précédente

Campings

Florac : voir le circuit précédent ;
Le Rozier : voir p. 354

CELLES

Municipal les Vailhès
Baie des Vailhès - 04 84 31 00 99 -
www.campinglesvailhes.com
De fin mars à déb. oct. - 165 empl. -
borne artisanale 9 € -
gratuit pour les clients du camping
Tarif camping : 25,44 €
pers. suppl. 5,10 €
Services et loisirs :
GPS : E 3.36012 N 43.66865

GIGNAC

**Family Camping
Les Rives de l'Hérault**
Chemin de la Meuse -
04 67 57 92 97 - www.familys-
camping-lesrivesdelherault.fr
De déb. avr. à fin sept. - 100 empl. -
borne eurorelais 3 €
Tarif camping : 31 €
(16A) - pers. suppl. 6 €
Services et loisirs :
GPS : E 3.55927 N 43.662

MEYRUEIS

Hip Village Le Jardin des Cévennes
Rte de la Brèze - 04 66 45 60 51 -
www.campinglejardindescevennes.com
De fin avr. à fin sept. - 92 empl. -
borne eurorelais
Tarif camping : 37,50 €
(10A) - pers. suppl. 7,70 €
Services et loisirs :
GPS : E 3.43536 N 44.18079

LE VIGAN

Le Val de l'Arre
Roudoulouse, rte du Pont-de-la-Croix -
04 67 81 02 77 -
www.camping-levaldelarre.com
De déb. avr. à fin sept. - 133 empl. -
borne artisanale 4 € -
15 €
Tarif camping : 40 €
(10A) - pers. suppl. 8 €
Services et loisirs :
GPS : E 3.63751 N 43.99128

Les bonnes adresses de bib

ANDUZE
Saveurs du Sud – 11 r. Bouquerie - 04 30 38 63 66 - fermé merc. midi, nov.-fév. - menu 27 €. Cette adresse discrète nichée dans une petite rue propose une cuisine honnête et parfumée qui privilégie les produits bios et locaux. À déguster dans la salle voûtée ou dans le patio.

L'ESPÉROU
Terres d'Aigoual – Rte du Mont-Aigoual - col de la Serreyrède - 04 67 82 65 39 - www.terres-aigoual.com - fermé lun. de sept. à mai. Des agriculteurs installés sur les flancs du mont Aigoual ont ouvert une boutique pour valoriser leur savoir-faire et vendre leurs produits. On y trouve viande, charcuteries, foie gras, fromages, miel, confitures, savon au lait de brebis, châtaignes, confitures… Il est aussi possible d'acheter en ligne.

FLORAC
Voir le circuit précédent

LODÈVE
Le Petit Sommelier – 3 pl. de la République - 04 67 44 05 39 - fermé dim. soir-lun. - plats 18/27 €. Cette ancienne maison de maître s'est transformée en un petit restaurant sans prétention. La salle à manger est le théâtre d'une cuisine traditionnelle simple et bien maîtrisée.

MONTPELLIER-LE-VIEUX
Auberge du Maubert – À 1 km de la Cité de Pierres - 05 65 61 25 28 - fermé de mi-nov. au w.-end de Pâques - menus env. 10/20 €. Voilà une vraie maison familiale, proposant une cuisine d'inspiration locale comme la daube de bœuf, les tripes, le fondant de volaille… Cadre rustique avec mobilier en bois, lambris et cheminée. Vue sur les causses du Larzac de la terrasse. En-cas à toute heure.

LE ROZIER
Restaurant L'Alicanta – Rte de Meyrueis - 05 65 62 60 25 - www.hotel-restaurant-gorgesdutarn.com - fermé nov.-mars - menus 36/56 €. Dans le village, cet hôtel-restaurant occupe deux bâtiments situés de part et d'autre de la Jonte. La salle du restaurant que prolonge une agréable terrasse offre une vue des plus plaisantes sur la rivière et le village de Peyreleau. On y savoure une cuisine traditionnelle revisitée et vraiment goûteuse. Service tout en gentillesse. Agréable jardin au bord de l'eau.

ST-HIPPOLYTE-DU-FORT
Entre Thym et Châtaigne – 2 pl. de la Couronne - à la sortie de la ville vers Nîmes - 04 66 77 21 68 - fermé dim. Boutique née d'un groupement d'agriculteurs vendant en direct leurs propres productions.

ST-JEAN-DU-GARD
Lettres et Mets – 1071 av. René-Boudon - 06 09 84 10 54 - www.lettresetmets.com - plats env. 15/20 €. Agréable cadre contemporain pour cette crêperie 100 % bio. La carte décline un grand choix de galettes au sarrasin et de crêpes au froment originales, confectionnées exclusivement avec des produits frais et locaux. Également quelques salades. Terrasse ombragée.

ST-MAURICE-NAVACELLES
L'Alchimie – La Baume-Auriol - 07 69 13 96 90 - www.restaurantdularzac.com - avr.-nov. : fermé soir et lun. - menus 24/54 €. Surplombant le cirque de Navacelles, un restaurant prisé pour ses vues à couper le souffle. Au menu, cuisine goûteuse, locale et faite maison. Dans le même bâtiment, Bistro&Gourmand propose une restauration rapide mais tout aussi savoureuse.

Offices de tourisme

ANDUZE
Plan de Brie - 04 66 61 98 17 - www.cevennes-tourisme.fr.

MEYRUEIS
Tour de l'Horloge - 04 66 45 01 14 - www.cevennes-gorges-du-tarn.com.

ST-GUILHEM-LE-DÉSERT
2 pl. de la Liberté - 04 67 57 58 83 - www.saintguilhem-valleeherault.fr.

LE VIGAN
Pl. du Marché - 04 67 81 01 72 - www.sudcevennes.com.

L'aven Armand.

LANGUEDOC-ROUSSILLON – CIRCUIT 3
Balade gourmande en Bas-Languedoc

Pas de séjour en Languedoc sans goûter aux spécialités gastronomiques : petits pâtés de Pézenas, huîtres de Bouzigues, muscat de Frontignan, picpoul-de-pinet, tielles de Sète… La gastronomie régionale rend hommage à la variété des paysages. Née du terroir et de la mer, elle se teinte du soleil de la Méditerranée et s'épice du côté des terres catalanes.

⭐ **DÉPART :** MONTPELLIER - 6 jours – 180 km

JOUR 1

Montpellier (voir l'encadré p. ci-contre) multiplie les clins d'œil charmeurs. Vous commencerez par parcourir son centre historique et visiter le musée Fabre. Puis vous déjeunerez dans l'un des restaurants de cette ville qui donna son nom à un beurre assez spécial – mélange d'herbes, d'épinards, de cresson, d'œufs et d'anchois – et où l'on mange avec bonheur oreillettes (sorte de beignets) et grisettes (bonbons à la réglisse). La promenade du Peyrou sera idéale pour une balade digestive. En fin de journée, prenez la direction de la mer. Rendez-vous sur la côte à **Frontignan** où un muscat bien frais vous attend. Passer la nuit à **Sète**.

JOUR 2

Découvrez l'animation matinale du port de pêche de **Sète** puis partez à la recherche des œuvres de street art réalisées dans le cadre du festival d'art urbain K-Live. Pour le déjeuner, attablez-vous sur le port et dégustez une bourride, bouillabaisse locale liée à l'aïoli, ou une tielle, tourte à base de poulpe et de tomate. Baladez-vous ensuite sur le mont St-Clair qui procure une belle la vue sur la ville et le canal. Gagnez **Agde** en fin de journée.

JOUR 3

Visite de l'antique cité phocéenne, où l'ancienne cathédrale St-Étienne et le château Laurens méritent un coup d'œil. Puis allez admirer l'Éphèbe (statue grecque) qui se trouve dans le musée situé au Cap-d'Agde. Le reste de la journée sera consacré aux provisions gourmandes qui pourront composer votre pique-nique du soir. À **Marseillan**, vous trouverez du Noilly-Prat, un délicieux vin apéritif qui peut parfumer la sauce des poissons. Vous parcourez ensuite les rives de l'**étang de Thau**, réputé pour les huîtres et les moules de Bouzigues puis rejoignez **Pinet** pour l'excellent picpoul-de-pinet, vin blanc parfait pour accompagner les produits de la mer.

La porte du Peyrou et la ville de Montpellier, au lever du soleil.

JOUR 4

Vous profiterez de la matinée pour découvrir **Bézier**, notamment l'ancienne cathédrale St-Nazaire et le Musée taurin. La route (D5) vous mène ensuite à **Bize-Minervois**, au nord-ouest. Sa coopérative regorge d'huile d'olive et d'olives (goûtez les lucques, elles sont sublimes). Un peu plus loin, découverte du vignoble ! Vous dégusterez du bout des lèvres le muscat de **St-Jean-de-Minervois**, puis le vin rouge de **St-Chinian**.

JOUR 5

Gagnez **Bédarieux**, situé à proximité de votre troisième étape œnologique, **Faugères**. Passez aussi par **Lézignan-la-Cèbe** où vous trouverez ses oignons très doux, en faisant, en route, une pause à Pézenas. **Pézenas**... Voici la petite cité qui a su charmer Molière et, bien plus tard, Bobby Lapointe. Parcourez-la à loisir et restez-y dîner pour consommer, cette fois sans modération, les petits pâtés d'origine indo-britannique, ainsi que les berlingots.

JOUR 6

Vous rejoignez tranquillement Montpellier, en faisant halte à l'**abbaye de Valmagne**. Puis vous terminez votre voyage en visitant les « Folies », belles demeures du 18ᵉ s. disséminées autour de Montpellier : châteaux d'O, de La Mosson, de l'Engarran et des Évêques-Lavérune à l'ouest, châteaux de Flaugergues et de la Mogère au sud-est.

ÉTAPE 11

Montpellier

OFFICE DE TOURISME
30 allée Jean-de-Lattre-de-Tassigny (pl. de la Comédie) - 📞 04 67 60 60 60 - www.montpellier-tourisme.fr.

STATIONNEMENT
Parking
Parking autorisé : pl. du Père-Louis.

Montpellier, la métropole dynamique et vibrionnante du Languedoc, mêle avec bonheur quartiers anciens et résolument contemporains… le tout à deux pas de la mer ! Elle mérite bien qu'on lui accorde deux jours de visite.

Le premier jour, débutez par l'immense **place de la Comédie**, bordée d'immeubles haussmanniens et centre névralgique de la ville. Visitez le **musée Fabre** qui rassemble des collections exceptionnelles de peintures et de sculptures du 15ᵉ au 19ᵉ s. ; ne manquez pas les œuvres de Pierre Soulages, le maître de l'Outrenoir, présentées dans une aile spécialement conçue pour temporiser la lumière entrante. Puis déjeunez sur l'une des places du centre historique. Au choix : **place de la Canourgue**, ancien cœur de ville au 17ᵉ s. entouré de nombreux hôtels particuliers ; **place Ste-Anne**, la plus belle ; ou encore la charmante **place St-Ravy**. Promenez-vous ensuite dans les petites rues alentour bordées de superbes hôtels particuliers des 17ᵉ et 18ᵉ s. souvent précédés d'une cour. Faites une halte dans la **cathédrale St-Pierre** avant de rejoindre la **place royale du Peyrou** dont la partie la plus originale est constituée par un élégant **château d'eau** et l'**aqueduc St-Clément**, long de 880 m et haut de 22 m. Passez la soirée **place St-Roch** et dans le quartier, où vous trouverez une terrasse à votre goût.

Le lendemain, flânez le matin dans le **quartier des Beaux-Arts**, aujourd'hui investi par une population bobo, puis rendez-vous dans le **quartier Antigone** réalisé par l'architecte catalan Ricardo Bofill. La **place du Nombre-d'Or**, dont les proportions reflètent un concept antique d'architecture, foisonne de courbes et de décrochements ordonnés autour d'un vaste plan ombragé. Elle vous mène au **quartier de Port-Marianne** où les architectes contemporains rivalisent d'audace. Vous pourrez déjeuner autour du **bassin Jacques-Cœur**. L'après-midi, en fonction de vos centres d'intérêt, visitez les sites du **Mo.Co.**, consacré à l'art contemporain, faites le tour des **« Folies »** montpelliéraines, amenez vos enfants à **Planet Ocean** ou au **Parc zoologique**, et poussez jusqu'à la mer pour admirer la **cathédrale de Maguelone** et plonger dans la Grande Bleue.

LANGUEDOC-ROUSSILLON – ADRESSES CIRCUIT 3

Aires de service & de stationnement

AGDE

Aire Les Peupliers
Rte de la Tamarissière, à l'extérieur du camping Les Peupliers - ✆ 06 33 06 63 54 - www.lespeupliersdelatama.fr
De déb. avr. à mi-oct.
Borne artisanale
25 ⊞ - Illimité - 15 €/j. - borne compris
Services :
GPS : E 3.45194 N 43.29846

BÉZIERS

Aire de Sauclières
Av. Fernand-Sastre - ✆ 04 67 01 03 76
Permanent (fermé janv.) -
Borne artisanale 10 €
36 ⊞ - 🔒 - gratuit - moins cher hors sais.
Paiement :
Services :
Sur les bords de l'Orb, à 2 km du centre-ville.
GPS : E 3.2264 N 43.33139

CARNON-PLAGE

Aire de Carnon-Plage
R. de l'Aigoual, à l'entrée du camping Mille Pépites - ✆ 04 67 68 23 71 - paysdelor.fr
Permanent
Borne artisanale
18 ⊞ - 🔒 - 24h - 13 €/j. - borne compris
Paiement :
Services :
Plage à 50 m.
GPS : E 3.99414 N 43.55097

MURVIEL-LÈS-BÉZIERS

Camping-car Park de Murviel-les-Béziers
Rte de Réals - ✆ 01 83 64 69 21
Permanent
Borne artisanale

25 ⊞ - 🔒 - Illimité - 13,40 €/j. - borne compris
Paiement :
Services :
GPS : E 3.13419 N 43.4395

PALAVAS-LES-FLOTS

Aire de la base Paul-Riquet
R. Frédéric-Mistral - ✆ 04 67 07 73 45 - www.ot-palavaslesflots.com
Permanent
Borne AireService : 4,50 €
130 ⊞ - 🔒 - 72h - 21,68 €/j.
Paiement :
Services :
Entre canal et étang. Location de vélo.
GPS : E 3.92348 N 43.53086

SÉRIGNAN-PLAGE

Camping-car Park de Sérignan-Plage
D 37 - ✆ 01 83 64 69 21 - www.campingcarpark.com
Permanent (mise hors gel)
Borne artisanale
49 ⊞ - 🔒 - 72h - 14,60 €/j. - borne compris
Paiement :
Services :
À 200 m de la plage et près du canal du Midi.
GPS : E 3.33177 N 43.26895

SÈTE

Aire de l'Étang de Thau
Plage des 3 Digues, rte d'Agde - ✆ 04 67 74 66 55
Permanent
Borne AireService
77 ⊞ - 🔒 - Illimité - 12 €/j. - borne compris ; moins cher hors sais.
Paiement :
Au bord d'une grande plage et à 10 km du centre-ville (arrêt de bus).
GPS : E 3.61568 N 43.36772

Campings

LATTES

Le Parc
Rte de Mauguio - ✆ 04 67 65 85 67 - www.leparccamping.com
Permanent - 66 empl.
borne artisanale 5 €
Tarif camping : 25 €
(10A) - pers. suppl. 5 €
Services et loisirs :
Emplacements très ombragés à proximité du tramway (ligne 3) pour Montpellier, Pérols ou Lattes.
GPS : E 3.92578 N 43.57622

LAURENS

Sites et Paysages L'Oliveraie
1600 chemin de Bédarieux - ✆ 04 67 90 24 36 - www.oliveraie.com
De déb. mars à fin nov. - 109 empl. -
borne artisanale
Tarif camping : 50,30 €
(10A) - pers. suppl. 7,20 €
Services et loisirs :
Sur deux grandes terrasses, terrain bien ombragé et bordé par un petit ruisseau avec sur la partie basse, la piscine décorée d'oliviers.
GPS : E 3.18571 N 43.53631

MARSEILLAN

Flower Le Robinson
34 quai de plaisance - ✆ 04 67 21 90 07 - www.camping-robinson.com
De fin avr. à fin sept. - 66 empl. -
Tarif camping : 28 €
(10A) - pers. suppl. 5 €
Services et loisirs :
Au bord de la plage, tout près du port et en retrait du centre animé de la station balnéaire, emplacements ombragés.
GPS : E 3.55782 N 43.31912

Les bonnes adresses de bib

AGDE

✕ **Le Bistro d'Hervé** – 47 r. Brescou - ✆ 04 67 62 30 69 - www.lebistrodherve.com - fermé dim.-lun. - formule déj. 18 € - tapas 6/14 € - plats 19/23 €. Dans un décor contemporain, on déguste une appétissante cuisine d'aujourd'hui comme le pavé de maigre sur une rigoule d'artichauts et une pavlova aux fraises, coulis de fruits rouges et mangue fraîche. Aux beaux jours, profitez de la terrasse.

BÉZIERS

✕ **Pica Pica** – 20 bd Jean-Jaurès - ✆ 04 48 11 03 40 - www.pica-pica.fr - menus 45/55 €. Fabien Lefebvre, qui a œuvré dans des établissements étoilés, joue dans sa brasserie une partition gourmande et conviviale. On y sert une cuisine méditerranéenne décomplexée et joliment métissée. La carte propose une sélection de tapas, des brochettes (picas), mais aussi des plats soignés et des desserts goûteux. Un concept sans chichi dans un esprit de partage. Le menu déjeuner est une aubaine. Pensez à réserver.

BIZE-MINERVOIS

L'Odyssée de l'Olivier (Coopérative L'Oulibo) – 4 hameau de Cabezac - ✆ 04 68 41 88 84 - www.loulibo.com - visite guidée juin-sept. 6,50 € (5-15 ans 4 €). Vente d'huile d'olive, d'olives (lucques de Bize et picholines récoltées manuellement), objets d'artisanat et produits du terroir tels que vins, miel, nougats, confitures…

MONTPELLIER

✕ **La Bistrote** – 4 r. Philippy - ✆ 04 67 66 14 17 - fermé dim. et le soir - plats 15/20 €. Ce « café agricole » privilégie les producteurs locaux pour mitonner une cuisine goûteuse et sans façon. Copieuses salades, jus de fruits frais. Très agréable terrasse et jolie salle intérieure. Une adresse sympathique.

✕ **Abacus** – 26 r. Terral - ✆ 04 34 35 32 86 - abacus-restaurant.fr - sur réserv. uniquement - mar.-sam. le soir, et sam. midi - formule déj. 28 € - menus 46/50 €. À deux pas de la cathédrale Ste-Anne, le jeune chef Pierrick Xueref rythme sa carte au fil des saisons, offrant une place de choix aux produits locaux. Le chef aime jouer avec les sens, saveurs et textures et imagine des assiettes très visuelles et colorées, dressées à la minute dans la cuisine ouverte. Dans un cadre à l'ambiance intimiste, la déco à dominante de pierre et de bois est minimaliste et élégante, à l'image de la cuisine.

Maison régionale des vins et des produits du terroir – 34 r. St-Guilhem - ✆ 04 67 60 40 41 - 9h30-20h - fermé dim. Beau choix de vins régionaux et un rayon réservé aux produits locaux (miels, pâtés, confitures, etc.).

PÉZENAS

✕ **L'Amphitryon** – 5 r. du Mar.-Plantavint - ✆ 04 67 90 11 84 - fermé dim.-lun. et jeu. - plats 22/35 €. Dans cette ancienne caserne de pompiers, on s'enflamme dorénavant pour les belles saveurs ! Aux commandes, deux frères qui cuisinent aussi bien la viande que le poisson. Une bonne adresse.

SÈTE

✕ **The Rio** – 7 quai Léopold-Suquet - ✆ 04 67 74 21 10 - www.the-marcel.fr - fermé lun.-mar. - plats 20/24 €. La qualité est donc au rendez-vous, à commencer par l'assiette d'huîtres de la meilleure provenance. Niché dans l'ancien cinéma de la ville, au bord du canal, l'établissement accueille expositions et concerts.

✕ **Leelou Bistrot** – 29 Grand'Rue Mario-Roustan - ✆ 04 99 02 05 73 - www.leeloubistrot.com - fermé dim.-lun. et le soir - plats 16/18 €. Ce restaurant, créé par une jeune Sétoise dynamique, affiche des airs de cantine familiale et offre de belles vues sur le canal. On y déguste une cuisine de marché, faite maison, et, dans le salon de thé situé 9 rue Gambetta, des sandwichs, des tartes et des pâtisseries.

Offices de tourisme

BÉZIERS

2 pl. Gabriel-Péri - ✆ 04 99 41 36 36 - www.beziers-mediterranee.com.

MONTPELLIER

Voir p. 399

La tielle sètoise.

LANGUEDOC-ROUSSILLON – CIRCUIT 4

Minervois, Corbières et châteaux cathares

Ce circuit prend des allures de voyage à travers l'Histoire médiévale. Carcassonne, Peyrepertuse, Quéribus, Puilaurens, Aguilar : ces citadelles qui se gagnent parfois au prix de quelques efforts sont une promesse de séjour époustouflant. En les visitant, vous comprendrez la force de cette hérésie venue d'Orient, le catharisme, qui mit à feu et à sang, aux 12e et 13e s., les terres du comte de Toulouse.

⭐ **DÉPART :** NARBONNE - 8 jours – 450 km

JOUR 1

Que de choses à voir à **Narbonne** : le palais des Archevêques et la cathédrale, puis la vieille ville et le canal de la Robine, sans oublier le pont des Marchands. Vous pouvez aussi visiter la maison de Charles Trénet mais surtout ne passez pas à côté du musée consacré au patrimoine antique de la ville, le musée Narbo Via.

JOUR 2

Quittant Narbonne plein ouest par la D6113 vous atteignez vite **Lézignan-Corbières** d'où vous prendrez la D611 pour rejoindre **Homps**. Là, au bord du canal du Midi, la Maison des vins propose un large éventail de vins du Minervois. À bon entendeur... La D610 puis D11 vous posent ensuite à **La Redorte** (joli port fluvial) puis **Rieux-Minervois** célèbre pour sa curieuse église romane de forme quasi circulaire. Par la D11 et D111 gagnez à présent **Villeneuve-Minervois** où se visite un très beau moulin à vent entièrement restauré et la Maison de la truffe d'Occitanie. S'il n'est pas trop tard, poursuivez la D111 pour **Lastours**, l'un des plus surprenants sites de la Montagne noire où quatre châteaux comme des sentinelles se sont juchés sur une arête rocheuse toute piquetée de cyprès (à voir du belvédère près du camping). L'histoire retient que cette forteresse résista vaillamment aux croisades contre les Albigeois.

JOUR 3

Allez marcher un peu autour des vestiges des quatre châteaux avant de remonter la pittoresque D101 par **Mas-Cabardès** et rattrapez **Brousses-et-Villaret** pour visiter le moulin à papier. Il perpétue dans la pure tradition un savoir-faire très ancien. Plus bas

Les ruines du château de Peyrepertuse.

dans la plaine, **Montolieu** labellisé « villages du Livre » réunit une cinquantaine de librairies, bouquinistes, artisans du livre et artistes ainsi qu'un conservatoire des métiers du livre. Finissez la journée en visitant l'**abbaye de Villelongue** qui conserve cloître, salle capitulaire, sacristie et réfectoire. Nuit sur place ou à Carcassonne.

JOUR 4

Carcassonne est à découvrir tôt le matin en toute saison et vous prendra la journée. Ici, on marche ! Entrez dans la cité par la porte Narbonnaise, et flânez le nez au vent dans les petites rues. Le midi, mieux vaut manger sur le pouce. Visitez le Château comtal qui donne accès aux remparts et la basilique St-Nazaire pour ses remarquables vitraux, avant de faire le tour des remparts par les lices entourées de deux enceintes et la porte d'Aude. S'il vous reste du temps, sachez que la ville basse compte aussi de beaux monuments à l'intérieur de son quadrilatère caractéristique des bastides médiévales. Et si vous restez dormir sur place, prévoyez de revoir la cité de nuit ou profitez des festivités estivales.

JOUR 5

Plein sud par la D118, rejoignez **Limoux** réputée pour sa blanquette et son carnaval (tous les dimanche de janvier aux Rameaux) avant de rejoindre **Alet-les-Bains** et son abbaye romane. Au sud du village, la petite D70 puis D54 vous conduisent ensuite au donjon d'**Arques** puis à **Rennes-le-Château** (au sud de Couiza), où fut prétendument trouvé le fabuleux trésor de l'abbé Saunière (beaucoup y croient encore). De **Couiza** direction ouest (D118 puis D117), pour faire connaissance avec le château de **Puivert** qui fut attaqué durant la croisade contre les Albigeois. Revenez sur **Quillan** puis **Axat** pour rejoindre **Puilaurens** dont le château fut un des hauts lieux du catharisme. Nuit dans les alentours.

JOUR 6

Par la D117 jusqu'à **Maury** (célèbre pour son vin doux), puis la D19 à gauche, vous visitez aujourd'hui les vertigineuses citadelles cathares en gagnant d'abord le château de **Quéribus**. La matinée vous transporte au temps des croisades. Entre chicanes et meurtrières, de somptueux panoramas s'offrent à vous. Via **Cucugnan** il vous faudra encore un peu de courage pour grimper à l'assaut du château de **Peyrepertuse** perché à 800 m d'altitude, la plus grande des forteresses cathares. Mais une fois en haut, vous ne regretterez pas votre effort. Revenez sur Cucugnan pour rejoindre **Tuchan** et le château d'Aguilar (10 mn à pied) où vous finirez la journée.

JOUR 7

Revenez sur vos pas de quelques kilomètres sur les ruines des châteaux de **Padern**, puis vous emprunterez la petite mais superbe D123 pour aller à **Davejean** et un peu plus au nord **Villerouge-Termenès**. C'est dans son château bien restauré, flanqué de grosses tours que fut dressé le bûcher du dernier cathare connu, Guillaume Bélibaste en 1321. L'après-midi vous aurez la possibilité de visiter plus à l'ouest le château de **Terme** tourmenté et sauvage dominant le village (comptez 30mn AR à pied, forte pente) avant de rejoindre **Lagrasse**. Flânez sur le pont vieux dominant l'Orbieu, allez voir sa halle et visitez son abbaye bénédictine préservant un cloître en pierre rose et un dortoir couvert d'une fantastique charpente.

JOUR 8

Revenant vers la côte, vous aurez le choix de descendre en direction de Narbonne pour découvrir l'abbaye cistercienne de **Fontfroide** nichée dans un très sauvage vallon (son cloître est une merveille), ou de piquer directement vers les étangs de Bages et de Sigean au bord desquels se situe la **Réserve africaine de Sigean**. Nul doute que cette option ravira toute la famille.

LANGUEDOC-ROUSSILLON – ADRESSES CIRCUIT 4

Aires de service & de stationnement

CARCASSONNE

Aire de la Cité
Chemin Bernard-Délicieux, à côté du camping de la Cité - ☎ 04 68 10 01 00 - www.campingcitecarcassonne.com
Permanent
Borne Urbaflux – 5 €
38 🅿 - 🔒 - 72h - 15 €/j. - Paiement : CC
Services :
Proche de la Cité mais bruyant.
GPS : E 2.37312 N 43.20543

ESPÉRAZA

Aire d'Espéraza
Prom. François-Mitterand - ☎ 04 68 74 10 01 - Permanent
Borne AireService
15 🅿 - 48h - 6,10 €/j.
Services : WC
GPS : E 2.2158 N 42.9336

LIMOUX

Aire de Limoux
R. Louis-Braille - ☎ 04 68 31 01 16 - www.limoux.fr - Permanent (fermé lors de manifestations)
Borne AireService
28 🅿 - 🔒 - Illimité - 12,05 €/j. - borne compris
Services :
GPS : E 2.2149 N 43.05741

NARBONNE-PLAGE

Campéole Park de Narbonne-Plage
Rte de Gruissan - ☎ 04 68 49 83 65
Permanent
Borne flot bleu – 2 € 2 €
117 🅿 - 🔒 - Illimité - 10 €/j.
Paiement : CC
Services :
À côté du camping Campéole La Côte des Roses
GPS : E 3.15405 N 43.14726

PORT-LA-NOUVELLE

Aire de Port-la-Nouvelle
Chemin des Vignes - ☎ 04 68 40 30 54 - Permanent
Borne artisanale
100 🅿 - 🔒 - Illimité - 12,40 €/j. - borne compris
Services :
GPS : E 3.04081 N 43.01369

QUILLAN

Aire de Quillan
Pl. de la Gare - ☎ 04 68 20 00 44 - www.quillan.fr - Permanent
Borne AireService
23 🅿 - 🔒 - Illimité - 13,60 €/j. - borne compris - Paiement : CC
Services :
GPS : E 2.18145 N 42.87304

VILLENEUVE-MINERVOIS

Aire de Villeneuve-Minervois
Av. du Jeu-de-Mail, en face de la mairie - ☎ 04 68 26 16 19
Permanent
Borne artisanale : gratuit
4 🅿 - 48h - gratuit
Services : WC
GPS : E 2.46432 N 43.31516

Campings

ALET-LES-BAINS

Val d'Aleth
Au bourg - ☎ 04 68 69 90 40 - www.valdaleth.com
De mi-janv. à mi-déc. - 37 empl.
Tarif camping : 19,40 €
(10A) 4,10 € - pers. suppl. 5,35 €
Services et loisirs :
Emplacements bien ombragés ; bruit de la route en fond sonore.
GPS : E 2.25564 N 42.99486

BROUSSES-ET-VILLARET

Le Martinet-Rouge
Brousses - ☎ 04 68 26 51 98 - www.camping-martinet.fr
De déb. avr. à mi-oct. - 47 empl.
Tarif camping : 24 €
Services et loisirs :
Agréable site sous un bel ombrage de petits chênes verts.
GPS : E 2.25342 N 43.33972

QUILLAN

Municipal la Sapinette
21 av. René-Delpech - ☎ 04 68 20 13 52 - www.pole-quillan-tourisme.fr/la-sapinette
De déb. avr. à fin oct. - 40 empl.
borne artisanale -
16 €
Tarif camping : 27 €
(16A) - pers. suppl. 6 €
Services et loisirs :
Emplacements en terrasses avec un petit ombrage.
GPS : E 2.17585 N 42.87404

TUCHAN

Domaine de la Peirière
Rte de Paziols - ☎ 04 68 45 46 50 - www.camping-la-peiriere.com
De fin mars à déb. nov. - 73 empl.
borne artisanale
Tarif camping : 26 €
(10A) - pers. suppl. 8 €
Services et loisirs :
Au milieu des vignes, cadre naturel avec des petites terrasses ombragées d'oliviers. Mini-ferme.
GPS : E 2.71842 N 42.88323

Canal de la Robine, Narbonne.

Leonid Andronov/Getty Images Plus

Les bonnes adresses de bib

ALET-LES-BAINS

La Buvette – 17 r. du Séminaire - ℘ 04 68 69 98 56 - buvette.alet.free.fr - haute sais. : tlj sf lun. 12h-22h - fermé oct.-avr. Dans l'ancienne demeure de l'évêque Pavillon et dans le jardin du séminaire, on peut acheter des fruits et des légumes de saison le matin, siroter une boisson et avaler des petits snacks et des grillades à la plancha, le reste de la journée.

CARCASSONNE

La Table d'Alaïs – 32 r. du Plô - Cité - ℘ 04 68 71 60 63 - www.latabledalais.fr - fermé merc. - formule déj. 25,50 € - menus 34/57 €. Au cœur de la cité médiévale, voici votre meilleur allié contre les pièges à touristes ! Au bout d'un escalier, on découvre deux salles décorées dans une veine contemporaine ; au bout, une cour-terrasse où l'on s'attable aux beaux jours. Tradition et modernité se côtoient à la carte, et les saveurs sont aussi au rendez-vous !

Freaks Café et Cantine – 30 r. de Verdun - ville basse - ℘ 04 30 18 95 36 - fermé dim.-lun. - formule déj. 18 €. Une cuisine inventive qui allie produits du terroir et saveurs lointaines dans un esprit bistronomique. À l'ardoise : tartare de bœuf façon thaï, cocotte de poulpe à l'orientale, cheesecake… Un régal pour les yeux et les papilles. On peut aussi y prendre un petit déjeuner ou combler une petite faim à l'heure du goûter. Agréable terrasse quand la rue devient piétonne.

CUCUGNAN

Auberge du Vigneron – 2 r. Achille-Mir - ℘ 04 68 45 03 00 - www.auberge-vigneron.com - fermé lun. - menus 26/38 €. Le chef travaille de beaux produits, le plus possible locaux ou bio et élabore une cuisine régionale où l'originalité trouve sa place. Salle aménagée dans l'ancien chai.

LIMOUX

Club de canoë-kayak de Limoux – 2 bis r. des Violettes - ℘ 06 86 57 80 68 - www.canoelimoux.fr - juil.-août : tlj sf jeu. 10h-18h ; mai-juin et sept. : sur réserv. - pédalo (15 €/30mn), canoë (21 €/la descente), kayak (22/29 €). Découverte de la vallée de l'Aude : trajet vert (10 km) de Limoux à Alet ; trajet bleu (17 km) de Limoux à Couiza. Et pédalos pour naviguer sur le plan d'eau !

MONTOLIEU

Casquette et chapeau – 2 pl. de la Liberté - ℘ 04 68 24 76 72 - fermé mar.-merc. - menus 21/33,50 €. Cuisine traditionnelle revisitée, à déguster sous les platanes ou dans une jolie salle aux tons clairs.

NARBONNE

L'Estagnol – 5 cours Mirabeau - ℘ 04 68 65 09 27 - lestagnol.eatbu.com - fermé dim. soir - formule déj. 14 € - menus 27,50/34 €. Jolie vue sur le canal depuis le 1er étage de cette brasserie. Cuisine du terroir préparée avec les produits provenant des halles.

La Table Lionel Giraud – 68 av. du Gén.-Leclerc - à côté du Palais du vin - ℘ 04 68 41 37 37 - maison.saintcrescent.com - fermé dim.-lun. - formule déj. 80 € - menus 105/145 €. Décor design dans cet oratoire médiéval. Terrasse entourée de vignes. Séduisante cuisine inventive et vins honorant la région. Réservation conseillée.

La Table de Fontfroide – Abbaye de Fontfroide - 14 km au S.-O. - ℘ 04 68 41 02 26 - www.fontfroide.com - ouv. tlj à midi, et mar.-sam. le soir de juin à sept. - formule déj. 24 € - menu 37 €. Des menus gourmands permettent de se restaurer dans l'ancienne bergerie de l'abbaye, dans une vaste salle ou sur l'agréable terrasse. Location de gîte possible.

Offices de tourisme

CARCASSONNE
28 r. de Verdun - bastide St-Louis - ℘ 04 68 10 24 30 - www.tourisme-carcassonne.fr.

LAGRASSE
16 r. Paul-Vergnes - ℘ 04 68 43 11 56 - www.tourisme-corbieres-minervois.com.

LIMOUX
7 av. du Pont-de-France - ℘ 04 68 31 11 82 - www.limouxin-tourisme.com.

NARBONNE
31 r. Jean-Jaurès - ℘ 04 68 481 481 - www.cotedumidi.com.

LE TOP 5 CHÂTEAUX CATHARES

1. Carcassonne
2. Peyrepertuse
3. Quéribus
4. Puivert
5. Puilaurens

LANGUEDOC-ROUSSILLON – CIRCUIT 5

Art roman et baroque de Catalogne

Lieu de passage et donc creuset de civilisation, la Catalogne a su assimiler de multiples influences pour élaborer un art qui lui est propre. Qu'il s'agisse de l'architecture romane à l'élégante austérité ou de la sculpture baroque, au foisonnement exubérant.

DÉPART : PERPIGNAN - 8 jours – 480 km

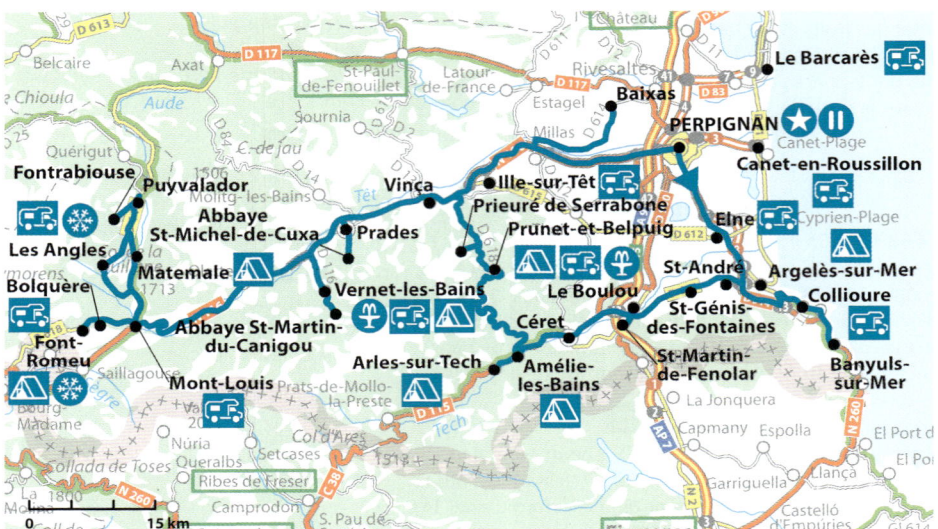

JOUR 1

Posez-vous d'abord à **Perpignan** que vous visiterez de manière approfondie (voir l'encadré p. ci-contre).

JOUR 2

Direction **Elne** où le cloître de la cathédrale est un joyau de sculpture médiévale. Puis, en route pour **Collioure**, où la promenade dans la ville vous fera découvrir les retables de l'église Notre-Dame-des-Anges et les derniers ateliers de fabrication d'anchois salés, spécialité locale. Puis baignade et flânerie sur le port, ou saut jusqu'à **Banyuls-sur-Mer** pour goûter le vin doux naturel, visiter la maison du sculpteur Maillol et, avec les enfants, le Biodiversarium. Revenez à Collioure y faire étape.

JOUR 3

Retour au roman avec les merveilleux linteaux sculptés des églises de **St-André** et **St-Génis-des-Fontaines**.

Déjeunez au **Boulou**, station thermale (voir l'encadré p. 411) où le maître sculpteur de Cabestany a laissé son empreinte sur le portail de l'église. Autre art majeur du Roussillon : les fresques romanes de la chapelle de **St-Martin-de-Fenollar**. Autre lieu, autre époque : arrêtez-vous à **Céret** et passer un moment au musée d'Art moderne où sont exposées de belles céramiques de Picasso. À **Arles-sur-Tech**, attardez-vous au-dessus de la Sainte-Tombe.

JOUR 4

Sur la petite route reliant la vallée du Tech à celle de la Têt, la chapelle de la Trinité, près de **Prunet-et-Belpuig**, renferme un Christ habillé du 12e s. Sous la tribune romane du **prieuré de Serrabone**, vous admirerez le talent des artistes roussillonnais. Pique-niquez et éventuellement baignez-vous dans le lac de Vinça. Rafraîchis, vous apprécierez d'autant plus les retables baroques des églises de **Vinça** . Poursuivez jusqu'à **Prades** pour la nuit.

Enfants jouant devant le Castillet.

JOUR 5
Visitez **Prades** et son église St-Pierre pour son retable baroque. Après le déjeuner, allez découvrir deux incontournables monuments du roman catalan : les abbayes de **St-Michel-de-Cuxa** et de **St-Martin-du-Canigou**. Tout près, à **Vernet-les-Bains**, offrez-vous une pause bien-être (voir l'encadré p. 411).

JOUR 6
C'est au cœur des montagnes des Pyrénées que nous vous emmenons. Dirigerez-vous vers la place forte de **Mont-Louis**, créée par Vauban. Ne manquez pas le grand four solaire. L'après-midi, skiez à **Font-Romeu** (voir l'encadré p. 410) ou admirer le camaril de la chapelle de l'Ermitage. En été, faites une randonnée ou une partie de pêche au lac des Bouillouses entouré de sapins. Enfin, direction le **Capcir** pour y passer la nuit.

JOUR 7
Le matin, allez dire bonjour aux ours et aux isards du parc animalier des **Angles**. Déjeunez aux Angles, découvrez sa station de ski (voir l'encadré p. 410). L'après-midi, si le temps est maussade ou qu'il fait trop chaud, réfugiez-vous dans la **grotte de Fontrabiouse** puis faites une pause au bord du lac de retenu de **Puyvalador**. **Matemale** sera votre étape pour la soirée.

JOUR 8
Retour sur Perpignan par la N116, sans oublier d'apprécier les volutes baroques de l'église d'**Ille-sur-Têt**. En sortant du village, ne manquez pas les splendides « orgues » naturelles. Faites un saut à **Baixas** pour admirer un gigantesque retable baroque.

ÉTAPE 11
Perpignan

OFFICE DE TOURISME
Pl. de la Loge -
☏ 04 68 66 30 30 -
www.perpignantourisme.com.

STATIONNEMENT

Parking conseillé
Parking du Mas Balande - av. d'Argelès-sur-Mer - gratuit. Le bus n° 7 permet de rejoindre le centre-ville (AS 1,30 €, 1,50 € à bord ; DUO AS 2,30 €, 2,80 € à bord).
Le stationnement de surface à horodateur à Perpignan est interdit aux camping-cars. En revanche, il est autorisé dans les zones résidentielles où le stationnement est gratuit.

Fière de son identité catalane et de son âme festive, Perpignan parle du passé, des comtes de Roussillon et des rois de Majorque, des Catalans et des Aragonais, puis des Français. Ville frontière, de partage culturel, baignée par la mer et à deux pas des sommets pyrénéens, elle a su, au fil des siècles et des conquêtes, se construire une identité particulière, fruit de passages et de mélanges incessants. Il faut bien la matinée pour découvrir le **palais des Rois de Majorque** et la **cathédrale St-Jean-Baptiste**, riche de ses retables du 16e et 17e s. Vous pourrez faire une pause déjeuner dans le quartier piétonnier du centre-ville. L'après-midi, réfugiez-vous dans la fraîcheur des musées. Visitez le **musée des Beaux-Arts Hyacinthe-Rigaud** ou le **Centre d'art contemporain À cent mètres du centre du monde**, en référence à la gare de Perpignan, le centre du monde selon Salvador Dalí. Vous apprécierez l'ombre de la **promenade des platanes** et la fraîcheur de ses fontaines. Elle mène au **Castillet**, l'emblème de la ville. Quoi qu'il en soit, prenez le temps de flâner dans les ruelles, faites des provisions de toiles catalanes aux rayures colorées ou de tourons, rousquilles et croquants, gourmandises alléchantes, puis lézarder en fin de journée sur une terrasse de café en dégustant quelques tapas… Et sachez que si vous êtes à Perpignan vers la fin du mois d'août ou au début du mois de septembre, le festival Visa pour l'Image, consacré au photojournalisme, investit nombre de bâtiments comme le **couvent des Minimes**, l'**église des Dominicains**, le **Campo Santo**, la **caserne Gallieni**… l'occasion de belles et instructives visites !

LANGUEDOC-ROUSSILLON – ADRESSES CIRCUIT 5

Aires de service & de stationnement

LES ANGLES
Voir p. 410

LE BARCARÈS
Aire du Barcarès
Quai de la Tourette - 04 68 86 16 56 - www.portbarcares.com/fr/menu/hebergements/aire-de-camping-car
Permanent
Borne eurorelais 5 €
130 - Illimité - 14 €/j. - moins cher hors sais. - Paiement :
Services :
GPS : E 3.03365 N 42.80155

BOLQUÈRE
Aire de Bolquère
Supermarché Casino - R. de la Forêt - 04 68 30 64 20
Permanent
Borne flot bleu 2 €
- Illimité - gratuit
Services :
GPS : E 2.0623 N 42.5145

LE BOULOU
Aire du Boulou
Chemin du Moulin-Nou, à prox. du cimetière - 04 68 87 50 95 - www.tourisme-leboulou.fr
Permanent
30 - 24h - gratuit
Services :
GPS : E 2.83722 N 42.52722

CANET-EN-ROUSSILLON
Aire des Oliviers
Av. de Ste-Marie, Canet Village - 04 68 86 72 00 - Permanent
Borne AireService
45 - Illimité - 15,80 €/j. - borne compris - Paiement :
Services :
GPS : E 3.01058 N 42.70782

COLLIOURE
Aire du Cap Dourats
P2 - rte de Madeloc (sortie 14 en venant de Perpignan) - 04 68 82 05 66 - www.collioure.com

Permanent
Borne artisanale
20 - 24h - 15 €/j. - borne compris
Paiement :
Services :
À 2 km du centre-ville. De mai à mi-sept., navettes gratuites (ttes les 20mn - 10h-20h, 0h en juil.-sept.) jusqu'à l'entrée de Collioure.
GPS : E 3.06861 N 42.52566

ELNE
Aire de Latour-Bas-Elne
Rte de la Mer, D 81 - 04 68 22 39 00 - www.airedestcyprienlatourbaselne.fr
Permanent
Borne artisanale
40 - 72h - 15 €/j.
Services :
Aire agréable.
GPS : E 3.00745 N 42.59991

ILLE-SUR-TÊT
Voir p. 345

MONT-LOUIS
Aire de Mont-Louis
Parking des Remparts - 04 68 04 21 97 - mont-louis.net
Permanent (mise hors gel)
Borne artisanale : gratuit
12 - 24h - 7 €/j. - gratuit hors saison - ouvert à tout véhicule
Services :
GPS : E 2.12278 N 42.50778

VERNET-LES-BAINS
Aire de Vernet-les-Bains
Chemin de la Laiterie, derrière les thermes - 04 68 05 53 25 - mairie-vernet-les-bains.jimdo.com
De déb. mars à mi-nov.
Borne flot bleu 2,50 €
8 - 72h - gratuit
Paiement : jetons (mairie et office du tourisme)
Services :
GPS : E 2.39076 N 42.5429

Campings

Font-Romeu, **Le Boulou** et **Vernet-les-Bains** : voir p. 410 et 411.
Amélie-les-Bains : voir p. 344.

ARGELÈS-SUR-MER
Les Castels Les Criques de Porteils
D 114 - Rte de Collioure - 04 68 81 12 73 - www.lescriques.com
De fin mars à déb. nov. - 247 empl. -
borne eurorelais 6 €
Tarif camping : 50,50 €
(10A) - pers. suppl. 12,30 €
Services et loisirs :
Emplacements ombragés ou plein soleil avec vue panoramique sur la baie d'Argelès-sur-Mer ou sur le vignoble du Roussillon. Accès direct à la plage par un escalier abrupt.
GPS : E 3.06778 N 42.53389

ARLES-SUR-TECH
Le Vallespir
Av. Alzine-Rodogne - 04 68 39 90 00 - www.campingvallespir.com
De mi-mars à mi-nov. - 158 empl. -
borne artisanale
Tarif camping : 27,80 €
(10A)
Services et loisirs :
Autour d'une jolie bâtisse en pierre et brique, beaucoup d'espaces verts pour la détente au bord du ruisseau.
GPS : E 2.65306 N 42.46671

MATEMALE
Le Lac
Rte des Angles, à 150 m du lac - 04 68 30 94 49 - www.camping-lac-matemale.com
De déb. déc. à fin oct. - 120 empl. -
borne artisanale
Tarif camping : 6,50 € 6 €
(6A) 5,80 €
Services et loisirs :
Site agréable de montagne sous une jolie forêt de sapins et un accès direct au village par chemin piétonnier.
GPS : E 2.10673 N 42.58164

Les bonnes adresses de bib

LES ANGLES

Le Coq d'Or – 2 pl. du Coq-d'Or - ✆ 04 68 04 42 17 - www.hotel-lecoqdor.fr - menus 18,50/40 €. Sur la place principale du village, cet hôtel-restaurant est une vraie institution dans le pays. Vaste salle à manger rustique au linge de table coloré, et menus où aucun des plats traditionnels catalans ne fait défaut, des boles de picolat (boulettes de viande à la catalane) aux omelettes aux carriolettes (petits mousserons).

BANYULS-SUR-MER

Le Fanal – 18 av. Pierre-Fabre - ✆ 04 68 98 65 88 - www.pascal-borrell.com - menus 28/88 €. Pascal Borrell sert une cuisine créative et contemporaine élaborée à partir de produits très frais, servis dans un cadre lumineux, face à la mer. Belle carte de vins régionaux.

CÉRET

L'atelier de Fred – 12 r. St-Ferréol - ✆ 04 68 95 47 41 - fermé de mi-déc. à déb. fév., dim. et lun. - formule déj. 23 € - carte 40/50 €. Une « place to be » dans la région ! Le sens de l'accueil de Fred, la cuisine méditerranéenne gorgée de soleil de David, son associé... Tous les ingrédients sont réunis pour passer un bon moment. De plus, la carte est renouvelée régulièrement : une bonne raison de revenir !

COLLIOURE

Maison Desclaux – D914 (carrefour du Christ) - ✆ 04 68 82 05 25 - www.anchoisdesclaux.com - 9h-12h30, 14h-19h. Depuis plus d'un siècle, le savoir-faire se transmet dans cette entreprise familiale. Salle d'exposition (vidéo), démonstration et dégustation. Quatre autres adresses en ville, dont un restaurant, le Bar à anchois (8 r. Pasteur).

Casa Leon – 2 r. Rière - ✆ 04 68 82 10 74 - casa-leon-collioure.fr - fermé dim. soir-lun. - formule déj. 27 € - menu 38 € €. Très apprécié, ce petit restaurant tenu par des passionnés de pêche propose une excellente cuisine de la mer.

FONT-ROMEU

Complexe Casino – 46 av. Emmanuel-Brousse - ✆ 04 68 30 01 11 - www.casino-font-romeu.fr - fermé lun. et mar. (hors sais.) 14h-0h, vend.-sam. 14h-2h. Casino, cinéma, discothèque et restaurant vous attendent dans ce chalet moderne, situé en centre-ville.

La Chaumière – 96 av. Emmanuel-Brousse - ✆ 04 68 30 04 40 - www.restaurantlachaumiere.fr - fermé lun. - formule déj. 19,50 € - menu 35 €. À l'entrée de la station, on ne résiste pas à cette sympathique chaumière où le bois domine. Au menu : une belle sélection de mets catalans et de vins régionaux. Le patron est un amoureux des bonnes choses (viandes de choix, légumes locaux) et a même créé... une cave à jambons !

PERPIGNAN

Les Saisons – 1 r. Camille-Desmoulins - ✆ 04 68 34 50 39 - fermé dim.-lun. et mar. soir - formule déj. 17 € - plats 17/25 €. À deux pas du théâtre, une bonne petite table où se régaler de recettes du marché. Produits frais et préparations maison pour une cuisine 100 % de saison ! Les prix sont doux. Pensez à réserver ou venez tôt, notamment le midi, car les tables sont vite prises d'assaut.

PRADES

Le Galie - 3 av. du Gén.-de-Gaulle - ✆ 04 68 05 53 76 - www.restaurantlegalie.net - fermé dim.-lun., mar. soir et merc. soir - formule déj. 20 € - menus 32/73 €. Ici, inutile de s'attarder au rez-de-chaussée : direction l'étage pour découvrir une salle moderne et confortable, où un jeune couple sympathique nous régale d'une cuisine du marché bien dans l'air du temps. La spécialité du chef ? La fricassée de homard en homardine et son vermicelle de riz...

Offices de tourisme

COLLIOURE

Pl. du 18-Juin - ✆ 04 68 82 15 47 - www.collioure.com.

FONT-ROMEU

Voir p. suivante

PERPIGNAN

Voir p. 407

PRADES

10 pl. de la République - ✆ 04 68 05 41 02 - www.tourisme-canigou.com.

Boîtes d'anchois de Collioure.

LANGUEDOC-ROUSSILLON

STATIONS DE SKI

Les Angles

INFOS PRATIQUES

Av. de Mont-Louis - 04 68 04 32 76 - lesangles.com.

Géolocalisation
GPS : E 2.0831 N 42.5832
Altitude basse : 1600 m
Altitude haute : 2 400 m

Remontées mécaniques
Télésièges : 4   Téléskis : 12
Télécabine : 1   Tapis : 2

45 pistes
Noires : 8   Rouges : 14
Bleues : 9   Vertes : 14

STATIONNEMENT & SERVICES

Aire des Angles-Pla del Mir
Rte du Pla-del-Mir - 04 68 04 42 21 - www.lesangles.com
Permanent
Borne Urbaflux 3 €
50 - Illimité - 11 €/j.
Paiement :
Services :
Navettes gratuites toutes les 15mn pour la station.
GPS : E 2.06746 N 42.56328

Avec ses quelque 600 habitants à l'année et sa capacité d'accueil de plus de 18 000 lits, le village des Angles mêle à merveille tradition et modernité. Tout en préservant l'authenticité d'un village de montagne fier de ses racines catalanes, Les Angles a su développer des activités touristiques de pointe grâce à des équipements ultra sophistiqués et un savoir-faire hors pair. Une télécabine unique sur le massif, une batterie de canons à neige impressionnante et le ballet nocturne des dameuses dernier cri assurent, durant tout l'hiver, des conditions optimales aux amoureux de la glisse qui trouveront ici, outre une quarantaine de pistes de ski alpin, un espace débutant, un snowpark et un domaine nordique d'une centaine de kilomètres de pistes de ski de fond réparties sur le col de La Llose et à La Quillane.

Font-Romeu - Pyrénées 2000

INFOS PRATIQUES

43 av. Emmanuel-Brousse - 04 68 30 68 30 - font-romeu.fr.

Géolocalisation
GPS : E 2.05032 N 42.5135
Altitude basse : 1775 m
Altitude haute : 2 213 m

Remontées mécaniques
Télésièges : 8   Téléskis : 12
Télécabine : 1   Tapis : 3

44 pistes
Noires : 10   Rouges : 8
Bleues : 11   Vertes : 15

STATIONNEMENT & SERVICES

Huttopia Font Romeu
Rte de Mont-Louis - 04 68 30 09 32 - europe.huttopia.com
De mi-mai à mi-sept. - 164 empl. -
borne artisanale 7 € - gratuit pour les clients du camping
Tarif camping : 35,80 € (12A) - pers. suppl. 8,50 €
Services et loisirs :
À 300 m du départ des télécabines, dans un cadre naturel.
GPS : E 2.04667 N 42.50628

Les domaines associés de Font-Romeu et de Pyrénées 2000 s'étagent entre 1775 m et 2 213 m d'altitude, dans un paysage de forêts de pins. Grâce à plus de 500 canons à neige, qui couvrent 93 % de la superficie du domaine, les skieurs ne manquent jamais de neige. Les 44 pistes de ski alpin présentent tous les niveaux, du plateau des Airelles, idéal pour les débutants, au versant des Bouillouses, plus difficile. Les stations de Font-Romeu et de Pyrénées 2000 possèdent par ailleurs l'un des plus grands domaines nordiques des Pyrénées. Plus de cent kilomètres de pistes de ski et de marche en raquettes pour tous les niveaux sont répartis sur 18 boucles. En janvier, Font-Romeu et Pyrénées 2000 accueillent une épreuve de la coupe du monde de ski free style.

STATIONS THERMALES

Le Boulou

INFOS PRATIQUES

Thermes du Boulou
Espace des Thermes - D900 - ☎ 04 68 55 94 95 - www.chainethermale.fr - de déb. mars à fin nov.

Indications
Maladies cardio-artérielles et appareil digestif et métabolisme.

Température de l'eau
16 °C.

STATIONNEMENT & SERVICES

Camping Les Oliviers
Rte d'Argelès - ☎ 04 68 83 12 86 - www.camping-lesoliviers.com - De mi-janv. à mi-déc. - 72 empl.
Tarif camping : 27 €
Services et loisirs :
Avantages et réductions pour les curistes (séjour de 3 sem. et plus) hors juil.-août.
GPS : E 2.84534 N 42.52142

Aire du Boulou
Voir p. 408

Entre Perpignan et la frontière espagnole sur un axe nord-sud, et entre Argelès-sur-Mer et Amélie-les-Bains d'ouest en est, Le Boulou occupe les terres catalanes, entre mer et montagne. L'intérêt historique du Boulou est indéniable, la ville figurant même sur l'Arc de Triomphe pour avoir vaincu l'Espagne en 1794. Le Boulou s'est aussi emparé de ses faits d'armes victorieux et a créé un parcours thématique très instructif. Des temps plus anciens, Le Boulou garde notamment l'église Ste-Marie, reconstruite au 14e s. et fortifiée au 17e s. ; elle marque le centre de l'ancienne *cellera* qui, au Moyen Âge, était en partie protégée par des remparts dont témoigne encore la tour quadrangulaire. L'heure est peut-être venue de mesurer l'intérêt de la région environnante en quittant Le Boulou, pour mieux le retrouver sans doute pour des loisirs toujours bienvenus : baignade en piscine, tennis, détente et jeu au casino ou encore cinéma. Côté plage, Collioure ou Argelès sont tout indiqués pour découvrir la Côte Vermeille. Côté culture et patrimoine, ne manquez ni Perpignan 27 km au nord, où Dalí situait le « centre du monde », ni Figueres, au-delà du col de Perthus, où l'artiste a son musée. Côté nature, le massif des Albères, traversé par de nombreux sentiers vététistes, et la forêt de la Massane, vous tendent les bras. Décidément, la station thermale du Boulou a bien plus à offrir que la qualité de ses eaux.

Vernet-les-Bains

INFOS PRATIQUES

Thermes de Vernet-les-Bains
Chemin de la Laiterie - ☎ 04 68 05 52 84 - www.thermes-vernet.com - de mi-mars à fin nov.

Indications
Rhumatologie, voies respiratoires et ORL.

Température de l'eau
40 à 60 °C.

STATIONNEMENT & SERVICES

Camping L'Eau Vive
Chemin St-Saturnin - ☎ 04 68 05 54 14 - www.leauvive-camping.com
De déb. avr. à fin oct. - 49 empl.
Tarif camping : 27 € (10A) - pers. suppl. 5 €
Services et loisirs :
Dans un site agréable.
GPS : E 2.37789 N 42.5547

Aire de Vernet-les-Bains
Voir p. 408

Avant de partir le long des pentes de l'emblématique massif du Canigou qui règne en majesté, avant de parcourir le parc naturel régional des Pyrénées catalanes qui l'abrite en partie, prenez le temps de découvrir les atouts de cette petite cité, elle n'en manque pas ! D'abord, Vernet prête son cadre extrêmement verdoyant (c'est le premier village-arboretum de France) à une balade agréable, qui n'en est pas pour autant monotone grâce aux boutiques et cafés animés. Ensuite, comme bon nombre de ses consœurs, Vernet a son casino, sauf qu'aussi étonnant que cela puisse paraître, il attire les amateurs de… géologie. Ce haut lieu du jeu abrite en effet un musée riche de plusieurs milliers de pièces, dont des fossiles marins tout à fait exceptionnels. L'heure est venue de partir… Chaussure de marche aux pieds, lancez-vous à l'assaut du pic du Canigou qui s'élève à 2 784 m, ou osez le canyoning et l'escalade. Pensez aussi aux gorges de la Carança : pont de singe et passerelles métalliques y garantissent des émotions fortes en pleine nature. Leur entrée constitue une halte du petit train jaune, à bord duquel les amateurs de loisirs plus relaxants monteront aussi. Si vous en êtes, rendez-vous à Villefranche-de-Conflent, où les remparts se prêtent à une balade rafraîchissante, et laissez-vous porter tranquillement dans des paysages grandioses, non sans passer un moment dans les eaux naturellement chaudes des bains de St-Thomas… qui vous rappelleront sans doute la douceur des bains de Vernet.

La Chaise-Dieu, cloître de l'abbatiale St-Robert.
Ch. Guy/hemis.fr

Auvergne

Au cœur de la France, été comme hiver, le pays des volcans présente au voyageur de nombreux visages : volcans, on l'a dit, mais aussi bocages, forêts, vallées, lacs et rivières, ou encore sources thermales. Dans le massif du Sancy ou dans les monts du Cantal, un environnement naturel exceptionnel se prête à la randonnée, au VTT, à l'équitation et à l'alpinisme... Les lacs volcaniques et les plans d'eau aménagés permettent d'alterner pêche à la truite et baignade.

En hiver, les stations comme Super-Besse ou le Lioran offrent, outre le ski, de multiples activités sportives : raquettes, cascades de glace... Dans le Haut Allier, de nombreuses bases nautiques permettent de pratiquer le canoë-kayak ou le rafting.

Quant aux villes d'eaux comme Chaudes-Aigues, la Bourboule ou Néris-les-Bains, elles ne sont pas réservées aux seuls curistes, mais bien à tous, grâce à leurs espaces ludiques et leurs programmes de remise en forme.

Moins connus, les paysages d'estives du Cézallier avec leurs burons traditionnels recèlent une faune et une flore uniques. Du côté du Bourbonnais, les châteaux et les belles églises romanes permettent de découvrir l'histoire de ce pays tout en rondeurs. Au sud d'Aurillac, la Châtaigneraie cantalienne a conservé ses cités médiévales et une gastronomie authentique. Mieux, c'est toute l'Auvergne qui invite à passer à table avec ses cinq fromages AOC, sa truffade, son pounti ou son jambon. Quintessence de la France profonde, l'Auvergne n'a qu'une ville d'importance, sa capitale Clermont-Ferrand. La ville noire, construite en pierre de lave, est depuis plus d'un siècle le fief du leader mondial du pneu : Michelin.

AUVERGNE

Parc naturel régional des Volcans d'Auvergne.
kodachrome25/Getty Images Plus

LES ÉVÉNEMENTS À NE PAS MANQUER

- **Vichy fête Napoléon III** : 3e w.-end de juin. 300 figurants défilent en costumes, musique d'époque.
- **Coutellia, salon international du couteau d'art et de tradition** à Thiers (63) : mai. Exposition/vente, musique, animations. www.coutellia.fr
- **Fête de l'estive** à Allanche : fin mai. Montée des vaches à l'estive.
- **St-Nectaire en majesté** à St-Nectaire (63) : Pentecôte.
- **Fête de la St-Amable** à Riom (63) : 11 juin ou dim. suivant. Procession des « brayauds » en costume du 17e s.
- **Horizons « Art-Nature » en Sancy** sur le massif du Sancy (63) : de mi-juin à mi-sept. Dix artistes conçoivent chacun une œuvre plastique éphémère sur le massif. www.horizons-sancy.com
- **Festival international de théâtre de rue** à Aurillac (15) : mi-août.
- **Fêtes mariales** au Puy-en-Velay (43) : 15 août, procession de Notre-Dame-du-Puy.
- **Festival viticole et gourmand** à St-Pourçain-sur-Sioule (03) : 3e sem. d'août.
- **Festival de musique** de La Chaise-Dieu (43) : août. www.chaise-dieu.com
- **Fêtes Renaissance du Roi de l'Oiseau** au Puy-en-Velay : sept. Reconstitutions historiques et théâtre de rue. www.roideloiseau.com.
- **Rassemblement international de montgolfières** au Puy-en-Velay (43) : autour du 11 nov. www.montgolfiere-en-velay.fr.

Votre séjour en Auvergne

Circuits №

1. Dans le Bourbonnais
5 jours - 330 km — P 416
2. Les grandes eaux !
4 jours - 285 km — P 420
3. Au pays des volcans et des lacs
7 jours - 290 km — P 424
4. De la Grande Limagne aux monts du Forez
7 jours - 350 km — P 428
5. Au cœur du Cantal
6 jours - 370 km — P 432
6. Le Puy-en-Velay et la Haute-Loire volcanique
6 jours - 380 km — P 436

Étapes

Vichy — P 421
Clermont-Ferrand — P 425

Visite

Moulin Richard de Bas à Ambert — P 429

Randonnées

Puy Mary — P 433
Mont Mézenc — P 437

Stations de ski

Super-Besse — P 440
Le Mont-Dore — P 440
Le Lioran — P 441

Station thermale

La Bourboule — P 441

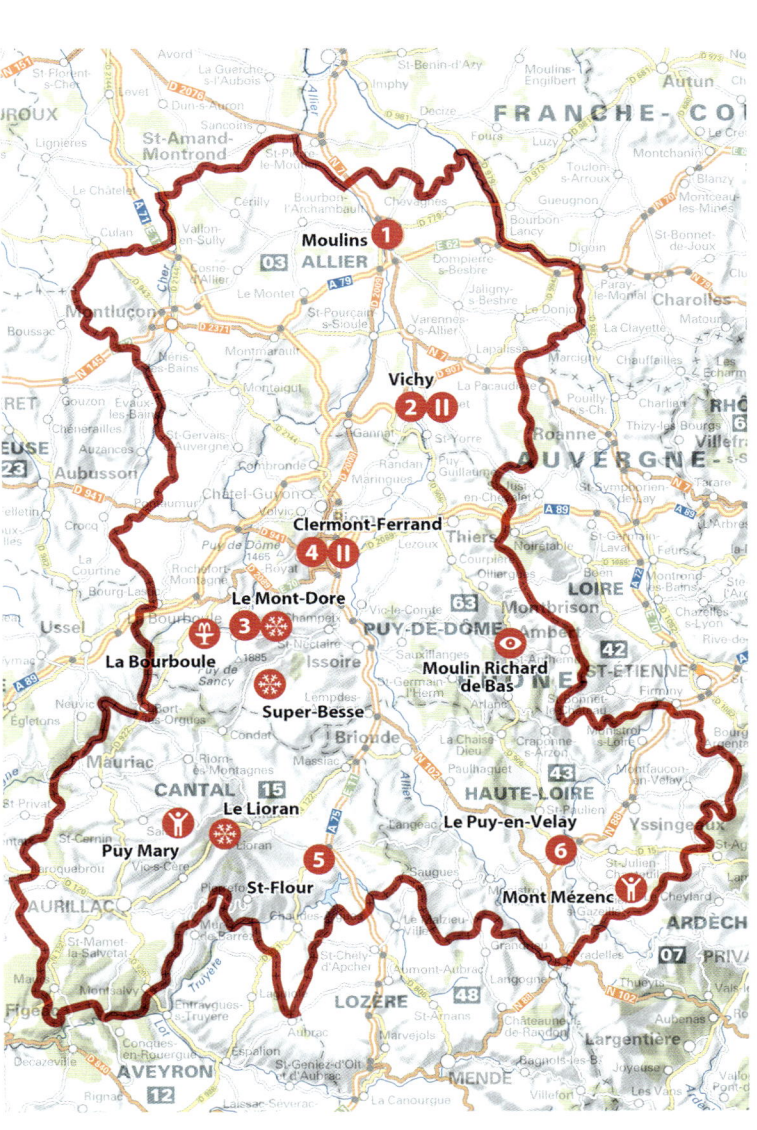

EN COMPLÉMENT, UTILISEZ…

- Le Guide Vert : Auvergne
- Cartes Michelin : Région 522 et Départements 326, 330 et 331

AUVERGNE – CIRCUIT 1
Dans le Bourbonnais

Berceau des puissants seigneurs de Bourbon, cette terre mérite d'être visitée pour ses paysages verts et vallonnés, sa campagne parsemée de châteaux et d'églises romanes, et pour sa capitale, Moulins. Les amateurs de vin, eux, ne manqueront pas St-Pourçain-sur-Sioule et son musée consacré à ce très ancien vignoble, attesté avant l'ère chrétienne…

⭐ **DÉPART :** MOULINS - 5 jours – 330 km

JOUR 1

Moulins : vous voici au cœur de l'ancien duché de Bourbon. Visitez la cathédrale Notre-Dame, qui renferme le célèbre triptyque du Maître de Moulins, et ne ratez pas le musée Anne-de-Beaujeu, installé dans le pavillon de l'ancien palais ducal, ni le musée de la Visitation, unique en son genre, qui présente des pièces du 15e au 21e s. retraçant l'histoire et le patrimoine de cet ordre monastique très présent en France et dans le monde. Musardez un moment dans la ville et visitez sur l'autre rive de l'Allier le remarquable Centre national du Costume et de la Scène installé dans une ancienne caserne de cavalerie. Les expositions thématiques y sont toujours passionnantes, voire exceptionnelles. Quittez Moulins au nord, prenez la N7 et rendez-vous à **Villeneuve-sur-Allier** au château du Riau, typique de l'architecture bourbonnaise. Il a conservé depuis 1584 l'une des plus curieuses granges dîmières que l'on puisse voir en France. Au nord du bourg, allez faire ensuite une promenade dans les allées parfumées de l'**arboretum de Balaine** gardien d'arbres remarquables. Franchissez l'Allier et descendez par les petites routes à **St-Menoux**. Dans son église vous remarquerez de beaux chapiteaux romans ainsi qu'un curieux « débrédinoire » qui a la réputation de guérir les simples d'esprit… Étape dans les alentours.

JOUR 2

Gagnez **Souvigny** où vous apprécierez autant les ruelles que l'ensemble abbatial dont l'église imposante abrite les tombeaux de Louis II de Bourbon et Anne d'Auvergne, ainsi qu'une armoire à reliques étonnante, avant de rejoindre **Bourbon-l'Archambault**. Si les princes avaient leur cour à Moulins, ils prenaient les eaux ici : agréable promenade dans la station thermale et visite du château médiéval. Prenez la D953 via **Ygrande** (belle église romane) pour aller

Bourbon-l'Archambault.

en **forêt de Tronçais**, et profiter pleinement des sous-bois de la futaie Colbert II, peuplée de chênes bicentenaires. Vous n'aurez pas trop du reste de la journée pour parcourir ses chemins forestiers, à pied ou à vélo, et flâner autour des étangs de Pirot, de **St-Bonnet** (baignade possible) et du Saloup.

JOUR 3

Traversez la forêt direction plein sud pour gagner **Hérisson**, petit bourg médiéval lové dans une boucle de l'Aumance et flanqué d'une forteresse en ruine (accès libre toute l'année). La D3 puis la D2144 vous conduisent ensuite à **Montluçon**. Flânez dans la cité médiévale avant de monter au château des ducs de Bourbon, et de visiter le MuPop Music museum qui présente pas moins de 3 500 instruments de musique traditionnels. Quittez Montluçon au sud par **Néris-les-Bains** puis prenez la D998 via **Commentry** pour rejoindre **Ébreuil** dans la vallée de la Sioule, charmant village où se dresse, jouxtant une belle halle, l'église St-Léger vraiment digne d'intérêt. Voyez les vantaux de son portail avec ferrures du 12e s. appliquées sur peau teintée en rouge, puis à l'intérieur ses fresques médiévales des 12e et 15e s. ainsi que la chasse de St-Léger en bois recouvert de cuivre argenté.

JOUR 4

Charroux, qui a gardé ses portes anciennes, mérite une halte. Le village conserve un beau patrimoine : vestige de remparts, vieux puits, maisons médiévales et rues pavées. Il est aussi connu par les gastronomes pour sa moutarde à l'ancienne utilisée par les plus grands chefs. Ainsi, rue de la Poulaillerie, les Huiles et Moutardes de Charroux, porte loin cette très ancienne tradition. Un peu plus au nord, à **Chantelle**, l'abbaye occupée par une communauté de sœurs dispose d'une boutique de produits monastiques dont leur propre production de savon, eau de toilette, cosmétique... Gagnez à présent St-Pourçain-sur-Sioule, en faisant un crochet par **Saulcet** et son église aux belles fresques murales. À **St-Pourçain-sur-Sioule**, rendez-vous au musée de la Vigne et du Terroir. Prenez aussi le temps de déguster son célèbre blanc parfumé dans l'une des caves de la région. Quittez St-Pourçain par le sud-est (D130) pour aller à l'**ancienne abbaye St-Gilbert** au nord de St-Didier-la-Forêt. Son chauffoir et sa salle capitulaire forment un ensemble intéressant. Rejoignez **Billy** (D130). Vous apprécierez l'histoire de son château devenu prison royale, et la vue que l'on embrasse depuis la tour des remparts.

JOUR 5

Via St-Germain-des-Fossés, gagnez **Lapalisse** dominé par la silhouette de son château. Salon de réception, bibliothèque, salon des médailles et Salon doré font tout l'attrait du château de monsieur de La Palice. Repartez par la D480 en longeant le val de Besbre jusqu'à **Jaligny-sur-Besbre**, où flotte encore le parfum rustique de la soupe aux choux (le régal de l'écrivain René Fallet). Passez l'après-midi au parc d'attractions Le PAL à **Dompierre-sur-Besbre**. Mais avant d'y arriver, promenez-vous dans le beau parc du **château de Thoury**, en grès rose, qui date du Moyen Âge.

LE CONSEIL DU BIB

L'été, des guides naturalistes proposent des randonnées en forêt de Tronçais. Rens. à Cap Tronçais, à St-Bonnet-Tronçais (📞 04 70 09 00 23).

AUVERGNE – ADRESSES CIRCUIT 1

Aires de service & de stationnement

BILLY
Aire stationnement de Billy
Pl. de l'Ancien-Marché -
04 70 43 50 14 - Permanent
6 - Illimité - gratuit
Services :
GPS : E 3.43049 N 46.23582

BOURBON-L'ARCHAMBAULT
Aire de Bourbon-l'Archambault
Rocade D 953 - 04 70 67 11 89
Permanent
Borne flot bleu : gratuit
- Illimité - gratuit - Services :
GPS : E 3.06638 N 46.58367

COMMENTRY
Aire de Commentry
R. des Platanes - 04 70 08 33 46
Permanent (mise hors gel)
Borne AireService : gratuit
4 - Illimité - gratuit
GPS : E 2.76049 N 46.28982

ÉBREUIL
Voir le circuit suivant

ESTIVAREILLES
Aire d'Estivareilles
R. de la République - 04 70 06 00 55 - Permanent (mise hors gel)
Borne artisanale : gratuit
5 - 24h - gratuit - parking salle polyvalente - Services :
GPS : E 2.61538 N 46.42487

LAPALISSE
Aire de Lapalisse
Pl. Jean-Moulin - 04 70 99 00 86
Permanent
Borne eurorelais 2 € 2 €
20 - Illimité - gratuit
Paiement : jetons (office de tourisme, piscine et camping)
Services :
GPS : E 3.63511 N 46.24997

MONTLUÇON
Aire de Montluçon
Pl. de la Fraternité - 04 70 05 11 44
Permanent (mise hors gel ; marché jeu.)

Borne eurorelais 5 € 2,50 €
15 - 72h - gratuit
Paiement :
Services :
GPS : E 2.58616 N 46.3551

MOULINS
Aire de Moulins
Chemin de Halage, rte de Clermont-Ferrand (D 2009) - 04 70 44 14 14
Permanent
Borne flot bleu 2 € 2 €
90 - - Illimité - 4 €/j.
Paiement : jetons (sur place)
Services :
GPS : E 3.32469 N 46.55833

ST-BONNET-TRONÇAIS
Aire de St-Bonnet-Tronçais
Rte de Tronçais et r. de l'Étang, parking du stade municipal -
04 70 06 10 22
Permanent (mise hors gel)
Borne artisanale : 2 €
20 - Illimité - gratuit
Paiement : jetons (tabac-presse r. de la Mairie)
Services :
GPS : E 2.69721 N 46.66022

ST-POURÇAIN-SUR-SIOULE
Aire de St-Pourçain-sur-Sioule
R. des Bêthères - 04 70 35 13 69
Permanent -
Borne flot bleu : 8 €
73 - - 48h - gratuit
Paiement :
Services :
GPS : E 3.29666 N 46.31222

VILLEFRANCHE-D'ALLIER
Aire de Villefranche-d'Allier
Av. du 8-Mai-1945, près des installations sportives -
04 70 07 40 35
Permanent -
Borne artisanale 2 €
4 - Illimité - gratuit
Paiement : jetons (mairie)
Services :
GPS : E 2.85672 N 46.395

Campings

DOMPIERRE-SUR-BESBRE
Municipal Les Bords de Bresbre
La Madeleine - 04 70 34 55 57 -
www.mairie-dsb.fr
De mi-mai à mi-sept. - 67 empl. -
borne artisanale 2,50 €
Tarif camping : 4 € 3,50 € 4 €
(10A) 5 €
Services et loisirs :
À 7 km du parc animalier Le PAL.
GPS : E 3.68289 N 46.51373

LAPALISSE
Municipal La Route Bleue
R. des Vignes - 04 70 99 26 31 -
www.lapalisse-tourisme.com
De déb. avr. à fin sept. - 64 empl. -
borne eurorelais
Tarif camping : 16 €
(10A) - pers. suppl. 3,50 €
Services et loisirs :
Beaux emplacements ombragés. Chemin piétonnier pour le centre-ville.
GPS : E 3.6395 N 46.2433

NÉRIS-LES-BAINS
Municipal du Lac
R. Marx-Dormoy - 04 70 03 24 70 -
www.campingdulac-neris.com
De fin mars à fin oct. - 57 empl. -
borne raclet
Tarif camping : 12,80 €
(6A) - pers. suppl. 6 €
Services et loisirs :
Beaux emplacements en terrasses. Tarifs pour les curistes.
GPS : E 2.65174 N 46.28702

ST-BONNET-TRONÇAIS
Le Champ Fossé
1 r. du Champ-Fossé -
04 70 06 11 30 -
www.campingstroncais.com
De déb. avr. à fin oct. - 111 empl. -
Tarif camping : 28,25 €
(16A) - pers. suppl. 7,60 €
Services et loisirs :
Belle situation bien ombragée au bord du lac de St-Bonnet et de la petite base de loisirs.
GPS : E 2.68841 N 46.65687

Les bonnes adresses de bib

BILLY

Auberge du Pont – 1 rte de Marcenat - 04 70 43 50 09 - www.auberge-du-pont-billy.fr - fermé dim.-lun. - formule déj. 22 € - menus 35/70 €. Les fidèles se pressent à ses portes, en quête d'une cuisine du marché goûteuse, réalisée par un chef plein d'entrain. Si le temps le permet, installez-vous sur la terrasse ombragée, qui surplombe l'Allier... Une certaine définition du bonheur.

BOURBON-L'ARCHAMBAULT

Casino de Bourbon-l'Archambault – ZA du Pont des Chèvres - 04 70 67 15 39 - www.casino-bourbon-larchambault.fr - 9h-1h, vend.-sam. 9h-3h. Le casino offre aux amateurs de jeux une salle de boule, une salle de grands jeux (roulette anglaise et black-jack) et une salle de machines à sous. Il se complète d'un cinéma et d'un restaurant de 100 couverts. Activités culturelles, artistiques et festives.

CHARROUX

Voir le circuit suivant

ÉBREUIL

Voir le circuit suivant

ESTIVAREILLES

Hostellerie Le Lion d'Or – 3 r. de la République - 04 70 06 00 35 - www.hotel-leliondor.net - fermé dim. soir, lun. soir et mar. midi - menus 32/62 €. La simple étape que l'on imagine pour une hostellerie de campagne « classique » se transforme au Lion d'Or en un charmant repas champêtre : salle à manger de caractère avec poutres apparentes, parquet en épis, hautes fenêtres à petits carreaux et terrasse donnant sur un parc arboré agrémenté d'un étang.

LAPALISSE

Hôtel restaurant Galland – 20 pl. de la République - 04 70 99 07 21 - www.hotelgalland.fr - fermé 3 sem. en janv. - formules 18/20 € - menus 24/30 €. Régalez-vous de plats au goût du jour dans cette élégante salle à manger contemporaine égayée de tons pastel.

MONTLUÇON

Le Grenier à Sel – Pl. des Toiles - 04 70 05 53 79 - www.legrenierasel.com - fermé sam. midi, dim. soir et lun. hors juil.-août - menus 25,50/39,50 €. Demeure de charme du 15e s. au cœur de la cité médiévale. Décoration raffinée dans l'élégante salle à manger. Profitez de la terrasse, un petit coin de paradis. Cuisine créative.

MOULINS

Le Grand Café – 49 pl. d'Allier - 04 70 44 00 05 - legrandcafe-moulins.fr - menus 17,50/42 €. Construit en 1899, ce café recèle une fresque grandiose à la gloire de Gambrinus, le dieu de la Bière, et d'immenses miroirs. C'est ici que Gabrielle Chanel aurait acquis son surnom de Coco en chantant *Qui qu'a vu Coco au Trocadéro* du haut du balcon. La spécialité, l'entrecôte de bœuf – salers, aubrac, charolaise ou limousine selon arrivage.

NÉRIS-LES-BAINS

Les Nériades – Pl. des Thermes - 04 70 03 11 11 - www.neriades.com - 10h-13h, 14h30-20h, (19h mar., jeu. et dim.) - 22/158 €. Ce Spa thermal ultramoderne de 1000 m² propose des prestations de balnéothérapie en eau thermale, de bien-être et d'esthétique.

ST-POURÇAIN-SUR-SIOULE

Union des Vignerons – 3 r. de la Ronde - 04 70 45 42 82 - cave-saintpourcain.fr - 8h30-12h30, 13h30-18h30 - fermé dim. Cette coopérative réunit près de 60 vignerons. Son produit phare est la Ficelle, vin aux arômes de fruits rouges. Possibilité de visiter les caves des vignerons, avec dégustation.

Offices de tourisme

MONTLUÇON

67 ter bd de Courtais - 04 70 05 11 44 - www.valleecoeurdefrance.fr.

MOULINS

11 r. François-Péron - 04 70 44 14 14 - www.moulins-tourisme.com.

Forêt de Tronçais, chênes Les Jumeaux, datant du début du 17e s.

AUVERGNE – CIRCUIT 2
Les grandes eaux !

Vous êtes plutôt Vichy-Célestins ou St-Yorre ? Vous devriez le savoir au terme de cette escapade au cœur de l'Auvergne des sources minérales et des villes d'eaux. Les stations thermales offrent à leurs visiteurs des activités diverses qui en font des lieux de vacances très agréables, attirant autant les touristes que les curistes... Nul besoin d'une ordonnance ou d'un mal de dos !

★ **DÉPART :** VICHY - 4 jours – 285 km

JOUR 1

À **Vichy** (voir l'encadré p. ci-contre), vous passerez la matinée dans le quartier thermal où se mêlent les styles architecturaux Second Empire et Art nouveau. Vous verrez ces grands hôtels qui, à la Belle Époque, recevaient des hôtes prestigieux, et vous musarderez dans les galeries commerçantes, sans oublier de goûter aux pastilles acidulées, vendues dans leur boîte au décor rose ou bleu. Vous flânerez dans le parc des Sources et les parcs d'Allier. Profitez des thermes pour passer un après-midi de détente en vous offrant massages et bains bouillonnants. Terminez votre journée au casino ou en assistant à un spectacle donné dans le bel opéra de Vichy.

JOUR 2

Partez au nord-ouest, traversez l'Andelot, puis la Sioule. Prenez la D36 qui mène à **Étroussat**, et admirez les vitraux modernes de son église. Par la D42, rejoignez **Charroux**, beau village fortifié célèbre pour sa moutarde ! Gagnez, au sud, **Ébreuil**, et ne ratez pas l'église et ses fresques médiévales. La D915 mène vers les gorges de la Sioule : attention, la route est sinueuse ! Elle vous mènera à l'entrée des gorges de **Chouvigny** et de son impressionnant château, puis au pont médiéval de Menat. Faites une halte à **Menat** pour visiter son musée de Paléontologie et son église. Sur la D109, remarquez au passage les ruines romantiques de Château-Rocher.

JOUR 3

Quittez les gorges. La D12 mène à **Gannat**. Vous visiterez son musée, qui contient un superbe évangéliaire médiéval, et Paléopolis, où vous apprendrez tout sur la création du monde et la vie sur Terre. Par la N9, poursuivez jusqu'à **Aigueperse**, dont la collégiale renferme de belles peintures. Après avoir visité le **château d'Effiat** (sur la D984), vous vous rendrez par la D93 jusqu'au **domaine royal de Randan** pour vous

Vichy, centre thermal des Dômes.

perdre, avec plaisir, dans le grand parc du château. Gagnez ensuite la D63 au sud, passez par Ris et allez à **Châteldon** dont la fameuse eau minérale se retrouve sur les plus grandes tables françaises ! Profitez d'un moment de pleine nature en vous rendant, à l'est par la D63, à la grotte des Fées (**Ferrières-sur-Sichon**), puis longez le Sichon jusqu'au rocher St-Vincent. Tournez à droite, à **Lavoine** : son « horloge à billes et à eau » vous donnera l'heure ; et s'il vous reste assez de temps, visitez le musée du Bois, de la Forêt et de la Scierie à eau.

JOUR 4

Rendez-vous au **Gué de la Chaux** pour vous laisser surprendre par sa tourbière, puis, en pleine Montagne bourbonnaise, vous découvrirez les charmes des monts de la Madeleine en forêt de l'Assise à la Loge des Gardes. Par la D177 puis la D47, vous filez expérimenter la Route magique. La D147 et la D120 vous mènent jusqu'à **La Pierre-Charbonnière** : admirez la belle vue sur la région. Gagnez le village de **Châtel-Montagne** et visitez sa très belle église romane. Vous repartez au sud jusqu'au **Mayet-de-Montagne**. Le **château de Busset**, berceau des Bourbon, sera votre prochaine étape. Non loin de là, à **St-Yorre**, vous pourrez consommer de la st-yorre sur place ! Regagnez Vichy au nord en passant par les « souterrains » de **Cusset**.

ÉTAPE 11

Vichy

OFFICE DE TOURISME

19 r. du Parc -
04 70 98 71 94 -
vichymonamour.fr.

STATIONNEMENT & SERVICES

Parking conseillé
Au niveau du stade Darragon : gratuit - 24h max.

À Bellerive-sur-Allier : camping Riv'Air Camp
60 r. Claude-Decloître - 04 70 32 26 85 -
www.camping-beaurivage.com
Permanent
Borne artisanale
39 - Illimité - 12,50 €/j. - borne compris
Paiement :
Services :
Idéal pour la visite de Vichy, au bord de l'Allier.
GPS : E 3.43114 N 46.11501

Cette grande agglomération auvergnate possède des arguments de poids pour attirer les visiteurs, et les retenir. Nul besoin de forcer votre talent pour vous rendre compte de la beauté architecturale de la ville ; un simple regard autour de vous suffira pour remarquer les édifices qui jalonnent Vichy et rappellent la splendeur de la « reine des villes d'eau » : villas Belle Époque, chalets Second Empire sur les bords de l'Allier, maisons à pans de bois dans la vieille ville, Opéra Art nouveau… Vous l'aurez compris, la promenade est intéressante en elle-même, mais elle peut l'être plus encore si vous vous fixez un but en puisant, par exemple, dans les quelques propositions qui suivent : pause détente dans les parcs verdoyants le long de l'Allier ou lèche-vitrine dans le quartier piétonnier, conçu pour le plaisir du badaud. Si vous êtes amateur de culture, profitez-en pour découvrir l'un des quatre musées de la ville et, en soirée, dénichez un spectacle à votre goût puisé parmi les opéras, pièces de théâtre, concerts et opérettes donnés à l'Opéra. Dans un tout autre genre, assister à une course hippique – elles sont très fréquentes –, fouler le gazon d'un *practice* de golf, se rafraîchir dans l'Allier ou y faire du ski nautique, s'asseoir à la table d'un casino sont aussi des opportunités pour passer un bon moment à Vichy. Ce haut lieu du thermalisme réussit ainsi à valoriser son patrimoine et son histoire tout en proposant des activités toujours plus nombreuses. Et vous, quel sera votre programme ?

AUVERGNE – ADRESSES CIRCUIT 2

Aires de service & de stationnement

AIGUEPERSE

Aire d'Aigueperse
Pl. du Champ-de-Foire - 04 73 86 89 80 - www.aigueperse.fr
Permanent (fermé fin août pdt la fête patronale)
Borne eurorelais 2 €
15 - Illimité - gratuit
Paiement : CC
Services :
GPS : E 3.20313 N 46.02634

ÉBREUIL

Aire du camping des Nières
R. des Nières, près du camping municipal - 04 70 90 70 60 - camping-sioule.fr
De mi-avr. à fin sept.
Borne eurorelais 3 €
Paiement : CC
Services :
GPS : E 3.08111 N 46.11083

RANDAN

Aire de Randan
R. du Puy-de-Dôme, D 59 - 04 70 56 12 02
Permanent

Borne eurorelais 2 €
5 - Illimité - gratuit
Paiement : jetons (maison de la Presse, bureau de tabac)
Services :
GPS : E 3.35115 N 46.01629

ST-ÉLOY-LES-MINES

Aire du plan d'eau
Pl. Jacques-Magnier - 04 73 85 08 24 - www.sainteloylesmines.fr
Permanent
Borne artisanale 2 € 2 €
50 - 48h - gratuit
Services :
Agréable aire au bord d'un plan d'eau.
GPS : E 2.83676 N 46.15585

ST-RÉMY-DE-BLOT

Aire de stationnement de St-Rémy
Au bourg - 04 73 97 97 73 - www.saintremydeblot.fr
Permanent (mise hors gel)
Borne artisanale : gratuit
2 - Illimité - gratuit
Services :
Accès piétonnier au château Rocher.
GPS : E 2.93139 N 46.07722

Campings

ABREST

La Croix St-Martin
99 av. des Graviers - 04 70 32 67 74 - www.camping-vichy.com
De déb. avr. à fin sept. - 91 empl.
borne artisanale
Tarif camping : 29,90 €
(10A) - pers. suppl. 6,20 €
Services et loisirs :
Emplacements ombragés le long du chemin pédestre et VTT qui longe l'Allier.
GPS : E 3.44012 N 46.10819

BELLERIVE-SUR-ALLIER

Voir p. précédente

GANNAT

Municipal Le Mont Libre
10 rte de la Batisse - 04 70 90 12 16 - www.camping-gannat.fr
De déb. avr. à fin oct. - 60 empl.
borne artisanale
Tarif camping : 22 €
(10A) - pers. suppl. 4,80 €
Services et loisirs :
Beaux emplacements en terrasse et vue panoramique sur la vallée.
GPS : E 3.19403 N 46.0916

PUY-GUILLAUME

Municipal de la Dore
86 r. Joseph-Claussat - 04 73 94 78 51 - www.puy-guillaume.fr
Permanent - 96 empl.
borne flot bleu
Tarif camping : 16,40 €
(10A)
Services et loisirs :
Préférer les emplacements les plus éloignés de la route.
GPS : E 3.46623 N 45.96223

ST-RÉMY-SUR-DUROLLE

Révéa Les Chanterelles
710 rte de la Chaponnière - 04 73 94 31 71 - camping-leschanterelles.com
De déb. avr. à déb. oct. - 100 empl.
Tarif camping : 27 €
(6A) - pers. suppl. 7 €
Services et loisirs :
À proximité d'un plan d'eau.
GPS : E 3.59918 N 45.90308

Châteldon.

lucentius/Getty Images Plus

Les bonnes adresses de bib

AIGUEPERSE
Maison Vernet – 154 Grande-Rue - ℘ 04 73 63 61 85 - 7h-19h - fermé dim.-lun. Cette pâtisserie-chocolaterie, créée au milieu du 19e s., avait été rachetée en 1933 par la famille Vernet, d'où son nom. Depuis 2015, c'est Stéphane Barthoux qui a repris les commandes. Il élabore toujours les spécialités qui ont fait la renommée des lieux : les délicieuses pralines à l'ancienne et les massepains moelleux et fondants.

CHARROUX
Ferme St Sébastien – Chemin de Bourion - ℘ 04 70 56 88 83 - www.restaurant-la-ferme-saint-sebastien-charroux.fr - fermé Fermé dim. soir-mar. sf juil.-août - formule déj. 21/28 € - menus 34/49 €. Cette ferme bourbonnaise réhabilitée abrite une coquette salle à manger. Cuisine au goût du jour fleurant bon le terroir.

Huiles et Moutardes de Charroux – R. de la Poulaillerie - ℘ 04 70 56 87 61 - www.huiles-et-moutardes.com - 14h30-18h - fermé lun. sf juil.-août. Depuis près de trois décennies, la famille Maenner produit avec un matériel centenaire de l'huile de noix et de noisettes. Également la fameuse moutarde de « Charroux » à l'ancienne en broyant encore les graines à la meule de pierre, du chutney de moutarde.

CHÂTEL-MONTAGNE
Le 16 Arts – 1 r. Julien Charpentier - ℘ 04 70 59 30 69 - 8h-18h - fermé lun. - formule du j. 18 € - menus 26/45 €. Produits locaux, la plupart bio (lentilles, agneau, myrtilles, etc.), sont à l'affiche des plats alléchants de ce sympathique restaurant situé en face de la belle église du village.

ÉBREUIL
Aqua Canoë – ℘ 07 60 84 78 90 - www.canoe-sioule.com - tlj juil.-août ; reste de l'année : se rens. - à partir de 22 €. Descente de la Sioule en canoë depuis Menat, St-Gal (Chouvigny) jusqu'à Ébreuil. Propose aussi la pratique du rafting.

EFFIAT
Le Cinq-Mars – 16 r. Cinq-Mars - ℘ 04 73 63 64 16 - menus 26/48 €. Cet ancien café-épicerie reconverti en restaurant se trouve au centre du village, près du château du bouillant marquis de Cinq-Mars. C'est « la » bonne petite adresse du coin. Au menu : cuisine traditionnelle agrémentée de suggestions régionales.

PUY-GUILLAUME
Fromagerie L'artisanale de Ris – 9 r. La Boire - Ris-Gare - ℘ 04 73 94 13 14 - www.fromagerie-lartisanalederis.fr - 8h-19h - fermé dim. Une quinzaine de fromages sont produits et affinés sur place. Également une sélection de produits régionaux (miel, vins…).

VICHY
Les Caudalies – 7/9 r. Besse - ℘ 04 70 32 13 22 - www.les-caudalies-vichy.fr - fermé dim. soir.-lun. et merc. soir - formules déj. 27/31 € - menus 37,50/55 €. Dans la rue natale d'Albert Londres, on déguste une cuisine traditionnelle au goût du jour dans une salle à manger redécorée. Goûtez la spécialité : le paris-brest à la nougatine.

Aux Marocains – 33 r. Georges-Clemenceau - ℘ 04 70 98 30 33 - www.auxmarocains.com - tlj sf lun. 9h45-12h30, 14h30-19h, dim. 10h30-12h30, 15h-19h. Cette confiserie au décor luxueux garde le secret de la fabrication du marocain, caramel mou dans un caramel dur, recette mise au point dans les années 1920. Vous trouverez aussi des fruits confits, des sucres d'orge, des chocolats…

Offices de tourisme

CHARROUX
20 Grande-Rue - ℘ 04 70 56 87 71 - www.valdesioule.com.

GANNAT
La Halle, Champ de Foire - ℘ 04 70 90 17 78 - www.valdesioule.com.

VICHY
Voir p. 421

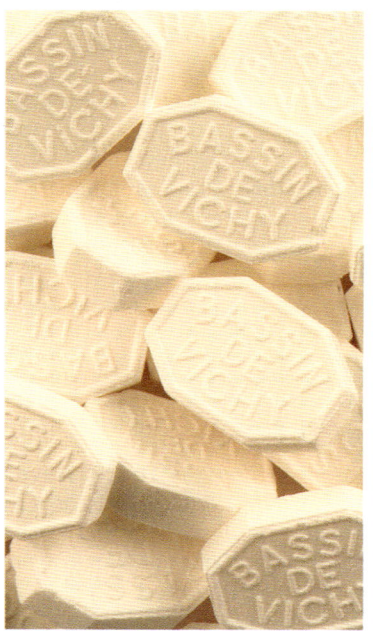

Pastilles Vichy.

AUVERGNE – CIRCUIT 3
Au pays des volcans et des lacs

L'Auvergne est un véritable musée du volcanisme à ciel ouvert. Tout, dans ce pays d'eau et de petites montagnes, rappelle la lutte que les éléments se sont livrés pendant des milliers d'années. Les coulées de lave ont laissé leur trace, tant dans le paysage que dans l'architecture locale où, façonnée par l'homme, la pierre de lave est omniprésente.

DÉPART : LE MONT-DORE - 7 jours – 290 km

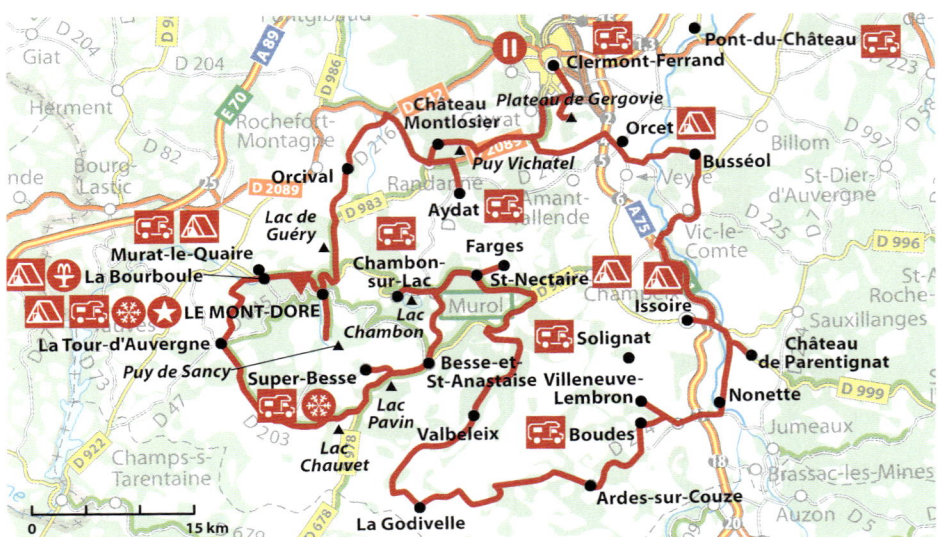

JOUR 1

Curiste ou promeneur de passage, gagnez le **puy de Sancy** pour la vue qu'il vous réserve et pour vous enivrer d'air pur ! Ne négligez pas pour autant la ville du **Mont-Dore** : établissement thermal ou station de ski, il y en a pour tous les goûts et les saisons (voir l'encadré p. 440). **La Bourboule**, par la D996, vous surprendra aussi (voir l'encadré p. 441). Quittez la ville par la D88 pour vous rendre à **Murat-le-Quaire** : le scénomusée de la maison de La Toinette (avec la grange de Julien) est l'un des plus beaux de la région.

JOUR 2

Rendez-vous à la **Tour-d'Auvergne** par la D129 : son histoire est liée à celle de la France ! Poursuivez entre monts Dore et Artense par la D203. Faites une halte au **lac Chauvet** avant de vous rendre au mystérieux **lac Pavin** ou à la station de **Super-Besse** (voir p. 440). La D978 vous mènera jusqu'à **Besse-et-St-Anastaise**, aux charmes incontestables. Prenez la D5 puis, à gauche, la D996 jusqu'au superbe **lac Chambon**.

JOUR 3

Revenez sur vos pas, en suivant la D996, pour gagner **St-Nectaire**. Joyau de l'art roman auvergnat, son église mérite plus qu'un simple détour : prenez le temps d'une visite guidée. Rendez-vous ensuite par la D150, aux Mystères de **Farges**, qui vous réserve bien des surprises ! Vous en profiterez pour déguster le sublime fromage de la ferme Bellonte.

JOUR 4

La D26 longe les **gorges de Courgoul** jusqu'à **Valbeleix**. Admirez la vue au belvédère de la roche Nité. Gagnez ensuite **La Godivelle** par la D32 et partez dans la réserve des Sagnes pour découvrir lacs et tourbières. Au cœur du Cézallier, suivez la vallée de

Clermont-Ferrand, chevet de Notre-Dame-du-Port.

Rentières par la D36 jusqu'à **Ardes-sur-Couze**, doté d'un parc animalier. Finissez la journée par le village vigneron de **Boudes**, par la D214.

JOUR 5

Gagnez le **château de Villeneuve-Lembron** par la D125. Après St-Germain, traversez l'autoroute pour découvrir le village perché de **Nonette**. Prenez la D722 jusqu'au **château de Parentignat** et flânez dans son parc après la visite. Finissez la journée à **Issoire** en musardant dans ses rues, et visitez son abbatiale, autre merveille de l'art roman auvergnat.

JOUR 6

Quittez la ville pour découvrir le **château de Busséol**, au joli jardin suspendu. Partez ensuite à l'assaut du **plateau de Gergovie**, en prenant la direction de la Roche Blanche. Le musée de la bataille de Gergovie vous dévoilera tout sur Vercingétorix et la fameuse bataille ! Quittez le site pour aller à **Clermont-Ferrand**. Visitez la ville (voir l'encadré ci-contre).

JOUR 7

La N89 vous conduit au **lac d'Aydat**. Après une promenade sur les bords du lac, reprenez la route. La Maison du parc des Volcans se trouve non loin, dans le **château Montlosier**, d'où vous pourrez grimper sur le **puy de Vichatel** : belle vue sur les puys alentour, le lac d'Aydat et les monts Dore. La D216 vous mène à **Orcival**. Important lieu de pèlerinage, sa superbe basilique romane fait partie des églises majeures d'Auvergne. La D983 vous ramène au Mont-Dore. Arrêtez-vous en chemin au **lac de Guéry** à proximité duquel s'élèvent les roches Tuilière et Sanadoire.

ÉTAPE 11

Clermont-Ferrand

OFFICE DE TOURISME

Pl. de la Victoire - 04 73 98 65 00 - www.clermontauvergnetourisme.com.

STATIONNEMENT & SERVICES

Aire de Clermont-Ferrand Les Pistes
349 r. de la Fontaine-de-la-Ratte - 04 73 24 99 88 - www.t2c.fr/parc-relais-les-pistes - Permanent
Borne 2 €
10 - Illimité - 8 €/j. - borne compris
Paiement :
Tramway pour le centre-ville.
GPS : E 3.11288 N 45.79805

Ouverte sur les volcans, Clermont-Ferrand conjugue les attraits de la ville et de la splendide campagne environnante. Richesse du patrimoine et rayonnement culturel, dynamisme industriel et universitaire comptent parmi les atouts de cette cité, aujourd'hui métamorphosée. Le **vieux Clermont** est bâti sur une légère butte, vestige de l'un des trois cônes volcaniques qui s'étendaient jadis jusqu'à l'entrée de Chamalières. Flânez dans ses rues et ses vrais trésors vous seront révélés : hôtels particuliers, petites cours, fontaines baroques, façades ouvragées, balustrades, tourelles d'escalier... Passez par la fameuse **place de la Jaude** : composée d'un grand parvis de basalte au nord et prolongée par une vaste esplanade de granit, elle est traversée par une ligne d'eau de 26 fontaines résurgentes et entourée de nombreuses terrasses de café. Puis flânez jusqu'à la **cathédrale N.-D.-de-l'Assomption**, bâtie dans le style gothique rayonnant en pierre volcanique de Volvic. À l'intérieur, ne manquez pas les superbes vitraux (12e-20e s.). Faites également un tour à la basilique N.-D.-du-Port, remarquable église romane du 12e s., qui a conservé une belle unité de style. Son chœur, surélevé, est entouré d'un déambulatoire sur lequel s'ouvrent quatre chapelles rayonnantes. Un éclairage met en valeur les chapiteaux, qui comptent parmi les plus célèbres de l'art roman auvergnat.
Puis dirigez-vous vers le **quartier historique de Montferrand**, l'un des plus anciens secteurs sauvegardés de France, avec quelque 80 maisons anciennes. Les **musées** de la ville devraient aussi retenir votre attention : ils abordent des sujets très divers comme la photographie, l'archéologie, l'art, l'art textile et l'histoire naturelle. Vous trouverez sûrement votre bonheur !
Enfin, on ne saurait parler de Clermont-Ferrand sans citer **Michelin**, qui propose, à son siège, la Serre Michelin consacrée aux secrets de l'hévéa. Sur son site de Cataroux, L'aventure Michelin présente l'histoire, l'actualité et les innovations du groupe. La mise en scène, originale, interactive et riche en anecdotes passionnantes, réserve de nombreuses surprises.

AUVERGNE – ADRESSES CIRCUIT 3

Aires de service & de stationnement

AYDAT

Aire du lac d'Aydat
8 r. du Stade - 📞 04 73 79 37 15 -
www.aydat.fr
Permanent (mise hors gel)
Borne Urbaflux
47 ⊞ - 14,20 €/j. - borne compris
Paiement : CC
Services : WC 🛒 ✕ 📶
À 200 m du lac.
GPS : E 2.97694 N 45.66035

BOUDES

Aire de la vallée des Saints
Rte de St-Germain - Permanent -
Borne 2 €
11 ⊞ - Illimité - gratuit
Paiement : CC
Services : WC
Au départ des randonnées
de la vallée des Saints. Sanitaires.
GPS : E 3.1868 N 45.4569

CHAMBON-SUR-LAC

Aire de Chambon
Chemin de Pétary,
à l'entrée du camping les Bombes -
📞 01 83 64 69 21 - Permanent
Borne AireService
58 ⊞ - 24h - 14,72 €/j.
Services : 📶
Le long du ruisseau La Couze.
Plage du lac Chambon à 100 m.
GPS : E 2.92959 N 45.57167

CLERMONT-FERRAND

Voir page précédente

LE MONT-DORE

Aire d'accueil des Crouzets
Au camping des Crouzets -
📞 04 73 65 21 60 -
www.sancy.com
Permanent (mise hors gel)
Borne artisanale
110 ⊞ - Illimité - 13,50 €/j. - borne compris
Paiement : CC
Services : WC 🛒 ✕ 📶
Navettes gratuites pour la station
de ski ou pour les thermes.
GPS : E 2.80385 N 45.57728

Parking du téléphérique du Sancy
4 av. des Crouzets -
📞 04 73 65 21 60
Permanent
Borne flot bleu 2 €
100 ⊞ - Illimité - 13,50 €/j.
Paiement : CC
Services : WC 🛒 ✕
GPS : E 2.80391 N 45.57707

MURAT-LE-QUAIRE

**Camping-car Park
Les Rives du Lac**
Rte de la Banne d'Ordanche -
📞 01 83 64 69 21 -
www.campingcarpark.com
Permanent (mise hors gel)
Borne AireService
37 ⊞ - Illimité - 13,80 €/j. - borne compris
Paiement : CC
Services : ✕ 📶
Un vrai camping pour camping-cars,
au bord du lac.
GPS : E 2.7384 N 45.60269

PONT-DU-CHÂTEAU

Voir le circuit suivant

SOLIGNAT

Aire de Solignat
Rte du Stade - 📞 04 73 71 44 90
Permanent (mise hors gel)
Borne raclet 2 €
9 ⊞ - 48h - gratuit
Magnifique vue sur la campagne
environnante.
GPS : E 3.30316 N 45.44378

SUPER-BESSE

Aire de La Biche
Parking du Madalet, au fond de la
station près du lac des Hermines.
Parking du trophée Andros -
📞 04 73 79 60 29 - www.sancy.com
Permanent (fermé en janv.)
Borne flot bleu : 4 €
173 ⊞ - Illimité - 14 €/j. -
moins cher hors sais.
Paiement : CC
Services : 🛒 ✕ 📶
Navette gratuite pour les pistes.
GPS : E 2.85331 N 45.50466

Campings

La Bourboule et **Le Mont-Dore** :
voir p. 441 et 440.

ISSOIRE

Municipal du Mas
14 av. du Dr-Bienfait - 📞 06 09 80
52 63 - www.camping-issoire.fr
De déb. avr. à fin oct. - 133 empl. -
borne flot bleu 4 €
Tarif camping : 22 €
(10A) - pers. suppl. 6 €
Services et loisirs :
Proche d'un étang de pêche.
GPS : E 3.27397 N 45.55108

MURAT-LE-QUAIRE

Le Panoramique
Le Pessy, rte de la Gacherie -
📞 04 73 81 18 79 -
www.campingpanoramique.fr
De déb. avr. à mi-nov. - 42 empl. -
borne artisanale
Tarif camping : 25 €
(10A) - pers. suppl. 8 €
Services et loisirs :
GPS : E 2.74779 N 45.596

ORCET

Le Clos Auroy
15 r. de la Narse - 📞 04 73 84 26 97 -
www.camping-le-clos-auroy.com
De déb. avr. à fin oct. - 94 empl. -
borne eurorelais
Tarif camping : 35 €
(10A) - pers. suppl. 8 €
Services et loisirs :
Belle délimitation arbustive
des emplacements.
GPS : E 3.16912 N 45.70029

ST-NECTAIRE

La Clé des Champs
2 r. du pont romain -
📞 04 73 88 52 33 -
www.campingcledeschamps.com
De déb. avr. à fin sept. - 58 empl. -
borne eurorelais 4,50 € -
17 €
Tarif camping : 37 €
(10A) - pers. suppl. 9 €
Services et loisirs :
GPS : E 2.99934 N 45.57602

Les bonnes adresses de bib

BESSE-ET-ST-ANASTAISE

✘ **Le Bessoi** – 1 pl. de la Gayme - ☎ 04 73 79 56 63 - fermé dim. soir, merc. soir et jeu. sf vac. scol - menu 20,50 €. En centre-ville, pour des crêpes, des spécialités auvergnates, des tartines, des salades. Bon café gourmand. Terrasse.

CHAMBON-SUR-LAC

✘ **Le Buron de Chaudefour** – Vallée de Chaudefour - D36 (face au parking de la réserve) - ☎ 04 73 88 63 67 - fermé de mi-nov. à mi-mai et merc. - menus 13,80/24 €. Une des tables favorites des familles locales pour les repas du week-end. Truffade accompagnée d'une salade de noix, tripoux, grandes tartines au déjeuner, mais aussi cuisses de grenouilles et raclette à l'ancienne, à déguster sous le regard bienveillant du puy Ferrand. Réservation conseillée.

CLERMONT-FERRAND

Voir le circuit suivant

LE MONT-DORE

✘ **La Golmotte** – Le Barbier - ☎ 04 73 65 05 77 ou 06 33 19 68 11 - www.aubergelagolmotte.com - fermé dim. soir, mar. et merc. - menus 27/49 €. Authenticité garantie dans cette auberge postée sur la route de Clermont-Ferrand ! Et pour cause : la salle est une ancienne étable. Au menu : des produits frais, bien cuisinés, et des assiettes copieuses.

ORCIVAL

Maison Confiserie et Chocolat – Le bourg - ☎ 04 73 65 85 60 - patisserie-juilhard.fr - tlj sf lun. 9h30-18h30. À 50 m de la basilique, cette chocolaterie n'a aucun secret pour ses clients qui ont vue sur le laboratoire ouvert à tous les regards. On peut même le visiter en saison (jeu. à 11h, inscriptions à l'OT d'Orcival - ☎ 04 73 65 89 77).

✘ **Le Cantou** – 67 pl. Notre-Dame - ☎ 04 73 65 82 07 - menus 17/33 €. Dans un cadre rustique, on vous propose une cuisine du terroir servie en larges portions : soupes auvergnates, cochonnailles, tourtes et pompes, volailles, fromages des burons, desserts aux fruits de la montagne.

ST-NECTAIRE

Ferme Bellonte - GAEC de Farges – 3 r. du 10-Août-1944 - ☎ 04 73 88 52 25 - www.st-nectaire.com - ✘ - boutique : 6h45-9h30, 16h-19h. - traite des vaches : 6h-7h, 15h-16h ; fabrication de fromage : 8h-9h, 17h-18h30 - 5,80 €. Cette famille de producteurs de st-nectaire vous accueille avec passion dans sa ferme. Traite des vaches, différentes étapes de fabrication et caves d'affinage en tuf volcanique : ce fromage onctueux n'aura plus de secret pour vous. Les Mystères de Farges, petit musée et animation en scénovision, vous permettent de découvrir la vie traditionnelle.

Offices de tourisme

CLERMONT-FERRAND
Voir p. 425

ISSOIRE
9 pl. St-Paul - ☎ 04 73 89 15 90 - www.issoire-tourisme.com.

LE MONT-DORE
Av. de la Libération - ☎ 04 73 65 20 21 - www.sancy.com.

ST-NECTAIRE
Les Grands-Thermes - ☎ 04 73 88 50 86 - www.sancy.com.

St-nectaire, AOC.

Le puy de Dôme.

LE TOP 5 VOLCANS
1. Puy de Dôme
2. Puy de Pariou
3. Volcan de Lemptégy
4. Puy de Vichatel
5. Puy de la Vache

AUVERGNE – CIRCUIT 4
De la Grande Limagne aux monts du Forez

La Grande Limagne est la plaine située à l'est de Clermont-Ferrand. Elle est surplombée par les monts de Forez. Ensemble, plaine et monts font rythmer la fourme avec la ville d'Ambert et la tradition des couteaux avec la ville de Thiers.

DÉPART : CLERMONT-FERRAND - 7 jours – 350 km

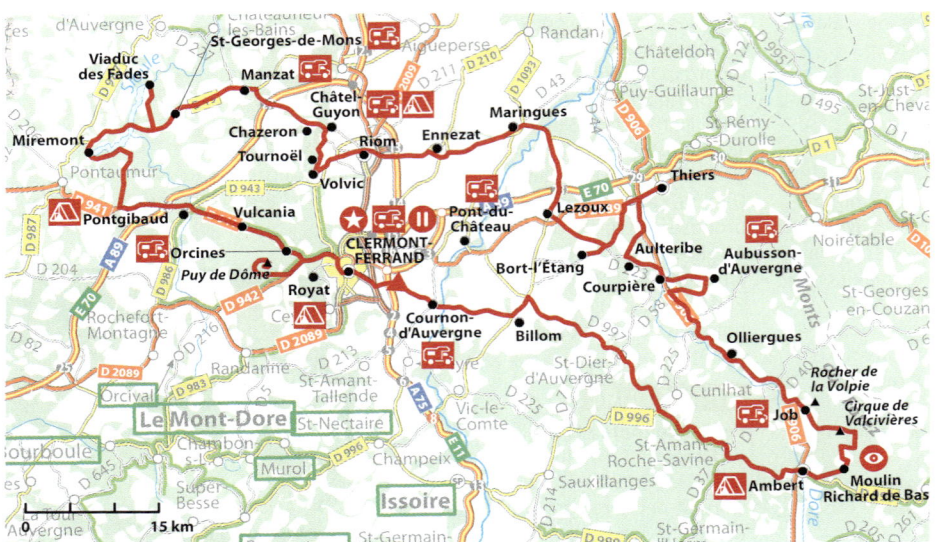

JOUR 1
Passez la journée à **Clermont-Ferrand** (voir l'encadré p. 425).

JOUR 2
Quittez Clermont-Ferrand par le sud-est, traversez Cournon-d'Auvergne et rejoignez la D212. Visitez **Billom**, puis rejoignez **Ambert** par la D997. Cette petite ville doit sa célébrité à la fameuse « fourme » que vous dégusterez à la Maison de la fourme d'Ambert et des fromages d'Auvergne. Même l'hôtel de ville est rond comme une fourme ! Dans un autre domaine, un espace est consacré à l'artiste coréen Kim En Joong. Prenez la D57 à l'est, et ne ratez pas le **moulin Richard de Bas**, dernier moulin à papier encore en fonctionnement dans le val de Lagat (voir l'encadré p. ci-contre). La D67 serpente jusque dans le **cirque de Valcivières**, et un peu plus loin au nord, jusqu'au **rocher de la Volpie** d'où vous bénéficiez d'une vue magnifique sur les paysages alentour.

JOUR 3
Longez la Dore jusqu'à **Olliergues** et son musée des Métiers et des Traditions. Poursuivez jusqu'à **Courpière**. Vous pouvez faire un détour par l'ouest et pique-niquer sur les bords du lac d'**Aubusson-d'Auvergne**. Puis entrez dans le superbe château d'**Aulteribe**. Enfin, rendez-vous à **Thiers** pour observer les couteliers qui se prêtent à des démonstrations et faites un saut au centre de pratiques artistiques et culturelles contemporaines de la Croix-de-Fer installé dans une ancienne coutellerie.

JOUR 4
Avant de vous rendre à Lezoux, faites un crochet par **Bort-l'Étang** d'où un chemin en sous-bois vous conduira au château de Ravel, décor du film *Les Choristes*. Repartez sur **Lezoux** pour découvrir le musée départemental de la Céramique. Gagnez **Maringues** par la D223 : les anciennes tanneries abritent un intéressant musée. En allant à **Riom** par la

Le château de Tournoël.

D224, faites une halte dans l'église d'**Ennezat**, appelée aussi « cathédrale du marais ». Imprégnez-vous de l'ancienne cité de Riom et de ses trésors.

JOUR 5

À **Volvic**, par la D986, vous plongerez au cœur de la coulée de basalte du puy de la Nugère et partirez à la recherche des sources mondialement connues. Vous visiterez le **château de Tournoël**. Gagnez la station de **Châtel-Guyon** et profitez de quelques soins de remise en forme !

JOUR 6

Partez par la D415 découvrir le **château de Chazeron**, avant de faire le tour à pied du Gour de Tazenat par la D227. Prenez la D19 pour admirer la superbe vue sur les **gorges de la Sioule**. Rejoignez Les Ancizes ; à droite, la D62 mène au site du barrage de Besserve et du **viaduc des Fades**. Franchissez la Sioule et prenez la D987 jusqu'à **Miremont** : son musée évoque la vie dans les Combrailles au début du 20ᵉ s. La D61 vous mènera sur la route de Pontgibaud où vous passerez la nuit.

JOUR 7

À **Pontgibaud**, vous visiterez le château Dauphin et approfondirez l'histoire minière du pays. En revenant à Clermont-Ferrand, vous pourrez vous arrêter à **Vulcania** pour le reste de la journée ou pénétrer au cœur du volcan de Lemptégy, à pied ou en petit train, puis grimper au sommet du **Puy de Dôme**.

VISITE

Moulin Richard de Bas (Ambert)

INFOS PRATIQUES

5 km à l'est d'Ambert par la D996, puis la D57.
☎ 04 73 82 03 11 - www.richarddebas.fr - visite libre du musée puis guidée (1h) au niveau de la fabrication du papier - fév.-oct. : 9h30-11h30, 14h-17h, fermé dim.-lun. - 9,50 € (-18 ans 5,90 €) - réserv. par Internet conseillée en saison pour bénéficier du billet coupe-file.
Atelier d'initiation à la fabrication du papier vac. scol. : tlj sf w.-end (5,90 €).

STATIONNEMENT

Parking conseillé
Stationnement le long de la route et sur le parking arboré en contrebas du moulin, gratuit.

Dans un cadre sauvage, de vieilles maisons, surmontées d'étendoirs de pin où sèchent les feuilles de papier, rappellent l'importance industrielle du val de Lagat, qui fut pendant plusieurs siècles l'un des principaux centres papetiers français. Construit en 1326, remis en activité en 1943 par l'association La Feuille blanche, le moulin Richard de Bas est le seul qui fonctionne encore. L'intérêt de la visite réside aussi bien dans le matériau et son histoire que dans le cadre de vie des maîtres et compagnons papetiers.
La **salle commune** était utilisée comme cuisine et salle à manger ; elle conserve le mobilier du dernier occupant, mort en 1937. Remarquez les poêles ou *padelles* dans lesquelles était cuite la *pandale* (pomme de terre râpée), et un grugeoir, meule à sel en forme de renard couché en rond.
La **chambre à coucher** comporte trois lits encastrés, dont un entièrement clos. Le carreau de la dentellière exposé sur la table était éclairé par une *doulie*, boule de verre remplie d'eau qui augmentait la lueur de la chandelle.
Enfin, la **salle Tsaï-Loun** retrace l'historique du papier depuis son invention par les Chinois en 105 apr. J.-C., et rappelle que les Arabes emportèrent le secret de sa fabrication lors de la bataille de Samarcande en 751. C'est près de six siècles plus tard, en 1326, que trois Auvergnats, qui avaient été faits prisonniers à Damas, introduisirent la précieuse invention dans la région d'Ambert.
Suit alors la description des étapes de la fabrication, du défibrage au séchage en passant par l'élaboration de la pâte à papier.

AUVERGNE – ADRESSES CIRCUIT 4

Aires de service & de stationnement

AUBUSSON-D'AUVERGNE

Aire du lac d'Aubusson-d'Auvergne
Base de loisirs - La Prade -
04 73 53 56 02 - www.cctdm.fr
Permanent
Borne artisanale : gratuit
99 - Illimité - 7 €/j. - paiement à la Maison du lac ; moins cher hors sais.
Services :
Site agréable au bord du lac.
GPS : E 3.61079 N 45.75377

CHÂTEL-GUYON

Aire de Châtel-Guyon
Av. de Russie - 06 32 56 15 63 -
www.terravolcana.com
Permanent (mise hors gel)
Borne flot bleu 2 € 2 €
14 - Illimité - 10 €/j.
Paiement : jetons
Services :
GPS : E 3.06584 N 45.92316

CLERMONT-FERRAND

Voir p. 425

COURNON-D'AUVERGNE

Aire du Pré des Laveuses
R. des Laveuses, à l'extérieur du camping - 04 73 84 81 30 -
www.cournon-auvergne.fr
Permanent
Borne flot bleu
10 - 24h, 13,50 €/j. - borne compris ; stat. au camping
Paiement :
Services :
Au bord de l'Allier.
GPS : E 3.22274 N 45.74002

JOB

Aire Parc des Mélèzes
La Marie, sortie N. du bourg (D 66) -
04 73 82 07 36
Permanent (mise hors gel)
Borne artisanale 5 €
20 - 72h - gratuit
Paiement : jetons (mairie)

Services :
GPS : E 3.7459 N 45.61694

MANZAT

Aire de Manzat
Pl. du 14-Juillet - 04 73 86 60 23 -
www.manzat.fr
Permanent (mise hors gel)
Borne artisanale : gratuit
15 - 72h - gratuit
Services :
GPS : E 2.93881 N 45.96185

ORCINES

Aire d'Orcines
60 rte de Limoges, dir. Vulcania -
04 73 62 10 09 - www.orcines.fr
Permanent
Borne flot bleu 2 € 2 €
51 - Illimité - 8 €/j. - moins cher hors sais. - Paiement :
Services :
GPS : E 3.00963 N 45.78784

PONT-DU-CHÂTEAU

Aire de Pont-du-Château
Rte de Vichy - 04 73 83 73 62 -
www.pontduchateau.fr
Permanent
Borne AireService
Paiement : jetons (mairie, certains commerçants et espace Montboissier)
Services :
GPS : E 3.2615 N 45.8011

ST-GEORGES-DE-MONS

Aire de St-Georges-de-Mons
Pl. des Anciens-Combattants,
à l'entrée du camping -
04 73 86 71 84 -
www.tourisme-combrailles.fr
Permanent (mise hors gel)
Borne raclet 2 € 2 €
7 - 24h - gratuit - de mai à sept. stationner au camping municipal
Paiement :
Services :
GPS : E 2.84236 N 45.9399

Campings

AMBERT

Municipal Les Trois Chênes
Rte du Puy - 04 73 82 34 68 -
www.camping-ambert.com
De fin avr. à fin oct. - 93 empl.
borne eurorelais
Tarif camping : 5 € 2,80 €
4,50 € (10A) 4,30 €
Services et loisirs :
Agréable cadre verdoyant.
GPS : E 3.7291 N 45.53953

CHÂTEL-GUYON

Le Ranch des Volcans
Rte de la Piscine - 04 73 86 02 47 -
www.ranchdesvolcans.com
De déb. avr. à fin oct. - 285 empl.
borne artisanale
Tarif camping : 27,30 €
(10A) - pers. suppl. 5,50 €
Services et loisirs :
En partie ombragé avec une décoration sur le thème du ranch américain.
Navettes pour le centre thermal.
GPS : E 3.07732 N 45.91491

PONTGIBAUD

Municipal de la Palle
Rte de la Miouze - 04 73 88 96 99 -
ville-pontgibaud.fr
De fin mai à déb. sept. - 80 empl.
borne artisanale 5,80 €
Tarif camping : 6 € 5,80 €
(6A) 5,20 €
Services et loisirs :
GPS : E 2.84516 N 45.82982

ROYAT

Huttopia Royat
Rte de Gravenoire - 04 73 35 97 05 -
europe.huttopia.com
De fin mars à déb. nov. - 169 empl. -
24 €
Tarif camping : 45,20 €
(16A) - pers. suppl. 7 €
Services et loisirs :
Agréable cadre verdoyant, ombragé, et une partie très tranquille sur le haut du terrain.
GPS : E 3.05452 N 45.75868

Les bonnes adresses de bib

CHÂTEL-GUYON

✕ **Thé ô Café** – 17 av. Baraduc - ☎ 04 73 64 32 43 - fermé lun.-mar. - formule 12 €. Tartes salées et desserts maison. Choix de cafés et thés.

Aïga Spa Thermal – 9 av. du Gén.-de-Gaulle - ☎ 04 73 86 00 08 - aiga-resort.com/fr/bienetre - mars-déc. - nombreux forfaits. Établissement thermal et touristique installé dans un superbe immeuble Art déco entièrement rénové.

CLERMONT-FERRAND

✕ **Le 62** – 62 r. Fontgiève - ☎ 04 73 36 18 49 - restaurantle62clermont.fr - fermé sam. soir-mar. - menus 25 € (déj.), 35/48 €. Pour un coup d'essai, c'est un coup d'éclat. Ce restaurant sait tenir nos papilles en alerte, grâce notamment à l'équilibre des assaisonnements et à l'harmonie des saveurs, points forts de ce jeune chef d'origine vietnamienne qui propose une cuisine bistronomique française.

✕ **Le Chardonnay** – 1 pl. Philippe-Marcombes - ☎ 04 73 26 79 95 - www.lechardonnay.fr - fermé dim.-lun. - menu 34 €. Derrière les fourneaux de cet élégant bistrot, un jeune chef propose une courte carte de saison et un menu du marché, particulièrement alléchant. Tout ici est savoureux et plaisant. Cadre épuré, lumières tamisées.

Boutique de l'Aventure Michelin – 32 r. du Clos-Four - ☎ 04 73 98 60 60 - boutique.laventure.michelin.com - 10h-18h (19h en juil.-août) - fermé lun. de sept. à mars. Pour repartir avec un souvenir de l'univers Michelin, la boutique propose de nombreux articles à l'effigie de Bibendum : guides, textile, cartes, porte-clés et autres stylos.

ORCINES

✕ **Auberge de la Baraque** – 2 rte de Bordeaux - ☎ 04 73 62 26 24 - www.laubrieres.com - fermé lun.-merc. - menus 39/72 €. Cet ancien relais de diligence (1800) sert une cuisine de qualité, savoureuse et bien présentée.

THIERS

✕ **Le Chaudron** – 10 r. Denis-Papin - ☎ 04 73 80 09 67 - www.restaurant-lechaudron63.fr - fermé dim. soir-mar. - menus 15/28 €. Un décor rustique avec poutres et pierres apparentes pour accompagner une cuisine du terroir généreuse et raffinée. Bon accueil, service soigné.

Coutellerie – La « coutellerie » rassemble des articles aussi variés que la ciselure, la taillanderie et la fabrication des couteaux. Une vingtaine de magasins se concentrent dans le centre-ville : rue de la Coutellerie, rue François-Mitterrand et place Antonin-Chastel.

Offices de tourisme

CLERMONT-FERRAND
Voir p. 425

THIERS
1 pl. du Pirou - ☎ 04 73 80 65 65 - www.vacances-livradois-forez.com.

VOLVIC
12 r. des Sources - ☎ 04 73 33 28 31 - www.terravolcana.com.

Vulcania.

Viaduc des Fades, au-dessus de la Sioule.

AUVERGNE – CIRCUIT 5
Au cœur du Cantal

Du haut du puy Mary, le regard embrasse l'immensité des monts du Cantal. L'action lente et puissante des glaciers a décapité la montagne, sculpté avec douceur ses flancs, creusé des cirques à la naissance des vallées. Le Cantal s'offre aujourd'hui avec toute la fraîcheur de ce fameux vert dont il est recouvert et l'audace d'un pays encore authentique.

⭐ **DÉPART :** ST-FLOUR - 6 jours – 370 km

JOUR 1

Sur son promontoire, **St-Flour** veille sur le Sanflorain, la Margeride et les gorges de la Truyère. Il faut visiter la ville et ses musées (Art et d'Histoire ; Haute-Auvergne) par beau temps, lorsque les rues s'animent autour de la cathédrale. Rejoignez la D4 et **Ruynes-en-Margeride** : à l'Écomusée de la Margeride, on vous contera la vie traditionnelle de ce pays tandis que le Monde en peluche séduira les enfants. Gagnez le **viaduc de Garabit** (D909) et offrez-vous une promenade en bateau dans les gorges de la Truyère avant de découvrir le merveilleux site du **château d'Alleuze** (D40). À **Chaudes-Aigues**, célèbre pour sa source du Par, suivez le « parcours de l'eau » de Géothermia.

JOUR 2

Poursuivez la découverte des **gorges de la Truyère** depuis le **belvédère d'Espinasse** en suivant les D11 et D35. Partez ensuite au sud, près du **barrage de Sarrans**, jusqu'à la **presqu'île de Laussac**, dans un cadre magique. Son église est l'une des plus ancienne du Carladès. Continuez jusqu'à **Vic-sur-Cère** (D54). Flânez dans le centre ancien, témoin du passé riche de la ville, et dormez sur place.

JOUR 3

Sur les bords de la Jordanne, **Aurillac** recèle un centre-ville très vivant. C'est la capitale du parapluie, dont la fabrication remonte ici au milieu du 19e s. Pour en savoir plus sur cette activité ainsi que sur la géologie cantalienne, renseignez-vous sur les expositions temporaires programmées en attendant l'ouverture d'un grand musée. Prenez la D153 pour apprécier la fraîcheur des gorges de la Cère et la beauté du **barrage de St-Étienne-Cantalès**. Faites une halte à **Laroquebrou** avant de poursuivre (D2) jusqu'au site du **barrage d'Enchanet**, paradis des pêcheurs ! Suivez les **gorges de la Maronne** jusqu'à Mauriac (D681).

Le puy Mary.

JOUR 4

L'église de **Mauriac** aux modillons sculptés retient l'attention. De là, faites une escapade à **Salers**, ancien bailliage royal. Le charme de cette petite ville, aux maisons Renaissance, vous ravira. Pensez à déguster et à rapporter des carrés de Salers, délicieux biscuits dont la recette est tenue « secrète » ! Reprenez la D122 puis la D678 pour rejoindre **Riom-ès-Montagnes**. En chemin, laissez-vous séduire par les charmantes églises de Moussages et Trizac. À Riom-ès-Montagnes, vous monterez à bord du train touristique Riom-Lugarde, pour un voyage commenté, rythmé par des pauses détente et photos, vers les terres d'estive, royaume des vaches salers. Rejoignez le puy Mary par la D62 et la vallée de Cheylade.

JOUR 5

Promenez-vous sur les sentiers balisés du **puy Mary** : au cœur du grand volcan cantalien, vous découvrirez des paysages d'exception (Voir l'encadré ci-contre). Rejoignez la station de sports d'hiver du **Lioran** (voir l'encadré p. 441) et montez au sommet du **plomb du Cantal** pour un grand moment de contemplation. Vous comprendrez pourquoi l'on parle de ce beau vert tendre dont le Cantal a le secret. Vous verrez peut-être aussi de grandes fleurs jaunes : ce sont des gentianes.

JOUR 6

Reprenez la route en direction de **Murat** par la N122 pour découvrir, perchée sur son rocher, l'église prieurale de Bredons. Puis le village d'**Albepierre-Bredons**, bâti sur un site volcanique, domine la vallée de l'Alagnon. Revenez à St-Flour (D926) sans oublier de vous arrêter à **Roffiac**, pour sa belle église romane.

RANDONNÉE À PIED

Puy Mary

INFOS PRATIQUES

De début novembre à début mai, les routes d'accès au puy Mary sont fermées à la circulation ; au printemps et à l'automne, la présence de neige et de congères entraîne parfois des fermetures temporaires. Le reste de l'année, la circulation des autocars, camions et camping-cars se fait en sens unique, selon des règles très strictes, en raison de l'étroitesse des routes et de leur sinuosité. Renseignez-vous auprès du syndicat mixte du puy Mary (04 71 47 04 14 - www.puymary.fr) avant de prendre la route.
Montée rude ; 1h à pied AR au départ du pas de Peyrol ; ne pas s'écarter du sentier balisé.

STATIONNEMENT

Stationnement conseillé
De mi-juil. à fin août, de 10h à 18h, les camping-cars ne sont pas autorisés à stationner au niveau du pas de Peyrol. Parkings à la maison de Mandailles-St-Julien, Salers, au col de Serre, au Claux, à Dienne et au Falgoux ; gratuits. Des navettes (1,50 € AR) vous mène au puy Mary au départ de ces sites.

C'est l'un des Grands Sites de France attribué par le ministère de l'Environnement – l'Auvergne en compte deux, le second étant le Puy de Dôme.
Ce puy doit son nom à Marius, disciple de saint Austremoine, évangéliste du Cantal. Sa forme pyramidale dite en « horn », étonnante et reconnaissable entre toutes, est née de l'action des glaciers qui ont provoqué une forte érosion au quaternaire. Empruntez le sentier qui suit l'arête nord-ouest du puy jusqu'au sommet, à 1 787 m d'altitude où vous attend une table d'orientation : par temps clair, vous pourrez même apercevoir le mont Blanc. Au premier plan, le gigantesque éventail de **vallées glaciaires** rayonnantes, séparées par de puissantes lignes de crête dont l'altitude s'abaisse dans les lointains : au nord du Plomb du Cantal se creusent l'Alagnon, plus à gauche l'Impradine et la Santoire, la Petite Rhue, les vallées du Mars, de la Maronne, de la Doire, puis, au sud, celle de la Jordanne et enfin celle de la Cère.
Ce site naturel est le plus visité d'Auvergne qui compte 350 km de sentiers de randonnée. Il accueille en moyenne 500 000 visiteurs entre mai et octobre.

AUVERGNE – ADRESSES CIRCUIT 5

Aires de service & de stationnement

Campings

AURILLAC

Aire d'Aurillac
Pl. du Champ-de-Foire - ☎ 04 71 46 86 30
Permanent (fermé mi-août ou mi-juil. pdt le festival)
6 🅿 - 24h - gratuit
Services :
Aire bruyante.
GPS : E 2.44973 N 44.92917

CHAUDES-AIGUES

Aire de Chaudes-Aigues
R. Georges-Pompidou, parking Beauredon, sortir au S de Chaudes-Aigues sur la D 921, puis D 989 -
☎ 04 71 23 52 47 -
www.pays-saint-flour.fr
Permanent (mise hors gel)
Borne eurorelais : 4 €
20 🅿 - 24h - gratuit
Services :
GPS : E 3.00274 N 44.84972

DRUGEAC

Aire de Drugeac
Au bourg, parking de l'ancienne gare -
☎ 04 71 69 10 11
Permanent (mise hors gel)
Borne eurorelais 2 € 2 €
4 🅿 - Illimité - gratuit
Services :
GPS : E 2.38674 N 45.16696

LE LIORAN

Voir p. 441

MURAT

Aire de Murat
Pl. de la Gare - ☎ 04 71 20 03 80 -
www.murat.fr
Permanent (mise hors gel)
Borne eurorelais 2 € 2 €
5 🅿 - 24h - gratuit - mai-sept. : stationnement interdit de 22h à 7h
Services :
GPS : E 2.86945 N 45.10935

NEUSSARGUES-MOISSAC

Aire de Neussargues-Moissac
Intersection des N 122 et D 679 -
☎ 04 71 20 22 62 -
www.hauteterrestourisme.fr
Permanent (mise hors gel)
Borne eurorelais 2 € 2 €
5 🅿 - 24h - gratuit
Paiement :
Services :
GPS : E 2.98 N 45.135

RIOM-ÈS-MONTAGNES

Aire de Riom-ès-Montagnes
R. du Champ-de-Foire, parking de la gare - ☎ 04 71 78 07 37 -
www.ville-riom-es-montagnes.fr
Permanent
Borne raclet 2 € 3 €
50 🅿 - 🔒 - Illimité - gratuit
Paiement : jetons (commerçants et office de tourisme)
Services :
GPS : E 2.65434 N 45.28442

ST-FLOUR

Aire de la Ville Basse
26 r. Marie-Aimée-Méraville -
☎ 04 71 60 61 20 - www.saint-flour.net
Permanent (mise hors gel)
Borne AireService 2 €
6 🅿 - Illimité - gratuit
Services :
Une autre aire disponible au camping des Orgues. Stat. allée G.-Pompidou (ville haute).
GPS : E 3.09805 N 45.03556

THIÉZAC

Aire de Thiézac
La Sapinière - ☎ 04 71 47 01 21 -
www.thiezac.fr - Permanent
Borne eurorelais 2 € 2 €
5 🅿 - 24h - gratuit
Paiement : jetons (épicerie Lauzet, bar tabac)
Services :
GPS : E 2.6632 N 45.01554

MAURIAC

Val St-Jean
Base de loisirs - ☎ 04 71 67 31 13 -
www.cantalcamping.fr
De déb. avr. à fin déc. - 140 empl. -
borne artisanale
Tarif camping : 25 €
(16A) 3,70 € - pers. suppl. 5 €
Services et loisirs :
Au bord d'un lac, tout proche de la cité historique.
GPS : E 2.31657 N 45.21835

NEUVÉGLISE

Flower Le Belvédère
Lanau - ☎ 04 71 23 50 50 -
www.campinglebelvedere.com
De déb. avr. à fin sept. - 110 empl. -
borne artisanale
Tarif camping : 32 €
(15A) - pers. suppl. 6 €
Services et loisirs :
Agréable situation dominante.
GPS : E 3.00045 N 44.89534

ST-GÉRONS

Les Rives du Lac
Espinet - ☎ 06 25 34 62 89 -
www.lesrivesdulac.fr
De mi-mai à fin sept. - 49 empl. -
borne artisanale
Tarif camping : 24 €
(6A) - pers. suppl. 5,50 €
Services et loisirs :
Dans un site agréable.
GPS : E 2.23057 N 44.93523

VIC-SUR-CÈRE

Sites et Paysages La Pommeraie
Daïsses - ☎ 04 71 47 54 18 -
www.camping-la-pommeraie.com
De déb. mai à mi-sept. - 48 empl. -
Tarif camping : 37 €
(6A) - pers. suppl. 7 €
Services et loisirs :
Belle situation dominante.
GPS : E 2.63307 N 44.9711

Les bonnes adresses de bib

AURILLAC

La Table des matières –
5 r. de l'Hôtel-de-Ville - 04 71 48 25 50 - www.restaurant-latabledesmatieres-aurillac.com - fermé dim.-lun., merc. soir et jeu. soir - menus 17 € (déj.)/68 €. Bien connue des habitants, cette petite adresse tenue par Florian et Sophie propose une savoureuse cuisine de marché, où les produits du terroir sont apprêtés avec une touche d'influence italienne et asiatique. Excellente formule déjeuner. Réservation recommandée.

Distillerie Louis-Couderc – 14 r. Victor-Hugo - 04 71 48 01 50 - www.distillerie-couderc.com - fermé dim.-lun. - 9h30-12h, 14h30-19h. Cette distillerie fondée en 1908 propose de nombreux produits régionaux à base de gentiane, crème de châtaigne et fruits rouges, dont l'apéritif « volcan ». Plusieurs créations maison ont été primées lors du concours international des eaux-de-vie et liqueurs de Metz. Les buticulamicrophilistes (collectionneurs de mignonnettes) pourront compléter leur collection.

CHAUDES-AIGUES

Restaurant Sodade –
21 av. Georges-Pompidou - 04 71 60 10 23 - www.sergevieira.com - fermé lun.-mar. - formules 24/27 € - menus 35/40 €. En 2018, le chef Serge Vieira a ouvert cette brasserie qui se repère bien vite dans le village avec son bardage en métal, et ses matériaux modernes et chics. Dans l'assiette, rien que du frais, des viandes de grande qualité, une cuisine généreuse. L'été, on s'installe en terrasse, le long du parc.

MURAT

Fromagerie Caldèra –
3 r. Justin-Vigier - 04 71 20 21 84 - www.cantal-caldera.com - 9h-12h30, 15h-19h - fermé dim. apr.-midi et lun. hors juil.-août. Françoise est guide de terroir. Elle achète directement chez les producteurs ses produits frais, les confitures et autres spécialités. Sa boutique est un hymne à l'Auvergne (produits de terroir, charcuteries, fromages).

RIOM-ÈS-MONTAGNES

Natures Cantal (Bernard Mommalier) – 15 av. de Mauriac - 06 74 11 09 38 - www.natures-cantal.fr - tte l'année sur réserv. - tarifs sur rens. Bernard Mommalier organise des randonnées avec des ânes (été) et des sorties à raquettes (hiver). Il sait dénicher des sentiers sauvages et ses promenades tournent autour du thème de la connaissance du milieu naturel. Formules sur un ou plusieurs jours.

ST-FLOUR

Chez Geneviève –
5 r. des Lacs - 04 71 60 17 97 - www.restaurant-saint-flour.com - tlj en juil.-août ; hiver : fermé dim.-lun. et merc. soir - menu 29,50 €. Chez Geneviève, on joue souvent à guichets fermés. Les raisons du succès de ce petit restaurant, situé dans la ville haute : une ambiance conviviale et une généreuse cuisine du terroir, inventive, utilisant les produits frais.

SALERS

La Diligence – R. du Beffroi - 04 71 40 75 39 - www.ladiligence-salers.com - fermé de la Toussaint à Pâques et jeu. hors juil.-août - menus 18/26 €. Ne vous fiez pas à l'aspect récent de la maison, ici la table chante le terroir. Des crêpes certes mais aussi truffade, tripoux, pounti, potée auvergnate et surtout la viande de Salers pour contenter les convives les plus affamés. Le tout arrosé de vins du coin. Ambiance conviviale sur les grandes tables de ferme.

Offices de tourisme

AURILLAC
7 r. des Carmes - 04 71 48 46 58 - www.iaurillac.com.

MURAT
Pl. de l'Hôtel-de-Ville - 04 71 20 09 47 - www.hauteserrestourisme.fr.

RIOM-ÈS-MONTAGNES
1 av. Fernand-Brun - 04 71 78 07 37 - www.destinationhautcantal.fr.

ST-FLOUR
17 bis pl. d'Armes - 04 71 60 22 50 - www.pays-saint-flour.fr.

Buron dans les monts du Cantal.

benisa/Getty Images Plus

AUVERGNE – CIRCUIT 6

Le Puy-en-Velay et la Haute-Loire volcanique

Non, il n'y a pas seulement des lentilles ou des dentelles au Puy-en-Velay ! Capitale du Velay, Le Puy bénéficie d'un site exceptionnel, l'un des plus extraordinaires que compte la France, et qui plus est, point de départ de cette escapade en terre volcanique. Du bleu profond du lac d'Issarlès aux bruyères du massif du Meygal, en passant par les gorges taillées dans le granit par l'Allier, vous goûterez les arômes puissants d'une nature encore sauvage !

⭐ **DÉPART :** LE PUY-EN-VELAY - 6 jours – 380 km

JOUR 1

Le Puy-en-Velay mérite bien une journée de visite, le temps de découvrir sa cité épiscopale et sa vieille ville, tout en escaliers. Au fil de la rue des Tables, artère piétonne pleine de charme, vous découvrirez des boutiques consacrées à la dentelle et les dentellières au travail. Savourez la promenade, déjeunez en ville et ne vous épuisez pas car demain, vous partez pour une grande virée en terres volcaniques. Dînez sur place ou à **Arlempdes**.

JOUR 2

Levez-vous tôt aujourd'hui ! Le château féodal d'Arlempdes domine les gorges de la Loire. Là où il y a des volcans, les lacs de montagne ne sont pas bien loin. Ainsi, celui d'**Issarlès** vous attend. Baignades et balades possibles. Déjeunez à **Ste-Eulalie**. Tout en observant la riche flore locale, faites un crochet par la cascade du Ray-Pic où la rivière s'offre plusieurs chutes d'eau. Revenez sur vos pas vers le **mont Gerbier-de-Jonc**, dont vous pouvez faire l'ascension.

JOUR 3

Vous avez chauffé vos muscles ? Partez à la découverte du massif du **Mézenc** qui est l'occasion de promenades et de magnifiques vues (voir l'encadré p. ci-contre). Après la marche, le ski de fond en saison ; chaussez les planches aux Étables, à **Fay-sur-Lignon** ou au pic du Lizieu. Puis retrouvez l'architecture régionale à **Moudeyres**, **Bigorre** et Les Maziaux. Faites étape à l'écomusée qui présente la réfection des chaumières traditionnelles.

Au sommet du mont Gerbier-de-Jonc.

JOUR 4

Profitez des randonnées parmi les bruyères et les myrtilles, du côté du massif du Meygal. Passez par à **Yssingeaux** puis par **Retournac** (musée des Manufactures de dentelles) pour aller visiter l'église romane de **Chamalières-sur-Loire**. Gagnez enfin le château de **Lavoûte-Polignac** pour, si vous avez le temps, découvrir les souvenirs de son illustre famille. Dans un tout autre style, le château-musée de **Chavaniac-Lafayette** vous ouvrira ses portes et son parc arboré pour vous conter l'histoire du marquis. La vallée de la Sénouire, par la D4, vous conduira jusqu'à **La Chaise-Dieu**. Admirez l'intérieur de l'abbatiale, qui abrite de très belles stalles et des tapisseries uniques.

JOUR 5

Gagnez **Brioude** par la D19. On peut y rester longtemps fasciné par l'harmonie colorée du chevet de la basilique et la qualité de ses fresques et chapiteaux romans. Quittez Brioude par la N102, et gagnez **Lavaudieu**. Vous serez sous le charme de son abbaye et de son cloître. En suivant la vallée du Haut-Allier par la D585, vous passerez à **Vieille-Brioude** avant d'aller à St-Ilpize, accroché à son rocher de basalte. À **Lavoûte-Chilhac**, vous vous envolerez à la Maison des oiseaux. Après vous être arrêté à la collégiale de **Langeac**, le site de **Chanteuges**, où vous ferez étape, s'impose avec son abbaye aux chapiteaux sculptés.

JOUR 6

Quittez Chanteuges en suivant les gorges de l'Allier. Changez de rive à **Prades**. La D301 vous mènera au remarquable site du village de **Monistrol-d'Allier**. Quittez les gorges pour gagner Le Puy-en-Velay.

RANDONNÉE À PIED

Mont Mézenc

INFOS PRATIQUES

Départ à 2,5 km des Estables par la D631, jusqu'à la maison forestière. Prenez le sentier balisé (montée 45mn).
On peut également partir à pied depuis l'aire des Estables (voir ci-dessous).

STATIONNEMENT & SERVICES

Parking conseillé
À la maison forestière.

Aire des Estables
Pl. du Foirail, en face de la station-essence -
☏ 04 71 08 34 38
Permanent (mise hors gel)
Borne artisanale
10 – Illimité - gratuit
Services :
GPS : E 4.15672 N 44.90235

Formé d'un cortège de dômes et de pitons volcaniques appelés « sucs », le massif du Mézenc (prononcez Mézin) forme une barrière naturelle déterminant la ligne de partage des eaux entre l'Atlantique et la Méditerranée. Prolongé au nord par le Meygal, au sud-est par le Coiron, il constitue le centre d'une traînée volcanique coupant l'axe des Cévennes.
Le Mézenc est flanqué à l'ouest par les monts granitiques de la Margeride, à l'est par les plateaux cristallins du Haut-Vivarais et culmine à 1753 m au mont Mézenc qui a donné son nom à l'ensemble du massif. Il présente deux visages radicalement différents : particulièrement encaissé en direction du Rhône, il est appelé le « plateau » par les habitants du Velay, tandis que, côté auvergnat, il présente de vastes étendues dénudées et ventées, propices aux estives.
En chemin vers le point culminant, le mont Mézenc, vous jouirez d'un panorama à couper le souffle, laissant entrevoir, au loin, la longue chaîne des Alpes. Si le temps le permet, une randonnée avant l'aube est possible ; le lever du soleil derrière les Alpes est un spectacle inoubliable, mais qui impose de partir des Estables de très bonne heure et chaudement vêtu.
Du sommet, un panorama immense se révèle : au nord, le Meygal et les monts du Forez ; à l'ouest, le bassin du Puy, le Velay et les monts d'Auvergne ; au sud, le lac d'Issarlès et un horizon de sucs ; à l'est, les gorges de la Saliouse et de l'Eysse qui creusent, vers le Haut-Eyrieux, le pays des Boutières aux trouées profondes entrecoupées de crêtes, de serres et de pics ; des plans multiples, enchevêtrés, se dessinent jusqu'à la vallée du Rhône. Au-delà apparaissent les Alpes dont on distingue, par temps clair, les principaux sommets.

AUVERGNE – ADRESSES CIRCUIT 6

Aires de service & de stationnement

BLESLE
Aire de stationnement La Chambre d'hôtes de Margaridou
Aubeyrat, 8 km au NE de Blesle, par D 909 et C 5 dir. Bugeilles - 04 71 76 22 29 - www.alagnon.com
De fin mars à fin nov.
5 - 24h - gratuit
Services :
Réseau France Passion.
À la boutique, produits régionaux.
À l'auberge, menu du jour sur réserv.
GPS : E 3.2049 N 45.33291

BRIOUDE
Aire de Brioude
Av. de Lamothe, parking du centre historique - 04 71 74 97 49 - www.tourisme-brioudesudauvergne.fr
Permanent
Borne flot bleu 2 € 2 €
20 - Illimité - gratuit
Paiement : jetons (office de tourisme)
Services :
Centre historique accessible par ascenseur panoramique gratuit.
GPS : E 3.38794 N 45.29458

CRAPONNE-SUR-ARZON
Aire de Craponne-sur-Arzon
R. du Stade, en bordure de la D 498, dir. St-Étienne - 04 71 03 20 03 - www.craponnesurarzon.fr
Permanent (mise hors gel)
Borne Urbaflux 2 €
30 - 9 €/j. - stat. au camping (mai-oct.) ; moins cher hors sais.
Services :
GPS : E 3.85121 N 45.33367

LES ESTABLES
Voir p. précédente

MAZET-ST-VOY
Aire de Mazet-St-Voy
Surnette, devant le camping municipal - 04 71 65 05 69 - www.campingdesurnette.net
De mi-avr. à fin oct.
Borne raclet
- 24h - 15 €/j. - borne compris
Paiement : jetons (camping)
Services :
GPS : E 4.25361 N 45.05472

LE MONASTIER-SUR-GAZEILLE
Aire du Monastier
3 r. Augustion-Ollier - 04 71 03 80 01 - lemonastiersurgazeille.fr
Permanent (mise hors gel)
Borne flot bleu 2 €
10 - 72h - gratuit
Services :
GPS : E 3.9448 N 45.0265

PRADELLES
Aire privée des Salaisons de Pradelles
Rte du Puy - 04 71 00 85 49 - www.salaisons-de-pradelles.fr
Permanent (mise hors gel)
Borne artisanale 2 €
70 - 72h - gratuit
Services :
Réseau France Passion.
GPS : E 3.88411 N 44.77277

RETOURNAC
Aire de la Chaud
R. de la Loire - 04 71 59 41 00
Permanent
Borne artisanale
6 - 7 €/j. - borne compris
Services :
Plat, gravier dans un cadre verdoyant en bord de Loire.
GPS : E 4.03871 N 45.20129

VOREY
Aire des Moulettes
Chemin des Félines, suivre camping des Moulettes - 06 86 60 99 03 - www.camping-les-moulettes.fr
De déb. mai à mi-sept.
Borne artisanale 3 € 5 €
2 - 24h - 2,50 €/j.
Paiement : jetons (camping Les Moulettes)
Services :
Au bord de l'Arzon.
GPS : E 3.90448 N 45.18672

Campings

LA CHAISE-DIEU
Municipal les Prades
04 71 00 07 88 - www.lachaisedieu.fr
De fin mai à mi-sept. - 100 empl.
borne artisanale 2,50 €
Tarif camping : 4 € 5 €
(10A) 4,50 €
Services et loisirs :
GPS : E 3.70496 N 45.33321

ISSARLÈS
La Plaine de la Loire
Le Moulin du Lac, pont de Laborie - 06 24 49 22 79 - www.campinglaplainedelaloire.fr
De déb. juin à fin sept. - 30 empl.
Tarif camping : 20 €
(10A) - pers. suppl. 5,50 €
Services et loisirs :
Idéal pour qui cherche le calme, la nature, la pêche !
GPS : E 4.05207 N 44.818

LANGEAC
Les Gorges de l'Allier
Domaine Le Pradeau - 04 71 77 05 01 - www.campinglangeac.com
De déb. avr. à fin oct. - 214 empl.
borne flot bleu
Tarif camping : 16 €
(10A) 3 € - pers. suppl. 5,50 €
Services et loisirs :
GPS : E 3.50069 N 45.10389

MONISTROL-D'ALLIER
Municipal le Vivier
R. du Pain-de-Sucre - 04 71 57 24 14 - camping-le-vivier.fr
De mi-avr. à fin sept. - 43 empl.
borne artisanale -
8,50 €
Tarif camping : 5,50 € 7 € 4 €
Services et loisirs :
GPS : E 3.65348 N 44.96923

Les bonnes adresses de bib

BRIOUDE
Base de canoë-kayak – Pont de Lamothe - 04 71 50 43 82 - canoe-brioude.e-monsite.com - à partir de 8 ans - 18/42 €. Location de canoës et de kayaks pour naviguer sur le plan d'eau de la Bageasse ou pour découvrir les gorges de l'Allier, entre Brioude et Prades. Stages d'initiation, parcours sportifs ou touristiques accompagnés.

LA CHAISE-DIEU
L'Écho et l'Abbaye – 9 pl. de l'Écho - 04 71 00 00 45 - www.echo-et-abbaye.com - fermé de mi-nov. à fin mars, merc. sf juil.-août - menus 25/80 €. Tables joliment dressées, cuisine traditionnelle, carte des vins étoffée... Une bonne adresse.

LES ESTABLES
Auberge des Fermiers du Mézenc – Au bourg - Les Estables - 04 71 08 34 30 - www.lesfermiersdumezenc.com - fermé de mi-nov. à mi-déc. - formule déj. 20 € - menus 27/35 €. Pour découvrir les produits du terroir, petit détour conseillé dans cette auberge dont l'authentique cuisine locale fait le bonheur des randonneurs : magret de canard, galette de pommes de terre, fromage blanc en faisselle. À côté du restaurant, vente (14h-19h) de spécialités de la montagne ardéchoise : fromages, miels, confitures, tartes aux châtaignes.

LAVAUDIEU
Court la Vigne – 04 71 76 45 79 - fermé mar.-merc. - uniquement sur réserv. - menu 27 €. Installé dans une ancienne bergerie, ce restaurant est une valeur sûre. On y concocte une cuisine raffinée et de saison dans un cadre élégant. La vigne court sur les murs extérieurs...

MONISTROL-D'ALLIER
Tonic Aventure – Le Bourg - 04 71 57 23 90 - www.tonicaventure.fr - d'avr. à mi-oct. - à partir de 20/45 € pour le canoë, 45/125 € les randonnées en canoë. Canoé, kayak, canyoning, rafting, hydrospeed, stand up paddle.

LE PUY-EN-VELAY
Le Poivrier – 69 r. Pannessac - 04 71 02 41 30 - www.lepoivrier.fr - fermé dim.-lun. - menus 17 € (déj.), 27 €. Restaurant relooké dans un style design épuré, assez tendance, sans perdre en convivialité. Spécialités de viandes de bœuf de Haute-Loire. Cuisine du terroir et formule économique en font une adresse très courue à l'heure du déjeuner.

Comme à la Maison – 7 r. Séguret - 04 71 02 94 73 - fermé dim.-lun. - menus 15 € (déj.), 30/50 €. Ancien second chez Tournayre, Guillaume Fourcade est le jeune chef de ce bistrot contemporain, niché au pied de la cathédrale. Cuisine du marché pleine d'inspiration, où les produits auvergnats sont bien présents.

Offices de tourisme

BRIOUDE
Pl. Grégoire-de-Tours - 04 71 74 97 49 - www.tourisme-brioudesudauvergne.fr

LE PUY-EN-VELAY
2 pl. du Clauzel - 04 71 09 38 41 - www.lepuyenvelay-tourisme.fr

YSSINGEAUX
22 pl. du Marché - 04 71 59 10 76 - www.office-de-tourisme-des-sucs-aux-bords-de-loire.fr

La chapelle St-Michel d'Aiguilhe, au Puy-en-Velay.

LE TOP 5 SITES NATURELS
1. Mont Mézenc
2. Gerbier de Jonc
3. Pic du Lizieu
4. Grand Testavoyre
5. Lac d'Issarlès

Lac d'Issarles.

AUVERGNE
STATIONS DE SKI

Super-Besse

INFOS PRATIQUES
04 73 79 60 29
www.sancy.com

Géolocalisation
GPS : E 2.8538 N 45.5125
Altitude basse : 1350 m
Altitude haute : 1850 m

Remontées mécaniques
Télésièges : 5 Téléskis : 12
Téléphérique : 1 Tapis : 2

26 pistes
Noires : 4 Rouges : 8
Bleues : 9 Vertes : 5

STATIONNEMENT & SERVICES

Aire de la Biche
Voir p. 426

Besse, cité médiévale et renaissance des monts d'Auvergne, avec ses ruelles bordées d'échoppes et Super-Besse la station dynamique posée sur le versant sud du massif du Sancy (1886 m) sont les portes d'une nature étonnante, celle des volcans et des lacs de cratère. À 35 km de l'A75 Paris - Clermont-Ferrand - Montpellier, cette station dispose de 20 remontées mécaniques dont deux assurent la liaison avec la station du Mont-Dore en fonction de l'enneigement. Elle propose pendant les vacances scolaires du ski en nocturne et a installé une super tyrolienne permettant de survoler le site. Le relief volcanique permet également une excellente pratique du ski de fond (85 km de pistes) sur les deux domaines de Pertuyzat (Besse) et du Madalet (Super-Besse) et de Chareire (Picherande).

Puy de Sancy.

tilo/Getty Images Plus

Le Mont-Dore

INFOS PRATIQUES
04 73 65 02 21
www.sancy.com

Géolocalisation
GPS : E 2.8098 N 45.5715
Altitude basse : 1200 m
Altitude haute : 1850 m

Remontées mécaniques
Télésièges : 3 Téléskis : 9
Téléphérique : 1 Tapis : 1

32 pistes
Noires : 2 Rouges : 6
Bleues : 10 Vertes : 14

STATIONNEMENT & SERVICES

Camping Municipal L'Esquiladou
Queureuilh, rte des Cascades - 04 73 65 23 74 - campingesquiladou.fr
De déb. avr. à déb. nov. - 71 empl. -
borne artisanale
Tarif camping : 17,90 € (10A) - pers. suppl. 4,40 €
Services et loisirs :
Dans un site montagneux, verdoyant et boisé, proche du centre-ville.
GPS : E 2.80162 N 45.58706

**Aires des Crouzets
et parking du téléphérique du Sancy**
Voir p. 426

À 1050 m d'altitude, dans la vallée de la Haute Dordogne et au pied du Puy de Sancy, sommet culminant du Massif Central (1886 m), le Mont-Dore est certainement la plus montagnarde des stations thermales d'Auvergne, au cœur du Parc naturel des lacs et des volcans. Familiale par excellence, elle sait concilier santé, sports et distractions. Le Mont-Dore est aussi l'une des plus anciennes stations de sports d'hiver de France. Ici, le ski est une vocation qui s'est révélée dès le début du 20e s., et s'est développée avec la construction de l'un des premiers téléphériques de France, en 1936 ! La station déploie ses pistes de ski alpin sur le flanc nord du Sancy (alt. 1 885 m). Située 4 km au sud de la ville thermale, elle bénéficie des nombreuses infrastructures mises en place pour les curistes. On y pratique le ski alpin, le ski de fond, la randonnée à raquettes et l'escalade sur cascade de glace.

Le Lioran

INFOS PRATIQUES

☎ 04 71 49 50 08
www.lelioran.com

Géolocalisation
Altitude basse : 1160 m
Altitude haute : 1850 m
GPS : E 2.7499 N 45.0825

Remontées mécaniques
Téléphérique : 1   Télésièges : 8
Téléskis : 6   Tapis : 2
Télébaby : 1

43 pistes
Noires : 5   Rouges : 14
Bleues : 14   Vertes : 10

STATIONNEMENT & SERVICES

Aire de stationnement du Lioran
Au départ des pistes de ski - ☎ 04 71 49 50 08 -
www.lelioran.com
Permanent
50 🅿 - 72h - gratuit
Services : 🚻 🛒 🍴
GPS : E 2.74832 N 45.08671

Osez skier sur le plus grand volcan d'Europe. Nichée au milieu des sapins, au cœur du Massif cantalien, la station du Lioran s'étend sur 150 ha. Vivez selon vos envies, en famille ou entre amis. Le domaine skiable est ouvert dès les premiers week-ends de décembre et tient toutes ses promesses : 43 pistes pour 60 km de plaisir, 18 remontées mécaniques, un réseau optimisé de canons à neige et 75 km de pistes de fond sur le domaine nordique de Prat-de-bouc. Le Lioran, c'est aussi le plaisir de goûter à la neige sans les skis : chiens de traîneau, luge, randonnée raquettes, téléphérique, motoneiges, quads, patinoire, médiathèque, animations pour les 6-12 ans...

STATION THERMALE ♨

La Bourboule

INFOS PRATIQUES

Centre thermal
76 bd G.-Clemenceau - ☎ 04 73 81 21 00 -
www.grandsthermes-bourboule.com - de déb. avr.
à déb. nov.

Indications
Voies respiratoires, dermatologie, affections des muqueuses bucco-linguales, troubles du développement de l'enfant et dermatologie post-cancer.

Température de l'eau
16 et 58 °C

STATIONNEMENT & SERVICES

Camping Les Vernières
Av. du Mar.-de-Lattre-de-Tassigny - ☎ 04 73 81 10 20 -
www.camping-la-bourboule.fr
De déb. avr. à fin sept. - 201 empl.
🚐 borne artisanale 🚗 🚐 🧹
Tarif camping : 39 € 🚶 👶 🚗 📧 ⚡ (10A) - pers. suppl. 9 €
Services et loisirs : 📶 🍴 🛒 🏪 🏊
GPS : E 2.75285 N 45.58943

La Bourboule... un nom bien connu dans l'hexagone depuis qu'y ont été découvertes, dans la seconde moitié du 19e s., des sources d'eaux curatives chargées d'arsenic métalloïde. Un nom qui tire aussi son origine de la mythologie gauloise et du dieu guérisseur Borvo... Alors bienvenus, vous êtes ici entre de bonnes mains ! Perchée à 850 m d'altitude dans le massif du Sancy, installée le long des rives de la Dordogne, cette station thermale s'inscrit dans un environnement naturel généreux. La Banne d'Ordanche, à environ 1h de marche, réserve un panorama de choix sur la vallée de la Dordogne et les volcans alentour, dont le Sancy. Le plateau de Charlannes, fréquenté en toute saison, vététistes aux beaux jours, fondeurs en hiver, ou tout simplement amoureux de calme et de grands espaces, n'est qu'à quelques kilomètres de la ville. Les occasions de balades et randonnées sont nombreuses à proximité et quelques belles cascades, comme celle du Plat-à-Barbe, récompenseront les courageux. Mais alors, faut-il quitter La Bourboule pour l'apprécier vraiment ? Non, ce serait bien trop réducteur car la station réserve, en son sein, de jolies surprises. La nature, toujours, au parc Fenestre, qui peut en outre être fier d'être le paradis des enfants avec ses attractions ludiques ; le patrimoine bâti aussi, avec l'architecture Belle Époque, le casino ou l'hôtel de ville, le musée des Arts verriers riche de 300 œuvres réalisées par de grands artistes contemporains ; sans oublier un programme varié d'activités – dont un pôle aqualudique – et de manifestations, notamment pour les plus jeunes.

Canoë sur l'Ardèche, au Pont d'Arc.
Panther Media GmbH/Alamy/hemis.fr

*Les quais de la Saône à Lyon.
no_limit_pictures/Getty Images Plus*

Lyon et sa région

À l'est, un prestigieux massif montagneux ; à l'ouest, une grande vallée industrielle et culturelle ; en son cœur, Lyon, place historique au riche patrimoine, bien vivante quand il s'agit de bousculer l'actualité artistique, et bonne vivante au vu des nombreux restaurateurs et « mères lyonnaises » qui ont acquis là leurs lettres de noblesse ; enfin, au nord, annonçant le Jura, la Bresse et ses célèbres poulardes !

Composée d'une mosaïque de paysages, la vallée du Rhône fascine par sa variété, du plateau de la Dombes, incroyable réserve de faunes piscicole et ornithologique, aux gorges de l'Ardèche, connues des adeptes de descente en canoë, et des monts du Forez aux Préalpes drômoises, avec leurs villages perchés surgissant des champs de lavande. Pour les amateurs de vin, la vallée abrite quelques-unes des plus belles AOC de France, avec les grands crus du Beaujolais au nord de Villefranche-sur-Saône, et de mythiques côtes du Rhône, comme côte-rôtie ou condrieu, au sud de Vienne.

LYON ET SA RÉGION

Grignan.
Xantana/Getty Images Plus

LES ÉVÉNEMENTS À NE PAS MANQUER

- **Marché aux vins de Côte-Rôtie** à Ampuis (69) : janv. www.marche-aux-vins-ampuis-cote-rotie.com.
- **Fête de l'Alicoque** à Nyons (26) : 1er w.-end de fév., l'huile d'olive nouvelle.
- **Fête de la truffe et des vins du Tricastin** à St-Paul-Trois-Châteaux (26) : fév.
- **Salon des vins** à Tain-l'Hermitage (26) : fév. www.salondesvinsdetain.fr.
- **Biennale internationale du design** à St-Étienne (42) : mars-avr. - biennale-design.com.
- **Les Épicuriennes de Belley** (01) : mai, festival de gastronomie.
- **Fête de la raviole et de la pogne** à Romans-sur-Isère (38) : mai.
- **Biennale Céramique** à Dieulefit (26) : Pentecôte. www.maisondelaceramique.fr.
- **Journées gallo-romaines** à St-Romain-en-Gal (69) : juin (années paires).
- **Jazz à Vienne** (38) : fin juin à mi-juil., au théâtre antique. www.jazzavienne.com.
- **Festival d'Alba-la-Romaine** (07) : juil. lefestivaldalba.org.
- **Estivales de Brou** à Bourg-en-Bresse (01) : juil., art lyrique dans le monastère royal.
- **Les Pêches d'étangs** dans la Dombes (01) : oct.-mars.
- **Fêtes du beaujolais nouveau** dans le Beaujolais (69) : nov. www.destination-beaujolais.com.
- **Concours des Glorieuses de Bresse** à Bourg-en-Bresse, Louhans, Montrevel-en-Bresse, Pont-de-Vaux (01) : 3e sem. déc., foires aux volailles. www.glorieusesdebresse.com.

Votre séjour à Lyon et sa région

Circuits Nº

1. Les étangs de la Dombes
   5 jours - 205 km — **P 446**
2. Vive le Beaujolais !
   4 jours - 240 km — **P 450**
3. Des monts du Forez au Pilat
   8 jours - 390 km — **P 454**
4. L'Ardèche et ses merveilles
   8 jours - 440 km — **P 458**
5. Balade au cœur de la Drôme
   7 jours - 330 km — **P 462**

Étapes

Bourg-en-Bresse — **P 447**
St-Étienne — **P 455**
Montélimar — **P 463**

Visites

Hameau Dubœuf à Romanèche-Thorins — **P 451**
Grotte Chauvet 2 - Ardèche à Vallon-Pont-d'Arc — **P 459**

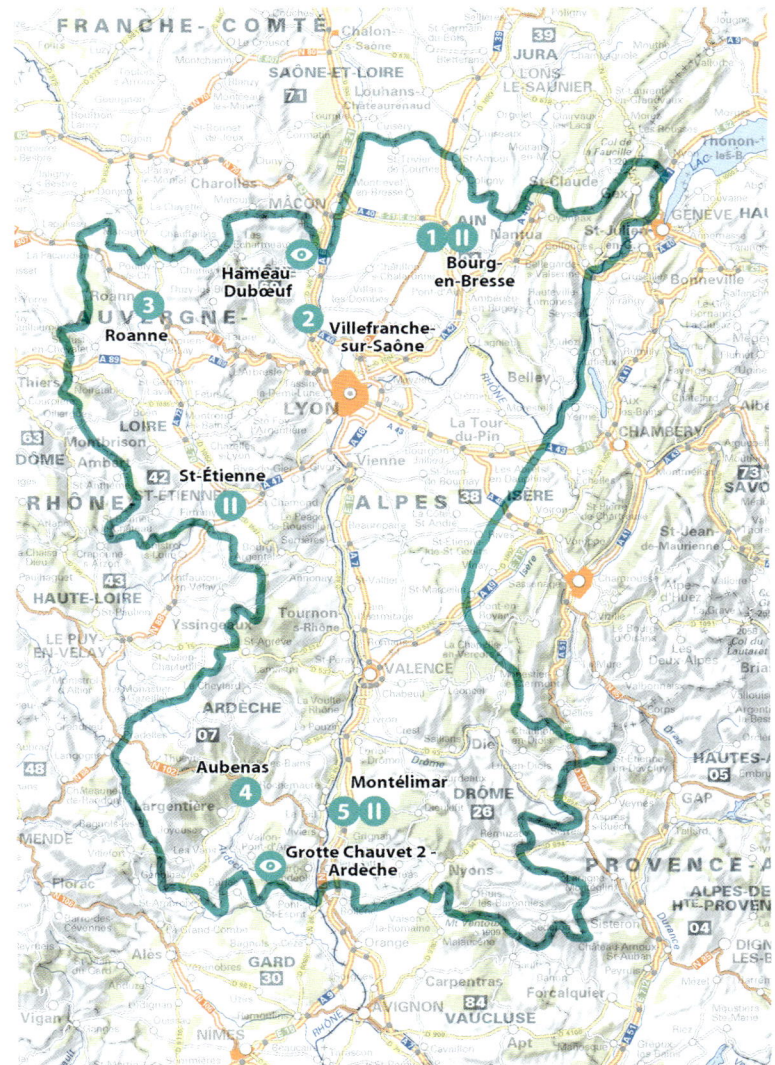

EN COMPLÉMENT, UTILISEZ...
- Guides Verts : Lyon et sa région, Ardèche-Drôme
- Cartes Michelin : Région 523 et Départements 327, 328, 331, 332 et 333

LYON ET SA RÉGION – CIRCUIT 1
Les étangs de la Dombes

Au nord de Lyon, aux portes de la Bresse, la Dombes doit sa physionomie originale et son charme très particulier au millier d'étangs qui parsèment sa surface et lui donnent un petit air mystérieux. Les fermes en pisé, les châteaux en carrons (briques rouges) et les villages fleuris agrémentent les vastes étendues que survolent une myriade d'oiseaux venus pêcher ou se reposer sur les étangs sauvages et dans leur sanctuaire... le parc de Villars-les-Dombes.

⭐ **DÉPART :** BOURG-EN-BRESSE - 5 jours – 205 km

JOUR 1

Si le vieux centre de **Bourg-en-Bresse** mérite que l'on s'y attarde (voir l'encadré p. ci-contre), réservez l'essentiel de votre visite au monastère royal de Brou. À lui seul il justifie votre étape dans la capitale bressane. Son église riche en vitraux, en stalles et en tombeaux prestigieux vous retiendra un bon moment avant de découvrir ses trois cloîtres. Piquez ensuite plein sud par la D1083. Elle vous conduit au cœur de la Dombes et à **St-Paul-de-Varax** qui conserve un manoir typique (ne se visite pas) et une église romane.

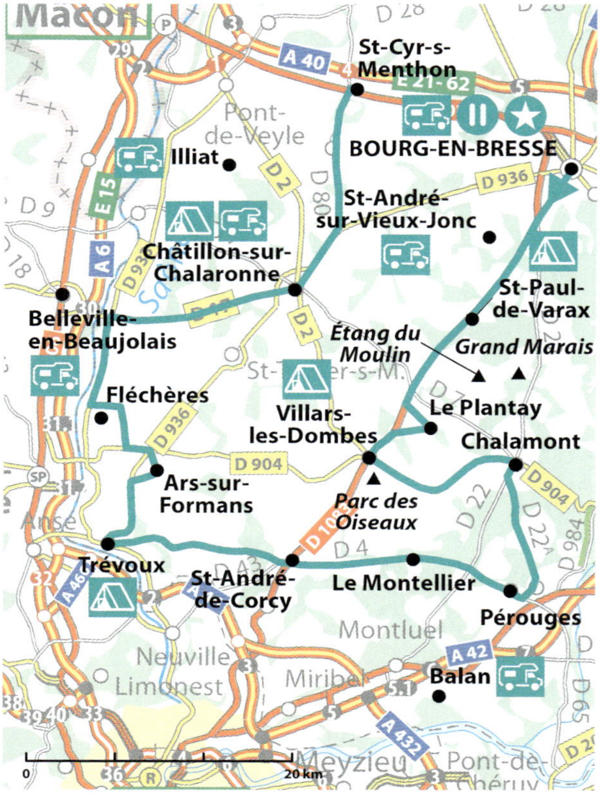

JOUR 2

N'hésitez pas à parcourir les petites routes à l'est de St-Paul-de-Varax pour apercevoir les plus beaux étangs : l'**étang du Grand Marais** et celui **du Moulin**, très apprécié des pêcheurs. Un site idéal pour un pique-nique ! Filez vers **Le Plantay** dont la tour de brique domine l'étang Grand Châtel. Sur la commune, la boutique de l'abbaye Notre-Dame-des-Dombes, fondée au 19ᵉ s., vend la spécialité de cette communauté monastique ; la Musculine, un produit énergétique à base de fruits, de sucre, de miel et de viande. Descendez ensuite sur **Villars-les-Dombes** où se trouve le **parc des Oiseaux**.

JOUR 3

Gagnez **Chalamont** dont la rue des halles conserve de belles maisons médiévales. Le reste de la journée sera consacré à arpenter les ruelles de **Pérouges**, petite ville médiévale perchée sur une butte. Ses ruelles pavées, enserrées dans des fortifications, sa place centrale, ont un charme fou, au point de servir de décor à de nombreux films historiques. Puis roulez plein ouest par la D4 pour retrouver la Dombes des étangs. Jetez un coup d'œil au passage au beau château de brique du **Montellier**.

JOUR 4

Reprenez la route par **St-André-de-Corcy** pour rattraper **Trévoux**, petite cité en bord de Saône qui vaut bien une halte, le temps de découvrir ses hôtels

Monastère royal de Brou, Bourg-en-Bresse.

ÉTAPE 11
Bourg-en-Bresse

OFFICE DE TOURISME
6 av. Alsace-Lorraine -
☎ 04 74 22 49 40 -
www.bourgenbressedestinations.fr

STATIONNEMENT & SERVICES

Parkings conseillés
Très grand parking gratuit au Champ de Foire, au nord du centre-ville (2 200 pl.). Autre parking gratuit Champ de Mars au sud-ouest du centre-ville (236 pl.).

Aire de Bourg-en-Bresse
Voir p. suivante.

particuliers, le Palais du parlement des Dombes et le château féodal. Plein nord, vous arriverez vite à **Ars-sur-Formans**, qui entretient le souvenir de son très vénéré curé d'Ars ; un musée de cire retrace les moments forts de sa vie. Admirez le contraste entre la petite église de l'humble et saint curé et l'étendue de sa célébrité, symbolisée par la basilique qui englobe aujourd'hui le frêle bâtiment. **Fléchères** vous attend ensuite avec l'un des plus beaux châteaux de la région, superbe bâtiment du 17ᵉ s. dont l'architecture et les fresques sont riches de significations. À ne pas manquer.

JOUR 5

La matinée de cette dernière journée sera réservée à la charmante cité médiévale de **Châtillon-sur-Chalaronne**, toujours magnifiquement fleurie. Ses petits ponts et les berges de la Chalaronne agrémentent la balade autour de beaux monuments : halle du 17ᵉ s. aux dimensions surprenantes, maisons à encorbellement, porte de ville, et surtout une remarquable apothicairerie conservée dans l'ancien hôpital... Le mercredi et le samedi, la ville s'anime autour de son marché de producteurs. Le séjour se clôture à **St-Cyr-sur-Menthon**, par la visite de la remarquable ferme bressane, avec sa cheminée sarrasine, du domaine des Saveurs - Les Planons.

Bourg (attention ! prononcez « Bourk ») est la capitale historique de la plantureuse région d'élevage de la Bresse. La production de volaille blanche assure son renom et, depuis le Moyen Âge, la ville est aussi le grand centre de fabrication des meubles « rustique bressan » en bois fruitier et en frêne, ainsi que des émaux. Il est facile de se promener à pied dans le centre-ville où les maisons anciennes à pans de bois et les hôtels particuliers attirent les regards. N'hésitez pas à faire le tour de l'**église Notre-Dame** pour voir le chevet flamboyant, puis à entrer dans le sanctuaire pour admirer les stalles du 16ᵉ s., ainsi que le mobilier du 18ᵉ s. Puis visitez la magnifique **apothicairerie de l'Hôtel-Dieu**, en activité jusque dans la seconde moitié du 20ᵉ s. Elle est composée de trois pièces en enfilade : un laboratoire équipé d'un fourneau, d'alambics et de bouilloires en cuivre, et deux salles pourvues de superbes meubles en bois, de flacons en verre, de pots en faïence et de boîtes en carton remarquablement conservés.
Rendez-vous ensuite au **monastère royal de Brou**, commandé par Marguerite d'Autriche, petite-fille de Charles le Téméraire, tante de Charles Quint, et veuve de Philibert le Beau à 24 ans. Son église, de style gothique flamboyant, possède une toiture vernissée et une riche ornementation sculptée, tant sur sa façade principale qu'à l'intérieur de l'édifice. Le tympan du portail représentant Philibert le Beau, Marguerite d'Autriche et leurs saints patrons aux pieds du Christ aux liens ainsi que le jubé, les stalles et les célèbres tombeaux méritent l'attention.

LE CONSEIL DU BIB

Le samedi matin, un grand marché se tient place du Champ-de-Foire, à Bourg-en-Bresse.

LYON ET SA RÉGION – ADRESSES CIRCUIT 1

Aires de service & de stationnement

Campings

BALAN

Aire de Balan
Pl. du Longevent -
℘ 04 78 06 19 24
Permanent (mise hors gel)
Borne artisanale : gratuit
8 - 72h - gratuit - sur le parking de la salle polyvalente
Services :
GPS : E 5.09557 N 45.83457

BELLEVILLE-EN-BEAUJOLAIS

Aire de Belleville-en-Beaujolais
R. du Vivier -
℘ 04 74 66 44 67
Permanent (mise hors gel)
Borne artisanale : gratuit
6 - 48h - gratuit
Stationnement ombragé proche de l'autoroute.
GPS : E 4.75417 N 46.11164

BOURG-EN-BRESSE

Aire de stationnement
16 allée Loys-Van-Boghem, entre la D 1075 et le monastère de Brou - ℘ 04 74 45 71 99
Permanent
4 - 48h - gratuit
Services :
Parking au calme avec vue sur le monastère de Brou, proche du centre-ville.
GPS : E 5.2378 N 46.1986

CHÂTILLON-SUR-CHALARONNE

Aire de Châtillon-sur-Chalaronne
Av. Raymond-Sarbach,
près de la poste - ℘ 04 74 55 04 33
De déb. mars à fin oct. (sf sam. mat. pdt le marché)
Borne artisanale : gratuit
4 - Illimité - gratuit
Services :
GPS : E 4.96018 N 46.11941

ILLIAT

Aire d'Illiat
R. du Bourg, au niveau de la salle des associations - ℘ 04 74 24 06 70
Permanent (mise hors gel)
Borne artisanale : gratuit
4 - 72h - gratuit
Services :
Places agréables bien délimitées par des haies, proches du centre du bourg et de l'étang.
GPS : E 4.8866 N 46.1851

ST-ANDRÉ-SUR-VIEUX-JONC

Aire de St-André-sur-Vieux-Jonc
Imp. des Lys - ℘ 04 74 52 75 07
Permanent (mise hors gel) -
Borne artisanale : gratuit
5 - 24h - 6 €/j. - règlement à l'agent communal - Services :
Cadre agréable, verdoyant et ombragé, plat, gravier, herbeux.
GPS : E 5.15183 N 46.15277

CHÂTILLON-SUR-CHALARONNE

Municipal du Vieux Moulin
R. Jean-Jaurès - ℘ 04 74 55 04 79 -
www.camping-vieuxmoulin.com
De déb. avr. à déb. oct. - 120 empl. -
borne eurorelais
Tarif camping : 26,50 €
(10A) - pers. suppl. 6 €
Services et loisirs :
En face d'un important parc aquatique-balnéo en partie couvert.
GPS : E 4.96228 N 46.11654

ST-PAUL-DE-VARAX

Domaine de la Dombes
941 chemin de Verfey, étang du Moulin - ℘ 04 74 30 32 32 -
www.domainedeladombes.com
De fin mars à déb. nov. - 30 empl. -
borne artisanale
Tarif camping : 39 €
(16A) - pers. suppl. 5,50 €
Services et loisirs :
Camping avec de nombreuses activités, un plan d'eau et un parc animalier.
GPS : E 5.15163 N 46.0864

TRÉVOUX

Kanopée Village
R. Robert-Baltié - ℘ 04 74 08 44 83 -
www.kanopee-village.com
De déb. avr. à fin sept. - 180 empl.
borne artisanale
Tarif camping : 28,50 €
(10A) - pers. suppl. 5 €
Services et loisirs :
Beaux emplacements le long de la Saône, à proximité du village.
GPS : E 4.76469 N 45.93927

VILLARS-LES-DOMBES

Le Nid du Parc
164 av. des Nations - ℘ 04 74 98 00 21 -
www.lenidduparc.com
De déb. avr. à déb. nov. - 147 empl. -
borne AireService
Tarif camping : 31,70 €
(10A) - pers. suppl. 5,80 €
Services et loisirs :
Emplacements en partie ombragés.
GPS : E 5.03039 N 45.99749

Étang et tour du Plantay dans la Dombes.

F. Guiziou/hemis.fr

Les bonnes adresses de bib

ARS-SUR-FORMANS

Au Petit Moulin – 615 rte d'Ars - Ste-Euphémie (4,5 km au sud d'Ars) - 04 74 00 60 10 - www.aupetitmoulin-01.fr - fermé le soir et lun. - menus 23/47 €. Grenouilles, poissons d'eau douce et volailles, soigneusement mitonnés et généreusement servis, figurent sur la carte de cette modeste auberge de campagne, voisine de la Dombes.

BOURG-EN-BRESSE

Au Chalet de Brou – 168 bd de Brou - 04 74 22 26 28 - www.auchaletdebrou.com - fermé merc.-jeu. - menus 28/67 €. Un petit restaurant où règne une ambiance familiale face à l'église. Boiseries, chaises rustiques et tapisseries font le charme désuet de la salle à manger. Cuisine traditionnelle mâtinée d'influences régionales.

Le Français – 7 av. Alsace-Lorraine - 04 74 22 55 14 - www.brasserielefrancais.com - fermé dim.-lun. - menus 33,50/70,50 €. Cette authentique brasserie 1900 en plein centre-ville est très sympathique avec ses hauts plafonds moulés et ses grands miroirs. La carte reflète le lieu et son banc d'écailler régale des amateurs de fruits de mer.

Émaux bressans Jeanvoine – 5 r. Thomas-Riboud - 04 74 22 65 06 - www.emaux-bressans.fr - fermé dim. et lun. mat. Créés par un émailleur parisien installé à Bourg-en-Bresse, les émaux bressans sont aujourd'hui réalisés artisanalement par la maison Jeanvoine. Selon une tradition qui date de 1850, les couches d'émail sont agrémentées de motifs en or. Autre adresse : 1 av. Maginot.

CHÂTILLON-SUR-CHALARONNE

Restaurant La Gourmandine – 142 r. Pasteur - 04 74 55 15 92 - www.restaurantlagourmandine.fr - fermé de fin déc. à fin janv., dim.-lun. et le soir sf vend.-sam. - formules déj. 33,50/40,50 € - menus 38,50/47 €. Cette maison du 17ᵉ s., proche de la place des Halles, est remarquable avec ses murs de briques et galets. Ils donnent aussi beaucoup d'allure à la salle à manger coiffée de poutres apparentes. La jolie terrasse dressée au bord de la rivière se révèle très agréable en été. Plats régionaux.

Marché du terroir – Sam. 7h30-13h. Il prend place dans de belles halles reconstruites au 17ᵉ s. De petits exploitants y proposent une multitude de produits locaux.

PÉROUGES

Hostellerie du Vieux Pérouges – Pl. du Tilleul - 04 74 61 00 88 - www.hostelleriedeperouges.com - fermé merc.-jeu. - menu 39 €. La célébrité de cette magnifique maison au cœur du village a dépassé les frontières depuis que Bill Clinton s'y est attablé en 1997... Il faut dire que c'est une belle étape, avec son décor typiquement bressan. Cadre médiéval ou ambiance bourgeoise au restaurant ; plats du terroir dont la fameuse galette.

TRÉVOUX

Belles rives – 376 av. des Tuileries - 04 74 00 22 07 - www.bellesrivesdesaone.fr - fermé dim. soir-lun., mar. soir et merc. soir - formule déj. 19,50 € - plats 17/36 €. Cette élégante auberge du bord de Saône concocte une cuisine classique et fraîche, à déguster à l'ombre de grands parasols. Service cordial.

VILLARS-LES-DOMBES

Les Fermiers de la Dombes – 1211 av. Charles-de-Gaulle - 04 74 98 16 66 - fermiersdeladombes.fr - fermé dim.-mar. Une quinzaine d'agriculteurs vendent en direct leurs produits fermiers. Poissons, fromages, volailles, charcuterie, pains, légumes, vins, fruits... : vous y trouverez tout ce qu'il faut pour vous remplumer !

Offices de tourisme

BOURG-EN-BRESSE
Voir p. 447.

CHÂTILLON-SUR-CHALARONNE
Pl. du Champ-de-Foire - 04 74 55 02 27 - www.dombes-tourisme.com.

PÉROUGES
9 rte de la Cité - 09 67 12 70 84 - www.perouges-bugey-tourisme.com.

Le parc des Oiseaux, à Villars-les-Dombes.

LYON ET SA RÉGION – CIRCUIT 2
Vive le Beaujolais !

Lyon, dit-on, est arrosé par trois fleuves : le Rhône, la Saône et… le Beaujolais. Cette boutade tendrait à accréditer l'idée d'un Beaujolais uniquement viticole. Alléchante, cette idée est cependant incomplète pour présenter une région qui ne cesse de valoriser son patrimoine et ses paysages contrastés : au nord, la montagne y est souvent sauvage, image renforcée par les sombres bois de sapins Douglas, tandis qu'au sud, les lumineux villages du pays des Pierres Dorées vibrent aux premières caresses du soleil.

⭐ **DÉPART :** VILLEFRANCHE-SUR-SAÔNE - 4 jours – 240 km

JOUR 1

Rien de plus naturel que de prendre **Villefranche-sur-Saône**, capitale du Beaujolais, comme port d'attache pour ces quatre jours de découverte des vignobles, vins et vieilles pierres de la région. Vous parcourez un inextricable lacis de petites routes où vous n'aurez aucun mal à vous perdre, même si les lieux que vous visitez sont extrêmement proches les uns des autres. Commencez par **Belleville-en-Beaujolais**, ancienne bastide aujourd'hui centre viticole, dont l'église du 12e s. possède d'intéressants chapiteaux. À voir aussi, son hôtel-Dieu. Un peu plus loin, à la sortie de Cercié, prenez la D68e pour gagner le vieux bourg de **Corcelles-en-Beaujolais**. De là, prenez à gauche la D9. Le château fort de Corcelles a été édifié au 15e s. pour défendre la frontière entre la Bourgogne et le Beaujolais. Son immense chai, du 17e s., compte parmi les plus beaux de la région.

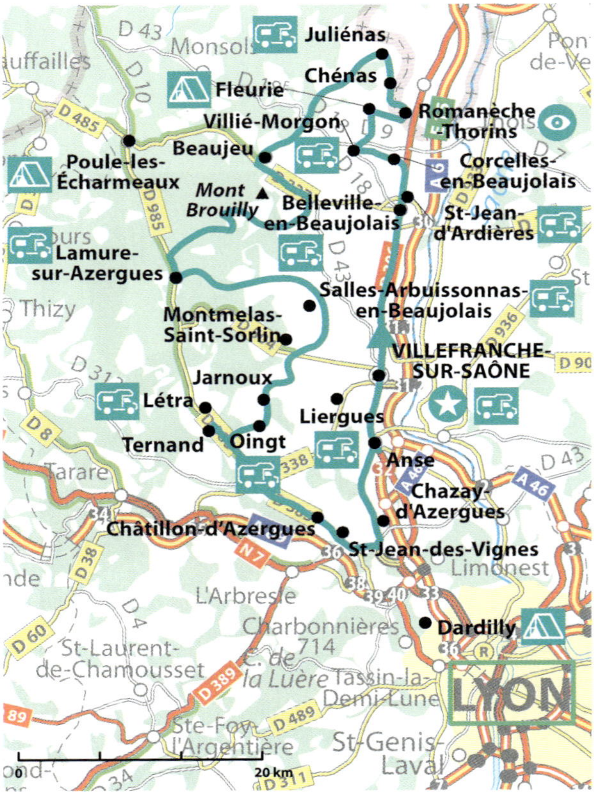

JOUR 2

Vous entrez dans la région des grands crus en prenant la direction de Villié-Morgon et de Fleurie, dont vous traversez les vignobles. Plusieurs sentiers pédestres bien balisés partent du centre du village de **Villié-Morgon** pour grimper à l'assaut des collines. Le vin, c'est le palais, mais c'est aussi une culture, mise à l'honneur par le Hameau Duboeuf et sa « gare », à **Romanèche-Thorins** (voir l'encadré p. ci-contre). Le village partage d'ailleurs, avec **Chénas**, le territoire de l'appellation moulin-à-vent, la plus ancienne du Beaujolais, reconnue dès le 18e s. Sur place, un autre site d'attractions majeur, consacré au monde animal (Touroparc Zoo), vous invite à passer de bons moments. Vous ferez étape le soir vers **Juliénas** ou **Beaujeu**.

JOUR 3

Capitale historique du Beaujolais, **Beaujeu** vous permet de faire quelques emplettes. Après cet arrêt, montez voir le panorama du **mont Brouilly** sur les vignobles du Beaujolais et la plaine de la Saône. Sans quitter de vue les vignobles, il est temps d'aller visiter

Vignoble du Beaujolais en automne.

quelques beaux sites architecturaux. Faites une halte au prieuré de **Salles-Arbuissonnas-en-Beaujolais**, fondé au 10ᵉ s. Visitez les **châteaux de Montmelas-St-Sorlin** et de **Jarnioux**, puis gagnez **Oingt**, véritable bijou du pays des Pierres dorées.

JOUR 4

Pour terminer tranquillement votre séjour, passez par **Ternand** et son joli panorama, puis prenez la direction de **Châtillon-d'Azergues** dominée par une forteresse des 11ᵉ-13ᵉ s. Retournez ensuite à **St-Jean-des-Vignes**, où l'espace Pierres Folles (réouverture en 2025) présente l'histoire de la planète à travers la composition du sous-sol, notamment du Beaujolais, et l'exploitation humaine du sol. Puis rejoignez **Villefranche** par les charmants villages de **Chazay-d'Azergues** et **Anse**. Ou continuez votre périple en regagnant Lyon.

LE CONSEIL DU BIB

Favorisez les haltes chez les viticulteurs. L'accueil y est cordial et la découverte des produits, parfois étonnante, est toujours de qualité.

VISITE

Hameau Dubœuf (Romanèche-Thorins)

INFOS PRATIQUES

796 rte de la Gare - ☎ 03 85 35 22 22 - www.duboeuf.com - merc.-dim. 10h-18h - fermeture, se rens. - 20/22 € (7-16 ans 8/12 €) ; jardin seul 12 € (7-16 ans 8 €).

STATIONNEMENT

Parking
Stationnement gratuit sur les places de parking le long de la D486.

« Stationné » en gare de Romanèche-Thorins, ce vaste œnoparc est avant tout un outil de promotion, conçu avec des moyens spectaculaires, par le producteur de beaujolais, Georges Dubœuf, mais aussi une très belle vitrine de l'univers de la vigne.
La visite du Hameau Dubœuf commence dans la reconstitution du hall d'une gare 1900, où l'on prend son ticket pour partir à la découverte de l'univers du vin. Une succession de salles est consacrée à l'histoire du vignoble, aux outils du vigneron, aux étapes de fabrication (impressionnant pressoir mâconnais de 1708), au terroir et à son influence sur les goûts du vin, aux objets courants (tonneaux, bouchons de liège, verre, étiquettes, etc.), à la découverte de chais authentiques toujours en activité.... Quelques œuvres d'art sont également présentées. L'ensemble bénéficie d'une muséographie résolument moderne, avec un cinéma dynamique permettant de découvrir les paysages du Beaujolais et du Mâconnais à bord de nacelles animées et une expérience immersive vous faisant voyager dans l'histoire du Beaujolais. Une dégustation vient logiquement clore la visite dans la **salle du limonaire**.
En face du hameau, la **gare du vin** explique le lien qui unissait le vin et le rail aux 19ᵉ et 20ᵉ s. Elle abrite notamment le wagon impérial qu'utilisait Napoléon III ainsi qu'une riche collection d'objets.
Rendez-vous ensuite au **jardin en Beaujolais** *(prenez le petit train)*, pour y découvrir les arômes propres aux vins du Beaujolais à travers des parterres thématiques (fleuri, végétal, boisé, fruits à coques, fruité, épices). Trônant au milieu de ce grand jardin de 5 000 m², le **centre de vinification** des vins Georges Dubœuf permet d'enrichir la visite avec la découverte, grandeur nature, de toutes les étapes de la production. L'expérience peut être complétée par un Explor' game ou un jeu d'enquête numérique.

LYON ET SA RÉGION – ADRESSES CIRCUIT 2

Aires de service & de stationnement

BELLEVILLE-EN-BEAUJOLAIS
Voir le circuit précédent

JULIÉNAS
Domaine Matray
438 rte des Paquelets - 04 74 04 45 57 - www.domainematray.fr
Permanent (fermé en période de vendanges et le dim.)
Borne artisanale
4 - Illimité - 5 €/j.
Services :
Réseau France Passion.
GPS : E 4.69704 N 46.23235

LAMURE-SUR-AZERGUES
Aire de Lamure-sur-Azergues
Parking de la salle pluraliste, en face de la gare - 04 74 03 02 71 - www.lamuresurazergues.com
Permanent (mise hors gel)
Borne artisanale : gratuit
10 - Illimité - gratuit
Services :
GPS : E 4.49162 N 46.06074

LÉTRA
Aire privée de Létra
16 montée du Bourg, cave Oedoria - 04 74 71 58 60 - www.oedoria.com
Permanent (éviter la période des vendanges)
Borne artisanale : gratuit
5 - 24h - gratuit
GPS : E 4.52389 N 45.95667

LIERGUES
Cave Oedoria
168 r. du Beaujolais - 04 74 74 48 08 - www.oedoria.com
Permanent (fermé j. fériés)
Borne artisanale : gratuit
- gratuit - Services :
GPS : E 4.6692 N 45.9686

OINGT
Aire de Oingt
70 chemin du Stade - 04 74 71 60 51 - www.valdoingt.org
Permanent (mise hors gel)
Borne artisanale : gratuit

10 - Illimité - gratuit
GPS : E 4.587 N 45.9535

ST-JEAN-D'ARDIÈRES
Aire privée Domaine de Grande Ferrière
831 rte des Rochons - 06 72 33 83 14
Permanent
Borne artisanale 5 €
5 - 48h - gratuit
Paiement :
Services :
Petite aire dans une exploitation vinicole, avec vue sur les vignes.
GPS : E 4.71581 N 46.12954

SALLES-ARBUISSONNAS-EN-BEAUJOLAIS
Aire de Salles-Arbuissonnas
R. du 11-Novembre-1918, Le Viaduc - 04 74 67 53 38 - salles-arbuissonnas.fr - Permanent (mise hors gel)
Borne artisanale : gratuit
- 24h - gratuit - stat. au parking du Breuil, tout proche
Services :
GPS : E 4.63716 N 46.04409

VILLEFRANCHE-SUR-SAÔNE
Camping-car Park de Villefranche
2788 rte de Riottier - 01 83 64 69 21
Permanent
Borne eurorelais
128 - Illimité - 13,86 €/j. - borne compris - Paiement :
Services :
Près de la Saône (plage).
GPS : E 4.752 N 45.97253

VILLIÉ-MORGON
Camping-car Park de Villié-Morgon
56 r. du Château-de-Fontcrenne - 01 83 64 69 21 - www.campingcarpark.com
Permanent
Borne artisanale
6 - 24h - 13,64 €/j. - borne compris - Paiement :
Services :
GPS : E 4.6797 N 46.1613

Campings

DARDILLY
CityKamp by Huttopia Lyon
Porte de Lyon - 04 78 35 64 55 - www.camping-lyon.com
Permanent - 239 empl.
borne flot bleu
Tarif camping : 29,20 €
(10A) - pers. suppl. 6 €
Services et loisirs :
Préférer les emplacements les plus éloignés de l'autoroute.
GPS : E 4.76119 N 45.81989

FLEURIE
La Grappe Fleurie
R. de la Grappe-Fleurie - 04 74 69 80 07 - www.beaujolais-camping.com
De mi-avr. à déb. oct. - 94 empl.
borne artisanale
Tarif camping : 35 €
(10A) - pers. suppl. 8,50 €
Services et loisirs :
Camping haut de gamme au cœur du vignoble.
GPS : E 4.7001 N 46.18854

POULE-LES-ÉCHARMEAUX
Municipal les Écharmeaux
06 74 05 91 38 - www.poulelesecharmeaux.fr/tourisme/camping-municipal
21 empl.
Tarif camping : 4 € 4 €
Services et loisirs :
Emplacements en terrasses individuelles surplombant un étang.
GPS : E 4.45981 N 46.14871

Les bonnes adresses de bib

ANSE

Le St-Romain – 171 rte de Graves - ✆ 04 74 60 24 46 - www.hotel-saint-romain.fr - fermé le week-end - formule déj. 20 € - plats 21/32 €. Sur la route du pays des Pierres Dorées, une très bonne cuisine de saison et de terroir.

BELLEVILLE-EN-BEAUJOLAIS

Buffet de la Gare – Pl. de la Gare - ✆ 04 74 66 07 36 - www.lebuffetdelagare-restaurant.com - fermé le w.-end et le soir sf jeu.-vend. ; 3 sem. en août - menu déj. 20,50 €. Ce restaurant a du cachet avec son décor « vieux bistrot », ses banquettes, ses meubles en bois et ses vieilles affiches. On y sert d'appétissantes recettes régionales dans une ambiance chaleureuse et bon enfant.

FLEURIE

Cave des Producteurs des Grands Vins de Fleurie – 213, r. des Vendanges - ✆ 04 74 04 19 78 - cavefleurie.com - fermé dim. apr.-midi en janv.-fév. Cette coopérative créée en 1927 est la doyenne des caves du Beaujolais. Elle vinifie un tiers du cru Fleurie, produit une gamme de vins par climat et s'enorgueillit d'y élever trois cuvées d'exception baptisées « Fleurie Fleurilège », « Marguerite subtile » et « Marguerite intense ».

JULIÉNAS

Le Coq à Juliénas – 329 Ancienne place du Marché - ✆ 04 74 03 67 51 - lecoqajulienas.com - fermé merc.-jeu., et dim. soir - formule déj. 20 € - menus 39/43 €. Une institution où l'on sert depuis 1923 le coq au vin, revisité désormais par Marie Dias qui a repris l'établissement en 2017. Mais ce classique ne saurait masquer une belle offre de plats savamment élaborés et parfumés, comme le cabillaud à la mangue, coriandre et zeste de citron vert, qui nous tiennent en haleine jusqu'aux desserts parmi lesquels l'innovante « tarte au citron spécialement coq » a déjà fait de nombreux adeptes.

OINGT

Chez Marguerite – 23 pl. de Presberg - ✆ 04 72 54 23 43 - www.chez-marguerite.fr - fermé mar.-merc. - menu 28 €. « Ça bouge à Oingt » chez Marguerite, un des lieux vivants du Beaujolais. On s'y retrouve pour boire un verre, échanger quelques news, assister à un concert, admirer une expo... et naturellement déguster un bon petit plat comme des filets de maquereaux au pesto d'ail des ours ou un médaillon de selle d'agneau rôtie avec flageolets mijotés au thym.

ROMANÈCHE-THORINS

Château du Moulin-à-Vent – Lieu-dit Le Moulin-à-Vent, 4 r. des Thorins - ✆ 03 85 35 50 68 - www.chateaudumoulinavent.com - lun.-vend., w.-end sur demande. On produit ici l'une des plus fameuses appellations du Beaujolais, dominé par l'ex célèbre moulin. De couleur rubis, ronds, corsés et charpentés, les moulin-à-vent sont des vins puissants, racés et aptes à bien vieillir. Dégustation sur place, millésimes anciens disponibles.

VILLEFRANCHE-SUR-SAÔNE

Foxy Factory – 51 r. Paul-Bert - ✆ 04 74 60 96 75 - fermé soir et dim.-lun. - moins de 15 €. Voici l'adresse vegan, et en partie sans gluten, de Villefranche. Des bowls, des salades et des desserts maison inspirés de la cuisine anglaise (cookies, pies, cupcake...). Le tout joliment présenté. Salon de thé l'après-midi.

Le Tastevin – 129 r. Nationale - ✆ 04 74 68 28 16 - www.le-tastevin.fr - fermé dim. Dans la plus vieille cave à vins de Villefranche (1971), une cinquantaine de références passent en revue les crus du Beaujolais produits par ses meilleurs vignerons.

Offices de tourisme

BEAUJEU

8 pl. de l'Hôtel-de-Ville - ✆ 04 74 07 27 40 - www.destination-beaujolais.com.

VILLEFRANCHE-SUR-SAÔNE

96 r. de la Sous-Préfecture - ✆ 04 74 07 27 40 - www.destination-beaujolais.com.

Chapelle de St-Laurent-d'Oingt

ricochet64/Getty Images Plus

LE TOP 5 GRANDS CRUS DU BEAUJOLAIS

1. Moulin-à-vent
2. Morgon
3. Chiroubles
4. Juliénas
5. Brouilly

LYON ET SA RÉGION – CIRCUIT 3
Des monts du Forez au Pilat

Pays des hautes chaumes, des jasseries et de l'estive, les monts du Forez ou « montagnes du Soir » offrent des paysages contrastés, assombris par les noirs bois de sapins. Mais au-dessus, souvent masqués par les brumes et les nuages, les sommets étonnent par leurs vastes landes dénudées paraissant abandonnées. Ces étranges paysages devenant presque lunaires sous certains éclairages contrastent avec celui, généreux, du massif du Pilat, à l'est de St-Étienne.

⭐ **DÉPART :** ROANNE - 8 jours – 390 km

JOUR 1

Après votre exploration de **Roanne**, ville du textile et de la gastronomie, filez à **Charlieu** pour découvrir son abbaye et déguster une andouille locale.

JOUR 2

Direction **La Benisson-Dieu** où vous jetez un coup d'œil à l'impressionnante abbatiale en pierres jaunes.

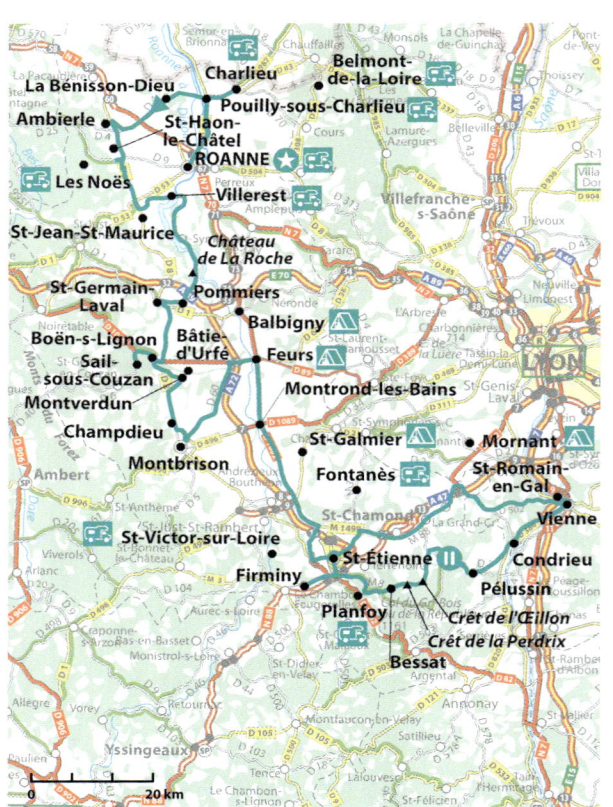

Puis rendez-vous dans les Côtes roannaises, dont le vignoble est à 80 % en agriculture biologique. Visitez **Ambierle**, ancien prieuré de Cluny qui comprend église et musée, et **St-Haon-le-Châtel**, avec ses remparts et ses manoirs Renaissance. Non loin, du site des barrages de Renaison partent quelques sentiers vers les monts de la Madeleine.

JOUR 3

Descendez les gorges roannaises de la Loire : vous arrivez à **St-Jean-St-Maurice-sur-Loire**. L'abside romane de l'église de St-Maurice possède de belles fresques du 13e s. ; pour le coup d'œil, profitez aussi du donjon et de sa vue sur les gorges. Gagnez **Villerest**, agréable petit bourg médiéval qui domine une retenue de barrage où l'on peut pratiquer quelques activités nautiques. Traversez le plan d'eau – belle vue sur les gorges depuis le belvédère de Commelle-Vernay – et suivez la visite théâtralisée du **château de La Roche**, à proximité de St-Priest-la-Roche.

JOUR 4

Revenez sur la rive droite. **Pommiers** et **St-Germain-Laval**, petits villages sympathiques, méritent un arrêt. Vous passez ensuite par **Boën-sur-Lignon** (château et musée des Vignerons du Forez) avant de repartir en promenade dans la patrie d'Aimé Jacquet à **Sail-sous-Couzan**. Là, une forteresse dévoile un joli panorama sur la plaine forézienne. Terminez par l'étonnant prieuré fortifié du « pic » de **Montverdun**.

JOUR 5

Le château de la **Bâtie-d'Urfé** et sa grotte de rocaille vous occupent un moment. Rejoignez ensuite **Champdieu** et ne manquez pas la visite de son église

Les collections du musée d'Art et d'Industrie, à St-Étienne.

romane. Gagnez **Montbrison**, bâtie en cercle autour d'une butte volcanique et dominée par le dôme de l'ancien couvent de la Visitation et par l'imposant clocher de son église gothique. Puis rejoignez **Feurs**, très prospère au temps des Gaulois, et qui donna son nom à la région. Une section de son musée, rénové, est consacrée à l'histoire de la ville.

JOUR 6

Direction **St-Étienne** (voir l'encadré ci-contre) où vous attend la suite d'un séjour presque tout en ville, en culture et… en contrastes : sa vieille ville, ses musées et les constructions de Le Corbusier dans la cité de **Firminy**, juste à côté.

JOUR 7

Consacrez la journée au riche patrimoine gallo-romain et médiéval de **Vienne** où se déroule un célèbre festival de jazz. Traversez le Rhône pour visiter le Musée gallo-romain et le site de **St-Romain-en-Gal**, autrefois couvert de somptueuses maisons *(domus)* ornées de peintures murales et d'immenses mosaïques, d'ateliers d'artisans et de thermes.

JOUR 8

Changement de décor. Dirigez-vous très tôt vers le Pilat. La nature y est généreuse sur le chemin qui vous mène d'abord à **Condrieu**, réputée pour ses vins, puis à **Pélussin**. Au **crêt de l'Œillon**, profitez de la vue sur la vallée du Rhône. Continuez votre route panoramique vers le **crêt de la Perdrix** où se tient une table d'orientation. Si la saison s'y prête, prenez le temps d'une descente à ski au **Bessat**. Retour à St-Étienne.

ÉTAPE 11
St-Étienne

OFFICE DE TOURISME
16 av. de la Libération -
℘ 04 77 49 39 00 -
www.saint-etienne-hors-cadre.fr.

STATIONNEMENT
Parking conseillé
Parking P8 bis du stade Geoffroy-Guichard (bd Roger-Rocher - gratuit - inaccessible les jours de match).
De là, prendre le tramway pour gagner le centre-ville.

St-Étienne a bien réhabilité ses friches industrielles. En effet, elles accueillent désormais des musées d'envergure nationale, belles vitrines de l'histoire économique de la ville et de son renouveau en tant que capitale du design, labellisée « Ville Unesco de design » depuis 2010.
Tout naturellement, commencez par la **Cité du Design** où se déroulent des expositions temporaires et une biennale. Elle est devenue le symbole de la ville dont le nouveau fer de lance est la création d'objets utiles et fonctionnels, un design du quotidien, éloigné des paillettes comme des prix astronomiques. Rendez-vous ensuite au **Puits Couriot, parc-musée de la Mine**. Vous passez tout d'abord par la salle des Pendus – vestiaire où les mineurs suspendaient leurs vêtements –, puis par la lampisterie – où l'on stockait les lampes –, avant de plonger dans les galeries par les cages d'extraction, qui servaient à la fois à descendre les mineurs et à remonter le charbon. N'hésitez pas à visiter aussi le **musée d'Art et d'Industrie** dont la scénographie moderne met en valeur les collections exceptionnelles qui illustrent la créativité de la ville. D'anciens passementiers viennent régulièrement y faire des démonstrations sur les métiers à tisser. La section sur les cycles retrace, au travers de pièces uniques, l'histoire de la « petite reine » – considérée comme la première bicyclette – qui fut fabriquée à St-Étienne en 1886 par les frères Gauthier. Enfin, la collection d'armes, des hallebardes de la Renaissance jusqu'au flash-ball, témoigne de l'inventivité des armuriers. Enfin, les amateurs d'art ne manqueront pas le **musée d'Art moderne et contemporain**, légèrement excentré.
Quoi qu'il en soit, prolongez votre séjour par une promenade dans la vieille ville, notamment sur la **place du Peuple**, qui servait de champ de foire au Moyen Âge. Non loin, les **halles Mazerat**, ancien marché couvert construit en 1872, ont été réhabilitées en 2020 et abritent désormais des commerçants de bouche qui partagent l'espace avec des restaurants, des bars et des traiteurs.

LYON ET SA RÉGION – ADRESSES CIRCUIT 3

Aires de service & de stationnement

BELMONT-DE-LA-LOIRE

Aire Belmont-de-la-Loire
Pl. des Arcades - ☎ 04 77 69 03 06 - www.charlieubelmont.com
Permanent
Borne artisanale : gratuit
2 - 72h - gratuit
Services :
GPS : E 4.3405 N 46.1595

CHARLIEU

Aire de Charlieu
Pl. d'Eningen - ☎ 04 77 69 03 06 - www.charlieubelmont.com
Permanent
Borne artisanale : gratuit
8 - 72h - gratuit
Services :
GPS : E 4.1735 N 46.15617

FONTANÈS

Aire du Rio
R. des Alpes, parking des tennis municipaux - ☎ 04 77 20 87 08 - www.fontanes-42.fr
De déb. mars à fin sept.
Borne artisanale : gratuit
3 - 48h - gratuit
Services :
GPS : E 4.44032 N 45.54676

LES NOËS

Aire des Noës
Pl. Communale, D 47 - ☎ 04 77 64 43 24 - roannais-agglomeration.fr
Permanent (mise hors gel) -
Borne artisanale : gratuit
4 - 72h - gratuit
Services :
Site agréable.
GPS : E 3.8519 N 46.04072

PLANFOY

Aire du Vignolet
Le Vignolet, devant le stade - ☎ 04 77 51 40 69 - planfoy.fr
Permanent -
Borne flot bleu 2,50 € 3 €
10 - 72h - gratuit

Paiement : jetons (commerçants)
Services :
Aire agréable.
GPS : E 4.44909 N 45.37446

POUILLY-SOUS-CHARLIEU

Aire de Pouilly-sous-Charlieu
R. de la République, pl. du Marché - ☎ 04 77 60 90 22
Permanent (sf dim. mat. : marché)
Borne artisanale : gratuit
4 - 48h - gratuit - autre stat. gratuit en bordure de la Loire (1 km)
Services :
GPS : E 4.10779 N 46.14098

ROANNE

Aire du Port
Quai du Commandant-de-Fourcauld - ☎ 04 77 72 59 96 - port-de-roanne.fr
Permanent -
Borne flot bleu 2,50 €
10 - 24h - 7,60 €/j.
Paiement : jetons (capitainerie)
Services :
Très agréable, au port de plaisance.
GPS : E 4.08297 N 46.03809

ST-VICTOR-SUR-LOIRE

Aire du lac de Grangent
R. du Lac, parking de la base nautique - ☎ 04 77 90 44 28 - www.saint-etienne-hors-cadre.fr
Permanent (mise hors gel)
Borne flot bleu 3 €
10 - Illimité - gratuit
Paiement : jetons (mairie)
Services :
GPS : E 4.25622 N 45.44818

VILLEREST

Aire du Grézelon
Rte de Seigné, D 18, près du lac de Villerest - ☎ 04 77 44 29 50 - www.aggloroanne.fr
Permanent (mise hors gel)
Borne artisanale : gratuit
12 - 48h - gratuit
Services :
Superbe vue sur le lac.
GPS : E 4.04298 N 45.98607

Campings

BALBIGNY

La Route Bleue
410 chemin de la Route-Bleue - ☎ 04 77 27 24 97 - www.campingdelaroutebleue.com
De déb. avr. à fin oct. - 50 empl. -
Tarif camping : 25,50 €
(16A) - pers. suppl. 7 €
Services et loisirs :
Emplacements ombragés ou ensoleillés en bord de la Loire.
GPS : E 4.15725 N 45.82719

FEURS

Municipal du Palais
9 rte de Civens - ☎ 04 77 26 43 41
De déb. avr. à fin oct. - 93 empl. -
borne artisanale
Tarif camping : 22,10 €
(16A) - pers. suppl. 3,50 €
Services et loisirs :
Dans un quartier calme, à deux pas du centre-ville.
GPS : E 4.22572 N 45.75429

MORNANT

La Trillonière
Bd Gén.-de-Gaulle - ☎ 04 78 44 16 47 - www.la-trillonniere.fr
De mi-juin à fin sept. - 44 empl. -
borne artisanale
Tarif camping : 26,80 €
(10A) - pers. suppl. 6 €
Services et loisirs :
Au pied de la cité médiévale.
Arrêt de bus pour Lyon.
GPS : E 4.67073 N 45.61532

ST-GALMIER

Campéole Val de Coise
Rte de la Thiery - ☎ 04 77 54 14 82 - campingvaldecoise.fr
De déb. avr. à déb. oct. - 50 empl. -
borne AireService
Tarif camping : 25,50 €
(10A) - pers. suppl. 7 €
Services et loisirs :
Emplacements en terrasses, ombragés, qui descendent jusqu'à la rivière la Coise.
GPS : E 4.33552 N 45.59308

Les bonnes adresses de bib

AMBIERLE

Le Prieuré – 11 r. de la Mairie - ℘ 04 77 65 63 24 - www.leprieureambierle.fr - fermé dim. soir, mar. et merc. - menus 52/112 €. On se laisse surprendre par le terroir revu et corrigé selon Thierry Fernandes, chef créatif et inspiré. Quels que soient les plats, la technique est au rendez-vous tout comme les saveurs. Le cadre, épuré, joue la carte scandinave. La jolie terrasse vous tend les bras.

FEURS

La Boule d'Or – 42 r. R.-Cassin - ℘ 04 77 26 20 68 - www.labouledor-feurs.fr - fermé dim. soir-lun. et merc. soir - menus 22/42 €. Une sobre bâtisse abrite trois salles à manger colorées où se déguste une solide cuisine traditionnelle. Terrasse de poche ombragée.

MONTBRISON

Restaurant L'Apicius – 29 r. Martin-Bernard - ℘ 09 82 38 34 65 - apicius-restaurant-montbrison.eatbu.com - fermé le soir (sf vend.) et w.-end - menu 40 €. Cadre contemporain et épuré pour cette petite adresse tenue par un couple au joli parcours. Cuisine du marché en semaine avec une version plus élaborée le vendredi soir. Le chef privilégie les produits du terroir ainsi que les fleurs et plantes sauvages. Généreux !

ROANNE

OMA – 6 pl. Georges-Clemenceau - ℘ 04 77 71 24 54 - www.omarestaurant.fr - fermé dim.-lun. - menus 21/25 € (déj.), 35/39 €. Un décor minimaliste comme pour mieux se concentrer sur l'assiette. Celle-ci se décline au gré de l'inspiration d'un chef voyageur qui enchaîne pâté de canard en croûte, asperges grillées, condiment livèche et jeunes pousses, assiette de falafels et, enfin, biscuit vapeur au yaourt de brebis, confiture de lait et tuile lactée. Une cuisine intéressante, variée, à base de produits de saison.

ST-ÉTIENNE

Madame, Table de cheffe – Pl. Villebœuf - ℘ 04 77 47 26 54 - www.restaurantmadame.fr - fermé dim.-lun. - formule déj. 19 € - menus 37/49 €. Dans ce restaurant cosy aux airs de bistrot anglais officie la cheffe Marinette. Elle y concocte une cuisine originale, aux associations parfois audacieuses (comme ce millefeuille de tourteau avec fenouil, pomme, mangue et wasabi). Charmant patio aux beaux jours.

Chocolat Weiss – 8 r. du Gén.-Foy - ℘ 04 77 21 61 09 - www.chocolat-weiss.fr - fermé dim. Depuis 1882, Weiss est le temple du chocolat stéphanois et compte parmi ses clients les plus grands noms de la cuisine française et internationale qui apprécient particulièrement son savoir-faire artisanal mis au service du cacao grand cru. Napolitains, nougamandines et nougastelles ont fait sa renommée.

ST-GERMAIN-LAVAL

Le Cheval Blanc – 2 r. Robert-Lugnier - ℘ 04 27 76 84 54 - bistrolechevalblanc.fr - fermé dim.-mar. midi. Le bar associatif du village est un lieu de partage sympathique où l'on vient boire un verre, grignoter de savoureuses tapas et planches, écouter un concert, participer à une lecture ou jouer aux cartes. Pour le déjeuner, ses formules végé et carné (16 €), à base de produits paysans et/ou bio, font l'unanimité.

VIENNE

L'Estancot – 4 r. de la Table-Ronde - ℘ 04 74 85 12 09 - fermé dim.-mar. midi - criques 24/39,50 €. Vous voulez goûter des criques, ces fameuses galettes de pommes de terre ardéchoises ? C'est derrière l'église St-André-le-Bas qu'il faut aller. À la carte, elles sont accompagnées de légumes, de foie gras ou de gambas...

Offices de tourisme

ROANNE

8 pl. du Mar.-de-Lattre-de-Tassigny - ℘ 04 77 71 51 77 - www.roannais-tourisme.com.

ST-ÉTIENNE

Voir p. 455

VIENNE

Cours Brillier - ℘ 04 74 53 70 10 - www.vienne-condrieu.com.

Mosaïque du site de St-Romain-en-Gal.

LYON ET SA RÉGION – CIRCUIT 4
L'Ardèche et ses merveilles

On ne présente plus le célèbre Pont d'Arc, monumentale arche naturelle qui offre une entrée grandiose à l'une des plus imposantes curiosités naturelles du Midi, ni même l'aven d'Orgnac et ses immenses salles décorées de concrétions. La majeure partie des gorges de l'Ardèche a été constituée en réserve naturelle en 1980 et l'ensemble, érigé en Grand Site d'intérêt national en 1993. En les parcourant, vous verrez que l'intérêt national est aussi le vôtre !

⭐ **DÉPART :** AUBENAS - 8 jours – 440 km

JOUR 1
D'**Aubenas**, vous dominez l'Ardèche et vos premiers pas dans les vieilles rues vous donnent envie de vous lancer sur les routes, histoire de voir si la région est aussi belle que cette ville. Alliez le calme et les charmes de l'ancien en passant ensuite à **Largentière** puis **Joyeuse**, petites cités médiévales, encore dominées par leur château.

JOUR 2
Les Vans vous révèlent la nature méridionale avec sa blancheur de calcaire. Si vous êtes sur place le samedi, profitez du marché, très animé. Après être passé par **Barjac**, vous entrez dans le « ventre » de l'Ardèche : l'**aven d'Orgnac** recèle de splendides concrétions. À proximité, le superbe site naturel du **Pont d'Arc** domine les gorges de l'Ardèche. Suivez le fil de l'eau, depuis la route qui surplombe la rivière. Stationnez à **Vallon-Pont-d'Arc.**

JOUR 3
Vallon-Pont-d'Arc abrite un chef-d'œuvre de l'art pariétal, la **grotte Chauvet 2 - Ardèche** (voir l'encadré p. ci-contre). Un incontournable ! Ruines et petites églises seront ensuite au programme à **Bourg-St-Andéol**. L'étroitesse des routes vous interdisant malheureusement l'accès aux gorges de la Ste-Beaume, prenez la D86 qui surplombe le Rhône. Direction **Viviers**, perché sur son piton rocheux, puis **Alba-la-Romaine** et son château qui se confondent avec la montagne.

JOUR 4
Vous rejoignez **Villeneuve-de-Berg**, ancienne capitale du Bas-Vivarais, par une nationale sans surprise, puis gagnez le village perché de **Mirabel**, pour achever votre panorama de ce pays de tuiles et de roche. Allez à **Privas**, capitale du marron glacé. Suivez le chemin qui mène au mont Toulon : il domine la ville et offre un beau point de vue.

JOUR 5
Les routes du Vivarais sont sinueuses, soyez prudents et savourez les paysages. Première étape : l'intéressant moulin de Mandy à **Pranles**. Puis filez

Panneau des chevaux, peintures rupestres dans la grotte Chauvet.

visiter le musée du Vivarais protestant, au hameau du **Bouschet**, qui parle des guerres de religion dans la région. Poursuivez avec la gastronomie locale à **St-Pierreville** où le châtaignier est roi. Faites étape dans la **vallée de l'Eyrieux**.

JOUR 6

Arrêtez-vous au château de **Rochebonne**, de belles ruines à ne pas manquer. Arrivé à **St-Agrève**, admirez la vue sur le mont Chiniac. Un superbe panorama ! Pour un repas gastronomique, gagnez le restaurant du chef étoilé Régis Marcon à **St-Bonnet-le-Froid**. Enfin, rejoignez **Lalouvesc** par la charmante D214.

JOUR 7

La journée débute par le village de **Lamastre**, d'où un petit train part pour un parcours sans effort dans les **gorges du Doux**. Déjeunez à **Désaignes**. Ce petit bourg médiéval, serré derrière son enceinte, vous ravira. Poursuivez votre route jusqu'aux ruines et fortifications de **Vernoux-en-Vivarais**, entre l'Eyrieux et le Doux. Terminez la journée à La Voulte-sur-Rhône.

JOUR 8

La Voulte-sur-Rhône a conservé un agréable centre ancien, dont les ruelles bordées de vieilles demeures grimpent jusqu'au château. Consacrez le reste de votre journée aux **corniches de l'Eyrieux**. Une Voie verte, la Dolce Via, suit la vallée et passe d'une rive à l'autre. Profitez-en pour enfourcher vos vélos.

VISITE

Grotte Chauvet 2 - Ardèche (Vallon-Pont-d'Arc)

INFOS PRATIQUES

4941 rte de Bourg-St-Andéol - 04 75 94 39 40 - www.grottechauvet2ardeche.com - visite guidée (1h) sur réserv., horaires variables selon la sais., se rens. sur le site Internet - 18 € (10-17 ans 9 €) billet donnant accès au site complet, aux animations, au spectacle « Animal » et à la galerie de l'Aurignacien. En hiver, des visites à la torche sont également organisées (janv.-mars - 19 €).

STATIONNEMENT & SERVICES

Parking conseillé
Parking de la Grotte Chauvet 2 - Ardèche, gratuit.

À Salavas : Camping International
65 imp. La Plaine - 04 75 88 00 99 - www.international-camping-ardeche.com - De déb. avr. à déb. oct. - 119 empl. borne artisanale
Tarif camping : 42 € (10A) - pers. suppl. 10 €
Services et loisirs :
Préférer les emplacements au bord de l'Ardèche, plus éloignés du pont.
GPS : E 4.38203 N 44.39925

En 1994, la découverte de la grotte Chauvet-Pont-d'Arc, ornée d'œuvres figées dans leur écrin de calcite et d'argile, remettait en question nos connaissances sur la chronologie de la préhistoire. L'art était plus ancien qu'on ne le pensait, plus ancien que Lascaux par exemple (-18000 ans) car il y a 36 000 ans, en Ardèche, les hommes imaginaient déjà le chef-d'œuvre que représentent les peintures de la grotte Chauvet. Cette cavité a d'ailleurs été inscrite au patrimoine de l'Unesco en 2014, avant que l'ouverture de sa réplique en 2015 ne mette à la portée de tous le contenu d'un espace destiné au silence de l'Histoire.
L'Espace de restitution de la grotte est installé à 2 km du site d'origine et se compose, au cœur d'une zone boisée de 29 ha, de plusieurs bâtiments. La galerie de l'Aurignacien, tout d'abord, vous invite à découvrir l'environnement, la faune et la flore des hommes et des femmes qui vivaient sur le territoire de la grotte il y a 36 000 ans.
La restitution de la grotte, ensuite, sur 3 500 m², met en scène le caractère monumental du site. Le relief des parois a été copié au millimètre près et le bestiaire, dont certaines représentations sont uniques dans l'art pariétal paléolithique, a été reproduit à partir des originaux numérisés. Une prouesse technique qui réussit à transcrire la puissance spirituelle des lieux et ses qualités esthétiques hors du commun. Enfin, un spectacle son et lumière baptisé « Animal ». Une découverte émouvante !

LYON ET SA RÉGION – ADRESSES CIRCUIT 4

Aires de service & de stationnement

AUBIGNAS
Aire d'Aubignas
La Grangette - ☏ 04 75 52 41 69 - www.aubignas.fr
Permanent (mise hors gel) -
Borne eurorelais : gratuit
6 P - Illimité - participation (3 €) à déposer dans l'urne à la mairie
Services : WC
Très belle aire avec une superbe vue, proche d'un charmant village.
GPS : E 4.63181 N 44.5871

LABLACHÈRE
La Ferme Théâtre
445 rte d'Alès, D 104 - ☏ 04 75 36 42 73 - www.lafermetheatre.com
Permanent (mise hors gel)
Borne artisanale : 5 €
30 P - Illimité - 5 €/j. - gratuit avec spectacle (de Pâques à Toussaint)
Paiement : CC
Services : WC
GPS : E 4.22053 N 44.45494

LAMASTRE
Aire de Lamastre
Pl. Pradon, au centre du village - ☏ 04 75 06 41 92 - www.pays-lamastre-tourisme.com
Permanent (mise hors gel ; interdit jours de foire)
Borne eurorelais 2,50 € 2,50 €
25 P - gratuit
Paiement : jetons (office de tourisme)
Services : WC
GPS : E 4.57972 N 44.98311

NONIÈRES
Aire des Collanges
☏ 04 27 61 34 11 - belsentes.fr
Permanent (mise hors gel)
Borne artisanale : gratuit
10 P - 48h - 7 €/j. - paiement en ligne
Services : WC
Un cadre de rêve, classé Natura 2000, juste en amont du barrage sur l'Eyrieux et à deux pas de la voie verte.
GPS : E 4.4719 N 44.909

ST-REMÈZE
Aire des Vignerons des Gorges de l'Ardèche
407 rte de Gras - ☏ 04 75 04 08 56
Permanent (mise hors gel)
Borne artisanale : gratuit
10 P - 48h - gratuit
Services :
Petite aire pratique, accueil sympathique par les vignerons.
GPS : E 4.50575 N 44.39535

SAMPZON
Camping-car park de Sampzon
69 Le Poux - ☏ 01 83 64 69 21 - www.campingcarpark.com
Permanent
Borne artisanale
32 P - 72h - 13,50 €/j. - borne compris
Paiement : CC
Services :
Aire bien équipée, peu ombragée mais proche de la rivière.
GPS : E 4.34568 N 44.4265

VALLON-PONT-D'ARC
Aire de Vallon-Pont-d'Arc
Chemin du Chastelas, à côté des services techniques municipaux - ☏ 04 75 88 02 06 - www.mairie-vallon.com
Permanent
Borne eurorelais 2 € 2 €
20 P - 48h - 9,80 €/j.
Paiement : CC - jetons
Services : WC
Pratique et proche du centre, mais peu ombragé. Navette gratuite pour la ville de juin à sept.
GPS : E 4.39702 N 44.4052

Campings

LALOUVESC
Municipal le Pré du Moulin
Chemin de l'Hermuzière - ☏ 04 75 67 84 86 - www.lalouvesc.fr
De mi-mai à déb. oct. - 60 empl. -
borne artisanale
Tarif camping : 3 € 2,50 € 4 €
(6A) 5 €
Services et loisirs :
GPS : E 4.53392 N 45.12388

ST-JULIEN-EN-ST-ALBAN
Camping de l'Ouvèze
180 chemin des Oliviers - ☏ 06 16 27 77 94 - campingdelouveze.com
De déb. mai à mi-sept. - 10 empl. -
Tarif camping : 22 €
(10A) 6 € - pers. suppl. 5 €
Services et loisirs :
Calme absolu et accueil familial.
GPS : E 4.7131 N 44.756

ST-MARTIN-D'ARDÈCHE
Le Pontet
Le Pontet - ☏ 04 75 04 63 07 - www.campinglepontet.com
De déb. avr. à mi-sept. - 77 empl. -
borne artisanale 3 € -
11 €w
Tarif camping : 30 €
(10A) - pers. suppl. 5,50 €
Services et loisirs :
Entouré de vignes, très bien ombragé.
GPS : E 4.58445 N 44.30389

SALAVAS
Voir p. précédente.

LES VANS
Le Pradal
35, Le Pradal, rte de Villefort - ☏ 06 89 21 37 35 - www.camping-lepradal.com
De déb. avr. à fin oct. - 34 empl. -
borne artisanale 5 € - gratuit pour les clients du camping
Tarif camping : 24,50 €
(10A) 6 € - pers. suppl. 8 €
Services et loisirs :
GPS : E 4.11023 N 44.40809

Les bonnes adresses de bib

ALBA-LA-ROMAINE

Saveurs d'Alba – Pl. du Château - ℘ 04 75 46 32 79 - restaurant-saveurs-d-alba.com - fermé mar. soir-merc. et dim. soir, vac. de Noël - menu 23,50 €. Ce petit restaurant sans prétention est une des bonnes adresses d'Alba. La cuisine, fraîche et raffinée, privilégie les produits de la région, et la carte des vins les productions du village. Jolie salle aux murs de pierre apparente.

AUBENAS

Maison Sabaton – 42 r. Paul-Sabaton - ZA la Plaine (par la rte de Montélimar) - ℘ 04 75 87 83 87 - www.sabaton.fr - tlj sf w.-end (ouv. sam. en déc.). La famille Sabaton cultive son savoir-faire depuis 1907 : difficile de trouver mieux dans la région en matière de marrons glacés et de fruits confits… Forte de son succès, l'entreprise s'est dotée d'une fabrique ultramoderne. À l'accueil, une vidéo évoque la réalisation de la crème de marrons et des marrons glacés.

Le Carré des Maîtres – Pl. de l'Hôtel-de-Ville - ℘ 04 75 35 27 03 - menus 26/28 €. Ce bar à vin-caviste (vente des vins servis en salle) élabore une cuisine à base de produits frais de saison pour servir des plats toujours délicieux. Autre établissement à Vals-les-Bains.

DÉSAIGNES

Ferme-auberge de Jameysse – 640 rte de Jameysse - ℘ 04 75 06 62 94 - www.fermeauberge-ardeche.fr - juil.-août : tlj sf dim. soir ; reste de l'année : se rens. - menu 27 €. Cette ferme, dominant la vallée du Doux, propose des repas 100 % locaux. Outre la délicieuse charcuterie de la maison, Cathy sert tarte au fromage de chèvre, gratin de cardons et gâteau de châtaigne, cuisinés dans son four à bois.

LAMASTRE

Les Négociants – 14 pl. Rampon - ℘ 04 75 06 12 20 - www.hoteldesnegociants.fr - fermé déc.-janv. - menu 26 €. Quel plaisir de s'attabler sur cette terrasse fleurie ! Le bonheur est aussi dans l'assiette pour qui veut découvrir la gastronomie ardéchoise à des prix très abordables.

PRIVAS

Clément Faugier – ZI du Lac - côte du Baron - ℘ 04 75 64 07 11 - www.clementfaugier.fr - fermé w.-end. On fabrique ici depuis 1882 des produits à base de marrons (crème, purée, marrons glacés, au cognac, au sirop), vendus individuellement ou présentés dans un joli panier cadeau. À voir, le petit musée et une vidéo expliquant les secrets de fabrication.

ST-ÉTIENNE-DE-FONTBELLON

Le Petit Ardéchois – 10850 rte d'Alès - quartier des Champs - ℘ 04 75 89 11 79 - ardechenougat.fr - fermé dim. Cette petite entreprise artisanale fabrique vingt-cinq sortes de nougat selon les méthodes traditionnelles, dans des bassines et poêlons en cuivre. À goûter : le nougat aux marrons, aux myrtilles, au miel de lavande ou aux amandes de Provence. Visite et dégustation gratuites.

ST-REMÈZE

Auberge Chez Laurette – 130 rte de Vallon-Pont-d'Arc - ℘ 04 75 46 14 15 - www.auberge chezlaurette.com - fermé lun. en juil.-août, mar. soir-merc. en avr.-juin et sept.-oct., lun.-merc. le reste de l'année - formule déj. 15 € - plats 16/26 €. Une étape dans l'esprit « auberge de campagne ». Attablé sur la terrasse ombragée ou sous la véranda aux allures de bistrot, on déguste une cuisine régionale honnête et des desserts… généreux.

Offices de tourisme

AUBENAS

6 pl. de l'Airette - ℘ 04 75 89 02 03 - www.aubenas-vals.com.

PRIVAS

2 cour du Palais - ℘ 04 75 20 81 81 - www.ardeche-buissonniere.fr.

Crème de châtaignes.

LYON ET SA RÉGION – CIRCUIT 5

Balade au cœur de la Drôme

Montélimar et ses nougats, Tain et son hermitage divin, le Facteur Cheval et son palais idéal, Saoû et sa fête du picodon : c'est dire la popularité de cette région, moins connue sous les appellations de Tricastin et de Valentinois. Par son climat et sa végétation, elle annonce la Provence, avec ses rangées de mûriers, ses oliviers, ses vignes, sa multitude de vergers. Place au soleil !

⭐ **DÉPART :** MONTÉLIMAR - 7 jours – 330 km

JOUR 1

Prenez le temps de découvrir **Montélimar**, et son célèbre nougat, en matinée (voir l'encadré p. ci-contre). Déjeunez en ville. Puis empruntez la route du sud, en direction de **Viviers**, où vous vous arrêterez pour apprécier cette élégante ville ecclésiastique. Plus au sud, la **ferme aux Crocodiles** de Pierrelatte offre un complet dépaysement ! Faites étape à **Bourg-St-Andéol**. Prenez le temps de découvrir ce village perché, son église, son petit jardin de plantes aromatiques et sa chapelle.

JOUR 2

Vous êtes dans la **région du Tricastin**, dont l'évêché fut autrefois **St-Paul-Trois-Châteaux**. Rendez donc visite à sa cathédrale, à la Maison de la truffe et du Tricastin et au musée d'Archéologie tricastine. Prenez ensuite la direction de **St-Restitut**, où vous pouvez visiter l'église, remarquable par sa décoration sculptée. Ensuite, soit vous avez le temps de faire un saut à **Grignan**, voir le château où résida Madame de Sévigné, soit vous rentrez à Montélimar.

JOUR 3

Vous allez maintenant entrer dans les Préalpes drômoises, avec ses villages perchés et ses champs de lavande. Arrêtez-vous à **La Bégude-de-Mazenc**, puis au **Poët-Laval**, petite merveille médiévale, ancienne commanderie de Malte. Poursuivez l'excursion à **Dieulefit**, centre artisanal et touristique très actif, où vous pourrez bien déjeuner. Goûtez les picodons, un fromage de chèvre local. Traversez le minuscule village du **Poët-Célard** pour vous rendre dans la forêt de Saoû, nichée dans un impressionnant synclinal. Rejoignez Puy-St-Martin pour la nuit en passant par **Soyans**.

JOUR 4

Cette belle journée passe par **Marsanne**, **Mirmande**, et **Crest**, dominée par son grand donjon. Avant de rejoindre Valence, visitez le zoo d'**Upie**.

JOUR 5

Profitez de la matinée dans la vieille ville de **Valence** qui vit passer nombre de noms illustres, dont Bonaparte. Déjeunez en ville, puis prenez la direction de **Romans-sur-Isère**, capitale de la chaussure, où vous visitez l'étonnant musée, puis la cité, de la

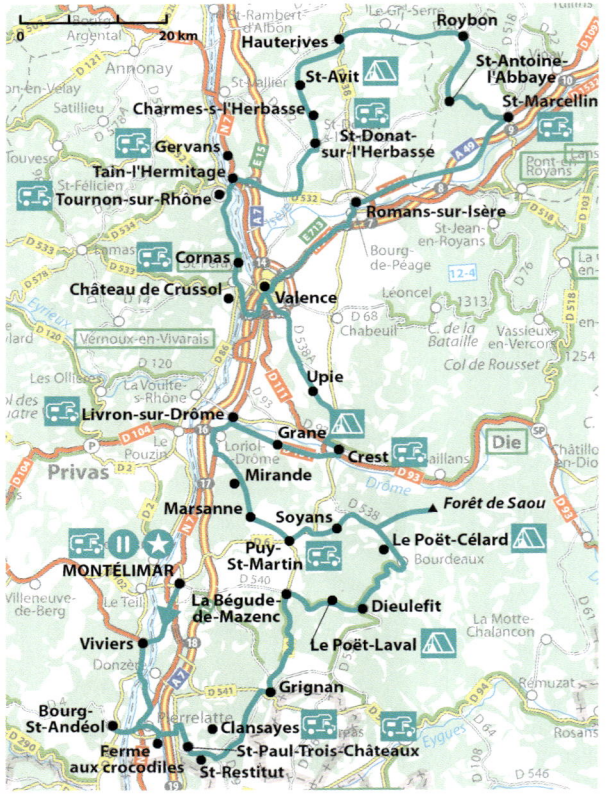

Montelimar, centre historique avec le château des Adhémar.

Chaussure. L'occasion de faire quelques emplettes. Pour conclure cette belle journée, il vous reste à rejoindre **St-Marcellin**, pour y goûter le fromage de vache crémeux du même nom.

JOUR 6

Gagnez **St-Antoine-l'Abbaye**, honorant par une vaste abbaye les reliques de l'égyptien du désert. La route vous amène ensuite à observer les façades de galets de **Roybon**, puis vous arrivez enfin à **Hauterives**. Ici, il faut impérativement aller visiter le **Palais idéal du facteur Cheval**, œuvre tout droit sortie des rêves d'un préposé des Postes. Faites étape à proximité dans la **vallée de la Galaure**.

JOUR 7

Si vous aimez les animaux et pour amuser les enfants, dirigez-vous vers les Mille et Une Cornes de **Charmes-sur-l'Herbasse** ; à défaut, préférez les paysages du **défilé de St-Vallier** pour rejoindre **Tain-l'Hermitage**. Un passage à la cave pour rapporter quelques bonnes bouteilles et la visite de la Cité du chocolat Valrhona s'imposent ! Pour retrouver **Valence**, empruntez la route panoramique qui vous mène, pour finir, aux ruines du **château de Crussol**, forteresse perchée au-dessus de la vallée. Le cadre est grandiose !

ÉTAPE 11
Montélimar

OFFICE DE TOURISME
Allées provençales, Montée St-Martin - 04 75 01 00 20 - www.montelimar-tourisme.com.

STATIONNEMENT & SERVICES

Parking conseillé
Parking du palais des Congrès - entrée au sud du palais des Congrès à l'angle de l'av. John-Kennedy et de l'av. du 14-Juillet-1789 - gratuit. Stationnement non autorisé la nuit.

Aire du domaine du Bois-de-Laud
Chemin du Bois-de-Laud, derrière l'hypermarché Leclerc -
04 75 01 00 20 - www.montelimar-tourisme.com
Permanent
Borne AireService : gratuit
18 - 48h - gratuit
Services : WC
GPS : E 4.75691 N 44.56522

Ah, Montélimar et ses fameux nougats ! C'est l'occasion non seulement de les goûter, mais aussi de découvrir tout leur univers au **Palais des bonbons et du nougat**, à la **fabrique et musée du nougat Arnaud-Soubeyran** et dans l'une des nombreuses autres fabriques, artisanales ou industrielles, qui donnent accès au processus de fabrication et abritent des boutiques alléchantes où vous seront proposées des dégustations (liste à l'office de tourisme). Mais les friandises ne sont pas le seul attrait de cette ville à l'ambiance déjà provençale, forte de sa position charnière entre Ardèche et Drôme. Vous vous en apercevrez rapidement, en visitant le **musée d'Art contemporain** qui a pris place dans l'ancienne caserne St-Martin. Il programme des expositions d'envergure et de qualité autour de grands noms et, en période estivale, installe des sculptures monumentales dans les rues de la ville.
Baladez-vous ensuite dans la vieille ville en passant par la belle place du Marché, bordée de maisons aux façades colorées. Un peu plus loin, la place Émile-Loubet est dominée, au nord, par la **maison de Diane de Poitiers** (1492) qui présente une belle façade percée de fenêtres à meneaux et, au sud, par l'**hôtel de ville** précédé d'une fontaine monumentale. Montez maintenant au **château**, qui comprend une enceinte fortifiée, un logis seigneurial, un donjon et une chapelle romane, et profiter du panorama sur les Préalpes drômoises. Les amateurs, pourront aussi faire un saut au **musée européen de l'Aviation de chasse**. En fin de journée, faites une pause rafraîchissante sur l'une des agréables terrasses des **Allées provençales**. Incontournables, ces larges voies semi-piétonnes et ombragées protègent des assauts du soleil montilien les badauds venus flâner devant les vitrines des nombreuses boutiques de spécialités régionales.

LYON ET SA RÉGION – ADRESSES CIRCUIT 5

Aires de service & de stationnement

CLANSAYES
Aire privée de Toronne
63 chemin de la Garance, 5 km à l'O -
✆ 06 89 51 07 77 - Permanent
(fermé pdt fêtes de fin d'année)
Borne artisanale 🚐 💧 5,50 € 🚽 ⚡
20 🅿 - 🔒 - Illimité - 10 €/j. - 10h-19h,
en dehors de ces horaires téléphoner
avant votre arrivée - borne eau et
vidange compris
Piscine accessible en été.
GPS : E 4.79678 N 44.36936

CORNAS
Aire de Cornas
Grande-Rue, pl. des Saveaux -
✆ 04 75 81 81 65
Permanent (mise hors gel)
Borne eurorelais 🚐 💧 ⚡ : gratuit
5 🅿 - 48h - gratuit
Services : 🚾
Proche de la voie bleue.
GPS : E 4.84747 N 44.96023

CREST
Aire municipale de Crest
188 av. Jean Rabot -
✆ 04 75 76 61 10 - Permanent
Borne artisanale
13 🅿 - 72h - 21 €/j. - borne compris
GPS : E 5.0269 N 44.7208

GERVANS
Aire de Gervans
Pl. des Amandiers -
✆ 04 75 03 30 69 - Permanent
Borne artisanale 🚐 💧 ⚡ : gratuit
4 🅿 - 24h - gratuit
Services : 🚾 🛒 📶
GPS : E 4.83049 N 45.10915

LIVRON-SUR-DRÔME
La Ferme de l'Autruche Drômoise
1120 chemin des Bruyères - ✆ 06 01 74
73 14 - www.ferme-autruche.com
Permanent
Borne artisanale 🚐
20 🅿 - 🔒 - 24h - 7 €/j.
Services : 📶
Réseau France Passion.
GPS : E 4.88038 N 44.80991

MONTÉLIMAR
Voir p. précédente

PUY-ST-MARTIN
Aire de Puy-St-Martin
Pl. du Champ-de-Mars - ✆ 06 48 61
49 37 - Permanent (mise hors gel)
Borne artisanale 🚐 💧 ⚡ : gratuit
20 🅿 - 48h - 5 €/j.
Services : 🛒 🍴
Aire stabilisée et ombragée.
GPS : E 4.9751 N 44.6274

ST-DONAT-SUR-L'HERBASSE
Aire de St-Donat-sur-l'Herbasse
Rte de St-Bardoux -
✆ 04 75 45 10 32
Permanent (mise hors gel)
Borne artisanale 🚐 💧 : gratuit
10 🅿 - Illimité - gratuit
Services : 🛒 🍴 📺 📶
GPS : E 4.9831 N 45.11837

ST-MARCELLIN
Aire de St-Marcellin
12 bd Riondel - ✆ 04 76 38 41 61
Permanent (fermé lors de
manifestations)
Borne artisanale 🚐 💧 ⚡ : gratuit
25 🅿 - 24h - gratuit
Services : 🚾 🍴
GPS : E 5.3193 N 45.1552

ST-PAUL-TROIS-CHÂTEAUX
Aire de Chaussy
Av. Paul-Faure - ✆ 04 75 96 78 78
Permanent (mise hors gel)
Borne artisanale 🚐 💧 ⚡ : gratuit
13 🅿 - 72h - gratuit - parking mixte
Services : 🚾 🍴 📺
GPS : E 4.77101 N 44.3478

TOURNON-SUR-RHÔNE
Aire de Tournon-sur-Rhône
Chemin de la Beaume, parking
de l'Octroi, accès par le rond-point
de Labeaume (D 86/D 532) -
✆ 04 75 08 10 23 - Permanent
Borne eurorelais 🚐 💧 ⚡
10 🅿 - 24h - 7 €/j. - borne compris
GPS : E 4.82202 N 45.07338

Campings

GRANE
Les 4 Saisons
495 rte de Roche - ✆ 04 75 62 64 17 -
www.camping-4-saisons.com
Permanent - 73 empl. - 🌳
🚐 borne artisanale 🚐 💧 ⚡
Tarif camping : 37,50 € 🧍 👶 🚗 ⚡
(6A) - pers. suppl. 8 €
Services et loisirs : 📶 🍴 🛒 🏊
Emplacements en terrasses souvent
bien ombragés avec pour certains vue
sur la campagne et les montagnes.
GPS : E 4.92671 N 44.72684

LE POËT-CÉLARD
Yelloh! Village Le Couspeau
Quartier Bellevue - ✆ 04 75 53 30 14 -
www.couspeau.fr
De déb. avr. à mi-sept. - 145 empl. - 🌳
🚐 borne artisanale 🚐 💧
Tarif camping : 49 € 🧍 👶 🚗 ⚡
(10A) - pers. suppl. 11 €
Services et loisirs : 📶 🍴 🛒 🏊 🚴
Situation dominante et panoramique.
GPS : E 5.11152 N 44.59641

LE POËT-LAVAL
Municipal Lorette
Quartier Lorette - ✆ 04 75 91 00 62 -
www.campinglorette.fr
De déb. mai à fin sept. - 55 empl. - 🌳
🚐 borne artisanale 🚐 💧
Tarif camping : 16 € 🧍 👶 🚗 ⚡
(6A) - pers. suppl. 4,50 €
Services et loisirs : 📶 🏊 🚴
Au bord du Jabron (sans eau l'été).
GPS : E 5.02277 N 44.52922

ST-AVIT
Domaine la Garenne
156 chemin de Chablezin -
✆ 04 75 68 62 26 -
www.domaine-la-garenne.com
De déb. mai à mi-sept. - 65 empl. - 🌳
🚐 borne artisanale 🚐 💧 ⚡
Tarif camping : 37,90 € 🧍 👶 🚗 ⚡
(6A) - pers. suppl. 7,90 €
Services et loisirs : 📶 🍴 🛒 📺 🏊
Beaucoup d'espaces verts
pour la détente et de grands
emplacements fleuris.
GPS : E 4.9549 N 45.20176

Les bonnes adresses de bib

CREST

🍴 **La Tartine** – 10 r. Peysson - ☎ 04 75 25 11 53 - fermé lun. soir et dim. - formules déj. 16,50/18,50 € - menu 22,50 €. Niché au cœur de la vieille ville, ce petit restaurant fait le bonheur des papilles grâce à sa cuisine élaborée avec des produits souvent bio et toujours frais. Et aussi le bonheur des yeux lorsque les artistes locaux exposent leurs tableaux et photographies. Deux salles à l'étage et un petit patio.

DIEULEFIT

Picodon Cavet – Quartier Graveyron et Rivales - ☎ 04 75 91 82 00 - www.picodon-cavet.fr - tlj sf dim. et sam. apr.-midi. La maison Cavet fabrique ce fromage de chèvre suivant la recette du 14ᵉ s. : picodon AOC (au manteau blanc), picodon méthode Dieulefit ; autres produits du terroir.

🍴 **Restaurant Le Quartier** – 5 r. Justin-Jouve - ☎ 04 75 52 27 91 - fermé dim. soir-mar. - restaurant-le-quartier.com - menus 26/33 €. Complices et enthousiastes, Valérie et Lola, mère et fille, cuisinent un menu-carte, tout en fraîcheur et chaque jour différent, qui joue sur les textures et sublime légumes et fruits de saison, viandes et poissons en majorité biologiques ou durables. Terrasse ombragée.

MONTÉLIMAR

🍴 **Le Grillon** – 33 et 35 bd Meynot - ☎ 04 75 01 79 02 - fermé dim. soir et lun. - menus 17/33 €. Vous n'entendrez pas forcément les grillons, mais vous goûterez aux saveurs de la cuisine du terroir (menu truffe en hiver, menu champignons en saison) dans la salle à manger rustique ou en terrasse.

Nougat Chabert et Guillot – 4 r. Émile-Monier - Zac de Portes de Provence - ☎ 04 75 00 82 13 - www.nougat-chabert-guillot.com - tlj sf dim. 9h-12h30, 14h-19h. LE nougatier de Montélimar, depuis 1848. Trois autres espaces de vente.

Nougat Diane de Poytiers – 99 av. Jean-Jaurès - ☎ 04 75 01 67 02 - www.nougatdiane.com - boutique 8h-19h, sam. 9h-12h, 14h-19h ; fabrique lun.-vend. 8h30-12h, 14h-17h30. Un atelier artisanal dirigé depuis trois générations par la même famille.

ROMANS-SUR-ISÈRE

🍴 **Villa Margot** – 57 av. Gambetta - ☎ 04 82 30 20 10 - www.restaurantromans-lavillamargot.com - fermé dim. soir-lun. et mar. soir - menu 42 €. Dans une villa de style Art déco entourée d'un grand parc, la Villa Margot et son décor contemporain sont l'occasion d'une pause très agréable. Également salon de thé et bar à cocktails avec *happy hour*... De mai à septembre, apéro-jazz avec musique *live* dans le parc.

TOURNON-SUR-RHÔNE

🍴 **Slow food café - La Péniche** – 2 prom. Léon-Perrier - ☎ 04 69 11 00 75 - www.lapeniche.biz - tlj sf mar. - formule déj. 14 € - menus 21/23 €. Avec son décor estival et ses parasols colorés (même à l'intérieur !), cette péniche posée sur le Rhône invite à la détente. On s'y rend pour prendre un café comme pour goûter aux belles planches de charcuterie et de fromages à l'heure de l'apéro. Le midi, plats simples à base de produits locaux que l'on déguste sur la terrasse. Quant au gargantuesque brunch du dimanche, il affiche souvent complet ! Un lieu convivial.

VALENCE

🍴 **La Table de Prune** – 13 pl. St-Jean - ☎ 04 75 42 53 28 - latabledeprune.eatbu.com - fermé mar. soir, merc. soir et dim.-lun. - plats 19/24 €. La carte de ce petit restaurant affiche volontiers plusieurs suggestions véganes et végétariennes et, surtout, on y retrouve un grand nombre de produits locaux cuisinés avec soin par une chef originaire de Valence, Prune Rombi.

Offices de tourisme

MONTÉLIMAR
Voir p. 463

VALENCE
11 bd Bancel - ☎ 04 75 44 90 40 - www.valence-romans-tourisme.com.

Nougat de Montélimar.

LE TOP 5 NOUGAT À MONTÉMILAR

1. Arnaud-Soubeyran
2. Chabert et Guillot
3. Diane de Poytiers
4. Le Chaudron d'Or
5. Suprem'Nougat

Randonnée en raquettes dans les Alpes.
Louis16/Getty Images Plus

Tommes de Savoie.
Martina Rigoli/Getty Images Plus

Les Alpes

Les Alpes vues du ciel forment un continent à part entière, flottant au-dessus des plaines. Comme isolées du monde, elles se trouvent au confluent de trois pays et des grandes voies de communication européennes. Les sommets du Mont-Blanc, de la Vanoise et des Écrins tutoient le ciel entre 2 000 et 4 810 m. Impressionnants sans être tout à fait inaccessibles, ils dominent des paysages sauvages et des vallées empreintes d'une forte humanité.

Routes, forts et citadelles, villes et villages, chapelles et ouvrages d'art jalonnent les parcours et retiennent l'attention. C'est le cas de Chambéry, Grenoble ou Annecy, dont les centres anciens ont été restaurés.

Fief de la haute montagne, les Alpes du nord abritent, entre autres domaines skiables réputés, « le plus grand du monde », les Trois-Vallées. Elles ont conquis les randonneurs grâce à des sites naturels grandioses agrémentés de villégiatures en bord de lac, tels ceux du Léman, d'Annecy et du Bourget, et de villages pittoresques, du Faucigny au massif du Mont-Blanc, des Aravis à la Vanoise et de l'Oisans au Vercors…

Les Alpes du Sud se révèlent moins élevées, mais plus accidentées que leur sœur du Nord. Elles sont renommées pour leur ciel pur et un ensoleillement exceptionnel qui ne sont pas incompatibles avec un bon enneigement et des stations de sports d'hiver renommées comme Serre-Chevalier ou Montgenèvre.

Les Alpes recèlent aussi d'autres trésors comme les produits du terroir qui sont à l'origine d'une gastronomie simple et roborative mais de qualité. Fromages et charcuteries variés composent fondues crémeuses, raclettes et tartiflettes que l'on accompagne d'un vin de Savoie avant de finir par une somptueuse tarte aux myrtilles.

LES ALPES

Randonnée dans les Alpes. zmeel/Getty Images Plus

LES ÉVÉNEMENTS À NE PAS MANQUER

- **La Grande Odyssée Savoie Mont-Blanc** (73-74) : janv. www.grandeodyssee.com.
- **Concours de sculpture sur glace** à Valloire (73) : janv. (sur paille en juil.)
- **Défi Foly** à La Clusaz (74) : avr. ; course et waterslide
- **Festival international du film aventure et découverte** à Val d'Isère (38) : avr. www.festival-aventure-et-decouverte.com.
- **Festival international du film d'animation** à Annecy (74) : juin.
- **Street art fest** à Grenoble (38) : juin. www.streetartfest.org.
- **Pass'portes du Soleil** dans les stations des portes du Soleil, VTT (74) : juin. www.passportesdusoleil.com.
- **Festival Messiaen au pays de la Meije** à La Grave (05) : de fin juil. à déb. août ; musique contemporaine. www.festivalmessiaen.com.
- **Fête du bleu du Vercors-Sassenage** sur le plateau du Vercors (38) : fin juil. www.parc-duvercors.fr/fetedubleu.
- **Concours de bûcherons** à Aillon-le-Jeune (73) : 1er dim. d'août.
- **Fête des guides** à Chamonix (74) : 15 août. www.chamonix-guides.com.
- **Fêtes latino-mexicaines** à Barcelonnette (05) : août.
- **Au bonheur des mômes** au Grand-Bornand (74) : août. www.aubonheurdesmomes.com.
- **Fête du lac d'Annecy** (74) : août.
- **Fête médiévale des Escartons** à Briançon (05) : fin août. www.medievale-briancon.fr.
- **Coupe Icare** à St-Hilaire-du-Touvet (38) : sept. ; vol libre. www.coupe-icare.org.

Votre séjour dans les Alpes

Circuits N°

1. Forts des Alpes
et de Haute-Provence
6 jours - 300 km — P 470
2. Le Vercors et l'Oisans
7 jours - 370 km — P 474
3. À l'assaut du Mont-Blanc
6 jours - 150 km — P 478
4. Lac du Bourget,
massifs des Bauges
et de la Chartreuse
7 jours - 300 km — P 482
5. La route
des Grandes Alpes
8 jours - 720 km — P 486

Étapes

Grenoble — P 475
Annecy — P 483

Randonnées

Pain de Sucre — P 471
Montagne de Pormenaz — P 479

Stations de ski

Montgenèvre — P 496
Autrans — P 496
Villard-de-Lans — P 497
La Clusaz — P 497
Passy-Plaine-Joux — P 498
Les Contamines-Montjoie — P 498

Stations thermales

St-Gervais-les-Bains — P 499
Aix-les-Bains — P 499

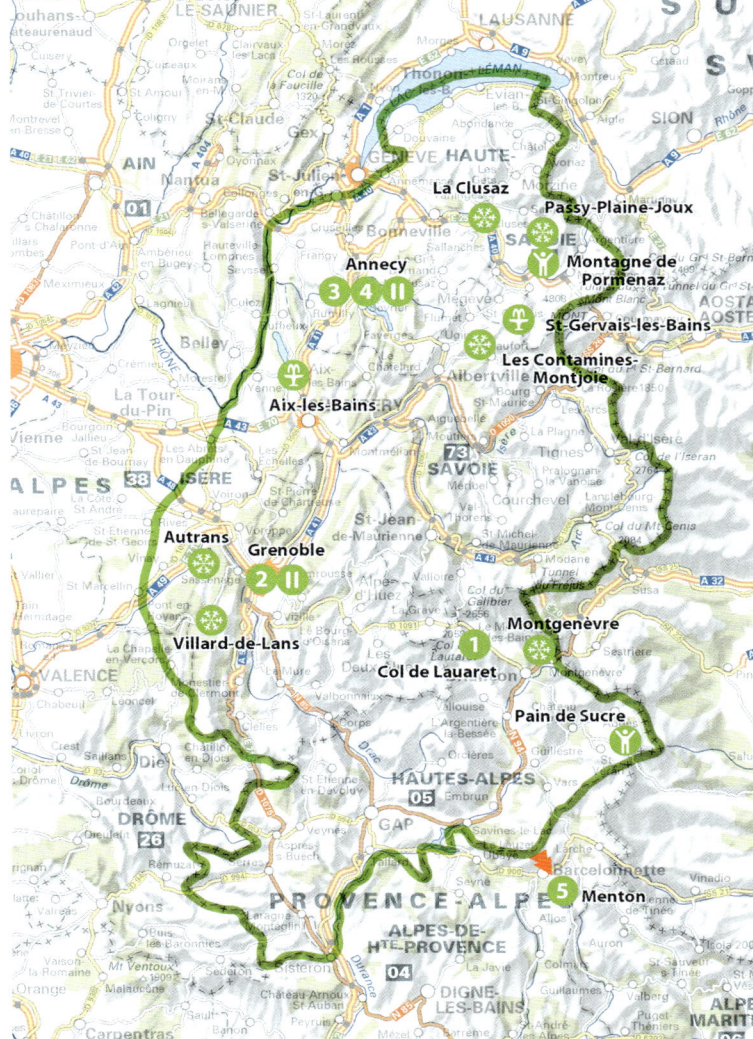

EN COMPLÉMENT, UTILISEZ…

- Guides Verts : Alpes du Nord et Alpes du Sud
- Cartes Michelin Région 523 et Départements 328, 333 et 334

LES ALPES – CIRCUIT 1
Forts des Alpes et de Haute-Provence

Dans chaque vallée et sur les hauteurs des Alpes du Sud, Vauban, tirant parti de ces situations stratégiques, a laissé des témoignages exceptionnels de l'architecture militaire du Grand Siècle que ses successeurs ont complétés et renforcés. De la vallée de Briançon à la haute Ubaye, cet itinéraire vous en présente un étonnant panorama.

DÉPART : COL DU LAUTARET - 6 jours – 300 km

JOUR 1
Que vous arriviez de Grenoble ou de Savoie, vous entrez véritablement dans les Alpes du Sud par le **col du Lautaret**, passage mythique des coureurs du Tour de France. Juste avant le col, **La Grave** offre un superbe point de vue sur le **glacier de la Meije**, spectacle grandiose de la haute montagne. Vous descendez la vallée de la Guisane (D1091) pour gagner **Briançon**. La fin de la journée sera tout juste suffisante pour visiter la ville haute enfermée dans ses fortifications.

JOUR 2
Allez vous ressourcer dans la **vallée de la Clarée**, qui recèle des hameaux préservés. Admirez les fresques de **Val-des-Prés**, puis celles de la chapelle Notre-Dame-des-Grâces à **Plampinet**. Poursuivez jusqu'à **Névache** avant de revenir à Briançon. Si vous avez un peu de temps, faites un crochet par **Montgenèvre** (voir l'encadré p. 496) d'où vous pourrez grimper (à pied et par les remontées mécaniques) vers les forts d'altitude des Gondrans et le fort du Janus qui scrutent au loin les sommets du Parc national des Écrins. Quittez ensuite Briançon par la D902 via Cervières qui vous hisse au **col d'Izoard** (halte nocturne possible) et son fameux site de la Casse déserte.

JOUR 3
Vous voilà aux portes du Queyras. En descendant dans la vallée, traversez le village d'**Arvieux** avec ses maisons aux toits en bardeaux de mélèze. Filez à **Château-Queyras** : son fort surveille l'entrée de la vallée du Guil. Puis rendez-vous à **Molines-en-Queyras** d'où s'échappe, sur la gauche, la D205 en direction du col Agnel, point de départ d'une belle randonnée vers le Pain de Sucre (voir l'encadré p. ci-contre). Mais en continuant tout droit sur la D5, vous rejoignez **St-Véran**, plus haut village d'Europe. Entre les fustes, les toits de lauzes et les cadrans solaires, vous vous imprégnerez des traditions queyrassines.

JOUR 4
Revenez à la D947 puis D902 pour parcourir la **combe du Queyras** et arriver à **Guillestre**. Après une visite rapide de la petite cité, montez à **Mont-Dauphin** et son impressionnante citadelle. Puis, de Guillestre, cap au sud par le **col de Vars** pour

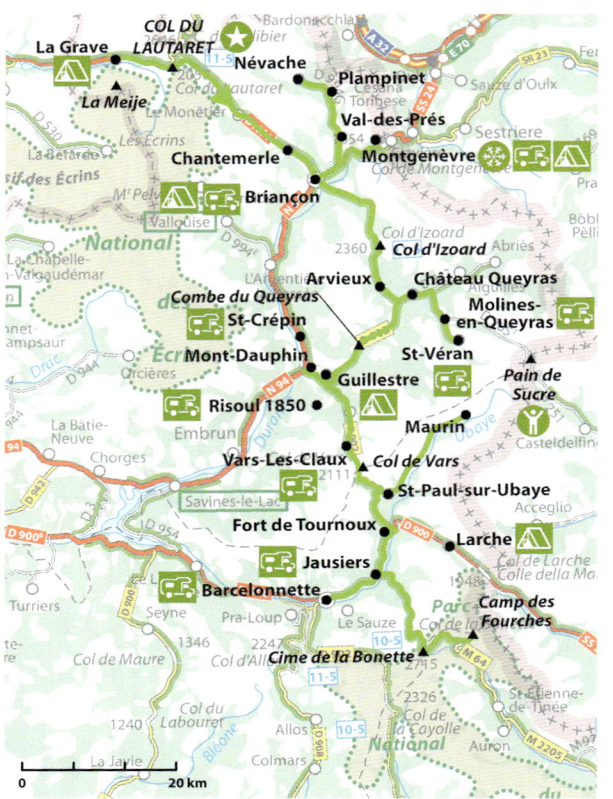

Briançon.

atteindre **St-Paul-sur-Ubaye** (musée Outils, Gestes et Travaux) De là, vous pouvez partir à la découverte du pont du Châtelet qui semble unir deux parois de la montagne, puis, tout au bout de la route, le village de **Maurin** et sa charmante église isolée.

JOUR 5
Vous visiterez le **fort de Tournoux**. Plus bas, à **Jausiers**, une base de loisirs invite à la détente. Fin de journée à **Barcelonnette** dont les villas des Mexicains témoignent de l'histoire locale. Celle de La Sapinière, abrite le musée de la Vallée.

JOUR 6
Par **Jausiers** et par la D64, montez au **col de la Bonette**, plus haute route inter-vallées d'Europe. Encore un petit effort à pied (30mn AR) et vous atteignez la cime de la Bonnette, incroyable belvédère aux portes du Parc national du Mercantour. En contrebas, faites une pause au **camp des Fourches** et montez à pied au fort du même nom (30mn AR). Le voyage prend fin devant un panorama d'une rare beauté.

RANDONNÉE À PIED
Pain de Sucre

INFOS PRATIQUES
4h AR. Dénivelé 600 m. Niveau intermédiaire.
Au-delà du col Vieux, montée très raide nécessitant la plus grande prudence.
Départ du col Agnel, à 2 620 m. La route d'accès au col Agnel, la D205T depuis Molines-en-Queyras, est fermée en hiver.
À faire absolument par temps sec et muni de chaussures de montagne.

STATIONNEMENT & SERVICES
Parking conseillé
Garez-vous au parking, entre le refuge et le col Agnel.

Aire de Molines-en-Queyras
La Clap, D 5 - 04 92 45 83 37
Permanent
Borne eurorelais 3 €
20 - Illimité - gratuit
Paiement : jetons
Services : WC
GPS : E 6.8422 N 44.73102

L'accès au **col Vieux** (alt. 2 806 m) se fait facilement, en 30mn. De ce col, on a déjà une belle vue sur le lac Foréant, la crête de la Taillante et le Pain de Sucre.
De là, on parvient en 15mn de montée à un court replat : continuez tout droit et rejoignez un sentier qui serpente jusqu'au Pain de Sucre (alt. 3 208 m).
Le **panorama**, grandiose et très étendu, est l'un des plus beaux des Alpes. Dans le prolongement des crêtes, vue sur l'Asti et le mont Viso. Au nord, la vue porte, par temps très clair, jusqu'au mont Blanc.
À la descente, prenez à droite au niveau de la croix un sentier balisé par des cairns. Après d'ultimes passages délicats, il rejoint le replat au-dessus du col Vieux.

LES ALPES – ADRESSES CIRCUIT 1

Aires de service & de stationnement

BARCELONNETTE
Aire de Barcelonnette
Parking du Bouquet, derrière le stade - ☏ 04 92 81 04 71 - www.barcelonnette.com
Permanent
Borne flot bleu
20 - 48h - 10 €/j. - borne compris
Paiement : CC
Services : WC
GPS : E 6.65799 N 44.38223

BRIANÇON
Esplanade Jean-Marie Leblanc
Av. Jean-Moulin, Parc des Sports - ☏ 04 92 21 20 72 - www.ot-briancon.fr
Permanent
Borne AireService 3 € 1 €
4 - 24h - gratuit
Services : WC
GPS : E 6.6293 N 44.8898

JAUSIERS
Aire de Jausiers
95 av. des Mexicains - ☏ 04 92 81 06 16 - www.jausiers.com
Permanent
Borne flot bleu 3 €
10 - Illimité - gratuit
Paiement : CC
Services : WC
GPS : E 6.72905 N 44.41315

MOLINES-EN-QUEYRAS
Voir p. précédente

MONTGENÈVRE
Aire des Marmottes
Montgenèvre, à la sortie E., N 94, dir. Italie - ☏ 04 92 21 52 52 - www.montgenevre.com
Permanent
Borne AireService
280 - 🔒 - Illimité - 18 €/j. - borne compris
Paiement : CC
Services :
À proximité de la télécabine du Chanvet.
GPS : E 6.73575 N 44.93495

RISOUL
Aire de Risoul station 1850
Sur le parking P4 - ☏ 04 92 46 02 55 - www.risoul.com
Permanent
Borne AireService
30 - Illimité - 15 €/j. - borne compris ; moins cher hors sais.
Services : WC
Près des pistes.
GPS : E 6.63854 N 44.62356

ST-CRÉPIN
Aire du camping municipal de l'Île
L'Île basse, face au camping municipal - ☏ 09 67 49 67 90 - www.camping-de-lile.com
De fin avr. à fin sept.
Borne artisanale 3,80 €
 - 24h - 7 €/j.
Paiement : CC
Services : WC
GPS : E 6.60131 N 44.70524

ST-VÉRAN
Aire de St-Véran
Haut du village, parking de la Madeleine - ☏ 04 92 45 83 91 - www.saintveran.com
Permanent
Borne flot bleu 2 €
20 - 24h - 6 €/j.
Services : WC
Cadre magnifique.
GPS : E 6.86083 N 44.70472

VARS-LES-CLAUX
Aire de Vars-les-Claux
Les Plans - parking P5 - ☏ 04 92 46 51 31 - www.vars.com
Permanent
Borne artisanale 5 €
20 - Illimité - gratuit
Services : WC
GPS : E 6.67761 N 44.57486

Campings

BRIANÇON
Les 5 Vallées
St-Blaise - ☏ 04 92 21 06 27 - www.camping5vallees.com
De déb. juin à fin sept. - 180 empl.
borne eurorelais
Tarif camping : 35,95 €
(10A) - pers. suppl. 7,85 €
Services et loisirs :
Emplacements en sous-bois.
GPS : E 6.61655 N 44.87748

LA GRAVE
La Meije
Au village - ☏ 06 08 54 30 84 - www.camping-delameije.com
De mi-mai à fin sept. - 50 empl.
borne artisanale
Tarif camping : 20 €
(6A) 4 € - pers. suppl. 4 €
Services et loisirs :
Magnifique panorama sur les glaciers de la Meije et du Tabuchet.
GPS : E 6.30911 N 45.04526

GUILLESTRE
St-James-les-Pins
Rte des Campings - ☏ 04 92 45 08 24 - www.lesaintjames.com
Permanent (sf nov.) - 112 empl.
borne artisanale
Tarif camping : 30 €
(10A) - pers. suppl. 4 €
Services et loisirs :
Agréable espace bar-restaurant.
GPS : E 6.63293 N 44.65685

LARCHE
Domaine des Marmottes
Malboisset - ☏ 09 88 18 46 40 - www.camping-marmottes.fr
De déb. juin à fin sept. - 55 empl.
Tarif camping : 9,50 € 3 €
2,50 € (10A) 5 €
Services et loisirs :
Au pied d'une jolie cascade.
GPS : E 6.85257 N 44.44615

MONTGENÈVRE
Voir p. 496

Les bonnes adresses de bib

BARCELONNETTE

✖ **Le Gaudissart** – Pl. Aimé-Gassier - ℘ 04 92 81 00 45 - www.legaudissart.fr - fermé dim. soir, lun.-mar. sf en juil.-août - formule déj. 22 € - plats 22/33 €. Cette brasserie est souvent bondée à midi. Il faut dire que le menu du déjeuner reste d'un bon rapport qualité-prix. Agréable salle à manger rénovée et une véranda. Le parking situé en face est très pratique. Aïoli le vendredi et couscous le dimanche.

BRIANÇON

✖ **Au Plaisir Ambré** – 26 Grande-Rue - ℘ 04 92 52 63 46 - www.auplaisirambre.com - fermé jeu. (sf juil.-août) et merc. - menus 35/60 €. Dans la cité Vauban, cette ancienne boucherie reste vouée aux bons produits. Fraîcheur : tel est le maître mot du chef, habile cuisinier qui sait révéler les meilleures saveurs. En salle, son épouse assure un accueil des plus souriants. Vous avez dit plaisir ?

✖ **Le Rustique** – 36 r. du Pont-d'Asfeld - ℘ 04 92 21 00 10 - www.restolerustique.fr - fermé lun.-mar. (sf juil.-août), 2 sem. en nov. et en juin - formules déj. 20,35/27,50 € - plats 21/44 €. Cette jolie maison à la façade colorée porte bien son nom : vénérable plancher, objets paysans traditionnels et traîneau ancien personnalisent la salle à manger voûtée. Spécialités savoyardes, fondue aux morilles et truites.

LA GRAVE

✖ **Les Glaciers** – Centre du village sur la D1091 - ℘ 04 76 79 90 07 - www.restaurant-les-glaciers.com - fermé d'oct. à mi-déc. et de fin avr. à fin mai - formules déj. 18 € - menus 22/32 €. Ambiance rétro dans ce petit restaurant, labellisé « Hautes-Alpes », dans le plus ancien café de La Grave. Cuisine simple entièrement maison mettant à l'honneur les produits du terroir, des spécialités de montagne ainsi que l'Italie toute proche.

GUILLESTRE

✖ **Dedans Dehors** – Ruelle Sani - ℘ 04 92 44 29 07 - fermé dim. de juin à août - plats 18/26 €. Une ruelle médiévale dessert cette cave voûtée : tartines, salades et cuisine du terroir à la plancha, le tout agrémenté de fleurs et d'herbes folles. Un bistrot éclectique !

JAUSIERS

Maison de pays de l'Ubaye – 325 av. des Mexicains - ℘ 04 92 84 63 88 - www.produitsdepays.fr - juil.-août : 10h-19h30 ; reste de l'année : 10h-12h, 14h-18h30. Gérée par une soixantaine d'artisans, producteurs et agriculteurs de la vallée de l'Ubaye et des Alpes-de-Haute-Provence, cette maison donne un bel aperçu des richesses locales : miels, génépi, absinthe, fromages de chèvre et de brebis, charcuteries, vêtements en laine, confiseries à base d'argousier, articles en bois et en cuir, poteries...

MONTGENÈVRE

✖ **Le Capitaine** – La Praya - ℘ 04 92 21 89 84 - fermé de fin avr. à déb. juin, de fin sept. à déb. nov., mar. - pizzas 10/15 € - plats env. 15/25 €. C'est le « ristorante pizzeria caffè » de Montgenèvre où l'on est sûr de manger « comme de l'autre côté de la frontière ». Il ne paie pas de mine, mais les pizzas y sont délicieuses.

NÉVACHE

✖ **La Table du petit randonneur** – Pra du Pont - Plampinet - ℘ 06 32 13 04 30 - 10h-18h - fermé le soir et le lun. - sur réserv. - plat env. 15 €. Créé en 2020, ce restaurant propose une cuisine familiale maison à base de produits locaux et de saison. Les plats sont préparés dans la cuisine ouverte et les viandes grillées dans la cheminée.

Offices de tourisme

BARCELONNETTE
Pl. Frédéric-Mistal - ℘ 04 92 81 04 71 - www.ubaye.com.

BRIANÇON
Cité Vauban - ℘ 04 92 24 98 98 - www.serre-chevalier.com.

GUILLESTRE
Pl. Salva - ℘ 04 92 24 77 61 - lequeyras.com.

ST-VÉRAN
8 r. de la Poste - ℘ 04 92 45 82 21 - lequeyras.com.

Marmotte.

LES ALPES – CIRCUIT 2
Le Vercors et l'Oisans

Forteresse dressée au-dessus de Grenoble, le Vercors est devenu le plus grand parc régional des Alpes du Nord. On y accède par des gorges étroites au fond desquelles bouillonnent rivières et torrents bordés de falaises spectaculaires. Plus secret et plus sauvage, l'Oisans marque l'entrée du Parc des Écrins, et frappe lui aussi par sa démesure. Tous deux méritent d'être sillonnés avec attention !

DÉPART : GRENOBLE - 7 jours – 370 km

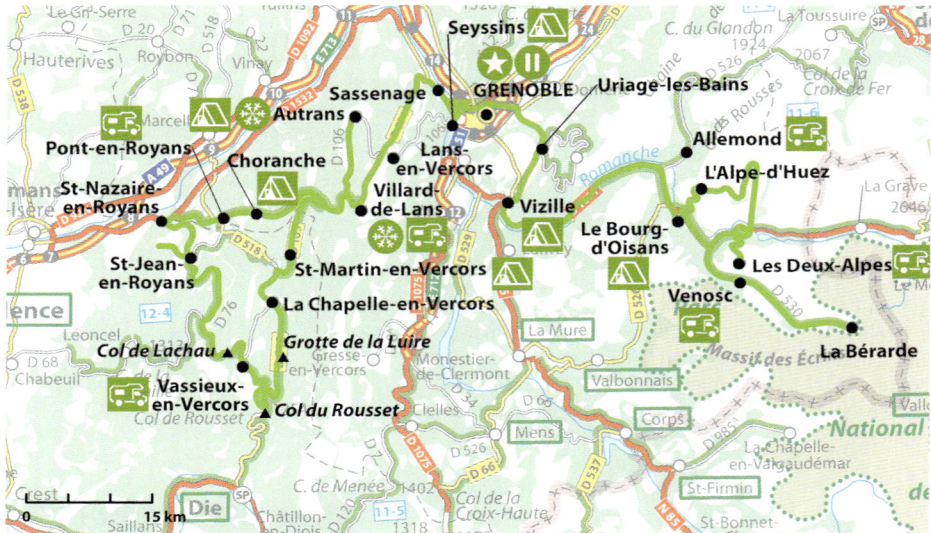

JOURS 1 ET 2

Après une journée passée à **Grenoble** (voir l'encadré p. ci-contre), partez par le nord-ouest pour gagner **Sassenage**. Son château du 17ᵉ s. ne se visite pas régulièrement, mais vous pouvez prendre le temps de profiter de son agréable parc ou des **grottes des Cuves** toutes proches. Remontez les **gorges d'Engins** jusqu'à **Lans-en-Vercors** par la D531. Vous rejoindrez ensuite **Autrans** et **Villard-de-Lans** ou leurs stations de ski (voir les encadrés p. 496 et 497).

JOUR 3

Laissez-vous tenter par la route vertigineuse des gorges de la Bourne. La remarquable **grotte de Choranche** est un exemple de ces phénomènes d'érosion interne propres à la structure karstique du massif du Vercors. Vous rejoindrez ensuite **Pont-en-Royans** où vous goûterez les ravioles, spécialité locale, et visiterez le musée de l'Eau. Franchissez le pont Picard pour admirer sur l'autre rive les maisons postées en aplomb de la rivière. La basse vallée de la Bourne rejoint **St-Nazaire-en-Royans**, annoncé par son pont-viaduc. Vous pourrez faire étape ici.

JOUR 4

Partez en direction de St-Jean-en-Royans par la D209. La route touristique de Combe Laval (D76) au départ de **St-Jean-en-Royans** constitue un des parcours les plus aériens de France et promet des panoramas exceptionnels sur les paysages du Vercors. Au **col de Lachau**, le mémorial du Vercors rappelle que cette région fut le théâtre de violents combats en 1944. L'histoire est omniprésente à **Vassieux-en-Vercors** (musée de la Résistance et musée de la Préhistoire du Vercors).

Téléphérique de Grenoble.

JOUR 5
Gagnez le **col du Rousset** pour la vaste vue sur la plaine du Diois. La route du retour sur Grenoble passe par de hauts lieux de la Résistance : **grotte de la Luire**, **La Chapelle-en-Vercors**...

JOUR 6
Après Grenoble, partez à la découverte du massif de l'**Oisans**. Le deuxième massif de France est aussi plus secret et plus sauvage que le Mont-Blanc, son brillant rival. Depuis **Uriage**, prenez la direction du Bourg-d'Oisans via **Vizille** (N91) où le château constitue l'un des monuments dauphinois les plus riches de souvenirs historiques. Point de départ des alpinistes, **Le Bourg-d'Oisans** est aussi fréquenté par les cyclistes qui se mesurent aux cols prestigieux (réservez-les pour le lendemain).

JOUR 7
Dernier jour à l'assaut des stations de l'Oisans ! Cap sur **Alpe-d'Huez** puis **Les Deux-Alpes**, accessibles en hiver pour le ski. Les plus téméraires pourront finir la découverte de la région en se rendant à **La Bérarde**, haut lieu de l'alpinisme en France au cadre magique, mais attention, la route, très étroite, n'est ouverte qu'en été.

ÉTAPE 11
Grenoble

OFFICE DE TOURISME
14 r. de la République -
04 76 42 41 41 -
www.grenoble-tourisme.com.

STATIONNEMENT & SERVICES
Grenoble n'est pas une ville prévue pour le stationnement des camping-cars... Vous devrez laisser votre véhicule aux environs, au camping Les Trois Pucelles à **Seyssins** (6 km) relié à Grenoble par le réseau de transports en commun (tramway et bus).

À Seyssins : camping Les Trois Pucelles
58 r. des Allobroges - 04 76 96 45 73 -
www.camping3pucelles-grenoble.fr
Permanent - 48 empl.
borne artisanale
Tarif camping : 27,50 € (16A) -
pers. suppl. 5,50 €
Services et loisirs :
Un petit coin de verdure à 15mn du centre-ville de Grenoble.
GPS : E 5.69882 N 45.16701

Grenoble, capitale des Alpes françaises, est une grande cité dynamique inscrite dans un site naturel exceptionnel : au Nord, le massif de la Chartreuse avec les sommets du Rachais et du St-Eynard aux portes de la ville, à l'Ouest les puissants escarpements du Vercors et à l'Est, l'admirable silhouette de la chaîne de Belledonne. De tradition intellectuelle, la ville natale de Stendhal a pris le virage de la modernité lors des Jeux d'hiver de 1968 qui ont contribué à sa réputation de ville d'avant-garde. Commencez par une ascension en téléphérique à la **Bastille**. De là, vous avez une bonne vue sur le centre-ville et le cadre montagneux, et pouvez emprunter un des sentiers de randonnée qui sillonnent le Parc naturel de la Chartreuse. En redescendant, restez sur la rive gauche de l'Isère pour profiter du **quartier St-Laurent** et visiter le **Musée dauphinois** et le **Musée archéologique**. Traversez maintenant l'Isère pour rejoindre le centre de Grenoble qui prend possession de la plaine jusqu'au moderne hôtel de ville et son parc. La vieille ville, de la **place Grenette** à la **rue de Chenoise**, est un lacis de rues dont la construction s'étend du Moyen Âge au 19e s. Vous ne manquerez pas la **Grande-Rue** où se trouve le **musée Stendhal** (au n° 20) et la maison natale de l'auteur du *Rouge et le Noir* (au n° 14), ni le **musée de l'Ancien Évêché** qui programme d'intéressantes expositions. Passez enfin par les **halles Ste-Claire** : datées de 1874 et signées Gustave Eiffel, elles abritent un marché couvert. L'incontournable reste le **musée de Grenoble**, qui accueille d'importantes collections d'art moderne et contemporain.

LES ALPES – ADRESSES CIRCUIT 2

Aires de service & de stationnement

ALLEMOND

Aire d'Allemond
Parking au-dessus de la base nautique du lac du Verney - ✆ 04 76 80 71 60
De mi-avr. à mi-nov.
Borne AireService 3 € 3 € -
3
Paiement : jetons (office de tourisme)
GPS : E 6.04297 N 45.13256

LES DEUX-ALPES

Aire des Deux-Alpes
D 213, juste avant la station des Deux-Alpes - ✆ 06 88 05 50 50
Permanent (mise hors gel)
Borne Urbaflux 4 € 4 €
35 - Illimité - 12 €/j.
Paiement : CC
Services : WC
Bruyant en journée.
GPS : E 6.12246 N 45.02303

PONT-EN-ROYANS

Aire d'accueil de Pont-en-Royans
La Plage - ✆ 04 76 36 03 09
Permanent
Borne AireService 1 €
27 - 72h - 11 €/j.

Paiement : CC
Services : WC
Aire en dehors du camping municipal Les Seraines.
GPS : E 5.33572 N 45.06522

VASSIEUX-EN-VERCORS

Aire de Vassieux-en-Vercors
Av. du Mémorial, D 76 - ✆ 04 75 48 28 11 - De déb. mai à déb. nov. -
Borne raclet 2 € 2 €
50 - Illimité - gratuit
Services :
Site agréable. Départ de randonnées.
GPS : E 5.36964 N 44.8966

VENOSC

Aire de Venosc
Les Ougiers - ✆ 06 88 05 50 50
Permanent -
Borne Urbaflux : gratuit
10 - gratuit
Services :
Terrain plat, gravillons.
GPS : E 6.07661 N 44.99567

VILLARD-DE-LANS

Voir p. 497

Campings

Autrans : voir p. 496 :
Seyssins : voir p. précédente

LE BOURG-D'OISANS

Koawa Le Château de Rochetaillée
209 chemin de Bouthéon -
✆ 04 66 60 07 00 -
www.camping-rochetaillee.fr
De fin avr. à fin sept. - 152 empl.
borne artisanale -
15 €
Tarif camping : 48 €
(10A) - pers. suppl. 10 €
Services et loisirs :
GPS : E 6.00512 N 45.11543

CHORANCHE

Le Gouffre de la Croix
1050 rte du Pont-de-Vezor -
✆ 04 76 36 07 13 -
www.camping-vercors.com
De fin avr. à mi-sept. - 47 empl. -
Tarif camping : 45,72 €
(6A) - pers. suppl. 7 €
Services et loisirs :
Cadre naturel et boisé.
GPS : E 5.39447 N 45.06452

ST-MARTIN-EN-VERCORS

La Porte St-Martin
✆ 04 75 45 51 10 - www.camping-laportestmartin.com
De mi-avr. à mi-sept. - 65 empl. -
borne artisanale
Tarif camping : 24 €
(10A)
Services et loisirs :
Quelques emplacements nature isolés sur les hauteurs.
GPS : E 5.44336 N 45.02456

VIZILLE

Le Bois de Cornage
Chemin du Camping - ✆ 06 83 18 17 87 - www.campingvizille.com
De déb. avr. à fin oct. - 86 empl. -
borne artisanale
Tarif camping : 36,20 €
(10A) - pers. suppl. 6 €
Services et loisirs :
GPS : E 5.76948 N 45.08706

La station de ski de L'Alpe-d'Huez.

Les bonnes adresses de bib

L'ALPE-D'HUEZ

Pomme de Pin – Av. des Jeux - L'Ours Blanc - ☏ 04 76 80 42 34 - fermé mai et sept.-nov. - plats 12/30 €. Dans ce beau chalet en bois, on déguste toute l'année les incontournables spécialités au fromage mais aussi les grands classiques de la cuisine hivernale, comme le pot-au-feu. En été, plats plus légers aussi au menu.

LES DEUX-ALPES

La Fée – ☏ 04 76 80 24 13 - hiver : 10h-16h - menu 30 €. Ambiance chaleureuse dans un esprit chalet à 2 242 m. Accueil souriant et personnel attentionné. Plats régionaux (croziflette...), pâtes, salades et desserts (maison) à prix sympathiques. Carafe d'eau et pain offerts (rare dans les restaurants d'altitude).

GRENOBLE

Café de la Table Ronde – 7 pl. St-André - ☏ 04 76 44 51 41 - www.restaurant-tableronde-grenoble.com - menus 29,50/48 €. Le reflet des habitués, accoudés autour du zinc animé et des photos dédicacées de Sarah Bernhardt, Raymond Devos et bien d'autres personnalités, s'interpelle dans les grands miroirs accrochés aux murs, au-dessus des banquettes de moleskine. Cuisine régionale de type brasserie.

Christian Bochard – 5 pl. de l'Étoile - ☏ 04 76 43 02 23 - www.chocolaterie-bochard.com - tlj sf dim.-lun. 9h-19h. M. Bochard est inventeur de chocolats, et ses modèles et marques les plus originaux sont déposés. Il en va ainsi du Mandarin, une demi-clémentine confite associée à une crème au chocolat parfumée au Grand Marnier. Glaçon de Chartreuse, Glacier de Sarennes... Un régal !

PONT-EN-ROYANS

Hôtel-restaurant du Royans – 51 Grande-Rue - ☏ 04 76 36 01 03 - www.hotel-royans.fr - menu 18 €. Face à la mairie et au musée de l'Eau, cette l'adresse est idéale pour goûter aux saveurs locales : truites, ravioles, saint-marcellin et chartreuse.

ST-MARTIN-EN-VERCORS

La Saponaire – Sous le Tilleul (à côté de l'église) - ☏ 04 75 45 27 86 - saponaire.fr - 8h-12h30 - fermé dim. Une jolie épicerie bio, avec une bonne sélection de miels et fromages du pays, notamment le bleu du Vercors-Sassenage, fabriqué au village.

ST-NAZAIRE-EN-ROYANS

Bateau à roue « Royans-Vercors » – 2-3 pl. des Fontaines-de-Thaïs - ☏ 04 76 64 43 42 - www.visites-nature-vercors.com - dép. de St-Nazaire-en-Royans et de la Sône de déb. avr. à mi-oct. - selon la sais. 15,50/16,90 € AR (-14 ans 10,40/11,80 €), 20/21 € billet combiné avec le Jardin des fontaines pétrifiantes et la grotte de Thaïs. Croisière commentée pour découvrir la vallée.

URIAGE-LES-BAINS

Casino d'Uriage – Palais de la Source - ☏ 04 76 89 08 42 - www.joa.fr - 9h-2h, vend.-sam. et veilles de j. fériés 9h-4h. Soirées musicales, expositions et autres festivités.

VILLARD-DE-LANS

Vercors lait – Rte des Jarrands - ☏ 04 76 95 33 21 - www.vercorslait.com - 9h-12h, 14h-18h - vac. scol. : 9h-18h. Fromages traditionnels issus d'une agriculture de montagne, à forte identité territoriale, parfaitement respectueuse de la nature et de l'environnement. Le lait d'exception provient de vaches alimentées exclusivement avec des fourrages produits dans les espaces protégés du Parc naturel régional du Vercors.

Offices de tourisme

LE BOURG-D'OISANS
31 quai du Docteur-Girard - ☏ 04 76 80 03 25 - www.bourgdoisans.com.

GRENOBLE
Voir p. 475

ST-JEAN-EN-ROYANS
13 pl. de l'Église - ☏ 04 75 48 22 54 - www.vercors-drome.com.

VILLARD-DE-LANS
Voir p. 497

Le mont Aiguille.

LES ALPES – CIRCUIT 3
À l'assaut du Mont-Blanc

Impérial dans son manteau d'hermine, le massif du Mont-Blanc règne sans partage sur les Alpes. Son étendue et la succession des vallées qui le caractérise interdisent toute vision globale. Mais vous aurez une bonne idée de sa beauté en arpentant la vallée de Chamonix. Suivez bien notre escapade !

DÉPART : ANNECY - 6 jours – 150 km

JOUR 1

Après **Annecy** (voir l'encadré p. 483), partez à la découverte du lac en débutant par la rive est. Après **Veyrier-du-Lac**, appréciez le calme de **Talloires**. La Voie verte est une belle façon de faire le tour du lac et d'apprécier ses petites plages. À mi-chemin, s'étend la réserve naturelle du Bout-du-Lac. À **Sevrier**, poussez la porte de la célèbre fonderie de cloches Paccard.

JOUR 2

Quittez Annecy par la D909. Vous longez comme hier le lac jusqu'à Veyrier-du-Lac, puis **Menthon-St-Bernard**. Là vous pourrez visiter le château du fondateur des célèbres hospices du Grand-St-Bernard. Rejoignez la D909 au col de Bluffy : arrêts à la Nécropole nationale des Glières, puis à **Thônes** au cœur du massif des Bornes-Aravis. Dans ces vastes prairies, les troupeaux sont nombreux : vous êtes au pays du reblochon. Vous visiterez l'espace muséal et l'écomusée du Bois et de la Forêt, installé dans une ancienne scierie.

JOUR 3

Départ vers le sud pour la vallée secrète de **Manigod** ; empruntez la D2, puis la D16 qui franchit le col de la Croix-Fry. Vous serez impressionnés par les vastes fermes perdues dans les alpages. À l'intersection avec la D909, prenez à droite jusqu'au **col des Aravis** (1 498 m) d'où s'étend une vue magnifique sur le massif du Mont-Blanc. Les plus courageux se rendront jusqu'à la Croix de Fer (2h de marche) d'où le panorama est encore plus grandiose. Faites ensuite demi-tour pour gagner **La Clusaz** (voir l'encadré p. 497) où un espace Reblochon a été aménagé dans un magnifique chalet traditionnel. Si vous avez le temps, rejoignez le minuscule, mais charmant, vallon des Confins, à quelques kilomètres à l'est de La Clusaz.

JOUR 4

Suivez la D4 jusqu'au **Grand-Bornand**. Ici, le paysage est d'une extrême douceur. Dans le village, vous pourrez visiter l'église et la Maison du patrimoine qui a pris place dans une ferme de 1830. Franchissez

Chamonix.

le col de la Colombière (D4) et arrêtez-vous à la **chartreuse du Reposoir**, beau couvent du 18ᵉ s. établi dans un site magnifique. À **Cluses**, vous pourrez visiter le musée de l'Horlogerie et du Décolletage, puis direction **St-Gervais-les-Bains** (voir l'encadré p. 499) et **Chamonix-Mont-Blanc**. Les stations de ski sont à proximité de votre itinéraire : Megève, Bourg-St-Maurice, Les Saisies, **Les Contamines-Montjoie**, Samoëns et **Passy-Plaine-Joux**, pour ne citer qu'elles (voir les encadrés p. 498).

JOUR 5
Ce cinquième jour sera réservé aux montées à l'aiguille du Midi et à la mythique traversée de la vallée Blanche par le téléphérique au départ de **Chamonix**. Nous vous conseillons de faire une halte au premier tronçon du téléphérique de l'aiguille du Midi (plan de l'Aiguille) pour vous acclimater et observer la vallée de Chamonix et le massif des Aiguilles-Rouges. Projeté ensuite en quelques minutes à 3 500 m d'altitude, vous découvrirez l'ensemble dantesque du massif du Mont-Blanc. Et par grand beau, un panorama inoubliable de l'arc alpin. Si vous avez encore le temps et que vous avez pris toutes les précautions d'usage pour une randonnée, vous pourrez réaliser la traversée Plan de l'Aiguille/Montenvers et rejoindre ainsi la mer de Glace. Le train du Montenvers relie aussi la vallée à ce site.

JOUR 6
À **Chamonix**, le musée des Cristaux présente, une très belle collection de minéraux, métaux... et relate la tradition séculaire de la récolte de quartz dans le Mont-Blanc. Puis, posez-vous sur la terrasse d'un café face au **mont Blanc**.

RANDONNÉE À PIED
Montagne de Pormenaz

INFOS PRATIQUES
6h AR - dénivelé 1000 m. Altitude au sommet 1945 m. Départ de Servoz, 10 km à l'est de Passy par la D13 puis la D143 à partir du centre de Servoz jusqu'au lieu-dit le Mont, ou départ du hameau Les Moulins-d'en-Haut (859 m), un peu plus haut sur la route, d'où l'on rejoint l'itinéraire près du torrent du Souay (accessible de mi-mai à mi-oct.).

STATIONNEMENT
Départ de Servoz : parking au pont du Souay.
Départ et parking aux Moulins-d'en-Haut.

Le sentier étroit, qui longe le torrent du Souay, peut paraître long en raison du fort dénivelé mais la variété des paysages traversés, la beauté de la flore et de la faune – on rencontre (parfois) des marmottes et des chamois – ainsi que le panorama à l'arrivée effacent toutes les peines. En chemin quelques passages s'avèrent délicats car équipés de mains courantes, de câbles et d'échelles ; que les sujets au vertige se rassurent, une alternative plus tranquille permet de les éviter.
Du sommet de la montagne de Pormenaz, au cœur de la réserve naturelle de Passy, se dévoilent l'envers du massif des Aiguilles-Rouges et les couches calcaires des Fiz. Les alpages alentour sont toujours fréquentés par les bergers et leurs troupeaux de moutons de juin à octobre. Des vieux chalets, la vue est magnifique sur le mont Blanc et l'aiguillette des Houches. Et pour prolonger le plaisir, 30mn de marche supplémentaires vous mènent au lac de Pormenaz, peuplé de truites fario. Cette halte, idéale pour un pique-nique, peut même, pour les plus courageux, s'accompagner d'une baignade, si le temps s'y prête.

LES ALPES – ADRESSES CIRCUIT 3

Aires de service & de stationnement

ANNECY

Aire d'Annecy
Parking à l'intersection r. des Marquisats (D 1508) et chemin de Colmyr - ✆ 04 50 33 87 96
Permanent (mise hors gel)
Borne artisanale : gratuit
10 - 24h - gratuit
Près des tennis et à proximité du lac.
GPS : E 6.13915 N 45.89074

CHAMONIX-MONT-BLANC

Aire de Chamonix
339 rte Blanche, D 1506, sur le parking du Grépon - ✆ 04 50 53 00 24
Permanent (mise hors gel)
Borne Urbaflux : gratuit
100 - Illimité - gratuit - ouvert à tout véhicule
Services :
Navette gratuite pour le centre-ville.
GPS : E 6.86974 N 45.91578

LATHUILE

Aire privée à Lathuile
Le Bout du Lac, 190 rte de la Porte, à côté de la ferme Les Jardins-de-Taillefer - ✆ 06 87 65 39 64
De déb. mai à fin sept. -
Borne artisanale
35 - Illimité - 14 €/j. - borne compris - Paiement :
Services :
Aire agréable et très tranquille, à 200 m du lac d'Annecy.
GPS : E 6.20761 N 45.79489

PASSY

Aire de Passy
Chemin des Parchets, parking de Super U, près de la station-service -
✆ 04 50 58 80 17
Permanent
Borne flot bleu 3 €
8 - Illimité - 12 €/j.
Services :
GPS : E 6.70383 N 45.91914

PLAINE-JOUX

Aire de Plaine-Joux
321 chemin des Parchets -
✆ 06 33 98 21 01
De déb. juin à fin sept. (et de déb. déc. à mars)
Borne flot bleu 2 € 2,50 €
25 - Illimité - 12 €/j.
Paiement :
Services :
Vue magnifique sur le Mont-Blanc et la vallée de l'Arve.
GPS : E 6.73915 N 45.95128

ST-GERVAIS-LES-BAINS

Aire de la Patinoire
77 imp. de la Cascade -
✆ 04 50 47 76 08 - Permanent (mise hors gel)
Borne raclet : 2 €
30 - Illimité - gratuit - ouvert à tout véhicule
Paiement : jetons (office de tourisme)
Services :
GPS : E 6.71327 N 45.88821

Campings

LA CLUSAZ
Voir p. 497

LES CONTAMINES-MONTJOIE
Voir p. 498

LE GRAND-BORNAND
Voir p. 495

MEGÈVE

Bornand
Demi-Quartier, 57 rte du Grand-Bois -
✆ 04 50 93 00 86 -
www.camping-megeve.com
De fin juin à fin août - 51 empl. -
borne artisanale
Tarif camping : 4,90 € 5 €
(6A) 4,50 €
Services et loisirs :
GPS : E 6.64161 N 45.87909

ST-GERVAIS-LES-BAINS
Voir p. 499

SEVRIER

Au Cœur du Lac
3233 rte d'Albertville -
✆ 04 50 52 46 45 -
www.campingaucoeurdulac.com
De déb. avr. à fin sept. - 96 empl.
Tarif camping : 31,90 €
(8A) - pers. suppl. 6,50 €
Services et loisirs :
Situation agréable près du lac (accès direct).
GPS : E 6.14399 N 45.85487

VALLORCINE

Les Montets
671 rte du Treuil, Le Montet -
✆ 06 79 02 18 81 -
www.camping-montets.com
De déb. juin à mi-sept. -
75 empl. -
Tarif camping : 6 € 8,20 €
(6A) 4 €
Services et loisirs :
Site agréable au bord d'un ruisseau et longé par la petite voie ferrée reliant St-Gervais au Châtelart (Suisse).
GPS : E 6.92376 N 46.02344

Les Contamines-Montjoie, l'Auberge du Truc.

Les bonnes adresses de bib

ANNECY

Le Bilboquet – 14 fg Ste-Claire - ℘ 04 50 45 21 68 - restaurant-lebilboquet.com - fermé dim.-lun. - menus 38/67 €. Les vieux murs épais garantissent une certaine fraîcheur dans cet agréable restaurant où les produits du marché se transforment en saveurs traditionnelles.

La Fermette – 8 r. Pont-Morens - vieille-ville - ℘ 04 50 45 01 62 - www.la-fermette-annecy.com - de mi-juil. à mi-août : 8h-22h ; reste de l'année : 9h-19h. Charmante boutique de produits régionaux : miels, confitures, bonbons, vins, liqueur de génépi, marc, crozets, charcuteries, fromages, objets artisanaux. Vous pourrez mordre à pleines dents dans un sandwich chaud garni, par exemple, de reblochon ou de raclette.

Compagnie des bateaux du lac d'Annecy – 2 pl. aux Bois - ℘ 04 50 51 08 40 - www.bateaux-annecy.com - croisières commentées (1h) 16 € (4-12 ans 11,50 €), à partir de 61 € avec repas. Embarquement au port d'Annecy, près de l'hôtel de ville. Outre la classique découverte du lac et des communes voisines, vous pourrez opter pour une croisière déjeuner ou dîner à bord du Libellule.

CHAMONIX-MONT-BLANC

La Maison Carrier – 44 rte du Bouchet - ℘ 04 50 53 00 03 - www.hameaualbert.fr - fermé lun., mar. (basse sais.) - formule déj. 29 € - menu 38 €. Dans une ferme typique et conviviale au sein du luxueux Hameau Albert 1er, on mitonne des petits plats élaborés avec de superbes produits du terroir. Le résultat : généreux, noble et savoureux, comme l'étaient les recettes de nos grands-mères...

LA CLUSAZ

Ferme d'alpage des Corbassières – 98 chemin du Var (hiver) - alpage des Corbassières (été) - massif de Beauregard - ℘ 04 50 32 63 81 - de mi-juin à fin sept. Située au bord du chemin de randonnée qui relie La Clusaz au plateau de Beauregard, cette ferme propose des visites de l'exploitation et des dégustations pour les groupes (10 pers.). Les repas et goûter (sur réserv.) et la vente des produits est ouverts à tous.

LE GRAND-BORNAND

Les Frasses Jacquier – Rte des Frasses-Jacquier - ℘ 07 88 36 44 81 - juil.-août : tlj - sur réserv. le soir - menus 23/27 €. Les pieds sous la table, la tête dans les nuages... Dans l'écrin d'un chalet d'alpage de 1788 s'accrochant aux pentes du mont Danay, la famille Favre-Félix perpétue la tradition d'une cuisine maison à base de produits frais et issus des fermes locales.

MEGÈVE

Megève Décor - Au Crochon – 2748 rte Nationale - ℘ 04 50 21 03 26 - mar.-sam. 10h-19h. Pour les amoureux d'objets en bois faits main, le choix risque d'être cornélien ! Du bac à fleurs (pour grand-mère), du coucou (pour grand-père), de la luge ou des raquettes, qu'emporterez-vous dans vos valises ?

ST-GERVAIS-LES-BAINS

Auberge de Bionnassay – 3084 rte de Bionnassay - 3,5 km au sud de St-Gervais - ℘ 04 50 93 45 23 - www.auberge-bionnassay.com - fermé oct.-mai, lun. en juin et sept. - plats 13,50/21 €. Située à la croisée des chemins, cette ferme-auberge de 1810 est l'étape idéale pour les randonneurs. Dans un intérieur chaleureux, retrouvez le charme de la vie montagnarde des siècles passés.

Offices de tourisme

ANNECY
Voir p. 483

CHAMONIX-MONT-BLANC
85 pl. du Triangle-de-l'Amitié - ℘ 04 50 53 00 24 - www.chamonix.com.

LA CLUSAZ
Voir p. 497

La Mer de Glace, dans le massif du Mont-Blanc.

LE TOP 5 SUBLIMES SOMMETS

1. **Aiguille du Midi**
2. **Mer de Glace**
3. **Le Brévent**
4. **Glacier des Bossons**
5. **La Flégère**

LES ALPES – CIRCUIT 4

Lac du Bourget, massifs des Bauges et de la Chartreuse

Cette escapade vous convie à parcourir les rives du lac du Bourget, le plus grand lac naturel de France et à explorer deux parcs naturels régionaux, celui des Bauges aux somptueux panoramas et celui de la Chartreuse plus secret et empreint d'une incroyable sérénité entretenue par la présence des moines.

⭐ **DÉPART :** ANNECY - 7 jours – 300 km

JOUR 1

Au sud d'**Annecy** (voir l'encadré p. ci-contre), prenez la charmante D41. Elle franchit la forêt du Crêt du Maure et se faufile sur la montagne boisée du Semnoz. Après le panorama du belvédère du Bénévent qui s'ouvre sur le lac d'Annecy, faites une pause au Jardin alpin, puis montez au **Crêt de Chatillon** (15mn à pied depuis le parking). De la table d'orientation se dévoilent les plus fameux sommets alpins, massifs du Mont-Blanc, de la Vanoise, des Écrins… Plus bas par le **col de Leschaux** vous rejoindrez **Lescheraines**, petit village qui a conservé tout son caractère puis **Le Châtelard** où se trouve la Maison du Parc naturel régional du massif des Bauges. Un peu plus au sud, à **La Compôte**, les fermes sont habillées de balcons à « tavalans » : beau et surprenant !

JOUR 2

Empruntez la pittoresque D206 qui conduit à **Aillon-le-Jeune** puis descend sur **St-Alban-Leysse** d'où vous suivrez la D912 puis D913 pour découvrir les panoramas sur le lac du Bourget depuis le mont **Revard**. **Aix-les-Bains** vous retiendra le reste de la journée (voir l'encadré p. 499).

JOUR 3

Engagez-vous dans le tour du lac en tournant dans le sens inverse des aiguilles d'une montre, avec un crochet par la rive ouest pour la visite de l'**abbaye de Hautecombe** qui abrite les sépultures des princes de la Maison de Savoie. À l'entrée du **Bourget-du-Lac**, montez sur la terrasse du mont du Chat pour sa belle vue sur le lac du Bourget. Les plus courageux continueront à pied jusqu'au sommet du Molard noir (1h AR) pour son vaste panorama.

JOUR 4

À **Chambéry**, la vieille ville et ses allées, la cathédrale, le château et le Musée savoisien, consacrés au patrimoine régional, méritent attention. Les amateurs d'art se rendront également au musée des Beaux-Arts. Une journée ne sera pas de trop.

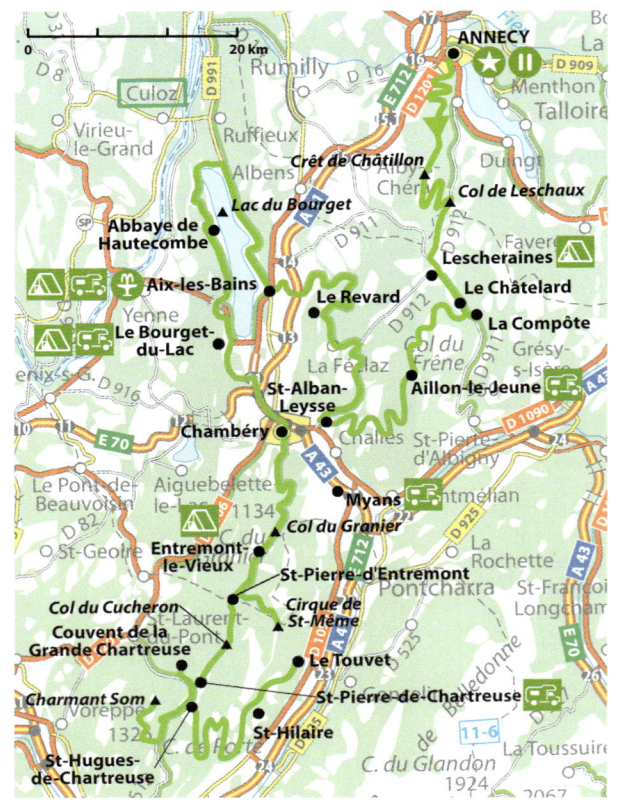

Canal dans le centre d'Annecy.

JOUR 5

Grimpez dans le massif de la Chartreuse par la D912 qui passe par le beau **col de Granier** à 1134 m d'altitude et **Entremont-le-Vieux** (musée de l'Ours des cavernes). Vous atteindrez **St-Pierre-d'Entremont**, deux villages en fait séparés par une rivière, l'un en Savoie, l'autre en Isère. C'est le point d'accès au **cirque de St-Même** dont les cascades, accessibles par un sentier, sont particulièrement spectaculaires par grandes eaux. En fin de journée, rendez-vous à **St-Pierre-de-Chartreuse** par le **col du Cucheron**.

JOUR 6

Débutez la journée par la visite du musée de la **Grande Chartreuse** qui raconte l'histoire du monastère ; une petite balade mène à un beau point de vue. Ensuite, filez voir l'église de **St-Hugues-en-Chartreuse** décorée par l'artiste contemporain Arcabas… Pour finir, grimpez avec votre camping-car au parking du **Charmant Som** où, l'été, se tiennent une sympathique auberge et un chalet d'alpage vendant son fromage. Vingt minutes suffisent pour atteindre le sommet qui domine la Grande Chartreuse.

JOUR 7

De St-Hugues-de-Chartreuse, rejoignez le plateau des Petites-Roches offrant de beaux points de vue sur le massif de Belledonne et la vallée reliant Chambéry et Grenoble. À **St-Hilaire** se tient fin septembre la célèbre Coupe Icare réservée au vol libre. Un spectacle hallucinant ! Enfin, poussez jusqu'au **Touvet** pour visiter le château et son parc à la française agrémenté d'un escalier d'eau à l'italienne.

ÉTAPE 11

Annecy

OFFICE DE TOURISME
1 r. Jean-Jaurès - ✆ 04 50 45 00 33 - www.lac-annecy.com.

STATIONNEMENT & SERVICES
Voir p. 480

Du centre Bonlieu où se tient l'office de tourisme traversez les pelouses du **Champ-de-Mars** pour rejoindre les rives romantiques du lac et le **pont des Amours** enjambant le canal du Vassé. S'y amarrent sous les platanes de belles vedettes en bois verni, témoins de la Belle Époque. Sur l'autre rive s'étendent les **jardins de l'Europe** plantés d'arbres remarquables d'Europe, d'Amérique et d'Asie, et qui regardent l'île des Cygnes. C'est là, entre les quais où accostent les bateaux croisières, que naît le Thiou qui sert de déversoir au lac. Il suffit de suivre cette rivière pour aborder le **Vieil Annecy** et ses ponts de pierre d'où l'on découvre le fameux **palais de l'Île** en forme d'étrave de navire. En fait de palais, il servit d'atelier de monnaie, de cour de justice puis de prison et abrite aujourd'hui le musée de l'histoire d'Annecy. Les rives droite et gauche, multiplient les enfilades de maisons colorées et abondamment fleuries. En parallèle la **rue Ste-Claire** déploie de belles arcades qui servent de cadre aux étals de charcuteries et fromages de montagne trois matins par semaine *(mar., vend. et dim.)*. Au passage, au n° 18, admirez la maison Renaissance et un peu plus loin une belle fontaine. L'après-midi de préférence, par la rampe du château ou la **porte Ste-Claire** coiffée de mâchicoulis, vous grimperez au **Musée-château** dominant la vieille ville et le lac ; les salles abritent d'intéressantes expositions, consacrées aux lacs alpins et à l'art régional. Le **musée du Film d'animation** attirera aussi les amateurs. De retour dans la vieille ville, allez jeter un coup d'œil à l'**église St-Maurice** (belles fresques) et à l'**église St-François-de-Sales** (intérieur baroque) avant de retrouver les rives du lac qu'il faut suivre jusqu'au parc de l'Impérial. La journée sera sans doute trop courte pour profiter pleinement d'Annecy, surtout si vous envisagez une croisière sur le lac, ce qui est tout à fait recommandé. Mais il serait dommage de ne pas faire aussi le **tour du lac** (environ 40 km) à vélo, un incontournable et l'une des plus belles randonnées cyclistes de France. Un conseil : faîtes le tour dans le sens des aiguilles d'une montre (plus facile), le retour par la rive ouest étant entièrement en Voie verte.
Et pour ceux qui ont du temps, les **gorges du Fier**, 12 km à l'ouest de la ville, sont l'occasion d'une escapade impressionnante grâce à une passerelle accrochée aux parois rocheuses.

LES ALPES - ADRESSES CIRCUIT 4

Aires de service & de stationnement

AILLON-LE-JEUNE

Aire d'Aillon-le-Jeune
À la station - ☎ 04 79 54 60 72 -
www.lesaillons.com
Permanent -
Borne artisanale : gratuit
10 - Illimité - gratuit
Services :
Situé au pied des pistes.
GPS : E 6.10441 N 45.60893

AIX-LES-BAINS

Voir p. 499

LE BOURGET-DU-LAC

Aire du Bourget-du-Lac
501 bd Ernest-Coudurier,
La Croix Verte, à l'extérieur du
camping municipal L'Île aux Cygnes -
☎ 04 79 25 01 76 -
www.lebourgetdulac.fr
Permanent (mise hors gel)
Borne Urbaflux
29 - Illimité - 14,50 €/j. - borne
compris ; 4 nuits maxi en haute sais.
Paiement :

Services :
GPS : E 5.86317 N 45.65314

MYANS

Aire privée Aux fruits de la Treille
228 rte des Échelards,
14 km au S-E de Chambéry -
☎ 04 79 28 02 87
Permanent
Borne artisanale
6 - 72h - 12,50 €/j.
Paiement :
Services :
Vente de produits de la ferme.
GPS : E 5.9903 N 45.51463

ST-PIERRE-DE-CHARTREUSE

Camping-car Park du Couzon
Plan-de-Ville - ☎ 01 83 64 69 21
Permanent
Borne artisanale
16 - 🔒 - 24h - 13,50 €/j. - borne
compris
Paiement :
Services :
GPS : E 5.81312 N 45.34329

Campings

AIX-LES-BAINS

International du Sierroz
Bd Robert-Barrier - ☎ 04 79 61 89 89 -
www.camping-sierroz.com
De mi-mars à mi-nov. - 255 empl.
borne AireService
Tarif camping : 27,80 €
(10A) - pers. suppl. 5,50 €
Services et loisirs :
Tout près du lac et en deux parties
distinctes (annexe à 500 m).
GPS : E 5.88628 N 45.70104

LE BOURGET-DU-LAC

International l'Île aux Cygnes
501 bd E.-Coudurier - ☎ 04 79 25 01 76 -
www.ileauxcygnes.fr
De déb. avr. à déb. oct. - 229 empl. -
borne artisanale -
15 €
Tarif camping : 27 €
(6A) - pers. suppl. 6 €
Services et loisirs :
Emplacements camping-cars à
l'entrée du camping.
GPS : E 5.86308 N 45.65307

ENTREMONT-LE-VIEUX

Les Oursons
Au bourg - ☎ 04 79 26 05 63 -
www.campingourson.com
Permanent - 21 empl.
borne artisanale 4 €
Tarif camping : 4,70 € 3,60 €
(10A) 9 €
Services et loisirs :
GPS : E 5.88293 N 45.4528

LESCHERAINES

Municipal L'Île
Base de loisirs Les Îles du Chéran -
☎ 04 79 63 80 00 -
www.savoie-camping.com
De fin mars à mi-oct. - 215 empl. -
borne eurorelais 1,50 €
Tarif camping : 20,10 €
(10A)
Services et loisirs :
Près d'un plan d'eau,
bordé par la rivière et la forêt.
GPS : E 6.11207 N 45.70352

Le monastère de la Grande Chartreuse.

Les bonnes adresses de bib

AIX-LES-BAINS

Skiff Pub – Le Grand Port - pl. Édouard-Herriot - 04 79 63 41 00 - www.beaurivagehotel.fr - fermé 4 sem. déc.-janv. - menus 29/41 €. L'atout principal de cette brasserie est sa grande terrasse avec vue sur le lac. Fruits de mer et plats de poisson figurent en vedette sur la carte.

Casino Grand Cercle – 200 r. du Casino - 04 79 35 16 16 - www.casinograndcercle.com. Ce joyau de l'architecture thermale du 19e s. a conservé ses somptueux décors d'époque et le théâtre à l'italienne. Restaurant, bar à vins et discothèque.

Compagnie des bateaux d'Aix-les-Bains Riviera des Alpes – Grand Port d'Aix-les-Bains - 04 79 63 45 00 - www.bateaux-aixlesbains.com - promenade à partir de 15 € (4-12 ans 11 €). Plusieurs croisières avec ou sans escales sur le lac du Bourget, le canal de Savières et le Haut-Rhône, avec ou sans restauration à bord. Croisières déjeuner et plusieurs formules de croisières dîner.

ANNECY

Voir p. 481

CHAMBÉRY

L'Atelier – 59 r. de la République - 04 79 70 62 39 - www.atelier-chambery.com - fermé de fin août à déb. sept., dim.-lun. - menus 35/48 €. L'atmosphère de ce relais de poste converti en restaurant se veut branchée. Cuisine actuelle sans chichi.

Chez les Poulettes – 28 r. Juiverie - 04 79 65 81 80 - mar.-sam. 7h-18h - plats 12/14 €. Un établissement accueillant, idéal pour une pause. Cuisine simple, faite maison, avec des produits locaux et/ou bio. On s'y réunit aussi autour d'un jeu, d'un concert...

Confiserie Mazet – 2 pl. Porte-Reine - 04 79 33 07 35 - chocolateriemazet.com - 9h-12h30, 14h-19h, lun. 14h-18h30 - fermé dim. (et lun. en juil.-août). L'enseigne de cette belle boutique date de 1903, comme sa spécialité, le Mazet, un bonbon acidulé aux extraits naturels de fruits. Les Ducs et la Tomme de Savoie aux myrtilles figurent parmi quelque 70 variétés de chocolats et confiseries fabriquées sur place.

CHARMANT SOM

Auberge du Charmant Som – 04 76 88 83 38 - www.aubergeducharmantsom.com - juin-sept. - fermé dim. soir - plats 8,50/21,50 €. Après la petite randonnée au sommet, arrêtez-vous déguster une tarte aux myrtilles à l'auberge ou une fondue en soirée. À la bergerie, située juste à côté, remplissez votre panier de fromages produits avec le lait des vaches qui paissent dans les prairies alentour. Le sérac frais est particulièrement délicieux !

LESCHERAINES

Maison des artisans – Au croisement de la D911 et de la D912 - Le Pont - 04 79 63 80 08 - juil.-août : 10h-12h, 15h-19h ; reste de l'année : se rens. Cette boutique regroupe les productions d'artisans baujus : spécialités locales, liqueurs, objets et jeux en bois, cosmétiques, bougies, poteries, sculptures...

ST-PIERRE D'ENTREMONT

La Table du moulin des Chartreux 1733 – 4 r. de La Bazinière - 04 79 65 94 77 - moulin-des-chartreux.com - menus 19/24 € (déj.), 49 €. Le chef a puisé dans les trésors de la rivière et des fermes locales pour élaborer des plats bien tournés aux saveurs délicates. Que diriez-vous d'un filet de bœuf accompagné d'un jus réduit à la bière brune et d'une poêlée de champignons ? En été, agréable terrasse donnant sur le Guiers.

Offices de tourisme

AIX-LES-BAINS

40 allée du Grand-Passage - 04 79 88 68 00 - www.aixlesbains-rivieradesalpes.com.

CHAMBÉRY

5 bis pl. du Palais-de-Justice - 04 79 33 42 47 - www.chamberymontagnes.com.

Le lac d'Annecy.

LES ALPES – CIRCUIT 5

La route des Grandes Alpes

Quelle meilleure voie pour découvrir les Alpes françaises que cette route des Grandes Alpes, lien ombilical entre les cols mythiques, depuis la mer Méditerranée jusqu'au lac Léman ? Vous pouvez la suivre dans sa totalité ou choisir de n'en faire qu'une partie. Le premier tronçon proposé vous mène de Menton à Guillestre, de la Riviera française jusqu'à la plus haute route d'Europe. Le deuxième tronçon, de Guillestre à Bourg-St-Maurice, passe aux choses sérieuses. Presque entièrement situé en haute montagne, il vous fait tutoyer les cieux sur d'inoubliables montées et descentes en lacets, dans des paysages toujours plus impressionnants. La troisième et dernière portion, de Bourg-St-Maurice à Thonon-les-Bains, quitte les hautes cimes pour graduellement redescendre. D'abord la haute montagne, puis des altitudes plus modestes et plus hospitalières, mais des vues toujours aussi grandioses.

⭐ **DÉPART :** MENTON - 8 jours – 720 km

JOUR 1

C'est en 1909 que le Touring Club de France relança un projet de traversée des Alpes par « la plus belle route de montagne du monde », en 600 km, de Thonon à Menton, par 16 cols et sur 15 713 m de dénivelés.

La plupart des guides suivent la route des Grandes Alpes du nord au sud. Comme nous aimons prendre les habitudes à contre-pied, nous emprunterons cet itinéraire du sud vers le nord, au départ de Menton. Avant de quitter **Menton**, accordez-vous 2h pour visiter la vieille ville et longer le bord de mer, de préférence aux heures fraîches des journées d'été pour ne pas trop souffrir de la chaleur. Le climat local passe en effet pour être le plus chaud de la Côte d'Azur. Attardez-vous dans les jardins Serre de la Madone, à l'atmosphère rafraîchissante, où se mêlent arbres exotiques et essences locales. Prenez ensuite la route de Sospel, vers le nord. Pour cela, quittez Menton par les avenues de Verdun et de Sospel vers Castillon.

LE CONSEIL DU BIB

La route des Grandes Alpes, qui s'étire sur un tracé proche de la ligne des crêtes et de la frontière italienne, emprunte des cols généralement obstrués par la neige à partir de novembre et souvent jusqu'en juin. Pour plus d'informations : www.routedesgrandesalpes.com.

Prenez ensuite la route du **col de Castillon**, dite aussi route de la Garde, qui relie le pays mentonnais au bassin de Sospel par la vallée du Carei. Au-delà du hameau de Monti, jolie vue sur Menton, la mer et le village de Castellar, alors que la route longe la forêt de Menton, puis passe près du beau viaduc en courbe du Caramel, emprunté jadis par le tramway Menton-Sospel. Vous passez le col de Castillon par le tunnel avant de descendre à Sospel.

La ville de **Sospel** est l'un des sites de la ligne Maginot des Alpes, construite dans les années 1930. La visite du fort St-Roch mérite le détour. Ses 2 km de galeries, à 50 m de profondeur, abritaient le nécessaire vital pour tenir un siège de trois mois.

En continuant vers le col de Turini, la route remonte, en forêt, la vallée de la Bévéra. La rivière a creusé de profonds méandres très serrés dominés par de hautes arêtes rocheuses et boisées. Vous passez par les belles gorges du Piaon, puis sous l'arche qui mène à la chapelle N.-D.-de-la-Menour, perchée sur un éperon. N'hésitez pas à vous arrêter pour y accéder par l'escalier monumental. La route traverse ensuite Moulinet, charmant village établi dans un petit bassin frais et verdoyant, puis regagne le **col de Turini** à travers la forêt. Continuez en face vers **La Bollène-Vésubie** en négociant les premiers virages de montagne dans la descente de la vallée de Valdeblore. Remontez ensuite la vallée de la Vésubie vers **St-Martin-Vésubie**. Si vous avez le temps, faites un détour par **Le Boréon** pour visiter le parc Alpha, qui propose d'aller à la découverte du loup, réintroduit dans la région en 1992. Reprenez

LES ALPES – CIRCUIT 5 (SUITE)

Vallée de l'Ubaye.

la route pour gagner le **col St-Martin** et passer de l'autre côté dans la vallée de la Tinée, vers St-Sauveur-sur-Tinée, en traversant les gorges de Valabres. Peu après **St-Étienne-de-Tinée**, vous atteindrez le Pont Haut. À partir de là commence la zone protégée du Parc national du Mercantour et s'ouvre la voie vers la cime de la Bonette, près de laquelle passe « la route la plus haute d'Europe », comme le proclament les panneaux dans la vallée. Elle monte au travers d'alpages magnifiques où se rassemblent les marmottes, c'est en cet endroit que vous approcherez au plus près ces animaux attendrissants. Les sapins laissent la place à l'herbe rase, puis au minéral et vous entrez dans un paysage lunaire de haute altitude. Au sommet, panorama exceptionnel !

Le **col de la Bonette** relie les vallées de la Tinée et de l'Ubaye. Jadis, cette voie stratégique n'était qu'un chemin muletier : il est élargi dès 1832, mais la route actuelle ne fut achevée qu'en 1964. Si le col de la Bonette culmine à 2 715 m, la route qui fait le tour de la **cime de la Bonette** atteint 2 802 m, ce qui en fait bien la route goudronnée la plus haute de France et des Alpes, mais non plus d'Europe, celle-ci se situant désormais dans la sierra nevada espagnole. Quoi qu'il en soit, cette cime est toujours balayée par un vent glacial et la neige y reste présente jusqu'au cœur de l'été. Prévoyez un équipement en conséquence, même si vous partez le matin par plus de 35 °C en bord de mer. Au bout d'une longue descente, vous arrivez à **Jausiers**, village aux nombreux équipements touristiques.

JOUR 2

De Jausiers, prenez la route du col de Vars en suivant la haute vallée de l'Ubaye. Après La Condamine-Châtelard, vous passez en dessous du fort de Tournoux, un ouvrage militaire construit à partir de 1843 et achevé en 1880. Les casernements se confondent presque avec les escarpements rocheux, ne quittez pas trop la route des yeux afin de ne pas manquer l'embranchement vers **St-Paul-sur-Ubaye** où vous attend un musée consacré aux outils et métiers artisanaux. Entamez la montée et bientôt, après le hameau des Prats, remarquez dans un

virage un bel ensemble de « demoiselles coiffées », ces rochers en forme de champignons.

Au **col de Vars**, un monument commémore la restauration de la route par les troupes alpines à la fin du 19e s. De l'autre côté, la route descend d'abord doucement vers les différents hameaux qui composent la station de sports d'hiver de **Vars**, puis en lacets plus serrés vers Guillestre. 2 km avant Guillestre, 100 m en amont du hameau de Peyre-Haute (panneau), grimpez sur le talus à gauche (15mn AR) pour accéder à une table d'orientation avec une large vue sur tous les sommets environnants.

JOURS 3 ET 4

Au départ de **Guillestre**, vous empruntez la **combe du Queyras**, puis la route du col de l'Izoard. Au-dessus d'Arvieux, arrêtez-vous au hameau de **La Chalp** où se trouve la coopérative L'Alpin chez lui qui fabrique des jouets en bois, une des spécialités du Queyras. Après le village de **Brunissard**, la voie commence à monter au milieu de la Casse Déserte, un site étrange et désolé : roches déchiquetées et éboulis étonnamment fins composent le paysage.

Soyez prudent dans les virages du secteur : **l'Izoard**, col mythique du Tour de France, attire les amoureux de la petite reine, mais les cyclistes, grisés par la vitesse ou concentrés sur leur effort, ne pensent pas toujours à leur placement sur la chaussée… L'Izoard est généralement obstrué par la neige d'octobre à juin, renseignez-vous et si c'est le cas, passez par la vallée de la Durance (au départ de Guillestre, prenez la direction de Briançon par la N94). Au col, un monument témoigne de la reconnaissance envers l'armée des Alpes qui a construit ce passage, un des plus élevés de la route des Grandes Alpes. Montez aux pupitres d'orientation (15mn AR) placés au-dessus de la route. Panorama sauvage et beau, au nord sur les montagnes du Briançonnais et en arrière-plan sur le Thabor, au sud sur les sommets du Queyras, les pics des Houerts et de la Font Sancte, le massif de Chambeyron…

Un peu plus bas, on aperçoit déjà le refuge Napoléon. Reconnaissant de l'accueil reçu à Gap pendant les Cent-Jours, Napoléon Ier légua au département une somme destinée à la construction de refuges aux cols les plus difficiles en hiver. Après une belle descente en sous-bois, vous arrivez à **Briançon**, la ville la plus haute de France, située au carrefour de quatre vallées. Passez la journée suivante à visiter la ville haute, ses forts et son chemin de ronde.

JOUR 5

Quittez Briançon par l'avenue de Grenoble, en direction du Lautaret et du Galibier. Soyons honnêtes : la D1091 entre Briançon et **Le Monêtier-les-Bains** s'avère plutôt ennuyeuse. Ce n'est qu'en rentrant dans la vallée de la Guisane, quand s'amorce la montée vers le col du Lautaret, que la route s'anime quelque peu.

Malgré son altitude, le **col du Lautaret** n'est presque jamais fermé (conditions de circulation au col : ☎ 04 65 03 00 05, répondeur automatique). De juin à début août, le site s'égaye d'immenses champs de fleurs. Au point culminant du col, une table d'orientation est érigée sur une éminence : de là, le panorama est saisissant sur le massif de la Meije et ses glaciers, un des plus beaux paysages des Alpes du Sud.

Depuis le col du Lautaret, vous pouvez pousser jusqu'à **La Grave**. Après la descente sur ce village, prenez à droite sur 6 km par la D33A qui se détache de la route du Lautaret à la sortie du premier tunnel. De l'oratoire du Chazelet, isolé à gauche dans un virage, splendide point de vue sur le massif de la Meije (table d'orientation en contre-haut, à 1834 m). Revenez au col du Lautaret où vous emprunterez la route du Galibier, qui relie le Briançonnais à la vallée de la Maurienne. Garez-vous avant le tunnel qui passe le **col du Galibier** et montez à pied (15mn AR) à la table d'orientation pour un panorama ponctué côté nord par les aiguilles d'Arves et le mont Thabor ; et côté sud par les monts du Briançonnais, les glaciers et les cimes neigeuses du massif des Écrins. À 100 m de cette table, une borne de pierre aux armes de France et de Savoie marque l'ancienne frontière.

Camping-car au col du Lautaret.

David Taljat/Getty Images Plus

LES ALPES – CIRCUIT 5 (SUITE)

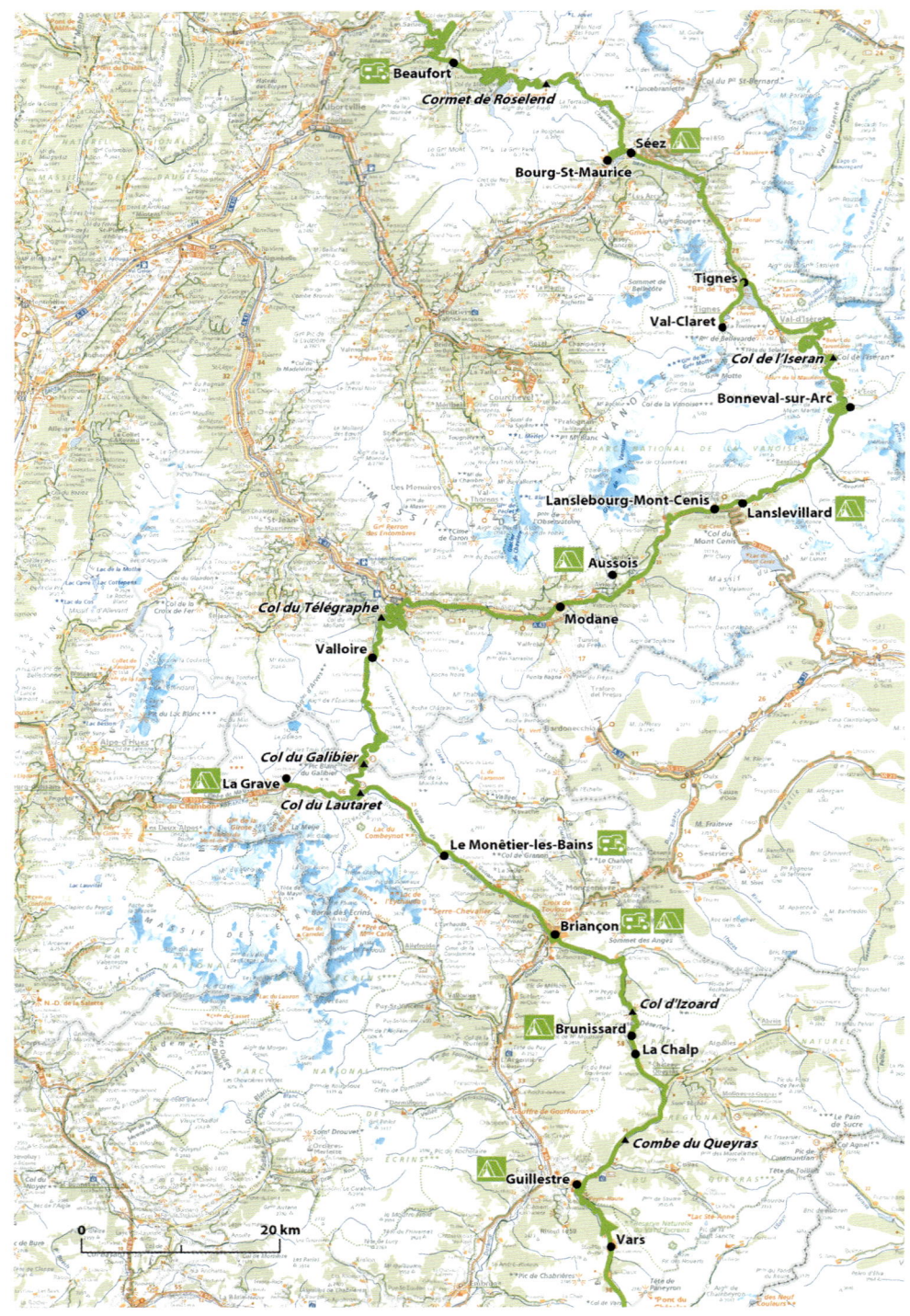

Après **Valloire**, vous arrivez au **col du Télégraphe**. Grimpez sur le piton rocailleux pour bénéficier d'une vue plongeante sur la vallée de l'Arc. La route descend ensuite abruptement sur St-Michel-de-Maurienne ; prenez l'ancienne N6 pour rejoindre Modane.

JOUR 6

De **Modane**, remontez la vallée de l'Arc vers Lanslebourg-Mont-Cenis et suivez la D902. Au bout de la vallée, environné de sommets de plus de 3 000 m, **Bonneval-sur-Arc**, et particulièrement le hameau de L'Écot, dernier village de la haute Maurienne, mérite une promenade dans ses ruelles étroites et calmes d'un autre temps. Dès la sortie du village, c'est la montée vers le légendaire **col de l'Iseran**, d'une sévérité incroyable et balayé par les vents du nord. Le belvédère de la Maurienne, bien que proche de la route, est accessible après une petite marche. Côté Tarentaise, la neige subsiste pendant tout l'été et les vues sont limitées, alors arrêtez-vous un peu plus loin au belvédère de la Tarentaise (15mn à pied AR) : de la table d'orientation, panorama sur les massifs de la Vanoise, du Mont-Pourri, et sur la chaîne frontière (Grande Sassière).

La longue descente sur Bourg-St-Maurice permet de traverser la station de Val-d'Isère et, par un petit détour par la D87A, celle de Tignes. La route s'arrête à **Val-Claret**. Là, un funiculaire, puis un téléphérique vous hisseront au sommet de la Grande-Motte où s'offre un merveilleux point de vue sur le glacier du même nom. De retour sur terre, retrouvez la D902 jusqu'à **Bourg-St-Maurice**, bourg commercial et accueillant où vous pourrez aller au ravitaillement.

Hameau de L'Écot.

JOUR 7

Quittez Bourg-St-Maurice en direction de Beaufort : de la route dominant le bassin de **Séez**, belle vue sur la haute Tarentaise. Après la butte rocheuse couronnée par la tour ruinée du Châtelard, vous suivez la vallée encaissée et boisée du Versoyen, puis la vallée des Chapieux. Après une série de lacets, la route en paliers traverse en remblai un « plan » marécageux. La dépression du **Cormet de Roselend**, longue de plusieurs kilomètres, fait communiquer les vallées de Roselend et des Chapieux ; la D902 devient D925. Elle frappe par la simplicité austère des paysages : semés de rocs solitaires et de quelques abris de bergers, des champs dénudés que seuls les troupeaux de vaches parcourent… Au sud s'élèvent les arêtes de l'aiguille du Grand Fond, point culminant du bassin du Doron de Beaufort. Pour bénéficier d'une vue plus dégagée, montez sur le mamelon surmonté d'une croix. Dans une encoche rocheuse, où la route vient s'accrocher à la paroi, une descente abrupte vous amène sur le lac du barrage de Roselend et offre un panorama qui s'étend jusqu'au Mirantin et au Grand Mont, deux des sommets les plus connus du Beaufortain. À l'extrémité du lac, une chapelle romane (fermée au public) est le premier plan d'un autre superbe panorama. C'est une copie de l'ancienne église du village de Roselend, disparu sous les eaux de la retenue.

Revenez à la D925 jusqu'à **Beaufort**, au carrefour des vallées du Roselend et d'Arêches. Le vieux quartier du village se regroupe sur la rive gauche du Doron. Il est notamment connu pour son fameux fromage, protégé par l'AOC depuis 1968 et élaboré à partir du lait de vaches de races tarine et d'Abondance. Entre Beaufort et Villard-sur-Doron, prenez la route des Saisies en direction d'Hauteluce, puis la belle montée vers le col et le village. La station des **Saisies** s'est développée au sein de l'ample dépression que constitue le col, l'un des sites pastoraux les plus typiques de la région. De la chapelle N.-D.-de-Haute-Lumière, au **col des Saisies**, on découvre une vue étendue sur les montagnes du Beaufortain. En descendant vers N.-D.-de-Bellecombe, vous aurez droit à de larges échappées sur la chaîne des Aravis. Au cours de la descente, la vue s'étend vers le nord jusqu'à la pointe Percée, point culminant du massif des Aravis. Vigilance pourtant, car la chaussée s'avère souvent dégradée sur cette descente. Juste à l'entrée de **N.-D.-de-Bellecombe**, à la hauteur d'une croix, très vaste panorama par la trouée des gorges

LES ALPES – CIRCUIT 5 (SUITE)

Port de plaisance de Thonon-les-Bains.

de l'Arly. Après ce village, la route poursuit une descente en lacets sous de belles futaies de sapins, puis passe le pont, jeté à 60 m au-dessus du cours encaissé de l'Arly.

Avant de poursuivre, sachez que les cols des Aravis et de la Colombière peuvent être obstrués par la neige de fin novembre à fin mai (www.inforoute74.fr). Si c'est le cas, passez par Megève pour rejoindre Cluses.

Sinon, continuez sur le « goulet de Flumet ». Ce bourg, au croisement des routes du Val d'Arly, du col des Saisies et du col des Aravis, est fréquemment engorgé en saison. Cette difficulté passée, vous voilà dans les gorges de l'Arondine, formées par de profondes entailles dans le schiste. À leur sortie, le village de La Giettaz marque le début de l'ascension vers le **col des Aravis** : la dépression d'alpages, où s'élève une petite chapelle dédiée à sainte Anne, est encadrée par les corniches de l'étonnante face nord-est de l'Étale et, sur le versant opposé, par l'échancrure rectangulaire de la porte des Aravis. La vue s'étend de l'aiguille Verte, à gauche, au mont Tondu, à droite, en passant par les aiguilles de Chamonix, le mont Blanc et l'aiguille des Glaciers. La descente sur **La Clusaz** présente six beaux lacets avant d'entrer en zone urbaine.

JOUR 8

La route du **col de la Colombière**, qui fait communiquer la vallée de Thônes et la vallée de l'Arve, vaut surtout par la variété de ses paysages montagnards. Le contraste est frappant entre l'austérité pastorale du haut vallon du Chinaillon et le charme de la vallée du Reposoir. Après le Chinaillon, le paysage devient tout à fait sauvage ; les grands escarpements rocheux inclinés du Jallouvre empiètent de plus en plus sur les alpages du versant nord. De l'autre côté, entre le col et Le Reposoir, la chaîne du Reposoir laisse pointer, au sud de Romme, ses « têtes » gazonnées puis, au-delà, ses aiguilles rocheuses de la pointe d'Areu à la pointe Percée. Du village du **Reposoir**, prenez à droite une petite route si vous voulez visiter la chartreuse, couvent fondé en 1151.

Traversez Cluses pour prendre la route des Gets. Elle passe par **Taninges**, qui se flatte d'avoir la plus grande église néoclassique de Savoie (1825) dont le carillon (1939) de 47 cloches accueille chaque été de prestigieux carillonneurs donnant des concerts. Continuez sur la thématique musicale en visitant le musée de la Musique mécanique dans la station des **Gets**, avant de gagner Morzine.

Morzine, devenue une destination touristique en 1880 avec l'ouverture de la route des Grandes

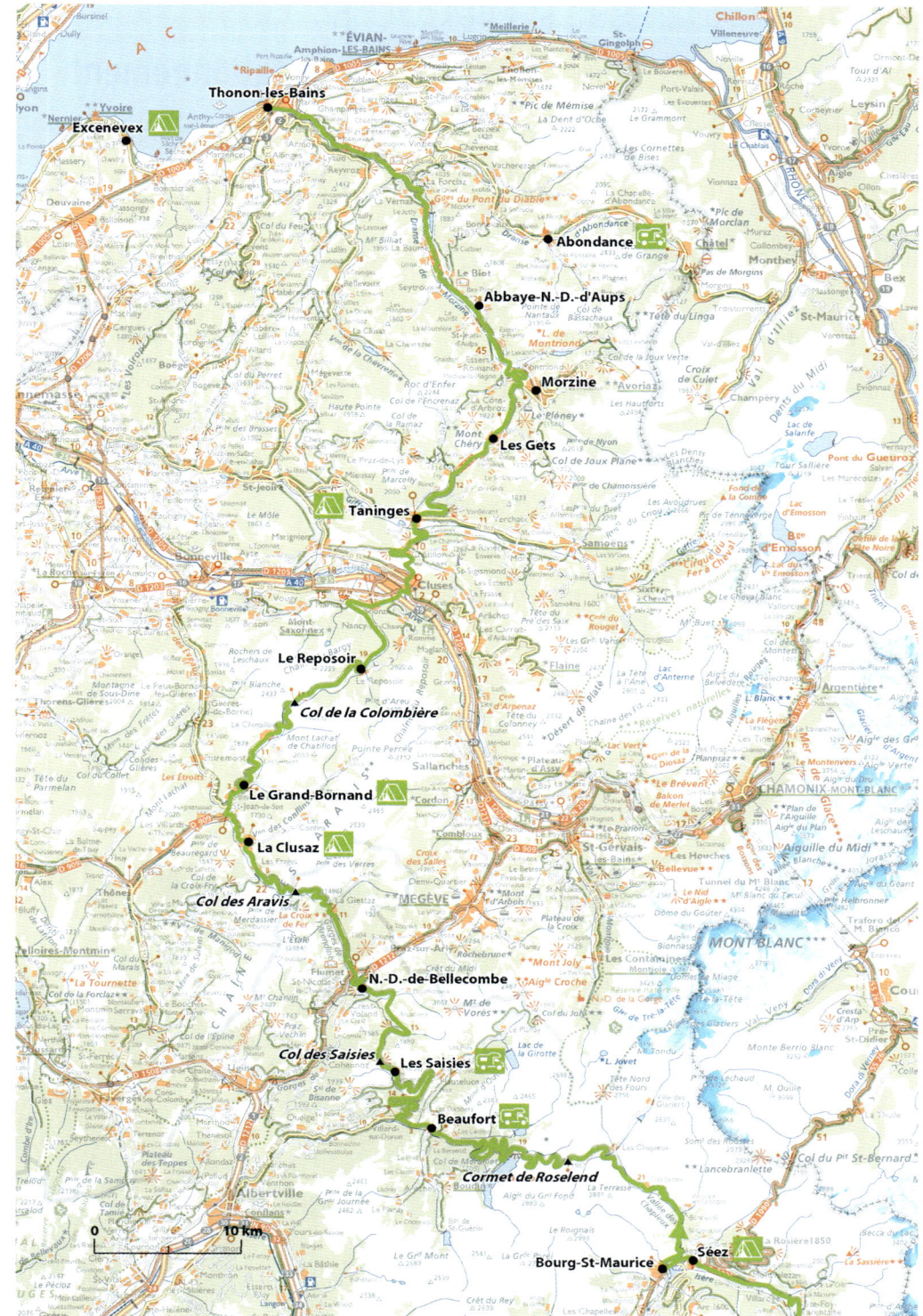

LES ALPES – ADRESSES CIRCUIT 5

Alpes, est depuis les années 1930 la capitale touristique du haut Chablais, une station huppée et cosmopolite. Engagez-vous dans la Dranse de Morzine en direction de Thonon. Dans le bassin de St-Jean-d'Aulps, les ruines de l'**abbaye de N.-D.-d'Aulps** sont encore visibles. Après La Baume, vous entrez dans les **gorges du Pont du Diable**. Les parois atteignent par endroits une soixantaine de mètres de hauteur et les éboulements d'anciennes voûtes ont obstrué une partie de ces gorges à l'allure de gouffre. Un bloc énorme coincé entre les deux parois à 40 m au-dessus du torrent forme un pont naturel, utilisé jadis comme passage : le « pont du Diable ». Encore une dizaine de kilomètres et c'est l'arrivée à **Thonon-les-Bains**, le bout de la route… De la vaste étendue du Léman que l'on observe depuis la terrasse du musée du Chablais au convivial port lacustre de Rives, le visiteur a la sensation de passer d'un monde à l'autre.

Aires de service & de stationnement

ABONDANCE

Aire d'Abondance
Accès par la D22 -
04 50 73 02 90
Permanent
Borne flot bleu : 3,80 €
- 72h - gratuit
Paiement : CC
Services : WC
GPS : E 6.7162 N 46.2802

BEAUFORT

Aire de Beaufort
Av. des Sports, D 925 -
04 79 38 37 57 -
www.areches-beaufort.com
Permanent
20 - 48h - gratuit
Services :
GPS : E 6.5672 N 45.7198

BRIANÇON

Voir p. 472

JAUSIERS

Voir p. 472

LE MONÊTIER-LES-BAINS

Aire des Charmettes
Rte des Bains, parking des Charmettes, au pied des remontées mécaniques - 04 92 46 55 74 -
www.monetier.com
Permanent
Borne AireService : 2 €
32 - Illimité - 15 €/j.
Paiement : CC
GPS : E 6.5119 N 44.9711

LES SAISIES

Aire du col des Saisies
D 2018B, à dr. du dernier rond-point avt le col des Saisies - 04 79 38 90 30 - www.lessaisies.com
Permanent
Borne flot bleu 2 €
- Illimité - 8 €/j.
Paiement : CC
Services : WC
GPS : E 6.5338 N 45.7629

VARS-LES-CLAUX

Voir p. 472

Briançon.

Campings

AUSSOIS

Municipal la Buidonnière
Rte de Cottériat -
04 79 20 35 58 -
www.camping-aussois.com
Permanent - 140 empl. -
borne eurorelais 2 € 2 €
Tarif camping : 26,70 €
(10A) - pers. suppl. 7,70 €
Services et loisirs :
Vue panoramique et beaucoup de caravanes de propriétaires-clients.
GPS : E 6.74586 N 45.22432

BRIANÇON

Voir p. 472

BRUNISSARD (ARVIEUX)

L'Izoard
Brunissard - chemin de Clapeyto -
06 33 33 98 12 -
campingdelizoard.com
De mi-juin à mi-sept. - 80 empl.
borne artisanale
Tarif camping : 4,80 € 5 € -
4 €
Services et loisirs :
Au bord d'un joli lac entouré de montagnes. Bain nordique à l'heure de l'apéro (payant).
GPS : E 6.71622 N 44.79948

LA CLUSAZ

Voir p. 497

EXCENEVEX

La Pinède
10 av. de la Plage -
04 50 72 85 05 - www.camping-lapinede-excenevex.com
De déb. avr. à déb. oct. - 500 empl.
borne artisanale
Tarif camping : 36,10 €
(16A) - pers. suppl. 8,20 €
Services et loisirs :
Agréable site boisé en bordure d'une plage du lac Léman.
Préférer les emplacements les plus éloignés de la route.
GPS : E 6.35799 N 46.34543

LE GRAND-BORNAND

L'Escale Village
33 chemin du Plein-Air -
04 50 02 20 69 -
www.campinglescale.com
De mi-mai à fin sept. (et de fin déc. à fin mars) - 149 empl.
borne artisanale
Tarif camping : 43,20 €
(10A) - pers. suppl. 8,50 €
Services et loisirs :
GPS : E 6.42817 N 45.94044

LA GRAVE

Voir p. 472

GUILLESTRE

Voir p. 472

LANSLEVILLARD

Caravaneige de Val Cenis
R. sous l'Église - 04 79 05 90 52 -
camping-valcenis-savoie.com
De déb. juin à fin sept. (et de déb. déc. à fin avr.) - 86 empl.
borne flot bleu 5 €
Tarif camping : 23 €
(10A) 14 € - pers. suppl. 10 €
Services et loisirs :
Un vrai bon confort sanitaire.
GPS : E 6.90928 N 45.29057

ST-ÉTIENNE-DE-TINÉE

Municipal du Plan d'Eau
Rte du Col-de-la-Bonette -
04 93 02 41 57 -
www.campingduplandeau.com
De déb. juin à fin sept. - 6 empl. -
borne artisanale 3 €
Tarif camping : 3,50 € 8 €
(13A) 3 €
Services et loisirs :
Dominant un joli petit plan d'eau. À l'entrée du camping, au bord de la Tinée, branchements électriques uniquement pour les camping-cars.
GPS : E 6.92299 N 44.25858

ST-MARTIN-VÉSUBIE

À la Ferme St-Joseph
Rte du stade (M 2565) -
06 70 51 90 14 - www.camping-alafermestjoseph.com
De déb. juin à fin sept. - 50 empl. -
borne artisanale
Tarif camping : 6 € 12 €
(6A) 6,50 €
Services et loisirs :
En terrasses ombragées le plus souvent sous les poiriers.
GPS : E 7.25711 N 44.06469

SÉEZ

Le Reclus
Rte de Tignes -
04 79 41 01 05 -
www.campinglereclus.com
Permanent - 75 empl.
borne AireService
Tarif camping : 30,40 €
(10A) - pers. suppl. 5,45 €
Services et loisirs :
Préférer les emplacements les plus éloignés de la route.
GPS : E 6.7927 N 45.62583

SOSPEL

Domaine Ste-Madeleine
3803 rte de Moulinet (D 2566) -
04 93 04 10 48 -
www.camping-sainte-madeleine.com
De mi-avr. à fin sept. - 90 empl. -
borne artisanale
Tarif camping : 33 €
(10A) - pers. suppl. 6 €
Services et loisirs :
En terrasses ombragées sous les oliviers.
GPS : E 7.41575 N 43.8967

TANINGES

Municipal des Thézières
Les Vernays-sous-la-Ville -
04 50 34 25 59 -
camping-taninges.fr
Permanent - 110 empl. -
borne flot bleu 2 € 2 €
Tarif camping : 23,90 €
(10A) - pers. suppl. 3,90 €
Services et loisirs :
Dans un joli parc verdoyant et ombragé, au bord d'un petit torrent.
GPS : E 6.58837 N 46.09866

LES ALPES

STATIONS DE SKI ❄

Montgenèvre

INFOS PRATIQUES

Office de tourisme : 767 rte d'Italie - 04 92 21 52 52 - montgenevre.com.

Géolocalisation
GPS : E 6.7233 N 44.9308 Altitude basse : 1860 m
Altitude haute : 2 700 m

Remontées mécaniques
Télécabine : 1   Télésièges : 12
Téléskis : 8   Tapis : 1
Télémix : 2

80 pistes
Noires : 13   Rouges : 38
Bleues : 19   Vertes : 10

STATIONNEMENT & SERVICES

Camping Municipal Le Bois des Alberts
Les Alberts - 04 92 21 16 11 - camping.montgenevre.com
Permanent - 167 empl. -
Tarif camping : 5,50 € 6,50 € (10A) 5,80 €
Services et loisirs :
Sous une agréable pinède, avec un petit étang pour la pêche.
GPS : E 6.68248 N 44.9302

Aire des Marmottes
Voir p. 472

Montgenèvre, à 1860 m d'altitude, village traditionnel des Hautes-Alpes a su allier le charme d'une station authentique et la modernité d'une station de ski internationale puisque le domaine du **Grand Montgenèvre** est relié par les remontées mécaniques à celui des **Monts de la Lune** (91 pistes - 31 remontées mécaniques). Aux confins d'une nature préservée, elle présente de nombreux atouts naturels, culturels et sportifs (dont une piste de luge sur monorail, la plus longue de France), sans oublier une offre de services adaptée, notamment aux familles. Labellisée Famille Plus, elle réserve un accueil tout particulier aux jeunes enfants. Montgenèvre organise aussi, tout au long de la saison, des animations et des manifestations sportives.

Autrans

INFOS PRATIQUES

Office de tourisme : 49 r. du Vercors - 04 76 95 30 70 - www.vercors-experience.com.

Géolocalisation
GPS : E 5.5418 N 45.1742
Altitude basse : 1050 m
Altitude haute : 1610 m

Remontées mécaniques
Télésiège : 1   Téléskis : 3

14 pistes
Noire : 1   Rouges : 3
Bleues : 5   Vertes : 5

STATIONNEMENT & SERVICES

Stationnement possible 24h maxi sur le **parking** proche du cimetière, à l'angle de la rte de Gève t la D 106C.

Camping Yelloh! Village au Joyeux Réveil
Le Château - 04 76 95 33 44 - www.camping-au-joyeux-reveil.fr
De mi-mai à mi-sept. - 100 empl. -
Tarif camping : 33 € (6A) - pers. suppl. 8 €
Services et loisirs :
GPS : E 5.54844 N 45.17555

Au cœur du Parc naturel régional du Vercors, Autrans est un village à l'architecture préservée. Capitale française du ski nordique avec 160 km de pistes, il s'étend un peu à l'écart de la station de ski alpin, située en plein massif du Vercors, à 1050 m d'altitude, dans un décor de prairies et de forêts. Le domaine de ski alpin, équipé de 14 pistes et 4 remontées mécaniques, dont un télésiège, possède aussi un jardin d'enfants avec tapis roulant et deux itinéraires hors-piste balisés. Désormais jumelé avec la station de Méaudre (10 pistes et un itinéraire hors piste balisé), il propose un forfait commun aux deux sites et des navettes gratuites pour les relier. Vous y trouverez également des pistes réservées aux chiens de traîneau, des sentiers pédestres damés pour la marche ou la raquette à neige. La station idéale pour des vacances en famille réussies !

STATIONS DE SKI

Villard-de-Lans

INFOS PRATIQUES
Office de tourisme : 31 av. du Gén.-de-Gaulle -
04 76 95 10 38 -
www.villarddelans-correnconenvercors.com.

Géolocalisation
GPS : E 5.5501 N 45.0697
Altitude basse : 1050 m
Altitude haute : 2050 m

Remontées mécaniques
Télécabines : 2	Télésièges : 6
Téléskis : 11	Télémix : 1
Tapis : 2	

36 pistes
Noires : 8	Rouges : 7
Bleues : 9	Vertes : 12

STATIONNEMENT & SERVICES
Aire de stationnement des Bartavelles
Rte des Bartavelles - 04 75 94 50 00 -
www.mairie-villard-de-lans.fr
Permanent
Borne
20 - Illimité - gratuit
Services :
GPS : E 5.55586 N 45.06671

Dans le Parc naturel régional du Vercors, Villard-de-Lans est un bourg de montagne animé toute l'année où il fait bon vivre ses vacances en toute saison ! À 1050 m d'altitude, cette station climatique est réputée pour la qualité de l'air et la variété de ses équipements de loisirs. « Le tourisme est chez nous une tradition ». En effet, c'est à la fin du 19e s. que celui-ci fit son apparition avec les fameuses « cures d'air et de lait ». Puis ce fut l'explosion des sports d'hiver avec l'organisation des premiers concours internationaux de ski. Depuis la fin des années 1980, la station forme un grand domaine avec celle de Corrençon-en-Vercors et donne régulièrement naissance à de nombreux champions tels que Émilien Jacquelin, Ludovic Guillot-Diat ou encore Martin Fourcade qui a fait ses armes sur les 120 km de pistes du domaine nordique du Haut Vercors-Porte de Villard-de-Lans, tracées en skating et en alternatif.

La Clusaz

INFOS PRATIQUES
Office de tourisme : 161 pl. de l'Église -
04 50 32 65 00 -
www.laclusaz.com.

Géolocalisation
GPS : E 6.4256 N 45.9057
Altitude basse : 1040 m
Altitude haute : 2600 m

Remontées mécaniques
Téléphérique : 1	Télécabines : 4
Téléskis : 28	Télésièges : 13
Télémix : 2	Fil neige : 1

85 pistes
Noires : 8	Rouges : 30
Bleues : 31	Vertes : 16

STATIONNEMENT & SERVICES
Camping Capfun Le Plan du Fernuy
1800 rte des Confins - 04 50 02 44 75 -
www.capfun.com
De mi-juin à déb. sept. (et de mi-déc. à mi-avr.) -
72 empl. -
borne artisanale
Tarif camping : 39 € (13A) - pers. suppl. 7 €
Services et loisirs :
GPS : E 6.45174 N 45.90948

La Clusaz, qui fut l'une des premières stations de sports d'hiver, cultive son charme et met un point d'honneur à accueillir chaleureusement ses hôtes. Elle est à même de satisfaire tous les vacanciers avec une offre très diverse : à la fois authentique et sportive, elle répond à vos envies de ski et plaisirs hors-ski en toute convivialité. La Clusaz est la station de toutes les glisses, avec son domaine de 400 ha, sa grande diversité de pistes et de dénivelés, son snowpark, et sa piste à thème sur le Reblochon.

LES ALPES

STATIONS DE SKI ❄

Passy-Plaine-Joux

INFOS PRATIQUES

Office de tourisme : 8 Grande-Rue Salvador-Allende - ☎ 04 50 58 80 52 - www.passy-mont-blanc.com.

Géolocalisation
GPS : E 6.7398 N 45.9508
Altitude basse : 1350 m
Altitude haute : 1740 m

Remontées mécaniques
Téléskis : 4   Tapis : 2
Fil neige : 1

10 pistes
Noire : 1   Rouges : 3
Bleues : 3   Vertes : 3

STATIONNEMENT & SERVICES

Aires de Passy et de Plaine-Joux
Voir p. 480

Située au pays du Mont-Blanc, la station familiale de Passy-Plaine-Joux propose un domaine de ski alpin avec 4 téléskis, 26 canons à neige, un jardin d'enfants, mais aussi 2 pistes de luge, 2 pistes de ski nordique, des sentiers raquettes, une maison des lutins, une salle hors-sac, une Maison de la réserve naturelle. Des forfaits à la carte à l'heure ou à la journée pour adultes et enfants sont disponibles, afin de skier à sa mesure !

Les Contamines-Montjoie

INFOS PRATIQUES

Office de tourisme : 18 rte de N.-D.-de-la-Gorge - ☎ 04 50 47 01 58 - www.lescontamines.com.

Géolocalisation
GPS : E 6.7285 N 45.8217
Altitude basse : 1164 m
Altitude haute : 2500 m

Remontées mécaniques
Télécabines : 4   Télésièges : 8
Téléskis : 12   Télécorde : 1

48 pistes
Noires : 9   Rouges : 19
Bleues : 12   Vertes : 8

STATIONNEMENT & SERVICES

Camping Le Pontet
2485 rte de Notre-Dame-de-la-Gorge - ☎ 04 50 47 04 04 - www.campinglepontet.fr
De mi-déc. à déb. oct. - 140 empl.
🚰 borne artisanale 🚐 🚗 🧹
Tarif camping : 34,80 € 👫 🚗 📧 💧 (10A) - pers. suppl. 5,60 €
Services et loisirs : 📶 ✖ 🛒 🍴 🏊 🎣
Site agréable au départ des pistes de ski et de randonnée.
GPS : E 6.7244 N 45.80683

À 1164 m d'altitude, le village des Contamines offre toutes les richesses, le charme et la personnalité d'une station-village de montagne. L'hiver, c'est bien sûr un domaine skiable composé de 48 pistes, un ludoparc et un stade de slalom, mais l'hiver rime aussi avec ski de fond, balades en raquettes, randonnées en chiens de traîneau, patinoire naturelle, deux églises baroques à visiter.

F. Guiziou/hemis.fr

STATIONS THERMALES

St-Gervais-les-Bains

INFOS PRATIQUES

Centre thermal
355 allée du Dr-Lépinay - Le Fayet -
04 50 47 54 54 - www.thermes-saint-gervais.com -
de déb. fév. à mi-nov.

Indications
Dermatologie, voies respiratoires et ORL, affection des muqueuses buccales.

Température de l'eau
39 °C.

STATIONNEMENT & SERVICES

Camping Les Dômes de Miage
197 rte des Contamines - 04 50 93 45 96 -
www.natureandlodge.fr - De mi-mai à mi-sept. - 150 empl.
borne artisanale
Tarif camping : 32,20 € (10A) -
pers. suppl. 6,20 € - Services et loisirs :
Cadre très verdoyant et belle pelouse traversée par un petit ruisseau.
GPS : E 6.72022 N 45.87355

Aire de la Patinoire
Voir p. 480

St-Gervais a rejoint le cercle des stations thermales au début du 19ᵉ s. Depuis lors, les propriétés curatives de ses eaux ont été exploitées. Vous trouverez donc au sein de l'établissement thermal, qui s'élève dans un vaste parc arboré, tous les équipements nécessaires pour des cures thérapeutiques ou des moments plaisir et détente, dans l'espace « Les Bains du Mont-Blanc ». Mais à St-Gervais, une autre clientèle se presse, émerveillée par un environnement d'exception dominé par le mont Blanc. Bien sûr, le domaine skiable Évasion Mont-Blanc attire les amateurs de glisse avec ses quelque 190 pistes. Mais un autre moyen de découvrir le massif consiste à monter à bord du tramway du Mont-Blanc qui transporte sans effort vers les cimes en réservant des points de vue mémorables. En hiver, il termine son ascension au plateau de Bellevue, en prise directe avec le domaine des Houches où les skieurs descendent la fameuse Verte ! Aux beaux jours, il va jusqu'au Nid d'Aigle, à 2 380 m d'altitude, face au glacier de Bionnassay, non sans avoir fait quelques haltes, autant de points de départ sur des sentiers de randonnées. Au cœur de tant de beautés naturelles, qu'il convient d'appréhender avec les précautions de rigueur, existe un patrimoine remarquable : façades Arts déco à St-Gervais, églises à Passy ou à St-Nicolas-de-Véroce. La petite station, siège de nombreuses animations, est décidément prometteuse.

Aix-les-Bains

INFOS PRATIQUES

Thermes Chevalley : 10 rte du Revard - 04 79 35 38 50 -
www.valvital.fr - de déb. fév. à mi-déc.
Thermes Marlioz : 111 av. Marlioz - 04 79 61 79 61 -
www.domainedemarlioz.com - de déb. fév. à déb. déc.

Indications
Thermes Chevalley : rhumatologie et phlébologie
Thermes Marlioz : voies respiratoires et affections des muqueuses bucco-linguales

Température de l'eau
Thermes Chevalley : De 38 °C à 71 °C
Thermes Marlioz : 23 °C.

STATIONNEMENT & SERVICES

Camping International du Sierroz
Voir p. 484

Camping-car Park d'Aix-les-Bains
R. des Goélands - 01 83 64 69 21
Permanent
Borne eurorelais
71 - 72h - 16,25 €/j. - borne compris
Paiement :
Services :
Plat et ombragé, à 100 m du lac du Bourget.
GPS : E 5.8889 N 45.6966

Si vous n'avez pas lu *Le Lac* de Lamartine, c'est l'occasion où jamais de le faire ! Car le lac de l'écrivain, c'est celui du Bourget, l'incontournable aixois non loin duquel la station thermale a grandi, à partir du 19ᵉ s. À côté de l'importance des thermes, répartis sur deux sites, la valeur patrimoniale d'Aix est indéniable. La ville a gardé de la Belle Époque quelques témoignages remarquables comme le casino Grand Cercle et sa salle de jeux au plafond somptueux, le Grand Hôtel ou encore les façades restaurées du quartier de la Corniche. Plus anciens, les vestiges romains, notamment ceux des thermes antiques ou le temple de Diane, ajoutent grandement à l'intérêt de la ville. Sans transition, vous pourrez à l'occasion faire des emplettes dans les rues voisines très commerçantes. Mais place à la vedette des lieux : le lac et ses eaux aux reflets changeants qui, non contentes de se laisser admirer depuis l'esplanade, se prêtent à de multiples activités : minicroisières, pédalo, baignade, voile… dont vous vous remettrez tranquillement allongé sur l'une des plages aménagées. Vous pouvez aussi vous lancer dans le tour complet du lac : il vous en coûtera environ 60 km mais vous ne le regretterez pas. Et si de retour à Aix, vous souhaitez goûter à l'animation de la station, sachez que le casino a bien plus à offrir que ses machines à sous et ses tables de jeu !

Menton.
Zoonar.com/monticello/ZOONAR GMBH LBRF/age fotostock

Le marché d'Antibes. Natalishow/Getty Images Plus

Provence-Côte d'Azur

Source d'inspiration pour d'innombrables peintres, Provence et Côte d'Azur s'illuminent sous l'intensité et la pureté de leur lumière, tandis que le contrefort montagneux des Alpes du Sud fascine par sa variété de paysages et de climats, des grands espaces neigeux du Queyras aux gorges arides du Verdon…

La Côte d'Azur, destination estivale par excellence, doit beaucoup au mythique petit port de St-Tropez, désormais mué en repère « people » : Brigitte Bardot et le festival de Cannes ont fait de la Riviera l'une des destinations les plus médiatiques du globe ! Pourtant, de Bandol à Menton, ce fascinant littoral réussit l'exploit de nous faire toujours rêver ! Loin des marinas bétonnées, on peut encore jouir de lieux calmes et préservés, comme les îles d'Hyères : Porquerolles, Port-Cros et l'île du Levant.

Entre Alpes et Méditerranée, dans la garrigue de Pagnol, thym, romarin, et basilic distillent les arômes d'une Provence paisible où boulistes et touristes échangent à l'ombre des platanes. L'été, les festivals enflamment les sites hérités de l'histoire, d'Arles à Vaison-la-Romaine et d'Avignon à Aix-en-Provence.

En remontant la Durance, paraissent les massifs provençaux chers à Giono, du mont Ventoux à Manosque et Sisteron. En poursuivant l'exploration, on découvre un parc naturel dont les beautés sont à couper le souffle : le Verdon.

PROVENCE-CÔTE D'AZUR

La digue à la mer, en Camargue
PJPhoto69/Getty Images Plus

LES ÉVÉNEMENTS À NE PAS MANQUER

- **Mimosalia** à Bormes-les-Mimosas (83) : janv.
- **Oursinades** à Carry-le-Rouet (13) : fév.
- **Carnaval de Nice** (06) : 2 sem. autour de Mardi gras.
- **Fête du citron** à Menton (06) : 3 sem. autour de Mardi gras. www.fete-du-citron.com.
- **Feria de Pâques** à Arles (13) : w.-end de Pâques.
- **Foire à la brocante** à L'Isle-sur-la-Sorgue (84) : w.-end de Pâques et de la Toussaint.
- **Festival international du film** à Cannes (06) : mai. www.festival-cannes.com.
- **Pèlerinage** à Stes-Maries-de-la-Mer (13) : 24 et 25 mai.
- **Fête de la transhumance** à Castellane (04) : juin.
- **Fêtes de la Tarasque** à Tarascon (13) : juin.
- **Jazz à Juan** à Juan-les-Pins (06) : juil. www.jazzajuan.com.
- **Mondial de pétanque** à Marseille (13) : déb. juil. www.mondiallamarseillaiseapetanque.com.
- **Festival d'art lyrique et de musique** à Aix-en-Provence (13) : juil. festival-aix.com.
- **Festival d'Avignon** (84) : juil., théâtre et danse, depuis 1947! festival-avignon.com.
- **Chorégies d'Orange** (84) : de mi-juin à déb. août dans le théâtre antique. www.choregies.fr.
- **Biennale internationale de céramique** à Vallauris (06) : de juil. à mi-nov., années paires.
- **Rencontres de la photographie** (13) : de déb. juil. à mi-sept. www.rencontres-arles.com
- **Fête de la lavande** à Sault (84) : 15 août. www.fetedelalavande.fr.
- **Les Correspondances : rencontres littéraires** à Manosque (04) : sept. correspondances-manosque.org.
- **Fête de l'huile nouvelle** à Maussane-les-Alpilles (13) : 1er w.-end déc.
- **Fête du Millésime** à Bandol (83) : 1er dim. déc.

Votre séjour en Provence- Côte d'Azur

Circuits №

1. Le cœur de la Provence
   6 jours - 250 km **P 504**
2. Merveilles naturelles du Vaucluse
   5 jours - 205 km **P 508**
3. Marseille au centre !
   6 jours - 220 km **P 512**
4. Antibes et l'arrière-pays varois
   7 jours - 410 km **P 516**
5. La Haute-Provence, de la Durance au Verdon
   5 jours - 270 ou 295 km **P 520**

Étape

Arles **P 505**

Visites

Colorado provençal de Rustrel **P 509**

Les calanques en bateau **P 513**

Les parfumeries de Grasse **P 517**

Géoparc de Haute-Provence **P 521**

EN COMPLÉMENT, UTILISEZ…

- Guides Verts : Provence, Côte d'Azur et Alpes du Sud
- Cartes Michelin : Région 527 et Départements 332, 334, 340 et 341

PROVENCE-CÔTE D'AZUR – CIRCUIT 1

Le cœur de la Provence

Les Alpilles, Avignon, le pont du Gard, Aigues-Mortes, Stes-Maries-de-la-Mer... pas de doute, vous êtes en terre provençale. Sous un ciel d'un bleu intense, le vert des pins et des cyprès se mêle à celui de la garrigue et des oliviers. Plus au sud, les immenses étendues lacustres au sol craquelé dessinent le profil de la Camargue, territoire privilégié des chevaux blancs, des taureaux et flamants roses.

⭐ **DÉPART :** ARLES - 6 jours – 250 km

JOUR 1

Quittant **Arles** (voir l'encadré p. ci-contre) piquez plein nord jusqu'à l'**abbaye de Montmajour**, d'origine romane, impressionnante par ses dimensions, avant de rattraper le village de **Fontvieille** où le moulin de Daudet vous attend dans un site pittoresque. Tout près se trouvent les ruines de l'aqueduc gallo-romain de Barbegal qui alimentait un grand moulin hydraulique. C'est un autre moulin qui vous attend l'après-midi, celui la coopérative oléicole à **Maussane-les-Alpilles** où vous pourrez faire provision d'huile d'olive de la vallée des Baux.

JOUR 2

Abordez de bonne heure **Les Baux-de-Provence**, le plus remarquable des villages des Alpilles. Avec son château perché sur une arête rocheuse, il vous retiendra une demi-journée. L'après-midi sera consacré à **St-Rémy-de-Provence**, aux vieilles ruelles, aux souvenirs du peintre Van Gogh et au site antique de Glanum qui jouxte un mausolée et un arc romain dans un état de conservation exceptionnel. En fin de journée, organisez votre étape dans les alentours de **Châteaurenard** (montez au jardin des Tours qui donne accès au château féodal) de façon à aborder Avignon tôt le lendemain.

JOUR 3

Dans la cité des Papes, **Avignon**, il est des étapes incontournables ! Le Palais des Papes, bien entendu, à voir dès votre arrivée. Puis un petit tour au Rocher des Doms avant de flâner autour des hôtels particuliers. La ville est riche de nombreux musées d'art, choisissez celui qui vous convient. Le Petit Palais avec ses toiles italiennes du 13e au 16e s. est particulièrement remarquable. Vous ne pourrez échapper au pont St-Bénezet, plus connu sous le nom de pont d'Avignon. Le soir, optez pour un dîner-croisière sur le Rhône.

JOUR 4

Commencez la journée à **Villeneuve-lès-Avignon** (à voir : chartreuse du Val de Bénédiction et abbaye St-André). Filez plein ouest vers le site grandiose du **pont du Gard**, partie la plus spectaculaire d'un

Aigues-Mortes.

aqueduc qui courait dans la garrigue sur près de 50 km ! Comptez au moins trois heures. Puis gagnez, plein sud, **Beaucaire** et **Tarascon**, deux petites villes tout juste séparées par le Rhône préservant chacune un beau château.

JOUR 5

Le matin descendez à **St-Gilles** et entrez dans son église abbatiale au somptueux portail, chef-d'œuvre de l'art roman provençal. Vous voilà aux portes de la Petite Camargue dont **Aigues-Mortes** est la capitale, entièrement ceinturée de remparts. Vous y flânerez, puis irez découvrir le port et le village du **Grau-du-Roi** ainsi que la plage de la **pointe de l'Espiguette** où les pêcheurs locaux récoltent les tellines, petits coquillages à déguster dans les restaurants des alentours.

JOUR 6

La dernière journée sera camarguaise en prenant plein est depuis Aigues-Mortes. Par le pont de Sylvereal ou, plus pittoresque, le bac du Sauvage, vous rejoindrez **Stes-Maries-de-la-Mer**. Promenez-vous sur les sentiers du parc ornithologique de Pont-de-Gau, l'occasion unique de faire connaissance avec les oiseaux aperçus de loin dans les étangs et de belles colonies de flamants roses. Ensuite arpentez les ruelles du village dont les maisons blanches se blottissent autour de l'imposante église fortifiée. Et pour finir embarquez sur un bateau promenade pour une exploration du petit Rhône à moins de préférer une balade à vélo sur la Digue à la mer. Dans les deux cas vous aurez un bel aperçu de la Camargue sauvage.

ÉTAPE 11
Arles

OFFICE DE TOURISME
9 bd des Lices - 04 90 18 41 20 - www.arlestourisme.com.

STATIONNEMENT

Stationnements gratuits
Au niveau de la gare SNCF et aux abords du stade Fournier, à 10mn à pied du centre-ville.

Assurément Arles va vous faire tourner la tête tant cette ville compte de vestiges antiques, de chefs-d'œuvre du Moyen Âge et de lieux emblématiques ! Votre première journée sera consacrée à la cité romaine en commençant par l'**amphithéâtre** élevé au 1er s., gigantesque arène, parfaitement conservé pouvant accueillir 12 000 spectateurs lors des ferias, courses camarguaises et spectacles traditionnels ponctuant l'année. Poursuivez par le **théâtre antique** dont la scène sert encore de lieu de spectacle en saison. Faites ensuite une pause déjeuner **place du Forum** ou dans les ruelles alentour. Le forum antique s'illustre par les **cryptoportiques**, longues galeries éclairées de soupiraux qui constituaient jadis le soubassement du Temple. Un lieu étrange et surprenant. Tout naturellement poursuivez votre circuit par les **thermes de Constantin**, d'une ampleur inhabituelle en Provence et qui montrent le réseau d'hypocaustes bien conservé servant à chauffer les bains. Pour terminer la journée, gagnez le magnifique **musée départemental de l'Arles antique**, établi sur l'emplacement de l'ancien cirque romain. Il expose des pièces rares par leur beauté et leur état de conservation ; parmi les plus belles, ne manquez pas le buste de César, le bateau à fond plat et la série de sarcophages. Votre seconde journée s'annonce plus éclectique avec la place de l'Hôtel-de-Ville (voir la voûte de son hall) et l'**église St-Trophime** au **portail sculpté**, chef-d'œuvre de l'art roman, et qui préserve un **cloître** tout à fait remarquable. Marchez ensuite sur les pas de Van Gogh en dénichant l'**espace Van Gogh**, ancien hôtel-Dieu où il fut soigné, puis le « café la nuit », place du Forum, et la **fondation Vincent-Van-Gogh** où de nombreux artistes rendent hommage au peintre. Consacrez l'après-midi au **musée Réattu** et sa donation Picasso avant de rejoindre, hors du centre historique, les **Alyscamps**, une nécropole superbe et romantique où l'on peut flâner des heures. Juste à côté, s'étend la **fondation Luma Arles**, centre culturel expérimental, dont la tour Luma, pièce centrale du site, est l'œuvre de l'architecte Frank O. Gehry. En été, elle sert d'écrin, parmi de nombreux autres lieux de la ville, aux Rencontres internationales de la photographie.

PROVENCE-CÔTE D'AZUR – ADRESSES CIRCUIT 1

Aires de service & de stationnement   ## Campings

AIGUES-MORTES

Aire d'Aigues-Mortes
Bd Diderot, parking 4 - ☎ 04 66 73 90 90 - www.ot-aiguesmortes.com
Permanent
Borne sanistation
50 🅿 - Illimité - 22 €/j. - borne compris
Paiement : CC
Services : WC 🛒 ✕ 📶
Au pied des remparts de la ville.
GPS : E 4.19583 N 43.56556

BEAUCAIRE

Aire de Beaucaire
3 quai de la Paix, au bord du canal et proche du centre - ☎ 04 66 59 10 06 - www.beaucaire.fr
Permanent
Borne eurorelais 4 €
7 🅿 - 48h - gratuit
Paiement : jetons (office de tourisme et capitainerie du port)
Services : 🛒 ✕
Au port de plaisance.
GPS : E 4.63744 N 43.80609

BELLEGARDE

Aire de Bellegarde
Quai Paulin-Talabot - ☎ 04 66 01 11 16
Permanent
Borne AireService
21 🅿 - 🔒 - 48h - gratuit - borne compris
Services : 🛒
Au port de plaisance.
GPS : E 4.50097 N 43.74054

COMPS

Aire de Comps
R. Nelson-Mandela, près du boulodrome - ☎ 04 66 74 50 99
Permanent
Borne AireService
15 🅿 - 72h - 6 €/j. - borne compris ; passage du régisseur
Paiement : CC
Services : WC 🛒
GPS : E 4.6088 N 43.85343

LE GRAU-DU-ROI

Aire de la Plage
R. du Cdt-Marceau, rond-point de la Plage - ☎ 04 66 53 23 56 - www.vacances-en-camargue.com
Permanent
Borne artisanale 2 € 2 €
20 🅿 - 24h - 13 €/j.
Paiement : CC
Services : WC 🛒 ✕ 📶
Accès direct à la plage.
GPS : E 4.13348 N 43.54063

STES-MARIES-DE-LA-MER

Aire Plage Est
Av. Jacques-Yves-Cousteau - ☎ 04 90 97 87 60 - www.saintesmaries.com
Permanent
Borne artisanale
40 🅿 - 48h - 13 €/j. - borne compris
Paiement : CC
Services : 🛒 ✕ 📶
En bord de mer.
GPS : E 4.43666 N 43.4535

Aire Plage Ouest
Rte de l'Amarrée, D 38 - ☎ 04 90 97 88 77
Permanent
Borne AireService
100 🅿 - 🔒 - 48h - 16 €/j. - borne compris
Services : WC 🛒 ✕ 📶
En bord de mer, à 1,5 km du centre-ville.
GPS : E 4.40482 N 43.44992

VALLABRÈGUES

Aire de Vallabrègues
Rte d'Aramon, près du lac du village - ☎ 04 66 59 20 52
Permanent
Borne eurorelais 2 € 2 €
6 🅿 - 48h - gratuit
Paiement : jetons (commerçants)
GPS : E 4.62639 N 43.85763

ARLES

Crin Blanc
D 37 - ☎ 04 66 87 48 78 - www.campingcrinblanc.com
De déb. avr. à mi-sept. - 167 empl.
borne artisanale
Tarif camping : 31 € 🚶 🚶 🚗 ⚡
(10A) - pers. suppl. 7 €
Services et loisirs : 📶 ✕ 🛒 🏊
Quelques emplacements ombragés par un préau entouré de rizières et d'une manade.
GPS : E 4.47392 N 43.66149

ST-RÉMY-DE-PROVENCE

Monplaisir
Chemin de Monplaisir - ☎ 04 90 92 22 70 - www.camping-monplaisir.fr
De fin mars à fin oct. - 118 empl.
borne artisanale -
🛒 20 €
Tarif camping : 46 € 🚶 🚶 🚗 ⚡
(10A) - pers. suppl. 7 €
Services et loisirs : 📶 ✕ 🛒 🏊
Agréable cadre fleuri, très bon entretien, sanitaires de qualité.
GPS : E 4.82428 N 43.7972

VAUVERT

Flower Le Mas de Mourgues
Gallician - rte de St-Gilles - ☎ 04 66 73 30 88 - www.masdemourgues.com
De déb. avr. à fin sept. - 80 empl.
borne artisanale
Tarif camping : 31 € 🚶 🚶 🚗 ⚡
(10A) - pers. suppl. 4,50 €
Services et loisirs : 📶 ✕ 🛒 🏊
GPS : E 4.07798 N 43.76369

VILLENEUVE-LÈS-AVIGNON

Les Avignon
Chemin St-Honoré - ☎ 04 90 25 76 06 - www.campinglesavignon.com
De fin mars à mi-oct. - 126 empl.
borne artisanale
Tarif camping : 30 € 🚶 🚶 🚗 ⚡
(10A) - pers. suppl. 5 €
Services et loisirs : 📶 ✕ 🛒 🏊
Terrain très ombragé au confort sanitaire modeste.
GPS : E 4.79711 N 43.96331

Les bonnes adresses de bib

ARLES

La Gueule du Loup –
39 r. des Arènes - ☏ 04 90 96 96 69 - www.restaurant-lagueuleduloup.fr - fermé merc.-jeu. - menu 42 €. On remarque facilement ce restaurant situé dans le centre historique, avec sa façade recouverte de végétation. La salle à manger de l'étage, climatisée, offre une fraîcheur bienvenue en été. Au menu, cuisine provençale, poisson, viande de taureau et flan de légumes. Service soigné.

Le Galoubet – 18 r. du Dr-Fanton - ☏ 04 90 93 18 11 - fermé dim.-lun. - menus 31/38 € - réserv. conseillée. Les connaisseurs se pressent dans ce joli bistrot à la décoration vintage situé au cœur de la vieille ville. Bien sûr, ils ne viennent pas par hasard : cuisine du marché et recettes délicates, agréable terrasse sous la treille... la maison ne manque pas d'atouts.

L'Épicerie du Cloître –
16 r. du Cloître - ☏ 04 65 88 33 10 - www.lecloitre.com - fermé lun.-jeu. le soir - assiettes 7/17 €. Avec ses airs de guinguette, cette épicerie fine se double d'une petite table, qui prend ses aises l'été à l'ombre d'une jolie placette. Cuisine minute fraîcheur, associant les produits d'un potager provençal bio à des conserves de qualité (sardines, piquillos...). Excellent.

AVIGNON

Le Goût du Jour –
20 r. St-Étienne - ☏ 04 32 76 32 16 - www.legoutdujour84.com - fermé mar.-merc. - formule déj. 19 € - menus 40/55 €. De bonnes idées, du savoir-faire... Julien Chazal, jeune chef originaire d'Avignon, fait ici une jolie démonstration de son talent ! Sa cuisine, ancrée dans les saisons, se révèle soignée visuellement, avec des dressages qui ne doivent rien au hasard. Service souriant.

Italie là-bas – 23 r. de la Bancasse - ☏ 04 86 81 62 27 - www.italielabas.fr - fermé lun.-mar. - menus 40/110 €. Aux manettes, un couple d'Italiens passionnés : pendant qu'il s'occupe du service en salle, elle concocte de bons plats transalpins, à base de produits frais. On se régale, tout simplement !

LES BAUX-DE-PROVENCE

Mas de la Dame – Sur la D5 - ☏ 04 90 54 32 24 - masdeladame.com - avr.-oct. : 9h-19h ; reste de l'année : 9h-18h - fermé le dim. en janv. Cette propriété du 16e s., immortalisée en 1889 par Van Gogh, est une des rares exploitations à produire à la fois du vin et de l'huile d'olive AOP les baux-de-provence.

CHÂTEAURENARD

Distillerie de la liqueur Frigolet –
26 r. Rolland-Inisan - ☏ 06 11 16 53 82 - frigoletliqueur.com - 10h-17h - fermé w.-end. Cette distillerie détient la recette du Frigolet, encore appelé élixir du père Gaucher, son créateur. La visite des lieux est très intéressante : découverte du « secret » de fabrication de l'élixir (composé de 30 plantes) et petit musée de l'Alambic.

MAUSSANE-LES-ALPILLES

Moulin Cornille – R. Charloun-Rieu - ☏ 04 90 54 32 37 - www.moulin-cornille.com - 9h30-12h, 13h30-18h (10h sam.) - visite exposition : 10h30-15h30 - 4 € (-10 ans gratuit). Cette coopérative installée dans un moulin du 17e s. utilise encore des broyeurs à meules et des presses à scourtins. Production artisanale et traditionnelle d'huile d'olive vierge à partir de cinq variétés d'olives récoltées dans la vallée des Baux et ses environs. Vente et dégustation sur place.

Offices de tourisme

ARLES
Voir p. 505

BEAUCAIRE
8 r. Victor-Hugo -
☏ 04 66 59 26 57 - www.provence-camargue-tourisme.com.

ST-RÉMY-DE-PROVENCE
Pl. Jean-Jaurès -
☏ 04 90 92 05 22 -
www.alpillesenprovence.com.

Flamants roses en Camargue.

PROVENCE-CÔTE D'AZUR – CIRCUIT 2
Merveilles naturelles du Vaucluse

Les couleurs de cette escapade ? Jaune comme les genêts au pied des dentelles de Montmirail, noir comme la truffe du Vaucluse, blanc comme le sommet enneigé du mont Ventoux, bleu comme la lavande de Sault ou rouge comme l'ocre du village de Roussillon et du colorado de Rustrel. Une gamme de couleurs qui ne saurait être complète sans la lumière d'un soleil, ici, très généreux.

⭐ **DÉPART :** CARPENTRAS - 5 jours – 205 km

JOUR 1

De bon matin, promenez-vous dans les ruelles de la vieille ville de **Carpentras**, que vous quitterez pour les paysages échancrés des **dentelles de Montmirail**. En mai-juin, lorsque les genêts, très abondants, illuminent les collines de leurs fleurs jaunes, les paysages sont sublimes. Sur la route, faites une halte à **Beaumes-de-Venise** où vous vous promenez sur les sentiers balisés, au cœur des vignes du fameux muscat. Puis rejoignez le pittoresque village de **Malaucène**. Pour le déjeuner, choisissez une petite auberge qui valorise les produits du terroir : vous êtes dans un pays de truffe et de bon vin (gigondas).

JOUR 2

Aujourd'hui, entamez l'ascension du **mont Ventoux** (les grands sportifs s'y mesureront à vélo). Sachez que ce massif est classé par l'Unesco comme « réserve de biosphère ». Le sommet ménage un panorama exceptionnel... pour peu que le temps soit clair ! Offrez-vous une longue promenade sur les sentiers balisés du Géant de Provence (en ski de fond ou en raquettes l'hiver !), puis passez la nuit aux alentours.

JOUR 3

Partez à la découverte de **Sault**, au cœur des champs de lavande. Le matin, visitez la distillerie Arôma'Plantes puis faites vos emplettes à la Maison des producteurs. Déjeunez terroir dans un restaurant ou une ferme-auberge. L'après-midi sera consacré aux **gorges de la Nesque**, en voiture, à vélo (avec arrêt au belvédère de Castellaras) ou à pied, selon vos envies. Autre option plein air : suivez la boucle pédestre de 5 km, « Chemins des lavandes » de Sault.

JOUR 4

Descendez plus au sud pour atteindre dans la matinée les impressionnantes carrières d'ocre du **Colorado de Rustrel**, aux portes du Luberon (voir l'encadré p. ci-contre). Deux itinéraires balisés vous permettront d'y découvrir les cheminées des fées, la carrière d'exploitation dite du « Sahara » et le désert blanc, émouvants résultats de l'œuvre conjointe de l'activité humaine (arrêtée en 1956) et de l'érosion. Vous

Le sentier des ocres, à Roussillon.

déjeunerez à **Apt**, capitale du fruit confit et de l'ocre. Grimpez ensuite au **Mourre Nègre**, le point culminant du Luberon avant de consacrer le reste de l'après-midi à sillonner la **montagne du Luberon** : ne manquez pas **Bonnieux**, **Roussillon** (sentiers des ocres et Écomusée de l'ocre) et **Gordes**, avec ses calades et son village des Bories.

JOUR 5

Quittez les hauteurs pour **L'Isle-sur-la-Sorgue**, ses moulins et ces antiquaires. Vous déjeunerez au frais au bord de la Sorgue. Quel bonheur ! À **Fontaine-de-Vaucluse**, vous verrez l'étonnante résurgence de cette rivière, au terme d'un mystérieux parcours souterrain sous le plateau de Vaucluse. Avant de rejoindre Carpentras, arrêtez-vous en chemin à **Pernes-les-Fontaines**, encore un très beau village du Luberon.

LE CONSEIL DU BIB

Le Vaucluse est la terre de prédilection de la truffe noire. La saison est marquée par l'ouverture, mi-novembre, du marché aux truffes de Carpentras. Jusqu'à fin mars, vous y verrez vendeurs et négociants chuchoter leurs prix autour des sacs de jute. Autre grand marché aux truffes à Richerenches.

VISITE

Colorado provençal de Rustrel

INFOS PRATIQUES

Depuis le centre du village de Rustrel, prendre la route de Sault (D30A) puis, immédiatement à droite, le bd du Colorado que l'on suit sur 500 m.
06 43 97 76 06 ou 04 90 75 04 87 - www.coloradoprovencal.fr - horaires variables selon les mois : se rens. - fermé janv. Guides et plans disponibles à la billetterie. Pensez aux chaussures de marche, chapeau et eau, et prévoyez une tenue peu salissante. Boutique.

STATIONNEMENT & SERVICES

Parking
Le parking du site est payant et obligatoire : 10 ou 12 € en fonction de la saison. De mai à fin août, la réservation est obligatoire de 8h à 13h (mai et juin : réserv. en ligne la veille à partir de 18h et paiement sur place ; juil. et août : réserv. et paiement en ligne la veille à partir de 18h) et sans réserv. de 13h à 19h. Interdit la nuit.
GPS : E 5.49973 N 43.91927

À Apt : camping Les Cèdres
63 imp. de La Fantaisie - 04 90 74 14 61
De déb. mars à fin nov. - 75 empl. -
borne eurorelais
Tarif camping : 22,15 € (10A) - pers. suppl. 4 €
Services et loisirs :
Un petit chemin aménagé mène à la rivière.
GPS : E 5.4013 N 43.87765

Deux circuits vous permettront de découvrir le site, émouvants résultats de l'œuvre conjointe de l'activité humaine (arrêtée en 1956) et de l'érosion : le Sahara (2 km) et les belvédères (4 km). Une application mobile vous fournira de nombreuses informations sur l'extraction des ocres, la géologie, la faune, la flore... Ainsi, vous apprendrez que pour exploiter les ocres, il faut les séparer du sable dans lequel ils se trouvent à l'état naturel. Cette séparation se fait en lavant le sable. Après séchage, les ocres seront éventuellement cuits, puis broyés, tamisés et enfin conditionnés.
Vous découvrirez au Colorado des couleurs très variées, allant du jaune au rouge flamboyant pour les ocres et étonnamment blanc pur pour la rivière de sable. Ces étranges paysages sont hélas appelés à disparaître dans un avenir plus ou moins proche, la nature reprenant ses droits.

PROVENCE-CÔTE D'AZUR – ADRESSES CIRCUIT 2

Aires de service & de stationnement

CARPENTRAS

Aire de Carpentras
881 av. Pierre-de-Coubertin, à côté du camping municipal Lou Camtadou -
☎ 04 90 63 00 78
Permanent
Borne AireService : gratuit
Services :
Navettes gratuites pour le marché (vend.).
GPS : E 5.05375 N 44.04387

FONTAINE-DE-VAUCLUSE

Camping-car Park de Fontaine-de-Vaucluse
Rte de Cavaillon - ☎ 01 83 64 69 21 - www.campingcarpark.com
Permanent
Borne artisanale
21 P - 72h - 14 €/j. - borne compris - Paiement :
Services :
Emplacements délimités, au bord de La Sorgue.
GPS : E 5.12452 N 43.92024

GORDES

Aire de Gordes
R. de la Combe (D 15), derrière la gendarmerie - ☎ 04 90 72 02 08
Permanent (mise hors gel)
Borne AireService
6 P - Illimité - 15 €/j.

Paiement :
Services :
GPS : E 5.19745 N 43.91465

MALAUCÈNE

Camping-car Park de Malaucène
Pl. des Palivettes - ☎ 01 83 64 69 21 - www.campingcarpark.com
Permanent (mise hors gel)
Borne AireService
35 P - Illimité - 13,30 €/j. - borne compris
Paiement :
Services :
GPS : E 5.12987 N 44.17753

PUYVERT

Aire de Puyvert
Voie communale Jas-de-Puyvert, parking Super U - ☎ 04 90 08 40 73
Permanent
Borne eurorelais 2 €
10 P - 24h - gratuit
Services :
GPS : E 5.33644 N 43.74689

SAULT

Aire de Sault
Parking P3, derrière le cimetière - ☎ 04 90 64 02 30 - Permanent
Borne sanistation : gratuit
10 P - gratuit
Services :
GPS : E 5.41315 N 44.09412

Campings

APT

Voir p. précédente

BEAUMES-DE-VENISE

Municipal Roquefiguier
120 chemin des Moulins -
☎ 04 90 62 95 07 - www.beaumes-de-venise.fr/vie-pratique/saisonnier-camping-piscine.html
De déb. avr. à fin oct. - 63 empl.
borne artisanale
Tarif camping : 3,78 € 2,40 €
4,20 € (16A) 4,50 €
Services et loisirs :
GPS : E 5.03448 N 44.12244

BÉDOIN

Municipal la Pinède
Chemin des Sablières -
☎ 04 90 65 61 03 - www.camping-lapinede-ventoux.fr
De déb. avr. à mi-oct. - 117 empl.
Tarif camping : 19 €
(6A) 4 € - pers. suppl. 5 €
Services et loisirs :
Terrain au très fort dénivelé.
GPS : E 5.17261 N 44.12486

L'ISLE-SUR-LA-SORGUE

La Sorguette
871 rte d'Apt - ☎ 04 90 38 05 71 - www.camping-sorguette.com
De mi-mars à mi-oct. - 112 empl.
borne artisanale
Tarif camping : 31,30 €
(10A) - pers. suppl. 9,20 €
Services et loisirs :
Au bord de la Sorgue, idéal pour le canoë.
GPS : E 5.07192 N 43.9146

PERNES-LES-FONTAINES

Municipal de la Coucourelle
391 av. René-Char - ☎ 04 90 66 45 55
De fin avr. à fin sept. - 40 empl. -
Tarif camping : 4 € 4,50 €
(10A) 3,50 €
Services et loisirs :
Accès gratuit à la piscine municipale toute proche.
GPS : E 5.0677 N 43.99967

Melons de Cavaillon.

Les bonnes adresses de bib

APT
✕ **L'Intramuros Restaurant et Rhumerie** – 120-124 r. de la République - ✆ 04 90 06 18 87 - fermé dim.-lun. - plats 16/25 €. Dans un intérieur aux airs de boutique d'antiquaire, vous dégusterez des recettes italo-provençales à base de produits du marché.

BEAUMES-DE-VENISE
Du Beaumes au Cœur – Pl. du 8-Mai-1945 - ✆ 04 90 37 19 79 - www.xaviervignon.com - 10h-13h, 15h-19h. Xavier Vignon, œnologue de stature internationale, a vinifié pour de grands domaines avant de développer sa propre gamme de vins dans diverses appellations rhodaniennes. Entre tradition et expérimentation, ses nectars séduisent par leur typicité et leur originalité.

BÉDOIN
✕ **À Table !** – 121 av. Barral-des-Baux - ✆ 09 80 85 32 43 - restaurantatable.jimdo.com - fermé merc.-jeu. - formules déj. 20/23 € - menus 23/29 €. Un restaurant comme on les aime, où tous les plats sont faits maison et élaborés avec des produits frais. En cuisine, Pierre se renouvelle sans cesse pour proposer des assiettes inventives et savoureuses, tandis que Sophie est aux petits soins pour les clients. Un très bon rapport qualité-prix.

CARPENTRAS
✕ **Cercle 85** – 30 pl. de l'Horloge - ✆ 04 90 40 15 02 - fermé lun.-merc. le soir et dim. - formules déj. 22,50/26,50 € - plats 16,50/24,50. La devanture, un peu austère, ne laisse pas présager l'agréable patio qui se déploie à l'arrière du restaurant, au pied du beffroi. Cuisine goûteuse et service aux petits soins : on vous demande même si vous souhaitez davantage d'accompagnement ! Soirée tapas le jeudi.
Confiserie Clavel – Pl. Aristide-Briand - ✆ 04 90 29 70 39 - www.clavel-confiserie.com - tlj sf lun. 9h-19h (22h30 de juin à sept.). L'adresse incontournable des gourmands : glaces, pâtisseries, berlingots à la menthe, à la fraise ou au melon, rocailles à la lavande et fruits confits. Tout est bon ! Serge Clavel, le maître des lieux, détient le record du plus gros berlingot du monde (537 kg).

L'ISLE-SUR-LA-SORGUE
✕ **La Balade des Saveurs** – 3 quai Jean-Jaurès - ✆ 04 90 95 27 85 - balade-des-saveurs.com - fermé lun.-mar. - formule déj. 25 € - menus 33/43 € - réserv. conseillée. Benjamin et Sophie Fabre règnent sur ce restaurant plein de fraîcheur, dont la terrasse borde le cours de la Sorgue. Les recettes cultivent aussi bien le caractère que la douceur de la Provence. Une belle balade au pays des saveurs...

MALAUCÈNE
✕ **La Chevalerie** – Pl. de l'Église - ✆ 04 90 65 11 19 - www.la-chevalerie.net - fermeture, se rens. - formule déj. 26 € - menus 41/48 €. Près de l'église, une imposante bâtisse du 16e s. au charme simple : jardin de curé fleuri, terrasse couverte de glycine, décor provençal (chaises paillées, crépis ocre, etc.). Sans chichis, le chef joue la carte de la générosité : pissaladière de gambas, croustillant de confit d'agneau, pieds et paquets, tarte tatin aux fruits de saison...

SAULT
Nougaterie Boyer – Pl. de l'Europe - ✆ 04 90 64 00 23 - www.nougat-boyer.fr - 7h30-18h30 (fermé de 12h30 à 14h lun., mar. et jeu.) - visite des ateliers en juil.-août - fermé fév. Une adresse qui perpétue la tradition en utilisant du miel de lavande et des amandes de Provence pour élaborer le tendre nougat blanc et le croquant nougat noir. Glaces, macarons...

Offices de tourisme

CARPENTRAS
97 pl. du 25-Août-1944 - ✆ 04 90 63 00 78 - www.ventouxprovence.com.

GORDES
Le Château - pl. Genty-Pantaly - ✆ 04 90 72 02 75 - www.destinationluberon.com.

SAULT
Av. de la Promenade - ✆ 04 90 64 01 21 - www.ventouxprovence.fr.

Gordes.

PROVENCE-CÔTE D'AZUR – CIRCUIT 3

Marseille au centre !

Marseille en avant-centre, la Côte Bleue et ses cabanons, ailière gauche, Cassis et les calanques, ailières droites, un milieu très offensif occupé par l'élégante Aix, et une défense menée par les imposantes montagnes Ste-Victoire et Ste-Baume. Avec cette équipe gagnante, impossible de ne pas être séduit comme l'ont été en leur temps, Cézanne, Zola, Pagnol et tant d'autres…

DÉPART : MARSEILLE - 6 jours – 220 km

JOURS 1 ET 2

Rien à voir à **Marseille** ? Allons donc ! Une semaine suffirait à peine pour découvrir la cité phocéenne et vous disposez seulement de deux jours. Prêt ? Partez ! Première bonne nouvelle : ce séjour s'effectue de préférence à pied, un atout certain quand on a goûté aux joies de la circulation marseillaise (infernale !). Grimpez tout d'abord les **ruelles du Panier**, sous lesquelles dorment les fondations grecques de Massalia. Poussez jusqu'à la **Vieille Charité**, ancien hospice abritant le musée d'Archéologie méditerranéenne et le musée des Arts africains, océaniens, amérindiens ; la ville regorge d'autres musées passionnants. Revenez sur le **Vieux Port** pour déjeuner. Filez ensuite visiter le **Mucem**, le musée des Civilisations de l'Europe et de la Méditerranée, installé au fort St-Jean, puis, juste à côté, la réplique de la célèbre **grotte Cosquer**. En fin d'après-midi, remontez **la Canebière** pour aboutir **cours Julien**, le fief « alternatif » (les graffitis) et « créateur » (les boutiques). Originales, les pièces restent en général abordables, pas de quoi menacer votre budget dîner. Dans ce quartier, les petites tables sympathiques abondent, les bars de fin de soirée aussi. Le lendemain, vous serez tout près pour filer écouter les joutes orales qui animent le marché aux poissons, **quai des Belges**. Rejoignez ensuite le musée Cantini, qui rassemble des œuvres du 20e s., avant d'aller saluer la vierge dorée qui coiffe **N.-D.-de-la-Garde**. Et là, si vous avez prévu votre pique-nique, descendez à pied jusqu'au Vallon des Auffes, où vous pourrez aussi piquer une petite tête. Autrement, revenez vers le cours d'Estienne-d'Orves, où les terrasses en piazza offrent l'embarras du choix pour déjeuner. Allez ensuite visiter la basilique St-Victor avant une promenade dans le **parc du Pharo** ou bien embarquez pour les **îles du Frioul**. Au terme de ces deux jours, vous n'avez pas eu le temps de faire tout ce que vous vouliez. Il faudra revenir !

La calanque d'En Vau.

JOUR 3

Journée balnéaire : cap sur les criques et les anciens hameaux de pêcheurs de la **Côte Bleue**, à l'est de Marseille. Les calanques de **Niolon** et d'**Ensuès-la-Redonne** attireront les plongeurs (accès en voiture strictement réglementé de mai à sept). Baignades plus tranquilles à **Carry-le-Rouet**, **Sausset-les-Pins** ou **Carro** avant de mettre cap au nord et de s'attarder en soirée dans les rues d'**Aix-en-Provence** bordée de magnifiques hôtels particuliers.

JOUR 4

Après une nuit de repos, partez sur les traces de Cézanne à Aix. De l'atelier des Lauves aux carrières de Bibémus, en passant par le Jas de Bouffan, l'emblématique montagne **Ste-Victoire** apparaît en toile de fond. Consacrez l'après-midi à ses sentiers, parfois escarpés, qui ouvrent, depuis la **Croix de Provence**, sur un superbe panorama.

JOUR 5

De bon matin, faites halte au couvent royal de **St-Maximin-la-Ste-Baume**, pour ensuite partir en excursion dans le massif de la **Ste-Baume**, qui attire randonneurs et fans de varappe. Là, dans le bucolique **parc de St-Pons**, près de **Gémenos**, vous pique-niquerez à la fraîche, avant de descendre à **La Ciotat**.

JOUR 6

Parcourez la **route des Crêtes**. À **Cassis**, embarquez sur l'une des navettes qui partent à la découverte des **calanques** (voir l'encadré ci-contre). Au retour, dîner de poissons et coquillages dans l'un des restaurants du port.

VISITE

Les calanques en bateau (Cassis)

INFOS PRATIQUES

www.calanques-parcnational.fr.
Les bateliers Cassidens – Quai St-Pierre - Cassis - ✆ 06 86 55 86 70 - calanquesdecassis.com - circuits 3 calanques (Cassis-En-Vau 1h, 19 €, 5-11 ans 12,50 €), 5 calanques (Cassis-Devenson 1h20 ; 25 €, 5-11 ans 18 €) ou 8 calanques (Cassis-Morgiou 1h50 ; 29 €, 5-11 ans 29 €) ou 9 calanques (Cassis-Sormiou 2h20 ; 33 €, 5-11 ans 23 €).

STATIONNEMENT & SERVICES

Stationnement à Cassis
Quelques places av. des Gorguettes, gratuit ; navettes (ttes les 30mn en sais.) pour le centre-ville/port et pour la presqu'île (calanque à pied).
À Cassis : camping Les Cigales
Rte de Marseille - ✆ 04 42 01 07 34
De déb. avr. à déb. nov. - 250 empl.
Tarif camping : 11 € 6 € (10A) 3,70 €
Services et loisirs :
Idéal pour la visite de la ville et point de départ pour la découverte des Calanques.
GPS : E 5.54177 N 43.2241

Des roches d'une blancheur éclatante piquetées de garrigue odorante plongent en de vertigineuses falaises dans des eaux turquoise. De caps en vallons profonds, de criques en à-pics, au fil de l'eau, les calanques dévoilent un univers à la beauté sauvage d'une richesse insoupçonnable protégées par un parc national. Prêts à embarquer ?
Port-Miou : un peu dénaturée par une ancienne carrière de pierre, la plus longue et l'une des plus accessibles des calanques abrite nombre de bateaux de plaisance.
Port-Pin : un peu ombragée, elle séduit les familles cassidaines par sa petite plage de sable et de galets.
En-Vau : sans doute l'une des plus belles du massif, sertie par d'impressionnantes falaises hérissées de pinacles, baignée d'une eau aux reflets turquoise ou émeraude. Sa petite plage de sable et galets est toutefois vite envahie.
Sugiton : facilement accessible à pied, elle a la faveur de nombreux Marseillais dès les beaux jours. Petite plage de galets.
Morgiou : cadre sauvage et présence humaine discrète, minuscules criques propices à la baignade, cabanons retirés, restaurant, petit port... Indispensable ! Aux pieds du cap Morgiou, s'ouvre, à 37 m de fond, l'entrée sous-marine de la grotte Cosquer (fresques datant du paléolithique).
Sormiou : de nombreux cabanons ramassés autour d'un petit port, une petite plage de sable et deux restaurants ; pour les Marseillais, c'est « LA » calanque !

PROVENCE-CÔTE D'AZUR – ADRESSES CIRCUIT 3

Aires de service & de stationnement

AURIOL

Aire d'Auriol
D 560, parking supermarché Casino - 04 42 36 11 00
Permanent
Borne flot bleu 2 € 2 €
5 - gratuit
Paiement : jetons (station service Casino)
Services :
GPS : E 5.6414 N 43.36807

BRIGNOLES

Voir le circuit suivant

CARRO

Aire au Port de Carro
Au bout du quai Vérandy (D 49B) - 04 42 41 39 39 - semovim-martigues.com
Permanent -
Borne Urbaflux
78 - 72h - 12 €/j. - borne compris
Paiement :
Services :

Bateaux de pêche.

Très belle aire avec vue mer.
GPS : E 5.0405 N 43.32932

LA COURONNE

Camping-car Park La Source
Rte de la Saulce - 01 83 64 69 21 - www.campingcarpark.com
Permanent
Borne AireService
9 - Illimité - 16,01 €/j. - borne compris
Paiement :
Services :
En saison possibilité de s'adresser au camping La Source juste à côté.
GPS : E 5.06865 N 43.33524

CUGES-LES-PINS

Aire de Cuges-les-Pins
Chemin de la Ribassée - 04 42 73 97 61 - www.cuges-les-pins.fr
Permanent -
Borne artisanale
20 - Illimité - 4,50 €/j.
Services :
Isolé dans un cadre naturel.
Plat, gravier parfois ombragé.
GPS : E 5.70588 N 43.28148

GÉMENOS

Aire de Gémenos
Parking de la Poste - 04 42 32 04 40 - www.mairie-gemenos.fr
Permanent
Borne AireService : gratuit
4 - 24h - gratuit
Services :
GPS : E 5.62433 N 43.29183

GRÉASQUE

Aire de Gréasque
Parking du musée de la Mine, montée du Puits-Hély-d'Oissel - 04 42 69 86 41 - www.ville-greasque.fr
Permanent -
Borne artisanale : gratuit
30 - 72h - 10 €/j.
Services :
Jolie vue sur la vallée.
GPS : E 5.53439 N 43.43281

Campings

AIX-EN-PROVENCE

Chantecler
41 av. du Val-St-André - 04 42 26 12 98 - www.campingchantecler.com
Permanent - 240 empl.
borne artisanale
Tarif camping : 38 €
(6A) - pers. suppl. 6 €
Services et loisirs :
Préférer les emplacements les plus éloignés de la nuisance sonore de l'autoroute.
GPS : E 5.47416 N 43.51522

CASSIS

Voir p. précédente.

LA COURONNE

L'Arquet - Côte Bleue
Chemin de la Batterie - 04 42 42 81 00 - www.larquet.fr
De déb. avr. à déb. oct. - 80 empl. -
borne artisanale
Tarif camping : 27 €
(20A) - pers. suppl. 7 €
Services et loisirs :
Lieu de tournage de la série « Camping Paradis », en avant et après saison.
GPS : E 5.05639 N 43.33067

NANS-LES-PINS

Tohapi Domaine de La Ste-Baume
Quartier Delvieux Sud - 04 94 78 92 68 - www.tohapi.fr/provence-cote-azur/camping-domaine-de-la-sainte-baume.php
De déb. avr. à fin sept. - 250 empl. -
Tarif camping : 40 €
(10A)
Services et loisirs :
Emplacements bien ombragés autour du parc aquatique.
GPS : E 5.78808 N 43.37664

Les bonnes adresses de bib

AIX-EN-PROVENCE

✕ **Licandro - Le Bistrot** – 18 r. de la Couronne - ✆ 06 27 20 03 99 - www.licandrolebistro.com - fermé mar.-merc. - formules déj. 26/30 € - menus 41/75 €. Une affaire familiale tenue par Felipe Licandro, chef passé par de belles maisons en France, accompagné de son épouse Julie, en salle. L'ardoise du midi propose une cuisine du marché bien faite ; le soir, on profite d'un choix plus étoffé, mais l'esprit bistronomie et tradition reste de mise.

CASSIS

✕ **La Vieille Auberge** – 14 quai J.-J.-Barthélemy - ✆ 04 42 01 73 54 - www.vieilleaubergerestaurantcassis.fr - fermé merc. - menus 32/38 € - réserv. conseillée. Agréable auberge où l'on se transmet, de père en fils, les recettes à la fois traditionnelles et provençales. Intérieur d'esprit marin, véranda tournée vers le port et terrasse d'été.

Maison des vins – Rte de Marseille - D559 - ✆ 04 42 01 15 61 - 9h30-12h30, 14h30-20h, sam. 9h30-13h, 14h30-20h, dim. 10h-13h. Bénéficiant de l'AOC depuis 1936, le vignoble de Cassis couvre environ 210 ha et compte 10 domaines où prime le blanc (80 % de la production). La Maison des vins vend les bouteilles de l'ensemble du vignoble, ainsi qu'une sélection de crus hexagonaux.

LA CIOTAT

✕ **Kitch and Cook** – 4 pl. Esquiros - ✆ 06 08 73 86 04 - www.kitchandcook.com - fermé dim.-lun., en sem. se rens. - formules déj. 18/21 € - menu (soir) 35 €. À deux pas du port, une salle à la décoration contemporaine et une terrasse colorées. Dans l'assiette, une cuisine imaginative qui régale les papilles de saveurs inédites. La carte change en fonction du marché et de l'humeur du chef. Idéal pour un déjeuner en terrasse.

MARSEILLE

✕ **Au Bord de l'eau** – 15 r. des Arapèdes - Madrague de Montredon - ✆ 04 91 72 68 04 - www.auborddeleau.eu - fermé mar. soir-merc. - pizzas 14/18 € - plats 24/34 €. Situé au-dessus du petit port de la Madrague, il offre, selon le temps, la possibilité de s'attabler dans la véranda ou en terrasse. Spécialités de poissons cuits à la plancha et pizzas. Réservation indispensable.

✕ **L'Hippocampe** – 151 plage de l'Estaque - 🚍 35 ou navette depuis le Vieux Port - ✆ 04 91 03 83 78 - fermé dim. soir -lun. - plats 18,90/36,90 €. L'un des meilleurs choix pour se restaurer à l'Estaque. De l'extérieur, le restaurant ne paie pas de mine, mais la salle à manger donne sur le port et la terrasse a les pieds dans l'eau. Salades composées, assiette de la mer à la plancha et spécialités provençales.

Four des Navettes – 136 r. Sainte - Ⓜ Vieux-Port - ✆ 04 91 33 32 12 - www.fourdesnavettes.com - 8h-18h, dim. 9h-13h, 15h-18h (19h en été). Point de Chandeleur sans « navette » qui protégera la maison de la maladie et des catastrophes ! Dans la plus ancienne boulangerie de la ville, on achète ce biscuit parfumé à la fleur d'oranger dont on garde jalousement la recette depuis deux siècles. On y trouve aussi des canistrellis, des croquants aux amandes, des pompes à l'huile d'olive, des gibassiers et toute une gamme de pains spéciaux.

SAUSSET-LES-PINS

✕ **La Nouvelle Table** – Quai du port - ✆ 04 42 44 92 88 - fermé dim. soir-lun. - plats 22/28 €. Que les baies vitrées soient largement ouvertes ou fermées (appréciables les jours de mistral), on profite de la vue sur le port de Sausset. Les assiettes sont copieuses et goûteuses (poulpe grillé, wok de thon, poisson grillé) et le service fort sympathique.

Offices de tourisme

AIX-EN-PROVENCE

300 av. Giuseppe-Verdi - ✆ 04 42 16 11 61 - www.aixenprovencetourism.com.

MARSEILLE

11 La Canebière - ✆ 0 826 500 500 (0,15 €/mn) - www.marseille-tourisme.com.

Notre-Dame-de-la-Garde, à Marseille.

LE TOP 5 PLAGES

1. Calanque de Sormiou
2. Grande plage de La Ciotat
3. Plage des Lecques
4. Plage du Verdon (La Couronne)
5. Plage du Four à chaux (Sausset-les-Pins)

PROVENCE-CÔTE D'AZUR – CIRCUIT 4
Antibes et l'arrière-pays varois

Le long d'une côte rocheuse et découpée, les routes en corniche surplombent le bleu de la Méditerranée. Le cap d'Antibes accueille yachts et navires de plaisance, tandis que la foule d'estivants se serre sur les plages. À l'animation du littoral s'oppose le charme préservé des terres, avec ses villages perchés, les impressionnantes gorges du Loup, ses artisans d'art et le souvenir de tous les artistes que la côte a inspirés.

DÉPART : ANTIBES - 7 jours – 410 km

JOUR 1

Déambulez dans les charmantes ruelles de la vieille ville d'**Antibes**, et ne manquez pas le marché provençal quotidien (sf lundi hors saison) très animé. Faites un tour au port où, passé les embarcations traditionnelles, se trouvent des yachts. De là, vous aurez une vue sur le Fort carré qui se visite. La ville abrite aussi un très intéressant musée Picasso. Si vous souhaitez rapporter de la céramique, projetez-vous à **Vallauris**, puis rendez-vous à **Biot**, réputé pour ses artisans verriers et son musée Fernand-Léger.

JOUR 2

À **Cagnes**, deux sites peuvent retenir votre attention : la maison de Renoir et le château-musée Grimaldi installé dans le quartier du Haut-de-Cagnes. Une tout autre ambiance vous attend à **St-Paul-de-Vence**, où la foule bat le pavé sur les traces des artistes qui élirent domicile ici ; l'art moderne est célébré à la fondation Maeght. À **Vence**, vous retrouvez le calme d'une vieille ville lovée derrière ses remparts. Des galeries d'art moderne et contemporain y ont élu domicile.

JOUR 3

Suivez sans crainte le Loup ! À **Tourrettes**, capitale de la violette, vous pourrez faire quelques emplettes dans les petites boutiques artisanales. **Le Bar-sur-Loup**, où l'on cultive l'oranger, s'enroule autour de son château. Enfin, **Gourdon**, superbe village perché, vous accueille en beauté. Faites un arrêt dans la cité avant de rejoindre le **plateau de Caussols**, lunaire et truffé d'avens qui créent un univers très particulier.

JOUR 4

Poursuivez dans les Préalpes provençales, qui forment une palette de couleurs et de senteurs où les roses, le jasmin et les violettes se disputent la faveur

Cueillette du jasmin à Grasse.

aux oliviers et aux agrumes. **Grasse** doit une partie de sa renommée à cette richesse que vous découvrirez à l'occasion de la visite d'une parfumerie et du musée international consacré à cette activité. Flânez dans la ville (voir l'encadré ci-contre) puis poursuivez votre escapade varoise en regagnant **Draguignan**.

JOUR 5
Après une balade dans la vieille ville de Draguignan, rendez-vous au musée des Arts et Traditions populaires consacré à la moyenne Provence ou au tout nouveau musée des Beaux-Arts. Repartez à travers des paysages vallonnés et boisés pour aller visiter l'**abbaye** cistercienne **du Thoronet**. Puis dirigez-vous vers le village de **Cotignac**, accroché à une falaise.

JOUR 6
De bon matin, rendez-vous à **Tourtour**. Étiré sur la crête d'une colline, ce village a conservé son allure médiévale. **Aups** mérite un arrêt, particulièrement les jours de marché (merc. et sam.) : vous pourrez alors vous approvisionner en produits du terroir. Les amateurs de faïence apprécieront **Varage** et son musée. Enfin, **Barjols** offre une halte rafraîchissante avec ses nombreuses fontaines et son quartier du Réal.

JOUR 7
Le vieux **Brignoles** invite à la flânerie. Cheminant à travers le vignoble des côtes-de-provence, vous aurez le choix entre **Le Luc-en-Provence** ou **Les Arcs**. Si le temps ne vous est pas compté, rejoignez la côte à **Ste-Maxime** et retournez à Antibes via **Fréjus**, **St-Raphaël** et **Cannes**.

VISITE
Parfumeries de Grasse

INFOS PRATIQUES
Office de tourisme de Grasse – 24 cours Honoré-Cresp - 04 93 36 66 66 - www.paysdegrassetourisme.fr.
L'office de tourisme pourra vous renseigner sur les visites de parfumeries (coordonnées, horaires, tarifs) et dispose d'une brochure spéciale camping-cariste (téléchargeable sur le site Internet).
Musée international de la Parfumerie (MIP), Grasse – 2 bd du Jeu-de-Ballon - 04 97 05 58 00 - www.museesdegrasse.com - juil.-août : 10h-19h, reste de l'année : 10h-18h - fermé 1er lun. du mois sf avr.-sept. - 6 € (-18 ans gratuit). Boutique.
Jardins du musée international de la Parfumerie, Mouans-Sartoux – 979 chemin des Gourettes - 04 97 05 58 00 - www.museesdegrasse.com - 9h-18h - fermé de mi-nov. à fin fév. - 4 € (-18 ans gratuit).

STATIONNEMENT
Stationnement à Grasse
Parking de la gare SNCF gratuit avec titre de transport (1,50 €) pour le centre-ville.
Parking de la Roque pour véhicules hors gabarit (payant)
Parking-relais St-Jacques (en terre) gratuit : ticket Uno pour les transports en commun 1,50 €.
Parking Usine Gallimard (chemin des Santons) et parking de l'Espace Terroir (45 chemin des Castors), autorisé la nuit, gratuit (partenaire France Passion).

Grasse, la capitale du parfum, invite à s'enivrer des fragrances des fleurs – rose de mai, jasmin, oranger, lilas… – et des plantes odoriférantes – lavande, thym, romarin, sauge, verveine, basilic… - qui forment la matière première des précieuses essences. Saviez-vous que seule la feuille de la violette, et non pas la fleur, est utilisée pour la parfumerie ? Pour devenir incollable sur le sujet, visitez le **musée international de la Parfumerie** qui retrace l'histoire de la plus évanescente des créations humaines. Il aborde toutes les facettes de la production : sélection des plantes, commercialisation, processus de fabrication des parfums, à travers les âges et les civilisations, et conservation dans des flacons, véritables œuvres d'art. Poursuivez votre découverte olfactive dans les célèbres maisons **Fragonard**, **Galimard** et **Molinard**, où vous pourrez peut-être devenir un « nez » et créer votre propre parfum. Enfin, rendez-vous à **Mouans-Sartoux** *(12 km au sud-est)*, dans les jardins du musée international de la Parfumerie qui a pour vocation de sensibiliser le public à la culture horticole de la région. Pour ce faire, vous serez invité à passer la main dans les feuillages odorants et à plonger le nez dans les buissons.

PROVENCE-CÔTE D'AZUR – ADRESSES CIRCUIT 4

Aires de service & de stationnement

BAGNOLS-EN-FORÊT
Aire de Notre-Dame-les-Merles
1 chemin des Meules -
📞 06 86 00 84 53
Permanent
Borne artisanale 4 €
6 P - 72h - 5 €/j. - réserver par courriel (michel.maraldo@laposte.net) ou tél.
Services :
Près de la chapelle Notre-Dame.
GPS : E 6.68893 N 43.5359

BRIGNOLES
Aire de Brignoles
Parking supermarché Casino -
📞 04 94 37 31 00
Permanent
Borne flot bleu 2 € 2 €
5 P - gratuit
Paiement : jetons (station service Casino)
Services :
GPS : E 6.06188 N 43.40957

CAILLE
Aire de Caille
Chemin de la Plaine - 📞 04 93 60 31 51 - www.ville-caille.net
Permanent

Borne flot bleu : 4 €
4 P - Illimité - gratuit
Services :
GPS : E 6.73342 N 43.77896

LA GAILLARDE
Aire privée Chez Marcel
Plage de La Gaillarde -
📞 06 79 33 69 67
Permanent
Borne artisanale : 8 € - vidange 4 €
70 P - Illimité - 19 €/j.
Paiement : CC
Services :
Superbe aire proche de la plage.
GPS : E 6.71152 N 43.36574

RAMATUELLE
Aire de Ramatuelle
1727 rte de Bonne-Terrasse -
📞 04 98 12 64 00 -
www.ramatuelle-tourisme.com
Permanent
Borne flot bleu
100 P - 48h - 17,40 €/j. - borne compris
Paiement : CC
Services :
Proche de la plage.
GPS : E 6.66223 N 43.21129

Campings

AGAY
Agay-Soleil
1152 bd de la Plage - 📞 04 94 82 00 79 - www.agay-soleil.com
De fin mars à déb. nov. - 51 empl.
borne artisanale
Tarif camping : 41 €
(10A) - pers. suppl. 7 €
Services et loisirs :
GPS : E 6.86822 N 43.43333

ANTIBES
Les Embruns
63 rte de Biot - 📞 04 93 33 33 35 - lesembrunscamping.jimdofree.com
De fin mars à fin sept. - 47 empl.
borne artisanale
Tarif camping : 31 € - 6 €
Services et loisirs :
Petit camping à 50 m de la gare de Biot et des bus pour le centre-ville d'Antibes. Proche des plages.
GPS : E 7.1256 N 43.6124

VENCE
Domaine de la Bergerie
1330 chemin de la Sine -
📞 04 93 58 09 36 - www.camping-domainedelabergerie.com
De mi-mars à fin oct. - 434 empl.
borne artisanale 7 €
Tarif camping : 45 €
(10A) - pers. suppl. 6 €
Services et loisirs :
Très agréable cadre naturel autour d'une ancienne bergerie joliment restaurée.
GPS : E 7.08981 N 43.71253

VILLECROZE
Le Ruou
309 RD 560 - 📞 04 94 70 67 70 - www.leruou.com
De déb. avr. à déb. sept. - 34 empl.
Tarif camping : 43 €
(10A) - pers. suppl. 6 €
Services et loisirs :
Emplacements en terrasses sous les pins avec vue sur le parc aquatique pour certains.
GPS : E 6.29795 N 43.55542

Antibes.

Les bonnes adresses de bib

ANTIBES

Marché provençal – Il se tient tous les matins (sf lun. hors sais.) le long du cours Masséna. Les producteurs, souvent locaux, vendent fruits et légumes, confitures, olives, fromages de chèvre... sans oublier les fleurs.

AUPS

Restaurant des Gourmets – 5 r. Voltaire - 04 94 70 14 97 - www.restaurantdesgourmets.fr - fermé dim. soir-mar. midi, 15 j. fin juin et 15 j. après la Toussaint - menus 29,50/39,50 €. Agréable petite adresse familiale dans ce village célèbre pour son marché aux truffes. Cadre coloré (fresques évoquant la Provence), goûteuse cuisine traditionnelle où la « perle noire » est à l'honneur en saison.

FRÉJUS

Le Palais du Fromager – 38 r. Sieyès - 04 94 40 67 99 - tlj sf dim.-lun. 9h-19h - plats env. 15 €. Le fromager a métamorphosé avec succès sa boutique en bar à fromage qu'il propose en planches et qui peuvent s'accompagner de charcuterie. Sélection de vins régionaux. Glace au lait de brebis convaincante.

GOURDON

Au Vieux Four – 4 r. Basse - 04 93 09 68 60 - fermé merc.-jeu. et le soir sf vend.-sam. - menu 38 €. Charmante petite maison nichée dans le village. L'accueil est d'une rare gentillesse et l'ardoise du jour révèle une généreuse cuisine à l'accent du Sud, inspirée et parfumée.

GRASSE

Café des Musées – 1 r. Ossola - 04 92 60 99 00 - fermé le soir - plats 12/21 €. Jolie petite terrasse à la sortie du musée international de la Parfumerie, ombragée sous la treille, idéale pour un déjeuner ou une pause gourmande. Petite salle rénovée dans un esprit déco. Plats du jour, salades copieuses, bons gâteaux.

LE LUC-EN-PROVENCE

Cave Vignerons du Luc – R. de l'Ormeau - 04 94 60 70 25 - lesvigneronsduluc.com - tlj sf dim. 9h-12h15, 14h30-18h30 (18h en hiver). La cave coopérative du Luc est une bonne introduction pour déguster et acheter les vins de la région.

ST-RAPHAËL

Le Bouchon provençal – 59 r. de la Vieille-Église - 04 94 53 89 18 - fermé w.-end et lun.-mar. apr.-midi - formule déj. 25 €. Ce couple de voyageurs s'est installé à St-Raphaël après avoir fait ses armes sur le port de Fréjus pendant de nombreuses années. Ici, les amateurs de cuisine fraîche et inventive seront comblés. Service souriant et plein d'entrain.

TOURTOUR

La Table – 1 traverse du Jas - Les Ribas - 04 94 70 55 95 - www.latable.fr - fermé mar. (et lun. en hiver) - réserv. conseillée - menus 32/83 €. Une petite table discrète et talentueuse, tenue par un jeune couple. Elle accueille en salle, il crée en cuisine, mixant la Méditerranée à des influences exotiques. Duo de St-Jacques et gambas à l'aigre-doux et nems de légumes, médaillon de cerf braisé aux agrumes et moelleux de pommes de terre au caramel. Terrasse.

VENCE

L'Auberge des Seigneurs – 1 r. du Dr-Binet - 04 93 58 04 24 - auberge-seigneurs.fr - fermé dim.-lun. (et à midi de juin à sept.) ; de mi-déc. à fin janv. - menus déj. 25/37 € - plats 20/26 €. François Ier, Renoir, Modigliani, etc. Cette auberge historique sise dans une aile du château de Villeneuve peut s'enorgueillir d'avoir accueilli de célèbres convives. Plats provençaux, agneau à la broche.

Offices de tourisme

ANTIBES

Pl. Guynemer - 04 22 10 60 10 - www.antibesjuanlespins.com.

BRIGNOLES

Carrefour de l'Europe - 04 94 72 04 21 - www.la-provence-verte.net.

DRAGUIGNAN

2 av. Lazare-Carnot - 04 98 10 51 05 - tourisme-dracenie.com.

LE TOP 5 ART MODERNE ET CONTEMPORAIN

1. Musée Bonnard (Le Cannet)
2. Musée Picasso (Antibes)
3. Musée Fernand-Léger (Biot)
4. Fondation Maeght (St-Paul-de-Vence)
5. Musée Renoir (Cagnes-sur-Mer)

PROVENCE-CÔTE D'AZUR – CIRCUIT 5

La Haute-Provence, de la Durance au Verdon

Le spectacle grandiose des gorges du Verdon est sans égal en Europe. Le Verdon traverse les plateaux des Préalpes en un canyon vertigineux de 700 m de profondeur. Ses eaux turquoise font le bonheur des amateurs de randonnée et de canoë. Quant à la Durance, rivière fantasque aujourd'hui domptée, elle nourrit les vallées, les colorant de bleu lavande et de vert olivier...

★ **DÉPART :** DIGNE-LES-BAINS - 5 jours – 270 ou 295 km

JOUR 1

Le premier jour est consacré à **Digne-les-Bains**, capitale des « Alpes de la lavande ». Après avoir parcouru la vieille ville, visitez le riche musée Gassendi qui regroupe les domaines artistique, scientifique et historique, et la maison d'Alexandra David-Néel. L'après-midi, rendez-vous au musée-promenade puis aux sites géologiques (voir l'encadré p. ci-contre) du Géoparc de Haute-Provence qui facilite la compréhension de la physionomie de la région.

JOUR 2

Une fois sorti de Digne, ce n'est que débauche de couleurs et de senteurs de lavande. La N85 (en direction du sud) vous offre de belles curiosités comme le **château de Malijai** où passa Napoléon lors de son retour de l'île d'Elbe. Plus près de la Durance, voici les **Pénitents des Mées**, étranges rochers travaillés par l'érosion. Ils semblent veiller sur le cours tumultueux de la rivière. Prenez le frais à **Oraison**, en parcourant la ville de fontaine en fontaine. Reprenez la route jusqu'à **Valensole** dans le Parc naturel régional du Verdon. Le plateau de Valensole, avec sa succession de champs de lavandin et de blé, est une vraie réjouissance au printemps et au début de l'été. Faites un saut à **Gréoux-les-Bains**, petite station thermale très agréable.

JOUR 3

Rendez-vous à **Riez**, fameux pour ses colonnes romaines, son miel et son lavandin. Posez-vous sur la plage de **Ste-Croix-du-Verdon**, au bord des eaux turquoise du lac de Ste-Croix. Rejoignez **Moustiers-Ste-Marie**, réputé pour sa faïence ; un joli musée vous

livrera tous les secrets de cet artisanat et quelques boutiques proposent de multiples pièces. Une montée de 30mn vous mènera à la chapelle Notre-Dame-de-Beauvoir, nichée entre les deux falaises qui surplombent Moustiers.

JOUR 4

Aujourd'hui, vous longez les gorges du Verdon. Pour rejoindre Castellane à partir de Moustiers, deux routes s'offrent à vous, véritable dilemme tant les paysages traversés se révèlent magnifiques. La D952 passe par **La Palud-sur-Verdon**, où la Maison des gorges présente le site, puis par la route des crêtes. Cet itinéraire est jalonné de belvédères qui assurent des panoramas fabuleux, jusqu'au plus extraordinaire, comme son nom l'indique, le **Point Sublime** ! Le second parcours suit la D957, puis la D71 et traverse **Aiguines**, réputée pour ses tourneurs sur bois et ses boules cloutées. Il emprunte surtout la **Corniche Sublime** qui donne accès aux plus impressionnants points de vue sur le canyon. Vous assistez notamment à la rencontre des eaux du Verdon et de son affluent l'Artuby du haut des Balcons de la Mescla. Rejoignez ensuite **Comps-sur-Artuby**, ancienne seigneurie templière. Naturellement, si vous avez du temps, réalisez une boucle pour emprunter les deux circuits et, si vous êtes des randonneurs avertis, n'hésitez pas à suivre le sentier Blanc-Martel qui plonge au cœur des gorges. Pour les autres, le sentier de découverte du Lézard réserve une agréable promenade (1h30 à 3h) bénéficiant de la fraîcheur du Verdon. Enfin, vous pouvez aussi tenter la découverte des gorges en kayak : à fleur d'eau, elles sont tout aussi impressionnantes ! Votre journée s'achève à **Castellane**.

JOUR 5

Castellane, installée au pied d'une immense falaise, se découvre en flânant dans ses ruelles étroites ponctuées de placettes et de fontaines. La balade (1h AR) jusqu'à la chapelle Notre-Dame-du-Roc procure une vue plongeante sur la ville. Vous remonterez ensuite le cours du Verdon (D955), pour arriver au **barrage de Castillon** puis à **St-Julien-du-Verdon**. Profitez des activités proposées autour du lac avant d'aller à **Barrême** où passa Napoléon. Continuez sur la **route Napoléon** qui ramène à **Digne-les-Bains** et, au passage, jetez un coup d'œil à la clue de Chabrières.

VISITE 👁

Géoparc de Haute-Provence

INFOS PRATIQUES

UNESCO Géoparc de Haute-Provence – Montée du Parc St-Benoît - ✆ 04 92 36 70 70 - www.geoparchauteprovence.com - juil.-août : 9h-19h ; avr.-juin et sept.-oct. : 9h-12h, 13h30-17h30 - 8 € (7-14 ans 5 €) billet donnant accès au jardin des Papillons. Point d'accueil à l'entrée du site du musée-promenade de Digne-les-Bains.

STATIONNEMENT

Espaces de stationnement aménagés aux abords des sites.

Outre le musée-promenade, installé à Digne-les-Bains, qui s'articule autour de plusieurs expositions et de quatre sentiers dans le parc St-Benoît, le Géoparc de Haute-Provence valorise cinq sites situés le long de la **vallée du Bès**, au nord de Digne (D900A).

Dalle à ammonites géantes – Au bord de la route, une immense paroi de calcaire gris foncé, vestige d'anciens fonds marins, sert d'écrin à 1553 coquilles d'ammonites qui vivaient là il y a près de 200 millions d'années. Le site est unique au monde par le nombre de fossiles rassemblés et la taille de certains d'entre eux – jusqu'à 70 cm de large.

Site de l'Ichtyosaure – *1h30 à pied.* Vous remontez le sentier qui longe le torrent du Bélier à travers une belle chênaie. Franchissez le torrent, puis le sentier en sous-bois vous mène au col du Jas, vaste plateau herbeux (agréable pour un pique-nique). Descendez sur la gauche pour atteindre la verrière qui abrite un squelette fossilisé, remarquablement conservé. Ce reptile long de 4,50 m barbotait dans la mer Alpine qui recouvrait la région il y a 180 millions d'années. *À 6 km après le carrefour avec la D103.*

Site du « vélodrome » – *2h à pied par le sentier balisé « Serre d'Esclangon ».* Continuez sur la gauche jusqu'à la première éminence, puis jusqu'aux ruines du hameau d'Esclangon : prenez à droite pour atteindre à vue le sommet. À l'ouest, le plissement en forme de « vélodrome » de couches de grès soumises à d'intenses mouvements de compression. L'érosion continue a entamé ce relief en creusant la vallée du Bès, lui donnant son aspect actuel.

Empreintes de pas d'oiseaux – *5mn à pied. Non accessible jusqu'à nouvel ordre (risques d'éboulement).* Des oiseaux proches des pluviers picoraient dans le sable humide du rivage de la mer qui s'étendait ici il y a 20 millions d'années.

Clues de Barles – Après la première clue, à hauteur de la source de Fontchaude, une empreinte de **singe d'eau**. La deuxième clue impressionne : après un boyau étroit où s'engouffre le torrent, un verrou rocheux dentelé se découpe sur le ciel, encore plus beau quand on l'a dépassé. Plus loin, des **empreintes de courants** prouvent qu'un climat tropical régnait ici, il y a 300 millions d'années.

PROVENCE-CÔTE D'AZUR – ADRESSES CIRCUIT 5

Aires de service & de stationnement

CASTELLANE

Aire de la Boudousque
Ancienne rte de Grasse - parking de la Boudousque - ☎ 04 92 83 60 07
Permanent (mise hors gel)
Borne artisanale
50 P - 🔒 - 48h - 9 €/j. - borne compris
Services : WC
GPS : E 6.51517 N 43.84627

DIGNE-LES-BAINS

Aire de Digne-les-Bains
Av. René-Cassin - ☎ 04 92 30 52 00 -
www.dignelesbains.fr
Permanent
Borne sanistation 2,50 €
12 P - Illimité - gratuit
Paiement : CC
Près du stade, au bord de la rivière.
GPS : E 6.22085 N 44.08273

GRÉOUX-LES-BAINS

Aire de Gréoux-les-Bains
Chemin de la Barque, à côté du terrain de football - ☎ 06 22 90 27 31 -
www.greoux-les-bains.com
Permanent
Borne artisanale
72 P - 🔒 - 24h - 11 €/j. - borne compris
Paiement : CC
Services : WC
Un vrai camping pour camping-cars.
GPS : E 5.88862 N 43.75562

RIEZ

Aire de Riez
R. du Fbg-St-Sébastien -
☎ 04 92 77 99 09 - www.ville-riez.fr
Permanent (mise hors gel)
Borne AireService
40 P - 72h - 6,60 €/j. - borne compris
Services :
Proche de la rivière.
GPS : E 6.09243 N 43.82218

ST-ANDRÉ-LES-ALPES

Aire de St-André-les-Alpes
Grand-Rue, sur le parking des Ferrailles, à côté du cimetière -
☎ 04 92 89 02 39
Permanent (mise hors gel)
Borne artisanale : gratuit
20 P - 72h - gratuit
Services :
Plat, bitume. Proche du centre-ville.
GPS : E 6.50722 N 43.96527

STE-CROIX-DU-VERDON

Aire de Ste-Croix-du-Verdon
Rte du Bord du Lac - ☎ 04 92 77 84 10 - Permanent -
Borne artisanale 2 € 2 €
25 P - 48h - 8,50 €/j. - payant 20h-8h ; gratuit en hiver
Services : WC
Superbe vue sur le lac de Ste-Croix.
GPS : E 6.15158 N 43.76082

Campings

DIGNE-LES-BAINS

Les Eaux Chaudes
32 av. des Thermes - ☎ 04 92 32 31 04 -
www.campingleseauxchaudes.com
De déb. avr. à fin oct. - 70 empl.
borne eurorelais
Tarif camping : 27 €
(10A) - pers. suppl. 6 €
Services et loisirs :
Au bord d'un ruisseau.
GPS : E 6.2507 N 44.08656

GRÉOUX-LES-BAINS

AMAC - Le Verdon Parc
Domaine de la Paludette -
☎ 04 82 75 10 43 -
www.campingverdonparc.fr
De déb. avr. à déb. nov. - 324 empl. -
Tarif camping : 35,50 €
(16A)
Services et loisirs :
Au bord du Verdon avec une petite plage aménagée.
GPS : E 5.89407 N 43.75188

MOUSTIERS-STE-MARIE

Manaysse
Quartier Manaysse -
☎ 04 92 74 66 71 -
www.camping-manaysse.fr
De fin mars à fin oct. - 94 empl. -
borne artisanale
Tarif camping : 22,44 €
(10A) - pers. suppl. 5,72 €
Services et loisirs :
Quelques emplacements ont une vue sur le village.
GPS : E 6.21494 N 43.84452

ST-ANDRÉ-LES-ALPES

Municipal les Iscles
Chemin des Iscles -
☎ 04 92 89 02 29 -
www.camping-les-iscles.com
De mi-avr. à fin oct. - 180 empl. -
Tarif camping : 5,30 € 4,80 €
(10A) 4 €
Services et loisirs :
Agréable pinède.
GPS : E 6.50844 N 43.9612

Gorges du Verdon.

Les bonnes adresses de bib

CASTELLANE

Le Fournil du Verdon – 14 bd de la République - ☏ 04 92 83 54 21 - 7h-22h - fermé de déb. nov. à Pâques et merc.-jeu. sf en juil.-août - plats env. 20 €. Cette boulangerie-pâtisserie fait également restaurant : elle sert une cuisine provençale teintée d'influences italiennes. Délicieuses et copieuses assiettes composées.

Aboard Rafting – 8 pl. de l'Église - ☏ 04 92 83 76 11 - www.rafting-verdon.com - juin-août : 9h-19h ; avr.-mai et sept. : 9h-12h, 14h-18h - 80 € journée aventure (rafting dans le haut ou le moyen Verdon). Rafting, hydrospeed, canyoning, aquarando et parcours aventure en forêt (25 €/3h). Un programme varié !

DIGNE-LES-BAINS

Saveurs et Couleurs – 7 bd Gassendi - ☏ 04 92 36 04 06 - www.saveurs-couleurs.fr - tlj sf dim. apr.-midi et lun. 8h15-12h15, 14h-19h15. De bons produits régionaux vous attendent dans cette boutique : calissons Manon, fruits confits, miels, macarons des Baronnies, olives, tapenade, « artichaunade », huiles d'olive, vinaigres. Alcools (liqueur de génépi, apéritifs locaux), vins, tissus provençaux, sachets de lavande et savons élargissent l'offre.

GRÉOUX-LES-BAINS

La Marmite Provençale – 12 r. Grande - ☏ 04 92 77 66 62 ou 06 17 59 49 88 - fermé déc.-fév. et merc.-jeu. - plat du j. 15,50 € - menus 26,50/35 €. Cuisine traditionnelle, agréablement parfumée. Vous aurez le choix entre la grande terrasse à l'arrière, plantée d'un vieux tilleul, avec bois au sol et chaises design, ou la salle à l'intérieur, plus intimiste.

MOUSTIERS-STE-MARIE

Faïence Bondil – Pl. de l'Église - ☏ 04 92 74 67 02 - www.faiencebondil.fr - 10h30-18h - fermé janv. Cette maison a fêté ses 40 ans en 2020. Elle fabrique des faïences à la main selon les méthodes traditionnelles qui ont fait le renom de Moustiers depuis 1668. À voir : une très belle collection de lampes créées par Jean-Pierre Bondil.

La Grignotière – R. du Dr-Sénes - quartier Ste-Anne - ☏ 04 92 74 69 12 - fermé de mi-nov. à mars et le lun. - plat du jour env. 17 € - plats 18/29 €. Halte agréable et bon marché dans ce restaurant au cadre provençal, juché sur les hauteurs du village. La terrasse sous les oliviers centenaires est ravissante. Dans l'assiette, grillades, salades et pâtisseries maison.

Offices de tourisme

DIGNE-LES-BAINS

Pl. du Tampinet - ☏ 04 92 36 62 62 - www.dignelesbains-tourisme.com.

GRÉOUX-LES-BAINS

7 pl. de l'Hôtel-de-Ville - ☏ 04 92 78 01 08 - www.greoux-les-bains.com.

RIEZ

8 pl. Maxime-Javelly - ☏ 04 92 77 99 09 - www.durance-luberon-verdon.com.

Moustiers-Ste-Marie.

Bonifacio.
alxpin/Getty Images Plus

Le village de Speloncato.
jonimgail/Getty Images Plus

Corse

Troisième plus grande île de la Méditerranée occidentale après la Sicile et la Sardaigne, la Corse (8 720 km²) fascine d'abord par sa nature extraordinaire et préservée. Falaises vertigineuses plongeant dans la mer, villages accrochés à flanc de montagne, gorges taillées dans la pierre, collines tapissées de châtaigniers et d'oliviers... La Corse a inspiré Maupassant, Mérimée et le peintre Matisse qui avouait que son amour pour la lumière du sud était né lors de son séjour à Ajaccio...

La Corse, on l'ignore trop souvent, est une « montagne dans la mer » dont les sommets culminent à plus de 2 700 m, comme le mont Cinto, éternellement enneigé! En un rien de temps, on passe ainsi des plages dorées (paradis des fans de plongée!) à la haute montagne, comme c'est le cas en Balagne, autour de Calvi, ou du côté du Cap Corse dont on peut faire le tour en suivant une magnifique route du littoral. Au sud, les falaises rouges du golfe de Girolata et celles toutes blanches de Bonifacio vous laisseront bouche bée.

Le GR20, bien sûr, est le sentier de grande randonnée le plus célèbre (et le plus éprouvant!) de France. Mais la Corse séduit aussi par sa culture locale, son mode de vie, ses habitants, beaucoup plus ouverts et accueillants qu'on ne le dit! Les vignerons corses, notamment, sont des figures charismatiques qu'il vous faut absolument rencontrer, comme ceux de Patrimonio, de Balagne, d'Ajaccio et de Sartène. La Corse est un petit continent qui possède ses codes et ses traditions, et c'est pourquoi la mondialisation n'y a pas (encore) imprimé trop de ravages... Côté cuisine, le veau aux olives est un must!

CORSE

Cascade des Anglais dans la forêt de Vizzavona.
L. Montico/hemis.fr

LES ÉVÉNEMENTS À NE PAS MANQUER

- **Semaine Sainte** : à Calvi, dans l'après-midi, bénédiction des gâteaux « canistrelli » et procession (Jeu. saint) et procession de la Granitula avec pénitents encagoulés (Vend. saint) ; à Bonifacio, procession des cinq confréries à travers la ville jusqu'à l'église Ste-Marie-Majeure pour y vénérer la relique de la Sainte Croix (Jeu. et Vend. saints). Il y a des processions également à Bastia, Corte, Erbalunga et Sartène.
- **Tour de Corse automobile** : avr. Manche du Championnat du monde de rallye WRC. Attention, donc, certaines routes peuvent être fermées à la circulation. www.tourdecorse.com.
- **Procession en mer** en l'honneur de saint Érasme, patron des pêcheurs : le 2 juin à Ajaccio, Bastia, Calvi et Propriano.
- **Foire du cheval** (Cavall'in Festa) à Corte le 1er w.-end de juin : spectacles équestres, nombreux artisans et producteurs agricoles.
- **Festivoce** : tous les ans, durant la 1re quinz. de juil. en Balagne, cette manifestation organisée à Pigna, regroupe des musiciens et des ensembles vocaux de qualité, ce qui en fait l'un des événements incontournables de la scène musicale insulaire. www.voce.corsica.
- **Les Nuits de la guitare**, classique, rock, jazz et pop : mi-juil. à Patrimonio. www.festival-guitare-patrimonio.com.

Votre séjour en Corse

Circuits №

1. La Balagne et le Niolo
   6 jours - 290 km **P 528**
2. Le Cap Corse et le Nebbio
   6 jours - 240 km **P 532**
3. La Corse du sud
   8 jours - 390 km **P 536**

Étapes

Bastia **P 533**
Bonifacio **P 537**

Randonnée

Les calanche **P 529**

EN COMPLÉMENT, UTILISEZ…
- Le Guide Vert : Corse
- Carte Michelin : Départements 345

CORSE – CIRCUIT 1
La Balagne et le Niolo

La Balagne offre sur 40 km de rivage autour de Calvi de belles stations balnéaires et, sur les collines, derrière la plaine côtière, de magnifiques villages entourés de vergers et de vignes. Quant au Niolo, on sait qu'il accueille le mont Cinto, le point culminant de la Corse, de nombreux lacs, la forêt de Valdu-Niellu et ses superbes pins laricio, ainsi que des bergeries de pierres sèches établies dans des sites grandioses. N'est-ce pas suffisant pour les découvrir ?

⭐ **DÉPART :** CALVI - 6 jours – 290 km

JOUR 1

Vous consacrez ce premier jour à **Calvi**, capitale de la Balagne, avec comme point fort la découverte de la citadelle. Juste en dessous, la marine propose de nombreux loisirs sportifs et des promenades en bateau. Les adeptes du farniente peuvent profiter des plages le long de la pinède.

JOUR 2

Après cette sympathique introduction, la Balagne s'offre à vous, avec sa « route des Artisans » qui mène dans les plus beaux villages de la région comme **Lumio**, **Sant'Antonino** et **Pigna**. Les richesses de la Balagne pourraient vous retenir bien plus longtemps, mais pour découvrir le maximum de sites en six jours, prenez la direction de **Belgodère**, à l'est, et rejoignez, via la RT301, les forêts et les gorges sauvages de la **vallée de l'Asco** (en cul-de-sac). Constituées de roches volcaniques rouges, ces montagnes attirent les randonneurs en quête de calme et de nature préservée ; la Maison du mouflon présente cet environnement et… les mouflons, naturellement !

JOUR 3

En descendant un peu plus au sud, la D84 traverse l'impressionnant **défilé de la Scala di Santa Regina** qui ouvre sur **Calacuccia** et son vaste lac. C'est un point de départ privilégié pour des randonnées dans le **Niolo**, mais bien d'autres occasions vous attendent. La route traverse la **forêt de Valdu-Niellu**, la plus vaste et l'une des plus belles de l'île, appartenant au Parc naturel régional de Corse. Juste avant le **col de Vergio**, peu après un bâtiment de la Légion étrangère, un sentier (2h AR), sur la droite, conduit aux bergeries et à la cascade de Radule. Un peu plus loin, s'étend la **forêt d'Aïtone**, avec ses futaies de pins laricio. Un sentier d'interprétation de la Châtaigneraie (2h AR) part d'**Évisa** vers les cascades d'Aïtone.

JOUR 4

Il est temps de s'aventurer un peu plus loin en descendant vers **Sagone** puis **Cargèse**, « la grecque », où cohabitent catholiques et orthodoxes. Alentour, le long du **golfe de Sagone**, de nombreuses plages

Route à travers les Calanche de Piana.

invitent à la baignade. Remontez ensuite vers le golfe de Porto en passant par **Piana**, avant le coucher du soleil : vous ne serez pas déçus par le spectacle. Les **Calanche**, vers Piana, sont un véritable parc de sculptures minérales qui flamboient au-dessus de la mer (voir l'encadré ci-contre). Faites halte le soir à **Porto**.

JOUR 5

Si Porto ne brille guère par son charme, son golf recèle de véritables trésors. La ville est le point de départ des bateaux qui vous emmèneront au petit village de **Girolata** (non accessible par la route) et vers la fameuse **réserve naturelle de Scandola**, joyau du littoral corse classé au patrimoine mondial de l'Unesco. Un moment inoubliable !

JOUR 6

Difficile de terminer en beauté après un pareil spectacle. Et pourtant, la route vers Calvi ne vous décevra pas. Si vous avez un peu de courage, arrêtez-vous au **col de la Croix** pour rejoindre la plage de Tuara. La remontée est un peu rude, mais la halte est agréable. Rejoignez **Galéria**, petit port isolé dans un très beau golfe. Puis faites une halte à la terrasse de Notre-Dame-de-la-Serra ; la vue embrasse Calvi et une bonne partie de la Balagne. Calvi, la ville de Christophe Colomb vous attend pour la soirée. Profitez de sa marine animée.

RANDONNÉE À PIED

Les calanche (Piana)

INFOS PRATIQUES

Une brochure détaillant deux sentiers de randonnée est disponible à l'office du tourisme de Piana.
Office du tourisme de Piana – Pl. de la Mairie - 📞 04 95 27 84 42 - www.ouestcorsica.com.
Soyez bien chaussé, emportez eau et protection solaire. Évitez les jours de grand vent (risque d'incendie).

STATIONNEMENT

Parkings aux abords des départs des randonnées.

Le château fort

Chemin à droite de la Tête de Chien (écriteau jaune), à 700 m au nord du chalet - 1h AR. Ce sentier est le seul qui pénètre dans l'intimité des Calanche. À travers un dédale de rochers patinés par le soleil, envahis par le maquis et les arbousiers, on atteint une plate-forme d'où l'on distingue Porto et la tour génoise. Puis le chemin remonte légèrement jusqu'à un autre plateau rocheux faisant face au « château fort », imposant bloc de granit évoquant un donjon. La vue, splendide, embrasse tout le golfe de Porto de la tour du Capo Rosso au golfe de Girolata.

Chemin des muletiers

Le sentier d'accès s'amorce sur la route de Porto à Piana, 5mn au-dessus du chalet des Roches-Bleues et à gauche près du petit oratoire de la Vierge - sentier balisé en jaune (écriteau « Capu d'Ortu ») - 1h15. Le sentier grimpe fortement avant de se frayer un passage entre deux gros rochers. De là, on suit en corniche un ancien chemin muletier Piana-Ota. On découvre alors derrière soi une vue d'ensemble sur les Calanche et le golfe de Porto. Puis le sentier descend dans le maquis et rejoint la route.

La châtaigneraie

Prendre le sentier sur la gauche tout près du chalet des Roches-Bleues, en venant de Porto - sentier jalonné de cairns et marqué en jaune (« Capu di u Vitellu »). - 2h15. Une montée assez raide à travers les pins se transforme en chemin forestier. Après environ 15mn de marche, obliquez à gauche. Le sentier rencontre une petite châtaigneraie (aire de repos), puis se divise. Tout droit (balisage rouge), il grimpe, puis dégringole en lacets et passe près de la fontaine d'Oliva Bona. Il descend à travers une forêt de pins (direction Piana) pour aboutir sur la D81. Revenir au chalet des Roches-Bleues via la Tête de Chien (2 km à gauche).

Le Mezzanu

Suivre le même sentier évoqué ci-dessus, mais une fois parvenu à la châtaigneraie, bifurquer à droite au cairn et descendre vers le sud-ouest - 2h30. Cette boucle, moins longue, offre néanmoins une bonne diversité de paysages. En fin de parcours, on rejoint le chemin des muletiers.

CORSE – ADRESSES CIRCUIT 1

Campings

CALACUCCIA

Acquaviva
04 95 48 00 08 - www.acquaviva-corse.fr - Permanent -
22,40 €
Tarif camping : 27,40 €
(16A) - pers. suppl. 7 €
Services et loisirs :
Dominant le lac avec un petit ombrage et profitant des services de l'hôtel-restaurant tenu par le même propriétaire.
GPS : E 9.01049 N 42.33341

CALENZANA

Paradella
Rte de l'Aéroport - 04 95 65 00 97 - www.camping-paradella.fr
De déb. avr. à mi-oct. - 120 empl.
borne artisanale 5 € - gratuit pour les clients du camping
Tarif camping : 9,90 € 4 €
11,20 € (10A) 4,90 €
Services et loisirs :
Bel ombrage de pins et d'eucalyptus. Préférer les emplacements les plus éloignés de la route.
GPS : E 8.79166 N 42.50237

CARGÈSE

Torraccia
Bagghiuccia, rte de Porto (D 81) - 04 95 26 42 39 - www.camping-torraccia.com
De fin avr. à fin sept. - 70 empl.
Tarif camping : 25 €
(10A) - pers. suppl. 9 €
Services et loisirs :
Préférer les emplacements éloignés de la route.
GPS : E 8.59797 N 42.16258

CASAGLIONE

Les Couchants
CD 25 Plaine du Liamone - 04 95 52 26 60 - campinglescouchants.fr
Permanent - 120 empl.
Tarif camping : 8 € 3,50 €
10,50 € (10A) 5 €
Services et loisirs :
Emplacements au milieu des oliviers, eucalyptus et lauriers multicolores.
GPS : E 8.74894 N 42.08114

CORTE

Voir p. 538

LUMIO

Le Panoramic
Rte de Lavatoggio - 04 95 60 73 13
De fin mai à fin sept. - 81 empl.
Tarif camping : 29,80 €
(6A) - pers. suppl. 11 €
Services et loisirs :
Vue panoramique sur la mer pour quelques emplacements.
GPS : E 8.84805 N 42.58973

PIANA

Plage d'Arone
Rte Danièle-Casanova - 04 95 20 64 54
De déb. juin à fin sept. - 50 empl.
Tarif camping : 28 €
(6A) - pers. suppl. 10 €
Services et loisirs :
À 500 m de la plage par un petit sentier, emplacements au milieu du maquis et à l'ombre des oliviers, eucalyptus, lauriers et autres essences méditerranéennes.
GPS : E 8.58228 N 42.20933

PORTO (OTA)

Funtana a l'Ora
Rte d'Evisa - 04 95 26 11 65 - funtanaalora.fr
De déb. avr. à déb. oct. - 70 empl.
borne artisanale
Tarif camping : 11,60 € 4 €
11,20 € (10A) 4,50 €
Services et loisirs :
Emplacements bien ombragés entre les rochers sur de multiples petites terrasses dans un agréable cadre naturel.
GPS : E 8.71621 N 42.25823

Vue sur la ville et la citadelle de Calvi.

Les bonnes adresses de bib

BELGODÈRE

Table d'Hôtes I Salti – Golfe du Reginu (accès par la rte D113) - ℘ 04 95 34 35 59 - fermé dim.-lun., de mi-oct. à fin mars, et le soir (sf w.-end) - plats 29/32 €. Le vieux moulin familial de Carina dispense une cuisine fine, moderne et créative, à base de produits locaux et de saison. Parmi les spécialités : la joue de bœuf, l'agneau de lait, les langoustines... Terrasse abritée et ravissant jardin à l'ombre d'un micocoulier.

CALVI

Marché couvert – R. Alsace-Lorraine - 8h-13h. Le marché couvert (produits de Balagne) s'anime tous les matins. Le port vit à l'arrivée des pêcheurs (vente directe).

Aux Bons Amis – R. Georges-Clemenceau - ℘ 04 95 65 05 01 - fermé de mi-oct. à fin mars - menus 24/36 €. Dans la rue piétonne la plus touristique, une famille de pêcheurs tient ce sympathique petit restaurant décoré sur le thème... de la pêche ; vivier à langoustes et homards. Spécialités : daurade au four, aïoli de poissons, entre autres. Bon accueil.

CARGÈSE

Le Cabanon de Charlotte – Port de plaisance - ℘ 06 81 23 66 93 - lecabanondecharlotte.com - fermé nov.-mars - 25/30 € - pêche locale au poids. Sous les canisses et les parasols, ce restaurant sert des spécialités du terroir. Tous les jeudis soir, chants traditionnels et polyphoniques.

CORTE

Voir aussi p. 539

A Casa di l'Orsu – 4 rampe Mgr-Casanova - ℘ 06 21 55 07 65 - menus 21/23 €. Une agréable terrasse au bord de la ruelle montant à l'église de l'Annonciation pour déguster une excellente cuisine corse faite maison, notamment une copieuse salade maison, un carpaccio de veau à tomber, ou des viandes tendres à souhait. Service parfait et chaleureux.

ÉVISA

Bar de la Poste – Capo Soprano - ℘ 04 95 23 08 94 - fermé de nov. à déb. avr. - plats 8/20 €. Cuisine corse de qualité à déguster sur une terrasse en belvédère sur la forêt et le clocher de l'église. Le jambon, excellent, est produit par le fils du sympathique patron, mais la châtaigne est aussi de la fête (excellentes crêpes). Vente de produits corses à côté (A Tràmula).

GALÉRIA

L'Artigiana – Rte de Galéria (parking de la Tour) - ℘ 04 95 60 64 11 ou 06 13 57 78 18 - fermé oct.-avr. et lun. - 10/20 €. À la fois boutique de produits corses et restaurant, cette adresse permet de se restaurer sainement en extérieur dans un cadre agréable : tartes, omelettes, beignets au fromage, sandwichs, salades, délicieux desserts faits maison. Le tout à base essentiellement de produits locaux (et même du jardin de la patronne).

LUMIO

Le Matahari – Plage de l'Arinella - ℘ 04 95 60 78 47 - www.lematahari.com - fermé de fin sept. à mi-avr. et lun. - 45/50 €. Les pieds dans le sable, ce restaurant séduit avec ses bons produits de la mer, ses spécialités insulaires et ses préparations aux influences italiennes. Réservation indispensable en soirée pour dîner à la lueur des bougies.

PIANA

Kevin Muzikar – U Salognu - à 6 km de Piana - ℘ 06 12 71 12 83 - tlj sur RV. Ce jeune artisan coutelier-forgeron présente une large gamme de *curniciulu* (couteaux de berger), couteaux de chasse ou de table, façonnés selon des techniques traditionnelles. Sur place, son épouse expose la poterie qu'elle façonne.

Offices de tourisme

CALVI ET LA BALAGNE

Chemin de la Plage - Calvi - ℘ 04 95 65 16 67 - www.balagne-corsica.com.

PIANA

Voir p. 529

PORTO

Pl. de la Marine (ancien aquarium de la Poudrière) - ℘ 04 95 26 10 55 - www.ouestcorsica.com.

Châtaignes.

LE TOP 5 VILLAGES PERCHÉS

1. Sant'Antonino
2. Pigna
3. Montemaggiore
4. Speloncato
5. Lumio

CORSE – CIRCUIT 2
Le Cap Corse et le Nebbio

Depuis Bastia, une route tracée entre la mer et la montagne permet de découvrir les plages de sable ou de galets, les villages escarpés et les marines blotties dans les échancrures de la côte. Le versant ouest du Cap Corse est resté plus sauvage. Paradis des amoureux de la mer et de la plongée sous-marine, le cap s'ouvre au sud sur le Nebbio. Vignes, oliviers et vergers de cet arrière-pays du golfe de St-Florent proposent un retour en pleine terre, des plus agréables.

⭐ **DÉPART :** BASTIA - 6 jours – 240 km

JOURS 1 ET 2

Après une journée passée à découvrir **Bastia** (voir l'encadré p. ci-contre), vous voilà sur la route. Le **cap Corse**, ceinturé de tours génoises, doit s'effectuer en deux étapes si l'on souhaite profiter un minimum du voyage, se promener et se baigner. Empruntez la route en corniche qui traverse **Ste-Lucie-de-Tallano** et **San Martino di Lota** puis prenez la route côtière, qui passe au pied du Monte Stello, et rejoint **Erbalunga**. Elle conduit à **Macinaggio**, port de plaisance qui offre plusieurs possibilités de loisirs nautiques, notamment sur la plage de Tamarone. Le village est aussi le point de départ du fameux sentier douanier Nord qui conduit à Centuri en passant par Barcaggio.

JOUR 3

Après avoir rendu visite au village-belvédère de **Rogliano**, rejoignez, après Ersa, le petit port de **Barcaggio**, à l'extrémité nord du Cap. Continuez le tour en passant par le fameux moulin Mattei puis gagnez le charmant petit hameau de **Cannelle** qui offre une vue superbe sur la crique de **Centuri**. Ce port miniature aux charmes enchanteurs est un lieu réputé pour la pêche et la dégustation de langoustes. La route qui descend la côte ouest demande pas mal de vigilance. Ne manquez pas de monter à **Canari**, en dépit de la route vertigineuse : de là-haut, la vue est extraordinaire et l'agitation du monde bien éloignée. Rejoignez ensuite **Nonza** tout en hauteur sur son promontoire. Les terrasses y sont accueillantes, mais gardez un peu de temps pour faire un tour à **Patrimonio** où la dégustation (avec modération, bien sûr) du fameux cru impose un arrêt.

JOUR 4

Accordez-vous une journée de détente au cœur des Agriates sauvages en prenant le bateau au départ de **St-Florent** jusqu'à la sublime plage du Loto : un monde à part ! Après une visite de l'ancienne cathédrale de St-Florent, prenez la D81 qui traverse le **désert des Agriates** et conduit à l'embouchure de l'Ostriconi. Une pause baignade sera la bienvenue dans la très belle anse de Peraiola avant de rejoindre **Lozari** pour la soirée.

Le port de Bastia.

JOUR 5

Reprenez la T30 qui bifurque en direction de **Belgodère** (T301). Ne manquez pas le vieux fort et la visite de l'église avant de continuer vers le **col de San Colombano**. Quelques kilomètres après, tournez à gauche dans la D12 vers Novella, dépassez le village pour rejoindre à droite la route menant à la T30 que vous prenez à droite. Tout de suite après, prenez à gauche la D208 en direction d'Urtaca, puis la D8 conduisent à l'intéressant village médiéval de **Lama** qui mérite vraiment d'être découvert. Il est alors temps de descendre vers **Ponte-Leccia** et de prendre à gauche la route T20 vers **Ponte-Nuovo** dont le vieux pont ruiné rappelle une des plus célèbres batailles pour l'indépendance. Reprenez la T20 vers l'est puis tournez à droite sur la D10 qui rejoint le **site archéologique de Mariana**, ancienne cité romaine fondée au 1er s. av. J.-C.

JOUR 6

Revenez sur vos pas et prenez la T205 sur la droite, puis la D82 et la D5 qui s'élèvent rapidement et conduisent à **Murato**. Peu après la sortie du village, isolée sur une colline, se dresse un des joyaux de l'art pisan de l'île, la chapelle San Michele de **Murato**. Redescendez sur la côte et, avant de rejoindre Bastia, faites une halte dans la réserve naturelle de l'**étang de Biguglia** ; écomusée et sentier vous présentent cette belle lagune de faible profondeur.

ÉTAPE ⓫
Bastia

OFFICE DE TOURISME
Pl. St-Nicolas -
📞 04 95 54 20 40 -
www.bastia-tourisme.com.

STATIONNEMENT & SERVICES
Bastia ne dispose pas de stationnements prévus pour les camping-cars. Ils doivent obligatoirement stationner en camping :

À Biguglia : San Damiano
Lido de la Marana - 📞 04 95 33 68 02 -
www.campingsandamiano.com
De déb. avr. à déb. nov. - 300 empl. -
borne AireService - 22 €
Tarif camping : 48,80 € (16A) -
pers. suppl. 12,80 €
Services et loisirs :
Agréable bar-restaurant les pieds dans l'eau.
GPS : E 9.46718 N 42.63114

Au pied de l'altière Serra di Pigno, la préfecture de la Haute-Corse est la principale porte d'entrée de l'île. Malgré son développement, Bastia a conservé une forte personnalité. Elle se divise en deux grands quartiers, de part et d'autre du vieux port.

La ville basse, **Terra-Vecchia**, au nord, s'est développée autour d'une petite crique autrefois marine d'un village de pêcheurs. Au départ de la **place St-Nicolas**, on se perd avec plaisir dans le dédale de ses rues étroites et mouvementées, de ses passages couverts et de ses venelles tortueuses. Outre quelques oratoires, comme celui de **l'Immaculée-Conception**, qui retiendront votre attention, flânez sur le **vieux port** qui dessine un tableau pittoresque : petits yachts au mouillage, barques de pêche en bois peintes de couleurs vives et pêcheurs ravaudant leurs filets. De l'extrémité de la jetée du Dragon, on profite également d'une vue remarquable sur le port.

Le quartier de **Terra-Nova** abrite une citadelle ceinturée de remparts du 15e s. On y découvre de hautes maisons aux volets peints qui bordent une succession de rues sinueuses et colorées. L'ancien palais des gouverneurs cache un intéressant **musée de Bastia** qui présente l'histoire de la ville. L'**église Ste-Marie** et la **chapelle Ste-Croix** méritent une visite tandis que le **jardin Romieu** apporte fraîcheur et calme.

Enfin, le front de mer a été récemment rendu aux piétons et compose aujourd'hui une agréable promenade (U Spassimare) où se retrouvent joggers, promeneurs, cyclistes et pêcheurs. En soirée, rendez-vous place St-Nicolas où l'animation bât son plein.

CORSE – ADRESSES CIRCUIT 2

Campings

BIGUGLIA
Voir p. précédente

CENTURI
Isulottu
Marine de Mute - 04 95 35 62 81 - www.isulottu.fr
De déb. mai à fin sept. - 80 empl.
borne AireService
Tarif camping : 7,90 € / 4 €
7,90 € (10A) 4 €
Services et loisirs :
Dans un cadre naturel, emplacements en terrasses bien ombragés avec pour certains vue sur mer ou village !
GPS : E 9.3515 N 42.96048

FARINOLE
A Stella
Marine de Farinole - 04 95 37 14 37 - www.campingastella.com
De déb. mai à fin oct. - 100 empl.
Tarif camping : 8,50 € / 3,50 €
11 € (10A) 5 €
Services et loisirs :
Terrasses bien ombragées ou emplacements ensoleillés avec vue sur mer, au bord d'une plage de galets.
GPS : E 9.34259 N 42.72911

LOZARI
Domaine Le Clos des Chênes
Rte de Belgodère - 06 74 53 08 97 - www.le-closdeschenes.com
De fin avr. à déb. oct. - 25 empl.
Tarif camping : 9,50 € / 11 €
(6A) 4,60 €
Services et loisirs :
Camping simple et familial, sans animations.
GPS : E 9.01166 N 42.63309

PIETRACORBARA
La Pietra
Presa - 04 95 35 27 49 - www.la-pietra.com
De fin mars à déb. nov. - 126 empl.
borne artisanale
Tarif camping : 10,95 € / 4,80 €
7,90 € (10A) 5,50 €
Services et loisirs :
Cadre soigné avec emplacements délimités et ombragés ou prairie ensoleillée.
GPS : E 9.4739 N 42.83939

ST-FLORENT
Camping d'Olzo
Strutta - 04 95 37 03 34 - campingolzo.com
De fin avr. à fin sept. - 65 empl.
borne artisanale
Tarif camping : 9 € / 4 € / 9,75 €
(10A) 5,50 €
Services et loisirs :
Emplacements bien ombragés, à 300 m de la plage.
GPS : E 9.3267 N 42.69358

La côte de Lozari.

Les bonnes adresses de bib

BASTIA

Le Coude à coude – Pl. Guasco - 06 38 29 39 85 - fermé dim.-lun. - 5/15 €. L'équipe du Col Tempo récidive dans le (très) bon goût en s'installant sur la Citadelle. Le concept : un bar à vins (grande sélection au verre) où l'on se délecte de tapas joliment réalisées (anchois à la bastiaise, rillettes de sardines, gaspacho de courgette, entre autres).

L'Epica – 2 r. de la Marine - 04 95 35 86 07 - fermé dim.-lun. - 15/25 €. À deux pas de l'église St-Jean-Baptiste, la discrète entrée de ce restaurant conduit dans une salle joliment décorée, qui s'achève par une petite terrasse surplombant l'agitation du port. Goûtez aux délicieuses sardines à la basquaise. Accueil charmant.

MURATO

La Ferme de Campo di Monte – Peru - 04 95 37 64 39 - www.fermecampodimonte.com - mar.-sam. sur réserv. - menu 60 € bc. De cette authentique ferme de 1630, entourée de chênes verts et de châtaigniers, admirez l'église San Michele et le golfe de St-Florent. Dans ses petites pièces intimistes, les maîtres de maison servent un repas bien ancré dans le terroir. Une adresse très courue…

NONZA

La Sassa – Rte de la Tour - www.castalibre.com - (réserv. en ligne seult) - fermé de mi-oct. à mi-mai - service non stop 10h30-1h - 40/45 €. À l'ombre de la tour paoline, un restaurant en plein air qui offre une vue splendide sur la mer. Plat signature : le grand canelloni au brocciu à la truffe. Concerts en été.

PATRIMONIO

Antoine Arena – Morta-Maio - à l'entrée sud du village - 04 95 37 08 27 - tlj sf w.-end 16h-19h sur RV. Dans son domaine de presque 14 ha, Antoine Arena compose des vins de très grande qualité en biodynamie, comme le muscat du cap Corse, le patrimonio, ou le « Bianco Gentile » (cépage local qu'il a fait renaître).

Osteria di San Martinu – Hameau Poretto - 04 95 37 11 93 - fermé merc. - plats env. 16 €. Cette petite osteria est à fréquenter l'été : tout se passe alors sur la terrasse, dressée sous une pergola et animée par la présence du barbecue. Plats corses et grillades s'arrosent avec le patrimonio produit sur le domaine du frère du patron.

PIETRACORBARA

Les Chasseurs – Marine - 04 95 35 21 54 - fermé déc.-mars - menu 30 €. Il règne une ambiance décontractée en ce sympathique restaurant familial situé près de la plage. Aux beaux jours, les spécialités locales, les plats du jour et les excellentes pizzas cuites au feu de bois sont servis sous la tonnelle. Après le repas, laissez-vous tenter par une partie de pétanque…

ST-FLORENT

Maison Salge – Pl. de la Porta - 04 95 37 00 43 - www.maison-salge.com - 9h30-12h, 14h-18h (19h le dim.) - fermé dernière sem. d'oct. et 1re quinz. de nov. José Salge, connu dans toute l'île, est l'un des princes de la glace artisanale corse ! Crèmes glacées ou sorbets à base de produits de très bonne qualité, issus de circuits courts, et des parfums typiques : brocciu, cédrat, clémentine, miel, castagna… Un must que l'on retrouve un peu partout dans l'île !

La Gaffe – Port de plaisance - 04 95 37 00 12 - www.restaurant-lagaffe.com - fermé janv.-fév., mar. et merc. hors sais. - menus 55/90 €. Embarquement pour un voyage de saveurs marines. Langoustes et pêche locale se dégustent dans une salle à la décoration d'esprit bateau. Aux beaux jours, climatisation à midi ; le soir, les larges baies s'ouvrent pour profiter de la brise marine.

Offices de tourisme

BASTIA
Voir p. 533

PONTE-LECCIA
Pl. de la Gare - 04 95 30 66 32 - www.tourisme-pasqualepaoli.corsica.

ST-FLORENT
11 rte de la Citadelle - 04 95 37 06 04 - www.corsica-saintflorent.com.

Charcuterie traditionnelle corse.

CHASSENET/BSIP/age fotostock

LE TOP 5 PORTS
1. Vieux Port (Bastia)
2. Centuri
3. Erbalunga
4. St-Florent
5. Macinaggio

CORSE – CIRCUIT 3
La Corse du sud

Bonifacio, Porto-Vecchio, Propriano, Ajaccio, Corte, Aléria, Porto-Vecchio : voici les grandes étapes de ce long périple qui se propose de vous faire découvrir une bonne partie de la Corse. Impossible donc de résumer ce qui vous attend. Mais soyez confiant, la diversité est au rendez-vous, et si comme le vante la campagne de publicité, « la Corse, c'est toujours le bon moment », pour ce circuit, aussi !

DÉPART : BONIFACIO - 8 jours – 390 km

JOUR 1
Cette première journée est dédiée à la découverte de **Bonifacio** (voir l'encadré p. ci-contre).

JOUR 2
Emportez votre maillot de bain car vous rejoignez les plus belles plages de la côte est, le long de la route pour **Porto-Vecchio** : **Rondinara**, **Sta Giulia**, **Palombaggia**. À midi, déjeunez dans l'un des restaurants de la citadelle de Porto-Vecchio, dont vous arpenterez les ruelles bondées en guise de promenade digestive. Puis partez vous réfugier dans la fraîcheur de la montagne, à **Zonza**.

JOUR 3
Le matin, consacrez quelques heures au **col de Bavella**, hérissé de ses mythiques aiguilles de rocaille. Les randonneurs trouveront ici un vaste réseau de sentiers balisés, dont le plus célèbre mène au fameux « trou de la Bombe » (2h AR), une ouverture circulaire de 8 m de diamètre. Revenez à Zonza et partez vers le sud pour aller voir les vestiges historiques qui ponctuent la route jusqu'à Sartène. **Forteresse de Cucuruzzu**, ruines médiévales de Capula, pont génois de Spin'a Cavallu : chacun vous conte l'histoire de la Corse.

JOUR 4
Consacrez une journée à l'agréable lacis de ruelles médiévales de **Sartène** et à son musée de Préhistoire corse et d'Archéologie. Partez tranquillement vers le nord pour rejoindre Ajaccio via **Propriano**.

JOUR 5
Promenez-vous dans **Ajaccio** et partez sur les traces de Napoléon, l'enfant du pays à qui les rues, les monuments et les musées rendent encore un vibrant hommage. Ne manquez pas, l'après-midi, les collections de peintures du musée Fesch. Il sera temps ensuite de vous offrir une parenthèse balnéaire sur l'une des belles plages bordant la route des Sanguinaires, à l'ouest, et de profiter du coucher de soleil à la **pointe de la Parata**. Autre possibilité : une excursion en bateau jusqu'aux **îles Sanguinaires**.

Coucher de soleil sur Bonifacio.

JOUR 6

Vous partez pour Corte en traversant la **vallée de la Gravona** qui dévoile ses paisibles villages au pied de replis montagneux. Quelques kilomètres avant **Bocognano**, perché à 640 m d'altitude, un sentier mène à la belle cascade du Voile de la Mariée (25mn AR). **Corte**, la cité historique. Ici « bat le cœur de la Corse », celle que Pascal Paoli avait choisie pour capitale de son éphémère République. Attardez-vous dans ses rues, sa citadelle où le musée de la Corse présente la vie traditionnelle dans l'île.

JOUR 7

Mettez le cap sur l'une des vallées les plus préservées de l'île, la **Restonica**, dont les gorges offrent une étonnante palette de couleurs. Au loin, des sentiers rocailleux mènent à de mystérieux lacs de montagne aux eaux sombres. L'une des plus belles randonnées mène jusqu'aux lacs de Melo et Capitello. Nuit à Corte.

JOUR 8

Vous rejoindrez par le sud l'antique cité d'**Aléria** et ses vestiges romains. Le musée Jérôme-Carcopino vous ouvre les portes d'un monde extraordinairement riche, avant ou après la visite du site antique. Juste au nord, l'**étang de Diane** invite à une dégustation d'huîtres, de moules et autres coquillages corses.

ÉTAPE 11
Bonifacio

OFFICE DE TOURISME
2 r. Fred-Scamaroni -
04 95 73 11 88 -
www.bonifacio.fr.

STATIONNEMENT

Parking conseillé
Parking de Monte Leone (attention, très cher : 50 €/j.) ; en été de 11h à 21h, une navette gratuite rejoint le port, sinon emprunter le sentier des falaises.
Parking des Valli (à 1 km du port de mai à oct.), 10 €/j. lorsque le parking de Monte-Leone est fermé.

Édifiée sur un site exceptionnel à l'extrême sud de la Corse, Bonifacio reste un lieu incontournable, malgré la foule en été et les échoppes de souvenirs. Elle est séparée du rivage par une ria longue de 1,5 km au fond de laquelle se trouve le **port**. Jadis havre sûr pour les vaisseaux de guerre, il offre aujourd'hui son mouillage aux bateaux de plaisance.
Enfermée dans ses fortifications, la **ville haute**, à l'ambiance moyenâgeuse, est juchée sur un étroit promontoire modelé par la mer et le vent. Restaurants, cafés et magasins de souvenirs y entretiennent durant l'été une activité qui se prolonge tard dans la nuit. Le matin, flânez dans les étroites ruelles encore fraîches. Jetez un coup d'œil à l'**église Ste-Marie-Majeure** et aux hautes et anciennes façades souvent décorées d'arcatures. Les curieux arcs-boutants qui relient les maisons sont des canalisations destinées à diriger les eaux pluviales. Vous pouvez ensuite descendre les 187 marches – taillées dans la falaise – de l'**escalier du Roi-d'Aragon** (en chaussures fermées uniquement et bonne condition physique requise) puis gagner l'**esplanade St-François**, qui offre une vue splendide sur les falaises de la vieille ville, les **bouches de Bonifacio** et, au large, la Sardaigne. Poursuivez jusqu'au **cimetière marin**, sans doute l'un des plus beaux de l'île avec ses mosaïques de couleur et ses petites chapelles. Il ménage aussi une belle vue sur la mer.
Enfin, partez en excursion aux **îles Lavezzi**, petit paradis d'eau cristalline et de criques tapissées de sable. Et, surtout, ne manquez pas au passage la vue sur la ville haute, qui présente un aspect encore plus saisissant avec ses vieilles maisons agglutinées à l'extrémité de la falaise.

CORSE – ADRESSES CIRCUIT 3

Campings

AJACCIO

Les Mimosas
Chemin de La Carosaccia -
04 95 20 99 85 -
www.camping-lesmimosas.com
De déb. avr. à mi-oct. -
70 empl. -
borne artisanale 5 €
Tarif camping : 7 € 3,50 €
8,50 € (10A) 3,50 €
Services et loisirs :
Bel ombrage d'eucalyptus,
sur les hauteurs de la ville.
GPS : E 8.72899 N 41.93758

ALÉRIA

Marina d'Aléria
Plage de Padulone - 04 95 57 01 42 -
www.marina-aleria.com
De fin avr. à déb. oct. - 335 empl. -
Tarif camping : 34,50 €
(9A) - pers. suppl. 5 €
Services et loisirs :
Emplacements le long de la plage,
ombragés ou ensoleillés.
GPS : E 9.55 N 42.11139

BONIFACIO

Les Îles
Rte de Piantarella - 04 95 73 11 89 -
www.camping-desiles.com
De déb. avr. à déb. oct. - 150 empl. -
Tarif camping : 9,90 € 5,80 €
9,80 € (10A) 4 €
Services et loisirs :
Vue panoramique de certains emplacements sur la Sardaigne et les îles.
GPS : E 9.21034 N 41.37817

CORTE

Aire naturelle St-Pancrace
Quartier St-Pancrace -
04 95 46 09 22 -
www.campingsaintpancrace.fr
De déb. avr. à mi-oct. - 45 empl. -
Tarif camping : 6,50 € 3 € 7 €
(16A) 4 €
Services et loisirs :
Produits de la ferme à la vente : fromage de brebis, tomme et confitures.
GPS : E 9.14696 N 42.32026

GHISONACCIA

Arinella-Bianca
Rte de la Mer - 04 95 56 04 78
De déb. avr. à mi-oct. - 350 empl. -
borne AireService
Tarif camping : 60 €
(10A) - pers. suppl. 19 €
Services et loisirs :
Un bel espace balnéo avec son agréable parc aquatique zen.
Bel espace vie au bord de la plage.
GPS : E 9.44331 N 41.9972

PINARELLU

California
04 95 71 49 24 -
www.campingcaliforniacorse.com

De déb. mai à fin oct. -
100 empl. -
borne artisanale
Tarif camping : 11,50 € 4 €
14 € (10A) 4 €
Services et loisirs :
Entre étangs et mer, situation privilégiée dans un cadre préservé en bord de plage.
GPS : E 9.38084 N 41.66591

PORTO-VECCHIO

Arutoli
Rte de l'Ospédale - 04 95 70 12 73 -
www.arutoli.com
De déb. avr. à déb. nov. - 110 empl.
borne artisanale
Tarif camping : 8,24 € 4 €
7,90 € (6A) 4,50 €
Services et loisirs :
Emplacements bien ombragés.
GPS : E 9.26556 N 41.60186

PROPRIANO

Tikiti
Rte d'Ajaccio - 04 95 76 08 32 -
campingtikiti.com
De déb. avr. à fin oct. - 220 empl. -
borne artisanale
Tarif camping : 10 € 4 €
7 € - 6 €
Services et loisirs :
GPS : E 8.92004 N 41.68288

VIVARIO

Le Soleil
Tattone - 04 95 47 21 16 -
camping-lesoleil.fr
De déb. mai à fin sept. - 45 empl. -
borne eurorelais
Tarif camping : 8 € 3 € 6 €
(10A) 4 €
Services et loisirs :
Ombrage en partie sous les arbres fruitiers face à la montagne dans un cadre exceptionnel. Un grand hangar équipé de micro-ondes, frigos et congélateurs gratuits en libre-service, tables et bancs permettent de s'abriter si besoin.
GPS : E 9.15186 N 42.1532

La plage de Santa Giulia.

Les bonnes adresses de bib

AJACCIO

✕ **A Nepita** – 4 r. San-Lazaro - ☎ 04 95 26 75 68 - www.anepita.fr - août : mar.-sam. le soir ; reste de l'année : mar.-merc. le midi, merc.-vend. midi et soir, sam. soir - plats 24/36 €. Cet établissement dont le nom désigne la marjolaine sauvage, séduit les palais les plus avertis. Tous les jours, le chef Andrews propose 4 entrées, 4 plats et 4 desserts, certains en ration normale et XL. Ne manquez pas le poulpe grillé, la spécialité du chef. Ambiance intimiste, à deux pas du palais de Justice.

✕ **Da Mamma** – Passage Guinguetta - ☎ 04 95 21 39 44 - fermé dim. (sf le soir en été), lun. midi et janv.-fév. - formule déj. déj. 14 € - menus 18/29 €. Dans une ruelle en escalier entre le cours Napoléon et la rue Fesch, profitez de cette sympathique terrasse sous un arbre à caoutchouc. De bons plats tels le magret de canard au miel du maquis ou le filet de st-pierre à la vanille malgache.

ALÉRIA

Domaine Mavela – U Licettu - ☎ 04 95 56 63 15 - www.domaine-mavela.com - lun.-sam. 10h-13h, 15-18h30 ; hors sais. : sur demande. Distillerie élaborant ses produits dans le respect des traditions : fruits cultivés de manière naturelle, transformation sans colorant ni levure. Les eaux-de-vie de prune (et autres parfums) sont les fleurons de ce domaine où a été créé le premier whisky corse.

BONIFACIO

✕ **Cantina Doria** – 27/29 r. Doria - ☎ 04 95 73 50 49 - de déb. avr. à fin oct. - menu 26 €. Adresse populaire et vivante de la ville haute, tenue par des jeunes. Installé sur des bancs en bois, vous dégusterez une cuisine corse simple et peu chère comme le porc à la bière, les tripes à la tomate et, pour le dessert, une crème à la cédratine. Une valeur sûre !

CORTE

Voir aussi p. 531.

✕ **U Campanile** – Pl. Gaffory - ☎ 06 25 78 12 49 - www.u-campanile-corte.fr - plats 16/34 €. Sur l'une des places les plus agréables de Corte, on déguste, en terrasse, des plats pleins de saveurs et finement mitonnés par un cuisinier talentueux. De la saucisse au jus de viande au porc cuit à basse température, le choix sera cruel.

PORTO-VECCHIO

✕ **A Cantina di L'Orriu** – 5 cours Napoléon - ☎ 04 95 25 95 89 - www.lorriu.fr - fermé de déb. nov. à fin mars - mar. soir, merc.-dim. midi d'avr. à sept. - 20/40 €. Attenant à la boutique qui propose le meilleur de la charcuterie et des fromages corses, A Cantina di L'Orriu déploie ses terrasses, vite envahies par les gourmets qui se délectent de charcuterie, de cochon de lait ou encore d'une étonnante escalope de veau corse panée dont la recette demeure secrète. Les plats ne sont pas donnés, mais vraiment bons et bien préparés, dans le respect des produits locaux. Une adresse sans faille.

Ghjacci – 22 av. du Gén.-de-Gaulle - ☎ 04 95 51 41 93 - 10h-21h. Vous voici chez le « maestro del gelato » et, à dire vrai, il n'y a pas usurpation, ses glaces sont fabuleuses : du miel de châtaignier bio à la mandarine certifiée non traitée, en passant par le citron nepita et l'inoubliable chocolat guanaja à l'orange. Des smoothies également.

ZONZA

✕ **L'Auberge du Sanglier** – Au village - ☎ 04 95 78 67 18 - fermé de mi-nov. à mi-mars - 28/38 €. Vous dégusterez dans cette auberge d'excellentes spécialités corses : gigot d'agneau aux herbes du maquis, magret de canard aux figues, filet de bœuf à la tomme et gibier en saison. Service rapide et efficace.

Offices de tourisme

AJACCIO
3 bd du Roi-Jérôme - ☎ 04 95 51 53 03 - www.ajaccio-tourisme.com.

BONIFACIO
Voir p. 537.

PORTO-VECCHIO
Espace Jean-Paul de Rocca Serra - r. Fred-Scamaroni - ☎ 04 95 70 09 58 - www.portovecchio-tourisme.corsica.

La plage de Palombaggia.

LE TOP 5 PLAGES
1. **Rondinara**
2. **Palombaggia et Tamariccio**
3. **Santa Giulia**
4. **Erbaju**
5. **Portigliolo**

INDEX DES LOCALITÉS

A

Abbeville	103
Abondance	494
Abreschviller	171
Abrest	422
Agay	518
Agde	400, 401
Agen	328, 331
Agon-Coutainville	74
Agos-Vidalos	374
Aguessac	354, 355
Aigueperse	422, 423
Aigues-Mortes	506
L'Aiguillon-sur-Mer	59
Aillon-le-Jeune	484
Aire-sur-l'Adour	318
Aix-les-Bains	484, 485, 499
Aix-en-Provence	514, 515
Aixe-sur-Vienne	290
Ajaccio	538, 539
Alba-la-Romaine	461
Albi	361, 362
Alençon	68, 70, 71
Aléria	538, 539
Alès	390
Alet-les-Bains	404, 405
Alise-Ste-Reine	225
Allassac	302
Allemond	476
Allouville-Bellefosse	90
L'Alpe-d'Huez	477
Alvignac	366
Ambert	429, 430
Ambierle	457
Amboise	258, 259
Amélie-les-Bains	344
Amiens	100, 101, 103, 111
Amnéville	162, 163
Ancy-le-Franc	223
Andorra la Vella (Andorre)	371
Anduze	396, 397
Angers	53, 55
Les Angles	409, 410
Anglet	322
Angoulême	281, 283
Aniane	396
Annecy	478, 480, 481, 483
Anse	453
Antibes	516, 518, 519
Apt	509, 511
Aramits	326, 327
Arbois	213
Arc-en-Barrois	154, 155
Arcachon	315
Arçais	58, 275
Arcizans-Avant	344
Arès	314
Arette	327, 346
Argelès-Gazost	344
Argelès-sur-Mer	408
Argent-sur-Sauldre	246
Argentan	70, 71
Argentat	298, 299
Argenton-sur-Creuse	254, 255
Argentonnay	274, 275
Arles	505, 506
Arles-sur-Tech	408
Arnac-Pompadour	301, 303
Arnay-le-Duc	230
Arques	118
Arreau	374, 375
Arrens-Marsous	374
Ars-en-Ré	279
Ars-sur-Formans	449
Artouste	326
Arvieux	495
Arzacq-Arraziguet	326
Ascain	323
Aston	344
Athée-sur-Cher	258
Athis-de-l'Orne	70
Attigny	142
Aubazine	302, 303
Aubenas	458, 461
Aubignas	460
Aubigny-sur-Nère	246
Aubusson	292, 295
Aubusson-d'Auvergne	430
Auch	381, 382, 383
Audierne	38, 39
Audinghen	119
Augirein	344
Aulnay	274
Aumale	110
Aumetz	161
Aumont-Aubrac	392, 393
Auphelle	294, 295
Aups	519
Auray	43
Aurillac	434, 435
Auriol	514
Auroux	392
Aussois	495
Autrans	496
Autun	230, 231
Auxerre	222, 223
Avallon	226, 227
Avignon	507
Avize	142
Avoine	258
Avranches	74, 75
Ax-les-Thermes	370, 371
Ay	143
Aydat	426
Azay-le-Ferron	254
Azay-le-Rideau	258, 259

B

Baden	42
Bagnères-de-Bigorre	374, 375
Bagnères-de-Luchon	344, 385
Bagnoles-de-l'Orne	70, 71
Bagnols-en-Forêt	518
Bains-les-Bains	179, 181
Balan	448
Balbigny	456
Bannes	154
Bantanges	234
Banyuls-sur-Mer	409
Bar-le-Duc	166, 167
Bar-sur-Aube	150, 151
Bar-sur-Seine	151
Barbotan-les-Thermes	318
Le Barcarès	408
Barcelonnette	472, 473
Bardigues	378
Bardouville	90
Barèges	375
Barfleur	79
Barneville-Carteret	79
Barneville-Plage	78
Bassoues	383
Bastia	533, 535
Batz	31
Batz-sur-Mer	62
Baudreix	326

Baume-les-Dames	204
Baume-les-Messieurs	213
Les Baux-de-Provence	507
Bayeux	82, 83
Bayonne	320, 323
Bazas	318
Beaucaire	506, 507
Beaufort	494
Beaugency	247
Beaujeu	453
Beaulieu-sur-Dordogne	302, 303
Beaumes-de-Venise	510, 511
Beaumont-de-Lomagne	378
Beaumont-Hague	78
Beaumont-St-Cyr	270
Beaune	230, 231
Beauvais	108, 110, 111
Beauvoir	75
Le Bec-Helloin	86
Bédoin	510, 511
Bedous	327
Belgodère	531
Bellegarde	506
Bellerive-sur-Allier	421
Belleville-en-Beaujolais	448, 453
Belmont-de-la-Loire	456
Benet	58
Berck-sur-Mer	102, 103
Bergerac	335
Bergues	115
Bernos-Beaulac	318
Berny-Rivière	106
Besançon	203, 205
Besse-et-St-Anastaise	427
Beuvron-en-Auge	86
Beynac-et-Cazenac	334
Béziers	400, 401
Biarritz	322, 323
Biguglia	533
Billy	418, 419
Binic	26
Biron	330
Bitche	170, 171
Bize-Minervois	401
Le Blanc	255
Blasimon	310
Blercourt	162
Blesle	438
Blois	260, 262, 263
Boeschepe	115
Bogny-sur-Meuse	138
Bolquère	408
Bonac-Irazein	370
Bonaguil	329
Bonifacio	537, 538, 539
Bonlieu	207, 209
Bonneval	243
Bordeaux	309, 310, 311
Bort-les-Orgues	297, 299
Bouchemaine	54
Boudes	426
Boulogne-sur-Mer	116, 118, 119
Le Boulou	408, 411
Bourbon-l'Archambault	418, 419
Bourbonne-les-Bains	154, 155
La Bourboule	441
Bourdeilles	334
Bourg	310
Bourg-Achard	90
Bourg-en-Bresse	447, 448, 449
Le Bourg-d'Oisans	476, 477
Bourganeuf	294
Bourges	249, 250
Le Bourget-du-Lac	484, 485
Bourgueil	259
Bouziès	366
Bozouls	358, 359
Bracieux	262
Brantôme	334
Brassempouy	318
Braucourt	146
Bray-Dunes	114
Bray-sur-Seine	126
Bréhal	74
Breisach am Rhein (Allemagne)	196
La Bresse	174
Brest	30, 31, 32
Brezolles	242
Briançon	472, 473
Briare	246, 247
Brienne-le-Château	146, 147
Brignogan-Plages	30
Brignoles	518, 519
Brioude	438, 439
Brissac-Quincé	54, 55
Brive-la-Gaillarde	302, 303
Broglie	86
Brousses-et-Villaret	404
Brunissard	495
Bujaleuf	294
Bulgnéville	178, 179
Burtoncourt	162
Bussière-Galant	290, 291
Buxy	235
Buysscheure	114
Buzançais	254
Buzancy	142

C

Les Cabannes	370
Cabourg	86
Cadillac	310, 311
Caen	81, 83
Cahors	365, 367
Caille	518
Cajarc	366, 367
Calacuccia	530
Calais	118, 119
Calenzana	530
Calvi	528, 531
Cambo-les-Bains	347
Cambremer	86
Campan	344
Cancale	24, 26, 27
Canet-en-Roussillon	408
Canillo (Andorre)	344
La Canourgue	354
Capbreton	315
Carcassonne	404, 405
Cardaillac	366
Carentan-les-Marais	76, 78, 79
Cargèse	530, 531
Carlepont	106
Carlux	335
Carnac	42, 43
Carnon-Plage	400
Carolles	74
Carpentras	508, 510, 511
Carro	514
Carrouges	71
Casaglione	530
Cassel	114, 115
Casseneuil	330
Cassis	513, 515
Castellane	522, 523
Castelnau-de-Montmiral	362
Castelnau-Durban	370

541

Castres	363	
Caudebec-en-Caux	91	
Cauterets	374, 375, 385	
La Cavalerie	354, 355	
Cayeux-sur-Mer	102	
Cazaubon	318	
Celles	396	
Celles-sur-Belle	275	
Centuri	534	
Céré-la-Ronde	258	
Céret	409	
Cernay	172, 174	
Chablis	222, 223	
La Chaise-Dieu	438, 439	
Chalezeule	204	
Chalon-sur-Saône	233, 234, 235	
Chalonnes-sur-Loire	55	
Châlons-en-Champagne	142, 143	
Châlus	291	
Chambéry	485	
Chambolle-Musigny	231	
Chambon-sur-Lac	426, 427	
Chambord	262, 263	
Chambretaud	58	
Chamonix-Mont-Blanc	480, 481	
Champagnole	212, 213	
Champtoceaux	54	
Chantilly	109, 111	
Chaon	246	
Chaource	150, 151	
Chapaize	235	
La Chapelle-St-Mesmin	246	
Charleville-Mézières	137, 138, 139	
Charlieu	456	
Charmant Som	485	
Charmes	178	
Charny	223	
Charroux	270, 423	
Chartres	241, 242, 243	
Chastanier	392	
Château-Chalon	213	
Château-Chinon	226, 227	
Château-Larcher	270	
Château-Thierry	106, 107, 140	
Le Château-d'Oléron	282	
Châteaudun	240, 242, 243	
Châteaumeillant	250, 251	
Châteaurenard	507	
Châteauroux	252, 254, 255	
Châtel-Guyon	430, 431	
Châtel-Montagne	423	
Châtelaillon-Plage	278	
Châtenois	188	
Châtillon-sous-les-Côtes	162	
Châtillon-sur-Chalaronne	448, 449	
Chaudes-Aigues	434, 435	
Chaumeil	299	
Chaumont	154, 155	
Chaumont-sur-Loire	261, 262, 263	
Chauvigny	271	
Chavanges	146	
Chemillé-sur-Indrois	258	
Chenac-St-Seurin-d'Uzet	282	
Chénérailles	295	
Chenonceaux	259	
Cherbourg-en-Cotentin	77, 79	
Le Chesne	138	
Cheverny	262, 263	
Chevigny	142	
Chézery-Forens	209	
Chinon	258, 259	
Cholet	56, 59	
Choranche	476	
La Ciotat	515	
Civaux	270	
Clairvaux-les-Lacs	208, 209	
Clansayes	464	
Clécy	70, 71	
Cléden-Cap-Sizun	38	
Cléden-Poher	34	
Cléder	30	
Clermont-Ferrand	425, 431	
Clermont-l'Hérault	396	
Cluny	233, 235	
La Clusaz	481, 497	
Cognac	282, 283	
Coiffy-le-Haut	155	
Collioure	408, 409	
Collonges-la-Rouge	302, 303	
Colmar	189, 195, 196, 197	
Colombey-les-Deux-Églises	149, 151	
Combrit	38, 39	
Comines	114	
Commana	34	
Commentry	418	
Commercy	166, 167	
Compiègne	105, 107	
Comps	506	
Concarneau	38, 39	
Concèze	301	
Concourson-sur-Layon	54	
Condette	118	
Condom	383	
Conliège	212	
Conques	358, 359	
Le Conquet	30, 31	
Les Contamines-Montjoie	498	
Contis-Plage	314	
Contrexéville	178, 179, 180	
Conty	110	
Cordes-sur-Ciel	362, 363	
Corgirnon	154	
Cormatin	234	
Cornas	464	
Corrèze	298	
Corte	531, 538, 539	
Coucy-le-Château-Auffrique	106, 107	
Couhé	270	
Coulanges-la-Vineuse	223	
Coulommiers	127	
Coulon	58, 59, 274, 275	
Courcelles-Epayelles	110	
Cournon-d'Auvergne	430	
La Couronne	514	
Courseulles-sur-Mer	82, 83	
Coutances	75	
La Couvertoirade	355	
Couze-et-St-Front	334	
Craponne-sur-Arzon	438	
Crécy-la-Chapelle	126	
Crest	464, 465	
Le Creusot	230	
Crillon	111	
Crocq	294	
Le Croisic	62	
Le Crotoy	102, 103	
Cucugnan	405	
Cuges-les-Pins	514	
Cuisery	234	
Culan	250

D

La Daguenière	54
Dampierre-en-Yvelines	130
Dampniat	302

Damvillers	162	Erquy	26, 27	Fort-Mahon-Plage	102
Dardilly	452	Ervy-le-Châtel	150	Fouesnant	38
Darney	179	Escalles	118	Fouras	278, 279
Dax	316, 319, 347	Esnandes	279	Fraize	174
Deauville	87	Espalion	358, 359	Fréhel	26
Désaignes	461	Espelette	323	Freiburg im Breisgau	
Les Deux-Alpes	476, 477	Espéraza	404	(Allemagne)	196, 197
Dienville	146, 147	L'Espérou	397	Fréjus	519
Dieppe	94, 95	Les Estables	437, 439	Fresnay-sur-Sarthe	50
Dieue-sur-Meuse	162	Estaing	359	Frespech	331
Dieulefit	465	Estavar (enclave de Llivia)	344	Fumay	139
Digne-les-Bains	520, 521, 522, 523	Estivareilles	418, 419	Fumel	330, 331
Dijon	229, 230, 231	Étang-sur-Arroux	230		
Dinan	27	Étretat	94, 95		
Divonne-les-Bains	209	Évisa	531	**G**	
Dolancourt	150	Évron	50		
Domfront	71	Excenevex	495	Gaillac	362, 363
Domme	334	Eymet	330	La Gaillarde	518
Dompierre-sur-Besbre	418	Eymoutiers	294, 295	Galéria	531
Donzenac	302, 303	Les Eyzies-de-Tayac	334, 335	Ganges	394
Dossenheim-sur-Zinsel	192			Gannat	422, 423
Douarnenez	39	**F**		La Garnache	62
Doucier	209			Gavarnie	373, 384
Doué-la-Fontaine	55			Geishouse	175
Doullens	102	Falaise	69, 70, 71	Gemaingoutte	174
Douzy	138	Farinole	534	Gémenos	514
Draguignan	519	Fécamp	94, 95	Gençay	270
Dreux	243	Felletin	294, 295	Genêts	75
Droyes	147	La Ferrière-aux-Étangs	70	Génolhac	392, 393
Drugeac	434	La Ferté-Macé	70	Gentioux-Pigerolles	295
Duclair	91	La Ferté-St-Aubin	246	Gérardmer	174, 175
Dun-sur-Auron	250	Fessenheim	196	Géraudot	146
Dunkerque	115	Feurs	456, 457	Gerberoy	111
Duras	311	Figeac	366, 367	Gervans	464
		Fleckenstein, château	191	Ghisonaccia	538
E		Fleurie	452, 453	Gien	246, 247
		Fleurville	234	Giffaumont-	
		Florac	392, 393	Champaubert	146, 147
Eaux-Puiseaux	150	Foix	369, 371	Gignac	396
Eauze	382, 383	Fondettes	258	Gimont	382
Ébreuil	422, 423	Font-Romeu	409, 410	Givet	138, 139
Effiat	423	Fontaine-de-Vaucluse	510	Givry	234
Elne	408	Fontaine-Simon	242	Golinhac	358
Entraygues-sur-Truyère	358	Fontainebleau	127	Gondrexange	170
Entremont-le-Vieux	484	Fontanès	456	Gordes	510, 511
Éperlecques	114	Fontenay-le-Comte	59	Goulven	30
Épernay	142, 143	Fontet	310	Gourdon	519
Épinal	177, 178, 179	Fontevraud-l'Abbaye	54, 55	Gourette	327, 346
L'Épine	62	Forgès	298	Gramat	366
Équihen-Plage	118	Formigny	82	Grand-Fort-Philippe	114

543

Grand ballon	175	
Le Grand-Bornand	481, 495	
Grandcamp-Maisy	82, 83	
Grane	464	
Granville	72, 73, 75	
Grasse	517, 519	
Le Grau-du-Roi	506	
La Grave	472, 473	
Gravelines	114, 115	
Gréasque	514	
Grenade-sur-l'Adour	318	
Grenoble	475, 477	
Gréoux-les-Bains	522, 523	
Guebwiller	195, 197	
Guédelon, château	221	
Guérande	62	
La Guerche-sur-Aubois	250	
Guéret	294, 295	
Guillestre	472, 473	
Guilvinec	38	
Guimiliau	34, 35	
Guînes	118	
Gujan-Mestras	314, 315	
Gurgy	222	

H

Hagetmau	319
Haguenau	192, 193
Haulmé	138
Hautot-sur-Mer	94
Haux	310
Le Havre	91, 93
Hendaye	336
Hendaye-Plage	322
Hérouvillette	82
Hinsbourg	170
Hombourg-Haut	170
Hondainville	110
Hondschoote	114
Honfleur	85, 86, 87
L'Hospitalet-près-l'Andorre	370
Hossegor	315
Houdan	130, 131
Houlgate	86
Hourtin-Plage	314
Huelgoat	33, 34
Humbligny	246

I

Ille-sur-Têt	345
Illiat	448
Ingrandes	271
Ingwiller	193
Irancy	223
Isigny-sur-Mer	82
L'Isle-Jourdain	379
L'Isle-sur-la-Sorgue	510, 511
Les Islettes	142
Isques	118
Issarlès	438
Issoire	426, 427
Issoudun	250, 251
Itxassou	322

J

Jablines	126
Jard-sur-Mer	58
Jarnages	294
Jaulny	166
Jausiers	472, 473
Job	430
Jonzac	282, 283
Josselin	42, 43
Juliénas	452, 453
Jumièges	90, 91
Juzennecourt	154

K

Kaysersberg	188, 189

L

Labassère	374
Labenne-Océan	314
Lablachère	460
Lacanau	314, 315
Lacapelle-Marival	366
Lafitte-sur-Lot	330
Lagrasse	405
Lalouvesc	460
Lamastre	460, 461
Lamballe	27
Lamotte-Beuvron	246, 247
Lamoura	208
Lampaul-Guimiliau	34
Lampaul-Plouarzel	30
Lampaul-Ploudalmézeau	30
Lamure-sur-Azergues	452
Landerneau	34, 35
Langeac	438
Langeais	259
Langogne	392
Langres	152, 153, 155
Lannion	26
Lanslevillard	495
Lanteuil	302
Lanuéjols	392
Laon	106, 107
Lapalisse	418, 419
Larche	472
Laruns	326
Lastours	291
Lathuile	480
Lattes	400
Launois-sur-Vence	138
Laurens	400
Lautaret, col	470
Lauterbourg	192
Lautrec	362, 363
Laval	48, 51
Lavardac	330
Lavaudieu	439
Layrac	330
Lectoure	382, 383
Lège-Cap-Ferret	314, 315
Léon	314, 315
Lescar	326
Lescheraines	484, 485
Lessay	74
Létra	452
Lèves	243
Lézinnes	222
Libourne	311
Licques	118
Liergues	452
Liginiac	298
Ligny-en-Barrois	166
Lille	113, 115
Limoges	289, 291
Limoux	404, 405

Linthal	173
Le Lioran	441
Lisieux	86, 87
Lisle-sur-Tarn	362
Livarot	87
Livron-sur-Drôme	464
Loches-sur-Ource	150
Locronan	36, 38, 39
Loctudy	38
Lodève	397
Loix-en-Ré	278
Lombez	378, 379
Long	102
Longuyon	162
Longwy	162, 163
Lons-le-Saunier	210, 213, 215
Lormes	226, 227
Lörrach	196
Loudenvielle	345, 375
Lourdes	374, 375
Lozari	534
Le Luc-en-Provence	519
Luc-sur-Mer	82
Lugny	234
Lumio	530, 531
Lunas	396
Lunery	250
Lusignan	271
Lussac-les-Châteaux	270, 271
Luttenbach	175
Luxeuil-les-Bains	179, 181
Luz-St-Sauveur	344

M

Machecoul	63
Mâcon	232, 235
Magnac-Bourg	290
Maîche	204
La Mailleraye-sur-Seine	90
Maillezais	59
Maisod	208
Maisons-Laffitte	130
Maizy	106
Malaucène	510, 511
Malbuisson	205
Malestroit	42
Le Malzieu	392
Le Mans	49, 51
Mantes-la-Jolie	130, 131
Manzat	430
Marboué	242
Marciac	382, 383
Marcq-en-Barœul	115
Marennes	282, 283
Mareuil-sur-Ay	142
Marigny	212
Le Markstein	175
Marne-la-Vallée	126
Marseillan	400
Marseille	512, 515
Martel	366, 367
Martres-Tolosane	378
Marvejols	391, 393
Matemale	408
Mauléon-Licharre	322
Maupertus-sur-Mer	78
Mauriac	299, 434
Maussane-les-Alpilles	507
Mauzé-sur-le-Mignon	274
Mayenne	51
Mazères-sur-Salat	378
Mazet-St-Voy	438
Meaux	125, 127
Megève	480, 481
Mehun-sur-Yèvre	251
La Meilleraie-Tillay	58
Meisenthal	171
Melle	274, 275
Melun	126, 127
Mende	392, 393
La Ménitré	55
Menton	486
Mervent	58
Meschers-sur-Gironde	282
Mesnay	212
Mesnil-St-Père	150, 151
Métabief	214
Metz	165, 167
Meursault	230
Meymac	298, 299
Meyrueis	396, 397
Mézières-en-Brenne	255
Migennes	222
Mijoux	208
Millau	352, 354, 355
Milly-la-Forêt	126, 127
Milly-Lamartine	235
Mimizan	315
Mimizan-Plage	314
Miramont-de-Guyenne	330
Mirande	382, 383
Mirecourt	178
Mirepoix	370, 371
Moines, île	43
Moirans-en-Montagne	208
Moissac	378
Le Monastier-sur-Gazeille	438
Monein	327
Le Monêtier-les-Bains	494
Monflanquin	330, 331
Monistrol-d'Allier	438, 439
Monnet-la-Ville	212
Monpazier	334
Monségur	310
Mont-de-Marsan	318, 319
Le Mont-Dore	424, 426, 427, 440
Mont-Louis	408
Montauban	378, 379
Le Mont-St-Michel	74, 75
Montbard	226
Montbéliard	204
Montboucher	294
Montbrison	457
Montbron	282
Montdidier	111
Montec	379
Monteils	362
Montélimar	463, 465
Montesquieu-Volvestre	379
Montfort-en-Chalosse	319
Montgenèvre	472, 473, 496
Monthermé	138
Montier-en-Der	146
Montignac	335
Montigny-le-Roi	154
Les Montils	262
Montjoie-en-Couserans	370
Montluçon	418, 419
Montmorillon	270, 271
Montoire-sur-le-Loir	242
Montolieu	405
Montpellier	399, 401
Montpellier-le-Vieux	397
Montrésor	262
Montreuil-Bellay	54
Montreuil-sur-Mer	103
Montrichard	262
Montsauche-les-Settons	226

Montsoreau	55
Morbier	209
Moret-sur-Loing	127
Morez	209
Morlaix	25, 27
Mornant	456
Mortain	74
Moulins	416, 418, 419
Moulismes	270
Mourèze	396
Mouroux	126
Moustiers-Ste-Marie	522, 523
Mouzon	138, 139
Moyaux	86
Moyenneville	102
Mulhouse	194, 196, 197
Munster	174, 175
Murat	434, 435
Murat-le-Quaire	426
Murato	535
Murbach	174
Murviel-lès-Béziers	400
Myans	484

N

Najac	362
Nancray	204
Nancy	166, 167
Nans-les-Pins	514
Nant	354
Nantes	61, 63
Naours	103
Narbonne	402, 405
Narbonne-Plage	404
Navarrenx	326, 327
Le Nayrac	358
Nemours	127
Nérac	330, 331
Nerbis	318
Néris-les-Bains	418, 419
Neuf-Brisach	197
Neufchef	161
Neuillay-les-Bois	254
Neussargues-Moissac	434
Neuvéglise	434
Neuvy-le-Barrois	250
Névache	473
Nexon	290, 291

Niederbronn-les-Bains	192, 193
Niedersteinbach	192
Niort	273, 275
Les Noës	456
Nogent	154
Nogent-le-Roi	242, 243
Nogent-le-Rotrou	242, 243
Noirmoutier, île	62
Noirmoutier-en-l'Île	63
Nonières	460
Nonsard-Lamarche	166
Nonza	535
Norville	90
Noyen-sur-Sarthe	50
Noyers	222
Noyon	106, 107
Nuits-St-Georges	230, 231

O

Oberbronn	192
Obernai	188, 189
Obersteinbach	193
Objat	302
Ogeu-les-Bains	326
Oingt	452, 453
Olivet	246
Oloron-Ste-Marie	326
Omonville-la-Rogue	78, 79
Oradour-sur-Glane	290
Oradour-sur-Vayres	290
Orbey	188
Orcet	426
Orcines	430, 431
Orcival	427
Orgelet	208
Orléans	245, 247
Ornans	204, 205
Ouistreham	82, 83
Ouroux-en-Morvan	226
Oust	344

P

Pageas	290
Paimbœuf	62
Paimpol	26
Pain de sucre	471

Palavas-les-Flots	400
La Palmyre	282
Pamiers	370
Parentis-en-Born	314
Paris	130
Parthenay	274
Passy	480
Passy-Plaine-Joux	498
Patrimonio	535
Pau	325, 327
Peigney	154
Penne-d'Agenais	331
Périgueux	332, 334, 335
Pernes-les-Fontaines	510
Pérouges	449
Perpignan	407, 409
La Pesse	208
La Petite-Pierre	171
Petit-Palais-et-Cornemps	310
Pézenas	401
Piana	529, 530, 531
Piau-Engaly	374
Picquigny	102
Pierre-St-Martin	346
Pierrefonds	107
Pietracorbara	534, 535
Pinarellu	538
Pinet	405
Piney	146
Piriac-sur-Mer	62
Pirou-Plage	74, 75
Pissos	319
Plaine-Joux	480
Plainfaing	174
Planches-près-Arbois	211
Planfoy	456
Planguenoual	26
Pleyben	35
Plogoff	38
Plombières-les-Bains	178, 180
Plouarzel	30
Ploudalmézeau	30
Plougastel-Daoulas	34
Plouguerneau	30
Plouzané	31
Le Poët-Célard	464
Le Poët-Laval	464
Poitiers	269, 271
Poix-en-Picardie	110
Poligny	212, 213
Pommard	230, 231

Le Pont-de-Montvert	393	
Pont-à-Mousson	166, 167	
Pont-Aven	38, 39	
Pont-du-Château	430	
Pont-en-Royans	476, 477	
Pont-l'Abbé	39	
Pont-l'Évêque	87	
Pont-Ste-Marie	147	
Pontarlier	202, 204, 205	
Ponte-Leccia	535	
Pontgibaud	430	
Pontlevoy	262	
Pormenaz, montagne	479	
Porspoder	31	
Port-des-Barques	278	
Port-en-Bessin	82, 83	
Port-la-Nouvelle	404	
Port-Navalo	42	
Le Portel	118	
Les Portes-en-Ré	278	
Porto	530, 531	
Porto-Vecchio	538, 539	
Pouilly-sous-Charlieu	456	
Poule-les-Écharmeaux	452	
Le Pouliguen	63	
Pouzauges	58	
Pradelles	438	
Prades	409	
Prailles	274	
Prissé	234	
Privas	461	
Propriano	538	
Provins	126, 127	
Pujols	330, 331	
Pupillin	212, 213	
Putanges-Pont-Écrepin	70	
Le Puy-en-Velay	436, 439	
Puy-Guillaume	422, 423	
Le Puy-Notre-Dame	54	
Puy-St-Martin	464	
Puyvert	510	

Q

Quarré-les-Tombes	226
Quiberon	42, 43
Quiberville-Plage	94
Quillan	404
Quimper	37, 39

R

Ramatuelle	518
Rambouillet	128, 130, 131
Randan	422
Rauzan	310
Ravenoville-Plage	78
Rebeuville	178
Reichshoffen	192
Reims	141, 142, 143
Reipertswiller	192
La Réole	310, 311
Retournac	438
Reuilly	251
Revigny-sur-Ornain	166
Revin	138, 139
Rhodes	170
Ribeauvillé	188
Les Riceys	150, 151
Riez	522, 523
Riom-ès-Montagnes	434, 435
Riquewihr	189
Risoul	472
Roanne	454, 456, 457
Rocamadour	364, 366, 367
La Roche-Bernard	42
La Roche-Guyon	130
La Roche-Maurice	35
La Roche-Posay	270, 271
Rochechouart	291
Rochefort	276, 278, 279
Rochefort-en-Terre	43
La Rochefoucauld	282, 283
La Rochelle	277, 279
Rocroi	138
Rodez	357, 359
Romagne	270
Romanèche-Thorins	451, 453
Romans-sur-Isère	465
La Romieu	382
La Roque-Gageac	334
Roquefort-sur-Soulzon	355
Roscoff	28, 30, 31
Rosnay	254, 255
Rouen	89, 90, 91
Les Rousses	209, 214
Royan	282, 283
Royat	430
Royère-de-Vassivière	294
Le Rozier	354
Rustrel	509

S

Sablé-sur-Sarthe	50, 51
Sabres	317, 319
St-Aignan	261, 263
St-Alban-sur-Limagnole	393
St-Amand-Montrond	250, 251
St-André-les-Alpes	522
St-André-sur-Vieux-Jonc	448
St-Antonin-Noble-Val	362, 363
St-Avit	464
St-Avold	170
St-Bertrand-de-Comminges	374, 375
St-Bonnet-Tronçais	418
St-Brévin-les-Pins	63
St-Céré	366, 367
St-Cirq-Lapopie	366
St-Clar	382
St-Claude	208, 209
St-Clément-des-Baleines	278
St-Côme-d'Olt	358
St-Crépin	472
St-Cyr-sur-Morin	126
St-Denis-les-Ponts	242
St-Dié-des-Vosges	174, 175
St-Dizier	147
St-Donat-sur-l'Herbasse	464
St-Éloy-les-Mines	422
St-Émilion	310, 311
St-Étienne	455, 457
St-Étienne-de-Baïgorry	323, 345
St-Étienne-de-Fontbellon	461
St-Étienne-de-Tinée	495
St-Florent	534, 535
St-Florent-le-Vieil	54
St-Flour	432, 434, 435
St-Galmier	456
St-Gengoux-de-Scissé	234
St-Geniez-d'Olt	358
St-Georges-de-Didonne	283
St-Georges-de-Mons	430
St-Georges-lès-Baillargeaux	271
St-Georges-sur-Arnon	250
St-Georges-sur-Loire	54, 55
St-Germain-de-Marencennes	278
St-Germain-en-Laye	130
St-Germain-Laval	457
St-Germain-les-Belles	290

St-Gérons	434	St-Nicolas-d'Aliermont	94	Ste-Suzanne-et-Chammes	50
St-Gervais-les-Bains	480, 481, 499	St-Nicolas-de-Bourgueil	258	Saintes	283
St-Gildas-de-Rhuys	42	St-Nicolas-de-la-Grave	378	Stes-Maries-de-la-Mer	506
St-Gilles-Croix-de-Vie	60, 62, 63	St-Nicolas-de-la-Taille	90	Les Saisies	494
St-Girons	370, 371	St-Omer	119	Salavas	459
St-Guénolé	39	St-Palais	322	Salers	435
St-Guilhem-le-Désert	397	St-Paul-de-Varax	448	Salies-de-Béarn	326, 327
St-Hilaire-du-Harcouët	74	St-Paul-le-Gaultier	50	Salins-les-Bains	205, 215
St-Hilaire-les-Places	290	St-Paul-lès-Dax	318	Salles-Arbuissonnas-	
St-Hippolyte	, 188	St-Paul-Trois-Châteaux	464	en-Beaujolais	452
St-Hippolyte-du-Fort	397	St-Pée-sur-Nivelle	322	Les Salles-Lavauguyon	290
St-Imoges	142	St-Père	26	Samatan	378, 379
St-Jean-d'Alcas	354	St-Père-sur-Loire	246	Sampzon	460
St-Jean-d'Angély	279	St-Pey-d'Armens	310	Sancerre	247
St-Jean-d'Ardières	452	St-Pierre-de-Chartreuse	484	Sanchey	178
St-Jean-de-Côle	334, 335	St-Pierre-d'Entremont	485	Sancoins	250, 251
St-Jean-de-Luz	322, 323	St-Pierre-d'Oléron	282, 283	Santenay	230
St-Jean-de-Monts	62, 63	St-Point-Lac	204	Sare	321
St-Jean-du-Bruel	355	St-Pourçain-sur-Sioule	418, 419	Sarlat-la-Canéda	334, 335
St-Jean-du-Gard	397	St-Privat	298	Sarrant	378, 379
St-Jean-en-Royans	477	St-Raphaël	519	Sarrebourg	170, 171
St-Jean-Pied-de-Port	322, 323	St-Remèze	460, 461	Sarreguemines	168, 170, 171
St-Jean-sur-Mayenne	50	St-Rémy-de-Blot	422	Sarzeau	43
St-Julien-en-St-Alban	460	St-Rémy-de-Provence	506, 507	Sault	510, 511
St-Justin	319	St-Rémy-sur-Durolle	422	Saumur	54, 55
St-Lary-Soulan	375, 384	St-Renan	30	Sausset-les-Pins	515
St-Laurent-en-Grandvaux	208	St-Rivoal	34, 35	Sauvagnon	326
St-Léger-de-Peyre	391	St-Rome-de-Tarn	354	Sauve	396
St-Léonard-de-Noblat	294	St-Satur	246	Sauveterre-de-Béarn	326
St-Léonard-des-Bois	50, 51	St-Sauveur-de-Bergerac	334	Sauveterre-de-Comminges	374
St-Léon-sur-Vézère	334	St-Sever	319	Saverne	190, 192, 193
St-Leu-d'Esserent	110, 111	St-Sylvestre-sur-Lot	330	Savonnières	258
St-Lô	74, 75	St-Thégonnec	35	Secondigny	274
St-Macaire	311	St-Vaast-la-Hougue	78, 79	Sedan	138, 139
St-Malo	26, 27	St-Valery-en-Caux	94	Sées	71
St-Marcellin	464	St-Valery-sur-Somme	102, 103	Séez	495
St-Martin-Boulogne	118	St-Véran	472, 473	Ségur-le-Château	303
St-Martin-d'Ardèche	460	St-Victor-sur-Loire	456	Seignosse	314
St-Martin-de-Ré	278, 279	St-Wandrille-Rançon	90	Sélestat	188, 189
St-Martin-en-Vercors	476, 477	St-Yrieix-la-Perche	290	Semur-en-Auxois	226
St-Martin-Vésubie	495	Ste-Adresse	91	Senlis	111
St-Maurice-Navacelles	397	Ste-Croix-du-Verdon	522	Sérignan-Plage	400
St-Merd-les-Oussines	294	Ste-Énimie	355	Servières-le-Château	298, 299
St-Michel-de-Cuxa	342	Ste-Eulalie-de-Cernon	354	Sète	400, 401
St-Michel-Mont-Mercure	58	Ste-Honorine-des-Pertes	82	Les Settons	227
St-Nazaire	62, 63	Ste-Marie-aux-Mines	175	Sévérac-le-Château	354
St-Nazaire-en-Royans	477	Ste-Marie-du-Lac-Nuisement	146	Sévignacq-Meyracq	326
St-Nazaire-en-Vercors	477	Ste-Maure-de-Touraine	258	Sévrier	480
St-Nazaire-sur-Charente	278	Ste-Menehould	143	Seyssins	475
St-Nectaire	426, 427	Ste-Mère-Église	78, 79	Signy-l'Abbaye	139

Sillé-le-Guillaume	50	Tours	256, 259	Vaucouleurs	166
Siouville-Hague	78	Tourtour	519	Vauvert	506
Sizun	34, 35	Toutainville	90	Venarey-les-Laumes	225, 227
Sochaux	205	La Tranche-sur-Mer	58	Vence	518, 519
Soissons	106, 107	Tréboul	38	Vendeuvre-sur-Barse	150
Solignat	426	Trégastel	26	Vendôme	242, 243
Sospel	495	Tréguier (22)	26	Venerque	378
Souillac	366, 367	Treignac	298	Veneux-les-Sablons	126
Soulac-sur-Mer	312, 314, 315	Treigny-Perreuse	221	Venosc	476
Soulaines-Dhuys	146	Le Tréport	94, 95	Le Verdon-sur-Mer	314
Soultzmatt	196	Trévoux	448, 449	Verdun	160, 162, 163
Souppes-sur-Loing	126	Les Trois-Épis	188	Vernet-les-Bains	408, 411
Staufen im Breisgau (Allemagne)	197	Trouville-sur-Mer	87	Vers-sous-Sellières	212
		Troyes	145, 148	Versailles	129, 130, 131
Strasbourg	187, 189	Tuchan	404	Veules-les-Roses	94, 95
Sully-sur-Loire	246	Tulle	298, 299	Veulettes-sur-Mer	94
Super-Besse	426, 440	La Turballe	62	Le Vey	70
La Suze-sur-Sarthe	50	Turckheim	188	Vézelay	224, 226, 227
		Turquant	54	Vic-sur-Cère	434
				Vicdessos	370

T

U

				Vichy	421, 423
				Vienne	457
				Viéville	154
Talmont-St-Hilaire	59	Uchizy	234	Le Vigan	396, 397
Talmont-sur-Gironde	283	Ungersheim	196	Vigeois	302
Taninges	495	Urdos	326	Villaines-la-Juhel	50
Tarascon-sur-Ariège	345, 371	Uriage-les-Bains	477	Villaines-les-Rocher	258
Tarbes	372, 375	Urt	322	Villandry	259
Tardinghen	118	Ussel	299	Villard-de-Lans	477, 497
Thann	174	Uzerche	300, 302, 303	Villars-les-Dombes	448, 449
Thaon-les-Vosges	178			Villebois-Lavalette	282
Thiers	431			Villecroze	518
Thiézac	434			Villedieu-les-Poêles	74, 75
Thiron-Gardais	242			Villefort	392, 393
Thiviers	334			Villefranche-d'Allier	418
Thouars	274, 275	Valderiès	362	Villefranche-sur-Saône	450, 452, 453
Thoux	378	Valençay	253, 254		
Thury-Harcourt	70	Valence	465	Villeneuve-lès-Avignon	506
La Tieule	354	Vallabrègues	506	Villeneuve-Minervois	404
Tinchebray	70	Valleraugue	395	Villeneuve-sur-Lot	331
Tonnerre	222, 223	Vallon-Pont-d'Arc	459, 460	Villeréal	330
Toucy	222, 223	Vallorcine	480	Villerest	456
Toul	166, 167	Valmont (76)	95	Villers-Cotterêts	106, 107
Toulouse	376, 377, 379	Valognes	79	Villers-le-Lac	204, 205
Le Touquet-Paris-Plage	102, 103	Vandenesse-en-Auxois	230	Villers-lès-Nancy	166
La Tour-du-Meix	208	Vannes	41, 42, 43	Villers-sous-Châtillon	142
Tour-en-Sologne	262	Les Vans	460	Villers-sur-Mer	86
Tourlaville	78, 79	Vars-les-Claux	472	Villerville	86
Tournon-St-Martin	254	Vassieux-en-Vercors	476	Villevêque	54
Tournon-sur-Rhône	464, 465	Vassivière, lac	293	Villey-le-Sec	166
Tournus	235	Vatan	254		

V

Villié-Morgon	452			
Villiers-le-Morhier	242			
Vimoutiers	86			
Vire	70, 71			
Vireux-Wallerand	139			
Vittel	176, 178, 179			
Vivario	538			
Vivonne	270			
Vizille	476			
Volnay	231			
Volvic	431			
Vorey	438			
Vouvant	58			

Walscheid	170
Wasselonne	188
Watten	114
Wattwiller	196
Wimereux	119
Wingen-sur-Moder	169, 171
Wissant	116
Wissembourg	192, 193

Xonrupt-Longemer	174

Yssingeaux	439
Yvré-l'Évêque	50

Zonza	539

Au sein de ce guide, MICHELIN EDITIONS peut être amené à mentionner des données personnelles. MICHELIN EDITIONS vous informe que vous disposez de droits sur les données personnelles vous concernant, conformément aux articles 15 et suivants du RGPD. Vous pouvez les exercer en vous adressant à contact@editions.michelin.com. Pour plus d'informations, merci de consulter notre Charte pour la protection des données personnelles à l'adresse suivante : https://editions.michelin.com/politique-de-confidentialite/

Collection sous la direction de Philippe Orain

Responsable d'édition et rédactrice en chef du guide : Hélène Payelle

Secrétaire d'édition	Florence Picquot
Rédaction	Hervé Kerros, Manuel Sanchez, Alexandra Forterre, Serge Guillot, Sylvie Kempler, Françoise Klingen, Sybille d'Oiron, Florence Picquot, Sophie Pothier, Tony de Souza, Nicolas Thibaut
Ont contribué à ce guide	Costina-Ionela Lungu, Ionela-Aura Mardari (**Cartographie**), Véronique Aissani, Carole Diascorn (**Couverture**), Marie Simonet, Marion Capéra, Émilie Reaux (**Iconographie**), Andra-Florentina Ostafi, Claudiu Spiridon (**Données objectives**), Hervé Dubois (**Prépresse**), Dominique Auclair (**Pilotage**)
	Cartes : © Michelin 2023
Conception graphique	Laurent Muller (couverture et maquette intérieure)
Régie publicitaire et partenariats	contact.clients@editions.michelin.com *Le contenu des pages de publicité insérées dans ce guide n'engage que la responsabilité des annonceurs.*
Contacts	Vous souhaitez nous contacter ? Rendez-vous dans la rubrique contact de notre site internet : editions.michelin.com
	Parution 2024

L'équipe éditoriale a apporté le plus grand soin à la rédaction de ce guide et à sa vérification. Toutefois, les informations pratiques (prix, adresses, conditions de visite, numéros de téléphone, sites et adresses Internet...) doivent être considérées comme des indications du fait de l'évolution constante des données. Il n'est pas totalement exclu que certaines d'entre elles, ne soient plus, à la date de parution du guide, tout à fait exactes ou exhaustives. Elles ne sauraient de ce fait engager notre responsabilité.

MICHELIN Éditions
Société par actions simplifiée au capital de 487 500 EUR
57 rue Gaston-Tessier – 75019 Paris (France)
R.C.S. Paris 882 639 354

Toute reproduction, même partielle et quel qu'en soit le support, est interdite sans autorisation préalable de l'éditeur.

© 2024 Michelin Éditions - Tous droits réservés
Dépôt légal : 02-2024
Compograveur : Nord Compo, Villeneuve-d'Ascq
Imprimeur : Dimograf, Bielsko-Biala (Pologne)
Imprimé en Pologne : 01-2024

Sur du papier issu de forêts bien gérées